Australien
Ostküste

Cairns & Daintree Rainforest S. 475

Von Townsville nach Mission Beach S. 449

Whitsunday Coast S. 424

Capricorn Coast & Southern Reef Islands S. 406

Fraser Island & Fraser Coast S. 383

Noosa & Sunshine Coast S. 358

Brisbane & Umgebung S. 298

Gold Coast S. 337

Byron Bay & Nördliches New South Wales S. 127

Sydney & die Central Coast S. 48

Melbourne & Victorias Küste S. 217

Canberra & Südküste von New South Wales S. 181

Charles Rawlings-Way, Meg Worby,
Peter Dragicevich, Anthony Ham, Trent Holden,
Kate Morgan, Tamara Sheward

REISEPLANUNG

Willkommen an der
Ostküste 6

Karte....................8

Australien Ostküste
Top 20 10

Gut zu wissen 20

Wie wär's mit…........ 22

Monat für Monat 24

Reiserouten............27

Trips zum Great Barrier
Reef...................31

Outdoor-Aktivitäten.....37

Australiens Ostküste im
Überblick 43

REISEZIELE AN DER OSTKÜSTE AUSTRALIENS

SYDNEY & DIE CENTRAL COAST ... 48
Sydney 51
Blue Mountains....... 108
Central Coast 114
Newcastle 115
Hunter Valley.........121

BYRON BAY & NÖRDLICHES NEW SOUTH WALES 127
Port Stephens........ 129
Region Great Lakes ... 132
Tea Gardens &
Hawks Nest............ 132
Myall Lakes
National Park 132
Pacific Palms 133
Booti Booti
National Park 134
Greater Taree **134**
Port Macquarie....... **136**
Kempsey Shire **141**
Kempsey 141
Crescent Head 141
Hat Head
National Park 142
South West Rocks 142
**Coffs Harbour
Region** **143**
Nambucca Heads....... 144

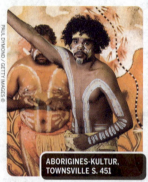

ABORIGINES-KULTUR, TOWNSVILLE S. 451

MANLY BEACH S. 71

MILLAA MILLAA FALLS S. 495

Inhalt

MELBOURNE S. 218

MELBOURNE & VICTORIAS KÜSTE 217
Melbourne 218
Rund um Melbourne .. 253
Dandenongs 253
Queenscliff & Bellarine Peninsula 253
Mornington Peninsula ... 254
Great Ocean Road 258
Geelong 258
Torquay 261
Von Torquay nach Anglesea 262
Anglesea 263
Aireys Inlet 263
Lorne 264
Cumberland River 265
Wye River 265
Kennett River 266
Apollo Bay 266
Rund um Apollo Bay 267
Cape Otway 267
Port Campbell National Park & Twelve Apostles .. 268
Port Campbell 268
Von Port Campbell nach Warrnambool 270
Warrnambool 270
Tower Hill Reserve 271
Port Fairy 271
Portland 272
Nelson 273
Gippsland & Südostküste 274
Phillip Island 274
South Gippsland 279
Wilsons Promontory National Park 281
Port Albert 284
Gippsland Lakes 285
Buchan 291
Orbost & Marlo 293

Bellingen 146
Dorrigo National Park ... 149
Dorrigo 149
Coffs Harbour 150
Woolgoolga 155
Clarence Coast 156
Yuraygir National Park .. 156
Grafton 156
Von Grafton nach Yamba 157
Yamba & Angourie 158
Ballina & Byron Shire 160
Ballina 160
Lennox Head 163
Byron Bay 164
Bangalow 173
Lismore & die Tweed River Region 174
Lismore 174
Nimbin 176
Uki 178
Murwillumbah 179

CANBERRA & SÜDKÜSTE VON NEW SOUTH WALES 181
Canberra 183
Wollongong 192

Rund um Wollongong .. 195
Illawara Escarpment State Conservation Area 195
Royal National Park ... 195
Kiama & Umgebung ... 196
Shoalhaven Coast 197
Berry 197
Nowra 199
Jervis Bay 200
Ulladulla 202
Murramarang National Park 204
Eurobodalla Coast 204
Batemans Bay 204
Mogo 206
Moruya 206
Von Moruya nach Narooma 207
Narooma 207
Tilba Tilba & Central Tilba 209
Sapphire Coast 210
Bermagui 211
Von Bermagui nach Merimbula 212
Merimbula 212
Eden 215
Ben Boyd National Park 216

REISEZIELE AN DER OSTKÜSTE AUSTRALIENS

Cape Conran
Coastal Park 293
Mallacoota 294
Croajingolong
National Park 296

BRISBANE & UMGEBUNG 298
Brisbane............. 300
Moreton Bay Islands .. 331
North Stradbroke
Island 331
Moreton Island 335

GOLD COAST...... 337
Surfers Paradise...... 339
Southport & Main Beach 346
Broadbeach.......... 348
Burleigh Heads & Currumbin 349
Coolangatta.......... 352
Gold Coast Hinterland 354
Tamborine
Mountain 355
Springbrook
National Park 356

NOOSA & SUNSHINE COAST 358
Noosa 360
Bribie Island 367
Glass House Mountains 368
Caloundra.......... 369
Mooloolaba & Maroochydore........ 371
Coolum.............. 375
Peregian & Sunshine Beach 376
Cooloola Coast 377
Lake Coothabara &
Boreen Point 378

Great Sandy National
Park: Cooloola Section .. 379
Eumundi.............. 379
Sunshine Coast Hinterland 381
Maleny 381

FRASER ISLAND & FRASER COAST ... 383
Fraser Coast 385
Hervey Bay 385
Rainbow Beach........ 391
Maryborough 393
Childers 395
Burrum Coast
National Park 396
Bundaberg............396
Rund um
Bundaberg............399
Fraser Island 400

CAPRICORN COAST & SOUTHERN REEF ISLANDS 406
Agnes Water & Town of 1770 407
Eurimbula National Park & Deepwater National Park 410
Gladstone 411

WILSONS PROMONTORY S. 281

Southern Reef Islands 413
Lady Elliot Island 413
Lady Musgrave Island ... 414
Heron & Wilson Island... 414
North West Island 414
Rockhampton 415
Yeppoon 419
Rund um Yeppoon 420
Great Keppel Island ... 421
Noch mehr Inseln in der Keppel Bay 423

WHITSUNDAY COAST 424
Mackay................426
Mackays nördliche
Strände 430
Sarina................430
Rund um Sarina 431
Pioneer Valley.......... 431
Eungella.............. 431
Eungella National Park .. 432
Cumberland Islands 433
Cape Hillsborough
National Park 433
Whitsunday Islands ... 434
Proserpine............438
Airlie Beach...........438

Inhalt

DIE OSTKÜSTE VERSTEHEN

Die Ostküste aktuell 522

Geschichte............. *524*

Der Klimawandel & das Great Barrier Reef 533

Essen & Trinken 539

Sport................ 543

PRAKTISCHE INFORMATIONEN

Tödlich & gefährlich... 548

Allgemeine Informationen.........551

Verkehrsmittel & -wege.561

Sprache 570

Register 583

Kartenlegende 589

SONDERSEITEN

Outdoor-Aktivitäten.......... 37

Das ist Sydney 81

Sydney Harbour in 3D 84

Das Great Barrier Reef........ 505

KÄNGURUS, MURRAMARANG NATIONAL PARK S. 204

Conway National Park...443
Long Island 443
Hook Island............444
South Molle Island......444
Daydream Island 444
Hamilton Island 445
Hayman Island 447
Lindeman Island........447
Whitsunday Island 447
Weitere Whitsunday Islands 447
Bowen.................447

VON TOWNSVILLE NACH MISSION BEACH 449

Townsville & Umgebung 451
Townsville 451
Magnetic Island 459
Ayr & Umgebung 462

Nördlich von Townsville 463
Ingham & Umgebung ...463
Cardwell & Umgebung ..464
Hinchinbrook Island.....465
Tully 467
Mission Beach 468
Dunk Island............ 473
Von Mission Beach nach Innisfail...........473
Innisfail & Umgebung ...473

CAIRNS & DAINTREE RAINFOREST...... 475

Cairns............... 478
Rund um Cairns 489
Babinda & Umgebung...489
Strände nördlich von Cairns 490
Die Inseln vor Cairns....492
Atherton Tableland 493
Von Port Douglas zur Daintree-Region... 498
Port Douglas..........498
Mossman............504
Die Region Daintree....511
Vom Daintree River zum Cape Tribulation........ 511
Cape Tribulation........ 513
Nach Norden bis Cooktown............ 517
Die Inlandsroute........ 517
Die Küstenroute 517
Cooktown.............. 518
Lizard Island 520

Willkommen an der Ostküste

Strände wie gemalt, Regenwälder, hippe Städte und das Great Barrier Reef: Das sind nur einige der sehenswerten Dinge an Australiens Ostküste.

Ab in die Wildnis

Auf mehr als 18 000 km wechseln sich an Australiens Ostküste Strände und Wildnis ab. Vor der Küste bildet das 2000 km lange Great Barrier Reef den Lebensraum für bunte tropische Meeresfauna. Es gibt Hunderte Inseln, zerklüftete Naturreservate genauso wie Paradiese voller Palmen. Das Festland wird von tollen Stränden gesäumt, an denen sich die besten Surfwellen Australiens brechen. Im Landesinneren gibt es bezaubernde Nationalparks mit üppigen Regenwäldern, gezackten Gipfeln und einer Tierwelt, die von knuddelig (Koalas) bis furchterregend (Leistenkrokodile) alles zu bieten hat.

Fitness-Stationen

An der Ostküste entlangzureisen ist, nun ja, Sport! Die Sonne scheint, und die Einheimischen sind draußen, laufen, schwimmen, surfen, radeln, skaten, schnorcheln und wandern. Auf geht's, mitmachen! Man kann das Great Barrier Reef erkunden, einige Wildwasserstromschnellen hinuntersausen, durch eine Lagune paddeln, durch einen tropischen Archipel segeln, auf einen Berg klettern oder auf einem rauschenden Fluss dümpelnd einen Nationalparks besichtigen. Oder man macht es sich einfach am Strand gemütlich wie all die Einheimischen, so friedlich nebeneinander wie Sandkörner.

Stadtszenen

Die australische Ostküste ist seit Jahrtausenden Heimat der Aborigines; hier wurde auch das moderne Australien geboren. Die erste Siedlung der Europäer entstand in Sydney. Auch heute noch ist die Stadt eine süße Versuchung für Vergnügungssüchtige. Die Sydneysider sind frech und ehrgeizig, aber unprätentös, sie essen, trinken, kaufen ein und feiern mit hedonistischer Unbekümmertheit. Weiter südlich liegt Melbourne, Australiens Kunst- und Kaffeehochburg – eine europäisch angehauchte Stadt mit Künstlerseele. Das boomende Brisbane wird vom Fluss in ein Flickwerk aus Vierteln unterteilt. Nicht zu vergessen: Australiens Hauptstadt Canberra – sie bietet so viel mehr als nur Politik!

Essen, trinken & fröhlich sein

In den Großstädten kann man viele kulinarische Erfahrungen sammeln – in fantastischen Cafés, auf Lebensmittelmärkten oder in Weltklasserestaurants. Abends gibt's mit Weinbars, Studentenkneipen und lärmige Pubs jede Menge Locations, um das Glas zu erheben. Jenseits der Städte bekommt man Fish & Chips vom Fischerboot, aber auch Verkostungsdinner, perfekt begleitet von Weinen aus dem Hunter und dem Yarra Valley. Das Schwierigste ist, sich zu entscheiden, wo man anfangen will.

Warum wir die Ostküste Australiens lieben

Von Charles Rawlings-Way & Meg Worby, Autoren

Für uns beide, die wir in schlichten südaustralischen Städtchen aufwuchsen, war die Versuchung der Ostküste mit ihren Stränden und großen Städten immer gegenwärtig. Melbourne lockte mit Buchläden, Bars und urbanem Vibe, Sydney mit großstädtischer Coolness und warmen Wellen zum Herumtoben. Städte wie Byron Bay, Noosa und Port Douglas hatten einen nahezu mythischen Status, den es bei der ersten Gelegenheit zu entdecken galt. Und mit dem Erkunden haben wir seitdem nicht mehr aufgehört! Von Süden nach Norden oder umgekehrt – die Ostküste zu bereisen, ist der obligatorische Road-Trip in Australien.

Mehr zu den anderen Autoren gibt's auf S. 590.

Cape Byron (S. 164), der östlichste Punkt des australischen Festlands

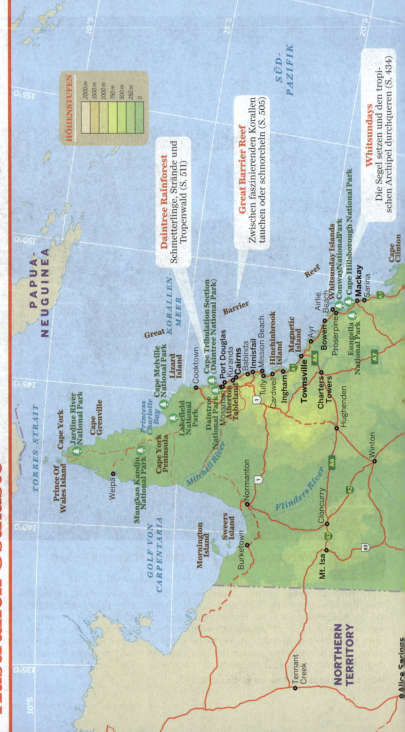

Australien Ostküste
Top 20

Sydney

1 Hier warten alle Highlights: Das Sydney Opera House (S. 54), The Rocks (S. 51) und die Sydney Harbour Bridge (S. 51) stehen bei den meisten Besuchern ganz oben. Den echten Sydney-Vibe vermittelt aber nur ein Strandtag – einfach am Bondi Beach (S. 65) ein Fleckchen Sand besetzen, sich mit Sonnencreme einreiben und in die Brandung hüpfen. Alternativ geht's mit der Hafenfähre vom Circular Quay nach Manly (S. 71), um dort zu schwimmen, zu surfen oder der gischtigen Promenade zum Shelley Beach zu folgen. Herrlich! Links: Bondi Beach (S. 65)

Great Barrier Reef

2 Das über 2000 km lange Great Barrier Reef (S. 505) entlang Queenslands Küste wird seinem Ruf in jeder Hinsicht gerecht. Sein komplexes Ökosystem bevölkern bunte Korallen, träge Meeresschildkröten, dahingleitende Rochen, scheue Riffhaie und 1500 Arten von farbenfrohen Tropenfischen. Egal, ob beim Tauchen oder Schnorcheln, ob man einen Panoramaflug macht, mit dem Glasbodenboot unterwegs ist, in einem Inselresort wohnt oder auf einem entlegenen Korallenatoll campt: Dieses lebendige Unterwasser-Königreich mit seinen 900 Koralleninseln ist ein einmaliges Erlebnis.

Segeln auf den Whitsunday Islands

3 In einem Seefahrerleben könnte man wohl eine ganze tropische Inselgruppe erkunden und doch nirgendwo sonst die unglaubliche Schönheit der Whitsundays (S. 436) finden. Vom quirligen Airlie Beach aus stechen Traveller aller Budget-Klassen per Jacht in See, um langsam dahinschippernd auf einem dieser üppig grünen Eilande das Paradies zu finden (hier hat man die Qual der Wahl). Wer würde das nicht gerne tun?
Links: Whitehaven Beach (S. 447)

Daintree Rainforest

4 Die dichten, grünen Regenwälder des uralten Daintree Rainforest (S. 511) mit ca. 3000 Pflanzenarten (u. a. Fächerpalmen, Farne, Mangroven) erstrecken sich hinunter bis zu einer herrlichen Küstenlinie mit weißem Sand. Besucher des Welterbegebiets werden von Vogelgesang, Insektengebrumm und stetem Froschgequake empfangen. Zudem gibt es hier geführte Tierbeobachtungen, Bergwanderungen, Ausritte, Naturlehrpfade, Führungen über tropische Obstplantagen und Baumwipfel-, Jeep-, Kajak- oder Bootstouren.

Aborigines in Queenslands hohem Norden

5 Die Menschheitsgeschichte im Norden Queenslands (S. 511) ist so spektakulär wie die Naturlandschaft: Die Regenwälder und Strände sind seit über 40 000 Jahren besiedelt. Touren und Events unter der Leitung von Aborigines geben Besuchern die Möglichkeit, alles aus indigener Perspektive zu sehen. Ob Speerwerfen, Bumerangbauen, Regenwaldwandern, Buschessen probieren, Felskunst interpretieren oder das Didgeridoo blasen: Hier taucht man ab in die Vergangenheit. Unten rechts: Laura Aboriginal Dance Festival (S. 25)

Byron Bay

6 Byron Bay (S. 164; für Einheimische schlicht „Byron") gehört zu den ewigen Kultsymbolen der Aussie-Kultur. Der östlichste Punkt des Landes lockt Urlauberfamilien, Surfer und Sonnenhungrige aus aller Welt mit entspannter Atmosphäre, tollen Restaurants, berauschenden Stränden und verblüffend vielen Aktivitäten. Der ansteckende Hippie-Vibe an einem der schönsten Küstenstreifen Australiens zaubert jedem ein Lächeln ins Gesicht.

Melbournes Gassen

7 Das Gewirr der Blaustein-Gassen in Melbournes Zentrum (S. 218) war früher von Mülltonnen, Ratten, Junkies und Pornokinos geprägt. Doch heute ist es einer der begehrten Hotspots der Stadt und punktet mit ein paar der weltbesten Straßenkunstwerke (u. a. versteckte Arbeiten von Banksy und Bilder einheimischer Künstler) – zu entdecken auf dem Weg zu urigen Rockbars, Melbournes schicksten Kellerrestaurants und Geheimtreppen, die hinauf zu Cocktaildachbars führen.
Unten: Centre Place

Brisbane

8 Wer noch nie in der Flussmetropole Australiens war (oder wie viele Aussies schon länger nicht mehr), wird überrascht sein: Als „Australiens neue Weltstadt" hat Brisbane (S. 300) seinen Redneck-Vibe abgelegt – zugunsten belebter Cafés, toller Buchläden, Museen und Festivals. Zudem ist die Kleinbar-Szene trotz vergleichsweise niedriger Einwohnerzahl so hip wie in Sydney oder Melbourne. Die Individualität der Innenstadtviertel offenbart sich am besten beim gemütlichen Schlendern entlang des kurvigen Brisbane River. Links: South Bank Parklands (S. 301)

Blue Mountains

9 Der Blick vom Echo Point (Katoomba) und Govetts Leap (Blackheath) in den Blue Mountains (S. 108) ist so überwältigend, dass man sich wohl gleich durch die Menge vordrängelt und seinen Kameraspeicher bis zum Anschlag ausreizt. Danach wird im herrlichen Jamison oder Grose Valley gewandert – umgeben vom Duft des Eukalyptusöls, das wie ein feiner Dunst aus dem dichten Baumwipfeldach austritt und diesem Welterbegebiet seinen Namen gibt.

Noosa National Park

10 Der Noosa National Park (S. 360) bedeckt die Landzunge neben dem stilvollen Urlaubsort Noosa. Sandstrände und Schraubenbäume säumen seine perfekten Buchten. Surfer schätzen die langen Wellen, Wanderer die Atmosphäre der unberührten Natur. Unser Favorit unter den schönen örtlichen Wanderwegen ist der malerische Küstenpfad zu den Hell's Gates: Unterwegs erspäht man eventuell Delfine vor der felsigen Landzunge und schläfrige Koalas in den Bäumen an der Tea Tree Bay.

REISEPLANUNG AUSTRALIEN OSTKÜSTE TOP 20

Fraser Island

11 Fraser Island (S. 400) ist ein ökologisches Wunder aus Flugsand, auf dem üppige Regenwälder wachsen und Wildhunde frei herumstreifen. Zur Tierwelt dieses ursprünglichen Inselparadieses gehören auch Australiens reinrassigste Dingos. Die Insel lässt sich am besten per Geländewagen erkunden, wobei man dem scheinbar endlosen Seventy-Five Mile Beach folgt und landeinwärts über Sandpisten holpert. Tropischer Regenwald, saubere Süßwasserbecken und Strandcamping unter den Sternen bringen einen zurück zur Natur. Unten: Champagne Pools (S. 403)

Great Ocean Road

12 Die aus dem Wasser herausragenden Twelve Apostles an der Great Ocean Road (S. 258) gehören zu Victorias schönsten Sehenswürdigkeiten. Schon die Fahrt dorthin ist beeindruckend: Die Route kurvt an den Stränden der Bass Strait vorbei, um landeinwärts Regenwälder und malerische Orte zu passieren. Jenseits der Twelve Apostles erreicht die Great Ocean Road das maritime Juwel Port Fairy und das versteckte Cape Bridgewater. Großartig: wandern auf dem Great Ocean Walk von der Apollo Bay zu den Apostles. Oben: Twelve Apostles (S. 268)

Weingüter im Hunter Valley

13 Was für eine Vorstellung: Ein Glaspavillon mit Blick auf sanfte Hügel, über die sich viele Reihen üppig tragender Weinreben ziehen. Drinnen schlürfen Gäste golden schimmernden Semillon zu einem leckeren Mittagsmenü aus regionalen Spitzenprodukten. Einfach etwas auswählen, zurückgelehnt ein Glas erdigen Shiraz trinken und rundum genießen: Den Stoff für bleibende Reiseerinnerungen liefert das Hunter Valley (S. 121), die führende Weinbauregion in New South Wales.

Tiere beobachten

14 Auf Phillip Island südöstlich von Melbourne tollen Pelzrobben und niedliche Zwergpinguine (S. 274) am felsigen Ufer herum. Im hohen Norden Queenslands leben außerirdisch anmutende Kasuare (S. 472) und dinosaurierartige Krokodile. Dazwischen stößt man auf außergewöhnliche, endemische Arten wie Koalas, Kängurus, Wombats und Schnabeltiere. Ansonsten wären da auch noch das Gelächter der Kookaburras und tolle Walbeobachtungen entlang der Küste (S. 385; Saison Mai–Okt.). Links: Schlafender Koala

Brückenklettern

15 Schwindelfrei? Dann auf zu den stählernen Höhen von Sydneys kultiger Harbour Bridge oder Brisbanes Story Bridge. Sydneys „großer Bogen" war einst eine reine Domäne von Brückenkünstlern und illegal kletternden Draufgängern; per BridgeClimb (S. 76) kann er heute von jedermann erklommen werden. Genauso faszinierend ist der etwas jüngere Story Bridge Adventure Climb (S. 308). Und dabei geht's nicht nur um den unglaublichen Stadtblick: Die Brücken an sich sind bereits großartig!
Oben rechts: Sydney Harbour BridgeClimb

Museen & Galerien in Canberra

16 Australiens Hauptstadt (S. 183) ist gerade mal 100 Jahre alt und dennoch schwer geschichtsträchtig. Somit überrascht es nicht, dass sich die Hauptattraktionen – reich ausgestattete Museen und Galerien – vor allem der Landesgeschichte widmen. Institutionen wie die National Gallery of Australia (S. 183), das National Museum of Australia (S. 184), die National Portrait Gallery (S. 185) oder das Australian War Memorial (S. 184) geben faszinierende Einblicke in die Kultur und Historie der Nation. Unten rechts: National Museum of Australia

Wilsons Promontory

17 Wilsons Promontory (S. 281) ist Victorias südlichster Punkt und schönster Küstennationalpark. Das Paradies für Buschwanderer, Tierbeobachter, Surfer und Fotografen ist wirklich außergewöhnlich: Selbst kurze Abstecher von der Parkverwaltung am Tidal River führen zu Buchten mit breiten weißen Sandstränden. Die besten Bereiche von „The Prom" sind auf markierten Wanderpfaden (insgesamt über 80 km) zu erreichen. Trekkingfans wählen den Great Prom Walk (3 Tage) und übernachten in herrlich einsamen Leuchtturmwärterhütten.

Gold Coast

18 Frech, hedonistisch, überbewertet … All dies gilt für Queenslands Gold Coast (S. 337). Aber wer feiern will, ist hier goldrichtig! Schauplatz ist eine Küstenlinie mit sauberen Stränden, warmem Wasser und kräftigen Surfbreaks. Australiens braungebrannte Brandungsgötter (alias Rettungsschwimmer) patrouillieren am Strand und messen sich bei saisonalen Contests, z. B. im Schwimmen, Strandsprinten oder Rettungsbootwettrudern. Vor Ort gibt's auch die größten Themenparks des Landes – Eldorados für Achterbahnfans! Unten: Surfers Paradise (S. 339)

Montague Island

19 Montague Island (S. 207) draußen vor Narooma gehört zu den meist unterschätzten Wildniszielen Australiens. Auf der kahlen Felsinsel brüten zahllose Meeresvögel (u. a. 10 000 Zwergpinguine). Doch auch heilige Aborigine-Stätten, geführte Ökotouren und ein ungewöhnlicher Leuchtturm aus Granit trennen Montague mehr vom Festland als die Anfahrt per Boot (9 km). Tauchen (hier gibt's Sandtigerhaie zu sichten!), Robbenbeobachtungen und gelegentlich vorbeiziehende Wale tragen ebenfalls zum Reiz des Eilands bei.

St. Kilda

20 Unkonventionelle Strandatmosphäre, Palmen, ratternde Straßenbahnen, Art-déco-Architektur und Gaunergeschichte machen St. Kilda (S. 238) zu einem von Melbournes interessantesten Innenstadtvierteln. An der Acland St warten Buchläden und Konditoreien. Bier, Livebands und Gammelteppiche gibt's im Esplanade Hotel (alias Espy; S. 248), das seit Jahrzehnten als lokale Talentschmiede fungiert. Hinzu kommen Geheimtipps wie eine Pinguinkolonie, ein Freiluftkino und einige tolle Uferrestaurants.

Gut zu wissen

Weitere Infos gibt's im Kapitel „Allgemeine Informationen" (S. 551)

Währung
Australischer Dollar (AU$)

Sprache
Englisch

Visa
Alle Besucher brauchen ein Visum. Die elektronische Einreiseerlaubnis bzw. das eVisitor-Visum für je drei Monate kann man online beantragen.

Geld
Geldautomaten gibt es überall. Kreditkarten werden in den meisten Hotels, Restaurants und Geschäften akzeptiert.

Handys
Europäische Handys sind mit dem hiesigen Netz kompatibel. Möglich sind Roaming oder der Kauf einer lokalen Prepaid-SIM-Karte.

Zeit
An der Ostküste Australiens lebt man nach Australian Eastern Standard Time (AEST), also nach MEZ plus neun Stunden.

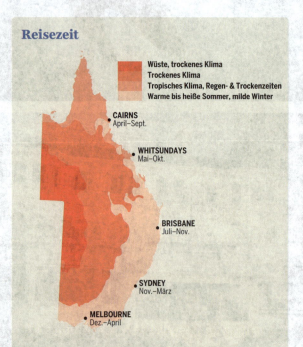

Reisezeit

- Wüste, trockenes Klima
- Trockenes Klima
- Tropisches Klima, Regen- & Trockenzeiten
- Warme bis heiße Sommer, milde Winter

CAIRNS April–Sept.
WHITSUNDAYS Mai–Okt.
BRISBANE Juli–Nov.
SYDNEY Nov.–März
MELBOURNE Dez.–April

Hauptsaison
(Dez.–Feb.)

➡ Sommer: heiß und feucht im Norden, warm und trocken im Süden.

➡ Die Preise für Unterkünfte in großen Städten steigen um 25 %.

➡ Nördlich von Agnes Water ist Baden von November bis Mai gefährlich (Quallenalarm!).

Zwischensaison
(Sept.–Nov. & März–Mai)

➡ Warm, sonnig, blauer Himmel, weniger Wartezeiten.

➡ Frühlingsblumen (Okt.); Herbstfarben in Victoria (April).

➡ Die Geschäftsleute sind entspannter, als wenn die Touristenmassen kommen.

Nebensaison
(Juni–Aug.)

➡ Kühle, regnerische Tage und niedrige Unterkunftspreise im Süden.

➡ Hauptsaison in den Tropen: milde Tage, geringe Luftfeuchtigkeit, teure Unterkünfte.

➡ Am Great Barrier Reef ist die Sicht gut.

Infos im Internet

Lonely Planet (www.lonelyplanet.de/reiseziele/australien) Infos, Forum etc.

Tourism Australia (www.australia.com) Tourismuswebsite der Regierung mit Besucherinfos.

Queensland Holidays (www.queenslandholidays.com.au) Deckt Queensland ab.

Visit NSW (www.visitnsw.com) Infos über New South Wales.

Tourism Victoria (www.visitvictoria.com) Victorias offizielle Seite.

Coastalwatch (www.coastalwatch.com) Für Surfer.

Wichtige Telefonnummern

Landesvorwahl	☎61
Vorwahl für internationale Gespräche	☎0011
Notfall (Krankenwagen, Feuerwehr, Polizei)	☎000
Auskunft	☎1223
R-Gespräch	☎1800-REVERSE (738 3773)

Wechselkurse

Eurozone	1 €	1,45 AU$
	1 AU$	0,69 AU$
Schweiz	1 SFr	1,19 AU$
	1 AU$	0,84 SFr

Aktuelle Wechselkurse sind unter www.xe.com abrufbar.

Tagesbudget

Günstig – weniger als 100 AU$

➡ B im Schlafsaal: 25–35 AU$/Nacht

➡ DZ im Hostel: ab 80 AU$

➡ Einfache Mahlzeit mit Pizza oder Pasta: 10–15 AU$

➡ Kurze Bus- oder Straßenbahnfahrt: 4 AU$

Mitteleteuer – 100–280 AU$

➡ DZ im Mittelklassehotel: 100–200 AU$

➡ Frühstück oder Mittagessen in einem Café: 20–40 AU$

➡ Kurze Taxifahrt: 25 AU$

➡ Mietwagen: ab 35 AU$/Tag

Teuer – mehr als 280 AU$

➡ DZ im Spitzenklassehotel: ab 200 AU$

➡ Dreigängiges Menü in einem Spitzenrestaurant: ab 80 AU$

➡ Abenteueraktivitäten: um die Whitsundays segeln ab 300 AU$/Nacht, Tauchkurs 650 AU$

➡ Inlandsflug von Sydney nach Melbourne: ab 100 AU$

Öffnungszeiten

Die Öffnungszeiten variieren von Staat zu Staat – im Allgemeinen sind sie wie folgt:

Banken Mo–Do 9.30–16, Fr bis 17 Uhr

Bars 16 Uhr–open end

Cafés 7–17 Uhr

Geschäfte Mo–Sa 9–17 Uhr

Kneipen 11–0 Uhr

Restaurants 12–14.30 & 18–21 Uhr

Supermärkte 7–20 Uhr; einige 24 Std.

Ankunft am …

Sydney Airport (S. 562)

Züge von AirportLink ins Zentrum Sydneys fahren zwischen 4.50 und 0.40 Uhr alle zehn Minuten. Im Voraus zu buchende Shuttle-Busse bedienen die Hotels in der Stadt. Die Taxifahrt in die Stadt kostet 40 bis 50 AU$ (30 Min.).

Melbourne Airport (S. 562)

SkyBus fährt rund um die Uhr alle zehn bis 30 Minuten in die Melbourner Innenstadt. Ein Taxi in die Stadt kostet rund 40 AU$ (25 Min.).

Brisbane Airport (S. 561)

Airtrain-Züge steuern zwischen 5.45 und 22 Uhr alle 15 bis 30 Minuten Brisbanes Innenstadt an. Vorbuchbare Shuttle-Busse fahren zu den Hotels der Stadt. Eine Taxifahrt in die Stadt kostet 35 bis 45 AU$ (25 Min.).

Unterwegs vor Ort

Die Ostküste ist über 18 000 km lang! Gar nicht so einfach, da von A nach B zu kommen!

Auto Man kann das Tempo wählen, abgelegene Gebiete erkunden und Regionen ohne Nahverkehr besuchen. Mietwagen gibt's in größeren Städten; links fahren!

Bus Verlässliche, häufige Langstreckenverbindungen im ganzen Land (nicht immer günstiger als Flüge).

Flugzeug Schneller ans Ziel: Inlandsflüge sind recht günstig, regelmäßig und schnell. Fürs Gewissen kann man die CO_2-Bilanz ausgleichen.

Zug Langsam, teuer, unregelmäßig … aber die Landschaft ist toll! Lieber den Schlafwagen buchen als einen Liegesitz!

Mehr zu **Verkehrsmitteln & -wegen** gibt's auf S. 561

Wie wär's mit…

Strände

Bondi Beach (S. 65) Sydney pur: selbst die Brandung zerteilen oder herumlungern und Leute beobachten.

Wilsons Promontory (S. 281) Victorias tolle Küstenwildnis mit menschenleeren Stränden.

Fraser Island (S. 400) Die größte Sandinsel der Welt ist eigentlich ein einziger großer Strand.

Whitehaven Beach (S. 447) Das Juwel der Whitsundays, mit pudrigem weißem Sand und kristallklarem Wasser.

Cape Tribulation (S. 513) An diesen leeren Sandflächen küsst der Regenwald die Klippen.

Kultur der Ureinwohner

Blue Mountains Walkabout (S. 112) Aborigines führen Besucher auf Tagestouren durch die Blue Mountains im Hinterland von Sydney.

Koorie Heritage Trust (S. 221) Dies ist ein großartiger Ort, um die Kultur der im Südosten lebenden Aborigines zu entdecken.

Kuku-Yalanji Dreamtime Walks (S. 511) Von Aborigines geführte Spaziergänge durch die Mossman Gorge in Queensland.

Ingan Tours (S. 467) Von Aborigines betriebene Regenwaldtouren im tropischen Norden von Queensland.

Tjapukai Cultural Park (S. 478) Interaktive Touren und lebhafte Vorführungen des örtlichen Volkes der Tjapukai in Cairns.

Pubs & Livemusik

The Tote (S. 248) Das ramponierte alte Tote bleibt die Adresse für Rock in Melbourne.

Corner Hotel (S. 248) Legendärer Veranstaltungsort für Livemusik in Richmond, Melbourne.

Zoo (S. 327) Schäbig, alternativ und ausnahmslos original: der beste Platz in Brisbane für die Rockstars von morgen.

Coolangatta Hotel (S. 354) Eine Bierkneipe am Strand der Goldküste mit Livebands, DJs und Surfern zuhauf.

Familienspaß

Gold-Coast-Themenparks (S. 345) Wasserparks, Wassershows und jede Menge Achterbahnen mit hohem Kreischfaktor.

Phillip Island (S. 274) Die weltberühmte Pinguinparade – und ganz in der Nähe gibt's große Seehundkolonien.

Australia Zoo (S. 368) Im kolossalen Australia Zoo, Queenslands Wildtier-Tempel, kann man einen ganzen Tag verbringen.

Daydream Island Resort (S. 445) Anders als viele Urlaubsorte der Whitsundays empfängt dieser hier Kinder mit offenen Armen.

Sea Life Sydney Aquarium (S. 61) Unterwasserwunder im Darling Harbour von Sydney.

Panoramatouren

Segeln durch die Whitsundays (S. 436) Segel setzen und hinein in dieses magische Archipel vor Queensland.

WIE WÄR'S MIT…WEINREGIONEN

Einen Tag der Reise sollte man für die Weinregionen um Melbourne – das **Yarra Valley** (S. 541), die **Mornington Peninsula** (S. 256) und die **Bellarine Peninsula** (S. 253) – oder das eine Tagesreise von Sydney entfernte **Hunter Valley** (S. 121) reservieren.

Great Ocean Road (S. 258) Ein kraftvoller 243 km langer Asphaltstreifen zwischen Ozean und Klippen: einer der klassischen Roadtrips des Planeten.

Von Cairns nach Kuranda (S. 495) Man „fliegt" mit der Seilbahn über den Dschungel nach Kuranda und nimmt auf dem Rückweg den altmodischen Zug mit toller Aussicht.

Waterfall Way (S. 148) Auf dieser Straße in NSW, die sich durch Bellingen steil nach oben bis Dorrigo schlängelt, fallen einem (fast) die Augen aus dem Kopf.

East Gippsland Rail Trail (S. 294) Mit dem Rad oder zu Fuß genießt man auf dieser 97 km langen ehemaligen Zugstrecke in Victoria die Aussicht.

Kunstgalerien

Gallery of Modern Art (S. 301) Eine herausfordernde, zum Nachdenken anregende, auf Kinder ausgerichtete und schlichtweg verrückte Galerie der Modernen Kunst in Brisbane.

National Gallery of Australia (S. 183) Australiens erstklassige Kunstsammlung, darunter auch berühmte Werke der Aborigines.

National Gallery of Victoria International (S. 224) Die Heimat für Wanderausstellungen schlechthin: hier steht man mit dem Rest von Melbourne Schlange.

Art Gallery of NSW (S. 58) Dieser alte Hase bleibt angesagt, mit ständig wechselnden Ausstellungen und einem ausgezeichneten Kinderprogramm.

Ian Potter Centre: NGV Australia (S. 218) Die Filiale der National Gallery of Victoria in Melbourne zeigt australische Kunst, mit einer hervorragenden Aborigines-Sammlung.

(Oben) Skyrail Rainforest Cableway (S. 495), Kuranda
(Unten) Pinguine, Phillip Island (S. 274)

Monat für Monat

TOP-EVENTS

Sydney Gay & Lesbian Mardi Gras, Februar–März

Byron Bay Bluesfest, April

Melbourne International Film Festival, Juli

Australian Rules Football Grand Final, September

Brisbane Festival, September

Januar

Der Januar beginnt lahm, weil sich die Australier erstmal von Weihnachten erholen müssen, bis plötzlich alle feststellen: „Hey, es ist Sommer!" Entlang der Küste ist es heiß und feucht, weiter nördlich kommt es zu monsunartigen Regenfällen.

⭐ Big Day Out

(www.bigdayout.com) Dieses tourende eintägige Rockfestival kommt nach Sydney, Melbourne und an die Gold Coast. Mit dabei sind jede Menge bekannte internationale Künstler (wie Metallica, Pearl Jam, Arcade Fire) und viele talentierte Eigengewächse. Viele Moshpits, viel Sonne und Bier.

Australia Day

(www.australia-day.com) Australiens „Geburtstag" – die Landung der First Fleet 1788 – ist der 26. Januar: Die Australier feiern mit Picknicks, Barbecues, Feuerwerk und patriotischem Gedöns. Die Aborigines sind weniger in Feierlaune, für sie ist dieser Tag der „Invasion Day".

Sydney Festival

(www.sydneyfestival.org.au) *It's big* sagt die Werbung. Dieses Fest mit Musik, Tanz, Gesprächen, Theater und Kunst zieht sich drei Sommerwochen lang hin. Die meisten Veranstaltungen sind kostenlos und auf Familien ausgerichtet.

Midsumma

(www.midsumma.org.au) Melbournes Festival für Schwule, Lesben und Transsexuelle beginnt Mitte Januar mit dem Midsumma Carnival, Musik und Tanz. Dann stehen drei Wochen Theater, Ausstellungen, Kabarett, Film, Musik und gesellschaftspolitischen Debatten auf dem Programm.

⭐ Australian Open

(www.australianopen.com) Ende Januar pilgern Tennisfans aus der ganzen Welt zum ersten Grand-Slam-Turnier des Jahres in den Melbourne Park, wo die besten Spieler sich die Bälle um die Ohren schlagen.

Februar

Dies ist der wärmste Monat: Im Norden ist immer noch Regenzeit, es ist heiß und stickig, in Victoria dagegen traumhaft. Überall sonst gehen die Einheimischen zur Arbeit, an den Strand oder zum Cricket.

Sydney Gay & Lesbian Mardi Gras

(www.mardigras.org.au) Das vierwöchige Kunstfest dauert bis in den März und gipfelt in einer Parade durch Sydneys Oxford St; 300000 Zuschauer kommen. In Fitnessstudios herrscht Flaute, in den Solarien ist Ruhe, die Enthaarungsbranche zählt ihre Gewinne. After-Party-Tickets sind gefragt.

März

Im Süden wird es weniger schwül – die Massen lichten sich, die Preise in den Urlaubsorten sinken. Im Norden überwiegen Wärme und eine allgemeine Reizbarkeit. In den Weinbergen beginnt die Lese.

⭐ Großer Preis von Australien – Formel 1 in Melbourne

(www.grandprix.com.au) Im normalerweise ruhigen Albert Park dröhnen Ende März vier Tage lang die Motoren. Der 5,3 km lange Rundkurs um den See ist bekannt für seinen glatten, schnellen Belag.

April

Der Herbst bringt Goldtöne nach Victoria und kühlere, mildere Temperaturen nach NSW. Im Norden endet die Regenzeit: lächelnde Gesichter und angenehmes Wetter. Ziemlich teure Unterkünfte über Ostern.

⭐ Byron Bay Bluesfest

(www.bluesfest.com.au) Musik prägt Ostern, wenn 20 000 Festivalbesucher Byron Bay überschwemmen um Blues-and-Roots-Bands aus der ganzen Welt zu hören (Ben Harper, Santana, Bonnie Raitt). Der Veranstaltungsort, die Tyagarah Tea Tree Farm, liegt 11 km nördlich von Byron. Campingplätze vorhanden.

Mai

Im Süden werden die Tage merklich kühler. Südlich der Gold Coast werden Strandtage rar. Unterkünfte sind überall günstiger.

🎊 Noosa Food & Wine Festival

(www.noosafoodandwine.com.au) Eines der besten regionalen kulinarischen Feste Australiens mit Kochshows, Weinproben, Käseausstellungen, Schlemmergerichten und abendlichen Livekonzerten. Geht Mitte Mai über drei Tage.

🎊 Sydney Writers' Festival

(www.swf.org.au) Bücher, Wörter und Bücher voller Wörter: Für eine Woche im Mai beherbergt Sydney über 300 Romanautoren, Essayisten, Dichter, Historiker und Philosophen – nicht nur aus Australien – die aus ihren Werken lesen, Workshops leiten und Diskussionen veranstalten.

🎊 Biennale of Sydney

(www.biennaleofsydney.com.au) Zwischen Mai und August in Jahren mit gerade Jahreszahl zeigt die Biennale in Sydney Werke Hunderter zeitgenössischer Künstler und ist damit die größte Kunstausstellung des Landes. Es gibt Führungen, Gesprächsrunden, Vorführungen. Die meisten Veranstaltungen sind kostenlos.

Juni

Der Süden zittert wegen des Winterwetters, im tropischen Norden mit den quallenfreien Stränden nimmt die Touristensaison Fahrt auf. Vor der Küste gibt's (bis Nov.) Wale.

🎊 Laura Aboriginal Dance Festival

(www.lauradancefestival.com) Laura, 330 km nördlich von Cairns in Far North Queensland, ist Schauplatz der größten Versammlungen der Aborigines. Die Gemeinschaften tanzen, singen und halten Zeremonien ab. Am folgenden Wochenende steigen die Laura Races and Rodeo.

Juli

Im Süden brennt in den Pubs das Feuer im Kamin, die Coffee-Shops sind heimelig und die Strände leer. Im Norden sind Märkte, Touren und Unterkünfte voll bzw. ausgebucht. Südlich von Brisbane ist warme Kleidung nötig. Das MIFF sollte man nicht verpassen.

⭐ Melbourne International Film Festival

(MIFF; www.miff.com.au) Das MIFF ist auf Augenhöhe mit Toronto und Cannes und läuft seit 1952. Inzwischen ist das Festival sehr populär. Kurzfilme, Blockbuster und Dokus flimmern über die innerstädtischen Leinwände.

August

August ist, wenn die Bewohner des Südens den grauen Winterhimmel leid sind und für ein paar Sonnenstrahlen nach Queensland fahren. Ein guter Zeitpunkt, Far North Queensland zu erkunden, bevor die Hitze zurückkehrt.

🎊 Cairns Festival

(www.cairns.qld.gov.au/festival) Dieses gewaltige Kunst- und Kulturfest dauert von Ende August an drei Wochen und bringt ein herausragendes Programm aus Musik, Theater, Tanz, Comedy, Filmen, Aborigines-Kunst und öffentlichen Ausstellungen nach Cairns. Viele Veranstaltungen finden im Freien statt.

✴ Hervey Bay Whale Festival

(www.herveybaywhalefestival.com.au) Einer der weltweit besten Orte zur Walbeobachtung zollt Anfang August den Meeressäugern Tribut. Zu den Highlights zählen eine abendliche Lichterparade, ein Kinderfest und kostenlose Strandkonzerte.

September

Der Winter endet, der Frühling naht und bringt Wildblumen und bessere Laune in den Süden. Das Wetter bleibt gewöhnlich im ganzen Land mild. Die Football-Saison endet und der Rummel der Frühlingspferderennen beginnt.

✴ Brisbane Festival

(www.brisbanefestival.com.au) Eines der größten und vielfältigsten Kunstfestivals Australiens nimmt 22 Tage im September ein. Zum Programm gehören Konzerte, Schauspiele, Tänze und Randveranstaltungen. Es endet mit dem Riverfire, einer ausgeklügelten Feuerwerksshow über dem Brisbane River.

☆ Grand Final im Australian Rules Football

(www.afl.com.au) Dieses äußerst erfolgreiche Spektakel in Melbourne ist der Höhepunkt der Saison im Aussie Rules Football und wird von Millionen (im Fernsehen) verfolgt. Zur Halbzeit werden alle nachbarschaftlichen Barbecues in den örtlichen Park verlegt, damit auch die Amateure ein bisschen hin- und herkicken können.

Oktober

Nirgends extremes Wetter – eine Top-Zeit zum Campen oder um ein paar Weinberge zu besuchen. Nach dem Football und vor dem Cricket drehen die Sportfans Däumchen.

✴ Melbourne Festival

(www.melbournefestival.com.au) Einmal im Jahr bietet das Festival Oper, Theater, Tanz und Kunst aus Australien und der Welt auf höchstem Niveau. Es dauert von Anfang Oktober bis Anfang November.

🏃 Coolangatta Gold

(www.sls.com.au/coolangattagold) Dies ist ein mörderischer Ironman für Rettungssportler: 23 km paddeln auf dem Surfski, 3,5 km schwimmen und verschiedene Strandläufe ergeben 41,5 km Anstrengung. Jeder kann teilnehmen (wer sich inspirieren lassen möchte: es gibt ein B-Movie gleichen Namens von 1984).

November

Nördlich von Agnes Water sind manche Strände wegen der Quallen an den seichten Stellen gesperrt. Die Saison der Rettungssportler bricht an.

☆ Melbourne Cup

(www.melbournecup.com) Am ersten Dienstag im November wird bei Australiens (wenn nicht der Welt) bedeutendstem Pferderennen das Geläuf in Melbourne aufgewühlt. Tatsächlich legt das ganze Land eine Pause ein, um das „Rennen, das eine Nation stoppt" zu verfolgen.

Dezember

Die Schule ist aus! Eine oder zwei Wochen vor Weihnachten beginnen die Ferien. Die Städte sind voller Kauflustiger, es ist heiß. Im Norden bringen nachmittägliche Gewitter Platzregen mit sich.

☆ Tropfest

(www.tropfest.com.au) Das größte Kurzfilmfestival der Welt findet Anfang Dezember im Centennial Park in Sydney statt, mit Liveschaltungen zu anderen Freiluftarealen in Melbourne, Canberra und Surfers Paradise. Um die Kreativität anzuregen, muss immer ein Thema am Anfang stehen (z. B. ein Kuss, ein Niesen, ein Luftballon).

☆ Sydney-Hobart-Regatta

(www.rolexsydneyhobart.com) Mit einem Picknickkorb kann man sich am Boxing Day (26. Dezember) den Menschenmassen in Sydney anschließen, die vom Ufer aus den Start der beschwerlichsten Hochseeregatta der Welt beobachten (628 nautische Meilen bis Hobart in Tasmanien!).

☆ Feuerwerk im Sydney Harbour

(www.sydneynewyearseve.com) Eine fantastische Art, das neue Jahr zu begrüßen, ist es, inmitten der Massen zu beobachten, wie das Feuerwerk über dem Hafen die Nacht erhellt. Für Familien gibt es eine Vorführung um 21 Uhr, das Hauptereignis findet um 0 Uhr statt.

Reiserouten

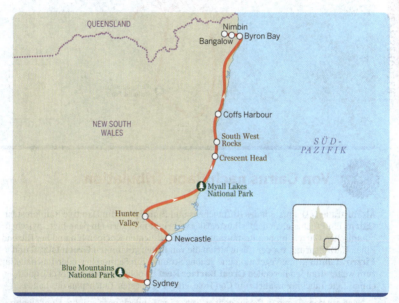

 Von Sydney nach Byron Bay

Die Ostküstentour beginnt in **Sydney** mit den bekannten Sehenswürdigkeiten, einem Besuch am Bondi Beach, Einkaufen sowie Bars und Restaurants testen. Ein Spaziergang auf dem Bondi to Coogee Clifftop Walk darf nicht fehlen. Dann geht's ins Landesinnere, um die **Blue Mountains** zu erkunden: in Katoomba versteckt sich Art Déco-Architektur, und die Three Sisters sind das Highlight der Gebirgskette. Alternativ sind ein paar Tage auf einem Hausboot auf dem **Hawkesbury River** ein todsicheres Mittel gegen Stress.

Der nächste Halt ist die kunst- und surfbegeisterte Stadt **Newcastle.** Durstig? Dann auf ins Landesinnere zu den Weinbergen des **Hunter Valley**. Zurück an der Küste warten die tolle Landschaft und die unberührten Strände des **Myall Lakes National Park.**

Das nördliche New South Wales aalt sich in subtropischer Pracht. Man kann durch die Brandung am **Crescent Head** surfen und im Meer bei den **South West Rocks** schwimmen. In **Coffs Harbour** wartet die Big Banana: eines der vielen „großen" Wahrzeichen der Ostküste, das zur Kitschverwirrung beiträgt. **Byron Bay** kann man nicht entrinnen – ein gemütliches Küstenstädtchen, in dem sich Surfer, Hipster und Hippies den Strand teilen. Im grünen Hinterland von Byron meditieren der alternative Kiffer-Hafen von **Nimbin** und das wohlhabende **Bangalow** vor sich hin – beide sind einen Tagesausflug wert.

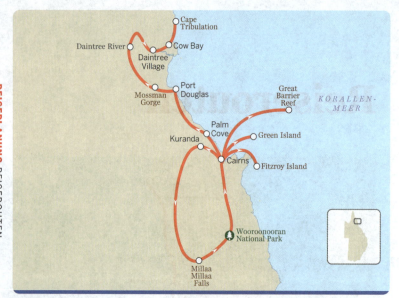

 Von Cairns nach Cape Tribulation

Als Australiens Hauptstadt des Rifftauchens und Einfallstor zum Daintree Rainforest ist **Cairns** ein Pflichtziel an der Ostküste. Hier verbringt man gern ein paar Tage, zwischen botanischen Gärten, hippen Restaurants und gut besuchten Kneipen hin und her flitzend. Einen Katzensprung vor der Küste bieten die von Riffen gesäumten **Green Island** und **Fitzroy Island** grüne Vegetation und schöne Strände. Ein Schnorchel- oder Tauchausflug zum weiter draußen liegenden **Great Barrier Reef** ist obligatorisch, wahlweise auch einige Tage Tauchkreuzfahrt zum Cod Hole, einem der besten Tauchspots des Landes.

Nach ein paar Tagen in Cairns geht es weiter ins Landesinnere, mit der Gondelbahn oder dem malerischen Zug nach **Kuranda** für Spaziergänge im Regenwald und über die berühmten Märkte der Stadt. Wer mit dem Auto unterwegs ist, kann die pittoresken **Millaa Millaa Falls** besuchen und im spektakulären **Wooroonooran National Park** durch den Dschungel wandern.

Zurück auf Meereshöhe sollte man sich eine Nacht in einer Nobelunterkunft in **Palm Cove** gönnen, gleich nördlich von Cairns. Noch eine Stunde weiter im Norden liegt **Port Douglas**, ein flottes Ferienzentrum mit fantastischen Restaurants, Bars und einem großartigen Strand. Der Ort ist auch ein beliebter Ausgangspunkt für Bootstouren zum Außenriff. Der nächste Halt ist die **Mossman Gorge**, wo üppiger Tiefland-Regenwald den fotogenen Mossman River umgibt. Wer möchte kann eine geführte Wanderung machen und sich in Wasserlöchern abkühlen.

Weiter nördlich liegt der **Daintree River**, auf dem man Krokodile beobachten kann. Im **Daintree Village** gibt's Mittagessen. Zurück am Fluss setzt man mit der Autofähre zur Nordseite über und fährt weiter nach Norden (Vorsicht – hier ist Kasuar-Land!) zum Daintree Discovery Centre – ideal um diese prachtvolle Dschungelwildnis kennen zu lernen. Am Strand im nahen **Cow Bay** kann man locker ein paar Stunden herumsandeln.

Der letzte Halt ist **Cape Tribulation**, wo Regenwald und Riff eine überwältigende Partnerschaft eingegangen sind. Wer die Pracht dieses Ortes aufnehmen will, sollte ein paar Nächte in einem der exklusiven Häuschen verbringen, die sich im Dschungel verstecken.

Brisbane, Gold Coast & Sunshine Coast

3 TAGE

Ein Tag in der Flussstadt **Brisbane**, der Hauptstadt von Queensland, sorgt für viele Überraschungen. Die halbtropische Boomtown präsentiert berstend vor Selbstvertrauen brillante Bars, Cafés und Buchläden. Die kunstvolle GOMA (Gallery of Modern Art) und das Brisbane Powerhouse am Fluss sollte man gesehen haben.

Nur eine Stunde südlich entfaltet die **Gold Coast** die flippige Seite Queenslands: sandig, ordinär, feuchtfröhlich. Das Zentrum der Action ist **Surfers Paradise**, mit einer spürbaren Sinnlichkeit nach Einbruch der Dunkelheit. Entspannter und auf Surfer konzentriert sind das südlich gelegene **Burleigh Heads** und **Coolangatta** an der Grenze zu NSW.

Wer Zeit übrig hat, kann ein paar Tage lang an den Stränden der **North Stradbroke Island** in Moreton Bay herumwandern. Ansonsten geht die Fahrt weiter nach Norden zu den Städtchen **Mooloolaba** und **Maroochydore** an der Sunshine Coast. Noch eine halbe Stunde weiter nördlich liegt **Noosa**, ein klassischer Urlaubsort mit tollen Stränden, einem üppigen Nationalpark und erstrangigen Restaurants.

Von Hervey Bay nach Cairns

1 WOCHE

Etwa 2½ Stunden nördlich von Noosa liegt **Hervey Bay**, bekannt für seine Walbeobachtungen. Nachdem man die Wale bestaunt hat, erkundet man die riesigen Dünen und die Seen auf **Fraser Island**. Etwas weiter nördlich gibt es in **Bundaberg** einen Schluck von Australiens beliebtestem Rum.

Auf **Lady Musgrave** oder **Lady Elliot Island** erlebt man die Korallenwunder Queenslands, dann futtert man ein Steak in der „Rindfleischstadt" **Rockhampton**. Wer Zeit hat, kann vor der Küste auf **Great Keppel Island** auf Wanderwegen und an Stränden Südsee-Glückseligkeit tanken.

Im friedlichen **Eungella National Park** lassen sich Schnabeltiere beobachten, dann geht die Fahrt ins geschäftige **Airlie Beach**, dem Einfallstor zum azurblauen Wasser und den weißen Stränden der **Whitsunday Islands**.

Nun folgt das überraschend kulinarische **Townsville**. Wer Zeit hat, geht den Thorsborne Trail auf **Hinchinbrook Island**. Davon erholt man sich in **Mission Beach**, wo Regenwald auf Ozean trifft. Die Reise endet in **Cairns** mit einem Ausflug zum Great Barrier Reef.

3 TAGE Melbourne & die Great Ocean Road

Melbourne bietet genug um Besucher monatelang zu beschäftigen – Bars, Galerien, Livemusik, Einkaufen, Australian Rules Football… Aber die Great Ocean Road winkt: ein klassischer Aussie Road Trip.

Start ist im Surfer-Mekka **Torquay**, wo man die Wellen am **Bells Beach** testet. Im auf Familien ausgerichteten **Anglesea** gibt es eine Surfstunde und ein Picknick am Fluss. Als nächstes **Aireys Inlet**: nach dem Besuch im Leuchtturm verbringt man die Nacht im weltoffenen Urlaubsort **Lorne**.

Westlich davon schlängelt sich die Great Ocean Road zwischen dem Meer und den Otway Ranges hindurch. Im Künstlerdorf **Apollo Bay** kann man abschalten, dann schaut man am **Cape Otway** vorbei, wegen der Koalas und dem Leuchtturm.

Nun wartet der Port Campbell National Park und seine berühmten **Zwölf Apostel**. Um das richtige Gefühl für die Gegend zu bekommen, sollte man in **Port Campbell** übernachten. Vor der Küste von **Warrnambool** kann man nach Walen Ausschau halten, bevor es ins idyllische **Port Fairy** geht. Wenn noch Zeit bleibt, ist das winzige **Cape Bridgewater** einen Besuch wert.

10 TAGE Von Melbourne nach Sydney

Start ist in **Melbourne** bevor **Phillip Island** erkundet wird, wo Pinguine, Seehunde und Surfer im Meer herumtollen. Der nächste Halt ist **Wilsons Promontory** mit Buschwanderungen und Stränden. Danach fährt man nach Nordosten durch Wälder, Farmgebiete und den Gippsland Lakes District bis **Mallacoota**, einer unaufdringlichen Küstenstadt in Victoria.

In **Eden** kann man gut Wale beobachten, und das historische **Central Tilba** darf man nicht verpassen. Weiter geht's nach **Narooma** mit seiner beständigen Brandung. Von hier geht eine Fähre nach **Montague Island**, eine Stätte der Aborigines. Auf dem Weg nach Norden lohnt ein Abstecher zur Hauptstadt **Canberra**.

Zurück an der Küste bietet **Jervis Bay** Strände, Delfine und Nationalparks. Weiter gen Norden fährt man durch das nette **Kiama**, dann durch **Woolongong** zum Grand Pacific Drive. Südlich von Sydney warten die Klippen des **Royal National Park.**

Sydney! Das Opernhaus, eine Tour mit der Hafenfähre, Bondi Beach… Etwas Zeit sollte aber für die Ehrfurcht gebietende Landschaft der **Blue Mountains** bleiben.

Reiseplanung
Trips zum Great Barrier Reef

Das größte Riffsystem der Erde erstreckt sich über 2000 km und besteht aus lebenden Organismen: Das Great Barrier Reef beginnt am südlichen Wendekreis nahe Gladstone und endet südlich von Papua-Neuguinea. Das Naturspektakel kann auf vielerlei Arten erlebt werden. Wer taucht oder schnorchelt, sieht die Meereslebewesen und schillernden Korallen von Nahem, und vom Glasbodenboot aus lässt sich die Unterwasserwelt trockenen Fußes beobachten.

Reisezeit

Die Hauptsaison geht von Juni bis Dezember. Zwischen August und Januar ist die Unterwassersicht meist am besten.

Das nördliche Queensland (nördlich von Townsville) erlebt von Dezember bis März eine Regenperiode mit drückender Hitze und viel Niederschlag. Trockener und kühler wird's von Juli bis September.

Die Whitsundays sind generell ganzjährig ein prima Ziel. Trotz eventuell angenehmer Wärme braucht man dort im Winter (Juni–Aug.) gelegentlich einen Pullover. Südlich der Whitsundays kann der Sommer (Dez.–März) heiß und feucht sein.

Der Winter im südlichen und zentralen Queensland ist mild genug fürs Tauchen oder Schnorcheln mit Nassanzug.

Reiseziele

Es gibt viele beliebte, außergewöhnliche Ausgangspunkte, von denen aus man zum Riff gelangt. Achtung: Das Wetter oder neu aufgetretene Riffschäden können mitunter zu veränderten Bedingungen an einzelnen Orten führen.

Tiere beobachten
Auf Lady Elliot oder Heron Island Meeresschildkröten beim Schlüpfen beobachten; beim Kajakfahren vor Green Island nach Riffhaien, Schildkröten und Rochen ausschauen; auf Magnetic Island Koalas und auf Fraser Island Wildtiere entdecken

Schnorchelspots
Knuckle Reef, Hardy Reef und Fitzroy Reef, vor Magnetic Island oder den Whitsunday Islands

Aussicht von oben
Panoramaflüge ab Cairns, Hamilton und den Whitsunday Islands; über Airlie Beach mit dem Fallschirm abspringen

Segeln
Von Airlie Beach zu den Whitsundays segeln; das Agincourt Reef von Port Douglas aus erforschen.

Infos im Internet
Dive Queensland (www.divequeensland.com.au)
Great Barrier Reef Marine Park Authority (www.gbrmpa.gov.au)
Queensland Department of National Parks (www.nprsr.qld.gov.au)

Zugang vom Festland

Vom Festland gibt es mehrere Zugänge zum Great Barrier Reef; jeder bietet ein wenig andere Erlebnisse und Aktivitäten. Hier eine Übersicht in Süd-Nord-Richtung.

Agnes Water und **Town of 1770** sind top für alle, die den Menschenmassen entfliehen wollen. Von beiden Ortschaften führen Touren zur Fitzroy Reef Lagoon, die dank bislang beschränkter Besucherzahl zu den wenigsten berührten Bereichen des Riffs zählt. Die Lagune ist super zum Schnorcheln und auch vom Boot ein toller Anblick.

Gladstone ist etwas größer, aber immer noch recht klein. Es dient als nächster Zugang zu den südlichen Riffinseln, zu den Eilanden vor der Capricorn Coast und zu zahllosen Atollen (z. B. Lady Elliot Island) – super für Taucher und Schnorchler.

Airlie Beach ist eine Kleinstadt mit vielen Segelausrüstern. Hauptattraktion sind Bootstrips mit zwei oder mehr Bordtagen, die einige Korallen-Saumriffe der Whitsunday Islands zum Ziel haben. Egal ob die Finanzen null oder fünf Sterne zulassen: In Airlie gibt's etwas für jeden Geldbeutel und somit bestimmt eine passende Tour.

Townsville ist eine berühmte Ausgangsbasis für Tauchtrips. Hier macht man einen Abstecher zu den vielen Inseln und Winkeln des Riffs (4–5 Übernachtungen an Bord). Das Kelso Reef und das Wrack der *Yongala* sind besonders artenreich. Alternativ finden diverse Tagesausflüge mit Glasbodenbooten statt. Hier ist auch das **Reef HQ**, eine Aquariumversion des Great Barrier Reef.

Mission Beach liegt näher am Reef als alle anderen Zugangspunkte. Von dieser ruhigen Kleinstadt führen einige Boots- und Tauchausflüge zu Abschnitten des Außenriffs. Das Angebot ist so klein wie die Besucherzahl.

Cairns mit seiner verwirrenden Zahl von Anbietern ist der Hauptausgangspunkt für Touren zum Great Barrier Reef. Hier wird alles angeboten, von relativ günstigen Tagesausflügen auf großen Booten bis hin zu luxuriösen fünftägigen Charterfahrten in traulicher Atmosphäre. Das Spektrum deckt einen großen Teil des Riffs ab. Manche Firmen schippern nordwärts bis nach Lizard Island. Günstigere Trips gehen eher zu Innenriffen, die oft stärker beschädigt sind. In Cairns starten auch Panoramaflüge.

Port Douglas ist ein schicker Ferienort. Von hier aus geht's zu den Low Isles und zum Agincourt Reef, einem äußeren Barriereriff mit kristallklarem Wasser und schönen Korallen. Tauch-, Schnorchel- oder Bootstrips sind hier vornehmer und teurer als in Cairns, weniger Menschen sind hier ebenfalls. Vor Ort beginnen Panoramaflüge.

Cooktown ist in der Nähe von Lizard Island, aber während der Regenperiode (Nov.–Mai) machen Stadt und Tourveranstalter den Laden dicht.

Inseln

Über das ganze Riff verteilt liegen zahlreiche Inseln, die ein paar der tollsten Zugänge bilden. Diese Übersicht nennt die besten Eilande von Süden nach Norden.

Weitere Infos zu einzelnen Inseln sind in den Abschnitten „Whitsunday Coast", „Capricorn Coast", „Von Townsville nach Mission Beach", „Cairns" und „Von Port Douglas nach Cooktown" zu finden.

Lady Elliot Island hat ein Korallenatoll. Es ist das südlichste der Southern Reef Islands und mit ca. 57 Piepmatzarten ein Paradies für Vogelfans. Auch Meeresschildkröten vermehren sich auf Lady Elliot, der obendrein wohl besten Riff-Location zum Beobachten von Mantarochen. Die Insel ist zudem ein berühmtes Tauchrevier. Sie kann ansonsten per Tagesausflug ab Bundaberg besucht werden.

Heron Island ist ein ruhiges Korallenatoll inmitten eines riesigen Riffbereichs. Dieses Tauchermekka ermöglicht auch Riffwanderungen und Schnorcheln. Heron Island ist die Heimat von ca. 30 Vogelarten und Nistplatz von Grünen Meeresschildkröten sowie Unechten Karettschildkröten. Die Insel hat nur ein Resort mit entsprechenden Preisen.

Hamilton Island, der „Vater der Whitsundays", hat ein weitläufiges, familienfreundliches Resort mit guter Infrastruktur, aber das Flair ist nicht gerade traulich. Dafür starten hier viele Touren zum äußeren Riff. Von hier kann man Riffabschnitte besuchen, die vom Festland nicht zugänglich sind.

Hook Island ist eine der äußeren Whitsundays und von Riffen umgeben. Die Bade- und Schnorchelmöglichkeiten sind super. Die Insel bietet auch viele Buschwanderungen. Leichte Erreichbarkeit ab Airlie Beach und bezahlbare Unterkünfte machen sie zum Topziel für Budgetreisende.

Orpheus Island ist ein Nationalparkgebiet und eines der exklusivsten, friedvollsten Romantikrefugien des Riffs. Es eignet sich toll zum Schnorcheln: Direkt vom Strand aus geht's hinein in die farbenfrohe Unterwasserwelt. Gruppen von Saumriffen sorgen zudem für viele Tauchmöglichkeiten.

Green Island ist ein weiteres echtes Korallenatoll des Great Barrier Reef. Seine umliegenden Saumriffe zählt man zu den schönsten der Welt: Die Tauch- und Schnorchelspots sind ziemlich spektakulär. Das ganze Eiland ist Nationalparkgebiet und von dichtem Regenwald bedeckt. Es gibt hier eine üppige Vogelwelt.

Riff-Highlights

0 — 200 km

REISEPLANUNG TRIPS ZUM GREAT BARRIER REEF

CAIRNS

Wer von Cairns losfährt, kann die hübsche Green Island mit ihren Regenwäldern und dem umliegenden Riff besichtigen. Wer aufs Geld achten muss, macht nur einen Tagesausflug nach Fitzroy und/oder Green Island. (S. 478)

MISSION BEACH

Am Mission Beach lässt es sich wunderbar entspannen, z. B. bei einem Spaziergang durch den Regenwald. Übernachten kann man auf der nahen Dunk Island, wo man auch prima baden, Kajak fahren und wandern kann. (S. 468)

TOWNSVILLE

In Townsville kann man das Reef HQ besuchen; erfahrene Taucher haben die Möglichkeit, eine Bootstour zum Wrack der SS *Yongala* zu buchen. (S. 451)

WHITSUNDAYS

Von Airlie Beach aus lassen sich die weißen Strände der Whitsundays und die umliegenden Korallenriffe im Rahmen einer Tour oder eines Segeltörns besuchen. (S. 434)

TOWN OF 1770

Von Town of 1770 kann man einen Tagesausflug zur Lady Musgrave Island unternehmen und die Korallen vom Halbtauchboot aus betrachten. Geschnorchelt oder getaucht wird in in einer unberührten blauen Lagune. (S. 407)

Karte: Port Douglas, Green Island, Cairns, Fitzroy Island, Innisfail, Tully, Mission Beach, Dunk Island, Hinchinbrook Island, Ingham, Magnetic Island, Townsville, Charters Towers, Bowen, Airlie Beach, Hamilton Island, Lindeman Island, Mackay, Great Barrier Reef, Whitsunday Islands, Korallenmeer, Südlicher Wendekreis, Emerald, Rockhampton, Great Keppel Island, Gladstone, Town of 1770, Bundaberg, Hervey Bay, Maryborough, Fraser Island, Miles, Noosa

Lizard Island ist einsam, schroff und der ideale Rückzugsort. Hier gibt's einen Ring aus weißen Stränden, blaues Meer und wenige Touristen. Auch Australiens wohl bekanntester Tauchspot namens Cod Hole liegt auf Lizard Island, wo man mit friedlichen, bis zu 60 kg schweren Gefleckten Riesenzackenbarschen schwimmen kann. Pixie Bommie heißt eine weitere geschätzte Tauchstelle.

Tauchen & Schnorcheln

Getaucht und geschnorchelt wird hier oft vom Boot aus. Von manchen Stränden am Great Barrier Reef kann man aber direkt zu tollen Riffen marschieren. Alle Bootsausflüge beinhalten normalerweise kostenlose Schnorchelausrüstung. Meistens wird insgesamt drei Stunden lang der Meeresboden erkundet. Bei Trips mit Übernachtung an Bord (engl. *live-aboards*) lassen sich die Riffe natürlich intensiver und flächendeckender erkunden. Wer keinen Tauchschein hat, kann oft an geführten Einführungstauchgängen teilnehmen. Diese Unterwassertouren werden von erfahrenen Tauchern geleitet. Vorab gibt's eine Belehrung in Sachen Sicherheit und Ablauf. Ein Fünftageskurs der PADI (Professional Association of Diving Instructors) oder ein „Buddy" sind nicht vonnöten.

Praktisch & Konkret

Der letzte Tauchgang sollte spätestens 24 Stunden vor Flügen (auch per Ballon oder Fallschirmsprüngen) beendet sein. So wird das Risiko minimiert, durch Reststickstoff im Blut Dekompressionserscheinungen zu entwickeln. Ein Tauchgang gleich nach der Ankunft per Flieger ist möglich.

Man sollte ermitteln, ob die eigene Versicherungspolice Tauchen als gefährliche Sportart einstuft und nicht abdeckt. Gegen einen Jahresbeitrag bietet das Divers Alert Network (DAN; www.diversalertnetwork. org. Notfall-Hotline: ☏919 684 9111) eine Versicherung an, die Evakuierungs- und Behandlungskosten bei Tauchunfällen trägt.

Die Sicht unter Wasser reicht in Küstengewässern 1 bis 3 m, mehrere Kilometer vor der Küste 8 bis 15 m. Am Außenrand des Great Barrier Reefs beträgt sie 20 bis 35 m und im Korallenmeer 50 m.

Im Norden liegt die Wassertemperatur ganzjährig bei 24 bis 30 °C. Gen Süden fällt sie und sinkt im Winter auf 20 °C.

Top-Tauchspots am Riff

Das Great Barrier Reef bietet einige der besten Tauchspots der Welt.

SS Yongala Ein versunkenes Schiffswrack, das seit mehr als 90 Jahren eine lebendige Gemeinschaft von Meeresbewohnern beheimatet.

NACHHALTIGER TOURISMUS AM RIFF

Vor Ausflügen zum extrem sensiblen Great Barrier Reef ist es unverzichtbar, sich gezielt über verantwortungsbewusstes Verhalten am Riff zu informieren.

➡ Egal wohin man geht: Allen Müll (auch biologisch Abbaubares wie Apfelgehäuse) mitnehmen und korrekt an Land entsorgen!

➡ Das Beschädigen oder Entfernen von Korallen im Schutzgebiet ist eine Straftat.

➡ Korallen nie berühren: Jeder Kontakt beschädigt sie, und man kann sich verletzen.

➡ Meereslebewesen nicht berühren oder bedrängen.

➡ Beim Betrieb eigener Boote unbedingt die Ankervorschriften bzw. -verbote *(no anchoring areas)* im Riffbereich beachten, um Korallenschäden zu vermeiden.

➡ Beim Tauchen sicherstellen, dass die Gewichte korrekt bemessen sind und die Tarierweste das Riff nicht berührt; außerdem darauf achten, dass Ausrüstungsteile wie Sekundärregler oder Druckmesser nicht über die Korallen schleifen.

➡ Beim Schnorcheln vor allem als Anfänger zunächst so lange abseits der Korallen üben, bis die Bewegung im Wasser sicher kontrolliert werden kann.

➡ Neoprenanzug leihen statt Sonnencreme auftragen – diese beschädigt das Riff.

➡ Mit den Flossen keine Sedimente aufwirbeln oder Korallen zerstören.

➡ Nie nahe einer Seekuh (Dugong) ins Wasser gehen, schwimmen oder tauchen.

➡ Beim Muschelsammeln die Mengen- und Artenschutzbeschränkungen beachten.

TOP-SCHNORCHELSPOTS

Nichttaucher könnten sich fragen, ob es sich lohnt, das Great Barrier Reef „nur zum Schnorcheln" zu besuchen. Die Antwort ist „ja": Viele der üppigen, bunten Korallen sind leicht zugänglich – sie wachsen dicht unter der Wasseroberfläche, da sie zum Gedeihen helles Sonnenlicht brauchen. Die besten Schnorchelspots auf einen Blick:

- Fitzroy Reef Lagoon (Town of 1770)
- Heron Island (Capricorn Coast)
- Great Keppel Island
- Lady Elliot Island (Capricorn Coast)
- Lady Musgrave Island (Capricorn Coast)
- Hook Island (Whitsundays)
- Hayman Island (Whitsundays)
- Lizard Island (Cairns)
- Border Island (Whitsundays)
- Hardy Reef (Whitsundays)
- Knuckle Reef (Whitsundays)
- Michaelmas Reef (Cairns)
- Hastings Reef (Cairns)
- Norman Reef (Cairns)
- Saxon Reef (Cairns)
- Green Island (Cairns)
- Opal Reef (Port Douglas)
- Agincourt Reef (Port Douglas)
- Mackay Reef (Port Douglas)

Cod Hole Mit Gefleckten Riesenzackenbarschen.

Heron Island Farbenfrohe Fischschwärme direkt vor dem Strand.

Lady Elliot Island Mit 19 berühmten Tauchspots.

Pixie Bommie Nachttauchgänge offenbaren die „dunkle Seite des Riffs".

Bootsausflüge

Wer nicht auf einer Insel des Great Barrier Reef urlaubt, muss dessen Schönheit per Bootsausflug kennenlernen. Tagestrips starten an Inselresorts und in vielen Orten an der Küste. Sie beinhalten meist das Benutzen von Schnorchelausrüstung, Snacks, ein Mittagsbuffet und Tauchen als Extra. Manchmal halten auch Meeresforscher an Bord einen Vortrag zur Riffökologie.

Bootsausflüge unterscheiden sich in puncto Passagierzahl, Schiffstyp und Qualität, was sich im Preis zeigt. Vor der Entscheidung heißt's möglichst alle Details ermitteln. Auswahlkriterien wären z. B. Bootstyp (Motorkatamaran od. Segelboot), Passagierzahl (6–400), Ziel und eventuelle Extras. Außenriffe sind in der Regel weniger berührt, Innenriffe oft durch Menschenhand, Korallenbleiche oder korallenfressende Dornenkronenseesterne beschädigt. Einige Veranstalter organisieren Fahrten mit Halbtauch- und Glasbodenbooten.

Viele Boote verleihen Unterwasserkameras, die jedoch an Land günstiger auszuleihen sind. Oder man benutzt seine eigene Unterwasserkamera bzw. ein wasserdichtes Gehäuse. Teilweise sind auch Profifotografen mit an Bord, die Taucher begleiten und sie mit hoher Qualität ablichten.

Übernachten an Bord

Wer viel tauchen will, sollte *live-aboards* wählen: Man kann drei Tauchgänge bei Tageslicht machen und bei Gelegenheit nachts tauchen. Solche Exkursionen führen oft zu entlegeneren Bereichen des Riffs und beinhalten ein bis zwölf Übernachtungen. Zu den am häufigsten angebotenen Touren gehören Dreitagestrips mit drei Übernachtungen und bis zu elf Tauchgängen.

Ein genauer Check der Optionen lohnt sich: Einige Boote stimmen ihre Fahrten auf bestimmte Meereslebewesen (z. B. Zwergwale) oder die Korallenblüte ab. Andere besuchen entlegenere Reviere wie Pompey Complex, Coral Sea Reefs, Swain Reefs oder die Riffe im äußersten Norden.

Anbieter sollten zu Dive Queensland gehören, was einen Mindeststandard garantiert. Top ist ein Zertifikat von Ecotourism of Australia (www.ecotourism.org.au).

Beliebte Startpunkte von Übernachttrips inklusive Zielen, die besucht werden:

Bundaberg – Bunker Island Group mit Lady Musgrave und Lady Elliot Island; eventuell Fitzroy Reef, Llewellyn Reef und das kaum besuchte Boult Reef oder Hoskyn und Fairfax Island.

1770 – Bunker Island Group.

Gladstone – Swain Reefs und Bunker Island Group.

Mackay – Lihou Reef und Korallenmeer.

Airlie Beach – Whitsundays, Knuckle und Hardy Reef.

Townsville – Wrack der *Yongala* plus Canyons von Wheeler und Keeper Reef.

Cairns – Cod Hole, Ribbon Reefs, Korallenmeer und eventuell die Riffe im äußersten Norden.

Port Douglas – Osprey Reef, Cod Hole, Ribbon Reefs, Korallenmeer und die Riffe im Norden.

Tauchkurse

In Queensland kann man vielerorts tauchen lernen, Auffrischungskurse belegen oder seine Fähigkeiten ausbauen. Örtliche Tauchkurse haben hohe Standards. Alle Schulen vergeben Zertifikate der PADI (Professional Association of Diving Instructors) oder der SSI (Scuba Schools International). Wesentlich wichtiger als die Wahl des jeweiligen Zertifikat ist jedoch ein guter Tauchlehrer. Somit heißt's vor der Entscheidung für einen bestimmten Kurs unbedingt örtliche Empfehlungen einholen und den Tauchlehrer kennenlernen.

Cairns zählt zu den beliebtesten Orten für Tauchkurse. Dort gibt's z. B. günstige Varianten (4 Tage ab 490 AU$), die Pooltraining und Rifftauchen kombinieren. Am anderen Ende der Skala stehen intensivere Optionen mit Rifftauchen und Übernachtung (5 Kurstage inkl. 3 Tagen/2 Nächten an Bord kosten ab 700 AU$).

Auch hier geht's nach dem Tauchunterricht hinaus zum Great Barrier Reef: Airlie Beach, Bundaberg, Hamilton Island, Magnetic Island, Mission Beach, Port Douglas und Townsville.

Camping am Riff

Inselcamping ist eine einzigartige und günstige Methode, das Great Barrier Reef kennenzulernen: Man erlebt so Tropenidylle zum Bruchteil des Preises eines Fünf-Sterne-Inselresorts, das eventuell direkt neben dem Campingplatz liegt. Dessen Ausstattung kann von praktisch null bis zu Duschen, WCs, Picknicktischen und Infotafeln reichen. Die Abgeschiedenheit der meisten Inseln macht eine gute Vorbereitung auf allgemeine und medizinische Notfälle unerlässlich. Unabhängig vom Ziel muss man sich komplett selbst versorgen können und eigene Nahrungsmittel sowie Wasser mitbringen (5 l pro Tag). Da sich Abholtermine oft wetterbedingt verschieben, sind Zusatzvorräte für vier Tage empfehlenswert.

Man darf nur an ausgewiesenen Stellen campen, nur markierte Wege benutzen und muss alles Mitgebrachte wieder mitnehmen. Wegen des Feuerverbots ist ein Gas- oder anderer Campingkocher nötig.

Campinggenehmigungen für Nationalparks kann man im Voraus online über das Queensland Department of National Parks (☏ 13 74 68; www.nprsr.qld.gov.au) buchen. Unsere Favoriten:

Whitsunday Islands Über Hook, Whitsunday und Henning Island verteilen sich fast ein Dutzend herrlich gelegener Campingareale.

Capricornia Cays Stellplätze auf drei separaten Korallenatollen: Masthead Island, North West Island und das fantastische, unbewohnte Lady Musgrave Island für maximal 40 Camper.

Dunk Island Halb Resort, halb Nationalpark mit prima Bade-, Kajak- und Wandermöglichkeiten.

Fitzroy Island Resort plus Nationalpark mit Buschwanderpfaden und Korallen vorm Strand.

Frankland Islands Inselgruppe vor Cairns mit Korallen-Saumriffen und weißen Sandstränden.

Lizard Island Super Strände, klasse Korallen und riesige Tierwelt; aber die meisten Besucher kommen per Flieger.

Orpheus Island Abgeschiedene Insel mit hübschem Tropenwald und herrlichem Saumriff; per Flieger erreichbar.

Abseilen, Glass House Mountains National Park (S. 368)

Reiseplanung
Outdoor-Aktivitäten

Neben dem Great Barrier Reef hat die Ostküste viele Inseln, schroffe Berge und uralte Regenwälder zu bieten. Tauchen und Schnorcheln sind hier tägliche Vergnügen, und die Surfspots haben Weltklasse-Niveau. Hinzu kommen andere Highlights wie Segeln oder Walbeobachtungen. An Land kann man wandern oder klettern; Adrenalinjunkies wählen Abseilen oder Fallschirmspringen.

Top-Aktivitäten

Beste Wanderreviere
Blue Mountains

Dorrigo National Park

Wilsons Promontory

Croajingolong National Park

Springbrook National Park

Wildtiere beobachten
Pinguine auf Phillip Island

Wale vor Hervey Bay

Kasuare im Daintree Rainforest

Meeresschildkröten bei Mon Repos

Krokodile am Daintree River

Zu Lande

Wandern

Die vielen tollen *bushwalks* (Buschwanderwege) der Ostküste weisen alle erdenklichen Längen, Schwierigkeitsgrade und Einrichtungsstandards auf. Die Nationalparks bzw. State Forests an der Küste und in deren Hinterland zählen zu den besten Wanderrevieren. Zudem sind sie oft leicht von den Großstädten aus erreichbar.

Gewandert wird hier das ganze Jahr über – während der Sommermonate am liebsten im Südosten. Im Großteil Queenslands geht die beste Wanderzeit von April bis September – danach wird's zu heiß.

Beste Wanderreviere

Zu den besten Wanderrevieren in NSW gehören die Blue Mountains, der Ku-ring-gai Chase National Park und der Royal National Park in New South Wales. Victoria wartet mit dem Wilsons Promontory National Park, dem Croajingolong National Park und dem Küstenstreifen entlang der Great Ocean Road auf. In Queensland empfehlen sich Hinchinbrook Island, der Springbrook National Park und der D'Aguilar Range National Park. Der Wooroonooran National Park südlich von Cairns erwartet Gipfelstürmer mit Queenslands höchstem Berg (Mt. Bartle Frere; 1622 m).

Wer Wandern mit Surfen und einer Sojamilch-Latte kombinieren will, begibt sich am besten direkt nach Sydney: Dort gibt's den Manly Scenic Walkway und den herrlichen, halb urbanen Bondi to Coogee Coastal Walk.

Bücher & Infos im Internet

Walking in Australia von Lonely Planet liefert Details zu 60 verschieden langen Wanderrouten in ganz Australien. Die Bücherserie *Take a Walk* (www.takeawalk.com.au) deckt u. a. die Blue Mountains, den Südosten Queenslands und Victorias Nationalparks ab. Speziell um den tropischen Norden geht's in den Titeln der Reihe *Tropical Walking Tracks* (www.footloosebooks.com.au).

Infos zu regionalen Wanderungen:

Bushwalking NSW (www.bushwalking.org.au)

Bushwalking Queensland (www.bushwalkingqueensland.org.au)

Bushwalking Victoria (www.bushwalkingvictoria.org.au)

Radfahren & Mountainbiken

Touren auf den vielen Radrouten der Ostküste können ganze Tage und Wochenenden oder sogar mehrere Wochen dauern: Das (zumeist) flache Terrain wird häufig von der Sonne verwöhnt. Alternativ kann man sich in Großstädten einfach einen Drahtesel für ein paar Stunden leihen.

Beim Mieten eines Straßenrads oder Mountainbikes (10–15 AU$/Std., 25–50 AU$/Tag) wird zusätzlich eine Kaution fällig (je nach Leihdauer 50–200 AU$).

> **GREAT WALKS OF QUEENSLAND**
>
> Dieses 16,5 Mio. AU$ schwere Projekt zur Erschaffung von Weltklasse-Wanderwegen umfasst beinahe magische Routen, die z. B. über Fraser Island und die Whitsundays oder durch das Hinterland der Sunshine bzw. Gold Coast führen. Umfassende Details zu den Ten Great Walks (inkl. Karten, Wegbeschreibungen und Buchungsmöglichkeiten für Stellplätze) gibt's im Internet unter www.nprsr.qld.gov.au/experiences/great-walks.

Three Sisters (S. 110), Blue Mountains

Unter www.bicycles.net.au finden sich Links zu Radfahrorganisationen in den einzelnen Bundesstaaten bzw. Territorien. *Cycling Australia* von Lonely Planet liefert weitere Infos.

Tierbeobachtung

Die einheimische Tierwelt ist einer von Australiens größten Besuchermagneten. Nationalparks eignen sich am besten, um die Fauna der Ostküste zu bewundern. Aller-

---

SEGELN

Gleich nach dem Surfen ist Segeln die beliebteste Aktivität auf dem Meer vor Australiens Ostküste. So gibt's hier eine eigene wohlhabende Jachtclub-Szene und sogar ein regionales Migrationsmuster: Im Winter folgen die Bootsbesitzer dem wärmeren Wetter gen Norden.

Beste Segelreviere

In NSW besteht eine untrennbare, historische Verbindung zwischen Booten und dem Sydney Harbour: Sydney zählt zu den großen Seefahrtsstädten der Welt. Den einfachsten Blick aufs Meer erlauben hier Fährpassagen hinüber nach Manly oder Balmain. Hinzu kommen Hafenrundfahrten und mietbare Jachten. Ansonsten herrscht starker Segelbetrieb auch in Port Stephens, Jervis Bay und Ballina.

In Queensland sind die malerischen Whitsunday Islands ein zauberhaftes Segelrevier: In Airlie Beach kann man an ein- und mehrtägigen Törns teilnehmen oder gleich seinen eigenen Kahn chartern. Auch in Cairns oder Port Douglas gibt's Mietboote und geführte Touren – so lassen sich z. B. das Great Barrier Reef und einige Inseln vor Queenslands äußerster Nordküste erkunden.

In Victoria zieht es städtische Skipper zu den Segelclubs rund um die Port Phillip Bay. Ebenfalls bei Seglern beliebt sind die riesigen Gippsland Lakes und das Mallacoota Inlet nahe der Grenze zu NSW.

dings sind viele Arten nachtaktiv (Taschenlampe nicht vergessen!). Viele verschiedene Habitate und Spezies (vor allem Wasservögel) machen Australien auch zum Paradies für Vogelbeobachter. Sogar die meisten Aussies wären verblüfft, zu erfahren, dass Canberra im ACT die bunteste Vogelwelt aller australischen Großstädte hat.

In NSW liegen z. B. der Dorrigo National Park (NSW) mit 120 verschiedenen Federträgern und der Border Ranges National Park mit einem Viertel aller australischen Vogelarten. Im Umkreis von Port Macquarie tummeln sich zahllose Koalas.

Victoria punktet mit den sehenswerten Pinguinen von Phillip Island und dem äußerst artenreichen Wilsons Promontory National Park (dort scheint es z. T. mehr Wombats als Menschen zu geben).

In Queensland kann man nach Vögeln (Cape Tribulation), Koalas (Magnetic Island), Dingos (Fraser Island), Walen (Hervey Bay), Meeresschildkröten (Mon Repos bei Bundaberg), Krokodilen und Kasuaren (jeweils Daintree Rainforest) spähen.

Abseilen, Canyoning & Klettern

Vor allem bei Katoomba bieten die Blue Mountains in NSW Top-Möglichkeiten zum Klettern, Schluchteln und Abseilen. Zahlreiche Profi-Veranstalter bieten dort Leihausrüstung, Kurse und geführte Klettertrips an. Wilsons Promontory in Victoria ist ebenfalls ein hervorragendes Kletterrevier.

Zu Wasser

An den Ostküstenständen dreht sich nicht alles nur um Sonne, Sand und das Waten in knöcheltiefem Wasser: Gleichzeitig warten hier noch viele wesentlich aktivere Zeitvertreibe. Im Folgenden werden die wichtigsten davon detailliert vorgestellt. Parallel ist **Jetskifahren** in Batemans Bay (NSW) und in Cairns oder Southport an der Gold Coast (jeweils Queensland) möglich. **Parasailing** wird am Sydney Harbour und auf der Mornington Peninsula (Victoria) angeboten – ebenso in Cairns und Rainbow Beach oder an den Stränden der Gold Coast (jeweils Queensland). Wer in New South Wales **Stehpaddeln** ausprobieren möchte, kann dies in Sydney (Manly und Cronulla), Jervis Bay oder Newcastle tun. Queensland bietet entsprechende Möglichkeiten in Noosa und an der Gold Coast; in Victoria empfehlen sich die Mornington Peninsula und Melbourne (St. Kilda).

Surfen

Die Südhälfte der Ostküste strotzt nur so vor Point Breaks und sandigen Brandungssträusen. Nördlich von Agnes Water in Queensland schirmt das Great Barrier Reef die Küste jedoch von der Pazifikdünung ab. Ambitionierte Einsteiger finden vor Ort jede Menge gute Wellen, Leihbretter und Kursangebote – vor allem in Sydney oder Byron Bay (NSW), an der Gold Coast (Queensland) und entlang der Great Ocean Road (Victoria).

Beste Surfspots

Die Ostküste ist quasi ein einziger langgestreckter *Endless Summer:* Ein Surfbreak hinter dem anderen türmt sich hier an der Küste auf. Unsere Favoriten sind die folgenden Spots:

New South Wales
➡ Bondi Beach
➡ Byron Bay
➡ Crescent Head

Queensland
➡ The Superbank
➡ Burleigh Heads
➡ North Stradbroke Island

Victoria
➡ Bells Beach
➡ Point Leo, Flinders, Rye und Portsea
➡ Torquay und viele Stellen entlang der Great Ocean Road

> **NASSE HIGHLIGHTS**
>
> ➡ Tauchen und Schnorcheln am Great Barrier Reef
> ➡ Surfen in Bondi Beach, Byron Bay oder Noosa
> ➡ Segeln an den Whitsundays
> ➡ Kajakfahren bei North Stradbroke Island
> ➡ Fährtrips auf dem Sydney Harbour

REISEPLANUNG OUTDOOR-AKTIVITÄTEN

Oben: Trainierende Rettungsschwimmer, Cronulla (S. 63)

Unten: Segelboote, Port Phillip Bay, Melbourne (S. 218)

> **BUNGEEJUMPING & FALLSCHIRMSPRINGEN**
>
> Wette verloren? Mutig? Oder nur total verrückt? Dann auf nach Cairns zum Bungeejumping, das weniger Tapfere auch mit „Dschungelschaukeln" für mehrere Personen wagen können. Wer lieber aus einem Flugzeug hüpft, kann dies beim Fallschirmspringen in Byron Bay, Caloundra, Surfers Paradise, Brisbane, Airlie Beach, Mission Beach oder Cairns tun. Die meisten Interessenten starten mit ca. 30 Freifallsekunden aus 2743 m Höhe. Bei der verschärften Version aus 4267 m Höhe dauert die Phase des freien Falles bis zu einer Minute.

Tauchen & Schnorcheln

Selbst wenn das Great Barrier Reef nicht nahe vor der Ostküste liegen würde, wären die hiesigen Tauch- und Schnorchelmöglichkeiten immer noch Weltklasse: Korallenriffe, Schiffswracks und viele Bewohner gemäßigter, subtropischer oder tropischer Meereszonen sorgen regional für eine reizvolle Unterwasserlandschaft.

Das Tauchen ist ganzjährig möglich. In Queensland sollte man jedoch die Regenzeit (*The Wet*; Dez.–März) meiden, wenn Einspülungen durch Hochwässer die Unterwassersicht auch mal trüben können. Zwischen November und Mai treten außerdem vermehrt gefährliche Würfelquallen (sogenannte *stingers*) nördlich von Agnes Water auf.

Tauchkurse

Alle größeren Ostküsten-Orte haben Tauchschulen. Allerdings variieren deren Standards – darum ist eine entsprechende Recherche vor dem verbindlichen Anmelden sehr sinnvoll. Billiganbieter konzentrieren sich zumeist aufs Strandtauchen. Teurere Firmen veranstalten z. T. mehrtägige Bootstrips mit Übernachtungen an Bord. Mehrtägige PADI-Freiwasserkurse kosten überall 400 bis 800 AU$. Eintägige Einführungen gibt's ab ca. 200 AU$.

Bereits zertifizierte Taucher bezahlen für Zweiflaschentauchgänge etwa 150 bis 200 AU$ (inkl. Leihgerät). Tauchshops verleihen Schnorchelausrüstung (Schnorchel, Maske, Flossen) für ca. 30 bis 50 AU$.

Beste Tauchspots

In NSW kann man entlang der ganzen Küste tauchen (inkl. Sydney, Byron Bay, Jervis Bay, Coffs Harbour und Narooma). Das nur einen Tagestrip entfernt liegende Great Barrier Reef macht Queensland zum Taucherparadies: Die meisten Schnorchel- und Tauchtouren starten hier in Cairns oder Port Douglas. Auch in Mooloolaba, Rainbow Beach und Bundaberg lassen sich Tauchausflüge organisieren – ebenso auf North Stradbroke oder Moreton Island. In Victoria empfehlen sich der Bunurong Marine Park (Gippsland) und Port Campbell an der Great Ocean Road.

Kanu- & Kajakfahren

Kanus und Kajaks ermöglichen Trips in ansonsten unerreichbare Ecken. Unterwegs kann man dichte Mangrovenzonen, Flussmündungen oder -schluchten, einsame Inselstrände und Meeresarme in entlegener Wildnis erkunden. Zu den Paddelrevieren in NSW zählen der Sydney Harbour, Byron Bay, Coffs Harbour, Port Stephens und Jervis Bay. In Queensland empfehlen sich Mission Beach, Magnetic Island, Noosa und die Whitsundays. In Victoria kann man z. B. im Großraum Melbourne das Paddel schwingen (auf dem Yarra River) – ergänzt durch geführte Touren rund um Apollo Bay, Phillip Island, Wilsons Promontory und Gippsland.

Rafting

Die mächtigen Flüsse Tully, North Johnstone und Russell zwischen Townsville und Cairns zählen zu Queenslands bekanntesten Raftingstrecken. Am beliebtesten davon ist der Tully mit seinen 44 Stromschnellen der Grade III bis IV. In Victoria empfiehlt sich der Snowy River, in New South Wales der malerische Goolang River bei Coffs Harbour (Grad II–III). Ganztägige Raftingtrips kosten ca. 200 AU$.

Australiens Ostküste im Überblick

Sydney & die Central Coast

Strände
Essen
Wildnis

Surfen in Sydney
Sydneys Surferstrände sind herausragend. Bondi ist der Name, der jedem dazu einfällt, aber auf den Wellen hier wird es eng. Südlich in Maroubra oder Cronulla oder nördlich in Manly hat man noch mehr Ellbogenfreiheit.

Sydneys „Mod Oz"
Modern Australian, oder „Mod Oz" heißt hier die kulinarische Devise – eine panpazifische Fusion von Stilen und Zutaten mit jeder Menge vor Ort gefangener Meeresfrüchte. Mit Hafenblick serviert ist das eine Gewinner-Kombination.

Nationalparks
Hier gibt es einige der besten Nationalparks Australiens. Um Sydney herum liegen der Royal National Park mit tollen Wanderwegen und Stränden, der Ku-ring-gai Chase National Park mit seinen Gewässern und wilden Tieren und der Wollemi National Park in den Blue Mountains mit seinen ausgedehnten Wäldern.

S. 48

Byron Bay & Nördliches NSW

Nachtleben
Surfen
Kleine Städte

Ausgehen in Byron
Byron Bay hat Bars und Pubs für jeden Tag der Woche, seien es Bierkneipen, Pubs mit Livemusik oder klassische Weinstuben. Was darf's denn sein?

Surfen an der Nordküste
Das Wasser ist warm, und perfekt getimte Wellen rollen an die legendären Surfspots der Nordküste wie der Pass in Byron Bay und Lennox Head.

Nimbin & Bangalow
Ein kurzer Abstecher ins Hinterland von Byron Bay führt zu einigen interessanten kleinen Städten: in Nimbin spaziert man durch die Rauchschwaden der Hippies, im stilvollen (aber schlichten) Bangalow gibt es Mittagessen in einem Pub.

S. 127

Canberra & Südküste von NSW

Geschichte & Kultur
Strände
Politik

Canberras Museen
Man hat die Wahl zwischen der National Gallery mit ihrer prachtvollen Aborigines-Kunst, den einfallsreichen Ausstellungen im National Museum, dem bewegenden War Memorial und der National Portrait Gallery.

Strände der Südküste
Das südliche NSW bietet eindrucksvolle weiße Sandstrände mit verlässlicher Brandung und (das ist das beste) keine Fußspuren außer den eigenen.

Parliament House
Wie wär's mit der Fragestunde im Parliament House oder einem Besuch im Old Parliament House? Hier gibt's das Museum of Australian Democracy.

S. 181

Melbourne & Victorias Küste

**Buschwandern
Essen
Strände**

Wandern im Wilsons Prom

Der Wilsons Promontory National Park bietet alles von kurzen Ausflügen am Strand entlang bis zu mehrtägigen Rundwegen.

Essen in Melbourne

Melbourne ist ein Paradies für Feinschmecker: Obst- und Gemüsemärkte, künstlerisch angehauchte Cafés und schicke Restaurants, alles getränkt mit dem Multikulturalismus, der typisch ist für diese Stadt.

Die Great Ocean Road

Das Wasser ist kühl, aber hier findet man einige der schönsten Strände des Landes, von den großen Brandungswellen am Bells Beach bis zur sanften Bucht in Lorne und den Wogen rund um Port Campbell.

S. 217

Brisbane & Umgebung

**Essen
Stadtviertel
Nachtleben**

Café-Kultur

Brisbane ist heiß und feucht, aber trotzdem kann man hier eine dampfende Tasse Gourmetkaffee genießen. Coole Cafés gibt's viele, dazu eine Handvoll hochwertiger örtlicher Röstereien.

Brisbanes West End

Brisbane besteht aus einem dichten Netz verschiedener Stadtviertel: unser Favorit ist das unkonventionelle West End mit seinen Buchläden, Bars, Livemusik-Veranstaltungen und vielen Möglichkeiten, günstig zu essen.

Brisbanes kleine Bars

Es hat etwas gedauert, aber nun beteiligt sich auch Brisbane mit kleinen Billigkneipen und zusammengedrängten Ladenfronten überall in der Stadt an diesem australienweiten Boom.

S. 298

Gold Coast

**Surfen
Nachtleben
Wildnis**

Surfers Paradise

Der Strand hier ist einer der besten Orte in Australien um Surfen zu lernen. Wer's schon kann, wagt sich auch in die größeren Herausforderungen der Wellen um Burleigh Heads und Kirra.

Clubs, Pubs & Bars

Nirgendwo an der Gold Coast – von den pulsierenden Clubs in Surfers Paradise bis zu den lärmenden Pubs nahe der Brandung in Coolangatta – ist man weit von einem kalten Bier entfernt.

Nationalparks

Wer ins Hinterland der Gold Coast hinaufsteigt, entdeckt einige brillante Nationalparks: Springbrook, Lamington und Tamborine bieten Wasserfälle, Wanderungen und den unaufhörlichen Gesang der Vögel.

S. 337

Noosa & die Sunshine Coast

**Surfen
Essen
Natur**

Surfen an der Sunshine Coast

Das entspannte Surfer-Ethos der Sunshine Coast durchzieht Straßen und Strände, und überall an der Küste kann man sich auf gute Brandung und warme Wellen verlassen.

Kulinarisches in Noosa

Wer sich im Lauf des Tages nur entscheiden muss, wo Frühstück, Mittag- und Abendessen einzunehmen sind, der ist wirklich im Urlaub. Willkommen in Noosa!

Der Noosa National Park

Vom Südpazifik umspült, mit fotogenen Stränden, die bis zu Hügeln hinaufreichen, die mit dichtem Busch bewachsen sind – der offen zugängliche Noosa National Park ist perfekt zum Buschwandern.

S. 358

Fraser Island & Fraser Coast

Inseln
Meeresleben
Kleine Städte

Fraser Island

Fraser Island beherbergt ein einzigartiges Ökosystem, das verdammt nah am Paradies ist. Ein Tagesausflug weckt nur den Appetit – man sollte übernachten.

Walbeobachtung

Vor der Küste von Hervey Bay kann man wandernde Buckelwale bestaunen. Wenn sie am Boot längsseits gehen, ein Auge über dem Wasser, fragt man sich, wer wen beobachtet.

Rainbow Beach & Childers

Diese beiden kleinen Städtchen, eines an der Küste, eines im Landesinneren, sind absolute Schönheiten: Rainbow Beach wegen seiner Klippen, Childers wegen seiner ländlichen Atmosphäre und historischen Architektur.

S. 383

Capricorn Coast & Southern Reef Islands

Tauchen & Schnorcheln
Inseln
Outback-Zugang

Southern Reef

Man kann eine Schnorcheltour zum Riff buchen oder eine Koje auf einem Tauchkreuzfahrtschiff. Oder man schlägt gleich auf einer Insel sein Lager auf.

Lady Elliot Island

Die winzige Insel eignet sich hervorragend zum Schnorcheln, die Riffe beginnen direkt vor dem Strand. Der Ferienort ist ökologisch ausgerichtet und der Flug hierher eine Panoramareise.

Rockhampton

Nur 40 km von der Küste entfernt gibt Australiens „Rindfleisch-Hauptstadt" einen Vorgeschmack auf den Busch. Weiter westlich bietet der Aufenthalt auf einer Rinderfarm Einblicke in das Leben im Outback.

S. 406

Whitsunday Coast

Inseln
Segeln
Nachtleben

Whitsundays

Hier hat man die Qual der Wahl: der Archipel ist mit seinen 74 tropischen Schönheiten wirklich bemerkenswert. Es gibt viele Möglichkeiten, die Inseln kennenzulernen – man kann z.B. buschwandern, mit dem Kajak herumpaddeln oder auf einer Jacht faulenzen.

Inselhüpfen

Die absolut klaren Gewässer rund um die Whitsundays wären unvollständig ohne schneeweiße Segel im Bild. Von Bord einer Jacht aus findet man seine perfekte Insel bestimmt.

Airlie Beach

Der wichtigste Startpunkt für Touren durch die Inseln ist Airlie Beach, eine Partystadt voller Partymenschen. Nach Anbruch der Dunkelheit trifft man sich in den Bars.

S. 424

Townsville bis Mission Beach

Küstenlinie
Natur
Architektur

Tolle Strände

Zwischen dem von Palmen beschatteten Strand von Townsville und Flying Fish Point bei Innisfail liegen an der Küste riesige Strände wie Mission Beach ebenso wie versteckte Buchten wie Etty Bay.

Nationalparks

Die Nationalparks der Region bieten Möglichkeiten zum Wandern, Campen, Schwimmen und Picknicken. Außerdem streifen flugunfähige prähistorisch anmutende Kasuare durch den Regenwald.

Historische Gebäude

Zur Architektur der Gegend gehören die aus der Goldrausch-Ära stammenden Straßenansichten in Charters Towers, Gebäude aus dem 19. Jh. in Townsville und Art-déco-Bauten in Innisfail.

S. 449

Great Barrier Reef

Meeresleben
Tauchen & Schnorcheln
Inseln

Korallen & Fische

Es ist keine Übertreibung: das Weltkulturerbe Great Barrier Reef ist die Heimat eines atemberaubenden Spektrums an Korallen und Fischen in allen Formen, Größen und Farben.

Tagesausflüge zum Riff

Nicht zögern – einen Schnorchel- oder Tauchtrip zur Erkundung des Riffs muss man buchen. In Cairns und Port Douglas gibt es viele Anbieter, die Besucher einen Tag (oder länger) mit hinausnehmen.

Inselchen für Schiffbrüchige

Einen Tag lang schiffbrüchig spielen: das 2000 km lange Rückgrat des Riffs ist übersät mit zahllosen Inseln und Atollen, die meisten davon hat man ganz für sich allein.

S. 505

Cairns & Daintree Rainforest

Nachtleben
Essen
Ureinwohner

Cairns bei Nacht

In Cairns gibt's so viele ausländische Besucher, dass es manchmal schwierig ist, einen Einheimischen zu entdecken. Üblicherweise findet man einen oder zwei in den lärmenden Pubs und Bars der Stadt.

Regionale Lebensmittel

Viele der Höfe, Obstgärten und Plantagen auf der Hochebene von Atherton können besucht werden. Oder man probiert die leckeren Sachen in den Restaurants der Region.

Daintree-Touren

Es gibt einige von Aborigines geleitete Veranstalter, die Besucher auf eine Kulturreise durch den Daintree Rainforest mitnehmen und dabei Einblicke in das Erbe der Ureinwohner gewähren.

S. 475

Reiseziele an der Ostküste

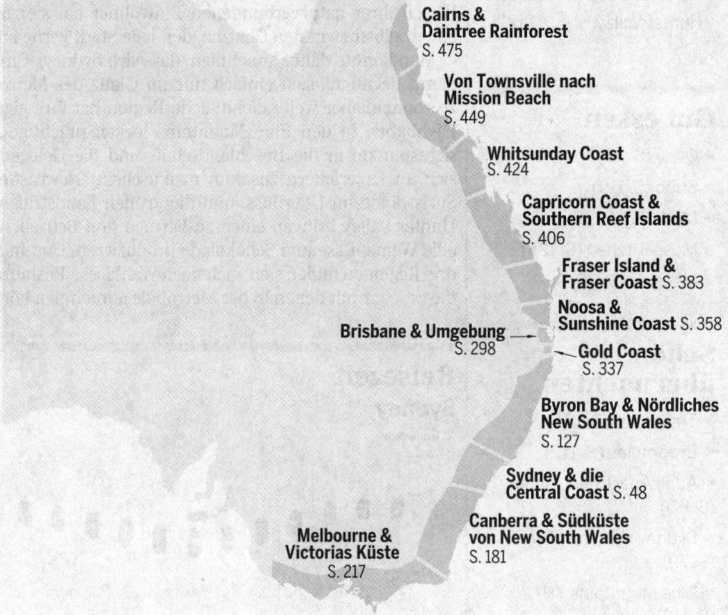

Cairns & Daintree Rainforest S. 475

Von Townsville nach Mission Beach S. 449

Whitsunday Coast S. 424

Capricorn Coast & Southern Reef Islands S. 406

Fraser Island & Fraser Coast S. 383

Noosa & Sunshine Coast S. 358

Brisbane & Umgebung S. 298

Gold Coast S. 337

Byron Bay & Nördliches New South Wales S. 127

Sydney & die Central Coast S. 48

Canberra & Südküste von New South Wales S. 181

Melbourne & Victorias Küste S. 217

Sydney & die Central Coast

Inhalt ➡

Sydney 51
Blue Mountains 108
Central Coast 114
Newcastle 115
Hunter Valley 121

Gut essen

- Quay (S. 93)
- Subo (S. 119)
- Mr Wong (S. 93)
- Muse Kitchen (S. 125)
- Messina (S. 96)

Schön übernachten

- Thistle Hill (S. 124)
- Broomelea (S. 112)
- Adge Apartment Hotel (S. 90)
- Sydney Harbour YHA (S. 79)
- Blue Mountains YHA (S. 112)

Auf nach Sydney & zur Central Coast

Traveller werden wahrscheinlich zuerst in Sydney mit Australiens Ostküste Bekanntschaft schließen, und die Stadt ist dank ihrer Hafenlage, ihren sonnenverwöhnten Stränden und ihrer glanzvollen Eleganz der ideale Ort dafür. Wegen ihrer naturverbundenen Einwohner hat sie zudem einen selbstbewussten Charme, den jede Stadt gerne hätte.

Man könnte daher annehmen, dass sich Sydneys Umland damit begnügte, sich einfach nur im Glanz der Metropole zu sonnen, aber weit gefehlt: Jede Region hat ihre eigenen Highlights. In den Blue Mountains locken prächtige Aussichtspunkte in die Buschlandschaft und die Gelegenheit, sich an Lagerfeuern zusammenzukuscheln; Newcastle hat Surfstrände im Überfluss, und die grünen Landstraßen im Hunter Valley bringen einen zu Farmen und Betrieben, die edle Weine, Käse und Schokolade produzieren. Und in allen drei Regionen finden sich auch noch Weltklasse-Restaurants, die es sogar mit denen in der Metropole aufnehmen können.

Reisezeit

Sydney

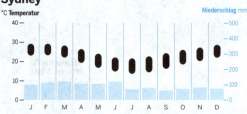

Jan. Das neue Jahr wird mit einem tollen Feuerwerk über Sydney Harbour eingeläutet.

März Die Partysaison erreicht in Sydney mit dem Gay & Lesbian Mardi Gras ihren Höhepunkt.

Juli Kaminfeuer, Wein und Wintermenüs locken in die Blue Mountains und ins Hunter Valley.

Indigene Kultur

Als die First Fleet hier landete, war die Küste von den Eora, Dharug, Ku-ring-gai, Gundungurra und Awabakal bewohnt. Jedes Volk hatte seine eigene Sprache, eigene Gesetze und eine besondere Identität. Die Menschen lebten als Halbnomaden: Sie zogen umher, um zu fischen, zu jagen und Pflanzen zu sammeln. Das Land bildete die Grundlage ihres spirituellen Lebens und ihrer Traumzeit-Mythologie, deshalb hatte die Aneignung durch die Briten so große Folgen. Zudem hatte die indigene Bevölkerung nicht nur unter dem Verlust ihres Landes und der Störung ihrer alten Lebensweise zu leiden, sondern wurde auch zum Opfer von eingeschleppten Seuchen, Entführungen, Inhaftierungen und Massakern.

Antike Felsmalereien und Felsritzungen der Aborigines sind noch heute auf dem Manly Scenic Walkway sowie in den Nationalparks Ku-ring-gai Chase, Blue Mountains und Brisbane Waters zu entdecken. Das Australian Museum, die Art Gallery of NSW, das Museum of Sydney, das Rocks Discovery Museum und das Kalkari Discovery Centre zeigen Ausstellungen zum Leben und zur Kultur der Aborigines.

Einblicke in die Aborigines-Kultur geben EcoTreasures (S. 76), Blue Mountains Walkabout (S. 112) und das Waradah Aboriginal Centre (S. 110). Touren zu diesem Thema bieten die Royal Botanic Gardens (S. 55), der Blue Mountains Botanic Garden (S. 111) und der Taronga Zoo (S. 71).

STÄTTEN DER FRÜHEN KOLONIALZEIT

Der jüngste australische Beitrag zur Weltkulturerbeliste der UNESCO sind elf Stätten, die zusammen als **Australian Convict Sites** (australische Sträflingsstätten) bekannt sind. Vier dieser Stätten liegen in und um Sydney: das Hyde Park Barracks Museum (im Zentrum von Sydney), Cockatoo Island (am Parramatta River), das Old Government House (in Parramatta) sowie die Great North Rd, die Sydney mit dem Hunter Valley verbindet.

Diese Stätten gehören zu den vielen Orten und Bauwerken aus der Kolonialzeit, die man besichtigen kann. Geschichtsfans besorgen sich am besten das **Ticket Through Time** (www.hht.net.au/visiting/ticket_through_time; Erw./Kind 30/15 AU$), mit dem man 12 vom Historic Houses Trust verwaltete Stätten Sydneys besuchen kann, darunter Susannah Place, das Justice & Police Museum, das Government House, die Hyde Park Barracks, das Museum of Sydney, das Elizabeth Bay House und das Vaucluse House. Das Ticket gilt drei Monate und ist online sowie direkt bei den meisten der Stätten erhältlich.

Tolle Stellen zum Surfen

- Cronulla, südlich von Botany Bay, Sydney
- Dee Why, Northern Beaches, Sydney
- Narrabeen, Northern Beaches, Sydney
- Merewether Beach, Newcastle
- Bar Beach, Newcastle

TOP-TIPP

Mit den MyMulti Passes, dem Family Funday Sunday Pass und den Pensioner Excursion Passes kann man bei der Benutzung öffentlicher Verkehrsmittel Geld sparen. Auch Zug-Rückfahrkarten, die nur außerhalb der Spitzenzeiten gültig sind, stellen eine günstige Alternative dar.

Kurzinfos

- Vorwahl: 02
- Bevölkerung: 5,2 Mio.
- Anzahl der überwachten Surfstrände: 70

Reiseplanung

- Den Veranstaltungskalender in den Regionen checken, die man besuchen will!
- Vor allem in den Sommermonaten die Unterkünfte weit im Voraus buchen!
- Wer am Wochenende in Sydney essen gehen will, sollte seinen Platz reservieren, in Spitzenrestaurants schon Wochen im Voraus.

Infos im Internet

- **New South Wales** (www.visitnsw.com.au)
- **NSW National Parks & Wildlife Service** (NPWS; www.nationalparks.nsw.gov.au)
- **City of Sydney** (www.cityofsydney.nsw.gov.au)
- **Sydney Morning Herald** (www.smh.com.au)
- **Time Out Sydney** (www.au.timeout.com/sydney)

HIGHLIGHTS

① Mit einer von Sydneys Hafenfähren nach **Watsons Bay** (S. 55) hinausfahren

② Auf dem goldenen Sand von **Bondi Beach** (S. 65) den Tag verträumen

③ Auf dem **Bondi to Coogee Clifftop Walk** (S. 77) die dramatische Küstenlandschaft genießen

④ Sich essen und trinkend seinen Weg durchs angesagte **Surry Hills** (S. 94) bahnen

⑤ Eine Aufführung im **Sydney Opera House** (S. 101) erleben

⑥ Über dem funkelnden Sydney Harbour durch die üppig grünen **Royal Botanic Gardens** (S. 55) schlendern

⑦ In den **Blue Mountains** (S. 108) unter dem Blätterdach Buschpfaden folgen

⑧ Im entspannten **Newcastle** (S. 115) zwischen Strand, Bars und Restaurants pendeln

⑨ Im **Hunter Valley** (S. 121) ohne Rücksicht auf die schlanke Linie Gaumenfreuden genießen

SYDNEY

4,4 MIO. EW.

Das sonnenverwöhnte, elegante und entschieden selbstbewusste Sydney ist das Zugpferd unter den Städten Australiens. Die um einen der weltweit schönsten Häfen errichtete Stadt besitzt unzählige Attraktionen, darunter drei der größten Wahrzeichen Australiens – die Sydney Harbour Bridge, das Sydney Opera House und Bondi Beach. Sydney ist die älteste, größte und vielfältigste Stadt des Landes. Sie bietet prächtige Kunstgalerien und prächtigere Strände. Ein trendiger Multikulturalismus verleiht nicht nur den Innenstadtvierteln, sondern sogar den Vororten Farbe und Leben.

Geschichte

Der heutige Großraum Sydneys war die angestammte Heimat von drei verschiedenen Aborigines-Völkern mit eigenen Sprachen. Am Nordufer wurde Ku-ring-gai gesprochen, an der Küste südlich von Botany Bay Dharawal und Dharug vom Hafengebiet bis zu den Blue Mountains. Das Küstengebiet rund um Sydney war die Heimat der Eora (der „Leute von hier"), die in Stämme wie die Gadigal und die Wanegal unterteilt waren.

1770 ging Lieutenant (später Captain) James Cook in Botany Bay vor Anker. Die Ankunft des Schiffs versetzte die örtliche Bevölkerung in Unruhe; Cook notierte in seinem Tagebuch: „Sie wollen, dass wir verschwinden." 1788 kamen die Briten schließlich endgültig. Unter dem Kommando des Flottenkapitäns Arthur Phillip brachte die „First Fleet" eine zusammengewürfelte Schar von Sträflingen und Marinesoldaten ins Land. Sie führten nicht nur Nutzvieh mit, sondern schleppten auch europäische Krankheiten wie die Pocken ein, die dann unter den Eora wüteten (vom Stamm der Gadigal sollen nur drei Personen überlebt haben).

Unter der Führung von Männern wie Pemulwuy (ca. 1750–1802), einem Mitglied des Dharug-sprachigen Bidjigal-Stamms aus der Gegend um Botany Bay, oder Musquito (ca. 1780–1825), einem Eora vom Nordufer von Port Jackson leisteten indigene Krieger bewaffneten Widerstand. Die Widerstandskämpfer wurden aber schließlich geschlagen, und die Briten errichteten ihre Kolonie.

Anfangs erlebte Sydney stürmische Zeiten mit Hungersnöten und vom Streit um das Branntweinmonopol verursachten Rebellionen, doch schon zu Beginn des 19. Jhs. hatte sich der Ort zu einer blühenden Hafenstadt mit neuen Straßen, Wohnhäusern und Lagergebäuden gemausert. Im Verlauf des 19. Jhs. wurden Wege in das unermessliche Binnenland erschlossen, und die Stadt wuchs rasant. Im 20. Jh. strömten neue Zuwanderer aus Europa (vor allem nach dem Zweiten Weltkrieg), Asien und dem Nahen Osten herbei, die der Stadt eine neue Dynamik brachten: Sie breitete sich weiter nach Westen aus und wurde so zur heutigen, multikulturellen Metropole.

⊙ Sehenswertes

⊙ The Rocks & Circular Quay

Sydney Cove besitzt die meisten Wahrzeichen Sydneys; die Harbour Bridge und das Opernhaus markieren die beiden Enden des Hufeisens. Die Stätte der ersten europäischen Ansiedlung in Australien hat nichts mehr mit dem einstigen verrufenen Ort gemein, wo Ex-Sträflinge, Seeleute und Walfänger in den zahllosen Hafenkneipen, Bordellen und Opiumhöhlen soffen und krakeelten. Die offenen Abwassergräben und schmutzigen Gassen von The Rocks sind zu einer nostalgischen Touristenfalle geworden, und an der Circular Quay Promenade tummeln sich Straßenmusikanten und Einheimische, die von den Hafenfähren ausgespuckt werden.

The Rocks waren ein Zentrum von Handel und Seefahrt, bis die Frachtdienste Ende der 1880er-Jahre den Circular Quay verließen. Eine Pestepidemie im Jahr 1900 beschleunigte den Niedergang. In den 1920er-Jahren brachte die Errichtung der Harbour Bridge weitere Zerstörungen: Ganze Straßenzüge mussten der südlichen Brückenzufahrt weichen. Erst in den 1970er-Jahren entdeckte man das kulturelle und architektonische Erbe des Stadtteils. Die folgende vom Tourismus beflügelte Sanierung hat viele alte Gebäude vor dem Untergang bewahrt.

Jenseits des **Argyle Cut** (Karte S. 56; Argyle St; ® Circular Quay), eines eindrucksvollen, von Sträflingen gegrabenen Tunnels, liegt Millers Point, ein charmantes Viertel mit Häusern aus der frühen Kolonialzeit.

★ Sydney Harbour Bridge   BRÜCKE

(Karte S. 56; ® Circular Quay) Die Einwohner Sydneys lieben ihren riesigen „Kleiderbügel". Das majestätische Bauwerk, das den Hafen an einer seiner schmalsten Stellen überspannt, wurde 1932 eröffnet. Am besten er-

Sydney

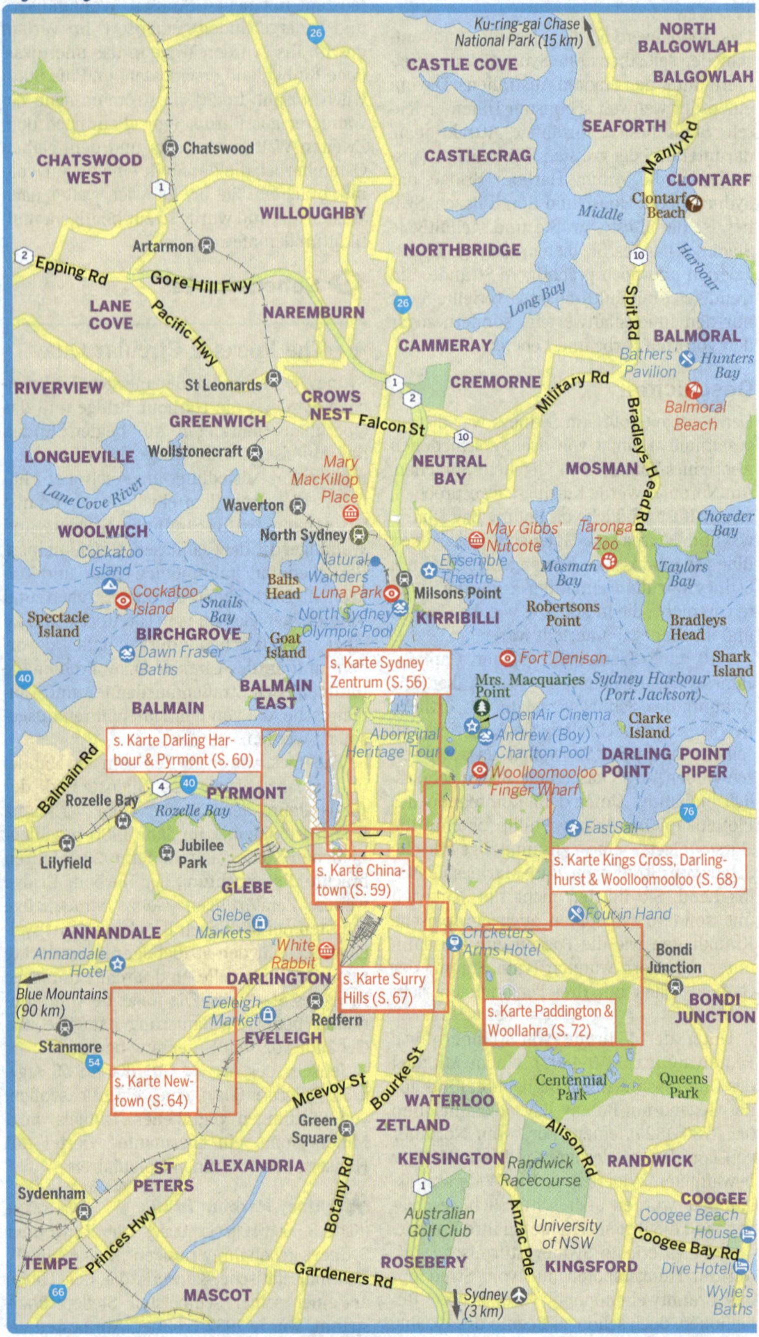
Ku-ring-gai Chase National Park (15 km)
NORTH BALGOWLAH
BALGOWLAH
CASTLE COVE
SEAFORTH
Manly Rd
CASTLECRAG
CLONTARF
Clontarf Beach
Chatswood
CHATSWOOD WEST
WILLOUGHBY
Middle Harbour
NORTHBRIDGE
Artarmon
Epping Rd
Gore Hill Fwy
Spit Rd
LANE COVE
Pacific Hwy
NAREMBURN
Long Bay
CAMMERAY
BALMORAL
Bathers' Pavilion
Hunters Bay
RIVERVIEW
St Leonards
CROWS NEST
CREMORNE
Military Rd
Balmoral Beach
GREENWICH
Falcon St
Bradleys Head Rd
LONGUEVILLE
Wollstonecraft
Mary MacKillop Place
NEUTRAL BAY
MOSMAN
Lane Cove River
Waverton
Chowder Bay
WOOLWICH
North Sydney
May Gibbs' Nutcote
Taronga Zoo
Cockatoo Island
Natural Wanders
Ensemble Theatre
Mosman Bay
Taylors Bay
Balls Head
Luna Park
Milsons Point
Cockatoo Island
Snails Bay
North Sydney Olympic Pool
KIRRIBILLI
Robertsons Point
Bradleys Head
Spectacle Island
BIRCHGROVE
Goat Island
Dawn Fraser Baths
Fort Denison
Shark Island
s. Karte Sydney Zentrum (S. 56)
BALMAIN EAST
Mrs. Macquaries Point
Sydney Harbour (Port Jackson)
BALMAIN
OpenAir Cinema
Clarke Island
s. Karte Darling Harbour & Pyrmont (S. 60)
Aboriginal Heritage Tour
Andrew (Boy) Charlton Pool
DARLING POINT
POINT PIPER
Balmain Rd
Woolloomooloo Finger Wharf
Rozelle Bay
PYRMONT
EastSail
Lilyfield
Jubilee Park
s. Karte Chinatown (S. 59)
s. Karte Kings Cross, Darlinghurst & Woolloomooloo (S. 68)
GLEBE
Four in Hand
Glebe Markets
ANNANDALE
Cricketers Arms Hotel
Annandale Hotel
White Rabbit
Bondi Junction
Blue Mountains (90 km)
DARLINGTON
s. Karte Surry Hills (S. 67)
BONDI JUNCTION
Eveleigh Market
Redfern
s. Karte Paddington & Woollahra (S. 72)
Stanmore
EVELEIGH
s. Karte Newtown (S. 64)
Mcevoy St
Bourke St
Centennial Park
Queens Park
WATERLOO
Green Square
ZETLAND
Alison Rd
ST PETERS
ALEXANDRIA
Botany Rd
KENSINGTON
Randwick Racecourse
RANDWICK
Sydenham
COOGEE
Coogee Beach House
Princes Hwy
Australian Golf Club
Anzac Pde
University of NSW
Coogee Bay Rd
TEMPE
ROSEBERY
KINGSFORD
Dive Hotel
Gardeners Rd
MASCOT
Sydney (3 km)
Wylie's Baths

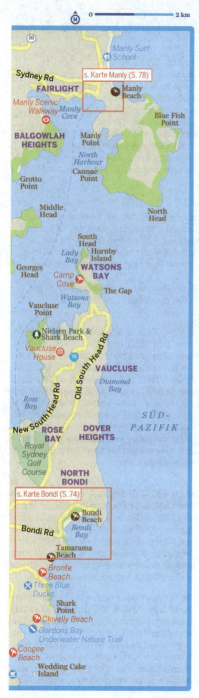

lebt man die Brücke zu Fuß – vom Ausblick aus dem Auto oder Zug sollte man nicht zu viel erwarten. Von beiden Seiten führen Treppen zur Brücke und ihrem an der Ostseite verlaufenden Fußweg hinauf. Man kann den südöstlichen Brückenpfeiler bis zum **Pylon Lookout** (Karte S. 56; 02-9240 1100; www.pylonlookout.com.au; Erw./Kind 11/6,50 A$; 10–17 Uhr) erklettern und im Rahmen des unglaublich populären BridgeClimb (S. 76) sogar den Brückenbogen hinaufsteigen.

Sydney Observatory STERNWARTE
(Karte S. 56; 02-9921 3485; www.sydneyobservatory.com.au; Watson Rd; 10–17 Uhr; Circular Quay) GRATIS Vom hübschen **Observatory Hill** blickt Sydneys in den 1850er-Jahren in italienischem Stil errichtete und mit einer kupferverkleideten Kuppel bekrönte Sternwarte auf den Hafen hinunter. Drinnen finden sich altmodische Geräte, darunter das älteste funktionstüchtige Teleskops Australiens (1874). Zusätzlich gibt's audiovisuelle Vorführungen, z. B. zu den Himmelsgeschichten der Aborigines, und ein **3D-Kino** (Erw./Kind 8/6 A$; tgl. 14.30 & 15.30 Uhr, Sa & So zus. 11 & 12 Uhr). Wer nachts die Sterne beobachten will, muss vorab reservieren.

Susannah Place Museum MUSEUM
(Karte S. 56; 02-9241 1893; www.hht.net.au; 58-64 Gloucester St; Erw./Kind 8/4 A$; Führung 14, 15 & 16 Uhr; Circular Quay) Die 1844 errichtete kleine Anlage umfasst vier Wohnhäuser und einen Laden, in dem historische Waren verkauft werden. Das Museum ist eine faszinierende Zeitkapsel, die Einblick in das Leben in The Rocks ab der Kolonialzeit gewährt. Nach einem Dokumentarfilm über die Menschen, die hier einst lebten, besichtigt man die engen Wohnungen, deren Einrichtung verschiedenen Zeitpunkten in der Geschichte des Viertels entspricht.

Rocks Discovery Museum MUSEUM
(Karte S. 56; 02-9240 8680; www.rocksdiscoverymuseum.com; 2-8 Kendall Lane; 10–17 Uhr; Circular Quay) GRATIS Das tolle Museum taucht mithilfe zahlloser Artefakte tief in die Geschichte des Viertels ein. Die Ausstellung ist in vier Epochen untergliedert: Warrane (vor 1788), Kolonialzeit (1788–1820), Hafenstadt (1820–1900) und Umwandlung (1900 bis heute). Auch die Gadigal, die Ureinwohner der Gegend, werden einfühlsam berücksichtigt.

Cadman's Cottage HISTORISCHES GEBÄUDE
(Karte S. 56; www.nationalparks.nsw.gov.au; 110 George St; Circular Quay) Das 1816 an ei-

SYDNEY IN...

...zwei Tagen

Vom Anzac Memorial geht es durch den Hyde Park (S. 59) zur St. Mary's Cathedral (S. 58) und den Hyde Park Barracks (S. 58). Quer durch die Domain kommt man zur Art Gallery of NSW (S. 58) und nach einer Schleife um Mrs. Macquaries Point (S. 55) hinein in die Royal Botanic Gardens (S. 55). Dem Ufer folgend gelangt man zum Sydney Opera House (S. 54) und setzt den Weg auf der Circular Quay Promenade fort. Abends gönnt man sich im angesagten **Surry Hills** ein Abendessen und einen Drink.

Am zweiten Tag genießt man die Sonne und die Szene am Bondi Beach (S. 65). Nach einem Sprung ins kühle Nass wandert man auf dem Küstenweg nach **Coogee**. Schließlich macht man sich frisch für eine wilde Nacht in **Kings Cross**. Los geht's mit einem Abendessen in Potts Point, ehe man sich an die Erkundung der berüchtigten Amüsiermeile macht.

...vier Tagen

Der Vormittag des dritten Tages wird der Erkundung der historischen Gebäude und Museen im Stadtteil **The Rocks** gewidmet. Nach dem Mittagessen steht die malerische Fahrt mit der Fähre vom Circular Quay nach **Watsons Bay** auf dem Programm. Man genießt die Aussicht von der Felsklippe Gap, läuft weiter zur Camp Cove und wandert auf dem Rundkurs des South Head Heritage Trail. Vor der Rückfahrt schaut man vom Watsons Bay Hotel aus in den Sonnenuntergang.

Am vierten Tag wird die Innenstadt erkundet: der Martin Pl, das Einkaufszentrum der Pitt Street Mall, Chinatown und zum Abschluss Darling Harbour.

---

nem inzwischen aufgeschütteten Strand für den staatlichen Bootsinspektor errichtete Cadman's Cottage ist das älteste Haus in der Innenstadt. In den 1840er-Jahre diente es als Gefängnis der Wasserschutzpolizei, später wohnten hier pensionierte Schiffskapitäne. Gegenwärtig ist das Gebäude bis auf Weiteres geschlossen, sodass man es nur von außen bewundern kann.

Museum of Contemporary Art GALERIE
(Karte S. 56; ☎ 02-9245 2400; www.mca.com.au; 140 George St; ⊙ Fr-Mi 10-17, Do bis 21 Uhr; ⓡ Circular Quay) GRATIS Das MCA gehört zu den besten und spannendsten Kunstgalerien Australiens und widmet sich der zeitgenössischen Kunst aus dem In- und Ausland. An das wundervolle Art-déco-Hochhaus, das man sich gut in Gotham City vorstellen könnte, wurde ein unsensibler Anbau geklatscht, der zusätzliche Ausstellungsflächen und einen Skulpturengarten mit Café auf der Dachterrasse erbrachte. Ehrenamtliche Helfer veranstalteten täglich um 11 und 13 Uhr Führungen, zusätzliche Führungen gibt's donnerstags um 19 und an den Wochenenden um 15 Uhr.

Customs House HISTORISCHES GEBÄUDE
(Karte S. 56; ☎ 02-9242 8555; www.cityofsydney.nsw.gov.au/customshouse/thelibrary; 31 Alfred St; ⊙ Mo-Fr 10-19, Sa & So 11-16 Uhr; @ ⓡ ⓡ Circular Quay) GRATIS Drei Etagen des hübschen Gebäudes am Hafen nimmt die **Customs House Library** (Karte S. 56; ☎ 02-9242 8555; ⊙ Mo-Fr 10-19, Sa & So 11-16 Uhr) ein. Hier gibt es eine tolle Auswahl an internationalen Zeitungen und Zeitschriften, Internetzugang und interessante Sonderausstellungen. Sehenswert sind die Fliesen im Foyer mit Hakenkreuzmuster und das unter dem Glasboden zu bewundernde Modell der Innenstadt im Maßstab 1:500.

Justice & Police Museum MUSEUM
(Karte S. 56; ☎ 02-9252 1144; www.hht.net.au; Ecke Albert & Phillip St; Erw./Kind 10/5 AU$; ⊙ Sa & So 10-17 Uhr; ⓡ Circular Quay) Auf leicht beunruhigende Art dokumentiert das in der früheren Wasserschutzpolizeiwache (1858) untergebrachte Museum mit alten Polizeifotos und oft makabren Ausstellungen die düstere und anrüchige Vergangenheit der Stadt.

★ **Sydney Opera House** WAHRZEICHEN
(Karte S. 56; ☎ 02-9250 7111; www.sydneyoperahouse.com; Bennelong Point; ⓡ Circular Quay) Das vom dänischen Architekten Jørn Utzon entworfene Gebäude ist Teil des UNESCO-Weltkulturerbes und Australiens markantestes Wahrzeichen. Die Oper ist optisch eine Anspielung auf die geblähten, weißen Segel

einer in See stechenden Jacht (auch wenn einige einheimische Spaßvögel sich eher an kopulierende Schildkröten erinnert fühlen) und dominiert das Bild des Circular Quay. Der Komplex umfasst fünf Säle für Ballett, Oper, Theater und Konzerte.

Am besten erlebt man das Opernhaus bei einer Aufführung, man kann es sich aber auch bei einer einstündigen **Führung** (Erw./Kind 35/25 AU$; 9–17 Uhr) ansehen. Die Führungen beginnen jede halbe Stunde und werden in verschiedenen Sprachen angeboten. Darüber hinaus gibt es eine zweistündige **Backstage Tour** (155 AU$/Pers.; tgl. 7 Uhr) mit Zugang zu allen Bereichen und einem Frühstück im Green Room.

★ **Royal Botanic Gardens** GARTEN
(Karte S. 56; 02-9231 8111; www.rbgsyd.nsw.gov.au; Mrs Macquaries Rd; Okt.–Feb. 7–20 Uhr, März–Sept. bis 17.30 Uhr; Circular Quay) GRATIS Der weitläufige Park ist das beliebteste Ziel zum Picknicken, Joggen und verliebten Turteln in der Innenstadt. Der 1816 gegründete Garten liegt östlich des Opernhauses an der Grenze zu Farm Cove und zeigt Pflanzen aus Australien und aller Welt. In dem Gebiet liegt auch die Stätte des ersten kümmerlichen Gemüsebeets, das in der Kolonie angelegt wurde, aber seine Geschichte reicht noch viel weiter zurück: Lange vor der Ankunft der ersten Sträflinge befand sich hier ein Versammlungsplatz der Gadigal, auf dem Initiationszeremonien durchgeführt wurden.

Kostenlose 1½-stündige Führungen starten täglich um 10.30 Uhr. Von März bis November gibt es werktags zusätzlich eine einstündige Führung um 13 Uhr. Wer etwas über die Geschichte des Geländes und die traditionelle Nutzung von Pflanzen erfahren sowie echtes Bush Food (Bush Tucker) probieren will, bucht vorab die **Aboriginal Heritage Tour** (Karte S. 52; 02-9231 8134; Erw./Kind 37/17 AU$; Fr 10 Uhr).

Government House HISTORISCHES GEBÄUDE
(Karte S. 56; 02-9931 5222; www.hht.net.au; Macquarie St; Gelände 10–16 Uhr, Führung Fr–So 10.30–15 Uhr; Circular Quay) GRATIS Auf dem im englischen Stil gestalteten Parkgelände innerhalb der Royal Botanic Gardens erhebt sich die neugotische Villa aus Sandstein, in der von 1846 bis 1996 die Gouverneure von NSW residierten. Die Gouverneurin, die heute im Admiralty House am Nordufer der Bucht ihren Amtssitz hat, nutzt das Government House immer noch für wöchentliche Versammlungen und bei Empfängen von ausländischen Staatsoberhäuptern und Mitgliedern des Königshauses. Das Innere kann nur im Rahmen einer Führung besichtigt werden; die Karte erhält man am Torhaus.

Mrs. Macquaries Point PARK
(Karte S. 52; Mrs Macquaries Rd; Circular Quay) Der Park schließt direkt an die Royal Botanic Gardens an, gehört jedoch offiziell zur Domain und nimmt die nordöstliche Spitze von Farm Cove ein. Von dem Gelände aus hat man einen wunderbaren Blick über die Bucht auf das Opernhaus und die Skyline der Stadt. Benannt wurde das Gelände nach Elizabeth, der Frau von Gouverneur Mac-

---

ABSTECHER

WATSONS BAY

Die schmale, in South Head endende Halbinsel gehört zu den schönsten Stellen Sydneys und ist vom Circular Quay aus leicht mit der Fähre zu erreichen. Watsons Bay war früher ein kleines Fischerdorf, wovon die winzigen alten Hütten in den schmalen Straßen dieser Vorstadt zeugen – heute kosten sie ein Vermögen. Auf der Meeresseite befindet sich der **Gap**, eine dramatische Klippe mit einem Aussichtspunkt, von dem aus man in die tosende Brandung blicken kann.

Am Hafen unmittelbar nördlich von Watsons Bay liegt **Camp Cove**, ein kleiner, bei Familien beliebter Badestrand. Am nördlichen Ende des Strands beginnt der **South Head Heritage Trail**, der in einen Abschnitt des Sydney Harbour National Park führt. Der Weg führt an alten Befestigungsanlagen und dem Pfad hinunter zur (bei FKK-Anhängern und Schwulen beliebten) **Lady Bay** vorbei zum bunt gestreiften **Hornby Lighthouse** und den aus Sandstein erbauten Lightkeepers' Cottages (1858) auf dem South Head.

Ehe man mit der Fähre zurückfährt, gebietet es die Tradition, im Biergarten des Watsons Bay Hotel zuzuschauen, wie die Sonne hinter der körperlos wirkenden Harbour Bridge, die über Bradleys Head emporschwingt, ins Meer versinkt.

Sydney Zentrum

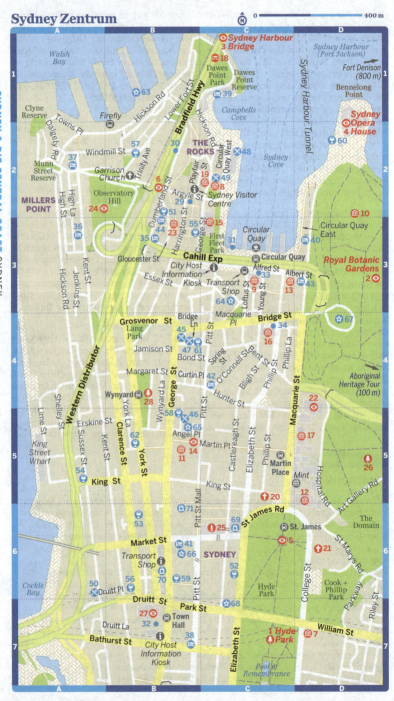

Sydney Zentrum

◉ Highlights
1. Hyde Park C7
2. Royal Botanic Gardens D3
3. Sydney Harbour Bridge C1
4. Sydney Opera House D2

◉ Sehenswertes
5. Archibald Memorial Fountain............... C6
6. Argyle Cut B2
7. Australian Museum D7
8. Cadman's Cottage C2
9. Customs House C3
  Customs House Library ....(siehe 9)
10. Government House D2
11. GPO Sydney B5
12. Hyde Park Barracks Museum D5
13. Justice & Police Museum C3
14. Martin Place... B5
15. Museum of Contemporary Art..............C3
16. Museum of Sydney.................................. C4
17. Parliament House D5
18. Pylon Lookout C1
19. Rocks Discovery Museum C2
20. St. James' Church.................................... C5
21. St. Mary's Cathedral................................ D6
22. State Library of NSW D4
23. Susannah Place Museum B3
24. Sydney Observatory............................... A2
25. Sydney Tower Eye C6
26. The Domain D5
27. Town Hall B7
28. Transport Shop B4

◉ Aktivitäten, Kurse & Touren
29. Bonza Bike Tours..................................... B2
30. BridgeClimb.. B2
31. Captain Cook Cruises............................. C3
32. I'm Free B7
33. Peek Tours.. C3
34. Sydney Architecture Walks C4

◉ Schlafen
35. Bed & Breakfast Sydney Harbour B3
36. Langham A3
37. Lord Nelson Brewery Hotel A2
38. Meriton Serviced Apartments Pitt
   Street... B7
39. Park Hyatt...C1
40. Pullman Quay Grand Sydney
   Harbour...D3
41. QT Sydney B6
42. Radisson Blu Plaza................................. C4
43. Sir Stamford... D3
44. Sydney Harbour YHA.............................. B3

◉ Essen
45. Est.. B4
46. Felix B5
47. Mr. Wong B4
48. Quay C2
49. Sailors Thai Canteen C2
50. Sepia A6

◉ Ausgehen & Nachtleben
51. Australian Hotel B2
52. Bambini Wine Room C6
53. Baxter Inn B6
54. Chinese Laundry A5
  Establishment...........................(siehe 45)
55. Fortune of War B3
56. Grandma's.. B6
  Hemmesphere ....(siehe 45)
57. Hero of Waterloo B2
58. Ivy B5
  Lord Nelson Brewery Hotel....... (siehe 37)
59. Marble Bar B6
60. Opera Bar D2
61. Palmer & Co B4
62. Stitch.. B5

◉ Unterhaltung
63. Bangarra Dance Theatre B1
64. Basement C3
65. City Recital Hall....................................... B5
66. State Theatre B6
67. Sydney Conservatorium of Music.........D4
  Sydney Dance Company ....(siehe 63)
  Sydney Opera House .... (siehe 4)
  Sydney Theatre Company ....(siehe 63)
68. Ticketek C7
  Ticketmaster.............................(siehe 41)

◉ Shoppen
69. David Jones C6
70. Queen Victoria Building........................ B6
71. Strand Arcade... B6
  Westfield Sydney...................... (siehe 25)

---

quarie, die 1810 einen Sitzplatz in den Felsen meißeln ließ, von dem aus sie den Blick auf den Hafen genießen konnte.

◉ The Domain, Macquarie Street & Hyde Park

The Domain PARK
(Karte S. 56; www.rbgsyd.nsw.gov.au; Art Gallery Rd; ⏍St. James) Die von den Royal Botanic Gardens verwaltete Domain ist ein großes, grasbewachsenes Gelände östlich der Macquarie St, das Gouverneur Phillip 1788 der öffentlichen Erholung widmete. Phillips Absicht erwies sich als richtig, denn heute nutzen Angestellte das Gelände, um in der Mittagspause Sport zu treiben oder etwas zu essen. Auch öffentliche Großveranstaltungen werden hier abgehalten.

Skulpturen schmücken den Park, darunter eine Liegende von Henry Moore und auf dem Gelände nahe der Art Gallery of NSW

> **KOMBITICKETS**
>
> Sea Life (S. 61), Wild Life (S. 62), Madame Tussauds (S. 62), Sydney Tower Eye (S. 61) und das Manly Sea Life Sanctuary (S. 71) gehören alle zum gleichen Unternehmen. Mit dem Kauf eines Kombitickets (2/3/4 Attraktionen 65/70/80 AU$) spart man einiges und noch mehr, wenn man online bucht. Wer zuerst das Manly besucht, erhält zusätzlichen Rabatt.

Brett Whiteleys *Almost Once* (1991), das zwei riesige Streichhölzer zeigt, von denen eines abgebrannt ist.

★ Art Gallery of NSW GALERIE
(Karte S. 68; 02-9925 1744; www.artgallery.nsw. gov.au; Art Gallery Rd; Do-Di 10-17, Mi bis 21 Uhr; ; St. James) GRATIS Mit ihrer klassizistisch-griechischen Fassade und der modernen Rückseite spielt diese sehr beliebte Institution eine wichtige Rolle in der Sydneyer Gesellschaft. Große internationale Wanderausstellungen machen hier regelmäßig Station. Darüber hinaus zeigt das Haus eine bedeutende Dauerausstellung australischer Kunst mit einer großen indigenen Abteilung.

Ein buntes Programm von Vorträgen, Konzerten, Gesprächen mit Berühmtheiten und Aktivitäten für Kinder runden das Angebot ab. Auskünfte zu den kostenlosen Führungen (mit verschiedenen Themenschwerpunkten und in verschiedenen Sprachen) erhält man am Museumsschalter sowie auf der Website.

State Library of NSW BIBLIOTHEK
(Karte S. 56; 02-9273 1414; www.sl.nsw.gov.au; Macquarie St; Mo-Do 9-20, Fr-So 10-17 Uhr; ; Martin Pl) GRATIS Zu den fünf Mio. Bänden, die in der Staatsbibliothek aufbewahrt werden, gehören auch die Tagebücher von James Cook und Joseph Banks sowie William Blighs Logbuch von der HMAV *Bounty*. Es lohnt sich, einen Blick in das prächtige Atrium zu werfen und sich die Wechselausstellungen in den Galerien anzuschauen. Der Hauptlesesaal ist ein mit milchweißem Marmor verkleideter Tempel des Wissens.

Parliament House HISTORISCHES GEBÄUDE
(Karte S. 56; 02-9230 2111; www.parliament. nsw.gov.au; 6 Macquarie St; Mo-Fr 9-17 Uhr; Martin Pl) GRATIS Das 1816 als Teil des „Rum-Hospitals" errichtete Gebäude ist schon seit 1829 Sitz des Parlaments von New South Wales und damit das weltweit älteste, ununterbrochen genutzte Parlamentsgebäude. Heute geht die altehrwürdige vordere Fassade an der Ostseite in einen modernen Anbau über.

Durch eine Sicherheitsschleuse mit Metalldetektor gelangt man ins Innere, wo man im Foyer Kunstausstellungen und im holzgetäfelten Jubilee Room historische Ausstellungsstücke bewundern kann. An sitzungsfreien Tagen kann man auch die Säle beider Kammern des Parlaments besichtigen, an Sitzungstagen muss man sich mit der Zuschauertribüne begnügen.

Hyde Park Barracks Museum MUSEUM
(Karte S. 56; 02-8239 2311; www.hht.net.au; Queens Sq, Macquarie St; Erw./erm. 10/5 AU$; 10-17 Uhr; St. James) Der Architekt und Sträfling Francis Greenway entwarf das schmucke georgianische Gebäude als Unterkunft für Strafgefangene. Zwischen 1819 und 1848 saßen hier 50 000 Männer und Knaben ihre Strafe ab, die überwiegend aufgrund von Eigentumsdelikten von britischen Gerichten zur Deportation nach Australien verurteilt worden waren. Später waren hier ein Einwandererlager, ein Asyl für Frauen und ein Gericht untergebracht. Heute ist es ein faszinierendes, nachdenklich stimmendes Museum, das über die Geschichte des Komplexes und die archäologischen Anstrengungen zu seiner Erhaltung informiert.

St. James' Church KIRCHE
(Karte S. 56; 02-8227 1300; www.sjks.org.au; 173 King St; Mo-Fr 10-16, Sa 9-13, So 7.15-16 Uhr; St James) Sydneys älteste Kirche (1819) wurde aus von Sträflingen gebrannten Ziegeln errichtet und gilt weithin als Francis Greenways Meisterwerk. Ursprünglich sollte ein Gerichtsgebäude entstehen, doch dann änderte sich die Bauaufgabe, und aus den geplanten Zellen wurde die Krypta. Besonders sehenswert sind die aus dunklem Holz gezimmerte Chorempore, die glänzende Innenkuppel aus Kupfer, die Krypta und das Glasfenster „die Schöpfung".

St. Mary's Cathedral KIRCHE
(Karte S. 56; 02-9220 0400; www.stmaryscathe dral.org.au; St. Marys Rd; Krypta 5 AU$; 6.30-18.30 Uhr; St. James) Ein langfristiges Projekt: Mit dem Bau der 106 m langen katholischen Kathedrale im neugotischen Stil wurde 1868 begonnen, aber die 75 m hohen Spitztürme aus Sandstein wurden erst im Jahr 2000 aufgesetzt. Der Mosaikboden der Krypta bezieht

Chinatown

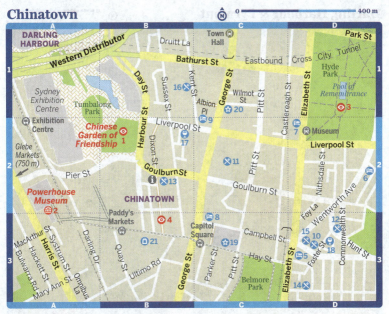

Chinatown

◉ Highlights
1. Chinese Garden of Friendship B2
2. Powerhouse Museum A2

◉ Sehenswertes
3. Anzac Memorial D1
4. Chinatown B3

🛌 Schlafen
5. Big Hostel D3
6. Hotel Stellar D2
7. Hyde Park Inn D2
8. Meriton Serviced Apartments Campbell Street C3
9. Meriton Serviced Apartments Kent Street C2

✖ Essen
10. Bar H D3
11. Din Tai Fung C2

House .... (siehe 5)
12. Longrain D3
13. Mamak B2
14. Single Origin Roasters D3
15. Spice I Am D3
16. Tetsuya's B1

◉ Ausgehen & Nachtleben
17. Good God Small Club B2
18. Hotel Hollywood D3
Tio's Cerveceria .... (siehe 18)

◉ Unterhaltung
19. Capitol Theatre C3
20. Metro Theatre C1

🛍 Shoppen
21. Paddy's Markets B3

seine Inspiration von den Buchmalereien im *Book of Kells* (Irland, ca. 800).

★ Hyde Park PARK
(Karte S. 56; Elizabeth St; ®St. James & Museum) Der formal angelegte, gepflegte Hyde Park wird von den Einheimischen geliebt. Eine Baumallee zieht sich durch ihn hindurch, die bei Nacht, wenn sie von Lichterketten erhellt wird, besonders schön wirkt. Das nördliche Ende des Parks markiert die **Archibald Memorial Fountain** (Karte S. 56) mit Figuren aus der griechischen Mythologie, das andere Ende der flache Pool of Remembrance vor dem **Anzac Memorial** (Karte S. 59; www.rslnsw.com.au; ⊙9–17 Uhr; ®Museum; GRATIS), das dem Andenken der Soldaten des Australian and New Zealand Army Corps (Anzacs) gewidmet ist, die im Ersten Weltkrieg gekämpft haben.

Darling Harbour & Pyrmont

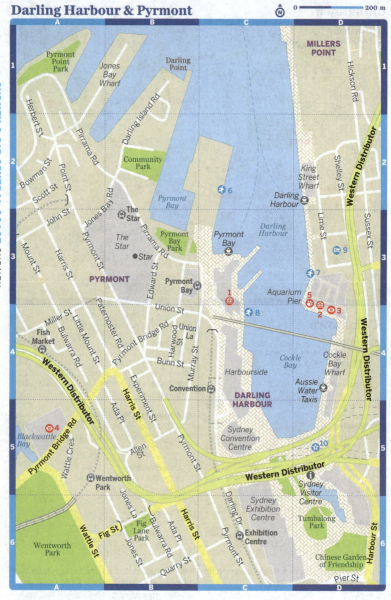

Sydney Zentrum

Museum of Sydney MUSEUM
(MoS; Karte S. 56; ☎ 02-9251 5988; www.hht.net.au; Ecke Phillip & Bridge St; Erw./Kind 10/5 AU$; ⏲ 10–17 Uhr; ☎; ☒ Circular Quay) Das an der Stätte des ersten Gouverneursgebäudes in Sydney errichtete, allerdings insgesamt etwas zersplittert wirkende kleine Museum informiert die Besucher anhand von diversen Ausstellungsstücken sowie audiovisuellen Installationen über die Bewohner, die Orte, die Kulturen und die Entwicklung der Stadt.

Darling Harbour & Pyrmont

◎ Sehenswertes
1 Australian National Maritime Museum C3
2 Madame Tussauds D4
3 Sea Life Sydney Aquarium D4
4 Sydney Fish Market...................A5
5 Wild Life Sydney Zoo D3

◉ Aktivitäten, Kurse & Touren
6 James Craig Square-Rig Sailing Adventure................................C2
7 Sailing Sydney..........................D3
8 Sydney by Sail..........................C4

◉ Schlafen
9 Adina Apartment Hotel Sydney Harbourside..............................D3

◉ Unterhaltung
10 IMAX.......................................D5

Martin Place PLATZ
(Karte S. 56; ®Martin Pl) Der von imposanten Gebäuden gesäumte, lange und schlanke Platz wurde 1971 für den Autoverkehr gesperrt und ist seither eine terrassierte Fußgängerzone. Nahe dem Ende zur George St steht der zum Gedenken der australischen Kriegsgefallenen errichtete **Kenotaph**. Das **General Post Office Sydney** (Karte S. 56; www.gposydney.com; 1 Martin Pl) war seinerzeit ein genauso bedeutendes Wahrzeichen wie später die Oper. Der wunderschöne, von Kolonnaden gesäumte viktorianische Palazzo beherbergte einst Sydneys Hauptpost. Später wurde das Gebäude entkernt und mit Büros zugestopft. Heute ist es die Heimat des Westin Hotels und schicker Läden, Restaurants und Bars.

Sydney Tower Eye TURM
(Karte S. 56; ☎02-9333 9222; www.sydneytowereye.com.au; 100 Market St; Erw./Kind 26/15 AU$, Skywalk Erw./Kind 69/45 AU$; ⊙9–22 Uhr; ®St. James) Der 309 m hohe Sydney Tower (1981) bietet von seiner Aussichtsplattform in 250 m Höhe einen unschlagbaren Panoramablick. Für Wagemutige gibt's den Skywalk auf dem Dach. Zu Beginn des Besuchs wird der kurze 3D-Film *The 4D Experience* gezeigt. Dort sieht man die Stadt, den Strand und den Hafen aus der Vogelperspektive, aber auch das, was unter Wasser ist, begleitet von Gischtspritzern und Luftblasen.

Town Hall HISTORISCHES GEBÄUDE
(Karte S. 56; ☎02-9265 9189; www.cityofsydney.nsw.gov.au/sydneytownhall; 483 George St; ⊙Mo–Fr 8–18 Uhr; ®Town Hall) Mansarddächer, Sandsteintürmchen, schmiedeeiserne Verzierungen und aufwendige Balustraden: die hochviktorianische Fassade des 1869–1889 errichteten Rathauses bietet durchaus etwas fürs Auge. Drinnen sind der prachtvolle Sitzungssaal und der holzgetäfelte Konzertsaal fast genauso eindrucksvoll. Letzterer prunkt mit einer gigantischen, 8000 Pfeifen umfassenden Orgel. Jeden Monat gibt's hier kostenlose Mittagskonzerte.

Chinatown VIERTEL
(Karte S. 59; www.chinatown.com.au/eng; ®Town Hall) Die keilförmig in den Stadtteil Haymarket eingeschobene Chinatown bildet ein dichtes Nest aus Restaurants, Läden und Gassen, die von diversen Gerüchen erfüllt sind. Mittlerweile ist das Gebiet nicht länger nur chinesisch, sondern panasiatisch geprägt. Zum chinesischen Neujahrsfest quetscht sich die halbe Stadt in die Gassen. Die Dixon St ist Herz und Zentrum der Chinatown: eine schmale, an beiden Enden von prunkvollen Drachentoren (*paifang*) abgeschlossene Fußgängerzone.

◎ Darling Harbour & Pyrmont

Verstreut zwischen den Überführungen und Brunnen des 1988 zur Zweihundertjahrfeier des Landes geschaffenen touristischen Vergnügungszentrums liegen einige der bekanntesten eintrittspflichtigen Attraktionen der Stadt. Ansonsten ist hier jeder Quadratzentimeter des ehemaligen Dockgeländes von Bars und Restaurants besetzt. In Pyrmont am Westlichen Ufer wurde der Star-Casino-Komplex aufwendig renoviert, ist aber, wie alle derartige Einrichtungen weltweit, unter einer dünnen Schicht von Glamour einfach nur groß und seelenlos geblieben.

Wer das echte Leben der Stadt kennenlernen will, ist hier fehl am Platz. Gleichwohl lohnt es sich, dem Gelände einen einstündigen Spaziergang zu widmen.

Sea Life Sydney Aquarium AQUARIUM
(Karte S. 60; ☎02-8251 7800; www.sydneyaquarium.com.au; Darling Harbour; Erw./Kind 38/24 AU$; ⊙9–20 Uhr; ®Town Hall) Neben den üblichen in die Wand montierten Wasserbecken und ebenerdigen Anlagen gibt es in diesem eindrucksvollen Komplex auch zwei große Becken, durch die man in durchsichtigen Tunneln laufen kann, während über einem Haie und Rochen furchterregend ihre Bah-

nen ziehen. Die beiden Dugongs wurden gerettet, als sie in Queensland an Land gespült wurden. Nachdem Versuche, sie wieder auszuwildern, gescheitert waren, entschloss man sich, sie hier unterzubringen. Das ist sicher traurig, ermöglicht es aber, diese großen Meeressäuger einmal aus der Nähe zu sehen. Zu den weiteren Attraktionen gehören Schnabeltiere, Ohrenquallen, Fetzenfische und als farbenfroher Höhepunkt das 2 Mio. l fassende „Great Barrier Reef"-Wasserbecken.

Wild Life Sydney Zoo ZOO
(Karte S. 60; 02-9333 9245; www.wildlifesydney.com.au; Darling Harbour; Erw./Kind 38/24 AU$; April-Sept. 9-17 Uhr, Okt.-März bis 20 Uhr; Town Hall) Zur Ergänzung von Sea Life werden gleich nebenan in diesem Komplex allerlei in Australien heimische Echsen, Schmetterlinge, Spinnen, Schlangen und Säugetiere (darunter Kängurus und Koalas) gezeigt. Besonders interessant ist die Nachttierabteilung, weil man hier Beutelmarder, Kaninchenkängurus, Ameisenigel und Possums in Aktion erleben kann. Aber so interessant Wild Life auch ist, dem Taronga Zoo kann dieser Zoo nicht das Wasser reichen. Ein Besuch lohnt sich aber auf jeden Fall in Kombination mit Sea Life oder auch, wenn man wenig Zeit hat.

Madame Tussauds MUSEUM
(Karte S. 60; www.madametussauds.com/sydney; Darling Harbour; Erw./Kind 38/24 AU$; 9-20 Uhr; Town Hall) In diesem promibesessenen Zeitalter verwundert es nicht, dass diese Wachspuppen heute noch genau so populär sind wie 1803, als die berühmte Madame in London ihre makabre Sammlung von Totenmasken der Französischen Revolution ausstellte. Wo sonst können gemeine Sterbliche mit Hugh Jackman posieren und sich an Kylie heranmachen? Für sich allein ist der Eintrittspreis gewiss nicht gerechtfertigt, aber in Kombination mit einem Besuch von Sea Life, Wild Life oder dem Sydney Tower kann man sich darauf einlassen.

★ Chinese Garden of Friendship GARTEN
(Karte S. 59; 02-9240 8888; www.chinesegarden.com.au; Harbour St; Erw./Kind 6/3; 9.30-17 Uhr; Town Hall) Der nach taoistischen Prinzipien angelegte ruhige Garten wurde von Landschaftsarchitekten aus Sydneys Schwesterstadt Guangzhou anlässlich der Zweihundertjahrfeier Australiens im Jahr 1988 entworfen. Die Wege führen vorbei an Pavillons, Wasserfällen, Teichen und üppiger Vegetation.

Australian National Maritime Museum MUSEUM
(Karte S. 60; 02-9298 3777; www.anmm.gov.au; 2 Murray St; Erw./Kind 7/3,50 AU$; 9.30-17 Uhr; Pyrmont Bay) Unter dem an Utzons Opernhaus erinnerndem Dach steht in diesem Museum Australiens unauslöschliche Verbindung zur Schifffahrt im Zentrum. Die Ausstellungsbereiche reichen von Aborigines-Kanus über die Surfkultur bis hin zur Kriegsmarine. Mit dem „großen Ticket" (Erw./Kind 25/15 AU$) kann man auch an Bord der Schiffe gehen, die draußen vor Anker liegen. Zu diesen gehören ein U-Boot, ein Zerstörer, ein Rahsegler von 1874 und - wenn sie nicht gerade anderswo unterwegs ist - eine Replik von James Cooks *Endeavour*.

Sydney Fish Market MARKET
(Karte S. 60; 02-9004 1100; www.sydneyfishmarket.com.au; Bank St; 7-16 Uhr; Fish Market) In dem Fischviertel an der Blackwattle Bay werden jährlich mehr als 15 Mio. kg Meeresfrüchte umgeschlagen, und man findet hier Filialgeschäfte, Restaurants, eine Sushibar, eine Austernbar und eine hochangesehene Kochschule. Chefköche, Einheimische und überfütterte Möwen streiten sich um Krabben, Bärenkrebse, Hummer und Lachse bei der Fischauktion, die täglich um 5.30 Uhr beginnt. Bei einer **Führung** (02-9004 1108; Erw./Kind 25/10 AU$; Mo, Do & Fr 6.40 Uhr) kann man einen Blick hinter die Kulissen werfen.

◉ Ultimo & Chippendale

★ Powerhouse Museum MUSEUM
(Karte S. 59; 02-9217 0111; www.powerhousemuseum.com; 500 Harris St; Erw./Kind 12/6 AU$; 10-17 Uhr; Paddy's Markets) Nur ein kurzes Stück von Darling Harbour entfernt summt dieses Wissenschafts- und Designmuseum im ehemaligen Umspannwerk von Sydneys eingestelltem Straßenbahnnetz. Die interaktiven Hochspannungs-Vorführungen vermitteln Schulklassen, wie Blitze entstehen, Magneten Dinge anziehen und Maschinen heulen. Bei Kids ist das Museum ein Renner, aber auch Erwachsene kommen bei Themen wie Mode oder Möbeldesign auf ihre Kosten.

White Rabbit GALERIE
(Karte S. 52; www.whiterabbitcollection.org; 30 Balfour St; Do-So 10-18 Uhr; Redfern) GRATIS Kunstliebhaber oder verrückte Hutmacher

ABSTECHER

CRONULLA

Cronulla ist eine Strandvorstadt südlich von Botany Bay, deren langer Surfstrand jenseits der Dünen bis zu den Raffinerien von Botany Bay reicht. Hier kann es rau zugehen (wie in dem Kultroman *Puberty Blues* aus den 1970er-Jahren brillant beschrieben) mit schmuddeligen Fish-and-Chips-Läden, aufgedrehten Jugendlichen und einer teils bedrohlichen Stimmung, die sich 2005 in ethnischen Krawallen entlud. Aber der Strand ist schön, die Wellen sind ausgezeichnet, und es handelt sich um den einzigen Ozeanstrand, der von Sydney aus leicht mit dem Zug zu erreichen ist.

---

verlassen dieses Kaninchenloch bestimmt zufrieden lächelnd wie die Grinsekatze. Diese Privatsammlung avantgardistischer Kunst aus China ist so groß, dass jeweils nur ein Bruchteil davon ausgestellt werden kann.

◉ Newtown

Der Westen der Innenstadt ist ein Sammelbecken von Studenten, Goths, Stadthippies, Künstlern und Einwanderern aus dem Mittelmeerraum. In ihrem Herzen thront die Sydney University als dominierende Bastion altehrwürdiger Architektur über den umliegenden Vorstädten. Südwestlich der Universität liegt Newtown mit der kurvenreichen King St, die von interessanten Boutiquen, Läden mit Secondhand-Kleidung, Buchläden, Yoga-Studios, Pubs, Cafés und Thai-Restaurants geprägt ist. Das Viertel strebt gesellschaftlich aufwärts, ist aber immer noch eigenwillig und aufgeschlossen. Auf der anderen Seite der Universität liegt das ähnliche, aber ruhigere Viertel Glebe.

◉ Surry Hills

Sydneys angesagtestes Viertel hat definitiv keinerlei Ähnlichkeit mit den schönen Hügeln in der englischen Grafschaft Surrey, der es seinen Namen verdankt. Und heute hat es auch kaum noch Ähnlichkeit mit dem engmaschig verbundenen Arbeiterviertel, das Ruth Park in ihren klassischen Romanen aus der Zeit der Weltwirtschaftskrise beschrieb. Geblieben sind die viktorianischen Reihenhäuser. Heute wohnen hier Innenstadtfans, Gourmets und Schwule, die wegen der ausgezeichneten Kneipen und Restaurants in dem Viertel alles finden, was das Herz begehrt.

Brett Whiteley Studio   GALERIE
(Karte S. 67; ☎ 02-9225 1881; www.brettwhiteley. org; 2 Raper St; ⊙ Fr–So 10–16 Uhr; ☒ Central) GRATIS Der gerühmte ortsansässige Künstler Brett Whiteley (1939–1992) lebte schnell und rückhaltlos. Sein schwer zu findendes Atelier (in der Devonshire St auf die Ausschilderung achten) wird als Galerie erhalten, in der einige seiner besten Werke zu sehen sind. An der Tür steht eine kleine Version der berühmten, in der Domain aufgestellten Skulptur *Almost Once*.

◉ Darlinghurst

Das unmittelbar östlich vom Stadtzentrum gelegene Darlinghurst ist ein Synonym für Sydneys muntere, deutlich sichtbare schwule Gemeinde. Das schäbige untere Ende der Oxford St ist traditionell Sydneys Paillettenmeile. Es hat schon bessere Tage gesehen, ist aber immer noch Heimat der meisten Schwulentreffs und Schauplatz des Mardi-Gras-Umzugs.

Sydney Jewish Museum   MUSEUM
(Karte S. 68; ☎ 02-9360 7999; www.sydneyjewish museum.com.au; 148 Darlinghurst Rd; Erw./Kind 10/6 AU$; ⊙ So–Do 10–16, Fr bis 14 Uhr; ☒ Kings Cross) Das vorwiegend als Holocaust-Mahnmal gedachte Museum widmet sich der Geschichte, den Traditionen und der Kultur der Juden Australiens von der Zeit der First Fleet (zu der mind. 16 Juden gehörten) über die Jahre unmittelbar nach dem Zweiten Weltkrieg (als Australien pro Kopf nach Israel die größte Zahl von Holocaust-Überlebenden aufnahm) bis zum heutigen Tag. Man sollte sich, um alles zu sehen, mindestens zwei Stunden Zeit nehmen. Kostenlose, 45-minütige Führungen gibt es montags, mittwochs, freitags und sonntags um 12 Uhr.

Australian Museum   MUSEUM
(Karte S. 56; ☎ 02-9320 6000; www.australian museum.net.au; 6 College St; Erw./Kind 17/9 AU$; ⊙ 9.30–17 Uhr; ☒ Museum) Das naturgeschichtliche Museum wurde bereits 40 Jahre nach der Ankunft der First Fleet gegründet. Es bemüht sich, seinen Ruf als selbst schon museumswürdiges Museum abzuschütteln, indem es seine Ausstellung

Newtown

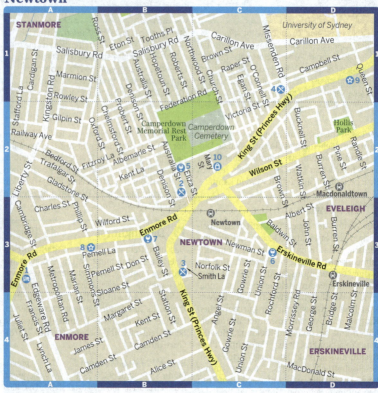

Newtown

Schlafen
1 Tara Guest House A3

Essen
2 Black Star Pastry B2
3 Bloodwood B3
4 Campos C1

Ausgehen & Nachtleben
5 Courthouse Hotel B2
6 Imperial Hotel C3
7 Midnight Special B3

Unterhaltung
8 Enmore Theatre A3
9 Vanguard D1

Shoppen
10 Better Read Than Dead C2

etwas aufgepeppt hat: Neben den staubigen ausgestopften Tieren finden sich nun Videovorführungen und ein Terrarium mit lebenden Schlangen und die Dinosaurierskelette wurde durch lebensgroße plastische Nachbildungen ergänzt. Doch vielleicht ist die altmodische Abteilung – der Saal mit den Knochen, Kristallen und Edelsteinen – sogar der interessanteste Teil des Museums.

Woolloomooloo, Kings Cross & Potts Point

Das von einem riesigen, beleuchteten Coca-Cola-Schild (Karte S. 68) – Sydneys Äquivalent zum Hollywood-Schriftzug in L.A. – bekrönte „Cross" ist seit langem Sydneys Rotlichtviertel. Im 19. und frühen 20. Jh. gab es hier prächtige Villen und stilvolle Apartments, doch änderte sich das grundlegend in den 1930er-Jahren, als trinkfreudige Intellektuelle, Künstler, Musiker, Vergnügungshungrige und Tunichtgute lärmend die Straßen für sich beanspruchten. Der Zweite Weltkrieg und der Vietnamkrieg besiegelten das Schicksal des Viertels, denn nun gaben sich im Cross US-amerikanische Seeleute vom nahegelegenen Flottenstützpunkt Garden Island ihren Ausschweifungen hin.

Zwar herrscht auch heute noch in den Straßen eine anrüchige Atmosphäre, aber das Viertel erlebt neuerdings dennoch eine Art kulturelle Wiedergeburt. Mit seiner Mischung aus Schäbigkeit und Eleganz lohnt es einen Besuch.

Einen heftigen Kontrast zum Cross bilden die anmutigen, baumgesäumten Alleen der Nachbarviertel Potts Point und Elizabeth Bay mit ihren gut erhaltenen viktorianischen, edwardianischen und Art-déco-Gebäuden.

Elizabeth Bay House HISTORISCHES GEBÄUDE
(Karte S. 68; 02-9356 3022; www.hht.net.au; 7 Onslow Ave; Erw./erm. 8/4 AU$; Fr–So 11–16 Uhr; Kings Cross) Alexander Macleays klassizistische Villa war bei ihrer Fertigstellung 1839 eines der schönsten Häuser der Kolonie – heute liegt es im Schatten von Apartmentgebäuden des vorigen Jahrhunderts. Das zugehörige Gelände wurde von Macleay, der Pflanzen aus aller Welt sammelte, in eine Art botanischer Garten verwandelt und erstreckte sich vom Hafen dem Hügel hinauf bis nach Kings Cross. Das architektonische Highlight der Villa ist der prächtige Eingangssalon mit seiner geschwungenen Freitreppe.

Woolloomooloo Finger Wharf HISTORISCHES GEBÄUDE
(Karte S. 52; Cowper Wharf Rd; Kings Cross) Die edwardianische Kaianlage, früher ein Verladeplatz für Wolle und Schiffsfracht, schlummerte jahrzehntelang vor sich hin; ein 2½-jähriger, von Gewerkschaftern getragener „Umweltstreik" bewahrte sie vor dem Abriss. In den späten 1990er-Jahren wurde sie herausgeputzt und ist heute eine der exklusivsten Adressen für Restaurants, Bars, Hotels und Jachtliegeplätze in Sydney.

Paddington & Woollahra

Paddington ist ein elegantes Viertel mit schön restaurierten Reihenhäusern und steilen, begrünten Straßen, in denen modebewusste Menschen zwischen Designerläden, Restaurants, Kunstgalerien und Buchläden pendeln. Die Lebensader ist die aus dem Nachbarviertel Darlinghurst hierher führende Oxford St. Am besten kommt man samstags, wenn muntere Märkte ihre Stände aufschlagen. Das benachbarte Woollahra ist ein gehobenes Viertel vom Feinsten mit grünen Straßen, Villen, unzähligen BMWs und Antiquitätenläden.

Paddington Reservoir Gardens PARK
(Karte S. 72; Ecke Oxford St & Oatley Rd; 380) Der 2008 unter viel Lob für seine Architektur eröffnete Park macht sich Paddingtons lang aufgegebenen, 1866 erbauten Wasserspeicher zunutze. In die Grünfläche mit einem abgesenkten Garten, einem Teich, einem Plankenweg und Rasenflächen wurden auch die Backsteinbögen und die erhaltene Speicherkammer einbezogen.

Centennial Park PARK
(Karte S. 72; 02-9339 6699; www.centennialparklands.com.au; Oxford St; Bondi Junction) Sydneys mit 189 ha größter Park, der 1888 in prächtigen viktorianischen Stil aus dem Boden gestampft wurde, ist heute ein Tummelplatz für Reiter, Jogger, Radler und In-line-Skater. Inmitten der breiten, formal angelegten Alleen, Teiche und Statuen erhebt sich der überkuppelte **Federation Pavilion** (Karte S. 72) – der Ort, an dem Australien am 1. Januar 1901 als Nation proklamiert wurde.

Eastern Beaches

Die Eastern Beaches mit ihren von zerklüfteten Klippen eingefassten, unwahrscheinlich schönen halbmondförmigen Sandstränden sind ein unverzichtbarer Bestandteil des Sydney-Erlebnisses. Am berühmtesten ist der breite Bondi Beach, an dem die abwechslungsreiche Landschaft und der ununterbrochene Aufmarsch schöner Körper ständig für Ablenkung sorgen.

★ Bondi Beach STRAND
(Karte S. 74; Campbell Pde; 380) Bondi ist ein gutes Stück Sydney und zugleich einer der großartigen Strände der Welt: Das Meer stößt auf das Land, der Pazifik wogt in gewaltigen, schaumigen Wellen heran, und alle Menschen sind gleich – genau wie der Sand. Bondi ist 8 km vom Zentrum entfernt und damit der nächstgelegene Meeresstrand. Er bietet durchgängig gute (allerdings von vielen genutzte) Wellen und eignet sich prima für eine athletische Schwimmpartie (die durchschnittliche Wassertemperatur liegt bei gemäßigten 21 °C). Das einmalige Flair Bondis wird stark von jüdischen, britischen und neuseeländischen Einwanderern bestimmt, die schon da waren, als der Strand hip wurde. Die Immobilienpreise an den seltsam kahlen Hängen Bondis sind explodiert, aber der Strand ist unbezahlbar wie eh und je.

Wenn die See rau ist, kann man sich in den Meerespools an beiden Enden des Strands tummeln. Im **Bondi Pavilion** (Karte S. 74; www.waverley.nsw.gov.au; Queen Elizabeth Dr; 380) GRATIS findet man Umkleideräume, Schließfächer und eine Eisdiele. Im Sommer sind Eisverkäufer auf dem Strand unterwegs. Am nördlichen Ende des Strands gibt's eine Grasfläche mit Grillplätzen.

★ **Tamarama Beach** STRAND
(Karte S. 74; Pacific Ave; 361) Der von hohen Klippen umgebene Tamarama bildete eine tiefe Sandzunge bei einer nur 80 m langen Strandlinie. Der Strand ist zwar klein, aber wegen des ständigen Brandungsrückstroms ist er der gefährlichste überwachte Strand in NSW und oft für Schwimmer gesperrt.

Bronte Beach STRAND
(Karte S. 52; Bronte Rd; 378) Bronte ist ein Strand mit steilen Rändern und einem grasbewachsenen Park mit Picknicktischen und Grillplätzen im Hintergrund. Er rühmt sich, den ältesten Rettungssurfer-Club der Welt (1903) zu haben. Anders als viele meinen ist der Strand keineswegs nach den berühmten Schriftsteller-Schwestern benannt, sondern nach Lord Nelson, den der König von Neapel 1700 mit dem Herzogtum Bronte (auf Sizilien) belehnt hatte.

Clovelly Beach STRAND
(Karte S. 52; Clovelly Rd; 339) Es mag seltsam klingen, aber der von Beton eingefasste Kanal ist ein toller Ort zum Schwimmen, Sonnenbaden und Schnorcheln. Er ist auch für Kinder sicher, und trotz der in den Meeresarm eindringenden Dünung ist die Sicht unter Wasser prima. Auf der anderen Seite des Parkplatzes liegt der Eingang zum Gordons Bay Underwater Nature Trail, einer 500 m langen Unterwasserstrecke vorbei an Riffen und Kelpwäldern.

Coogee Beach STRAND
(Karte S. 52; Arden St; 372-373) Bondi ohne Flitter und Poseure: Coogee (ausgesprochen mit kurzem „u") bietet einen weiten Sandstrand und viele Grünflächen, auf denen man grillen oder Frisbee spielen kann. In den umliegenden Straßen belagern bierselige Backpacker die Pubs und Imbisse. Am Nordende liegen die **Giles Baths**, ein halb offizieller Felspool, der zur Brandung hin offen ist. Am südlichen Ende des Strands befindet sich der **Ross Jones Memorial Pool**, der mit Betontürmchen geschmückt ist, die an Sandburgen erinnern.

◉ Vaucluse

Die sehr wohlhabende Vorstadt nimmt unmittelbar südlich von Watsons Bay den mittleren Abschnitt der Halbinsel South Head ein. Es gibt keine Fährverbindungen, aber häufig fahrende Busse.

Vaucluse House HISTORISCHES GEBÄUDE
(Karte S. 52; 02-9388 7922; www.hht.net.au; Wentworth Rd; Erw./Kind 8/4 AU$; Fr–So 11–16 Uhr; 325) Mit der Errichtung dieses imposanten, mit Türmchen bewehrten Beispiels australischer Neugotik mitten in einem üppigen, 10 ha großen Parks wurde 1805 begonnen, aber noch bis in die 1860er-Jahre bastelte man an der Villa herum. Die schöne historische Einrichtung mit böhmischen Kristallwaren, schweren Eichenmöbeln im Neorenaissancestil und Meißener Porzellan ermöglicht einen seltenen Einblick in das Leben privilegierter früher Kolonisten.

Nielsen Park & Shark Beach PARK, STRAND
(Karte S. 52; Vaucluse Rd; 325) Dieser prächtige Hafenpark mit Sandstrand ist ein verborgener Schatz, der zu dem einst 206 ha großen Anwesen des Vaucluse House gehörte. Versteckt unter den Bäumen steht das (nicht für Besucher geöffnete) Greycliffe House, eine anmutige neugotische Sandsteinvilla von 1851, in der heute die Verwaltung des Sydney Harbour National Park residiert. Trotz des unheilschwangeren Namens braucht man am Shark Beach keine Angst zu haben: ein Schutznetz hält die Fische von den Badenden fern. Am besten kommt man werktags. Dann ist der Andrang nicht groß – nur Eltern mit ihren Kindern, Rentner und ein paar Krankgeschriebene.

◉ Hafeninseln

Cockatoo Island INSEL
(Karte S. 52; 02-8969 2100; www.cockatooisland.gov.au; Cockatoo Island) Mit malerischen Industrierelikten, Gefängnisarchitektur und Kunstinstallationen ist Cockatoo Island (Wareamah) eine faszinierende Insel. Sie ist seit 2007 öffentlich zugänglich und verfügt inzwischen über fahrplanmäßige Fährverbindungen, ein Café und eine Bar. Infotafeln und Audioguides (5 AU$) berichten von der Geschichte der Insel, die als Gefängnis, als Werft und als Marinestützpunkt diente.

Fort Denison INSEL, FESTUNG
(Karte S. 52; www.fortdenison.com.au; Fähre & Führung Erw./Kind 38/29 AU$; Führungen 10.45, 12.15

Surry Hills

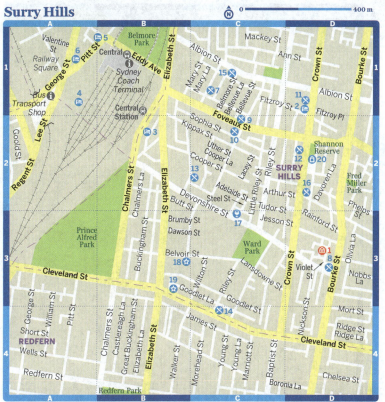

Surry Hills

Sehenswertes
1 Brett Whiteley Studio D3

Schlafen
2 Adina Apartment Hotel Sydney,
   Crown Street D1
3 Bounce B2
4 Railway Square YHA A1
5 Sydney Central YHA B1
6 Wake Up! A1

Essen
   bills .... (siehe 2)
7 Bodega C1
8 Bourke Street Bakery D3
9 El Loco C2
10 Le Monde C2
11 Marque D1
12 Messina D2
13 MoVida C2
14 Porteño C4
15 Reuben Hills C1
16 Toko D2

Ausgehen & Nachtleben
17 Shakespeare Hotel C3

Unterhaltung
18 Belvoir Street Theatre B3
19 Venue 505 .... B3

Shoppen
20 Surry Hills Markets D2

& 14.30 Uhr) Die von den Gadigal als Mat-te-wan-ye (Felseninsel) bezeichnete kleine und befestigte Insel vor Mrs. Macquaries Point war in der Kolonialzeit eine Stätte des Leidens, wo widerspenstige Sträflinge isoliert wurden. Die auf ihr ausgegebenen Rationen waren so klein, dass man ihr den Spitznamen „Pinchgut" (Baucheinzwänger) gab. Die Furcht vor einer russischen Invasion während des Krimkriegs in der Mitte des 19. Jhs.

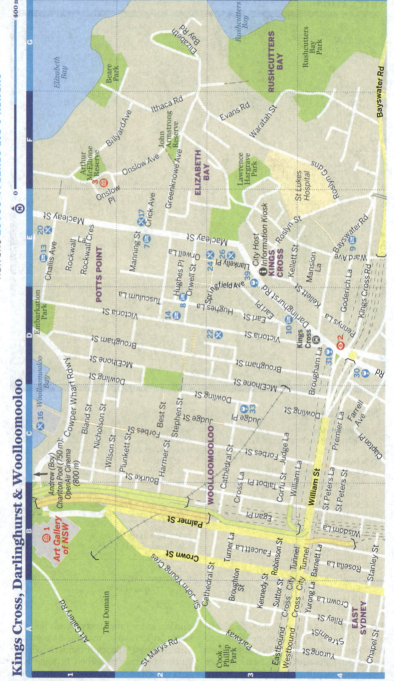

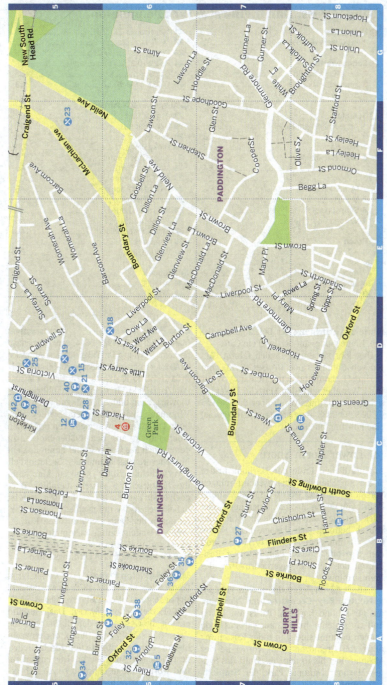

Kings Cross, Darlinghurst & Woolloomooloo

◉ Highlights
1 Art Gallery of NSW B1

◉ Sehenswertes
2 Coca-Cola-Schild D4
3 Elizabeth Bay House F1
4 Sydney Jewish Museum C6

🛏 Schlafen
5 Adge Apartment Hotel A6
6 Arts C8
7 Blue Parrot E2
8 Eva's Backpackers D2
9 Hotel 59 .... E4
10 Jackaroo D3
11 Manor House B8
12 Medusa C5
13 Simpsons of Potts Point E1
14 Victoria Court Hotel D2

✴ Essen
15 A Tavola D5
16 Aki's C1
17 Apollo E2
18 bills D6
19 Buffalo Dining Club D5
20 Fratelli Paradiso E1

21 Messina D5
22 Ms G's D3
23 Popolo F5
24 Room 10 .... E3
25 Spice I Am D5
26 Wilbur's Place E3

◉ Ausgehen & Nachtleben
27 Arq B7
28 Darlo Bar C5
29 Eau-de-Vie C5
30 Hinky Dinks D4
31 Kings Cross Hotel D4
32 Midnight Shift A6
33 Old Fitzroy Hotel C3
34 Oxford Art Factory A5
35 Oxford Hotel B6
36 Palms on Oxford B6
37 Pocket A6
38 Shady Pines Saloon A6
39 Sugarmill E3
40 Victoria Room D5

🛍 Shoppen
41 Ariel C7
42 Artery C5

---

führte zur Errichtung der Befestigungsanlagen. Heute gibt es auf der Insel ein Café.

Ungefähr siebenmal täglich fahren Fähren von Captain Cook Cruises (S. 78) vom Darling Harbour und dem Circular Quay zur Insel. Wer aber auch den Martello Tower besichtigen will, muss vorab über den **NPWS** (☏ 02-9253 0888; www.nationalparks.nsw.gov.au) eine Führung buchen.

◉ Lower North Shore

Am nördlichen Ende der Harbour Bridge liegen am Ufer die überraschend ruhigen Vorstädte **Milsons Point** und **McMahons Point**, von denen aus man einen herrlichen Blick auf die Stadt hat. Gleich östlich der Brücke befindet sich das stattliche Viertel **Kirribilli** mit dem **Admiralty House** und dem **Kirribilli House**, den Sydneyer Residenzen der Generalgouverneurin bzw. des Premierministers.

Östlich davon liegen die noblen Vorstädte **Neutral Bay**, **Cremorne** und **Mosman**, die für schöne Buchten, Parks am Hafen und gutbetuchte, mittags auswärts essende Damen bekannt sind. Ein toller Küstenweg führt von Cremorne Point vorbei an der Mosman Bay bis in den Abschnitt des Sydney Harbour National Park, der **Bradleys Head** umfasst.

Luna Park   VERGNÜGUNGSPARK
(Karte S. 52; ☏ 02-9922 6644; www.lunaparksydney.com; 1 Olympic Dr; Ticket für eine Attraktion 10 AU$, für mehrere Attraktionen 20–50 AU$; ⊙ Fr & Sa 11–22, So 10–18, Mo 11–16 Uhr; 🚢 Milsons Point/Luna Park) Ein dement dreinblickendes Clownsgesicht bildet den Eingang zu diesem Vergnügungspark über dem Sydney Harbour. Das ist eines von mehreren originalen Überbleibseln aus den 1930er-Jahren, zu denen auch das Coney Island Funhouse, ein hübsches Karussell und der Seekrankheit verursachende „Rotor" gehören. Man kann die Fahrgeschäfte einzeln bezahlen oder auch einen Pass für alle kaufen. Der Preis ist dabei (wegen der unterschiedlichen Anforderungen der Fahrgeschäfte) nach Körpergröße gestaffelt; online bekommt man ihn günstiger. An Feiertagen und in den Schulferien gibt es verlängerte Öffnungszeiten.

Mary MacKillop Place   MUSEUM, KIRCHE
(Karte S. 52; ☏ 02-8912 4878; www.marymackilloplace.org.au; 7 Mount St; Erw./Kind 8/5 AU$; ⊙ 10–16 Uhr; 🚆 North Sydney) Das Museum erzählt die Geschichte der Hl. Mary of the Cross (alias Mary MacKillop), der einzigen bislang von der katholischen Kirche heiliggesprochenen Australierin. Die engagierte und wortgewaltige Lehrerin setzte sich gegen konservative hierarchische Traditionen

durch, auch wenn sie einmal für sechs Monate exkommuniziert wurde. Das Grab der Heiligen befindet sich in der Kapelle.

May Gibbs' Nutcote   MUSEUM
(Karte S. 52; 02-9953 4453; www.maygibbs. com.au; 5 Wallaringa Ave; Erw./Kind 9/3,50 AU$; Mi-So 11–15 Uhr; Neutral Bay) Das im spanischen Missionsstil erbaute Nutcote (1925) ist das frühere Wohnhaus der Schriftstellerin May Gibbs, der Verfasserin des beliebten australischen Kinderbuchs *Snugglepot & Cuddlepie*. Das Haus wurde in den Zustand der 1930er-Jahre zurückversetzt und beherbergt jetzt ein Museum zu ihrem Leben und Werk. Lustige ehrenamtliche Helfer veranstalten Führungen, und es gibt einen wunderschönen Garten, eine Teestube und einen Souvenirladen. Das Haus befindet sich fünf Gehminuten abseits des Kais.

Taronga Zoo   ZOO
(Karte S. 52; 02-9969 2777; www.taronga.org.au; Bradleys Head Rd; Erw./Kind 44/22 AU$; 9.30–17Uhr; Taronga Zoo) Eine 12-minütige Fährfahrt vom Circular Quay entfernt bietet der Taronga Zoo auf einem 75 ha großen, hügeligen Gelände am Hafen viel Platz für Kängurus, Koalas und weitere bepelzte Australier. Von dem unbezahlbaren Blick auf den Hafen scheinen die 4000 Zootiere allerdings keine Notiz zu nehmen.

Besondere Höhepunkte sind das Nachtgehege der Schnabeltiere, die Abteilung über die großen Südmeere und die asiatischen Elefanten. Den ganzen Tag hindurch gibt's Fütterungen und Begegnungen mit Tieren. Dämmerungskonzerte sorgen im Sommer für zusätzliche Stimmung, und bei „Roar and Snore" kann man sogar im Zoo campen.

Zu den angebotenen Führungen gehört **Nura Diya** (02-9978 4782; 90-minütige Führung Erw./Kind 99/69 AU$; Mo, Mi & Fr 9.45 Uhr). Bei dieser Führung stellen indigene Guides die heimischen Tiere vor, erzählen Legenden über sie und geben einen Einblick in das traditionelle Leben der Ureinwohner. Reservierung erforderlich.

Von der Anlegestelle bringen die Sky Safari Cable Car oder Busse die Besucher hinauf zum Eingang. Der Zoo Pass (Erw./Kind/Fam. 51/25/143 AU$) vom Circular Quay beinhaltet die Hin- und Rückfahrt mit der Fähre, die Fahrt mit Bus oder Seilbahn zur Spitze und den Eintritt in den Zoo.

Balmoral Beach   STRAND
(Karte S. 52; The Esplanade; 245) Die Strandenklave Balmoral liegt Manly am Middle Harbour direkt gegenüber und besitzt ein paar gute Restaurants und einen schönen Badestrand. Ein unglaublich malerischer Felsvorsprung teilt den Strand in zwei Hälften. Familien, die am Nordufer wohnen, machen hier gern ein Picknick. Badelustige strömen zum Südende, wo ein Hainetz Schutz bietet.

Manly

Das entspannte Manly liegt auf einer schmalen Landenge neben dem North Head, dem nördlichsten Vorposten des Sydney Harbour. Der seltsame Name leitet sich von Gouverneur Phillips Beschreibung des Erscheinungsbild der Eingeborenen ab, die er hier vorfand – ein frühes Beispiel für die in Sydney typische Gewohnheit, Leute nach ihrer körperlichen Erscheinung zu taxieren.

Der Corso verbindet Manlys Ozean- und Hafenstrand; hier gibt's jede Menge Surfläden, Burger-Restaurants, Saftbars und Kneipen. Bessere Pubs und Restaurants finden sich am aufgemöbelten Manly Wharf und hier und dort gibt's in den Nebenstraßen ein paar gute Cafés.

Im Sommer sollte man hier ruhig einen Tag wandern und baden. Im Winter kann man kurz vorbeischauen, schon allein wegen der Anreise mit der Fähre, die Sydneys schönste Fährfahrt ist. Nach Einbruch der Dunkelheit sollte man sich aber davonmachen – anderswo findet man viel bessere Restaurants und Bars.

★ Manly Beach   STRAND
(Karte S. 78; Manly) Sydneys zweitberühmtester Strand erstreckt sich mit goldenem Sand über fast 2 km, gesäumt von Norfolk-Tannen und lückenhafter, mittelhoher Wohnbebauung. Das südliche Ende des Strands, das dem Corso am nächsten liegt, wird South Steyne genannt, der mittlere Abschnitt North Steyne und das nördliche Ende Queenscliff. Jeder Abschnitt hat seinen eigenen Rettungsschwimmer-Club.

Manly Sea Life Sanctuary   AQUARIUM
(Karte S. 78; 02-8251 7877; www.manlysealifesanctuary.com.au; West Esplanade; Erw./Kind 24/12 AU$; 10–17.30 Uhr, letzter Einlass 16.45 Uhr; Manly) Nicht gerade der richtige Ort, um sich für einen Surfausflug an den Manly Beach vorzubereiten: Durch die Glastunnel unter Wasser kommt man hier 3 m langen Sandtigerhaien beunruhigend nahe. Ob sie wohl gerade Hunger haben? Mit **Shark Dive**

Paddington & Woollahra

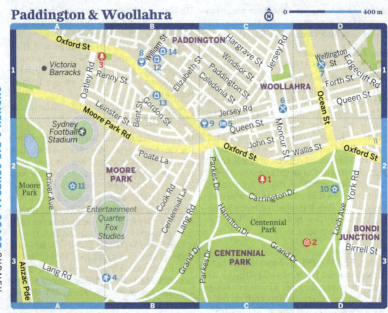

Paddington & Woollahra

◉ Sehenswertes
1. Centennial Park..................................C2
2. Federation Pavilion D3
3. Paddington Reservoir Gardens............A1

✪ Aktivitäten, Kurse & Touren
4. Centennial Parklands Equestrian Centre...B3

🛌 Schlafen
5. Kathryn's on Queen C2

✖ Essen
6. bills..C1
7. Chiswick Restaurant D1

◉ Ausgehen & Nachtleben
8. 10 William Street B1
9. Wine Library..C2

◉ Unterhaltung
10. Moonlight Cinema D2
11. Sydney Cricket Ground A2

🛍 Shoppen
12. Corner Shop..B1
13. Paddington Markets B1
14. Poepke..B1

Xtreme (☎ 02-8251 7878; Einführungskurs/zertifizierter Tauchgang 270/195 AU$) kann man sogar in ihre Welt eintauchen.

Oben haben die Bewohner der Pinguinanlage viel Spaß. In Manly gibt es eine der letzten Zwergpinguinkolonien auf dem australischen Festland. Diese Anlage will die Besucher mit dem Leben der putzigen kleinen Kerlchen vertraut machen – keine Sorge, die hier lebenden Tiere stammen aus Nachzucht, nicht aus der Wildnis.

Manly Scenic Walkway   AKTIVITÄTEN
(Karte S.52; www.manly.nsw.gov.au/attractions/walking-tracks/manly-scenic-walkway/; 🚢Manly)

Dieser lange Wanderweg besteht aus zwei Hauptkomponenten: dem 10 km langen westlichen Abschnitt von Manly zur Spit Bridge und dem östlichen 9,5 km langen Rundweg um North Head. Eine Wanderkarte kann man online herunterladen und sich eine im Informationszentrum in der Nähe des Kais mitnehmen.

Der westliche Abschnitt folgt zunächst der Küste vorbei an Anwesen mit unbezahlbarer Aussicht auf den Hafen und führt dann durch einen rauen, 2,5 km langen Teil des Sydney Harbour National Park, in dem sich seit der Ankunft der First Fleet nicht viel geändert hat. Nach dem Passieren der Spit Bridge fährt man mit dem Bus zurück nach Manly (Bus 140, 143 oder 144) oder weiter in die Stadt (Busse 176 bis 180).

Der östliche Rundweg, der North Head Circuit Track, ist in drei bis vier Stunden zu bewältigen. Vom Kai folgt man der Eastern Esplanade und der Stuart St bis zur Spring Cove, kommt dann in den North-Head-Abschnitt des Sydney Harbour National Park und bahnt sich seinen Weg durch den Busch bis zum spektakulären Fairfax Lookout auf dem North Head (insgesamt rund 45 Min.). Von dem Aussichtspunkt wandert man weiter auf dem Fairfax Loop (1 km, 30 Min.) und kehrt schließlich auf dem Cabbage Tree Bay Walk zurück. Dieser folgt der tosenden Meeresküste und führt über den malerischen Shelly Beach und den winzigen Fairy Bower Beach zurück zum Manly Beach.

◉ Northern Beaches

Der 20 km lange Küstenstreifen zwischen Manly und dem gut betuchten Palm Beach wird oft als eindrucksvollster städtischer Surfspot weltweit bezeichnet, was die Einheimischen, die sich am Dee Why, Collaroy, Narrabeen, Mona Vale, Newport, Bilgola, Avalon, Whale oder Palm Beach in die Wellen stürzen, bestimmt genauso sehen.

Am besten kommt man mit dem Auto. Wenn das nicht möglich ist, man aber trotzdem dem Schauplatz der Seifenoper *Home & Away* einen Besuch abstatten will, bleibt der Bus L90, der einen in weniger als zwei Stunden vom Railway Sq zum Palm Beach bringt.

Whale Beach STRAND
(Whale Beach Rd; 🚌L90) Der verschlafene Whale Beach, 3 km südlich vom Palm Beach, lohnt mit seinem weiten, von steilen Klippen eingefassten orangefarbenen Sandstrand für Surfer und Familien einen Besuch.

Palm Beach STRAND
(Ocean Rd; 🚌L90) Der hübsche Palm Beach ist berühmt als Schauplatz der australischen Seifenoper *Home & Away*. In einem Anhängsel des Ku-ring-gai Chase National Park steht auf der Nordspitze der Landzunge das 1881 errichtete **Barrenjoey Lighthouse**. Für die steile, 20-minütige Wanderung zum Leuchtturm braucht man ordentliche Schuhe, aber der Blick über das Pittwater lohnt die Mühe.

Ku-ring-gai Chase National Park PARK
(www.nationalparks.nsw.gov.au; Eintritt pro Auto & Tag 11 AU$, Bootlandegebühr 3/2 AU$ pro Erw./ Kind) Das spektakuläre Wildnisgebiet liegt am Pittwater gegenüber der schmalen Halbinsel, auf der sich Palm Beach befindet. Der Park erstreckt sich über gewaltige 150 km² und bildet Sydneys nördliche Grenze. Man findet hier die typische Sydneyer Mischung aus Buschland, Sandsteinfelsen, Aussichtspunkten aufs Wasser, außerdem Wander- und Reitwege, Picknickplätze und Felszeichnungen der Aborigines.

Der Park besitzt mehr als 100 km Küstenlinie. Mehrere Straßen führen durch ihn hindurch, man erreicht ihn über die Bobbin Head Rd von North Turramurra, die Ku-ring-gai Chase Rd abseits des Pacific Hwy in Mt. Colah oder die McCarrs Creek Rd in Terrey Hills. Fähren von **Palm Beach Ferries** (☏02-9974 2411; www.palmbeachferries.com.au; Erw./Kind 7,50/3,70 AU$; ⏰Sa–Do 9–18, Fr bis 20 Uhr) legen jeweils zur vollen Stunde am Palm Beach Wharf zum Basin ab, wo es einen Campingplatz und eine durch ein Hainetz geschützte Badestelle gibt.

Das von ehrenamtlichen Helfern betreute **Kalkari Discovery Centre** (☏02-9472 9300; Ku-ring-gai Chase Rd; ⏰9–17 Uhr) GRATIS ist 2,5 km vom Parkeingang in Mt. Colah entfernt und zeigt Ausstellungen zur örtlichen Fauna und der Kultur der Aborigines. Von Kalkari führt die Straße hinunter zum **Bobbin Inn Visitor Centre** (☏02-9472 8949; Bobbin Head; ⏰10–16 Uhr), wo es ein Café und einen Plankenweg gibt, der durch die Mangroven führt.

Von den höher liegenden Teilen des Parks aus hat man einen prächtigen Blick auf den Cowan Creek, die Broken Bay und das Pittwater. Am schönsten ist das **West Head**, wo man über das Pittwater hinüber zum Barrenjoey Lighthouse blickt. Die sonst scheuen Leierschwänze sind hier bei ihrer Balz (Mai–Juli) eine besondere Attraktion.

Von der West Head Rd gelangt man auch zu Stätten mit Felsritzungen und Handabdrücken der Aborigines: vom Picknickgelände Resolute sind es nur 100 m bis zu einigen verblassten ockerfarbenen Handabdrücken an der Red Hands Cave. Nach weiteren 500 m auf dem Resolute Track erreicht man eine Stätte mit Felsritzungen. Von hier bringt einen ein 3 km langer Rundweg zum Resolute Beach und einer weiteren Stätte mit Felsritzungen. Auf dem leichten Basin Track gelangt man ebenfalls zu einigen gut erhaltenen Felsgravuren und auch über einen Bohlenweg auf dem Echidna Track (abseits der West Head Rd).

Bondi

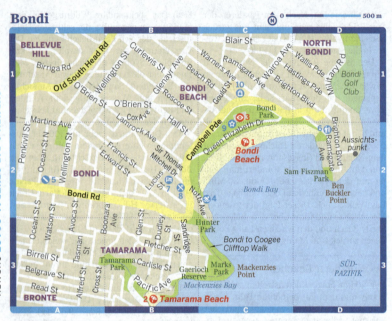

Bondi

⊙ Highlights
1 Bondi Beach C2
2 Tamarama Beach B3

⊙ Sehenswertes
3 Bondi Pavilion.. C1

⊕ Aktivitäten, Kurse & Touren
4 Bondi Icebergs Swimming Club............ C2
5 Dive Centre Bondi A2
6 Let's Go Surfing D2

⌂ Schlafen
7 Bondi Beach House B2

⊗ Essen
8 Bondi Trattoria B2

⊙ Ausgehen & Nachtleben
Icebergs Bar.................................(siehe 4)

⊙ Unterhaltung
9 Bondi Openair Cinema C2

⊙ Shoppen
10 Bondi Markets.. C1

✦ Aktivitäten

Segeln

James Craig Square-Rig Sailing Adventure SEGELN
(Karte S. 60; ☎ 02-9298 3888; www.shf.org.au; Wharf 7, Pyrmont; Erw./Kind 150/50 AU$; ⓢ Pyrmont Bay) Die *James Craig* ist ein schwerer, eiserner Dreimaster, der 1874 in England gebaut wurde und normalerweise am Maritime Museum vor Anker liegt. Rund zweimal im Monat tritt das Schiff eine Fahrt über die Landspitzen hinaus an (Reservierung erforderlich). Bei den Segeltouren gibt's einen Vormittagstee, ein Mittagessen und ein paar Seemannslieder.

Sailing Sydney SEGELN
(Karte S. 60; ☎ 02-9660 9133; www.sailingsydney.net; Wharf 9, King St Wharf; ⓢ Wynyard) Hier kann man auf einer Jacht, die beim America's Cup mitgesegelt ist, durch den Hafen kreuzen (2½ Std., Erw./Kind 129/99 AU$); mittwochs nimmt das Boot an der Regatta des Sydney Harbour Yacht Club teil (3 Std., Erw./Kind 169/139 AU$).

EastSail SEGELN
(Karte S. 52; ☎ 02-9327 1166; www.eastsail.com.au; d'Albora Marina, New Beach Rd, Rushcutters Bay; ⓢ Edgecliff) Niemand hat je behauptet, dass Segeln ein billiger Sport sei: Der zweitägige Anfängerkurs kostet daher

auch stolze 575 AU$, man kann auch Boote chartern.

Sydney by Sail
SEGELN

(Karte S. 60; ☎02-9280 1110; www.sydneybysail.com; 2 Murray St, Darling Harbour; 🚢Pyrmont Bay) Die Touren von Sydney by Sail starten täglich vor dem Maritime Museum. Im Angebot sind dreistündige Hafenkreuzfahrten (Erw./Kind 195/85 AU$), sechsstündige Segelabenteuer an der Küste (Erw./Kind 195/120 AU$) und ein Wochenende dauernde Segelkurse für Anfänger (595 AU$).

Schwimmen

In Sydney gibt es über 100 öffentliche Bäder, und viele Strände haben geschützte Becken direkt am Meer. Die Strände im Hafen bieten geschützte, mit Hainetzen versehene Stellen, aber nichts kommt den Wellen des Ozeans gleich. Nur in den von Rettungsschwimmern überwachten und mit Flaggen markierten Bereichen schwimmen und nie die Kraft der Brandung unterschätzen!

North Sydney Olympic Pool
SCHWIMMEN

(Karte S. 52; ☎02-9955 2309; www.northsydney.nsw.gov.au; 4 Alfred St South; Erw./Kind 7,10/3,50 AU$; ⊗Mo–Fr 5.30–21, Sa & So 7–19 Uhr; 🚇Milsons Point/Luna Park) Neben dem Luna Park mit tollem Blick auf den Hafen bietet diese Anlage u. a. ein 50 m langes Außenbecken, ein 25 m langes Innenbecken, einen Fitnessraum (19 AU$ inkl. Zugang zu Pool und Sauna), eine Kinderkrippe (4,20 AU$/Std.) und ein Café.

Wylie's Baths
SCHWIMMEN

(Karte S. 52; ☎02-9665 2838; www.wylies.com.au; Neptune St; Erw./Kind 4,50/1 AU$; ⊗Okt.–März 7–19 Uhr, April–Sept. bis 17 Uhr) Der ausgezeichnete Meerwasserpool (von 1907) an der Felsküste südlich vom Coogee Beach ist mehr auf Schwimmer denn auf Planscher ausgerichtet. Nach der Schwimmrunde stehen ein Yogakurs (15 AU$), eine Massage oder ein Kaffee am Kiosk, von dem man einen prächtigen Blick aufs Meer hat, zur Auswahl.

Andrew (Boy) Charlton Pool
SCHWIMMEN

(Karte S. 52; ☎02-9358 6686; www.abcpool.org; 1c Mrs. Macquaries Rd; Erw./Kind 6/4,50 AU$; ⊗Mitte Sept.–April 6–19 Uhr; 🚇Martin Pl) Sydneys bester Salzwasserpool – gleich neben dem Hafen – ist ein Magnet für wasserverrückte Schwule, Heteros, Eltern und Modebewusste. Im Pool ziehen ernsthafte Schwimmer ihre Bahnen, wer niemanden in die Quere kommen möchte, sollte darauf achten, in seiner Bahn zu bleiben.

Dawn Fraser Baths
SCHWIMMEN

(Karte S. 52; ☎02-9555 1903; www.lpac.nsw.gov.au/Dawn-Fraser-Baths/; Elkington Park, Fitzroy Ave; Erw./Kind 4,60/3,20 AU$; ⊗Okt.–April 7.15–18.30 Uhr; 🚢Balmain West) Der spätviktorianische Meerwasserpool (von 1884) bietet bei Ebbe einen kleinen Strand und im Sommer Yogakurse (14 AU$).

Bondi Icebergs Swimming Club
SCHWIMMEN

(Karte S. 74; ☎02-9130 4804; www.icebergs.com.au; 1 Notts Ave; Erw./Kind 5,50/3,50 AU$; ⊗Fr–Mi 6.30–18.30 Uhr) Das berühmteste Schwimmbad der Stadt bietet die beste Aussicht am Bondi und verfügt über ein niedliches kleines Café.

Surfen

Auf der Südseite locken die Wellen an den Stränden Bondi, Tamarama, Coogee, Maroubra und Cronulla. Am North Shore gibt es zwischen Manly und Palm Beach ein Dutzend coole Surfstrände, darunter Curl Curl, Dee Why, Narrabeen, Mona Vale und Newport.

Let's Go Surfing
SURFEN

(Karte S. 74; ☎02-9365 1800; www.letsgosurfing.com.au; 128 Ramsgate Ave; Brett und Neoprenanzug 25/30/50/150 AU$ pro 1 Std./2 Std./Tag/Woche; 🚌380) Bei dieser gut etablierten Schule in North Bondi kann man Ausrüstung mieten und surfen lernen. Die Schule wendet sich an alle: es gibt Kurse für Jugendliche von 7 bis 16 Jahren (49 AU$/1½ Std.) und Erwachsene (89 AU$/2 Std., auch Kurse nur für Frauen) und darüber hinaus auch Privatunterricht (175 AU$/1½ Std.). North Bondi ist ein idealer Ort, um surfen zu lernen.

Manly Surf School
SURFEN

(Karte S. 52; ☎02-9977 6977; www.manlysurfschool.com; North Steyne Surf Club; 🚢Manly) Die Schule bietet das ganze Jahr über zweistündige Surfkurse für Gruppen (Erw./Kind 70/55 AU$) und Einzelunterricht. Angeboten werden auch Surfsafaris hinauf zu den Northern Beaches inklusive zwei Unterrichtsstunden, Mittagessen, Ausrüstung und Abholung in der Stadt (99 AU$).

Tauchen & Schnorcheln

Sydneys beste Tauchstellen am Strand sind die Gordons Bay, Shark Point in Clovelly sowie Ship Rock in Cronulla. Weitere gute

Tauchspots sind North Bondi, Camp Cove und Bare Island. Beliebte Tauchstellen vom Boot aus sind die Wedding Cake Island vor Coogee, das Gebiet um die Sydney Heads sowie vor dem Royal National Park.

Dive Centre Manly TAUCHEN
(Karte S. 78; ☎ 02-9977 4355; www.divesydney.com.au; 10 Belgrave St; ⊙ 9–18 Uhr; ⛴ Manly) Ein zweitägiger PADI-Anfängerkurs kostet 445 AU$, geführte Tauchgänge vom Strand aus kosten 95/125 AU$ für 1/2 Tauchgänge (tgl.) und Tauchgänge vom Boot sind für 175 AU$ (Fr–So) zu buchen.

Dive Centre Bondi TAUCHEN
(Karte S. 74; ☎ 02-9369 3855; www.divebondi.au; 198 Bondi Rd; ⊙ Mo–Fr 9–18, Sa & So 7.30–18 Uhr; 🚌 380) Bietet PADI-Discover-Scuba-Tauchkurse und Tauchgänge vom Boot aus (jeweils 225 AU$).

Noch mehr Aktivitäten

Natural Wanders KAJAKFAHREN
(Karte S. 52; ☎ 0427 225 072; www.kayaksydney.com; Tour 65–150 AU$) Veranstaltet großartige Vormittagstouren rund um die Harbour Bridge, die Lavender Bay, Balmain und Birchgrove.

Centennial Parklands Equestrian Centre REITEN
(Karte S. 72; ☎ 02-9332 2809; www.cpequestrian.com.au; 114-120 Lang Rd, Centennial Park; geführte Parkritte ab 70 AU$; 🚌 372-374 & 391-397) Einstündige, 3,6 km lange Ausritte auf den baumgesäumten Alleen im Centennial Park, Sydneys beliebtester Grünfläche, sind ein tolles Erlebnis. Fünf Stallungen in dem Zentrum veranstalten Ausritte in den Park; die Einzelheiten stehen auf der Website.

👉 Geführte Touren

Die meisten Touren können über die Sydney Visitor Centres gebucht werden.

Bike Buffs RADTOUR
(☎ 0414 960 332; www.bikebuffs.com.au; Erw./Kind 95/70 AU$) Veranstaltet täglich vierstündige Radtouren zu den Sehenswürdigkeiten am Hafen (inkl. Fahrt über die Harbour Bridge) und verleiht Fahrräder (35/60/295 AU$ pro halber/ganzer Tag/Woche).

Bonza Bike Tours RADTOUR
(Karte S. 56; ☎ 02-9247 8800; www.bonzabiketours.com; 30 Harrington St; 🚊 Circular Quay) Diese Fahrradcracks veranstalten die 2½-stündige „Sydney Highlights"-Tour (Erw./Kind 99/79 AU$) und die vierstündige „Sydney Classic"-Tour (Erw./Kind 119/99 AU$). Weitere Touren gelten der Harbour Bridge und Manly.

Sydney Architecture Walks STADTSPAZIERGANG, RADTOUR
(Karte S. 56; ☎ 0403 888 390; www.sydneyarchitecture.org; Erw./erm. Stadtspaziergang 35/25 AU$, Radtour 120/110 AU$) Die gescheiten jungen Architekturfans bieten eine fünfstündige Radtour und fünf themenbezogene zweistündige Stadtspaziergänge (Die City; Utzon & das Sydney Opera House; Hafengebiet; Kunst, Ort & Landschaft; Modernes Sydney).

I'm Free STADTSPAZIERGANG
(Karte S. 56; www.imfree.com.au) GRATIS Diese Führungen sind nominell kostenlos, werden aber von begeisterten jungen Guides durchgeführt, die ein Trinkgeld erwarten. Eine dreistündige Stadtführung startet um 10.30 und 14.30 Uhr am Anker neben dem Rathaus von Sydney, eine 1½-stündige Tour durch The Rocks beginnt um 18 Uhr am Cadman's Cottage. Keine Reservierung – einfach hinkommen und nach dem Guide im leuchtend grünen T-Shirt Ausschau halten.

Peek Tours STADTSPAZIERGANG
(Karte S. 56; ☎ 0420 244 756; www.peektours.au; ⊙ 10.30 & 14.30 Uhr; 🚊 Circular Quay) GRATIS Der „kostenlose" dreistündige Stadtspaziergang startet vor dem Customs House. Die Guides tragen rote T-Shirts und arbeiten ebenfalls fürs Trinkgeld. Also sollte man sie auch nach eigenem Ermessen fair entlohnen.

BridgeClimb KLETTERPARTIE
(Karte S. 56; ☎ 02-8274 7777; www.bridgeclimb.com; 3 Cumberland St; Erw. 198–318 AU$, Kind 148–208 AU$; 🚊 Circular Quay) Mit Kopfschutz, Sicherheitsgurt und einem grauen Overall macht man sich an den aufregenden Aufstieg zum höchsten Punkt des Bogens von Sydneys berühmter Harbour Bridge.

Real Sydney Tours BUSTOUR
(☎ 0412 876 180; www.realsydneytours.com.au; 1–3 Teilnehmer ab 465 AU$, weitere Teilnehmer ab 135 AU$) Die Rundfahrten in privaten Kleinbussen führen durch Sydney und zu weiter entfernten Zielen wie den Blue Mountains oder dem Hunter Valley.

EcoTreasures KULTURTOUR, SCHNORCHELN
(☎ 0415 121 648; www.ecotreasures.com.au) Das Unternehmen bietet Touren in kleinen Gruppen, z. B. „Manly Snorkel Walk & Talk"

Stadtspaziergang
Bondi to Coogee Clifftop Walk

START BONDI BEACH
ENDE COOGEE BEACH
LÄNGE/DAUER 6 KM; 2–3 STD.

Diesen Küstenweg – wahrscheinlich Sydneys beste, berühmteste und beliebteste Wanderstrecke – sollte man sich nicht entgehen lassen. Beide Enden sind gut an das Busnetz angeschlossen, aber auch viele Stellen unterwegs, sodass man die Wanderung ggf. problemlos abbrechen kann. Man kann aber genauso gut an einem der Strände, die man passiert, ein Bad nehmen – Badesachen nicht vergessen! Auf der Strecke gibt es kaum Schatten, man sollte sich also vorher gut mit Sonnencreme einschmieren.

Am Start am ❶ **Bondi Beach** (S. 65) nimmt man die Treppe hinauf zum Südende der Notts Ave und geht oben am Poolkomplex ❷ **Icebergs** (S. 75) vorbei. Den Wanderweg betritt man am Ende der Notts Ave.

Auf dem Weg nach Süden erwarten einen spektakuläre, gischtumtoste Sandsteinklippen, an denen der Pazifik nagt (nach Delfinen, Walen und Surfern Ausschau halten!). Der kleine, aber auffällig geformte ❸ **Tamarama** (S. 66) ist ein tief ins Land reichender Strand.

Von den Klippen geht es nun hinunter zum ❹ **Bronte Beach** (S. 66), um ein Bad zu nehmen oder sich in einem Strandcafé einen Kaffee, ein großes Mittagessen oder einen schnellen Snack zu gönnen. Jenseits des Sandstrands setzt sich der Weg fort.

Einige berühmte Australier liegen auf dem ❺ **Waverley Cemetery** oben am Rand einer Klippe begraben. An klaren Tagen kann man von diesem Friedhof aus gut Wale beobachten.

Im sonnenverwöhnten Clovelly Bowling Club kann man ein Bier trinken oder ein paar Kugeln schieben. Dann geht's an den Kakadus und Liebespaaren im ❻ **Burrows Park** vorbei weiter zum geschützten, bei Familien sehr beliebten ❼ **Clovelly Beach** (S. 66).

Der Fußweg führt nun hinauf, läuft über den Parkplatz, längs der Cliffbrook Pde und über eine Treppe hinunter zu den umgedrehten Jollen an der ❽ **Gordons Bay** (S. 66), einer der besten Stellen zum Tauchen am Strand.

Der Weg setzt sich über den ❾ **Dolphin Point** hinaus fort und bringt einen schließlich zum tollen ❿ **Coogee Beach** (S. 66).

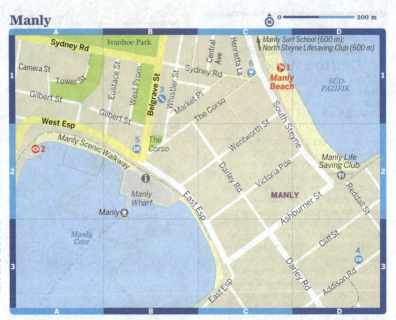

Manly

Highlights
1 Manly Beach C1

Sehenswertes
2 Manly Sea Life Sanctuary A2

Aktivitäten, Kurse & Touren
3 Dive Centre Manly B1

Schlafen
4 101 Addison Road D3
5 Quest Manly B2

Ausgehen & Nachtleben
6 Hotel Steyne C1

(90 Min.; Erw./Kind 55/35 AU$) sowie längere Ausflüge zu den Northern Beaches und zum Ku-ring-gai Chase National Park an. Dazu gehören auch die Aboriginal Heritage Tours unter Leitung indigener Führer.

Captain Cook Cruises KREUZFAHRT
(Karte S.56; 02-9206 1111; www.captaincook.com.au) Neben schicken Lunch- und Dinner-Kreuzfahrten bietet dieses Schiff auch das nautische Äquivalent zu einer Bustour mit beliebigem Aus- und Zusteigen. Haltepunkte sind Watsons Bay, der Taronga Zoo, der Circular Quay, der Luna Park und Darling Harbour.

Feste & Events

Sydney Festival KUNST
(www.sydneyfestival.org.au) Sydneys wichtigstes Kunst- und Kulturfestival bringt jeden Januar drei Wochen lang Musik, Theater und bildende Kunst in die Stadt.

Big Day Out MUSIK
(www.bigdayout.com) Das größte Event im Alt-Rock-Kalender: das tourende Festival schlägt am Australia Day (26. Jan.) im Sydney Olympic Park auf.

Chinesisches Neujahr KULTUR
(www.sydneychinesenewyear.com) Das dreiwöchige Fest wird in Chinatown mit Essen, Feuerwerk, Drachentänzern und Drachenbootrennen gefeiert. Der genaue Termin (Jan. oder Feb.) richtet sich nach dem Mondkalender.

Sydney Gay & Lesbian Mardi Gras SCHWULE & LESBEN
(www.mardigras.org.au) Zum Höhepunkt des dreiwöchigen Fests gibt's am ersten Samstag im März einen großen Umzug mit Straßenfest.

Biennale of Sydney KULTUR
(www.biennaleofsydney.com.au) Das hochkarätige Festival der Künste und Ideen findet in Jahren mit gerader Zahl zwischen März und Juni statt.

Royal Easter Show
LANDWIRTSCHAFT
(www.eastershow.com.au) Die Landwirtschaftsausstellung mit Jahrmarkt findet zu Ostern zwölf Tage lang im Sydney Olympic Park statt.

Vivid Sydney
KULTUR
(www.vividsydney.com) Das dreiwöchige Festival der „Lichter, Musik und Ideen" erhellt Sydney im Mai und Juni mit Lichtinstallationen und bunt angestrahlten Gebäuden.

National Rugby League Grand Final
SPORT
(www.nrl.com) Die beiden Finalisten der National Rugby League (NRL) tragen am Sonntag des langen Oktoberwochenendes ihr Endspiel aus.

Tropfest
FILM
(www.tropfest.com) Das größte Kurzfilmfestival der Welt genießt man im Dezember bei einem Picknick im Centennial Park.

Sydney to Hobart Yacht Race
SPORT
(www.rolexsydneyhobart.com) Am 26. Dezember bietet sich im Sydney Harbour ein toller Anblick, wenn Hunderte Boote die Jachten verabschieden, die an dieser äußerst anstrengenden Regatta teilnehmen.

Silvester
FEUERWERK
(www.sydneynewyearseve.com) Zur größten Party des Jahres gehört ein prächtiges Feuerwerk am Hafen.

Schlafen

Sydney bietet eine große Auswahl unterschiedlicher Unterkünfte mit soliden Optionen in allen Preisklassen. Aber unter der Sommersonne schmelzen die freien Zimmer dahin, insbesondere an den Wochenenden und während Großveranstaltungen. Fast alle Hotels, selbst noch die kleinsten, passen ihre Preise täglich an die Belegung an. Freitags und samstags sind Übernachtungen in der Regel am teuersten und sonntags am preiswertesten. In der geschäftigen Zeit zwischen Weihnachten und Neujahr explodieren die Preise.

The Rocks & Circular Quay

★ Sydney Harbour YHA
HOSTEL $
(Karte S. 56; 02-8272 0900; www.yha.com.au; 110 Cumberland St; B/Zi. ab 44/148 AU$; ❋ @ ⩕; ⓡ Circular Quay) Alle Bedenken wegen der überdurchschnittlich hohen Preise verschwinden, wenn man von der Dachterrasse des Zweckbaus auf den Circular Quay hinunterblickt. Alle Zimmer, auch die Schlafsäle, haben eigene Bäder.

Lord Nelson Brewery Hotel
PUB $$
(Karte S. 56; 02-9251 4044; www.lordnelsonbrewery.com; 19 Kent St; Zi. ab 180 AU$; ❋ ⩕; ⓡ Circular Quay) Das schmucke, aus Sandstein errichtete Gasthaus, in dem seit 1841 Bier gezapft wird, bietet oben acht Zimmer mit freiliegenden Steinwänden und Mansardenfenstern. Die meisten Zimmer sind geräumig und haben angeschlossene Bäder, es gibt aber auch preiswertere, die kleiner und mit Gemeinschaftsbädern ausgestattet sind.

Bed & Breakfast Sydney Harbour
B&B $$
(Karte S. 56; 02-9247 1130; www.bbsydneyharbour.com.au; 142 Cumberland St; Zi. mit/ohne Bad 250/165 AU$; ❋ ⩕; ⓡ Circular Quay) Aus der gut gelegenen, 100 Jahre alten Pension erhascht man noch einen Blick auf das Opernhaus, obwohl die Unterkunft von Hotelburgen eingequetscht ist. Die Zimmer unterscheiden sich stark in Größe und Ausstattung, einige sind für Familien geeignet.

Park Hyatt
HOTEL $$$
(Karte S. 56; 02-9256 1234; www.sydney.park.hyatt.com; 7 Hickson Rd; Zi. ab 795 AU$; P ❋ @ ⩕ ⩨; ⓡ Circular Quay) Luxus und gute Lage geben sich in Sydneys schickstem Hotel ein Stelldichein. Es liegt über den Circular Quay direkt dem Opernhaus gegenüber. Die kürzliche Renovierung hat die Zimmer aufgefrischt. Der Service und die Einrichtungen suchen ihresgleichen.

Pullman Quay Grand Sydney Harbour
APARTMENT $$$
(Karte S. 56; 02-9256 4000; www.pullmanhotels.com; 61 Macquarie St; Apt. ab 472 AU$; P ❋ ⩕; ⓡ Circular Quay) Mit dem Opernhaus als Nachbarn hat das Gebäude, das abschätzig als „der Toaster" bezeichnet wird, eine echt heiße Lage – so heiß, dass es einem glatt ein Loch in die Brieftasche brennen kann. Die gut gestalteten, modernen Apartments drinnen haben Balkone, Badewannen und Schlafzimmer, deren Ausrichtung auf einen tollen Ausblick abzielt.

Langham
HOTEL $$$
(Karte S. 56; 02-8248 5200; www.sydney.langhamhotels.com; 89-113 Kent St; Zi. ab 350 AU$; P ❋ @ ⩨; ⓡ Wynard) Zum Zeitpunkt der Recherche war das luxuriöse Observatory Hotel gerade erst in den Besitz der Langham-Gruppe übergegangen. Inzwischen dürften

SYDNEY MIT KINDERN

Während der Schulferien (Dez.–Jan., April, Juli & Sept.) wird eine Vielzahl von Aktivitäten für Kinder angeboten. Auflistungen findet man unter www.sydneyforkids.com.au, www.au.timeout.com/sydney/kids und www.webchild.com.au/sydneyschild/your-community.

Die meisten Kinder lieben Sea Life (S. 61), Wild Life (S. 62) und das Maritime Museum (S. 62) in Darling Harbour sowie das Powerhouse Museum (S. 62) im benachbarten Ultimo. Ebenso lohnende Alternativen sind der Taronga Zoo (S. 71), der Luna Park (S. 70) und Events für Kinder in der Art Gallery of NSW (S. 58). Natürlich stehen auch Schwimmbäder, Surfunterricht sowie Ausritte hoch zu Ross oder Ponyreiten bei den Kleinen hoch im Kurs.

Der Nielsen Park (S. 66) in Vaucluse ist ideal, wenn sich die Kids einmal die Beine vertreten und überschüssige Energie verbrauchen sollen. Zudem kann man hier prima Sandburgen bauen. Zu den weiteren kleinkindgerechten Stränden zählen Clovelly (S. 66), Balmoral (S. 71) und der Pool in North Bondi (S. 65).

---

die Zimmer renoviert sein, aber der sagenhafte Innenpool dürfte wohl so bleiben, wie er war.

Sir Stamford   HOTEL $$$
(Karte S. 56; 02-9252 4600; www.stamford.com.au; 93 Macquarie St; Zi. ab 365 AU$; ❄@🛜🏊; Circular Quay) Das Sir Stamford besticht auf den ersten Blick mit altmodischer Eleganz: Eingang mit rotem Teppich, uniformierte Pagen, Porträts im Goldrahmen und glänzende Kronleuchter prägen das Bild. Die Zimmer wirken allerdings ein bisschen betagt, sind aber dennoch komfortabel.

🛏 Sydney Zentrum

Wake Up!   HOSTEL $
(Karte S. 67; 02-9288 7888; www.wakeup.com.au; 509 Pitt St; B 36–42 AU$, EZ 98 AU$, DZ mit/ohne Bad 128/108 AU$; ❄@🛜; Central) Flashpacker schnarchen über Sydneys verkehrsreichster Kreuzung in diesem umgebauten Warenhaus vom Beginn des letzten Jahrhunderts. Das farbenfrohe, professionell geführte 250-Betten-Hostel bietet viele Aktivitäten und jede Menge Party.

Railway Square YHA   HOSTEL $
(Karte S. 67; 02-9281 9666; www.yha.com.au; 8-10 Lee St; B/Zi. ab 36/109 AU$; @🛜🏊; Central) Die clevere Renovierung hat den ehemaligen Paketschuppen an der Central Station in ein hippes Hostel verwandelt. Sogar umgebaute Zugabteile dienen als Schlafsäle (Ohrenstöpsel nicht vergessen!). Es gibt auch Privatzimmer mit eigenem Bad.

Sydney Central YHA   HOSTEL $
(Karte S. 67; 02-9218 9000; www.yha.com.au; 11 Rawson Pl; B/Zi. ab 39/118 AU$; P❄@🛜🏊; Central) Dieser denkmalgeschützte Monolith von 1913 nahe der Central Station wurde fast totrenoviert. Die Zimmer sind bunt gestrichen, die Küchen sind prima, aber das eigentliche Highlight ist der Dach-Pool.

Meriton Serviced Apartments Campbell Street   APARTMENT $$
(Karte S. 59; 02-9009 7000; www.staymsa.com/campbell; 6 Campbell St; Apt. ab 172 AU$; ❄🛜🏊; Central) Meritons berühmtestes Projekt ist das Londoner Wembley-Stadion, doch in Sydney ist das Unternehmen vor allem für die Errichtung schicker, aber etwas seelenloser Apartmentkomplexe bekannt. Der neueste und beste bietet an der Campbell St geräumige Ein- und Zweizimmerwohnungen mit vielen modernen Einrichtungen (einschließlich Waschküche), aber ohne nennenswerten Ausblick.

Meriton Serviced Apartments Kent Street   APARTMENT $$
(Karte S. 59; 02-8263 5500; www.staymsa.com/kent; 528 Kent St; Apt. ab 195 AU$; ❄🛜🏊; Town Hall) Jedes der Ein- bis Vierzimmerapartments in diesem modernen Hochhaus hat eine Waschküche und eine komplett, sogar mit Geschirrspülmaschine ausgestattete Küche. Die wird man allerdings kaum nutzen, da Chinatown direkt vor der Tür liegt.

Hyde Park Inn   HOTEL $$
(Karte S. 59; 02-9264 6001; www.hydeparkinn.com.au; 271 Elizabeth St; Zi. ab 171 AU$; P❄@🛜; Museum) Direkt am Park bietet diese entspannte Unterkunft Einzimmerapartments mit Kochnische, Deluxe-Zimmer mit Balkon und komplett ausgestatteter Küche sowie ein paar Dreizimmerapartments. Alle haben Flachbild-TVs mit Kabelanschluss.

(Fortsetzung auf S. 89)

Das ist Sydney

Der schimmernde Hafen mag vielleicht die bekannteste Sehenswürdigkeit der Stadt sein, die herrlichen Strände und das genusssüchtige Nachtleben sind aber genauso faszinierend. Sydney ist ein Reiseziel, bei dem sich die Aktivitäten drinnen und draußen sowie natürlich und künstlich, optimal die Waage halten – und diese Mischung ist in ihrer Kombination überraschenderweise noch zauberhafter als die einzelnen ohnehin schon großartigen Möglichkeiten.

Inhalte
➜ **Sydney Harbour**
➜ **Strände**
➜ **Nachtleben**

Sydney Opera House (S. 54)

Sydney Harbour

Sydney wird nicht umsonst als Harbour City bezeichnet. Nur wenige Orte auf der Welt sind so von ihrer Geografie geprägt und noch weniger können mit einer solch spektakulären Naturlandschaft am Wasser aufwarten.

Seit das Expeditionsteam der First Fleet am 26. Januar 1788 an Land ging, verfassten Besucher Lobeshymnen auf die Schönheit des Hafens – wenige wurden ihr jedoch gerecht. Wer kann schon das Glücksgefühl während einer Fährfahrt über schimmerndes blaues Meer oder eines faulen Nachmittags an einer geschätzten Sandbucht auf Papier bannen?

Hier dreht sich alles ums Meer – Vororte, Freizeit, Verkehr und sogar das kollektive Bewusstsein der Bewohner.

Das Herzstück der Stadt ist der Circular Quay, von wo aus die grün-gelben Fähren der berühmten Flotte der Stadt regelmäßig ablegen: zu fünfminütigen Kurzfahrten hinüber nach Milsons Point und Kirribilli, zu Segeltörns in den Middle Harbour oder zu majestätischen Prozessionen vorbei am Opera House, Fort Denison und den Heads hinüber nach Manly, ein beliebtes Ziel für Tagesausflüge.

Östlich des Circular Quay liegt eine Reihe von Vororten, geprägt von Villen, Geld und einer konservativen Mentalität. Westwärts liegen ehemalige Arbeiterviertel wie Balmain und Birchgrove, die sich in kunstorientierte Wohnvierteln verwandelt haben.

Auf der anderen Seite der berühmten Sydney Harbour Bridge liegt die etwas beschaulichere North Shore, die sich bei der konservativen Mittelschicht der Stadt großer Beliebtheit erfreut, deren Villen im Grünen sich von Neutral Bay bis nach Manly erstrecken. Das allgegenwärtige Verkehrschaos gehört hier ebenso dazu wie das Streben der Bewohner, eine eigene Jacht zu besitzen.

Im Süden zeigt sich Sydney dann von einer ganz anderen Seite. Dort liegt das zentrale Geschäftsviertel der Stadt umgeben von trendigen Innenstadtbezirken, die dem Hafen ein geschäftiges Großstadt-Flair verpassen.

1. Sydney Harbour Bridge (S. 51) **2.** Luna Park (S. 70)
3. Fähre im Sydney Harbour

Sydney Harbour

Taronga Zoo
Auch wer ein Auto gemietet hat, erreicht den tollen Zoo am besten mit der Fähre. Hinauf geht's mit der Seilbahn, wieder hinunter zum Anleger über gewundene Pfade.

Manly
Nach der Fährpassage heißt's den äußeren Hafen erkunden, zum Strand spazieren und einen Drink am Anleger nehmen. Bei der Rückfahrt so an Deck hinstellen, dass verpasste Fotos nachgeholt werden können.

Kirribilli
Sofern einen Premierminister und Generalgouverneur nicht zum Tee zu sich nach Hause einladen, hat man vom Wasser aus den besten Blick auf das Kirribilli und Admiralty House. Augen offenhalten!

Sydney Harbour Bridge
Im Vorbeifahren lassen sich ganz oben Wagemutige beim Brückenklettern erspähen. Die auf- oder untergehende Sonne sorgt hier für einen herrlichen Hafenblick.

Top-Tipp
Nicht vergessen: Westlich der Brücke setzt sich der Hafen fort. Nach Manly nimmt man am besten eine Flussfähre.

Watsons Bay
Beim Anlegen am geschützten Kai stelle man sich Watsons Bay als das einsame Fischerdorf von einst vor. Beim Schlendern über den South Head fällt der Blick auf den Hafen und meerumtoste Klippen.

Fort Denison
Die befestigte Insel (alias Pinchgut) war früher ein Ort grausiger Strafen. Zur Abschreckung wurden hier hingerichtete Häftlinge öffentlich hängengelassen. Die örtlichen Aborigines waren entsetzt.

Fähren
Der Circular Quay ist die Drehscheibe der staatlichen Sydney Fähren: Ab hier führen neun separate Routen zu insgesamt 38 Anlegern.

- Vaucluse Bay
- Watsons Bay
- Shark Bay
- Macquarie Lighthouse
- Bradleys Head
- Shark Island
- Rose Bay
- Point Piper
- Double Bay
- Darling Point
- Clark Island
- Garden Island
- Marinebasis
- Elizabeth Bay
- Fort Denison
- Mrs. Macquaries Point
- Potts Point
- Woolloomooloo Finger Wharf
- Sydney Opera House
- Government House
- Farm Cove
- Royal Botanic Gardens
- Circular Quay
- The Rocks

Sydney Opera House
Man kann es überall erklimmen und es komplett umrunden. Nichts schlägt jedoch den Anblick, wenn man mit der Fähre an seinen atemberaubenden Segeln vorbeigleitet – Kamera bereithalten!

Circular Quay
Seit die First Fleet hier ankerte (1788), steht der Circular Quay im Mittelpunkt des lokalen Lebens. Fährticket buchen, den richtigen Pier mithilfe der Anzeigetafel ermitteln und an Bord gehen.

Strände

Ein Tag am Strand in Sydney ist unschlagbar. Sonne, Sand und Surfvergnügen geben sechs Monate im Jahr den Ton an – für Einheimische unverzichtbar.

Sydneys schöne Strände erstrecken sich nördlich des Royal National Park bis nach Palm Beach. Sie locken Surfer, Schwimmer, Sonnenanbeter und Szenegänger mit goldenem Sand und den kräftigen Wellen des Südpazifiks.

Hier kommt niemand auf die Idee, Strände wie in Europa zu privatisieren: Hier kann man einfach nur das Handtuch auswerfen und sein kleines Paradies am Strand genießen. Manche Einheimische erfrischen sich gern vor oder nach der Arbeit bei einem Bad. Wer Glück hat, bleibt den ganzen Tag – jeder macht das Beste aus seiner verfügbaren Zeit am Strand.

Strände am Meer

Für ambitionierte Surfer eignen sich Cronulla im Süden, Maroubra, Bronte, Tamarama und North Bondi im Osten sowie Curl Curl, Narrabeen, Queenscliff, Harbord (Freshwater) und Manly im Norden. Bronte und Manly bieten sich außerdem zum Baden an und finden sich regelmäßig neben Coogee, Clovelly, Bondi, Bilgola, Whale und Palm auf der Liste der besten Strände wieder. Jeder dieser Strände hat eine treue Stammklientel – Familien steuern Clovelly, Bronte und Whale Beach an, braungebrannte Singles Coogee und Palm Beach. An den bekanntesten Stränden – Bondi und Manly – trifft sich eine Mischung aus blassen Ausländern, wettergegerbten Surfgurus oder Newbies (Surf-Anfänger) und betagten Einheimischen, die schon seit ewigen Zeiten an ihrer Surftechnik arbeiten. Beide Strände

1. Bondi Icebergs Swimming Club (S. 75) 2. Surfer in Bondi (S. 65)

sind stets gut besucht und ein Besuch lohnt sich, da sie die Stadt von ihrer schönsten und facettenreichsten Seite zeigen.

Pools am Meer

Wer einer tosenden Brandung nichts abgewinnen kann, dem stehen Sydneys berühmte Pools zur Verfügung. Entlang der Küste findet man 40 künstlich angelegte Pools am Meer. Zu den bekanntesten unter ihnen gehören Wylie's Baths, Giles Baths und der Ross Jones Memorial Pool in Coogee, der Bondi Icebergs Swimming Club sowie der Pool am Fairy Bower Beach in Manly.

Strände & Pools im Harbour

Lady Bay in South Head und Shark Beach im Nielsen Park in Vaucluse sind die besten und schönsten Strände im Sydney Harbour (Lady Bay ist ein FKK-Strand). In Cremorne Point am North Shore sowie Balmoral Beach in Middle Harbour werden die Schwimmbereiche und Pools am Meer von Netzen geschützt.

SYDNEYS STRÄNDE

➡ **Sydney Harbour** Zahlreiche versteckte Buchten; die besten liegen in der Nähe der Heads.

➡ **Von Bondi nach Coogee** Hohe Klippen umschließen eine Reihe von Surfstränden, die nie weit von einem guten Kaffee entfernt liegen.

➡ **Strände im Norden** Eine fast 30 km lange Aneinanderreihung von spektakulären Surfstrände.

Silvesterfeuerwerk, Sydney Harbour (S. 78)

Nachtleben

In den frühen Jahren der Kolonie bestand die einzige Unterhaltungsmöglichkeit darin, ein bis zwei Becher Rum zu leeren. Heute könnte die Situation unterschiedlicher kaum sein.

Bestes Beispiel dafür ist der Veranstaltungskalender der Harbour City: Los geht's zur Jahreswende mit einem gigantischen Feuerwerk über dem Circular Quay – und auch die kommenden Monate haben es gehörig in sich. Kaum hat das Sydney Festival mit seinen Vernissagen und Events geendet, fällt der Startschuss für die Mutter aller Partys, den berühmten Sydney Gay & Lesbian Mardi Gras. Im Winter dreht sich alles um Mode, Literatur, Filme und Kunst – überall stehen Premierenabende, Cocktailpartys und Literatur-Soireen auf dem Programm. Dann folgt eine kurze Verschnaufpause, bis schließlich die Magie des Sommers die Menschen auf die Straße lockt, um die langen Tage und angenehm lauen Nächte zu genießen.

Sydney hat für alles und jeden – für jede Neigung und Vorliebe – etwas parat, ob es nun eine Theater- oder Opernvorstellung, ein Biergarten oder eine Dachterrassenbar, Jazz oder eine Drag-Show, Open-Air-Kino oder ein Besuch im Nachtclub bis zum frühen Morgen ist.

Diese Stadt steht ihrem Ruf als Party-Garant also in nichts nach! Deshalb heißt's: Pläne schmieden, ein sexy Outfit anziehen und feiern bis zum Abwinken. Man wird dabei garantiert nicht alleine sein.

(Fortsetzung von S. 80)

Meriton Serviced Apartments Pitt Street
APARTMENT $$
(Karte S. 56; ☏ 02-8263 7400; www.staymsa. com/pitt; 329 Pitt St; Apt. ab 185 AU$; P❄🛜⛉; ⓡTown Hall) In dem gewaltigen, 42 Etagen hohen Turm gibt es Smeg-Haushaltsgeräte und eine spektakuläre Aussicht. Ansonsten wirkt das Gebäude seelenlos.

QT Sydney
BOUTIQUEHOTEL $$$
(Karte S. 56; ☏ 02-8262 0000; www.qtsydney. au; 49 Market St; Zi. ab 380 AU$; ❄🛜; ⓡSt. James) In diesem neuen Boutiquehotel geht es absolut nicht verstohlen zu. Das Theaterdekor und die geselligen Angestellten passen zur Lage in den historischen Gebäuden des State Theatre, und Details wie die Martini-Mixer in jedem Zimmer verdienen wahrlich Applaus.

Radisson Blu Plaza
HOTEL $$$
(Karte S. 56; ☏ 02-8214 0000; www.radisson blu.com/plazahotel-sydney; 27 O'Connell St; Zi. ab 302 AU$; P❄@🛜⛉; ⓡMartin Pl) Möchtegern-Clark-Kents werden sich in dem keilförmigen Sandsteingebäude, das in den 1920er-Jahren für die abgebrühten Schreiber des *Sydney Morning Herald* errichtet wurde, bestimmt wohlfühlen. Die Zimmer sind geräumig, aber mit Marmor-Badewannen und all dem Komfort großer Hotels ein bisschen unpersönlich.

Adina Apartment Hotel Sydney Harbourside
APARTMENT $$$
(Karte S. 60; ☏ 02-9249 7000; www.adinahotels. com.au; 55 Shelley St; Apt. ab 305 AU$; P❄🛜⛉; ⛴Darling Harbour) In der recht neuen, niedrigen Anlage gleich abseits der King St Wharf bieten alle Apartments, abgesehen von den Einzimmerwohnungen, eine komplett ausgestattete Küche, eine Waschküche und einen Balkon. Es gibt auch einen Pool, einen Fitnessraum und eine Sauna.

🛏 Surry Hills

Bounce
HOSTEL $
(Karte S. 67; ☏ 02-9281 2222; www.bounceho tel.com.au; 28 Chalmers St; B/Zi. ab 37/149 AU$; ❄@🛜; ⓡCentral) 🌿 Das Bounce verortet sich selbst dort, „wo Budget und Boutique zusammentreffen" – und man kann man nur zustimmen. Alle Schlafsäle und Zimmer verfügen über eine Klimaanlage, die Frauen vorbehaltenen Schlafsäle auch über eigene Bäder. Die Betten haben Sprungfedermatratzen, und die Badezimmer sind schick. Da gönnt man sich beim Barbecue auf der Dachterrasse noch eine Garnele und genießt den Blick auf die Skyline.

Big Hostel
HOSTEL $
(Karte S. 59; ☏ 02-9281 6030; www.bighos tel.com; 212 Elizabeth St; B 30–34 AU$, EZ/DZ

ABSTECHER

HAWKESBURY RIVER

Weniger als eine Stunde von Sydney entfernt fließt der ruhige Hawkesbury River vorbei an honigfarbenen Klippen, historischen Ortschaften und Uferdörfern in Buchten und Meeresarmen und zwischen einer Reihe von Nationalparks, darunter dem Ku-ring-gai Chase und dem Brisbane Water National Park.

Das **Riverboat Postman** (☏ 0400 600 111, 02-9985 9900; www.riverboatpostman.com. au; Brooklyn Public Wharf, Dangar Rd; Erw./Kind/Senioren 50/15/44 AU$; ⊙Mo–Fr 10 Uhr), das als letztes Postboot Australiens Dienst tut, legt am Brooklyn Wharf ab und tuckert dann 40 km den unteren Hawkesbury bis nach Marlow hinauf, ehe es um 13.15 Uhr nach Brooklyn zurückkehrt. Die meisten Passagiere sind Senioren, die von der schönen Aussicht und dem Tee samt Käseteller angelockt werden (alles im Preis inbegriffen). Regelmäßig fahren Züge von Sydneys Central Station zur Hawkesbury River Station in Brooklyn (einfache Strecke Erw./Kind 6,80/3,40 AU$, 1 Std.).

Stromaufwärts von Brooklyn trennt sich ein schmaler, von Wald umschlossener Nebenarm vom Hawkesbury und führt hinunter zum entspannten **Berowra Waters**, einem kleinen Ort am Fluss, indem sich ein paar Geschäfte, Bootsschuppen und Wohnhäuser um die kostenlose, rund um die Uhr betriebene Fähre über den Berowra Creek sammeln.

Noch abgelegener ist der Weiler **Wisemans Ferry**. Er liegt am Fluss und ist am leichtesten auf diesem zu erreichen, aber auch über eine hübsche Straße, die von der Central Coast am Nordufer des Flusses entlang durch den Dharug National Park verläuft. Weitgehend unbefestigte, aber malerische Straßen führen nördlich von Wisemans Ferry ins winzige **St. Albans**.

85/110 AU$; ❄@🛜; ®Central) Das Hostel hat schnuckelige Gemeinschaftsbereiche, saubere Badezimmer und eine coole Dachterrasse. Die dunklen Schluchten der Elizabeth St sind sicher nicht Sydneys gesündestes Pflaster, aber dafür liegt die Central Station gleich auf der anderen Straßenseite.

Hotel Stellar — HOTEL $$

(Karte S. 59; ☎02-9264 9754; www.hotelstellar.com; 4 Wentworth Ave; Zi. ab $169; P❄@🛜; ®Museum) Das Hotel mag jetzt zu Best Western gehören, aber das umgebaute viktorianische Bürogebäude hat Boutiqueflair und ist sehr stimmungsvoll. Die Zimmer wurden kürzlich aufgefrischt; alle haben Kochnischen.

★ Adge Apartment Hotel — APARTMENT $$$

(Karte S. 68; ☎02-8093 9888; www.adgehotel.com.au; 222 Riley St; Apt. ab 374 AU$; ❄🛜; ®Museum) Durch clevere, modische Boutique-Akzente zeichnet sich das Adge gegenüber den typischen Apartmenthotels aus. Es bietet zwölf eigenwillige, aber sehr komfortable Dreizimmerapartments, die mit grell gestreiften Teppichen, Espressomaschinen und Kühlschränken in farbenfrohem Retro-Design ausgestattet sind.

Adina Apartment Hotel Sydney, Crown Street — APARTMENT $$$

(Karte S. 67; ☎02-8302 1000; www.adinahotels.com.au; 359 Crown St; Apt. ab 250 AU$; P❄@🛜♒; ®Central) Da man in Surry Hills gern auswärts isst, mag man die gut ausgestatteten Einbauküche in den schicken, geräumigen Apartments als überflüssig empfinden – im Gebäude selbst gibt es drei gute Restaurants. Der Fitnessraum, die Sauna und der begrünte Poolbereich sind in der Zeit um den Mardi Gras sehr beliebt.

🛏 Darlinghurst

Manor House — BOUTIQUEHOTEL $$

(Karte S. 68; ☎02-9380 6633; www.manorhouse.com.au; 86 Flinders St; Zi. 145–250 AU$, Suite 215–230 AU$; P❄🛜♒; ®Central) Vom Taylor Sq kommt man zu dieser Villa aus den 1850er-Jahren, in der die Zeit stillzustehen scheint. Extravagante Kronleuchter, Stuckdecken, viktorianische Fliesen und im Garten plätschernde Springbrunnen sorgen für ein Flair, dem auch der scheußliche grüne Teppich und die betagten Badezimmer nichts anhaben können. Während des Mardi Gras ist das Haus immer proppenvoll.

Medusa — BOUTIQUEHOTEL $$$

(Karte S. 68; ☎02-9331 1000; www.medusa.com.au; 267 Darlinghurst Rd; Zi. ab 215 AU$; ❄@🛜; ®Kings Cross) Die Fassade in Altrosa gibt einen Vorgeschmack auf das üppige Dekor drinnen: Die kleinen, farbenfrohen Zimmer mit großen Betten öffnen sich zu einem Hof mit einem Wasserspiel. Das Medusa hat nichts gegen Haustiere, sodass es kein Problem gibt, falls sich einem die Haare in Schlangen verwandeln sollten.

🛏 Woolloomooloo, Kings Cross & Potts Point

Blue Parrot — HOSTEL $

(Karte S. 68; ☎02-9356 4888; www.blueparrot.com.au; 87 Macleay St; B 35–42 AU$; @🛜; ®Kings Cross) Hinter der grellen blau und senffarbenen Fassade befindet sich ein gepflegtes, geselliges kleines Hostel mit einem entspannenden Hof voller Hängematten. Es gibt hier keine Privatzimmer, sondern nur Schlafsäle für vier bis zehn Personen.

Eva's Backpackers — HOSTEL $

(Karte S. 68; ☎02-9358 2185; www.evasbackpackers.com.au; 6-8 Orwell St; B/Zi. ab 32/85 AU$; ❄🛜; ®Kings Cross) Das Eva's rühmt sich, eines der saubersten Hostels in Sydney zu sein. Die Schlafsäle sind recht groß und bieten Schließfächer; ein paar bieten eigene Bäder und eine Klimaanlage. Zusätzliche Pluspunkte sind das kostenlose Frühstück, WLAN und die sagenhafte Dachterrasse.

Jackaroo — HOSTEL $

(Karte S. 68; ☎02-9332 2244; www.jackaroohostel.com; 107-109 Darlinghurst Rd; B 33–35 AU$; Zi. mit/ohne Bad 90/80 AU$; @🛜; ®Kings Cross) Das Jackaroo ist die am wenigsten trashige Unterkunft an Sydneys trashigstem Straßenabschnitt. Man sollte versuchen, ein Zimmer nach hinten hinaus zu ergattern, braucht aber trotzdem Ohrenstöpsel. Die Atmosphäre ist bunt, trubelig und (extrem) jugendorientiert.

Hotel 59 — B&B $$

(Karte S. 68; ☎02-9360 5900; www.hotel59.com.au; 59 Bayswater Rd; EZ 99 AU$, DZ 130–140 AU$; ❄🛜; ®Kings Cross) Mit modern-mediterran gestalteten Zimmern und freundlichem Personal bietet das Hotel 59 viel fürs Geld. Im Café im Erdgeschoss gibt's ein tolles warmes Frühstück (im Preis inbegriffen) gegen den mächtigen Kater, den man sich am Abend in Kings Cross vielleicht zugezogen hat. Mindestbuchung zwei Nächte.

Victoria Court Hotel
B&B $$
(Karte S. 68; ☏ 02-9357 3200; www.victoriacourt.com.au; 122 Victoria St; Zi. ab 150 AU$; ❋ ☎; 🚇 Kings Cross) Plüschiger Charme regiert in diesem gut geführten B&B mit 25 Zimmern in zwei dreistöckigen, 1881 erbauten Reihenhäusern aus Backstein. Die teureren Zimmer sind größer und haben einen Balkon.

Simpsons of Potts Point
BOUTIQUEHOTEL $$$
(Karte S. 68; ☏ 02-9356 2199; www.simpsonshotel.com; 8 Challis Ave; Zi. ab 235 AU$; P ❋ @ ☎; 🚇 Kings Cross) Am Ende eines geschäftigen Abschnitts voller Cafés setzt das allzeit beliebte Simpsons in einer roten Backsteinvilla von 1892 beim Dekor auf Nostalgie. Die Zimmer sind komfortabel und makellos sauber.

🛏 Paddington & Woollahra

Kathryn's on Queen
B&B $$
(Karte S. 72; ☏ 02-9327 4535; www.kathryns.com.au; 20 Queen St; Zi. 180–260 AU$; ❋; 🚌 380) In der prächtigen, 1888 erbauten viktorianischen Häuserreihe am oberen Ende von Woollahras Gründerzeitmeile gibt es zwei geschmackvolle Zimmer in weißen und cremefarbenen Tönen, die mit Antiquitäten dekoriert sind. Zur Wahl stehen das Dachzimmer mit angeschlossenem Bad und ein Zimmer im ersten Stock mit einem Balkon und Ausblick auf die Straße.

Arts
HOTEL $$
(Karte S. 68; ☏ 02-9361 0211; www.artshotel.com.au; 21 Oxford St; Zi. ab 174 AU$; P ❋ @ ☎ ≋; 🚌 380) Das bei Schwulen beliebte Hotel in praktischer Lage an der Grenze von Paddington und Darlinghurst bietet 64 schlichte Zimmer. Die Seite zur Oxford St ist mit Schallschutzfenstern versehen, die hinteren Zimmer liegen an einer ruhigen Gasse. In dem ziegelgepflasterten Hof befindet sich ein mit Solarenergie beheizter Pool.

🛏 Eastern Beaches

Coogee Beach House
HOSTEL $
(Karte S. 52; ☏ 02-9665 1162; www.coogeebeachhouse.com; 171 Arden St; B/Zi. 38/95 AU$; @ ☎; 🚌 372-374) Unser Favorit unter den Strandhostels hat Schlafsäle mit vier bis sechs Betten sowie Privatzimmer (alle mit Gemeinschaftsbad), eine Grillterrasse und für regnerische Tage ein gemütliches Wohnzimmer. Zu den kostenlosen Extras gehören ein einfaches Frühstück und die Ausleihe von Bodyboards und Surfbrettern.

Bondi Beach House
PENSION $$
(Karte S. 74; ☏ 0417 336 444; www.bondibeachhouse.com.au; 28 Sir Thomas Mitchell Rd; EZ 110–135 AU$, DZ 160–280 AU$, Suite 300 AU$; ❋ ☎; 🚌 380) Versteckt in einer ruhigen Ecke nahe dem Strand bietet diese charmante Unterkunft eine wirklich anheimelnde Atmosphäre. Sechs der neun Zimmer haben ein eigenes Bad. Das Frühstück macht man sich selber, aber die Zutaten werden gestellt.

Dive Hotel
BOUTIQUEHOTEL $$
(Karte S. 52; ☏ 02-9665 5538; www.divehotel.com.au; 234 Arden St; Zi. ab 190 AU$; P ❋ ☎; 🚌 372-374) Viele Hotels machen ihrem Namen als Grand- oder Palasthotel keine Ehre, hier liegt der Fall umgekehrt, denn das Dive ist keineswegs eine schäbige Absteige. Die 14 geräumigen Zimmer haben Einbauküchen. Das kleine Frühstück ist im Preis enthalten.

🛏 Manly

101 Addison Road
B&B $$
(Karte S. 78; ☏ 02-9977 6216; www.bb-manly.com; 101 Addison Rd; EZ/DZ 165/185 AU$; P ☎; ⛴ Manly) Auch wenn man damit ein bisschen großmütterlich klingt, „reizend" ist das passende Adjektiv zur Beschreibung des an einer ruhigen Straße liegenden Landhauses von 1880. Es gibt zwei Zimmer, die aber nur zusammen an eine Reisegruppe (bis zu 4 Pers.) vermietet werden, sodass man die die mit Antiquitäten ausstaffierte Unterkunft, zu der auch ein Wohnzimmer gehört, ganz für sich alleine hat.

Quest Manly
APARTMENT $$$
(Karte S. 78; ☏ 02-9976 4600; www.questmanly.com.au; 54a West Esplanade; Apt. ab 300 AU$; P ❋ ☎; ⛴ Manly) Dank der günstigen Lage – die Strände sind nah, und die Fähre zur schnellen Rückkehr in die Stadt ist sogar noch näher – sind die schicken, in sich abgeschlossenen Apartments eine großartige Wahl. Es lohnt sich, den Aufpreis für ein Zimmer mit Blick auf den Hafen zu bezahlen.

🛏 Andere Viertel

Cockatoo Island
CAMPING $
(Karte S. 52; ☏ 02-8898 9774; www.cockatooisland.gov.au; Stellplatz ab 45 AU$, 2-Bett-Zelt ab 145 AU$, Haus 595 AU$; ⛴ Cockatoo Island) Mit der Fähre erreicht man Cockatoo Island in 20 Minuten und kann dort inmitten der Relikte aus der Zeit als Gefängnis und als Industriestandort wohnen. Zur Wahl stehen

SCHWULEN- & LESBENSZENE IN SYDNEY

Schwule und Lesben aus ganz Australien, Neuseeland und aus aller Welt zieht es in die verlockende Stadt und bereichern die sichtbare, lautstarke Gemeinde, die aus dem sozialen Gefüge der Stadt nicht wegzudenken ist. Die Einheimischen beklagen zwar, dass es nicht mehr so bunt zugehe wie früher einmal, aber Sydney ist dennoch zweifellos immer noch eine der großen schwul-lesbischen Städte der Welt.

Schwule Hochburgen sind Darlinghurst und Newtown, aber in allen Innenstadtvierteln gibt es einen überdurchschnittlichen Anteil an schwulen und lesbischen Einwohnern. Die meisten Schwulentreffs finden sich im zu Darlinghurst gehörenden Abschnitt der Oxford St.

Das größte Event im Veranstaltungskalender ist der berühmte Mardi Gras (S. 78). Zu ihm gehören ein dreiwöchiges Festival, ein Umzug, der bis zu einer halben Mio. Zuschauer anlockt, und eine große Danceparty.

Zur kostenlosen Schwulenpresse gehören der Star Observer (www.starobserver.com.au), SX (www.gaynewsnetwork.com.au) und LOTL (www.lotl.com).

Arq (Karte S. 68; 02-9380 8700; www.arqsydney.com.au; 16 Flinders St; Eintritt frei–25 AU$; Do–So 21 Uhr–open end; Museum) Wenn Noah seine Arche mit flotten schwulen Clubgängern hätte füllen wollen, wäre er hier fündig geworden. In dem schicken Club gibt's eine Cocktailbar, einen Erholungsraum und zwei Tanzflächen mit elektrisierendem House, Dragshows und eine hyperaktive Nebelmaschine.

Oxford Hotel (Karte S. 68; 02-8324 5200; www.theoxfordhotel.com.au; 134 Oxford St; So–Do 10–4, Fr & Sa bis 6 Uhr; ; Museum) Trotz 30 Jahren und zahlreichen Umgestaltungen ist das Oxford immer noch das Hauptquartier bierseliger Schwuler.

Imperial Hotel (Karte S. 64; www.theimperialhotel.com.au; 35 Erskineville Rd; Eintritt frei–15 AU$; So–Do 15–24, Fr & Sa bis 5 Uhr; Erskineville) Das im Art-déco-Stil erbaute Imperial ist berühmt als Kulisse von *Priscilla, Königin der Wüste*. Die Bar vorne ist ein munterer Ort, um Billard zu spielen oder Bekanntschaften zu schließen; an den Wochenenden verlagert sich die Action später in den Kellerclub. Und im Cabaret lebt die Legende von *Priscilla* weiter.

Palms on Oxford (Karte S. 68; 02-9357 4166; 124 Oxford St; Do & So 20–1, Fr & Sa bis 3 Uhr; Museum) Niemand gibt zu, hierher zu kommen, aber die langen Schlangen am Eingang belegen das Gegenteil. In dieser Keller-Dancebar ist die Glanzzeit von Stock Aitken Waterman nie zu Ende gegangen. Das mag uncool sein, aber alle kreischen, wenn ein Schlager von Kylie aufgelegt wird.

Midnight Shift (Karte S. 68; 02-9358 3848; www.themidnightshift.com.au; 85 Oxford St; Eintritt frei–10 AU$; Mo–Fr 16 Uhr–Open End, Sa & So 14 Uhr–open end; Museum) Die Grande Dame der Schwulenszene in der Oxford St zeigt sich von zwei recht unterschiedlichen Seiten. In der Bar im Erdgeschoss tummelt sich ein unprätentiöser Mix aus coolen Typen, süßen Bubis und harten Kerlen bei einer Musik von Top 40 bis zu Tuntenklassikern. Im Obergeschoss befindet sich ein richtiger Club (Fr & Sa ab 22 Uhr) mit hämmernden Beats und aufwendigen Dragshows.

---

das eigene Zelt, glamouröseres Campen in einem aufgestellten 2-Bett-Zelt mit Konfektionsbetten sowie zwei wundervoll restaurierte, in sich abgeschlossene Häuser im Federation-Stil (mit Platz für 10 Pers.). Nach 22 Uhr fahren nur noch wenige Fähren.

Lane Cove River Tourist Park CAMPING $
(02-9888 9133; www.lcrtp.com.au; Plassey Rd, Macquarie Park; Stellplatz für 2 Pers. ohne/mit Strom 37/39 AU$, Hütte ab 135 AU$; P @ ; North Ryde) Mitten in Sydney zurück zur Natur – dazu bietet sich dieser Nationalpark-Campingplatz an, der 14 km nordwestlich vom Zentrum liegt (und nur 15 Gehminuten vom Bahnhof North Ryde entfernt ist). Hier gibt es Stellplätze für Zelte und Wohnmobile, Hütten und einen Pool, in dem man sich abkühlen kann, während die Stadt unter der Hitze stöhnt.

Tara Guest House B&B $$
(Karte S. 64; 02-9519 4809; www.taraguesthouse.com.au; 13 Edgeware Rd, Enmore; DZ mit/

ohne Bad 205/175 AU$; 🛜; ®Newtown) Unter den hohen Decken dieses Herrenhauses von 1886 könnten Scarlett O'Hara und Rhett Butler Beleidigungen austauschen, wenn nur die bunt zusammengewürfelte Kunst drinnen und der beständige Straßenlärm von draußen nicht wären (Ohrenstöpsel einpacken!). Nur eines der vier Zimmer hat ein angeschlossenes Bad, aber das gehört wohl zum Charme der alten Zeit.

✖ Essen

Sydneys Küche spiegelt die Lage der Stadt am Rand des Pazifiks wieder: Hier geben sich frische, lokale Zutaten und die Aromen Asiens, Nord- und Südamerikas sowie natürlich die der kolonialen Vergangenheit ein Stelldichein. Die Spitzenrestaurants sind entsprechend teuer, aber auswärts zu essen, muss hier nicht unbedingt ein Vermögen verschlingen. Es gibt viele Ethno-Lokale, in denen man sich eine schmackhafte, aber preiswerte Pizza oder eine Schale Nudeln gönnen kann.

✖ The Rocks & Circular Quay

Sailors Thai Canteen THAI $$
(Karte S. 56; ☎02-9251 2466; www.sailorsthai.com.au; 106 George St; Hauptgerichte 17–29 AU$; ⊙12–16 & 17.30–22 Uhr; ®Circular Quay) Man quetscht sich an die lange Gemeinschaftstafel und wählt aus dem leckeren Angebot thailändischer Imbiss-Klassiker. Unten herrscht ein förmlicheres Flair, und die Preise sind höher (4-Gänge-Menü 65 AU$).

★Quay MODERN-AUSTRALISCH $$$
(Karte S.56; ☎02-9251 5600; www.quay.com.au; Level 3, Overseas Passenger Terminal; 3/4-Gänge-Menü 130/150 AU$; ⊙Di–Fr 12–14.30, tgl. 18–22 Uhr; ®Circular Quay) Das Quay schert sich nicht um die Regel, dass guter Ausblick mit schlechtem Essen gepaart sein muss. Sydneys Spitzenrestaurant ruht sich nicht auf seinen Lorbeeren aus, sondern liefert ständig exquisite, erfindungsreiche Gerichte, mit denen es auf die prestigeträchtige „The World's Top 50 Restaurants"-Liste kam. Und die Aussicht ist so, als würde man direkt inmitten einer Ansichtskarte dinieren.

✖ Sydney Zentrum

Din Tai Fung CHINESISCH $
(Karte S. 59; www.dintaifung.com.au; Level 1, World Sq, 644 George St; Gerichte 7–19 AU$; ⊙11.30–14.30 & 17.30–21 Uhr; ®Museum) Die taiwanesische Kette macht auch Nudeln und Brötchen, berühmt ist sie aber für ihre Klöße mit sagenhaft delikater Brühe, die man Bissen für Bissen genießt. Früh und hungrig kommen und darauf gefasst sein, seinen Tisch mit anderen teilen zu müssen. Das Restaurant hat auch Stände in den Food-Courts des Star Casino und von Westfield Sydney (S. 103).

Mamak MALAYSISCH $
(Karte S.59; www.mamak.com.au; 15 Goulburn St; Hauptgerichte 6–17 AU$; ⊙Mo–Do 11.30–14.30 & 17.30–22, Fr & Sa bis 2 Uhr; ®Town Hall) Wer einen Tisch bekommen will, ohne anzustehen, sollte früh hier sein, denn dieses malaysische Schnelllokal ist eine der beliebtesten Adressen für günstiges Essen. Die Satay-Spieße werden über Holzkohlenfeuer gegart und sind besonders köstlich mit einem knusprig-goldenen Roti.

★Mr. Wong CHINESISCH $$
(Karte S.56; ☎02-9240 3000; www.merivale.com.au/mrwong; 3 Bridge Lane; Hauptgerichte 18–38 AU$; ⊙12–15 & 17.30–23 Uhr; ®Wynyard) Wer nach chinesischen Klößen süchtig ist, wagt sich die schmutzige Gasse hinunter und hinein in ein altes Lagerhaus, in dem einen die köstlichen, süchtig machenden kantonesischen Gerichte bei Mr. Wong erwarten. Der höhlenartige Speisesaal im Untergeschoss strahlt düsteren Glamour aus und bietet Platz für 240 Gäste – trotzdem reicht die Schlange oft bis vor die Tür.

Sepia JAPANISCH, FUSION $$$
(Karte S.56; ☎02-9283 1990; www.sepiarestaurant.com.au; 201 Sussex St; Hauptgerichte 56 AU$, Verkostungsmenü 165 AU$; ⊙Fr & Sa 12–15, Di–Sa 18–22 Uhr; ®Town Hall) Sepiatonig oder braunstichig ist das Essen hier wahrlich nicht, sondern Martin Benns bilderbuchperfekte Kreationen prunken in prächtigen Farben und schmecken wunderbar. Die Karte ist japanisch geprägt, sprengt aber festgelegte Grenzen.

Est. MODERN-AUSTRALISCH $$$
(Karte S.56; ☎02-9240 3000; www.merivale.com.au/est; Level 1, 252 George St; Hauptgerichte 58–59 AU$, 4-Gänge-Menü 150 AU$, Verkostungsmenü 175 AU$; ⊙Mo–Fr 12–14.30, Mo–Sa 18–22 Uhr; ®Wynyard) Mit Zinndecken, gewaltigen Säulen, übergroßen Fenstern und modernen Möbeln ist die Innengestaltung dieses Restaurants fast so interessant wie das Essen. Elegantes Speisen vom Feinsten: dicke Brieftasche und feiner Zwirn sind hier ein

Muss. Meeresfrüchte machen ungefähr die Hälfte der Gerichte, die auf der Speisekarte zu finden sind, aus.

Tetsuya's — FRANZÖSISCH, JAPANISCH $$$
(Karte S. 59; ☏ 02-9267 2900; www.tetsuyas.com; 529 Kent St; Verkostungsmenü 210 AU$; ◉ Sa 12–15, Di–Sa 18–22 Uhr; ⓡ Town Hall) Versteckt in einer Feuerwehrzufahrt rechnet das Tetsuya's auf Gäste, die sich nicht einfach den Bauch vollschlagen, sondern eine kulinarische Reise unternehmen wollen. Man lässt sich zu den mehr als zehn Gängen mit französischem und japanischem Einschlag nieder, die der Kreativität des aus Japan stammenden Tetsuya Wakuda zu verdanken sind. Hier muss man weit im Voraus reservieren!

Felix — FRANZÖSISCH $$$
(Karte S. 56; ☏ 02-9240 3000; www.merivale.com/felix; 2 Ash St; Hauptgerichte 30–38 AU$; ◉ So–Fr 12–15, tgl. 17.30–22.30 Uhr; ⓡ Wynyard) Kellner mit schwarzer Fliege und langer Schürze wuseln in diesem sehr traditionellen französischen Bistro herum, dessen Wände mit Fliesen der Pariser Metro geschmückt sind und auf dessen Karte erprobte Klassiker stehen. Wer sein Coq au vin anschließend in der Diskothek verdauen will, geht ins Ivy im Obergeschoss.

✗ Newtown

Black Star Pastry — BÄCKEREI, CAFÉ $
(Karte S. 64; www.blackstarpastry.com.au; 277 Australia St; Hauptgerichte 7–10 AU$; ◉ 7–17 Uhr; ⓡ Newtown) Wer klug ist, folgt dem schwarzen Stern, denn dort gibt's ausgezeichneten Kaffee, eine große Auswahl an süßen Sachen und ein paar sehr gute herzhafte Speisen (Gourmet-Pies und dergleichen). Es gibt nur ein paar Tische, man holt sich hier eher einen Snack zum Mitnehmen oder für ein Picknick im Park.

Campos — CAFÉ $
(Karte S. 64; ☏ 02-9516 3361; www.camposcoffee.com; 193 Missenden Rd; Gebäck 4 AU$; ◉ 7–16 Uhr; ⓡ Macdonaldtown) Sich in das überfüllte Campos hineinzuquetschen, den König unter den Kaffeeanbieter Sydneys, kann zur Herausforderung werden. Die Kaffeefans kommen kilometerweit hierher – bemützte Studenten, Tagträumer am Fenster oder Ärzte, die sich ihre Pause vom Krankenhausdienst gönnen – alle sind erpicht auf einen Schuss „Campos Superior". Das Essen beschränkt sich auf schmackhaftes Gebäck.

Bloodwood — MODERN-AUSTRALISCH $$
(Karte S. 64; www.bloodwoodnewtown.com; 416 King St; Hauptgerichte 25–32 AU$; ◉ Mo, Mi & Do 17–22, Fr–So 12–22 Uhr; ⓡ Newtown) In diesem populären Barbistro entspannt man sich bei ein paar Drinks und global inspirierten, schön aufgebauten Platten zum Teilen. Die Atmosphäre im industriell-schicken Ambiente ist alternativ und damit sehr typisch für Newtown. Keine Reservierung.

✗ Surry Hills

Spice I Am — THAI $
(Karte S. 59; www.spiceiam.com; 90 Wentworth Ave; Hauptgerichte 12–19 AU$; ◉ Di–So 11.30–15.30 & 17.45–22 Uhr; ✍; ⓡ Central) Früher war der kleine, scharfe Laden ein Reservat von Auslands-Thais, aber mittlerweile stehen die Leute nach den aromatischen, authentischen Gerichten Schlange. Der Laden ist so erfolgreich, dass die Betreiber eine gehobenere Filiale in Darlinghurst (Karte S. 68; 296-300 Victoria St; Hauptgerichte 18–30 AU$; ◉ 11.30–15.30 & 17.45–22.30 Uhr; ✍; ⓡ Kings Cross) eröffnet haben.

Reuben Hills — CAFÉ $
(Karte S. 67; www.reubenhills.com.au; 61 Albion St; Hauptgerichte 12–16 AU$; ◉ 7–16 Uhr; ⓡ Central) Ein industrielles Ambiente und lateinamerikanische Gerichte erwarten einen im Reuben Hills, wo modische Typen Leuten, die was mit Medien machen, fantastischen Kaffee servierten. Neben schmackhaften Tacos und *baleadas* (gefüllten Tortillas aus Honduras) gibt's ganztägig warmes Frühstück und „echt tolle Brathähnchen".

El Loco — MEXIKANISCH $
(Karte S. 67; ☏ 02-9254 8088; www.merivale.com.au/elloco; 64 Foveaux St; Hauptgerichte 10–17 AU$; ◉ Mo–Do 12–24, Fr & Sa bis 3, So bis 22 Uhr; ⓡ Central) Obwohl wir uns darüber beklagen, dass es keinen Live-Rock im Excelsior Hotel mehr gibt, müssen wir zugeben, dass die hippe mexikanische Cantina, die den Saal übernommen hat, echt cool ist. Das Essen ist schmackhaft, einfallsreich und – bei Tacos zu 5 AU$ – absolut günstig.

Le Monde — CAFÉ $
(Karte S. 67; www.lemondecafe.com.au; 83 Foveaux St; Hauptgerichte 9–16 AU$; ◉ Mo–Fr 6.30–16, Sa 7.30–16 Uhr; ⓡ Central) Mit das beste Frühstück in Sydney bekommt man in diesem kleinen, netten Straßencafé mit nüchtern-dunklen Holzwänden. Bei erstklassigem Kaffee und einer tollen Auswahl an Tees

fühlt man sich der Welt gleich wieder gewachsen.

Bourke Street Bakery BÄCKEREI, CAFÉ $
(Karte S. 67; ✆02-9669 1011; www.bourkestreet bakery.com.au; 633 Bourke St; 5–9 AU$/Stück; ⊙7–18 Uhr; ❑355) Das sehr auf Jugendliche ausgerichtete BSB bietet eine verführerische Palette an Gebäck, Kuchen, Brot und Sandwiches sowie Wurstbrötchen von legendärem Status. Drinnen gibt's zwar ein paar Tische, aber bei schönem Wetter ist man draußen besser aufgehoben.

Single Origin Roasters CAFÉ $
(Karte S. 59; ✆02-9211 0665; www.singleorigin. com.au; 60-64 Reservoir St; Hauptgerichte 13–17 AU$; ⊙Mo-Fr 6.30–16 Uhr; ❑Central) ✍ Mitten im tiefsten Backsteindickicht von Surry Hills drehen sich draußen an den Tischen unrasierte Grafiker ihre Zigaretten, während drinnen energiegeladene Koffeinfans ihr Lieblingsgebräu mixen und dazu eine leckere Auswahl an Cafégerichten zubereiten.

MoVida SPANISCH $$
(Karte S. 67; ✆02-8964 7642; www.movida.com. au; 50 Holt St; Tapas 5–11 AU$, Raciones 14–30 AU$; ⊙Mo-Fr 12 Uhr–open end, Sa 14 Uhr–open end) Der Sydneyer Ableger einer Melbourner Legende: Das MoVida serviert ausgezeichnete Tapas und *raciones* (größere Teller, die man sich teilt) und dazu eine tolle Auswahl spanischer Weine. Für einen Tisch muss man weit im Voraus reservieren, und ansonsten früh kommen, um einen Platz an der Theke zu ergattern.

Porteño ARGENTINISCH $$
(Karte S. 67; ✆02-8399 1440; www.porteno. au; 358 Cleveland St; Teller zum Teilen 12–46 AU$; ⊙Di-Sa 18–23 Uhr; ℗; ❑Central) Lämmer und Spanferkel werden acht Stunden am Spieß geröstet, ehe das gerühmte und sehr angesagte Restaurant seine Türen öffnet. Man sollte einen riesigen Appetit mitbringen und so viel Leute, wie man auftreiben kann: Die Gerichte sind auf Teilen berechnet, und das Restaurant nimmt nur Reservierungen für fünf oder mehr Personen an (kleinere Gruppen sollten früh kommen, um nicht anstehen zu müssen).

Bodega TAPAS $$
(Karte S. 67; ✆02-9212 7766; www.bodegatapas. com; 216 Commonwealth St; Tapas 12–26 AU$; ⊙Fr 12–14, Di-Sa 18–22 Uhr; ❑Central) Zu Gerichten aus Spanien und Südamerika bietet das Bodega eine zwanglose Atmosphäre, schönes Personal und ein abgefahrenes Stierkampfgemälde an der Wand. Die Tapas unterscheiden sich sehr nach Größe und Preis. Dazu gibt's spanische und lateinamerikanische Weine, Sherry, Portwein oder Bier und viel lateinamerikanisches Temperament.

Bar H CHINESISCH $$
(Karte S. 59; ✆02-9280 1980; www.barhsurry hills.com; 80 Campbell St; Gerichte 10–40 AU$; ⊙Di-Sa 18–23 Uhr; ❑Museum) Die Schweinefleischbrötchen und die Wan Tans in diesem schicken, glänzenden Ecklokal mit schwarzen Wänden sind eine Offenbarung. Die größeren Gerichte – Schweinebauch, gedünsteter Fisch und gebratene Ente – sind ebenfalls toll.

House THAI $$
(Karte S. 59; ✆02-9280 0364; www.spiceiam. com; 202 Elizabeth St; Hauptgerichte 11–20 AU$; ⊙11.30–22.30 Uhr; ❑Central) An einem schwülen Abend in Sydney wirkt der Hof dieses Restaurants mit seinen Laternen, als befände man sich tatsächlich in Südostasien – schon allein wegen des ständigen Verkehrs und der Hühnerembryos auf der Speisekarte. Das Lokal ist auf Imbissgerichte aus dem Issan im Nordosten Thailands spezialisiert. Die Gerichte sind wirklich authentisch und, wenn als scharf bezeichnet, auch tatsächlich scharf.

Toko JAPANISCH $$
(Karte S. 67; ✆02-9357 6100; www.toko.com.au; 490 Crown St; Gerichte 9–33 AU$; ⊙Di-Fr 12–15, Mo-Sa 18–23 Uhr; ❑Central) Das Toko tischt wundervolle moderne japanische *otsumami* (Vorspeisen) auf, darunter Krebse mit weicher Schale, Auberginen mit Miso und Fleisch vom *robata* (Holzkohlengrill). Man setzt sich an einen Gemeinschaftstisch und zahlt für sein Essen rund 30 AU$ – Sashimi-Fans auch mehr.

Longrain THAI $$$
(Karte S. 59; ✆02-9280 2888; www.longrain.com; 85 Commonwealth St; Hauptgerichte 33–44 AU$; ⊙Fr 12–14.30, tgl. 18–23 Uhr; ❑Central) Stammgäste strömen herbei, um sich an den aromatischen modern-thailändischen Gerichten dieses Restaurants zu laben und dazu köstlich aromatisierte Cocktails zu schlürfen. Man sitzt an einem Gemeinschaftstisch oder an der Bar.

Marque MODERN-AUSTRALISCH $$$
(Karte S. 67; ✆02-9332 2225; www.marqueres taurant.com.au; 355 Crown St; Verkostungsmenü

160 AU$; ⊗ Fr 12–15, Mo–Sa 18.30–22 Uhr; ⓡ Central) Wegen Mark Bests köstlichen, einfallsreichen und schön aufgemachten Menüs hat das Marque in den letzten Jahren diverse Preise eingeheimst – und sicherlich nicht wegen des etwas muffigen Ambientes oder des faden Dekors. Freitags gibt's ein Drei-Gänge-Mittagsmenü (45 AU$) mit ausgezeichnetem Preis-Leistungs-Verhältnis.

Darlinghurst

★ Messina EIS $
(Karte S. 68; www.gelatomessina.com; 241 Victoria St; 2 Kugeln 6 AU$; ⊗ 12–23 Uhr; ⓡ Kings Cross) An der Theke von Sydneys außerordentlichster Eisdiele drängen sich die Menschen, als hätten sie noch nie zuvor ein Eis gegessen. Die „Kreativabteilung" gleich nebenan liefert Eiskuchen in Burger- oder Pilzverkleidung. Weitere Filialen finden sich in der Café-Etage unter dem Star Casino sowie in **Surry Hills** (Karte S. 67; 389 Crown St; ⊗ 12–23 Uhr; ⓡ Central).

Popolo ITALIENISCH $$
(Karte S. 68; ☏ 02-9361 6641; www.popolo.com.au; 50 McLachlan Ave; Frühstück 10–15 AU$, Hauptgerichte 19–29 AU$; ⊗ Mo 18–22.30, Di–Fr 12–22.30, Sa & So 8–22.30 Uhr; ⓡ Kings Cross) Ansehnliche, authentisch arrogante italienische Kellner mit schwerem Akzent schweben vorbei und verteilen köstliche Pizzas, Pasta und – an den Wochenenden – auch einfallsreiche Frühstücksgerichte an die entzückte Kundschaft. Das Restaurant liegt zurückgesetzt hinter einem Laden für Luxuskarossen (natürlich) an seinem eigenen sonnigen Vorplatz, den man hier wohl besser als Piazza bezeichnet.

bills CAFÉ $$
(Karte S. 68; www.bills.com.au; 433 Liverpool St; Hauptgerichte morgens 13–21 AU$, mittags 19–26 AU$; ⊗ 7.30–15 Uhr; ⓡ Kings Cross) Bill Granger hat fast ganz allein die Mode des stilvollen Brunchens nach Sydney gebracht. Dieses sonnige Eckcafé mit dem Gemeinschaftstisch voller Zeitungen ist das Original, doch inzwischen gibt es auch noch weitere Filialen in **Woollahra** (Karte S. 72; 118 Queen St; ⊗ 7.30–17 Uhr; ⓠ 389) und **Surry Hills** (Karte S. 67; 359 Crown St; ⊗ 7–22 Uhr; ⓡ Central).

Buffalo Dining Club ITALIENISCH $$
(Karte S. 68; www.buffalodiningclub.com.au; 116 Surrey St; Hauptgerichte 18–19 AU$; ⊗ Mi–So 12–23 Uhr; ⓡ Kings Cross) Das sich selbst als „Mozzarellabar" bezeichnende winzige, aber immens populäre Lokal beschränkt sich auf hochwertige Vorspeisen und drei Pastagerichte. Die Küche nimmt die Hälfte des Raumes ein, sodass nur noch Platz für einen Gemeinschaftstisch und ein paar kleine Tischchen für zwei bleibt – man muss sich darauf einrichten zu warten.

A Tavola ITALIENISCH $$
(Karte S. 68; ☏ 02-9331 7871; www.atavola.com.au; 348 Victoria St; Hauptgerichte 24–38 AU$; ⊗ Mo–Sa 18–22 Uhr; ⓡ Kings Cross) In diesem Pastalokal mit Klasse stehen nur ein paar Gerichte auf der Karte, aber man darf sicher sein, dass alle fantastisch sind. Ehe das Lokal seine Türen öffnet, dient der lange Gemeinschaftstisch aus Marmor als Knetbank für die Nudeln.

Woolloomooloo, Kings Cross & Potts Point

Room 10 CAFÉ $
(Karte S. 68; 10 Llankelly Pl; Hauptgerichte 9–14 AU$; ⊗ Mo–Sa 7–16, So 9–14 Uhr; ⓡ Kings Cross) Wer Baskenmütze und einen Bart trägt und koffeinsüchtig ist, wird in dem winzigen Raum gleich seine geistige Heimat im Cross erkennen. Das Essen beschränkt sich auf Sandwiches, Salate und dergleichen – schmackhaft und unkompliziert.

Ms G's ASIATISCH $$
(Karte S. 68; ☏ 02-9240 3000; www.merivale.com/msgs; 155 Victoria St; Hauptgerichte 21–29 AU$; ⊗ Mo–Do & Sa 17–23, Fr 12–15 & 17–23, So 13–21 Uhr; ⓡ Kings Cross) Mit seinem ironisch-respektlosen Zugriff auf die asiatische Küche ist das Ms G's jedenfalls ein Erlebnis. Es kann hier laut, hektisch und furchtbar hip zugehen, aber die abenteuerlichen Kombinationen panasiatischer und europäischer Geschmacksrichtungen sorgt auf alle Fälle in Sydney für Gesprächsstoff.

Apollo GRIECHISCH $$
(Karte S. 68; ☏ 02-8354 0888; www.theapollo.com.au; 44 Macleay St; Hauptgerichte 18–38 AU$; ⊗ Mo–Do 18–22.30, Fr & Sa 12–23, So 12–21.30 Uhr; ⓡ Kings Cross) Ein Beispiel moderner griechischer Küche: Diese Taverne besitzt ein modisch abgewetztes Dekor, eine günstige Karte mit Gerichten, die man sich teilt, und eine wuselige Atmosphäre. Die Vorspeisen sind ganz besonders einladend, vor allem das Pita, das heiß aus dem Ofen kommt, und der Auflauf mit Wildkräutern und Käse.

Wilbur's Place
EUROPÄISCH $$

(Karte S. 68; www.wilbursplace.com; 36 Llankelly Pl; Brunch 9–18 AU$, Hauptgerichte abends 24 AU$; ⊙ Sa 8–15, Di–Sa 17–21.30 Uhr; ▯ Kings Cross) Mit wenigen Sitzbänken drinnen und ein paar Tischen draußen auf der Gasse ist das winzige Wilbur's ein zwangloser Ort für einen schnellen Bissen auf der angesagtesten kulinarischen Meile im Cross. Hier gibt's kundig zusammengestellte schlichte Speisen ohne Schnickschnack.

Fratelli Paradiso
ITALIENISCH $$

(Karte S. 68; www.fratelliparadiso.com; 12-16 Challis Ave; Frühstück 11–14 AU$, Hauptgerichte 21–31 AU$; ⊙ Mo–Sa 7–23, So bis 17 Uhr; ▯ Kings Cross) In der schummerigen Trattoria drängt sich die Warteschlange an der Tür (vor allem an Wochenenden). In dem intimen Speisesaal gibt's saisonale italienische Gerichte, die mit mediterranem Pfiff zubereitet und serviert werden. Man sieht viele geschäftige, schwarz gekleidete Kellner sowie viele übergroße Sonnenbrillen und hört viel italienisches Geplauder. Keine Reservierung.

Aki's
INDISCH $$

(Karte S. 68; ☎ 02-9332 4600; www.akisindian.com.au; 1/6 Cowper Wharf Rd; Hauptgerichte 21–36 AU$; ⊙ So–Fr 12–22, Sa 18–22 Uhr; ☎ ✎; ▯ Kings Cross) Das erste Lokal, das einem am Kai von Woolloomooloo begegnet, ist das Aki's. Und da kann man auch gleich bleiben, denn das Restaurant bietet schön angerichtete, intuitiv zusammengestellte indische Cuisine und dazu eine sechsseitige Weinkarte mit australischen und ausländischen Tropfen.

🍴 Paddington & Woollahra

Chiswick Restaurant
MODERN-AUSTRALISCH $$

(Karte S. 72; ☎ 02-8388 8688; www.chiswickrestaurant.com.au; 65 Ocean St; Hauptgerichte 28–35 AU$; ⊙ 12–14.30 & 18–22 Uhr; ▯ 389) Eine Berühmtheit mag im Mittelpunkt stehen (der TV-Promi Matt Moran), aber der eigentliche Star der Show ist der hübsche Küchengarten, der sich um das Restaurant herum zieht und letztendlich bestimmt, was auf die Speisekarte kommt. Auch Fleisch von der Familienfarm der Morans sowie Meeresfrüchte aus der Region spielen wichtige Rollen.

Four in Hand
GASTROPUB $$$

(Karte S. 52; ☎ 02-9362 1999; www.fourinhand.com.au; 105 Sutherland St; Hauptgerichte 39 AU$; ⊙ Di–So 12–14.30 & 18.30 Uhr–open end; ▯ Edgecliff) In Paddington stolpert man bei einem kurzen Rundgang immer über einen schönen alten Pub mit tollem Essen. Dieser hier ist der beste unter ihnen und bekannt für seine langsam gegarten Fleischgerichte, die alles, von Kopf bis Schwanz verarbeiten.

🍴 Eastern Beaches

Three Blue Ducks
CAFÉ $$

(Karte S. 52; www.threeblueducks.com; 141–143 Macpherson St; Hauptgerichte morgens 16–22 AU$, mittags 22–30 AU$, Platte zum Teilen abends 17 AU$; ⊙ So–Di 7–15, Mi–Sa 7–15.30 & 18–23 Uhr; ▯ 378) 🌱 Die drei Enten müssten ein ganzes Stück bis zum Wasser watscheln, aber das verhindert nicht, dass sich zum Wochenendbrunch lange Schlangen vor den mit Graffiti übersäten Mauern bilden. Die wagemutigen Betreiber setzen, wo immer es möglich ist, auf örtliche Biozutaten sowie Zutaten aus fairem Handel.

Bondi Trattoria
ITALIENISCH $$

(Karte S. 74; ☎ 02-9365 4303; www.bonditrattoria.com.au; 34 Campbell Pde; Hauptgerichte morgens 9–21 AU$, mittags 16–26 AU$, abends 19–36 AU$; ⊙ 8 Uhr–open end; ▯ 380) Wer in Bondi brunchen will, kommt an der verlässlichen „Trat" nicht vorbei. Draußen stehen Tische auf der Campbell Pde für alle, die beim Essen auf den Strand blicken wollen, das Ambiente drinnen entspricht dem einer traditionellen Trattoria: Holztische, die obligatorische Wandmalerei der Toskana und Schwarzweißfotos. Später am Tag bestimmen Pizza, Pasta und Risotto die Speisekarte.

Ausgehen & Nachtleben

Pubs sind ein unverzichtbarer Bestandteil in Sydneys geselligem Leben. Man kann seinen „Schooner" (die in NSW gebräuchliche Bezeichnung für ein großes Glas Bier) in prächtigen Bauwerken aus dem 19. Jh., in riesigen Art-déco-Schuppen, in modern-minimalistischen Treffs und an allen anderen möglichen Orten stemmen. Bars sind in der Regel stilvoller und urbaner und haben manchmal einen Dresscode.

Es gibt eine muntere Livemusikszene, aber gute Danceclubs sind überraschend dünn gesät.

🍸 The Rocks & Circular Quay

Opera Bar
BAR, LIVEMUSIK

(Karte S. 56; www.operabar.com.au; untere Ebene, Sydney Opera House; ⊙ So–Do 11.30–24, Fr & Sa bis 1 Uhr; ▣Circular Quay, ▣Circular Quay, ▣Circular Quay) Direkt am Hafen mit dem Opernhaus zur einen und der Harbour Bridge zur anderen Seite hat diese Terrasse die ideale Lage für ihre Sydney-typische Mischung aus entspannt und raffiniert. Werktags gibt's Livemusik ab 20.30 Uhr, an den Wochenenden schon ab 14.30 Uhr.

Hero of Waterloo PUB, LIVEMUSIK
(Karte S. 56; www.heroofwaterloo.com.au; 81 Lower Fort St; ⊙Mo-Sa 9.30-23.30, So 12-22 Uhr; ▣Circular Quay) In diesem 1843 aus Feldsteinen erbauten Pub kann man Einheimische treffen, das irische Barpersonal anlabern und ein wenig Swing, Folk, Bluegrass oder keltische Musik hören (Fr-So).

Lord Nelson Brewery Hotel PUB, BRAUEREI
(Karte S. 56; ☎02-9251 4044; www.lordnelson.com.au; 19 Kent St; ⊙11-23 Uhr; ▣Circular Quay) In dem 1836 erbauten, stimmungsvollen Sandsteinhaus ist seit 1841 ein Pub untergebracht; der Lord Nelson ist einer von dreien, die für sich in Anspruch nehmen, der älteste in Sydney zu sein. Die Kleinbrauerei vor Ort braut natürliche Ales (das Old Admiral probieren!).

Australian Hotel PUB
(Karte S. 56; www.australianheritagehotel.com; 100 Cumberland St; ▣Circular Quay) Dieser 1913 errichtete Pub ist nicht nur architektonisch bemerkenswert. Es gibt hier auch eine tolle Auswahl echt australischer Biere und Weine. Auch die Küche gibt sich patriotisch und liefert Pizza mit Fleisch vom Känguru und Leistenkrokodil (17-26 AU$).

Fortune of War PUB, LIVEMUSIK
(Karte S. 56; www.fortuneofwar.com.au; 137 George St; ⊙Mo-Fr 9 Uhr-open end, Sa 11 Uhr-open end, So 11-24 Uhr; ▣Circular Quay) Dieser Trinkschuppen von 1828 hat sich viel von seinem ursprünglichen Charme bewahrt, und auch einige der Gäste sehen so aus, als seien sie noch von damals übrig geblieben. Donnerstags, freitags und samstags gibt's abends Livemusik und an den Wochenenden nachmittags.

🍸 Sydney Zentrum

★ Baxter Inn BAR
(Karte S. 56; www.thebaxterinn.com; 152-156 Clarence St; ⊙Mo-Sa 16-1 Uhr; ▣Town Hall) Ja, der Eingang zur Bar befindet sich in der dunklen Gasse und hinter der Tür ohne Hinweisschild. Sie findet sich leichter, wenn sich eine Warteschlange gebildet hat, ansonsten muss man nach dem Türsteher Ausschau halten, der in der Nähe herumsteht. Whisky ist hier der Artikel der Wahl, und die schnauzbärtigen Barkeeper kennen ihren Stoff.

Palmer & Co BAR
(Karte S. 56; www.merivale.com.au/palmerandco; Abercrombie Lane; ⊙Sa-Mi 17 Uhr-open end, Do & Fr 12 Uhr-open end; ▣Wynyard) Noch ein entschieden hippes Mitglied der Sydneyer Barbrigade. Dieser „berechtigte Importeur von anregenden Tonika und stärkenden Getränken" wendet sich an ein betuchtes, modisches Klientel.

Grandma's COCKTAILBAR
(Karte S. 56; www.grandmasbarsydney.com; UG, 275 Clarence St; ⊙Mo-Fr 15 Uhr-open end, Sa 17 Uhr-open end; ▣Town Hall) Die Bar preist sich selbst als „retrosexuellen Hafen kosmopolitischen Kitschs und verblichenen Oma-Glamours" an und trifft damit voll ins Schwarze. Ein Hirschgeweih empfängt einen an der Treppe und geleitet einen in diese winzige unterirdische Welt mit Papageientapete und Schirmchencocktails.

Stitch BAR
(Karte S. 56; www.stitchbar.com; 61 York St; ⊙Mo-Mi 16-24, Do & Fr 12-2 Uhr; ▣Wynyard) Das schönste Beispiel für Sydneys Vorliebe für nachgemachte Flüsterkneipen ist diese Bar, die man durch Flügeltüren an der Rückseite einer angeblichen Schneiderei erreicht. Dahinter versteckt sich eine erstaunlich große, aber allzeit überfüllte Bar, die mit Schnittmustern und Singer-Nähmaschinen dekoriert ist.

Good God Small Club BAR, CLUB
(Karte S. 59; www.goodgodgoodgod.com; 55 Liverpool St; Eintritt vordere Bar frei, Club unterschiedlich; ⊙Mi-Sa 17 Uhr-open end; ▣Town Hall) In einer eingegangenen Kellertaverne nahe Chinatown gibt's hinten im Danceclub des Good God Musik aller möglichen Richtungen, von live spielenden Indie-Bands über jamaikanischen Reggae, 1950er-Jahre-Soul, Rockabilly bis zu tropischem House. Der Erfolg des Ladens beruht auf guter Musik, nicht auf einem glamourösen Ambiente.

Establishment BAR
(Karte S. 56; www.merivale.com/establishmentbar; 252 George St; ⊙Mo-Sa 11 Uhr-open end, So 12-22 Uhr; ▣Wynyard) Der Andrang gutbetuchter Besucher beweist, dass die Kunst des Cocktailschürfens nach einem anstren-

genden Tag in der City noch nicht untergegangen ist. Man sitzt an der majestätischen Marmortheke, in dem schicken Hof oder macht es sich auf einem Ledersofa gemütlich.

Hemmesphere
BAR

(Karte S. 56; 02-9240 3100; www.merivale.com.au/hemmesphere; Level 4, 252 George St; Mo–Fr 12 Uhr–open end, Sa 18 Uhr–open end; Wynyard) Das ist Sydney pur: die Atmosphäre eines britischen Herrenclubs mit einem Hauch osmanischer Opulenz. Man sinkt in einen tiefen Ledersessel, bestellt einen Cocktail und wartet darauf, dass sich ein Promi blicken lässt.

Ivy
BAR, CLUB

(Karte S. 56; 02-9254 8100; www.merivale.com/ivy; Level 1, 330 George St; Mo–Fr 12 Uhr–open end, Sa 20.30 Uhr–open end; Wynyard) Versteckt in einer Gasse abseits der George St ist das Ivy ein einschüchternd modischer Komplex mit Bars, Restaurants, intimen Lounges und sogar einem Swimmingpool. Es ist auch der Treff, um den in Sydney am meisten Wirbel gemacht wird: Man sieht lange Schlangen von Vorstadt-Mädels auf unglaublichen High Heels, die bereitwillig darauf warten, samstags bis zu 40 AU$ für den Eintritt zu Sydneys heißester Clubnacht auszugeben.

Marble Bar
BAR, LIVEMUSIK

(Karte S. 56; www.marblebarsydney.com.au; UG, Hilton Hotel, 488 George St; So–Do 16–24, Fr & Sa bis 2 Uhr; Town Hall) 1893 für unglaubliche 32 000 £ gebaut, ist diese marmorverkleidete Kellerbar einer der besten Orte, um sich in Sydney einmal in Schale zu werfen. Donnerstags bis samstags spielen Musiker alles von Jazz bis Funk.

Chinese Laundry
CLUB

(Karte S. 56; www.merivale.com; Ecke King St & Sussex St; Club 15–25 AU$; Fr & Sa 22 Uhr–open end; Wynyard) Am Freitagabend werden in diesem Danceclub unter dem Slip Inn die Bässe aufgedreht. Am Samstag legen lokale und internationale DJs Electro, House und Techno auf.

Bambini Wine Room
WEINBAR

(Karte S. 56; www.bambinitrust.com.au; 185 Elizabeth St; Mo–Fr 15–22, Sa 17.30–23 Uhr; St. James) Keine Sorge: Hier wird kein Wein an *bambini* ausgeschenkt. Die Bar gibt sich sehr erwachsen und europäisch. In einer Ecke des kleinen, mit dunklem Holz getäfelten Raums könnte Oscar Wilde gut und gerne Hof halten.

Newtown

Midnight Special
BAR, LIVEMUSIK

(Karte S. 64; www.facebook.com/MidnightSpecialNewtown; 44 Enmore Rd; 17–24 Uhr) Plakate von Bands und Papierlaternen schmücken die schwarzen Wände dieser tollen kleinen Bar. Mittwochs und sonntags treten Musiker auf der winzigen Bühne auf.

Courthouse Hotel
PUB

(Karte S. 64; 202 Australia St; Mo–Sa 10–24, So bis 22 Uhr; Newtown) In dem coolen alten Pub mit tollem Biergarten fühlen sich alle zu Hause – von Billard spielenden Goth-Lesben bis zu Friedensrichtern.

Surry Hills

Tio's Cerveceria
BAR

(Karte S. 59; 4-14 Foster St; Mo–Sa 16–24, So bis 22 Uhr; Museum) Tio mag Tequila, die unterschiedlichsten Menschen, Wrestling, katholischen Kitsch und *Día-de-los-Muertos*-Kram. Und die Skater, wilden Bärte und Babydoll-Babes in Surry Hill lieben ihn dafür.

Shakespeare Hotel
PUB

(Karte S. 67; www.shakespearehotel.com.au; 200 Devonshire St; Central) Der klassische Sydneyer Pub von 1879 hat Jugendstilfliesen an den Wänden, einen schäbigen Teppich, zeigt Pferderennen im Fernsehen und bietet billiges Kneipenessen. Keine Spur von Glamour oder Innenarchitektur – so will man es haben!

Cricketers Arms Hotel
PUB

(Karte S. 52; www.cricketersarmshotel.com.au; 106 Fitzroy St; Mo–Fr 15–24, Sa 13–24, So 13–22 Uhr; 339) Der Pub ist ein beliebter Treff für Kunststudenten, Plattenfans und Einheimische aller Art. Wer sich aufwärmen muss, setzt sich einfach an das offene Kaminfeuer.

Hotel Hollywood
PUB

(Karte S. 59; 02-9281 2765; www.facebook.com/hotel.hollywood.sydney; 2 Foster St; So 16–22, Mo 16–24, Di & Mi 12–24, Do & Fr 12–3, Sa 16–3 Uhr; Museum) In dem Art-déco-Pub, in dem man das Gefühl hat, dass die Zeit stehengeblieben ist, trifft sich ein gemischtes Publikum von Einheimischen gern beim Bier.

Darlinghurst

Shady Pines Saloon — BAR
(Karte S. 68; www.shadypinessaloon.com; Shop 4, 256 Crown St; ⌚16–24 Uhr; ⓇMuseum) In einer düsteren Gasse ohne Schild und Hausnummer an der Tür (nach der weißen Tür vor dem Bikram Yoga in der Foley St Ausschau halten) wendet sich diese Kellerkaschemme an den Stadt-Bohemien. Inmitten von Memorabilien aus dem Westen und ausgestopften Tieren kippen die Gäste hier Whisky und Rye.

Eau-de-Vie — COCKTAILBAR
(Karte S. 68; www.eaudevie.com.au; 229 Darlinghurst Rd; ⌚18–1 Uhr; ⓇKings Cross) Durch die Tür mit der Aufschrift „Restrooms" hinten an der Hauptbar des Kirketon Hotel gelangt man in die elegante, mit schwarzen Wänden versehene Flüsterkneipe, in der kundige Barmixer in Hemd und Fliege hingebungsvoll preisverdächtige Cocktails zubereiten.

Victoria Room — COCKTAILBAR
(Karte S. 68; ☎02-9357 4488; www.thevictoriaroom.com; Level 1, 235 Victoria St; ⌚Di–Fr 18–24, Sa 12–2, So 12–24 Uhr; ⓇKings Cross) Man pflanzt sich auf ein Sofa und entspannt sich in dieser sinnlich im Stil der indischen Kolonialzeit eingerichteten Bar bei einem kundig zubereiteten Cocktail. Zum nachmittäglichen High Tea (45–65 AU$) am Wochenende vorab reservieren!

Hinky Dinks — COCKTAILBAR
(Karte S. 68; www.hinkydinks.com.au; 185 Darlinghurst Rd; ⌚Mo–Fr 17–24, Sa 15–24, So 13–22 Uhr; ⓇKings Cross) Alles ist prima in dieser kleinen, wie eine Milchbar aus den 1950er-Jahren aufgemachten Cocktailbar. Probieren sollte man den Hinky Fizz, ein alkoholgesättigtes Erdbeersorbet in einer Eistüte aus Wachspapier.

Pocket — BAR
(Karte S. 68; www.pocketsydney.com.au; 13 Burton St; ⌚16–24 Uhr; ⓇMuseum) Man sinkt auf eine der bequemen Ledercouches in den Ecken des Pocket, bestellt einen Drink und schwatzt über die Abenteuer des Tages, begleitet von einem Indie-Soundtrack, der dem jetzigen Jahrzehnt spottet. Pop-Art-Wandmalereien und freiliegende Ziegelwände sorgen für das Ambiente.

Oxford Art Factory — BAR, LIVEMUSIK
(Karte S. 68; www.oxfordartfactory.com; 38–46 Oxford St; Grundpreis unterschiedlich; ⌚wechselnd; ⓇMuseum) In diesem Zweiraum-Mehrzwecktreff nach dem Vorbild von Warhols New Yorker Kreativbasis feiern Indie-Kids vor künstlerischer Kulisse. Es gibt eine Galerie, eine Bar und eine Veranstaltungsfläche, auf der oft internationale Bands und DJs auftreten. Was gerade geboten wird, steht auf der Website.

Darlo Bar — PUB
(Karte S. 68; ☎02-9331 3672; www.darlobar.com.au; 306 Liverpool St; ⌚Mo–Sa 10–24, So 12–24 Uhr; ⓇKings Cross) Der dreieckige, retro eingerichtete Raum des Darlo lockt durstige Stadtbohemiens, Bauarbeiter in Warnwesten und Architekten mit einer Vorliebe für Flipperautomaten oder Billard an.

Woolloomooloo, Kings Cross & Potts Point

Old Fitzroy Hotel — PUB
(Karte S. 68; www.oldfitzroy.com.au; 129 Dowling St; ⌚Mo–Sa 11–214, So 15–22 Uhr; ⓇKings Cross) Islington trifft auf Melbourne in den Nebenstraßen von Woolloomooloo: Die unprätentiöse Theaterkneipe ist ein ordentlicher, altmodischer Pub.

Kings Cross Hotel — PUB, CLUB
(Karte S. 68; www.kingscrosshotel.com.au; 244-248 William St; ⌚12–3 Uhr; ⓇKings Cross) Mit fünf Etagen oben und einer im Keller ist dieser prächtige alte Pub ein Bienenstock alkoholgeschwängerter Unterhaltung, der am Wochenende mächtig schwirrt. Am besten ist FBi Social, ein von einem alternativen Radiosender geführter Laden im zweiten Stock mit jeder Menge ausgefallener Livemusik. Von der Dachbar hat man einen prächtigen Blick auf die Stadt.

Sugarmill — BAR
(Karte S. 68; www.sugarmill.com.au; 33 Darlinghurst Rd; ⌚10–24 Uhr; ⓇKings Cross) Für eine aufgeblähte Bar in Kings Cross ist das Sugarmill ziemlich cool. Säulen und hohe Decken mit Zinnverzierung zeugen von der Vergangenheit des Gebäudes als Bank, aber die überall hängenden Band-Plakate tun alles, um die kapitalistischen Geister zu vertreiben. Im Verlauf des Abends verlagert sich die Party nach oben in die Dachbar und in den Nachtclub Kit & Kaboodle.

Paddington & Woollahra

Wine Library — WEINBAR
(Karte S. 72; www.wine-library.com.au; 18 Oxford St; ⌚Mo–Sa 11.30–23.30, So bis 22 Uhr; Ⓑ380) Eine

eindrucksvolle Auswahl an offenen Weinen, das smart-zwanglose Ambiente und das mediterran angehauchte Bar-Essen machen den Laden zur beliebtesten „Bibliothek" der Stadt.

10 William Street WEINBAR
(Karte S. 72; www.10williamst.com.au; 10 William St; ⊙Mo–Do 17–24, Fr & Sa 12–24 Uhr; ▣380) Dies winzige Stück *dolce vita* serviert an der Mode-Meile ausgezeichnete Importweine und ebenso eindrucksvolle Speisen.

 Eastern Beaches

Icebergs Bar BAR
(Karte S. 74; www.idrb.com; 1 Notts Ave; ⊙Di–Sa 12–24, So bis 22 Uhr; ▣380) Die bequemen Stühle und Sofas und die schicken Cocktails sind prima, aber das absolute Highlight ist der Blick nach Norden über den Bondi Beach.

 Manly

Hotel Steyne PUB
(Karte S. 78; ☏02-9977 4977; www.steynehotel.com.au; 75 The Corso; ⊙Mo–Sa 9–3, So bis 24 Uhr; ▣Manly) Mit zahlreichen Bars auf zwei Stockwerken bietet dieses Pub-Wahrzeichen für jeden – Sportprolls, Club-Kids, Familien – etwas. Livebands und DJs sorgen für Unterhaltung.

Die „Metro" Beilage der Freitagsausgabe des *Sydney Morning Herald* informiert ausführlich über das aktuelle Veranstaltungsprogramm. Tickets für die meisten Veranstaltungen erhält man direkt bei den Veranstaltungsorten oder über **Moshtix** (☏1300 438 849; www.moshtix.com.au), **Ticketmaster** (Karte S. 56; ☏136 100; www.ticketmaster.com.au) oder **Ticketek** (Karte S. 56; ☏132 849; www.ticketek.com.au).

Livemusik & Comedy

House DARSTELLENDE KUNST
(Karte S. 56; ☏02-9250 7777; www.sydneyoperahouse.com; Bennelong Point; ▣Circular Quay) Das glänzende Juwel im Zentrum der australischen darstellenden Kunst bietet auf fünf Hauptbühnen nicht nur Theater und Comedy. Hier haben auch Institutionen wie die **Opera Australia** (www.opera-australia.org.au), das **Australian Ballet** (www.australianballet.com.au), das **Sydney Symphony Orchestra** (www.sydneysymphony.com) und das **Australian Chamber Orchestra** (www.aco.com.au) ihren Sitz.

State Theatre DARSTELLENDE KUNST
(Karte S. 56; ☏02-9373 6655; www.statetheatre.com.au; 49 Market St; ▣St. James) Das schöne, 2000 Plätze fassende State Theatre ist ein üppiger, mit Vergoldungen und Kronleuchtern geschmückter Palast. Hier finden das Sydney Film Festival, Konzerte, Comedy, Opern- und Musicalaufführungen und manchmal auch Auftritte berühmter Köche statt.

City Recital Hall KLASSISCHE MUSIK
(Karte S. 56; ☏02-8256 2222; www.cityrecitalhall.com; 2 Angel Pl; ⊙Kasse Mo–Fr 9–17 Uhr; ▣Martin Pl) Nach dem klassischen Vorbild europäischer Konzertsäle des 19. Jhs. gestaltet bietet dieser 1200 Plätze fassende Saal eine nahezu perfekte Akustik. Hier treten Kammerensembles und Orchester der Spitzenklasse wie **Musica Viva Australia** (www.mva.org.au) oder das **Australian Brandenburg Orchestra** (www.brandenburg.com) auf.

Sydney Conservatorium of Music KLASSISCHE MUSIK
(Karte S. 56; ☏02-9351 1222; www.music.usyd.edu.au; Conservatorium Rd; ▣Circular Quay) In dem historischen Konzertsaal kann man die Talente der Studierenden und ihrer Lehrer kennenlernen. Von März bis November gibt es hier Chor-, Jazz-, Opern- und Kammerkonzerte, außerdem mittwochs um 13 Uhr Konzerte mit freiem Eintritt.

Metro Theatre DARSTELLENDE KUNST
(Karte S. 59; ☏02-9550 3666; www.metrotheatre.com.au; 624 George St; ▣Town Hall) Die wohl beste Stätte in Sydney, um örtliche und internationale Alternativ-Bands in einem komfortablen, klimatisierten Saal zu erleben. Außerdem gibt's hier Comedy, Cabaret und Tanzpartys.

Enmore Theatre DARSTELLENDE KUNST
(Karte S. 64; ☏02-9550 3666; www.enmoretheatre.com.au; 130 Enmore Rd; ⊙Kasse Mo–Fr 9–18, Sa 10–16 Uhr; ▣Newtown) In dem eleganten, ehemaligen Vaudeville-Theater mit 2500 Plätzen treten heute tourende Musiker und Comedians auf.

Basement JAZZ
(Karte S. 56; ☏02-9251 2797; www.thebasement.com.au; 7 Macquarie Pl; ▣Circular Quay) In dem früher ausschließlich dem Jazz vorbehaltenen Treff treten nun internationale und

regionale Musiker aus verschiedenen Musikrichtungen und -stilen auf. Ein „Dinner and Show"-Ticket sichert einem einen Tisch an der Bühne, wo man eine viel bessere Sicht hat als von einem der Stehplätze an der Bar.

Vanguard — LIVEMUSIK
(Karte S. 64; 02-9557 9409; www.thevanguard.com.au; 42 King St; Macdonaltown) In dem intimen, eigens errichteten Veranstaltungsort gibt's alles von Burlesque bis Blues, von Country bis Weltmusik. Die meistens Plätze sind denjenigen vorbehalten, die hier auch zu Abend essen.

Annandale Hotel — LIVEMUSIK
(Karte S. 52; 02-9550 1078; www.annandalehotel.com; 17 Parramatta Rd; 435-440) Ganz vorn an der Front der Sydneyer Livemusikszene bringt das Annandale Alt-Rock, Metal, Punk und Electronica.

Theater

Sydney Theatre Company — THEATER
(STC; Karte S. 56; 02-9250 1777; www.sydneytheatre.com.au; Pier 4/5, 15 Hickson Rd; Kasse Mo–Fr 9–20.30, Sa 11–20.30 Uhr, So 2 Std. vor Veranstaltungsbeginn; Wynyard) Sydneys wichtigste Theatertruppe tritt in ihrem Stammsitz in Walsh Bay und im Drama Theatre des Sydney Opera House auf.

Belvoir Street Theatre — THEATER
(Karte S. 67; 02-9699 3444; www.belvoir.com.au; 25 Belvoir St; Central) Diese intime Spielstätte in einer ruhigen Ecke von Surry Hills ist die Heimat der oft experimentellen, aber immer ausgezeichneten Company B.

Capitol Theatre — VERANSTALTUNGSORT
(Karte S. 59; 1300 558 878; www.capitoltheatre.com.au; 13 Campbell St; Central) Das aufwendig restaurierte Theater aus den 1920er-Jahren ist heute die Bühne für lang laufende Musicals und gelegentlich für Konzerte mit großen Namen.

Ensemble Theatre — THEATER
(Karte S. 52; 02-9929 0644; www.ensemble.com.au; 78 McDougall St; North Sydney) Das lange bestehende Ensemble präsentiert Werke ausländischer und australischer Dramatiker, häufig mit bekannten australischen Schauspielern.

Tanztheater

Sydney Dance Company — TANZTHEATER
(SDC; Karte S. 56; 02-9221 4811; www.sydneydancecompany.com; Pier 4/5, 15 Hickson Rd; Wynyard) Australiens Nummer Eins in Sachen zeitgenössisches Tanztheater zeigt seit mehr als 30 Jahren hochmoderne, sinnliche und manchmal schockierende Produktionen.

Bangarra Dance Theatre — TANZTHEATER
(Karte S. 56; 02-9251 5333; www.bangarra.com.au; Pier 4/5, 15 Hickson Rd; Wynyard) Das Bangarra gilt als Australiens bestes Aborigines-Tanzensemble. Es verbindet moderne Themen mit indigenen Traditionen.

Kino

OpenAir Cinema — KINO
(Karte S. 52; www.stgeorgeopenair.com.au; Mrs Macquaries Rd; Tickets 35 AU$; Jan. & Feb.; Circular Quay) Die Leinwand ist so hoch wie ein dreistöckiges Gebäude und steht direkt am Hafen. Hinzu kommen ein hervorragendes Surround-Soundsystem, der Sonnenuntergang, die Skyline und eine extravagante Speisen- und Weinauswahl. Die meisten Tickets gehen schon im Vorverkauf weg, eine beschränkte Zahl an Karten wird aber jeden Abend um 18.30 Uhr noch an der Abendkasse verkauft. Detailliertere Infos gibt's auf der Website.

Bondi Openair Cinema — KINO
(Karte S. 74; www.openaircinemas.com.au; Dolphin Lawn, neben dem Bondi Pavilion; Tickets 17–40 AU$; Jan. & Feb.; 380) Open-Air-Kino am Meer, vor dem Film sorgen Livebands für Unterhaltung. Reservierung empfohlen.

Moonlight Cinema — KINO
(Karte S. 72; www.moonlight.com.au; Belvedere Amphitheatre, Ecke Loch Ave & Broome Ave; Erw./Kind 18/14 AU$; Dez.–März; Bondi Junction) Bei einem Picknick kann man sich nachts unter den Sternen im wundervollen Centennial Park den Fledermäusen anschließen. Der Eingang zum Freiluftkino ist das Woollahra Gate an der Oxford St. Gezeigt wird eine Mischung aus aktuellen Blockbustern, künstlerisch anspruchsvollen Filmen und Klassikern.

IMAX — KINO
(Karte S. 60; 02-9281 3300; www.imax.com.au; 31 Wheat Rd; Erw./Kind ab 31/23 AU$; Vorführungen 10–21 Uhr; Town Hall) Viel Geld für einen 45 Minuten langen Film, aber ein IMAX-Kino ist nun einmal eine große Sache und dieses ist das größte weltweit. Auf der acht Stockwerke hohen Leinwand laufen kinderfreundliche Dokus (über Haie, Schmetterlinge usw.) und Blockbuster-Spielfilme, vielfach in 3D.

Zuschauersport

National Rugby League ZUSCHAUERSPORT
(NRL; www.nrl.com) Die Rugby League regiert in NSW, und Sydney gilt als eines der Zentren dieser Sportart. Die Spielzeit dauert von März bis Oktober. Heimspiele der neun Sydneyer Teams finden in Stadien überall im Stadtgebiet statt.

Australian Football League ZUSCHAUERSPORT
(AFL; www.afl.com.au) Vom März bis September kämpfen die Lokalmatadoren **Sydney Swans** (www.sydneyswans.com.au) mit um die Landesmeisterschaft; ihre Heimspiele tragen sie im **Sydney Cricket Ground** (SCG; Karte S.72; 02-9360 6601; www.sydneycricketground.com.au; Driver Ave; 372-374 & 391-397) aus. Die **Greater Western Sydney Giants** (www.gwsgiants.com.au) spielen im Sydney Olympic Park.

Cricket ZUSCHAUERSPORT
(www.cricket.com.au) Die Cricketsaison läuft von Oktober bis März. Im SCG finden die Spiele zwischen den australischen Bundesstaaten um den Sheffield Shield und ausverkaufte internationale Testmatches, Twenty20- und 50-Over-Spiele statt.

Shoppen

Die Sydneyer strömen in die City – vor allem zur Pitt Street Mall –, wenn sie etwas Besonderes kaufen oder richtig shoppen gehen wollen. Paddington ist traditionell Sydneys wichtigstes Modeviertel, hat aber nun ernsthafte Konkurrenz von den riesigen Westfield-Malls in der Pitt St und an der Bondi Junction bekommen. Die King St in Newtown gilt als eine der interessantesten Adressen wegen ihrer Secondhand-Boutiquen und Buchläden.

Sydney Zentrum

Queen Victoria Building EINKAUFSZENTRUM
(QVB; Karte S.56; www.qvb.com.au; 455 George St; So 11–17, Mo–Mi, Fr & Sa 9–18, Do 9–21 Uhr; Town Hall) Unglaublicherweise war dieses Meisterwerk aus der Blütezeit der viktorianischen Zeit (1898) mehrfach für den Abriss vorgesehen, ehe es dann in der Mitte der 1980er-Jahre restauriert wurde. Das im Stil der venezianischen Romanik errichtete Gebäude nimmt einen ganzen Straßenblock auf dem Gelände der ersten Märkte der Stadt ein und ist den Göttern des Handels geweiht, denen hier in fast 200 Läden auf fünf Etagen geopfert wird.

Strand Arcade EINKAUFSZENTRUM
(Karte S.56; www.strandarcade.com.au; 412 George St; Mo–Mi & Fr 9.30–17.30, Do 9–20, Sa 9–16, So 11–16 Uhr; St. James) Das 1891 erbaute Strand wetteifert mit dem QVB um den Titel des schönsten Einkaufszentrums der Stadt. Es hat eine besonders große Auswahl australischer Designermode und ist Sitz von Strand Hatters, einer Sydneyer Institution.

Westfield Sydney MALL
(Karte S.56; www.westfield.com.au/sydney; Ecke Pitt St Mall & Market St; Mi & Fr 9.30–18.30, Do bis 21 Uhr; St. James) Die neueste und glamouröseste Shoppingmall der Stadt ist ein verwirrend großer Komplex, der den Sydney Tower ein- und ein gutes Stück der Pitt Street Mall verschlingt. Der Food-Court im 5. Stock ist ausgezeichnet; im 3. Stock befindet sich eine Filiale von RM Williams, „den Busch-Ausstattern", in der man alles bekommt, um herumzulaufen wie Crocodile Dundee.

David Jones WARENHAUS
(Karte S.56; www.davidjones.com.au; 86–108 Castlereagh St; St. James) In zwei riesigen Gebäuden in der City residiert Sydneys wichtigstes Warenhaus. Im Haus an der Castlereagh St gibt's Frauen- und Kinderkleidung, im Haus an der Market St Kleidung für Männer, Elektroartikel und einen eleganten Food-Court.

Newtown

Better Read Than Dead BÜCHER
(Karte S.64; 02-9557 8700; www.betterread.com.au; 265 King St; 9.30–21 Uhr; Newtown) Das ist eindeutig unser Lieblingsbuchladen in Sydney, und nicht nur wegen des prägnanten Namens und der großen Auswahl an Lonely Planet Titeln. Niemand scheint es zu stören, wenn man in den Gängen stundenlang in den schön präsentierten Büchern stöbert.

Darlinghurst

Artery KUNST
(Karte S.68; 02-9380 8234; www.artery.com.au; 221 Darlinghurst Rd; 10–17 Uhr; Kings Cross) In dieser kleinen, der Aborigines-Kunst gewidmeten Kunstgalerie taucht man in eine Welt der Punkte und Wirbel ein. Das Motto lautet: „ethisch, zeitgenössisch, erschwinglich".

WUNDERVOLLE MÄRKTE

Der Besuch der örtlichen Märkte ist ein beliebtes Wochenendvergnügen. In vielen Innenstadtvierteln gibt es Märkte auf dem Gelände von Schulen und Kirchen; dort bekommt man alles von Bio-Lebensmitteln bis zu Designermode. Unvermeidlich stößt man auch auf altmodischen Hippie-Kram, scheußliche Kunst und überteuerten Plunder für Touristen, man kann aber auch tolle Entdeckungen machen. Zu den besten Märkten gehören:

Paddington Markets (Karte S. 72; www.paddingtonmarkets.com.au; 395 Oxford St; ⊙ Sa 10–16 Uhr; ☐ 380) Der Markt entstand in den 1970er-Jahren und war damals ganz in den Duft von Patschuli-Ölen getaucht. Heutzutage ist er entschieden mehr Mainstream, lohnt aber immer noch einen Besuch, wenn man nach neuer oder gebrauchter Kleidung, kreativem Kunsthandwerk oder Schmuck sucht. Mit Gedränge ist zu rechnen.

Paddy's Markets (Karte S. 59; www.paddysmarkets.com.au; 9-13 Hay St; ⊙ Mi–So 9–17 Uhr; ☐ Central) Das höhlenartige Paddy's mit seinen 1000 Ständen ist Sydneys Äquivalent zu Istanbuls Kapalıçarşı, nur dass es hier statt Nargiles und Teppichen Handy-Taschen, One Direction-T-Shirts und Koala-Rucksäcke made in China gibt. Man kauft ein VB-Trikot für Onkel Heinz oder wandelt einfach durch die Gänge und lässt sich von dem ganzen Kommerz einschüchtern.

Bondi Markets (Karte S. 74; www.bondimarkets.com.au; Bondi Beach Public School, Campbell Pde; ⊙ Bauernmarkt Sa 9–13 Uhr, Flohmarkt So 10–16 Uhr; ☐ 380) Sonntags, wenn die Kinder am Strand sind, füllt sich die Schule mit Typen aus Bondi, die hier nach gebatikten Secondhand-Klamotten, Büchern, Ketten, Ohrringen, Duftölen, Kerzen, alten Schallplatten und dergleichen stöbern.

Eveleigh Market (Karte S. 52; www.eveleighmarket.com.au; 243 Wilson St; ⊙ Bauernmarkt Sa 8–13 Uhr, Kunstmarkt 1. So im Monat 10–15 Uhr; ☐ Redfern) Mehr als 70 ständige Standinhaber verkaufen auf Sydneys bestem Bauernmarkt in einem denkmalgeschützten Bahnschuppen auf dem Bahnbetriebshof Eveleigh ihre selbst erzeugten Produkte. Wenn man schon mal da ist, kann man auch gleich das Kunst- und Kulturviertel CarriageWorks (www.carriageworks.com.au) besuchen.

Glebe Markets (Karte S. 52; www.glebemarkets.com.au; Glebe Public School, Ecke Glebe Point Rd & Derby Pl; ⊙ Sa 10–16 Uhr; ☐ Glebe) Auf diesem überfüllten Hippie-Markt stöbern barfüßige Typen mit Rastalocken nach Secondhand-Klamotten und exotischem Essen.

Surry Hills Markets (Karte S. 67; www.shnc.org/markets; Shannon Reserve, Crown St; ⊙ 1. Sa im Monat 7–16 Uhr; ☐ Central) Auf diesem monatlich stattfindenden Markt herrscht eine nachbarschaftliche, quietschfidele Atmosphäre. Hauptsächlich Einheimische mieten hier Stände, um altes Zeug zu verkaufen: Kleidung, CDs, Bücher und Krempel aller Art. Hier darf drauflos gefeilscht werden.

Paddington & Woollahra

Ariel BÜCHER
(Karte S. 68; ☎ 02-9332 4581; www.arielbooks.com.au; 42 Oxford St; ⊙ 9–24 Uhr; ☐ 380) Verstohlene Künstler, Architekten und Studenten verweilen bis spät in die Nacht in den Gängen des Ariel. „Underculture" ist hier der Tenor, worunter Hochglanzbücher zu Kunst, Film, Mode und Design zu verstehen sind. Daneben gibt's auch Kinderbücher, Reiseführer und Belletristik.

Corner Shop KLEIDUNG
(Karte S. 72; ☎ 02-9380 9828; www.thecornershop.com.au; 43 William St; ⊙ 10–18 Uhr; ☐ 380) Diese Schatzhöhle der Damenmode bietet eine gute Mischung aus zwanglosen und festlichen Klamotten sowie allerlei Schmuck.

Poepke KLEIDUNG
(Karte S. 72; www.poepke.com; 47 William St; ⊙ Mo–Sa 10–18, So 12–17 Uhr; ☐ 380) Eine der interessanteren Boutiquen für Damenmode in Paddington mit einer Reihe australischer und internationaler Modeschöpfer im Sortiment.

Praktische Informationen

INTERNETZUGANG

Die meisten Hotels und Hostels bieten ihren Gästen Internetzugang; der ist zwar immer häufiger kostenlos, aber in vielen Hostels und in Spitzenklassehotels muss man immer noch etwas dafür bezahlen. Kostenloses WLAN und reservierbare Computer findet man in den Bibliotheken.

MEDIZINISCHE VERSORGUNG

Kings Cross Clinic (02-9358 3066; www.kingscrossclinic.com.au; 13 Springfield Ave; Mo–Fr 9–18, Sa 10–13 Uhr; Kings Cross) Allgemein- und Reisemedizin.

St. Vincent's Hospital (02-8382 1111; www.stvincents.com.au; 390 Victoria St; Notaufnahme 24 Std.; Kings Cross)

Sydney Hospital (02-9382 7111; www.seslhd.health.nsw.gov.au/SHSEH; 8 Macquarie St; Notaufnahme 24 Std.; Martin Pl)

NOTFALL

Im Notfall erreicht man über 000 Polizei, Rettungswagen und Feuerwehr.

Lifeline (13 11 14; www.lifelinesydney.org; 24 Std.) Rund um die Uhr besetztes Krisentelefon, auch für Selbstmordgefährdete.

Polizeiwachen Eine durchsuchbare Liste aller Polizeiwachen in NSW findet man unter www.police.nsw.gov.au. Dort die Registerkarte „your police" auswählen

Rape Crisis Centre (1800 424 017; www.nswrapecrisis.com.au; 24 Std.) Rund um die Uhr besetztes Krisentelefon für Opfer sexueller Übergriffe.

TOURISTENINFORMATION

City Host Information Kiosk (www.cityofsydney.nsw.gov.au; George St) Town Hall; Circular Quay (Karte S. 56; Ecke Pitt & Alfred St; 9–17 Uhr; Circular Quay); Haymarket (Karte S. 59; Dixon St; 11–19 Uhr; Town Hall); Kings Cross (Karte S. 68; Ecke Darlinghurst Rd & Springfield Ave; 9–17 Uhr; Kings Cross) Das hilfreiche Personal versorgt einen mit Stadtplänen, Broschüren und Informationen.

Manly Visitor Information Centre (Karte S. 78; 02-9976 1430; www.manlyaustralia.com.au; Manly Wharf; Mo–Fr 10–14, Sa & So bis 16 Uhr; Manly) Hat kostenlose Faltblätter zum Manly Scenic Walkway und anderen Attraktionen in Manly.

Sydney Visitor Centres (02-8273 0000; www.sydneyvisitorcentre.com) The Rocks (Karte S. 56; 02-9240 8788; www.therocks.com; 1. OG, Ecke Argyle & Playfair St; 9.30–17.30 Uhr; Circular Quay); Darling Harbour (Karte S. 60; www.darlingharbour.com; Palm Grove, hinter dem IMAX-Kino; 9.30–17.30 Uhr; Town Hall) Beide Filialen des Visitor Centres haben ein großes Angebot an Broschüren und nehmen auch Buchungen von Unterkünften, Touren und Attraktionen vor.

ⓘ An- & Weiterreise

BUS

Fernverkehrsbusse kommen am **Sydney Coach Terminal** (Karte S. 67; 02-9281 9366; Eddy Ave; Mo–Fr 6–18, Sa & So 8–18 Uhr; Central) unterhalb der Central Station an. Die größeren Unternehmen mit den angefahrenen Zielen:

Firefly (Karte S. 56; 1300 730 740; www.fireflyexpress.com.au) Melbourne (ab 60 AU$, 12–14 Std., 2-mal tgl.) und Canberra (50 AU$, 4¼ Std., tgl.).

Greyhound (1300 473 946; www.greyhound.com.au) Melbourne (105 AU$, 12–14 Std., 2-mal tgl.), Canberra (ab 26 AU$, 4½ Std., 4-mal tgl.), Newcastle (30 AU$, 2¾ Std., 2-mal tgl.), Byron Bay (ab 95 AU$, 12–14 Std., 3-mal tgl.) und Brisbane (ab 105 AU$, 17 Std., 4-mal tgl.).

Murrays (13 22 51; www.murrays.com.au) Canberra (ab 26 AU$, 3½ Std., 14-mal tgl.).

Port Stephens Coaches (02-4982 2940; www.pscoaches.com.au) Port Stephens (39 AU$, 3 Std., tgl.).

Premier Motor Service (13 34 10; www.premierms.com.au) Melbourne (85 AU$, 17¾ Std., tgl.), Wollongong (18 AU$, 2 Std., 2-mal tgl.), Coffs Harbour (66 AU$, 8½ Std., tgl.), Byron Bay (92 AU$, 14 Std., tgl.) und Brisbane (95 AU$, 17½ Std., tgl.).

FLUGZEUG

Der auch als Kingsford Smith Airport bekannte Sydney Airport (S. 562) besteht aus separaten Terminals für internationale (T1) und Inlandsflüge (T2 und T3), die 4 km voneinander entfernt an beiden Seiten des Rollfelds liegen. In beiden Bereichen gibt es Gepäckaufbewahrungen, Geldautomaten, Wechselstuben und Schalter von Autovermietungen.

Im Folgenden die Fluglinien, die zu weiteren Zielen an der Ostküste fliegen:

Brindabella Airlines (1300 66 88 24; www.brindabellaairlines.com.au) Fliegt von/nach Newcastle.

Jetstar (13 15 38; www.jetstar.com.au) Fliegt von/nach Melbourne, Ballina, Brisbane, Hamilton Island, Townsville und Cairns sowie von/zur Gold Coast und Sunshine Coast.

Qantas (13 13 13; www.qantas.com.au) Fliegt von/nach Melbourne, Canberra, Port Macquarie, Coffs Harbour, Brisbane, Gladstone und Cairns sowie von/zur Gold Coast.

Regional Express (Rex; 13 17 13; www.rex.com.au) Fliegt von/nach Merimbula, Moruya, Newcastle, Taree, Ballina und Lismore.

Tigerair (02-8073 3421; www.tigerairways.com/au/en) Fliegt von/nach Melbourne, Coffs Harbour, Brisbane, Mackay und Cairns sowie von/zur Gold Coast.

Virgin Australia (📞 13 67 89; www.virginaustralia.com) Fliegt von/nach Melbourne, Canberra, Port Macquarie, Coffs Harbour, Ballina, Brisbane, Hervey Bay, Mackay, Hamilton Island, Townsville und Cairns sowie von/zur Gold Coast und Sunshine Coast.

ZUG

NSW TrainLink (📞 13 22 32; www.nswtrainlink.info) verbindet Sydneys Central Station u. a. mit Melbourne (111 AU$, 11 Std., 2-mal tgl.), Canberra (48 AU$, 4¼ Std., 2-mal tgl.), Coffs Harbour (81 AU$, 9 Std., 3-mal tgl.), Grafton (88 AU$, 10 Std., 3-mal tgl.) und Brisbane (111 AU$, 14½ Std., tgl.).

Sydneys Regionalbahnnetz wird von **Sydney Trains** (📞 13 15 00; www.sydneytrains.info) betrieben. Züge fahren regelmäßig zu Zielen in NSW, darunter nach Kiama (2½ Std.), Wollongong (1¾ Std.), Katoomba (2 Std.), Gosford (1½ Std.) und Newcastle (3 Std.); der Fahrpreis beträgt jeweils 8,40 AU$.

ⓘ Unterwegs vor Ort

AUTO & MOTORRAD

→ Wer kann, sollte im Zentrum von Sydney das Auto meiden: Es gibt ein verwirrendes Einbahnstraßensystem, Parkplätze sind selten und teuer (sogar bei Hotels), und es gibt jede Menge Parkscheinkontrolleure, Mautstraßen und Abschleppzonen. Andererseits ist ein Auto praktisch, um Sydneys Außenbezirke (insbesondere die Strände) erreichen zu können und Tagesausflüge zu unternehmen.

→ Alle großen internationalen Autovermieter haben Büros am Sydney Airport und an weiteren Standorten. Das städtische Zentrum für Mietautos ist die William St, Darlinghurst. Verlässliche örtliche Anbieter sind u. a. **Bayswater Car Rental** (📞 02-9360 3622; www.bayswatercarrental.com.au), der Billiganbieter **Ace Rentals** (📞 02-8338 1055; www.acerentalcars.com.au) und, für Wohnmobile, **Jucy Rentals** (📞 1800 150 850; www.jucy.com.au).

→ Auf den meisten Autobahnen und an wichtigen Verbindungen (darunter der Harbour Bridge, dem Harbour Tunnel, dem Cross City Tunnel und dem Eastern Distributor) wird eine deftige Maut verlangt. Diese wird elektronisch eingezogen. Traveller müssen sich dafür eine elektronische Marke (eTag) oder einen Besucherpass über eine der folgenden Websites besorgen: www.roam.com.au, www.roamexpress.com.au oder www.myetoll.com.au. Einige Autovermietungen stellen inzwischen auch eTags bereit.

VOM/ZUM FLUGHAFEN

Taxi Für eine Taxifahrt zum Circular Quay muss man mit 50 AU$ rechnen.

Shuttle Airportshuttles fahren zu den Hotels und Hostels im Stadtzentrum, manche auch zu den umliegenden Vor- und Strandorten. Zu den Anbietern gehören **Sydney Airporter** (📞 02-9666 9988; www.kst.com.au; Erw./Kind 15/10 AU$), **Super Shuttle** (📞 02-9697 2322; www.signaturelimousinessydney.com.au; zu den Airporthotels 6 AU$), **Airport Shuttle North** (📞 1300 505 100; www.airportshuttlenorth.com; nach Manly 41/51/61 AU$ für 1/2/3 Pers.) und **Manly Express** (📞 02-8068 8473; www.manlyexpress.com.au; nach Manly 35/50/60 AU$ für 1/2/3 Pers.).

Zug Airport Link (www.airportlink.com.au; ins Stadtzentrum 17 AU$; ⏰ 5–24 Uhr) betreibt von den Terminals für Auslands- und Inlandsflüge Züge, die Anschluss an das Hauptzugnetz haben. Die Züge fahren häufig (alle 10 Min.) und sind schnell (13 Min. bis Central Station) sowie leicht zu benutzen, aber die Tickets sind ziemlich überteuert. Wer zu mehreren unterwegs ist, fährt mit einem Taxi billiger.

Bus Die günstigste Option zur Bondi Junction ist der Bus 400 (4,60 AU$, 1¼ Std.).

ÖFFENTLICHE VERKEHRSMITTEL

Die Einwohner von Sydney beklagen sich gern über das Netz öffentlicher Verkehrsmittel, doch als Besucher stellt man fest, dass man leicht damit zurechtkommt. Rückgrat des Netzes sind die Züge, deren Linien von der Central Station ausstrahlen. Fähren fahren überall am Hafen und den Fluss hinauf bis Parramatta, die Straßenbahnen sind nützlich für Pyrmont und Glebe und die Busse bieten sich vor allem für Fahrten zu den Stränden an.

Bus

Sydney Buses (📞 131 500; www.sydneybuses.info) betreibt das örtliche Busnetz. Die Linienbusse fahren zwischen 5 und 24 Uhr, danach sind die NightRide-Busse unterwegs. Buslinien mit einem X sind Expressbusse, die nur an ausgewählten Haltestellen halten, Busse mit einem L normale Busse, für die dasselbe gilt.

Verkehrszentren (Transport Shops), in denen man Fahrkarten und Streckeninformationen erhält, befinden sich am **Circular Quay** (Karte S. 56; Ecke Alfred St & Loftus St; ⏰ Mo–Fr 7–19, Sa & So 8.30–17 Uhr), am **Wynyard Park** (Karte S. 56; Carrington St; ⏰ Mo–Fr 7–19 Uhr; 🚇 Wynyard), im **Queen Victoria Building** (Karte S. 56; York St; ⏰ Mo–Fr 7–19 Uhr) und am **Railway Square** (Karte S. 67; Ecke George St & Lee St; ⏰ Mo–Fr 7–19 Uhr). Tickets bekommt man auch in Zeitungs- und Gemischtwarenläden sowie in Supermärkten überall in der Stadt.

Der Fahrpreis hängt von der Zahl der „Sektoren" ab, die man durchquert; die Tickets kosten zwischen 2,20 und 4,60 AU$. Man zahlt das Ticket beim Fahrer (möglichst passend zahlen) oder stempelt das zuvor gekaufte Ticket in den grünen Automaten ab. Am besten kauft man die Fahrscheine vorab, da immer mehr Linien kein

VERKEHRSVERBUNDKARTEN

Alle staatlichen und viele private Transportunternehmen im Bundesstaat sind unter dem Dach von **NSW Transport** (131 500; www.131500.com.au) vereint. Auf der Website findet sich ein ausgezeichneter Reiseplaner, in den man einfach nur die Reisedaten eingibt und dann die vorhandenen Optionen angezeigt bekommt.

Das Smart-Card-System **Opal** (www.opal.com.au) wird schrittweise auf die verschiedenen öffentlichen Verkehrsmittel ausgeweitet. Man lädt die Karte mit Geld auf und führt sie zu Beginn und Ende der jeweiligen Fahrt in das elektronische Lesegerät ein. Mit der Karte sind Einzelfahrten etwas billiger und die Kosten pro Tag sind bei 15 AU$ (So 2,50 AU$) gedeckelt.

MyMulti-Pässe erlauben die unbegrenzte Nutzung von Zügen (abgesehen von den Flughafenstationen), Straßenbahnen, Bussen und staatlichen Fähren. Diese Karten sind an den Schaltern für Bus-, Fähr- und Zugfahrkarten sowie in vielen Zeitungs- und Gemischtwarenläden erhältlich. Angeboten werden u. a. folgende Optionen:

- **MyMulti DayPass** (21 AU$) Deckt das gesamte Netz ab.
- **MyMulti1** (44/168 AU$ pro Woche/Monat) Umfasst alle Busse, Straßenbahnen und Fähren, aber nur die Züge der Zone 1. Für die meisten Traveller ist dies die beste Option.
- **MyMulti2** (52/199 AU$ pro Woche/Monat) Wie oben, aber erweitert um Züge zu Haltepunkten wie Olympic Park und Parramatta.
- **MyMulti3** (61/238 AU$ pro Woche/Monat) Wie oben, aber erweitert um Züge nach Cronulla, in die Blue Mountains und zu den Bahnhöfen am Rand des Royal National Park.
- **Family Funday Sunday** Reisegruppen aus Verwandten mit mindestens einem Erwachsenen und einem Kind können sonntags das gesamte Netz für einen Tagespreis von 2,50 AU$ pro Person nutzen.

Bargeld mehr annehmen. Wenn man viel mit dem Bus fährt (aber nicht mit Zügen oder Fähren), lohnt sich der Kauf einer 10-Fahrten-Karte (TravelTen Ticket; 18/29/37 AU$ für 1–2/3–5/ mehr als 6 Sektoren).

Die Linie 555 ist kostenlos; die Busse fahren auf der George St zwischen Circular Quay und Central Station.

Fähre

Die meisten Fähren von **Sydney Ferries** (131 500; www.sydneyferries.info) fahren zwischen 6 und 24 Uhr. Die normale Einzelfahrt zu den meisten Zielen am Hafen kostet 5,80 AU$; Fahrten nach Manly, zum Sydney Olympic Park und nach Parramatta kosten 7,20 AU$. Wenn man in der Nähe einer Fähranlegestelle wohnt und nicht glaubt, Busse oder Züge viel zu nutzen, kann sich der Kauf einer 10-Fahrten-Karte (MyFerryTen Ticket; 47 AU$) lohnen. Wer mit der Fähre zum Taronga Zoo fährt, kann den ZooPass für Fähre und Zooeintritt kaufen (Erw./Kind 52/26 AU$).

Die Schnellfähren von **Manly Fast Ferry** (02-9583 1199; www.manlyfastferry.com.au; Erw./Kind 9/6 AU$) und **Sydney Fast Ferries** (02-9818 6000; www.sydneyfastferries.com.au; Erw./Kind 9,50/5,50 AU$) sausen vom Circular Quay in 18 Minuten nach Manly.

Straßenbahn

Metro Light Rail (MLR; 131 500; www.131500.com.au; Zone 1 3,50 AU$, 1&2 4,50 AU$) fährt zwischen 6 und 23 Uhr alle 10 bis 15 Minuten von Central nach Lilyfield (über Chinatown, Darling Harbour, Pyrmont und Glebe). Rund um die Uhr bedient wird die Strecke von Central bis Star City, nachts fahren die Züge dort alle 30 Minuten.

Zug

Sydney bietet ein großes Netz von recht häufig fahrenden Vorortbahnen, allerdings nicht zu den Stränden im Norden und Osten. Die Züge fahren ungefähr von 5 bis 1 Uhr – man sollte sich den Fahrplan der Linie anschauen, die man braucht. Ein kurze innerstädtische Fahrt mit Sydney Trains (S. 106) kostet 3,60 AU$ (einfache Strecke). Das Ticket kauft man vorab am Automaten oder Schalter im Bahnhof. An den Wochenenden und werktags ab 9 Uhr bekommt man Tickets für die Hin- und Rückfahrt außerhalb der Berufszeit zu einem Preis, der nur wenig über dem normalen Fahrpreis für die einfache Strecke liegt.

SCHIFF/FÄHRE

Wassertaxis bringen einen besonders schnell im Hafen herum (vom Circular Quay nach Watsons Bay in nur 15 Min.). Die Unternehmen laufen jeden beliebigen Punkt am Hafen und am Fluss an, auch private Anlegestellen, Inseln und andere Schiffe.

Aussie Water Taxis (Karte S. 60; 02-9211 7730; www.aussiewatertaxis.com; Cockle Bay Wharf) Das kleinste Boot hat 16 Plätze. Die Boote können stundenweise oder für Zielfahrten gemietet werden. Von Darling Harbour gelten Rabattpreise pro Person, z. B. zum Circular Quay 15 AU$, zum Luna Park 15 AU$, zum Fish Market 20 AU$ und zum Taronga Zoo 25 AU$.

H2O Taxis (1300 426 829; www.h2owatertaxis.com.au) Die Fahrt kostet für bis zu acht Personen vom Circular Quay nach Fort Denison 80 AU$, zur Cockatoo Island 90 AU$.

Water Taxis Combined (02-9555 8888; www.watertaxis.com.au) Die Fahrpreise gelten für bis zu vier Passagiere, weitere Passagiere zahlen 10 AU$ pro Person. Ausgewählte Preise vom Circular Quay: nach Watsons Bay 110 AU$, nach Rose Bay 105 AU$, von Mosman nach Woolloomooloo 80 AU$. Bei Anmietung nach Zeit liegt der Preis bei 200 AU$ pro 30 Minuten für bis zu 16 Personen.

Yellow Water Taxis (02-9299 0199; www.yellowwatertaxis.com.au) Der Preis gilt für bis zu vier Personen, weitere Passagiere zahlen pro Person 10 AU$. Ausgewählte Preise vom King Street Wharf: zum Circular Quay und nach Fort Denison 83 AU$, zum Taronga Zoo 105 AU$, nach Cockatoo Island 121 AU$, nach Watsons Bay 127 AU$.

TAXI

Taxis mit Taxameter kann man in der City und in den inneren Vorstädten problemlos heranwinken, abgesehen von der Zeit des Fahrerwechsels (15 & 3 Uhr). Der Grundpreis beträgt 3,50 AU$, pro Kilometer werden 2,14 AU$ fällig. Zwischen 22 und 6 Uhr gilt ein Aufschlag von 20 %. Weitere Aufschläge gelten bei Reservierung (2,40 AU$) und Mautgebühren. Weitere Informationen zu Sydneys Taxis finden sich unter www.nswtaxi.org.au.

Große, verlässliche Taiunternehmen:

Legion Cabs (13 14 51; www.legioncabs.com.au)

Premier Cabs (13 10 17; www.premiercabs.com.au)

RSL Cabs (02-9581 1111; www.rslcabs.com.au)

Taxis Combined (13 33 00; www.taxiscombined.com.au)

BLUE MOUNTAINS

75 700 EW.

Als Region mit außergewöhnlich vielen Naturschönheiten waren die Blue Mountains eine naheliegende Wahl für den Rang einer UNESCO-Welterbestätte. Der schieferfarbene Nebelschleier, dem die Berge ihren Namen verdanken, stammt von dem feinen öligen Dunst, den die gewaltigen Eukalyptusbäume verströmen, die mit ihrem dichten Blätterdach die tiefen, oft unzugänglichen Täler und ausgeprägten Sandsteinfelsen bedecken.

Die Ausläufer der Berge beginnen 65 km landeinwärts von Sydney und steigen dann zu einem 1100 m hohen Sandsteinplateau an, das von Tälern durchzogen ist, die durch jahrtausendelange Erosion entstanden sind. In der Region gibt es acht zusammenhängende Schutzgebiete, darunter den **Blue Mountains National Park** (www.nationalparks.nsw.gov.au/Blue-Mountains-National-Park) mit fantastischen Wandermöglichkeiten, Felsritzungen der Aborigines und Schluchten und Klippen in Hülle und Fülle. Nördlich der Bells Line of Rd erstreckt sich der **Wollemi National Park** (www.nationalparks.nsw.gov.au/Wollemi-National-Park), das größte bewaldete Naturgebiet in NSW, bis zum Hunter Valley.

Es ist zwar möglich, die Blue Mountains von Sydney aus im Rahmen eines Tagesausflugs zu besuchen, man sollte aber besser mindestens eine Übernachtung einlegen, um ein paar Ortschaften zu erkunden, mindestens eine Wanderung zu unternehmen und das eine oder andere der ausgezeichneten Restaurants kennenzulernen. In den Hügeln kann es das ganze Jahr über verhältnismäßig kühl sein, daher unbedingt warme Kleidung mitbringen!

⊙ Sehenswertes

⊙ Glenbrook

Von Sydney kommend erreicht man das bescheidene Glenbrook als erste Ortschaft in den Blue Mountains. Von hier aus gelangt man mit dem Auto oder als Wanderer in die tiefer liegenden Bereiche des Nationalparks – den einzigen Teil des Parks, für den eine Einfahrtsgebühr für Autos erhoben wird (7 AU$). 6 km hinter dem Parkeingang liegt der **Mt. Portal Lookout**, von dem aus man einem herrlichen Panoramablick in die Glenbrook Gorge, über den Nepean River und zurück auf Sydney hat.

Red Hands Cave ARCHÄOLOGISCHE STÄTTE
Diese Aborigines-Stätte ist eigentlich keine echte Höhle, sondern eher eine Nische, in der die Ureinwohner einst Schutz suchten. Die Wände sind mit Handabdrücken verziert, die zwischen 500 und 1600 Jahren alt sind. Vom Glenbrook Visitor Centre (S. 114) führt ein leichter Wanderweg (hin & zurück 7 km) Richtung Südwesten zu dieser Stätte.

Blue Mountains

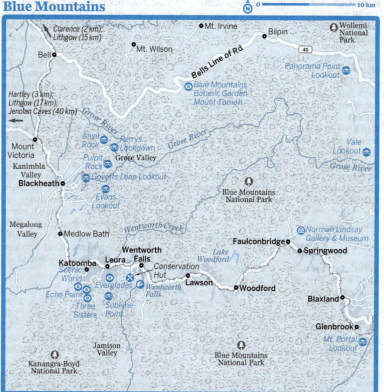

Wentworth Falls

In Wentworth Falls erlebt man einen ersten wirklichen Vorgeschmack der Landschaft der Blue Mountains: In Richtung Süden eröffnet sich ein Blick über das majestätische Jamison Valley.

Falls Reserve WASSERFALL, PARK

Der Wasserfall, dem der Ort seinen Namen verdankt, stürzt in Schwaden schimmernder Tropfen 300 m in die Tiefe. Der Wasserfall ist der Ausgangspunkt eines Netzes von Wanderwegen, die in das herrliche **Valley of the Waters** mit seinen Wasserfällen, Schluchten, Baumsavannen und Regenwäldern führen.

Leura

Leura ist die hübscheste Ortschaft in den Blue Mountains. An den gewundenen Straßen liegen gepflegte Gärten und Häuser mit weit ausladenden viktorianischen Veranden. An der Leura Mall, der von Bäumen gesäumten Hauptstraße, gibt es reihenweise Läden mit ländlichem Kunsthandwerk und Cafés für die täglich strömenden Touristenmassen.

Sublime Point AUSSICHTSPUNKT

(Sublime Point Rd) Südlich von Leura verengt sich ein senkrecht abfallender, dreieckiger Felsvorsprung bis zu diesem dramatischen Aussichtspunkt mit nackten Felsklippen zu beiden Seiten. Wir finden diese Stelle schöner als den berühmteren Echo Point in Katoomba, vor allem, weil es hier wesentlich ruhiger ist. An sonnigen Tagen tanzen die Wolkenschatten über das unten liegende, weite, blaue Tal.

Everglades GARTEN

(02-4784 1938; www.everglades.org.au; 37 Everglades Ave; Erw./Kind 10/4 AU$; 10–16 Uhr) Das vom National Trust verwaltete Haus wurde in den 1930er-Jahren erbaut. Das Gebäude ist durchaus interessant, aber das eigentliche Highlight ist der prächtige Garten, der von dem dänischen Landschaftsarchitekten Paul Sorenson angelegt wurde.

Leuralla NSW Toy & Railway Museum
MUSEUM, GARTEN

(02-4784 1169; www.toyandrailwaymuseum.com.au; 36 Olympian Pde; Erw./Kind 14/6 AU$, Eintritt nur zum Garten 10/5 AU$; 10–17 Uhr) Die Art-déco-Villa war früher der Wohnsitz von Herbert Vere „Doc" Evatt, dem ersten Präsidenten der UN-Generalversammlung. Das Haus ist vollgestopft mit einer unglaublichen Menge an Sammlerstücken – von muffigen edwardianischen Babypuppen über *Dr.-Who*-Figuren bis hin zu einem Satz seltenen Nazi-Propaganda-Spielzeugs. Eisenbahnmemorabilien stehen verstreut in dem hübschen Garten.

Katoomba

Wirbelnder, geheimnisvoller Nebel, steile Straßen mit Art-déco-Gebäuden, wundervolle Ausblicke ins Tal, Restaurants, Straßenmusikanten, Künstler, Obdachlose, derbe Kneipen und Hotels mit Klasse – Katoomba, der größte Ort und Verwaltungssitz der City of Blue Mountains ist zugleich bürgerlich und unkonventionell, einladend und bedrohlich.

Echo Point
AUSSICHTSPUNKT

(Echo Point Rd) Die Aussichtsplattform auf der Felsspitze des Echo Point ist der meistbesuchte Ort in den Blue Mountains, weil man von dort aus direkt auf die größte Sehenswürdigkeit der Region blickt: das Felstrio der **Three Sisters**. Nach einer Legende wurden die Schwestern von einem Zauberer zu Stein verwandelt, der sie damit vor den unerwünschten Zudringlichkeiten dreier junger Männer schützen wollte. Der Zauberer sei dann aber gestorben, ehe er sie wieder in Menschen zurückverwandeln konnte.

Warnung: Der Echo Point lockt große Mengen von Touristen an, die alle Beschaulichkeit zerstören und deren Busse mit ihren Abgasen die Gebirgsluft verpesten – um dem zu entgehen, sollte man früh am Morgen oder spät kommen. Die umliegenden Parkplätze sind teuer (4,40 AU$/Std.), man parkt am besten ein paar Straßen weiter und läuft den Rest.

Waradah Aboriginal Centre
KULTURZENTRUM

(www.waradahaboriginalcentre.com.au; 33-37 Echo Point Rd; Vorstellung Erw./Kind 12/7 AU$; 9–17 Uhr) Die in an der World Heritage Plaza gelegene Galerie mit Laden zeigt neben Touristenkram wie angemalten Bumerangs und Didgeridoos auch einige außergewöhnliche Beispiele von Aborigines-Kunst. Die Hauptattraktion sind jedoch die ganztägig stattfindenden 15-minütigen Vorstellungen, die eine interessante, humorvolle Einführung in die indigene Kultur vermitteln.

Scenic World
SEILBAHN

(02-4780 0200; www.scenicworld.com.au; Ecke Violet St & Cliff Dr; Erw./Kind 35/18 AU$; 9–17 Uhr) Die mit einem Glasboden ausgestattete Skyway-Gondel bringt einen über die Schlucht. Von dort geht es mit der nach eigener Aussage „steilsten Eisenbahn der Welt" (Gefälle 52°) hinunter auf den Boden des Jamison Valley. Hier kann man auf einem 2,5 km langen Plankenweg durch den Wald laufen oder zur Felsformation Ruined Castle (hin & zurück 12 km bzw. 6 Std.) wandern, ehe es mit der Seilbahn wieder hinauf auf den Hang geht.

Blue Mountains Cultural Centre
GALERIE

(www.bluemountainsculturalcentre.com.au; 30 Parke St; Erw./Kind 5 AU$/frei; 10–17 Uhr;) Fesselnd ist die Welterbe-Ausstellung: unter den Füßen ein Satellitenbild der Blue Mountains, an den Wänden und an der Decke projizierte Bilder der Gebirgslandschaft und rund um einen herum die Töne des Buschs. In der anschließenden Galerie werden interessante Ausstellungen gezeigt, und von der Dachterrasse hat man einen tollen Ausblick. In der Bibliothek des Zentrums gibt es kostenlosen Internetzugang.

Paragon
BAUDENKMAL

(65 Katoomba St; So-Do 11–15.30, Fr 11–21.30, Sa 10–22.30 Uhr) Das denkmalgeschützte Café von 1916 gehört nicht zu den besseren Restaurants in Katoomba, lohnt aber einem Blick wegen dem sagenhaften Dekor aus der Entstehungszeit, und auch die hausgemachten Pralinen sind ziemlich gut. Unbedingt sehenswert ist die verspiegelte Cocktailbar hinten, die gut und gern ein Schauplatz des Films *Der große Gatsby* sein könnte.

Blackheath

Die Massen und der Kommerz nehmen 10 km nördlich von Katoomba im gepflegten, kleinen Blackheath deutlich ab. Der Ort hat aber landschaftlich viel zu bieten und ist ein ausgezeichneter Ausgangspunkt für

ABSTECHER

BELLS LINE OF ROAD

Der Straßenabschnitt zwischen North Richmond und Lithgow ist die malerischste Route durch die Blue Mountains und sehr zu empfehlen, wenn man mit einem eigenen Verkehrsmittel unterwegs ist. Die Straße ist weit ruhiger als der Highway und bietet eine wunderbare Aussicht.

Bilpin, am Fuß der Berge, ist für seine Apfelhaine bekannt. Wer mittags oder abends hier durchkommt, sollte einen Abstecher zur **Apple Bar** (☎ 02-4567 0335; www.applebar.com.au; 2488 Bells Line of Rd; Hauptgerichte 25–33 AU$; ◉ Mo 12–15, Fr–So 12–15 & 18–22 Uhr) machen, einem cool aussehenden Lokal, das Cider aus der Region und ausgezeichnete Pizzas und Speisen aus dem Holzofen serviert. In der Bezirkshalle findet jeden Samstag von 10 bis 12 Uhr der Bilpin-Markt statt.

Auf halber Strecke zwischen Bilpin und Bell liegt der **Blue Mountains Botanic Garden Mount Tomah** (☎ 02-4567 3000; www.rbgsyd.nsw.gov.au; ◉ 9.30–17.30 Uhr) GRATIS, eine Filiale der Royal Botanic Gardens in Sydney für Pflanzen aus kühl-gemäßigtem Klima. Hier drängen sich einheimische an exotische Arten, darunter prachtvolle Rhododendren.

Aus dem Stadtzentrum von Sydney erreicht man die Bells Line über die Harbour Bridge und dann die M2 und M7 (beide mautpflichtig). Man nimmt die Ausfahrt zur Richmond Rd, die dann zur Blacktown Rd, zur Lennox Rd und (nach einer kurzen, eng zulaufenden Kurve) zur Kurrajong Rd und schließlich zur Bells Line of Road wird.

Vorstöße in das Grose Valley und das Megalong Valley. Östlich vom Ort befinden sich der **Evans Lookout** (um hinzukommen, gleich südlich von Blackheath die Ausfahrt vom Hwy nehmen) und der **Govetts Leap Lookout**, von dem aus man einen Blick auf die höchsten Wasserfälle in den Blue Mountains werfen kann. Nordöstlich vom Ort, zu erreichen über die Hat Hill Rd, liegen der **Pulpit Rock**, der **Perrys Lookdown** sowie der **Anvil Rock** und westlich und südwestlich das Kanimbla bzw. das Megalong Valley mit spektakulärem Ausblick vom **Hargraves Lookout**.

Aktivitäten

Bushwalking

Tipps zu Wanderstrecken, die dem eigenen Erfahrungs- und Fitness-Niveau entsprechen, erhält man im Blue Mountains Heritage Centre des NPWS in Blackheath sowie bei den Informationszentren in Glenbrook und Katoomba. Die drei Zentren verkaufen diverse Wanderkarten und Broschüren und Bücher rund ums Wandern.

Achtung: Der Busch ist hier dicht und man kann sich leicht verlaufen – manch einer ist deswegen schon zu Tode gekommen. Man sollte stets seinen Namen mit Angabe der geplanten Wanderung bei der Polizei in Katoomba oder im NPWS-Zentrum hinterlassen. Bei der Polizei, dem NPWS und den Informationszentren erhält man kostenlos persönliche Ortungsgeräte. Insbesondere bei längeren Wanderungen sollte man sie unbedingt mitnehmen. Unverzichtbar sind außerdem reichliche Nahrungsmittel und ein Vorrat an sauberem Trinkwasser.

Die beiden beliebtesten Gebiete für Wanderungen im Busch sind das Jamison Valley südlich von Katoomba und das Grose Valley nordöstlich von Katoomba und östlich von Blackheath. Der **Golden Stairs Walk** (Glenraphael Dr, Katoomba) ist ein weniger überlaufener Weg zum Ruined Castle als jener, der von Scenic World ausgeht. Von Scenic World fährt man auf dem Cliff Dr weiter und biegt nach 1 km links in den Glenraphael Dr ab, der nach kurzer Zeit rau und unbefestigt wird. Nach ein paar Kilometern sieht man dann links die Ausschilderung zum Golden Stairs Walk, einem steilen, anregenden Weg hinunter ins Tal (ca. 8 km, hin & zurück 5 Std.).

Eine der lohnendsten Fernwanderungen ist der 45 km lange, drei Tage dauernde **Six Foot Track** von Katoomba durch das Megalong Valley zum Cox's River und weiter zu den Jenolan Caves. An der Strecke gibt es Campingmöglichkeiten.

Radfahren

Die Berge sind auch ein sehr beliebtes Ziel für Radfahrer, und viele nehmen ihre Räder mit dem Zug bis nach Woodford, von wo es dann in zwei bis drei Stunden bergab bis nach Glenbrook geht. Radkarten gibt's in den Visitor Centres.

Abenteuersport & geführte Touren

Blue Mountains Adventure Company ABENTEUERSPORT
(☎ 02-4782 1271; www.bmac.com.au; 84a Bathurst Rd, Katoomba; ⊙8–19 Uhr) Abseilen gibt's ab 150 AU$, die Kombination aus Abseilen und Canyoning ab 195 AU$, Canyoning ab 195 AU$, Bushwalking ab 150 AU$ und Klettertouren ab 195 AU$.

River Deep Mountain High ABENTEUERSPORT
(☎ 02-4782 6109; www.rdmh.com.au; 2/187 Katoomba St, Katoomba) Angeboten werden Abseil- (ab 130 AU$), Canyoning- (ab 150 AU$) und kombinierte Canyoning- und Abseiltouren (180 AU$), außerdem Wanderungen, Mountainbike- und Geländewagentouren.

Australian School of Mountaineering ABENTEUERSPORT
(☎ 02-4782 2014; www.asmguides.com; 166 Katoomba St, Katoomba) Abseilen/Canyoning/ Überlebenstraining/Klettern ab 165/180/ 195/195 AU$.

High 'n' Wild Mountain Adventures ABENTEUERSPORT
(☎ 02-4782 6224; www.highandwild.com.au; 3/5 Katoomba St, Katoomba) Geführtes Abseilen/ Klettern/Canyoning ab 125/159/180 AU$.

Tread Lightly Eco Tours WANDERTOUR
(☎ 02-4788 1229; www.treadlightly.com.au) Bietet eine große Auswahl an Tages- und Nachtwanderungen (65–135 AU$) mit Schwerpunkt auf der Ökologie der Region.

Blue Mountains Walkabout KULTUR
(☎ 0408 443 822; www.bluemountainswalkabout. com; Tour 95 AU$) Das indigene Unternehmen bietet ganztägige, von Indigenen geführte Wanderungen rund um ein spirituelles Thema. Start ist am Bahnhof Faulconbridge, das Ziel am Bahnhof Springwood.

Feste & Events

Yulefest FESTIVAL
(www.yulefest.com) Eine Art aus der Zeit gefallenes Weihnachtsfest zwischen Juni und August.

Winter Magic Festival FEST
(www.wintermagic.com.au) Bei dem eintägigen Fest zur Wintersonnenwende im Juni füllen Marktstände, kostümierte Einheimische und Schausteller die Hauptstraße von Katoomba.

Leura Gardens Festival GARTENFEST
(www.leuragardensfestival.com; alle Gärten 20 AU$, einzelner Garten 5 AU$) Floristisch interessierte Touristen strömen im Oktober nach Leura, wenn zehn private Gärten ihre Tore für die Öffentlichkeit öffnen.

Schlafen

Es gibt eine gute Auswahl von Unterkünften in den Blue Mountains, aber im Winter und ganzjährig an den Wochenenden muss man unbedingt vorab reservieren (die Sydneyer fahren gern für ein romantisches Wochenende hierher). Wer Romantik sucht, ist im grünen Leura am besten aufgehoben, Blackheath ist eine gute Basis für Wanderungen. Beide Orte sind eine bessere Option als das ausgebaute Katoomba, wo es allerdings ausgezeichnete Hostels gibt.

Leura

★ Broomelea B&B $$
(☎ 02-4784 2940; www.broomelea.com.au; 273 Leura Mall; Zi. 175–195 AU$; @ 🖥) Als perfektromantisches B&B in den Blue Mountains bietet das schöne edwardianische Haus freistehende Betten, gepflegte Gartenanlagen, Korbmöbel auf der Veranda, ein offenes Kaminfeuer und eine behagliche Lounge. Es gibt auch ein in sich abgeschlossenes Cottage für Familien.

Greens of Leura B&B $$
(☎ 02-4784 3241; www.thegreensleura.com.au; 24-26 Grose St; EZ/DZ ab 145/165 AU$; @ 🖥) In einer ruhigen Parallelstraße zur Mall liegt, umgeben von einem netten Garten, dieses hübsche, aus Holz gefertigte Haus. Es gibt fünf Zimmer, die nach englischen Schriftstellern benannt (Browning, Austen etc.) und individuell eingerichtet sind. Einige haben ein Himmelbett und einen Whirlpool.

Katoomba

★ Blue Mountains YHA HOSTEL $
(☎ 02-4782 1416; www.yha.com.au; 207 Katoomba St; B 30 AU$, DZ mit/ohne Bad 112/99 AU$; @ 🖥) Hinter der nüchternen Backsteinfassade des beliebten 200-Betten-Hostels verbergen sich bequeme, helle und makellos saubere Schlafsäle und Familienzimmer. Am Einrichtungen gibt es u. a. eine Lounge (mit offenem Kaminfeuer), einen Billardtisch, eine wunderbare Gemeinschaftsküche und draußen eine Freifläche mit Grillstellen.

No 14 HOSTEL $
(☎ 02-4782 7104; www.no14.com.au; 14 Lovel St; B 28 AU$, Zi. mit/ohne Bad 85/75 AU$; @ 🖥) Das an

ein lustiges Gemeinschaftshaus erinnernde kleine Hostel hat eine freundliche Atmosphäre und hilfsbereite Betreiber. Es gibt keine TVs, also unterhalten sich die Gäste auch mal miteinander. Im Preis enthalten sind ein einfaches Frühstück und der Internetzugang.

Flying Fox   HOSTEL $
(02-4782 4226; www.theflyingfox.com.au; 190 Bathurst Rd; Stellplatz 20 AU$/Pers., B 29–32 AU$, Zi. 88 AU$; 🛜) Die Betreiber sind begeisterte Traveller und haben sich bemüht, ihrem bescheidenen Hostel eine anheimelnde Atmosphäre zu geben. Hier gibt's keine Partyszene, sondern nur Glühwein und Tim Tams in der Lounge, kostenloses Frühstück und einen Pasta-Abend pro Woche.

Shelton-Lea   B&B $$
(02-4782 9883; www.sheltonlea.com; 159 Lurline St; Zi. 140–210 AU$; 🛜) Das gemütliche Berghaus wurde umgebaut, um drei Schlafzimmer, jeweils mit eigenem Sitzbereich und Einbauküche, darin unterzubringen. Das Dekor besteht aus rüschigen Möbeln und einem Hauch Art déco.

Lilianfels   HOTEL $$$
(02-4780 1200; www.lilianfels.com.au; Lilianfels Ave; Zi. ab 269 AU$; ❄@🛜≋) Das Luxusresort liegt gleich neben dem Echo Point und hat eine herrliche Aussicht. Die Anlage umfasst 85 Gästezimmer, das Spitzenrestaurant der Region (Darley's; 3-Gänge-Menü 125 AU$) und viele beeindruckende Extras, z. B. Spa, beheiztes Hallenbad und Freiluftbecken, einen Tennisplatz, ein Billard-/Spielzimmer, eine Bibliothek und einen Fitnessraum.

🍴 Essen & Ausgehen

🍴 Wentworth Falls

Nineteen23   MODERN-AUSTRALISCH $$$
(02-4757 3311; www.nineteen23.com.au; 1 Lake St; 5-/7-Gänge-Menü 55/70 AU$; ⊙ Do & Fr 18–22, Sa & So 12–15 & 18–22 Uhr) Der elegante Speisesaal im Stil der 1920er-Jahre ist besonders bei Paaren beliebt, die sich bei den langen Verkostungsmenüs verlieben in die Augen sehen. Das Essen ist nicht besonders experimentell, aber perfekt zubereitet und sehr schmackhaft.

🍴 Leura

Leura Garage   MEDITERRAN $$
(02-4784 3391; www.leuragarage.com.au; 84 Railway Pde; Hauptgerichte mittags 17–28 AU$, Teller zum Teilen 13–33 AU$; ⊙ Do–Mo 12 Uhr–Open End) Dass die hippe Cafébar früher eine Autowerkstatt war, daran lassen die aufgehängten Schalldämpfer und die Stapel alter Autoreifen keinen Zweifel. Abends schaltet die Speisekarte auf rustikale Gerichte zum Teilen um, die auf Holzscheiben serviert werden, z. B. Gourmet-Pizzen mit delikatem Belag.

Cafe Madeleine   CAFÉ $$
(www.josophans.com.au; 187a Leura Mall; Hauptgerichte 12–18 AU$; ⊙ 9–17 Uhr) Das zu einem Schokoladengeschäft gehörende Café zeichnet sich durch süße Leckereien wie in Schokolade getränkten Waffeln, Kuchen und heiße Schokolade aus. Aber das Eierfrühstück und die französisch inspirierten herzhaften Gerichte sind ebenfalls ausgezeichnet.

Silk's Brasserie   MODERN-AUSTRALISCH $$$
(02-4784 2534; www.silksleura.com; 128 Leura Mall; Hauptgerichte mittags 24–39 AU$, abends 35–39 AU$; ⊙ 12–15 & 18–22 Uhr) Ein freundliches Willkommen erwartet einen in Leuras alteingesessenem, feinen Speiselokal. Trotz des modernen Anstrichs ist der Laden eigentlich eine Brasserie, d.h. die Portionen sind groß und gut gewürzt. Für die dekadenten Desserts sollte man etwas Platz lassen.

Alexandra Hotel   PUB
(www.alexandrahotel.com.au; 62 Great Western Hwy) Das Alex ist ein echtes Schmuckstück von einem alten Pub. Man kann mit den Einheimischen Billard spielen und am Wochenende DJs und Livebands lauschen.

🍴 Katoomba

Sanwiye Korean Cafe   KOREANISCH $
(0405 402 130; 177 Katoomba St; Hauptgerichte 10–16 AU$; ⊙ Di–So 11–21.30 Uhr) Aus dem Meer überteuerter Mittelmäßigkeit, die die Restaurants von Katoomba anbieten, sticht das winzige Lokal durch frisches und schmackhaftes Essen heraus, das die koreanischen Betreiber mit Liebe zubereiten.

Fresh   CAFÉ $
(www.freshcafe.com.au; 181 Katoomba St; Hauptgerichte 9–18 AU$; ⊙ 8–17 Uhr; 🌱) 🍃 Der von der Rainforest Alliance zertifizierte Kaffee aus fairem Handel, den das winzige Café serviert, hat für eine treue Stammkundschaft gesorgt. Beliebt sind auch die ganztägig angebotenen, ausgezeichneten Frühstücksgerichte.

True to the Bean
CAFÉ $

(123 Katoomba St; Waffeln 3–6 AU$; ⊙ 7–16 Uhr; 🛜) Die Sydneyer Leidenschaft für Kaffee von einer Plantage ist mit dieser winzigen Espressobar bis an die Hauptstraße von Katoomba gelangt. Zu Essen gibt's hier nur Müsli, Waffeln und dergleichen.

❶ Praktische Informationen

Blue Mountains Heritage Centre (📞 02-4787 8877; www.nationalparks.nsw.gov.au/Blue -Mountains-National-Park; Ende der Govetts Leap Rd, Blackheath; ⊙ 9–16.30 Uhr) Dies ist das sehr hilfreiche, offizielle NPWS-Besucherzentrum.

Glenbrook Information Centre (📞 1300 653 408; www.bluemountainscitytourism.com.au; Great Western Hwy; ⊙ 8.30–16 Uhr)

Echo Point Visitors Centre (📞 1300 653 408; www.visitbluemountains.com.au; Echo Point, Katoomba; ⊙ 9–17 Uhr) Ein recht großes Besucherzentrum, dessen Personal sehr engagiert ist.

❶ Anreise & Unterwegs vor Ort

Wer mit dem Auto in die Blue Mountains fährt, verlässt Sydney über die Parramatta Rd. In Strathfield wechselt man dann auf die mautfreie M4, die westlich von Penrith zum Great Western Hwy wird und einen zu allen Ortschaften der Blue Mountains bringt. Die Fahrt aus dem Stadtzentrum von Sydney hinaus nach Katoomba dauert ungefähr 1½ Stunden. Eine malerische Ausweichstrecke ist die Bells Line of Road (S. 111).

Blue Mountains Bus (📞 02-4751 1077; www.bmbc.com.au; 2,20–4,60 AU$) Verbindet alle größeren Ortschaften.

Blue Mountains Explorer Bus (📞 1300 300 915; www.explorerbus.com.au; 283 Bathurst Rd, Katoomba; Erw./Kind 38/19 AU$; ⊙ 9.45–17 Uhr) Der Bus pendelt alle 30 bis 60 Minuten zwischen Katoomba und Leura. Fahrgäste können unterwegs beliebig aus- und zusteigen. Abfahrt in Katoomba ist am Bahnhof.

Trolley Tours (📞 1800 801 577; www.trolleytours.com.au; 76 Bathurst St, Katoomba; Erw./Kind 25/15 AU$; ⊙ 9.45–16.45 Uhr) Der nur dürftig als Straßenbahnwagen verkleidete Bus bedient auf seiner Schleife von Katoomba nach Leura 29 Haltestellen, an denen Gäste beliebig aus- und zusteigen können.

Sydney Trains (📞 13 15 00; www.sydneytrains.info; Erw./Kind 8,40/4,20 AU$) Die Züge der Blue Mountains Line fahren von Sydneys Central Station aus annähernd stündlich nach Glenbrook, Springwood, Faulconbridge, Wentworth Falls, Leura, Katoomba und Blackheath; die Fahrt nach Katoomba dauert ungefähr 2 Stunden.

CENTRAL COAST
373 000 EW.

Nachdem man sich durch den Verkehr in Sydneys nördlichen Vororten hindurchgekämpft hat, steht man vor der Wahl, entweder über den Highway direkt nach Newcastle zu fahren oder die kurvenreichere Route an der Central Coast zu nehmen. Ehrlich gesagt wird keine der Alternativen als Highlight der Reise in Erinnerung bleiben, wer aber etwas Zeit übrig hat, kann an der Küstenstraße ein paar nette Abstecher machen.

Der größte Ort in der Gegend ist das hügelige **Gosford**, das Verkehrs- und Versorgungszentrum der umliegenden Strände. Östlich von Gosford ist die Küste stark besiedelt. **Terrigal** hat einen schönen, halbmondförmigen Strand mit guten Wellen und ein geschäftiges Ortszentrum.

Eine Reihe von Meerwasser-„Seen" erstreckt sich zwischen Bateau Bay und Newcastle nordwärts die Küste hinauf; der größte davon ist der **Lake Macquarie**, dessen Fläche viermal so groß ist wie Sydney Harbour.

⊙ Sehenswertes

Australian Reptile Park ZOO
(www.reptilepark.com.au; Erw./Kind 26/14 AU$; ⊙ 9–17 Uhr) Der am Freeway westlich von Gosford gut ausgeschilderte Zoo ermöglicht seinen Besuchern, mit Koalas und Pythons auf Tuchfühlung zu gehen, zuzuschauen, wie Trichternetzspinnen (zur Gewinnung von Gegengift) gemolken werden, und sich über die bedrohliche Lage der Beutelteufel zu informieren – der Park dient als Aufzuchtstation für die gefährdete tasmanische Tierart.

Brisbane Water National Park PARK
(www.nationalparks.nsw.gov.au/brisbane-water -national-park; Autozufahrt über die Picknickplätze Girrakool & Somersby Falls 7 AU$) Weitläufige Wanderwege durchziehen das zerklüftete Sandsteingebiet in diesem Nationalpark am Hawkesbury River südwestlich von Gosford, der für seine Wildblumenblüte im Frühling und für Felskunststätten der Aborigines bekannt ist. Die **Bulgandry Aboriginal Engraving Site** liegt 3 km südlich des Central Coast Hwy an der Woy Woy Rd. Ein beliebter Ferienort von Schauspielern, Autoren und anderen Theaterleuten ist das hübsche Dorf **Pearl Beach** am südöstlichen Rand des Parks. Weitere Infos zum Hawkesbury River stehen auf S. 89.

Bouddi National Park PARK
(02-4320 4200; www.nationalparks.nsw.gov.au/bouddi-national-park; Eintritt 7 AU$/Auto, Stellplatz 20–28 AU$/2 Pers.) Südöstlich von Gosford erstreckt sich der Bouddi National Park von der Nordspitze der Broken Bay bis zum MacMasters Beach, 12 km südlich von Terrigal. Kurze Wanderwege führen zu einsamen Stränden, darunter der schönen Maitland Bay. Der Park teilt sich in zwei Abschnitte zu beiden Seiten des Putty Beach. Campingplätze (Stellplatz vorab reservieren!) gibt's am Little Beach, am Putty Beach und am Tallow Beach; nur der Platz am Putty Beach bietet Trinkwasser und Spültoiletten.

Schlafen & Essen

Tiarri MOTEL $$
(02-4384 1423; www.tiarriterrigal.com.au; 16 Tiarri Cres, Terrigal; Zi./Suite 145/170 AU$) Unser Favorit unter den Unterkünften ist dieses außergewöhnliche Boutiquemotel in einer ruhigen Straße an den Hängen oberhalb von Terrigal. Die Zimmer sind modern, sauber und komfortabel, die im oberen Stockwerk öffnen sich zu einer kleinen, von Strauchwerk beschatteten Terrasse.

Pearls on the Beach MODERN-AUSTRALISCH $$$
(02-4342 4400; www.pearlsonthebeach.com.au; 1 Tourmaline Ave, Pearl Beach; Hauptgerichte 38 AU$; Do–So 12–14.30 & 18–22 Uhr) In einer Holzhütte direkt am Pearl Beach bietet das hervorragend bewertete Restaurant moderne Gerichte in einem stilvollen Ambiente.

Reef MODERN-AUSTRALISCH $$$
(02-4385 3222; www.reefrestaurant.com.au; The Haven, Terrigal; Hauptgerichte 37–42 AU$; Di–Sa 12–15 & 18–22, So 12–15 Uhr) Die Speisekarte, auf der Meeresfrüchte im Mittelpunkt stehen, kann einen in diesem Restaurant mit weißen Tischdecken am südlichen Ende des Strands von Terrigal schon vom spektakulären Strandblick ablenken. Das **Cove Cafe** im Erdgeschoss ist die zwanglosere und preiswertere Alternative.

❶ Praktische Informationen

Central Coast Visitor Centre (02-4343 4444; www.visitcentralcoast.com.au; The Avenue, Kariong; Mo–Fr 9–17, Sa & So 9.30–15.30 Uhr)

Gosford Visitor Centre (02-4343 4444; 200 Mann St; Mo–Fr 9.30–16, Sa bis 13.30 Uhr)

The Entrance Visitor Centre (02-4333 1966; Marine Pde; 9–17 Uhr)

Lake Macquarie Visitor Centre (02-4921 0740; www.visitlakemac.com.au; 228 Pacific Hwy, Swansea; 9–17 Uhr)

❶ Anreise & Unterwegs vor Ort

Zug Gosford ist ein Haltepunkt an der Newcastle und der Central Coast Line mit entsprechend häufigen Verbindungen von/nach Sydney und Newcastle (jeweils Erw./Kind 8,40/4,20 AU$, 1½ Std.). Auf Anfrage stoppen die Züge auch in Wondabyne innerhalb des Brisbane Waters National Park (nur hinteres Abteil).

Bus Nahverkehrsbusse von **Busways** (02-4368 2277; www.busways.com.au) und **Redbus** (02-4332 8655; www.redbus.com.au) verbinden die diversen Ortschaften und Strände.

NEWCASTLE

308 000 EW.

Sydney steht für Glanz und Glamour, die zweitgrößte Stadt im Bundesstaat hingegen für bodenständigen, rauen Charme. Newcastle ist eine Stadt, in der man barfuß einkaufen und in der Mittagspause surfen gehen kann. Diese unbekümmerte Einstellung ist wohl das Ergebnis ihrer raubeinigen, bewegten Vergangenheit, die von Sträflingen, Kohlekumpeln und Stahlkochern geprägt wurde.

Die Stadt besitzt immer noch einen der weltweit größten Kohleexporthäfen, erlebt aber mittlerweile auch eine kulturelle Renaissance. Stadterneuerungsprojekte bringen neues Leben in das Ufergebiet, und eine bunte, innovative Kunstszene sorgt für Farbe und Kultur in den Straßen.

Newcastle lohnt einen Aufenthalt von ein, zwei Tagen: Man kann an erstklassigen Stränden baden oder surfen, die Baudenkmäler im Zentralen Geschäftsviertel erkunden oder auch einen Schaufensterbummel an der schrillen Darby St unternehmen.

◉ Sehenswertes

◉ Zentrum

Christ Church Cathedral KIRCHE
(www.newcastlecathedral.org.au; 52 Church St; 7–18 Uhr) Obwohl nicht besonders hoch, dominiert Newcastles auf einem Hügel stehende anglikanische Kathedrale (erbaut von 1892–1979) die Skyline der Stadt genauso wie europäische Kathedralen dies im Mittelalter taten. Drinnen gibt es viele interessan-

Newcastle

⦿ Highlights
1 Fort Scratchley......................................G1
2 Newcastle Beach..................................F3
3 Nobby's Beach......................................G1

⦿ Sehenswertes
4 Christ Church Cathedral.....................D2
5 Lock Up..E2
6 Maritime Centre...................................B1
7 Newcastle Art Gallery..........................B3
8 Newcastle Museum..............................B2

⦿ Aktivitäten, Kurse & Touren
9 Bogey Hole..E4
10 Ocean Baths..G3

⦿ Schlafen
11 Crown on Darby....................................B3

12 Crowne Plaza..B1
13 Newcastle Beach YHA.........................E2
14 Novotel Newcastle Beach...................E3

⦿ Essen
15 Bacchus...D2
16 Bocados..E2
17 Delucas Pizza..B3
18 Estabar...F2
19 Restaurant Mason................................E2
20 Sprout Dining..B1
21 Subo...A2

⦿ Ausgehen & Nachtleben
22 Brewery..E1
23 Honeysuckle Hotel................................A1

---

te Details zu bewundern, die praktischerweise im Kirchenführer beschrieben sind.

Freunde präraffaelitischer Kunst werden die Buntglasfenster von Edward Burne-Jones und William Morris bewundern. Die größten Schätze der Kathedrale sind jedoch ein goldener Abendmahlskelch und ein mit Edelsteinen besetztes Erinnerungsbuch. Die Juwelen wurden von Einheimischen gestiftet, die geliebte Angehörige im Ersten Weltkrieg verloren hatten.

Lock Up KUNSTZENTRUM
(02-4925 2265; www.thelockup.info; 90 Hunter St; Mi–So 10–16 Uhr) GRATIS Heute wohnen Kunststipendiaten, keine Gefangenen in der ehemaligen, 1861 erbauten Polizeiwache. Innerhalb der gruseligen, engen und denkmalgeschützten Zellen gibt es eine Galerie zeitgenössischer Kunst, Künstlerateliers und ein interessantes Polizeimuseum.

Newcastle Art Gallery GALERIE
(02-4974 5100; www.nag.org.au; 1 Laman St; Di–So 10–17 Uhr) GRATIS Die Dauerausstellung der NAG zeigt Werke angesehener australischer Künstler, hinzu kommen oft interessante Sonderausstellungen.

⦿ Newcastle East

★ Fort Scratchley HISTORISCHE STÄTTE
(02-4974 5033; www.fortscratchley.com.au; Nobbys Rd; Führung Erw./Kind 15/7,50 AU$; Mi–Mo 10–16 Uhr, letzte Führung 14.30 Uhr) GRATIS Das kürzlich restaurierte Fort hoch über dem Newcastle Harbour wurde während des Krimkriegs zum Schutz der Stadt vor einer möglichen russischen Invasion errichtet.

Es war eine der wenigen Geschützstellungen in Australien, die während des Zweiten Weltkriegs aktiv in die Kampfhandlungen eingriff: Am 8. Juni 1942 tauchte plötzlich ein japanisches U-Boot auf und nahm die Stadt unter Granatenbeschuss. Fort Scratchley erwiderte das Feuer mit vier Salven und zwang das Boot zum Abtauchen. Bei einer Führung durch die Festung und ihre Kasematten erfährt man alles Wissenswerte über diesen Vorfall.

Nobby's Head UFERGEBIET
Die Landspitze am Eingang zu Newcastles Hafen war ursprünglich eine Insel. Der Steindamm, der sie inzwischen mit dem Festland verbindet, wurde zwischen 1818 und 1846 von Sträflingen gebaut – viele dieser armen Teufel wurden während der Bauarbeiten in die wilde See gespült. Die Wanderung auf dem Sanddamm zum Leuchtturm und zur Wetterstation ist ein schönes Erlebnis: Die Wellen donnern gegen den Damm, während Jogger dicht an einem vorbeilaufen.

⦿ Honeysuckle Precinct

Newcastle Museum MUSEUM
(02-4974 1400; www.newcastlemuseum.com.au; Workshop Way; Di–So 10–17 Uhr) GRATIS Das Aushängeschild unter den Museen der Stadt residiert im ehemaligen Honeysuckle-Bahnbetriebsgelände am Ufervorland und konzentriert sich auf die Sozialgeschichte und das industrielle Erbe der Stadt. Viele der Exponate sind äußerst modern, d.h. auf Menschen mit kurzer Aufmerksamkeitsspanne ausgerichtet.

Maritime Centre
MUSEUM

(02-4929 2588; www.maritimecentrenewcastle.org.au; Lee Wharf, 3 Honeysuckle Dr; Erw./Kind 10/5 AU$; ⊙Di–So 10–16 Uhr) Alles Wissenswerte über Newcastles Schifffahrtsvergangenheit vermittelt dieses Museum. In dem restaurierten Gebäude am Kai ist auch das Besucherzentrum untergebracht.

✵ Aktivitäten

Schwimmen & Surfen

Am East End der Stadt hat der **Newcastle Beach** alles zu bieten, was Surfer und Schwimmer so brauchen. Wer aber übermäßig ängstlich ist was Haie anbelangt, der fühlt sich vielleicht im einbetonierten **Meeres-Schwimmbad** sicherer, das eine wunderschön bunte Fassade von 1922 schmückt. Für Kleinkinder gibt's ein flaches Becken und die Kulisse des mächtigen Ozeans und der vorbeituckernden Dampfer hat was für sich. Surfer können sich am **Nobby's Beach** gleich nördlich des Schwimmbads in die Wellen stürzen – die schnellen Lefthander, Wedge genannt, finden sich an seinem Nordende.

Südlich des Newcastle Beach liegt unterhalb des King Edward Parks Australiens ältestes Meeres-Schwimmbad, das von Strafgefangenen in den Stein gemeißelte **Bogey Hole**. Ein stimmungsvoller Ort zum Baden, vor allem, wenn sich die Brandung zischend über die Begrenzungsmauern ergießt. Die beliebtesten Surfspots befinden sich weiter südlich am **Bar Beach** und am **Merewether Beach**.

Das berühmte Surffestival der Stadt, das **Surfest** (www.surfest.com), findet im März statt.

Stadtspaziergänge & Radausflüge

Das Besucherzentrum hat viele Broschüren mit Vorschlägen zu thematisch ausgerichteten Spaziergängen oder Radtouren durch die Stadt. Eine mögliche Strecke ist der *Bather's Way* vom Nobby's Beach zum Merewether Beach, an dem Hinweistafeln indigene Stätten, historische Zeugnisse der Sträflingskolonie und naturkundlich Interessantes erläutern; eine weitere Option ist der *Newcastle East Heritage Walk*, auf dem kolonialzeitliche Bauten im Zentrum von Newcastle im Mittelpunkt stehen. Die Broschüre *Newcastle by Design* beschreibt einen kurzen Spaziergang rund um die Hunter St, bei der man einige der interessanten Bauten in der Innenstadt bewundern kann.

🛏 Schlafen

Newcastle Beach YHA
HOSTEL $

(02-4925 3544; www.yha.com.au; 30 Pacific St, Newcastle East; B/EZ/DZ 36/60/87 AU$; @ 🛜) Dieses denkmalgeschützte Gebäude ist nur einen Steinwurf vom Newcastle Beach entfernt. Mit seinen prächtigen Wohnbereichen und hohen Decken erinnert es an eine britische Privatschule (aber ohne Rituale und Schikanen). Bodyboards können kostenlos, Surfbretter gegen eine Gebühr ausgeliehen werden. Es gibt Gutscheine für Kneipenessen und jeden Donnerstagabend ein kostenloses Barbecue.

Stockton Beach Holiday Park
CAMPING $

(02-4928 1393; www.stocktonbeach.com; 3 Pitt St, Stockton; Stellplatz/Hütte ab 34/75 AU$; ❄ @ 🛜) 🌿 In diesem Touristenpark hinter den Dünen in Stockton liegt der Strand direkt vor der Türschwelle (bzw. dem Zelteingang). Die „Hütten" bestehen teils aus Schlafbaracken, teils aus schicken, in sich abgeschlossenen Villen. Einfach hier Quartier beziehen und die Fähre nehmen, um Newcastle zu erkunden!

Crown on Darby
APARTMENTS $$

(02-4941 6777; www.crownondarby.com.au; 101 Darby St, Cooks Hill; Apt. ab 155 AU$; P ❄ 🛜) Wem riesige TVs und komfortable Betten das Richtmaß für eine gute Unterkunft sind, ist in diesem brandneuen Komplex aus 38 Apartments an Newcastles coolster Straße durchaus richtig. Die Einraumwohnungen sind größer als ein durchschnittliches Hotelzimmer und verfügen über Kochnischen; die Zweizimmerwohnungen bieten eine komplett ausgestattete Küche und Wohnzimmer mit Schlafsofas.

Hamilton Heritage B&B
B&B $$

(02-4961 1242; www.accommodationinnewcastle.com.au; 178 Denison St, Hamilton; EZ 95–120 AU$, DZ 140–170 AU$; ❄ 🐾 🛜) Das Wohnhaus der Federation Era nahe der Café-Meile an der Beaumont St setzt ganz auf Blümchen und Rüschen. Die drei Zimmer (darunter ein Familienzimmer für bis zu 6 Pers.) haben altmodische angeschlossene Bäder und sind mit Tee- bzw. Kaffeemaschinen ausgestattet. Haustiere sind willkommen.

Novotel Newcastle Beach
HOTEL $$$

(02-4032 3700; www.novotel.com; 5 King St, Newcastle East; Zi. ab 287 AU$) Was den Zimmern des Novotel an Größe fehlt, machen sie durch Stil wieder wett. Es gibt einen kleinen Fitnessraum, aber keinen Pool, doch der Strand liegt gleich gegenüber der Straße.

Crowne Plaza HOTEL $$$
(02-4907 5000; www.crowneplaza.com.au/new castle; Ecke Merewether St & Wharf Rd, Honeysuckle Precinct; Suite ab 240 AU$; P※@🛜🏊) Das große, moderne Hotel ist ziemlich seelenlos, liegt aber direkt am Ufer und alle Zimmer sind geräumige Suiten. Der Service ist ausgezeichnet und der Pool ein echtes Plus.

Essen

Restaurants findet man vor allem an der Darby St und der Beaumont St, es gibt aber auch viele Cafés und Restaurants am Ufer. An den meisten Sonntagen findet auf dem Newcastle Showground der **Newcastle City Farmers Market** (www.newcastlecityfarmersmarket.com.au; Griffiths Rd, Broadmeadows; ⊙So 8–13 Uhr) statt.

Estabar CAFÉ $
(61 Shortland Esplanade, Newcastle East; Hauptgerichte 10–15 AU$; ⊙6.30–18 Uhr) Der Tag beginnt gut mit einem Frühstück auf der sonnenverwöhnten Terrasse mit Blick auf den Newcastle Beach – man braucht sich allerdings nicht zu beeilen, denn Frühstück gibt's im Estabar den ganzen Tag. An heißen Tagen kann man hier auch gut auf ein Eis einkehren.

Bocados SPANISCH $$
(02-4925 2801; www.bocados.com.au; 25 King St, Newcastle; Tapas 11–20 AU$, Raciones 22–33 AU$; ⊙Mi-Sa 12–15, Di-So 18 Uhr-open end) Nur einen Kastagnettenschlag vom Newcastle Beach entfernt bietet das Bocados *tapas* (kleine Teller) und *raciones* (größere Gerichte), die ihre Inspiration von der iberischen Halbinsel beziehen. Auf der Karte stehen viele spanische Weine.

Sprout Dining MEDITERRAN $$
(02-4023 3565; www.sproutcatering.com.au; 1/2 Honeysuckle Dr, Honeysuckle Precinct; Hauptgerichte 27–32 AU$; ⊙Mi & Do 18–21, Fr & Sa 12–14 & 18–21, So 12–14 Uhr) In dem zwanglos-eleganten Bistro wechselt die Speisekarte wöchentlich, aber immer stehen eine Reihe leckerer, hausgemachter Pastagerichte darauf. Zu den beliebten Hauptgerichten und Desserts kommt noch eine gute Auswahl an regionalen Weinen.

Merewether Surfhouse CAFÉ, RESTAURANT $$
(02-4918 0000; www.surfhouse.com.au; Henderson Pde, Merewether; Hauptgerichte Café 15–20 AU$, Bar 19 AU$, Restaurant 26–35 AU$; ⊙7 Uhr-open end) Von einem der vielen Räume in dem kürzlich erbauten, architektonisch bemerkenswerten Komplex aus kann man das Treiben am Merewether Beach beobachten. Gutes Kneipenessen bietet die Barterrasse im obersten Stock, raffinierte modern-australische Gerichte das angrenzende Restaurant, Frühstück und kleine Mittagsgerichte das Café im Erdgeschoss. Pizza für 10 AU$ gibt's an der Strandpromenade.

Three Bean Espresso CAFÉ $$
(146 Beaumont St, Hamilton; Hauptgerichte 15–21 AU$; ⊙Mo-Fr 7–17, Sa bis 15 Uhr) 🌱 Das wuselige Café ist ein idealer Ort zum Brunchen. Die unzähligen Eierspeisen sind das Highlight, aber auch die Kuchen und der Kaffee sind ausgezeichnet.

Delucas Pizza PIZZERIA $$
(02-4929 3555; 159 Darby St, Cooks Hill; Pizza 25 AU$; ⊙Di-So 17 Uhr-open end) Dank leckerer Pizza und altbewährter Deko ist diese Pizzeria die beliebteste in Newcastle. Auch die Pastagerichte sind gut.

★ Subo MODERN-AUSTRALISCH $$$
(02-4023 4048; www.subo.com.au; 551d Hunter St, Newcastle West; 2-Gänge-Menü 58 AU$; ⊙Mi-So 18–22 Uhr) Dieses innovative Restaurant am schäbigen Ende der Hunter St packt prächtig angerichtete und wundervoll schmeckende japanisch und französisch beeinflusste Gerichte auf den Teller. Der stilvolle Speisesaal ist wirklich winzig, daher weit im Voraus reservieren!

Restaurant Mason FRANZÖSISCH $$$
(02-4926 1014; www.restaurantmason.com; 3/35 Hunter St, Newcastle; Hauptgerichte morgens 18–21 AU$, mittags 20–36 AU$, abends 35–42 AU$; ⊙Di-Fr 12-15.30 & 18 Uhr-open end, Sa & So 8–15 & 18 Uhr-open end; 🌱) Mit Tischen draußen unter den Platanen und einem den Elementen preisgegebenen Hauptspeisesaal wirkt dieses moderne französische Restaurant sehr sommerlich. Die Gerichte werden überwiegend aus frischen regionalen Produkten zubereitet.

Bacchus MODERN-AUSTRALISCH $$$
(02-4927 1332; www.bacchusnewcastle.com.au; 141 King St, Newcastle; Hauptgerichte 44 AU$; ⊙Di-Sa 18–23 Uhr) Ein dekadenter römischer Gott hat diese ehemalige methodistische Missionsstation in einen sehr stimmungsvollen, sündigen Ort verwandelt (kulinarisch zumindest). Hier geht es außerordentlich

NEWCASTLES NATURSCHUTZGEBIETE

Im **Hunter Wetlands Centre** (📞 02-4951 6466; www.wetlands.org.au; 412 Sandgate Rd, Shortland; Erw./Kind 10/5 AU$; ⊙ 9–16 Uhr) leben mehr als 200 Vogel- und andere Tierarten. Man kann das Gelände mit einem Kanu (10 AU$/2 Std.) erkunden oder taucht ein Netz ins Wasser und betrachtet den Fang anschließend unter der Lupe. Wer nicht unfreiwillig zu diesem Ökosystem beitragen will, sollte nicht auf Insektenschutzmittel verzichten. Um hierher zu kommen, fährt man auf dem Pacific Hwy in Richtung Maitland und biegt am Friedhof links ab. Alternativ nimmt man einen Zug nach Sandgate und läuft von dort (10 Min.).

Das **Blackbutt Reserve** (📞 02-4904 3344; www.newcastle.nsw.gov.au/recreation/blackbutt_reserve; Carnley Ave, Kotara; Parkplatz 1,50 AU$/Std.; ⊙ Park 7–19 Uhr, naturkundliche Ausstellung 10–17 Uhr) GRATIS befindet sich in einem Buschgebiet in kurzer Gehweite vom Bahnhof Kotara. In dem vom Gemeinderat verwalteten Reservat gibt es viele Wanderwege, Picknickplätze und Gehege mit einheimischen Tieren wie Koalas, Wallabys und Wombats, dazu Unmengen an singenden und krächzenden Vögeln.

elegant zu, für die Gerichte kann gebürgt werden und der Wein ist hervorragend.

Ausgehen & Nachtleben

Honeysuckle Hotel PUB
(www.honeysucklehotel.com.au; Wharf C, Honeysuckle Dr, Honeysuckle Precinct; ⊙ 10–23 Uhr) Die Terrasse dieses Pubs, der in einem riesigen, aber kühlen umgebauten Lagerhaus residiert, ist der ideale Ort für einen Drink zum Sonnenuntergang. In der Rum Bar unter den Dachsparren spielen donnerstags bis samstags Latino-Bands, und auch unten gibt's an den Wochenenden oft Livemusik.

Brewery BAR
(www.qwb.com.au; 150 Wharf Rd, Newcastle; ⊙ So 10.30–24, Mo, Di & Do bis 22, Mi, Fr & Sa bis 3 Uhr) Büroangestellte und Studenten zieht es gleichermaßen zu den draußen stehenden Tischen des Brewery am Queens Wharf, von denen aus man eine tolle Aussicht hat. Beim Studentenabend übernehmen mittwochs DJs die Terrassen, und an den Wochenenden spielen oft Livebands.

Cambridge Hotel LIVEMUSIK
(www.yourcambridge.com; 789 Hunter St, Newcastle West) Der Backpackertreff brachte Silverchair, Newcastles berühmtesten Kulturexport, auf die Bühne. Auch heute noch treten hier lokale Größen und landesweit bekannte Bands auf Tour auf.

❶ Praktische Informationen

Kostenlosen WLAN-Zugang gibt's in den öffentlichen Bibliotheken, in der Hunter St Mall, im Honeysuckle Precinct, in der Beaumont St in Hamilton und am Newcastle Airport.

John Hunter Hospital (📞 02-4921 3000; www.health.nsw.gov.au; Lookout Rd, New Lambton Heights) Hat eine rund um die Uhr geöffnete Notaufnahme.

Visitor Information Centre (📞 02-4929 2588; www.visitnewcastle.com.au; Lee Wharf, 3 Honeysuckle Dr; ⊙ Di–So 10–16 Uhr)

❶ An- & Weiterreise

BUS

Fast alle Fernbusse halten hinter Newcastles Bahnhof.

Busways (📞 02-4983 1560; www.busways.com.au) Täglich fahren mindestens zwei Busse nach Tea Gardens (21 AU$, 1½ Std.), Hawks Nest (21 AU$, 1¾ Std.), Bluey's Beach (25 AU$, 2 Std.), Forster (31 AU$, 3¼ Std.) und Taree (34 AU$, 4 Std.).

Greyhound (📞 1300 473 946; www.greyhound.com.au) Täglich fahren zwei Busse von/nach Sydney (30 AU$, 2¾ Std.), Port Macquarie (55 AU$, 4 Std.), Coffs Harbour (76 AU$, 7 Std.), Byron Bay (124 AU$, 10–11½ Std.) sowie Brisbane (153 AU$, 14½ Std.).

Port Stephens Coaches (📞 02-4982 2940; www.pscoaches.com.au; Erw./Kind 4,60/2,30 AU$) Dieser Anbieter betreibt regelmäßige Busse nach Anna Bay (1¼ Std.), Nelson Bay (1½ Std.), Shoal Bay (1½ Std.) und Fingal Bay (2 Std.).

Premier Motor Service (📞 13 34 10; www.premierms.com.au) Betreibt täglich Busse von/nach Sydney (34 AU$, 3 Std.), Port Macquarie (47 AU$, 3¾ Std.), Coffs Harbour (58 AU$, 6 Std.), Byron Bay (71 AU$, 11 Std.) und Brisbane (76 AU$, 14½ Std.).

Rover Coaches (📞 02-4990 1699; www.rovercoaches.com.au) Betreibt Busse von/nach Cessnock (7 AU$, 1¼ Std, Mo–Fr 4-mal, Sa 2-mal, So kein Verkehr).

FLUGZEUG

Der **Newcastle Airport** (02-4928 9800; www.newcastleairport.com.au) liegt in Williamtown, 23 km nördlich der Stadt.

Brindabella Airlines (1300 66 88 24; www.brindabellaairlines.com.au) Fliegt von/nach Sydney und Canberra.

Jetstar (13 15 38; www.jetstar.com.au) Fliegt von/nach Melbourne und Brisbane sowie von/zur Gold Coast.

QantasLink (13 13 13; www.qantas.com.au) Fliegt von/nach Brisbane.

Regional Express (Rex; 13 17 13; www.rex.com.au) Fliegt von/nach Sydney und Ballina.

Virgin Australia (13 67 89; www.virgin-australia.com) Fliegt von/nach Brisbane und Melbourne.

ZUG

Sydney Trains (S. 106) fährt regelmäßig nach Gosford (8,40 AU$, 1½ Std.) und Sydney (8,40 AU$, 3 Std.). Eine Linie führt auch zum Hunter Valley; der nächste Bahnhof am Weinbaugebiet ist Branxton (6,60 AU$, 50 Min.).

Unterwegs vor Ort

BUS

Newcastle hat ein ausgedehntes Netz an **Nahverkehrsbussen** (13 15 00; www.newcastlebuses.info). In der Innenstadtzone sind Busfahrten zwischen 7.30 und 18 Uhr kostenlos. Die übrigen Fahrpreise sind zeitbezogen (3,60/7/11 AU$ für 1/4 Std./Tag); Fahrkarten bekommt man beim Fahrer. Das Hauptbusdepot befindet sich neben dem Bahnhof von Newcastle.

VOM/ZUM FLUGHAFEN

→ Die häufig fahrenden Busse von Port Stephens Coaches (S. 120) halten auf der Strecke von Newcastle (4,60 AU$, 40 Min.) und Nelson Bay (1 Std.) am Flughafen.

→ Ein Taxi ins Zentrum kostet rund 60 AU$.

Fogg's Airport Shuttle (02-4950 0526; www.foggsshuttle.com.au)

Hunter Valley Day Tours (02-4951 4574; www.huntervalleydaytours.com.au) Bietet Shuttlefahrten nach Newcastle (35 AU$/1 Pers., 45 AU$/2 Pers.), ins Hunter Valley (125 AU$/1–2 Pers.), nach Lake Macquarie und Port Stephens.

SCHIFF/FÄHRE

Die Fähre nach Stockton (Erw./Kind 2,50/1,20 AU$) legt zwischen 5.15 und ca. 23 Uhr jede halbe Stunde vom Queens Wharf ab.

ZUG

Die Züge vom Bahnhof Newcastle halten in Hamilton, Wickham und Civic, ehe sie nach Sydney oder ins Hunter Valley abzweigen. Fahrten zwischen den genannten Bahnhöfen kosten 3,60 AU$.

HUNTER VALLEY

Ein filigranes Netz enger Landstraßen schlängelt sich kreuz und quer durch dieses üppig grüne Tal. Ein netter Ausflug aufs Land ist aber sowieso nicht die wichtigste Motivation für einen Besuch hier – nein, es ist die pure Dekadenz. Das Hunter Valley ist ein einziges Fest für die Geschmacksnerven: feiner Wein, Boutiquebier, Schokolade, Käse, Oliven ... Dem Weingott Bacchus würde es hier sicherlich gefallen.

Ganz der allgemeinen Annahme gemäß, dass die Kombination aus gutem Essen und Wein unweigerlich in einer heißen Liebesnacht endet, ist die Region tatsächlich ein beliebtes Wochenendziel für Pärchen aus Sydney. Jeden Freitag fallen sie hier mit ihren Ralph-Lauren-Polohemden wie eine Heuschreckenplage ein. Entsprechend steigen dann auch die Preise.

Das Hunter ist das älteste Weinanbaugebiet Australiens und bekannt für seinen Semillon und Shiraz. Die ersten Weinreben wurden hier in den 1820er-Jahren gepflanzt und in den 1860er-Jahren hatte sich die bebaute Fläche schon auf 20 km² ausgebreitet. Dennoch ging die Zahl der Weingüter kontinuierlich zurück und erst in den 1960er-Jahren wurde der Weinanbau erneut als wichtiger Wirtschaftsfaktor entdeckt. Auch wenn es nicht mehr die Nummer 1 der australischen Weinindustrie ist, bekommt man hier noch einige ausgezeichnete Tropfen.

Ein wichtiges Ass hat das Hunter Valley aber noch im Ärmel: Die Winzer hier zeigen keinerlei Anflug von Überheblichkeit und freuen sich mit ihrer erfrischenden Art sowohl über Weinkenner als auch über Neulinge. Die Mitarbeiter strafen einen hier nicht mit bösen Blicken, nur weil man, schon etwas beschwippst, sein Glas einmal zu oft geschwenkt oder das Bouquet nicht überschwänglich genug gelobt hat. Selbst wer sich nur mäßig für Wein interessiert, sollte dem Hunter Valley auf jeden Fall einen Besuch abstatten – die Region ist wunderschön und eine tolle Alternative, wenn das Wetter nicht mehr so richtig strandtauglich ist.

Sehenswertes

Die meisten Attraktionen im Hunter Valley beschränken sich auf ein Gebiet, das im Nor-

Hunter Valley

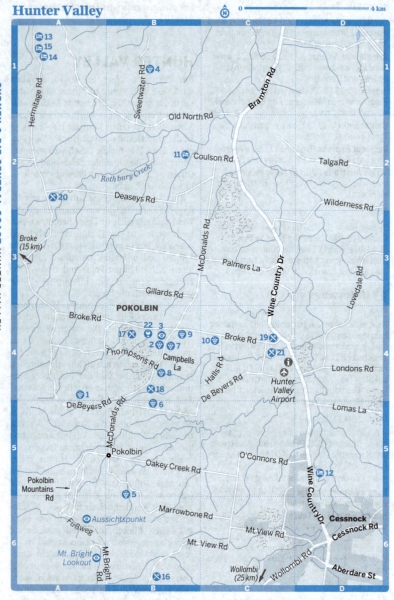

den vom New England Hwy und im Süden von der Wollombi/Maitland Rd begrenzt wird, mit den wichtigsten Weingütern und Restaurants an oder um die Broke Rd in Pokolbin (694 Ew.). Der wichtigste Ort in dieser Gegend ist Cessnock (13 700 Ew.) im Süden. Der Wine Country Dr führt von Cessnock direkt hinauf nach Branxton (1830 Ew.). Vorsicht, diese Straße ist in der unteren Hälfte teilweise als Allandale Rd ausgeschildert, am oberen Ende aber als Branxton Rd.

Im Nordwesten, rund um Broke (636 Ew.) und Singleton 14 000 Ew.), befinden sich noch weitere Weingüter.

Hunter Valley

Sehenswertes
1 Audrey Wilkinson Vineyard A4
2 Brokenwood B4
3 Hunter Valley Gardens B4
4 Macquariedale Estate B1
5 McWilliams Mount Pleasant B5
6 Pooles Rock Wines B5
7 Small Winemakers Centre B4
8 Tamburlaine B4
9 Tempus Two B4
10 Tower Estate C4

Schlafen
11 Buffs at Pokolbin B2
12 Hunter Valley YHA D5
13 Spicers Vineyards Estate A1
14 Splinters Guest House A1
15 Thistle Hill A1

Essen
16 Bistro Molines B6
17 Enzo B4
18 Hunter Olive Centre B4
Hunter Valley Cheese Company . (siehe 3)
19 Hunter Valley Chocolate Company C4
Hunter Valley Smelly Cheese
  Shop .... (siehe 9)
20 Muse Kitchen A2
21 Muse Restaurant C4

Ausgehen & Nachtleben
22 Harrigan's B4

Weingüter

Die über 140 Weingüter des Hunter Valleys reichen von kleinen Weinkellereien in Familienhand bis hin zu gigantischen Betrieben. Die meisten bieten kostenlose Weinproben an, einige allerdings verlangen eine geringe Gebühr. Man sollte im kostenlosen Hunter Valley Visitors Guide, den man beim Informationszentrum in Pokolbin bekommt, nachsehen und die Handy-App nutzen, um die Tour zu organisieren.

Audrey Wilkinson Vineyard   WEINGUT
(www.audreywilkinson.com.au; 750 DeBeyers Rd, Pokolbin; 10–17 Uhr) Erste Anpflanzung 1866. Der Besuch lohnt sich vor allem wegen der interessanten historischen Ausstellungsstücke und des Ausblicks, weniger wegen des Degustationsraums.

Brokenwood   WEINGUT
(www.brokenwood.com.au; 401–427 McDonalds Rd, Pokolbin; 9.30–17 Uhr) Eines der beliebtesten Weingüter im Hunter Valley.

Macquariedale Estate   WEINGUT
(www.macquariedale.com.au; 170 Sweetwater Rd, Rothbury; 10–17 Uhr) Der Boutiquewinzer produziert zertifizierten Bio-Wein und außerdem auch noch Knoblauch und Oliven.

McWilliams Mount Pleasant   WEINGUT
(www.mountpleasantwines.com.au; 401 Marrowbone Rd, Pokolbin; 10–17 Uhr) Führungen über das Weingut werden täglich um 11 Uhr angeboten (5 AU$).

Pooles Rock Wines   WEINGUT
(www.poolesrock.com.au; DeBeyers Rd, Pokolbin; 10–17 Uhr) Einer der ganz Großen und der Hersteller des in der mittleren Preiskategorie angesiedelten Cockfighter's Ghost. Auch seine Vorzeigeweine sind hervorragend.

Small Winemakers Centre   WEINGUT
(www.smallwinemakerscentre.com.au; 426 McDonalds Rd, Pokolbin; 10–17 Uhr) Der Laden fungiert als Verkaufsstelle für eine Reihe von Boutique-Winzern. Nach der Verkostung kann man sich im angeschlossenen Australian Regional Food Store nach einem Snack umschauen.

Tamburlaine   WEINGUT
(www.tamburlaine.com.au; 358 McDonalds Rd, Pokolbin; 9–17 Uhr) Der zertifizierte Bio-Winzer hat einen rustikalen Schankraum.

Tempus Two   WEINGUT
(www.tempustwo.com.au; 2144 Broke Rd, Pokolbin; 10–17 Uhr) Die große, architektonisch interessante Anlage wird von Reisebussen besonders gern angefahren. Es gibt einen Verkostungsraum, ein japanisches Restaurant und den Smelly Cheese Shop. Auch die Boutique-Winzerei Meerea Park unterhält hier einen Verkostungsraum, der sich ebenfalls empfiehlt, ganz besonders auch dann, wenn der eigene des Tempus Two überlaufen ist.

Tower Estate   WEINGUT
(www.towerestatewines.com; Ecke Halls Rd & Broke Rd, Pokolbin; 10–17 Uhr) Gegründet von dem verstorbenen Len Evans, einer der führenden Persönlichkeiten des australischen Weinbaus, bietet dieses Weingut mit Klasse auch elegante Unterkunft und vorzügliche Restaurants.

Wyndham Estate   WEINGUT
(02-4938 3444; www.wyndhamestate.com; 700 Dalwood Rd, Dalwood; 9.30–16.30 Uhr)

Das 1828 gegründete Weingut ist für seinen Shiraz bekannt. Das Gut ist auch Sitz des Restaurants Olive Tree und Gastgeber von Opera in the Vineyards.

Noch mehr Sehenswertes
Hunter Valley Gardens   PARK
(www.hvg.com.au; Broke Rd, Pokolbin; Erw./Kind 25/15 AU$; 9–17 Uhr) Der 24 ha große Park beeindruckt mit Blumenarrangements und Landschaftsbau. Zu den beliebtesten jährlichen Events gehören *Snow Time* im Juli und das *Christmas Lights Spectacular*, Australiens größte Weihnachtsbeleuchtung.

Im benachbarten Komplex des Pokolbin Village gibt es Restaurants, Läden, einen Kinderspielplatz und Aquagolf.

👉 Geführte Touren
Sollte sich niemand finden, der freiwillig nichts trinkt und noch fahren kann, dann bietet sich eine der vielen Weintouren an. Einige Anbieter holen die Teilnehmer für eine lange Tagestour sogar in Sydney oder Newcastle ab. Das Personal in Visitor Centres und Unterkünften sollte in der Lage sein, bei der Auswahl der richtigen Tour zu helfen.

Hunter Valley Boutique Wine Tours   WEINTOUR
(0419 419 931; www.huntervalleytours.com.au) Die Touren für kleine Gruppen kosten ab 65 AU$ pro Person für einen halben, und ab 99 AU$ für einen ganzen Tag inklusive Mittagessen.

Aussie Wine Tours   WEINTOUR
(0402 909 090; www.aussiewinetours.com.au) Bei diesen privaten Touren mit Chauffeur kann man seine Route durch das Anbaugebiet selbst festlegen.

Wine Rover   WEINTOUR
(02-4990 1699; www.rovercoaches.com.au) Zu diesen ganztägigen Wingut-Touren mit einem Bus werden die Teilnehmer in Cessnock und Pokolbin (55 AU$), Branxton (65 AU$) oder Newcastle (70 AU$) abgeholt.

🎉 Feste & Events
In den Sommermonaten kommen hier regelmäßig Superstars vorbei und geben in den größeren Weingütern Konzerte. Wenn etwas Besonderes auf dem Programm steht, sollte man seine Unterkunft weit im Voraus buchen. Infos zu anstehenden Events gibt's auf www.winecountry.com.au.

A Day on the Green   MUSIK
(www.adayonthegreen.com.au) Die Konzertreihe findet im Sommer auf dem Bimbadgen Estate statt.

Lovedale Long Lunch   ESSEN
(www.lovedalelonglunch.com.au) Sieben Weingüter und Köche tun sich für dieses Event zusammen, um am dritten Maiwochenende Mittagessen begleitet von Kunst und Musik zu servieren.

Hunter Valley Wine & Food Month   WEIN, ESSEN
(www.huntervalleyuncorked.com.au) Im Juni.

Jazz in the Vines   MUSIK
(www.jazzinthevines.com.au) Im Oktober auf dem Tyrell-Weinberg.

Opera in the Vineyards   OPER
(www.operainthevineyards.com.au) Im Oktober im Wyndham Estate.

🛏 Schlafen
Freitags und samstags schießen die Preise in die Höhe, und oft muss man mindestens zwei Übernachtungen buchen. In vielen Unterkünften sind Kinder unerwünscht.

Hunter Valley YHA   HOSTEL $
(02-4991 3278; www.yha.com.au; 100 Wine Country Dr, Nulkaba; B 29–33 AU$, Zi. mit/ohne Bad 88/77 AU$; @ 🛜 🏊) Jeden Februar füllt sich das recht neue, eigens errichtete Hostel bis unters Dach mit Gästen, die Urlaub mit Arbeit verbinden, indem sie sich an der Weinlese beteiligen. Zur Belohnung warten am Ende des Tages der Swimmingpool und viel gute Laune rund um den Grill und den draußen aufgebauten Pizzaofen. In den Zimmern kann es allerdings leider furchtbar heiß werden.

⭐ Thistle Hill   B&B $$
(02-6574 7217; www.thill.com.au; 591 Hermitage Rd, Pokolbin; Zi./Cottages ab 190/330 AU$; ❄ 🛜 🏊) Auf dem idyllischen, 10 ha großen Anwesen finden sich Rosengärten, ein Zitronenhain, ein Weinberg, ein in sich abgeschlossenes Cottage für bis zu fünf Personen und eine luxuriöse Pension mit sechs Doppelzimmern. Die Zimmer und Gemeinschaftsbereiche sind elegant und könnten aus der französischen Provinz stammen.

Splinters Guest House   B&B $$
(02-6574 7118; www.splinters.com.au; 617 Hermitage Rd, Pokolbin; Zi./Cottages ab 190/240 AU$; ❄ 🛜 🏊) Der gesellige Eigentümer Bobby

Jory führt dieses beschauliche B&B mit großem Elan und verwöhnt die Gäste mit einem Gourmetfrühstück, Portwein und Pralinen auf den Zimmern sowie Wein und Käse auf der Terrasse. Es gibt drei schicke Doppelzimmer mit komfortablen Betten und zwei rustikale Cottages für Selbstversorger.

Buffs at Pokolbin CABIN $$
(02-4998 7636; www.buffsatpokolbin.com.au; 47 Coulson Rd, Pokolbin; Cottages mit 1/2 Schlafzimmern ab 180/280 AU$; ❋☎) Auf einem beschaulichen, 40 ha großen Anwesen, auf dem Kängurus unter Eukalyptusbäumen herumhüpfen, bietet das Buffs vier makellos saubere, in sich abgeschlossene Cottages, die so komfortabel wie preisgünstig sind – eine fantastische Option für Familien genauso wie für Paare.

Spicers Vineyards Estate RESORT $$$
(02-6574 7229; www.spicersgroup.com.au; 555 Hermitage Rd, Pokolbin; Suite 395–495 AU$; ❋☎☎) Das Spicers, das sich als „ultimativ-intim-einmaliges Weingut" anpreist, bietet 12 moderne Suiten mit großen Betten, Wohnzimmer (mit offenem Kamin) und Badezimmer (mit Whirlpool). Vor Ort gibt es außerdem das **Restaurant Botanica**, ein Tages-Spa und einen Pool.

🍴 Essen

Reservieren ist werktags ratsam und an Wochenenden unverzichtbar. Schnäppchen darf man nicht erwarten – wer nur ein kleines Budget hat, sollte sich selbst verköstigen. Viele Weingüter haben Restaurants.

★ Muse Kitchen EUROPÄISCH $$
(02-4998 7899; www.musedining.com.au; Keith Tulloch Winery, Ecke Hermitage Rd & Deasys Rd, Pokolbin; Hauptgerichte 25–36 AU$; ⊙Mi-So 12–15, Sa 18–21 Uhr) Tagsüber bietet dieses Spitzenrestaurant auch leckere Käse-Schinken-Sandwiches und einfallsreiche Burger an, im Vordergrund stehen aber substanziellere Hauptgerichte mit französischem oder italienischem Einschlag. Am Samstagabend gibt es ein Verkostungsmenü (75 AU$).

Enzo CAFÉ $$
(www.enzohuntervalley.com.au; Ecke Broke Rd & Ekerts Rd, Pokolbin; Hauptgerichte morgens 15–29 AU$, mittags 22–30 AU$; ⊙9–16 Uhr) In diesem beliebtem Café mit italienischem Einschlag nimmt man sich im Winter einen Tisch am Kaminfeuer, im Sommer einen im Garten und genießt die rustikalen, in großzügigen Portionen servierten Gerichte. Der Besuch lässt sich gut mit einer Weinverkostung im benachbarten David Hook Wines verbinden.

Muse Restaurant MODERN-AUSTRALISCH $$$
(02-4998 6777; www.musedining.com.au; 1 Broke Rd, Pokolbin; 2-/3-Gänge-Menü 75/95 AU$; ⊙Mi-Fr 18.30–22, Sa 12–15 & 18.30–22, So 12–15 Uhr) Der wie ein großes Fass mit permanent offen stehendem Deckel geformte Komplex der Hungerford Hill Winery bewacht den Eingang zur Broke Rd. Drinnen bietet das höchstbewertete Restaurant der Gegend raffinierte zeitgenössische Gerichte und einen erstklassigen Service. Für Vegetarier gibt es ein eigenes Menü (2 Gänge 60 AU$).

Bistro Molines FRANZÖSISCH $$$
(02-4990 9553; www.bistromolines.com.au; 749 Mt. View Rd, Mt. View; Hauptgerichte 38–42 AU$; ⊙Do-Mo 12–15, Fr & Sa 19–21 Uhr) Das französische Restaurant in der Tallavera Grove Winery hat sensationelle, saisonal bestimmte Gerichte, die fast so eindrucksvoll sind wie der Blick über die Weinberge.

Margan MODERN-AUSTRALISCH $$$
(02-6579 1102; www.margan.com.au; 1238 Milbrodale Rd, Broke; Hauptgerichte morgens 18 AU$, mittags 36–38 AU$, 3-/4-/5-Gänge-Verkostungsmenü 65/80/95 AU$; ⊙Fr & Sa 12–15 & 18–21.30, So 9–10.30 & 12–15 Uhr) Hier sollte man dem Namen der Region gerecht werden und beim Bestellen aus der verführerischen Gerichteauswahl dieses Weingut-Restaurants schon mal etwas springen lassen. Viele der Zutaten stammen aus dem eigenen Küchengarten; der Rest – wo immer möglich – von Anbietern aus der Region.

Lebensmittel

Hunter Valley Smelly Cheese Shop DELI $
(www.smellycheese.net.au; Tempus Two Winery, 2144 Broke Rd, Pokolbin; Hauptgerichte 9–16 AU$; ⊙10–17 Uhr) Neben den Produkten aus dem klimatisierten Käseraum verkauft dieser Laden auch Vorspeisenteller für ein Picknick (40 AU$), ganztägiges Frühstück, Pies, Pizzas und gefüllte Baguettes. Es gibt noch eine zweite Filiale im Pokolbin Village.

Hunter Valley Cheese Company KÄSE $
(www.huntervalleycheese.com.au; McGuigans Winery, 447 McDonalds Rd, Pokolbin; ⊙9–17.30 Uhr) Die Angestellten erzählen einem den ganzen Tag lang alles über Käse – besonders ausführlich täglich um 11 Uhr beim Käse-Talk. Die Auswahl an Käse ist wirklich verwirrend groß.

Hunter Valley Chocolate Company
SCHOKOLADE $

(www.hvchocolate.com.au; Peterson House, Broke Rd, Pokolbin; ◉9–17 Uhr) Der Laden hat eine verführerische Auswahl lokal hergestellter Pralinen, Toffees und anderer Süßigkeiten. Wenn man hier ist, kann man auch nebenan im Peterson House an einer Verkostung teilnehmen – das Weingut ist der einzige Sektproduzent im Hunter Valley.

Hunter Olive Centre
DELI $

(www.pokolbinestate.com.au; 298 McDonalds Rd, Pokolbin; ◉9–17 Uhr) Versteckt in dem Steincottage hinter dem Pokolbin Estate Vineyard kann man hier Dutzende leckere Sachen auf Brotstückchen probieren: Öle, Tapenaden, Chutneys, Marmeladen etc.

🍷 Ausgehen

Harrigan's
PUB

(www.harrigans.com.au; Broke Rd, Pokolbin; ◉9–22 Uhr) Auf der Speisekarte des gemütlichen irischen Pubs stehen Pies mit Rindfleisch und Guinness. An den meisten Wochenenden spielenLivebands.

Wollombi Tavern
KNEIPE

(www.wollombitavern.com.au; Great North Rd, Wollombi; ◉10 Uhr–open end) Diese fabelhafte Kneipe, aus der der Dr. Jurd's Jungle Juice stammt, liegt an der Wollombi-Kreuzung. Der „Dschungelsaft" ist eine nicht zu unterschätzende Mischung, die aus Port, Brandy und Wein besteht. An den Wochenenden ist die Taverne beliebter Boxenstopp von Motorradclubs (solche von der freundlichen Sorte).

ⓘ Praktische Informationen

Hunter Valley Visitor Centre (☎02-4991 4535; www.huntervalleyvisitorcentre.com.au; 455 Wine Country Dr; ◉9–17 Uhr) Das Besucherzentrum bietet zahlreiche Broschüren und Infos zu den Unterkünften, Attraktionen und Restaurants im Tal.

ⓘ An- & Weiterreise

BUS

Rover Coaches (☎02-4990 1699; www.rovercoaches.com.au) Werktags fahren vier Busse von Newcastle nach Cessnock (7 AU$, 1¼ Std.) und samstags zwei; sonntags wird die Strecke nicht bedient. Andere Busse nach Cessnock fahren von den Bahnhöfen in Morisset (3,60 AU$, 1 Std., 2-mal tgl.) und Maitland (3,60 AU$, 50 Min., häufig).

ZUG

Sydney Rail betreibt eine Strecke von Newcastle (6,60 AU$, 50 Min.) ins Hunter Valley. Der Bahnhof, der den Weingütern am nächsten liegt, ist Branxton, aber nur in Maitland gibt's eine Busverbindung nach Cessnock.

ⓘ Unterwegs vor Ort

Das Hunter Valley ohne Auto zu erkunden, kann zur Herausforderung werden. Fahrräder vermieten das YHA-Hostel sowie **Grapemobile** (☎02-4998 7660; www.grapemobile.com.au; 307 Palmers Lane, Pokolbin; 20/25 AU$ für 2/8 Std.; ◉10–18 Uhr) und **Hunter Valley Cycling** (☎0418 281 480; www.huntervalleycycling.com.au; 266 DeBeyers Rd, Pokolbin; 35/45 AU$ für 1/2 Tage).

Der **Vineyard Shuttle** (☎02-4991 3655; www.vineyardshuttle.com.au; 15 AU$/Pers.) bietet einen Tür-zu-Tür-Service zwischen den Unterkünften und Restaurants in Pokolbin.

Byron Bay & Nördliches New South Wales

Inhalt ➡

Port Stephens.............129
Myall Lakes National Park...............132
Port Macquarie...........136
Nambucca Heads.......144
Bellingen......................146
Coffs Harbour.............150
Grafton.........................156
Byron Bay....................164
Nimbin.........................176
Murwillumbah.............179

Gut essen

➡ No 2 Oak St (S. 147)
➡ Beachwood Cafe (S. 160)
➡ Stunned Mullet (S. 140)
➡ Jaaning Tree (S. 145)
➡ Sugar Beat (S. 180)

Schön übernachten

➡ Elindale House (S. 175)
➡ Aabi's at Byron (S. 168)
➡ Crystal Creek Rainforest Retreat (S. 180)
➡ Lily Pily (S. 147)
➡ Grey Gum Lodge (S. 176)

Auf ins nördliche New South Wales!

An diesem großartigen Küstenabschnitt wechseln sich Strandorte und Nationalparks ab, während im Landesinneren grünes Ackerland und uralte Pfade durch Regenwälder mit UNESCO-Status locken.

Die Nordküste, eine Art Puffer zwischen den Großstädten von New South Wales im Süden und Queenslands bebauter Gold Coast, versprüht ruhiges, bodenständiges Flair. In den charmanten, kleinen Ortschaften der Region treffen eingefleischte Dörfler auf ehemalige Großstädtler und alternative Post-Hippies: Ob frische lokale Produkte, eine erstklassige Mahlzeit oder eine Psychologielesung – hier gibt's von allem etwas. Wer auf der Suche nach einem Surfabenteuer ist, findet zudem hinter der nächsten Ecke garantiert die perfekte Welle.

Kein Ort an der Ostküste verbindet Strand, Natur und Spaß derart gelungen wie Byron Bay. Besucher kehren meist begeistert nach Hause zurück – wenn sie dies überhaupt tun.

Reisezeit
Byron Bay

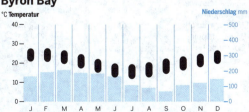

Juni & Juli Der Winter bringt wandernde Wale, Laternen in Lismore und Rocker in Byron Bay.

Sept.–Nov. Die Wale kehren zurück, die Jacaranda blühen und Byron Bay feiert das Surf Fest.

Dez.–Feb. Strandspaß pur, Tropical Fruits in Lismore und Blues-Stimmung in Byron.

Highlights

❶ Einsame Strände in wilden Küstenlandschaften wie dem **Myall Lakes National Park** (S. 132) entdecken

❷ Im **Dorrigo National Park** (S. 149) in uralte Gondwana-Regenwälder, einem UNESCO-Weltnaturerbe, vordringen

❸ Bei einer Bootsfahrt in **Port Stephens** (S. 129) mit Walen und Delfinen auf Tuchfühlung gehen

❹ Die endlose unberührte Landschaft, die sich ab **Crowdy Head** (S. 135) erstreckt, bewundern

❺ Den Charme hübscher Dörfer im Hinterland wie **Bellingen** (S. 146) genießen

❻ Vom wunderschönen Cape Byron im lebendigen **Byron Bay** (S. 164) aus Wale prusten und Delfine springen sehen

❼ Die ländlichen Nebenstraßen entlang des Macleay River in **Kempsey Shire** (S. 141) erkunden

❽ Auf Märkten wie dem in **Bangalow** (S. 173) den irren Mix aus Bauern, Hippies und Gourmets bestaunen

❶ Anreise & Unterwegs vor Ort

BUS
Greyhound und Premier bieten Verbindungen zwischen Sydney und Brisbane über den Pacific Hwy. Andere Veranstalter bedienen kürzere Abschnitte auf der Strecke.

FLUGZEUG
Flughäfen für Inlandsverbindungen gibt's in Taree, Port Macquarie, Coffs Harbour, Grafton, Ballina und Lismore. Für Port Stephens bietet sich zudem der Newcastle Airport an, während der Gold Coast Airport nur 4 km von Tweed Heads entfernt ist.

ZUG
Die Züge von NSW TrainLink zwischen Sydney und Brisbane halten in Wingham, Taree, Nambucca Heads, Coffs Harbour und Grafton.

PORT STEPHENS

64 800 EW.

Der geschützte Hafen liegt eine rund einstündige Fahrt nördlich von Newcastle in einem überschwemmten Tal, das sich über 20 km in Richtung Landesinnere erstreckt. Im Süden wird er von der schmalen **Tomaree Peninsula** mit verlassenen Stränden, Nationalparks und einem außergewöhnlichen Sanddünensystem begrenzt. Im Hauptort, **Nelson Bay**, gibt es eine Fischereiflotte und eine Armada an Touristenschiffen, die aus dessen Ruf als „Delfinhauptstadt Australiens" Profit schlagen.

Unmittelbar östlich davon geht Nelson Bay quasi in das etwas kleinere **Shoal Bay** über. Dort lädt ein langer Strand zum Baden ein, allerdings nur am Morgen, da nachmittags Wind aufkommt. Die Straße endet eine kurze Fahrt südwärts in **Fingal Bay** mit einem weiteren hübschen Strand am Rand des Tomaree National Park. Der Park erstreckt sich westlich rund um den **Samurai Beach** mit FKK-Bereich und beliebten Surfwellen sowie den **One Mile Beach**; der sichelförmige, wunderbar weiche Traumstrand mit tiefblauem Wasser wird gern von ortskundigen Surfern, Spaziergängern und herumbummelnden Romantikern angesteuert.

Der Tomaree National Park endet beim Surferort **Anna Bay**, dessen Kulisse die unglaublichen **Worimi Conservation Lands** bilden. Die Gan Gan Rd verbindet Anna Bay, One Mile Beach und Samurai Beach mit der Nelson Bay Rd.

◉ Sehenswertes

Worimi Conservation Lands SANDDÜNEN
(www.worimiconservationlands.com; 3-Tages-Ticket 10 AU$) Bei Stockton Bight erstrecken sich die mit 35 km längsten Sanddünen der südlichen Hemisphäre. Hier kann es schnell passieren, dass man vor lauter schimmerndem Sand weder das Meer noch irgendein Zeichen von Leben sieht. Am westlichen Ende des Strandes liegt das Wrack der *Sygna* im Wasser.

Dank der Großzügigkeit der Worimi, denen das Land gehört, dürfen Besucher das Gelände zu Fuß erkunden, wenn sie dabei keine Stätten der Aborigines stören und mit der erforderlichen Genehmigung am Strand entlangfahren (nur Geländewagen zugelassen). Diese stellen das Visitor Centre, das Büro des National Parks & Wildlife Service (NPWS) in Nelson Bay, die BP-Tankstelle in Anna Bay und die rund um die Uhr geöffnete Metro-Tankstelle nahe der Einfahrt Lavis Lane aus.

Tomaree National Park PARK
(www.nationalparks.nsw.gov.au/tomaree-national-park) In dem wunderbar wilden Park leben mehrere bedrohte Arten, darunter der Riesenbeutelmarder und der Riesenkauz. Wer genau hinschaut, entdeckt eventuell auch einen Koala oder Wallaby.

Am östlichen Ende von Shoal Bay führt ein kurzer Spaziergang zum unbewachten Surfstrand **Zenith Beach** (Vorsicht vor der Brandung und starken Unterströmungen!). Wer sich zudem den **Tomaree Head Summit Walk** (1 km, hin & zurück 1 Std.) vornimmt, wird mit einem eindrucksvollen Blick aufs Meer belohnt. Das NPWS-Büro informiert über längere Wanderungen wie den Küstenweg von Tomaree Head nach Big Rocky.

Nelson Head Lighthouse Cottage HISTORISCHES GEBÄUDE
(Lighthouse Rd, Nelson Bay; ◷10–16 Uhr) GRATIS
Das restaurierte Gebäude von 1875 beherbergt eine Teestube und ein kleines Museum zur örtlichen Geschichte. Für die passende Inspiration sorgt der Ausblick auf Port Stephens.

🏃 Aktivitäten & Geführte Touren

Imagine Cruises BOOTSFAHRT
(☏02-4984 9000; www.imaginecruises.com.au; Dock C, d'Albora Marinas, Nelson Bay) ⚑ Zum Programm gehören 3½-stündige Segel-, Schwimm-, Schnorchel- und Delfinbeobach-

tungstouren (Erw./Kind 60/30 AU$, Dez.–März), 90-minütige Delfinbeobachtungsfahrten (26/14 AU$, Nov.–Mai), dreistündige Walbeobachtungstrips (60/25 AU$, Mai.–Mitte Nov.) und zweistündige Fahrten mit Meeresfrüchte-Abendessen (39/20 AU$, Okt.–Mai).

Moonshadow
BOOTSFAHRT

(02-4984 9388; www.moonshadow.com.au; 35 Stockton St, Nelson Bay) Delfinbeobachtungs- (Erw./Kind 21/11 AU$, ganzjährig; 26/14 AU$ inkl. Boom-Netting, Weihnachten–Ostern) und Walbeobachtungstouren (60/25 AU$, Mai–Nov.) sowie Dinnerfahrten (69/26 AU$).

Dolphin Swim Australia
DELFINBEOBACHTUNG

(1300 721 358; www.dolphinswimaustralia.com.au; 5-stündiger Tour 269 AU$; Okt.–Ostern Sa & So) Schwimmenderweise kann man mit den Delfinen nicht mithalten, deswegen werden Tourteilnehmer hier an einem Seil durchs Wasser gezogen.

Port Stephens Surf School
SURFEN

(0411 419 576; www.portstephenssurfschool.com.au; 2-stündiger/2-/3-tägiger Kurs 60/110/165 AU$) Surf- und Stehpaddelkurse sowie Bootsverleih (1/2 Std. 17/28 AU$).

Port Stephens Ecosports
KAJAKFAHREN

(0405 033 518; www.portstephensecosports.com.au; Kajak-/Paddelboard-/Surfski-Verleih 25/30/40 AU$ pro Std.) Bietet diverse Kajaktrips, darunter einstündige Kurzausflüge (Erw./Kind 30/20 AU$), 1½-stündige Fahrten bei Sonnenuntergang (35/25 AU$) und 2½-stündige Entdeckungstouren (45/35 AU$).

Port Stephens 4WD Tours
TOUREN

(02-4984 4760; www.portstephens4wd.com.au; 35 Stockton St) Hier gibt's eine 1½-stündige Strand- und Dünentour (Erw./Kind 49/29 AU$), einen dreistündigen Ausflug zum Schiffswrack Sygna (Erw./Kind 85/47 AU$) und Sandboarding (26/19 AU$). Kooperiert mit Moonshadow, deswegen sind auch Kombos mit Bootsfahrt möglich.

Oakfield Ranch
KAMELRITTE

(0429 664 172; www.oakfieldranch.com.au; Parkplatz Birubi Pt, James Patterson St, Anna Bay) 20-minütige Kamelritte am Strand an Wochenenden und Feiertagen.

Schlafen

Samurai Port Stephens YHA
HOSTEL $

(02-4982 1921; www.samuraiportstephens.com; Frost Rd, Anna Bay; B 35 AU$, DZ 91–123 AU$;) Die hübsch eingerichteten Hütten mit Holzboden sind um einen Pool angeordnet und liegen in von Koalas bewohntem Buschland, in dem asiatische Skulpturen stehen. Es gibt eine Buschküche mit Grill und ein klappriges Spielehäuschen mit Billardtisch.

Melaleuca Surfside Backpackers
HOSTEL $

(02-4981 9422; www.melaleucabackpackers.com.au; 2 Koala Pl, One Mile Beach; Stellplatz/B/DZ ab 20/32/100 AU$; @) Die von einem Architekten entworfenen Holzhütten der freundlichen, professionell geführten Unterkunft liegen inmitten friedlichen Buschlandes, das von Koalas und Kookaburras bewohnt wird. Es gibt einen einladenden Loungebereich und eine Küche, zudem veranstalten die Besitzer Sandboarding und andere Tagesausflüge.

Beaches Serviced Apartments
APARTMENTS $$

(02-4984 3255; www.beachesportstephens.com; 12 Gowrie Ave, Nelson Bay; Apt. ab 160 AU$;) Die wunderbar gepflegten Apartments lassen keine Annehmlichkeiten (wie komplett ausgestattete Küchen und Waschmaschinen) vermissen. Größentechnisch reicht die Auswahl von Einzimmerwohnungen bis zu Apartments mit drei Schlafzimmern, zudem gibt es einen von Palmen gesäumten Pool.

Wanderers Retreat
APARTMENTS $$

(02-4982 1702; www.wanderersretreat.com; 7 Koala Pl, One Mile Beach; Hütten ab 145 AU$;) In den drei luxuriösen Baumhäusern der idyllischen Anlage können sich Gäste wie Robinson Crusoe fühlen. Wer lieber in Bodennähe nächtigt, kann zwischen verschiedenen Cottages und einem Haus mit vier Schlafzimmern und Whirlpool wählen.

Bali at the Bay
APARTMENTS $$$

(02-4981 5556; www.baliatthebay.com.au; 1 Achilles St, Shoal Bay; Apt. 260–300 AU$;) Die zwei ausgenommen hübschen Apartments für Selbstversorger mit Buddhas samt Blumenschmuck und Holzschnitzereien werden ihrem Namen mehr als gerecht. Die Bäder sind exquisit und es gibt Wellnessbehandlungen.

Essen

Red Ned's Gourmet Pie Bar
FAST FOOD $

(www.redneds.com.au; 17-19 Stockton St, Nelson Bay; Pies 6 AU$; 6.30–17 Uhr) Pie-Meister Barry Kelly lernte in erstklassigen internationalen Hotels und liebt es, wenn seine Gäste

Port Stephens & Great Lakes

angesichts seiner Spezialkreationen große Augen machen (wie wär's mit Krokodil in Pilz-Weißweinsauce?).

Sandpipers MODERN-AUSTRALISCH $$
(02-4984 9990; www.sandpipersrestaurant.com.au; 81 Magnus St, Nelson Bay; Hauptgerichte 29–32 AU$; Mo-Sa 17.30–22 Uhr) Die Speisekarte dieses gehobenen, aber informellen Restaurants im Hauptgeschäftsviertel von Nelson Bay ist asiatisch geprägt. Die Butterkrebse sind leicht und lecker, der Schweinebauch ist knusprig und das Satay-Rind wunderbar zart. Zudem gibt's einfachere Gerichte wie Hähnchenbrust oder frisch gefangener Fisch des Tages.

Point SEAFOOD $$$
(02-4984 7111; www.thepointrestaurant.com.au; Ridgeway Ave, Soldiers Point; Hauptgerichte mittags 16–40 AU$, abends 36–40 AU$; Di–So 12–15, Di–Sa 18–21 Uhr) Das Restaurant am Jachthafen bei Soldiers Point steuern Einheimische gern zu romantischen Anlässen an. Die Ausblicke vom Balkon und verglasten Speiseraum sind toll und die Gerichte verführerisch. Es gibt nicht nur Fisch und Meeresfrüchte.

🛈 Praktische Informationen

Visitor Information Centre (02-4980 6900; www.portstephens.org.au; 60 Victoria Pde, Nelson Bay; 9–17 Uhr) Hier gibt's eine interessante Ausstellung zum Meeresschutzpark.

NPWS-Büro (02-4984 8200; www.nationalparks.nsw.gov.au; 12b Teramby Rd, Nelson Bay; Mo–Fr 8.30–16.30 Uhr)

🛈 Anreise & Unterwegs vor Ort

Port Stephens Coaches (02-4982 2940; www.pscoaches.com.au) verkehrt regelmäßig über die Vororte von Port Stephens nach Newcastle und zum Newcastle Airport (4,60 AU$, 1½ Std.). Außerdem existiert eine tägliche Verbindung nach/ab Sydney (39 AU$, 4 Std.) mit Stopps in Anna Bay, Nelson Bay und Shoal Bay.

Port Stephens Ferry Service (☏ 0412 682 117; www.portstephensferryservice.com.au) und **MV Wallamba** (☏ 0408 494 262) schippern dreimal am Tag von Nelson Bay nach Tea Gardens und wieder zurück (Erw./Kind/Fahrrad hin & zurück 20/10/2 AU$).

REGION GREAT LAKES

Trotz des imposanten Namens ist die kompakte Region eher unscheinbar und leicht zu übersehen, wenn man den Pacific Hwy hinaufdüst. Die Bezeichnung geht auf eine Reihe von Seen zurück, die sich entlang der Küste bis zum regionalen Zentrum Forster-Tuncurry erstrecken. Der Reiz liegt darin, die Autobahn gegen grüne Straßen durch Nationalparks einzutauschen.

Tea Gardens & Hawks Nest

2430 & 1120 EW.

Die zwei ruhigen Städtchen mit den wohl charmantesten Namen an der Küste liegen an der Mündung des Myall River und sind über die elegant geschwungene Singing Bridge miteinander verbunden. Der klassisch-vornehme Flussort Tea Gardens versprüht idyllisch-entspanntes Flair, während Hawks Nest vor allem vom Strandleben geprägt ist. **Jimmy's Beach** säumt einen glitzernden Meeresabschnitt mit Sicht auf Nelson Bay, **Bennett's Beach** wiederum überblickt den Ozean und Broughton Island.

Der Myall River und die umliegenden Wasserwege lassen sich wunderbar mit dem Kajak erkunden. **Lazy Paddles** (☏ 0412 832 220; www.lazypaddles.com.au; Touren Erw./Kind 50/35 AU$, Verleih pro 2/4/10 Std. 40/55/65 AU$) bietet zweistündige Geschichts- und Naturtouren und verleiht Kajaks.

🛏 Schlafen & Essen

Hawks Nest Motel   MOTEL $$
(☏ 02-4997 1166; www.hawksnestmotel.com.au; 5 Yamba St; Zi. ab 120 AU$; ❄ 🛜 🏊) Das altmodische zweistöckige Motel aus Ziegelstein wurde kürzlich mit neuen Teppichen, neuen Möbeln und hellen Fotodrucken versehen und ist seitdem eine ansprechende Option.

Boatshed   CAFÉ, RESTAURANT $$
(☏ 02-4997 0307; www.teagardensboatshed.com.au; 110 Marine Dr, Tea Gardens; Hauptgerichte morgens 10–17 AU$, mittags 18–30 AU$, abends 34–40 AU$; ⏱ tgl. 8.30–14.30, Mi–Sa 18–21 Uhr) Der Besuch dieses früheren Bootshauses direkt am Wasser wird von gelegentlichen Pelikanschreien begleitet. Ihr Neid ist berechtigt – hier ist alles köstlich! Zudem gibt's guten Kaffee und eine Terrasse mit hübschen Blicken auf den Sonnenuntergang.

Benchmark on Booner   INTERNATIONAL $$
(☏ 02-4997 2980; www.benchmarkrestaurant.com.au; 100 Booner St, Hawks Nest; Hauptgerichte 16–32 AU$) Für ein Restaurant, das zu einer Motelbar in einer Kleinstadt gehört, ist das Benchmark überraschend schick und innovativ. Die Bedienungen sind überfordert und auf der Speisekarte haben sich einige Fehler eingeschlichen, dafür ist die Pizza jedoch ein Genuss.

ℹ Praktische Informationen

Tea Gardens Visitor Centre (☏ 02-4997 0111; www.teagardens.nsw.au; 245 Myall St; ⏱ 10–16 Uhr)

ℹ Anreise & Unterwegs vor Ort

Nelson Bay ist per Luftlinie zwar nur 5 km entfernt, mit dem Auto geht's jedoch über Medowie zum Pacific Hwy und zurück, was einer Strecke von 81 km entspricht. Wer zu Fuß oder mit dem Rad unterwegs ist, kann alternativ eine Fähre von Nelson Bay (S. 132) aus nehmen.

Busways (☏ 02-4983 1560; www.busways.com.au) fährt täglich mindestens zweimal nach/ab Newcastle (21 AU$, 90 Min.).

Myall Lakes National Park

Der große **Nationalpark** (www.nationalparks.nsw.gov.au/Myall-Lakes-National-Park; Fahrzeuggebühr 7 AU$) an einem außergewöhnlich hübschen Küstenabschnitt umfasst Seen, Inseln, dichten Sumpfregenwald und Strände. Die Seen dienen einer ungemein vielfältigen Vogelwelt als Lebensraum, darunter Laubenvögel, Weißbauchseeadler und Eulenschwalmen. Auf den Wegen bei **Mungo Brush** im Süden durch küstennahen Regenwald und Sanddünen lassen sich Wildblumen und Dingos sichten.

Die besten Strände und Surfspots gibt's im Norden rund um das hübsche, abgeschiedene Buschörtchen **Seal Rocks** an der Sugarloaf Bay. Der örtliche Strand wartet mit smaragdgrünen Felsenbecken und goldenem Sand auf. Ein kurzer Spaziergang führt zum **Sugarloaf Point Lighthouse** mit traumhaften Meerblicken. Auf dem Weg wartet eine mit Wasser gefüllte Schlucht, zudem kann man einen Abstecher zum einsamen Lighthouse Beach, einem beliebten Surfspot, machen. Der Pfad um den Leuchtturm führt zu einem Aussichtspunkt mit Blick auf die eigentlichen Seal Rocks; auf den Inselchen sichtet man manchmal Australische Seebären. Auf ihrer alljährlichen Wanderung schwimmen Buckelwale an Seal Rocks vorbei und sind oft von der Küste aus zu sehen.

Broughton Island vor der Küste ist mit Ausnahme von Dunkelsturmtauchern, kleinen Pinguinen und einer enormen Vielfalt an Fischen unbewohnt. Die Tauchbedingungen sind erstklassig und die Strände wunderbar abgeschieden. Moonshadow (S. 130) veranstaltet von Oktober bis Ostern (in den Sommerferien häufiger) sonntags ganztägige Ausflüge auf die Insel ab Nelson Bay, inklusive Schnorcheln und Boom-Netting (Erw./Kind 85/45 AU$).

Schlafen

Seal Rocks Holiday Park — CAMPING $
(02-4997 6164; www.sealrocksholidaypark.com.au; Kinka Rd, Seal Rocks; Stellplatz/Hütten ab 35/80 AU$; 🛜) Bietet verschiedene Budgetoptionen, darunter grasbewachsene Stell- und Wohnmobilplätze direkt am Wasser.

NPWS-Campingplätze — CAMPING $
(1300 072 757; www.nationalparks.nsw.gov.au/Myall-Lakes-National-Park; Broughton Island 30 AU$/2 Pers., andere Plätze Erw./Kind 10/5 AU$) Im Park gibt es 19 einfache Campingplätze, die nur teilweise über Trinkwasser und Spültoiletten verfügen. Zum Zeitpunkt der Recherche war nur für Broughton Island eine Reservierung erforderlich, allerdings soll sich das in Zukunft ändern; weitere Informationen gibt's auf der Website.

Sugarloaf Point Lighthouse — HÜTTEN $$$
(02-4997 6590; www.sealrockslighthouseaccommodation.com.au; Hütten ab 390 AU$; 🛜) Die drei vollständig renovierten, altehrwürdigen Leuchtturmwärterhäuschen bieten Ausblick auf die Brandung und Wildtiere. Jedes ist komplett ausgestattet und verfügt über ein Doppelbett, iPod-Stationen, DVD-Player und Grill.

Bombah Point Eco Cottages — HÜTTEN $$$
(02-4997 4401; www.bombah.com.au; 969 Bombah Point Rd; DZ 220–275 AU$; ❄) Die hübschen, von einem Architekten entworfenen Häuschen für Selbstversorger liegen im Herzen des Nationalparks inmitten von Bäumen und bieten Platz für fünf bis sechs Personen. Das „Eco" im Namen ist mehr als berechtigt: Das Abwasser wird durch einen hauseigenen Bioreaktor aufbereitet, für Strom sorgen Sonnenkollektoren und das Wasser stammt aus Tanks mit gefiltertem Regenwasser.

ℹ Anreise & Unterwegs vor Ort

Von Hawks Nest führt die malerische Mungo Brush Rd durch den Park nach Bombah Broadwater. Dort setzt eine Fähre bei Bombah Point (6 AU$/Auto) von 8 bis 18 Uhr jede halbe Stunde in fünf Minuten über. Weiter nördlich verläuft ein 10 km langer unbefestigter Abschnitt der Bombah Point Rd zum Pacific Hwy bei Bulahdelah.

Der Lakes Way zweigt 5 km nördlich von Bulahdelah ab und führt entlang des nördlichen Randes des Myall Lake und des Smiths Lake, bevor er nach Pacific Palms und Forster-Tuncurry verläuft. Die Seal Rocks Rd zweigt vom Lakes Way bei Bungwahl ab.

Pacific Palms

664 EW.

Das zwischen den Nationalparks Myall Lakes und Booti Booti gelegene Pacific Palms ist ein beliebtes Ziel gut betuchter Wochenendausflügler aus der Stadt. Wer in einem der Parks sein Zelt aufgeschlagen hat, kommt wahrscheinlich hierher, wenn der Espresso-Hunger einsetzt: Vor Ort gibt's ein paar ausgezeichnete Cafés.

Ein Großteil der Häuser säumt den Blueys Beach und den Boomerang Beach, zwei lange, goldene Sandstrände, die bei Surfern beliebt sind. Der populärste und als einziger bewachte Badestrand ist Elizabeth Beach.

Schlafen & Essen

Mobys Beachside Retreat — RESORT $$
(02-6591 0000; www.mobysretreat.com.au; 4 Red Gum Rd, Boomerang Beach; Apt. ab 180 AU$; ❄🛜🏊) Das Urlaubsresort direkt gegenüber dem Boomerang Beach bietet 75 Apartments für Selbstversorger mit schickem Dekor und exzellenter Einrichtung, die sich auf ein ziemlich kleines Gebiet verteilen. Zur Anlage gehören ein Tennisplatz, ein Kinderspielplatz und ein beliebtes Restaurant.

Twenty by Twelve — CAFÉ $
(207 Boomerang Dr; Hauptgerichte 7–17 AU$; 7.30–15 Uhr; 🛜) Campen ist ja ganz o.k., allerdings wird man auf einem Campingkocher niemals einen so leckeren Kaffee zubereiten können! Darüber hinaus gibt es

ABORIGINES AN DER MITTLEREN & NÖRDLICHEN KÜSTE VON NSW

Das Gebiet, das sich von der Tomaree Peninsula nach Forster und im Westen bis nach Gloucester erstreckt, ist das Land der **Worimi**. Heute gehört ihnen nur noch ein sehr kleiner Teil davon, 2001 wurden ihnen jedoch die Sanddünen bei Stockton Bight, die jetzigen Worimi Conservation Lands, zurückgegeben. Der **Dark Point Aboriginal Place** im Myall Lakgees National Park ist seit rund 4000 Jahren ein bedeutender Ort für die Worimi. Man erzählt sich, dass er Ende des 19. Jhs. Schauplatz eines der vielen, von weißen Siedlern ausgeführten Massaker war, bei dem eine Stammesgemeinschaft auf die Felsen getrieben und hinuntergestoßen wurde.

Weiter nördlich beginnt das Land der **Birpai**, das Taree und Port Macquarie einschließt. Im Sea Acres Rainforest Centre (S. 136) gibt's eine Ausstellung zum Leben der einheimischen Bevölkerung, zudem bieten Birpai-Guides hier Bush-Tucker-Touren an.

Nach dem Passieren des Gebiets der **Dainggatti**, das etwa Kempsey Shire entspricht, kommt man in das Land der **Gumbainggir**, das sich bis hoch zum Clarence River erstreckt. In Orten wie Nambucca Heads leben noch immer recht große Aborigines-Gemeinschaften. Das Restaurant Jaaning Tree (S. 145) in Nambucca Heads serviert moderne indigene Küche, ebenso wie das Café des Yarrawarra Aboriginal Cultural Centre (S. 155). Red Rocks in der Nähe war Schauplatz eines weiteren Massakers im 19. Jh.

Der Norden der Küste von NSW und ein Großteil der Gold Coast sind das Gebiet der **Bundjalung**, zu dem auch ihr heiliger Berg Wollumbin/Mt. Warning (S. 178) gehört. Die Touren von Aboriginal Cultural Concepts (S. 161) geben eine Einführung in das Leben der Bundjalung. Auch das **Minjungbal Aboriginal Cultural Centre** (02-5524 2109; www.facebook.com/MinjungbalMuseum; Kirkwood Rd; Erw./Kind 15/7,50 AU$; Mo-Mi 10-15 Uhr) in Tweed Heads lohnt einen Besuch.

hier leichte Gerichte, lokale Bioprodukte und köstliche Feinkost.

Pacific Palms Recreation Club KNEIPE $$
(www.pprc.com.au; 3957 The Lakes Way; Hauptgerichte 13-21 AU$; 11 Uhr-open end) Der überall als „The Recky" bekannte Club bietet Mitgliedern billige Getränke, ein Bistro, Bingo und ab und zu Livemusik. Auf der Speisekarte stehen jede Menge Meeresfrüchte, zudem gibt's unter der Woche günstige Menüs (Rumpsteaks, Fish & Chips, Braten).

❶ Praktische Informationen

Visitor Centre (02-6554 0123; www.pacific palmscoast.info; Boomerang Dr; Do-Mo 10-14 Uhr, Sommer längere Öffnungszeiten;)

❶ An- & Weiterreise

Mindestens zweimal am Tag halten Busse von **Busways** (02-4997 4788; www.busways.com.au) auf ihrem Weg nach Newcastle (25 AU$, 2 Std.) und Taree (14 AU$, 1 Std.) in Blueys Beach.

Booti Booti National Park

Der 1567 ha große Nationalpark erstreckt sich entlang einer schmalen Halbinsel und wird im Osten vom **Seven Mile Beach** sowie im Westen vom **Wallis Lake** gesäumt. Die Fahrzeuggebühr von 7 AU$ des Nationalparks gilt nicht für den Lakes Way, der mitten durch das Schutzgebiet führt. Im nördlichen Teil des Parks gibt es neben Küstenregenwald das 224 m hohe **Cape Hawke**. An dessen Landzunge lohnt es sich, die rund 420 schweißtreibenden Stufen zur **Aussichtsplattform** hinauf zu steigen.

Bei einem Besuch der **Green Cathedral** kann man sich das Anklopfen sparen, denn es gibt keine Tür. Die interessante Kirche wurde 1940 geweiht und besteht aus Holzbänken unter Palmen mit Blick auf den See.

Bei **Ruins** (Stellplatz pro Erw./Kind 10/7 AU$) am südlichen Ende des Seven Mile Beach gibt es Zeltmöglichkeiten mit Selbstregistrierung.

❶ Praktische Informationen

NPWS-Büro (02-6591 0300; www.national parks.nsw.gov.au/booti-booti-national-park; The Ruins; 8.30-16.30 Uhr)

GREATER TAREE

In nördlicher Richtung führt der Pacific Hwy in Richtung Landesinnere nach **Taree** (17800 Ew.). Die große, unauffällige Stadt ist vor allem für die Farmen des fruchtbaren

Manning Valley von Bedeutung. Fährt man das Tal hinauf, trifft man ganz in der Nähe auf **Wingham** (4520 Ew.). Der Ort kombiniert auf faszinierende Weise ländlichen englischen Charme mit rustikaler Holzfällergeschichte.

In die andere Richtung erstreckt sich an der Mündung des Manning River der weitläufige Strandort **Harrington** (2260 Ew.), geschützt von einem spektakulären felsigen Wellenbrecher und bewacht von Pelikanen. Er hat sich vor allem dem Freizeitvergnügen verschrieben und ist bei Urlaubern und Rentnern gleichermaßen beliebt – 48% der Bevölkerung sind über 60 Jahre alt.

Das kleine Fischerdorf **Crowdy Head** (221 Ew.) liegt 6 km nordöstlich von Harrington am Rand des Crowdy Bay National Park. Der Name („bevölkerte Landzunge") geht auf Captain Cook zurück, der 1770 Zeuge einer Zusammenkunft von Aborigines auf der Landzunge wurde. Die Ausblicke vom **Leuchtturm** von 1878 reichen über den endlosen Ozean, die verlassenen Strände und die wilde Landschaft der Küstenebene und Berge. Hier scheint es tatsächlich so, als ob Cooks Entdeckungsreisen nie stattgefunden hätten.

Auch wenn man nicht durch den Nationalpark fährt, lohnt es sich, bei Kew den Pacific Hwy zu verlassen und der Küstenstraße über den Ocean Dr nach Port Macquarie zu folgen. Nach einem Stopp am Aussichtspunkt bei North Brother passiert man **Laurieton** (1930 Ew.). Hier geht's nach links und über die Brücke nach **North Haven** (1600 Ew.) mit einem traumhaften Surfstrand. Weiter nördlich führt die Straße am **Lake Cathie** (ket-ai) vorbei; in dem seichten See können Kids wunderbar paddeln.

Sehenswertes

Wingham Brush Nature Reserve   REGENWALD
(Isabella St, Wingham) Durch das idyllische Regenwaldreservat mit riesigen, unwirklich anmutenden Großblättrigen Feigen und Schwärmen von Flughunden führt ein Plankenweg. Wer genau hinsieht, entdeckt eventuell einen Fischadler oder eine Rautenpython.

Crowdy Bay National Park   PARK
(www.nationalparks.nsw.gov.au/crowdy-bay-national-park; Fahrzeuggebühr 7 AU$) Der 100 km² große Nationalpark ist für seine Felsformationen und zerklüfteten Klippen bekannt. Er erstreckt sich vor der Kulisse eines langen, schönen Strandes, der sich von Crowdy Head nordwärts nach Diamond Head windet. Über die Diamond-Landzunge führt ein malerischer 4,8 km (2 Std.) langer Rundweg. Die Straßen durch den Park sind nicht asphaltiert und voller Schlaglöcher – aufgrund des von den Gummibäumen gestreuten Lichtes ist die Fahrt aber trotzdem schön.

Dooragan National Park   PARK
(www.nationalparks.nsw.gov.au/dooragan-national-park) Unmittelbar nördlich des Crowdy Bay National Park am Ufer des Watson Taylor's Lake liegt dieser kleine, vom North Brother Mountain dominierte Nationalpark. Eine befestigte Straße führt zum Aussichtspunkt auf dem Gipfel mit traumhaften Blicken über die gesamte Küste.

Schlafen

NPWS-Campingplätze   CAMPING $
(02-6588 5555; Stellplatz pro Erw./Kind 10/5 AU$) Von den Campingplätzen im Crowdy Bay National Park ist Diamond Head der beliebteste und am besten ausgestattete (Spültoiletten und Gasgrills), Kylie's Hut dagegen der einfachste. Crowdy Gap am Strand im südlichen Teil des Parks ist preiswerter (Erw./Kind 5/3 AU$). Trinkwasser müssen die Camper jeweils selbst mitbringen.

Bank Guest House   B&B $$
(02-6553 5068; www.thebankandtellers.com.au; 48 Bent St, Wingham; EZ/DZ ab 160/170 AU$; ❋ ⓢ) Das freundliche B&B im ehemaligen Wohnhaus eines Bankdirektors aus den 1920er-Jahren bietet stilvolle Zimmer sowie eine haustierfreundliche Unterkunft im Garten im hinteren Bereich.

Essen

Bent on Food   CAFÉ $$
(www.bentonfood.com.au; 95 Isabella St, Wingham; Hauptgerichte 10–25 AU$; ⊙ Mo–Fr 8–17, Sa & So bis 15 Uhr) Dieses exzellente, kleine Café lohnt für sich genommen schon einen Stopp in Wingham. Serviert werden fachmännisch zubereitete Gerichte und köstliche Backwaren, zudem kann man Olivenöle und Chutneys aus eigener Herstellung sowie andere lokale Produkte wie Käse kaufen.

Harrington Hotel   KNEIPE $$
(02-6556 1205; 30 Beach St, Harrington; Hauptgerichte 15–26 AU$) Wenn sie nicht gerade Golf spielen und angeln, lassen sich Harringtons Bewohner auf der großen Terrasse am Wasser dieser weitläufigen Kneipe ein

Bier schmecken. Zum Programm gehören jede Menge Platz, traumhafte Meerblicke und exzellentes Essen.

ⓘ Praktische Informationen

Manning Valley Visitor Information Centre (☎ 02-6592 5444; www.manningvalley.info; 21 Manning River Dr, Taree; ⓧ 9–16.30 Uhr)

ⓘ An- & Weiterreise

Der **Taree Airport** (TRO; ☎ 02-6553 9863; 1 Lansdowne Rd, Cundletown) liegt 5 km nordöstlich von Tarees Zentrum. **Regional Express** (Rex; ☎ 13 17 13; www.regionalexpress.com.au) fliegt nach/ab Sydney und Grafton.

Züge von **NSW TrainLink** (☎ 13 22 32; www.nswtrainlink.info) halten auf ihrem Weg nach/ab Sydney (57 AU$, 5¼ Std., 3-mal tgl.), Nambucca Heads (36 AU$, 3 Std., 3-mal tgl.), Coffs Harbour (39 AU$, 3½ Std., 3-mal tgl.), Grafton (48 AU$, 5 Std., 3-mal tgl.) und Brisbane (103 AU$, 9 Std., tgl.) in Wingham und Taree.

PORT MACQUARIE

41 500 EW.

Schon lange ist Port Macquarie nicht mehr für Zwangsarbeit, sondern für Freizeitvergnügen bekannt. Die Stadt wurde 1821 als dritte Siedlung auf dem australischen Festland gegründet. Hier mussten Strafgefangene, die sich in Sydney eines Verbrechens schuldig gemacht hatten, Zwangsarbeit verrichten. Heute ist Port, so der gängige Name, vor allem als Urlaubsort bekannt, dafür sorgen die Lage am Beginn der subtropischen Küste, die wunderschönen Surfstrände und die entspannte Cafékultur.

ⓞ Sehenswertes

Port wartet mit traumhaften Stränden auf. Exzellente Surfbedingungen bieten die Strände bei **Town**, **Flynn's** und **Lighthouse**, die im Sommer überwacht werden. Der Regenwald erstreckt sich hinunter zu den Sandstränden von **Shelly** und **Miners**; bei letzterem handelt es sich um einen inoffiziellen FKK-Strand.

Besucher können von der Town Wharf zum Lighthouse Beach wandern. Unterwegs stößt man am unteren Stadtrand auf die Steine eines **Wellenbrechers**, der in ein gemeinschaftliches Guerrilla-Kunstwerk verwandelt wurde. Die kunstvollen Hinterlassenschaften reichen von wunderschönen Erinnerungen an Verstorbene bis hin zu belanglosen Partysprüchen.

Koala Hospital KOALARESERVAT
(www.koalahospital.org.au; Lord St; Eintritt gegen Spende; ⓧ 8–16.30 Uhr) Koalas, die in der Nähe von städtischen Gebieten leben, sind durch Straßenverkehr und Haustiere gefährdet. Zwischen 200 und 300 werden deshalb jedes Jahr in dieser Pflegestation aufgenommen. Besucher können den ganzen Tag das Freiluftgelände auf eigene Faust erkunden, informativer sind allerdings die Führungen (15 Uhr). Bei einem Teil der Langzeitpatienten erzählen Schilder ihre Geschichten. Die Website informiert über Möglichkeiten der Freiwilligenarbeit.

Roto House HISTORISCHES GEBÄUDE
(www.nationalparks.nsw.gov.au/macquarie-nature-reserve; Lord St; Eintritt gegen Spende; ⓧ 10–16.30 Uhr) Die hübsche viktorianische Villa aus dem Jahr 1890 neben dem Koala Hospital im Macquarie Nature Reserve zeigt interessante Ausstellungsstücke über ihre ursprünglichen Besitzer.

Sea Acres Rainforest Centre PARK
(www.nationalparks.nsw.gov.au/sea-acres-national-park; Pacific Dr; Erw./Kind 8/4 AU$; ⓧ 9–16.30 Uhr) Das 72 ha große Gelände wurde vor kurzem zum Nationalpark erklärt und schützt den größten Bestand von Küstenregenwald des Bundesstaates. Hier leben Vögel, Warane, Buschhühner und natürlich Moskitos (Insektenschutzmittel wird zur Verfügung gestellt).

Das Zentrum beherbergt ein exzellentes Café sowie audiovisuelle Exponate über den örtlichen Stamm der Birpai im unteren Stock. Highlight ist der 1,3 km lange, auch mit Rollstuhl und Kinderwagen zugängliche Bohlenweg durch den Wald. Im Preis inbegriffen sind einstündige Führungen unter der Leitung sachkundiger Freiwilliger. Wer sich für Bush-Tucker-Touren mit Aborigines-Guides (15 AU$) interessiert, kann telefonisch die genauen Zeiten erfahren.

Kooloonbung Creek Nature Park PARK
(Gordon St) GRATIS In dem 50 ha großen Park mit Busch- und Sumpfland leben viele Vogelarten. Verschiedene Spazierwege und rollstuhlgerechte Bohlenwege führen durch Mangroven- und Kasuarinenwald. Zum Gelände gehört außerdem der **Port Macquarie Historic Cemetery** (Gordon St).

Billabong Koala & Wildlife Park ZOO
(www.billabongkoala.com.au; 61 Billabong Dr; Erw./Kind 23/13 AU$; ⓧ 9–17 Uhr) Einen Besuch sollte man so planen, dass man das „Koa-

lastreicheln" (10.30, 13.30 & 15.30 Uhr) nicht verpasst. Zu dem Park gehört eine Aufzuchtstation, allerdings wird man schnell feststellen, dass ein Koala-Date eine ziemlich langwierige Angelegenheit ist. Auf dem Gelände leben noch viele andere australische Tiere sowie Affen und Schneeleoparden. Der Park liegt unmittelbar westlich des Pacific Hwy und Oxley Hwy.

Port Macquarie Historical Museum
MUSEUM

(www.port-macquarie-historical-museum.org.au; 22 Clarence St; Erw./Kind 5/2 AU$; ◷Mo-Sa 9.30-16.30 Uhr) Das überraschend interessante kleine Museum ist in einem Haus von 1836 untergebracht. Neben Ausstellungen zur Geschichte der Aborigines und Strafgefangenen gibt es eine bunte Mischung an Exponaten, darunter eine Ladenstraße und wunderschöne alte Kleider samt Unterwäscheabteilung.

Courthouse
HISTORISCHES GEBÄUDE

(31-35 Clarence St; Erw./Kind 2 AU$/50 Cent; ◷Mo-Fr 10-15, Sa bis 13 Uhr) Das Gerichtsgebäude ist eines der schönsten Kolonialgebäude in Port und wurde von seiner Fertigstellung 1869 bis 1986 genutzt.

Glasshouse
KUNSTZENTRUM

(www.glasshouse.org.au; Ecke Clarence St & Hay St) ⌲ Das architektonische Vorzeigeobjekt der Gemeinde wurde 2009 eröffnet. Auf dem Gelände standen früher Hütten der Gefängnisaufseher. Artefakte von den Originalgebäuden sind im Foyer und Untergeschoss ausgestellt. Der nachhaltig gestaltete Bau beherbergt die **Galerie für regionale Kunst** (◷Di-So 10-16 Uhr) GRATIS, ein Theater mit 600 Plätzen und das Touristeninformationszentrum.

St. Thomas' Anglican Church
KIRCHE

(www.pmqang.org; 50 Hay St; Eintritt gegen Spende; ◷Mo-Fr 9.30-12 & 14-16 Uhr) Das 1824 von Strafgefangenen errichtete Gebäude gehört zu Australiens noch immer genutzten Kirchen. Die abgetrennten Kirchenbänke und der mit Zinnen versehene Turm sind den normannischen Kirchen Südenglands nachempfunden.

Maritime Museum
MUSEUM

(www.maritimemuseumcottages.org.au; 6 William St; Erw./Kind 5/2 AU$; ◷10-16 Uhr) Die alte Lotsenstation (1882) über dem Town Beach wurde in ein kleines Seefahrtsmuseum umgewandelt. Eine noch kleinere Außenstelle des Museums ist im **Pilot's Boatshed** (◷10-14 Uhr) GRATIS aus den 1890er-Jahren bei der Town Wharf untergebracht.

Observatorium
OBSERVATORIUM

(www.pmobs.org.au; William St; Erw./Kind 8/5 AU$; ◷Mi & So 19.30, Sommerzeit bis 20.15 Uhr) Wer sich für Antworten jenseits des Horizonts interessiert, für den lohnt sich ein Blick durch das Teleskop in dieser Sternwarte an einem der Abende, an denen Besucher zugelassen sind.

Tacking Point Lighthouse
LEUCHTTURM

(Lighthouse Rd) Der kleine Leuchtturm (1879) auf einer Landzunge bietet Panoramablicke über die Küste und die Wellen, die den langen, wunderschönen Lighthouse Beach säumen.

🏃 Aktivitäten

Port Macquarie Surf School
SURFEN

(☏02-6584 7733; www.portmacquariesurfschool.com.au; Kurse ab 40 AU$) Die Surfschule bietet eine große Auswahl an Kursen aller Schwierigkeitsgrade.

Soul Surfing
SURFEN

(☏02-6582 0114; www.soulsurfing.com.au; Kurse ab 50 AU$) Die Surfschule eignet sich besonders gut für Anfänger.

👉 Geführte Touren

Port Venture Cruises
BOOTSFAHRTEN

(☏1300 795 577; www.portventure.com.au; Town Wharf; Erw./Kind ab 20/12 AU$) Neben Bootsfahrten bei Sonnenuntergang, mit Mittagessen oder zur Umweltgeschichte mit Delfinbeobachtung gibt's hier von Mitte Mai bis Mitte November auch Walbeobachtungstouren (50 AU$).

Port Macquarie Cruise Adventures
BOOTSFAHRTEN

(☏0414 897 444; www.cruiseadventures.com.au; Town Wharf; Bootsfahrten ab 10 AU$) Bietet Fahrten mit Delfin- oder Walbeobachtung, mit Mittagessen, bei Sonnenuntergang und zu den Everglades.

Port Macquarie Hastings Heritage
STADTSPAZIERGANG

(☏0447 429 016; www.pmheritage.com.au; 29 AU$/Pers.; ◷Mi-Sa 9.30 Uhr) Die zweieinhalbstündigen Stadtspaziergänge zu Ports Geschichte starten am Glasshouse. Zudem findet mittwochs bis samstags um 14 Uhr zusätzlich eine 90-minütige Friedhofsführung (19 AU$) statt.

Port Macquarie

◉ Highlights
1. Wellenbrecher...D1
2. Flynn's Beach..F4
3. Town Beach...E1

◉ Sehenswertes
4. Courthouse...C1
   Glasshouse.......................................(siehe 5)
5. Glasshouse Regional Gallery................C1
6. Koala Hospital..E4
7. Kooloonbung Creek Nature Park........C3
8. Maritime Museum...................................E2
9. Observatorium..E2
10. Pilot's Boatshed.....................................B1
11. Port Macquarie Historic
    Cemetery..C3
12. Port Macquarie Historical
    Museum..C1
13. Roto House..E4
14. St. Thomas' Anglican Church..............C2

◉ Aktivitäten, Kurse & Touren
15. Port Macquarie Cruise Adventures......B1
16. Port Macquarie Surf School.................F4
17. Port Venture Cruises............................B1

◉ Schlafen
18. Eastport Motor Inn..................................E3
19. Mantra Quayside....................................B2
20. Northpoint Apartments..........................C1
21. Observatory..E2
22. Ozzie Pozzie YHA...................................A2
23. Port Macquarie Backpackers...............A2

◉ Essen
24. Cedro..B1
25. Fusion 7..C2
    Milkbar...(siehe 21)
26. Stunned Mullet.......................................E2

◉ Ausgehen & Nachtleben
27. Beach House..C1
28. Finnian's..C2

Observatory
HOTEL $$
(02-6586 8000; www.observatory.net.au; 40 William St; Zi./Apt. ab 145/169 AU$; ❄ 🛜 🏊) Das freundliche Hotel gegenüber dem Town Beach bietet gemütliche, gut ausgestattete Zimmer und Apartments, größtenteils mit Balkonen samt Meerblick. Der Strand und gute Restaurants sind nicht weit entfernt.

Mantra Quayside
APARTMENTS $$
(02-6588 4000; www.mantraquayside.com.au; Ecke William St & Short St; Apt. ab 180 AU$; ❄ 🛜 🏊) Auf dem Dach dieses mittelhohen Blocks im Zentrum gibt's Barbecue, einen beheizten, großen Pool und tolle Ausblicke. Zur Auswahl stehen Einzimmerapartments mit Küchenzeilen und Zugang zu einer Gemeinschaftswäscherei (im Preis inbegriffen) sowie komplett ausgestattete Ferienwohnungen mit ein bis zwei Schlafräumen.

Beachport
B&B $$
(0423 072 669; www.beachportbnb.com.au; 155 Pacific Dr; Zi. ab 126 AU$; ❄ 🛜) Die zwei Zimmer in der unteren Etage dieses hervorragenden B&B grenzen an eine private Terrasse, während die geräumige Unterkunft im oberen Stock über einen eigenen kleinen Ess- und Wohnraum verfügt. Gäste können sich aus Obst, Müsli und Brot ihr Frühstück selbst zusammenstellen, zudem ist das Rainforest Cafe direkt gegenüber, falls man einen Espresso möchte.

Northpoint Apartments
APARTMENTS $$
(02-6583 8333; www.northpointapartments.com.au; 2 Murray St; Apt. ab 179 AU$; ❄ 🛜 🏊) Die großen, schicken, modernen Apartments mit ein bis drei Schlafzimmern bieten teilweise tolle Meerblicke, was allerdings mit 55 AU$ extra zu Buche schlägt.

Eastport Motor Inn
MOTEL $$
(02-6583 5850; www.hwmotel.com.au; Ecke Lord St & Burrawan St; Zi. ab 129 AU$; ❄ 🛜 🏊) Die dreistöckige, günstigere Hotelvariante bietet recht kleine saubere und gut ausgestattete Zimmer mit gemütlichen Betten und gestärkter Bettwäsche. WLAN ist kostenlos.

🍴 Schlafen

Ozzie Pozzie YHA
HOSTEL $
(02-6583 8133; www.ozziepozzie.com; 36 Waugh St; B/EZ/DZ ab 31/66/88 AU$; @ 🛜 🏊) Das Hostel ist in einem ungewöhnlichen Komplex aus drei umgebauten Vorstadthäusern untergebracht und bietet saubere Zimmer sowie eine entspannte Atmosphäre. Zum Programm gehören verschiedene Aktivitäten, ein Swimmingpool, Tischtennistische, ein kostenloser Bodyboardverleih und Mieträder (5 AU$/Tag).

Port Macquarie Backpackers
HOSTEL $
(02-6583 1791; www.portmacquariebackpackers.com.au; 2 Hastings River Dr; B/EZ/DZ ab 27/62/76 AU$; @ 🛜 🏊) Das denkmalgeschützte Haus schmücken Zinnwände, farbenfrohe Wandgemälde und ein schattiger Garten mit kleinem Swimmingpool. Den teils lauten Verkehr machen die kostenlosen Extras wie WLAN, Fahrräder und Bodyboards wieder wett.

Essen

Rainforest Cafe
CAFÉ, FRANZÖSISCH $
(02-6582 4444; www.rainforestcafe.com.au; Sea Acres Rainforest Centre, Pacific Dr; Hauptgerichte morgens 10–15 AU$, mittags 8–22 AU$; ⏱9–16 Uhr; 🌱) 🍴 Obwohl man hier mitten in der Natur speist, gibt's keine Bush-Tucker-Küche, denn der talentierte Küchenchef ist durch und durch Franzose. Der Schwerpunkt liegt

auf gesunden Sandwiches und Salaten sowie köstlichen Kuchen und Gebäck.

Cedro
CAFÉ $

(72 Clarence St; Hauptgerichte 10–19 AU$; Di–Fr 7.30–14.30, So bis 12.30 Uhr) An einem sonnigen Tag kann man es sich an einem Straßentisch zwischen Palmen gemütlich machen, ein umfangreiches Frühstück des Hauses bestellen, einen Kaffee schlürfen und den restlichen Tag planen (lieber an den Strand oder doch ins nächste Café?).

Milkbar
CAFÉ $

(40 William St; Hauptgerichte 9–16 AU$; Mo–Fr 7.30–15, Sa & So bis 12 Uhr) Das leger-schicke Café im Erdgeschoss des Observatory-Hotel ist für hausgemachtes Eis am Stiel, sortenreinen Kaffee und Surfer-Klientel bekannt.

★ Stunned Mullet
MODERN-AUSTRALISCH $$$

(02-6584 7757; www.thestunnedmullet.com.au; 24 William St; Hauptgerichte 36–39 AU$; 12–14.30 & 18–20.30 Uhr) Australisch für Fortgeschrittene: *to look like a stunned mullet* bedeutet so viel wie „dumm aus der Wäsche schauen". Das beschreibt ganz gut den Ausdruck, den manch ein Gast beim Studieren der köstlichen, modernen australischen Gerichte und der großen Weinauswahl in Ports bestem Restaurant annimmt.

Fusion 7
FUSION-KÜCHE $$$

(02-6584 1171; www.fusion7.com.au; 124 Horton St; Hauptgerichte 35 AU$; Di–Sa 18–21 Uhr) Küchenchefin und Besitzerin Lindsey Schwab arbeitete in London mit dem Vater der Fusion-Küche, Peter Gordon, zusammen, kehrte jedoch nach Port zurück, um ihrer Familie näher zu sein. Zum Einsatz kommen vor allem regionale Produkte und die Desserts sind besonders lecker.

Whalebone Wharf
SEAFOOD $$$

(02-6583 2334; www.whalebonewharf.com.au; 269 Hastings River Dr; Hauptgerichte 28–39 AU$; 12–15 & 18–22 Uhr) An einem Tisch auf der Terrasse mit Flussblick schmecken mit Chili verfeinerte Moreton Bay Bugs (eine Bärenkrebsart), Schwimmkrabben-Linguine oder Fish & Chips besonders gut. Auch die Cocktails und Desserts sind lecker.

Ausgehen & Nachtleben

Beach House
BAR

(www.ktgroup.com.au/the-beach-house; 1 Horton St; So 7.30–22, Mo–Do bis 24 Uhr, Fr & Sa open end) Aufgrund der beneidenswerten Lage direkt am graswachsenen Ufer ist die Bar die perfekte Adresse für einen faulen Nachmittagsdrink. Mit fortschreitender Stunde beginnt der Alkohol zu fließen und Gäste machen es sich auf den schwarzen Ledersofas im Inneren gemütlich. Am Wochenende sorgen DJs und Livebands für Stimmung.

Finnian's
KNEIPE

(www.finnians.com.au; 97 Gordon St; 11 Uhr–open end) Die irische Kneipe in der Nähe des Busbahnhofs ist die Lieblingsadresse der Backpacker-Gemeinde. Freitags und samstags sorgt Livemusik ab 20 Uhr für ordentliche Partystimmung.

ⓘ Praktische Informationen

Port Macquarie Base Hospital (02-5524 2000; www.mnclhd.health.nsw.gov.au; Wrights Rd)

Visitor Information Centre (02-6581 8000; www.portmacquarieinfo.com.au; The Glasshouse, Ecke Hay St & Clarence St; Mo–Fr 9–17.30, Sa & So bis 16 Uhr)

ⓘ Anreise & Unterwegs vor Ort

BUS

Regionalbusse fahren am **Port Macquarie Coach Terminal** (Gordon St) ab.

Busways (02-6583 2499; www.busways.com.au) Busways bietet lokale Busverbindungen und steuert u. a. North Haven (12 AU$, 1 Std.), den Port Macquarie Airport (4,80 AU$, 28 Min.) und Kempsey (14 AU$, 1 Std.) an.

Greyhound (1300 473 946; www.greyhound.com.au) Zweimal täglich fahren Busse nach/ab Sydney (72 AU$, 6½ Std.), Newcastle (55 AU$, 4 Std.), Coffs Harbour (36 AU$, 2½ Std.), Byron Bay (74 AU$, 6 Std.) und Brisbane (116 AU$, 10 Std.).

New England Coaches (02-6732 1051; www.newenglandcoaches.com.au) Zwei Verbindungen pro Woche nach/ab Dorrigo (70 AU$, 3½ Std.), Bellingen (60 AU$, 2¾ Std.), Coffs Harbour (50 AU$, 2 Std.), Nambucca Heads (40 AU$, 1¼ Std.) und Kempsey (30 AU$, 35 Min.).

Premier (13 34 10; www.premierms.com.au) Tägliche Verbindung nach/ab Sydney (60 AU$, 6½ Std.), Newcastle (47 AU$, 3¾ Std.), Coffs Harbour (47 AU$, 2¼ Std.), Byron Bay (66 AU$, 7½ Std.) und Brisbane (67 AU$, 11 Std.).

FLUGZEUG

Der **Port Macquarie Airport** (PQQ; 02-6581 8111; www.portmacquarieairport.com.au; Oliver Dr) liegt 5 km vom Zentrum entfernt. Eine Taxifahrt kostet 18 bis 20 AU$, zudem fahren regelmäßig Stadtbusse.

QantasLink (13 13 13; www.qantas.com.au) Fliegt nach/ab Sydney.

Virgin Australia (13 67 89; www.virginaustralia.com) Fliegt nach/ab Sydney und Brisbane.

KEMPSEY SHIRE

Kempsey Shire liegt nördlich von Port Macquarie und umfasst die große landwirtschaftlich geprägte Stadt Kempsey und die Farmen des Macleay Valley. Die Hauptattraktion für Besucher sind jedoch die traumhaften Surfstrände der Macleay Coast.

Wer Zeit für einen kurzen malerischen Abstecher hat, verlässt den Highway bei Kempsey und folgt der Crescent Head Rd zur Küste. Von Crescent Head verläuft die teils nicht asphaltierte Straße nach Gladstone entlang des grünen Hat Head National Park und folgt dann dem Belmore River, bis dieser auf den Macleay River trifft. Von hier aus führt eine hübsche Straße nach South West Rocks entlang dem Macleay, dessen Uferbänke dichter Schilf, alte Bauernhäuser und traditionelle Stelzenbauten säumen.

Kempsey

10 400 EW.

Zwei absolute Ikonen Australiens stammen aus Kempsey: der Akubra-Hut und die verstorbene Country-Legende Slim Dusty. Man kann der Stadt sicher nicht vorwerfen, daraus Profit zu schlagen: Die Akubra-Fabrik ist für Besucher nicht zugänglich und das lange angekündigte **Slim Dusty Heritage Centre** (www.slimdustycentre.com.au; Old Kempsey Showgrounds) sollte zum Zeitpunkt der Recherche frühestens in einem Jahr eröffnen (der aktuelle Stand ist online nachzulesen).

Bis dahin ist das **Kempsey Museum** (www.kempseymuseum.org; South Kempsey Park, Lachlan St; Erw./Kind 4/2 AU$; 10–16 Uhr) die einzige einigermaßen interessante Sehenswürdigkeit vor Ort. Das Museum erinnert an Schafscherer, Holzfäller, Viehzüchter und alle anderen, die das Macleay Valley in ein landwirtschaftliches Paradies verwandelten. Das Museum liegt auf demselben Gelände wie das **Kempsey Visitor Centre** (02-6563 1555; www.macleayvalleycoast.com.au; Pacific Hwy; 9–17 Uhr).

Anreise & Unterwegs vor Ort

BUS

Die Regionalbusse werden von Busways (S. 140) betrieben. Das Netz reicht bis nach Port Macquarie, Crescent Head und South West Rocks.

Greyhound-Busse fahren ab/nach Sydney (88 AU$, 5¾–7½ Std., 4-mal tgl.), Port Macquarie (9 AU$, 50 Min., 2-mal tgl.), Coffs Harbour (25 AU$, 1¾ Std., 4-mal tgl.), Byron Bay (65 AU$, 4¾–6½ Std., 4-mal tgl.) und Brisbane (110 AU$, 9–10½ Std., 3-mal tgl.).

Es gibt eine tägliche Premier-Verbindung nach/ab Sydney (63 AU$, 7 Std.), Port Macquarie (18 AU$, 45 Min.), Coffs Harbour (40 AU$, 1½ Std.), Byron Bay (59 AU$, 7 Std.) und Brisbane (67 AU$, 10 Std.).

New England Coaches bietet pro Woche zwei Verbindungen nach Armidale (65 AU$, 3 Std.), Bellingen (55 AU$, 2¼ Std.), Coffs Harbour (40 AU$, 1¼ Std.), Nambucca Heads (30 AU$, 45 Min.) und Port Macquarie (30 AU$, 35 Min.).

ZUG

Täglich verkehren drei Züge von NSW TrainLink (S. 136) nach/ab Sydney (85 AU$, 7 Std.), Nambucca Heads (12 AU$, 1 Std.), Coffs Harbour (19 AU$, 1¾ Std.) und Grafton (36 AU$, 3 Std.); einer davon fährt weiter nach Brisbane (95 AU$, 7¼ Std.).

Crescent Head

979 EW.

In diesem verschlafenen kleinen Strandort, 18 km südöstlich von Kempsey, wurde das sogenannte Longboard, auch „Malibu Surfboard" genannt, in den 1960er-Jahren in Australien bekannt gemacht. Heute kommen viele Besucher, um sich die Longboard-Surfer anzuschauen, die auf den epischen Wellen der **Little Nobby's Junction** reiten. Abseits der Plomer Rd gibt es zudem ein gutes Surfrevier für Shortboard-Surfer. Der **Killick Beach** erstreckt sich 14 km weit in Richtung Norden.

🛏 Schlafen & Essen

Die örtliche Agentur **Point Break Realty** (02-6566 0306; www.crescentheadholidayaccommodation.com.au; 4 Rankine St) ist auf die Vermittlung von Ferienwohnungen spezialisiert.

Surfari   HOSTEL, MOTEL $
(02-6566 0009; www.surfaris.com; 353 Loftus Rd; B/Zi. ab 30/100 AU$; @🐾) Die Betreiber veranstalteten als erste Sydney–Byron-Surftouren und sind mittlerweile in Crescent Head ansässig, weil man hier „garantiert jeden Tag surfen kann." Die sauberen, gemütlichen Zimmer schmücken ein paar originelle Wandmalereien. Beliebt sind Kombopakete mit Surfen und Übernachtung. Die Anlage liegt 3,5 km außerhalb der Stadt an der Straße nach Gladstone.

Sun Worship Eco Apartments
APARTMENTS $$$

(☏ 1300 664 757; www.sunworship.com.au; 9 Belmore St; Apt. ab 205 AU$; 🛜) 🌱 Hier erwartet Gäste umweltbewusster Luxus in Form von fünf geräumigen Stampflehmvillen in nachhaltigem Design mit natürlichem Lüftungssystem, Solarstrom und mit Sonnenenergie beheiztem Wasser.

Crescent Head Tavern
KNEIPE $$

(www.crescentheadtavern.com.au; 2 Main St; Hauptgerichte 12–30 AU$; ⏰ 12–14 & 17.30–19.30 Uhr) Die lokale Kneipe bietet kaltes Bier, eine sonnendurchflutete Terrasse und gutes Essen – was will man mehr? Gegen den Hunger hilft eine große Auswahl an Burgern, Steaks, Pizzas und Pies.

ℹ An- & Weiterreise
Busways (☏ 02-6562 4724; www.busways.com.au) fährt zwei- bis dreimal täglich zwischen Crescent Head und Kempsey (14 AU$, 25 Min.); sonntags gibt es keine Verbindungen.

Hat Head National Park

Der 74 km² große Nationalpark (Fahrzeuggebühr 7 AU$) bedeckt fast die gesamte Küste von Crescent Head bis South West Rocks und schützt Buschland, Sümpfe und einige tolle Strände, die sich vor der Kulisse einer der größten Dünenlandschaften von NSW erstrecken.

Das wunderbar abgeschiedene Stranddorf **Hat Head** (326 Ew.) liegt im Herzen des Nationalparks. Am hinteren Stadtrand neben dem Ferienpark überquert eine hübsche Fußgängerbrücke aus Holz den leuchtend blauen Meeresarm des Korogoro Creek. Das Wasser ist so klar, dass man problemlos die umherschwimmenden Fische beobachten kann.

Die besten Blicke bieten sich vom **Smoky Cape Lighthouse** am nördlichen Ende des Parks. Während der jährlichen Walwanderung hat man hier eine erstklassige Sicht auf die vorbeiziehenden Riesen.

🛏 Schlafen

Hat Head Holiday Park
CAMPING $

(☏ 02-6567 7501; www.mvcholidayparks.com.au; Straight St; Stellplatz/Hütten ab 35/121 AU$) Der familienfreundliche Ferienpark alter Schule liegt in der Nähe des Strandes und der Fußgängerbrücke.

NPWS-Campingplätze
CAMPING $

(www.nationalparks.nsw.gov.au/hat-head-national-park; Stellplatz pro Erw./Kind 5/3 AU$) Campingplätze gibt's beim Hungry Gate, 5 km südlich von Hat Head, und beim Smoky Cape direkt unter dem Smoky Cape Lighthouse. Reservierungen sind jeweils nicht möglich. Zum Programm gehören Spültoiletten und ein Grillplatz, Wasser müssen die Gäste allerdings selbst mitbringen.

Smoky Cape Lighthouse
B & B, HÜTTEN $$$

(☏ 02-6566 6301; www.smokycapelighthouse.com; Lighthouse Rd; EZ/DZ ab 150/220 AU$, Hütten pro 2 Übernachtungen ab 500 AU$) Das Haus des Leuchtturmwärters, nur wenige Meter vom Leuchtturm selbst entfernt, verspricht romantische Abende, dafür sorgen der Blick aufs Meer und die sanfte Brise.

South West Rocks
4820 EW.

Zu den vielen hübschen Städten an diesem Küstenabschnitt gehört auch South West Rocks mit spektakulären Stränden und Attraktionen, die Besucher ein bis zwei Tage beschäftigen.

Die hübsche geschwungene **Trial Bay** östlich des Ortes ist nach der *Trial* benannt, einem von aus Sydney fliehenden Strafgefangenen gestohlenen Schiff, das hier 1816 in einem Sturm sank. Die östliche Hälfte der Bucht wird mittlerweile durch den **Arakoon National Park** geschützt. Der Nationalpark erstreckt sich rund um eine Landzunge, die bei Kängurus, Kookaburras und Campern gleichermaßen beliebt ist und um im Osten von dem kleinen Strand **Little Bay Beach** gesäumt wird, den ein felsiger Schutzwall vor der Brandung schützt. Hier kann man sich beim Baden von Kängurus beobachten las-

---

ABSTECHER

GLADSTONE

Ein Abstecher zu dem hübschen Flussort Gladstone (387 Ew.) lohnt sich, denn dort warten die **Macleay Valley Community Art Gallery** (www.kempsey.nsw.gov.au/gallery/; 5 Kinchela St; Do–So 10.30–16 Uhr) GRATIS und ein Drink im **Heritage Hotel** (www.heritagehotel.net.au; 21 Kinchela St; Hauptgerichte ab 16 AU$; ⏰ Mo–Sa 10–24, So bis 21 Uhr), einer exzellenten alten Kneipe mit einem paradiesischen Biergarten.

sen, zudem beginnen hier auch einige gute Wanderwege.

Sehenswertes & Aktivitäten

Trial Bay Gaol MUSEUM
(02-6566 6168; www.nationalparks.nsw.gov.au/arakoon-national-park/; Cardwell St; Erw./Kind 7,50/5 AU$; 9–16.30 Uhr) Der imposante Bau auf der östlichen Landzunge der Trial Bay wurde zwischen 1877 und 1886 errichtet. Hier wurden Strafgefangene untergebracht, die einen Wellenbrecher erbauen sollten, um Schiffe, die in der Bucht Zuflucht suchten, zu schützen. Die Natur hat jedoch ihre eigenen Gesetze und der Wall wurde fortgespült. Danach stand das Gefängnis leer und wurde nur für einen kurzen Zeitraum im Zeiten Weltkrieg für die Internierung deutsch- und österreichstämmiger Gefangener genutzt. Heute ist hier ein Museum untergebracht, das der bewegten Geschichte gewidmet ist. Es liegt einen 4 km langen Strandspaziergang von South West Rocks entfernt.

Tauchen TAUCHEN
Das Gebiet rund um South West Rocks eignet sich wunderbar zum Tauchen, insbesondere **Fish Rock Cave** südlich von Smoky Cape. Die Tauchschulen von **South West Rocks** (02-6566 6474; www.southwestrocksdive.com.au; 5/98 Gregory St) und **Fish Rock** (02-6566 6614; www.fishrock.com.au; 134 Gregory St) bieten beide Tauchausflüge (1-/2-tägiger Double-Boat-Tauchgang 130/250 AU$) und Unterkünfte.

Schlafen

Horseshoe Bay Holiday Park CAMPING $
(02-6566 6370; www.mvcholidayparks.com.au; 1 Livingstone St; Stellplatz/Hütten ab 49/99 AU$) Der Wohnmobilpark in unmittelbarer Nähe zur Hauptstraße und zum Strand ist in den Sommerferien extrem gut besucht.

Trial Bay Gaol Campground CAMPING $
(02-6566 6168; Cardwell St; Stellplatz ab 28 AU$) Der NPWS-Campingplatz hinter dem Gefängnis bietet weite Strandblicke von den meisten Stellplätzen und die allgegenwärtigen Kängurus. Zur Ausstattung gehören Trinkwasser, Spültoiletten, Münzduschen und Gasgrills.

Heritage B&B $$
(02-6566 6625; www.heritageguesthouse.com.au; 21–23 Livingstone St; EZ 115 AU$, DZ 120–175 AU$;) Das renovierte Haus aus den 1880er-Jahren beherbergt altmodische Zimmer, einige davon mit Whirlpool. Im unteren Stock sind die einfacheren Varianten untergebracht, oben gibt's schickere Ausstattung und Meerblick. Im Preis enthalten ist ein einfaches Frühstück, das Gäste sich selbst zusammenstellen.

Rockpool Motor Inn MOTEL $$
(02-6566 7755; www.rockpoolmotorinn.com.au; 45 McIntyre St; Zi. ab 140 AU$;) Der moderne von Palmen gesäumte Block wirkt etwas farblos, dafür sind die Zimmer schick eingerichtet und es gibt ein anständiges Restaurant.

Essen & Ausgehen

Trial Bay Kiosk CAFÉ $$
(02-6566 7100; www.trialbaykiosk.com.au; Cardwell St; Hauptgerichte morgens 10–16 AU$, mittags & abends 18–28 AU$; tgl. 8–14.30, Fr & Sa 17.30–21.30 Uhr) Von der Terrasse dieses gehobenen Cafés nahe dem Gefängnis bieten sich hübsche Ausblicke. Mittags gibt's Bistroküche wie Steak mit Kartoffelbrei, Risotto und Fish & Chips.

Seabreeze Beach Hotel KNEIPE
(www.seabreezebeachhotel.com.au; Livingstone St; 12–20.30 Uhr) Das große Hotel richtet sich an Familien, Sportliebhaber und Surfer gleichermaßen, und serviert in einem hübschen Terrassenbereich gehobenere Kneipenkost. Lohnenswert sind die Tagesmenüs für 12 AU$.

Surf Life Saving Club KNEIPE
(www.swrslsc.org.au; Do–So 15–22 Uhr) Die beste Adresse für ein Bier oder ein einfaches Mahl mit Meerblick.

Praktische Informationen

Visitor Information Centre (02-6566 7099; www.macleayvalleycoast.com.au; 1 Ocean Ave; 9–16 Uhr)

An- & Weiterreise

Busways (02-6562 4724; www.busways.com.au) verkehrt montags bis samstags zwei- bis dreimal täglich nach/ab Kempsey (14 AU$, 46 Min.).

COFFS HARBOUR REGION

Im Hinterland von Coff verstecken sich neben einigen wunderschönen Stränden ein paar charmante Ortschaften.

Nambucca Heads

6220 EW.

Nambucca Heads erstreckt sich lässig über eine dramatisch geformte Landzunge, die von den Mündungsarmen des Nambucca River durchzogen ist. Das Küstenvorland des weitläufigen verschlafenen und recht unberührten Ortes gehört zu den schönsten der Region und lässt sich über Bohlenwege, die mitten durch die Mangroven führen, erkunden. Die Meeresbrise scheint müde zu machen: Unter der Woche sind die Straßen bereits um 22 Uhr so gut wie ausgestorben.

Nambucca (nam-*buk*-a) bedeutet „viele Kurven". Bis zur Ankunft europäischer Holzfäller in den 1840er-Jahren war das Flusstal das Land der Gumbainggir. Noch heute gibt es in Nambucca Heads und talaufwärts in Bowraville bedeutende Aborigines-Gemeinden.

◉ Sehenswertes & Aktivitäten

Strände STRAND

Von den vielen Aussichtspunkten in Nambucca Heads bietet der **Captain Cook Lookout** auf einem hohen Felsvorsprung die besten Blicke auf die Strände. Hier führt eine Straße hinunter zum **Shelly Beach** mit Meeresbassins. Weiter im Norden geht der Strand in den **Beilby's Beach** und dann in den **Main Beach** über, der als einziger bewacht ist.

★ V-Wall WELLENBRECHER

Wie der in Port Macquarie ist auch Nambuccas Wellenbrecher von größtenteils gesittteten Malereien von Einheimischen und Besuchern bedeckt.

Headland Historical Museum MUSEUM

(www.here.com.au/museum; Liston St; Erw./Kind 3 AU$/50 Cent; ⊙ Mi, Sa & So 14–16 Uhr) Das Museum oberhalb vom Main Beach zeigt Ausstellungsstücke zur lokalen Geschichte, darunter eine Sammlung mit mehr als 1000 Fotos.

🛏 Schlafen

White Albatross Caravan & Holiday Resort CAMPING $

(☏ 02-6568 6468; www.whitealbatross.com.au; 52 Wellington Dr; Stellplatz/Hütten ab 75/135 AU$; ❄ 🎧 ☎) Der große Ferienpark nahe der Flussmündung ist um eine geschützte Lagune angeordnet. Die Hütten sind sehr sauber und verfügen über komplett ausgestattete Küchen.

Riverview Boutique Hotel PENSION $$

(☏ 02-6568 6386; www.riverviewlodgenambucca.com.au; 4 Wellington Dr; EZ/DZ ab 129/139 AU$; ❄ ☎) Die ehemalige Kneipe aus dem Jahr 1887 war über viele Jahre eines der wenigen Gebäude an einem Hang mit Blick auf die Küste. Heute beherbergt das alte, zweistöckige, charmante Holzhaus acht schicke Zimmer mit Kühlschränken und teils mit tollen Ausblicken.

Marcel Towers APARTMENTS $$

(☏ 02-6568 7041; www.marceltowers.com.au; 12-14 Wellington Dr; DZ ab 120 AU$; ❄ @ ☎) In dem gepflegten Block mit Ferienwohnungen lohnt sich der Aufpreis von 10 AU$ für den Meerblick, wobei alle zu den Marcel Towers gehörenden Einheiten den Meeresarm überblicken. Wer von der Aussicht inspiriert ist, kann sich auf der Anlage gleich ein Ruderboot ausleihen.

ABSTECHER

SCOTTS HEAD

Wer auf dem Weg nach Nambucca Heads Lust auf einen malerischen Umweg von etwa 17 km hat, folgt dem Tourist Drive 14 Richtung Stuarts Point und fährt durch Eukalyptuswälder nach **Grassy Head**, einer winzigen Ortschaft mit traumhaftem karamellfarbenem Strand. Von hier aus führt die Straße durch den grünen **Yarriabini National Park** (www.nationalparks.nsw.gov.au/yarriabini-national-park) nach **Scotts Head** (820 Ew.), einem kleinen Strandort, der bei Surfern und Rentnern gleichermaßen beliebt ist. Vor Ort lohnt sich ein Zwischenstopp bei der **Taverna Six** (☏ 02-6569 7191; www.tavernasix.com; 6 Short St; Hauptgerichte morgens 13–16 AU$, abends 26–28 AU$; ⊙ tgl. 8.30–13, Di–So 18.30–21 Uhr), einem gemütlichen kleinen griechischen Lokal mit hervorragendem Essen und Alben von Nana Mouskouri und Demis Roussos an den Bambuswänden. Anschließend führt die Straße an einem von hohen Bäumen gesäumten Fluss entlang zurück zum Highway.

Nambucca Heads

Nambucca Heads

◉ Highlights
1. Beilby's Beach D1
2. Captain Cook Lookout D3
3. Main Beach D1
4. Shelly Beach D3
5. V-Wall C3

◉ Sehenswertes
6. Headland Historical Museum D1

⌂ Schlafen
7. Marcel Towers B2
8. Riverview Boutique Hotel B2
9. White Albatross Caravan & Holiday
   Resort C3

✕ Essen
10. Bookshop Café A2
11. Jaaning Tree B3
12. Matilda's B3

✕ Essen

Bookshop Café CAFÉ $

(Ecke Ridge St & Bowra St; Gerichte 9–14 AU$; ◌8–17 Uhr; 🕾) Der schönste Ort für ein Frühstück sind die Tische auf der Veranda. Später gibt's außerdem Kuchen, belegte Brote, Sandwiches und Salate. Die Fruchtsmoothies sind exzellent.

 Jaaning Tree MODERN-AUSTRALISCH $$

(☏02-6569 4444; www.jaaningtree.com.au; 1 Wellington Dr; Hauptgerichte 25–35 AU$; ◌Mi & Do 18–21, Fr & Sa 12–15 & 18–21, So 12–15 Uhr) Das wunderbare Restaurant direkt am Wasser überrascht mit kreativen Interpretationen australischer Klassiker. Besonders empfehlenswert ist die Spezialität des Hauses, Känguru mit Schokoladen-Jus und Roter Bete.

Matilda's SEAFOOD $$

(☏02-6568 6024; Wellington Dr; Hauptgerichte 25–35 AU$; ◌Mo-Sa 18–21 Uhr) Die charmante kleine Hütte verspricht ehrliche Küche und kombiniert attraktives Strandflair alter Schule mit frischen Meeresfrüchten und professionellem Service. Steaks und vegetarische Gerichte runden das Angebot ab. Alkohol muss selbst mitgebracht werden.

ℹ Praktische Informationen

Nambucca Heads Visitor Information (☏02-6568 6954; www.nambuccatourism.com.au; Ecke Riverside Dr & Pacific Hwy; ◌9–17 Uhr)

ℹ Anreise & Unterwegs vor Ort

BUS

Fernbusse halten am Visitor Centre.

Busways (📞 02-6568 3012; www.busways.com.au) Werktags verkehren sechs Busse nach/ab Bellingen und Coffs Harbour (jeweils 11,90 AU$, 1¼ Std.), samstags sind es nur ein bis zwei.

Greyhound (📞 1300 473 946; www.greyhound.com.au) Täglich gibt's zwei Verbindungen nach/ab Sydney (97 AU$, 8 Std.), Port Macquarie (21 AU$, 1¾ Std.), Coffs Harbour (13 AU$, 45 Min.), Byron Bay (58 AU$, 4½ Std.) und Brisbane (103 AU$, 8¼ Std.).

New England Coaches (📞 02-6732 1051; www.newenglandcoaches.com.au) Pro Woche fahren zwei Busse nach/ab Dorrigo (50 AU$, 2 Std.), Bellingen (40 AU$, 1½ Std.), Coffs Harbour (35 AU$, 35 Min.), Kempsey (30 AU$, 45 Min.) und Port Macquarie (40 AU$, 1¼ Std.).

Premier (📞 13 34 10; www.premierms.com.au) Tägliche Verbindung nach/ab Sydney (63 AU$, 8 Std.), Port Macquarie (38 AU$, 1¾ Std.), Coffs Harbour (34 AU$, 40 Min.), Byron Bay (58 AU$, 5¾ Std.) und Brisbane (63 AU$, 9¼ Std.).

ZUG
NSW TrainLink (📞 13 22 32; www.nswtrainlink.info) Täglich fahren drei Züge nach/ab Sydney (95 AU$, 8 Std.), Wingham (36 AU$, 3 Std.), Kempsey (12 AU$, 1 Std.) und Coffs Harbour (7 AU$, 40 Min.) sowie einer nach Brisbane (89 AU$, 6¼ Std.).

Bellingen
3040 EW.

Die wunderbare Stadt liegt mitten im Grünen auf einem Hügel über dem Bellinger River und zieht mit ihrem ganz eigenen Charakter Künstler, Akademiker und Gleichgesinnte an, die sich ein naturverbundeneres Leben wünschen. Vor Ort gibt's jede Menge Gourmet-Restaurants und Unterkünfte, zudem versprüht die Stadt Hippie-Flair, ohne dabei zu verrückt zu wirken.

Bis zur Ankunft der Zedernholzfäller in den 1840er-Jahren gehörte das weite Flusstal zum ausgedehnten Gebiet der Gumbainggir. Die erste europäische Siedlung entstand in Fernmount, rund 5 km weiter östlich, das Verwaltungszentrum der Region wurde jedoch schließlich nach Bellingen verlegt. Bis in den 1960er-Jahren in Coffs Harbour der Tourismusboom einsetzte, war Bellingen die wichtigste Stadt der Gegend. Flussschifffahrt war hier bis in die 1940er-Jahre möglich, dann wurden die dafür nötigen Baggerarbeiten eingestellt. 1988 erlangte die Stadt als Schauplatz des mit dem Booker Prize ausgezeichneten Romans *Oscar und Lucinda* von Peter Carey erneut Berühmtheit.

⊙ Sehenswertes

Bellingen Island WILDTIERRESERVAT
(www.bellingen.com/flyingfoxes) Die kleine mit dem Festland verbundene Insel auf dem Bellinger River (sie ist nur bei Hochwasser komplett abgeschnitten) dient einer riesigen Kolonie von Graukopf-Flughunden als Lebensraum. In der Abenddämmerung schwärmen sie zu Tausenden aus, um Futter zu suchen; das Spektakel ist eindrucksvoll und lässt sich am besten von der Brücke im Zentrum beobachten. Wer noch näher am Geschehen sein möchte, folgt an der Red Ledge Lane am Nordufer dem steilen Pfad auf die Insel. Am besten plant man seinen Besuch zwischen Oktober und Januar, wenn der Flughund-Nachwuchs geboren und aufgezogen wird.

Bellingen Museum MUSEUM
(📞 02-6655 0382; www.bellingenmuseum.org.au; Hyde St; Erw./Kind 3 AU$/frei; ⊙ Mo–Fr 10–14 Uhr) Die engagierten ehrenamtlichen Betreiber vermitteln fast das Gefühl, dass sie sich auch außerhalb der Öffnungszeiten nicht von dem Museum trennen können. Gezeigt wird eine wilde Mischung aus lokalen Ausstellungsstücken wie alten Fotos, Kameras, Kleidern und Werkzeugen.

🏃 Aktivitäten

Bellingen Canoe Adventures KANUFAHREN
(📞 02-6655 9955; www.canoeadventures.com.au; 4 Tyson St, Fernmount; Verleih pro Std./Tag 15/55 AU$) Geführte Tagesausflüge auf dem Bellinger River (Erw./Kind 90/60 AU$), u. a. bei Vollmond (Erw./Kind 25/20 AU$).

Valery Trails REITEN
(📞 02-6653 4301; www.valerytrails.com.au; 758 Valery Rd, Valery; 2-stündiger Ausritt Erw./Kind 65/55 AU$) Gestüt mit über 75 Pferden und jede Menge Gelände, das zu Erkundungsritten einlädt; liegt 15 km nordöstlich der Stadt.

🎉 Feste & Events

Camp Creative KUNST
(www.campcreative.com.au; ⊙ Mitte Jan.) Fünftägige Kunstmesse.

Bellingen Jazz Festival MUSIK
(www.bellingenjazzfestival.com.au; ⊙ Mitte Aug.) An einem verlängerten Wochenende treten bekannte Jazzgrößen auf.

🛏 Schlafen

Bellingen YHA
HOSTEL $

(☏ 02-6655 1116; www.yha.com.au; 2 Short St; B 33 AU$, Zi. ohne/mit Bad 80/105 AU$; @ 🛜) Das renovierte Schindelhaus umgibt ein ruhiges, einnehmendes Flair und ein Blick auf die breite Aussichtsveranda erklärt seine Beliebtheit. Bei vorigem Anruf werden Gäste vom Busbahnhof oder vom Bahnhof in Urunga abgeholt.

Federal Hotel
HOTEL $

(☏ 02-6655 1003; www.federalhotel.com.au; 77 Hyde St; B/EZ/DZ mit Gemeinschaftsbad 40/65/80 AU$; 🛜) Der wunderschöne alte Gasthof beherbergt renovierte Zimmer mit Schindelfassade, teils mit Zugang zu einem Balkon zur Hauptstraße. Unten lockt eine gesellige Kneipe mit Essen und Livemusik.

Bellingen Riverside Cottages
HÜTTEN $$

(☏ 02-6655 9866; www.bellingenriversidecottages.com.au; 224 North Bank Rd; Hütten ab 145 AU$; ❄) In den gepflegten Berghütten sorgen ländliche Einrichtung und große Sonnenfenster für Gemütlichkeit. Holzbalkone überblicken den Fluss, den Gäste ohne Zusatzkosten mit einem Kajak erkunden können. Nach der ersten Nacht gibt's zudem einen umfangreichen Frühstückskorb.

Bellingen River Family Cabins
HÜTTEN $$

(☏ 02-6655 0499; www.bellingencabins.com.au; 850 Waterfall Way; Hütten 140 AU$) Die Familienfarm 4 km östlich von Bellingen bietet zwei große Hütten mit zwei Schlafzimmern, die das weite Flusstal überblicken. Sie sind gut ausgestattet und bieten Platz für bis zu sechs Personen. Zu den Extras gehören die kostenlose Nutzung von Kanus und Kajaks.

Koompartoo Retreat
CHALETS $$

(☏ 02-6655 2326; www.koompartoo.com.au; Ecke Rawson St & Dudley St; DZ 165–185 AU$; ❄) Farne schmücken die breiten Balkone der vier Chalets dieser tropischen Ferienanlage in Stadtnähe. Die Häuschen wurden aus örtlichem Hartholz errichtet und fügen sich wunderbar in die Hügellandschaft ein. In den Küchenzeilen lassen sich romantische Menüs zaubern.

Bellingen Valley Lodge
MOTEL $$

(☏ 02-6655 1599; www.bellingenvalleylodge.com.au; 1381 Waterfall Way; EZ/DZ ab 100/110 AU$; ❄🏊) 🍴 Große Zimmer im Motelstil mit Blicken aufs Tal und eine hübsche ländliche Kulisse machen die Unterkunft, 1 km von Bellingen entfernt, zu einer guten Wahl. Negativ ins Gewicht fallen die dünnen Wände und die alten ratternden Klimaanlagen.

★ Lily Pily
B&B $$$

(☏ 02-6655 0522; www.lilypily.com.au; 54 Sunny Corner Rd; Zi. ab 260 AU$; ❄🛜) Der wunderschöne, von einem Architekten designte Komplex auf einer Anhöhe bietet drei Gästezimmer mit Flussblick. In der Luxusunterkunft werden Gäste mit Champagner nach der Ankunft, üppigem Frühstück bis zur Mittagszeit, edler Ausstattung und vielem mehr verwöhnt. Die Anlage liegt 3 km südlich des Zentrums.

🍴 Essen & Ausgehen

Atelier
FEINKOST $

(www.fullerfresh.com.au; 905 Waterfall Way, East End; Snacks 7,50 AU$; ⊙ 7–19 Uhr; 🛜) Das Feinkostcafé ist an einen großen Obst- und Gemüseladen im Osten der Stadt angeschlossen und verkauft eine verlockende Auswahl an Backwaren, darunter Pies, Gebäck und Kuchen. Zudem gibt's kostenloses WLAN.

Vintage Espresso
CAFÉ $

(62 Hyde St; Snacks 6 AU$; ⊙ Mo–Fr 7.30–16.30, Sa 9–13.30 Uhr; 🛜) In dem Vintagecafé können sich Gäste inmitten einer bunten Mischung von Kuriositäten exzellenten Kaffee schmecken lassen. Neben Secondhand-Kleidung sorgen hier alte Bücher und Schallplatten, gebrauchte Möbel und Geschirr aus den 1970er-Jahren für Nostalgie. Muffins und Kuchen sind aber gottseidank frisch.

Little Red Kitchen
PIZZERIA $

(111 Hyde St; Hauptgerichte 10–18 AU$; ⊙ 12–14 & Do–Di 17–21 Uhr; 🍴) Das hell beleuchtete Lokal serviert Pizzas mit vielen verschiedenen Belägen. Lecker und günstig.

Tuckshop Bellingen
CAFÉ $

(63 Hyde St; Hauptgerichte 9–16 AU$; ⊙ Mo–Sa 7.30–14.30 Uhr) Wenn nur alle Tuckshops so wären! Das winzige Café kredenzt tollen Kaffee, leckere Frühstücksvariationen und Mittagsgerichte sowie jede Menge Salate.

Bellingen Gelato Bar
EIS $

(www.bellingengelato.com.au; 101 Hyde St; ⊙ Mi–So 10–18 Uhr) Ein Café im amerikanischen Stil der 1950er-Jahre mit sensationellem hausgemachtem Eis.

★ No 2 Oak St
MODERN-AUSTRALISCH $$$

(☏ 02-6655 9000; www.no2oakst.com.au; 2 Oak St; Hauptgerichte 40–44 AU$; ⊙ Mi–Sa 18.30–21.30 Uhr) Das renommierte Restaurant feiert die

> **WATERFALL WAY**
>
> Hat man die 40 km vom Pacific Hwy durch Bellingen nach Dorrigo zurückgelegt, fehlen noch immer weitere 125 km entlang des Waterfall Way bis nach Armidale. Auf der Route warten folgende Highlights:
>
> ➜ 50 km hinter Dorrigo (2 km westlich von Ebor) führt eine Abzweigung nach rechts zu den Ebor Falls im Guy Fawkes River National Park (www.nationalparks.nsw.gov.au/guy-fawkes-river-national-park).
>
> ➜ Dann verläuft der Waterfall Way entlang dem Cathedral Rock National Park (www.nationalparks.nsw.gov.au/cathedral-rock-national-park). Nach 8 km führt auf der linken Seite die Point Lookout Rd zum New England National Park (www.nationalparks.nsw.gov.au/new-england-national-park), der zur Gondwana Rainforests World Heritage Area (S. 161) gehört.
>
> ➜ Nach weiteren 28 km hält man links nach einer Abzweigung zu den 260 m hohen Wollomombi Falls Ausschau, einem Highlight des Oxley Wild Rivers National Park (www.nationalparks.nsw.gov.au/oxley-wild-rivers-national-park).

Vielfalt lokaler Produkte, während in der Küche Ray Urquart seine Fähigkeiten unter Beweis stellt. Die Speisekarte ist wunderbar schnörkellos und bietet hochwertige klassische Küche aus allerbesten Zutaten. Im Voraus reservieren.

No 5 Church St BAR, CAFÉ
(www.5churchstreet.com; 5 Church St; Hauptgerichte 16 AU$; ⊙ Mi–Fr 11–22, Sa 8–22, So 8–16 Uhr; 🛜) Bellingens coolster Veranstaltungsort mit oftmals ziemlich origineller Livemusik schafft mühelos den Spagat zwischen Café und Bar. Gäste können es sich am Gemeinschaftstisch oder auf einem der Sofas gemütlich machen.

🛍 Shoppen

Märkte MÄRKTE
Der Community Market (www.bellingenmarkets.com.au; Bellingen Park, Church St) am dritten Samstag im Monat ist mit über 250 Ständen ein echtes regionales Highlight. Am zweiten und vierten Samstag im Monat findet der Growers' Market (www.bellingengrowersmarket.com; Bellingen Showgrounds, Ecke Hammond St & Black St; ⊙ 8–13 Uhr) statt.

Old Butter Factory KUNST, KUNSTHANDWERK
(www.theoldbutterfactory.com.au; 1 Doepel St; ⊙ 9–17 Uhr) Der interessante Komplex atmet Lokalgeschichte und beherbergt Kunsthandwerks-, Geschenke- und Haushaltswarenläden, eine Galerie, Opalhändler und ein Café.

Emporium Bellingen BEKLEIDUNG
(www.emporiumbellingen.com.au; 73-75 Hyde St) Die hübsche Boutique ist im eindrucksvollsten Gebäude der Hauptstraße untergebracht (es wurde 1909 als Standort des Kaufhauses Hammond & Wheatley errichtet) und verkauft eine gute Auswahl an Herren- und Damenmode.

Heartland Didgeridoos MUSIK, BEKLEIDUNG
(www.heartlanddidgeridoos.com.au; 2/25 Hyde St; ⊙ Mo–Sa 10–16.30 Uhr) Didgeridoos und Hanfkleider klingen nach modernen Hippie-Klischees. Obwohl dieser Laden beides verkauft, genießen seine hochwertigen Instrumente jedoch einen erstklassigen, fast interstellaren Ruf, schließlich stammte das erste Didgeridoo im All von hier.

Bellingen Book Nook BÜCHER
(25 Hyde St; ⊙ Di–Sa 10–16 Uhr) In dem winzigen Buchladen stapeln sich gebrauchte Bücher bis zur Decke.

ℹ Praktische Informationen

Waterfall Way Information Centre (📞 02-6655 1522; www.coffscoast.com.au; 29-31 Hyde St; ⊙ 9–17 Uhr) Hat Broschüren zu hübschen Ausflugsfahrten, Wanderungen und einem Kunstpfad auf Lager.

ℹ An- & Weiterreise

Von Bellingen aus führt der Waterfall Way über 29 km steil hinauf nach Dorrigo – die Fahrt ist spektakulär.

Busways (📞 02-6655 7410; www.busways.com.au) Werktags fünf bis sechs Verbindungen nach/ab Nambucca Heads und Coffs Harbour (jeweils 11,90 AU$, 1¼ Std.) sowie zwei am Samstag.

New England Coaches (📞 02-6732 1051; www.newenglandcoaches.com.au) Pro Woche fahren zwei bis drei Busse nach/ab Dorrigo (35 AU$, 45 Min.), Coffs Harbour (30 AU$, 50 Min.), Nambucca Heads (40 AU$, 1½ Std.), Kempsey (55 AU$, 2¼ Std.) und Port Macquarie (60 AU$, 2¾ Std.).

Dorrigo National Park

Von Bellingen aus klettert der Waterfall Way bergaufwärts bis nach Dorrigo. Die Straße führt an tief hinabfallenden Gebirgsströmen vorbei und gibt einen tollen Vorgeschmack auf die üppig grüne Landschaft des Dorrigo National Park.

Der wunderschöne 119 km² große Nationalpark gehört zur Gondwana Rainforests World Heritage Area (S. 161). Neben einer unheimlich facettenreichen Vegetation gibt es hier über 120 Vogelarten. Das **Rainforest Centre** (02-9513 6617; www.nationalparks.nsw.gov.au/Dorrigo-National-Park; Dome Rd; Erw./Kind 2/1 AU$; 9–16.30 Uhr;) am Parkeingang zeigt Ausstellungsstücke sowie einen Film über die Ökosysteme des Parks, informiert über die verschiedenen Wanderwege und verfügt über kostenloses WLAN und eine Ladestation für Telefone und Kameras. Zudem gibt's vor Ort das hervorragende **Canopy Cafe** (www.canopycafedorrigo.com; Hauptgerichte 14–19 AU$; 9–16.30 Uhr) und den **Skywalk**, eine Aussichtsplattform über dem Regenwald mit Blicken auf die Täler darunter. Bei schönem Wetter kann man das Meer sehen.

Die etwa zweistündige Wanderroute **Wonga Walk** (hin & zurück 6,6 km) führt vom Zentrum über einen asphaltierten Weg durch die Tiefen des Regenwaldes und passiert unterwegs verschiedene sehr hübsche Wasserfälle; einer davon ist auch von hinten zugänglich.

Lohnenswert ist ein Abstecher hinunter zur **Never Never Picnic Area** in den warmen gemäßigten Wald mitten im Park, wo weitere Wanderwege und Wasserfälle locken. Ein 2 km langer Abschnitt der Zugangsstraße ist nicht asphaltiert.

Dorrigo

1080 EW.

Der hübsche kleine Ort erstreckt sich rund um die T-Kreuzung zweier sehr breiter Straßen. In Sachen Essen und Wein schlägt Dorrigo wohl denselben Weg wie Bellingen ein, braucht für ein vergleichbares Niveau jedoch noch etwas Zeit.

Die Hauptattraktion der Stadt sind die **Dangar Falls**, 1,2 km nördlich der Stadt. Die Wasserfälle ergießen sich über Felsstufen in ein Bassin und laden mit ihrem eiskalten Wasser Hartgesottene zum Baden ein.

Schlafen

Hotel Motel Dorrigo HOTEL $
(02-6657 2016; www.hotelmoteldorrigo.com.au; Ecke Cudgery St & Hickory St; B 35 AU$, Zi. ohne/mit Bad ab 70/95 AU$;) Die Fassade des Gästehauses ist um einiges charmanter als die Bar und der Speisesaal. Die renovierten Zimmer im oberen Stock sind für den Preis in Ordnung, allerdings verfügen nicht alle über Bäder. Die Motelzimmer überblicken den Parkplatz hinterm Haus.

Mossgrove B&B $$
(02-6657 5388; www.mossgrove.com.au; 589 Old Coast Rd; Zi. 185 AU$) Das hübsche, im Federation Style erbaute Anwesen liegt auf einem 2,5 ha großen Anwesen, 8 km von Dorrigo entfernt, und bietet zwei hochwertige Zimmer, eine Gästelounge und ein Bad, allesamt geschmackvoll und der damaligen Mode angepasst renoviert. Ein kontinentales Frühstück ist im Preis enthalten, für 35 AU$ gibt's außerdem etwas Warmes.

Essen & Ausgehen

Thirty Three on Hickory EUROPÄISCH $$
(02-6657 1882; www.thirtythreeonhickory.com.au; 33 Hickory St; Hauptgerichte 17–23 AU$; Do–Sa 17–21, So 12–18 Uhr) Das wunderschöne Schieferhaus aus den 1920er-Jahren schmücken Buntglasfenster, geschmackvolle Antiquitäten und ein blühender Garten. Die Speisenauswahl reicht von Pizza bis hin zu Bistroküche. Für stilvolles Ambiente sorgen weiße Tischtücher, poliertes Silberbesteck und ein gemütlicher Kamin.

Red Dirt Distillery DESTILLERIE, CAFÉ
(02-6657 1373; www.reddirtdistillery.com.au; 51-53 Hickory St; Mo–Fr 10–16, Sa & So bis 14 Uhr) David Scott, Besitzer der Red Dirt Distillery, verkauft kreative Wodka- und Likörsorten, u. a. aus in Dorrigos rotbraunen Böden gewachsenen Kartoffeln. Ein Fläschchen und ein paar der leckeren Snacks eignen sich wunderbar für ein Picknick, alternativ bestellt man einen Antipastiteller im Café.

Praktische Informationen

Dorrigo Information Centre (02-6657 2486; www.dorrigo.com; 36 Hickory St; 10–15 Uhr)

❶ An- & Weiterreise

Pro Woche fahren zwei bis drei Busse von New England Coaches (S. 148) nach/ab Bellingen (35 AU$, 45 Min.), Coffs Harbour (40 AU$, 1½ Std.), Nambucca Heads (50 AU$, 2 Std.), Kempsey (65 AU$, 3 Std.) und Port Macquarie (70 AU$, 3½ Std.).

Coffs Harbour

24 600 EW.

Im Gegensatz zu anderen Küstenstädten, deren Hauptstraßen typischerweise direkt am Wasser verlaufen, befindet sich das Zentrum von Coffs im Landesinneren und ein Großteil der Stadt scheint dem Meer den Rücken zu kehren. Dennoch gibt's hier einige großartige Strände, jede Menge Aktivitäten im Wasser, Abenteuersport und die Möglichkeit, wilde Tiere zu beobachten. All das sorgt für die große Beliebtheit bei Familien, Backpackern und der australischen Mittelklasse, die das „kulturelle Highlight", die Big Banana, anlockt.

Die Stadt hieß ursprünglich Korff's Harbour und wurde in den 1860er-Jahren von Europäern besiedelt. Der Hafenkai wurde 1892 errichtet, um Zedern und andere Hölzer zu verladen. Bananen wurden erstmals in den 1880er-Jahren hier angebaut, allerdings brachten sie erst mit dem Bau der Eisenbahnlinie 1918 finanzielle Gewinne ein. Der Bananenhandel erreichte in den 1960er-Jahren seinen Höhepunkt, heute stellt der Tourismus die Haupteinnahmequelle dar.

Die Stadt teilt sich in drei Bereiche: das Hafenviertel, das Geschäftszentrum und die Strände. Südlich von Coffs liegt Sawtell – eine Gruppe ausufernder Siedlungen mit ein paar großartigen Surfstränden vor der Tür.

⊙ Sehenswertes

Coffs Hauptattraktion ist der Strand. **Park Beach**, ein langer hübscher Sandstreifen, erstreckt sich vor der Kulisse von dichtem Buschland und Dünen, die die Gebäude dahinter verbergen. **Jetty Beach** ist etwas geschützter. **Diggers Beach**, zu dem eine Abzweigung des Highways nahe der Big Banana führt, ist mit seinen durchschnittlich 1 bis 1,5 m hohen Wellen bei Surfern beliebt. FKK-Fans können sich am **Little Diggers Beach** auf der inneren Seite der nördlichen Landzunge in ihrer ganzen Pracht zeigen.

★ Muttonbird Island INSEL

(www.nationalparks.nsw.gov.au/Muttonbird-Island-Nature-Reserve) Die Gumbainggir nannten die Insel Giidany Miirlarl, „Ort des Mondes". 1935 wurde sie durch den nördlichen Wellenbrecher mit Coffs Harbour verbunden. Wer den Weg zum Gipfel erklimmt, der am Ende recht steil ist, wird mit Panoramablicken auf die Küste belohnt. Von Ende August bis Anfang April bevölkern rund 12 000 Kurzschwanz-Sturmtaucher-Pärchen das Naturparadies; ihr niedlicher Nachwuchs schlüpft im Dezember und Januar.

★ North Coast Regional Botanic Garden GÄRTEN

(www.ncrbg.com; Hardacre St; Eintritt gegen Spende; 9–17 Uhr) Die subtropische Anlage umfasst Gewächshäuser, Sinnesgärten und grünen dichten Regenwald. Es gibt verschiedene Bereiche, die exotischen Orten wie Afrika, China und, nun ja, Queensland, gewidmet sind. Hier führt der 6 km lange **Coffs Creek Walk** vorbei; er beginnt gegenüber dem Rathaussaal an der Coff St und endet in der Nähe des Meeres.

Bunker Cartoon Gallery KUNSTGALERIE

(www.coffsharbour.nsw.gov.au; John Champion Way; Erw./Kind 2/1 AU$; Mo–Sa 10–16 Uhr) Zeigt in einem Bunker aus dem Zweiten Weltkrieg eine regelmäßig wechselnde Auswahl der hauseigenen Sammlung von 18 000 Karikaturen.

Coffs Harbour Regional Gallery KUNSTGALERIE

(www.coffsharbour.nsw.gov.au; Rigby House, Ecke Coff St & Duke St; Di–Sa 10–16 Uhr) GRATIS Die Galerie zeigt regionale Kunst und Wanderausstellungen.

Big Banana VERGNÜGUNGSPARK

(www.bigbanana.com; 351 Pacific Hwy; Kombiticket Erw./Kind 33/27 AU$; 9–16.30 Uhr) Der Park öffnete 1964 seine Pforten und startete den „Big-Things"-Kult in Australien (der Schuldige ist also gefunden…). Der Eintritt ist frei, wobei Attraktionen wie das Eisstadion, Schlittenfahren, der Wasserpark, Plantagenführungen und die „World of Bananas Experience" extra kosten.

Solitary Islands Aquarium AQUARIUM

(www.solitaryislandsaquarium.com; Bay Dr, Charlesworth Bay; Erw./Kind 10/6 AU$; Sa & So 10–16 Uhr) Am Wochenende, wenn sich die Studenten am Strand vergnügen, ist das kleine Aquarium für Besucher zugänglich. Es gehört zum Marine Science Centre der Southern Cross University und gewährt in seinen Tanks Zuschauern nähere Blicke auf

Coffs Harbour

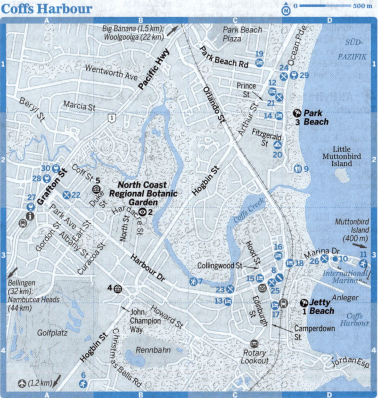

Coffs Harbour

◎ Highlights
- **1** Jetty Beach D4
- **2** North Coast Regional Botanic Garden B3
- **3** Park Beach D2

◎ Sehenswertes
- **4** Bunker Cartoon Gallery B3
- **5** Coffs Harbour Regional Gallery B2

✪ Aktivitäten, Kurse & Touren
- **6** Coffs City Skydivers A4
- **7** Coffs Creek Walk C3
- Coffs Jet Ski .... (siehe 3)
- **8** Jetty Dive C3
- **9** Lee Winkler's Surf School D2
- **10** Liquid Assets D3
- **11** Spirit of Coffs Harbour D3

🛏 Schlafen
- **12** Adrift by the Beach C1
- **13** Aussitel Backpackers C3
- **14** Bosuns Inn Motel C2
- **15** Caribbean Motel C3
- **16** Coffs Harbour YHA C3
- **17** Observatory Apartments C4
- **18** Pacific Marina Luxury Apartments D3
- **19** Pacific Property Management C1
- **20** Park Beach Holiday Park C2

🍴 Essen
- **21** Cafe Aqua C1
- **22** Cocoa A2
- Crying Tiger .... (siehe 8)
- Fiasco .... (siehe 18)
- **23** Mangrove Jack's C3
- **24** O.P 81 .... D1
- **25** Old John's C3
- Urban Espresso Lounge .... (siehe 8)
- **26** Yknot Bistro D3

🍸 Ausgehen & Nachtleben
- **27** Coast Hotel A2
- **28** Coffs Hotel A2
- **29** Hoey Moey D1
- **30** Plantation Hotel A2

Fisch-, Korallen- und Krakenarten, die in den Gewässern des Solitary Islands Marine Park nördlich von Coffs Harbour heimisch sind. Für Kinder ist das recht lange Video eventuell etwas langweilig, dafür werden hier keine Meeressäugetiere in Gefangenschaft gehalten.

🏃 Aktivitäten & Geführte Touren

Das Café Mangrove Jack's (S. 153) verleiht Kanus, Kajaks und Stehpaddel-Boards. Ambitionierte Wanderer sollten sich beim Visitor Centre eine Ausgabe der Broschüre *Solitary Islands Coastal Walk* (2 AU$) besorgen.

Jetty Dive   TAUCHEN
(☎ 02-6651 1611; www.jettydive.com.au; 398 Harbour Dr) Im Solitary Islands Marine Park treffen tropische Gewässer auf südliche Strömungen, deswegen ist hier eine wunderbare Mischung aus Korallen, Korallenfischen und Seegräsern zu entdecken. Das Tauchzentrum veranstaltet spektakuläre Tauch- und Schnorchelausflüge (2 Tauchgänge 60 AU$), PADI-Kurse (459 AU$) und von Juni bis Oktober Walbeobachtungstouren (Erw./Kind 59/49 AU$).

Spirit of Coffs Harbour   BOOTSFAHRT
(☎ 02-6650 0155; www.gowhalewatching.com.au; Coffs Harbour Marina; 45 AU$/Pers.; ⊙ Mai-Nov. 9.30 Uhr) Walbeobachtungstouren auf einem 18,3 m langen Katamaran.

Coffs City Skydivers   FALLSCHIRMSPRINGEN
(☎ 02-6651 1167; www.coffsskydivers.com.au; Flughafen von Coffs Harbour; Tandemsprünge 229–495 AU$) Hier sind alle richtig, die sich schon immer mal aus einem Flugzeug stürzen wollten.

East Coast Surf School   SURFEN
(☎ 02-6651 5515; www.eastcoastsurfschool.com.au; Diggers Beach; Kurse ab 55 AU$) Die Tauchschule richtet sich speziell an weibliche Kundschaft und wird von der ehemaligen Profisurferin Helene Enevoldson geleitet.

Lee Winkler's Surf School   SURFEN
(☎ 02-6650 0050; www.leewinklerssurfschool.com.au; Park Beach; ab 50 AU$) Eine der ältesten Surfschulen in Coffs.

Coffs Jet Ski   JETSKI
(☎ 0418 665 656; www.coffsjetskihire.com.au; Park Beach; 15/30/60 Min. ab 60/100/160 AU$) Jetskiverleih am Strand.

Liquid Assets   ABENTEUERTOUR
(☎ 02-6658 0850; www.surfrafting.com; 38 Marina Dr; halbstündige Touren ab 60 AU$) Veranstaltet verschiedene Touren und Aktivitäten im Wasser, darunter Kajakfahren, Rafting, Surfen und das Beobachten von Schnabeltieren.

🎉 Feste & Events

Pittwater to Coffs Harbour Regatta   SEGELN
(www.pittwatertocoffs.com.au) Die Segelregatta beginnt am 2. Januar in Sydney und endet in Coffs Harbour; am 5. und 6. finden außerdem kürzere Rennen statt.

Sawtell Chilli Festival   CHILIS
(www.sawtellchillifestival.com.au) Anfang Juli.

Gold Cup Carnival   PFERDERENNEN
(www.coffsracingclub.com.au) Coffs' bekanntestes Pferderennen findet Anfang August statt.

Coffs Harbour International Buskers & Comedy Festival   MUSIK
(www.coffsharbourbuskers.com) An acht Tagen Ende September.

🛏 Schlafen

Motels konzentrieren sich auf zwei Bereiche: Draußen beim Pacific Hwy am Visitor Centre werden vor allem Roadtripper angelockt, während sich die unten beim Park Beach an Strandgänger richten. Es gibt keinen ersichtlichen Grund, sich eine Bleibe beim Highway zu suchen.

Zu den vielen Vermittlungen von Ferienwohnungen gehört **Pacific Property Management** (☎ 02-6652 1466; www.coffsaccommodation.com.au; 101 Park Beach Rd).

Coffs Harbour YHA   HOSTEL $
(☎ 02-6652 6462; www.yha.com.au; 51 Collingwood St; B 30–33 AU$, Zi. 86 AU$; @ ☒) Bei diesem Service und den vielen Extras grenzt es an ein Wunder, dass die hiesige Hotel-Konkurrenz überleben kann. Die Schlafsäle sind geräumig, die Privatzimmer haben eigene Bäder und der TV-Raum und die Küche sind makellos sauber. Gäste können Surfbretter und Fahrräder ausleihen.

Bosuns Inn Motel   MOTEL $
(☎ 02-6651 2251; www.motelcoffsharbour.com; 37 Ocean Pde; Zi. 85–95 AU$; ❄ ☒) Das preiswerte Motel gegenüber der Straße am Park Beach wird von den freundlichen Besitzern tadellos in Schuss gehalten. Blaue Dekoelemente und Möbel sowie Mauerwerk sorgen für

einen gewissen maritimen Touch, zudem gibt's einen hübschen Pool hinterm Haus.

Park Beach Holiday Park   CAMPING $
(02-6648 4888; www.coffsholidays.com.au; Ocean Pde; Stellplatz/Hütten ab 35/87 AU$; @☲) Der riesige Campingplatz bietet eine ideale Lage am Strand. Kinder werden sich hier wohlfühlen, dafür sorgen ein Hüpfkissen, ein Spielplatz und ein Pool mit Leuchtturmrutsche und bunten Seepferdchenfontänen.

Aussitel Backpackers   HOSTEL $
(02-6651 1871; www.aussitel.com; 312 Harbour Dr; B/DZ 27/70 AU$; @☏☲) Man sollte sich von der Fassade nicht abschrecken lassen, die trotz des hellen Orange wirklich kein schöner Anblick ist. Das geräumige Ziegelsteinhaus beherbergt gemütliche Schlafsäle und einen schattigen Hof. Gäste können sich kostenlos Surfbretter, Stehpaddel-Boards, Kajaks, Kanus und Schnorchelausrüstung leihen.

Observatory Apartments   APARTMENTS $$
(02-6650 0462; www.theobservatory.com.au; 30-36 Camperdown St; Apt. ab 150 AU$; ✻☏☲) Die Einzimmer-Apartments und Ferienwohnungen mit zwei bis drei Schlafzimmern dieses netten, modernen Komplexes sind hell, luftig und mit praktischen Küchen ausgestattet. Alle haben Balkone mit Meerblick, ein Teil außerdem Whirlpools.

Adrift by the Beach   APARTMENTS $$
(02-6652 2087; www.adriftbythebeach.com.au; 5 Boultwood St; Apt. ab 125 AU$; ✻☏☲) Die Apartments aus Ziegelstein im Motelstil mit zwei bis drei Schlafzimmern bieten ein gutes Preis-Leistungs-Verhältnis und verteilen sich in L-Form um einen Pool. Zur Grundausstattung gehört eine Küche, Waschmaschinen sind jedoch nur zum Teil verfügbar (der Rest nutzt den Gemeinschaftswaschraum).

Caribbean Motel   MOTEL $$
(02-6652 1500; www.caribbeanmotel.com.au; 353 Harbour Dr; Zi./Apt. ab 128/158 AU$; ✻☏☲) Das 24 Zimmer umfassende Motel in Hafennähe wurde geschmackvoll renoviert und bietet Frühstücksbuffet gegen einen Aufpreis. Die besten Zimmer bieten Balkone, Ausblick und Wellnessbäder, zudem gibt's Suiten mit Schlafraum und Küchenzeile zu einem tollen Preis.

Pacific Marina Luxury
Apartments   APARTMENTS $$$
(02-6651 7955; www.pacificmarina.com.au; 22 Orlando St; Apt. ab 290 AU$; ✻☏☲) Die großen modernen Apartments für Selbstversorger warten mit einer Toplage in Nähe der Läden, Restaurants und des Strandes auf.

✖ Essen

Cafe Aqua   CAFÉ $
(02-6652 5566; www.cafeaqua.com.au; 57 Ocean Pde; Hauptgerichte 10–19 AU$; ⊙7–15 Uhr) Das exzellente Café nahe Park Beach serviert sättigende Frühstücksteller sowie mediterran angehauchtes Mittagessen, u.a. köstliche Mezze-Platten.

Cocoa   CAFÉ $
(35 Harbour Dr; Hauptgerichte 11–19 AU$; ⊙7–18 Uhr) Das helle, glänzend-moderne Dekor, der aufmerksame Service und die exzellente Frühstückskarte machen das Café im Zentrum zur ersten Wahl von Coffs' Geschäftsleuten und Kinderwagenbrigade. Saisonale Wochenangebote sind angeschrieben.

Old John's   CAFÉ $
(www.facebook.com/oldjohns; 358 Harbour Dr; Hauptgerichte 10–17 AU$; ⊙Mo & Di 7–16, Mi–So bis 23 Uhr) Das freundliche Hipster-Personal bietet vielleicht nicht den professionellsten Service, dafür serviert das coole, schäbigschicke Lokal exzellentes Essen. Und bei 15 AU$ für einen Pastateller und ein Glas Wein am Abend kann man sich wirklich nicht beschweren.

O.P 81   CAFÉ $
(www.facebook.com/O.P81Cafe; 81 Ocean Pde; Hauptgerichte morgens 8–10 AU$, mittags 15 AU$; ⊙Di–So 7–14 Uhr) Das O.P 81 gehört zu den wenigen Lokalen an der von Motels gesäumten Ocean Pde und bietet modernes Dekor, leckeres Essen, guten Kaffee und vorne eine große Terrasse.

Fiasco   ITALIENISCH $$
(02-6651 2006; www.fiascorestaurant.com.au; 22 Orlando St; Hauptgerichte 19–37 AU$; ⊙Di–Sa 18–21 Uhr) Beim Fiasco ist der Name nun wirklich nicht Programm. In einer offenen Küche werden klassische italienische Gerichte aus besten lokalen Zutaten und Kräutern aus dem hauseigenen Garten zubereitet. Wer weniger Hunger hat, kann sich an der Bar einen Snack schmecken lassen.

Mangrove Jack's   CAFÉ $$
(02-6652 5517; www.mangrovejackscafe.com.au; Promenade Centre, Harbour Dr; Hauptgerichte morgens 9–16 AU$, mittags 15–25 AU$, abends 24–30 AU$; ⊙So & Mo 7.30–15, Di–Sa 7.30–15 & 17–21.15 Uhr; ☏) Das Mangrove Jack's in wun-

derbarer Lage an einer ruhigen Biegung des Coffs Creek verarbeitet fast ausschließlich lokale Produkte und hat Coopers vom Fass. Tagsüber gibt's leckere Café-Küche, abends gehaltvollere Gerichte.

Urban Espresso Lounge   CAFÉ $$
(www.urbanespressolounge.com.au; 384a Harbour Dr; Hauptgerichte 13–23 AU$; ⊗7–16 Uhr) Das stilvolle kleine Café auf der Hauptrestaurantmeile mit Straßentischen ist elegant und leger zugleich. Essen und Service sind toll, wobei leckerer Kaffee das Paket abrundet.

Yknot Bistro   KNEIPE $$
(☏02-6651 1741; www.yknotbistro.com.au; 30 Marina Dr; Hauptgerichte morgens 13–18 AU$, mittags 17–30 AU$, abends 21–33 AU$; ⊗7–14.30 & 18–20.30 Uhr) Das betriebsame Lokal gehört zum Coffs Harbour Yacht Club und serviert Kneipenkost in Form von Meeresfrüchten, Steaks und Pasta. Highlight ist der Meerblick, eine Rarität in Coffs. Der Speiseraum ist riesig und es gibt viele Außentische.

Crying Tiger   THAI $$
(☏02-6650 0195; www.facebook.com/TheCryingTigerThaiRestaurant; 382 Harbour Dr; Hauptgerichte 19–25 AU$; ⊗17.30–21 Uhr; ♠) Liebhaber der Thai-Küche müssen sich nicht in den Schlaf weinen, es sei denn wegen der scharfen Gerichte! Zur Auswahl stehen viele Klassiker, wobei Gäste das Chili-Niveau selbst festlegen können. Veranstaltet außerdem Kochkurse.

🍷 Ausgehen & Nachtleben

Veranstaltungstipps stehen in der Donnerstagsausgabe des **Coffs Harbour Advocate** (www.coffscoastadvocate.com.au). Die Namen der Clubs ändern sich regelmäßig.

Hoey Moey   KNEIPE
(www.hoeymoey.com.au; 84 Ocean Pde; ⊗10 Uhr–open end; 📶) Der riesige innere Biergarten zeugt davon, wieviel Betrieb im Sommer hier herrscht. Für Stimmung sorgen Pool-Wettbewerbe, Livemusik (Mi–So), Quizabende und Krabbenrennen.

Coffs Hotel   KNEIPE
(www.coffsharbourhotel.com; Ecke Grafton St & West High St; ⊗11 Uhr–open end) Irish Pub mit Bands, mehreren Bars und DJs. Etwas schicker geht's in der Cocktailbar Ye Olde Bottle Shop nebenan zu.

Plantation Hotel   KNEIPE
(www.plantationhotel.com.au; 88 Grafton St; ⊗11 Uhr–open end) Das Plantation ist besser als die meisten Riesenkneipen. Neben Livebands und DJ-Musik bis spät in die Nacht verlässt es sich vor allem auf die Kombination aus Bier und Steaks.

Coast Hotel   KNEIPE
(www.coasthotel.com.au; 2 Moonee St; ⊗11 Uhr–open end) Nach einer Renovierung lädt das frühere Old Fitzroy Hotel nun mit einem Biergarten zu faulen Nachmittagen ein. Gäste erwarten Sitzlandschaften und tolle Loungebereiche mit gemütlichen Sofas. Zum Unterhaltungsprogramm gehören jede Menge Livemusik und ein Quizabend am Dienstag.

ℹ️ Praktische Informationen

Visitor Information Centre (☏02-6648 4990; www.coffscoast.com.au; Ecke McLean St & Pacific Hwy; ⊗9–17 Uhr)

ℹ️ An- & Weiterreise

BUS

Fern- und Regionalbusse fahren von einer Haltestelle nahe dem Visitor Centre ab.

Busways (☏02-6652 2744; www.busways.com.au) Werktags mindestens fünf Busse nach/ab Nambucca Heads und Bellingen (jeweils 11,90 AU$, 1¼ Std.) sowie mindestens einer am Samstag.

Greyhound (☏1300 473 946; www.greyhound.com.au) Busverbindungen nach/ab Sydney (66 AU$, 8½ Std., tgl.), Port Macquarie (36 AU$, 2½ Std., 2-mal tgl.), Nambucca Heads (13 AU$, 45 Min., 2-mal tgl.), Byron Bay (45 AU$, 3½ Std., 4-mal tgl.) und Brisbane (81 AU$, 7 Std., 3-mal tgl.).

New England Coaches (☏02-6732 1051; www.newenglandcoaches.com.au) Mindestens zwei wöchentliche Verbindungen nach/ab Dorrigo (40 AU$, 1½ Std.), Bellingen (30 AU$, 50 Min.), Nambucca Heads (35 AU$, 35 Min.), Kempsey (40 AU$, 1¼ Std.) und Port Macquarie (50 AU$, 2 Std.).

Premier (☏13 34 10; www.premierms.com.au) Täglich fährt ein Bus nach Sydney (66 AU$, 8½ Std.), Port Macquarie (47 AU$, 2¼ Std.), Nambucca Heads (34 AU$, 40 Min.), Byron Bay (50 AU$, 5 Std.) und Brisbane (59 AU$, 8½ Std.).

Ryans Bus Service (☏02-6652 3201; www.ryansbusservice.com.au) Busse nach/ab Woolgoolga (13 AU$, 1 Std., werktags 6-mal tgl., Sa 2-mal tgl.) und Grafton (25 AU$, 2 Std., werktags 2-mal tgl.).

FLUGZEUG

Der **Coffs Harbour Airport** (CFS; ☏02-6648 4767; www.coffscoast.com.au/airport; Airport Dr) liegt 3 km südwestlich der Stadt.

Brindabella Airlines (📞1300 668 824; www.brindabellaairlines.com.au) Fliegt nach/ab Brisbane.
QantasLink (📞13 13 13; www.qantas.com.au) Flüge nach/ab Sydney.
Tigerair (📞02-8073 3421; www.tigerair.com.au) Verbindungen nach/ab Sydney.
Virgin Australia (📞13 67 89; www.virginaustralia.com) Fliegt nach/ab Sydney und Melbourne.

ZUG

NSW TrainLink (📞13 22 32; www.nswtrainlink.info) Täglich fahren drei Züge nach/ab Sydney (81 AU$, 9 Std.), Kempsey (19 AU$, 1¾ Std.), Nambucca Heads (7 AU$, 40 Min.) und Grafton (17 AU$, 1¼ Std.); einer fährt weiter nach Brisbane (85 AU$, 5½ Std.).

Unterwegs vor Ort

Busways, Ryans und **Sawtell** (📞02-6653 3344; www.sawtellcoaches.com.au) bedienen das örtliche Busnetz; Sawtell fährt regelmäßig zum Flughafen.

Coffs District Taxis (📞13 10 08; www.coffstaxis.com.au) sind rund die Uhr verfügbar.

Woolgoolga

4720 EW.

Der kleine Strandort Woolgoolga, ca. 25 km nördlich von Coffs, lohnt einen Stopp. Bekannt ist er für seine Surf- und Sikh-Gemeinde. Auch wer nur auf dem Highway vorbeifährt, wird den eindrucksvollen **Guru Nanak Temple**, ein Sikh-*gurdwara* (Gebetsstätte), bemerken.

🛌 Schlafen

Woolgoolga Beach Caravan Park   CAMPING $
(📞02-6648 4711; www.coffscoastholidayparks.com.au; 55 Beach St; Stellplatz/Hütten ab 35/87 AU$; 📶) Direkt am Strand, jedoch erstaunlich ruhig bei Nacht.

Solitary Islands Lodge   B&B $$
(📞02-6654 1335; www.solitaryislandslodge.com.au; 3 Arthur St; Zi. 160 AU$; 📶) Die drei makellosen Gästezimmer in dem modernen Haus auf einem Hügel laden zu entspannten Stunden mit Blick aufs Meer ein; zwei haben eigene Balkone. Die charmanten Gastgeber hinterlassen auf den Zimmern Zutaten für ein kontinentales Frühstück.

Waterside Cabins   HÜTTEN $$
(📞02-6654 1644; www.watersidecabins.com.au; Hearnes Lake Rd; Hütten ab 113 AU$; ❄🏊) Die stilvollen Unterkünfte mit zwei bis drei Schlafzimmern abseits des Highways südlich der Stadt gehören zu einer großen Anlage mit hüttenähnlichen Wohneinheiten. Die vier Ferienhäuschen liegen im Grünen in der Nähe des Sees; zum Strand führt ein Spazierweg.

🍴 Essen

Rustic Table   ITALIENISCH $$
(📞02-6654 1645; 53 Beach St; Hauptgerichte morgens & mittags 10–16 AU$, abends 18–28 AU$; ⊙ So 7–13, Mo & Di bis 15, Mi–Sa bis 22 Uhr) Wenn der Holy-Goat-Kaffee einem nicht die Müdigkeit austreibt, dann übernehmen das die redseligen Kellner. Täglich sind leckere

---

ABSTECHER

RED ROCK

Das verschlafene Dorf Red Rock (310 Ew.) liegt zwischen einem wunderschönen Strand und einem hübschen Meeresarm voller Fische. Der Name leitet sich von den rotgefärbten Felsen auf der Landzunge ab, der lokale Stamm der Gumbainggir verwendet hingegen die sehr viel traurigere Bezeichnung Blood Rock. In den 1880er-Jahren metzelte eine bewaffnete Polizeieinheit die Bewohner eines Aborigines-Lagers nieder, trieb die Überlebenden auf die Landzunge und stürzte sie in die Tiefe. Eine einfache Gedenktafel erinnert an die Blood Rock Massacres und das Gebiet gilt als heiliges Land.

Das **Yarrawarra Aboriginal Cultural Centre** (📞02-6640 7100; www.yarrawarra.org; 170 Red Rock Rd, Corindi Beach) bietet eine gute Kunstgalerie und ein Bush-Tucker-Café, das Känguru und Buschbrot mit Zitrone und Myrte serviert. Zudem gehören Buschmedizin-Touren und Kunstkurse für Gruppen zum Angebot; Interessierte sollten vorher anrufen.

Übernachtungsmöglichkeiten, u. a. ein paar komfortable, fest installierte Zelte, bietet der **Red Rock Caravan Park** (📞02-6649 2730; www.redrock.org.au; 1 Lawson St; Stellplatz/Hütten ab 33/110 AU$; 📶).

Unter der Woche fahren ein paar Ryans-Busse nach/ab Woolgoolga (11 AU$, 15 Min.) und Grafton (20 AU$, 50 Min.).

saisonale italienische Klassiker an der Tafel angeschrieben. Freitag- und samstagabends gibt's Livemusik.

Bluebottles Brasserie CAFÉ $$
(02-6654 1962; 53 Beach St; Hauptgerichte morgens 12–17 AU$, mittags 14–23 AU$, abends 24–30 AU$; So–Do 7.30–15 Uhr, Fr & Sa open end) Das Ecklokal mit Straßentischen ähnelt eher einem Café als einer Brasserie. Gelegentlich finden Live-Jazzkonzerte statt.

❶ An- & Weiterreise

Unregelmäßig fahren Busse von Ryans (S. 155) nach/ab Coffs Harbour (13 AU$, 1 Std.), Red Rock (11 AU$, 15 Min.) und Grafton (21 AU$, 1½ Std.). Hier halten Busse auf der Pacific-Hwy-Route.

CLARENCE COAST

Nördlich von Woolgoolga verlässt der Pacific Hwy die Küste und führt entlang des Yuraygir National Park zu der kleinen Stadt Grafton am Clarence River. Hier beginnt die Northern-Rivers-Region, die sich bis zur Grenze Queenslands erstreckt. Geprägt ist die Landschaft gleichermaßen von den Stränden, dem milden Wetter und den drei großen Wasserwegen (Clarence River, Richmond River und Tweed River).

Yuraygir National Park

Der 535 km² große **Yuraygir National Park** (Fahrzeuggebühr 7 AU$) erstreckt sich über den 60 km langen Küstenabschnitt nördlich von Red Rock und ist ein wichtiger Lebensraum für den bedrohten Küstenemu. Die abgeschiedenen Strände lassen sich am besten auf dem **Yuraygir Coastal Walk** entdecken. Der 65 km lange ausgeschilderte Wanderweg führt von Angourie durch die Dörfer Brooms Head, Minnie Water und Wooli nach Red Rock über verschiedene Pfade, Strände und Felsplattformen. Am besten läuft man von Norden nach Süden, mit der Sonne im Rücken. Unterwegs können Wanderer auf einfachen **Campingplätzen** (www.national parks.nsw.gov.au/Yuraygir-National-Park; Erw./Kind 10/5 AU$) im Busch zelten; nur ein Teil verfügt über Trinkwasser. In den Visitor Centres gibt es Wanderführer (2 AU$).

Wooli (493 Ew.) liegt an einer lang gestreckten Meerenge im südlichen Teil des Parks, die eine Flussmündung mit dem Ozean verbindet. Diese Lage verstärkt den Einsiedler-Charme des Städtchens. Anfang Oktober finden hier die **Australian National Goanna Pulling Championships** (www.goannapulling. com.au) statt, bei denen die Wettkampfteilnehmer mit einem Lederband um den Kopf auf allen Vieren im Tauziehen gegeneinander antreten. Keine Angst: echte *goannas* (Warane) kommen nicht zum Einsatz.

Wer ein paar entspannte Tage mit Angeln, Kajakfahren und Sonnenbaden verbringen möchte, ist im **Solitary Islands Marine Park Resort** (02-6649 7519; www.solitaryis landsresort.com.au; 383 North St; Stellplatz/Hütten ab 34/140 AU$; ✱ ⛄) mit verschiedenen gepflegten Hütten im Buschland am Fluss richtig.

Grafton

16 600 EW.

Das sanfte, von der Geschichte verwöhnte Grafton liegt idyllisch in einer Biegung des Clarence River. Die charmanten weiten Straßen der Stadt säumen imposante Gasthäuser und einige prächtige alte Gebäude. Ende Oktober werden sie von den Blüten der brasilianischen Jacaranda-Bäume violett gefärbt. Auf **Susan Island** mitten im Fluss lebt eine große Kolonie von Flughunden, die allabendlich ausschwärmen – ein eindrucksvoller Anblick.

Man sollte sich nicht von den vielen Restaurantketten am Straßenrand in die Irre führen lassen; die eigentliche Stadt beginnt erst hinter der imposanten zweistöckigen Auto- und Eisenbahnbrücke aus dem Jahr 1932.

⊙ Sehenswertes

Victoria Street HISTORISCHES GEBÄUDE
Die Victoria St, den historischen Kern der Stadt, säumen einige hübsche Beispiele der Architektur des 19. Jh., darunter das **Courthouse** (1862) mit der Nummer 47, die **anglikanische Kathedrale** (Baubeginn 1884) an der Ecke Duke St und das **Roches Family Hotel** (1871) mit der Hausnummer 85.

Grafton Regional Gallery KUNSTGALERIE
(02-6642 3177; www.graftongallery.nsw.gov. au; 158 Fitzroy St; Eintritt gegen Spende; Di–So 10–16 Uhr) In einem eindrucksvollen Haus von 1880 zeigt die kleine Galerie eine interessante Sammlung mit Landschaftsbildern von NSW sowie in regelmäßigen Abständen Sonderausstellungen.

Clarence River Historical Society
MUSEUM

(www.clarencehistory.org.au; 190 Fitzroy St; Erw./Kind 3/1 AU$; ⊙Di–Do & So 13–16 Uhr) Das kleine Museum im hübschen Schaeffer House (1903) stellt Schätze aus, die einst auf den Dachböden der Stadt gefunden wurden.

✹ Feste & Events

July Racing Carnival PFERDERENNEN
(www.crjc.com.au) Das einwöchige Spektakel findet seinen Höhepunkt im Grafton Cup, dem renommiertesten Pferderennen im ländlichen Australien.

Jacaranda Festival BLUMEN
(www.jacarandafestival.org.au) Ende Oktober färbt Australiens ältestes Blumenfest die Stadt malvenfarben.

🛌 Schlafen

Gateway Village CAMPING $
(☎02-6642 4225; www.thegatewayvillage.com.au; 598 Summerland Way; Stellplatz/Hütten ab 29/120 AU$; ❊@🛜🏊) Der hübsche Ferienpark im Norden der Stadt umfasst gepflegte Gärten mit Palmenalleen und einem dekorativen See mit Seerosen.

Annies B&B B&B $$
(☎0421 914 295; www.anniesbnbgrafton.com; 13 Mary St; EZ/DZ 145/160 AU$; ❊🛜🏊) Das wunderschöne viktorianische Gebäude in einer grünen Ecke der Stadt beherbergt Privatzimmer mit altmodischem Ambiente, abseits des Familienhauses. Es gibt kontinentales Frühstück.

🍴 Essen & Ausgehen

Limonata ITALIENISCH $$
(☎02-6643 1010; www.dukestreet.com.au; 1 Duke St; Hauptgerichte mittags 14–20 AU$, abends 20–27 AU$; ⊙Sa & So 8–15, Mi–Sa 17–21 Uhr) Holzofenpizza, köstliche Pasta, gelegentlicher Livejazz und die Lage am Fluss machen das Limonata zum eindeutig besten Restaurant Graftons.

Roches Family Hotel HOTEL
(☎02-6642 2866; www.roches.com.au; 85 Victoria St) Das historische Eckhotel bricht mit der Regel, dass hiesige Gasthäuser verwinkelt und grell beleuchtet sein müssen, und lädt zu einem Drink oder einer günstigen Mahlzeit in gemütlicher Atmosphäre ein. Die Bierdosensammlung und das Krokodil in der öffentlichen Bar sind für sich genommen schon einen Besuch wert.

ℹ️ Praktische Informationen

Clarence River Visitor Information Centre (☎02-6642 4677; www.clarencetourism.com; Ecke Spring St & Pacific Hwy; ⊙9–17 Uhr; 🛜) Südlich des Flusses.

NPWS-Büro (☎02-6641 1500; Level 4, 49 Victoria St)

ℹ️ Anreise & Unterwegs vor Ort
BUS

Busways (☎02-6642 2954; www.busways.com.au) Zu den lokalen Verbindungen gehören vier bis acht tägliche Busse nach Maclean (1 Std.), Yamba (1¼ Std.) und Angourie (1½ Std.); alle kosten 12 AU$.

Greyhound (☎1300 473 946; www.greyhound.com.au) Busse nach/ab Sydney (128 AU$, 10½ Std., 3-mal tgl.), Nambucca Heads (30 AU$, 2½ Std., 2-mal tgl.), Coffs Harbour (16 AU$, 1 Std., 3-mal tgl.), Byron Bay (27 AU$, 3 Std., 3-mal tgl.) und Brisbane (60 AU$, 6½ Std., 3-mal tgl.).

Northern Rivers Buslines (☎02-6626 1499; www.nrbuslines.com.au) Werktags verkehrt ein Bus nach/ab Maclean (9,70 AU$, 43 Min.) und Lismore (9,70 AU$, 3 Std.).

Premier (☎13 34 10; www.premierms.com.au) Täglich nach/ab Sydney (67 AU$, 9½ Std.), Nambucca Heads (34 AU$, 1¾ Std.), Coffs Harbour (34 AU$, 1 Std.), Byron Bay (47 AU$, 4¼ Std.) und Brisbane (52 AU$, 7½ Std.).

Ryans Bus Service (☎02-6652 3201; www.ryansbusservice.com.au) Unter der Woche fahren Busse nach/ab Woolgoolga (21 AU$, 1½ Std.), Red Rocks (20 AU$, 1½ Std.) und Coffs Harbour (25 AU$, 2 Std.).

FLUGZEUG

Der **Clarence Valley Regional Airport** (GFN; ☎02-6643 0200; www.clarence.nsw.gov.au) liegt 12 km südöstlich der Stadt. **Regional Express** (Rex; ☎13 17 13; www.rex.com.au) fliegt nach/ab Sydney und Taree.

ZUG

NSW TrainLink (☎13 22 32; www.nswtrainlink.info) Täglich fahren drei Züge nach/ab Sydney (103 AU$, 10 Std.), Kempsey (36 AU$, 3 Std.), Nambucca Heads (27 AU$, 2 Std.) und Coffs Harbour (17 AU$, 1¼ Std.), einer davon fährt weiter nach Brisbane (67 AU$, 4¼ Std.). Zudem gibt's eine tägliche Verbindung nach Maclean (9,22 AU$, 35 Min.), Yamba (14 AU$, 1¼ Std.), Ballina (30 AU$, 3 Std.), Lennox Head (34 AU$, 3½ Std.) und Byron Bay (36 AU$, 3¾ Std.).

Von Grafton nach Yamba

Das Delta zwischen Grafton und der Küste präsentiert sich als ein Flickenteppich aus

ABSTECHER

MUSEUM OF INTERESTING THINGS

Was hat Russell Crowes *Gladiator*-Kostüm neben Johnny Cashs goldenen Alben und Don Bradmans Kricketschlägern in einem alten Holzhaus im winzigen Nymboida, 40 km südwestlich von Grafton, zu suchen? Die Antwort: Hier bewahrt Crowe eine beträchtliche Sammlung seiner persönlichen Schätze auf. Der in Neuseeland geborene Superstar wuchs im nahen Nana Glen auf, wo seine Eltern noch heute leben.

Neben Erinnerungsstücken aus den Bereichen Film, Musik und Sport zeigt das **Museum** (02-6649 4126; Erw./Kind 5/2,50 AU$; Mi–Fr & So 11–15, Sa 10–17 Uhr) Oldtimer-Motorräder und Artefakte aus der Pionierzeit, als Kutschen von Cobb & Co hier auf der Woolpack Road zwischen Armidale und Grafton einen Stopp einlegten.

Das angrenzende **Coaching Station Inn** (02-6649 4126; www.coachingstation.com; 3970 Armidale Rd; EZ/DZ 110/140 AU$, Hauptgerichte 15–18 AU$; 10–20 Uhr;), ein wunderbares altes Gästehaus an der Straße, bietet günstiges Essen und gepflegte Unterkünfte in einem Motelblock mit Holzfassade. Crowe-Fans sollten sich allerdings nicht zu viele Hoffnungen machen: Ihn selbst wird man außer auf den Fotos, die die Bar des Gasthofs pflastern, wohl nicht zu Gesicht bekommen. Laut Barkeeper kommt er allerdings gelegentlich auf einen Spontanbesuch vorbei, schließlich seien es „nur elf Minuten auf dem Motorrad vom Haus seiner Eltern hierher".

Ackerland, in dem der kurvenreiche weite Clarence River über 100 teilweise sehr große Inseln formte. Hier sieht man die ersten Zuckerrohrplantagen und Häuser im Queensland-Stil, Holzbauten auf Stelzen mit hohen Dächern, in denen in heißen Sommer die Luft zirkulieren kann. Wenn zwischen Mai und Dezember die Zuckerrohrfelder abgebrannt werden, legt sich ein Rauchschleier über die Region.

Auf dem Pacific Hwy lohnt ein kurzer Abstecher nach **Ulmarra** (435 Ew.), einer denkmalgeschützten Stadt mit Flusshafen. Das **Ulmarra Hotel** (www.ulmarrahotel.com.au; 2 Coldstream St) ist ein uriger alter Eckgasthof mit schmiedeeiserner Veranda und einem wunderbar grünen Biergarten, der sich hinunter zum Fluss erstreckt.

Das malerische Flussstädtchen **Maclean** (2600 Ew.) nimmt sein schottisches Erbe ernst – Schottenmuster schmücken sogar die Laternenpfähle. Es lädt zu einem Spaziergang am Fluss, einem Besuch der Geschäfte und einem kalten Bier in einem der alten Hotels ein. Das äußerst hilfsbereite Personal des **Clarence Coast Visitor Information Centre** (02-6645 4121; www.clarencetourism.com; Ecke Cameron St & Pacific Hwy; 9–17 Uhr;) am Stadtrand informiert über malerische Autorouten in der Region.

Yamba & Angourie

6040 & 184 EW.

Das verschlafene Fischerdorf Yamba lockt mit seinem gemächlichen Lebensstil, dem Zugang zu schönen Stränden und einigen exzellenten Restaurants immer mehr Besucher an. Der winzige entspannte Nachbarort Angourie, 5 km weiter südlich, ist schon seit Langem bei erfahrenen Surfern beliebt. 2007 wurde der hiesige Strand als erster der Nordküste zum National Surfing Reserve erklärt.

◉ Sehenswertes

Strände STRÄNDE

Erfahrene Surfer sind am **Angourie Point** richtig, allerdings haben Yambas Strände auch für alle anderen etwas zu bieten. Am meisten los ist am **Main Beach** mit Meerespool, Bananenpalmen und einer Liegewiese für Sandmuffel. **Convent Beach** ist das Mekka der Sonnenanbeter, während sich **Turner's**, geschützt durch einen Wellenbrecher, ideal für Surfkurse eignet. Entlang des langen **Pippi Beach** sind oft Delfine zu beobachten.

Ein Wander- und Radweg windet sich entlang der Küste von Yambas. Der hübscheste Abschnitt ist der zwischen Pippi Beach rund um Lovers Point und Convent Beach. Der Yuraygir Coastal Walk (S. 156) beginnt in Angourie.

Angourie Blue Pools QUELLE

(The Crescent) Die von Quellwasser gespeiste Wasserstelle ist ein Überbleibsel des Steinbruchs, der beim Bau des Wellenbrechers entstand. Wer mutig genug ist, kann die Felsen hochklettern und sich in die Tiefe fallen lassen. Alle anderen gleiten einfach gemächlich inmitten von Buschland, nur ein paar Meter vom Surfstrand entfernt, ins Wasser. Ab und an machen Algenblüten das Baden gefährlich.

Bundjalung National Park PARK
(www.nationalparks.nsw.gov.au/Bundjalung-National-Park; Fahrzeuggebühr 7 AU$) Der Nationalpark erstreckt sich über 25 km entlang der Küste nördlich des Clarence River bis South Evans Head. Weite Teile des fast unberührten Gebiets lassen sich am besten mit einem Geländewagen erkunden. Der südliche Abschnitt hingegen ist problemlos ab Yamba mit der Passagierfähre **Clarence River Ferry** (02-6646 6423; www.clarenceriverferries.com; Erw./Kind 7,20/3,60 AU$; mind. 4-mal tgl.) nach Iluka zu erreichen. Dieser Teil des Parks beherbergt das Iluka Nature Reserve, ein Regenwaldgebiet am Iluka Beach, das zur Gondwana Rainforests World Heritage Area gehört. Auf der anderen Seite des Iluka Bluff erstreckt sich der Ten Mile Beach (der Name ist hier Programm!).

Yambas Flussmärkte MARKT
(www.surfingthecoldstream.com.au; Ford Park, River St; 9–14 Uhr) Am vierten Sonntag im Monat verkaufen Marktstände am Clarence River Nahrungsmittel aus der Region und Kunsthandwerk.

✈ Aktivitäten

Yamba Kayak KAJAKFAHREN
(02-6646 0065; www.angourie.me; 3/5 Std. 70/90 AU$) Ist auf halb- und ganztägige Kajakausflüge mit Abstechern in die umliegende Wildnis spezialisiert.

Yamba-Angourie Surf School SURFEN
(02-6646 1496; www.yambaangouriesurfschool.com.au; 2-/3-stündiger Kurs 50/120 AU$) Die Kurse dieser Surfschule werden vom ehemaligen australischen Surfmeister Jeremy Walters geleitet.

Clarence River Ferries BOOTSFAHRT
(0408 664 556; www.clarenceriverferries.com; 11–15 Uhr) Neben den Standardfährfahrten gehören hier noch eine Tour am Sonntag mit Livemusik (Erw./Kind 30/15 AU$) und ein Abstecher zur Harwood Island am Mittwoch und Freitag (Erw./Kind 20/10 AU$) zum Angebot. Eine Bar mit Schanklizenz verkauft Sandwiches und Käseteller.

Xtreme Cycle & Skate FAHRRADVERLEIH
(02-6645 8879; 34 Coldstream St, Yamba; Fahrradverleih halber/ganzer Tag 20/25 AU$)

🛏 Schlafen

Yamba YHA HOSTEL $
(02-6646 3997; www.yha.com.au; 26 Coldstream St; B 30–34 AU$, Zi. 80 AU$; @ 🏊) Das einladende, familiengeführte, zweckmäßig gebaute Hostel beherbergt eine beliebte Bar und ein Restaurant im unteren Stock sowie einen Grillbereich und einen winzigen Pool auf dem Dach. Die Doppelzimmer und ein Teil der Vier-Bett-Schlafsäle haben eigene Bäder.

Blue Dolphin Holiday Resort CAMPING $
(02-6646 2194; www.bluedolphin.com.au; Yamba Rd; Stellplatz/Hütten ab 37/105 AU$; @ 🏊) In dem großen Ferienpark an der Zufahrtsstraße nach Yamba reicht die Auswahl von einfachen Hütten bis zu luxuriösen Häusern. Zwei Poolanlagen (eine mit Wasserrutschen), ein Hüpfkissen und ein Spielplatz halten die lieben Kleinen bei Laune.

Yamba Beach Motel MOTEL $$
(02-6646 9411; www.yambabeachmotel.com.au; 30 Clarence St; Zi. 149–199 AU$; 🏊) In ganz NSW wird man kaum ein besseres Motel finden. Die Zimmer bieten große Flachbild-TVs, sehr bequeme Betten, Badelaken und hochwertige Toilettenartikel. Zudem gibt's einen kleinen dreieckigen Pool, ein exzellentes Café, das aufs Zimmer liefert, und einen Strand direkt den Hügel hinunter.

Clubyamba APARTMENTS $$
(0427 461 981; www.clubyamba.com.au; 14 Henson Lane; Apt. 125–160 AU$; 🏊) Nachdem man sich den Hang hinauf gekämpft hat, kann man es sich in einem der vier hell gestrichenen, modernen Apartments oder einer der zwei Suiten mit Meerblick gemütlich machen. Zudem gibt's ein Designer-Stadthaus mit einem Schlafzimmer in Flussnähe. Bei allen handelt es sich um Luxusunterkünfte.

Surf Motel MOTEL $$
(02-6646 2200; www.yambasurfmotel.com.au; 2 Queen St; Zi. 120–180 AU$; 🏊) Das moderne Motel auf einem Felsvorsprung mit Blick auf Yambas Hauptstrand bietet acht geräumige Zimmer mit Küchenzeilen sowie teils mit Balkonen. Abgesehen von der Brandung ist es hier wunderbar ruhig.

🍴 Essen

Pie & Pea CAFÉ, BÄCKEREI $
(11 Yamba St, Yamba; Pies 5–8 AU$; Mo–Do 6–15 Uhr, Fr–So open end) Das coole Café ist die schickere Version eines einfachen Pie-

Shops und serviert eine große Auswahl an fleischhaltigen Gourmet-Pies, darunter eine Frühstücksvariante mit Speck, Ei und Käse. Daneben gibt's Bananenbrot, Muffins, Gebäck, Waffeln und abends Kebabs.

★ **Beachwood Cafe** TÜRKISCH $$
(☏02-6646 9781; www.beachwoodcafe.com.au; 22 High St, Yamba; Hauptgerichte morgens 13–16 AU$, mittags 18–22 AU$; ◉Di–So 7–14 Uhr) Im wunderbaren kleinen Beachwood Café zaubert Kochbuchautorin Sevtap Yüce ihre *Turkish Flavours* auf den Tisch. Die meisten Tische befinden sich draußen auf einer Grasfläche, die von einem Küchengarten gesäumt wird.

Frangipan MEDITERRAN $$
(☏02-6646 2553; 11–13 The Crescent, Angourie; Hauptgerichte 30 AU$; ◉Di–Sa 18.30–22 Uhr) In dem mit Surf-Erinnerungsstücken geschmückten, schicken Essbereich werden Gerichte wie Lachs mit knuspriger Haut und Pappardelle mit Rinderbäckchen serviert, zudem gibt's ein Glas Wein umsonst. Im Sommer kann man hier sonntags frühstücken.

Ausgehen & Unterhaltung

Pacific Hotel KNEIPE
(☏02-6646 2466; www.pacifichotelyamba.com.au; 18 Pilot St, Yamba) Die ansprechende Kneipe bietet Meerblicke, regelmäßig Livemusik und DJ-Abende sowie gutes Essen.

Yamba Bowling Club LIVEMUSIK
(☏02-6646 2305; www.yambabowlingclub.com.au; 44 Wooli St) Die angesagteste Adresse der Stadt ist dieser hell beleuchtete Club, wobei die Pokerautomaten sicherlich einträglicher sind als die Bowls-Flächen. Große Veranstaltungen (Livemusik, Comedy usw.) finden meist hier statt.

An- & Weiterreise

Busways (☏02-6645 8941; www.busways.com.au) Vier bis acht Busse fahren täglich von Yamba nach Angourie (3,30 AU$, 9 Min.), Maclean (8,90 AU$, 19 Min.) und Grafton (12 AU$, 1¼ Std.).

Greyhound (☏1300 473 946; www.greyhound.com.au) Bietet eine tägliche Verbindung nach/ab Sydney (139 AU$, 11½ Std.), Coffs Harbour (28 AU$, 2 Std.), Byron Bay (15 AU$, 2¼ Std.), Surfers Paradise (41 AU$, 5 Std.) und Brisbane (46 AU$, 6¼ Std.).

NSW TrainLink (☏13 22 32; www.nswtrainlink.info) Eine tägliche Verbindung nach Maclean (7 AU$, 30 Min.), Grafton (14 AU$, 1¼ Std.), Lennox Head (19 AU$, 2½ Std.), Ballina (17 AU$, 2¼ Std.) und Byron Bay (20 AU$, 3 Std.).

BALLINA & BYRON SHIRE

An diesem entspannten Küstenabschnitt, an dem unberührte Natur auf Strandleben trifft, wird sowohl Familienurlaubern als auch Partygängern etwas geboten. Die Strandorte Ballina und Lennox Head sind ruhiger als die Touristenhochburg Byron Bay im Norden.

Ballina

16 000 EW.

Ballina, an der Mündung des Richmond River gelegen, ist mit weißen Sandstränden und kristallklarem Wasser gesegnet. Im späten 19. Jh. sorgte die Holzindustrie für Wohlstand; ein paar eindrucksvolle Holzgebäude in den verschlafenen Seitenstraßen erinnern an jene Zeit. Heute ist Ballina als ruhigere, familienfreundlichere Alternative zum nahe gelegenen Byron Bay bekannt, und das obwohl die Zahl der Einwohner Ballinas dreimal so hoch ist.

◉ Sehenswertes

Strände STRÄNDE
Auf der anderen Seite der Brücke im Osten der Hauptstraße befindet sich die ruhige **Shaws Bay Lagoon**, ein beliebtes Ziel für Familienausflügler. Der weiße Sandstrand **Shelly Beach** in der Nähe ist bewacht, während zum **South Ballina Beach** die Autofähre an der Burns Point Ferry Rd fährt.

Ballina Naval & Maritime Museum MUSEUM
(☏02-6681 1002; www.ballinamaritimemuseum.org.au; 8 Regatta Ave; Erw./Kind 5/2 AU$; ◉9–16 Uhr) Im 19. Jh. war Ballinas Hafen der drittgrößte in NSW und nach dem Zweiten Weltkrieg arbeiteten viele ehemalige Marinesoldaten in den Schiffswerften. An sie erinnern Exponate mit umfangreichen Infotexten über die damaligen Seeschlachten. Für Landratten interessanter ist vielleicht das Floß aus Balsaholz, das für die Las-Balsas-Expedition von Ecuador über den Pazifik zum Einsatz kam und 1973 in Ballina anlegte.

Big Prawn WAHRZEICHEN
(507 River St) Ballinas Garnele wäre 2009 fast Geschichte geworden, nachdem der Gemeinderat ihren Abriss beschlossen hatte. Niemand wollte sie jedoch tatsächlich ins Jenseits befördern und nach einer Petition mit 5000 Unterschriften für ihren Erhalt

GONDWANA-REGENWÄLDER AUSTRALIENS

Das zum UNESCO-Welterbe erklärte Gebiet verteilt sich auf 41 verschiedene Stätten (darunter 16 Nationalparks) im Norden von NSW sowie im äußersten Süden Queenslands und gilt als der weltweit größte subtropische Regenwald. Evolutionsgeschichtlich betrachtet handelt es sich um eine Zeitkapsel mit Ökosystemen aus der Zeit vor dem Auseinanderbrechen von Gondwana, dem gigantischen Urkontinent, der einst Australien, Neuseeland, die Antarktis, Südamerika, Afrika und Indien umfasste. Der Prozess der Zerteilung Gondwanas soll vor rund 89 Mio. Jahren eingesetzt haben, die Abspaltung Australiens von der Antarktis soll etwa 45 Mio. Jahre zurückliegen.

Einblicke in die urzeitliche Welt bieten das Iluka Nature Reserve (S. 159), der Dorrigo National Park (S. 149), der New England National Park (S. 148), der Nightcap National Park (S. 176), der Wollumbin National Park (S. 178) und der Border Ranges National Park (S. 178).

---

wurde sie 2013 für 400 000 AU$ restauriert. Nun sieht das 9 m hohe, 35 t schwere, 14 Jahre alte Krustentier so knusprig aus wie zu seinen besten Zeiten – bei diesen Kosten könnte man allerdings zumindest einen flotten Stepptanz erwarten!

Aktivitäten

Ballina Boat Hire — BOOTSFAHRT
(02 0402 028 767; www.ballinaboathire.com.au; Rückseite 268 River St; halber Tag 90 AU$) Hier gibt's kleine Anglerboote, Grillfahrten und Katamarane für Abenteuerlustige.

Summerland Surf School — SURFEN
(02 0428 824 393; www.summerlandsurfschool.com.au; 2-stündiger Kurs 50 AU$) Südlich von Ballina in Evans Head.

Kool Katz — SURFEN
(02-6685 5169; www.koolkatzsurf.com; 2-stündiger Kurs 49 AU$) Surfkurse in Shaws Bay, Shelly Beach oder Lennox Head.

Geführte Touren

Richmond River Cruises — BOOTSFAHRT
(02-6687 5688; www.rrcruises.com.au; Regatta Ave; Erw./Kind 30/15 AU$) Jeden Sonntag gibt's zweistündige Fahrten am Morgen und zum Nachmittagstee den Richmond River hinauf; auf Nachfrage werden auch Fahrten am Mittwoch und Samstag angeboten. Das Visitor Centre nimmt Buchungen entgegen.

Aboriginal Cultural Concepts — INDIGENE KULTUR
(0405 654 280; www.aboriginalculturalconcepts.com; halb-/ganztägige Tour 80/160 AU$ pro Pers.; Mi–Sa 10–14 Uhr) Die historischen Führungen geben Einblicke in die hiesige indigene Kultur und umfassen Abstecher zu den mythologischen Stätten entlang der Bundjalung-Küste. Bei den Standardtouren gilt eine Mindestteilnehmerzahl von vier Personen, es gibt jedoch auch maßgeschneiderte Führungen.

Schlafen

Ballina Travellers Lodge — MOTEL $
(02-6686 6737; www.ballinatravellerslodge.com.au; 36-38 Tamar St; Zi. ohne/mit Bad ab 65/99 AU$; ❄🛜🏊) Wer ein Budgetzimmer bucht, bekommt keinen Parkplatz und muss sich einen sorgsam gepflegten Waschraum mit anderen Gästen teilen. Ansonsten stehen diese Zimmer in Sachen Komfort und Stil den Motelzimmern aber in Nichts nach.

Shaws Bay Holiday Park — CAMPING $
(02-6686 2326; www.northcoastholidayparks.com.au; 1 Brighton St; Stellplatz/Hütten ab 38/134 AU$; ❄@🛜) Der einfache, gepflegte Platz bietet eine gute Lage direkt an der Lagune, einen kurzen Fußmarsch vom Zentrum entfernt. Neben Stellplätzen für Zelte und Wohnmobile gibt es eine Reihe komplett ausgestatteter Unterkünfte, darunter drei schicke Villen.

Ballina Palms Motor Inn — MOTEL $$
(02-6686 4477; www.ballinapalms.com; Ecke Bentinck St & Owen St; EZ/DZ 110/120 AU$; ❄🛜🏊) Mit seiner grünen Gartenkulisse und den gepflegten Zimmern ist das gut in Schuss gehaltene Ballina Palms aus Ziegelstein unser Lieblingsmotel in der Stadt. Die Zimmer sind nicht übermäßig groß, dafür aber mit Küchenzeilen, iPod-Anschlüssen und schicken Möbeln ausgestattet.

Ballina Heritage Inn — MOTEL $$
(02-6686 0505; www.ballinaheritageinn.com.au; 229 River St; EZ/DZ ab 120/125 AU$; ❄🛜🏊) Das saubere Motel in der Nähe des Zentrums

verfügt über adrette, helle und gemütliche Zimmer, die sich qualitativ stark von der einschlägigen Konkurrenz in der Nachbarschaft unterscheiden.

Ballina Manor HOTEL $$$
(02-6681 5888; www.ballinamanor.com.au; 25 Norton St; Zi. 165–290 AU$; ❋🕾) Die Grande Dame der Gastfreundschaft ist in einer ehemaligen Schule untergebracht, die in eine luxuriöse Pension voller restaurierter Möbel aus den 1920er-Jahren umgewandelt wurde. Alle Zimmer sind luxuriös ausgestattet, das beste bietet sogar ein Himmelbett und einen Whirlpool.

Essen & Ausgehen

Beanz FAST FOOD $
(222 River St; Hauptgerichte 8–11 AU$; ⊙11–16 Uhr; ♪) Wer Lust auf gesundes, mit jeder Menge guter Laune serviertes Fast Food hat, ist in dieser freundlichen kleinen Salatbar an der Hauptstraße richtig. Zur Auswahl stehen leckere Falafel-Wraps, Burger und Salate. Neben vielen vegetarischen Optionen gibt's auch Hühnchen und Lachs.

Ballina Gallery Cafe CAFÉ $$
(02-6681 3888; www.ballinagallerycafe.com.au; 46 Cherry St; Hauptgerichte morgens 10–18 AU$, mittags 14–26 AU$; ⊙Mi-So 7.30–15 Uhr) Ballinas früherer Rathaussaal hat heute die ehrenvolle Aufgabe, das beste Café der Stadt zu beherbergen. Inmitten zeitgenössischer Kunst wird eine interessante Auswahl warmer Küche serviert, zudem gibt's Tische auf der Veranda.

Evolution Espresso Bar CAFÉ, BAR $$
(4 Martin St; Hauptgerichte morgens & mittags 12–18 AU$, abends 24–26 AU$; ⊙So–Do 7–16 Uhr, Fr & Sa open end; 🕾) Tagsüber eine zuverlässige Adresse für Kaffee, Kuchen und kostenloses WLAN, nachmittags kann man sich außerdem einen Drink auf der Terrasse schmecken lassen. Freitag- und samstagabends wird das Evolution zur Bistro-Bar.

La Cucina di Vino ITALIENISCH $$
(02-6618 1195; 2 Martin St; Hauptgerichte 22–35 AU$; ⊙Mo & Di 17–21, Mi–So 11–15 & 17–21 Uhr) Der Meerblick und die offene Front machen das schicke italienische Eckrestaurant unter dem Ramada-Hotel zu einer exzellenten Adresse für ein ausgiebiges Mittag- oder Abendessen. Es gibt auch Pizza (ab 16 AU$).

Fleur's Restaurant MODERN-AUSTRALISCH $$$
(02-6681 1699; www.fleursrestaurant.com.au; 305 River St; Gerichte 16–23 AU$; ⊙Mo–Sa 18–21 Uhr) Niemals würde man solch ein formelles Restaurant in einer Budget-Hotelkette erwarten. Ebenso überraschend sind die überaus interessanten, wunderschön angerichteten Gerichte.

🛍 Shoppen

Während der Sommerzeit findet jede Woche der **Twilight Market** (Fawcett Park; ⊙Okt.–März Do 16–20 Uhr) statt, der **Ballina Missingham Farmers' Market** (Kingsford Smith Dr; ⊙So 6–12 Uhr) hingegen wird das ganze Jahr über veranstaltet. Am größten sind die **Ballina Markets** (Canal Rd; ⊙So 7–13 Uhr) am dritten Sonntag im Monat.

ℹ Praktische Informationen

Ballina Visitor Information Centre (02-6686 3484; www.discoverballina.com; 6 River St; ⊙9–17 Uhr)

Ballina Airport Services Desk (Ballina Airport; ⊙Di, Do & Sa 10.15–12 & 15.15–17, Mo, Mi, Fr & So 15.15–17 Uhr) Ein Außenposten des Visitor Information Centre; die Öffnungszeiten richten sich nach den Flügen.

ℹ Anreise & Unterwegs vor Ort

AUTO & MOTORRAD

Am Flughafen sind viele Autovermietungen vertreten. Wer nach Byron Bay fährt, nimmt am besten die Küstenstraße durch Lennox Head. Diese ist sehr viel hübscher und weniger befahren als der Pacific Hwy.

BUS

Blanch's (02-6686 2144; www.blanchs.com.au) Die Regionalbusse fahren u. a. nach Lennox Head (6,40 AU$, 15 Min.), Bangalow (7,60 AU$, 30 Min.), Byron Bay (9,60 AU$, 55 Min.) und Mullumbimby (10 AU$, 1½ Std.).

Greyhound (1300 473 946; www.greyhound.com.au) Mindestens zwei tägliche Verbindungen nach/ab Sydney (147 AU$, 12½ Std.), Nambucca Heads (52 AU$, 4 Std.), Coffs Harbour (38 AU$, 3 Std.), Byron Bay (6 AU$, 45 Min.) und Brisbane (40 AU$, 4½ Std.).

Northern Rivers Buslines (02-6626 1499; www.nrbuslines.com.au) Werktags acht Busse nach Lismore sowie drei am Wochenende (9,70 AU$, 1¼ Std.).

NSW TrainLink (13 22 32; www.nswtrainlink.info) Tägliche Verbindungen nach/ab Grafton (30 AU$, 3 Std.), Yamba (17 AU$, 2¼ Std.), Lismore (6,92 AU$, 45 Min.), Murwillumbah (15 AU$, 1½ Std.) und Tweed Heads (20 AU$, 2 Std.).

Premier (13 34 10; www.premierms.au) Verkehrt einmal täglich nach/ab Sydney (92 AU$, 13¼ Std.), Port Macquarie (66 AU$,

7 Std.), Nambucca Heads (52 AU$, 5¼ Std.), Coffs Harbour (47 AU$, 4½ Std.) und Brisbane (36 AU$, 4½ Std.).

FLUGZEUG

Der **Ballina Byron Gateway Airport** (BNK; ☎ 02-6681 1858; www.ballinabyronairport.com.au; Southern Cross Dr) liegt 5 km nördlich des Zentrums. Ein Taxi in die Innenstadt Ballinas kostet rund 12 bis 15 AU$, zudem fahren regelmäßig Busse und Shuttles von Blanch's.

Jetstar (☎ 13 15 38; www.jetstar.com.au) Fliegt nach/ab Sydney und Melbourne.

Regional Express (Rex; ☎ 13 17 13; www.regionalexpress.com.au) Flüge nach/ab Sydney.

Virgin Australia (☎ 13 67 89; www.virginaustralia.com) Verbindungen nach/ab Sydney.

FLUGHAFEN-SHUTTLES

Byron Easy Bus (☎ 02-6685 7447; www.byronbayshuttle.com.au) Dem Flugplan angepasste Direktverbindungen zwischen dem Flughafen und Lennox Head (15 AU$, 15 Min.), Byron Bay (18 AU$, 40 Min.) sowie Bangalow (24 AU$, 50 Min.). Es gibt auch Shuttles von der Stadt zum Gold Coast Airport (42 AU$, 1¾ Std.) und zum Brisbane Airport (62 AU$, 4 Std.).

Steve's Tours Airport Express (☎ 0414 660 031; www.stevestours.com.au) Verkehrt zwischen Flughafen und Byron Bay (ab 20 AU$).

Xcede (☎ 02-6620 9200; www.xcede.com.au) Verbindungen zwischen Flughafen und Byron Bay (20 AU$).

Byron Bay Airbus (☎ 0400 247 287; www.byronbayairbus.com.au) Shuttles zwischen dem Zentrum und dem Gold Coast Airport (75 AU$).

Lennox Head

5770 EW.

Die malerische Küste von Lennox Head, einem geschützten National Surfing Reserve, wartet mit einigen der besten Surfspots der Gegend auf, darunter lange Righthander Breaks. Der dörfliche Charme macht es zu einer entspannten Alternative zum ausgelasseneren Nachbarn Byron, 17 km im Norden.

Sehenswertes

Seven Mile Beach STRAND
Der wunderschöne Seven Mile Beach erstreckt sich von der Stadt Richtung Norden. Die beste Stelle zum Schwimmen findet man nahe des Surfclubs am nördlichen Stadtrand beim Lake Ainsworth.

Lake Ainsworth SEE
Der Süßwassersee in direkter Strandnähe ist von den Teebäumen entlang des Ufers braungefärbt. Seinem Wasser wird eine wohltuende Wirkung für die Haut zugeschrieben. Der **Lennox Head Lakeside Market** (So 8–14 Uhr) findet am zweiten und fünften Sonntag im Monat am Seeufer statt.

Pat Morton Lookout AUSSICHTSPUNKT
Der Aussichtspunkt unmittelbar südlich der Abzweigung in die Stadt überblickt Lennox Head und eignet sich im Winter bestens zur Beobachtung von Walen.

Aktivitäten

Wind & Water WINDSURFEN, SURFEN
(☎ 0419 686 188; www.windnwater.net; 1-stündiger Kurs ab 80 AU$) Bietet Windsurf-, Kitesurf-, und Surfkurse auf dem Lake Ainsworth und am Seven Mile Beach.

Seabreeze Hang Gliding DRACHENFLIEGEN
(☎ 0428 560 248; www.seabreezehanggliding.com) Hier kann man sich in Lennox Head oder Cape Byron mit oder ohne Begleitung in die Lüfte schwingen.

Schlafen & Essen

Die Immobilienagentur **Professionals** (☎ 02-6687 7579; www.lennoxheadaccom.net.au; 72 Ballina St) bietet eine große Auswahl an Ferienwohnungen.

Lennox Head Beach House YHA HOSTEL $
(☎ 02-6687 7636; www.yha.com.au; 3 Ross St; B/EZ/DZ 34/55/82 AU$; @) Nur 100 m vom Strand entfernt bietet das Hostel makellos saubere Zimmer und ein tolles Ambiente. Gegen eine Gebühr von 5 AU$ können Gäste Surfbretter, Windsurfbretter und Fahrräder nutzen.

Lake Ainsworth Holiday Park CAMPING $
(☎ 02-6687 7249; www.northcoastholidayparks.com.au; Pacific Pde; Stellplatz/Hütten ab 37/89 AU$; 🐾) Der familienfreundliche Ferienpark am See in Strandnähe hat ein breitgefächertes Angebot, das von einfachen Hütten ohne Bäder bis zu Deluxe-Villen für sechs Personen reicht.

Lennox Point Holiday Apartments APARTMENTS $$
(☎ 02-6687 5900; www.lennoxholidayapartments.com; 20-21 Pacific Pde; Apt. ab 195 AU$; ✴🐾❄) Wer vom Meerblick der Apartments inspiriert ist, kann sich an der Rezeption ein Surfbrett leihen. Die Variante mit einem Schlafzimmer ist genauso groß wie die mit zwei Schlafzimmern, wirkt also geräumiger.

Cafe Marius LATEINAMERIKANISCH $$
(www.cafemarius.com.au; 90-92 Ballina St; Hauptrichte 15–22 AU$; ⊙7–15 Uhr) Hippe Kellner mit interessantem Bartschmuck servieren in dem Café mit Schanklizenz eine köstliche Auswahl an lateinamerikanischen und spanischen Gerichten. Empfehlenswerte Fisch-Tacos!

❶ An- & Weiterreise

Blanch's (☏ 02-6686 2144; www.blanchs.com.au) Regelmäßige Busverbindungen zum/ab dem Ballina Byron Gateway Airport (6,40 AU$, 30 Min.), nach/ab Ballina (6,40 AU$, 15 Min.), Byron Bay (7,60 AU$, 35 Min.) und Mullumbimby (10 AU$, 1 Std.).

Northern Rivers Buslines (☏ 02-6626 1499; www.nrbuslines.com.au) Werktags ein bis zwei Busse nach/ab Lismore (9,70 AU$, 1 Std.).

Byron Bay

4960 EW.

Der Strandort ist mittlerweile so berühmt, dass man sich auf den ersten Blick eventuell fragt, was der ganze Trubel eigentlich soll. Die Strände sind toll, allerdings gibt's an der gesamten Küste spektakuläre Pendants. Das Besondere an Byron ist das einzigartige Flair der Stadt selbst. Hier trifft die Surfkultur der Küste auf das Hippietum des Hinterlandes und lässt eine wunderbare, lässig-alternative, bunte Lebensart entstehen.

Die Innenstadt ist gemütlich, flippig und entspannt, also das genaue Gegenteil der zugebauten Städte drüben in Queensland. Manch ein Unternehmer wurde Byron liebend gern in ein reines Surferparadies verwandeln, die Einheimischen legen jedoch Wert darauf, dass sich ihre Heimat den Kleinstadtcharme bewahrt.

Natürlich herrscht in Byron auch mal Hochbetrieb und natürlich gibt's auch hier partywütige Teenager und Drogenmissbrauch. Dennoch überzeugt das einzigartige Flair, geprägt von langen lauen Tagen, endlosen Stränden, verlässlichen Surfwellen, leckerem Essen, berauschendem Nachtleben und einem Mix aus Kulturen, sogar Zyniker. Aus einem Wochenende wird eine Woche, aus einer Woche ein Monat und eh man sich versieht, hat man Dreadlocks auf dem Kopf!

⊙ Sehenswertes

★ **Cape Byron State Conservation Park** PARK
(www.nationalparks.nsw.gov.au/cape-byron-state-conservation-area) James Cook benannte das Cape Byron, den östlichsten Punkt des australischen Festlandes, nach dem bekannten Seefahrer John Byron, dem Großvater des Dichters Lord Byron. (Später mutmaßten ein paar Bürokraten, dass der Enkel gemeint sei und planten verschiedene Straßen nach Dichterkollegen wie Jonson, Burns und Shelley zu benennen.)

Wer sich den Aufstieg ab dem **Captain Cook Lookout** (Lighthouse Rd) entlang des **Cape Byron Walking Track** vornimmt, wird mit spektakulären Blicken vom Gipfel belohnt. Die Route führt rund um die Landzunge ab- und vor allem aufwärts zum **Leuchtturm** (Lighthouse Rd; ⊙10–16 Uhr) GRATIS. Unterwegs lassen sich ganzjährig Delfine sowie Wale während ihrer Wanderungen Richtung Norden (Juni-Juli) und Süden (Sept.–Nov.) sichten. Oftmals trifft man zudem auf Buschhühner und Wallabys. Für den gesamten Rundweg von 3,7 km Länge sollte man rund zwei Stunden einplanen.

In dem Leuchtturm von 1901 gibt es eine Ausstellung über Meer und Natur, nach oben kommt man allerdings nur im Rahmen einer ehrenamtlich geführten Tour, die zwischen 10 und 15 Uhr gegen eine Spende angeboten wird. Vor Ort gibt's auch ein Café sowie Unterkünfte für Selbstversorger in den Räumlichkeiten des Leuchtturmwärters.

Wer direkt zum Leuchtturm hochfährt, muss vor Ort 7 AU$ Parkgebühr bezahlen; mit etwas Glück findet man eine Parklücke auf dem kostenlosen Parkplatz 300 m weiter unten.

Strände STRÄNDE
Der **Belongil Beach** westlich des Zentrums ist nicht allzu voll und bietet einen inoffiziellen FKK-Bereich. Am östlichen Ende befindet sich das **Wreck**, ein mächtiger Righthander Break.

Direkt vor den Stadttoren lädt der bewachte **Main Beach** zum Leuteobachten und Baden gleichermaßen ein. Richtung Osten geht er in den **Clarkes Beach** über. Der beliebteste Surfspot ist der **Pass** in der Nähe der östlichen Landzunge.

Rund um die Felsen erstreckt sich der weiße sichelförmige Sandstrand **Watego's Beach** am türkisfarbenen Meer. 400 m entfernt lockt **Little Watego's**, ein weiterer hübscher Sandstreifen direkt unter dem steinigen Cape Byron.

Der großartige Sandstrand **Tallow Beach** erstreckt sich über 7 km südlich des Cape Byron und bietet sich an, um den Besuchermassen zu entfliehen. Einen Großteil säumt der Arakwal National Park, wobei entlang des südlichen Endes der Vorort Suffolk Park liegt. Beim Kings Beach handelt es sich um einen beliebten Schwulenstrand bei der Seven Mile Beach Rd hinter dem Broken Head Holiday Park.

Aktivitäten

In Byron Bay gibt's jede Menge Abenteuersport und die meisten Veranstalter bieten einen kostenlosen Abholservice von der Unterkunft an. Surfen und Tauchen sind am beliebtesten.

Surfen

Die meisten Hotels stellen ihren Gästen kostenlos Surfbretter zur Verfügung, zudem gibt's verschiedene Verleihe.

Black Dog Surfing SURFEN
(02-6680 9828; www.blackdogsurfing.com; 11 Byron St; 3½-stündiger Kurs 60 AU$) Kurse für kleine Gruppen, u. a. für Frauen und Kinder. Sehr angesehen.

Style Surfing SURFEN
(02-6685 5634; www.stylesurfingbyronbay.com; 3½-stündiger Kurs 60 AU$) Surf- und Stehpaddelkurse.

Surfing Byron Bay SURFEN
(02-6685 7099; www.gosurfingbyronbay.com; 84 Jonson St; 2½-stündiger Kurs 49 AU$) Surfkurse für Erwachsene und Kinder sowie eine „Surf-Yoga-Kombo".

Byron Bay Surf School SURFEN
(1800 707 274; www.byronbaysurfschool.com; 3½-stündiger Kurs 65 AU$) Kurse und Surfcamps.

Mojosurf Adventures SURFEN
(1800 113 044; www.mojosurf.com; 9 Marvell St; 1/2 Kurse 69/119 AU$, 2-/3-tägige Touren 280/445 AU$) Kurse und epische Surfsafaris.

Soul Surf School SURFEN
(1800 089 699; www.soulsurfschool.com.au; 4-stündiger Kurs 59 AU$) Halb- bis fünftägige Anfängerkurse.

Tauchen

Rund 3 km vor der Küste treffen im Julian Rocks Marine Reserve kalte Strömungen aus dem Süden und warme aus dem Norden. Dies lockt jede Menge Meeresbewohner an, darunter drei verschiedene Schildkrötenarten. Im Sommer entdeckt man hier manchmal Leopardenhaie und Mantarochen, im Winter Sandtigerhaie.

Sundive TAUCHEN, SCHNORCHELN
(02-6685 7755; www.sundive.com.au; Middleton St; Schnorcheltour 55 AU$) Veranstaltet täglich zwei bis drei Ausflüge zu den Julian Rocks sowie verschiedene Kurse.

Dive Byron Bay TAUCHEN
(02-6685 8333; www.byronbaydivecentre.com.au; 9 Marvell St; 9–17 Uhr) Verleih und Verkauf von Tauchausrüstung, PADI-Kurse ab 550 AU$ sowie Tauchausflüge ab 95 AU$.

Fliegen

Byron Bay Ballooning BALLONFAHRTEN
(1300 889 660; www.byronbayballooning.com.au; Tyagarah Airfield; Erw./Kind 325/175 AU$) Ballonfahrten bei Sonnenaufgang (inkl. Frühstück).

Skydive Byron Bay FALLSCHIRMSPRINGEN
(02-6684 1323; www.skydivebyronbay.com; Tyagarah Airfield; Tandemsprünge ab 299 AU$) Hier kann man sich aus über 4000 m in die Tiefe stürzen.

Byron Airwaves DRACHENFLIEGEN
(02-6629 0354; www.byronair.com) Tandem-Drachenflüge (145 AU$) und Kurse (1500 AU$).

Byron Bay Microlights WALBEOBACHTUNG, RUNDFLÜGE
(0407 281 687; www.byronbaymicrolights.com.au; Tyagarah Airfield; 15-/30-/45-minütiger Flug 100/180/245 AU$) Walbeobachtungstouren (180 AU$) und Rundflüge (100 AU$).

Byron Gliding SEGELFLIEGEN
(02-6684 7627; www.byrongliding.com; Tyagarah Airfield; Flüge ab 120 AU$) Rundflüge über die Küste und das Hinterland.

Alternative Therapien

Byron ist ein Mekka der Alternativtherapien und es gibt ein großes Angebot an Behandlungen zur Heilung von Körper und Geist.

Be Salon & Spa TAGESSPA
(0413 432 584; www.besalonspa.com.au; 14 Middleton St; 30-minütige Massage 60 AU$) Hier stehen Maniküre, Pediküre, Gesichtsbehandlungen, Wachsentharung, psychologische Vorträge, Massagen, „Rebalancing" und naturheilkundliche Behandlungen zur Auswahl.

Buddha Gardens TAGESSPA
(02-6680 7844; www.buddhagardensdayspa.com.au; 1 Skinners Shoot Rd; Massage ab 120 AU$; 10–18 Uhr) Schönheitsfarm im balinesischen Stil.

Byron Bay

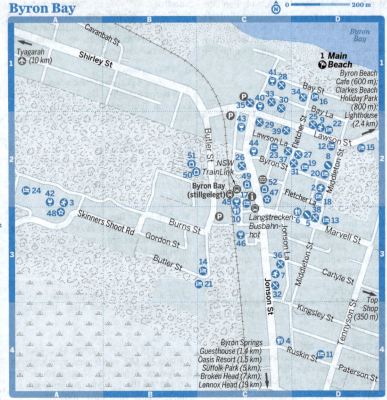

Relax Haven — MASSAGE
(02-6685 8304; www.relaxhaven.com.au; 107 Jonson St; 10–18.30 Uhr) Geboten werden hier Flotation-Tanks (1 Std. 65 AU$), Massagen (1 Std. 79 AU$), Kinesiologie, „Quantum-Hypnotherapie" und „thetaenergetisches Heilen".

Noch mehr Aktivitäten

Go Sea Kayaks — KAJAKFAHREN
(0416 222 344; www.goseakayakbyronbay.com.au; Erw./Kind 69/59 AU$) Wer weder Wale noch Schildkröten noch Delfine sichtet, darf kostenlos an einer weiteren Tour teilnehmen. Teilnehmer erhalten Informationen über die indigene Kultur.

Circus Arts — ARTISTIK
(02-6685 6566; www.circusarts.com.au; 17 Centennial Circuit; halber/ganzer Tag 40/70 AU$) Hier können sich Zirkusfans am Trapez, am Seiltanzen und am Jonglieren versuchen. Ferienkurse für Kinder werden ebenfalls angeboten.

Surf & Bike Hire — FAHRRADVERLEIH
(02-6680 7066; www.byronbaysurfandbikehire.com.au; 31 Lawson St; 9–17 Uhr) Verleiht Fahrräder (20 AU$/Tag), Surfbretter (25 AU$/Tag) und weitere Ausrüstung für Aktivsportler.

Geführte Touren

Mountain Bike Tours — MOUNTAINBIKING
(0429 122 504; www.mountainbiketours.com.au; halber/ganzer Tag 75/125 AU$) Umweltbewusste Radtouren im Regenwald und entlang der Küste.

Vision Walks — NATUR
(02-6685 0059; www.visionwalks.com; Nachttour Erw./Kind 99/75 AU$, andere Touren ab 45/28 AU$) Die verschiedenen Touren bieten Teilnehmern die Möglichkeit, die unterschiedlichsten Lebewesen in ihrer natürlichen Umgebung zu erleben, darunter nachtaktive Tiere (beim Night Vision Walk) und Hippies (bei der Hippie Trail Hinterland Tour).

Byron Bay

🌟 Highlights
1 Main Beach D1

🚵 Aktivitäten, Kurse & Touren
2 Be Salon & Spa D2
 Black Dog Surfing ....(siehe 20)
3 Buddha Gardens A2
4 Byron Bay Surf School C4
5 Dive Byron Bay D3
6 Mojosurf Adventures D3
7 Relax Haven C3
8 Sundive D2
9 Surf & Bike Hire D2
10 Surfing Byron Bay C3

🛏️ Schlafen
11 Aabi's at Byron D4
12 Aquarius D3
13 Atlantic D3
14 Bamboo Cottage C3
15 Bay Beach Motel D2
16 Beach Suites D1
17 Byron Bay Accom C2
18 Byron Bay Side Central Motel D2
19 Byron Central Apartments D2
20 Cape Byron YHA D2
21 Glen-Villa Resort C3
22 Hibiscus Motel D2
23 Nomads C2
24 Nomads Arts Factory Lodge A2

🍴 Essen
25 Blue Olive D2
26 Byronian C2
27 Dip D2
 Espressohead ....(siehe 20)
28 Italian at the Pacific C1
29 Kinoko C2
30 Lemongrass C1
31 Mary Ryan's D2
32 One One One C3
33 Orgasmic C1
34 Orient Express D1
35 OzyMex C1
36 Petit Snail C3
37 St. Elmo C2
38 Targa D3
39 Twisted Sista C2

🍸 Ausgehen & Nachtleben
40 Balcony C1
41 Beach Hotel C1
42 Byron Bay Brewing Co. A2
43 Cocomangas C2
44 Great Northern C2
 Lala Land ....(siehe 39)
45 Railway Friendly Bar C2
46 Woody's Surf Shack C3

🎭 Unterhaltung
47 Byron Community Centre C2
48 Pighouse Flicks A3

🛍️ Shoppen
49 Byron Bay Artisan Market C2
50 Byron Community Market B2
51 Byron Farmers' Market B2
52 Planet Corroboree C2

Byron Bay Wildlife Tours TIERE
(☏ 0429 770 686; www.byronbaywildlifetours.com; Erw./Kind 70/35 AU$; ⊙ Nov.–März) Wer nicht sieben verschiedene Säugetierarten zu sehen bekommt, erhält sein Geld zurück.

Byron Bay Adventure Tours WANDERN
(☏ 1300 120 028; www.byronbayadventuretours.com.au; Tagestour 109 AU$) Tageswanderungen sowie Touren mit Übernachtung zum Mt. Warning.

🎉 Feste & Events

Byron Bay Bluesfest MUSIK
(www.bluesfest.com.au; Tyagarah Tea Tree Farm) Das Festival an Ostern zieht internationale Bluesgrößen und bedeutende lokale Künstler an.

Splendour in the Grass MUSIK
(www.splendourinthegrass.com; North Byron Parklands) Bei diesem Ende Juli stattfindenden dreitägigen Festival treten bekannte Indie-Bands auf.

Byron Bay Writers' Festival LITERATUR
(www.byronbaywritersfestival.com.au) Anfang August versammeln sich bekannte Schriftsteller und Literaturinteressierte aus ganz Australien in der Stadt.

Byron Bay Surf Festival SURFEN
(www.byronbaysurffestival.com) An drei Tagen Ende Oktober wird die Surfkultur gefeiert.

🛏️ Schlafen

Im Januar oder während eines der jährlich stattfindenden Musikfestivals empfiehlt es sich, weit im Voraus buchen. Wer keine 17 mehr ist, sollte die Schoolies Week Ende November meiden. Während dieser Zeiten akzeptieren nur wenige Unterkünfte Gäste, die nur eine Nacht bleiben wollen.

Buchungen nimmt u. a. **Byron Bay Accom** (☏ 02-6680 8666; www.byronbayaccom.net) vor.

Clarkes Beach Holiday Park CAMPING $
(☏ 02-6685 6496; www.northcoastparks.com.au/clarkes; abseits der Lighthouse Rd; Stellplatz/Hüt-

Aquarius
HOSTEL $

(02-6685 7663; www.aquarius-backpackers.com.au; 16 Lawson St; B/DZ/Motel-Zi. ab 23/60/130 AU$; ❉@⛱☀) In der Backpacker-Unterkunft im Motel-Stil garantieren jede Menge Gemeinschaftsbereiche (u. a. eine Bar und ein Café), dass Alleinreisende schnell Anschluss finden. Die Motelzimmer sind mit Küchenzeilen und teils mit Whirlpools ausgestattet.

Cape Byron YHA
HOSTEL $

(02-6685 8788; www.yha.com.au; Ecke Middleton St & Byron St; B 38–40 AU$, DZ ohne/mit Bad 135/145 AU$; ❉@☀) Der zweistöckige moderne Komplex in Zentrumsnähe ist gepflegt und um einen von Palmen gesäumten, beheizten Pool angeordnet. Nur eines der Privatzimmer hat ein eigenes Bad, deswegen sollte man im Voraus buchen.

Nomads Arts Factory Lodge
HOSTEL $

(02-6685 7709; www.nomadsworld.com/arts-factory; Skinners Shoot Rd; Stellplatz/B/DZ ab 10/34/70 AU$; @⛱☀) Das klapprige Hostel im Hippie-Stil neben einem malerischen Sumpf steht quasi sinnbildlich für Byrons Lebensart. Zur Wahl stehen farbenfrohe Schlafsäle mit sechs bis zehn Betten, eine Hütte, Tipis und Waggons. Für Pärchen eignen sich die würfelförmigen „Cube"-Zimmer, die abgeschiedenen Inselhütten oder die teureren Liebeshütten mit Bad.

★ Aabi's at Byron
PENSION $$

(02-6680 9519; www.guesthousesbyronbay.com.au; 17 Ruskin St; Zi. ab 175 AU$; ❉⛱☀) Statuen hinduistischer Gottheiten wachen über dem Swimmingpool dieses wunderschönen, modernen Komplexes und sind eine nette Abwechslung zu den in Byron allgegenwärtigen Buddhas. Die Zimmer sind luxuriös ausgestattet, zudem gibt's eine Gemeinschaftsküche, eine Lounge, einen Grill und einen Wellnesspool.

Bamboo Cottage
PENSION $$

(0414 187 088; www.byron-bay.com/bamboocottage; 76 Butler St; EZ/DZ ohne Bad 129/149 AU$, DZ mit Bad 169 AU$, Apt. 240 AU$; ⛱) Internationaler Charme und tropische Kulisse treffen hier auf wunderbar heimelige Atmosphäre und Zimmer im Stil Asiens und der Pazifischen Inseln. Liegt an der ruhigen Seite der Schienen.

Byron Springs Guesthouse
PENSION $$

(0457 808 101; www.byronsprings.com.au; 2 Oodgeroo Garden; EZ/DZ ohne Bad ab 75/110 AU$, DZ mit Bad 150 AU$; ⛱) Glänzende Holzdielen, weiße Laken und eine grüne Kulisse machen die Pension zu einer guten Option abseits des Trubels. Ein kontinentales Frühstück ist im Preis enthalten.

Byron Central Apartments
APARTMENTS $$

(02-6685 8800; www.byroncentral.com; 5-7 Byron St; Apt. 129–230 AU$; ❉⛱☀) Die Anlage versteckt sich in einem Geschäftsblock im Zentrum und bietet eine hübsche Auswahl an Apartments, die sich um einen Pool verteilen. Die „Deluxe"-Varianten bieten Schlaflofts, neue Möbel und voll ausgestattete Küchen.

Bay Beach Motel
MOTEL $$

(02-6685 6090; www.baybeachmotel.com.au; 32 Lawson St; Zi./Apt. ab 155/250 AU$; ❉⛱☀) Das unprätentiöse, aber schicke Motel aus weißem Ziegelstein liegt in der Nähe von Stadt und Strand, aber weit genug entfernt, um den Gästen eine ruhige Nachtruhe abseits des Partyrummels zu ermöglichen.

Byron Bay Side Central Motel
MOTEL $$

(02-6685 6004; www.byronbaysidemotel.com.au; 14 Middleton St; DZ/FZ ab 145/180 AU$; ❉⛱) Die wenig inspirierenden, aber gepflegten Motelzimmer bieten kleine Küchenzeilen, Waschmöglichkeiten und einen sicheren Parkplatz in zentraler Lage. Es gibt kostenloses WLAN, allerdings reicht das Signal kaum bis zu den entlegeneren Zimmern.

Hibiscus Motel
MOTEL $$

(02-6685 6195; www.hibiscusmotel.com.au; 33 Lawson St; DZ 165 AU$; ❉⛱) Einfaches, aber zentrales und sehr sauberes Motel mit freundlichen Besitzern. WLAN kostet extra.

Glen-Villa Resort
RESORT $$

(02-6685 7382; www.glenvillaresort.com.au; Butler St; Hütten ab 100 AU$; ❉@⛱☀) Das saubere, komfortable und sichere Resort richtet sich an Pärchen (Buchungen werden nur von zwei Personen entgegengenommen, partyfreudige Gruppen und Familien sollten sich anderweitig umsehen). Die versteckte Lage zwischen Nebenstraßen garantiert wunderbare Ruhe.

Nomads
HOSTEL $$

(02-6680 7966; www.nomadsworld.com; 1 Lawson Lane; B 50–60 AU$, DZ 160–190 AU$; ❉@⛱)

Byrons größte und teuerste Backpacker-Unterkunft erfreut sich mit seiner glänzenden Designerdeko und der schrillen Möbeln großer Beliebtheit. Die Schlafsäle sind gemütlich, allerdings nicht halb so gut wie die King-Zimmer mit Bad, Kühlschrank und Plasma-TV.

Byron at Byron   RESORT $$$
(02-6639 2000; www.thebyronatbyron.com.au; 77-97 Broken Head Rd; Suite ab 335 AU$; ✱☎☞) Das Resort inmitten subtropischen Regenwaldes 4 km südlich der Stadt kombiniert mit seinen 92 Suiten Luxus mit Naturverbundenheit. Wenn man nicht gerade am Infinity Pool entspannt, kann man den zehnminütigen Spaziergang über eine Reihe wunderbarer Promenaden zum Tallow Beach machen.

Oasis Resort   APARTMENTS $$$
(02-6685 7390; www.byronoasis.com.au; 24 Scott St; Apt. ab 220 AU$; ✱☎☞) Das kompakte Resort abseits des Zentrums ist von Palmen gesäumt und bietet geräumige Apartments mit großen Balkonen. Die beste Wahl sind die im Blätterdach mit Außenspa und Meerblick.

Atlantic   HOTEL $$$
(02-6685 5118; www.atlanticbyronbay.com.au; 13 Marvell St; Zi. 200–225 AU$; ✱☎) In der hübschen kleinen Enklave aus Schiefer-Cottages führen weiße Designerzimmer zu tropischen Gärten. Die Bandbreite reicht von hotelähnlichen Unterkünften über Einzimmer-Apartments mit Küchen bis hin zu einem großartigen silbrig glänzenden Airstream-Wohnwagen auf einem Rasenstück im hinteren Bereich.

Beach Suites   APARTMENTS $$$
(02-6680 9944; www.beachsuites.com.au; 20 Bay St; Suite 350–490 AU$, Apt. 1200–1700 AU$; ✱☎☞) Das Apartment-Hotel ist die luxuriöseste Option im Zentrum und bietet schick eingerichtete Suiten und Apartments, die alle über Küchenzeilen und eigenen Grill verfügen. Die Einzimmer-Apartments haben teils Tauchpools, während die dekadenten Penthäuser mit komplett ausgestatteten Küchen und Dachterrassen eingerichtet sind.

✕ Essen

OzyMex   MEXIKANISCH $
(www.byronbaychilli.com; 8 Jonson St; Hauptgerichte 7–13 AU$; ⊙10–20 Uhr) Bei diesem äußerst populären Mexikaner beschränken sich die Sitzmöglichkeiten auf eine Bank für fünf Personen, deshalb nimmt man die würzigen Köstlichkeiten am besten zum Strand mit. Die Fisch-Tacos (4 AU$) sind ein leckerer Snack.

Top Shop   CAFÉ $
(65 Carlyle St; Hauptgerichte 10–14 AU$; ⊙6.30–17 Uhr) Abseits der Touristenstraße auf dem Hügel östlich der Stadt liegt die Lieblingsadresse Einheimischer für Kaffee und Kuchen. Die Speiseauswahl umfasst Fish & Chips, BLAT-Sandwiches (d.h. mit Speck, Salat, Avocado und Tomate) und Burger.

Espressohead   CAFÉ $
(Middleton St; Hauptgerichte 10–18 AU$; ⊙7.30–15 Uhr) Koffeinliebhaber lassen sich hier in der Morgensonne exzellenten Kaffee schmecken. Mittags gehören Bagels, Pasta und Salate zur Auswahl.

Mary Ryan's   CAFÉ $
(www.maryryan.com.au; 21–25 Fletcher St; Hauptgerichte 8–18 AU$; ⊙7.30–16 Uhr) Das an einen Buchladen angeschlossene Café im ABC Centre serviert eine gesunde Auswahl an Salaten und eine weniger gesunde Auswahl an Kuchen.

Twisted Sista   CAFÉ $
(4 Lawson St; Hauptgerichte 9–20 AU$; ⊙7–17 Uhr) Zur großen Bandbreite an Backwaren gehören riesige Muffins, sündiger Kuchen und dick belegte Sandwiches aus leckerem Brot. Am besten schmecken sie an einem der Tische draußen.

Blue Olive   FEINKOST $
(27 Lawson St; Hauptgerichte 10–13 AU$; ⊙Di–Sa 10–17.30, So bis 16 Uhr) Hier gibt's guten Käse, Feinkost und leichte Gerichte. Die wunderschön angerichteten Köstlichkeiten genießt man am besten an den schattigen Außentischen oder bei einem Strandpicknick.

Italian at the Pacific   ITALIENISCH $$
(02-6680 7055; www.italianatthepacific.com.au; 2 Bay St; Hauptgerichte 28–36 AU$; ⊙18–22 Uhr) Das informelle, aber schicke italienische Restaurant gehört zum feucht-fröhlichen Beach Hotel und kredenzt eine kleine, aber sehr gute Auswahl an Pasta und größeren Gerichten. Empfehlenswert ist die langsam geschmorte Lammschenkel-Lasagne – wahrscheinlich ist sie die beste, die man jemals probiert hat.

One One One   MEDITERRAN $$
(02-6680 7388; www.facebook.com/oneoneone byronbay; 111 Jonson St; Hauptgerichte 12–18 AU$;

ABSTECHER

MULLUMBIMBY & BRUNSWICK HEADS

Die beiden faszinierenden Städte erstrecken sich entlang des Pacific Hwy 18 km nördlich von Byron Bay. Mullumbimby liegt 6 km im Landesinneren und Brunswick Heads 2 km vom Highway entfernt an der Küste.

Über Mullumbimby (alias Mullum, 3170 Ew.) thront ein pyramidenförmiger Berg, ansonsten ist die hübsche Stadt von trägen Palmen, tropischer Architektur und einem kosmopolitischen Mix aus Cafés, Bistros und Kneipen geprägt. Empfehlenswert ist dabei u. a. die kleine Pizzeria Milk & Honey (02-6684 1422; 59a Station St; Hauptgerichte 15–24 AU$; Di-Sa 17–21 Uhr), die wunderbar knusprige Holzofenpizzas mit einer ständig wechselnden Auswahl an Belägen serviert. Für einen Verdauungsspaziergang bietet sich anschließend der grüne Weg entlang des Brunswick River an. Die beste Zeit für einen Besuch ist Ende November, dann findet das viertägige Mullum Music Festival (www.mullummusicfestival.com) statt. Lohnenswert sind zudem der wöchentliche Farmers' Market (www.mullumfarmersmarket.org.au; Mullumbimby Showground, 51 Main Arm Rd; Fr 7–11 Uhr) und die Community Markets (www.mullumbimbymuseum.org.au/markets.html; Stuart St; Sa 7.30–14 Uhr) am dritten Samstag im Monat.

Das wunderschöne Brunswick Heads (1450 Ew.) wird von den Zuflüssen und Stränden des Brundwick River mit jeder Menge frischen Austern und Schlammkrabben versorgt. Die von Mangroven gesäumten Wasserwege lassen sich am besten im Rahmen einer geführten Kajaktour oder Bootsfahrt mit Byron Bay Eco Cruises & Kayaks (0410 016 926; www.byronbaycruises.com.au; Boat Harbour; 1½-stündige Fahrt 25 AU$) erkunden.

Das Hotel Brunswick (02-6685 1236; www.hotelbrunswick.com.au; Mullumbimbi St; EZ/DZ ohne Bad 55/85 AU$) aus den 1940er-Jahren ist für sich genommen schon einen Besuch wert. Neben einem großartigen Biergarten inmitten blühender Pfauensträuche gibt's Livemusik am Wochenende, anständige Gästezimmer und eine Speisekarte, die u. a. Burger und Pizza umfasst (Hauptgerichte 17–27 AU$). Ebenso empfehlenswert, jedoch leicht zu übersehen, ist das unterhalb eines Motels gelegene griechische Restaurant Fatbelly Kaf (02-6685 1100; www.fatbellykaf.com; 26 Tweed St; Hauptgerichte 15–22 AU$; Di-Do 18–21, Fr-So 12–14 & 18–21 Uhr), das Feta- und Dolmades-Liebhaber von weither anlockt.

Am ersten Samstag im Monat findet in Brunswick Heads ein Riverside Market (Memorial Park, Fawcett St; Sa 7.30–14 Uhr) statt. Weitere Informationen zu örtlichen Attraktionen und Unterkünften liefert das Brunswick Heads Visitor Information Centre (www.brunswickheads.org.au; 7 Park St; Mo–Fr 9.30–16.30, Sa & So 10–14 Uhr).

Blanch's (S. 162) bietet Busverbindungen von Ballina (10 AU$, 1½ Std.), Lennox Head (10 AU$, 1 Std.) und Byron Bay (6,40 AU$, 25 Min.) nach Mullumbimby. Werktags verkehrt Northern Rivers Buslines (S. 173) von Byron Bay nach Mullumbimby (20 Min.) sowie ab Bangalow (40 Min.) und Lismore (1¼ Std.) zu beiden Orten; der Fahrpreis beträgt jeweils 9,70 AU$. Busse von NSW TrainLink (S. 173) halten auf ihrem Weg nach Lismore (12 AU$, 1 Std.), Ballina (7 AU$, 1 Std.) und Tweed Heads (14 AU$, 1¼ Std.) in beiden Orten.

Mo–Mi 6.30–15, Do–Sa bis 21, So bis 13 Uhr;) In dem coolen Café an der Hauptstraße treffen regionale Produkte auf mediterrane Aromen (u. a. aus Marokko, Griechenland und Spanien). Die Speiseauswahl ist größtenteils vegetarisch, es gibt aber auch ein paar wenige exzellente Meeresfrüchte- und Fleischgerichte.

Byron Beach Cafe CAFÉ $$
(02-6685 8400; www.byronbeachcafe.com.au; Lawson St; Hauptgerichte morgens 15–22 AU$, mittags & abends 25–33 AU$; So–Mi 7.30–17, Do–Sa bis 21 Uhr) Die überdachte Veranda dieses schicken Cafés direkt am Clarkes Beach ist ideal für einen gemütlichen Brunch mit Meerblick geeignet. Es gibt jede Menge interessanter Frühstücksvariationen und mit fortschreitender Uhrzeit auch Restaurantküche.

Dip CAFÉ $$
(21 Fletcher St; Hauptgerichte morgens 8–19 AU$, mittags 13–18 AU$; 7–15 Uhr) Das charmante kleine Café mit Straßentischen und Schanklizenz bietet exzellentes Frühstück.

Targa
ITALIENISCH $$
(☏02-6680 9960; www.targabyronbay.com; 11 Marvell St; Hauptgerichte mittags 13–18 AU$, abends 22–35 AU$; ⊙So-Mi 7-15, Do-Sa bis 22 Uhr) Das zauberhafte italienische Café mit Weinbar ist gerade weit genug vom Trubel auf der Hauptstraße entfernt. Morgens und mittags geht's leger zu, abends wird's dann etwas formeller. Das Essen ist den ganzen Tag über lecker.

St Elmo
SPANISCH $$
(☏02-6680 7426; www.stelmodining.com; Ecke Fletcher St & Lawson Lane; Gerichte 14–26 AU$; ⊙Mo-Do 16-open end, Fr-So 12 Uhr-open end) Hier kann man sich auf Designer-Stühlen von durchtrainierten, gebräunten und charmanten Barmixern Cocktails servieren lassen. Es gibt auch Abendessen, wobei sich die Teller für zwei gut für ein Date eignen. Sonntagnachmittags sorgen Livemusik und Cocktails für 10 AU$ für Stimmung.

Orient Express
ASIATISCH $$
(☏02-6680 8808; 1/2 Fletcher St; Hauptgerichte 17–35 AU$; ⊙Mo-Do 17.30–21.30, Fr-So 11–21.30 Uhr) Das atmosphärische Restaurant wirkt mit seinen großen Holz-Buddhas wie ein chinesisches Teehaus und mischt erfolgreich Elemente der südostasiatischen und nahöstlichen Küche. Später am Tag kann man sich hier einen Yum-Cha-Nachmittagstee schmecken lassen.

Orgasmic
NAHÖSTLICH $$
(11 Bay Lane; Hauptgerichte 15–25 AU$; ⊙10–22 Uhr; ☏) In dem kleinen in einer Gasse gelegenen Imbiss, der sich von einem klassischen Falafelstand abhebt, kann man es sich auf würfelförmigen Kissen gemütlich machen. Für Picknickfans gibt's Gerichte zum Mitnehmen, u. a. große Mezze-Platten.

Byronian
CAFÉ $$
(58 Jonson St; Hauptgerichte morgens 10–20 AU$, mittags 15–20 AU$; ⊙8–15 Uhr) Der alteingesessene Klassiker schenkt bereits seit 1978 Kaffee aus und ist noch immer gut im Geschäft. Gegen den Hunger helfen eine gute Frühstücksauswahl und interessante Mittagsgerichte, die man sich am besten auf der überdachten Terrasse vorne schmecken lässt.

Lemongrass
VIETNAMESISCH $$
(Lawson Arcade, 17 Lawson St; Hauptgerichte 15–20 AU$; ⊙17.30–21.30 Uhr) Auf einer von der Straße abgegrenzten Terrasse serviert das Lemongrass beliebte vietnamesische Klassiker, von Reispapierrollen bis hin zu *pho bo* (Nudelsuppe mit Rindfleisch).

Kinoko
JAPANISCH $$
(www.kinoko.com.au; 23 Jonson St; Hauptgerichte 15–25 AU$; ⊙10–21 Uhr) Hier können sich Gäste am Sushi-Laufband bedienen oder sich vom japanischen Küchenchef einen Teller frisches Sashimi zaubern lassen.

Byron at Byron Restaurant
MODERN-AUSTRALISCH $$$
(☏02-6639 2111; www.thebyronatbyron.com.au; 77–97 Broken Head Rd; Hauptgerichte 37–40 AU$; ⊙18–21 Uhr) Byrons edelstes Restaurant ist in einem Glaspavillon im Luxusresort Byron at Byron untergebracht. Das Essen ist gehoben, aber nicht zu modisch oder verschnörkelt und es stehen regionale Produkte im Fokus.

Petit Snail
FRANZÖSISCH $$$
(☏02-6685 8526; www.thepetitsnail.com.au; 5 Carlyle St; Hauptgerichte 31–45 AU$; ⊙Mi-Sa 18.30–21.30 Uhr; ☏) In dem lauschigen Restaurant in einer Seitenstraße serviert französisches Personal traditionelle französische Küche wie Tatar, Entenconfit und jede Menge *fromage*. Gäste können draußen auf der Veranda speisen und für Vegetarier gibt's eine separate Speisekarte (Hauptgerichte 21–25 AU$).

Rae's Fish Cafe
SEAFOOD $$$
(☏02-6685 5366; www.raesonwategos.com; 8 Marine Pde, Watego's Beach; Hauptgerichte 38 AU$; ⊙12–15 & 18-23.30 Uhr) Das gehobene Terrassen-Restaurant, in dem das Rauschen des Meeres als Hintergrundgeräusch für gepflegte Unterhaltungen dient, erinnert nicht im Entferntesten an ein Café. Die Speiseauswahl ändert sich täglich und überrascht immer wieder mit unkonventionellen Kombinationen.

🍸 Ausgehen & Nachtleben

Byrons Ruf als entspannte Partystadt erhielt einen gehörigen Dämpfer, als sie in der Liste der Orte in NSW, in denen die durch Alkohol ausgelöste Straßengewalt am höchsten ist, auf Platz drei landete. Zum Zeitpunkt der Recherche gab es Pläne Shots zu verbieten, Sperrstunden einzuführen und Bars vorzuschreiben, nur bis Mitternacht Alkohol auszuschenken. Schon in Kürze könnten diese Einschränkungen teils oder komplett umgesetzt werden.

Über das Unterhaltungsprogramm informiert der Veranstaltungskalender der donnerstags erscheinenden **Byron Shire News** (www.byronnews.com.au) oder der Radiosender Bay 99.9 FM.

★ Byron Bay Brewing Co　　BRAUEREI, KNEIPE
(www.byronbaybrewery.com.au; 1 Skinners Shoot Rd; ⊙Di-Fr 16–open end, Sa & So 12 Uhr–open end) Ein ehemaliger Schweinestall beherbergt diesen großen Komplex, die coolste Location Byrons. An den Wänden hängen Surfbretter, während sich im tropischen Garten Buddha-Figuren im Schatten eines riesigen Feigenbaums verstecken. Zum Unterhaltungsprogramm gehören Livemusik, DJs und Quizabende.

Balcony　　BAR
(www.balcony.com.au; Level 1, 3 Lawson St; ⊙8–23 Uhr) Mit seiner von Palmen gesäumten Veranda lädt das Bar-Restaurant zum Verweilen ein. Gäste können es sich auf Hockern, Stühlen oder Sofas gemütlich machen und dabei die unendlich lange Cocktailkarte studieren.

Railway Friendly Bar　　KNEIPE
(www.therailsbyronbay.com; Jonson St; ⊙11 Uhr–open end) Die Kneipe mit Innen- und Außenbereich wird Rails genannt und zieht eine bunt gemischte Klientel an, von krebsroten britischen Touristen über Hippies mit erweitertem Bewusstsein bis hin zu gut gelaunten Übermüttern. Im Biergarten vor dem Haus, der zu feucht-fröhlichen Nachmittagen einlädt, wird abends meist Livemusik gespielt.

Woody's Surf Shack　　BAR
(www.woodysbyronbay.com; The Plaza, 90-96 Jonson St; ⊙Mo–Sa 20–3 Uhr) Die Club-Bar ist traditionell der letzte Stopp für Nachtschwärmer. Eine wichtige Info für alle, die bis 3 Uhr Billard spielen möchten: Seit kurzem ist der Einlass auf 1.30 Uhr begrenzt.

Great Northern　　KNEIPE
(www.thenorthern.com.au; 35-43 Jonson St; ⊙12 Uhr–open end) In dieser feucht-fröhlichen Kneipe braucht man keine schicken Ausgehklamotten. Hier geht's laut und bierselig zu, zudem gibt's Holzofenpizzas und abends meist Livemusik.

Beach Hotel　　KNEIPE
(www.beachhotel.com.au; Ecke Jonson St & Bay St; ⊙11 Uhr–open end) Die riesige Kneipe gegenüber vom Strand punktet vor allem mit dem Biergarten. An manchen Abenden gibt's Livemusik und DJs.

Cocomangas　　CLUB
(www.cocomangas.com.au; 32 Jonson St; ⊙Mi–Sa 21 Uhr–open end) Byrons ältester Nachtclub veranstaltet regelmäßig Backpacker-Abende. Einlass bis 1.30 Uhr.

Lala Land　　CLUB
(www.lalalandbyronbay.com; 6 Lawson St; ⊙21–3 Uhr) Einer der besseren Nachtclubs von Byron Bay.

☆ Unterhaltung

Pighouse Flicks　　KINO
(☏02-6685 5828; www.pighouseflicks.com.au; 1 Skinners Shoot Rd; Eintrittskarten 10–14 AU$) Das Kino mit 135 Sitzplätzen ist an die Byron Bay Brewing Co angeschlossen und zeigt Klassiker und Arthouse-Filme.

Byron Community Centre　　THEATER
(☏02-6685 6807; www.byroncentre.com.au; 69 Jonson St) Das 250 Zuschauer fassende Haus zeigt Theatervorführungen und Konzerte tourender Bands.

🛍 Shoppen

Das Zentrum von Byron bietet erstaunlich gute Einkaufsmöglichkeiten. Dabei reicht die Bandbreite von Edelboutiquen bis hin zu mit Traumfängern dekorierten Hippie-Läden.

Zu den Märkten gehören ein wöchentlich stattfindender **Farmers' Market** (www.byronfarmersmarket.com.au; Butler St Reserve; ⊙Do 8–11 Uhr) und ein **Artisan Market** (www.byronmarkets.com.au; Railway Park, Jonson St; ⊙Nov.–März Sa 15–21 Uhr) sowie der **Byron Community Market** (www.byronmarkets.com.au; Butler St Reserve; ⊙So 8–14 Uhr) am ersten Sonntag im Monat.

Planet Corroboree　　KUNST, KUNSTHANDWERK
(www.planetcorroboree.com.au; 69 Jonson St; ⊙10–18 Uhr) Verkauft verschiedene indigene Kunst und Souvenirs.

ⓘ Praktische Informationen

Bay Centre Medical (☏02-6685 6206; www.byronmed.com.au; 6 Lawson St; ⊙Mo–Fr 8–17, Sa bis 12 Uhr)

Byron District Hospital (☏02-6685 6200; www.ncahs.nsw.gov.au; Ecke Wordsworth St & Shirley St; ⊙24 Std.) Mit Notaufnahme.

Byron Visitor Centre (☏02-6680 8558; www.visitbyronbay.com; Stationmaster's Cottage, 80 Jonson St; Eintritt gegen Spende; ⊙9–17 Uhr) Die beste Anlaufstelle für Touristeninformationen, Last-Minute-Unterkünfte und Bustickets. Das hilfsbereite Personal ist zu Stoßzeiten manchmal etwas überfordert.

ⓘ An- & Weiterreise

Infos zu Shuttleverbindungen ab dem Ballina Byron Gateway Airport gibt's auf S. 163. Busse

halten an der Jonson St in der Nähe des Visitor Centre.

Blanch's (📞 02-6686 2144; www.blanchs.com.au) Regelmäßig verkehren Busse zum/ab dem Ballina Byron Gateway Airport (9,60 AU$, 1 Std.), nach/ab Ballina (9,60 AU$, 55 Min.), Lennox Head (7,60 AU$, 35 Min.), Bangalow (6,40 AU$, 20 Min.) und Mullumbimby (6,40 AU$, 25 Min.).

Brisbane Byron Express (📞 1800 626 222; www.brisbane2byron.com) Zwei tägliche Verbindungen nach/ab Brisbane (38 AU$, 2 Std.) und dem Brisbane Airport (54 AU$, 3 Std.) sowie eine am Sonntag.

Byron Bay Express (www.byronbayexpress.com.au; einfach/hin & zurück 30/55 AU$) Bietet fünf Busse am Tag zum/ab dem Gold Coast Airport (1¾ Std.) und nach Surfers Paradise (2¼ Std.).

Byron Easy Bus (📞 02-6685 7447; www.byronbayshuttle.com.au) Minibusse zum Ballina Byron Gateway Airport (18 AU$, 40 Min.), Gold Coast Airport (39 AU$, 2 Std.), nach Brisbane (40 AU$, 3½ Std.) und zum Brisbane Airport (54 AU$, 4 Std.).

Greyhound (📞 1300 473 946; www.greyhound.com.au) Busse nach/ab Sydney (ab 95 AU$, 12-14 Std., 3-mal tgl.), Port Macquarie (74 AU$, 6 Std., 2-mal tgl.), Nambucca Heads (58 AU$, 4½ Std., 2-mal tgl.), Coffs Harbour (45 AU$, 3½ Std., 4-mal tgl.) und Brisbane (37 AU$, 4 Std., 4-mal tgl.).

Northern Rivers Buslines (📞 02-6626 1499; www.nrbuslines.com.au) Unter der Woche fahren Busse ab/nach Lismore (1½ Std.), Bangalow (30 Min.) und Mullumbimby (20 Min.); der Fahrpreis beträgt jeweils 9,70 AU$.

NSW TrainLink (📞 13 22 32; www.nswtrainlink.info; Jonson St) Einheimische bedauern auch heute noch die Einstellung der Bahnverbindung 2004. TrainLink-Tickets gibt's im alten Bahnhof. Die Busse verkehren u. a. nach Grafton (36 AU$, 3¾ Std.), Yamba (20 AU$, 3 Std.), Ballina (7 AU$, 41 Min.), Lismore (9,22 AU$, 1 Std.) und Murwillumbah (9,22 AU$, 1 Std.).

Premier (📞 13 34 10; www.premierms.com.au) Tägliche Busverbindung nach/ab Sydney (92 AU$, 14 Std.), Port Macquarie (66 AU$, 7½ Std.), Nambucca Heads (58 AU$, 5¾ Std.), Coffs Harbour (50 AU$, 5 Std.) und Brisbane (30 AU$, 3½ Std.).

❶ Unterwegs vor Ort

Byron Bay Taxis (📞 02-6685 5008; www.byronbaytaxis.com.au; ⊙ 24 Std.)

Earth Car Rentals (📞 02-6685 7472; www.earthcar.com.au; 1 Byron St)

Hertz (📞 02-6680 7925; www.hertz.com.au; 5 Marvell St)

Bangalow

1520 EW.

Die atmosphärische Hauptstraße des wunderschönen Bangalow säumen interessante Läden, gute Restaurants und eine exzellente Kneipe. Die beste Zeit für einen Besuch ist während des einmal im Monat stattfindenden **Bangalow Market** (www.bangalowmarket.com.au; Bangalow Showgrounds; ⊙ 4. So im Monat 9–15 Uhr), wobei sich die 14 km lange Anreise von Byron aus immer lohnt. Es gibt auch einen kleinen wöchentlichen **Farmers' Market** (www.byronfarmersmarket.com.au; Byron-Hotel-Parkplatz, 1 Byron St; ⊙ Sa 8–11 Uhr) und eine renommierte **Kochschule** (📞 02-6687 2799; www.leahroland.com).

🛏 Schlafen

Bangalow Guesthouse B&B $$
(📞 02-6687 1317; bangalowguesthouse.com.au; 99 Byron St; Zi. 165–245 AU$; 🛜) Die stattliche alte Holzvilla steht am Flussufer, sodass Gäste beim Frühstück Schnabeltiere und übergroße Eidechsen bewundern können. Ein echtes B&B-Paradies.

Possum Creek Eco Lodge BUNGALOWS $$
(📞 02-6687 1188; www.possumcreeklodge.com.au; Cedarvale Rd; Bungalows ab 198 AU$; 🏊) Der Komplex inmitten von Ackerland 4 km nördlich von Bangalow bietet drei geräumige, komplett ausgestattete Häuser mit Ausblick über die grünen Täler. Das „Eco" ist u. a. durch Wassersparpolitik und den Einsatz von Sonnenenergie gerechtfertigt.

🍴 Essen & Ausgehen

Pantry 29 FAST FOOD $
(www.pantry29.com.au; 29 Byron St; Hauptgerichte 8–9 AU$; ⊙ 8–16 Uhr) Serviert leckere Wraps, Salate, belegte Brötchen, Smoothies und Eis.

Utopia CAFÉ $$
(📞 02-6687 2088; www.utopiacafe.com.au; 13 Byron St; Hauptgerichte 14–26 AU$; ⊙ 8.30–16 Uhr; 🛜) In dem langen, offenen, luftigen Café mit interessanter Kunst und kostenlosem WLAN können sich Gäste mit einer guten Auswahl an Magazinen beschäftigen, während sie auf ihren Morgenkaffee oder ihr warmes Frühstück warten. Die Süßwaren sind grandios.

Town MODERN-AUSTRALISCH $$$
(📞 02-6687 2555; www.townbangalow.com.au; 33 Byron St; Gerichte 85 AU$; ⊙ Do–Sa 19–21.30 Uhr) Oben (quasi Uptown) lockt eines der besten

Restaurants im nördlichen NSW mit einem kunstvollen Fünf-Gänge-Menü aus saisonalen Zutaten aus der Region. Unten serviert das **Downtown** (33 Byron St; Hauptgerichte 14–17 AU$; ⊙ 8–15 Uhr) perfekte Frühstückvariationen, leichtes Mittagessen, Kuchen und Kaffee.

Bangalow Hotel KNEIPE
(www.bangalowhotel.com.au; 1 Byron St; ⊙ Mo–Sa 10–24, So 12–22 Uhr) Bangalows allseits beliebte Kneipe bietet regelmäßig Livemusik, Billardwettbewerbe und Quizabende. Gäste können es sich auf der Terrasse gemütlich machen und Gourmetburger von der Pub-Karte bestellen oder einen Tisch im eleganten, aber coolen **Bangalow Dining Rooms** (☎ 02-6687 1144; www.bangalowdining.com; Hauptgerichte 17–36 AU$; ⊙ 12–15 & 17.30–21 Uhr) reservieren.

❶ An- & Weiterreise

Byron Easy Bus bietet Shuttleverbindungen zum/ab dem Ballina Byron Gateway Airport.
Blanch's (☎ 02-6686 2144; www.blanchs.com.au) Unter der Woche fahren Busse nach/ab Ballina (7,60 AU$, 30 Min.) und Byron Bay (6,40 AU$, 20 Min.).
NSW TrainLink (☎ 13 22 32; www.nswtrainlink.info) Tägliche Verbindungen nach/ab Murwillumbah (14 AU$, 1¼ Std.), Tweed Heads (17 AU$, 2 Std.), Burleigh Heads (20 AU$, 1½ Std.) und Surfers Paradise (22 AU$, 2 Std.).
Northern Rivers Buslines (☎ 02-6626 1499; www.nrbuslines.com.au) Werktags fahren Busse nach/ab Lismore (1¼ Std.), Byron Bay (30 Min.), Brunswick Heads (30 Min.) und Mullumbimby (40 Min.); der Fahrpreis beträgt jeweils 9,70 AU$.

LISMORE & DIE TWEED RIVER REGION

Grüne Landschaften, Biomärkte und alternative Lebensentwürfe machen die Region jenseits der Küste für Einheimische und Besucher gleichermaßen zu einer der faszinierendsten und schönsten Australiens. Die ländliche Post-Hippie-Lebensart ist mittlerweile so massentauglich, dass deren Epizentrum Nimbin fast schon einem Themenpark ähnelt.

Der Ausbruch eines gewaltigen Schildvulkans vor 23 Mio. Jahren gab der Landschaft ihr mysteriöses Antlitz. Infolge der Erosion sind nur noch der Vulkanstumpf (der bizarr geformte Wollumbin/Mt. Warning) und der riesige kreisförmige zerklüftete Krater geblieben.

Lismore
27 500 EW.

Lismore, das Geschäftszentrum der Northern-Rivers-Region, thront über dem Wilson River, schenkt seinem Fluss jedoch nicht allzu viel Beachtung. Stattdessen säumen zahlreiche denkmalgeschützte Gebäude stolz die breiten Hauptstraßen. Eine aufstebende Künstlerszene, Studenten der Southern Cross University und eine überdurchschnittliche große Schwulen- und Lesbengemeinde tragen zum Facettenreichtum der Stadt bei, auch wenn sie noch immer etwas ungeschliffen daher kommt. Lismore ist ein interessantes Reiseziel, dennoch übernachten die meisten Besucher lieber an der Küste oder wagen sich weiter ins Hinterland vor.

⊙ Sehenswertes & Aktivitäten

Lismore Regional Gallery KUNSTGALERIE
(www.lismoregallery.org; 131 Molesworth St; ⊙ Di, Mi & Fr 10–16, Do bis 18, Sa & So bis 14 Uhr) GRATIS
In Lismores winziger Galerie gibt es gerade genug Platz für zwei Wechselausstellungen, die meist jedoch exzellent sind.

Koala Care Centre KOALARESERVAT
(www.friendsofthekoala.org; Rifle Range Rd; Erw./Familie 5/10 AU$; ⊙ Führungen Mo–Fr 10 & 14, Sa 10 Uhr) Das interessante Zentrum kümmert sich um kranke, verletzte oder verwaiste Koalas; Besuche sind nur im Rahmen einer Führung zu den ausgewiesenen Zeiten möglich. Koalas in freier Wildbahn gibt's am **Robinson's Lookout** (Robinson Ave, Girard's Hill) unmittelbar südlich der Innenstadt zu sehen.

Wanderwege SPAZIERGÄNGE
Der **Wilson River Experience Walk** führt vom Zentrum aus über 3 km entlang des Flusses vorbei an einem Bush-Tucker-Garten. Dort wachsen Pflanzen, von denen sich einst der lokale Stamm der Widjabal ernährte.

Im Vorort Goonellabah, 6 km östlich des Zentrums, wurde der **Birdwing Butterfly Walk** mit Reben angelegt, um den seltenen Königin-Alexandra-Vogelfalter anzulocken. Am Tucki Tucki Creek lassen sich zudem manchmal Gürteltiere entdecken, insbesondere in der Morgen- oder Abenddämmerung. Um hierher zu gelangen, folgt man dem Bruxner Hwy und biegt rechts auf die Kadina St ein.

✨ Feste & Events

Lismore Lantern Parade UMZUG
(www.lanternparade.com) Über 25 000 Zuschauer säumen die Straßen, wenn am Samstag, der der Wintersonnenwende am nächsten liegt, riesige Laternenfiguren vorbeiziehen (Juni).

Tropical Fruits SCHWULE & LESBEN
(www.tropicalfruits.org.au) Die legendäre Silvesterparty ist die größte Veranstaltung für Schwulen und Lesben im ländlichen NSW. Auf die Hauptfeierlichkeiten zum Jahreswechsel folgen eine Pool- und Katerparty am nächsten Tag. Zudem gibt's Events an Ostern und am Geburtstag der Königin (Juni).

🛌 Schlafen

★ Elindale House B&B $$
(02-6622 2533; www.elindale.com.au; 34 Second Ave; EZ/DZ 135/150 AU$; ❄🛜) Moderne Kunst gebietet jeglichem Kitsch in diesem exzellenten schwulenfreundlichen B&B in einem atmosphärischen Holzhaus Einhalt. Die vier Zimmer bieten eigene Bäder und teilweise massive Himmelbetten.

Lismore Gateway MOTEL $$
(02-6621 5688; www.lismoregatewaymotel.com.au; 99 Ballina Rd; Zi./Apt. ab 139/450 AU$; ❄🛜🏊) Der brandneue Komplex bezeichnet sich als Motel, erinnert mit seiner professionell besetzten Rezeption, dem hauseigenen Restaurant, dem dezenten Dekor und den großen komfortablen Zimmern aber doch eher an ein Hotel. Trotz der Lage direkt am Highway dringt erstaunlich wenig Verkehrslärm in die Zimmer.

Lismore Wilson Motel MOTEL $$
(02-6622 3383; www.lismorewilsonmotel.com.au; 119 Ballina Rd; Zi. 105–145 AU$; ❄🛜) Das Lismore Wilson hebt sich positiv von der breiten Motel-Masse ab und bietet große gepflegte Zimmer und Extras wie warmes Frühstück, Abendessen und Kinderbetten zum Ausleihen. Manche Unterkünfte haben auch Bäder mit Whirlpools.

🍴 Essen

Goanna Bakery & Cafe BÄCKEREI, CAFÉ $
(www.goannabakery.com.au; 171 Keen St; Hauptgerichte 11–17 AU$; ⌚ Mo–Fr 8–17.30, Sa & So 8.30–15 Uhr; 🍴) Neben Bio-Sauerteigbrot und jeder Menge Süßem bietet das Café mit Bäckerei auch eine gute Auswahl an vegetarischen und veganen Gerichten (obwohl sich auch geräucherter Lachs eingeschlichen hat).

Lismore Pie Cart FAST FOOD $
(Ecke Magellan St & Molesworth St; ⌚ Mo–Fr 6–17, Sa bis 14 Uhr) Die örtliche Institution serviert hausgemachte Fleisch-Pies, Kartoffelbrei, Erbsenpüree und Bratensoße.

Palate at the Gallery MODERN-AUSTRALISCH $$
(02-6622 8830; www.palateatthegallery.com; 133 Molesworth St; Hauptgerichte morgens 10–20 AU$, mittags 16–29 AU$, abends 26–32 AU$; ⌚ Di & Mi 10–14.30, Do & Fr 10–14.30 & 18–21, Sa 8–14 & 18–21, So 8–14 Uhr; 🛜) Die Glastüren des schicken Pavillons neben der Galerie führen auf eine sonnige, von Sträuchern gesäumte Terrasse hinaus. Elegant schafft das Palate at the Gallery den Übergang von einem edlen Café am Tag zu Lismores Top-Restaurant am Abend mit durchweg köstlichen Speisen.

Fire in the Belly ITALIENISCH $$
(02-6621 4899; www.fireinthebelly.com.au; 109 Dawson St; Hauptgerichte 14–23 AU$) Ein roter Drachen schmückt den Holzofen, dem tapfere Pizzabäcker furchtlos köstliche Gourmetkreationen entnehmen. Die Speiseauswahl runden Pasta, Risotto und traditionelles Osso Bucco ab.

🛍 Shoppen

In Lismore gibt es mehr Märkte als irgendwo sonst in der Region, dafür sorgen ein **Bio-Markt** (www.tropo.org.au; Lismore Showground; ⌚ Di 7.30–11 Uhr), ein **Obst- & Gemüsemarkt** (www.farmersmarkets.org.au; Magellan St; ⌚ Do 15.30–18.30 Uhr) und ein **Farmers Market** (⌚ Sa 8–11 Uhr), die jeweils wöchentlich stattfinden, sowie der **Car Boot Market** (Flohmarkt; Lismore Shopping Sq, Uralba St; ⌚ So 8–14 Uhr) jeden ersten und dritten Sonntag im Monat.

Noah's Arc BÜCHER
(www.noahsarcbookstore.com.au; 66 Magellan St; ⌚ Mo–Fr 9–17.30, Sa 9.30–13 Uhr) Verkauft in einem denkmalgeschützten Haus eine große Auswahl an gebrauchten und seltenen Büchern.

ℹ️ Praktische Informationen

Lismore Visitor Information Centre (02-6626 0100; www.visitlismore.com.au; Ecke Molesworth St & Ballina St; ⌚ 9.30–16 Uhr) Beherbergt eine interessante Ausstellung zum Regenwald und zur örtlichen Geschichte. Kinder können sich auf dem Spielplatz und im Skatepark des nahe gelegenen Heritage Park vergnügen.

ℹ️ Anreise & Unterwegs vor Ort

BUS

Busse halten im **Lismore City Transit Centre** (Ecke Molesworth St & Magellan St).
Northern Rivers Buslines (📞 02-6622 1499; www.nrbuslines.com.au) Regionalbusse sowie Verbindungen nach/ab Grafton (3 Std.), Ballina (1¼ Std.), Lennox Head (1 Std.), Bangalow (1¼ Std.) und Byron Bay (1½ Std.); der Fahrpreis beträgt jeweils 9,70 AU$.
NSW TrainLink (📞 13 22 32; www.nswtrainlink.info) Busse nach/ab Byron Bay (9,25 AU$, 1 Std.), Ballina (6,95 AU$, 45 Min.), Mullumbimby (12 AU$, 1 Std.), Brunswick Heads (14 AU$, 1½ Std.) und Brisbane (41 AU$, 3 Std.).
Waller's (📞 02-6622 6266; www.wallersbus.com) Werktags mindestens drei Busverbindungen nach/ab Nimbin (9 AU$, 30 Min.).

FLUGZEUG

Der **Lismore Regional Airport** (LSY; 📞 02-6622 8296; www.lismore.nsw.gov.au; Bruxner Hwy) liegt 3 km südlich der Stadt. **Regional Express** (Rex; 📞 13 17 13; www.regionalexpress.com.au) fliegt nach/ab Sydney.

Nimbin

468 EW.

Willkommen in Australiens Hippie-Hauptstadt, einem faszinierenden kleinen Ort, der mit den Folgen der eigenen Klischees kämpft. Psychedelische Motive schmücken die Wände entlang der Hauptstraße und den Marihuana-Schwaden kann man kaum entkommen, ebenso wenig wie den hartnäckigen jungen Dealern, die von den Busreisenden leben, die tagtäglich aus Byron angekarrt werden.

Was man von der ganzen Sache halten soll, ist schwer zu sagen, insbesondere, wenn man nur den Tag über bleibt. Wer sich ein genaueres Bild machen möchte, übernachtet am besten vor Ort. Sind die Busse abgefahren, ziehen sich auch die Touristenjäger zurück und das Dorf ist wieder in den Händen der Einheimischen. Noch immer gibt es hier authentische Vertreter der Peace-and-Love-Generation, viele haben jedoch Nimbin verlassen, um auf Farmen und in Dörfern des umliegenden Hinterlandes ihren Traum eines alternativen Lebens zu verwirklichen.

👁 Sehenswertes

Nimbin Museum   MUSEUM

(www.nimbinmuseum.com; 62 Cullen St; Eintritt gegen Spende 2 AU$) Das kreativ-expressionistische Museum hat eher einen künstlerischen als einen historischen Anspruch.

Nightcap National Park   PARK

(www.nationalparks.nsw.gov.au/Nightcap-National-Park) Die spektakulären Wasserfälle, steilen Felswände und der dichte Regenwald des 80 km2 großen Nightcap National Park sind im Prinzip genau das, was man von dem Gebiet mit dem höchsten jährlichen Niederschlag in NSW erwartet. Der Park gehört zur Gondwana Rainforests World Heritage Area (S. 161) und dient vielen Tierarten als Lebensraum, darunter der Langschwanz-Fruchttaube, der Neuhollandeule und dem Rotbeinfilander, der dem Wallaby ähnlich ist.

Von Nimbin führt eine 10 km lange Fahrt über die Tuntable Falls Rd und den Newton Dr zum Parkrand und zum Mt. Nardi (800 m). Hier verläuft der **Historic Nightcap Track** (16 km, 1½ Tage), der im späten 19. Jh. von Postarbeitern genutzt wurde, zum **Rummery Park**, einem gut ausgestatteten Campingplatz mit Picknickplätzen. Der **Peate's Mountain Lookout** direkt hinter dem Rummery Park bietet Panoramablicke bis nach Byron. Eine größtenteils unbefestigte, aber sehr malerische Straße führt vom Channon zur Terania Creek Picnic Area, wo man auf einem leicht zu bewältigenden Weg bis zu den **Protestor Falls** (hin & zurück 1,4 km) spazieren kann.

🛏 Schlafen

Vor Ort bieten Dutzende Farmen Gästen ein Dach über dem Kopf, wenn diese im Gegenzug Unkraut jäten oder anderen anfallende Arbeiten verrichten; weitere Infos liefert Willing Workers on Organic Farms (www.wwoof.com.au).

⭐ **Grey Gum Lodge**   PENSION $

(📞 02-6689 1713; www.greygumlodge.com; 2 High St; Zi. 75–120 AU$; @ 📶) Die Ausblicke auf das Tal von der Veranda vor diesem von Palmen umgebenen Holzhaus im Queensland-Stil sind großartig. Alle Zimmer der schwulenfreundlichen Unterkunft sind gemütlich, geschmackvoll eingerichtet und mit eigenen Bädern ausgestattet.

Nimbin Rox YHA   HOSTEL $

(📞 02-6689 0022; www.nimbinrox.com; 74 Thornburn St; Tipis/B/DZ ab 26/28/68 AU$; @ 📶 🏊) Das entspannte Hostel neben Feldern am Stadtrand bietet freundliche Betreiber, zwischen Bäumen aufgespannte Hängematten, ein Tipi hinterm Haus, einen beheizten Pool und regelmäßige Beuteltierbesuche.

Rainbow Retreat Backpackers HOSTEL $
(02-6689 1262; www.rainbowretreat.net; 75 Thorburn St; Stellplatz/B/EZ/DZ 15/25/40/60 AU$, Hütten ab 120 AU$) Zurück in den Busch könnte das Motto dieser sehr einfachen Anlage lauten, die mit ihren farbenfrohen Hütten, einem von Bananenpalmen gesäumten Gästehaus, Stellplätzen und durch und durch entspanntem Flair den Hippie-Geist voll auslebt.

Nimbin Backpackers at Granny's Farm HOSTEL $
(02-6689 1333; www.nimbinbackpackers.com; 112 Cullen St; Stellplatz/B/EZ 15/25/40 AU$, DZ 50–80 AU$;) Nimbins Backpacker-Urgestein hat zwar ein paar nette Zimmer, allerdings sind der einfache Sanitärblock im Freien und die Küche etwas schäbig. Gäste können an einem Bach campen und es gibt einen Salzwasserpool.

Essen & Ausgehen

Rainbow Cafe CAFÉ $
(02-6689 1997; 64a Cullen St; Hauptgerichte 8–15 AU$; 7.30–17 Uhr) Wandmalereien schmücken das überaus beliebte Café, das großzügig portioniertes Frühstück, Burger und Salate serviert. Im Garten sieht man manchmal einen Rosella oder Kookaburra.

Nimbin Hotel KNEIPE $
(02-6689 1246; www.nimbinhotel.com.au; Cullen St; Hauptgerichte 11–18 AU$; 11–22 Uhr) Der Kneipenklassiker bietet hinten eine riesige überdachte Veranda mit Blick aufs Tal. Auf der Rückseite serviert das gute Hummingbird Bistro eine breite Auswahl, die vom „Tree-Hugger's Salad" bis zu Currys und gegrilltem Barramundi reicht. An den meisten Wochenende wird Livemusik gespielt und im oberen Stock gibt's Backpacker-Zimmer.

Shoppen

Trotz des generellen Unwillens, sich auf genaue Öffnungszeiten festzulegen (vielleicht fürchtet man um das Freigeist-Image der Stadt), sind die meisten Läden von 10 bis 17 Uhr geöffnet.

Nimbin Market MARKT
(www.facebook.com/NimbinMarkets; Nimbin Community Centre; So 9–14.30 Uhr) Nimbins Hippie-Gemeinde versammelt sich gern an Markttagen, also am vierten und fünften Sonntag im Monat.

NIMBINS WANDEL

Bis Anfang der 1970er-Jahre war Nimbin eines von vielen unauffälligen Dörfern in der Northern-Rivers-Region. Das änderte sich jedoch im Mai 1973, als das Aquarius Festival hier stattfand und viele Studenten, Hippies und Anhänger nachhaltiger und alternativer Lebensentwürfe in großer Zahl anzog. Nach dem zehntägigen Festival blieben ein paar der Teilnehmer hier, um die Ideale zu leben, die sie vorher zum Ausdruck gebracht hatten. Seitdem ist die Stadt nicht mehr dieselbe.

Ein weiteres einschneidendes Ereignis in Nimbins Geschichte war der Terania Creek Battle 1979. Die vierwöchige Auseinandersetzung zwischen Umweltschützern und Holzunternehmen war landesweit der erste Kampf dieser Art und gilt als entscheidend für den Erhalt großer Teile des Regenwaldes in NSW. Die Protestor Falls im heutigen Nightcap National Park erinnern an den Vorfall.

Hemp Embassy MUSEUM
(www.hempembassy.net; 51 Cullen St) Die Hemp Embassy ist Hanfladen und politisches Zentrum in einem; sie engagiert sich für die Legalisierung von Marihuana und stellt Gerätschaften und Accessoires bereit, mit denen man im Nu die Aufmerksamkeit der Polizei auf sich zieht. Zudem organisiert sie das **Mardi Grass Festival** (www.nimbinmardigrass.com) im Mai.

Nimbin Candle Factory KERZENFABRIK
(02-6689 1010; www.nimbincandles.com.au; Mo–Fr 9–17 Uhr) Die Old Butter Factory bei der Brücke auf der Seite Richtung Murwillumbah beherbergt heute verschiedene kleine Geschäfte. Die Kerzenfabrik verkauft handgezogene Paraffinkerzen in der Form von Marihuanablättern, Pyramiden, Zauberern oder Einhörnern.

Nimbin Artists Gallery KUNST, KUNSTHANDWERK
(www.nimbinartistsgallery.org; 49 Cullen St; 10–17 Uhr) Hier stellen örtliche Künstler und Kunsthandwerker ihre Kreationen aus und verkaufen sie.

Praktische Informationen

Nimbin Visitor Information Centre (02-6689 1388; www.visitnimbin.com.au; 46 Cullen St; 10–16 Uhr)

ABSEITS DER ÜBLICHEN PFADE

BORDER RANGES NATIONAL PARK

Der riesige **Border Ranges National Park** (www.nationalparks.nsw.gov.au/border-ranges-national-park; Fahrzeuggebühr 7 AU$) erstreckt sich über 317 km² auf der NSW-Seite der McPherson Range, die entlang der Grenze zwischen NSW und Queensland verläuft. Auch er gehört zur Gondwana Rainforests World Heritage Area (S. 161) und ein Viertel aller in Australien beheimateten Vogelarten soll hier leben.

Der östliche Teil des Parks kann über den 44 km langen **Tweed Range Scenic Drive** erkundet werden. Die Schotterstraße ist nur bei trockenem Wetter befahrbar und verläuft als Schleife vom Lillian Rock, auf halbem Wege zwischen Uki und Kyogle, nach Wiangaree nördlich von Kyogle auf dem Summerland Way durch den Park. Die Beschilderung auf den Zufahrtsstraßen lässt zu wünschen übrig, doch die Suche lohnt sich. Im Zweifel folgt man einfach den Schildern zum Nationalpark.

Die Straße führt durch hügeligen Regenwald mit steilen Hängen und Aussichtspunkten, die das Tweed Valley bis zum Wollumbin/Mt. Warning und zur Küste überblicken. Ein Highlight ist der kurze Weg zum **Pinnacle Lookout** mit einem der besten Ausblicke auf den Wollumbin bei Sonnenaufgang. Bei **Antarctic Beech** befindet sich ein Wald mit 2000 Jahre alten Birken. Von hier aus verläuft ein rund 5 km langer Wanderpfad hinunter in den Regenwald, zu Badestellen und zu einer Picknickstelle beim **Brindle Creek**.

❶ Anreise & Unterwegs vor Ort

BUS

Gosel's (📞 02-6677 9394) Schickt werktags zwei Busse nach Uki (13 AU$, 40 Min.) und Murwillumbah (15 AU$, 1 Std.).

Waller's (📞 02-6622 6266; www.wallersbus.com) Werktags mindestens drei Busverbindungen nach/ab Lismore (9 AU$, 30 Min.).

SHUTTLES & GEFÜHRTE TOUREN

Verschiedene Veranstalter bieten Tagesausflüge und Shuttles von Byron Bay nach Nimbin, manchmal mit Zwischenstopps bei umliegenden Sehenswürdigkeiten. Meist geht's um 10 oder 11 Uhr los und gegen 17 oder 18 Uhr wieder zurück.

Grasshoppers (📞 0438 269 076; www.grasshoppers.com.au; hin & zurück inkl. Mittags-Barbecue 49 AU$)

Happy Coach (📞 02-6685 3996; hin & zurück 25 AU$)

Jim's Alternative Tours (📞 0401 592 247; www.jimsalternativetours.com; Touren 40 AU$)

Uki

214 EW.

Das verschlafene Dorf Uki (uke-ei) versteckt sich am wilden Tweed River unterhalb des hoch aufragenden Wollumbin/Mt. Warning. Zwar lebt es den Hippie-Geist nicht so offensiv aus wie Nimbin, dennoch zeugen verschiedene ganzheitliche Therapeuten und Bioläden von den bis heute andauernden Auswirkungen des Aquarius Festival auf diesen Teil des Hinterlandes. Anhänger alternativer Lebensentwürfe trifft man auf dem wöchentlichen **Farmers Market** (Uki Hall; ⊗ Sa 8–12.30 Uhr) und dem **Uki Butterfly Bazaar** (Uki Village Buttery; ⊗ So 8–14 Uhr) am dritten Sonntag im Monat.

⊙ Sehenswertes

Wollumbin National Park   PARK
(www.nationalparks.nsw.gov.au/wollumbin-national-park) Nordwestlich von Uki erstreckt sich der 41 km² große Wollumbin National Park rund um den Wollumbin/Mt. Warning (1156 m), der als dramatischste Naturattraktion des Hinterlandes über dem Tal thront. Der englische Name wurde ihm 1770 von James Cook gegeben, der Seefahrer vor küstennahen Riffen zu warnen. Die sehr viel ältere Bezeichnung der Aborigines, Wollumbin, bedeutet „Wolkenfänger" oder „Wettermacher".

Sein Gipfel ist der erste Punkt auf dem australischen Festland, der bei Tagesanbruch in Sonnenlicht getaucht wird – weshalb der Berg ein beliebtes Ziel von Wanderern ist. Allerdings sollte man wissen, dass nach den Gesetzen des lokalen Stammes der Bundjalung die Besteigung des heiligen Berges nur bestimmten Personen gestattet ist; deshalb bitten sie Besucher, auf die Tour zu verzichten. Alternativ lässt sich der Ausblick auf dem 360°-Wandgemälde im Murwillumbah Visitor Information Centre bewundern.

Der Wollumbin gehört zur Gondwana Rainforests World Heritage Area (S. 161). Braunrücken-Leierschwänze lassen sich auf dem Lyrebird Track (hin & zurück 300 m) entdecken.

🛏 Schlafen & Essen

Mt. Warning B&B Retreat
B&B $
(☎ 02-6679 5259; www.mtwarningretreat.com.au; 73 Mt Warning Rd; Stellplatz/Jurte/Hütte 15/80/125 AU$, Zi. 80–95 AU$; ❋ 🛜) 🍴 Nahe der schattigen Straße zum Mt. Warning liegt dieses hübsche Anwesen am Tweed River. Aufgrund der abgeschiedenen Lage sind die Stellplätze, Jurten und Hütten im Garten sehr beliebt. Die drei B&B-Zimmer im 100 Jahre alten Haus teilen sich ein Bad.

A View of Mt. Warning
B&B $$
(☎ 02-6679 5068; www.mtwarningview.com; 28 Glenock Rd; EZ/DZ 145/165 AU$; ❋ 🛜) Das ungewöhnliche achteckige Haus wirkt wie ein Raumschiff, das auf einem Hügel gelandet ist und sich in spanischem Kolonialstil tarnt. Die vier B&B-Zimmer bieten die Blicke, die der Name verspricht. Die Unterkunft liegt abseits der Uki Rd, 3 km nördlich des Dorfes.

Mavis's Kitchen
EUROPÄISCH $$
(☎ 02-6679 5664; www.maviseskitchen.com.au; 64 Mt Warning Rd; Hauptgerichte 24–28 AU$; ⏱ Mi, Do & So 11–15, Fr & Sa 11–15 & 17.30–21 Uhr) 🍴 Für eine Traumkulisse sorgt hier ein zweistöckiges Holzhaus im Queensland-Stil inmitten schöner Gärten mit Blick auf den Wollumbin/Mt. Warning. Die ländlich geprägte Küche setzt die Lebensmittel aus dem eindrucksvollen eigenen Biogarten bestens in Szene.

ℹ An- & Weiterreise

Unter der Woche stoppen hier die Busse von Gosel's Nimbin–Murwillumbah-Route.

Murwillumbah

8530 EW.

Das hübsch am Ufer des breiten Tweed River gelegene Murwillumbah ist ein malerisches Fleckchen und lohnt einen Abstecher vom Pacific Hwy. Das fruchtbare Flusstal, das sich bis zur Küste erstreckt, ist von üppig grünen Zuckerrohrfeldern und Bananenpalmen bedeckt. Richtung Landesinnere thront der nebelverhangene Rand einer alten Caldera in der Ferne. Art-déco-Gebäude säumen das Zentrum und trotz des altmodisch-ländlichen Flairs bietet das Städtchen exzellente Cafés und eine gewisse Hippie-Atmosphäre.

⊙ Sehenswertes

Tweed River Regional Art Gallery
KUNSTGALERIE
(www.tweed.nsw.gov.au/artgallery; 2 Mistral Rd; ⏱ Mi–So 10–17 Uhr) GRATIS Die außergewöhnliche Galerie ist ein architektonisches Juwel und beherbergt großartige australische Kunst, so ist z. B. eine neue Abteilung der renommierten in Lismore geborenen Malerin Margaret Olley (1923–2011) gewidmet.

Tropical Fruit World
OBSTPLANTAGE
(☎ 02-6677 7222; www.tropicalfruitworld.com.au; Duranbah Rd; Erw./Kind 44/25 AU$; ⏱ 10–16 Uhr) Die Mischung aus Obstplantage und Themenpark nördlich der Stadt unter der Big Avocado nimmt für sich in Anspruch, mit der weltweit größten Sammlung an seltenen und tropischen Früchten (insgesamt 500 Sorten) aufzuwarten. Zum Angebot gehören Traktortouren, Verköstigungen, Bootsfahrten, einheimische Kleintiere, ein Streichelzoo und eine Miniaturbahn.

🛏 Schlafen

Mount Warning-Murwillumbah YHA
HOSTEL $
(☎ 02-6672 3763; www.yha.com.au; 1 Tumbulgum Rd; B/DZ ab 33/72 AU$) 🍴 Die ehemalige Kapitänsresidenz mit Flussblick beherbergt

---

ABSTECHER

TWEED HEADS

Durch das mit Coolangatta zusammengewachsene Tweed Heads verläuft die bundesstaatliche Grenze und so gibt es einige Straßen, die sowohl durch NSW als auch durch Queensland führen. Am Point Danger thront das **Captain Cook Memorial** über beiden Bundesstaaten und bietet wunderbare Ausblicke über die Küste.

Bevor es in den „Sunshine State" geht, lohnt ein Besuch des Minjungbal Aboriginal Cultural Centre (S. 134), das inmitten alter Gummibäume am Tweed River liegt. Es gibt eine kleine, aber interessante historische Ausstellung, besser ist jedoch der kostenlose Rundweg Walk on Water. Er führt über Bohlenpfade durch die Mangroven zu einem seltenen noch erhaltenen Bora-Kreis; die kreisförmig aufgeschüttete Erde diente einst als Ort für Stammeszusammenkünfte.

heute ein Hostel am Wasser mit Schlafsälen für acht Personen. Abends gibt's kostenloses Eis, zudem können sich Gäste Kanus und Fahrräder ausleihen.

★ Crystal Creek Rainforest Retreat
LODGE $$$

(02-6679 1591; www.ccrr.com.au; Brookers Rd, Upper Crystal Creek; DZ 395–675 AU$) Eine wunderschöne 19 km lange Fahrt nordwestlich von Murwillumbah führt zu dieser luxuriösen abgeschiedenen Anlage im Schatten des Vulkankraters. Die Holzbungalows verfügen über Kamine, Whirlpools, riesige Fernseher, komplett ausgestattete Küchen und erhöhte Balkone.

✕ Essen

★ Sugar Beat
CAFÉ $

(02-6672 2330; www.sugarbeatcafe.com.au; 6–8 Commercial Rd; Hauptgerichte 7–17 AU$; Mo–Fr 7.30–17, Sa bis 14 Uhr;) Hier kann man es sich beim sonnigen Fenster, auf der langen Eckbank oder an einem der Straßentische gemütlich machen und leckere Fusion-Küche im Café-Stil und stadtweit bekannte Backwaren schmecken lassen.

Modern Grocer
CAFÉ, FEINKOST $

(02-6672 5007; www.themoderngrocer.com; 3 Wollumbin St; Hauptgerichte 8–11 AU$; Mo–Fr 8.30–17, Sa bis 14 Uhr) An der Feinkosttheke gibt's Leckereien, die Picknicks in kulinarische Orgien verwandeln. Im Grunde ist Modern Grocer jedoch ein wunderbares, sehr entspanntes Café. Am Gemeinschaftstisch werden warmes Frühstück, Sandwiches und Wraps serviert.

🛍 Shoppen

Der wöchentliche **Caldera Farmers' Market** (www.murwillumbahfarmersmarket.com.au; Murwillumbah Showground, 37 Queensland Rd; Mi 7–11 Uhr) bietet Obst und Gemüse, Essensstände und Musik. Der **Cottage Market** (Knox Park; Sa 8–13 Uhr) findet am ersten und dritten Samstag im Monat statt, der **Showground Market** (www.murwillumbahshowground.com; Murwillumbah Showground; So 8–13 Uhr) am vierten Sonntag im Monat.

❶ Praktische Informationen

Murwillumbah Visitor Information Centre (02-6672 1340; www.tweedtourism.com.au; Ecke Alma St & Tweed Valley Way; 9–16.30 Uhr) Bietet Informationen über und Pässe für den Park, eine tolle Regenwaldausstellung, einen VW-Bus, der aus der Wand herausragt (als Erinnerung an die Terania-Creek-Demonstranten) und eine Kunstgalerie mit Schwerpunkt auf Naturmotiven. Zudem gibt es ein 20 m langes Rundum-Wandgemälde, das den Ausblick vom heiligen Gipfel des Wollumbin/Mt. Warning darstellt.

❶ An- & Weiterreise

Gosel's (02-6677 9394) Werktags zwei Busverbindungen nach Nimbin (15 AU$, 1 Std.) über Uki.

Greyhound (1300 473 946; www.greyhound.com.au) Täglicher Bus nach/ab Byron Bay (13 AU$, 1 Std.), Coolangatta (9 AU$, 10 Min.), Surfers Paradise (20 AU$, 1 Std.), Southport (22 AU$, 1¼ Std.) und Brisbane (34 AU$, 2¼ Std.).

NSW TrainLink (13 22 32; www.nswtrainlink.info) Verbindungen nach/ab Lismore (19 AU$, 2 Std.), Ballina (15 AU$, 1½ Std.), Bangalow (14 AU$, 1¼ Std.), Byron Bay (9,25 AU$, 1 Std.) und Brisbane (22 AU$, 1½ Std.).

Premier (13 34 10; www.premierms.com.au) Tägliche Busse nach/ab Sydney (92 AU$, 14¾ Std.), Port Macquarie (66 AU$, 7½ Std.), Coffs Harbour (52 AU$, 6¼ Std.), Byron Bay (12 AU$, 1 Std.) und Brisbane (25 AU$, 1¾ Std.).

Canberra & Südküste von New South Wales

Inhalt ➡

Canberra 183
Wollongong 192
Royal National Park 195
Kiama & Umgebung .. 196
Jervis Bay 200
Batemans Bay 204
Bermagui 211
Merimbula 212

Gut essen

➡ Caveau (S. 194)
➡ Ottoman (S. 190)
➡ Cupitt's Winery & Restaurant (S. 203)
➡ Bannisters Restaurant (S. 203)
➡ Bluewave Seafoods (S. 212)

Schön übernachten

➡ Lighthouse Keepers' Cottages (S. 207)
➡ Paperbark Camp (S. 202)
➡ Post & Telegraph B&B (S. 206)
➡ Bermagui Beach Hotel (S. 211)
➡ Diamant Hotel (S. 189)

Auf nach Canberra & an die Südküste von New South Wales!

Die Region zeigt drei Aspekte der australischen Kultur: Zum einen wäre da die Hauptstadt Canberra, die Hüterin der Landesgeschichte: Keine andere australische Metropole hat bessere Museen und Kunstgalerien – oder mehr Kängurus (!).

Nur wenige Kilometer entfernt dominiert zum anderen die raue natürliche Schönheit der Ostküste. Hier zeigt sich die Vorliebe der Einheimischen für die Wildnis, am Royal National Park genauso wie am Ben Boyd National Park. Unterwegs stößt man auf Wahrzeichen der Aborigine-Geschichte.

Zum dritten wäre da die Leidenschaft der Aussies für den Strand und alles Drumherum, also die zuweilen unscheinbaren Städtchen mit guten Restaurants und Kneipen, die Surfkurse, Fallschirmsprünge und Bootstrips auf dem Meer. Gewürzt wird dieser Mix durch historische Siedlungen wie Berry oder Central Tilba. Somit gibt's viele gute Gründe für längere Zwischenstopps zwischen Sydney und Melbourne.

Reisezeit

Canberra

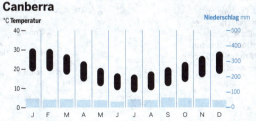

Feb.–Mai (außer Ostern) Reichlich Sonne, und wenig Kids (die müssen wieder zur Schule).

Mai–Nov. An der Küste sieht man Wale auf ihrer Wanderschaft.

Dez. Weihnachten *down under* – mittags gibt's frisches Seafood und Cricket am Strand.

Highlights

1 Sich beim Camping im **Murramarang National Park** (S. 204) von Kängurus besuchen lassen

2 Den herrlichen **Booderee National Park** (S. 201) zusammen mit einheimischen Aborigine-Führern erkunden

3 Auf **Montague Island** (S. 207) mit Robben und Pinguinen abhängen

4 Fußabdrücke auf den schneeweißen Stränden der **Jervis Bay** (S. 200) hinterlassen

5 Die architektonische Pracht des **Parliament House** (S. 183) in Canberra bestaunen

6 Wale beobachten, die bei **Eden** (S. 215) an der postkartenwürdigen Küste vorbeiziehen

7 In **Central Tilba** (S. 209) in die zauberhafte holzvertäfelte Vergangenheit eintauchen

8 An der **Batemans Bay** (S. 204) lernen, wie ein Australier zu surfen

9 Die typisch australischen Ausstellungsstücke des **National Museum of Australia** (S. 184) bewundern

❶ Anreise & Unterwegs vor Ort

AUTO & MOTORRAD
Der schnellste Weg von Canberra zur Küste führt über den Kings Hwy. Der Princes Hwy schlängelt sich von Wollongong im Norden nach Eden im Süden: Er ist die wichtigste Strecke zur Erkundung der Küste – egal, aus welcher Richtung man kommt – und führt durch die größeren Ortschaften Batemans Bay, Narooma und Merimbula. Die kleineren Straßen, die streckenweise vom Highway abzweigen, eignen sich für einen Abstecher zu den kleineren Orten an der Küste und im Hinterland.

BUS
Busse verbinden Canberra mit den Hauptstädten der Bundesstaaten und kurven an der Küste entlang.

FLUGZEUG
Der Hauptflughafen ist in Canberra, kleinere Flughäfen gibt's in Moruya und Merimbula.

ZUG
Zwischen Canberra und Sydney verkehren Züge. Es gibt keinen Direktzug zwischen Canberra und Melbourne.

CANBERRA

355 596 EW.

Das komplett durchgeplante Canberra steht für viel architektonischen Symbolismus und wenig Spontanität. Doch hinter der etwas sterilen Fassade ist jede Menge los. Und wer einen Crashkurs in australischer Geschichte, Kultur oder Politik erleben will, ist hier genau richtig: Die tollen Kunstgalerien und wunderbaren Museen geben einen Einblick in die australische Seele. Parallel vermitteln die politischen Institutionen auf faszinierende Weise, wie diese großartige moderne Demokratie funktioniert. Zudem bietet Canberra eine recht kleine, aber vielfach hervorragende Auswahl von Restaurants und Cafés. Motor der belebten Barszene sind die örtlichen Universitätsstudenten. Während parlamentarischer Sitzungswochen lässt das landespolitische Tagesgeschäft die ganze Stadt brummen.

Leider ist Canberra komplett auf Autos ausgerichtet und mit öffentlichen Verkehrsmitteln nur schwer zu erkunden – zu Fuß so gut wie gar nicht. Auch für Ausflüge in die malerische Umgebung braucht man unbedingt zwei oder vier eigene Räder.

1901 wetteiferten Sydney und Melbourne ergebnislos darum, Hauptstadt der neuen Nation zu werden. So wurde schließlich ein Kompromiss gefunden, indem man irgendwo zwischen den beiden Metropolen ein kleines Stück aus den Limestone Plains von NSW herausschlug. Die nagelneue Stadt erhielt offiziell den Namen Canberra (1913) und löste Melbourne als Regierungssitz ab (1927).

◉ Sehenswertes

Die meisten wichtigen Gebäude, Museen und Galerien Canberras verteilen sich rund um den Lake Burley Griffin, der von Civic, Manuka und Kingston aus leicht zu Fuß zu erreichen ist.

★ Parliament House GEBÄUDE
(☏ 02-6277 5399; www.aph.gov.au; ⊙ an Sitzungstagen Mo & Di ab 9, Mi & Do ab 8.30 Uhr, an sitzungsfreien Tagen 9–17 Uhr) GRATIS Australiens Parlamentsgebäude im Capital Hill wurde 1988 nach zehnjähriger Bauzeit (Kosten: 1,2 Mrd. AU$) eröffnet. Die leicht zugänglichen Rasenflächen auf dem Dach werden von einem 81 m hohen Fahnenmast gekrönt. Sie gehören zu 23 ha großen Landschaftsgärten und bieten einen super Rundumblick auf die Stadt. Der sich darunter befindende Komplex aus fünf Gebäuden umfasst 17 Innenhöfe, ein großartiges Foyer, die Great Hall (Große Halle), das House of Representatives (Repräsentantenhaus), den Senate (Senat) und insgesamt 2300 km lange Flure. Der Großteil davon kann per Gratisführung (an Sitzungstagen/sitzungsfreien Tagen 30/45 Min., tgl. 10, 13 & 15 Uhr) besichtigt werden.

Ansonsten können Besucher das Gebäude auf eigene Faust erkunden und den parlamentarischen Vorgängen auf der öffentlichen Galerie beiwohnen. Tickets für die Question Time (Fragestunde; 14 Uhr an Sitzungstagen) im House of Representatives sind ebenfalls kostenlos, müssen aber im Voraus beim **Sergeant-at-Arms** (☏ 02-6277 4889) gebucht werden. Für den Senatssaal braucht man keine Eintrittskarte. Die Website informiert über alle Sitzungstage.

★ National Gallery of Australia KUNSTGALERIE
(☏ 02-6240 6502; www.nga.gov.au; Parkes Pl, Parkes; ⊙ 10–17 Uhr) GRATIS Gleich beim Betreten der eindrucksvollen Galerie sieht man eines von deren außergewöhnlichsten Ausstellungsstücken: Das Aborigine Memorial aus dem Central Arnhem Land, das 1988 anlässlich des 200-jährigen Bestehens Australiens

entstand. Insgesamt 43 Künstler fertigten gemeinsam diesen „Seelenwald" aus 200 hohlen hölzernen Begräbnispfählen an, um an jedes einzelne Jahr der europäischen Kolonialisierung zu erinnern. Parallel zeigt die Galerie noch viele weitere Werke der Aborigines und Torres Strait Islanders.

Zu sehen gibt's auch Australisches von der Kolonialzeit bis heute – ebenso drei Galerien mit Stücken aus Indien, China, Japan, Südost- und Zentralasien, die zusammen die landesweit größte und bedeutendste Sammlung asiatischer Kunst bilden. Hinzu kommen eine bemerkenswerte Kollektion pazifischer Kunst sowie europäische und amerikanische Werke (u. a. ein paar großartige Meisterstücke).

Das Untergeschoss beherbergt ein Café nebst Galerieshop. Hinter dem Gebäude befinden sich ein Restaurant (Mi–So 12–14 Uhr) und ein etwas ungepflegter Skulpturengarten.

Am besten nimmt man an einer der kostenlosen Führungen teil (für Details s. Website). Wenn Wander- oder Sonderausstellungen stattfinden, wird meist Eintritt fällig.

National Museum of Australia MUSEUM
(02-6208 5000; www.nma.gov.au; Lawson Cres, Acton Peninsula; Dauerausstellung Eintritt frei, Führung Erw./Kind/Fam. 10/5/25 AU$; 9–17 Uhr)
GRATIS Das Auseinandernehmen und Analysieren einer nationalen Identität ist ein löbliches Unterfangen. Und genau hierbei gibt sich das NMA allergrößte Mühe. Es präsentiert seine zahllosen Stücke, ohne kuratorischen Standardregeln (z. B. chronologischer Ausstellungsorganisation) zu folgen. Manche Besucher (u. a. die meisten Kinder) finden das sehr erfrischend, andere ärgern sich darüber. Die Schwerpunkte liegen auf Umweltveränderungen, indigener Kultur, nationalen Wahrzeichen etc. Unbedingt den Einführungsfilm im kleinen, rotierenden **Circa Theatre** am Anfang der Besichtigungsroute anschauen!

Mit Bus 7 geht's vom Civic Centre aus hierher. An Wochenenden und allgemeinen Feiertagen besteht zudem Verbindung mit Gratisbussen, die an Bussteig 7 des Civic-Busbahnhofs zwischen Alinga St, East Row und Mort St starten (ab 10.30 Uhr regelm.).

★ **Australian War Memorial** MUSEUM
(02-6243 4211; www.awm.gov.au; Treloar Cres, Campbell; 10–17 Uhr) GRATIS Canberras lohnendstes Museumserlebnis: Das War Memorial vermittelt einen faszinierenden Eindruck davon, wie Krieg die nationale Identität Australiens geformt hat. Hinein geht's durch den **Commemorative Courtyard**, dessen bronzeverkleidete Ehrenmauer die Namen gefallener australischer Soldaten in Erinnerung bringt. Im Lauf der Jahre haben Angehörige strahlend rote Papier-Mohnblüten neben den Namen ihrer gefallenen Verwandten angebracht – irgendwie ein melancholisch schöner Anblick. Die Papierblüten erinnern an all diejenigen, die ihr Leben im Frühling 1915 auf den Schlachtfeldern von Belgien, Frankreich und Gallipoli ließen.

Hinter dem Ehrenhof ziert ein riesiges Mosaik die **Hall of Memory** mit dem **Grab des unbekannten australischen Soldaten**. Letzteres steht für alle Australier, die ihr Leben im Krieg gaben.

Im Gebäudeinneren gibt's Säle zum Ersten und Zweiten Weltkrieg sowie zu anderen bewaffneten Konflikten von 1945 bis heute. Die vielen Ausstellungsstücke im Flugzeugsaal sind die perfekte Vorbereitung auf die Sound-&-Light-Shows in der gewaltigen, ungemein eindrucksvollen **Anzac Hall**. Am spannendsten sind *Striking by Night* (Zuschlagen bei Nacht; nachgestellter Nachtangriff auf Berlin im Jahr 1943; immer zur vollen Stunde) und *Over the Front: the Great War in the Air* (Über der Front: der Große Krieg in der Luft; immer 15 Min. nach der vollen Stunde).

An der **Orientation Gallery** neben dem Haupteingang beginnen Gratisführungen unter der Leitung von Freiwilligen (45 Min. 10.45 & 13.15 Uhr; 90 Min. 10, 10.15, 10.30, 11, 12, 13, 13.30, 14, 14.30 & 15 Uhr). Alternativ gibt's eine Broschüre für Erkundungen auf eigene Faust (*self-guided tour*; 5 AU$ inkl. Museumsplan).

Das **Terrace Cafe** (02-6230 4349; Treloar Cres, Australian War Memorial; Frühstück 6–17 AU$, Mittagessen 9–20 AU$; 8.30–16.30 Uhr) befindet sich in einem schmucken Glaspavillon neben dem Haupteingang des Kriegerdenkmals. Draußen und drinnen werden anständiges Essen und Kaffee serviert.

Museum of Australian Democracy MUSEUM
(02-6270 8222; www.moadoph.gov.au; Old Parliament House, 18 King George Tce, Parkes; Erw./erm./Fam. 2/1/5 AU$; 9–17 Uhr) Dieses Gebäude diente von 1927 bis 1988 als Regierungssitz. Zusammen mit seinen Ausstellungen vermittelt es Besuchern daher einen Eindruck von früherer parlamentarischer Aktivität – für Nicht-Aussies ist das eventuell weniger interessant. Wer sich jedoch mit australi-

EIN VERLÄNGERTES WOCHENENDE IN CANBERRA

Samstag
Nach dem Einchecken im Hotel widmet man sich der australischen Kunst in der National Gallery of Australia (S. 183) und der National Portrait Gallery. Ein Spaziergang führt westwärts am Ufer des Lake Burley Griffin entlang, vorbei am High Court und der National Library (S. 187). Zum Abschluss des Spaziergangs gönnt man sich im historischen Hyatt Hotel (S. 189) den High Tea. Im Arc Cinema (s. unten) kann man sich einen Klassiker oder einen modernen Film anschauen und anschließend ein spätes Dinner im Ottoman (S. 190) oder im Italian & Sons (S. 190) nehmen.

Sonntag
Der Tag beginnt mit einem Brunch in der Silo Bakery (S. 189). Danach geht's zum National Museum of Australia (S. 184), wo man alles über die faszinierende indigene und postkoloniale Geschichte des Landes erfährt. Wer einen fahrbaren Untersatz hat, kann den Nachmittag für den Besuch einiger der exzellenten Weingüter der Region (s. www.canberrawines.com.au) nutzen. Oder man schwingt sich aufs Rad und dreht eine Runde um den See. Danach erkundet man das nahe gelegene Yarralumla und seine vielen skurrilen Botschaftsgebäude. Zur Belohnung gibt's ein Abendessen im Sage Dining Room (S. 190).

Montag
Sofern Sitzungen anstehen, sollte man sich im Parlament einen Platz auf der Tribüne sichern, denn dort gibt's den einzigen echten Schlagabtausch vor Ort: die parlamentarische Fragestunde. Auf dem Weg zur Sitzung um 14 Uhr kann man noch im Museum of Australian Democracy im Old Parliament House vorbeischauen, sich mit der politischen Geschichte vertraut machen und gleich noch im hübschen Hofcafé zu Mittag essen. Vor der Abreise sollte man auch unbedingt noch das bewegende wie informative War Memorial besuchen.

---

scher Geschichte gut auskennt oder Theatralik und Ränkeschmieden in Canberra über die Jahrzehnte verfolgt hat, wird hier zu vielen bedeutenden Ereignissen in der recht kurzen Geschichte der parlamentarischen Demokratie im Land zurückversetzt. Die Ausstellungen informieren über australische Premierminister, örtliche Protestbewegungen und die lokalen bzw. globalen Wurzeln der Demokratie. Besichtigt werden können auch der Senatssaal, das Repräsentantenhaus, die Parlamentsbibliothek und das Premierminister-Büro von einst.

Die Aboriginal Tent Embassy auf dem Rasen vor dem Old Parliament House ist eine wichtige Stätte des indigenen Kampfes um Gleichberechtigung und politische Vertretung. Unten am Ufer des Lake Burley Griffin repräsentieren die Kunstwerke des Reconciliation Place die nationale Selbstverpflichtung zur Versöhnung zwischen indigenen und nicht-indigenen Australiern.

★ **National Portrait Gallery** KUNSTGALERIE
(☎ 02-6102 7000; www.portrait.gov.au; King Edward Tce, Parkes; ⊙ 10–17 Uhr) GRATIS Landesgeschichte anhand von Gesichtern: Die Ausstellungsstücke reichen von Wachskameen indigener Stammesangehöriger bis hin zu porträtierten Gründerfamilien der australischen Kolonialzeit. Zu sehen gibt's auch Zeitgenössisches wie Howard Arkleys fluoreszierendes Abbild des Musikers Nick Cave.

Der Bau wurde eigens von Richard Johnson (Mitinhaber des Architekturbüros Johnson Pilton Walker in Sydney) entworfen. Von den Ausstellungsräumen bis zum Terrassencafé – das Gestaltungskonzept ist gelungen.

National Film & Sound Archive MUSEUM, KINO
(☎ 02-6248 2000; www.nfsa.gov.au; McCoy Circuit, Acton; ⊙ Mo-Fr 9–17, Sa & So 10–17 Uhr) GRATIS Dieses Archiv in einem herrlichen Art-déco-Gebäude erhält australische Film- und Tonaufnahmen für die Nachwelt. Die Ausstellung *Sights + Sounds of a Nation* ist an ruhigen Tagen sehenswert. Bei starkem Betrieb sorgt sie jedoch für Frust, da die audiovisuellen Exponate nicht schallgedämmt sind. Im Arc Cinema (Erw./erm. 10/8 AU$; ⊙ Do 14 & 19, Sa 14, 16.30 & 19.30, So 14 & 16.30 Uhr) kann man Vorträge, Filme und Wechselausstellungen erleben. Demnächst soll der Komplex auch ein Café bekommen.

Canberra

◉ Highlights
1. Australian War Memorial D2
2. National Gallery of Australia C5
3. National Portrait Gallery C5
4. Parliament House A6

◉ Sehenswertes
5. Lake Burley Griffin C4
6. Museum of Australian Democracy B5
7. National Film & Sound Archive A2
8. National Library of Australia B4
9. National Museum of Australia A3
10. Questacon B4

◉ Schlafen
11. Canberra City YHA B2
12. Diamant Hotel A2
13. East Hotel C7
14. Hyatt Hotel Canberra A4
15. Mercure Canberra D1
16. Quest A7
17. University House A2
18. Victor Lodge D7

◉ Essen
19. Brodburger D6
20. Italian & Sons B1
21. Malamay C6
22. Ottoman C5
23. Sage Dining Room C1
24. Silo Bakery C7
    Terrace Cafe .... (siehe 1)
25. Tosolini's B7

◉ Ausgehen & Nachtleben
26. ANU Union Bar A1
27. Benchmark Wine Bar A7
28. Knightsbridge Penthouse B1
29. Little Brussels Belgian Beer Cafe C7
30. Phoenix B7

◉ Unterhaltung
Arc Cinema .... (siehe 7)

Lake Burley Griffin WAHRZEICHEN
Dieser See ist nach dem US-Amerikaner Walter Burley Griffin benannt, der 1911 den internationalen Designwettbewerb für Australiens neue Hauptstadt gewann. Dabei wurde er von seiner Ehefrau und Mitarchitektin Marion unterstützt. Am 35 km langen Ufer finden sich die meisten Kultur- und Freizeiteinrichtungen bzw. -aktivitäten.

Der **Captain Cook Memorial Water Jet** entstand 1970 zur Erinnerung an das 200-jährige Jubiläum von Cooks Landung. Nahe dem Regatta Point schleudert er eine 6 t schwere Wassersäule hoch in die Luft. Zudem markiert ein **Gerippe-Globus** die Stelle, an der die drei Reisen Cooks nachgezeichnet werden.

Der 50 m hohe **National Carillon** auf Aspen Island wurde Canberra anlässlich des 50. Stadtjubiläums (1963) von Großbritannien vermacht. 55 Bronzeglocken (Einzelgewicht 7 kg–6 t) machen den Turm zu einem der weltgrößten Musikinstrumente. Geläutet wird täglich (Monatsplan mit genauen Zeiten unter www.nationalcapital.gov.au).

Australian National Botanic Gardens GARTEN
(02-6250 9540; www.anbg.gov.au; Clunies Ross St, Acton; ⊙ganzjährig 8.30–17 Uhr, Jan. Sa & So 8.30–20 Uhr, Visitor Centre 9.30–16.30 Uhr) GRATIS In den 90 ha großen Gärten an den unteren Hängen des Black Mountain werden australische Pflanzen gezüchtet, erforscht und der Öffentlichkeit präsentiert. Zu den auf eigene Faust absolvierbaren Spaziergängen zählt der **Joseph Banks Walk**, der die florale Vielfalt des Landes mit farbenfrohen Gewächsen illustriert. Auf dem Eucalypt Lawn (Eukalyptus-Rasen) sprießen 600 verschiedene Vertreter dieses typisch australischen Baumes. In der Nähe zweigt vom Hauptweg ein weiterer Pfad ab (hin & zurück 90 Min.), der durch die oberen Gartenbereiche und den **Black Mountain Nature Park** hinauf zur Hügelspitze führt.

Vor dem **Visitor Centre** beginnen **Gratisführungen** (11 & 14 Uhr) unter der Leitung von Freiwilligen. Am Wochenende bricht hier zudem ein zwölfsitziger Elektrobus zu einer **Flora Explorer Tour** (Erw./Kind 6/3 AU$; ⊙Sa & So 13 Uhr) auf.

National Library of Australia BIBLIOTHEK
(02-6262 1111; www.nla.gov.au; Parkes Pl, Parkes; ⊙Treasures Gallery 10–17 Uhr, Lesesaal Mo–Do 9–21, Fr 9–17, So 13.30–17 Uhr) GRATIS Seit ihrer Gründung (1901) hat diese Bibliothek mehr als 6 Mio. Werke zusammengetragen. Der Großteil davon ist in den Lesesälen zugänglich. Nicht die neue **Treasures Gallery** (Schatzgalerie) verpassen: Unter den dortigen Ausstellungsstücken (wechseln regelmäßig) sind z. B. Kapitän Cooks *Endeavour*-Logbuch oder Kapitän Blighs Meutererliste! Täglich finden Gratisführungen unter der Leitung von Freiwilligen statt (11.30 Uhr, 40 Min.).

KÄNGURUS IN CANBERRA

Canberra ist landesweit einer der besten Orte, um Kängurus zu beobachten: Die letzte Zählung bescheinigte der Landeshauptstadt etwa 340 000 wildlebende Tiere. Die kommen einem teilweise so nah, dass man sie fast für halbzahm halten könnte. Zu den besten Beobachtungsrevieren zählen der Weston Park am Ufer des Lake Burley Griffin (nordwestl. des Parliament House), der Mt. Ainslie (den Bergpfad hinter dem Australian War Memorial nehmen!) und das Government House – ebenso der Namadgi National Park, wo 2013 ein seltenes, komplett weißes Albinokänguru gesichtet wurde.

Doch Canberras wachsende Kängurupopulation bringt auch Probleme mit sich: Unfälle mit Kraftfahrzeugen kommen öfter vor. 2013 griff eines der Tiere sogar einen australischen Politiker beim Joggen an (nein, es war kein verärgerter Wähler in einem Kostüm!). Canberras Behörden zufolge bedeuten gewisse Kängurupopulationen eine Belästigung und Gefährdung der Öffentlichkeit. So lassen sie jedes Jahr einen bestimmten Prozentsatz von Australiens berühmtesten Nationalsymbolen keulen.

National Zoo & Aquarium ZOO, AQUARIUM
(☎ 02-6287 8400; www.nationalzoo.com.au; 999 Lady Denman Dr, Yarralumla; Erw./Student & Senior/Kind/Fam. 38/31/21,50/105 AU$, Führung Wochenende/Werktag 135/110 AU$; ◷ 10–17 Uhr) Hinter dem Scrivener Dam beheimatet dieser Zoo mit Aquarium eine ganze Reihe faszinierender Tiere. Besucher können z. B. einen Geparden streicheln (175 AU$, Reservierung erforderl.) und auf Tuchfühlung mit einem Kleinen Panda, weißen Löwen oder einer Giraffe gehen (50 AU$). Bei der **Tour** hinter den Kulissen füttert man Löwen, Tiger und Bären von Hand (120 AU$). Bus 81 ab dem Civic-Busbahnhof hält am Wochenende ganz in der Nähe.

Questacon MUSEUM
(☎ 02-6270 2800; www.questacon.edu.au; King Edward Tce, Parkes; Erw./Kind & erm./Fam. 23/17,50/70 AU$; ◷ 9–17 Uhr) Lebendige, lehrreiche und einfach witzige Exponate machen dieses interaktive Wissenschafts- und Technologiezentrum zum Kindermagneten. Kids können Tsunamis auslösen, vor Wirbelstürmen oder Erdbeben in Deckung gehen sowie die physikalischen Vorgänge in Vergnügungsparks und bei verschiedenen Sportarten erforschen. Der Eintritt beinhaltet zudem spannende Shows und Vorführungen (z. B. Marionettentheater).

✨ Feste & Events

National Multicultural Festival KULTUR
(www.multiculturalfestival.com.au; ◷ Feb.). Multikulturelles Festival.

Royal Canberra Show LANDWIRTSCHAFTSSCHAU
(www.rncas.org.au/showebsite/main.html; ◷ Ende Feb.) Stadt trifft Land.

National Folk Festival KUNST, KULTUR
(www.folkfestival.asn.au; ◷ Ostern) Eines der größten Folk-Festivals des Landes.

Floriade BLUMENSCHAU
(www.floriadeaustralia.com; ◷ Sept. od. Okt.) Canberras größtes Festival feiert die spektakulären Frühlingsblumen des Stadt.

🛏 Schlafen

Während parlamentarischer Sitzungsperioden sind Canberras Unterkünfte am geschäftigsten. Zu diesen Zeiten verlangen Hotels werktags Höchstpreise, senken die Tarife aber am Wochenende. Auch das Floriade-Festival bringt Spitzenpreise mit sich.

Canberra City YHA HOSTEL $
(☎ 02-6248 9155; www.yha.com.au; 7 Akuna St, Civic; B 30–39 AU$, DZ & 2BZ 110 AU$, FZ 175 AU$; ❄@✱) Schulklassen dominieren die Gästeliste des gut geführten Hostels. Die Bewohner der meisten Zimmer und Schlafsäle teilen sich Gemeinschaftsbäder; die Familienquartiere haben jedoch eigene Bäder. In den Schlafsälen gibt's Stockbetten und abschließbare Spinde, während die separaten Zimmer mit Möglichkeiten zum Tee- und Kaffeekochen aufwarten. Unter den Services bzw. Einrichtungen sind ein Fahrradverleih, ein kleines Hallenbad, eine Sauna, ein Café, eine Küche für Selbstversorger und eine Freiluftterrasse (freitags BBQ).

Victor Lodge PENSION $
(☎ 02-6295 7777; www.victorlodge.com.au; 29 Dawes St, Kingston; EZ 89 AU$, DZ & 2BZ 106 AU$; jeweils mit Gemeinschaftsbad; ❄✱) Diese Pension mit komfortablen, kompakten Zimmern liegt in angenehmer Nähe zu den Cafés und Läden von Kingston. Hier wird die Bettwäsche gestellt, es gibt eine Gemeinschaftsküche, einen Grillbereich, einen Fahrradver-

leih, europäisches Frühstück und hilfreiche Infos zu örtlichen Attraktionen.

★ Diamant Hotel BOUTIQUEHOTEL $$
(02-6175 2222; www.8hotels.com.au; 15 Edinburgh Ave, Civic; Zi. 160–320 AU$, Apt. 350–650 AU$; P ❄ 🛜) Im aufstrebenden Bezirk New Acton nahe dem Civic Centre verbreitet das Diamant mit seinem engagierten Service eine gewisse Raffinesse à la Sydney. In einem schmucken Wohnhaus von 1926 beherbergt es insgesamt acht verschiedene Arten generalrenovierter Zimmer und Apartments. Darin gibt's Annehmlichkeiten wie iPod-Anschlüsse, CD-Player von Bang & Olufsen oder geräumige Bäder mit Regenduschen. Unter den Einrichtungen sind u. a. ein Fitnessraum, das Bicicletta Restaurant und die beliebte Library Bar.

Blue & White Lodge B&B $$
(02-6248 0498; www.blueandwhitelodge.com.au; 524 Northbourne Ave, Downer; EZ/DZ ab 95/110 AU$; ❄ 🛜) Die hellenischen Säulen und das mediterrane Farbkonzept des makellosen B&Bs repräsentieren die griechischen Wurzeln des freundlichen Eigentümers. Die komfortablen, blitzblanken Zimmer teilen sich z. T. Gemeinschaftsbäder. Auf Wunsch gibt's leckeres warmes Frühstück (15 AU$).

University House HOTEL $$
(02-6125 5211; www.anu.edu.au/unihouse; 1 Balmain Cres, Acton; EZ ohne Bad 99 AU$, DZ & 2BZ mit Bad 144–159 AU$, Apt. 190 AU$; P ❄ 🛜) Dieses Gebäude auf dem buschbewachsenen Gelände der Australian National University (ANU) stammt aus den 1950er-Jahren und hat ein entsprechendes Mobiliar bzw. Ambiente. Gastdozenten, Studenten auf Forschungsaufenthalt und mitunter auch Politiker steigen gerne hier ab. Die geräumigen Zimmer und Apartments mit zwei Schlafzimmern wirken einfach, aber ausreichend komfortabel. Vorhanden sind auch ein netter Hinterhof, ein Restaurant und ein Café.

Mercure Canberra HOTEL $$
(02-6243 0000; www.accorhotels.com; Ecke Ainslie & Limestone Ave, Braddon; Standard-DZ 159–209 AU$, Superior-DZ 189–269 AU$; ❄ 🛜) Der Hauptflügel des betriebsamen Businesshotels befindet sich in einem denkmalgeschützten Gebäude (erb. 1927) in nächster Nähe zum War Memorial. Die jüngeren Gebäudeteile umgeben einen Hofgarten und beherbergen die besten Zimmer – falls möglich, ein Superior-Quartier mit Balkon wählen!

Quest APARTMENTS $$
(02-6224 2222; www.questapartments.com.au; 28 West Row, Civic; Wohnstudio ab 164 AU$, Apt. mit 1/2 Schlafzi. 174/294 AU$; ❄ 🛜) Diese blitzsauberen Bleiben im Herzen der Stadt liegen in angenehmer fußläufiger Entfernung zum National Museum. Zu den Bars, Theatern und Restaurants des Civic Centre ist es ebenfalls nicht weit. Jedes Apartment wartet mit einem komfortablen Wohnbereich, einem Großbildfernseher, einem breiten Balkon und einer modernen Kochecke auf.

★ East Hotel HOTEL $$$
(1800 816 469, 02-6295 6925; www.easthotel.com.au; 69 Canberra Ave, Kingston; Wohnstudio 265–320 AU$, Apt. 315–270 AU$; P ❄ @ 🛜) Das neue Hotel schafft auf clevere Weise den Spagat zwischen Boutique und Business. Alle Räumlichkeiten wirken intelligent geplant und stilvoll gestaltet. Im Foyer gibt's ein Café, eine Multimedia-Installation, eine Reihe von Apple-Macs und einen Sitzbereich (inkl. super Zeitschriftenauswahl). Nebenan findet man eine Bar und das schicke Restaurant Ox Eatery.

Hyatt Hotel Canberra LUXUSHOTEL $$$
(02-6270 1234; www.canberra.park.hyatt.com; 120 Commonwealth Ave, Yarralumla; Zi. 250–700 AU$, Suite 695–1200 AU$; P ❄ @ 🛜) Im Foyer von Canberras luxuriösestem und geschichtsträchtigstem Hotel ist das Beobachten von hier abgestiegenen Staatsoberhäuptern ein beliebter Zeitvertreib. Die großen, kürzlich renovierten Zimmer sind extrem gut ausgestattet. Zu den Einrichtungen zählen ein Hallenbad, ein Spa, eine Sauna und ein Fitnessraum.

Essen

Die meisten Restaurants findet man in Civic, Kingston, Manuka und Griffith; auf der Wolley St in Dickson gibt's eine Reihe fantastischer asiatischer Lokale. Außerdem haben viele Sehenswürdigkeiten der Stadt Top-Restaurants, z. B. das War Memorial.

★ Silo Bakery BÄCKEREI, CAFÉ $
(02-6260 6060; http://silobakery.com.au; 36 Giles St, Kingston; Frühstück 3,50–22 AU$, Mittagessen 12–24 AU$; ⊙ Di–Sa 7–16 Uhr) Warum eröffnet dieser Laden nicht mal eine Filiale an unserem Wohnort? Dann würden wir dort wohl ständig abhängen! Die leckeren Sauerteigbrotsorten, Pies, Backwaren und Kuchen sind der perfekte Frühstücksproviant. Mittags (Reservierung ratsam) erfreuen sich

Gäste dann an gefüllten Baguettes, Käsetellern und rustikalen Hauptgerichten. Klasse Kaffee und eine sorgsam zusammengestellte Auswahl offener Weine runden das fast perfekte Paket ab.

★ Lanterne Rooms MALAYSISCH $$
(02-6249 6889; http://lanternerooms.chairmangroup.com.au; Shop 3, Blarney Pl, Campbell; Hauptgerichte 28–36 AU$; Di–Fr 12–14.30 & 18–22.30, Sa 18–22.30 Uhr) Das einzige Vorstädtische an diesem stimmungsvollen Lokal ist die Lage in einem leicht gammligen Einkaufszentrum in Campbell: Die farbenfrohe Einrichtung erinnert an die Bauernhäuser des kolonialzeitlichen Penang; das Ambiente ist gleichermaßen kultiviert und einladend. Serviert wird erstklassig zubereitetes Essen im Nyonya-Stil.

Brodburger BURGER $$
(02-6162 0793; www.brodburger.com.au; Glassworks Bldg., 11 Wentworth Ave, Kingston; Burger 13–20 AU$; Di–Sa 11.30–15 & 17.30 Uhr–open end, So 12–16 Uhr) Wie es bei jedem Anbieter von waschechten Burgern sein sollte, begann Brodburger einst als schlichter Imbiss am Seeufer. Inzwischen ist der Laden in Kingston ansässig und hat ein deutlich höheres Level erreicht. Die über offener Flamme gegrillten Burger (z. B. mit Lachs, Lamm oder Hühnchen) sind aber so gut wie immer – insbesondere der unwiderstehliche Brodeluxe mit allem.

Italian & Sons ITALIENISCH $$
(02-6162 4888; www.italianandsons.com.au; Shop 7, 7 Lonsdale St, Braddon; Hauptgerichte 24–29 AU$; Mo & Sa 18–22, Di–Fr 12–14.30 & 18–22 Uhr) Die geschäftige Trattoria (Reservierung ratsam) ist Canberras hippstes Restaurant. Sie verköstigt ihre begeisterten Stammkunden mit Pasta (perfekt al dente), dünnbödigen Pizzas und jeweils einem Tagesgericht.

Tosolini's ITALIENISCH $$
(02-6247 4317; www.tosolinis.com.au; Ecke London Circuit & East Row, Civic; Hauptgerichte 24–37 AU$; 7.30 Uhr–open end) Das urige Tosolini's sorgt bei Arbeitern und Shoppern seit Jahrzehnten für Behagen im Magen. Bis heute hat es nichts von seinem rustikalen Reiz verloren. Mittagsfavoriten sind getoastete Panini, Bruschetta und Foccaccia. Abends gibt's Nudelgerichte à la Mamma.

★ Ottoman TÜRKISCH $$$
(02-6273 6111; www.ottomancuisine.com.au; Ecke Broughton & Blackall St, Barton; Hauptgerichte 30–36 AU$, 7-gängiges Probiermenü 80 AU$; Di–Fr 12–14.30 & 18–22, Sa 18–22 Uhr) Dieses schlichtweg tolle Lokal mit türkischer Küche und vorbildlichem Service nimmt überraschenderweise einen recht ungewöhnlich gestalteten Glaspavillon im Herzen von Barton ein. Canberras politische und wirtschaftliche Strippenzieher schätzen die Karte mit vielen traditionellen Gerichten (Mezze, Dolma, Kebab), denen Küchenchef Erkin Esen meist noch einen cleveren Mod-Oz-Touch verpasst. Die preisgünstige Weinauswahl ist sorgsam zusammengestellt.

Sage Dining Room FRANZÖSISCH $$$
(02-6249 6050; www.sagerestaurant.net.au; Batman St, Braddon; 2-/3-gängiges Menü 60/75 AU$; Di–Fr 17.30–22, Sa 12–14.30 & 17.30–22 Uhr) Das Sage im Gorman House Arts Centre ist die Wirkungsstätte des französischen Meisterkochs Clement Chauvin, der früher im Claridges (London) und Maison Pic (Valence) gearbeitet hat. Mit feinen französischen Kniffen entlockt er einheimischen Zutaten exquisite Aromen.

Malamay CHINESISCH $$$
(02-6162 1220; http://malamay.chairmangroup.com.au; Burbury Hotel, 1 Burbury Cl, Barton; Hauptgerichte 33–37 AU$, Bankett mittags/abends 52/68,50 AU$; Di–Fr 12–14.30 & 18–22.30, Sa 18–22.30 Uhr) Dieses neue Lokal lockt Gäste mit den jüngsten Aromen der Sechuan-Küche. Die prachtvolle Einrichtung erinnert an das Shanghai der 1930er und schafft das perfekte Ambiente für ein Bankett zum Festpreis.

Ausgehen & Nachtleben

Kneipen und Bars konzentrieren sich größtenteils auf das Civic Centre. Ein paar Optionen gibt's aber auch in Kingston am anderen Ufer sowie in den nördlichen Vororten Dickson und O'Connor. Wenn die Studenten den Sommer außerhalb der Stadt verbringen, bricht die Barszene ziemlich ein.

ANU Union Bar KNEIPE
(02-6125 2446; www.anuunion.com.au; Union Crt, Acton; Livekonzerte 5–20 AU$; Livemusik ab 20 Uhr) Die Uni Bar auf dem ANU-Campus ist eine Institution der örtlichen Livemusik-Szene: Die Wände reflektieren eine dynamische Dröhnung in die Ohren angeheiterter Studenten (während des Semesters bis zu 3-mal wöchentl.). Bei den Konzerten gibt's üblicherweise kräftige Rabatte für Studierende. Zudem ist dies ein prima Laden für eine Runde Poolbillard nebst Drinks.

Knightsbridge Penthouse COCKTAILBAR
(☎ 02-6262 6221; www.knightsbridgepenthouse.com.au; 34 Mort St, Braddon; ◉ Di & Mi 17–24, Do 16–1, Fr & Sa 17–3 Uhr) Der Name klingt irgendwie nach Luxusbordell. Aber diese Bar ist weitaus vornehmer und erfüllt vollauf ihr selbst gestecktes Ziel, „Gästen eine gute Zeit zu bereiten". In schwulenfreundlicher, künstlerisch angehauchter Atmosphäre bekommt man hier super Cocktails.

Phoenix KNEIPE
(☎ 02-6247 1606; www.lovethephoenix.com; 23 East Row, Civic; ◉ Mo–Mi 12–1, Do–Sa 12–3 Uhr) Stammgäste kehren gleich wieder zum Phoenix zurück, nachdem sie sich aus der Asche des letzten Abends erhoben haben. Die entspannte Kneipe mit rustikaler Einrichtung fördert engagiert die lokale Newcomer-Musikszene. Auch die Sessel animieren einen dazu, hier Pläne für den Rest der Nacht zu schmieden.

Benchmark Wine Bar WEINBAR
(☎ 02-6262 6522; www.benchmarkwinebar.com.au; 65 Northbourne Ave, Civic; ◉ Mo–Fr 11.30–15 & 17 Uhr–open end, Sa 17 Uhr–open end) Hiesige Highlights sind Tapas (ganztägig), eine leckere Brasserie-Karte und eine jährlich aktualisierte Weinauswahl (über 500 Flaschen). Fürs Abendessen reservieren!

Little Brussels Belgian Beer Cafe KNEIPE
(☎ 02-6260 6511; http://belgiumbeercanberra.com.au; 29 Jardine St, Kingston; ◉ Mo & So 12–22, Di–Do 12–23, Fr & Sa 12–24 Uhr) Hier kann man seinen Durst stillen und seinen kulinarischen Horizont erweitern: Die über 40 belgischen Biersorten werden durch viele belgische Gerichte (z. B. Miesmuscheln) ergänzt.

ⓘ Praktische Informationen

Canberra & Region Visitors Centre (☎ 02-6205 0044, 1300 554 114; www.visitcanberra.com.au; 330 Northbourne Ave, Dickson; ◉ Mo–Fr 9–17, Sa & So 9–16 Uhr) Hier, nördlich vom Civic Centre, gibt's viele Infos zur Stadt und zur Region. Das Zentrum betreibt außerdem eine City Information Booth (◉ Sept.–April Mo–Sa 10–16 Uhr) nahe dem innerstädtischen Garema Pl.

ⓘ An- & Weiterreise
AUTO & MOTORRAD
Die schnellste Strecke zwischen Canberra und der Küste ist der Kings Hwy. Er führt durch Weideland und dann durch den Mongo National Park hinunter nach Batemans Bay (150 km). Der steile, gewundene Abschnitt ist wunderschön. Wer möglichst rasch nach Sydney (280 km) kommen möchte, nimmt erst den Federal und dann den Hume Hwy. Ist Melbourne das Ziel (660 km), folgt man erst dem Barton, dann dem Hume Hwy. An die Küste von Victoria geht's über den Minaro Hwy Richtung Lakes Entrance (420 km).

BUS
Am Fernbusbahnhof (gehört zum Jolimont Centre) kann man gratis mit der Touristeninformation telefonieren.

Greyhound Australia (☎ 1300 4739 46863; www.greyhound.com.au; ◉ Ableger im Jolimont Centre 6–21.30 Uhr) Fährt regelmäßig nach Sydney (36–42 AU$, 3½–4½ Std.) und Melbourne (75–85 AU$, 9 Std.).

Murrays (☎ 13 22 51; www.murrays.com.au; ◉ Ableger im Jolimont Centre 7–19 Uhr) Bedient täglich Sydney (33–39 AU$, 3½ Std.), Batemans Bay (28 AU$, 2½ Std.), Narooma (42 AU$, 4½ Std.), Wollongong (42 AU$, 3½ Std.) und die Skigebiete.

FLUGZEUG
Der **Canberra Airport** (☎ 02-6275 2226; www.canberraairport.com.au) wird von drei Fluglinien bedient:

Brindabella Airlines (☎ 1300 668 824; www.brindabellaairlines.com.au) Fliegt nach Newcastle (70 Min.) und Albury (45 Min.).

Qantas (☎ 13 13 13, Fax 1800 652 660; www.qantas.com.au; Northbourne Ave, Jolimont Centre, Civic) Startet gen Brisbane (95 Min.), Sydney (50 Min.), Melbourne (1 Std.), Adelaide (1¾ Std.) und Perth (4 Std.).

Virgin Australia (☎ 13 67 89; www.virginaustralia.com.au) Verbindet Canberra mit den Hauptstädten aller australischen Bundesstaaten.

ZUG
Der Hauptbahnhof ist die **Kingston Train Station** (Wentworth Ave; Bus 35 & 39 ab Civic). Fahrkarten sind im Bahnhof im **CountryLink-Reisezentrum** (☎ 02-6295 1198, 13 22 32; ◉ Mo–Sa 6–17, So 10.30–17.30 Uhr) erhältlich. Züge verkehren ab/nach Sydney (48 AU$, 4½ Std., 2-mal tgl.), nach/ab Melbourne gibt's jedoch keine Direktzüge. Stattdessen kann man den CountryLink-Bus nach Yass nehmen und dort in den Zug umsteigen, wobei der Trip dauert ein paar Stunden länger als mit einem Direktbus von Murrays oder Greyhound.

ⓘ Unterwegs vor Ort
BUS
Betreiber der öffentlichen Busse in Canberra ist **ACT Internal Omnibus Network** (Action; ☎ 13 17 10; www.action.act.gov.au); die Busse fahren kreuz und quer durch die Stadt.

Es gibt Einzelfahrscheine (Erw./erm. 4,20/2,10 AU$), in den meisten Fällen ist man aber mit einer Tageskarte (Erw./erm. 8/4 AU$) besser beraten. Tickets bekommt man in den Action-Verkaufsstellen (z. B. im Visitor Centre und an einigen Zeitungskiosken) oder direkt beim Busfahrer.

VOM/ZUM FLUGHAFEN

Der Canberra Airport liegt 7 km südöstlich der Stadt. Ein Taxi dorthin kostet rund 35 AU$. Der **Airport Express** (1300 368 897; www.royalecoach.com.au; einfache Strecke/hin & zurück 12/20 AU$) verkehrt zwischen dem Flughafen und der Stadt (20 Min.).

TAXI

Canberra Elite Taxis (13 22 27; www.canberracabs.com.au)

Cabxpress (02-6260 6011; www.cabxpress.com.au)

WOLLONGONG

245 942 EW.

„Gong" liegt 80 km südlich von Sydney und erregt den Neid vieler anderer Großstädte: Klar, hier gibt's Restaurants, Bars, Kunst, Kultur und Unterhaltung – das ist noch nichts allzu Besonderes. Aber hier kommt eine relaxte Strandkultur hinzu, und obendrein ist Sydney leicht per Regionalbahn erreichbar.

Vor Ort gibt's 17 bewachte, sichere Strände mit super Brandung; spektakuläre Sandsteinklippen erstrecken sich ab dem Royal National Park gen Süden (vorbei am Wollongong und Port Kembla). Der Grand Pacific Dr erschließt die landschaftliche Schönheit. Dieses Gesamtpaket ermöglicht zahlreiche Outdoor-Aktivitäten (z. B. Buschwandern oder Drachenfliegen). Die einzige Schattenseite? Der Anblick qualmender Fabriken in der Ferne entstellt den mittleren Abschnitt zwischen den städtischen Hauptstränden.

Sehenswertes

Belmore Basin HAFEN

Wollongongs Fischereiflotte liegt am südlichen Ende des Hafens im Belmore Basin. Das Becken wurde 1868 aus dem massiven Felsen gehauen. Es gibt eine Fischereigenossenschaft und an der Spitze einen alten **Leuchtturm** (1872). In der Nähe steht auf der Landzunge das neuere **Breakwater Lighthouse**.

Science Centre & Planetarium MUSEUM

(02-4283 6665; http://sciencecentre.uow.edu.au/; Squires Way, Fairy Meadow; Erw./Kind 13/9 AU$; 10–16 Uhr) Aufgeweckte Kinder aller Altersstufen werden das Science Centre lieben. Es wird von der University of Wollongong betrieben und umfasst alles von Dinosauriern bis Elektronik. Im Planetarium finden den ganzen Tag über Vorführungen (4 AU$/Pers.) statt.

Wollongong Botanic Gardens GÄRTEN

(61 Northfields Ave, Keiraville; GRATIS) Der herrlich ruhige, zauberhafte Botanische Garten ist wie geschaffen für ein mittägliches Picknick. Hier wachsen und gedeihen tropische Pflanzen, Waldpflanzen und Gewächse gemäßigter Zonen.

Nan Tien Buddhist Temple BUDDHISTISCHER TEMPEL

(02-4272 0600; www.nantien.org.au; Berkeley Rd, Berkeley; Di–So 9–17 Uhr) Unmittelbar südlich der Stadt liegt der Nan Tien, der größte buddhistische Tempel der südlichen Hemisphäre. Die Tempelwächter laden Besucher ein, die 10 000 Buddhas auf sich wirken zu lassen und an Meditationen und kulturellen Veranstaltungen teilzunehmen. Angemessene Kleidung tragen – kurze Hosen, Trägershirts oder Flipflops sind tabu – und vor dem Betreten des Tempels Schuhe ausziehen!

Wollongong City Gallery GALERIE

(www.wollongongcitygallery.com; Ecke Kembla & Burelli St; Di–Fr 10–17, Sa & So 12–16 Uhr) GRATIS Die hervorragende Galerie zeigt eine Dauerausstellung moderner australischer, indigener und asiatischer Kunst sowie diverse Wechselausstellungen.

Aktivitäten

Strände STRAND

Am **North Beach** gibt es generell bessere Wellen als am **Wollongong City Beach** (und man sieht den aufsteigenden Rauch nicht). Die Strände am Hafen selbst sind gut für Kinder geeignet. Es gibt noch weitere Strände Richtung Norden die Küste hinauf, darunter die Surfermagneten **Bulli**, **Sandon Point**, **Thirroul** (hier lebte D. H. Lawrence während seines Aufenthalts in Australien; das Cottage, in dem er *Kangaroo* schrieb, steht noch) und der hübsche Strand **Austinmer**.

Pines Surfing Academy SURFEN

(0410 645 981; http://pinessurfingacademy.com.au; North Beach; 3-tägiger Kurs 120 AU$, Leihbrett 1/3 Std. 20/30 AU$; Mitte Dez.–Ende Jan.) Veranstaltet Sommer-Surfkurse.

Wollongong

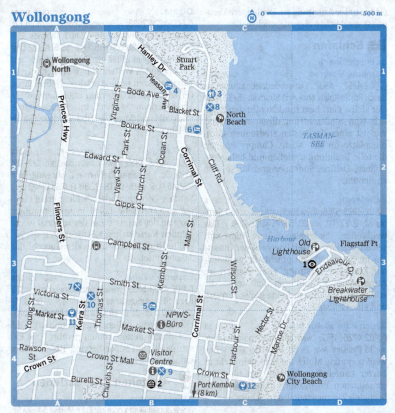

Sydney Hang Gliding Centre DRACHENFLIEGEN
(☎ 0400 258 258; www.hanggliding.com.au; Tandemflüge ab 220 AU$; ⊗ 7–19 Uhr) Von oben ist der Küstenblick wahrschinlich am schönsten: Die Tandem-Drachenflüge beginnen am atemberaubenden Bald Hill im Stanwell Park.

Cockatoo Run PANORAMABAHN
(☎ 1300 653 801; www.3801limited.com.au; Erw./Kind/Fam. 60/40/175 AU$; ⊗ meist So & Do 10.50 Uhr) Die Museumsbahn fährt landeinwärts durch the Southern Highlands nach Moss Vale. Unterwegs überquert sie die Klippen und passiert dichten Regenwald.

Peter Sheppard's Cookery School KOCHKURS
(☎ 02-4226 4855; www.caveau.com.au/school; 122–124 Keira St; 3-/5-stündige Kurse 99/180 AU$) Bei ausreichender Nachfrage veranstaltet das Caveau (bestes Restaurant der Südküste) diese Kochkurse. Im Rahmen der kürzeren Variante bereitet man insgesamt drei

Wollongong

⊙ Sehenswertes
 1 Belmore Basin D3
 2 Wollongong City Gallery B4

⊕ Aktivitäten, Kurse & Touren
  Peter Sheppard's Cookery
    School .... (siehe 7)
 3 Pines Surfing Academy C1

⌂ Schlafen
 4 Beach Park Motor Inn B1
 5 Keiraleagh B3
 6 Novotel Northbeach B2

⊗ Essen
 7 Caveau A3
 8 Diggies C1
 9 Lee & Me B4
 10 Lorenzo's Diner A3

⊕ Ausgehen & Nachtleben
 11 Hotel Illawarra A4
 12 Illawarra Brewery C4

Gänge unter Anleitung zu. Die längere Version ist vergleichsweise anspruchsvoller.

🛏 Schlafen

Coledale Beach Camping Reserve
CAMPING $

(☎ 02-4267 4302; www.coledalebeach.com.au; Beach Rd; Stellplatz ohne/mit Strom ab 25/32 AU$) Der kleine Platz liegt rund 20 Minuten nördlich vom Stadtzentrum direkt am Strand und ist einer der besten stadtnahen Campingplätze an der Küste. Camper können die tolle Brandung genießen und haben die Chance, Delfine, Südkaper und Buckelwale zu sichten.

Keiraleagh
HOSTEL $

(☎ 02-4228 6765; www.backpack.net.au; 60 Kembla St; B/EZ/DZ ab 20/50/75 AU$; @🛜) Das weitläufige, denkmalgeschützte Haus mit seinen verzierten Metalldecken, den Rosetten im Sims und den prachtvoll ausgemalten Zimmern verströmt eine wunderbare Atmosphäre. Im hinteren Teil liegen die schlichten Schlafräume, eine große Terrasse und eine Grillstelle.

Beach Park Motor Inn
MOTEL $$

(☎ 02-4226 1577; www.beachparkmotorinn.com.au; 16 Pleasant Ave; Zi. 88-185 AU$; ❄🛜) Das weiß verputzte Motel aus Backstein steht in kurzer Laufentfernung zum Strand. Seine freundlichen Eigentümer halten die etwas beengten Zimmer tadellos in Schuss.

Novotel Northbeach
HOTEL $$$

(☎ 02-4226 3555; www.novotelnorthbeach.com.au; 2-14 Cliff Rd; Zi. ab 199 AU$; ❄@🛜🏊) Wollongongs schickste Unterkunft hat geräumige, komfortable Zimmer mit Balkonen, die zum Ozean oder zur Illawarra Escarpment gerichtet sind.

🍴 Essen

⭐ Lee & Me
CAFÉ $

(www.leeandme.com.au; 87 Crown St; Frühstück 11-16 AU$; Hauptgerichte mittags 13-19 AU$; ⓘ Mo-Fr 7-16, Sa & So 8-16 Uhr) Dieser Mix aus Café, Kunstshop und Klamottenladen befindet sich in einem historischen zweistöckigen Gebäude vom Ende des 19. Jhs. Gäste erwartet ein unvergleichliches Erlebnis: Zuerst können sie sich auf dem sonnigen Balkon mästen lassen (z. B. mit Buttermilch-Malzpfannkuchen zum Frühstück oder langsam geschmortem Schweinebauch, Pistaziensalat und frischen Pfirsichen). Direkt danach geht's dann mit vollem Bauch zum Shoppen.

Diggies
CAFÉ, BAR $$

(☎ 02-4226 2688; www.diggies.com.au; 1 Cliff Rd; Hauptgerichte mittags 16-22 AU$, abends 19-32 AU$; ⓘ So-Do 6.30-16, Fr & Sa 6.30-22 Uhr; Sommer längere Öffnungszeiten) Mit Blick auf die wogenden Wellen kann man sich hier zu jeder Tageszeit perfekt stärken. Neben Tapas (Fr & Sa abends) werden auch herzhaftere Hauptgerichte serviert. Im Sommer gibt's Cocktails und Musik auf der Terrasse (So ab 16 Uhr).

⭐ Caveau
MODERN-AUSTRALISCH $$$

(☎ 02-4226 4855; www.caveau.com.au; 122-124 Keira St; 7-gängiges Probiermenü ohne/mit Wein 99/145 AU$; ⓘ Di-Do 18-22.30, Fr & Sa 18-23 Uhr) Sanftes, bernsteinfarbenes Licht erhellt dieses vielgepriesene Lokal in unprätentiöser Lage an der Keira St. Auf der saisonal wechselnden Karte stehen Köstlichkeiten wie gegrillte Hummerschwänze oder Gnocchi mit Jakobsmuscheln.

Lorenzo's Diner
ITALIENISCH $$$

(☎ 02-4229 5633; www.lorenzosdiner.com.au; 119 Keira St; Hauptgerichte 35-45 AU$; ⓘ Do & Fr 12-14.30 & 18-21, Di, Mi & Sa 18-21 Uhr) Das schicke, moderne italienische Restaurant wird von richtig netten Leuten geführt. Das Essen passt zum super Service. Reservierung empfohlen!

🍷 Ausgehen & Nachtleben

Hotel Illawarra
KNEIPE

(www.hotelillawarra.com.au; Ecke Market & Keira St; ⓘ 11 Uhr-open end) Dieser Komplex ist ideal für Cocktailfans: Neben der rot eingerichteten Amber Bar mit langer Happy Hour (17-21 Uhr) beherbergt er auch das Zenya Garden & Dance (Mix aus Lounge und Tanzbar).

Illawarra Brewery
BAR

(www.thebrewery.net.au; WIN Entertainment Centre, Ecke Crown & Harbour St; ⓘ Mo-Do 11-24, Fr & Sa 10-1, So 10-24 Uhr) Die schicke Bar schenkt sechs Eigenbräue vom Fass sowie eine saisonal wechselnde Biersorte aus. Zudem hat sie ihre Zapfhähne für andere Kleinbrauereien aus ganz Australien geöffnet. Ergebnis ist eine großartige Gerstensaftauswahl.

ℹ Praktische Informationen

Visitor Centre (☎ 1800 240 737; www.visitwollongong.com.au; 93 Crown St; ⓘ Mo-Sa 9-17, So 10-16 Uhr)

NPWS-Büro (☎ 02-4223 3000; EG, State Government Office Block, Market St; ⓘ Mo-Fr 9-15 Uhr)

❶ An- & Weiterreise

Alle Fernbusse starten am **Fernbusbahnhof** (⚡02-4226 1022; Ecke Keira & Campbell St).

Premier (⚡13 34 10; www.premierms.com.au) schickt Busse nach Sydney (18 AU$, 2 Std.) und Eden (69 AU$, 8 Std.), **Murrays** (⚡13 22 51; www.murrays.com.au) fährt nach Canberra (44,50 AU$, 3½ Std.).

❶ Unterwegs vor Ort

Wer von Sydney aus mit dem Zug sein Fahrrad mitbringt, kann damit ausgiebig die Gegend erkunden. Ein Radweg führt vom Stadtzentrum nordwärts nach Bulli und südwärts nach Port Kembla.

Der **Taxiruf** lautet ⚡02-4229 9311.

RUND UM WOLLONGONG

Südlich der Stadt

Unmittelbar südlich von Wollongong liegt der bei Wassersportlern sehr beliebte **Lake Illawarra** – hierher kommen u. a. auch viele Windsurfer. Schöne Meeresstrände gibt's auf der Halbinsel Windang östlich des Sees. Weiter südlich befindet sich **Shellharbour**, ein beliebtes Ferienresort und eine der ältesten Küstenstädte. Der Name rührt von Überbleibseln aus der Aborigines-Zeit her, den zahlreichen Muschelhaufen, die europäische Siedler hier vorfanden.

Illawara Escarpment State Conservation Area

Regenwälder schmiegen sich an den Rand der fortwährend erodierenden Sandsteinklippen der Illawarra Escarpment; die höchste Erhebung ist mit 534 m der **Mt. Kembla**. Der Großteil dieser Landschaft befindet sich auf dem Gelände des staatlichen Naturschutzgebiets. Vom **Mt. Keira Lookout** (464 m) hat man einen traumhaften Blick auf die Küste; einfach auf der Schnellstraße Richtung Norden fahren und den Schildern folgen! Andere Aussichtspunkte findet man in **Bulli** und am **Sublime Point**.

Das Gebiet kann von mehreren Parkplätzen entlang der Straße aus erreicht werden. Der National Parks & Wildlife Service (NPWS) gibt eine hervorragende Broschüre mit Karten und Details zu Wanderungen heraus.

Nördlich der Stadt

An der Straße zum Royal National Park bietet der auf dem Bald Hill gelegene **Lawrence Hargrave Lookout** nördlich von Stanwell Park einen großartigen Ausblick. In dieser Gegend machte Flugpionier Hargrave im frühen 20. Jh. seine ersten Flugversuche. Seine Leidenschaft hat sich auf passionierte Drachenflieger übertragen. Wer dabei sein möchte, kann mit **HangglideOz** (⚡0417 939 200; www.hangglideoz.com.au; ab 220 AU$) oder dem Sydney Hang Gliding Centre (S. 193) einen Tandemflug absolvieren (ab 220 AU$).

In den **Symbio Wildlife Gardens** (⚡02-4294 1244; www.symbiozoo.com.au; 7–11 Lawrence Hargrave Dr, Stanwell Tops; Erw./Kind 27/15 AU$; ⊙9.30–17 Uhr) leben mehr als 1000 niedliche pelzige Tiere, die besonders bei Kindern großen Anklang finden. Manche stammen aus der Gegend, andere sind wahre Exoten. Es werden auch einige Nutztiere gehalten.

Will man die Wege auf dem Rücken eines Pferdes erkunden, wendet man sich an die **Darkes Forest Riding Ranch** (⚡3441; www.horseridingnsw.net.au; 84 Darkes Forest Rd, Darkes Forest; 30/60 Min. 40/55 AU$).

ROYAL NATIONAL PARK

Der fantastische Küstenpark bewahrt Wollongong davor, ein Vorort von Sydney zu werden. Er breitet sich auf einer Fläche von 15 091 ha aus, umfasst einen 32 km langen Küstenstreifen und erstreckt sich landeinwärts. Der zweitälteste Nationalpark der Welt wurde 1879 eröffnet und trumpft heute wie damals mit hohen Klippen, abgelegenen Stränden, Buschland und üppigen Regenwäldern auf.

In dem **Park** gibt es ein umfangreiches Wanderwegenetz, darunter den spektakulären, 26 km langen **Coast Track** (2 Tage).

Hier gibt es auch unzählige schöne Strände. Die meisten sind aber unbewacht, und die Strömung kann gefährlich sein. Beliebte Surfstrände sind **Garie**, **Era**, **South Era** und **Burning Palms**; am **Werrong Beach** treffen sich FKKler. Die zu den kleineren Stränden führenden Nebenstraßen sind ab 20.30 Uhr gesperrt.

Die recht große Ortschaft **Bundeena** am Südufer von Port Hacking, *vis-à-vis* von Sydneys südlichem Vorort Cronulla, ist von einem Park umgeben. Von hier aus führt eine halbstündige Wanderung Rich-

> **NICHT VERSÄUMEN**
>
> ### GRANDIOSE AUSSICHTEN
>
> Das 1886 erbaute und heute unter Denkmalschutz stehende großartige, alte **Scarborough Hotel** (☎ 02-4267 5444; www.scarboroughhotel.com.au; 383 Lawrence Hargrave Dr, Scarborough; Hauptgerichte 12–28 AU$; So-Fr 9–16, Sa bis 18 Uhr) verfügt über einen der besten Biergärten in New South Wales – wenn nicht in ganz Australien. Der Blick aufs Meer von den Holzbänken und -tischen ist derart spektakulär, dass es nichts ausmachen würde, wenn das Bier warm wäre. Zum Glück ist das nicht so. Auch das Essen ist top.

tung Meer zum **Jibbon Head**, wo es einen guten Strand und interessante Aborigines-Felszeichnungen gibt. In Bundeena beginnt auch der Küstenspazierweg.

⊙ Schlafen

In mehreren Gebieten ist Buschcampen erlaubt; es wird jedoch eine Genehmigung (Erw./Kind 5/3 AU$) benötigt, die es beim Visitor Centre gibt. Dort erhält man auch Infos zu Campingplätzen.

Bonnie Vale Campground CAMPING $
(http://www.nationalparks.nsw.gov.au/Royal-National-Park/bonnie-vale/camping; Sea Breeze Lane; Erw./Kind 14/7 AU$) Das direkt befahrbare Gelände bei Bundeena wartet mit 74 Stellplätzen, Toiletten, Warmwasserduschen und Picknicktischen auf.

Beachhaven B&B B&B $$$
(☎ 02-9544 1333; www.beachhavenbnb.com.au; Zi. ab 300 AU$; ✳ ☎) Im Schatten von Palmen, mit direktem Zugang zum herrlichen Hordens Beach, bietet dieses B&B zwei tolle Zimmer mit DVD-Player, Antiquitäten und einem Whirlpool mit Blick auf den Strand.

Weemalah Cottage COTTAGE $$$
(☎ 02-9542 0648; Cottage 190–300 AU$) Am Fluss bei Warumbul vermietet der NPWS dieses schöne Cottage mit Komplettausstattung für maximal acht Selbstversorger. Das Haus hat breite Veranden und war einst für Würdenträger auf Besuch reserviert.

ⓘ Praktische Informationen

Visitor Centre (☎ 02-9542 0648; www.environment.nsw.gov.au/nationalparks; Farnell Ave; ⊙ 9–16 Uhr) Das Zentrum bei Audley hilft Besuchern mit Campinggenehmigungen, Karten und Infos zum Buschwandern weiter. Es liegt abseits des Princes Hwy, 2 km hinter dem nordöstlichen Parkeingang.

ⓘ An- & Weiterreise

Die Fähren von **Cronulla National Park Ferries** (☎ 02-9523 2990; www.cronullaferries.com.au; Erw./Kind 6,30/3,15 AU$; ⊙ 8.30–17.30 Uhr stündl.) fahren von Cronulla nach Bundeena. Cronulla erreicht man von Sydney aus mit dem Zug. Werktags und im Sommer verkehren die Fähren länger.

KIAMA & UMGEBUNG

12 817 EW.

Kiama ist ein großer Ort mit schönen alten Gebäuden, prächtigen Bäumen, vielen Stränden und bizarren Felsformationen. Aber das Highlight ist das Blasloch.

⊙ Sehenswertes & Aktivitäten

Es gibt einen kleinen Surfstrand direkt in der Stadt. Toll ist auch der **Bombo Beach**, 3 km nördlich vom Zentrum. Nahe dem Sandstrand liegt ein CityRail-Haltepunkt.

Blowhole Point AREAL
Am spektakulärsten ist das Schauspiel bei starker Brandung: Das Wasser schlägt an die Klippen, wird in eine Meereshöhle und dort durch eine kleine Öffnung in der Landspitze als Wasserfontäne nach oben gepresst. Seit 100 Jahren zieht das Spektakel Besucher an. Inzwischen ist die Stelle nachts mit Flutlicht beleuchtet. Gleich abseits der Hauptstraße.

Little Blowhole AREAL
(abseits des Tingira Cres, Marsden Head) Das kleine Blasloch ist etwa einen halben Meter breit, kann sich aber mit seinem großen Bruder messen. Dem Schnauben eines Drachens gleich schießt das Wasser in die Höhe.

Saddleback Mountain NATURSCHUTZGEBIET
Vom Gipfel schaut man auf die Illawarra Escarpment, die große Sandsteinklippe, die die Küstenebene von den Southern Highlands trennt. Von der Manning St biegt man rechts in die Saddleback Mountain Rd ein und hält Ausschau nach den historischen Bruchsteinmauern an der Straße.

Illawarra Fly NATURSCHUTZGEBIET
(☎ 1300 362 881; www.illawarrafly.com.au; 182 Knights Hill Rd, Knights Hill; Erw./Kind/Fam. 25/10/64 AU$; ⊙ 9–17 Uhr) Der 500 m hohe

Aussichtsturm befindet sich 25 km westlich der Stadt auf dem höchsten Punkt des Steilhangs. Von hier bietet sich ein spektakulärer Blick auf das Blätterdach des Regenwalds.

Minnamurra Rainforest Centre NATURSCHUTZGEBIET
(02-4236 0469; Eintritt Auto 12 AU$; 9–17 Uhr, letzter Einlass 16 Uhr) Dieses beeindruckende Zentrum liegt rund 14 km landeinwärts von Kiama am östlichen Rand des **Budderoo National Park**. Vom NPWS-Visitor-Centre führt ein 1,6 km langer **Rundweg** auf Holzplanken durch den Regenwald und folgt einem stufenförmig abfallenden Bach. Wer genau hinschaut, kann Wasseragamen oder besonders zutrauliche Leierschwänze sehen. Eine weitere 2,6 km lange Strecke führt über schöne, stellenweise steile Abschnitte zu den **Minnamurra Falls**. Das Visitor Centre hat ein Café.

Coastal Walk WANDERN
Der herrliche, 6 km lange Wanderweg erstreckt sich von der Love's Bay in Kiama Heights bis zum Nordende des Werri Beach. Unterwegs sieht man große Felsblöcke, Strände, Meereshöhlen und Klippenwände.

Schlafen & Essen

Bellevue PENSION $$
(02-4232 4000; bellevueaccommodation.com.au; 21 Minnamurra St; Zi. ab 140 AU$) Das nette, zweistöckige Herrenhaus aus den 1890er-Jahren liegt in Laufweite zur Hauptstraße. Gäste wohnen in Luxusapartments mit Zimmerservice und Aussicht aufs Meer. Am Wochenende steigen die Preise beträchtlich.

★ **Kiama Harbour Cabins** HÜTTEN $$$
(02-4232 2707; Blowhole Point; Hütte mit 1/2/3 Schlafzi. ab 210/225/285 AU$; ❄) Die reizenden, sauberen Hütten punkten mit guter Ausstattung und bester Lage. Von den Frontveranden mit Grillmöglichkeit schaut man auf den Strand und den Salzwasserpool.

Chachi's ITALIENISCH $$
(02-4233 1144; www.chachisrestaurant.com.au; 32 Collins St; Hauptgerichte 20–36 AU$; Di-Sa 11.30–14.30 & 17.30–21 Uhr) Einheimische schätzen das zwanglose Lokal in einer Zeile historischer Terrassenhäuser sehr für seine italienische Küche unter freiem Himmel. Auf der saisonal wechselnden Karte stehen z. B. Kalbs-Masala oder knusprige Bratente.

Seafood Co-op SEAFOOD $$
(02-4233 1800; Kiama Harbour) Winziger Laden mit fangfrischem Seafood (z. B. einheimische Riesengarnelen oder Austern für 22 AU$/24 Stück).

❶ Praktische Informationen

Visitor Centre (1300 654 262, 02-4232 3322; www.kiama.com.au; Blowhole Point Rd; 9–17 Uhr) Am Blowhole Point.

❶ Anreise & Unterwegs vor Ort

Premier (13 34 10; www.premierms.com.au) betreibt zwei Busse am Tag nach Berry (18 AU$, 30 Min.), Eden (69 AU$, 7½ Std.) und Sydney (25 AU$, 2½ Std.). **Kiama Coachlines** (02-4232 3466; www.kiamacoachlines.com.au) fährt nach Gerroa, Gerringong und Minnamurra (über Jamberoo).

Züge von **CityRail** (13 15 00; www.cityrail.info) fahren häufig nach Wollongong, Sydney und Bomaderry (Nowra).

Wer mit dem Auto unterwegs ist, kann über Gerringong und Gerroa einen Trip zum Strand machen und in Berry oder gleich nördlich von Nowra wieder auf den Highway zurückfahren.

SHOALHAVEN COAST

Die Schönheit dieser Küste ist einzigartig. Herrliche Strände, Wälder und zahlreiche Nationalparks, u. a. der riesige, 190 751 ha große Morton National Park im Westen, ziehen Besucher in ihren Bann. Sydney liegt noch in Reichweite – man muss damit rechnen, dass am Wochenende und während der Schulferien die Unterkünfte schnell ausgebucht sind und die Preise in die Höhe schnellen.

Berry

1690 EW.

Berry hat sich von einem Rentnerort in einen beliebten Inlandstopp an der South Coast entwickelt. Ob der Kitsch inzwischen den traditionellen Charakter in den Hintergrund verdrängt hat, muss jeder selbst entscheiden. In jedem Fall gibt es hier Unmengen toller Restaurants, ebenso viele Cafés - einige gut, andere durchschnittliche -, zwei Kneipen und viele denkmalgeschützte Gebäude.

⊙ Sehenswertes & Aktivitäten

Ein Spaziergang entlang der kurzen Hauptstraße lohnt sich: Dort gibt's neben denkmalgeschützten Gebäuden auch viele Cafés und Geschenkläden. Weiter draußen warten ein paar empfehlenswerte Weingüter in der sanft gewellten Landschaft rund um Berry.

Treat Factory
FEINKOST

(www.treatfactory.com.au; Old Creamery Lane; ⊙Mo–Fr 9.30–16.30, Sa & So 10–16 Uhr) Altmodischer Feinkostladen mit vielen Retro-Lutschersorten (z. B. Lakritz oder Rocky Road).

Berry Museum
MUSEUM

(135 Queen St; ⊙Sa 11–14, So 11–15 Uhr) GRATIS Dieses Museum nahe der Post befindet sich in einer interessanten alten Bank von 1884. Selbst wenn einem die eigentlichen Ausstellungen nicht gefallen: Hier hat man die Gelegenheit, eines von Berrys alten Gebäuden von innen zu sehen.

Jasper Valley Wines
WEINGUT

(www.jaspervalleywines.com; 152 Croziers Rd; ⊙Fr–So 10–17 Uhr) Weinproben plus Mittagessen rund 5 km südlich von Berry.

Silos Estate
WEINGUT

(☎02-4448 6082; www.thesilos.com; B640 Princes Hwy, Jaspers Brush; Hauptgerichte 29–33 AU$; ⊙Do–So mittags & abends) Weinproben, renommiertes Restaurant und Boutique-Unterkünfte (195–395 AU$).

✦ Feste & Events

Berry Country Fair
LANDWIRTSCHAFTSSCHAU

(Berry Showground ⊙1. So des Monats) Kunsthandwerksmarkt auf dem Messegelände.

Berry Celtic Festival
KULTUR

(www.berrycelticfestival.org.au; Berry Showground; Erw./Kind 10/5 AU$; ⊙letzter Sa im Mai) Stört die örtliche Ruhe mit Dudelsäcken, Schafsmagen- und Baumstammwerfen.

🛏 Schlafen

Berry Hotel
HOTEL $

(☎02-4464 1011; www.berryhotel.com.au; 120 Queen St; EZ 50–75 AU$, DZ 80–100 AU$) Die beliebte Lokalkneipe vermietet standardmäßige, aber geräumige Kneipenzimmer (Bäder am Ende des Korridors) und organisiert Touren zu örtlichen Weingütern. Im hinten gelegenen Speiseraum bekommt man Grillsteaks und anderes Kneipenessen.

Village Boutique
MOTEL $$

(☎02-4464 3570; www.berrymotel.com.au; 72 Queen St; Zi. 160–240 AU$; ❋🐕🛜) Die großen, komfortablen Zimmer sind der Renner des exklusiven Motels am Ende des Zentrums. Der winzige Pool gleich hinter der Rezeption sieht eher wie ein Wasserspiel aus, ermöglicht aber wenigstens eine kurze Erfrischung.

Bellawongarah at Berry
B&B $$$

(☎02-4464 1999; www.accommodation-berry.com.au; 869 Kangaroo Valley Rd, Bellawongarah; Zi./Suite/Cottage 400/520/500 AU$ pro 2 Nächte; ❋) Nebliger, magischer Regenwald umgibt das wunderbare B&B, das 8 km von Berry entfernt an der Gebirgsstraße zum Kangaroo Valley liegt. Das Haupthaus ist mit asiatischen Kunstwerken geschmückt. Daneben steht eine im Jahr 1868 erbaute Methodistenkirche, die im französischen Landhausstil umgebaut wurde und als ein separates Cottage für zwei Personen vermietet wird.

🍴 Essen

Coach House Restaurant
PUB $

(120 Queen St; Pizzen 17,50 AU$; Hauptgerichte 21–32 AU$; ⊙10 Uhr–open end) Das Lokal im Berry Hotel hat eine schöne Atmosphäre und überdurchschnittlich gutes Kneipenessen. Man sitzt in dem großen, überdachten Biergarten oder an einem Tisch in dem 1860 erbauten Kangaroo Inn, dem Backsteinbau hinten, der nur aus einem einzigen Raum besteht.

Berry Woodfired Sourdough
BÄCKEREI $$

(http://berrysourdoughcafe.com.au; Prince Alfred St; Frühstück 5,50–17,50 AU$, Hauptgerichte mit-

---

ABSTECHER

DIE FITZROY FALLS

Wasser, das 81 m in die Tiefe fällt, macht gehörig Krach – und genau den hört man an dieser herrlichen Stelle im **Morton National Park** (www.nationalparks.nsw.gov.au; 3 AU$/Fahrzeug). Noch spektakulärer ist der Blick von den kahlen Klippen des Steilhangs hinunter ins Yarrunga Valley. In der Gegend locken mehrere Wanderwege. Wer Glück hat, sieht vielleicht sogar ein Schnabeltier oder einen Leierschwanz. Das **Visitor Centre** (☎02-4887 7270; www.environment.nsw.gov.au; ⊙9–17 Uhr) hat ein Café und gute Infos.

Die Anfahrt ist sowohl von Nowra als auch von Berry aus ein tolles Erlebnis: Die Straße führt durch das hübsche Kangaroo Valley, wo die historische Stadt von Bergen eingerahmt ist. Dann geht's weiter über die an eine Burg erinnernde Hampden Bridge, ein pompöses Sandsteinbauwerk von 1898, und schließlich den Steilhang hinauf.

tags 16–26 AU$; ⊗Mi–So 8–15 Uhr) Kunden der renommierten Bäckerei können sich mit leckerem Brot eindecken und kleine Gerichte direkt vor Ort vertilgen. Der Laden lockt Feinschmecker aus der ganzen Gegend an und betreibt auch die nahegelegene Milkwood Bakery.

Hungry Duck — FUSION $$
(☎02-4464 2323; http://hungryduck.com.au; 85 Queen St; Hauptgerichte 17–34 AU$, 5-/9-gängiges Bankett 50/80 AU$; ⊗Mi–Mo 18–21.30 Uhr) Das rot-schwarze Dekor passt prima zur modern-asiatischen Küche des schicken, kleinen Lokals. Das Essen im Tapas-Stil wird durch einige üppigere Hauptgerichte ergänzt. Zum Haus gehören auch ein Hinterhof und ein Küchengarten, dessen Kräuter frisch auf dem Teller landen. Frischfisch und -fleisch kommen aus der Region; die Eier stammen von den Hühnern des Kochs.

❶ An- & Weiterreise

Häufig fahren Züge nach Wollongong (6,60 AU$, 75 Min.) mit Anschluss zu anderen Städten an der Südküste und nach Sydney.

Malerische Straßen führen von Berry bis ins hübsche Kangaroo Valley. **Premier** (☎13 34 10; www.premierms.com.au) hat Busse nach Kiama (18 AU$, 30 Min.), Nowra (18 AU$, 20 Min.) und Sydney (25 AU$, 3 Std., 2-mal tgl.).

Nowra
9257 EW.

Die größte Stadt der Region Shoalhaven liegt rund 17 km von der Küste entfernt. Sie ist zwar nicht sehr attraktiv, aber eine gute Basis für Trips nach Berry (17 km weiter nordöstl.) oder zu den Stränden an der Jervis Bay (25 km südöstl.).

◉ Sehenswertes & Aktivitäten

Das Visitor Centre gibt eine praktische Broschüre über Wandermöglichkeiten in dem Gebiet heraus. Der entspannte **Ben's Walk** beginnt an der Brücke nahe dem Scenic Dr und folgt dem Südufer des Shoalhaven River. Am Ende der Narang Rd nördlich des Flusses beginnt der 5,5 km lange **Bomaderry-Creek-Rundweg** durch Sandsteinschluchten.

Shoalhaven Zoo — NATURSCHUTZGEBIET
(☎02-4421 3949; http://shoalhavenzoo.com.au; Rock Hill Rd, North Nowra; Erw./Kind/Fam. 20/10/50 AU$; ⊗9–17 Uhr) Im 6,5 ha großen Park am Nordufer des Shoalhaven River kann man Kakadus und andere heimische Tiere bewundern. Von Nowra geht es nordwärts über die Brücke und dann gleich nach links; ab dort der Ausschilderung folgen! Im Park gibt's einen voll ausgestatteten **Campingplatz** (Erw./Kind ab 10/6 AU$).

Meroogal — MUSEUM
(☎02-44218150; www.hht.net.au/museums/meroogal; Ecke West & Worrigee St; Erw./Kind 8/4 AU$; ⊗Sa 10.30–15.30 Uhr) Das fesselnde Museum ist in einem historischen Gebäude von 1885 untergebracht. Es zeigt Artefakte, die vier Generationen von Frauen, die hier lebten, gesammelt haben.

Shoalhaven River Cruises — BOOTSFAHRT
(☎0429 981 007; www.shoalhavenrivercruise.com; 2-/3-stündige Bootsfahrt 29/45 AU$; ⊗s. Website) Vom Anleger gleich östlich der Brücke führen diese Bootstrips entweder flussaufwärts (2 Std.) oder flussabwärts (3 Std.).

🛏 Schlafen & Essen

Whitehouse — PENSION $$
(☎02-4421 2084; www.whitehouseguesthouse.com; 30 Junction St; Zi. 104-168 AU$; ❐) Eine sympathische Familie betreibt diese wunderschön restaurierte Pension mit komfortablen Zimmern samt Bad, manche samt Spa. Das leichte Frühstück auf der breiten Veranda ist ein toller Start in den Tag.

George Bass Motor Inn — MOTEL $$
(☎02-4421 6388; www.georgebass.com.au; 65 Bridge Rd; EZ/DZ ab 119/139 AU$; ❐❐) Bescheidenes, aber gut ausgestattetes einstöckiges Motel mit sauberen, sonnigen Zimmern. Wer ein bisschen mehr ausgibt, bekommt etwas neuere Zimmer.

Tea Club — CAFÉ $
(☎02-4422 0900; www.teaclubnowra.com; 46 Berry St; Frühstück 9–18 AU$, Mittagessen 12–18 AU$; ⊗Mo–Sa 7.30–15 Uhr) Nowras Bohemiens treffen sich in diesem behaglichen, kleinen Café mit großem Garten und Kunst an den Wänden. Empfehlenswert sind der Tee, die Salate und der sensationelle *whirling dervish* („wirbelnder Derwisch") mit türkischem Touch.

Red Raven — MODERN-AUSTRALISCH $$
(☎02-4423 3433; 55 Junction St; Hauptgerichte 21–32 AU$; ⊗Di–Fr 11.30–14.30 & 18 Uhr–open end, Sa 18 Uhr–open end) In der alten Feuerwache von 1908 gibt's Interessantes mit italienischem Einschlag (z.B. gebratene Känguru-Filets mit Polenta-Pommes). Alkohol ist selbst mitzubringen.

ABSTECHER

SURFEN & SCHMAUSEN

Östlich von Nowra windet sich der Shoalhaven River durch Weideland und speist Meeresarme und Sumpfland, bis er schließlich bei Crookhaven Heads (auch Crooky genannt) ins Meer mündet. Dort lässt es sich gut surfen. **Greenwell Point**, rund 15 km östlich von Nowra am Meeresarm, ist ein ruhiges, hübsches Fischerdorf, das sich auf **frische Austern** spezialisiert hat. Der kleine Kiosk in der Nähe des Anlegers verkauft frische Fish & Chips.

An der Nordseite des Meeresarms liegt **Shoalhaven Heads**: Die einstige Flussmündung blockieren heute Sandbänke. Gleich nördlich vom Surfstrand erstreckt sich bis nach Gerroa der überwältigende **Seven Mile Beach National Park**. Hier kann man in idyllischer Umgebung wunderbar picknicken.

Einen Steinwurf von Shoalhaven Heads entfernt liegt **Coolangatta**, die älteste europäische Siedlung an der Südküste von New South Wales. Das **Coolangatta Estate** (02-4448 7131; www.coolangattaestate.com.au; Zi. ab 140 AU$; Weingut 10–17 Uhr) ist ein schickes Weingut mit einem Golfplatz, einem guten Restaurant und Unterkünften in von Sträflingen erbauten Gebäuden. Am Wochenende kostet die Übernachtung beinahe doppelt so viel.

Praktische Informationen

NPWS-Büro (02-4423 2170; www.nationalparks.nsw.gov.au; 55 Graham St)
Visitor Centre (02-4421 0778; www.shoalhaven.nsw.gov.au; Ecke Princes Hwy & Pleasant Way)

An- & Weiterreise

Reisebusse von **Premier** (13 34 10; www.premierms.com.au) halten hier zwischen Sydney (25 AU$, 3 Std.; über Berry, 18 AU$, 20 Min.) und Melbourne (82 AU$, 14 Std.; über Ulladulla, 19 AU$, 1 Std.).

Über ein Dutzend Züge der **CityRail** (13 15 00; www.cityrail.info) verbinden Sydney (Central & Bondi Junction Station) täglich mit Kiama. Dort besteht Anschluss nach Nowra (Bomaderry; Erw./Kind 8,60/4,30 AU$).

Jervis Bay

Die große, geschützte Bucht ist einer der schönsten Orte an der Südküste. Sie vereint auf nahezu zauberhafte Weise schneeweißen Sand, kristallklares Wasser, Nationalparks und herumtollende Delfine. Je nach Saison versammeln sich hier scharenweise Urlauber aus Sydney (im Sommer und an den meisten Wochenenden) und vorbeiziehende Wale (Mai–Nov.).

1995 machte die Gemeinschaft der Aborigines erfolgreich Landansprüche in der Gegend um die Wreck Bay geltend und ist heute Mitverwalter des Booderee National Park (S. 201) am Südende der Bucht. Kurioserweise gehört diese Gegend eigentlich zum Australian Capital Territory und nicht zu North South Wales (NSW).

Am stärksten ist die Jervis Bay an der Westküste erschlossen, rund um die Siedlungen Huskisson und Vincentia. Am nördlichen Ufer ist die touristische Infrastruktur dagegen schwächer ausgeprägt. Calla Bay liegt zwar in der Nähe von Huskisson, ist aber durch den Currambene Creek davon getrennt. Um den Ort zu erreichen, muss man zurück zum Highway und dann nach Süden fahren (wie die Einheimischen es tun). Die Beecroft Peninsula bildet den nordöstlichen Abschluss der Jervis Bay; sie endet an der steil abfallenden Felswand des passend benannten Point Perpendicular (Punkt der Senkrechte). Der Großteil der Halbinsel ist zwar Marinegelände, aber normalerweise auch für die Öffentlichkeit zugänglich.

Sehenswertes & Aktivitäten

Huskisson, liebevoll Huskie genannt, ist das Zentrum der meisten touristischen Aktivitäten. Südlich von Huskisson liegt der **Hyams Beach**, ein attraktiver Strand mit dem angeblich weißesten Sand der Welt. Man könnte meinen, man laufe auf warmem Schnee …

Jervis Bay National Park PARK
(www.environment.nsw.gov.au) Um zur Callala Bay zu gelangen, muss man mehrere Abschnitte des Jervis Bay National Park durchqueren. Der 4854 ha große Park umfasst niedriges Buschland und Wälder, in denen gefährdete Braunkopf-Lackvögel leben. Bei der Bucht handelt es sich um einen geschützten Meerespark.

Lady Denman Heritage Complex MUSEUM
(02-4441 5675; www.ladydenman.asn.au; Dent St; Erw./Kind 10/5 AU$; 10–16 Uhr) Besucher können sich eine interessante historische Sammlung und die Fähre *Lady Denman* von 1912 anschauen. Am ersten Samstag des Monats findet hier außerdem ein Bauernmarkt statt. Das Sortiment von Timbery's Aboriginal Arts & Crafts stammt von einer einzigen Kunsthandwerkerfamilie

Dive Jervis Bay TAUCHEN, SCHNORCHELN
(02-4441 5255; www.divejervisbay.com; 64 Owen St; 1/2 Tauchgänge 100/170 AU$) Der Meerespark ist bei Tauchern beliebt: Er bietet z.B. die Möglichkeit, Seebären und Sandtigerhaie aus der Nähe zu beobachten. Der verlässliche Veranstalter ist eine gute Wahl.

Jervis Bay Kayaks KAJAKFAHREN
(02-4441 7157; www.jervisbaykayaks.com; 13 Hawke St; Leihkajak 3 Std./Tag 60/75 AU$, geführte Tour halber/ganzer Tag 109/165 AU$) Diese Firma bietet geführte Seekajak-Trips und Leihboote an. Abenteuerlustige freuen sich über die Campingausflüge auf eigene Faust.

Huskisson Sea Pool SCHWIMMEN
(Mo–Fr 7–18, Sa & So 10–17 Uhr) GRATIS Der Salzwasserpool hinter der Kneipe entspricht eher einem bahnentauglichen Becken als einem normalen Meerespool.

Hire Au Go-Go RADFAHREN
(02-4441 5241; http://hireaugogo.com; 1 Tomerong St; Leihfahrrad pro 1 Std./Tag 19/60 AU$) Verleiht E-Bikes zum Erkunden der Uferwege.

Dolphin Watch Cruises BOOTSFAHRT
(02-4441 6311; www.dolphinwatch.com.au; 50 Owen St; Delfin-/Wal-/Robbenbeobachtungen 35/60/80 AU$) Diverse Delfin-, Wal- und Robbenbeobachtungen mit einem firmeneigenen Katamaran.

NICHT VERSÄUMEN

BOODEREE NATIONAL PARK

An der südöstlichen Landzunge der Jervis Bay liegt der grandiose Booderee National Park (02-4443 0977; www.booderee.gov.au; 2-Tages-Ticket f. Auto od. Motorrad 11 AU$) . Sowohl in der Bucht als auch an den Stränden am offenen Meer lässt es sich gut baden, surfen und tauchen. Der Nationalpark besteht zum größten Teil aus Heideland mit ein paar Wäldern und kleinen Regenwaldgebieten.

Booderee bedeutet übersetzt „jede Menge Fisch" – und es ist nicht schwer, sich vorzustellen, was der fruchtbare Ort für die Aborigines bedeutet. Der aus Wreck Bay stammende Uncle Barry (0402 441 168) organisiert maßgeschneiderte Touren mit Schwerpunkt auf indigener Kultur.

Am Parkeingang gibt's ein gutes Visitor Centre (02-4443 0977; www.booderee.gov.au; 9–16 Uhr), das Wanderkarten und Infos zum Campen hat. Im Park befinden sich die Booderee Botanic Gardens (8.30–16 Uhr), ein Ableger der Australian National Botanic Gardens in Canberra. Dort gedeihen auch ein paar riesige Rhododendronbüsche sowie bestimmte Arten von Küstenpflanzen, die von einheimischen Gruppen zum Essen oder für Medizin genutzt werden.

Viele Wanderwege führen durch den Park, in dem 206 Vogelarten, 27 Landsäugetierarten und 23 Reptilienarten zu Hause sind. Amphibienfreunde können sich auf 15 verschiedene Froscharten freuen.

Idyllische Campingplätze findet man am Green Patch (Stellplatz 11–22 AU$, zzgl. Erw. 5–11 AU$, Kind 3–5 AU$) und Bristol Point (Stellplatz 11–22 AU$, zzgl. Erw. 5–11 AU$, Kind 3–5 AU$). Wer die Einsamkeit sucht, sollte den schlichten Campingplatz am Caves Beach (Stellplatz 7–12 AU$, zzgl. Erw. 5–11 AU$, Kind 3–5 AU$) ansteuern; Buchungen übers Visitor Centre oder online vornehmen, in der Hauptsaison mindestens drei Wochen im Voraus! Aber auch ohne Reservierung lohnt es sich vorbeizuschauen, gibt es doch immer mal wieder freie Plätze. Am Parkeingang befindet sich ein Registrierungssystem, das rund um die Uhr in Betrieb ist.

Einen guten Surfspot findet man am Caves Beach vor. Der eigentliche Magnet ist die Pipeline (auch als Black Rock, Wreck Bay oder Summercloud Bay bekannt). Es warten erstklassige Tubes, die bei optimalen Bedingungen bis zu 3,5 m hoch sind.

In dem Park liegt auch das Marineausbildungsschiff HMAS *Creswell*, das für die Öffentlichkeit nicht zugänglich ist.

🛏 Schlafen

In Huskisson und Vincentia gibt's viele Unterkünfte. Es lohnt sich, im Voraus zu buchen. Am Wochenende steigen die Preise. Man kann sich am Hyams Beach einquartieren. Allerdings wird dort fast nur privat vermietet – bei **Hyams Beach Real Estate** (☎ 02-4443 0242; www.hyamsbeachholidays.com.au; 76 Cyrus St, Hyams Beach) anfragen!

Huskisson Beach Tourist Resort   CAMPING $
(☎ 02-4441 5142; www.holidayhaven.com.au; Beach St; Stellplatz f. 2 Pers. 38–76 AU$, Hütte 95–190 AU$; ❄) Der gut ausgestattete Campingplatz in toller Lage direkt am Strand wird vom Shoalhaven Council betrieben und hat auch schicke Hütten.

Jervis Bay Motel   MOTEL $$
(☎ 02-4441 5781; www.jervisbaymotel.com.au; 41 Owen St; DZ/FZ 109/165 AU$; ❄ 📶) Ein altmodisches, aber generalüberholtes Motel mit nettem Dekor und guten Möbeln. Von den teureren Zimmern im Obergeschoss aus hat man eine schöne Aussicht.

★ Paperbark Camp   CAMPING $$$
(☎ 1300 668 167; www.paperbarkcamp.com.au; 571 Woollamia Rd; DZ ab 395 AU$; ⊙ Mitte Juni–Aug geschl.) Auf dem umweltbewusst geführten Campingplatz kommt man in einem der zwölf luxuriösen, solarbetriebenen Safarizelte mit gemütlichen Betten, geräumigen Badezimmern und umlaufenden Veranden unter. Die Anlage befindet sich in dichtem Buschland, 3,5 km von Huskisson entfernt. Man kann sich auch Kajaks ausleihen, um den Bach entlang bis zur Bucht zu paddeln.

Huskisson B&B   B&B $$$
(☎ 02-4441 7551; www.huskissonbnb.com.au; 12 Tomerong St; Zi. 195–245 AU$; ❄ 📶) Malerisches Holzschindelhaus mit verschiedenen hellen, luftigen Zimmern. Darin warten jeweils bequeme Betten und flauschige Handtücher.

🍴 Essen

Supply   CAFÉ $
(☎ 02-4441 5815; www.supplyjervisbay.com.au; Shop 1, 54 Owen St; Hauptgerichte 10–17 AU$; ⊙ Mo–Sa 7.30–17, So 7.30–15 Uhr) Das beste Café ist zugleich ein Feinkostladen. Im feschen Ambiente kann man hier Zeitung lesen und sich ein leckeres Frühstück genehmigen.

Wild Ginger   ASIATISCH $$
(☎ 02-4441 5577; www.wild-ginger.com.au; 42 Owen St; Hauptgerichte 31,50 AU$; ⊙ Di–So 16.30 Uhr–open end) Die Inhaber der Seagrass Brasserie betreiben auch dieses neue und aufregende Lokal. Das Essen hat größtenteils einen Thai-Touch; Gerichte à la Japan und Südostasiens werden aber ebenfalls serviert.

★ Seagrass Brasserie   SEAFOOD $$$
(☎ 02-4441 6124; www.seagrass.net.au; 9 Hawke St; Hauptgerichte 34,50 AU$; ⊙ 18–21 Uhr) Das Nobelrestaurant im Strandstil tischt echte Spitzenküche auf. Besonders gut sind die Seafood-Gerichte mit asiatischen Zutaten.

Gunyah Restaurant   MODERN-AUSTRALISCH $$$
(☎ 02-4441 7299; 3-Gänge-Menü 55 AU$; ⊙ 18.30–21 Uhr) Auf dem Balkon des hoch gelobten Restaurants im Paperbark Camp sitzen die Gäste unter den Bäumen und können das Sonnenlicht durchs Blätterdach beobachten. Hier werden hauptsächlich Zutaten aus der Region verwendet. Wenn aber gerade ein Känguru vorbeihüpft, vergeht so manchem vielleicht der Appetit auf Kängurufleisch.

🍷 Ausgehen & Nachtleben

Husky Pub   KNEIPE
(☎ 02-4441 5001; www.thehuskypub.com.au; Owen St) Die Kneipe mit dem größten Spaßfaktor bietet zudem noch einen herrlichen Blick auf die Bucht – sowohl von drinnen als auch von den vielen Picknicktischen draußen. An den meisten Wochenenden gibt's Livemusik.

ℹ Anreise & Unterwegs vor Ort

Jervis Bay Territory (☎ 02-4423 5244) Betreibt einen Bus, der die Gemeinden an der Jervis Bay bedient, und einen Bus von Huskisson nach Nowra (Mo–Fr 3-mal, Sa & So 1-mal).

Nowra Coaches (☎ 02-4423 5244; www.nowracoaches.com.au) Dienstags und freitags fährt Bus 733 an der Jervis Bay entlang und nach Nowra (70 Min.).

Ulladulla

12 137 EW.

Der Hafen ist das Zentrum dieser von Fischfang geprägten Stadt, die zur Flottensegnungszeremonie an Ostern jede Menge Leute anzieht. Ulladulla selbst kann ein bisschen langweilig sein, hat aber ein paar schöne Strände.

⊙ Sehenswertes & Aktivitäten

Küste   STRAND
Nördlich vom Zentrum erstreckt sich über mehr als 2 km der herrliche Strand **Mollymook** mit goldenem Sand. Dahinter folgt

der **Narrawallee Beach**; am Ende des Strandes liegt ein hübscher kajakfreundlicher Meeresarm. An beiden Stränden gibt es Beach-Breaks. Passionierte Surfer zieht es aber an den **Collers Beach** unterhalb des Golfplatzes. Dort brechen Reef-Breaks als Lefthander und Righthander, außerdem rollen anständige Tubes gen Ufer. Unmittelbar südlich des Hafens findet man einen kleinen Strand mit einem großen **Meerwasserpool**.

Ulladulla's Oldest House HISTORISCHES GEBÄUDE
(☏ 02-4455 6996; http://somethingsbrewing.com.au; 275 Green St; ⊙ Di–Fr 10–17, Sa & So 10–15 Uhr) GRATIS Das alte Haus von 1850 ist im Vergleich zur lokalen Aborigine-Geschichte geradezu jung. Heute beherbergt es ein Fachgeschäft für Tee, kann aber besichtigt werden.

**Coomee Nulunga
Cultural Trail** WANDERN & TREKKEN
Den 700 m langen Wanderweg hat der örtliche Aboriginal Land Council angelegt. Der Pfad beginnt am Lighthouse Oval (die Deering St östlich des Highways nehmen!) und führt von der Landspitze durch Buschland zum Strand. Unterwegs gabelt sich der Weg am Rainbow Serpent (der in der Mystik der Aborigines eine wichtige Rolle spielt).

🛏 Schlafen

Wer eine Ferienwohnung mieten will, kann sich an **First National** (☏ 02-4455 3999; www.firstnationalulladulla.com.au; The Plaza, 107 Princes Hwy) wenden.

Ulladulla Headland Tourist Park CAMPING $
(☏ 02-4455 2457; www.holidayhaven.com.au; South St; Stellplatz 26–44 AU$, Hütte 82–250 AU$; 🛜 ❄) In puncto Park lässt sich der Tourist Park nicht lumpen: Die Anlage mit guten, gepflegten Einrichtungen auf der Landspitze bietet eine hübsche Lage im Grünen und einen tollen Blick aufs Meer.

Ulladulla Lodge HOSTEL $
(☏ 02-4454 0500; www.ulladullalodge.com.au; 63 Pacific Hwy; B/DZ ab 35/80 AU$) Das saubere, komfortable Hostel im Pensionsstil zieht Jüngere wie Ältere an. Für Gäste gibt's Leihausrüstung (Fahrräder, Surfbretter, Bodyboards) und diverse geführte Touren.

Mollymook Shores HOTEL $$
(☏ 02-4455 5888; www.mollymookshores.com.au; Ecke Golf Ave & Shepherd St; Zi. 120–180 AU$; ❄🏊) Wer ein Hotel im Grünen direkt vor dem Strand Mollymook sucht, ist hier genau richtig. Die Inhaber sind freundlich, die Suiten haben ein Spa, und das Restaurant ist sehr angesehen (Di–Sa abends).

Bannisters HOTEL $$$
(☏ 02-4455 3044; www.bannisters.com.au; 191 Mitchell Pde, Mollymook; Zi. 260–530 AU$, Suite 395–1475 AU$; @🛜❄🏊) Das schicke, unglaublich luxuriöse Hotel hat eine Renovierung von Grund auf hinter sich: Vom ursprünglichen Betonblock des Motels aus den 1970er-Jahren ist nur das Gerüst übrig geblieben. Einfach in den Infinity Pool springen und von seinem Rand aus den atemberaubenden Blick auf die Küste genießen! Wer wasserscheu ist, setzt sich hierzu auf den Balkon.

🍴 Essen

Hayden's Pies CAFÉ $
(☏ 03-4455 7798; 166 Princes Hwy; Pie 4–7 AU$; ⊙ Mo–Fr 6.30–17.30, Sa & So 7–16.30 Uhr) In dem kleinen Pie-Lokal voller leckerer Düfte bekommt man knusprige Köstlichkeiten, von traditionellen Gerichten bis zu Gourmetspeisen (marokkanisches Lamm und Garnelen), sowie vegetarischen Optionen.

★**Bannisters Restaurant** SEAFOOD $$$
(☏ 02-4455 3044; www.bannisters.com.au; 191 Mitchell Pde; Frühstück 15 AU$, Abendessen 28–48 AU$; ⊙ 8–11 Uhr & 18 Uhr–open end) In eleganter Lage am Bannister's Point, 1 km nördlich der Stadt. Die Seafood-Gerichte des berühmten britischen Chefkochs Rick Stein können mit der tollen Aussicht mithalten. Was auf der Karte steht, hängt davon ab, was frisch gefangen wurde – so soll's sein.

★**Cupitt's Winery &
Restaurant** MODERN-AUSTRALISCH $$$
(☏ 02-4455 7888; www.cupittwines.com.au; 60 Washburton Rd; Hauptgerichte 28–35 AU$; ⊙ Mi, Do & So 12–14.30, Fr & Sa 12–14.30 & 18–20.30 Uhr) Ein bisschen Provence gefällig? Dann ab in dieses wunderbare Restaurant! Es ist in einer restaurierten Molkerei von 1851 untergebracht. Seine Küche zählt zu den angesehensten diesseits von Sydney. Das Weingut bietet Weinproben und Boutique-Unterkunft.

ℹ Praktische Informationen

Visitors Centre (☏ 02-4455 1269; www.shoalhavenholidays.com.au; Princes Hwy; ⊙ 9–17 Uhr)

ℹ An- & Weiterreise

Busse von **Premier** (☏ 13 34 10; www.premierms.com.au) halten hier auf dem Weg von Sydney (35 AU$, 5 Std.) nach Melbourne (82 AU$, 12 Std.) via Batemans Bay (16 AU$, 45 Min.) und Nowra (19 AU$, 1 Std.).

Murramarang National Park

Der schöne, 12 386 ha große **Küstenpark** (www.environment.nsw.gov.au; pro Tag 7 AU$/Auto) beginnt oberhalb der Batemans Bay und erstreckt sich bis 20 km vor Ulladulla. Wer bis jetzt noch kein Känguru in freier Wildbahn gesehen hat, hat hier gute Chancen. In der Morgen- und Abenddämmerung kommen sie scharenweise aus den Eukalyptus- und Regenwäldern raus ans Ufer des hübschen **Durras Lake** gehoppelt. In den Bäumen sieht man zudem viele bunte Papageien.

Bei Surfern sehr beliebt sind die Strände **Wasp Head**, **Depot**, **Pebbly** und **Merry**; am **Myrtle Beach** tummeln sich FKK-Anhänger (zu welchem Strand FKK-Surfer gehen, wissen wir nicht). Von den Stränden gehen zahlreiche Wanderwege ab. Wer mag, kann den steilen, aber schönen Weg zum **Durras Mountain** (283 m) hinaufmarschieren.

Am nördlichen Ende des Parks befindet sich die **Murramarang Aboriginal Area** mit dem größten Muschelhaufen an der Südküste, der auf eine 12 000 Jahre andauernde Nutzung des Landes schließen lässt. Ein mit Infotafeln versehener Wanderweg führt dorthin.

🛏 Schlafen

Der NPWS betreibt am **Depot Beach** (☏ 02-4478 6582), **Pebbly Beach** (☏ 02-4478 6023) und **Pretty Beach** (☏ 02-4457 2019) idyllische **Campingplätze** (www.environment.nsw.gov.au/NationalParks/; Stellplatz mit/ohne Strom 28/20 AU$) mit Duschen, Grillstellen und Spültoiletten. Während der Ferien sind freie Stellplätze rar – daher rechtzeitig reservieren! Der NPWS vermietet am Depot Beach und am Pretty Beach auch schmucke, in sich abgeschlossene **Hütten** (Wald/Strand ab 115/140 AU$) im Wald und am Strand, in denen vier bis sechs Personen unterkommen.

EcoPoint Murramarang Resort CAMPING $$
(☏ 02-4478 6355; www.murramarangresort.com.au; Mill Beach, Banyandah St, South Durras; Stellplatz f. 2 Pers. 28–50 AU$, Villa 140–240 AU$; ✱) Hier lassen sich öfter Kängurus blicken. Zwischen dem großen, modernen Resort und dem Strand steht eine Reihe Zimmertannen. Schicke Extras wie Stellplätze mit angeschlossenem Bad und Hütten mit Whirlpool sind hier die Norm.

Durras Lake North Holiday Park CAMPING $$
(☏ 02-4478 6072; www.durrasnorthpark.com.au; 57 Durras Rd, Durras North; Stellplatz f. 2 Pers. 25–60 AU$, Hütte 65–225 AU$) Der freundliche Ferienpark hat schattige Stellplätze und hübsche Hütten. Mnachmal verirren sich auch Kängurus hierher.

ⓘ An- & Weiterreise

Der Princes Hwy bildet die westliche Grenze des Parks, allerdings sind es von hier aus noch 10 km bis zu den Stränden. Viele der Straßen sind ziemlich holprig; die nach Durras, zum Durras Lake, zum Depot Beach und nach Durras North sind jedoch asphaltiert, ebenso die Mt. Agony Rd zum Pebbly Beach, nicht aber die Pebbly Beach Rd.

EUROBODALLA COAST

Dieser südliche Küstenabschnitt trägt übersetzt den Namen „Land des vielen Wassers" – und das ist es: Blau ist die dominierende Farbe. Hier und da sind ein paar grüne Tupfer zu sehen, entlang der Küste erstrecken sich nämlich Teile des nicht zusammenhängenden Eurobodalla National Park.

In der Region gibt es hübsche, kleine Ortschaften, Seen, Buchten und Meeresarme und dahinter verstreute Eukalyptuswälder, in denen viele wilde Tiere leben. Das Gebiet gehört zum Ursprungsland der Yuin, in dem auch ihr heiliger Berg Gulaga steht.

Batemans Bay

11 334 EW.

Gute Strände und die herrliche Flussmündung haben dazu beigetragen, dass dieser Fischereihafen zu einem der größten Urlaubszentren der Südküste geworden ist. Vor Ort sind viele Aktivitäten möglich. Bis auf ein paar Ausnahmen ist die Restaurantszene jedoch noch nicht durchgestartet.

⊙ Sehenswertes & Aktivitäten

Strände STRAND
Der Strand, der dem Stadtzentrum am nächsten ist, heißt **Corrigans Beach**. Südlich davon liegen verstreut ein paar kleine Strände an der felsigen Küste. Längere Strände findet man nördlich der Brücke

auf dem Weg zum Murramarang National Park. Surfer zieht es zum Surf Beach, zur Malua Bay, zum kleinen McKenzies Beach (gleich südlich der Malua Bay) und zum Bengello Beach, an dem es selbst dann noch Wellen gibt, wenn überall sonst nur Flaute herrscht. Erfahrene Surfer sind bei Nordwind am besten mit den Pink Rocks (bei Broulee) bedient. Einheimischen zufolge sind die Wellen hier bis zu 6 m hoch. Broulee selbst hat einen breiten sichelförmigen Sandstrand; an dessen Nordende herrscht eine starke Strömung.

Merinda Cruises BOOTSFAHRT
(02-4472 4052; Boatshed, Clyde St; 3-stündige Bootsfahrt Erw./Kind 28/15 AU$; 11.30 Uhr) Schippert vom Fähranleger gleich östlich der Brücke die Clyde River Estuary hinauf. Keine Kreditkarten.

Region X KAJAKFAHREN
(0400 184 034; http://regionx.com.au; Leihkajak 30 AU$/Std., geführte Touren 50–80 AU$) Kunden können umliegende Wasserwege selbst per Leihkajak erkunden oder an tollen geführten Paddeltouren teilnehmen.

Bay & Beyond KAJAKFAHREN
(02-4478 7777; www.bayandbeyond.com.au; Kajaktouren 50–120 AU$/Pers.) Die geführten Kajaktrips entlang der Küste haben z.T. auch Flussmündungen in der Nähe zum Ziel.

Broulee Surf School SURFEN
(02-4471 7370; www.brouleesurfschool.com.au; Erw./Kind 45/40 AU$) Surfkurse im nahe gelegenen Broulee.

Soulrider Surf School SURFEN
(02-4478 6297; www.soulrider.com.au; pro Std. Erw./Kind 45/40 AU$) Hat einen guten Ruf und ist entlang der Küste mit mehreren Filialen vertreten.

Surf the Bay Surf School SURFEN
(0432 144 220; www.surfthebay.com.au; Gruppen-/Einzelunterricht 40/90 AU$) Renommierte Surfschule in Broulee.

Total Eco Adventures WASSERSPORT
(02-4471 6969; www.totalecoadventures.com.au; 7/77 Coronation Dr, Broulee) Kajakfahren, Schnorcheln, Surfen und Stehpaddeln.

Feste & Events

Great Southern Blues & Rockabilly Festival MUSIK
(www.bluesfestival.tv) Am letzten Oktoberwochenende.

Schlafen

Im oberen Preisbereich lässt das örtliche Unterkunftsangebot qualitätsmäßig zu wünschen übrig. An Ferienwohnungen herrscht jedoch kein Mangel. Im Sommer steigen die Tarife.

Alternativ kann man zusammen mit Freunden ein Hausboot mieten: **Bay River Houseboats** (02-4472 5649; www.bayriverhouseboats.com.au; Wray St; 4 Nächte ab 840–1360 AU$) und **Clyde River Houseboats** (02-4472 6369; www.clyderiverhouseboats.com.au; 3 Übern. 700–1450 AU$) verleihen entsprechende Kähne (Mo-Fr 4 Nächte auf einem Boot mit 6 od. 10 Kojen ab 840 AU$).

Shady Willow Holiday Park HOSTEL, CAMPING $
(02-4472 6111; www.shadywillows.com.au; Ecke South St & Old Princes Hwy; Stellplatz mit Strom 26 AU$, B/DZ 28/58 AU$, Wohnwagen ab 58 AU$;) In Zentrumsnähe steht dieses YHA-Hostel zwischen fest installierten Wohnwagen und Schatten spendenden Palmen. Je nach Vorliebe kann einen das unkonventionelle Ambiente begeistern oder abschrecken. Zur Auswahl stehen Doppelzimmer in Wohnwagen und eine Hütte für vier Personen.

Clyde River Motor Inn MOTEL $$
(02-4472 6444; www.clydemotel.com.au; 3 Clyde St; Zi./Apt. ab 100/140 AU$;) Süßer Jasminduft umweht dieses ältere Motel im Zentrum. Die sauberen Quartiere am Flussufer warten z.T. mit Aussicht auf. Vermietet werden auch ein paar geräumige Stadthäuser und Apartments mit drei Schlafzimmern.

Lincoln Downs HOTEL $$
(1800 789 250; www.lincolndowns.com.au; Princes Hwy; Zi. ab 115 AU$;) Viele der hervorragenden Zimmer im Motelstil punkten mit Aussicht auf einen Privatsee. Außerdem gibt's hier einen Hauspfau.

Essen

★ Innes Boatshed FISH & CHIPS $
(1 Clyde St; Fish & Chips 15 AU$; Mi-Mo 9–21, Di 9–15 Uhr) Der Boatshed ist seit den 1950er-Jahren im Geschäft. Er zählt zu den beliebtesten Fish-&-Chips-Schuppen der Südküste, serviert aber auch Sushi und Austern. Hinter dem Haus befindet sich eine Terrasse mit ein paar Tischen.

North St CAFÉ $
(02-4472 5710; 5 North St; Hauptgerichte 10–18 AU$; So-Do 8–16, Fr & Sa 8 Uhr–open end) Das erfrischend abgefahrene kleine Café

serviert anständigen Kaffee, leckeres Frühstück, Salate, Sandwiches und kleine Mittagsgerichte. Auch nett für ein Glas Wein.

Blank Canvas MODERN-AUSTRALISCH $$
(02-4472 5016; www.blankcanvasrestaurant.com.au; Annetts Arcade, Orient St; Hauptgerichte 15,50–23,50 AU$; Mi-Mo 12–21 Uhr) Dieses Uferlokal mit abgefahrenen Sofas liegt einen Block westlich der Orient St (dort ausgeschildert). Es fungiert tagsüber als Café und wird abends zum vergleichsweise ruhigeren Restaurant. Empfehlenswert sind z. B. der Riesengarnelen-Cocktail mit Kokos oder die Roulade mit Blauer Schwimmkrabbe.

Starfish Deli AUSTRALISCH $$
(02-4472 4880; http://starfishdeli.com.au; 1 Clyde St; Hauptgerichte mittags 16–23 AU$, abends 23–34 AU$; 9–21 Uhr) Das Restaurant am Wasser scheint alle Hungrigen der Stadt anzulocken. Zu den hiesigen Favoriten zählen Muscheln, Holzofenpizzas und Fish & Chips. Wer im Sommer nicht warten will, sollte fürs Mittag- bzw. Abendessen reservieren.

On the Pier SEAFOOD $$$
(02-4472 6405; onthepier.com.au; 2 Old Punt Rd; Hauptgerichte 27–35 AU$; Mo & Di 18–22, Do–So 12–14.30 & 18–22 Uhr) Das berühmteste örtliche Lokal tischt knusprigen Schweinebauch mit gegrillten Jakobsmuscheln und eine tolle Seafood-Platte (52AU$/Pers.) auf.

Ausgehen & Nachtleben

Bayview Hotel KNEIPE
(02-4472 4522; www.bayviewhotel.com.au; 20 Orient St; 10–24 Uhr) Ein buntes Programm mit Livebands, DJs und Quizabenden prägt die einzige echte Kneipe der Stadt.

Praktische Informationen

Visitor Centre (1800 802 528; www.eurobodalla.com.au; Princes Hwy; 9–17 Uhr) Gut für Infos zur Stadt und zur umliegenden Region Eurobodalla.

An- & Weiterreise

Gleich nördlich von Batemans Bay führt der malerische Kings Hwy den Steilhang hinauf und weiter bis nach Canberra.

Murrays (13 22 51; www.murrays.com.au) Bedient diese Strecke mit zwei Bussen pro Tag nach Canberra (29,30 AU$, 2½ Std.), Moruya (13,10 AU$, 1 Std.) und Narooma (20,10 AU$, 2 Std.).

Premier (13 34 10; www.premierms.com.au) Die Busse halten hier auf ihrem Weg von Sydney (45 AU$, 6 Std.) nach Melbourne (73 AU$, 11 Std.) via Ulladulla (16 AU$, 45 Min.) und Moruya (11 AU$, 30 Min.).

Mogo
263 EW.

In der historischen Ortschaft Mogo finden sich aus Holz erbaute Läden und Häuser, in denen sich fast alles nur um Devonshire Tea, Kunsthandwerk und Antiquitäten dreht.

Gleich hinter dem Highway liegt die **Gold Rush Colony** (02-4474 2123; www.goldrushcolony.com.au; 26 James St; Erw./Kind 20/12 AU$; 10–17 Uhr), der Nachbau eines weitläufigen Pionierdorfs. Hier kann man sich kostenlos als Goldwäscher versuchen oder in einer der **Goldgräberhütten** (www.goldrushcolony.com.au; B/DZ 26/130 AU$, Suite EZ/DZ 60/75 AU$;) übernachten und nach Einbruch der Dunkelheit Pionier spielen.

Der **Mogo Zoo** (02-4474 4855; www.mogozoo.com.au; 222 Tomakin Rd, Mogo; Erw./Kind 29,50/16 AU$; 9–17 Uhr), 2 km östlich vom Highway, ist ein kleiner, aber interessanter Zoo, in dem man großen Katzen ziemlich nahe kommt. Die Stars der Show sind die verspielten, seltenen weißen Löwen.

Moruya
2531 EW.

Moruya, dessen Name „schwarzer Schwan" bedeutet, besteht aus schönen viktorianischen Gebäuden rund um den breiten Fluss. An der Südseite der Moruya Bridge findet ein **Wochenmarkt** (Sa 9–12 Uhr) statt.

Die beste Unterkunft ist das **Post & Telegraph B&B** (02-4474 5745; www.southcoast.com.au/postandtel; Ecke Page & Campbell St; EZ/DZ ab 100/135 AU$). Dies ist das schön restaurierte alte Postamt mit Parkett, Eisenbetten und Veranden zum Garten. Nur eines der drei Zimmer hat ein angeschlossenes Bad.

★**River** (02-4474 5505; www.therivermoruya.com.au; 16b Church St; Hauptgerichte 30–36 AU$; Mi–So 12–14.30, Mi–Sa 18–21.30 Uhr;) Der Name verrät, wo das River liegt. Auf der ständig wechselnden Speisekarte findet man Gerichte aus frischen lokalen Zutaten mit internationaler Note. Das Restaurant ist sehr beliebt; also unbedingt reservieren!

Der **Moruya Airport** (02-4474 2095; George Bass Dr) liegt 7 km außerhalb des Ortes unweit von North Head. **Rex** (13 17 13; www.rex.com.au) fliegt von Merimbula und Sydney hierher (tgl.).

Murrays (☎ 13 22 51; www.murrays.com.au) hat Busse nach Canberra (ab 34,70 AU$, 3½ Std.) und Sydney (ab 34,70 AU$, 9 Std.).

Von Moruya nach Narooma

Von Moruya führt der Highway von einem langen, wenig besuchten Küstenabschnitt ins Landesinnere zu Teilen des **Eurobodalla National Park**. Fast jede Abzweigung gen Küste lohnt eine Tour, vor allem für Surfer.

Bei **Moruya Heads** gibt's einen guten Surfstrand, von Toragy Point aus hat man eine schöne Aussicht. Von hier aus fährt man 7 km westwärts am Fluss entlang nach Moruya. Oder man fährt gen Süden über die unbefestigte Straße durch einen schönen Wald nach **Congo**. In dem hübschen, friedlichen Ort erwartet einen ein **Campingplatz** (☎ 02-4476 0800; Erw./Kind 10/5 AU$) zwischen dem Mündungstrichter und dem Surfstrand. Congo bildet auch das Ende des **Bingi Dreaming Track**. Der 14 km lange Wanderweg folgt einer für Aborigines spirituell bedeutsamen Route (Broschüre im NPWS-Büro in Narooma erhältlich). Wer die Augen offenhält, sieht mit etwas Glück Kängurus, Wallabys, Nasenbeutler und Warane. Der Weg beginnt südlich an den unglaublichen Felsformationen bei **Bingi Point**.

Nördlich von Narooma führt der Highway vorbei an ein paar Salzwasserseen – bzw. Meeresarmen, Lagunen oder wie auch immer man sie nennen mag. Die Gemeinde betreibt in der Nähe des **Brou Beach** den **Campingplatz Dalmeny** (☎ 02-44 768 596; Stellplatz mit/ohne Strom 26/23 AU$). Einen kostenlosen, einfachen **Campingplatz** findet man im Park am **Brou Lake**. Bei **Potato Point** gibt's ordentliche Surfwellen.

Narooma

2409 EW.

Das kleine Narooma gehört zu den schönsten Orten an der Ostküste: Von Surfstränden flankiert liegt es an einer baumgesäumten Flussmündung. Hier starten Trips nach Montague Island, die zu den besten Fahrten übers offene Meer zählen.

◉ Sehenswertes & Aktivitäten

Montague Island (Baranguba)   NATURSCHUTZGEBIET

9 km vor der Küste von Narooma liegt diese kleine Insel, ein spektakuläres Naturschutzgebiet, in dem viele Meeresvögel (Sturmvögel, Seeadler und Wanderfalken) und Hunderte Seebären leben. Hier nisten Zwergpinguine; manche bleiben das ganze Jahr, am meisten Tiere zählt man aber zwischen September und Februar, wenn sich hier mehr als 10 000 tummeln.

Baranguba, der Aborigines-Name der Insel, bedeutet übersetzt „großer Bruder" – vergeben rund 8000 Jahre vor Orwells Big Brother und vor dem gleichnamigen Fernsehformat. Zu den heiligen Stätten haben nur die hiesigen Yuin Zutritt.

Die Insel kann nur im Rahmen einer **geführten Tour** (☎ 1800 240 003; www.montagueisland.com.au; 120–155 AU$/Pers.) besucht werden. Während der extrem interessanten, von NPWS-Rangern begleiteten dreistündigen Touren klettert man auch auf den 1881 aus Granit erbauten **Leuchtturm**. Die Ausflüge hängen von der Teilnehmerzahl und dem Wetter ab; also im Voraus beim Visitor Centre buchen! Die Bootsfahrt dauert ungefähr eine halbe Stunde; falls es der Seegang erlaubt, wird dabei die ganze Insel umrundet. Beim Nachmittagstrip stehen die Chancen höher, auch Pinguine zu sehen.

Über den NPWS hat man die Möglichkeit, einen unvergesslichen Aufenthalt in einem der mit Solarstrom betriebenen **Leuchtturmwächter-Cottages** (www.conservationvolunteers.com.au/volunteer/montague.htm; 2 Nächte EZ/DZ pro Pers. 690/810 AU$, 3 Nächte 1318–2058 AU$) zu verbringen – vorausgesetzt, man packt während seines Aufenthaltes beim Umweltschutz mit an: Es werden z. B. beim Zählen und Wiegen von Pinguinen Helfer benötigt oder auch beim Jäten von Unkraut und dem Pflanzen von Bäumen. Die komfortablen Cottages sind wunderschön renoviert. Das Essen ist zwar im Preis enthalten, allerdings muss man bei der Zubereitung mithelfen. Außerhalb der Walsaison sind die Preise etwas günstiger. Weit im Voraus buchen!

In den klaren Gewässern rund um die Insel lässt es sich gut **tauchen**, vor allem von Februar bis Juni. **Island Charters Narooma** (☎ 02-4476 1047; www.islandchartersnarooma.com; Bluewater Dr) organisiert u. a. Tauchgänge (Doppeltauchgang 95 AU$), Schnorcheltrips (75 AU$) und Walbeobachtungstouren (Erw./Kind 77/60 AU$). Zu den hiesigen Attraktionen gehören Sandtigerhaie, Robben und das Wrack der SS *Lady Darling*.

Strände   STRAND

Das Wasser rund um Narooma ist so außergewöhnlich klar, dass man ständig mit sich

Narooma

kämpfen muss, um nicht gleich hineinzuspringen. Die beste Badestelle ist der mit einem Netz geschützte **Schwimmbereich** oberhalb der Brücke am Südende des Bar Beach unterhalb des Wellenbrechers. Es gibt einen Surferclub am **Narooma Beach**, die Wellen am **Bar Beach** sind allerdings bei Südostwind besser.

Bar Rock Lookout — AUSSICHT
Am Riverside Dr beginnend, kann man einen schönen Spaziergang am Meeresarm entlang bis zum Meer unternehmen. Dort erwartet einen eine tolle Aussicht. Unterhalb des Aussichtspunkts liegt der **Australia Rock**, ein Felsen mit einem großen Loch, dessen Form entfernt an Australiens Umrisse erinnert (natürlich ohne Tasmanien).

Wagonga Princess — BOOTSFAHRT
(📞 02-4476 2665; www.wagongainletcruises.com; Erw./Kind 35/25 AU$; Abfahrt der 3-stündige Bootsfahrt Feb.–Dez. So, Mi & Fr 13 Uhr, Jan. tgl.) Auf dieser 100 Jahre alten elektrisch betriebenen Fähre kann man eine dreistündige Fahrt den Wagonga-Meeresarm hinauf unternehmen. Los geht's am Taylor's Boatshed.

Feste & Events

Oyster Festival — ESSEN
(www.narooma.org.au) Mitte Mai ist in Narooma Austernknacken angesagt.

Schlafen

Narooma YHA — HOSTEL $
(📞 02-4476 3287; www.yha.com.au; 243 Princes Hwy; B/DZ ab 26/62 AU$; @) Diese freundliche Bleibe war früher ein altmodisches Motel, ist aber nichtsdestotrotz ein klasse Hostel: Beispielsweise verfügen alle Zimmer über eigene Bäder. Zudem können Fahrräder und Bodyboards gratis ausgeliehen werden.

Easts Narooma Shores Holiday Park — CAMPING $$
(📞 02476 2046; www.easts.com.au; Princes Hwy; Stellplatz 28–65 AU$, Hütte 95–225 AU$;

Narooma

Sehenswertes
1 Bar Rock Lookout D1

Aktivitäten, Kurse & Touren
2 Wagonga Princess A3

Schlafen
3 Easts Narooma Shores Holiday Park B2
4 Horizon Holiday Apartments C4
5 Whale Motor Inn C3

Essen
6 Na Siam A2
7 Quarterdeck Marina A3
8 Taylor's Seafood A3
Whale Restaurant ....(siehe 5)

@ 🛜 ❄ 🏊) Mehr als 260 Stellplätze und 43 Hütten gibt es in diesem hübschen Park am Meeresarm. Die freundlichen Betreiber kümmern sich gut um die Anlage. Unter den Palmen gibt's auch einen großen Pool.

Whale Motor Inn   MOTEL $$
(✆ 02-4476 2411; www.whalemotorinn.com; 104 Wagonga St; Zi. 125–215 AU$; 🛜 ❄ 🏊) In dem noblen Motel mit atemberaubender Aussicht und hübsch renovierten Zimmern (manche allerdings mit altmodischem Badezimmer) kann man vom Balkon aus Wale beobachten; Ferngläser stehen zur Verfügung. In den Spa-Suiten kann man selbst Wal spielen.

Horizon Holiday Apartments   APARTMENTS $$
(✆ 02-4476 5200; www.horizonapartmentsnarooma.com.au; 147 Princes Hwy; Apt. mit 1/2 Schlafzi. ab 129/179 AU$) Die modernen Apartments mit klarer Linienführung sind wohl die beste Wahl unter einer Reihe recht langweiliger Quartiere. Sie haben ein gutes Preis-Leistungs-Verhältnis; manche warten mit teilweisem Meerblick auf.

Essen

Die besten Lokale findet man an den Anlegestellen am Riverside Dr. Alle bieten eine traumhafte Aussicht auf das stille, klare Wasser des Meeresarms, vor allem bei Sonnenuntergang ist es da richtig romantisch.

Taylor's Seafood   FISH & CHIPS $
(Riverside Dr; Hauptgerichte 7–16 AU$; ⏲ Di–So 12–14.30 & 18–21 Uhr) Als Take-away ist das Essen etwas günstiger – aber: Warum sich die Chance verpassen, den Grillfisch und die nicht fettigen Monsterpommes direkt vor Ort bei Aussicht aufs Wasser zu vertilgen?

Na Siam   THAI $$
(✆ 02-4476 5002; 1/26 Princes Hwy; Hauptgerichte 15–20 AU$; ⏲ Di–So 12–14.30 & 17–21.30 Uhr, Dez.–April tgl.) Überdurchschnittlich gute Thai-Küche an der hiesigen Hauptstraße.

Quarterdeck Marina   SEAFOOD $$
(13 Riverside Dr; Hauptgerichte 22 AU$; ⏲ Do–Mo 8–15 Uhr) Dies ist das einzige Restaurant am Meeresarm, in dem die Einrichtung fast noch faszinierender ist als die Aussicht. Dutzende Tikis (geschnitzte Holzfiguren), Mao-Bilder und signierte Fotos von Fernsehstars der 1950er-Jahre blicken auf die Gäste herab, die sich an hervorragenden Frühstücks- und Meeresfrüchtegerichten laben.

★ Whale Restaurant   MODERN-AUSTRALISCH $$$
(✆ 02-4476 2411; www.whalemotorinn.com; 104 Wagonga St; Hauptgerichte 33 AU$; ⏲ Di–Sa 18–21 Uhr) Es scheint unwahrscheinlich, aber das schlicht eingerichtete Hotelrestaurant mischt in der Feinschmeckerliga oberhalb seiner Gewichtsklasse mit. Man kann sich mit einem gut angerichteten Rinderfiletsteak oder einem Lammkarree verwöhnen, während man den tollen Blick auf die Küste genießt. Den passenden Wein bringt man sich selbst mit.

🛈 Praktische Informationen

NPWS-Büro (✆ 02-4476 0800; www.nationalparks.nsw.gov.au; Ecke Graham & Burrawang St) Narooma ist ein Tor zu den Nationalparks Deua, Gulaga und Wadbilliga.

Visitor Centre (✆ 02-4476 2881, 1800 240 003; www.eurobodalla.com.au; Princes Hwy; ⏲ 9–17 Uhr) Mit kleinem Museum.

🛈 An- & Weiterreise

Premier (✆ 13 34 10; www.premierms.com.au) hat Busse nach Melbourne (67 AU$, 10 Std.) via Eden (27 AU$, 2½ Std.) und nach Sydney (58 AU$, 7 Std.) via Wollongong (56 AU$, 5 Std.). Die Busse halten vor dem Lynch's Hotel. **Murrays** (✆ 13 22 51; www.murrays.com.au) fährt nach Moruya (14,30 AU$, 1 Std.), Batemans Bay (20,10 AU$, 2 Std.) und Canberra (44,50 AU$, 4½ Std.).

Tilba Tilba & Central Tilba

391 EW.

Die Küstenstraße ab Bermagui stößt kurz vor der Umgehungsstraße, die zu diesen schönen denkmalgeschützten Dörfern im Schatten des Gulaga führt, auf den Princes Hwy.

> **ABSTECHER**
>
> ### MAGISCHE TOUR ZUR MYSTERY BAY
>
> Südlich von Narooma, unmittelbar vor der Abzweigung zu den beiden Tilbas, führt eine Straße zur herrlichen, unberührten **Mystery Bay** und zum ersten Abschnitt des **Eurobodalla National Park**. Am Südende des größten Surfstrands hat sich in den Felsen ein idyllisches **natürliches Schwimmbecken** gebildet. Die Gemeinde betreibt einen **Campingplatz** (0428-622 357; Stellplatz NS/HS 15/25 AU$) unter den Bäumen. Er liegt so nah am Strand, dass man morgens aus dem Zelt nahezu direkt in den Sand tappt.

Tilba Tilba ist nur halb so groß wie sein Nachbar: Central Tilba liegt 2 km weiter in einem Tal, das sich seit dem 19. Jh., als auch hier der Goldrausch boomte, kaum verändert hat – nur dass heute an den Wochenenden die Hauptstraße von den Autos der Besucher verstopft ist. Bei einem Bummel auf der Bate St findet man Cafés, und Läden, die alles verkaufen, was man in einem denkmalgeschützten Dorf erwarten darf: Toffees, Lollis, Käse, besondere Tees, Eis und Kunsthandwerk. Hinter der Kneipe führt ein kurzer Weg zum Wasserturm. Von den Felsen aus hat man einen atemberaubenden Blick auf den Gulaga.

Infos und einen praktischen Stadtführer erhält man im **Bates Emporium** (Bates St; 8–17 Uhr), das auch als Tankstelle, Internetcafé und Post fungiert.

👁 Sehenswertes & Aktivitäten

Tilba Valley Wines   WEINGUT
(02-4473 7308; www.tilbavalleywines.com; 947 Old Hwy; Okt.–April 10–17 Uhr, Mai–Juli & Sept. Mi–So 11–16 Uhr) Liegt in der Nähe von Tilba am Ufer des Lake Corunna.

ABC Cheese Factory   KÄSEREI
(www.southcoastcheese.com.au; 9–17 Uhr) Stellt Cheddar an der Hauptstraße in Tilbas Zentrum her und zeigt Besuchern den Produktionsprozess.

🎭 Feste & Events

Tilba Easter Festival   KUNST
(http://www.tilba.com.au/tilbafestival.html; Ostern) Tilbas Straßen sind komplett gesperrt, wenn dieses Festival mehrere Tausend Besucher mit viel Musik und Unterhaltung lockt.

Cobargo Folk Festival   MUSIK
(www.cobargofolkfestival.com; Feb.) Renommiertes Festival im historischen Cobargo (20 km südwärts in Richtung Bega).

🛌 Schlafen & Essen

Lokal- und Unterkunftsinfos gibt's unter www.tilba.com.au.

Two-Story B&B   B&B $$
(02-4473 7290; www.tilbatwostory.com; Bate St; Zi. ab 150 AU$) Dieses frühere Wohnhaus eines Postamtsvorstehers (erb. 1894) punktet mit viel atmosphärischem Charme und einem gemütlichen offenen Kamin für den Winter. Die Zimmer mit verschnörkeltem Blumendekor haben z. T. eigene Bäder. Preise inklusive warmem Frühstück.

Green Gables   B&B $$
(02-4473 7435; www.greengables.com.au; 269 Corkhill Dr; Zi. ab 170 AU$) Es fällt schwer, das Wort „entzückend" nicht zu benutzen, wenn man dieses schwulenfreundliche B&B beschreiben will. Das Cottage von 1879 hat drei attraktive Zimmer, entweder mit eingebautem oder eigenem Bad und Blick über die Felder.

Bryn at Tilba   B&B $$
(www.thebrynattilba.com.au; 91 Punkalla-Tilba Rd; Zi. 170–220 AU$) Hier will man gar nicht mehr weg: In den wunderschönen Zimmern bildet weißes Leinen den Gegenpol zu dunklem Holz.

Premium Cheese Shop   CAFÉ $
(02-4473 7387; www.southcoastcheese.com; 1 Bate St; Hauptgerichte 5–13 AU$; 9–17 Uhr) Kleine Gerichte plus viele regionale Käsesorten zum Mitnehmen.

ℹ An- & Weiterreise

Busse von **Premier** (13 34 10; www.premierms.com.au) fahren täglich auf der Strecke von/nach Sydney (59 AU$, 8 Std.) über Narooma (9 AU$, 25 Min.), Eden (25 AU$, 2 Std.) und Merimbula (23 AU$, 90 Min.) durch die Tilbas.

SAPPHIRE COAST

Der südlichste Teil von North South Wales steht Queenslands Gold Coast in nichts nach. Ihren Namen trägt die Küste zu Recht – das glasklare Wasser glitzert wirklich in herrlichen Blautönen. Vom Princes

Hwy aus sieht man nicht allzu viel, aber so ziemlich jede Straße Richtung Osten führt zu einem Flecken makelloser, von Felsen eingerahmter Küste. Hier beginnt das traditionelle Land der Yuin.

Bermagui
1473 EW.

Südlich des wunderschönen Wallaga Lake mit seinen vielen Vögeln, abseits des Princes Hwy, liegt Bermagui. Es handelt sich um einen hübschen Fischerhafen, dessen Hauptstraße kleinstädtische Zufriedenheit ausstrahlt. Die Atmosphäre ist sehr angenehm – das liegt vermutlich an dem bunten Völkchen aus Fischern, Surfern, Alternativen und indigenen Australiern, das hier lebt. In typisch australischer Manier wird der Ort einfach nur Bermie genannt.

Das eigens errichtete **Information Centre** (02-6493 3054; www.bermagui.net; Bunga St; 10–16 Uhr) mit seinem Museum und dem Discovery Centre war das erste Zeichen, dass Touristen in die Gegend Einzug hielten. Inzwischen ist die neue, schicke **Fishermen's Wharf** (Lamont St) mit all dem Schnickschnack hinzugekommen, den Besucher sich eben wünschen. Der Kai wurde von dem im Ort lebenden renommierten Architekten Philip Cox entworfen.

Sehenswertes & Aktivitäten

Rund um Bermagui gibt's mehrere Wanderwege, z.B. den 6 km langen Küstenweg nordwärts zum **Camel Rock** und 2 km weiter zum **Wallaga Lake**. Die Strecke folgt dem **Haywards Beach**, einem guten Surfstrand.

Gut surfen kann man auch am Camel Rock und am Cuttagee Beach. Nur einen Steinwurf von den Läden entfernt, erstreckt sich der kinderfreundliche Badestrand **Shelly Beach**. Läuft man 1 km um die Landspitze herum, gelangt man zum **Blue Pool**, einem eindrucksvollen Meerespool am Fuß der Klippen.

Schlafen

Wer eine Ferienwohnung mieten will, wendet sich an **Julie Rutherford Real Estate** (6493 3444; www.julierutherford.com.au).

Zane Grey Park CAMPING $
(Bermagui Tourist Park; 02-6493 4382; www.zanegreytouristpark.com.au; Lamont St; Stellplatz ohne/mit Strom ab 25/30 AU$, Hütte 80–225 AU$) In Traumlage am Dickson's Point könnten Gäste von hier aus eine Frisbee-Scheibe in die Horseshoe Bay werfen.

★**Bermagui Beach Hotel** HOTEL $$
(02-6493 4206; www.bermaguibeachhotel.com.au; 10 Lamont St; B 40 AU$, DZ/Suite 90/125 AU$; ❄) Am Strandende der Hauptstraße liegt dieser tolle alte Pub, der 1895 erbaut wurde. Es gibt hier neun Suiten mit Spa, vier davon mit Balkon und Blick auf den Strand und den Gulaga. Wer in die lokale Szene eintauchen will, ist hier genau richtig.

Bermagui Motor Inn MOTEL $$
(02-6493 4311; www.acr.net.au/~bmi/; 38 Lamont St; EZ/DZ 99/115 AU$; ❄) Das Motel direkt im Ort ist zwar schon etwas älter, hat

---

DIE GESCHICHTE DER MUTTER

In der Überlieferung der Yuin ist der Gulaga (Mt. Dromedary, 806 m) die Mutter, Baranguba (Montague Island) und Najanuga (Little Dromedary) sind ihre zwei Söhne. Die beiden Söhne wollten losziehen, um die Welt zu erkunden, aber Gulaga meinte, Najanuga sei zu jung dafür und behielt ihn bei sich. So zog Baranguba allein los und wurde schließlich durch das Wasser von seiner Mutter getrennt.

Für die Aborigines sind diese Stätten sehr heilig. 2006 wurde der Berg zur ersten Area of Aboriginal Significance (Stätte mit spiritueller Bedeutung für die Aborigines) in Australien erklärt. Der Berg bildet nun den **Gulaga National Park** (4768 ha) und wird gemeinsam von den indigenen Gemeinde und dem NPWS verwaltet. Die hiesigen Wanderwege sind für alle zugänglich, die dem Berg mit Respekt begegnen. Beginnend an Pam's Store in Tilba Tilba, kann man dem alten **Weg der Packpferde** folgen. Für den 11 km langen Wanderweg (hin & zurück) benötigt man ca. fünf Stunden. Als besonderes Highlight gilt der Rundweg auf dem Gipfel. Weil es auf dem Berg oft regnet und Nebelschwaden umherwabern, sollte man entsprechende Vorkehrungen treffen. Der Legende nach ist der Gulaga ein „Berg der Frauen", der respektlose Männer sich verirren oder sie mit Schürfwunden und verstauchten Knöcheln zurückkehren lässt.

aber neue Teppiche, bequeme Betten und sehr freundliche Inhaber.

Harbourview Motel · MOTEL $$
(02-6493 5213; www.harbourviewmotel.com.au; 56–58 Lamont St; EZ 130–175 AU$, DZ 140–185 AU$; 🕾) Gute Standard-Motelzimmer in Wassernähe.

🍴 Essen & Ausgehen

★ Bluewave Seafoods · FISH & CHIPS $
(02-6493 5725; www.bluewaveseafood.com.au; Fishermen's Wharf; Fish & Chips 12 AU$; ⊙Mo-Mi 9–19.30, Do–So bis 20 Uhr) Der fesche Imbiss mit Blick auf den Jachthafen ist die Reinkarnation der originalen Fischerkooperative. Es gibt Sitzplätze auf der Terrasse mit Blick auf die Fischkutter. Die leicht panierten Fish & Chips sind die besten an der South Coast. Vorsicht vor den Möwen!

Il Passaggio · ITALIENISCH $$
(02-6493 5753; www.ilpassaggio.com.au; Fishermen's Wharf; Pizzas 20 AU$, Hauptgerichte 27–35 AU$; ⊙Mi & Do 12–14, Fr–So 12–14 & 18–21.30 Uhr) Das angemessen hippe Lokal mit roten Ledersitzen und grünen Filztapeten serviert recht wenige, aber authentische italienische Gerichte. Auf den Tisch kommen mehr schlichtere Essen (u. a. Linguine mit Garnelen, Chili, Rucola und Zitrone) als Spezialitäten (z. B. Kalbs-Saltimbocca alla Romana)

Mimosa Dry Stone · MODERN-AUSTRALISCH $$$
(02-6494 0164; www.mimosawines.com.au; 2845 Bermagui-Tathra Rd; Hauptgerichte 30–36 AU$, Pizzas 20–28 AU$; ⊙Do–So 12–15 Uhr, Sommer auch 18–21 Uhr) Dieses Weingut liegt auf halber Strecke zwischen Bermagui und Tathra. Sein renommiertes Restaurant in einem großartigen Gebäude ist oft Monate im Voraus von Hochzeitsgesellschaften ausgebucht. Daher besser vorher anrufen!

Mister Jones · CAFÉ $
(www.misterjones.com.au; 1/4 Bunga St; ⊙Mo–Sa 7–12 Uhr) Das namenlose kleine Kunststudio mit Café würde man glatt übersehen, wenn draußen nicht die Kaffeeliebhaber säßen. Mister Jones – bzw. der Mann, der vorgibt, dieser zu sein – krönt seine Cappuccinos mit großen Schokostückchen. Hier gibt's auch coole Kunstwerke.

ℹ️ An- & Weiterreise

Einmal pro Tag hält der Bus von **Premier** (13 34 10; www.premierms.com.au) hier auf seinem Weg ab/nach Sydney (60 AU$, 10 Std.) via Narooma (13 AU$, 40 Min.) und Eden (24 AU$, 1¾ Std.) via Merimbula (20 AU$, 45 Min.).

Von Bermagui nach Merimbula

Der herrliche **Mimosa Rocks National Park** (www.environment.nsw.gov.au) ist ein 5802 ha großer Küstenpark mit Meereshöhlen, Lagunen, schöner Uferlinie (20 km) und dichter, artenreicher Buschlandschaft. Die **Campingplätze** (02-4476 2888; Erw./Kind 10/5 AU$) am Gillards Beach, Picnic Point und Aragunnu Beach sind mit dem Auto erreichbar. Zu den besonders reizvollen Campingmöglichkeiten am einsamen Brandungsstrand Middle Beach geht's dagegen nur per pedes – unter den Kronen mächtiger Eukalypten.

Bei den renommierten geführten Wanderungen von **Sapphire Coast Ecotours** (02-6494 0283; www.sapphirecoastecotours.com.au; Erw. 30–60 AU$, Kind 15–30 AU$) erkundet man die facettenreichen Ökosysteme des Parks (z. T. unter indigener Leitung).

Bei **Cuttagee** südlich vom Hauptstrand führt die Kullaroo St zum einzigen FKK-Strand der Sapphire Coast: zur abgeschiedenen, von Busch gesäumten **Armands Bay**.

Am Nordende des niedlichen Strandnests **Tathra** (1526 Ew.) bildet der Bega River eine traumhaft naturbelassene Lagune aus. Die bei Anglern beliebte **Tathra Wharf** von 1862 ist der letzte erhaltene Dampfschiffkai an der Küste des Bundesstaats. Die **Tathra Beach Pickle Factory** (2/37 Andy Poole Dr; Snacks 4–10 AU$; ⊙8–14.30 Uhr) gibt nur Einwegbecher aus. Ansonsten ist sie ein netter Mix aus Café und Feinkostladen, der mit Gourmet-Magazinen und Take-aways aufwartet.

Der 2654 ha große **Bournda National Park** (www.environment.nsw.gov.au; 7 AU$/Auto) besteht aus schroffen Landzungen und menschenleeren Stränden. Zudem führen hier Wanderwege durch eine Landschaft aus Heidekraut, Eukalypten und Teebäumen. Innerhalb des Parks säumt der tolle Buschcampingplatz **Hobart Beach** (02-6495 5000; Stellplatz f. 2 Pers. 20 AU$, pro zusätzl. Erw./Kind 10/5 AU$) das Südufer des idyllischen **Wallagoot Lake**. Er hat 63 Stellplätze und gut gepflegte Einrichtungen.

Merimbula

6873 EW.

Am oberen Ende eines langen, goldenen Strandes erstreckt sich Merimbula an einer

Merimbula

Merimbula

Sehenswertes
1 Nature Boardwalk................................A3

Aktivitäten, Kurse & Touren
2 Cycle n' Surf.......................................B3
3 Merimbula Divers Lodge..................A1
4 Merimbula Marina..............................A2

Schlafen
5 Coast Resort.......................................B3
6 Getaway Merimbula & Eden..............B2
7 Merimbula Lakeview Hotel.................A2
8 Wandarrah YHA Lodge.......................B3

Essen
9 Cantina..B1
10 Waterfront Cafe..................................B1
11 Zanzibar..B1

schönen Flussmündung (die Einheimische hartnäckig als See bezeichnen). Urlauber und Pensionäre haben das Städtchen fest im Griff. Im Vergleich zur sehr hübschen Flussmündung und Umgebung spielt das Ortszentrum nur die zweite Geige. An der äußersten Südküste zählt Merimbula zu den wenigen Orten, die im Sommer überlaufen sind.

Sehenswertes

Nature Boardwalk NATURSCHUTZGEBIET
Dieser herrliche Holzsteg ist in der Umgebung eines der neueren Highlights, die man keinesfalls versäumen sollte. Er führt 1,75 km südwestlich des Damms am Meeresarm entlang, vorbei an Mangrovenhainen, Austernfarmen und Südseemyrten. Unterwegs sieht man Unmengen Vögel, Säuge- und Schalentiere.

Merimbula Aquarium AQUARIUM
(www.merimbulawharf.com.au; Lake St; Erw./Kind 14,50/9 AU$; 10–17 Uhr) Das Aquarium am Ende der Lake St (Sackgasse) ist zwar klein, zeigt aber alle fischigen Buchtbewohner. Die 27 Becken werden durch ein Ozeanarium mit Haien und anderen Räubern ergänzt.

Aktivitäten

Wegen diverser Wracks in der Umgebung ist Tauchen hier besonders beliebt. Zu den Spots zählt z. B. die große *Empire Gladstone* (gesunken 1950).

Merimbula Marina BOOTSFAHRT
(02-6495 1686; www.merimbulamarina.com; Merimbula Jetty; Erw. 45–69 AU$, Kind 20–40 AU$) Der kleine Kiosk am Merimbula Jetty bietet neben Leihbooten auch Delfin- oder Walbeobachtungen (Mitte Aug.–Nov.) und andere Panoramatrips (übriges Jahr) an.

Coastlife Adventures SURFEN
(02-6494 1122; www.coastlife.com.au; Gruppen-/Einzelunterricht 60/110 AU$, geführte Kajaktouren ab 60 AU$) Diese Firma veranstaltet u. a. geführte Exkursionen mit Seekajaks und Morgenkurse im Surfen oder Stehpaddeln. Unser Favorit ist die dreieinhalbstündige Flusskajak-Tour (75 AU$).

Cycle n' Surf RADFAHREN, SURFEN
(02-6495 2171; www.cyclensurf.com.au; 1b Marine Pde; Leihfahrrad pro Std./halber Tag/ganzer Tag 10/20/30 AU$, Bodyboard pro halber/ganzer Tag 10/25 AU$, Surfbrett pro halber/ganzer Tag 40/60 AU$) Südlich des Sees kann man Fahrräder, Bodyboards und Surfbretter leihen. Einen Drahtesel-Werkstattservice gibt's auch.

Merimbula Divers Lodge TAUCHEN
(02-6495 3611; www.merimbuladiverslodge.com.au; 15 Park St; PADI-Zertifikatskurs 579 AU$, 1/2 Strandtauchgänge 69/120 AU$, zzgl. Leihausrüstung pro Tauchgang/Tag 55/99 AU$) Besonders anfängerfreundlicher Anbieter mit Taucher-Grundkursen und Schnorcheltrips.

Schlafen

In sich abgeschlossene Apartments werden normalerweise pro Woche vermietet, vor

MERIMBULAS TIERISCHE UMGEBUNG

Bei Merimbula lassen sich Wale im Meer blicken (Sept.–Nov.). Doch auch zu Lande kann man Tiere beobachten:

Kängurus und Wallabys Auf zum Pambula-Merimbula Golf Course am Pambula Beach (vom Princes Hwy aus den Schildern an der Straße nach Eden folgen): Sichtungen sind hier ganztägig möglich und in der Abenddämmerung (ab 16.30 Uhr) fast garantiert! Manchmal treiben sich die Hüpfer direkt unten am Strand herum.

Wasservögel Die Wanderpfade durch die Pambula Wetlands werden von **Panboola** (www.panboola.com; Pambula) verwaltet.

Andere australische Tiere Der **Potoroo Palace** (02-6494 9225; www.potoroopalace.com; 2372 Princes Hwy; Erw./Kind 17/10 AU$; 10–16 Uhr) liegt 9 km nördlich von Merimbula. An der Straße nach Bega beheimatet er einen eindrucksvollen Bestand von Ameisenigeln, (Kaninchen-)Kängurus, Dingos, Koalas und einheimischen Vögeln.

---

allem im Sommer, wenn die Preise in die Höhe schnellen. Bei **Getaway Merimbula & Eden** (02-6495 2000; www.getawaymerimbula.com.au; The Promenade, Market St) anfragen!

Wandarrah YHA Lodge   HOSTEL $
(02-6495 3503; www.yha.com.au; 8 Marine Pde; B/EZ/DZ/FZ ab 28/55/59/135 AU$) Das saubere Hostel mit guter Küche und Relaxbereichen liegt unweit des Surfstrands und der Bushaltestelle. Abholung nach Vereinbarung. Bescheid geben, wenn man spät ankommt!

Merimbula Beach Holiday Park   CAMPING $
(02-6495 3381; www.merimbulabeachholidaypark.com.au; 2 Short Point Rd; Stellplatz 29–57 AU$, Hütte 98–275 AU$;) Der Campingplatz mit Blick auf den Short Point Beach liegt weit weg vom Stadtzentrum, aber in der Nähe der Surf-Action. Sein Zelt kann man im Grünen oder im kinderfreundlichen Bereich am Pool aufschlagen.

Coast Resort   APARTMENT $$
(02-6495 4930; www.coastresort.com.au; 1 Elizabeth St; Apt. mit 1/2/3 Schlafr. ab 170/195/240 AU$;) Man könnte die Einrichtung des riesigen, schicken Apartmentkomplexes als hochmodern beschreiben, wobei etwas mehr Schlichtheit wohl angenehmer wäre. An Komfort mangelt es aber nicht: Es gibt zwei Pools, einen Tennisplatz und den Strand gleich in der Nähe.

Merimbula Lakeview Hotel   MOTEL $$
(02-6495 1202; www.merimbulalakeview.com.au; Market St; Zi. ab 99 AU$;) In Merimbula könnte man blind wählen: Die hiesigen Motels unterscheiden sich kaum voneinander. Dieses hier hebt sich jedoch mit seiner Uferlage von der Konkurrenz ab. Die halbwegs stilvollen Zimmer sind motelüblich eingerichtet und liegen nahe dem hauseigenen Biergarten (im Sommer geöffnet) – je nach Betrachtungsweise gut oder schlecht.

Essen & Ausgehen

★ Zanzibar   MODERN-AUSTRALISCH $$
(02-6495 3636; http://zanzibarmerimbula.com.au; Ecke Main & Market St; Hauptgerichte 25–33 AU$, 2-/3-gängiges Menü 65/80 AU$; Di–Sa 18–21, Do & Fr auch 12–14 Uhr) Bitte nicht abreisen, ohne dieses kulinarische Juwel besucht zu haben: Hier gibt's einfach so viel Gutes (z. B. konfierten Schweinebauch, Blutwurst, Apfel-Blumenkohl). Der Laden rühmt sich zudem, vor Ort gefangenes Seafood und sorgsam ausgewählte Landwirtschaftsprodukte von der Südküste aufzutischen.

Cantina   SPANISCH $$
(02-6495 1085; 56 Market St; Tapas 7–15 AU$, Hauptgerichte 25–30 AU$; Mo–Sa 11.30 Uhr–open end, So 14.30–22 Uhr) Das tolle Restaurant im Zentrum serviert Tapas und zweigängige Mittagsmenüs (25 AU$ inkl. 1 Glas Wein) mit Top-Preis-Leistungs-Verhältnis.

Waterfront Cafe   CAFÉ, SEAFOOD $$
(02-6495 7684; www.thewaterfrontcafe.net.au; Shop 1, The Promenade; Hauptgerichte 19–30 AU$; 8–22 Uhr) Diese örtliche Institution ist ganztägig zu empfehlen und eines der wenigen Lokale, die Merimbulas Uferlage richtig ausnutzen. Auf der Karte steht vor allem Seafood; die Austern rangieren unter den besten der ganzen Südküste.

Praktische Informationen

NPWS-Büro (02-6495 5000; www.environment.nsw.gov.au; Ecke Merimbula & Sapphire Coast Dr; Mo–Fr 9–16 Uhr) Infos für Buschwanderer.

Visitor Centre (02-6495 1129; www.sapphirecoast.com.au; Ecke Market & Beach St; 9–17 Uhr)

ℹ️ Anreise & Unterwegs vor Ort

BUS
Busse halten vor der Commonwealth Bank an der Market St. **Premier** (📞 13 34 10; www.premierms.com.au) fährt nach Melbourne (58 AU$, 8¼ Std., 1-mal tgl.) und über Narooma (25 AU$, 2 Std.) nach Sydney (69 AU$, 8½ Std., 2-mal tgl.). **NSW TrainLink** (📞 13 22 32; www.nswtrainlink.info) schickt täglich einen Bus nach Canberra (40,20 AU$, 4 Std.).

FLUGZEUG
Der **Merimbula Airport** (MIM; 📞 02-6495 4211; www.merimbulaairport.com.au; Arthur Kaine Dr) liegt 1 km außerhalb der Stadt an der Straße nach Pambula. **Rex** (📞 13 17 13; www.rex.com.au) fliegt täglich nach Melbourne (ab 143 AU$, 90 Min., 1- bis 2-mal tgl.) und ein paarmal pro Woche nach Moruya.

Eden
3043 EW.

Die erste Ortschaft nördlich der Grenze zu Victoria ist das kleine, verschlafene Eden. Hier herrscht nur dann Trubel, wenn unten am Kai die Fischerboote anlegen. Zu beiden Seiten der felsigen Halbinsel erstrecken sich hübsche Strände. Im Hinterland findet man Strände, Nationalparks und Wildnis.

Die Bucht ist seit wohl Tausenden Jahren Zeuge von Begegnungen zwischen Mensch und Wal. Die vorüberziehenden Buckelwale und Südkaper kommen auf ihrem Weg sehr nah an die Küste heran. Für Experten ist die Bucht daher einer der besten Orte in Australien, um die faszinierenden Tiere zu beobachten. Oft sieht man die Wale auf ihrem Rückweg nach Süden in die Antarktis beim Fressen oder Ausruhen in der Twofold Bay.

⊙ Sehenswertes & Aktivitäten

Killer Whale Museum   MUSEUM
(www.killerwhalemuseum.com.au; 94 Imlay St; Erw./Kind 9/2,50 AU$; ⊙ Mo–Sa 9.15–15.45 Uhr, So 11.15–15.45 Uhr) Das 1931 gegründete Museum ist in erster Linie für das Skelett von Old Tom eingerichtet worden – der Killerwal ist eine lokale Legende.

Walbeobachtungspunkt   AUSSICHT
Eine der vielen guten Stellen zum Beobachten von Walen findet sich am Ende der Bass St. Werden Wale gesichtet, lässt das Killer Whale Museum eine Sirene ertönen.

Cat-Balou Cruises   BOOTSFAHRT
(📞 0427 962 027; www.catbalou.com.au; Main Wharf; Erw./Kind 75/60 AU$) Das Team veranstaltet im Oktober und November dreieinhalbstündige Walbeobachtungstouren (Erw./Kind 70/60 AU$). Zu anderen Zeiten des Jahres kann man bei zweistündigen Rundfahrten durch die Bucht (Erw./Kind 35/20 AU$) Delfine und Robben bestaunen.

Sapphire Coast Marine Discovery Centre   WANDERN, SCHNORCHELN
(📞 02-6496 1699; www.sapphirecoastdiscovery.com.au; Main Wharf; Erw./Kind 7/2 AU$; ⊙ Mi–Sa 10–15 Uhr) In dem neuen Meereszentrum wartet ein Riffaquarium auf Besucher. Angeboten werden auch Streifzüge an der Felsküste (Erw./Kind 10/8 AU$) oder Gruppen-Schnorchel-Touren (25 AU$).

Ocean Wilderness   KAJAKFAHREN
(📞 0405 529 214; www.oceanwilderness.com.au; 4-/6-stündige Touren ab 85/130 AU$) Erkundet die Twofold Bay und den Ben Boyd National Park per Seekajak; ein Ganztagestrip führt zur Davidson Whaling Station.

🎭 Feste & Events

Whale Festival   WALE
(www.edenwhalefestival.com.au; ⊙ Anfang Nov.) Das alljährliche Whale Festival erweckt Eden zum Leben. Mit dabei sind Straßenstände, ein Umzug, der übliche Rummel und einfallsreiche Lokalevents wie der Slimy Mackerel Throw (schleimiger Makrelenwurf).

🛏️ Schlafen

Great Southern Inn   HOTEL $
(📞 02-6496 1515; www.greatsoutherninn.com.au; 121 Imlay St; B/EZ/DZ 30/70/90 AU$) Das freundliche Hostel hat gute, preisgünstige Gemeinschaftszimmer und hübsch renovierte Backpackerunterkünfte. Das herzhafte Kneipenessen wird unten serviert. Der Renner ist die Terrasse hinten.

Eden Tourist Park   CAMPING $
(📞 02-6496 1139; www.edentouristpark.com.au; Aslings Beach Rd; Stellplatz ohne/mit Strom ab 25/28 AU$, Hütte ab 70 AU$) Der große, gepflegte Park liegt idyllisch auf der Landzunge zwischen Aslings Beach und Lake Curalo. In seinen schützenden Bäumen zwitschern viele Vögel.

★ Seahorse Inn   BOUTIQUEHOTEL $$
(📞 02-6496 1361; www.seahorseinn.com.au; DZ 175–349 AU$; ❋ 🛜) Das mondäne Boutiquehotel mit allen Schikanen liegt 6 km südlich von Eden bei Boydtown. Gäste schauen direkt auf die Twofold Bay.

Twofold Bay Motor Inn MOTEL $$

(☎ 02-6496 3111; www.twofoldbaymotorinn.com.au; 164–166 Imlay St; Zi. 110–180 AU$; 🛜❄🏊) Das zentral gelegene Motel bietet gute Zimmer, manche mit Blick aufs Wasser. Es gibt auch einen kleinen Innenpool.

Crown & Anchor Inn B&B $$$

(☎ 02-6496 1017; www.crownandanchoreden.com.au; 239 Imlay St; Zi. 180–220 AU$; 🛜) Das unglaublich atmosphärische historische Haus von 1845 wurde wunderschön restauriert und mit Himmelbetten, Badewannen mit Klauenfüßen und dergleichen eingerichtet. Vom Hinterhof aus bietet sich ein hübscher Blick auf die Twofold Bay.

🍴 Essen

Alle folgenden Lokale säumen die Main Wharf (253 Imlay St) am unteren Ortsende.

Taste of Eden CAFÉ $$

(Main Wharf; Hauptgerichte 14–29 AU$; ⏱8–15 Uhr) Das Dekor des fröhlich gestrichenen Cafés stammt offenbar direkt vom Meeresgrund. Auf den Tisch kommt u. a. leckeres einheimisches Seafood ohne jeden Schnickschnack.

Wharfside Café CAFÉ $$

(www.wharfsidecafe.com.au; Main Wharf; Hauptgerichte 11–27 AU$; ⏱8–15 Uhr) Anständiges Frühstück, starker Kaffee und Tische mit Hafenblick: perfekt, um in den Tag zu starten oder einen faulen Nachmittag zu verbringen!

ℹ Praktische Informationen

Visitor Centre (☎ 02-6496 1953; www.visiteden.com.au; Mitchell St; ⏱Mo–Sa 9–17, So 10–16 Uhr)

ℹ An- & Weiterreise

Premier (☎ 13 34 10; www.premierms.com.au) fährt nach Wollongong (69 AU$, 8 Std., 2-mal tgl.), Sydney (71 AU$, 9 Std., 2-mal tgl.) und Melbourne (58 AU$, 8 Std., 1-mal tgl.).
NSW TrainLink (☎ 13 22 32; www.nswtrainlink.info) schickt täglich einen Bus nach Canberra (42,15 AU$, 4½ Std.).

Ben Boyd National Park

Kaum hat man eine Wildnis hinter sich gelassen, beginnt schon die nächste: Der 10 485 ha große **Ben Boyd National Park** wurde nach dem Unternehmer Boyd benannt, der 1850 bei dem Versuch kläglich scheiterte, ein Imperium in Eden aufzubauen. In dem zweigeteilten Naturschutzgebiet (Eden liegt genau dazwischen) kann man Spuren seines wahnwitzigen Projekts sowie eine atemberaubend schöne Küste mit einsamen Stränden entdecken.

Den südlichen Teil erreicht man über vorwiegend nicht asphaltierte Schotterstraßen (7 AU$/Fahrzeug), die von der befestigten Edrom Rd abgehen; diese wiederum zweigt 19 km südlich von Eden vom Princes Hwy ab. An der Südspitze steht einsam und verlassen die 1883 erbaute, elegante **Green Cape Lightstation** (☎ 02-6495 5555; www.nationalparks.nsw.gov.au; Green Cape Rd; Cottage werktags/Wochenende ab 200/280 AU$) mit einem traumhaften Fernblick. Interessanten können eine **Führung** (Erw./Kind 7/5 AU$; ⏱Fr–So 13 & 15 Uhr) mitmachen. Wer die Einsamkeit sucht, kann die Nacht in einer aufwendig restaurierten Leuchtturmwärterhütte (max. 6 Pers.) verbringen.

Fährt man die Edrom Rd weiter, gelangt man nach 11 km zur Abzweigung zur historischen **Davidson Whaling Station** an der Twofold Bay. Besucher können im rustikalen Garten des 1896 erbauten **Loch Gaira Cottage** picknicken. Vom Walfang sind nur noch wenige Spuren geblieben, auf Infotafeln kann man allerdings dessen Geschichte nachlesen. Nur schwer vorstellbar, dass der heute so friedlich wirkende Ort bis 1929 vom Stöhnen sterbender Wale geprägt war…

Noch ein Stück weiter liegt die Abzweigung zum **Boyd's Tower**. Der eindrucksvolle Turm wurde Ende der 1840er-Jahre erbaut – und zwar aus Sandstein, der extra aus Sydney herangeschafft wurde. Er sollte eigentlich ein Leuchtturm werden, doch die Regierung verweigerte Boyd die nötige Genehmigung.

Der 31 km lange **Light to Light Walk** führt von Boyds Möchtegern-Leuchtturm zu einem echten Leuchtturm am Green Cape. Entlang der Strecke gibt es **Campingplätze** (☎ 02-6495 5000; Stellplatz f. 2 Pers. 20 AU$, zzgl. Erw./Kind 10/5 AU$) am **Saltwater Creek** und an der **Bittangabee Bay**. Beide sind per Fahrzeug erreichbar.

In den nördlichen Teil des Parks gelangt man über den Princes Hwy nördlich von Eden. Vom Aussichtspunkt Haycock Point führt ein Wanderweg zu einer Landzunge mit Blick auf den Pambula River. Ein weiterer, wenn auch kürzer Wanderweg (1 km) führt zu den **Pinnacles**.

Melbourne & Victorias Küste

Inhalt ➡

Melbourne..........218
Queenscliff & the Bellarine Peninsula...253
Mornington Peninsula..........254
Great Ocean Road..258
Lorne.............264
Apollo Bay.........266
Port Campbell National Park & Twelve Apostles....268
Phillip Island.......274
Wilsons Promontory National Park......281
Mallacoota.........294

Gut essen

➡ Metung Galley (S. 288)
➡ Merrijig Kitchen (S. 272)
➡ MoVida (S. 239)
➡ Brae (S. 264)

Schön übernachten

➡ Wilderness Retreat (S. 283)
➡ Adobe Mudbrick Flats (S. 296)
➡ Ovolo (S. 237)
➡ Beacon Point Ocean View Villas (S. 267)

Auf nach Melbourne & an Victorias Küste!

Windumtoste Strände, kosmopolitische Orte am Meer und legendäre Surfspots: Victorias Küste hat jede Menge sagenhafte Landschaft, Weingüter in kühl-gemäßigtem Klima und die Kulturmetropole Melbourne zu bieten. An den Stränden von Phillip Island, einem beliebten Touristenziel, watscheln Zwergpinguine herum, und die Westküste ist zur Bass Strait ausgerichtet und lockt Surfer und alle diejenigen an, die den berühmten Twelve Apostles die Ehre erweisen wollen.

An der Südostküste erstreckt sich ein langer, weiter Strand, der bei Lakes Entrance auf ein Seensystem trifft, in dem Aktivurlauber jede Menge Möglichkeiten zum Zeitvertreib vorfinden. Und auf dem Weg zur Grenze nach New South Wales gibt's weitere atemberaubende Nationalparks.

Reisezeit
Melbourne

Feb. Die Schulferien sind vorbei und die Urlauber weg. Das Wetter ist gut zum Baden und Wandern.

Juli Man kann eine Tour auf der Great Ocean Rd machen und Wale beobachten. Warm einpacken!

Sept. Es wird wärmer, und an den Wanderwegen zeigt sich der Frühling mit großer Farbenpracht.

MELBOURNE

5,5 MIO. EW.

Melbourne, diese stylishe und pseudokünstlerische Stadt, ist stolz darauf, die Kulturhauptstadt Australiens zu sein. Kaffee, gutes Essen, Kunst und Mode werden sehr ernst genommen, sind aber für jeden zugänglich: Für einen Bar- und/oder Shopping-Bummel braucht man nur ein bisschen Kleingeld und Talent im Aufspüren versteckter Treppenaufgänge und graffitiübersäter Gässchen.

In vielen Bereichen gibt die Indie-Szene in Melbourne den Ton an – man findet sie hauptsächlich im CBD, in St. Kilda, Fitzroy, Collingwood, Brunswick und Northcote, aber auch in den Ecken und Winkeln der meisten anderen innenstadtnahen Viertel hat sie ein Plätzchen gefunden.

Der tiefbraune Yarra River trennt die nördlichen Viertel Fitzroy, Collingwood und Carlton von denen im Süden, zu denen Prahran und South Yarra gehören. Es gibt hier auch eine Art kulturelle Grenze, die allerdings für den Sport nicht gilt. Man begeistert sich allgemein, je nach Jahreszeit, für Aussie-Rules-Football („Footy"), Pferderennen und Cricket.

◉ Sehenswertes

◎ Stadtzentrum

★ Federation Square AREAL
(Karte S. 226; www.fedsquare.com.au; Ecke Flinders & Swanston St; 🚋1, 3, 5, 6, 8, 16, 64, 67, 72, 🚉Flinders St) Es hat zwar etwas gedauert, aber endlich haben die Melbourner den Federation Sq akzeptiert – und zwar als das, wofür er geplant war: als Treff zum Feiern, zum Demonstrieren, zum Anschauen von Sportereignissen und zum Abhängen auf den Liegestühlen. Der „Fed Square" nimmt einen prominenten Block der Stadt ein, ist aber nicht wirklich quadratisch: Der wellenförmige und gemusterte Außenbereich wurde von Hand mit 460 000 Steinen aus der Region Kimberley gepflastert; seine Blickachsen weisen auf Melbournes große Wahrzeichen, und die Gebäude sind wie eine Reptilienhaut mit fraktalgemusterten Fassaden bestückt.

★ Ian Potter Centre: NGV Australia GALERIE
(Karte S. 226; ☎03-8620 2222; www.ngv.vic.gov.au; Federation Sq; wechselnder Eintritt je nach Ausstellung; ⊙Di–So 10–17 Uhr; 🚋1, 3, 5, 6, 8, 16, 64, 67, 72, 🚉Flinders St) GRATIS Versteckt unter dem Federation Sq zeigt das Ian Potter Centre, die andere Hälfte der National Gallery of Victoria (NGV), eine eindrucksvolle Sammlung australischer Kunst. Auf drei Etagen verteilen sich Dauerausstellungen (Eintritt frei) und Wechselausstellungen (mit Eintritt) zu Malerei, Kunstgewerbe, Fotografie, Druck, Bildhauerei und Mode. Es gibt auch einen tollen Souvenirladen im Museum. Kostenlose Führungen finden täglich um 11, 12, 13 und 14 Uhr statt.

Australian Centre for the Moving Image MUSEUM
(ACMI; Karte S. 226; ☎03-8663 2200; www.acmi.net.au; Federation Sq; ⊙10–18 Uhr; 🚋1, 3, 5, 6, 8, 16, 64, 67, 72, 🚉Flinders St) GRATIS Das gleichermaßen informative wie spannende und unterhaltende ACMI ist ein visuelles Fest, eine Hommage ans australische Kino und Fernsehen. Wie wohl kein anderes Museum bietet es einen Einblick in die heutige australische Psyche. Das auf Knopfdruck ausgestrahlte Material – Fernsehsendungen, Spiele und Filme – ist für Leute jedes Alters geeignet, sodass man hier prima einen ganzen Tag beim Fernsehen verbringen kann, ohne sich schuldig zu fühlen. Kostenlose Führungen gibt's täglich um 11 und 14.30 Uhr.

★ Birrarung Marr PARK
(Karte S. 226; zw. Federation Sq & Yarra River; 🚋1, 3, 5, 6, 8, 16, 64, 67, 72, 🚉Flinders St) Der dreistufig terrassierte Birrarung Marr bildet mit seinen Grashügeln, Spazierwegen am Fluss, der überlegten Bepflanzung mit endemischer Flora und den herrlichen Aussichtspunkten auf die Stadt und den Fluss eine willkommene Ergänzung zu Melbournes Flickenteppich aus Parks und Gärten. Von hier führt auch ein malerischer Fußweg über die „sprechende" William Barak Bridge – die Lieder, Worte und Geräusche, die man beim Überqueren hört, stehen für die kulturelle Vielfalt Melbournes – hinüber zum Melbourne Cricket Ground (MCG; S. 225).

★ Hosier Lane STRASSE
(Karte S. 226; Hosier Lane; 🚋75, 70) Die wegen ihrer Straßenkunst berühmteste Gasse Melbournes ist die kopfsteingepflasterte Hosier Lane, die mit ihren ausgefallenen Graffiti, Schablonengraffiti und Kunstinstallationen jede Menge fotografierfreudige Leute anlockt. Die Kunstwerke haben überwiegend politische und alternativkulturelle Themen, sind mit respektlosem Humor gewürzt und ändern sich fast täglich (selbst ein Banksy

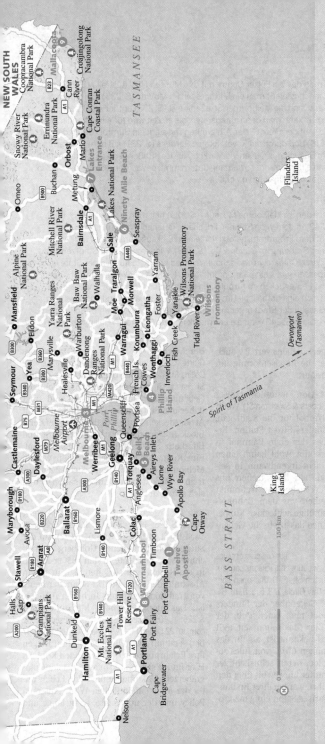

Highlights

❶ Die hoch aufragenden **Twelve Apostles** (S. 269) zählen

❷ Im spektakulären **Wilsons Promontory** (S. 281) wandern

❸ In **Melbourne** (S. 218) die vielen Gassen, Arkaden, die Mode und das Essen entdecken

❹ In der Abenddämmerung die berühmte Pinguinparade auf **Phillip Island** (S. 274) bewundern

❺ Am **Bells Beach** (S. 261) die Monsterwellen bestaunen

❻ Am **Ninety Mile Beach** (S. 287) campen und angeln

❼ Nach einer Bootsfahrt in **Lakes Entrance** (S. 289) Meeresfrüchte genießen.

❽ Die Wale vor der Küste von **Warrnambool** (S. 270) beobachten

❾ Sich im wirklich hinreißenden **Mallacoota** (S. 294) ein Boot mieten und auf Erkundungstour den Meeresarm abfahren oder Gabo Island einen Besuch abstatten

MELBOURNE IN ...

...zwei Tagen

Zuerst erkundet man das Ian Potter Centre mit den Museen NGV Australia (S. 218) und ACMI (S. 218), danach genießt man ein Mittagessen im MoVida (S. 239). Bei einem Stadtrundgang lässt sich die Melbourner Straßenkunst (S. 233) entdecken. In einer **Dachterrassenbar** kann man dann entspannen, bis es Zeit wird für eine abendliche Kajaktour (S. 233) auf dem Yarra River. Am zweiten Tag steht ein Bummel durch den Birrarung Marr (S. 218) und durch die Royal Botanic Gardens (S. 231) auf dem Programm, gefolgt von einem Besuch des Queen Vic Market. Mit der Straßenbahn geht's dann nach **St. Kilda**, wo man einen Strandspaziergang unternimmt, bevor man abends die Bars in der munteren **Acland St** unsicher macht.

...einer Woche

Nach ein paar Stunden im Melbourne Museum (S. 229) holt man sich mit einem Kaffee im D.O.C (S. 242) in der Lygon St einen Frischekick. Danach stehen **Fitzroy** und **Collingwood** auf dem Programm, gefolgt von einem Einkaufsbummel auf der **Gertrude St** und einer Stärkung im Cutler & Co. (S. 242). Wieder zurück im Stadtzentrum, schlendert man durch Chinatown und schaut sich Ned Kellys Rüstung in der State Library an. Zum Abendessen gibt's ein paar Dampfklöße. Den Rest der Woche sind Shoppen, Café-Besuche und Leutegucken im turbulenten **Prahran** und **Windsor** angesagt. Im Winter kann man sich ein Footballspiel im MCG (S. 225) anschauen und anschließend die **Bars** in den Gassen der Stadt unter die Lupe nehmen. Nicht versäumen sollte man die Tacos im Mamasita (S. 240) und die Livemusik in der Tote (S. 248) in Collingwood.

---

ist hier nicht sicher). Sehenswert ist auch die Rutledge Lane, die hufeisenförmig um die Hosier Lane verläuft.

Flinders Street Station HISTORISCHES GEBÄUDE
(Karte S. 226; Ecke Flinders & Swanston St) Wenn es je ein echtes Symbol für die Stadt gab, dann ist es die Flinders Street Station. Erbaut 1854, war dies der erste Bahnhof in Melbourne, und es gibt wohl kaum einen Melbourner, der nicht irgendwann in seinem Leben gesagt hat: „Wir treffen uns unter den Uhren." (Der beliebte Treffpunkt befindet sich nämlich vor dem Bahnhofseingang.) Eine auffällige achteckige Kuppel krönt das schöne neoklassizistische Gebäude am Fluss.

Young & Jackson's HISTORISCHES GEBÄUDE
(Karte S. 226; www.youngandjacksons.com.au; Ecke Flinders & Swanston St; ⊙11 Uhr–open end; 🚆Tourist Shuttle, 🚋City Circle, 1, 3, 5, 6, 8, 16, 64, 67, 72, 🚉Flinders St) Gegenüber der Flinders Street Station findet man einen Pub, der weniger für sein Bier (das schon seit 1861 ausgeschenkt wird) bekannt ist, als für das Aktgemälde der jungen *Chloe* von Jules Joseph Lefebvre. Chloe, deren sehnsüchtiger Blick über ihre Schulter hinweg bis über den Bildrand hinaus führt, war bei ihrer Erstausstellung 1875 im Pariser Salon ein ganz großer Hit.

Block Arcade ARCHITEKTUR
(Karte S. 226; www.theblockarcade.com.au; 282 Collins St; 🚋109) Das obere Ende der Collins St ist gesäumt von Platanen, prächtigen Gebäuden und Luxusboutiquen und trägt daher den Spitznamen „Paris End". Die mit Ätzglasdecken und Mosaikböden verzierte Block Arcade, die zwischen Collins St und Elizabeth St verläuft, wurde 1891 erbaut. Eine Runde um den Block zu gehen, war im Melbourne des 19. Jhs. ein beliebter Zeitvertreib – man kam her, um zu shoppen und sich sehen zu lassen.

Chinatown VIERTEL
(Karte S. 226; Little Bourke St, zw. Spring & Swanston St; 🚋1, 3, 5, 6, 8, 16, 64, 67, 72) Auf der Suche nach dem „neuen Goldberg" kamen chinesische Bergleute in den 1850er-Jahren in die Region und siedelten sich in jenem Abschnitt der Little Bourke St an, der heute von traditionellen roten Torbögen flankiert ist. Das hiesige **Chinese Museum** (Karte S. 226; ☎03-9662 2888; www.chinesemuseum.com.au; 22 Cohen Pl; Erw./Kind 8/6 AU$; ⊙10–17 Uhr) setzt mit Ausstellungen auf fünf Etagen ihre Erfahrungen in den passenden Kontext. Hier finden sich u.a. Artefakte aus der Goldgräberzeit, Dokumente über das Leben unter der fremdenfeindlichen White Australia Policy und der imposante, 63 m lange und

200 kg schwere Millenniumsdrachen, der sich um das Gebäude windet (acht Personen sind nötig, nur um seinen Kopf zu tragen).

Parliament House HISTORISCHES GEBÄUDE
(Karte S. 226; 03-9651 8568; www.parliament.vic.gov.au; Spring St; Führung Mo–Fr 9.30, 10.30, 11.30, 13.30, 14.30, 15.45 Uhr; City Circle, 86, 96, Parliament) Auf der prächtigen Freitreppe des 1856 errichteten Parlamentsgebäudes von Victoria posieren häufig in Tüll gehüllte, lächelnde Bräute oder Plakate tragende Demonstranten vor der Kamera. Das Gebäude kann nur im Rahmen einer Führung besichtigt werden, bei der man die überbordende Fülle ornamentalen Stucks, der Schablonenmalerei und der Vergoldungen sieht, die vom Stolz und Optimismus der Goldrauschära künden. Als Erstes wurden die zwei Hauptsäle gebaut: das Unterhaus (heute die gesetzgebende Versammlung) und das Oberhaus (der heutige Legislativrat).

Old Treasury Building MUSEUM
(Karte S. 226; 03-9651 2233; www.oldtreasurybuilding.org.au; Spring St; 10–16 Uhr, Sa geschl.; 112, Parliament) GRATIS Das schöne neoklassizistische Gebäude wurde 1862 von J.J.Clarke erbaut und erzählt eine Geschichte von Hybris und Funktionalität. In den Kellergewölben lagerten Schätze aus den Goldfeldern Victorias im Wert von Millionen Pfund; heute erzählt die hier untergebrachte Multimedia-Ausstellung Geschichten aus der Zeit des Goldrauschs. Hier unten befindet sich auch der reizende Nachbau der Hausmeisterwohnung aus den 1920er-Jahren, die wunderbar zeigt, wie das Leben in Melbourne Anfang des vorigen Jahrhunderts aussah.

Old Melbourne Gaol HISTORISCHES GEBÄUDE
(Karte S. 226; 03-8663 7228; www.oldmelbournegaol.com.au; 337 Russell St; Erw./Kind/Fam. 25/14/55 AU$; 9.30–17 Uhr; 24, 30, City Circle) Das 1841 aus Basalt erbaute abweisende Gefängnis war bis 1929 in Betrieb. Heute ist es eines der bekanntesten Museen Melbournes, in dem man die winzigen, kahlen Zellen besichtigen kann. Rund 135 Menschen wurden hier hingerichtet, darunter 1880 auch Ned Kelly, Australiens berüchtigtster Buschranger; eine seiner Totenmasken ist hier ausgestellt.

★ **Queen Victoria Market** MARKT
(Karte S. 226; www.qvm.com.au; 513 Elizabeth St; Di & Do 6–14, Fr bis 17, Sa bis 15, So 9–16 Uhr; Tourist Shuttle, 19, 55, 57, 59) Mit mehr als 600 Ständen ist der „Vic Market" der größte Freiluftmarkt der südlichen Hemisphäre und lockt Tausende Menschen an. Die Einwohner der Stadt decken sich hier bei den lautstark ihre Waren anpreisenden Fisch-, Obst- und Gemüsehändlern mit frischen Lebensmitteln ein. In der wundervollen Feinkosthalle (mit Art-déco-Elementen) gibt's alles von Weichkäse, Wein und polnischen Würstchen bis hin zu griechischen Dips, Trüffelöl und getrocknetem Kängurufleisch.

Koorie Heritage Trust KULTURZENTRUM
(Karte S. 226; 03-8622 2600; www.koorieheritagetrust.com; 295 King St; Eintritt gegen Spende, Führung 15 AU$; Mo–Fr 9–17 Uhr; 24, 30, Flagstaff) Das Kulturzentrum widmet sich der Kultur der Aborigines im Südosten und sammelt Artefakte und mündliche Überlieferungen. In den Ausstellungssälen werden zeitgenössische und traditionelle Werke gezeigt. In der Mitte des Zentrums steht das Modell eines Narbenbaums, und außerdem gibt es noch eine chronologisch angeordnete Dauerausstellung zur Geschichte der Koorie in Victoria. Hinter den Kulissen werden bedeutende Objekte sorgsam restauriert; in den Ausstellungen finden sich Repliken, die die Besucher auch anfassen dürfen. Das Kulturzentrum zieht demnächst um; aktuelle Infos gibt's auf der Website.

Sea Life Melbourne Aquarium AQUARIUM
(Karte S. 226; 03-9923 5999; www.melbourneaquarium.com.au; Ecke Flinders & King St; Erw./Kind/Fam. 38/22/93 AU$; 9.30–18 Uhr, letzter Einlass 17 Uhr; 70, 75) In dem Aquarium schwimmen Rochen, Zackenbarsche und Haie in einem Becken mit rund 2,2 Mio. l Wasser. Vom hindurchführenden Glastunnel aus können die Besucher die Tiere beobachten. Im eisigen „Antarctica" sieht man Pinguine, und in der Krokodilhöhle kommt man einigen der größten Leistenkrokodile Australiens sehr nah. Dreimal täglich gibt's Tauchgänge zu den Haien; mit 210 bis 300 AU$ ist man dabei. Online sind die Eintrittskarten preiswerter.

★ **State Library of Victoria** BIBLIOTHEK
(Karte S. 226; 03-8664 7000; www.slv.vic.gov.au; 328 Swanston St; Mo–Do 10–21, Fr–So bis 18 Uhr; 1, 3, 5, 6, 8, 16, 64, 67, 72, Melbourne Central) Die State Library spielt seit ihrer Eröffnung im Jahr 1854 eine führende Rolle in Melbournes Literaturszene und war ausschlaggebend, dass Melbourne zur Unesco City of

Melbourne

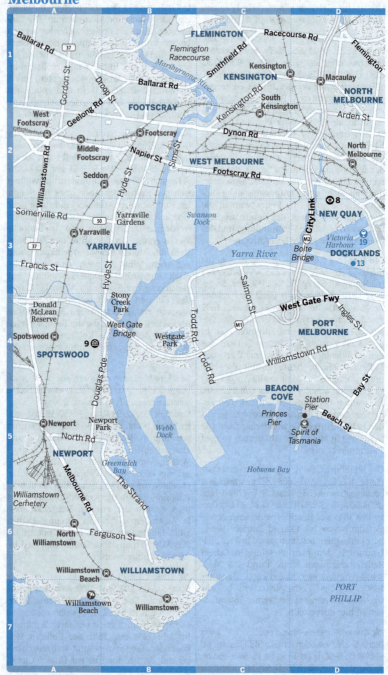

Melbourne

⦿ Highlights
1. Melbourne Cricket Ground G3
2. Royal Botanic Gardens F4

◉ Sehenswertes
3. Abbotsford Convent H2
4. Albert Park Lake F5
5. Australian Centre for
   Contemporary Art F4
6. Children's Garden F4
7. Collingwood Children's Farm H2
8. Melbourne Star D3
   National Sports Museum .... (siehe 1)
9. Scienceworks A4
10. Shrine of Remembrance F4
11. South Melbourne Market E4

⊕ Aktivitäten, Kurse & Touren
12. Aboriginal Heritage Walk F4
13. Kayak Melbourne D3

🛏 Schlafen
14. Albany F4

⊗ Essen
15. Attica G7
16. Auction Rooms E2
    Lentil as Anything .... (siehe 3)
17. St. Ali E4
18. Thy Thy 1 .... G2

⊙ Ausgehen & Nachtleben
19. Alumbra D3
20. Bar Economico G3
21. Local Taphouse G7

⊙ Unterhaltung
    Chunky Move .... (siehe 5)
22. Corner Hotel G3
23. GH Hotel G7
    Malthouse Theatre .... (siehe 5)
24. Melbourne Theatre
    Company F3
25. Moonlight Cinema F4
26. Peel Hotel G2
27. Tote G2

Literature 2008 erwählt wurde. Mit mehr als 2 Mio. Büchern in ihrem Bestand ist die Bibliothek toll zum Stöbern. Das Herz der Bibliothek, der achteckige **La Trobe Reading Room**, wurde 1913 fertiggestellt; seine Stahlbetonkuppel war damals die größte ihrer Art. Das Sonnenlicht erhellt die kunstvollen Stuckarbeiten im Lesesaal, in dem die fleißigen Autoren Melbournes ihre Werke zu Papier bringen. In der Bibliothek finden sich auch Ausstellungen, die eine faszinierende Geschichte über Melbournes Vergangenheit erzählen. Das bedeutendste Exponat ist **Ned Kellys Rüstung**.

Southbank & Docklands

Southbank, früher ein schäbiges Industrieviertel, liegt gleich gegenüber der Flinders St am anderen Ufer des Yarra. Hinter dem Einkaufszentrum **Southgate** liegt das wichtigste Kunstviertel der Stadt, zu dem u. a. die National Gallery of Victoria International und das Arts Centre gehören. Hinten am Fluss erstreckt sich der Uferweg bis zum Crown Casino & Entertainment Complex, einer selbst ernannten „Welt des Entertainment", das seine Besucher täglich rund um die Uhr empfängt. Westlich der City liegen die Docklands.

NGV International   GALERIE
(Karte S. 226; ☎ 03-8662 1555; www.ngv.vic.gov.au; 180 St. Kilda Rd; wechselnder Eintritt je nach Ausstellung; ⊙ Mi–Mo 10–17 Uhr; 🚌 Tourist Shuttle, 🚋 1, 3, 5, 6, 8, 16, 64, 67, 72) GRATIS Hinter der Wasserwandfassade erwartet die Besucher auf drei Etagen eine umfangreiche Sammlung internationaler Kunst von der Antike bis zur Gegenwart. Bedeutende Werke sind u. a. ein Rembrandt, ein Tiepolo und ein Bonnard, und man könnte auch auf einen Monet, Modigliani oder Bacon stoßen. Hier ist auch die Heimat von Picassos Werk *Die weinende Frau*, das 1986 Opfer eines Kunstdiebstahls wurde. Stündlich von 11 bis 14 Uhr gibt's kostenlose 45-minütige Führungen, die abwechselnd zu verschiedenen Teilen der Sammlung führen.

Arts Centre Melbourne   KUNSTZENTRUM
(Karte S. 226; ☎ Reservierung 1300 182 183; www.artscentremelbourne.com.au; 100 St. Kilda Rd; ⊙ Kartenschalter Mo–Fr 9–20.30, Sa 10–17 Uhr; 🚌 Tourist Shuttle, 🚋 1, 3, 5, 6, 8, 16, 64, 67, 72, 🚉 Flinders St) Das Arts Centre besteht aus zwei separaten Gebäuden: der **Hamer Hall** (der Konzertsaal) und dem **Theaterhaus** (unter dem Turm). Beide sind durch mehrere landschaftlich gestaltete Fußwege miteinander verbunden. Die **George Adams Gallery** und die **St. Kilda Road Foyer Gallery** zeigen Wechselausstellungen mit freiem Eintritt. Im Foyer des Theaterhauses gibt's Broschüren für einen Rundgang zu den Kunstwerken, die für das Gebäude in Auftrag gegeben wurden. Dazu zählen Arbeiten von Arthur Boyd, Sidney Nolan und Jeffrey Smart.

Eureka Skydeck AUSSICHTSPUNKT
(Karte S. 226; www.eurekaskydeck.com.au; 7 Riverside Quay; Erw./Kind/Fam. 18,50/10/42 AU$, The Edge zzgl. 12/8/29 AU$; ⊙10–22 Uhr, letzter Einlass 21.30 Uhr; ☐ Tourist Shuttle) Melbournes höchstes Gebäude ist der 2006 errichtete, 297 m hohe Eureka Tower. Der schnelle Aufzug bringt einen in weniger als 40 Sekunden 88 Stockwerke hinauf (wenn die Zeit reicht, lohnt ein Blick auf das Foto auf dem Boden des Aufzugs). „The Edge" ist ein recht sadistischer Glaswürfel, der über die Gebäudekante vorgeschoben wird, während man sich darin befindet, sodass man unwillkürlich in den Abgrund schauen muss.

Australian Centre for Contemporary Art GALERIE
(ACCA; Karte S. 222; ☎03-9697 9999; www.accaonline.org.au; 111 Sturt St; ⊙Di & Do–So 10–17, Mi 10–20 Uhr; ☐1) GRATIS Das ACCA ist eine der spannendsten und herausforderndsten Galerien für zeitgenössische Kunst in Australien. Die Galerie präsentiert eine ganze Palette von Werken australischer und internationaler Künstler. Das Gebäude wirkt selbst wie eine Skulptur: Die rotbraune Fassade erinnert an die Fabriken, die einst hier standen, und der hohe Raum ist ideal für die Aufstellung der oft sehr großen Installationen. Vom Bahnhof Flinders St geht man über die Princes Bridge und folgt dann der St. Kilda Rd. Rechts in die Grant St und dann links in die Sturt St abbiegen!

Melbourne Star RIESENRAD
(Karte S. 222; ☎03-8688 9688; www.melbournestar.com; 101 Waterfront Way, Docklands; Erw./Kind/Fam. 32/19/82 AU$; ⊙10–22 Uhr; ☐City Circle, 70, 86, ☐ Southern Cross) Das Riesenrad wurde ursprünglich 2009 aufgebaut, dann aber wegen Statikproblemen demontiert, und danach dauerte es aufgrund finanzieller Schwierigkeiten noch einige Jahre, bis der Melbourne Star sich endlich drehte. Das gigantische Aussichtsriesenrad, vergleichbar mit dem London Eye und dem Singapore Flyer, hat Glasgondeln, die einen 120 m in die Höhe tragen, von wo sich ein toller Panoramablick auf die Stadt, die Port Philip Bay und sogar bis nach Geelong bietet. Die Fahrt mit dem Riesenrad dauert 30 Minuten.

⊙ East Melbourne & Richmond

Die ruhigen, breiten Straßen von East Melbourne sind gesäumt von prachtvollen viktorianischen Reihenhäusern und Villen im italienischen Stil. Auf der anderen Seite der ständig verstopften Punt Rd/Hoddle St (gegenüber vom Melbourne Cricket Ground) liegt das Viertel Richmond mit ein paar guten Kneipen, diversen vietnamesischen Restaurants an der munteren Victoria St und Modeläden an der Bridge Rd.

★ Melbourne Cricket Ground STADION
(MCG; Karte S. 222; ☎03-9657 8888; www.mcg.org.au; Brunton Ave; Führung Erw./Kind/Fam. 20/10/50 AU$; ⊙Führung 10–15 Uhr; ☐ Tourist Shuttle, ☐48, 70, 75, ☐ Jolimont) Mit 100 000 Plätzen ist das „G" eine der bedeutendsten Sportarenen der Welt – und für viele Australier gewissermaßen heiliger Boden. Im Sommer finden hier Cricketspiele und im Winter die AFL-Footballspiele statt. Wer kann, sollte sich unbedingt ein Spiel anschauen. Ansonsten kann man an einem spielfreien Tag im Rahmen einer **Führung** über das Gelände pilgern und die Tribünen, die Reporter- und Trainerbereiche, die Umkleideräume und auch den Platz (aufs Spielfeld selbst darf man aber nicht) in Augenschein nehmen.

National Sports Museum MUSEUM
(Karte S. 222; ☎03-9657 8856; www.nsm.org.au; MCG, Olympic Stand, Gate 3; Erw./erm./Fam. 20/10/50 AU$, mit MCG-Führung 30/15/60 AU$; ⊙10–17 Uhr) Versteckt auf dem Gelände des Melbourne Cricket Ground zeigt das Sportmuseum fünf Dauerausstellungen zum Lieblingssport der Australier und feiert historische Momente im Sport. Kinder lieben die interaktive Sportabteilung, wo sie ihr Können u. a. im Football, Cricket oder Netball zeigen können.

Fitzroy Gardens PARK
(Karte S. 226; www.fitzroygardens.com; Wellington Pde, zw. Lansdowne & Albert St; ☐ Tourist Shuttle, ☐75, ☐ Jolimont) Gleich östlich der Spring St weicht die Stadt urplötzlich Melbournes schönem Hinterhof, den Fitzroy Gardens. Die stattlichen Alleen sind gesäumt von Englischen Ulmen. Die Anlage mit ihren Blumenbeeten, weiten Rasenflächen, ungewöhnlichen Springbrunnen und einem Wasserlauf ist von der Stadt nur einen kurzen Spaziergang entfernt.

Das Highlight ist **Cooks' Cottage** (Karte S. 226; ☎03-9419 5766; www.cookscottage.com.au; Erw./Kind/Fam. 5/2,50/13,50 AU$; ⊙9–17 Uhr), das Ziegelstein für Ziegelstein per Schiff von Yorkshire hergebracht und 1934 hier wiederaufgebaut wurde (die Hütte gehörte ursprünglich den Eltern des Seefah-

Melbourne Zentrum

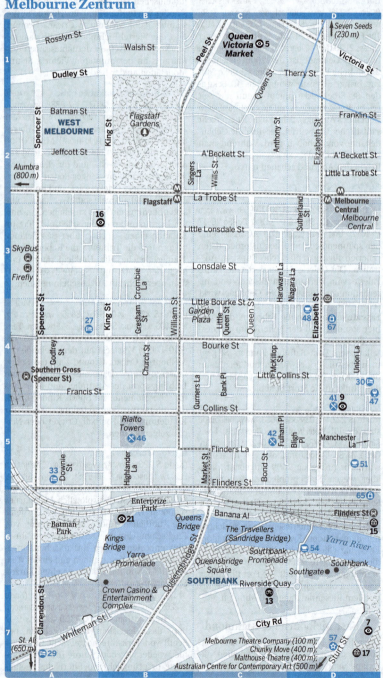

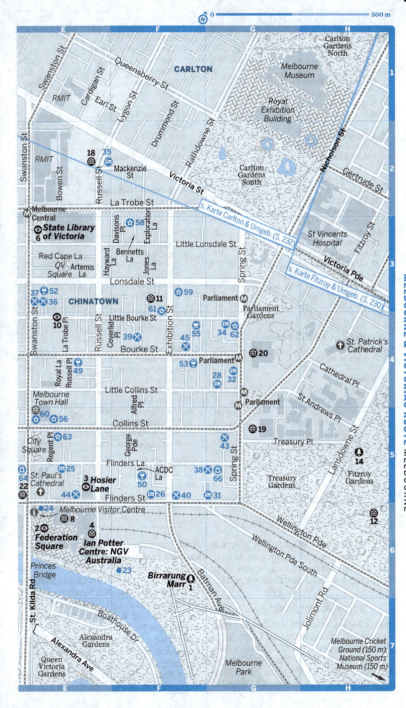

Melbourne Zentrum

◎ Highlights
- **1** Birrarung Marr F6
- **2** Federation Square E6
- **3** Hosier Lane E5
- **4** Ian Potter Centre: NGV Australia E6
- **5** Queen Victoria Market C1
- **6** State Library of Victoria E3

◎ Sehenswertes
- **7** Arts Centre Melbourne D7
- **8** Australian Centre for the Moving Image E6
- **9** Block Arcade D5
- **10** Chinatown E4
- **11** Chinese Museum F3
- **12** Cooks' Cottage H6
- **13** Eureka Skydeck C7
- **14** Fitzroy Gardens H5
- **15** Flinders Street Station D6
- **16** Koorie Heritage Trust B3
- **17** NGV International D7
- **18** Old Melbourne Gaol E2
- **19** Old Treasury Building G5
- **20** Parliament House G4
- **21** Sea Life Melbourne Aquarium B6
- **22** Young & Jackson's E5

◎ Aktivitäten, Kurse & Touren
- **23** ArtPlay F6
- **24** Greeter Service E6

◎ Schlafen
- **25** Adelphi Hotel E5
- **26** Adina Apartment Hotel F5
- **27** Alto Hotel on Bourke A4
- **28** City Centre Budget Hotel G4
- **29** Crown Metropol A7
- **30** Hotel Causeway D4
- **31** Hotel Lindrum G5
- **32** Hotel Windsor G4
- **33** Melbourne Central YHA A5
- **34** Ovolo G4
- **35** Space Hotel E2

◎ Essen
- **36** Camy Shanghai Dumpling Restaurant E3
- **37** Cookie E3
- **38** Cumulus Inc G5
- **39** Flower Drum F4
- **40** Gazi F5
- **41** Hopetoun Tea Rooms D5
- **42** Huxtaburger C5
- **43** Mamasita G5
- **44** MoVida E5
- **45** Pellegrini's Espresso Bar F4
- **46** Vue de Monde B5

◎ Ausgehen & Nachtleben
- **47** Bar Americano D4
- **48** Brother Baba Budan D4
- **49** Carlton Hotel E4
- **50** Cherry F5
- **51** Degraves Espresso D5
- **52** Ferdydurke E3
- Hotel Windsor ....(siehe 32)
- Lui Bar ....(siehe 46)
- **53** Madame Brussels F4
- **54** Ponyfish Island D6
- Section 8 ....(siehe 52)
- **55** Traveller F4
- Young & Jackson's ....(siehe 22)

◎ Unterhaltung
- **56** Athenaeum E5
- **57** Australian Ballet D7
- **58** Bennetts Lane F3
- **59** Comedy Theatre F3
- **60** Halftix Melbourne F5
- **61** Her Majesty's Theatre F3
- **62** Princess Theatre G4
- **63** Regent Theatre E5
- Rooftop Cinema ....(siehe 37)

◎ Shoppen
- **64** Alice Euphemia E5
- **65** City Hatters D6
- **66** Craft Victoria Shop G5
- **67** GPO D4
- Readings ....(siehe 6)

rers). Das Häuschen ist im Stil der Mitte des 18. Jhs. dekoriert, und es gibt eine Ausstellung zu den abenteuerlichen, umstrittenen Reisen von Kapitän James Cook zur Südsee.

◉ Fitzroy & Umgebung

Fitzroy, Melbournes erste Vorstadt, galt einst als Inbegriff von Schmutz und Laster. Trotz lang anhaltender Gentrifizierung treffen sich hier auch heute noch die Kreativen, allerdings eher, um zu Mittag zu essen, darüber in ihrem Blog zu schreiben und anschließend „einmalige" Boutiquen und Antiquitätenläden zu durchstöbern.

Daneben findet man das hippe Collingwood mit den derzeit bei den Melbournern groß angesagten Straßen Smith St und Gertrude St. Die Smith St hat zwar noch einige raue Ecken und Kanten, macht aber nicht mehr durch Verfall, sondern durch smarte Restaurants, Cafés und Boutiquen Schlagzeilen. Außerdem ist die Straße immer noch ein Treffpunkt der Aborigines.

Im Norden liegt das grüne Wohnviertel North Fitzroy mit den Edinburgh Gardens im Zentrum, wo die hippen Leute abhängen. Ein Stück weiter findet man das gentrifizierte Northcote; sein verschlafenes Flair verschwindet bei Einbruch der Dunkelheit, wenn die Leute auf der Suche nach Spaß zur High St strömen.

Abbotsford Convent HISTORISCHE STÄTTE
(Karte S. 222; 03-9415 3600; www.abbotsford convent.com.au; 1 St Heliers St, Abbotsford; Führung 15 AU$; 7.30–22 Uhr; 200, 201, 207, Victoria Park) GRATIS Die Nonnen des ehemaligen Klosters von 1861 sind längst fort, und niemand fragt mehr, wann man zuletzt bei der Messe war. Heute findet sich in der weitläufigen Klosteranlage eine muntere Künstlergemeinde mit Galerien, Ateliers, Cafés und Bars. Führungen über die fast 7 ha große Anlage am Flussufer gibt's immer sonntags um 14 Uhr.

Carlton & Umgebung

Die Lygon St führt durch North Carlton bis Brunswick. Hier findet man einen munteren Mix aus Studenten, alteingesessenen Familien und neu eingetroffenen Migranten. Die zentrale Lebensader von Brunswick, die ständig von Autos verstopfte Sydney Rd, ist voller nahöstlicher Restaurants und Lebensmittelläden. Die Lygon St in East Brunswick kommt immer mehr in Mode; sie ist gesäumt mit guten Restaurants und gemütlichen Bars.

★ Melbourne Museum MUSEUM
(Karte S. 232; 13 11 02; www.museumvictoria.com.au; 11 Nicholson St, Carlton; Erw./Kind & Student 10 AU$/frei, Ausstellungen kosten extra; 10–17 Uhr; Tourist Shuttle, City Circle, 86, 96, Parliament) Das Museum liefert einen großartigen Einblick in die Natur- und Kulturgeschichte Victorias. Die Ausstellungen umfassen alles von Dinosaurierfossilien und riesigen Exemplaren von Tintenfischen bis zu präparierten Tieren, einem 3D-Vulkan und einem Wald mit der Flora Victorias in einem Atrium unter freiem Himmel. In der Ausstellung „Marvellous Melbourne" lernt man die Legende des berühmten Rennpferds und Nationalhelden Phar Lap kennen. Die exzellente Ausstellung **Bunjilaka** im Erdgeschoss vermittelt Geschichten der australischen Ureinwohner anhand von Objekten und Berichten von Aborigines, die mit modernster Technik wiedergegeben werden. Auf dem Gelände gibt es auch ein **IMAX-Kino**.

★ Royal Exhibition Building HISTORISCHES GEBÄUDE
(Karte S. 232; 13 11 02; www.museumvictoria.com.au/reb; 9 Nicholson St, Carlton; Führung Erw./Kind 5/3,50 AU$; Tourist Shuttle, City Circle, 86, 96, Parliament) Das für die Internationale Ausstellung von 1880 errichtete Bauwerk gehört seit 2004 zum UNESCO-Weltkulturerbe. Das schöne viktorianische Gebäude kündet von den großen Tagen der Industriellen Revolution, des britischen Empire und von der wirtschaftlichen Vormachtstellung Melbournes im 19. Jh. Hier wurde zum ersten Mal die australische Flagge gehisst, denn im Jahr 1901 tagte in dem Bau das erste Parlament des Australischen Bundes. Heute finden darin Veranstaltungen aller Art von Handelsmessen bis zu Autoausstellungen sowie alle zwei Jahre die Melbourne Art Fair statt. Führungen durch das Gebäude beginnen um 14 Uhr am Melbourne Museum.

Royal Melbourne Zoo ZOO
(03-9285 9300; www.zoo.org.au; Elliott Ave, Parkville; Erw./Kind 30/13,20 AU$, Wochenende/Feiertage Kind frei; 9–17 Uhr; 505, 55, Royal Park) Der 1861 gegründete Zoo, eine der beliebtesten Attraktionen der Stadt, ist der älteste in Australien und der drittälteste der Welt. Mit seinen weitläufigen, hübsch landschaftlich gestalteten Anlagen versucht der Zoo, die natürlichen Lebensräume der Tiere nachzubauen. Durch die Anlagen führen Besucherwege hindurch: So kann man durch die Vogelvoliere spazieren, den Löwenpark auf einer Brücke überqueren und im Tropenhaus farbenprächtige Schmetterlinge bewundern. Auf der Website findet man Infos zu den weiteren Filialen des Zoos: Healesville Sanctuary (heimische Tiere) und Werribee Open Range Zoo (Tiere aus der afrikanischen Savanne).

South Yarra, Prahran & Windsor

Der in South Yarra gelegene Abschnitt der Chapel St preist bis immer noch als ein Muss für Modebewusste an, hat aber schon bessere Tage gesehen. Heute haben sich Kettenläden und kitschige Bars hier eingenistet, und abends dröhnen die Motoren von Autonarren durch das Viertel. In Prahran gibt es aber Designerläden und ein paar erfrischend originelle Geschäfte. Hier findet sich auch der **Prahran Market** (Karte S. 236; www.prahranmarket.com.au; 163 Commercial Rd; Di, Do & Sa 7–17, Fr bis 19, So 10–15 Uhr; 72, 78,

Fitzroy & Umgebung

Fitzroy & Umgebung

🅰 Aktivitäten, Kurse & Touren
1 Fitzroy Swimming Pool C1

🛏 Schlafen
2 Nunnery A5
3 Tyrian Serviced Apartments B3

🍴 Essen
4 Charcoal Lane B6
5 Cutler & Co A6
6 Gelato Messina D4
7 Huxtaburger D6
8 Vegie Bar B2

🍸 Ausgehen & Nachtleben
9 De Clieu C6
10 Naked for Satan B3

🛍 Shoppen
11 Crumpler D6
12 Fat B4
13 Gorman B4
14 Polyester Books B2
15 Rose Street Artists' Market B2
16 Third Drawer Down C6

🚉Prahran), wo sich die Einheimischen mit Obst, Gemüse und Delikatessen eindecken. Die Chapel St führt weiter nach Windsor, ein Sammelbecken netter Cafés und Trödelläden.

★ Royal Botanic Gardens   GARTEN
(Karte S.222; www.rbg.vic.gov.au; Birdwood Ave, South Yarra; ⏰7.30 Uhr–Sonnenuntergang, Children's Garden Mi–So, Mitte Juli–Mitte Sept. geschl.; 🚌 Tourist Shuttle, 🚋1, 3, 5, 6, 8, 16, 64, 67, 72) `GRATIS` In Melbourne befindet sich mit einem der schönsten botanischen Gärten der Welt eine der prachtvollsten Attraktionen der Stadt. Die wunderschön gestalteten Anlagen erstrecken sich am Yarra River und präsentieren Pflanzen aus aller Welt sowie spezifisch australische Arten. Inmitten großer Rasenflächen findet man kleine Ökosysteme mit Kakteen und Sukkulenten, einen Kräutergarten und einen indigenen Regenwald. Am besten bringt man ein Buch, einen Picknickkorb oder eine Frisbeescheibe, vor allem aber viel Zeit mit.

Shrine of Remembrance   DENKMAL
(Karte S.222; www.shrine.org.au; Birdwood Ave, South Yarra; ⏰10–17 Uhr; 🚌 Tourist Shuttle, 🚋1, 3, 5, 6, 8, 16, 64, 67, 72) `GRATIS` Neben der St. Kilda Rd steht der gewaltige Shrine of Remembrance, ein Denkmal für die Soldaten aus Victoria, die im Ersten Weltkrieg fielen. Der Bau erfolgte zwischen 1928 und 1934, überwiegend als Arbeitsbeschaffungsmaßnahme während der Weltwirtschaftskrise. Der bombastische klassizistische Entwurf basiert teilweise auf dem Mausoleum von Halikarnassos, einem der sieben Weltwunder der Antike. Das Denkmal ist vom anderen Ende der Stadt sichtbar, und Bebauungsvorschriften verhindern, dass irgendein Gebäude von der Swanston St bis zur Lonsdale St den Blick auf den Schrein verdeckt.

👁 St. Kilda & Umgebung

Wer Meeresbrise schnuppern, der anrüchigen Vergangenheit nachspüren oder einfach nur Leute beobachten will, ist in St. Kilda richtig.

St. Kilda lockt mit Palmen, dem Blick auf die Bucht, der salzigen Brise und den rosafarbenen Sonnenuntergängen: Das alles ist einfach herzzerreißend schön. An den Wochenenden wird aufgedreht, der Verkehr quält sich durch die Straßen, und Partystimmung macht sich breit.

Luna Park   VERGNÜGUNGSPARK
(Karte S.241; ☎ 03-9525 5033; www.lunapark.com.au; 18 Lower Esplanade; 1 Fahrgeschäft Erw./Kind 11/9 AU$, alle Fahrgeschäfte 48/38 AU$; 🚋16, 96) Der 1912 eröffnete Luna Park hat sich die Atmosphäre eines altmodischen Vergnügungsparks bewahrt. Schon beim Eintritt durch den weit geöffneten Rachen von Mr. Moon kann man sich so richtig gruseln. Es gibt eine denkmalgeschützte Achterbahn (die älteste noch funktionstüchtige weltweit), ein wunderschönes barockes Karussell mit handbemalten Pferden, Schwänen und Streitwagen und das ganze Sortiment schwindelerregender Fahrgeschäfte.

Strand von St. Kilda   STRAND
(Karte S.241; Jacka Blvd; 🚋16, 96) Es gibt hier zwar von Palmen gesäumte Promenaden, einen als Park gestalteten Streifen und einen langen Sandstrand, aber als Kurort erinnert St. Kilda eher an das englische Brighton als an *Baywatch*, woran auch die schicken Neubauten der letzten 20 Jahre nichts ändern. Der Kiosk am Ende des St. Kilda Pier ist eine exakte Kopie des 2003, ein Jahr vor seinem 100-jährigen Bestehen, abgebrannten Originals.

👁 South Melbourne & Albert Park

In diesen fast schon angeberischen Vorstädten am Meer herrscht eine friedliche,

Carlton & Umgebung

elegante Atmosphäre – nur beim Grand Prix steigt der Geräuschpegel erheblich an. South Melbourne lohnt den Besuch wegen seines **Markts** (Karte S. 222; www.southmelbournemarket.com.au; Ecke Coventry & Cecil St; Mi, Sa & So 8–16, Fr bis 17 Uhr; 96), der berühmt ist für Dim Sums, schicke Haushaltswaren und spitzenmäßig Cafés.

Albert Park Lake SEE
(Karte S. 222; zw. Queens Rd, Fitzroy St, Aughtie Dr & Albert Rd; 96) Elegante Trauerschwäne begrüßen die Leute, die zum Joggen, Radfahren oder Wandern auf dem 5 km langen Weg rund um den künstlichen See unterwegs sind. Der Lakeside Dr wurde in den 1950er-Jahren als Rennstrecke im internationalen Motorsport benutzt, und seit 1996 dient die neu ausgebaute Strecke als Austragungsort des im März stattfindenden **Großen Preis von Australien** (Formel 1). Am Stadtrand befindet sich auch das **Melbourne Sports & Aquatic Centre** mit einem olympischen Schwimmbad und einem Wellenbad, das bei Kindern für viel Spaß sorgt.

Aktivitäten

Radfahren

Radkarten gibt's im Visitor Information Centre am Federation Sq und bei **Bicycle Victoria** (03-8376 8888; www.bv.com.au). Radstrecken in der Stadt sind u. a. der Main Yarra Trail (35 km), von dem der Merri Creek Trail (19 km) abzweigt, der Outer Circle Trail (34 km) und der Maribyrnong River Trail (22 km). Es gibt auch Radwege entlang der Strände Melbournes.

Melbourne Bike Share (1300 711 590; www.melbournebikeshare.com.au) verleiht Fahrräder und hat 51 hellblaue Stationen in der Stadt verteilt; die erste halbe Stunde ist gratis (2,80 AU$/Tag) – perfekt für Kurztrips durch die Stadt. Helme sind Pflicht für Radfahrer; man bekommt die Dinger entweder beim Fahrradverleih (aber nicht immer)

Carlton & Umgebung

Highlights
1 Melbourne Museum D3
2 Royal Exhibition Building D3

Essen
3 D.O.C Delicatessen C1
  D.O.C Espresso .... (siehe 3)
4 D.O.C Pizzeria C1

Ausgehen & Nachtleben
5 Seven Seeds A3

Unterhaltung
6 Cinema Nova C1
7 La Mama C1

Shoppen
8 Readings C1

oder in den 7-Eleven- bzw. IGA-Läden überall in der Stadt für 5 AU$ (davon sind 3 AU$ Pfand).

Schwimmen

Im Sommer locken die städtischen Sandstrände. Beliebt sind die Strände in St. Kilda und Middle Park sowie in den Vorstädten Brighton (mit fotogenen Badehäuschen) und Sandringham. Auch die öffentlichen Schwimmbäder werden viel besucht, z.B. der **Fitzroy Swimming Pool** (Karte S. 230; 03-9205 5180; 160 Alexandra Pde; Erw./Kind 5/3 AU$; Mo-Fr 6–20, Sa & So 8–18 Uhr; 112) und das **Prahran Aquatic Centre** (Karte S. 236; 03-8290 7140; 41 Essex St; Erw./Kind 6/3 AU$; Mo-Fr 6–19.45, Sa bis 17, So 7–17 Uhr; 72, 78, Prahran).

Wassersport

Kayak Melbourne KAJAKFAHREN
(Karte S. 222; 0418 106 427; www.kayakmelbourne.com.au; Tour 72–118 AU$; 11, 31, 48) Man sollte sich die Chance nicht entgehen lassen, den Yarra River in Melbourne per Kajak zu erkunden. Die zweistündigen Touren führen Paddler an den aktuellen Neubauprojekten Melbournes vorbei und bieten einen Einblick in die Geschichten der älteren Stadtteile. Sehr stimmungsvoll sind die Mondscheinfahrten inklusive Abendessen mit Fish & Chips. Abfahrt ist in der Regel an den Docklands von Victoria Harbour – Infos zur Anfahrt gibt's auf der Website.

Kite Republic KITESURFEN
(Karte S. 241; 03-9537 0644; www.kiterepublic.com.au; St. Kilda Seabaths, 4/10–18 Jacka Blvd; Kurs 1 Std. 90 AU$; 10–19 Uhr) Bietet Kurse im Kitesurfen, Touren und Ausrüstung und ist auch eine gute Infoquelle. Im Winter werden Kiteskitouren auf dem Mt. Hotham organisiert. Vermietet auch Bretter von Stehpaddeln und zum „Stehpaddeln" auf der Straße.

Stand Up Paddle HQ STEHPADDELN
(Karte S. 241; 0416 184 994; www.supb.com.au; St. Kilda Pier; 25 AU$/Std., Pinguintour 2 Std. 130 AU$; 96) Verleiht Bretter und Paddel am St. Kilda Pier und veranstaltet Kurse sowie Touren auf dem Yarra River und bei Sonnenuntergang die St.-Kilda-Pinguintour zu einer Pinguinkolonie.

Geführte Touren

Aboriginal Heritage Walk KULTURTOUR
(Karte S. 222; 03-9252 2300; www.rbg.vic.gov.au; Royal Botanic Gardens, Birdwood Ave, South Yarra; Erw./Kind 25/10 AU$; Di-Fr & 1. So im Monat 11 Uhr; Tourist Shuttle, 8) Die Royal Botanic Gardens befinden sich auf dem Gelände eines traditionellen Lager- und Versammlungsplatzes der Aborigines. Bei den 90-minütigen Führungen erfährt man viel über ihre Geschichte, ihre Lieder und ihr Pflanzenwissen. Start ist am Visitor Centre.

Melbourne By Foot STADTSPAZIERGANG
(0418 394 000; www.melbournebyfoot.com; Tour 35 AU$; Flinders St) Mit Dave unternimmt man einen mehrstündigen entspannten und informativen Spaziergang 4 km durch die Stadt, bei dem man die Kunst in den Gassen, die Politik, die Geschichte und die ethnische Vielfalt Melbournes kennenlernt. Unterwegs gibt's auch eine Erfrischungspause. Sehr zu empfehlen; online reservieren!

Greeter Service STADTSPAZIERGANG
(Karte S. 226; 03-9658 9658; Melbourne Visitor Centre, Federation Sq; Flinders St) GRATIS Bei der kostenlosen zweistündigen „Orientierungstour" unter der Führung ehrenamtlicher Helfer kann man sich gut einen Überblick verschaffen. Start ist täglich um 9.30 Uhr am Fed Sq (Reservierung erforderlich).

Melbourne Street Art Tours STADTSPAZIERGANG
(03-9328 5556; www.melbournestreettours.com; Tour 69 AU$; Di, Do & Sa 13.30–17 Uhr) Bei der dreistündigen Tour entdeckt man die Straßenkunst Melbournes. Die Führer sind selbst Straßenkünstler, sodass man einen guten Einblick in diese Kunstform erhält.

Feste & Events

Wenn's ums Feiern geht, macht man in Melbourne keine Umstände. Winter oder Som-

MELBOURNE MIT KINDERN

Melbourne ist eine tolle Stadt für Familien, denn sie hat viel zu bieten, um die Kleinen bei Laune zu unterhalten.

Children's Garden (Karte S. 222; Royal Botanic Gardens, Birdwood Ave, South Yarra; ⊙ Mi–So 10–16 Uhr, während der Schulferien in Victoria tgl., Mitte Juli–Mitte Sept. geschl.) Es gibt natürliche Tunnel durch den Regenwald, einen Kräutergarten und Planschbecken.

Collingwood Children's Farm (Karte S. 222; www.farm.org.au; 18 St Heliers St, Abbotsford; Erw./Kind/Fam. 8/4/16 AU$; ⊙ 9–16.30 Uhr; 🚌 200, 201, 207, 🚆 Victoria Park) Biofarm mit naturverbundener Atmosphäre und vielen Hoftieren in der Nähe der Stadt.

Scienceworks (Karte S. 222; ☎ 13 11 02; www.museumvictoria.com.au/scienceworks; 2 Booker St, Spotswood; Erw./Kind 10 AU$/frei, Planetarium & Lightning Room zzgl. Erw./Kind 6/4,50 AU$; ⊙ 10–16.30 Uhr; 🚆 Spotswood) Technikspaß im westlichen Vorort Spotswood.

ArtPlay (Karte S. 226; ☎ 03-9664 7900; www.artplay.com.au; ⊙ Mi–So 10–16 Uhr) Kreative Workshops in Birrarung Marr für Kinder von zwei bis 13 Jahren, bei denen sie nähen, malen und mit Puppen spielen.

Spaß und jede Menge Aktivitäten für Groß und Klein gibt's auch im: ACMI (S. 218), Melbourne Zoo (S. 229), Sea Life Aquarium (S. 221), National Sports Museum (S. 225) und Melbourne Museum (S. 229).

---

mer sind für die Melbourner keine Entschuldigung, sich nicht mit Gleichgesinnten bei Freiluftevents und in Kinos, Theatersälen oder Sportstätten zu versammeln.

Januar

Australian Open TENNIS
(www.australianopen.com; National Tennis Centre; ⊙ Jan) Die Topspieler der Welt und gut gelaunte Zuschauermassen strömen herbei, wenn Australiens Grand-Slam-Tennismeisterschaft abgehalten wird.

Midsumma Festival SCHWULE, LESBEN
(www.midsumma.org.au; ⊙ Jan–Feb) Das jährlich stattfindende schwul-lesbisches Kunstfestival bietet von Mitte Januar bis Mitte Februar mehr als 100 Events, den Abschluss bildet ein großer Umzug.

Februar

St. Kilda Festival MUSIK
(www.stkildafestival.com.au; Acland & Fitzroy St, St. Kilda; ⊙ Feb) GRATIS Das eine Woche dauernde Fest endet am Sonntag mit einer Straßenparty, die sich über das gesamte Viertel ausbreitet.

White Night FESTIVAL
(http://whitenightmelbourne.com.au; ⊙ Feb.) GRATIS Bei dem jährlichen Event wird ganz Melbourne die ganze Nacht mit bunten Projektionen bestrahlt. Vor dieser Kulisse gibt's kostenlos Kunst, Musik und Filme.

Chinesisches Neujahrsfest KULTUR
(www.chinatownmelbourne.com.au; Little Bourke St; ⊙ Feb.) Seit die Little Bourke St in den 1850er-Jahren zu Chinatown wurde, begeht Melbourne das nach dem Mondkalender anstehende Neujahrsfest.

März

Moomba FESTIVAL
(www.thatsmelbourne.com.au; Alexandra Gardens; ⊙ März) GRATIS Ein Festival am Ufer, das für die verrückte Birdman Rally berühmt ist, bei der sich die Teilnehmer mit selbst gebauten Flugmaschinen in den Yarra River stürzen.

Melbourne Food & Wine Festival ESSEN
(www.melbournefoodandwine.com.au; ⊙ März) In der ganzen Stadt (und im Staat) Marktbesuche, Weinproben, Kochkurse und Präsentationen berühmter Köche.

Großer Preis von Australien AUTORENNEN
(☎ 1800 100 030; www.grandprix.com.au; Albert Park; Tickets ab 55 AU$; ⊙ März) Der 5,3 km lange Kurs um den sonst beschaulichen Albert Park Lake ist für seinen schnellen Belag bekannt. Vier spannungsreiche Tage haben die dröhnenden Motoren die Stadt voll im Griff.

April

Melbourne International Comedy Festival COMEDY
(www.comedyfestival.com.au; Melbourne Town Hall; ⊙ März–April) Vier Wochen lang bringen et-

liche heimische und internationale Comedians die Leute zum Lachen.

Mai

Melbourne Jazz JAZZ
(www.melbournejazz.com; ☺ Mai–Juni) Internationale Jazzgrößen schließen sich den einheimischen Könnern bei Auftritten in der Hamer Hall, dem Regent Theatre und dem Palms im Crown Casino an.

Juli

**Melbourne International
Film Festival** FILM
(MIFF; www.melbournefilmfestival.com.au; ☺ Juli–Aug.) Filmfreaks in schwarzen Shirts strömen in Massen zu dem Filmfest mitten im Winter.

August

Melbourne Writers Festival LITERATUR
(www.mwf.com.au; ☺ Aug.) Melbourne ist eine UNESCO-Literaturstadt, und die Stadt ist stolz auf ihre Schriftsteller und Leser. Das Autorenfestival beginnt in der letzten Augustwoche. Es gibt Diskussionsforen und Events an verschiedenen Orten in der Stadt.

September

AFL Grand Final AFL
(www.afl.com.au; MCG; ☺ Sept.) Es ist leichter, ein Tor von der Auslinie zu schießen, als ein Ticket für das Grand Final zu ergattern, aber das Endspielfieber lässt sich überall in Melbourne (insbesondere in den Pubs) erleben.

Melbourne Fringe Festival KUNST
(www.melbournefringe.com.au ☺ Sept.–Okt.) Experimentelles aus Theater, Musik und Kunst steht im Mittelpunkt dieses Festivals.

Oktober

**Melbourne International
Arts Festival** KUNST
(www.melbournefestival.com.au; ☺ Okt.) An verschiedenen Locations der Stadt wird ein interessantes Programm mit australischem und internationalem Theater, Oper, Tanz, Musikevents und bildender Kunst präsentiert.

November

Melbourne Cup PFERDERENNEN
(www.springracingcarnival.com.au; ☺ Nov.) Der Spring Racing Carnival, dessen Höhepunkt der prestigeträchtige Melbourne Cup bildet, ist gleichermaßen ein sportliches wie gesellschaftliches Ereignis. Der Cup findet am ersten Dienstag im November statt und ist in Melbourne ein Feiertag.

Dezember

Boxing Day Test CRICKET
(www.mcg.org.au; MCG; ☺ Dez.) Traditionsgemäß ist der zweite Weihnachtsfeiertag alljährlich der erste Tag der Test Matches in Melbourne. Die Massen strömen, und insbesondere auf Tribüne 13 geht's munter zu.

🛏 Schlafen

Eine Unterkunft im Zentrum garantiert besten Zugang zu den wichtigsten Sehenswürdigkeiten. Wer will, kann seinen Radius aber auch auf eine der näheren Vorstädte wie das schrille Fitzroy oder das am Meer gelegene St. Kilda ausdehnen.

🛏 Stadtzentrum

★ Space Hotel HOSTEL, HOTEL $
(Karte S. 226; ☎ 03-9662 3888; www.spacehotel.com.au; 380 Russell St; B/EZ/DZ ohne Bad ab 28/70/99 AU$; ❄@☎; 🚋 City Circle, 24, 30) Eines der wenigen echten Flashpacker-Quartiere in Melbourne ist dieses schicke, moderne und makellose Hotel mit sehr vernünftigen Preisen und Angeboten für alle Altersgruppen. Die Zimmer sind mit iPod-Stationen und Flachbildfernsehern ausgestattet, und die Schlafsäle bieten durchdachte Details wie große Schließfächer mit Lichtsensoren und verschließbaren Adaptern. Es gibt auch ein paar Doppelzimmer mit angeschlossenem Bad und Balkon.

Melbourne Central YHA HOSTEL $
(Karte S. 226; ☎ 03-9621 2523; www.yha.com.au; 562 Flinders St; B/DZ 34/100 AU$; @☎; 🚋 70) Das altehrwürdige Gebäude wurde von den YHA-Leuten vollkommen umgestaltet. Es erwarten einen ein munterer Empfang, hübsche Zimmer und Küchen und Gemeinschaftsbereiche auf jedem der vier Stockwerke. Unterhaltung wird großgeschrieben, es gibt ein sagenhaftes Restaurant namens Bertha Brown im Erdgeschoss und eine großartige Dachterrasse.

City Centre Budget Hotel HOTEL $
(Karte S. 226; ☎ 03-9654 5401; www.citycentrebudgethotel.com.au; 22 Little Collins St; DZ mit Gemeinschafts-/eigenem Bad 92/112 AU$; @☎;

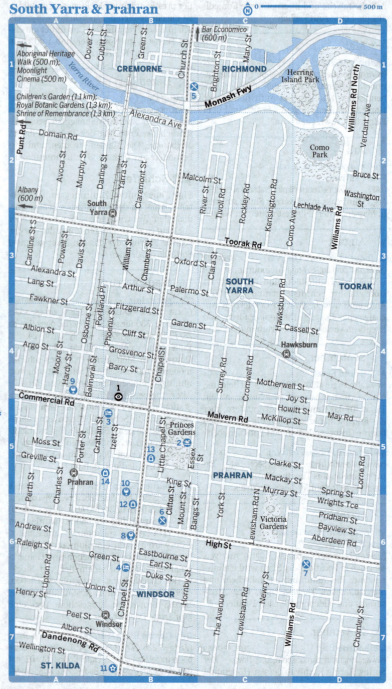

South Yarra & Prahran

◎ Sehenswertes
1 Prahran Market B4

◆ Aktivitäten, Kurse & Touren
2 Prahran Aquatic Centre B5

◉ Schlafen
3 Art Series (Cullen)..............................B5
4 Back Of Chapel B6

◉ Essen
5 Baby..B1
6 Huxtaburger B6
7 WoodLand House D6

◉ Ausgehen & Nachtleben
8 Borsch, Vodka & Tears B6
9 Kama Bar A4
10 Revolver Upstairs B5

◉ Unterhaltung
11 Astor B7

◉ Shoppen
12 Chapel Street Bazaar B6
13 Fat B5
14 Greville Records B5

Parliament) Traulich, eigenständig und unaufdringlich: Das Budgethotel mit 38 Zimmern ist eine echte Entdeckung. Es liegt am hübscheren Ende der Stadt, in einer kleinen Straße ein paar Stufen hoch in einem unscheinbaren Gebäude. Die Zimmer sind schlicht, aber nett und ordentlich, das Personal ist nett, und es gibt gratis WLAN, eine Waschküche und eine Gemeinschaftsküche auf der mit Kieseln bedeckten Dachterrasse.

Alto Hotel on Bourke HOTEL $$
(Karte S. 226; 03-8608 5500; www.altohotel.com.au; 636 Bourke St; Zi. ab 158 AU$; P❋@🛜; 86, 96) Das umweltbewusste Alto hat wassersparende Duschen, Energiesparlampen und Doppelglasfenster, und die Gäste werden angehalten, ihren Müll zu trennen. Die Zimmer sind bestens mit gutem Licht und neutraler Einrichtung ausgestattet. Die Apartments (aber nicht die Wohnstudios) umfassen eine voll ausgestattete Küche und mehrere LCD-TVs; einige haben auch einen Whirlpool. Gratis-Extras sind u. a. Espresso aus biologischem Anbau, Äpfel und Zugang zum Massageraum. Gäste können auch das Elektroauto (17 AU$/Std.) nutzen.

Adina Apartment Hotel APARTMENTS $$
(Karte S. 226; 03-8663 0000; www.adinahotels.com.au; 88 Flinders St; Apt. ab 165 AU$; P❋🛜;

City Circle, 70, 75) Das ist Melbourne, wie es leibt und lebt: Die coolen, einfarbig gestalteten Designerapartments im lagerhausartigen Loftstil sind extragroß und luxuriös. Die Apartments nach vorne hinaus bieten einen umwerfenden Blick auf eine Parklandschaft, und die riesigen Wohnstudios mit abgezogenen Dielen haben Fenster in Richtung der Gassen von Melbourne. Alle Unterkünfte besitzen eine voll ausgestattete Küche. Es gibt auch Apartments in **St. Kilda** (Karte S. 241; 03-9536 0000; 157 Fitzroy St; Apt. ab 139 AU$) mit Blick auf den Albert Park.

Hotel Causeway HOTEL $$
(Karte S. 226; 03-9660 8888; www.causeway.com.au; 275 Little Collins St; Zi. inkl. Frühstück ab 170 AU$; ❋@🛜; 86, 96) Mit einem versteckten Zugang zu den überdachten Arkaden am Howey Pl spricht das Causeway vor allem die Leute an, die zum Shoppen und wegen der Bars nach Melbourne kommen. Das Haus ist klein und hat natürlich nicht alle Einrichtungen eines großen Hotels. Die Zimmer sind elegant und bieten luxuriöse Bettwäsche, Bademäntel und Pantoffeln.

★ Ovolo BOUTIQUEHOTEL $$$
(Karte S. 226; 03-8692 0777; www.ovologroup.com; 19 Little Bourke St; Zi. mit Frühstück ab 209 AU$; P❋@🛜; Parliament) Melbournes neuestes Boutiquehotel mischt hippen Schick und eine fröhliche Businessatmosphäre. Es ist freundlich, witzig und voller toller Sachen: Es gibt eine kostenlose plünderbare Minibar in jedem Zimmer und täglich eine Happy Hour mit Gratis-Getränken im Erdgeschoss. Angesichts des Korbs mit leckeren Sachen, den man bei der Ankunft erhält, der Nespresso-Maschine in der Lobby und dem Frühstücksgebäck von Le Patisserie wird man für immer bleiben wollen.

Crown Metropol HOTEL $$$
(Karte S. 226; 03-9292 6211; www.crownhotels.com.au; 8 Whiteman St, Crown Casino; Zi. ab 295 AU$; ❋@🛜🏊; 96, 109, 112) Das Haus ist das eleganteste der Crown Hotels. Die Gäste haben Zugang zu dem außergewöhnlichsten Infinity-Pool Melbournes mit einem 270-Grad-Blick auf die Stadt bis zu den Dandenongs in der Ferne. Die hübsch eingerichteten Luxus-Zweibettzimmer sind die preisgünstigsten in der Stadt und reichen für bis zu vier Personen.

Hotel Lindrum BOUTIQUEHOTEL $$$
(Karte S. 226; 03-9668 1111; www.hotellindrum.com.au; 26 Flinders St; Zi. ab 250 AU$; P❋🛜;

(🚋70, 75) Die ehemalige Snookerhalle des legendären, ungeschlagenen Walter Lindrum ist heute eines der attraktivsten Hotels der Stadt mit satten Farben, viel Stoff und sanfter Beleuchtung. Wer sich für ein Luxuszimmer entscheidet, bekommt entweder Bogen- oder Erkerfenster und einen herrlichen Blick auf Melbourne für sein Geld. Und natürlich steht hier auch ein Billardtisch, auf dem Lindrum selbst gespielt hat.

Hotel Windsor   HOTEL $$$
(Karte S. 226; ☎03-9633 6000; www.thehotelwindsor.com.au; 111 Spring St; Zi. ab 175 AU$; ❄@; 🚋Parliament) Funkelnde Kronleuchter und ein Konzertflügel in der Lobby bilden die Kulisse dieses opulenten, denkmalgeschützten Gebäudes von 1883, in dem sich eines der berühmtesten und stilsichersten Grandhotels Australiens befindet. Zum Zeitpunkt unserer Recherchen stand eine umstrittene, 260 Mio. AU$ teure Renovierung an. Zu seinem englischen Charakter tragen der **High Tea** (Mo–Fr 69 AU$, Sa & So 89 AU$) und die historische Cricketers Bar voller Cricket-Andenken bei.

Adelphi Hotel   HOTEL $$$
(Karte S. 226; ☎03-8080 8888; www.adelphi.com.au; 187 Flinders Lane; Zi. ab 250 AU$; ❄@ 🛏≋; 🚋3, 5, 6, 16, 64, 67, 72) Das dezente Anwesen in der Flinders Lane war eines der ersten Boutiquehotels Australiens. Nach der Fünf-Sterne-Renovierung hat es eine neue Leitung, rockt aber noch immer. Die gemütlichen Zimmer mit Designelementen vermitteln einen deutlich europäischen Glamour. Und auch der inzwischen zum Wahrzeichen gewordene Pool auf dem Dach, der über die Flinders Lane vorspringt, ist geblieben.

🛏 Fitzroy & Umgebung

★ Nunnery   HOSTEL $
(Karte S. 230; ☎03-9419 8637; www.nunnery.com.au; 116 Nicholson St, Fitzroy; B/EZ/DZ inkl. Frühstück ab 32/90/120 AU$; @🛏; 🚋96) Das 1888 erbaute Nunnery strahlt mit den großen Treppenhäusern und vielen originalen Klosterdetails viel Atmosphäre aus. An den Wänden hängt christliche Kunst, und es gibt prächtige Buntglasfenster. Sehr zu begrüßen sind die großen, komfortablen Lounges und Gemeinschaftsbereiche. Direkt neben dem Haupthaus steht das Nunnery Guesthouse mit größeren Zimmern in privater Lage (ab 130 AU$). Das Anwesen ist sehr beliebt – also vorab buchen!

Tyrian Serviced Apartments   APARTMENTS $$$
(Karte S. 230; ☎03-9415 1900; www.tyrian.com.au; 91 Johnston St, Fitzroy; Zi. ab 200 AU$; P❄@🛏; 🚋112) Die geräumigen, separaten modernen Apartments haben einen Fitzroy-Promi-Schick, den man schon beim Gang durch den gedämpft beleuchteten Korridor zur Rezeption spürt. Schwere Sofas, Flachbildfernseher und Balkone verstärken den Reiz noch, und direkt vor der Tür findet man viele der für das Viertel typischen Restaurants und Bars.

🛏 South Yarra, Prahran & Windsor

Back of Chapel   HOSTEL $
(Karte S. 236; ☎03-9521 5338; www.backofchapel.com; 50 Green St, Windsor; B inkl. Frühstück 20–26 AU$, DZ 80 AU$; @; 🚋78, 79) Die saubere Backpackerherberge in einem alten viktorianischen Reihenhaus hat eine Top-Lage, nur 20 Schritte von der geschäftigen Chapel St entfernt. Sie hat entspanntes Personal und ist bei Travellern sehr beliebt. Die Rezeption ist ab 17.30 Uhr nicht mehr besetzt.

Albany   BOUTIQUEHOTEL $$
(Karte S. 222; ☎03-9866 4485; www.thealbany.com.au; Ecke Toorak Rd & Millswyn St, South Yarra; Zi. 100–160 AU$; ❄@🛏≋; 🚋8) In dem sowohl modischen als auch rockigen Albany hat man die Wahl zwischen den fantastisch renovierten Zimmern in der viktorianischen Villa aus den 1890er-Jahren und den billigen, etwas schäbigen Motelzimmern im Stil von Los Angeles. Das Anwesen verfügt über einen rosaroten Pool auf dem Dach und eine großartige Lage gegenüber vom Fawkner Park zwischen der Stadt und dem eleganten South Yarra.

★ Art Series (The Cullen)   BOUTIQUEHOTEL $$$
(Karte S. 236; ☎03-9098 1555; www.artseriesho tels.com.au/cullen; 164 Commercial Rd, Prahran; Zi. ab 209 AU$; ❄@🛏; 🚋72, 78, 79, 🚊Prahran) Von allen Art-Series-Hotels ist dies das avantgardistischste. Es wurde vom verstorbenen Grunge-Maler Adam Cullen gestaltet. Seine lebendigen, oft grafischen Arbeiten sieht man überall hier, z.B. Ned Kelly in Acrylfarben an der Trennwand zwischen Zimmer und Bad. Hier gibt's klassische Boutiquezimmer – gemütlich, aber nicht sehr groß.

🛏 St. Kilda & Umgebung

Base   HOSTEL $
(Karte S. 241; ☎03-8598 6200; www.stayatbase.com; 17 Carlisle St; B 26–38 AU$, DZ 90–120 AU$;

P✻@⚹; 🚋3a, 16, 79, 96) Das gut geführte Base verfügt über modernisierte Schlafsäle (mit zugehörigem Bad) und schicke Doppelzimmer. Eine Etage ist nur Frauen vorbehalten; dort findet man Haarglätteisen und Sektangebote. Für gute Stimmung sorgen eine Bar und abends Livemusik.

Hotel Barkly
HOTEL $

(St. Kilda Beach House; Karte S. 241; ☏ 03-9525 3371; www.stkildabeachhouse.com; 109 Barkly St; B/DZ inkl. Frühstück ab 29/99 AU$; ✻@⚹; 🚋3, 67) Das Hotel Barkly ist eine einzige Party-Location, und alle stehen auf der Gästeliste. Im 1. Stock gibt's helle Schlafsäle, im 2. und 3. findet man stimmungsvolle, wenn auch nicht luxuriöse private Zimmer, teils mit Balkon und Ausblick. Ganz unten gibt's noch eine gut besuchte Kneipe und ganz oben eine witzige Bar, wo gern mal die Wände wackeln – wer's laut mag, wird hier sicher jede Menge Spaß haben.

Prince
HOTEL $$

(Karte S. 241; ☏ 03-9536 1111; www.theprince.com.au; 2 Acland St; Zi. inkl. Frühstück ab 185 AU$; P✻@⚹≋; 🚋3a, 16, 79, 96, 112) Das schicke Prince hat eine spektakuläre Lobby, und die Zimmer verbinden natürliche Materialien und zurückhaltende Ästhetik. Zu den Einrichtungen gehören einige der Highlights des Viertels: das Tages-Spa Aurora (Karte S. 241; ☏ 03-9536 1130; www.auroraspa treat.com; 2 Acland St; Massage 1 Std. ab 120 AU$; ⊙Mo-Fr 8.30-20, Sa bis 18, So 10-19 Uhr; 🚋3a, 16, 96, 112), das Restaurant Circa, Bars und ein Probenraum. Fürs Frühstück sorgt die Acland St. Cantina im Erdgeschoss. Wer am Wochenende hier absteigt, muss mit Nachtclublärm rechnen. Ein Bonus ist das kostenlose WLAN.

Hotel Tolarno
HOTEL $$

(Karte S. 241; ☏ 03-9537 0200; www.hoteltolar no.com.au; 42 Fitzroy St; EZ/DZ/Suite ab 120/155/230 AU$; ✻@⚹; 🚋3a, 16, 79, 96, 112) Hier befand sich einst Georges Moras bahnbrechende Kunstgalerie Tolarno. Das feine Lokal unten mit dem Namen von Georges' Frau Mirka, einer bekannten Künstlerin, ist mit ihren Originalbildern bestückt. Es gibt auch diverse Zimmer, die bunt gemischt eingerichtet sind und gute Betten, ausdrucksstarke Originalwerke und kostenloses WLAN bieten.

 Essen

Es gibt zwar auch in der Innenstadt tolle Lokale, aber wirklich innovative Restaurants findet man an der Smith St und der Gertrude St in Collingwood/Fitzroy und an der Acland St und der Fitzroy St in St. Kilda.

Bei Twitter kann man unter @wherethe truckat verfolgen, wo die Melbourner Flotte der innerstädtischen Food-Trucks gerade zu finden ist.

Stadtzentrum

Camy Shanghai Dumpling Restaurant
CHINESISCH $

(Karte S. 226; 23-25 Tattersalls Lane; Dampfklöße 10/20 Stk. 5/7 AU$; ⊙Mo-Fr 11.30-15.30 & 17-22, Sa 12-22, So 12-21 Uhr; 🚋3, 5, 6, 16, 64, 67, 72) Eine Melbourner Institution: Schick ist der Laden nicht – man gießt sich selbst aus der Kanne Tee in eine Plastiktasse und wählt unter den verschiedenen Klößen (gedämpft oder gebraten) mit etwas Gemüse. Alkoholische Getränke selbst mitbringen! Dies ist eines der letzten Lokale in der Stadt, wo man sich für weniger als 10 AU$ noch richtig satt essen kann, wenn man mit der mürrischen Bedienung zurechtkommt.

★ MoVida
SPANISCH $$

(Karte S. 226; ☏ 03-9663 3038; www.movida.com.au; 1 Hosier Lane; Tapas 4-6 AU$, Raciones 8-28 AU$; ⊙12 Uhr-open end; 🚋70, 75, 🚆Flinders St) Das MoVida versteckt sich in einer kopfsteingepflasterten Gasse, die gleichzeitig eine der weltweit größten Ansammlungen von Straßenkunst auf engem Raum darstellt – typischer Melbourne geht nicht. Man stellt sich an die Theke, sammelt sich um die kleinen Tische am Fenster oder setzt sich, wenn man reserviert hat, an seinen Tisch im Speisebereich und genießt die fantastischen spanischen Tapas und *raciones*.

Cumulus Inc
MODERN-AUSTRALISCH $$

(Karte S. 226; www.cumulusinc.com.au; 45 Flinders Lane; Hauptgerichte 21-38 AU$; ⊙Mo-Fr 7-23, Sa & So 8-23 Uhr; 🚋City Circle, 48) Ob zum Frühstück, Mittag- oder Abendessen – dieser Laden gehört zu den besten vor Ort. Man genießt die tolle Küche von Andrew McConnell zu wirklich vernünftigen Preisen. Der Schwerpunkt liegt auf erstklassigen Lebensmitteln und einfacher, aber kunstvoller Zubereitung – vom Frühstück mit Sardinen und geräucherten Tomaten auf Toast an der Marmortheke bis hin zu den frisch aus gelösten Austern *clair de lune*, die man gemütlich auf den lederbezogenen Bänken verdrückt. Da Reservierungen nicht angenommen werden, sind Warteschlangen wahrscheinlich.

Mamasita
MEXIKANISCH $$

(Karte S. 226; ☎ 03-9650 3821; www.mamasita.com.au; 1/11 Collins St; Tacos ab 5 AU$, Gemeinschaftsteller ab 19 AU$; ⊙ Mo-Sa 12 Uhr-open end, So ab 13 Uhr; 🚋 City Circle, 11, 31, 48, 112) Das Restaurant hat in Melbourne eine wahre Leidenschaft für authentisch mexikanische Imbisskost ausgelöst. Die beim Mamasita ist noch immer eine der besten, wie die permanent lange Schlange beweist. Der über Holzkohle gegrillte Mais mit Käse und Chipotle-Mayo ist eine legendäre Vorspeise, und dann gibt's noch eine fantastische Auswahl von Mais-Tortilla-Tacos und 180 Tequila-Arten. Keine Reservierung möglich – also muss man mit Wartezeiten rechnen.

Cookie
THAI, BAR $$

(Karte S. 226; ☎ 03-9663 7660; www.cookie.net.au; 1. Stock, Curtain House, 252 Swanston St; Hauptgerichte ab 17,50 AU$; ⊙ 12 Uhr-open end; 🚋 3, 5, 6, 16, 64, 67, 72) Das Cookie ist teils thailändisches Restaurant, teils schicke Bar und beides mit Klasse. Die thailändische Küche wirkt authentisch und weist einen Fusion-Twist auf, sodass sie zu den besten ihrer Art zählt. Die Bar ist unglaublich gut mit feinen Whiskeys, Weinen und Bieren bestückt, und man weiß hier auch, wie gute Cocktails gemixt werden.

Gazi
GRIECHISCH $$

(Karte S. 226; ☎ 03-9207 7444; www.gazirestaurant.com.au; 2 Exhibition St; Gemeinschaftsteller ab 10 AU$, Hauptgerichte 23 AU$; ⊙ 11.30-23 Uhr; 🚋 48, 70, 75) Der neueste Laden von George Calombaris, der durch die Fernsehsendung *MasterChef* berühmt wurde, ist dieses Nebenprojekt gleich neben dem angrenzenden schickeren Press Club. Das Gazi befindet sich in einem höhlenartigen Gewerberaum mit einer von griechischen Straßenimbissen inspirierten Speisekarte. Zur Wahl steht alles von authentischen großen Vorspeisetellern und leckeren, mit Garnelen oder Ente gefüllten Mini-Souvlakis bis hin zu Grillspießen. Calombaris gehört auch das Restaurant **Hellenic Republic** (☎ 03-9381 1222; www.hellenicrepublic.com.au; 434 Lygon St; Hauptgerichte 16-30 AU$; ⊙ Fr 12-16, Sa & So 11-16, Mo-So 17.30 Uhr-open end; ☎; 🚋 1, 8) in East Brunswick.

Pellegrini's Espresso Bar
ITALIENISCH, CAFÉ $$

(Karte S. 226; ☎ 03-9662 1885; 66 Bourke St; Hauptgerichte 16-18 AU$; ⊙ Mo-Sa 8-23.30, So 12-20 Uhr; 🚋 Parliament) Das kultige Pellegrini's ist das italienische Äquivalent eines klassischen Diner der 1950er-Jahre und hat sich seit Jahrzehnten kaum verändert. Man stellt seine eigene Mischung aus den diversen hausgemachten Pastasorten und Saucen zusammen und beobachtet vom hinteren Tisch aus, wie das Georderte aus riesigen, dampfenden Töpfen zusammengestellt wird. Im Sommer sollte man sich zum Schluss eine Wassermelonen-Granita gönnen.

Hopetoun Tea Rooms
TEESTUBE $$

(Karte S. 226; ☎ 03-9650 2777; www.hopetountearooms.com.au; Block Arcade, 282 Collins St; Gerichte 13-21 AU$; ⊙ 8-17 Uhr) Schon seit 1892 verspeisen Kunden hier Sandwichröllchen, schlürfen Tee (natürlich mit abgespreiztem kleinem Finger) und verdrücken genüsslich Lamington-Kuchen. Der altehrwürdige Status des Hopetoun zeigt sich auch an den langen Schlangen, die fast bis zum Eingang der Block Arcade reichen. Beim Warten kann man sich an den Auslagen im Schaufenster erfreuen.

★ Vue de Monde
MODERN-AUSTRALISCH $$$

(Karte S. 226; ☎ 03-9691 3888; www.vuedemonde.com.au; Level 55, Rialto, 525 Collins St; Verkostungsmenü 200-250 AU$; ⊙ Reservierung Di-Fr & So 12-14, Mo-Sa 18-21.15 Uhr; 🚋 11, 31, 48, 109, 112, 🚆 Southern Cross) Melbournes beliebtestes Restaurant für feines Essen hat eine tolle Lage auf der alten „Aussichtsterrasse" des Rialto mit einem Blick, der seinem Namen gerecht wird. Die visionäre Chefköchin Shannon Bennett hat die klassische französische Küche hinter sich gelassen. Das Thema, das sich nun von der Einrichtung bis zur Speisekarte durchzieht, ist die modern-australische Küche.

Flower Drum
CHINESISCH $$$

(Karte S. 226; ☎ 03-9662 3655; www.flower-drum.com; 17 Market Lane; Hauptgerichte 35-55 AU$; ⊙ Mo-Sa 12-15 & 18-23, So 18-22.30 Uhr; ☎; 🚋 86, 96) Das Flower Drum ist nach wie vor das beliebteste chinesische Restaurant in Melbourne. Die feinsten und frischesten Zutaten werden hier mit Blick auf alle Details zubereitet, deswegen ist diese Institution immer auf Wochen im Voraus ausgebucht. Die aufwendigen, aber scheinbar schlichten kantonesischen Gerichte (das Menü wechselt täglich) werden mit dem professionellen Service serviert, den man in einer solch eleganten Umgebung erwarten darf.

🍴 Fitzroy & Umgebung

Huxtaburger
BURGER $

(Karte S. 230; ☎ 03-9417 6328; www.huxtaburger.com.au; 106 Smith St, Collingwood; Burger ab

St. Kilda

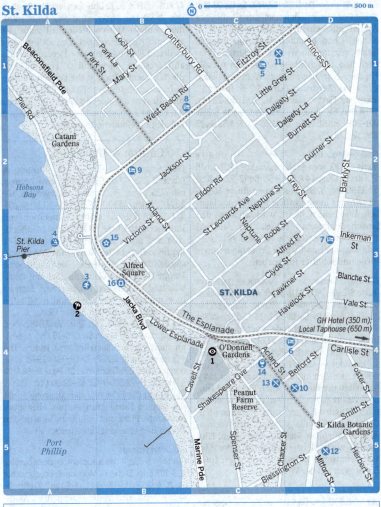

St. Kilda

◎ Sehenswertes
1. Luna Park C4
2. Strand von St. Kilda A4

✪ Aktivitäten, Kurse & Touren
   Aurora Spa Retreat .... (siehe 9)
3. Kite Republic A3
4. Stand Up Paddle HQ A3

🛏 Schlafen
5. Adina Apartment Hotel St. Kilda C1
6. Base D4
7. Hotel Barkly D3
8. Hotel Tolarno B1
9. Prince B2

🍴 Essen
10. Cicciolina D4
11. Golden Fields C1
12. Lentil as Anything D5
13. Monarch Cake Shop C4

🍷 Ausgehen & Nachtleben
14. Vineyard C4

✪ Unterhaltung
15. Esplanade Hotel B3

🛍 Shoppen
16. Esplanade Market B3
    Readings .... (siehe 10)

8,50 AU$; So–Do 11.30–22, Fr & Sa bis 23 Uhr; 86) Der Burgerladen nach amerikanischer Art ist mit seinen geriffelten Pommes in altmodischen Behältern, leckeren Burgern (auch vegetarischen) auf glasierten Brötchen und Flaschenbier ein Magnet für alle Hipster. Nur Barzahlung. Weitere Filialen gibt's im **Zentrum** (Karte S. 226; Fulham Pl, abseits der Flinders Lane; Mo–Sa 11.30–22 Uhr; Flinders St) und in **Prahran** (Karte S. 236; 201–209 High St; So–Do 11.30–22, Fr & Sa bis 23 Uhr; 6, 78, 79).

Gelato Messina   EISDIELE $
(Karte S. 230; www.gelatomessina.com; 237 Smith St, Fitzroy; 1 Kugel 4 AU$; So–Do 12–23, Fr & Sa bis 23.30 Uhr; 86) Das neu eröffnete Messina wird als beste Eisdiele Melbournes bejubelt. Wie beliebt sie ist, wird schon an den langen Schlangen deutlich. Zur Auswahl stehen Softeissorten wie Kokos und Litschi, Salz-Karamell und weiße Schokolade sowie Birne und scharfer Rhabarber.

Charcoal Lane   MODERN-AUSTRALISCH $$
(Karte S. 230; 03-9418 3400; www.charcoallane. com.au; 136 Gertrude St, Fitzroy; Hauptgerichte 28–35 AU$; Di–Sa 12–15 & 18–21 Uhr; 86) In dem Basaltgebäude einer ehemaligen Bank befindet sich dieses Lokal, in dem Aborigines und benachteiligte junge Menschen ausgebildet werden. Es ist eines der besten Lokale, um sich mit den kulinarischen Möglichkeiten der einheimischen Flora und Fauna vertraut zu machen: Auf der Karte stehen u. a. Känguru-Burger mit Buschtomaten-Chutney und Wallaby-Tartar. Am Wochenende empfiehlt es sich zu reservieren. Hier werden auch Meisterkochkurse unter Einsatz heimischer Zutaten veranstaltet; Infos findet man auf der Website.

Vegie Bar   VEGETARISCH $$
(Karte S. 230; 03-9417 6935; www.vegiebar. com.au; 380 Brunswick St, Fitzroy; Hauptgerichte 14–16 AU$; Mo–Fr 11–22.30, Sa & So ab 9 Uhr; ; 112) Die köstlichen Pizzas mit dünnem, knusprigem Boden, die leckeren Currys und die saisonalen Suppen passen perfekt zum höhlenartigen Lagerhaus-Ambiente und den mit Band-Postern bedeckten Wänden. Es gibt auch eine faszinierende Auswahl von Rohkost und viele vegane Speisen. Beliebt sind auch die frisch gepressten Säfte und das köstliche, billige und originelle Frühstück.

Cutler & Co   MODERN-AUSTRALISCH $$$
(Karte S. 230; 03-9419 4888; www.cutlerandco. com.au; 55 Gertrude St, Fitzroy; Hauptgerichte 39–47 AU$; Fr & So 12 Uhr–open end, Mo–Do ab 18 Uhr; 86) Der Hype um dieses Restaurant, das ebenfalls Andrew McConnell gehört, ist voll und ganz berechtigt. Das Dekor wirkt vielleicht ein bisschen übertrieben, aber das aufmerksame, sachkundige Personal und die Gaumenfreuden verheißenden Gerichte (u. a. gegrilltes Spanferkel, Earl-Grey-Eis und Austern aus der Moonlight Bay) haben das Cutler & Co. schnell zu einem der besten Lokale in Melbourne gemacht.

Carlton & Umgebung

DOC Espresso   ITALIENISCH $$
(Karte S. 232; 03-9347 8482; www.docgroup. net; 326 Lygon St, Carlton; Hauptgerichte 12–20 AU$; Mo–Sa 7.30–21.30, So 8–21 Uhr; 205, 1, 8, 96) Das in dritter Generation von Italienern geführte DOC bringt Authentizität und neues Leben in die Lygon St. Die Espresso-Bar bietet hausgemachte Pastaspezialitäten, italienische Biere und eine Happy Hour (16–19 Uhr) mit Negroni-Cocktails und kostenlosen Knabbereien. Man ist hier umzingelt von baumelnden Würsten und großen Käselaiben hinter Glas.

Der **Deli** (Karte S. 232; 03-9347 8482; www. docgroup.net; 330 Lygon St; 9–19 Uhr) nebenan macht tolle Käseteller und Panini. Die **Pizzeria** (Karte S. 232; 03-9347 2998; www. docgroup.net; 295 Drummond St; Pizza 13–18 AU$; Mo–Do 17–22.30, Fr–So 12–22.30 Uhr; 205, 1, 8) um die Ecke war der Ausgangspunkt des kleinen Familienimperiums. Hier gibt's exzellente Pizza mit dünnem, knusprigem Boden und eine gesellige Atmosphäre.

Auction Rooms   CAFÉ $$
(Karte S. 222; www.auctionroomscafe.com.au; 103–107 Errol St, North Melbourne; Hauptgerichte 14–20 AU$; Mo–Fr 7–17, Sa & So ab 7.30 Uhr; ; 57) Der Kaffee in dem ehemaligen Auktionshaus ist einer der besten in Melbourne – das gilt sowohl für Espresso als auch für Filterkaffee. Zur Anwendung kommen immer unterschiedliche, sortenreine Bohnen, die im Haus geröstet werden. Und auch das Essen ist toll: Es gibt kreatives Frühstück und Mittagessen mit saisonalen Zutaten. Vom Queen Vic Market die Victoria St nach Westen und an der Errol St nach rechts!

Rumi   NAHÖSTLICH $$
(03-9388 8255; www.rumirestaurant.com.au; 116 Lygon St, East Brunswick; Hauptgerichte 17–23 AU$; 18–22 Uhr; 1, 8) Das wunderbar konzipierte Restaurant präsentiert einen Mix aus

traditioneller libanesischer Kochkunst und modernen Abwandlungen altpersischer Gerichte. Das *sigara boregi* (Börek mit Käse und Pinienkernen) ist besonders beliebt, und neben leckeren Hauptgerichten wie Fleischbällchen gibt es auch eine große und interessante Auswahl vegetarischer Speisen (besonders zu empfehlen sind der fast karamellisierte Blumenkohl und die breiten Bohnen).

St. Kilda & Umgebung

Lentil as Anything VEGETARISCH $
(Karte S. 241; www.lentilasanything.com; 41 Blessington St, St. Kilda; Bezahlung nach Ermessen der Kunden; ⊗11–21 Uhr; ⌀; ⊟16, 96) Die Wahl unter den vegetarischen Bio-Gerichten ist nicht schwierig, die angemessene Bezahlung manchmal schon. Der einmalige, gemeinnützige Betrieb bietet benachteiligten Menschen Ausbildungsmöglichkeiten und den Gästen schmackhaftes vegetarisches Essen. Was auch immer man für sein Gericht zu bezahlen bereit ist – alle Einnahmen gehen an Hilfseinrichtungen für Neueinwanderer, Flüchtlinge, Behinderte und Langzeitarbeitslose. Es gibt auch eine Filiale im **Abbotsford Convent** (Karte S. 222; www.lentilasanything.com; 1 St Heliers St, Abbotsford; Bezahlung nach Ermessen der Kunden; ⊗9–21 Uhr; ⊟Victoria Park).

Monarch Cake Shop DESSERTS, EUROPÄISCH $
(Karte S. 241; ☏03-9534 2972; www.monarchcakes.com.au; 103 Acland St, St. Kilda; 1 Stk. Kuchen 5 AU$; ⊗8–22 Uhr; ⊟96) In St. Kilda locken schon seit Langem osteuropäische Bäckereien mit ihren Schaufenstern voller Süßwaren die Menschen an. Das Monarch ist mit seinem unschlagbaren Gugelhupf, Pflaumenkuchen und Mohn-Käsekuchen ein Favorit. Es ist seit 1934 in Betrieb, und seitdem hat sich an den wundervollen Butteraromen und der altmodischen Atmosphäre kaum etwas verändert. Es gibt auch guten Kaffee.

St. Ali CAFÉ $$
(Karte S. 222; ☏03-9689 2990; www.stali.com.au; 12–18 Yarra Pl, South Melbourne; Gerichte 10–28 AU$; ⊗7–18 Uhr; ⊟112) Ein verstecktes Café in einem umgebauten Lagerhaus, in dem der Kaffee garantiert gut ist, weil sorgsam darauf geachtet wird, woher er stammt. Wer sich zwischen der hauseigenen Kaffeemischung, dem Spezialkaffee und schwarzem bzw. Milchkaffee nicht entscheiden kann, hat die Möglichkeit, mit dem „Verkostungsangebot" (18 AU$) seine Lieblingssorte zu ermitteln. Die Maisfritten mit pochierten Eiern und Haloumi-Käse sind legendär. Das St. Ali wurde im *The Age Good Cafe Guide 2013* zum Café mit dem besten Essen auserkoren. Abseits der Clarendon St, zwischen Coventry und York St.

Cicciolina MEDITERRAN $$
(Karte S. 241; www.cicciolinastkilda.com.au; 130 Acland St, St. Kilda; Hauptgerichte 17–43 AU$; ⊗12–22 Uhr; ⊟16, 96) Der mit dunkler Holztäfelung, gedämpfter Beleuchtung und Bleistiftzeichnungen freundlich gestaltete Raum ist eine Institution in St. Kilda. Die kreativen, smarten Gerichte der modern-australischen und mediterranen Küche werden in großen Portionen und von freundlichem Personal serviert. Reservieren kann man nur mittags; abends kommt man eher früh zum Essen oder wartet in der stimmungsvollen kleinen Bar hinten, bis ein Tisch frei wird.

★ Attica MODERN-AUSTRALISCH $$$
(Karte S. 222; ☏03-9530 0111; www.attica.com.au; 74 Glen Eira Rd, Ripponlea; 8-Gänge-Verkostungsmenü 190 AU$; ⊗Mi–Sa 18.30 Uhr–open end; ⊟67, ⊟Ripponlea) Das permanent Preise gewinnende Attica ist ein Vorstadt-Restaurant, das Ben Shewrys kreative Küche im Verkostungsstil an den Mann bringt. Viele Gerichte sind bei der Bestellung noch nicht ganz fertig: Die Angestellten vollbringen eine Wunder, indem sie am Tisch noch ein bisschen von dem und einen Tropfen von jenem hinzufügen. Kostproben von Shewrys neuesten Ideen gibt's dienstagabends beim Chef's Table (125 AU$/Pers.). Man muss mehrere Monate im Voraus reservieren. Der Brighton Rd nach Süden bis zur Glen Eira Rd folgen!

Golden Fields MODERN-ASIATISCH $$$
(Karte S. 241; ☏03-9525 4488; www.goldenfields.com.au; 157 Fitzroy St, St. Kilda; Hauptgerichte 32–70 AU$; ⊗12–24 Uhr; ⊟16, 96) Andrew McConnell hat schon wieder zugeschlagen: Das schicke Restaurant ist berühmt für seine neuenglischen Hummerbrötchen – und das aus gutem Grund. Es beweist, dass gute Dinge immer in kleiner Verpackung daherkommen. Die modern-asiatische Raffinesse findet sich nicht nur in den für mehrere Personen ausreichenden Gerichten, sondern auch in dem Dekor. Fürs Wochenende ein paar Wochen im Voraus reservieren oder an der langen Theke (ohne Reservierung) Platz nehmen, von wo aus man das Treiben in der Küche beobachten kann!

South Yarra, Prahran & Windsor

WoodLand House — MODERN-AUSTRALISCH $$$
(Karte S. 236; ☎03-9525 2178; www.woodlandhouse.com.au; 78 Williams Rd, Prahran; Verkostungsmenü ab 115 AU$; ◉Do, Fr & So 12–15, Di–Sa 18.30–21 Uhr; ☐6) In einem stattlichen viktorianischen Reihenhaus befindet sich dieses Restaurant, das früher von Jacques Reymond, einem lokalen Pionier der Verkostungsküche, betrieben wurde. Nach 15 Jahren gab er die Leitung an seine zwei Souschefs ab, die ihr ganzes Können von ihrem Meister erlernt haben.

Das Verkostungsmenü orientierte sich früher an der französischen Küche; heute geht es eher in Richtung innovativer modern-australischer Küche mit hochwertigen Zutaten aus der Region. Sonntags bietet der Chefkoch ein Mittagsmenü mit vier Gängen für 80 AU$ an.

East Melbourne & Richmond

Thy Thy 1 — VIETNAMESISCH $
(Karte S. 222; ☎03-9429 1104; 1. Stock, 142 Victoria St; Hauptgerichte ab 9 AU$; ◉9–22 Uhr; ☐109, ☒North Richmond) In diesem Original in der Victoria St (unverändert seit 1987) gibt's im oberen Stockwerk billiges und leckeres vietnamesisches Essen. Auf selbst mitgebrachte Getränke wird keine Gebühr erhoben.

Baby — PIZZERIA $$
(Karte S. 236; ☎03-9421 4599; www.babypizza.com.au; 631–633 Church St; Hauptgerichte 17 AU$; ◉7–23 Uhr; ☐70, 78, ☒East Richmond) Die pornografisch anmutende Leuchtreklame (tagsüber ohnehin nicht zu sehen) einfach ignorieren und die leckere Pizza und die Atmosphäre genießen! Hier tummeln sich viele trendige Leute und der eine oder andere australische Fernsehstar. Das quirlige, freche Lokal wird vom Restaurantkönig Christopher Lucas (Chin Chin) betrieben, ist also recht schrill. Selbst für eine Pizzeria.

Ausgehen & Nachtleben

Melbournes Bars sind legendär. Die Auswahl reicht von versteckten Lokalen in den Gassen bis zu messingblinkenden Eckkneipen. Es ist also leicht, eine Location zu finden, deren Ambiente und Getränkeangebot einem zusagen. Auch Melbournes Livemusiktreffs besitzen vorne tolle Bars, die einen Besuch wert sind, selbst wenn man nicht scharf auf ein Konzert ist.

Stadtzentrum

★Bar Americano — COCKTAILBAR
(Karte S. 226; www.baramericano.com; 20 Presgrave Pl, abseits des Howey Pl; ◉8.30–1 Uhr; ☐11, 31, 48, 109, 112) Das versteckte Americano in einer Gasse in der Innenstadt ist eine Steh-Bar mit schwarz-weiß-kariertem Boden, mit gefliesten Wänden wie in einem U-Bahnhof und der subtilen Atmosphäre einer Flüsterkneipe. Tagsüber gibt's hier exzellenten Kaffee, aber abends dreht sich alles um Cocktails – sie sind zwar nicht billig, aber super!

Lui Bar — COCKTAILBAR
(Karte S. 226; www.vuedemonde.com.au; Level 55, Rialto, 525 Collins St; ◉Mo 17.30–24, Di–Fr 12–24, Sa 17.30 Uhr–open end, So 12 Uhr–abends; ☐11, 31, 48, 109, 112, ☒Southern Cross) Das Lui im Vue de Monde ist eine der raffiniertesten Bars der Stadt und bietet eine tolle Aussicht und exzellente Barsnacks (geräucherte Regenbogenforelle!). An den meisten Abenden tummeln sich hier jede Menge Anzugträger und Jetsetter – also früh kommen (angemessen kleiden!), sich einen Tisch suchen und aus der wie ein Pop-up-Buch aufgemachten Karte Getränke wie Macadamia-Martinis wählen, die an der Bar vakuumdestilliert werden!

Madame Brussels — BAR
(Karte S. 226; www.madamebrussels.com; Level 3, 59–63 Bourke St; ◉12–1 Uhr; ☐86, 96) Wer genug von Schummerbeleuchtung und dunklem Holz hat, ist hier richtig. Diese Bar ist zwar nach einer berühmten Bordell-Betreiberin aus dem 19. Jh. benannt, wirkt aber wegen des vielen Kunstrasens und der countryclubmäßig ausstaffierten Angestellten wie ein skurriler Kaninchenbau à la *Alice im Wunderland*. Auf der wundervollen Dachterrasse kann man mit einem Pimm's nach Art des Hauses prima der Stadt entfliehen.

Degraves Espresso — CAFÉ
(Karte S. 226; Degraves St; ◉Mo–Fr 7–21, Sa 8–21, So 8–18 Uhr; ☐48, 70, 75, ☒Flinders St) Diese Institution in der stimmungsvollen Degraves St ist ein guter Ort, um sich einen Kaffee zum Mitnehmen zu holen und durch die Gassen zu schlendern.

Ponyfish Island — CAFÉ, BAR
(Karte S. 226; www.ponyfish.com.au; unter der Yarra-Fußgängerbrücke; ◉8–1 Uhr; ☒Flinders St) Die in den Gassen versteckten Bars sind out. Heute suchen sich die Melbourner neue kreative Locations. Was wäre da besser ge-

SCHWULEN- & LESBENSZENE IN MELBOURNE

Melbournes Schwulen- und Lesbenszene ist gut in die Gesamtbevölkerung integriert. Die Clubs und Bars finden sich überwiegend in Collingwood, Prahran und South Yarra.

Viele der Veranstaltungsstätten Melbournes starten während des Midsumma Festival (S. 234) richtig durch. Geboten wird ein vielseitiges Programm mit diversen Events wie dem beliebten Midsumma Carnival in den Alexandra Gardens und dem Pride March in St. Kilda. Australiens größtes Filmfest der GLBT-Szene ist das **Melbourne Queer Film Festival** (www.melbournequeerfilm.com.au) im März mit mehr als 100 Filmen aus aller Welt.

Weitere Infos zu Veranstaltungen vor Ort findet man in dem kostenlosen Wochenblatt **MCV (Melbourne Community Voice)** und über den Radiosender **JOY 94.9 FM** (www.joy.org.au).

Ausgehen & Nachtleben

Kama Bar (Karte S. 236; 03-9804 5771; www.facebook.com/kamaclub; 119 Commercial Rd, South Yarra; 17 Uhr–open end; 72) Eine der wenigen noch verbliebenen Schwulenbars an der Commerical Rd, in der regelmäßig DJs und Dragshows die Stimmung anheizen.

Peel Hotel (Karte S. 222; 03-9419 4762; www.thepeel.com.au; 113 Wellington St, Collingwood; Do–Sa 21 Uhr–Sonnenaufgang; 86) Einer der berühmtesten Schwulentreffs in Melbourne ist das Peel, in dem sich die Männer bei House-, Retro- und Tanzmusik richtig verausgaben. Zu finden an der Peel St, die von der Smith St nach Osten abzweigt.

Greyhound Hotel (Greyhound Hotel; Karte S. 222; 03-9534 4189; www.ghhotel.com.au; Ecke Carlisle St & Brighton Rd, St. Kilda; 16, 67, 79) Von Donnerstag bis Samstag sind Drag-Abende angesagt. Der Nachtclub hat eine topmoderne Musikanlage.

---

eignet als ein kleines Freiluftlokal unter einer Brücke über dem Yarra River? Von der Unterführung der Flinders St Station geht man über die Fußgängerbrücke Richtung Southgate. Von dort führen Stufen hinab, und unten sieht man schon die Leute, die bei Bier und getoasteten Sandwiches oder Käsetellern chillen.

Cherry   BAR, LIVEMUSIK
(Karte S. 226; www.cherrybar.com.au; AC/DC Lane; Di & Mi 18-3, Do–Sa 17-5, So 14–18.30 Uhr; City Circle, 70, 75) Melbournes legendäre Rock-'n'-Roll-Bar ist noch immer ganz groß im Geschäft. Sie befindet sich in der AC/DC Lane (benannt nach den großen Helden der Stadt). Oft entsteht draußen eine lange Schlange, aber wenn man erst einmal drin ist, erwartet einen eine herzliche, leicht anarchische Atmosphäre. Hier spielen sieben Tage die Woche Livebands und DJs echten Rock 'n' Roll, und donnerstags ist Soul Night.

Carlton Hotel   BAR
(Karte S. 226; www.thecarlton.com.au; 193 Bourke St; 16 Uhr–open end; 86, 96) Überkandideltes Melbourner Rokoko wird hier durchdekliniert und nötigt einem ein Lächeln ab. Auf der Dachterrasse im **Palmz** fühlt man sich wie in Miami – oder genießt einfach nur die prachtvolle Aussicht.

Section 8   BAR
(Karte S. 226; www.section8.com.au; 27–29 Tattersalls Lane; Mo–Fr 10 Uhr–open end, Sa & So ab 12 Uhr; 3, 5, 6, 16, 64, 67, 72) Das wie ein Käfig von Schiffscontainern umgebene und mit Holzpaletten als Sitzgelegenheit bestückte Section 8 ist nach wie vor eine der hippsten Bars der Stadt. Es gibt hier tolle Hotdogs, auch vegane. Die Betreiber führen zudem das angrenzende **Ferdydurke** (Karte S. 226; 03-9639 3750; www.ferdydurke.com.au; Levels 1 & 2, 31 Tattersalls Lane, Ecke Lonsdale St; 12–1 Uhr; Melbourne Central), eine schmuddelige Location für Kunst und Musik über mehrere Ebenen, wo man prima auch etwas trinken kann.

Alumbra   CLUB
(Karte S. 222; 03-8623 9666; www.alumbra.com.au; Shed 9, Central Pier, 161 Harbour Esplanade; Fr & Sa 16-3, So bis 1 Uhr; Tourist Shuttle, 70, City Circle) Die tolle Musik und die sagenhafte Location beeindrucken – die Dekoration des Ladens, die sich nicht zwischen Bali- und Marokko-Stil entscheiden kann, eher weniger. Wer aber einen echten Melbourner Megaclub kennenlernen will (und eine Tanzfläche aus Glas mag), ist hier richtig. Der Club befindet sich in einer der alten Baracken in den Docklands von Victoria Harbour.

East Melbourne & Richmond

Bar Economico BAR
(Karte S. 222; 438 Church St; ⊙ Mi-Sa 17 Uhr-open end, So ab 14 Uhr; ☐70, 79, ☐East Richmond) Die mit Zeitungspapier ausgeschlagene Fensterfront verleitet einen vielleicht dazu, auf dem Absatz kehrtzumachen, aber man ist hier schon richtig. Mit der Karte aus ausgefranstem Pappkarton und der mit einem Käfig umgebenen Bar ist das Economico eine Art mittelamerikanische Kneipe, die sich auf Rumcocktails spezialisiert hat. Die Drinks zuerst am Schalter bezahlen und dann an der Theke abholen!

Carlton & Umgebung

Seven Seeds CAFÉ
(Karte S. 232; www.sevenseeds.com.au; 114 Berkeley St, Carlton; ⊙ Mo-Sa 7-17, So 8-17 Uhr; ☐19, 59) Dies ist das größte Café des Kaffeehausimperiums Seven Seeds. Der eher abgelegene Laden in einem Lagerhaus bietet viel Platz, wo man sein Rad abstellen kann, um den herrlichen Kaffee zu genießen. Kaffeeverkostungen gibt's mittwochs (9 Uhr) und samstags (10 Uhr). Die Kette betreibt auch die Stehcafés **Traveller** (Karte S. 226; www.sevenseeds.com.au; 2/14 Crossley St, Melbourne; ⊙Mo-Fr 7-17, Sa 10-17 Uhr; ☐86, 96) und **Brother Baba Budan** (Karte S. 226; www.sevenseeds.com.au; 359 Little Bourke St; ⊙ Mo-Sa 7-17, So 9-17 Uhr; 🛜; ☐19, 57, 59).

Fitzroy & Umgebung

★ **Naked for Satan** BAR
(Karte S. 230; ☏03-9416 2238; www.nakedforsatan.com.au; 285 Brunswick St, Fitzroy; ⊙So-Do 12-24, Fr & Sa bis 1 Uhr; ☐112) Die muntere und laute Bar erweckt eine Legende der Brunswick St wieder zum Leben (laut der angeblich in einer Wodka-Schwarzbrennerei unter dem Laden ein Typ mit dem Spitznamen Satan völlig versackte und wegen der Hitze nackt abhing). Auf jeden Fall kommen die Gäste heute wegen der beliebten *pintxos* (baskische Tapas; 2 AU$), der großen Auswahl lustig benannter Getränke und der unschlagbaren Dachterrasse mit umlaufendem überdachten Balkon.

De Clieu CAFÉ
(Karte S. 230; 187 Gertrude St, Fitzroy; ⊙Mo-Sa 7-17, So 8-17 Uhr; ☐86) Das abgefahrene Café mit poliertem Betonboden und exzellentem Kaffee wird von denselben Leuten betrieben wie das Seven Seeds. Am Wochenende quellen die Einheimischen sogar aus der Tür heraus und hocken auf den Fensterbänken. Den Brunch mit interessanten Dingen wie Brätlingen aus Miso und breiten Bohnen, zerkleinertem Tofu und Schweinenacken-Roti gibt's den ganzen Tag über.

St. Kilda & Umgebung

Vineyard BAR
(Karte S. 241; www.thevineyard.com.au; 71a Acland St, St. Kilda; ⊙Mo-Fr 10.30-15.30, Sa & So 10-15.30 Uhr; ☐3a, 16, 96) Das seit Langem beliebte Vineyard hat eine perfekte Ecklage und einen Hof, in dem gegrillt wird. Dementsprechend tummeln sich hier jede Menge Backpacker und leicht bekleidete junge Leute, die so viel Spaß haben, dass sie die Achterbahn nebenan übertönen. Vor allem sonntagnachmittags steppt hier der Bär.

Revolver Upstairs CLUB
(Karte S. 236; www.revolverupstairs.com.au; 229 Chapel St, Prahran; ⊙Di-Fr 12-4 Uhr, Sa & So 24 Std.; ☐6, ☐Prahran) Das raubeinige Revolver könnte wie ein riesiges Wohnzimmer wirken, aber angesichts von 54 Stunden Nonstop-Musik am Wochenende wird man sicher froh sein, dass es nicht so ist. Livemusik, interessante DJs und Filmvorführungen halten das gemischte Publikum auf Trab.

Local Taphouse BAR
(Karte S. 222; www.thelocal.com.au; 184 Carlisle St, St. Kilda; ⊙12 Uhr-open end; ☐16, 78, ☐Balaclava) Das Taphouse erinnert an eine altmodische Bar in Brooklyn. Man lässt sich an der Theke aus dunkel lackiertem Holz nieder und muss sich zwischen den 19 Kleinbrauereibieren vom Fass und der beeindruckenden Auswahl abgefüllter Biere entscheiden. Oben gibt's einen Biergarten, unten Sofas, einen offenen Kamin und eine Boccia-Bahn. Bekannt ist die Bar auch für ihre Live-Comedy-Abende.

Borsch, Vodka & Tears BAR
(Karte S. 236; www.borschvodkaandtears.com; 173 Chapel St, Windsor; ☐6, ☐Prahran) Hier dreht sich alles um Wodka. Die umfangreiche Karte umfasst klaren, im Eichenfass gereiften Wodka, Obstler und traditionellen *nalewka kresowa* (hergestellt nach alten russischen und polnischen Rezepten). Das fachkundige Personal hilft einem bei der Wahl. Als Grundlage für den Magen kann man sich exzellenten Borschtsch oder Plinsen bestellen. Eine weitere Filiale findet man in **Elstern-**

wick (☎ 03-9523 0969; www.afterthetears.net; 9b Gordon St; ⏲ Mo–Do 15 Uhr–open end, Fr & Sa ab 13, So ab 11 Uhr; 🚌 67, 🚆 Elsternwick); dort gibt es 140 Wodka-Sorten und moderne osteuropäische Küche.

☆ Unterhaltung

Kinos

Astor KINO
(Karte S. 236; ☎ 03-9510 1414; www.astortheatre.net.au; Ecke Chapel St & Dandenong Rd, Windsor; 🚌 5, 64, 78, 🚆 Windsor) Hier kann man sich zwei Filme zum Preis für einen anschauen. Das Art-déco-Kino zeigt Neuerscheinungen, Kunstfilme und Klassiker.

Cinema Nova KINO
(Karte S. 232; ☎ 03-9347 5331; www.cinemanova.com.au; 380 Lygon St, Carlton; 🚌 Tourist Shuttle, 🚋 1, 8) Hier laufen die neuesten Kunstfilme, Dokus und ausländischen Filme. Montag ist Kinotag.

Moonlight Cinema KINO
(Karte S. 222; www.moonlight.com.au; Gate D, Royal Botanic Gardens, Birdwood Ave, Melbourne; 🚋 8) In Melbournes originalem Freiluftkino bekommt man mit dem „Gold Grass"-Ticket ein Glas Wein und eine reservierten Sitzsack.

Rooftop Cinema KINO
(Karte S. 226; www.rooftopcinema.com.au; Level 6, Curtin House, 252 Swanston St, Melbourne; 🚆 Melbourne Central) Diese Dachbar befindet sich schwindelerregend hoch oben im angesagten Curtin House. Im Sommer verwandelt sie sich in ein Freiluftkino mit gestreiften Liegestühlen und einem Programm aus beliebten Neuerscheinungen und Klassikern.

Theater

Wer billige Theaterkarten haben will, sollte es bei **Half Tix Melbourne** (Karte S. 226; www.halftixmelbourne.com; Melbourne Town Hall, 90–120 Swanston St, Melbourne; ⏲ Mo 10–14, Di–Fr 11–18, Sa 10–16 Uhr; 🚆 Flinders St) versuchen. Dazu muss man persönlich am Aufführungstag im Half-Tix-Büro erscheinen und die Karte bar bezahlen.

La Mama THEATER
(Karte S. 232; ☎ 03-9347 6948; www.lamama.com.au; 205 Faraday St, Carlton; 🚋 1, 8) Das La Mama ist in der Melbourner Theaterlandschaft von historischer Bedeutung. Das winzige, trauliche Forum zeigt neue australische Stücke und experimentelles Theater und hat den Ruf, Werke aufstrebender Bühnenautoren zu inszenieren. Es handelt sich um ein klappriges Gebäude mit einer Freiluftbar.

VORHANG AUF

Blockbuster-Musicals haben das Glück, in Melbournes prachtvollen alten Theatern im Zentrum gezeigt zu werden:

Athenaeum (Karte S. 226; ☎ 03-9650 1500; www.athenaeumtheatre.com.au; 188 Collins St; 🚌 11, 31, 48, 112) Die alte Haus stammt aus den 1830er-Jahren. Über der Fassade thront klassisch-gewichtig Athene, die griechische Göttin der Weisheit.

Comedy Theatre (Karte S. 226; ☎ 03-9299 9800; www.marrinertheatres.com.au; 240 Exhibition St; 🚌 86, 96) Das Theater von mittlerer Größe wurde in den 1920er-Jahren im spanischen Stil erbaut und bietet Comedy, Theater und Musicals.

Her Majesty's (Karte S. 226; ☎ 03-8643 3300; www.hmt.com.au; 219 Exhibition St; 🚌 86, 96) Außen regiert im Her Maj der Stil der Gründerzeit, drinnen eher die Moderne der 1930er-Jahre. Seit 1880 werden hier Musicals und Comedy gezeigt – und das mit anhaltendem Erfolg.

Princess Theatre (Karte S. 226; ☎ Ticketmaster 1300 111 011; www.marrinertheatres.com.au; 163 Spring St; 🚌 86, 96) Die vergoldete Gründerzeit-Schönheit hat eine lange, bunte Geschichte. Angeblich geht hier ein Geist um – und zwar der Geist des Sängers Federici, der hier 1888 in seiner Rolle als Mephistopheles in der Oper *Margarethe* bei seinem Abstieg durch die Falltür starb. Heute finden hier Aufführungen vom *Phantom der Oper* bis *Mary Poppins* statt.

Regent Theatre (Karte S. 226; ☎ 03-9299 9500; www.marrinertheatres.com.au; 191 Collins St; 🚌 11, 31, 48, 112) Das opulente Regent, ein Filmpalast im Rokoko-Stil, galt bei seiner Eröffnung 1929 – gleichzeitig mit der Einführung des Tonfilms – als eines der aufwendigsten seiner Art. Heute gibt es hier große Bühnenshows zu sehen. Eine gute Möglichkeit, die ganze prachtvolle Eleganz zu erleben!

Aufführungen finden auch im größeren Courthouse Theater in der Drummond St 349 statt – also auf der Karte zweimal nachschauen, zu welcher Adresse man muss!

Melbourne Theatre Company THEATER
(MTC; Karte S. 222; ☎ 03-8688 0800; www.mtc.com.au; 140 Southbank Blvd, Southbank; ◉1) Melbournes größtes Theaterensemble zeigt rund 15 Produktionen im Jahr – von zeitgenössischen und modernen Stücken (u. a. viele neue australische Stücke) bis hin zu Shakespeare und anderen Klassikern. Die Aufführungen finden in der neuen, preisgekrönten Spielstätte in Southbank statt.

Malthouse Theatre THEATER
(Karte S. 222; ☎ 03-9685 5111; www.malthousetheatre.com.au; 113 Sturt St, Southbank; ◉1) Die Inszenierungen der Malthouse Theatre Company gehören oft zu den spannendsten der Melbourner Theaterszene. Das Ensemble fördert Werke australischer Autoren und befindet sich seit 1990 in dem stimmungsvollen Malthouse Theatre (dem ehemaligen Playbox). Von der Flinders St Station über die Princes Bridge und dann ist. St. Kilda Rd entlanggehen, dann rechts in die Grant St und anschließend links in die Sturt St einbiegen.

Livemusik

Melbourne sieht sich stolz als die australische Heimat des Rock'n'Roll. Entsprechend gibt es über die Stadt verteilt jede Menge schmuddelige Spielstätten. Aktuelle Konzerttermine findet man in den kostenlosen Straßenblättern **Beat** (www.beat.com.au) und **Music** (www.themusic.com.au) und bei den unabhängigen Radiosendern **RRR** (102.7 FM) und **PBS** (106.7 FM).

The Tote LIVEMUSIK
(Karte S. 222; ☎ 03-9419 5320; www.thetotehotel.com; Ecke Johnston & Wellington St, Collingwood; ◉ Di–So 16 Uhr–open end; ◉86) Eine der kultigsten Livemusikstätten Melbournes. In dieser Kneipe in Collingwood spielen nicht nur viele lokale und internationale Underground-Bands. Hier gibt's auch eine der besten Jukeboxen der Welt. Die vorübergehende Schließung 2010 löste in Melbourne buchstäblich einen Stillstand aus: Die Leute protestierten in den Straßen der Innenstadt gegen die Ausschankgesetze, die für die Schließung verantwortlich gemacht wurden.

Esplanade Hotel LIVEMUSIK
(The Espy; Karte S. 241; ☎ 03-9534 0211; www.espy.com.au; 11 The Esplanade, St. Kilda; ◉ So–Mi 12–1, Do–Sa bis 3 Uhr; ◉ 16, 96) Rockfans aufgepasst: Das Espy ist nach wie vor herrlich schmuddelig und offen für alle! Abend für Abend spielen lokale und internationale Bands alles von Rock'n'Roll bis Hip-Hop – entweder im legendären Gershwin Room, in der Bar vorn oder unten im Keller.

Corner Hotel LIVEMUSIK
(Karte S. 222; ☎ 03-9427 9198; www.cornerhotel.com; 57 Swan St, Richmond; ◉ Di & Mi 16 Uhr–open end, Do–So ab 12 Uhr; ◉70, ◉Richmond) Die mittelgroße Spielstätte ist eine der populärsten in Melbourne und hat im Lauf der Jahre viele laute Live-Action erlebt – von Dinosaur Jr. bis zu Buzzcocks. An der freundlichen Bar vorn kann man seinen Ohren eine Verschnaufpause gönnen. Von der Dachterrasse aus bietet sich ein schöner Blick auf die Stadt. Hier ist es aber immer sehr voll, weil hier auch Leute herkommen, die mit den Musikfans von unten nichts zu tun haben.

Northcote Social Club LIVEMUSIK
(☎ 03-9489 3917; www.northcotesocialclub.com; 301 High St, Northcote; ◉Mo & Di 16 Uhr–open end, Mi–So ab 12 Uhr; ◉86, ◉Northcote) Auf der Bühne dieses Clubs im Norden stehen viele ausländische Musiker, die vielleicht nur noch ein Album vom Star-Ruhm entfernt sind, und auch der Aufmarsch einheimischer Talente kann sich sehen lassen. Wer einfach nur etwas trinken will, findet vorn eine Bar, die jeden Abend gut besucht ist. Für faule Nachmittage bietet sich die große Terrasse hinten an.

Bennetts Lane JAZZ
(Karte S. 226; ☎ 03-9663 2856; www.bennettslane.com; 25 Bennetts Lane, Melbourne; ◉21 Uhr–open end; ◉City Circle, 24, 30) Das Bennetts Lane ist schon lange der Jazz-Hotspot Melbournes. Hier treten die besten lokalen und internationalen Talente auf, und auch das Publikum weiß, wann ein Solo Applaus verdient. Vorne gibt's eine Bar und dahinter einen weiteren Raum, der für große Konzerte reserviert ist.

Klassik

Melbourne Symphony Orchestra KLASSIK
(MSO; ☎ 03-9929 9600; www.mso.com.au) Das MSO hat eine große Bandbreite: Es scheut nicht vor Populismus zurück (z.B. vor ausverkauften Konzerten mit Burt Bacharach oder den Whitlams), bringt aber seinen Interpretationen großer Sinfonien aber auch Ausgefallenes auf die Bühne (z.B. das Konzert mit Kiss). Das Orchester tritt regelmä-

ßig in Spielstätten überall in der Stadt auf, u. a. in der Melbourne Town Hall, im Recital Centre und in der Hamer Hall. Im Sommer wird eine kostenlose Konzertreihe in der Sidney Myer Music Bowl veranstaltet.

Tanz

Australian Ballet TANZ
(Karte S. 226; 1300 369 741; www.australianballet.com.au; 2 Kavanagh St, Melbourne; 1) Das über 40 Jahre alte Australian Ballet mit Sitz in Melbourne zeigt traditionelle und neue Arbeiten im State Theatre des Arts Centre. Bei der einstündigen Führung durchs Australian Ballet Centre (18 AU$, Reservierung erforderlich) besucht man eine Produktion, den Fundus und die Studios des Ensembles und der Ballettschule.

Chunky Move TANZ
(Karte S. 222; 03-9645 5188; www.chunkymove.com; 111 Sturt St, Melbourne; 1) Das teils staatlich geförderte moderne Tanztheater inszeniert international angesehene, vom Pop inspirierte Stücke auf seiner coolen Bühne hinter dem Australian Centre for Contemporary Art. Das Chunky Move bietet auch diverse Tanz-, Yoga- und Pilates-Kurse an; Infos gibt's auf der Website. Von der Flinders St Station über die Princes Bridge und dann die St. Kilda Rd entlanggehen! Rechts geht es dann in die Grant St und anschließend links in die Sturt St.

Shoppen

Die größten Kaufhäuser der Stadt, **Myer** und **David Jones**, befinden sich beide in der Bourke St Mall.

Stadtzentrum

★**Craft Victoria Shop** KUNSTHANDWERK, DESIGN
(Craft Victoria; Karte S. 226; 03-9650 7775; www.craft.org.au; 31 Flinders Lane; Mo-Sa 10-17 Uhr; City Circle, 70, 75) Dieser Laden von Craft Victoria zeigt bestes Kunsthandwerk, überwiegend von Künstlern aus Victoria. Schmuck, Textilien, Accessoires, Glas- und Keramikwaren schlagen die Brücke zur Kunst und verschaffen den Käufern wundervolle Erinnerungen an Melbourne. Es gibt auch ein paar Galerien mit Wechselausstellungen (Eintritt frei).

City Hatters ACCESSOIRES
(Karte S. 226; 03-9614 3294; www.cityhatters.com.au; 211 Flinders St; Mo-Fr 9.30-18, Sa 9-17, So 10-16 Uhr; Flinders St) Mit seiner Lage direkt neben dem Haupteingang der Flinders St Station ist dieser Laden am praktischsten, wenn man einen kultigen Akubra-Hut, einen Sonnenhut aus Känguruleder oder etwas Ausgefalleneres kaufen möchte.

GPO EINKAUFSZENTRUM
(Karte S. 226; 03-9663 0066; www.melbournesgpo.com; Ecke Elizabeth St & Bourke St Mall; Mo-Do & Sa 10-18, Fr bis 20, So 11-17 Uhr; 19, 57, 59, 86, 96) Früher kam man nur her, um eine Briefmarke zu kaufen, aber dank der Restaurierung nach einem Brand hat sich das GPO mit seinen Emporen in ein stimmungsvolles Einkaufszentrum verwandelt. Hier gibt es auch eine dreistöckige Filiale des europäischen Kaufhausriesen H & M.

Alice Euphemia MODE, SCHMUCK
(Karte S. 226; Shop 6, Cathedral Arcade, 37 Swanston St; Mo-Do & Sa 10-18, Fr bis 19, So 12-17 Uhr; Flinders St) Bei den meisten hier vertretenen australischen Marken – wie Romance was Born, Karla Spetic und Kloke – ist der künstlerische Anspruch unverkennbar. Der Schmuck bewegt sich zwischen schockierend und berauschend schön. Ganz oben finden regelmäßig Events und Ausstellungen statt.

Fitzroy & Umgebung

★**Third Drawer Down** DESIGN
(Karte S. 230; www.thirddrawerdown.com; 93 George St, Fitzroy; Mo-Sa 11-17 Uhr; 86) In diesem „Museum der Kunst-Souvenirs" begann alles mit den Geschirrtüchern, deren Design ein Markenzeichen ist (heute im New Yorker MOMA zu sehen). Das Third Drawer Down macht dank seiner absurden Artikel mit einer gehörigen Portion Humor und der hochwertigen Kunst bekannter Designer das Leben schön ungewöhnlich.

Crumpler ACCESSOIRES
(Karte S. 230; 03-9417 5338; www.crumpler.com; 87 Smith St, Ecke Gertrude St, Fitzroy; Mo-Sa 10-18, So bis 17 Uhr; 86) Bei Crumpler fing alles mit Fahrradkuriertaschen an, die zwei ehemalige Kuriere entwarfen, die eine Fahrradtasche mit Bierhalter brauchten. Inzwischen gibt's auch für Kameras, Laptops und iPads solche strapazierfähigen, praktischen Taschen, und sie haben sich in aller Welt durchgesetzt.

Polyester Books BÜCHER
(Karte S. 230; 03-9419 5223; www.polyester.com.au; 330 Brunswick St, Fitzroy; So-Do 10-18,

> **MELBOURNES BESTE MÄRKTE**
>
> Auf den folgenden Märkten kann man einheimische Künstler treffen oder sich mit fantastischen Originalstücken eindecken.
>
> **Rose Street Artists' Market** (Karte S. 230; www.rosestmarket.com.au; 60 Rose St, Fitzroy; Sa 11–17 Uhr; 112) Einer der besten und beliebtesten Märkte für Kunst und Kunsthandwerk in Melbourne. In Fitzroy.
>
> **Camberwell Sunday Market** (www.sundaymarket.com.au; Station St, Camberwell; Eintritt gegen Spende; So 6–12.30 Uhr; 70, 72, 75, Camberwell) Hier bieten die Melbourner ihren Trödel den Antiquitätenjägern an. Hinter der Kreuzung Burke und Riversdale Rd.
>
> **Esplanade Market** (Karte S. 241; www.esplanademarket.com; zw. Cavell & Fitzroy St; So 10–17 Uhr; 96) Spielsachen, Bio-Seifen und Kunsthandwerk vor dem Ozean in St. Kilda.

Fr & Sa bis 21 Uhr; 112) Der freche Buchladen hat sich auf „echt schräges Zeug" spezialisiert, darunter Literatur, Zeitschriften und DVDs zu Themen von Satanskultsex bis zu Underground-Comics. Er hat auch eine großartige Auswahl von Musikerbiografien und Zeitschriften in kleiner Auflage.

Gorman BEKLEIDUNG, ACCESSOIRES
(Karte S. 230; www.gormanshop.com.au; 235 Brunswick St, Fitzroy; Mo–Do & Sa 10–18, Fr bis 19, So 11–17 Uhr; 112) Lisa Gorman kreiert Alltagskleidung, die alles andere als alltäglich ist: burschikos, aber sexy, kurze Schnitte aus exquisiten Stoffen, hübsche Cardigans samt bequemen T-Shirts aus Bio-Fasern. In der Stadt gibt's auch noch andere Filialen.

Carlton & Umgebung

Readings BÜCHER
(Karte S. 232; www.readings.com.au; 309 Lygon St, Carlton; Mo–Fr 8–23, Sa 9–23, So 9–21 Uhr; Tourist Shuttle, 1, 8) Ein Bummel durch diesen erfolgreichen unabhängigen Buchladen kann schon mal einen Nachmittag dauern. Es gibt hier einen gefährlich vollgeladenen Tisch mit Sonderangeboten, hellwache Mitarbeiter und in den Regalen das ganze Sortiment von Lacan bis *Charlie & Lola*. Das Schild draußen mit der Aufschrift *housemate wanted* (Mitbewohner gesucht) ist legendär. Filialen gibt's in **St. Kilda** (Karte S. 241; 03-9525 3852; 112 Acland St; 96) und im **Zentrum** (Karte S. 226; State Library of Victoria, Ecke La Trobe & Swanston St; Melbourne Central).

South Yarra, Prahran & Windsor

Chapel Street Bazaar ANTIQUITÄTEN
(Karte S. 236; 03-9521 3174; 217–223 Chapel St, Prahran; 10–18 Uhr; 78, 79, Prahran) Wer unter einem Basar eine überdachte, dauerhafte Ansammlung von Marktständen versteht, dürfte keinen Schimmer haben, was ihn hier erwartet. Die Arkade ist der Renner bei allen, die Retro mögen. Ob man italienische Glaswaren, alte Möbel oder Noddy-Eierbecher sucht – hier wird man fündig. Das Ganze ist eine Mischung aus wildem Trödelchaos und gut organisierten Boutiqueständen.

Greville Records MUSIK
(Karte S. 236; www.grevillerecords.com.au; 152 Greville St, Prahran; Mo–Do & Sa 10–18, Fr bis 19, So 12–17 Uhr; 78, 79) Der tolle Musikladen ist eine der letzten Bastionen der „alten" Greville St. Er hat derart treue Fans, dass der große Neil Young bei einem Konzert in Melbourne die Betreiber zu sich auf die Bühne holte. Der Laden ist heute sehr stark auf Schallplatten ausgerichtet.

Fat MODE, ACCESSOIRES
(Karte S. 236; www.fat4.com; 272 Chapel St, Prahran; Mo–Sa 10–18, So 11–17 Uhr; 78, 79, Prahran) Das Fat-Imperium hat den Kleidungsstil Melbournes verändert und die Stadt mit einer neuen Generation von Modeschöpfern bekannt gemacht, z. B. mit Claude Maus, Dr. Denim, Kloke und Status Anxiety. Es gibt auch Filialen im Zentrum (The Strand, 250 Elizabeth St; 19, 57, 59) und in **Fitzroy** (Karte S. 230; 209 Brunswick St; 112).

ⓘ Praktische Informationen

GEFAHREN & ÄRGERNISSE

Gelegentlich wird von alkoholbedingten Schlägereien in einigen Teilen von Melbournes CBD berichtet, insbesondere am Wochenende nachts auf der King St.

GELD

Geldautomaten gibt's überall in Melbourne. Geld wechseln kann man in größeren Hotels sowie bei den meisten Banken während der Öffnungszeiten. Eine Reihe Wechselstuben findet man in der Swanston St.

INFOS IM INTERNET

Auf der Website von Lonely Planet (www.lonelyplanet.com) gibt's nützliche Links. Weitere Infoquellen im Netz:

Broadsheet Melbourne (www.broadsheet.com.au) Tolle Infoquelle mit Besprechungen der besten Orte in der Stadt zum Essen, Trinken und Shoppen.

That's Melbourne (www.thatsmelbourne.com.au) Hier gibt's Karten zum Downloaden, Infos und Podcasts der Stadtverwaltung.

Visit Victoria (www.visitvictoria.com.au) Infos zu Events in Melbourne und Victoria.

INTERNETZUGANG

Die meisten Unterkünfte stellen WLAN und Computer (0–10 AU$/Std.) zur Verfügung.

Es gibt kostenloses WLAN am Federation Sq und an der Flinders St Station sowie in den Bibliotheken überall in Melbourne, wo auch Computer vorhanden sind (Ausweis mitbringen!).

MEDIEN

Die Melbourner Tageszeitung *The Age* (www.theage.com.au) bringt Nachrichten aus Melbourne, Australien und der ganzen Welt. Gleiches gilt für das Boulevardblatt *Herald Sun* (www.heraldsun.com.au).

MEDIZINISCHE VERSORGUNG

Besucher aus Ländern, die mit Australien ein Gesundheitsversorgungsabkommen geschlossen haben, genießen über **Medicare** (☎13 20 11; www.humanservices.gov.au/customer/dhs/medicare) preisgünstigere Versorgung.

Travel Doctor (TVMC; ☎03-9935 8100; www.traveldoctor.com.au; Level 2, 393 Little Bourke St, Melbourne; ⊙Mo, Mi & Fr 9–17, Di & Do bis 20.30, Sa bis 13 Uhr; 🚃19, 57, 59) Ist auf Impfungen spezialisiert.

Royal Melbourne Hospital (☎03-9342 7000; www.rmh.mh.org.au; Ecke Grattan St & Royal Pde, Parkville; 🚃19, 59) Öffentliches Krankenhaus mit Notaufnahme.

NOTFALL

Polizei, Ambulanz und Feuerwehr erreicht man telefonisch unter ☎000.

Eine zentral gelegene Polizeiwache befindet sich in der Flinders Lane 228, Melbourne.

POST

Melbourne GPO (Karte S. 226; ☎13 13 18; www.auspost.com.au; 250 Elizabeth St, Ecke Little Bourke St, Melbourne; ⊙Mo–Fr 8.30–17.30, Sa 9–17 Uhr; 🚃19, 57, 59) Hat auch Postlagerungsservice.

TOURISTENINFORMATION

Melbourne Visitor Centre (MVC; Karte S. 226; ☎03-9658 9658; www.melbourne.vic.gov.au/touristinformation; Federation Sq; ⊙9–18 Uhr; 🛜; 🚆Flinders St) Das Zentrum an Federation Sq bietet Infos zu Melbourne und Victoria, darunter auch exzellente Tipps für gehandicapte Traveller. Hier gibt's auch Steckdosen, über die man sein Handy laden kann. Zudem existieren ein Kiosk in der Bourke St Mall und rot gekleidete „Stadtbotschafter" in der Stadt, die Travellern mit Tipps und Wegbeschreibungen weiterhelfen.

❶ An- & Weiterreise

BUS, AUTO & MOTORRAD

Fernbusse starten an der **Southern Cross Station** (www.southerncrossstation.net.au; Ecke Collins & Spencer St, Melbourne). Die **Gepäckaufbewahrung** (☎03-9619 2588; ⊙ Betriebszeiten) der Southern Cross Station kostet 12 AU$ (24 Std.).

V/Line (☎1800 800 007; www.vline.com.au) Bedient Ziele in Victoria.

Firefly (Karte S. 226; ☎1300 730 740; www.fireflyexpress.com.au) Von/nach Adelaide, Canberra und Sydney.

Greyhound (☎1300 473 946; www.greyhound.com.au) Verkehrt in ganz Australien.

FLUGZEUG

Zwei Flughäfen bedienen Melbourne: **Tullamarine** (MEL; ☎03-9297 1600; www.melbourneairport.com.au) und **Avalon** (AVV; ☎03-5227 9100, 1800 282 566; www.avalonairport.com.au) an der Straße nach Geelong. Von Tullamarine gibt es Flüge von **Qantas** (☎13 13 13; www.qantas.com), **Jetstar** (☎13 15 38; www.jetstar.com), **Virgin Australia** (☎13 67 89; www.virginaustralia.com) und **Tiger Air** (☎03-9034 3733; www.tigerairways.com). Nur Jetstar nutzt den Flughafen Avalon.

SCHIFF/FÄHRE

Die **Spirit of Tasmania** (Karte S. 222; ☎1800 634 906; www.spiritoftasmania.com.au; einfache Strecke Erw./Auto ab 174/89 AU$) überquert die Bass Strait zwischen Melbourne und Devonport auf Tasmanien (11 Std.). Die Fähre verkehrt jede Nacht, in der Hauptsaison auch am Tag. Abfahrt ist am Station Pier, Port Melbourne.

ZUG

Die ankommenden und abfahrenden Fernzüge nutzen die Southern Cross Station.

❶ Unterwegs vor Ort

AUTO & MOTORRAD
Autovermietung

Es gibt folgende Autovermieter:

Avis (☎13 63 33; www.avis.com.au)

Budget (☎1300 362 848; www.budget.com.au)

> **ⓘ RICHTIG ABBIEGEN**
>
> An vielen Kreuzungen in der Stadt kann man nur aus der linken Spur nach rechts abbiegen, damit die Straßenbahn nicht behindert wird. Wenn man das Schild *Right Turn from Left Only* sieht, ordnet man sich in der linken Spur ein, setzet den rechten Blinker und wartet. Wenn die Ampel für die Straße, in die man einbiegen will, grün zeigt, nach rechts abbiegen!

Europcar (☎1300 131 390; www.europcar.com.au)
Hertz (☎13 30 39; www.hertz.com.au)
Rent a Bomb (☎13 15 53; www.rentabomb.com.au)
Thrifty (☎1300 367 227; www.thrifty.com.au)

Car-Sharing

In Melbourne gibt es u. a. folgende Car-Sharing-Firmen: **Flexi Car** (☎1300 363 780; www.flexicar.com.au), **Go Get** (☎1300 769 389; www.goget.com.au) und **Green Share Car** (☎1300 575 878; www.greensharecar.com.au). Man mietet die Autos pro Stunde (ab 14 AU$) oder Tag (ab 80 AU$); im Preis inbegriffen ist das Benzin. Die Unternehmen unterscheiden sich in Bezug auf die Beitrittsgebühren (0–40 AU$) und wie abgerechnet wird (Versicherungsgebühren, pro Stunde vs. pro Kilometer).

Mautstraßen

Auto- und Motorradfahrer müssen einen Mautpass kaufen, wenn sie eine der beiden Mautstraßen benutzen wollen: den **CityLink** (☎13 26 29; www.citylink.com.au) vom Tullamarine Airport in die Stadt und in die östlichen Vororte oder aber der **EastLink** (☎13 54 65; www.eastlink.com.au), der von Ringwood nach Frankston führt. Man zahlt online oder per Handy, sollte das aber innerhalb von drei Tagen nach Nutzung der Mautstraßen tun, um eine Geldstrafe zu vermeiden.

Parken

Die meisten Parkplätze am Straßenrand sind parkscheinpflichtig; bei Überschreitung der Parkzeit muss man mit einer Geldstrafe (72–144 AU$) rechnen. Auch sollte man sich nicht ins Parkverbot stellen. Das Parken im Stadtzentrum kostet rund 5,50 AU$ pro Stunde, im äußeren CBD 3,20 AU$ pro Stunde.

Motorradfahrer dürfen auf dem Fußweg parken.

FAHRRAD

In der Stadt gibt es zahlreiche Unternehmen, die Fahrräder verleihen.

VOM/ZUM FLUGHAFEN
Tullamarine Airport

Leider gibt es keine direkte Zug- oder Straßenbahnverbindung vom Flughafen Tullamarine zur Stadt.

Das beliebteste Transportmittel zum Flughafen ist der rund um die Uhr verkehrende **Sky Bus** (Karte S. 226; ☎03-9335 2811; www.skybus.com.au; einfache Strecke Erw./Kind 17/6,50 AU$; Ⓡ Southern Cross Station), ein Expressbus von der Southern Cross Station zum Tullamarine Airport (20–30 Min.; 4.45–23.50 Uhr alle 10 Min., 24–4.30 Uhr alle 20–30 Min.). Er sorgt für einen kostenlosen Transfer zu diversen Hotels in der Stadt und zur Southern Cross Station (Mo-Fr 6–22.30, Sa & So 7.30–17.30 Uhr); ansonsten muss man sich von der Southern Cross Station aus selbst um die Weiterfahrt kümmern bzw. ein Taxi nehmen.

Budgettraveller können ihr Glück auch mit dem Bus 901 versuchen, der vom Terminal 1 des Flughafens Tullamarine zur Broadmeadows Station (nachts ein ziemlich zwielichtiges Gelände) fährt, von wo aus man weiter mit dem Zug in die Stadt fahren kann. Die Fahrt kostet rund 10 AU$ (mit der Myki Card) und dauert mindestens 40 Minuten (meist aber länger). Der letzte Bus vom/zum Flughafen fährt gegen 23 Uhr.

Eine Taxifahrt zum Stadtzentrum kostet ab 50 AU$ (24–5 Uhr rund 65–75 AU$ inkl. Aufpreis und Maut).

Autofahrer müssen darauf achten, dass ein Teil der Hauptstrecke vom Tullamarine Airport nach Melbourne hinein eine mautpflichtige Straße ist, die von CityLink betrieben wird. Dafür muss man einen Tulla Pass (5,30 AU$) kaufen. Andernfalls nimmt man die Ausfahrt Bell St, fährt rechts auf die Nicholson St und folgt ihr den ganzen Weg nach Süden bis zum Zentrum.

Avalon Airport

Sita Coaches (☎03-9689 7999; www.sitacoaches.com.au; Erw./Kind 22/10 AU$) bedient alle An- und Abflüge auf dem Flughafen Avalon. Die Busse fahren an der Southern Cross Station (50 Min.) ab.

ÖFFENTLICHE VERKEHRSMITTEL

Die Flinders Street Station ist der zentrale U-Bahnhof zwischen der Stadt und den Vororten. Die „City Loop" verläuft unter der Stadt und verbindet deren vier Ecken.

Das umfangreiche Straßenbahnnetz erreicht alle Ecken der Stadt und nutzt in Nord-Süd- und Ost-West-Richtung die meisten Hauptstraßen. Die Straßenbahnen fahren etwa alle zehn bis 20 Minuten.

Weitere Infos erhält man bei **Public Transport Victoria** (PTV; ☎1800 800 007; www.ptv.vic.gov.au; Southern Cross Station; Ⓡ Southern Cross). Lohnend sind auch die kostenlose City

Circle Tram (Tram 35; ☎ 13 16 38; www.ptv.vic.gov.au; ⊙ So–Mi 10–18, Do–Sa bis 21 Uhr; ⊟ 35), die eine Runde um die Stadt dreht, und der **Melbourne Visitor Shuttle** (Tourist Shuttle; www.thatsmelbourne.com.au; Tageskarte 5 AU$, Kind bis 10 Jahre frei; ⊙ 9.30–16.30 Uhr), der die Fahrgäste zu den wichtigsten Sehenswürdigkeiten Melbournes bringt.

Die Fahrradmitnahme ist in Straßenbahnen und Bussen nicht gestattet, dafür in Zügen.

In den Bussen, Straßenbahnen und Zügen Melbournes wird das umstrittene System **Myki** (www.myki.com.au) genutzt, bei dem man beim Ein- und Aussteigen die Fahrkarte entwerten muss, indem man sie von einem Lasergerät einlesen lässt. Dieses System ist für Kurzzeitbesucher nicht gerade benutzerfreundlich: Man muss sich für 6 AU$ eine Myki Card kaufen und vor Fahrtantritt ein Guthaben draufladen. Die Karten sind erhältlich an den Automaten in Bahnhöfen, 7-Eleven-Läden und an Zeitungsständen. Traveller kaufen am besten ein Myki Visitor Pack (14 AU$), mit dem man einen Tag lang unbegrenzt die öffentlichen Verkehrsmittel nutzen kann und ermäßigten Eintritt zu diversen Sehenswürdigkeiten erhält. Diese Tageskarte ist jedoch nur am Flughafen, am Skybus Terminal und im PTV-Zentrum an der Southern Cross Station erhältlich.

Aufladen kann man die Myki Card in 7-Eleven-Läden, an Myki-Automaten in den meisten Bahnhöfen und an einigen Straßenbahnhaltestellen im Stadtzentrum. Die Fahrt mit Myki kostet 3,50 AU$ für zwei Stunden bzw. 7 AU$ für einen ganzen Tag. Die Automaten geben nicht immer Wechselgeld heraus – deshalb passend zahlen! Wer ohne gültige Myki Card erwischt wird, zahlt 212 AU$ Strafe – die Fahrkartenkontrolleure sind da gnadenlos und sehr wachsam.

TAXI

Melbournes Taxis sind mit Taxametern ausgestattet. Bei einer Fahrt zwischen 22 und 5 Uhr muss der geschätzte Fahrpreis im Voraus bezahlt werden. Fällige Mautgebühren werden auf den Fahrpreis aufgeschlagen.
13 Cabs (☎ 13 22 27; www.13cabs.com.au)
Silver Top (☎ 13 10 08; www.silvertop.com.au)

RUND UM MELBOURNE

Dandenongs

An klaren Tagen kann man von Melbourne die Dandenong Ranges sehen – und umgekehrt von dem Aussichtspunkt auf dem Gipfel des 633 m hohen Mt. Dandenong den Sonnenuntergang über der Stadt beobachten. Die 35 km östlich der Stadt gelegenen Hügel eignen sich gut für einen Tagesausflug. Man kann gut wandern und Tiere beobachten oder auch einfach nur herumfahren und in einem der idyllischen Dörfern Olinda, Sassafras, Kallista oder Emerald eine Mittagspause mit Tee und Scones einlegen.

Sehr beliebt ist der restaurierte alte Dampfzug **Puffing Billy** (☎ 03-9757 0700; www.puffingbilly.com.au; Old Monbulk Rd, Belgrave; hin & zurück Erw./Kind/Fam. 59/30/119 AU$; ⊟ Belgrave), der von Belgrave durch die grünen Hügel zum Emerald Lake Park und nach Gembrook tuckert. Unterwegs kann man aussteigen und ein Picknick oder eine Wanderung machen, bevor man weiterfährt. In der Nähe kann man bei **Trees Adventure** (☎ 0410 735 288; www.treesadventure.com.au; Old Monbulk Rd, Glen Harrow Gardens; 2 Std. Erw./Kind 39/25 AU$; ⊙ Mo–Fr 11–17, Sa & So 9–17 Uhr; ⊟ Belgrave) in einem prächtigen, alten Urwaldstück mit Mammutbäumen, Riesen-Eukalyptusbäumen und Japanischen Eichen in den Bäumen klettern, an Seilrutschen durch die Wipfel sausen und Hindernisparcours absolvieren.

Im **Dandenong Ranges National Park** gibt es viele tolle Wanderwege. Im Gebiet **Ferntree Gully** führt der beliebte **1000 Steps Track** hinauf zum Picknickplatz One Tree Hill (hin & zurück 2 Std.).

Fährt man zum **SkyHigh Mt. Dandenong** (☎ 03-9751 0443; www.skyhighmtdandenong.com.au; 26 Observatory Rd, Mt. Dandenong; Eintritt 5 AU$/Auto; ⊙ Mo–Do 9–22, Fr 9–22.30, Sa & So 8–23 Uhr; ⊟ 688) hinauf, hat man vom höchsten Punkt der Dandenongs einen atemberaubenden Blick auf Melbourne und die Port Phillip Bay.

Das **Dandenong Ranges & Knox Visitors Centre** (☎ 03-9758 7522; www.dandenongrangestourism.com.au; 1211 Burwood Hwy, Upper Ferntree Gully; ⊙ Mo 13–17, Di–Sa 9–17, So 10.30–14.30 Uhr; ⊟ Upper Ferntree Gully) befindet sich vor dem Bahnhof Upper Ferntree Gully.

Queenscliff & Bellarine Peninsula

Schon seit Jahrhunderten zieht es die Melbourner wegen der Seebadatmosphäre zur Bellarine Peninsula. Die Halbinsel weist eine gute Mischung aus Familien- und Surfstränden, historischen Ortschaften, entspannten Weingütern und Möglichkeiten zum Tauchen und Schnorcheln auf.

Dieser Küstenabschnitt trifft nicht nur auf die Great Ocean Road, sondern ist auch nur eine kurze Fährüberfahrt von der Mornington Peninsula entfernt.

Das historische Queenscliff ist ein hübscher Ort, der bei Tagesausflüglern und Übernachtungsgästen aus Melbourne sehr beliebt ist. Sie bummeln hier durch die alten Straßen und genießen die maritime Atmosphäre. Der Blick hinüber auf die Port Phillip Heads und die Bass Strait ist einfach herrlich.

🏃 Aktivitäten

Bellarine Peninsula Railway ZUG
(📞 03-5258 2069; www.bellarinerailway.com.au; Bahnhof Queenscliff; hin & zurück Erw./Kind/Fam. 30/20/70 AU$; ⊙ Abfahrt So 11 & 14.45 Uhr, während der Schulferien auch Di & Do) Eine Gruppe lustiger Dampflockfans betreibt auf freiwilliger Basis diese Bahnstrecke, auf der wunderschöne alte Dampf- und Dieselzüge in 105 Minuten nach Drysdale und zurück tuckern.

Sea-All Dolphin Swims SCHNORCHELN
(📞 03-5258 3889; www.dolphinswims.com.au; Queenscliff Harbour; Sightseeing Erw./Kind 70/60 AU$, 3½ Std. Schnorcheln 135/115 AU$; ⊙ Okt.-April 8 & 13 Uhr) Bietet Sightseeing-Touren und Ausflüge zur Port Phillip Bay, wo Traveller mit Robben und Delfinen schwimmen können. Robben sieht man garantiert, Delfine nicht immer, aber die Chancen stehen gut.

🎉 Feste & Events

Queenscliff Music Festival MUSIK
(📞 03-5258 4816; www.qmf.net.au; ⊙ Ende Nov.) Eines der besten Festivals an der Küste mit berühmten australischen Musikern und einem Hang zu Folk und Blues.

ℹ Praktische Informationen

Queenscliff Visitors Centre (📞 03-5258 4843; www.queenscliffe.vic.gov.au; 55 Hesse St; ⊙ 9–17 Uhr) Hat viele Broschüren auf Lager. Kostenloses Internet gibt's in der Bibliothek nebenan.

ℹ An- & Weiterreise

Man kann mit dem von **V/Line** (📞 13 61 96; www.vline.com.au) betriebenen Zug von Melbourne nach Geelong (7,80 AU$, 1 Std.) fahren und dort in den Bus von **McHarry's** (📞 03-5223 2111; www.mcharrys.com.au) nach Queenscliff (1 Std.) steigen, der über Barwon Heads (30 Min.), Ocean Grove (45 Min.), Portarlington (45 Min.) und Point Lonsdale (55 Min.) fährt. Eine zwei Stunden gültige Fahrkarte kostet 3,70 AU$, eine Tageskarte 7,10 AU$. Myki Cards werden akzeptiert.

Die **Fähre Queenscliff–Sorrento** (📞 03-5258 3244; www.searoad.com.au; einfache Strecke Fußgänger Erw./Kind 10/8 AU$, 2 Erw. & Auto 69 AU$; ⊙ stündl. 7–18 Uhr) braucht 40 Minuten und verkehrt in der Hauptsaison bis 19 Uhr.

Mornington Peninsula

Die Mornington Peninsula – die stiefelförmige Landspitze zwischen Port Phillip und den Western Port Bays – ist seit den 1870er-Jahren, als Raddampfer nach Portsea hinunterfuhren, die Sommerspielwiese der Melbourner. Heute ziehen die ruhigen „vorderen" Strände an der Port Phillip Bay immer noch die Familien an, die in den Orten an der Bucht – Mornington, Rosebud, Dromana, Rye, Blairgowrie und Sorrento – gern Ferien machen. Die rauen, zum Meer hin offenen „hinteren" Strände an der Bass Strait bieten dagegen herausfordernde Wellen für Surfer und Gelegenheit für eindrucksvolle Wanderungen an der Küste, die einen Teil des Mornington Peninsula National Park bildet.

Aber auch einen Trip ins Innere der Halbinsel sollte man nicht auslassen: Entlang hübscher Stellen mit unberührtem Buschland ist das hügelige Farmland hier größtenteils Weinbergen und Obstplantagen gewichen; Gourmets lieben die Region, in der ein Mittagessen auf einem Weingut zu den Highlights zählt.

ℹ Praktische Informationen

Peninsula Visitor Information Centre (📞 03-5987 3078, 1800 804 009; www.visitmorningtonpeninsula.org; 359b Nepean Hwy, Dromana; ⊙ 9–17 Uhr) Zentrale Touristeninformation der Halbinsel, die Unterkünfte und Touren bucht. Touristeninformationen gibt's auch in Mornington (📞 03-5975 1644; 320 Main St; ⊙ 9–17 Uhr) und Sorrento; die Filiale in Mornington hat nützliche Infos über die Region und eine Wanderkarte für Mornington.

ℹ Anreise & Unterwegs vor Ort

Met-Züge (für die Zonen 1 und 2 gültige Fahrkarte kaufen!) fahren von der Flinders St Station nach Frankston. Von dort betreibt der **Portsea Passenger Service** (📞 03-5986 5666; www.ptv.vic.gov.au) den Bus 788 über Mornington, Dromana und Sorrento nach Portsea (2,50 AU$, 1½ Std.).

Die Fähre von **Inter Island Ferries** (📞 03-9585 5730; www.interislandferries.com.au;

Rund um Melbourne

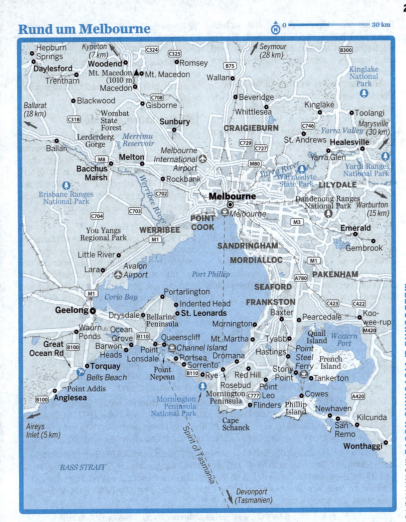

hin & zurück Erw./Kind/Fahrrad 24/12/8 AU$) verkehrt zwischen Stony Point und Cowes (Phillip Island) mit Zwischenstopp auf French Island.

Die Auto- und Personenfähren **Queenscliff–Sorrento** (☎ 03-5258 3244; www.searoad.com.au; einfache Strecke Fußgänger Erw./Kind 10/8 AU$, 2 Erw. & Auto Standardtarif einfache Strecke/hin & zurück 69/132 AU$; ⊙ 7–18 Uhr stündl., Jan. & lange Wochenenden bis 19 Uhr) verkehren zwischen Sorrento und Queenscliff.

Sorrento & Portsea

1500 EW.

Das historische Sorrento nimmt unter den Ortschaften auf der Mornington Peninsula wegen seiner schönen Sandsteingebäude, der Strände und geschützten Buchten und nicht zuletzt wegen der munteren Ferienortatmosphäre den ersten Platz ein. Hier wurde 1803 von einer englischen Expedition aus Strafgefangenen, Seeleuten, Beamten und freien Siedlern die erste offizielle europäische Siedlung in Victoria gegründet.

Zu den prachtvollen Gebäuden aus dem 19. Jh. zählen das **Sorrento Hotel** (1871), das **Continental Hotel** (1875) und das **Koonya** (1878).

An Sorrentos breiten Sandstränden und Klippen finden sich beste Gelegenheiten zum Baden und Wandern. Bei Ebbe ist der

Felsteich am hinteren Strand eine sichere Stelle zum Baden und Schnorcheln für Erwachsene und Kinder; der Surfstrand wird im Sommer von Rettungsschwimmern überwacht.

Nur 4 km weiter westlich bietet das winzige Portsea ebenfalls gute Strände sowie Tauch- und Wassersportveranstalter.

Das kleine Sorrento Visitors Centre (03-5984 1478; Ecke George St & Ocean Beach Rd) befindet sich in der Hauptstraße.

Geführte Touren

Am Sorrento Pier bieten zwei etablierte Unternehmen die beliebten Trips zum Schwimmen mit Delfinen und Robben an.

★ **Moonraker Charters** DELFINE
(03-5984 4211; www.moonrakercharters.com.au; 7 George St; Erw./Kind Sightseeing 65/55 AU$, Schwimmen mit Delfinen & Robben 125/115 AU$) Veranstaltet vom Sorrento Pier dreistündige Ausflüge, bei denen man mit Delfinen und Robben schwimmen kann.

★ **Polperro Dolphin Swims** DELFINE
(03-5988 8437; www.polperro.com.au; Erw./Kind Sightseeing 55/35 AU$, Schwimmen mit Delfinen & Robben 130 AU$) Die beliebten Touren zum Schwimmen mit Delfinen und Robben beginnen morgens und nachmittags am Sorrento Pier.

Schlafen & Essen

Sorrento Foreshore Camping Ground CAMPING $
(03-5950 1011; Nepean Hwy; Stellplatz ohne/mit Strom 26/31 AU$, Hauptsaison 41/46 AU$; Nov.–Mai) Die hügeligen Stellplätze liegen im Busch zwischen dem Strand der Bucht und der Hauptstraße nach Sorrento.

Sorrento Beach House YHA HOSTEL $
(03-5984 4323; www.sorrento-beachhouse.com; 3 Miranda St; B/DZ ab 30/90 AU$) Das eigens errichtete Hostel hat eine ruhige, aber zentrale Lage und eine entspannte Atmosphäre. Die Terrasse und der Garten sind prima, wenn man mit anderen Travellern ins Gespräch

---

EIN SÜFFIGES MITTAGSMAHL

Die Mornington Peninsula hat sich zu einer der wunderbaren kühl-gemäßigten Weinregionen Victorias entwickelt. Die meisten der mehr als 50 Weingüter auf der Halbinsel liegen in den Hügeln zwischen Red Hill und Merricks; viele haben ausgezeichnete Cafés und Restaurants. Hier einige Weingüter, die einen Besuch wert sind:

Montalto (03-5989 8412; www.montalto.com.au; 33 Shoreham Rd, Red Hill South; Café Hauptgerichte 14–18 AU$, Restaurant Hauptgerichte 35–39 AU$; Weinkeller 11–17 Uhr, Café Sa & So 12–16 Uhr, Restaurant tgl. 12–15, Fr & Sa 18.30–23 Uhr) Eines der besten Weingut-Lokale auf der Mornington Peninsula. Der Pinot Noir und der Chardonnay hier sind unglaublich.

Port Phillip Estate (03-5989 4444; www.portphillipestate.com.au; 263 Red Hill Rd, Red Hill South; 2-/3-Gänge-Menü ab 68/85 AU$, Weinkeller Hauptgerichte 15–22 AU$; Weinkeller 11–17 Uhr, Restaurant Mi–So 12–15, Fr & Sa 18.30–21 Uhr) Aus diesem preisgekrönten Weingut stammen die Weine der Marke Port Phillip Estate und Kooyong. Das Restaurant ist ausgezeichnet und schön luftig.

Red Hill Estate (03-5931 0177; www.redhillestate.com.au; 53 Shoreham Rd, Red Hill South; Weinkeller 11–17 Uhr, Restaurant tgl. 12–17, Fr & Sa 18.30–23 Uhr) Der Pinot und die Schaumweine, das Markenzeichen des Red Hill Estate, sind hervorragend, und das Max's Restaurant ist eines der besten auf der Halbinsel.

Ten Minutes by Tractor (03-5989 6080; www.tenminutesbytractor.com.au; 1333 Mornington-Flinders Rd, Main Ridge; 5-/8-Gänge-Verkostungsmenü 109/139 AU$, 2-/3-Gängemenü 69/89 AU$; Weinkeller 11–17 Uhr, Restaurant Mi–So 12–15, Do–Sa 18.30–21 Uhr) Ein weiteres herausragendes Restaurant und eine feine Auswahl von Pinot Noir, Chardonnay und Pinot Gris. Der ungewöhnliche Name bezieht sich auf die drei Weinberge des Guts, die jeweils zehn Traktorminuten voneinander entfernt liegen.

T'Gallant (03-5989 6565; www.tgallant.com.au; 1385 Mornington-Flinders Rd, Main Ridge; Hauptgerichte 16–32 AU$; 12–15 Uhr) Hier wurde der vollmundige Pinot Gris erstmals in Australien angebaut, und das Gut produziert auch den besten. Fein speisen kann man in der Trattoria La Baracca; Pizza und anderes gibt es zwanglos in Spuntino's Bar, in der am Wochenende auch Livemusik gespielt wird.

ABSTECHER

FRENCH ISLAND

Zwar ist French Island mit der Fähre nur eine Viertelstunde von Stony Point auf der Mornington Peninsula entfernt, aber hier fühlt man sich völlig einsam und abgeschieden: Die Insel ist zu zwei Dritteln ein Nationalpark, praktisch autofrei, und es gibt weder Leitungswasser noch Strom. Die Hauptattraktionen sind Wandern und Radfahren durch das Sumpfland, in dem man eine der größten **Koala-Kolonien** Australiens und viele Vogelarten entdecken kann.

Die Insel diente ab 1916 als Straflager für Gefangene, die hier den letzten Teil ihrer Strafe absaßen; die alte Sträflingsfarm kann man besichtigen. Ein wichtiger Gewerbezweig war zwischen 1897 und 1963 der Anbau von Zichorie (als Kaffeeersatz) – man kann sich die alten **Trockenöfen** an der Bayview Rd anschauen und in dem rustikalen Café, dem Lois, das eine Einheimische in der vierten Generation betreibt, einen Zichorienkaffee oder einen Tee mit Scones, Marmelade und Schlagsahne zu sich nehmen.

Die Fähre legt in Tankerton an. Von dort aus sind es rund 2 km bis zum **French Island General Store** (03-5980 1209; Lot 1, Tankerton Rd, Tankerton; Fahrradverleih 25 AU$; Mo-Sa 8–18 Uhr, So ab 9 Uhr). Der Laden, der auch Alkoholisches ausschenkt, dient außerdem als Postamt, Touristeninformation, Fahrradverleih und Herberge (110 AU$/Pers.). Fahrräder kann man auch an der Fährstelle in Tankerton leihen.

French Island Biosphere Bus Tours (0412 671 241, 03-5980 1241; www.frenchislandtours.com.au; halber Tag Erw./Kind 25/12 AU$, ganzer Tag 49/22 AU$; Di, Do, So sowie Sa während der Schulferien) veranstaltet informative halbtägige Touren mit Morgen- oder Nachmittagstee; bei der ganztägigen Tour ist ein Mittagessen inbegriffen.

Kostenlos zelten kann man auf dem einfachen **Fairhaven Camping Ground** (03-5986 9100; www.parkweb.vic.gov.au) – den Platz (über Parks Victoria) im Voraus buchen!

Inter Island Ferries (S. 254) betreibt einen Fährdienst von Stony Point nach Tankerton (10 Min., tgl. min. 2 Fahrten, Di, Do, Sa & So 4 Fahrten) mit Weiterfahrt nach Phillip Island. Stony Point ist mit dem Metlink-Zug direkt von Frankston aus erreichbar.

---

kommen will. Das Personal kann Ausritte, Schnorchel- und Tauchtouren organisieren.

Portsea Hotel
HOTEL $$
(03-5984 2213; www.portseahotel.com.au; Point Nepean Rd; EZ/DZ ab 85/105 AU$, EZ/DZ mit Bad ab 135/175 AU$) Der Puls von Portsea ist dieses weitläufige Fachwerkgebäude, ein riesiger Pub mit großem Rasen und einer Terrasse mit Blick auf die Bucht. Es gibt ein exzellentes Bistro (Hauptgerichte 24–39 AU$) und altmodische Unterkünfte (die meisten Zi. mit Gemeinschaftsbad), deren Preis abhängig vom (Meer-)Blick variiert – am Wochenende sind sie teurer.

Carmel of Sorrento
PENSION $$
(03-5984 3512; www.carmelofsorrento.com.au; 142 Ocean Beach Rd; DZ 130–220 AU$, Apt. ab 210 AU$) Das hübsche alte Sandsteingebäude direkt im Zentrum von Sorrento wurde geschmackvoll im Stil der Zeit restauriert und verbindet geschickt die Geschichte des Ortes mit zeitgemäßem Komfort. Man wohnt in einer der drei Suiten im eduardianischen Stil mit Bad (kleines Frühstück inkl.) oder in einer der beiden modernen, in sich abgeschlossenen Wohneinheiten.

The Baths
FISH & CHIPS $
(03-5984 1500; www.thebaths.com.au; 3278 Point Nepean Rd, Sorrento; Fish & Chips 10 AU$, Restaurant Hauptgerichte 25–33 AU$; 12–20 Uhr) Die Uferterrasse des ehemaligen Seebads mit Blick auf die Landungsbrücke und die Queenscliff-Fähre ist der perfekte Ort für ein Mittagessen oder ein romantisches Dinner bei Sonnenuntergang. Auf der Karte stehen ein paar gute Meeresfrüchtegerichte. Sehr beliebt ist der Imbissschalter vorn mit Fish & Chips zum Mitnehmen.

Smokehouse
ITALIENISCH, PIZZERIA $$
(03-5984 1246; 182 Ocean Beach Rd, Sorrento; Hauptgerichte 20–34 AU$; 18–21 Uhr) Pizza und Pasta für Feinschmecker sind die Spezialität in diesem bei einheimischen Familien beliebten Lokal. Die Speisen überzeugen durch einfallsreiche Zutaten und Geschmacksrichtungen dank des Holzofens.

Point Nepean & Mornington Peninsula National Parks

Die Spitze der Halbinsel nimmt der malerische **Point Nepean National Park** (http://

parkweb.vic.gov.au; Point Nepean Rd, Portsea) ein. Hier gab es ursprünglich eine Quarantänestation und einen Armeestützpunkt. Heute findet man lange Abschnitte autofreier Straßen vor, die sich prima zum Radfahren eignen, und außerdem Wanderwege, die zu den Stränden führen. Im Visitor Centre kann man Fahrräder leihen (20 AU$/Tag); sechsmal täglich fährt vom Besucherzentrum der Point Transporter (Erw./Kind/Fam. hin & zurück 8,70/6/22,90 AU$) seinen Rundkurs – man kann aus diesen Bus beliebig aus- und wieder zusteigen.

Der Mornington Peninsula National Park umfasst den dramatischen Küstenabschnitt zwischen Portsea und Cape Schanck, wo zerklüftete Strände von Klippen umrahmt werden. Wer will, kann über den markierten Weg die ganze Strecke von Portsea bis Cape Schanck (26 km, 8 Std.) wandern.

Die 1859 errichtete Cape Schanck Lightstation (03-5988 6184; www.capeschancklighthouse.com.au; 420 Cape Schanck Rd; nur Museum Erw./Kind/Fam. 13,50/9,50/37 AU$, Museum & Leuchtturm 16,50/10,50/44 AU$; 10.30–16 Uhr) ist ein fotogener, noch immer in Dienst stehender Leuchtturm mit einem Kiosk, einem Museum, einem Infozentrum und regelmäßigen Führungen. Übernachten kann man im Cape Schanck B&B (1300 885 259; www.capeschancklighthouse.com.au; 420 Cape Schanck Rd; DZ ab 130 AU$) im Leuchtturmwärterhäuschen aus Sandstein.

GREAT OCEAN ROAD

Die Great Ocean Road (B100) ist eine der berühmtesten Straßen Australiens. Man fährt vorbei an Top-Surfstränden, durch Regenwald und ruhige Orte am Meer und teilweise unter einem Blätterdach, in dem Koalas sitzen. Man sieht Heide, Milchfarmen, nackte Kalksteinklippen und kommt den mächtigen, gefährlichen Brechern des Südpolarmeers ganz nahe. Gleichgültig ob als Wanderer oder Autofahrer: Man wird den Trip genießen!

Geelong
216 000 EW.

⊙ Sehenswertes & Aktivitäten

Geelongs aufgehübschte Uferpromenade lohnt einen Spaziergang, auf dem man sich auch Jan Mitchells 111 bemalte Poller anschauen kann. Am Eastern Beach bietet das Art-déco-Badehaus gegenüber der Promenade eine gute Gelegenheit zu baden.

Geelong Art Gallery GALERIE
(www.geelonggallery.org.au; Little Malop St; 10–17 Uhr) GRATIS Die Galerie beherbergt mehr

Great Ocean Road

als 4000 Werke, darunter Meisterwerke der australischen Malerei, z.B. Eugene von Guérards *View of Geelong* und Frederick McCubbins *A Bush Burial* von 1890. Ausgestellt sind auch zeitgenössische Werke. Samstags um 14 Uhr gibt es kostenlose Führungen.

National Wool Museum MUSEUM
(☎ 03-5272 4701; www.geelongaustralia.com.au/nwm; 26 Moorabool St; Erw./Kind/Fam. 7,50/4/25 AU$; ⊗ Mo–Fr 9.30–17, Sa & So ab 10 Uhr) Das Museum ist interessanter, als es zunächst scheint: Es beleuchtet die Bedeutung der Wolle in der wirtschaftlichen, sozialen und architektonischen Entwicklung Geelongs. Viele der prächtigen Gebäude in dem Gebiet dienten früher als Wolllager, darunter auch das 1872 erbaute Basaltgebäude, in dem heute dieses Museum untergebracht ist. Zu sehen sind u.a. eine Maschine zur Herstellung von Strümpfen und ein großer Axminster-Teppichwebstuhl von 1910, der am Wochenende angeworfen wird.

Old Geelong Gaol HISTORISCHES GEBÄUDE
(☎ 03-5221 8292; www.geelonggaol.org.au; Ecke Myers & Swanston St; Erw./Kind 10/5 AU$; ⊗ Sa & So 13–16 Uhr, während der Schulferien tgl.) Das 1849 aus Basalt erbaute HSM Prison Geelong wird seit 1991 zwar nicht mehr als Gefängnis genutzt, ist aber genauso furchterregend wie eh und je. Man sieht die über drei Ebenen verteilten düsteren Zellen, den Duschblock, die Wachtürme und die Galgen. Zu jedem Exponat gibt es erläuternde Tonaufnahmen, z.B. über sichergestellte selbst gebaute Waffen oder zu ehemaligen Zelleninsassen wie Chopper Read (Zelle 39). Es finden hier auch **Geisterführungen** (☎ 1300 856 668; www.geelongghosttours.com.au) statt.

Boom Gallery GALERIE
(☎ 0417 555 101; www.boomgallery.com.au; 11 Rutland St, Newtown; ⊗ Mi–Sa 8.30–16 Uhr) An einer Straße im Industriegebiet abseits der Pakington St zeigt diese Galerie in dem Lagerhaus einer alten Wollfabrik zeitgenössische Werke von Künstlern aus Melbourne und der Gegend. Sie verkauft tolle Designerobjekte und Schmuck, und im angeschlossenen Café gibt's fantastischen Kaffee und saisonal wechselnde Speisen.

🛏 Schlafen

Irish Murphy's HOSTEL $
(☎ 03-5221 4335; www.irishmurphysgeelong.com.au; 30 Aberdeen St, Geelong West; B/EZ/DZ 35/45/70 AU$; P 🛜) Das einzige Backpackerhostel in Geelong befindet sich über einem irischen Pub kurzen Spaziergang von der Stadt, der Pakington St und dem Bahnhof Geelong entfernt und wird von einer Fami-

lie betrieben. Es bietet saubere Schlafsäle, in denen meist nur zwei Betten stehen – ein tolles Angebot! Obendrein erhalten Gäste unten im Pub 20% Ermäßigung aufs Essen.

Gatehouse on Ryrie PENSION $$
(0417 545 196; www.gatehouseonryrie.com.au; 83 Yarra St; DZ inkl. Frühstück 95–130 AU$; P@🖃) Geelongs beste Mittelklasseunterkunft ist diese 1897 erbaute Pension mit prächtigen Dielen, geräumigen Zimmern (meist mit Gemeinschaftsbad), einer Gemeinschaftsküche und einem Loungebereich. Frühstück gibt's im wunderbaren Vorderzimmer.

Essen

Go! CAFÉ $
(www.cafego.com.au; 37 Bellarine St; Hauptgerichte ab 10 AU$; Mo–Fr 7–16, Sa 8–16 Uhr; 🖃) Das Go! ist mit seiner lustigen Atmosphäre, dem guten Kaffee und Frühstück bei Einheimischen sehr beliebt. Draußen gibt's noch einen hübschen, grünen Hof.

Khan Curry Hut INDISCH $
(www.khancurryhut.com.au; 101–103 Ryrie St; Hauptgerichte ab 10 AU$; tgl. 17.30–22, Mo–Fr 12–14.30 Uhr) Im Khan gibt's günstige, authentisch indische (und südindische) Gerichte mit frischen Zutaten.

★**Jack & Jill** MODERN-AUSTRALISCH $$$
(03-5229 9935; www.jackandjillrestaurant.com.au; 247 Moorabool St; Verkostungsteller 32,50 AU$; tgl. 18 Uhr–open end, Fr 12–14.30 Uhr) Man wählt drei kleine Gerichte von der Karte mit regionalen Produkten (wie wär's mit Muscheln mit Parmesan oder Strauß?), die dann zusammen auf einem Teller serviert werden. Auf dem Dach gibt's einen Biergarten mit tollen Kleinbrauereibieren. Freitags zwischen 17 und 18.30 Uhr sind die Getränke gratis. Regelmäßig wird zudem Livemusik gespielt.

Ausgehen & Unterhaltung

★**Little Creatures Brewery** BRAUEREI, BAR
(www.littlecreatures.com.au; Ecke Fyans & Swanston St; Mo & Di 11–17, Mi–Fr bis 21, Sa 8–21, So 8–17 Uhr; 🖃) Geelong ist der neueste Zuwachs im wachsenden Little-Creatures-Bier-Imperium. Die in einer alten Wollfabrik aus roten Ziegelsteinen untergebrachte Brauerei ist mit ihrer industriellen Lagerhausatmosphäre ein super Ort, um hauseigene Biere mit knusprig dünner Pizza (ab 17 AU$) zu genießen. Mehrmals am Tag gibt's Führungen durch die Brauerei mit Gratisverkostung. Kinder lieben die Sandkästen und das Zimmer, in dem sie herumtoben können.

Cartel Roasters CAFÉ
(www.coffeecartel.com.au; 6/21 Leather St, Breakwater; Mo–Sa 7–16.30 Uhr; 🖃; 🚌61) Das Kaffeehaus ist ein unerwarteter Glücksfund in den gewerblichen Seitenstraßen von South Geelong, der Himmel für Hipster! Serviert werden sortenreine afrikanische Kaffees und Hausmannskost. Aber auch Teeliebhaber kommen auf ihre Kosten: Es gibt eine raffinierte Teestube mit Tees aus aller Welt, die von einem zertifizierten „Teemeister" aufgesetzt werden. Eine 15-minütige Busfahrt von der Stadt entfernt.

Barwon Club LIVEMUSIK
(03-5221 4584; www.barwonclub.com.au; 509 Moorabool St; 11 Uhr–open end) Das Barwon ist seit Langem die wichtigste Livemusikstätte in Geelong und hat Größen wie Magic Dirt, Bored! und Warped, wichtige Bands in der „Geetroit"-Rockszene, hervorgebracht. Aber hier bekommt man nicht nur lokale und internationale Bands zu Gesicht, sondern kann auch einfach ein Bierchen trinken.

🛈 Praktische Informationen

Infos zu Veranstaltungen in der Gegend findet man in den Blättern *What's On* und *Forte*.

Im **National Wool Museum Visitors Centre** (www.visitgreatoceanroad.org.au; 26 Moorabool St; 9–17 Uhr; 🖃) gibt es neben kostenlosem WLAN auch Broschüren zu Geelong, zur Bellarine Peninsula und den Otways. Ein **Visitor Centre** (Princes Hwy; 9–17 Uhr) befindet sich an der Geelong Rd an der Tankstelle nahe Little River. Ideal, wenn man an Geelong vorbei direkt zur Great Ocean Road fährt!

Die **Geelong Library** (www.grlc.vic.gov.au; 30–38 Little Malop St; Mo–Fr 8.30–17 Uhr; 🖃) bietet Gratis-WLAN. Die Bibliothek soll 2015 auf die andere Straßenseite ziehen.

🛈 An- & Weiterreise

AUTO

Die 25 km lange Geelong Ring Rd verläuft von Corio nach Waurn Ponds und umgeht Geelong dabei gänzlich. Wer nach Geelong reinfahren will, bleibt auf dem Princes Hwy (M1).

BUS

Avalon Airport Shuttle (03-5278 8788; www.avalonairportshuttle.com.au) Bringt Fluggäste von Geelong (17 AU$, 35 Min.) sowie von Orten an der Great Ocean Road, z.B. Lorne (70 AU$, 1¾ Std.), zum Avalon Airport.

GREAT OCEAN ROAD – ENTFERNUNGEN & FAHRZEITEN

STRECKE	ENTFERNUNG (KM)	DAUER
Melbourne – Geelong	75	1 Std.
Geelong – Torquay	21	13 Min.
Torquay – Anglesea	16	13 Min.
Anglesea – Aireys Inlet	10	10 Min.
Aireys Inlet – Lorne	19	22 Min.
Lorne – Apollo Bay	45	1 Std.
Apollo Bay – Port Campbell	96	1½ Std.
Port Campbell – Warrnambool	66	1 Std.
Warrnambool – Port Fairy	28	20 Min.
Port Fairy – Portland	72	1 Std.
Melbourne – Portland	über Great Ocean Rd 440/ über Hamilton Hwy 358	6½ Std./ 4 Std. 10 Min.

Gull Airport Service (03-5222 4966; www.gull.com.au; 45 McKillop St) Betreibt 14 Busse pro Tag zwischen Geelong und dem Melbourner Tullamarine Airport (30 AU$, 1¼ Std.).

McHarry's Buslines (03-5223 2111; www.mcharrys.com.au) Häufig verkehrende Busse vom Bahnhof Geelong nach Torquay (3,70 AU$) und zur Bellarine Peninsula (3,50 AU$, 20 Min.).

V/Line betreibt Busse vom Bahnhof Geelong nach Apollo Bay (16,40 AU$, 2½ Std., 4-mal tgl.) über Torquay (3,60 AU$, 25 Min.), Anglesea (5,40 AU$, 45 Min.), Lorne (10 AU$, 1½ Std.) und Wye River (12,40 AU$, 2 Std.). Montags, mittwochs und freitags fährt ein Bus weiter nach Port Campbell (28,60 AU$, 5 Std.) und Warrnambool (32,20 AU$, 6½ Std.) mit Umsteigeoption in Apollo Bay. Auch nach Ballarat (8,80 AU$, 1½ Std., 3–4-mal tgl.) kommt man mit dem Bus.

FLUGZEUG

Jetstar (13 15 38; www.jetstar.com) Flüge vom/zum Avalon Airport (S. 251).

ZUG

V/Line (1800 800 007; www.vline.com.au) betreibt Züge vom **Bahnhof Geelong** (03-5226 6525; Gordon Ave) zum Melbourner Bahnhof Southern Cross (9 AU$, 1 Std., regelm.). Es fahren auch Züge nach Warrnambool (19 AU$, 2½ Std., 3-mal tgl.).

Torquay

15 700 EW.

In den 1960er- und 1970er-Jahren war Torquay nur irgendein verschlafenes Städtchen am Meer. Windsurfen war seinerzeit in Australien nur etwas für Gegner des Establishments, für hartgesottene Aussteiger, die in klapprigen VW-Bussen lebten, Marihuana rauchten und mit den Töchtern des Bürgertums durchbrannten. Seit jenen Tagen aber ist das Surfen längst im Mainstream angekommen und weltweit ein Riesengeschäft. Torquays Nähe zum weltberühmten Bells Beach und sein Status als Heimat zweier prägender Surfzubehörmarken – Rip Curl und Quiksilver, beide stellten anfangs Taucheranzüge her – lassen keinen Zweifel daran, dass das Städtchen die unumstrittene Surferhauptstadt Australiens ist.

Sehenswertes & Aktivitäten

Zweistündige Surfkurse ab etwa 60 AU$ veranstalten **Great Ocean Road Surf Tours** (1800 787 353; www.gorsurftours.au; 106 Surf Coast Hwy) und die **Torquay Surfing Academy** (03-5261 2022; www.torquaysurf.com.au; 34a Bell St).

Surf World Museum   MUSEUM
(www.surfworld.com.au; Surf City Plaza; Erw./Kind/Fam. 12/8/30 AU$; 9–17 Uhr) Ein perfekter Startpunkt für eine Surfsafari: Das gut geleitete Museum ist eine Hommage ans Surfen in Australien. Von Simon Andersons bahnbrechender Surfbrettkonstruktion „Thruster" (mit drei Finnen) von 1981 bis hin zu Mark Richards' Surfbrettsammlung und der australischen Surfing Hall of Fame ist hier alles Mögliche zu sehen. Das Museum ist vollgestopft mit großartigen Memorabilien (darunter das Holz-Longboard von Duke

Kahanamoku), Videos und Ausstellungen zur Surfkultur von den 1960ern bis in die 1980er-Jahre.

🛏 Schlafen & Essen

Bells Beach Backpackers HOSTEL $
(☎ 03-5261 4029; www.bellsbeachbackpackers.com.au; 51–53 Surfcoast Hwy; B/DZ 26/80 AU$; @ 🛜) Das freundliche Backpackerhostel an der Hauptstraße fügt sich mit seinem Surfbrettverleih, dem täglichen Wellenreport und einer guten Sammlung von Surfvideos gut in dieses Surferstädtchen ein. Die schlichten Zimmer sind sauber und gut in Schuss.

Torquay Foreshore Caravan Park CAMPING $
(☎ 03-5261 2496; www.torquaycaravanpark.com.au; 35 Bell St; Stellplatz mit Strom 31–70 AU$, DZ Hütte 99–280 AU$) Gleich hinter dem Back Beach liegt der größte Campingplatz an der Surf Coast mit guten Einrichtungen und neuen Hütten mit Meerblick – und Premium-Preisen.

Cafe Moby CAFÉ $
(41 The Esplanade; Hauptgerichte 9–19 AU$; ⊙ 7–16 Uhr; 🛜) Das alte Schindelhaus an der Esplanade erinnert an die Zeit, als Torquay noch einfach war. Das gilt aber nicht für die moderne Küche: Hier kann man sich den Bauch mit Linguine oder in Honig mariniertem Lamm-Souvlaki vollschlagen. Hinten gibt's einen herrlichen Spielplatz für Kinder.

❶ Praktische Informationen

Torquay Visitor Information Centre (www.greatoceanroad.org; Surf City Plaza, Beach Rd;

> **TOUREN AUF DER GREAT OCEAN ROAD**
>
> Man sollte sich für die Great Ocean Road Zeit nehmen (idealerweise ein paar Tage bis eine Woche), aber wer nur wenig Zeit hat, kann sich an einen der folgenden Tourveranstalter mit Sitz in Melbourne wenden, die oft an einem Tag über die Great Ocean Road brausen.
>
> **Go West Tours** (☎ 1300 736 551; www.gowest.com.au; Tour 120 AU$)
>
> **Otway Discovery** (☎ 03-9654 5432; www.otwaydiscovery.com.au; Tagesausflug 99 AU$)
>
> **Ride Tours** (☎ 1800 605 120; www.ridetours.com.au; Tour 195 AU$)

⊙ 9–17 Uhr) Die gut ausgestattete Touristeninformation befindet sich neben dem Surf World Museum. Kostenloses WLAN und Internetzugang gibt's in der Bibliothek nebenan.

❶ An- & Weiterreise

Torquay liegt 13 Minuten südlich von Geelong an der B100.

McHarry's Buslines (☎ 03-5223 2111; www.mcharrys.com.au) Stündlich von 9 bis 20 Uhr (am Wochenende bis etwa 17 Uhr) fahren Busse von Geelong nach Torquay (3,70 AU$, 30 Min.). Die Haltestelle in Torquay ist an der Ecke Pearl und Boston St (hinter dem Einkaufszentrum an der Gilbert St).

V/Line (☎ 1800 800 007; www.vline.com.au) Fährt von Montag bis Freitag viermal pro Tag (am Wochenende 2-mal) von Geelong nach Torquay (3,60 AU$, 25 Min.).

Von Torquay nach Anglesea

Rund 7 km außerhalb von Torquay liegt der **Bells Beach**. Die mächtigen Brecher des Bells sind Teil der internationalen Surferfolklore (in dem Film *Point Break*, der allerdings komplett in den USA gedreht wurde, ist der Bells Beach Schauplatz der letzten Auseinandersetzung zwischen Keanu Reeves und Patrick Swayze). Die Wellen sind leider unzuverlässig, wenn der lange Right-Hander aber kommt, kann man auf ihm so lange reiten wie fast nirgendwo sonst im Land. Seit 1973 findet am Bells Beach jeweils zu Ostern die **Rip Curl Pro** (www.aspworldtour.com) statt – das glanzvollste Event der ASP World Tour. Wenn die Welle am Bells nicht in Sicht ist, zieht die Rip Curl Pro regelmäßig zum Johanna Beach um, zwei Stunden weiter westlich.

9 km südwestlich von Torquay liegt die Abzweigung zum von dort noch 3 km entfernten spektakulären **Point Addis**. Der breite, urtümliche Strand, an dem man auch nackt baden darf, lockt Surfer, Schwimmer und FKKler an. Der ausgeschilderte **Koorie Cultural Walk** ist ein 1 km langer Rundweg, der durch das Naturschutzgebiet **Ironbark Basin** zum Strand führt.

Der **Surf Coast Walk** (www.visitgreatoceanroad.org.au/surfcoastwalk) folgt der Küstenlinie von Jan Juc bis in die Nähe von Aireys Inlet und lässt sich auch etappenweise angehen – für die gesamte Strecke braucht man elf Stunden. Der Weg ist auf der *Surf Coast Touring Map* eingezeichnet, die in den Touristeninformationen erhältlich ist.

Anglesea

2300 EW.

Angleseas **Main Beach** ist ein prima Ort, um surfen zu lernen, und der geschützte **Point Roadknight Beach** eignet sich gut für Familien. Man kann sich die Kängurus anschauen, die auf dem städtischen Golfplatz grasen, oder ein Paddelboot mieten und damit den Anglesea River hinauffahren.

✈ Aktivitäten

Go Ride A Wave SURFEN
(☐ 1300 132 441; www.gorideawave.com.au; 143b Great Ocean Rd; Kurs 2 Std. 65 AU$, Brettverleih ab 25 AU$; ☉ 9–17 Uhr) Die schon lange bestehende Surfschule veranstaltet Kurse und verleiht Surfbretter, Stehpaddelbretter und Kajaks.

🛏 Schlafen

Anglesea Backpackers HOSTEL $
(☐ 03-5263 2664; www.angleseabackpackers.com; 40 Noble St; B ab 30 AU$, DZ 95–115 AU$, FZ 150 AU$; @) Während die meisten Hostels so viele Gäste wie möglich aufnehmen wollen, hat diese schlichte, heimelige Herberge nur zwei Schlafsäle und ein Doppel- bzw. Dreibettzimmer und ist sauber, hell und einladend. Im Winter erhellt ein wärmendes Feuer das gemütliche Wohnzimmer.

Anglesea Rivergums B&B $$
(☐ 03-5263 3066; www.anglesearivergums.com.au; 10 Bingley Pde; DZ 125–160 AU$; ❄) Beschaulichen Ausblick auf den Fluss verheißt dieses B&B mit zwei geräumigen, geschmackvoll eingerichteten Zimmern (ein freistehender Bungalow und ein Zimmer am Haus). Super Preis-Leistungs-Verhältnis!

🍴 Essen

Red Till CAFÉ $
(143a Great Ocean Rd; Hauptgerichte 10–20 AU$; ☉ 7–16 Uhr; 📶) Gegenüber vom Hauptstrand befindet sich das in bunt gemischtem Retro-Stil gehaltene Red Till mit ganztägig erhältlichem fantastischem Frühstück und dem besten Kaffee in der Stadt.

Locanda Del Mare ITALIENISCH $$
(5 Diggers Pde; Hauptgerichte 19,50–25 AU$; ☉ Sommer Do–Mo ab 18 Uhr, Winter Do–So ab 18 Uhr) Von der hässlichen Fassade darf man sich nicht täuschen lassen. Das authentisch italienische Restaurant, das sich hinter Angleseas Tankstelle versteckt, bekommt viel Lob, vor allem für seine wunderbaren Nachtische.

❶ Praktische Informationen

Visitor Centre (16/87 Great Ocean Rd; ☉ 9–17 Uhr) Die am Fluss gelegene Touristeninformation mit nützlichen Infos und Karten ist die erste Anlaufstelle für viele Besucher an der Great Ocean Road.

❶ An- & Weiterreise

V/Line betreibt Busse zwischen Anglesea und Geelong (5,40 AU$, 45 Min.).

Aireys Inlet

1200 EW.

In Aireys Inlet gibt es sagenhafte Sandstrände wie den langen offenen Strand, der von **Fairhaven** bis **Moggs Creek** und **Eastern View** reicht. Mit **Blazing Saddles** (☐ 03-5289 7322; www.blazingsaddlestrailrides.com; Lot 1, Bimbadeen Dr; Ausritt 1/2½ Std. 45/100 AU$) kann man den Strand auf einzigartige Weise hoch zu Ross erkunden.

Das 1891 erbaute **Split Point Lighthouse** (☐ 03-5263 1133; www.splitpointlighthouse.com.au; Führung 45 Min. Erw./Kind/Fam. 12/7/35 AU$; ☉ stündl. 11–14 Uhr, Sommerferien 10–16 Uhr) bietet von ganz oben einen sensationellen Rundblick. Hinauf kommt man im Rahmen einer Führung.

🛏 Schlafen

Cimarron B&B B&B $$
(☐ 03-5289 7044; www.cimarron.com.au; 105 Gilbert St; DZ 150–175 AU$; 📶) Das Haus, ein idyllisches Refugium mit Blick auf Point Roadknight, wurde 1979 aus heimischem Holz erbaut, wobei nur Holzdübel und Verschalungsbretter zum Einsatz kamen. In dem großen Lounge-Bereich stehen Gästen Bücherwände und ein gemütlich wirkender Kamin zur Verfügung, und oben finden sich zwei einmalige, loftartige Doppelzimmer mit gewölbten Holzdecken. Ansonsten gibt's noch ein höhlenartiges Apartment. Draußen stehen der State Park und die Natur im Mittelpunkt. Schwule Gäste sind gern gesehen, Kinder dagegen nicht.

Lightkeepers Inn MOTEL $$
(☐ 03-5289 6666; www.lightkeepersinn.com.au; 64 Great Ocean Rd; DZ 130 AU$; 📶❄) In praktischer Nähe zu den Geschäften findet man hier saubere Motelzimmer mit extra-dicken Wänden für viel Ruhe und Frieden.

✕ Essen & Ausgehen

★ A La Grecque GRIECHISCH $$
(☎ 03-5289 6922; www.alagrecque.com.au; 60 Great Ocean Rd; Hauptgerichte 28–38 AU$; ⊙ Dez.–März tgl. 9–11.30, 12.30–14.30 & 18–22 Uhr, April–Nov. Mi–So, Juni–Aug. geschl.) Die hervorragende moderne griechische Taverne versetzt die Gäste ans Mittelmeer. Vorspeisen wie geräucherte Makrele mit Apfel, Sellerie und Zitronen-Dressing und Hauptgerichte wie gegrillter Jungbarsch sind sensationell. Kosta, der Wirt, betrieb 27 Jahre lang das Kosta's in Lorne, bevor er nach Aireys zog.

Aireys Pub PUB
(☎ 03-5289 6804; www.aireyspub.com.au; 45 Great Ocean Rd; ⊙ 12 Uhr–open end; ☎) Die 1904 gegründete Küstenkneipe ist ein Überlebenskünstler: Sie brannte zweimal ab auf die Grundmauern ab und wurde 2011 schließlich geschlossen, aber dann legten die Leute im Viertel zusammen, um ihren Pub zu retten. Heute läuft der Laden besser denn je. Es gibt eine fantastische Küche, einen knisternden Kamin, einen großen Biergarten, Livemusik und das hauseigene Aireys-Bier.

Lorne
1000 E.W.

Lorne ist von unglaublich schöner Natur umgeben, wie man schon bei der Fahrt von Aireys Inlet in die Stadt deutlich sieht. Alte, hohe Gummibäume säumen die welligen Straßen, und die Loutit Bay schillert verführerisch. Schon seit Jahrhunderten zieht das schöne Lorne Besucher an. Rudyard Kipling war 1891 bei seinem Besuch so inspiriert, dass er das Gedicht *Flowers* niederschrieb: *Gathered where the Erskine leaps/Down the road to Lorne*" (Gepflückt, wo der Erskine fällt/An der Straße hinunter nach Lorne).

Allerdings ist in Lorne viel los. Im Sommer muss man mit den Tagesausflüglern um die Plätze in den Restaurants und Cafés kämpfen. Trotz des Touristenandrangs ist der Ferienort aber einfach schön.

⊙ Sehenswertes & Aktivitäten

Qdos Art Gallery GALERIE
(☎ 03-5289 1989; www.qdosarts.com; 35 Allenvale Rd; ⊙ Dez. & Jan. tgl. 9–18 Uhr, Feb.–Nov. Do–Mo 9–17.30 Uhr) GRATIS Die Kunstgalerie, die sich in dem üppigen Wald hinter Lorne versteckt, zeigt immer etwas Interessantes und verfügt auch über einen Skulpturengarten unter freiem Himmel. In dem Café auf dem Anwesen kann man wieder auftanken, und wer will, kann hier auch übernachten (Zi. inkl. Frühstück 250 AU$).

Erskine Falls WASSERFALL
(Erskine Falls Access Rd) Außerhalb des Ortes liegt dieser hübsche Wasserfall. Ein leichter Spaziergang führt hinauf zur Aussichtsplattform, und 250 (oft glitschige) Stufen gehen hinunter zum Fuß des Wasserfalls. Unten angekommen, kann man weiterwandern oder die Stufen wieder hinaufsteigen.

Great Ocean Road National Heritage Centre MUSEUM
(15 Mountjoy Pde; ⊙ 9–17 Uhr) Dieses Museum soll 2014 eröffnet werden. Es erzählt die Geschichte der Entstehung der Great Ocean Road, die zwischen 1919 und 1932 zumeist von Weltkriegsheimkehrern mit Hacken, Schaufeln und Brechstangen erbaut wurde.

ABSTECHER

BRAE

Wenn man den Erfolg bedenkt, den der Chefkoch Dan Hunter im Royal Mail Hotel in Dunkeld hatte, müssen die vom Tourismus lebenden Leute in Birregurra sich aus mehreren Gründen die Lippen geleckt haben, als sie hörten, dass Hunter in ihrer Stadt sein neues Restaurant, das **Brae** (☎ 03-5236 2226; www.braerestaurant.com; 4285 Cape Otway Rd, Birregurra; 8-Gänge-Verkostungsmenü 180 AU$/Pers.; ⊙ Fr–Mo 12–15, Do–So ab 18 Uhr), eröffnen wird.

Das Brae, das zum Zeitpunkt unserer Recherchen gerade seine Tore öffnete, ersetzt das sehr beliebte Sunnybrae. Das Bauernhaus wurde vom renommierten Architekturbüro Six Degrees umgestaltet. Das Restaurant nutzt Zutaten, die in dem 12 ha großen Bio-Garten angebaut werden. Reservierungen sind unbedingt erforderlich – und das weit im Voraus. In Zukunft soll es hier auch eine Boutique-Unterkunft geben.

Das Lokal befindet sich in der kleinen historischen Ortschaft Birregurra zwischen Colac und Lorne.

🎉 Feste & Events

Falls Festival MUSIK
(www.fallsfestival.com; Tickets für 2/3/4 Tage 320/ 390/433 AU$; 28. Dez.–1. Jan.) Das tolle Musikfestival ist ein viertägiger Schwof über Neujahr auf einer Farm gleich außerhalb des Ortes. Mit dabei sind internationale Rock- und Indiebands der Spitzenklasse. In der Vergangenheit standen Größen wie Iggy Pop, Kings of Leon und die Black Keys auf der Bühne. Die Karten sind schnell ausverkauft. Im Preis inbegriffen ist der Stellplatz fürs Zelt.

🛏 Schlafen

Great Ocean Road Backpackers HOSTEL $
(03-5289 1070; 10 Erskine Ave; B/DZ 35/90 AU$; ✳🕿) Versteckt im Busch inmitten von Kakadus, Koalas und anderen Tieren bietet diese zweistöckige Blockhütte Schlafsäle und preiswerte Doppelzimmer. Etwas gewöhnungsbedürftig sind allerdings die Unisex-Badezimmer. Die teureren Finnhütten sind mit Küche und angeschlossenem Bad ausgestattet.

Lorne Foreshore Caravan Park CAMPING $
(1300 364 797; www.lornecaravanpark.com.au; 2 Great Ocean Rd; Stellplatz mit Strom 32–60 AU$, DZ Hütte ab 70 AU$) Hier kann man Plätze für die fünf Wohnwagenparks in Lorne buchen. Der schönste ist der Erskine River Park – am Ortseingang links vor der Brücke. Für die Hauptsaison im Voraus buchen!

🍴 Essen

Kafe Kaos CAFÉ $
(52 Mountjoy Pde; Mittagessen 8–15 AU$; 8–16.30 Uhr; 🕿) Das helle und kecke Kafe Kaos ist ein gutes Beispiel für die entspannte Feinschmeckerkultur in Lorne. Die barfüßige Kundschaft macht sich in Badehorts oder Bikinis über die erstklassigen Panini, Bruschetta, Burger und Pommes her. Es gibt den ganzen Tag über Frühstück und eine Bar.

Lorne Beach Pavilion MODERN-AUSTRALISCH $$
(03-5289 2882; www.lornebeachpavilion.com.au; 81 Mountjoy Pde; 8–21 Uhr) Angesichts der unschlagbaren Lage am Wasser findet das Leben hier buchstäblich am Strand statt – und zwar mit einem kalten Bier in der Hand. In der Happy Hour gibt's 1 kg Muscheln für 10 AU$ und zwei Cocktails zum Preis von einem. Morgens und mittags bekommt man leckeres Essen im Café-Stil; abends kommen raffiniertere modern-australische Gerichte auf den Tisch.

ℹ Praktische Informationen

Lorne Visitors Centre (1300 891 152; www.visitgreatoceanroad.org.au/lorne; 15 Mountjoy Pde; 9–17 Uhr; 🕿) Bietet Infos, Wanderkarten, Angelgenehmigungen, Busfahrkarten, Unterkunftsbuchungen sowie Internetzugang und kostenloses WLAN.

Cumberland River

Gerade einmal 7 km südwestlich von Lorne befindet sich **Cumberland River**. Es gibt hier weder Läden noch Häuser, sondern nur den wunderbaren **Cumberland River Holiday Park** (03-5289 1790; www.cumberlandriver.com.au; Great Ocean Rd; Stellplatz ohne Strom 37 AU$, Hütte mit Bad ab 105 AU$). Der waldige Campingplatz hat eine tolle Lage neben einem schönen Fluss und hohen, verwitterten Klippen auf der anderen Seite.

Wye River

140 E.W.
Die Great Ocean Road schlängelt sich hinter Cumberland River spektakulär um die Klippen und erreicht schließlich Wye River, eine kleine Ortschaft mit tollen Ideen.

🛏 Schlafen & Essen

Wye River Foreshore Camping Reserve CAMPING $
(03-5289 0412; Stellplatz 40 AU$; Nov.–April) Der Campingplatz bietet im Sommer Stellplätze mit Stromanschluss am Strand.

★ Wye General CAFÉ $$
(www.thewyegeneral.com; 35 Great Ocean Rd; Abendessen 15–26 AU$; Mo–Sa 8–17, So bis 16 Uhr) Das Café hat den Ort im Sturm erobert. Von fantastischen Burgern und hausgemachten Sauerteig-Sandwiches bis hin zu perfektem Kaffee – das schicke Café mit poliertem Betonboden, Holzdekor, einem raffinierten Retro-Ambiente und einem Sitzbereich im Freien beeindruckt!

Wye Beach Hotel PUB $$
(03-5289 0240; www.wyebeachhotel.com.au; 19 Great Ocean Rd; Hauptgerichte 18–30 AU$, Zi. 120–260 AU$; Mo–Fr 11–23 Uhr, Sa open end; 🕿) Die Kundschaft genießt das Kneipenessen auf der Veranda, die einen der schönsten Ausblicke auf die Küste bietet. Das Hotel verfügt auch über komfortable Doppelzimmer im Motelstil mit tollem Blick und werktags moderaten Preisen.

Kennett River

Nur 5 km hinter Wye River folgt **Kennett River**, wo man sogar im Ort an einigen Stellen prima **Koalas** beobachten kann. Man sieht die pelzigen Tiere aber auch oberhalb der Great Ocean Road bei der Weiterfahrt Richtung Apollo Bay. Im Ort Kennett River geht man gleich hinter dem Wohnwagenpark die Grey River Rd 200 m hinauf, und schon erblickt man die Koalas, wie sie sich verschlafen und miteinander verknäult an die Äste klammern. Bei Nacht (Taschenlampe mitnehmen!) kann man an gleicher Stelle **Glühwürmchen** leuchten sehen.

Der freundliche **Kennett River Holiday Park** (03- 5289 0272; www.kennettriver.com; 1–13 Great Ocean Rd; Stellplatz ohne/mit Strom 29/35 AU$, Hütte DZ ab 115 AU$; @) ist ein Campingplatz in freier Natur mit kostenlosem Internetzugang und Grillstellen.

Apollo Bay

1800 EW.

Apollo Bay ist eine der größeren Ortschaften an der Great Ocean Road und hat eine fest zusammenhaltende Bewohnerschaft aus Fischern, Künstlern und Zugezogenen.

Majestätische Hügel bilden die Bilderbuchkulisse für das Städtchen, während im Vordergrund weiße, breite Sandstrände das Bild beherrschen. Der Ort ist ein idealer Ausgangspunkt für die Erkundung des malerischen Cape Otway und des Otway National Park. Zudem findet man hier ein paar der besten Restaurants an der Küste und zwei muntere Kneipen.

Aktivitäten

Mark's Walking Tours WANDERTOUR
(0417 983 985; www.greatoceanwalk.asn.au/markstours; Tour 2–3 Std. Erw./Kind 50/15 AU$) Der einheimische Mark Brack, Sohn des Leuchtturmwärters von Cape Otway, veranstaltet Wanderungen durch die Gegend. Er kennt diesen Küstenstreifen, seine Geschichte und seine Gespenster besser als jeder andere. Bei seinen täglichen Touren stehen u. a. Schiffswracks, die Geschichte, die Glühwürmchen oder der Great Ocean Walk im Zentrum (min. 2 Teilnehmer).

Apollo Bay Surf & Kayak KAJAKFAHREN, SURFEN
(0405 495 909; www.apollobaysurfkayak.com.au; 157–159 Great Ocean Rd; Kajaktour 2 Std. 65 AU$, Surfkurs 1½ Std. 60 AU$) In Zweierkajaks geht's raus zu einer Kolonie Südafrikanischer Seebären. Die Touren (mit ausführlicher Anleitung für Anfänger) beginnen am Marengo Beach südlich vom Ortszentrum. Im Angebot sind auch Surfkurse und der Verleih von Surfbrettern, Stehpaddelbrettern und Mountainbikes. Organisiert auch den Walk 91 (des Great Ocean Walk).

Surf'n'Fish TAUCHEN
(03-5237 6426; www.surf-n-fish.com.au; 157 Great Ocean Rd) Der PADI-zertifizierte Tauchveranstalter organisiert Ausflüge zum Marengo-Riff und zu nahen Wracks, u. a. zur SS *Casino*, die 1932 vor der Küste sank. Verleiht auch Surfbretter und Angelausrüstung.

Feste & Events

Apollo Bay Music Festival MUSIK
(03-5237 6761; www.apollobaymusicfestival.com; Wochenendpass 125 AU$, bis 15 Jahre frei; Ende Feb.) Das dreitägige Musikfest widmet sich fast allen Musikstilen. Auf der Bühne stehen australische Talente und ausländische Bands. Unterkünfte weit im Voraus buchen!

Schlafen

YHA Eco Beach HOSTEL $
(03-5237 7899; www.yha.com.au; 5 Pascoe St; B ab 35 AU$, DZ 95 AU$, FZ 119 AU$; @) Das

---

NICHT VERSÄUMEN

GREAT OCEAN WALK

Die mehrtägige Wanderung **Great Ocean Walk** (www.greatoceanwalk.com.au) beginnt in Apollo Bay und führt zu den Twelve Apostles. Man kann die Wanderung an irgendeinem Punkt beginnen und die Abholung an einem anderen vorab vereinbaren – öffentliche Verkehrsmittel sind rar. Für die 104 km lange Strecke braucht man sechs Tage, aber man kann sich auch mit Teilstrecken begnügen. Entlang des Great Ocean Walk finden sich ausgewiesene (kostenlose) Campingplätze. **Walk 91** (03-5237 1189; www.walk91.com.au; 157–159 Great Ocean Rd, Apollo Bay) arrangiert Verkehrsmittel, verleiht Ausrüstung und transportiert das Gepäck der Wanderer zum Zielort. **GOR Shuttle** (0428 379 278, 03-5237 9278) ist ein empfehlenswerter Shuttle-Dienst für Wanderer und Gepäck und holt einen nach Ende der Wanderung am Ziel ab.

für 3 Mio. AU$ erbaute und von einem Architekten gestaltete Hostel ist eine hervorragende und umweltbewusste Unterkunft mit großen Loungebereichen, Küchen, einer Boule-Bahn und Dachterrassen. Die Zimmer sind genretypisch, aber sauber. Liegt einen Block hinter dem Strand.

★ Beacon Point Ocean View Villas VILLEN $$
(☎ 03-5237 6196; www.beaconpoint.com.au; 270 Skenes Creek Rd; Zi. ab 160 AU$; ❄) Mit ihrer herrlichen Hügellage zwischen Bäumen sind diese tollen, komfortablen Villen mit einem bis zwei Schlafzimmern ein echt luxuriöses und erschwingliches Refugium im Busch. Die meisten haben einen sensationellen Küstenblick, Balkone und Holzöfen.

✕ Essen

Bay Leaf Café CAFÉ $
(☎ 03-5237 6470; 131 Great Ocean Rd; Hauptgerichte 10–16 AU$; ⏱ 8.30–14.30 Uhr) Ein lokaler Favorit mit innovativer Speisekarte, gutem Kaffee, freundlicher Atmosphäre und besonderen Bieren.

★ Chris's Beacon Point Restaurant GRIECHISCH $$$
(☎ 03-5237 6411; www.chriss.com.au; 280 Skenes Creek Rd; Hauptgerichte ab 38 AU$, Zi. inkl. Frühstück 265 AU$; ⏱ tgl. 8.30–10 & 18 Uhr–open end, Sa & So auch mittags; ❄) Das feine Restaurant auf einem Hügel umringt von Baumwipfeln bietet eine herrlichen Blick auf den Ozean, frische Meeresfrüchte und griechisch beeinflusste Gerichte. Man sollte reservieren. Wer will, kann in den wundervollen Villen auf Stelzen übernachten. Zu erreichen über Skenes Creek.

ℹ Praktische Informationen

Great Ocean Road Visitors Centre (☎ 1300 689 297; 100 Great Ocean Rd; ⏱ 9–17 Uhr; ❄) Bietet viele Infos, ein „Ökozentrum" mit Ausstellungen sowie kostenloses WLAN und reservierte Busfahrkarten.

Rund um Apollo Bay

Versteckt in den Otways, rund 36 km von Apollo Bay entfernt, liegt das kleine **Forrest**, ein Hotspot für Mountainbike-Fans und der Standort der **Forrest Brewing Company** (☎ 03-5236 6170; www.forrestbrewing.com.au; Apollo Bay Rd, Forrest; Verkostung 6 Biere 10 AU$; ⏱ Do 10 Uhr–open end, Fr–So 9 Uhr–open end, Dez.–Jan. tgl.), die für ihre Bierverkostungen beliebt ist. **Otway Eco Tours** (☎ 0419 670 985; www.platypustours.net.au; Erw./Kind 85/50 AU$) veranstaltet geführte Kanutrips in der Morgen- und Abenddämmerung zur Beobachtung von Schnabeltieren im nahe gelegenen **Lake Elizabeth**.

Der beliebte **Otway Fly** (☎ 03-5235 9200; www.otwayfly.com; 360 Phillips Track; Erw./Kind 22,50/9 AU$; ⏱ 9–17 Uhr, letzter Einlass 16 Uhr) ist ein erhöhter Laufsteg aus Stahl mit einer Seilrutsche durch das Blätterdach des Waldes; erreichbar ist er sowohl von Lavers Hill als auch von Beech Forest aus.

Cape Otway

Cape Otway ist (nach Wilsons Promontory) der zweitsüdlichste Punkt des australischen Festlands und zugleich eines der feuchtesten Gebiete im Bundesstaat. Die Küste ist besonders schön und zerklüftet, aber auch gefährlich. Mehr als 200 Schiffe sanken von den 1830er- bis in die 1930er-Jahre zwischen Cape Otway und Port Fairy, weshalb die Küste „Shipwreck Coast" genannt wurde.

Die Abzweigung zur Lighthouse Rd, die über 12 km hinunter zum Leuchtturm führt, befindet sich 21 km von Apollo Bay entfernt. Das **Cape Otway Lighthouse** (☎ 03-5237 9240; www.lightstation.com; Lighthouse Rd; Erw./Kind/Fam. 18,50/7,50/46,50 AU$; ⏱ 9–17 Uhr) ist der älteste noch erhaltene Leuchtturm auf dem australischen Festland. Er wurde 1848 von mehr als 40 Steinmetzen ohne Zuhilfenahme von Mörtel und Zement erbaut. Man kann hier auch **übernachten** (☎ 03-5237 9240; www.lightstation.com; DZ ab 250 AU$). Unterwegs auf der bewaldeten Straße nach Koalas Ausschau halten!

🛏 Schlafen

Blanket Bay CAMPING $
(☎ 13 19 63; www.parkweb.vic.gov.au; Stellplatz ab 20 AU$) Dieser Campingplatz ist eines jener Geheimnisse, die die Melbourner liebend gern als „ihre Entdeckung" preisen. Er ist ruhig (abhängig von den Nachbarn), und der nahe Strand ist wunderschön. Unbekannt ist der Platz aber nicht wirklich, denn im Sommer und zu Ostern sind die Stellplätze so begehrt, dass sie verlost werden müssen (Ziehung Aug.–Okt.).

Bimbi Park CAMPING $
(☎ 03-5237 9246; www.bimbipark.com.au; 90 Manna Gum Dr; Stellplatz ohne/mit Strom 20/30 AU$,

> ### DER SCHIFFBRUCH DER LOCH ARD
>
> Die Küste Victorias zwischen Cape Otway und Port Fairy war in der Zeit der Segelschifffahrt wegen der versteckten Riffe und des häufigen starken Nebels ein gefürchtetes und gefährliches Gewässer. Von den vielen Schiffbrüchen, die sich an dieser langen Küste ereignet haben, ist der berühmteste der von 1878: Um 4 Uhr morgens sank der Klipper *Loch Ard*, ein schneller Segler mit Eisenrumpf, auf der langen Reise aus England vor der Mutton Bird Island. Von den 37 Besatzungsmitgliedern und 19 Passagieren an Bord konnten sich lediglich zwei Personen retten. Eva Carmichael, die nicht schwimmen konnte, klammerte sich an Wrackteile und wurde mit ihnen in eine Schlucht gespült, wo der Offiziersanwärter Tom Pearce sie rettete. Heldenhaft kletterte Tom die nackte Felswand hinauf und schlug Alarm, aber weitere Überlebende wurden nicht gefunden. Eva und Tom waren beide 19 Jahre alt, und die Presse spekulierte über eine Romanze. Doch dazu kam es nicht: Die beiden sahen sich nie wieder, und Eva kehrte bald danach nach Irland zurück – man kann ihr nicht verdenken, dass sie für die Heimfahrt ein Dampfschiff nahm.

B 45 AU$, DZ Hütte 50–185 AU$; 📞) 🌿 An einer Schotterpiste, 3 km vom Leuchtturm entfernt, liegt dieser stimmungsvolle Wohnwagenpark mit Stellplätzen im Busch, Hütten, Schlafsälen und altmodischen Wohnwagen. Familien fühlen sich hier besonders wohl, zumal es viele Tiere in freier Natur, z. B. Koalas, Pferde zum Ausreiten (45 AU$/Std.) und eine Felswand zum Klettern gibt. Die Anlage ist sehr wassersparend konzipiert.

★ **Great Ocean Ecolodge** LODGE $$$
(📞 03-5237 9297; www.greatoceanecolodge.com; 635 Lighthouse Rd; Zi. inkl. Frühstück & Aktivitäten ab 370 AU$) 🌿 Das Lehmziegelhaus in idyllischer Lage inmitten der Natur erinnert an eine luxuriöse Safari-Lodge. Das ganze Anwesen wird mit Solarenergie betrieben, und die Einnahmen kommen dem angeschlossenen **Conservation Ecology Centre** (www.conservationecologycentre.org) zugute, das zugleich als Klinik für kranke oder verletzte Tiere aus der Gegend dient. Es gibt hier auch ein Zuchtprogramm für Riesenbeutelmarder, die man in der Abenddämmerung im Rahmen einer Wanderung in Begleitung eines Umweltschützers besuchen kann.

Port Campbell National Park & Twelve Apostles

Nach dem Verlassen Otways wird die Straße eben und führt an der Küste zwischen Princetown und Peterborough in ein Gebiet mit schmalen, relativ ebenen, mit Sträuchern bewachsenen Steilhängen, die über nackte Klippen 70 m tief zum Meer abfallen – eine ganz andere Landschaft. Das ist der Port Campbell National Park mit den Twelve Apostles, der berühmteste und meistfotografierte Abschnitt der Great Ocean Road. Über Jahrtausende haben Wellen und Gezeiten den weichen Kalksteinfelsen erodiert und ausgehöhlt und so eine faszinierende Reihe von Felsnadeln, Schluchten, Bögen und Blaslöchern geschaffen.

Die **Gibson Steps**, die im 19. Jh. vom Landbesitzer Hugh Gibson von Hand in die Klippen gehauen (und später durch Betonstufen ersetzt) wurden, führen hinunter an den rauen Gibson Beach, den man sich nicht entgehen lassen sollte. Dieser Strand ist allerdings, wie auch andere an diesem Küstenabschnitt, wegen starker Strömungen und Strudel nicht zum Baden geeignet. Man kann spazieren gehen, muss sich jedoch vor der Flut und hohen Wellen in Acht nehmen. Die einsamen **Twelve Apostles** sind Felsnadeln, die als Reste der erodierten Landspitze übrig geblieben sind. Heute sind von den Aussichtsplattformen nur noch sieben dieser Felsnadeln zu sehen. Helikopter brummen rund um die Twelve Apostles und geben den Travellern die Gelegenheit, sich die Felsen ganz aus der Nähe anzuschauen. **12 Apostles Helicopters** (📞 03-5598 8283; www.12apostleshelicopters.com.au; 15-minütiger Flug 145 AU$) hat seinen Sitz am Aussichtspunkt hinter dem Parkplatz.

An der **Loch Ard Gorge** spielte sich die berühmteste Geschichte der Shipwreck Coast ab, denn hier gelangten die beiden Überlebenden des Klippers *Loch Ard* an Land, der trotz seines Eisenrumpfs gekentert war.

Port Campbell

400 EW.

Der kleine, windige Ort liegt in einer spektakulären natürlichen Bucht von fast vollkommen rechteckiger Form, die durch die Erosion der umliegenden Kalksteinklippen entstanden ist. Port Campbell ist ein freundlicher Flecken mit einigen tollen, günstigen Unterkünften und bietet sich ideal fürs Entspannen nach dem Besuch bei den Twelve Apostles an. Die kleine Bucht hat einen hübschen Sandstrand; dies ist die einzige sichere Badestelle an dieser stürmischen Küste.

⭐ Aktivitäten

Der ausgeschilderte, 4,7 km lange **Discovery Walk** gleich außerhalb der Ortschaft auf dem Weg nach Warrnambool gibt einen Überblick über die natürlichen und historischen Merkmale der Gegend.

Port Campbell Touring Company TOUR
(☏ 03-5598 6424; www.portcampbelltouring.com.au; Tour ½ Tag ab 100 AU$) Veranstaltet Touren zur Apostle Coast und Wanderungen, darunter die Nachtwanderung *Loch Ard*.

Port Campbell Boat Charters ANGELN
(☏ 0428 986 366; ab 50 AU$/Pers.) Bei einem Bootsausflug kann man den Twelve Apostles ganz nah kommen. Im Angebot stehen auch Tauch- und Angelausflüge für Gruppen.

🛏 Schlafen & Essen

Port Campbell Guesthouse PENSION $
(☏ 0407 696 559; www.portcampbellguesthouse.com; 54 Lord St; EZ/DZ inkl. Frühstück ab 40/70 AU$; ❄ @) Immer toll, wenn man fern der Heimat ein Heim findet. Dieses historische Cottage in Ortsnähe hat vier gemütliche Zimmer, eine relaxte Lounge und eine Landküche. Wer mehr Privatsphäre haben will, findet vorne separate Zimmer im Motelstil mit eigenem Bad. Der sehr entspannte Inhaber Mark weiß alles über die Gegend.

Port Campbell Hostel HOSTEL $
(☏ 03-5598 6305; www.portcampbellhostel.com.au; 18 Tregea St; B/DZ ab 28/70 AU$; @ 🔊) Der moderne, zweistöckige Zweckbau hat Zimmer mit Blick nach Westen, eine große Gemeinschaftsküche und eine noch größere Lounge mit Bar-Bereich. Recycling ist hier groß angesagt, und die Toiletten sind umweltfreundlich. Hat auch einen Fahrradverleih und unternimmt Touren in der Gegend.

12 Rocks Cafe Bar CAFÉ $$
(19 Lord St; Hauptgerichte 20–36 AU$; ⏱ 9.30–23 Uhr) Von dem geschäftigen Lokal aus kann man dank der perfekten Strandlage beobachten, wie Treibgut an den Strand gespült wird. Probieren sollte man das lokale Otways-Bier zu einem Pasta- oder Meeresfrüchtegericht. Man kann aber auch nur einen Kaffee bestellen.

ℹ Praktische Informationen

Port Campbell Visitor Centre (☏ 1300 137 255; www.visit12apostles.com.au; 26 Morris

---

WIE VIELE APOSTEL?

Die Twelve Apostles sind nicht zu zwölft und waren es, allen Aufzeichnungen zufolge, auch nie. Von der Aussichtsplattform aus kann man deutlich sieben ausmachen, aber vielleicht verstecken sich ja einige? Wir haben bei Beamten von Parks Victoria nachgefragt, bei den Mitarbeitern von Touristeninformationen und sogar bei der Reinigungskraft am Aussichtspunkt, und doch ließ sich diese Frage nicht klären. Die Einheimischen meinen, es hänge alles davon ab, von wo man schaue, und das ist auch tatsächlich so.

In der geologischen Fachterminologie handelt es sich bei den Apostles um „Brandungspfeiler". Ursprünglich hießen sie die „Sow and Piglets", doch in den 1960er-Jahren meinte irgendjemand (niemand erinnert sich, wer das war), dass die Felsen bestimmt mehr Touristen anlocken würden, wenn sie einen ehrwürdigeren Namen hätten als „Sau mit den Ferkeln". Also wurden sie in „The Apostles" umgetauft. Und da Apostel nun einmal im Dutzend auftreten, kam die Zahl später dazu. Die beiden Felsnadeln östlich der Aussichtsplattform (Richtung Otway) sind eigentlich keine Apostel, sondern heißen Gog und Magog (man bleibt also auf biblischem Gelände).

Es gibt hier also keine zwölf Felsen, aber vom Boot oder Helikopter aus kann man elf zählen. Die weichen Kalksteinklippen verändern sich weiter, denn die Erosion hört durch die unaufhörlich anbrandenden Wellen niemals auf – ein 70 m hoher Felsen stürzte im Juli 2005 ins Meer, und der Island Archway verlor im Juni 2009 seinen Bogen. Wenn man genau hinschaut, kann man sehen, wie die Wellen dem zugespitzten Teil des Klippensockels zusetzen und dabei sind, einen neuen Apostel zu erschaffen. Es wird aber noch viele tausend Jahre dauern, bis er freigelegt ist.

St; ⊙ 9–17 Uhr) Hier finden sich stapelweise Infos zur Region und interessante Exponate von Schiffwracks – vor dem Gebäude sieht man den Anker der *Loch Ard*. Man bekommt sogar kostenlose Ferngläser, mit denen man in der Abenddämmerung die Pinguine an den Twelve Apostles beobachten kann.

ⓘ An- & Weiterreise

V/Line (✆ 13 61 96; www.vline.com.au) betreibt Busse von Geelong über Port Campbell (Mo, Mi & Fr, 28,60 AU$, 5 Std.) nach Warrnambool (6,80 AU$, 1 Std. 20 Min.).

Von Port Campbell nach Warrnambool

Die Great Ocean Road führt hinter Port Campbell weiter nach Westen und an noch mehr Felsnadeln vorbei. Die nächste ist der **Arch**; er ragt vor Point Hesse aus dem Meer.

In der Nähe befindet sich die eingestürzte **London Bridge**, eine natürliche Felsplattform, die über zwei Bogen mit dem Festland verbunden war. Im Januar 1990 brach die Brücke ein und hinterließ zwei erschreckte Touristen gestrandet auf der neuesten Insel der Erde – sie wurden schließlich per Hubschrauber aus ihrer misslichen Lage befreit. Ganz in der Nähe liegt auch die **Grotto**.

Die **Bay of Islands** befindet sich 8 km westlich vom winzigen **Peterborough**, von dessen Parkplatz ein kurzer Spaziergang zu prächtigen Aussichtspunkten führt.

Ganz in der Nähe endet die Great Ocean Road. Sie trifft auf den Princes Hwy, der durch das angestammte Land der Gunditjmara weiter nach South Australia führt.

Warrnambool

28 100 EW.

Warrnambool war ursprünglich eine Siedlung von Walfängern und Robbenschlägern – heute ist die Stadt ein größeres regionales Zentrum des Handels und der Walbeobachtung. Ihre historischen Gebäude, Wasserwege und von Bäumen gesäumten Straßen sind attraktiv, und man trifft auf viele Studierende, die die Außenstelle Warrnambool der Deakin University besuchen.

⊙ Sehenswertes & Aktivitäten

Zwischen Juli und September paaren sich Südkaper in den Gewässern vor dem Logan's Beach und bringen dort ihre Jungen zur Welt. Man kann sie von der Plattform von **Logan's Beach Whale-Watching** aus gut beobachten, wenn sie aus dem Wasser brechen und ihre Fluke zeigen. Die Wale sind eine große Touristenattraktion, aber Sichtungen sind nicht garantiert.

★**Flagstaff Hill Maritime Village** HISTORISCHE STÄTTE
(✆ 03-5559 4600; www.flagstaffhill.com; 89 Merri St; Erw./Kind/erm./Fam. 16/6,50/12,50/39 AU$; ⊙ 9–17 Uhr) Das Gelände von Flagstaff Hill hat viel Interessantes zu bieten: ein Wrackmuseum, eine denkmalgeschützte Garnison mit Leuchttürmen und den Nachbau einer historischen Hafenstadt Victorias. Sehenswert ist auch die abendliche 70-minütige Sound- & Laser-Show **Shipwrecked** (Erw./Kind/Fam. 26/14/67 AU$) über das Sinken der *Loch Ard*.

Warrnambool Art Gallery GALERIE
(✆ 03-5559 4949; www.warrnambool.vic.gov.au; 165 Timor St; ⊙ Mo–Fr 10–17, Sa & So 12–17 Uhr) GRATIS Das kleine, aber lohnende Museum zeigt im Wechsel Werke prominenter australischer Maler aus seiner Dauersammlung sowie Sonderausstellungen.

Rundell's Mahogany Trail Rides REITEN
(✆ 0408 589 546; www.rundellshorseriding.com.au; Ausritt am Strand 1½ Std. 60 AU$) Hier kann man die ruhigen Strände von Warrnambool hoch zu Ross erkunden.

🛏 Schlafen

Warrnambool Beach Backpackers HOSTEL $
(✆ 03-5562 4874; www.beachbackpackers.com.au; 17 Stanley St; B/DZ ab 26/80 AU$; P@🛜) Nah am Strand hat dieses Hostel alles, was Backpacker begehren: einen großen Wohnbereich, eine kitschige Aussie-Themenbar, Internetzugang, eine Küche und einen kostenlosen Abholdienst. Die Zimmer sind sauber und preisgünstig; Surfbretter und Fahrräder können ausgeliehen werden. Backpacker mit Wohnmobil zahlen 12 AU$ pro Person.

Hotel Warrnambool PUB $$
(✆ 03-5562 2377; www.hotelwarrnambool.com.au; Ecke Koroit & Kepler St; DZ inkl. Frühstück & Gemeinschaftsbad/eigenem Bad ab 110/140 AU$; P❄🛜) Die Zimmer des historischen Hotels von 1894 sind renoviert, das klassische Pub-Flair ist aber geblieben.

🍴 Essen & Ausgehen

Brightbird Espresso CAFÉ $
(www.brightbird.com.au; 157 Liebig St; Hauptgerichte 8–17 AU$; ⊙ Mo–Fr 7.30–16, Sa 8.30–14 Uhr)

Mit polierten Betonböden, von der Decke baumelnden Glühbirnen und Kaffee aus einem einzigen Anbaugebiet, der von tätowierten Baristas gebraut wird, würde dieses Café auch in die Innenstadt von Melbourne passen. Zu dem ganztägig servierten Frühstück zählen Brötchen mit Ei und Schinken, aber auch kreative Gerichte.

Hotel Warrnambool PUB $$
(Ecke Koroit & Kepler St; Hauptgerichte 18–24 AU$; ⊙12 Uhr–open end; 🕿) Mit seiner Mischung aus Pub-Atmosphäre und Boheme ist das Hotel Warrnambool einer der besten Pubs an der Küste von Victoria. An Kneipenessen gibt's u. a. Pizza aus dem Holzofen.

❶ Praktische Informationen

Warrnambool Library (25 Liebig St; ⊙Mo & Di 9.30–17, Mi–Fr bis 18, Sa 10–12 Uhr; 🕿) Kostenloser Internet- und WLAN-Zugang.

Warrnambool Visitors Centre (🕿1800 637 725; www.visitwarrnambool.com.au; Merri St; ⊙9–17 Uhr) In der Touristeninformation gibt's diverse Wander- und Radwegekarten, aktuelle Infos zu Walsichtungen sowie einen Fahrradverleih (30 AU$/Tag).

❶ An- & Weiterreise

Warrnambool liegt eine Fahrtstunde westlich von Port Campbell, zu erreichen über die B100.

BUS

Busse von V/Line fahren montags, mittwochs und freitags von Geelong über die Great Ocean Road nach Warrnambool (32,20 AU$, 6½ Std.).

Busse von V/Line und **Warrnambool Bus Lines** (🕿03-5562 1866; www.transitsw.com.au) fahren nach Port Fairy (4,20 AU$, 35 Min.), die Busse von V/Line auch weiter bis Portland (11 AU$, 1½ Std.).

Christian's Bus Co (🕿03-5562 9432; www.christiansbus.com.au) fährt dienstags, freitags und sonntags nach Port Fairy (4 AU$, Abfahrt 7.45 Uhr) und weiter nach Halls Gap (25 AU$, 3¼ Std.) und Ararat (29,20 AU$, 4 Std.).

ZUG

Züge von **V/Line** (🕿1800 800 007; www.vline.com.au; Merri St) fahren von/nach Melbourne (31 AU$, 3¼ Std., 3–4-mal tgl.) über Geelong (22,20 AU$, 2½ Std.).

Tower Hill Reserve

Der Tower Hill, 15 km westlich von Warrnambool, ist ein gewaltiger Krater, der bei einem Vulkanausbruch vor 35 000 Jahren entstanden ist. Artefakte der Aborigines, die in der Vulkanasche gefunden wurden, belegen, dass australische Ureinwohner zu jener Zeit in der Gegend lebten. Die Worn Gundidj Aboriginal Cooperative betreibt das **Tower Hill Natural History Centre** (🕿03-5565 9202; www.worngundidj.org.au; Wanderung Erw./Kind 18,95/8,80 AU$; ⊙Mo–Fr 9–17, Sa, So & Feiertage 10–16 Uhr). Es ist in dem UFO-artigen Gebäude untergebracht, das der bekannte australische Architekt Robin Boyd 1962 entwarf. Wanderungen in den Busch beginnen täglich um 11 Uhr unter Leitung indigener Führer, Bumerangwerfen und Bush-Food sind inklusive. Das Zentrum verkauft auch Kunst, Kunsthandwerk und Accessoires der örtlichen Gemeinde der Worn Gundidj. Das Schutzgebiet ist einer der wenigen Orte, wo man Emus, Kängurus und Koalas zusammen in freier Wildbahn erleben kann.

Zu den ausgezeichneten Tageswanderungen zählt der steile, 30-minütige **Gipfelaufstieg** – von oben hat man einen spektakulären Rundblick.

Port Fairy

2600 EW.

Das 1833 von Walfängern und Robbenschlägern gegründete Port Fairy hat sich mit seiner maritimen Atmosphäre, denkmalgeschützten Basalt- und Sandsteinbauten, bunten Fischerbooten und breiten, von Bäumen gesäumten Straßen den Charme des 19. Jhs. bewahrt. Fans von Lokalgeschichte begeistert das reiche, zuweilen auch düstere Erbe der Vergangenheit der Stadt. 2012 wurde der Ort zur Gemeinde mit der weltweit höchsten Lebensqualität gewählt, und die meisten Besucher dürften dem zustimmen.

◉ Sehenswertes & Aktivitäten

Das Besucherzentrum hat Broschüren und Karten, auf denen der **Shipwreck Walk** und der **History Walk** ausgewiesen sind. Auf dem **Battery Hill** gibt es viele Wallabys, einen Aussichtspunkt sowie Kanonen und Befestigungsanlagen aus den 1860er-Jahren. Unten führt ein hübscher Weg (1 Std.) um **Griffiths Island** herum, wo sich der Moyne River ins Meer ergießt. Die Insel ist mit dem Festland über eine Fußgängerbrücke verbunden. Auf der Insel lebt eine Kolonie der geschützten **Kurzschwanz-Sturmtaucher**; die Vögel kommen jedes Jahr im Oktober hierher und bleiben bis April. Außerdem steht auf der Insel noch ein bescheidener **Leuchtturm**.

✨ Feste & Events

★ Port Fairy Folk Festival — MUSIK
(www.portfairyfolkfestival.com; Tickets 75–210 AU$; ☺ März) Australiens wichtigstes Folkmusik-Festival findet Anfang März an dem langen Wochenende um den Labour Day herum statt. Dabei gibt es Konzerte internationaler und australischer Künstler, und in den Straßen zeigen Musikanten ihr Können. Die Unterkünfte können schon ein Jahr im Voraus ausgebucht sein.

🛏 Schlafen

Port Fairy YHA — HOSTEL $
(☏ 03-5568 2468; www.portfairyhostel.com.au; 8 Cox St; B 26–30 AU$, EZ/2BZ/DZ ab 37/65/70 AU$; @) In dem ehemaligen Wohnhaus des Kaufmanns William Rutledge von 1844 bietet dieses freundliche, gut geführte Hostel eine große Küche, einen Billardtisch, kostenloses Kabel-TV und einen friedlichen Garten.

Seacombe House — PENSION $$
(☏ 03-5568 1082; www.seacombehouse.com.au; 22 Sackville St; Zi. mit Gemeinschaftsbad/eigenem Bad 93/155 AU$; ❄🛜) In dem 1847 gebauten, historischen Seacombe House gibt es gemütliche (aber winzige) Zimmer und jene romantische Atmosphäre, die man in diesem Seefahrerstädtchen erwartet. Im hinteren Anbau finden sich moderne Motelzimmer. Die Pension befindet sich über dem beliebten Restaurant Stag.

🍴 Essen

Coffin Sally — PIZZERIA $
(33 Sackville St; Pizza 9–19 AU$; ☺ 16–22 Uhr) Der Laden befindet sich in einer alten Sargtischlerwerkstatt (keine Sorge, aktiv war sie vor 100 Jahren!). Die Pizza mit traditionell dünnem Boden wird in der offenen Küche zubereitet und draußen an der Straße auf Barhockern oder hinten in den schummrigen Nischen am offenen Kamin verzehrt.

Rocksalt — CAFÉ $$
(☏ 03-5568 3452; 42 Sackville St; Hauptgerichte 12–34 AU$; ☺ ganzjährig 7.30–16 Uhr & Sommer 18–20.30 Uhr; 🛜) In dem gemütlichen, zwanglosen Café gibt's gebratene Eier, Bohnen und Chorizo zum Frühstück, mittags Steaksandwiches und abends Schweinebauch.

★ Merrijig Kitchen — MODERN-AUSTRALISCH $$$
(☏ 03-5568 2324; www.merrijiginn.com; Ecke Campbell & Gipps St; Hauptgerichte 30–38 AU$; ☺ Do–Mo 18–21 Uhr; 🛜) Eines der stimmungsvollsten Restaurants an der Küste Victorias: Man wärmt sich am offenen Kamin und genießt wundervolles Essen von der saisonal geprägten Karte. Auch der Service ist ausgezeichnet.

ℹ Praktische Informationen

Port Fairy Visitors Centre (☏ 03-5568 2682; www.visitportfairy-moyneshire.com.au; Bank St; ☺ 9–17 Uhr) Aktuelle Infos, Broschüren zu Wandertouren, V-Line-Tickets und Fahrradverleih (halber/ganzer Tag 15/25 AU$).

Port Fairy Library (www.corangamitelibrary.vic.gov.au; Ecke Sackville & Bank St; ☺ Mo, Mi & Fr 10–13 & 13.30–16.30, Sa bis 12 Uhr; 🛜) Kostenloser WLAN- und Internetzugang.

ℹ An- & Weiterreise

Busse von **V/Line** (☏ 1800 800 007; www.vline.com.au) fahren werktags dreimal täglich (Sa 2-mal, So 1-mal) nach Portland (7,80 AU$, 55 Min.) und Warrnambool (4,20 AU$, 35 Min.).

Christian's Bus Co (S. 271) fährt nach Halls Gap (21,60 AU$, 2½ Std., Di, Fr & So ca. 8 Uhr) und Ararat (27,20 AU$, 3¼ Std.).

Portland

9800 EW.

Portland rühmt sich, die erste europäische Siedlung in Victoria zu sein, und diente im 19. Jh. zunächst als Station für Walfänger und Robbenschläger.

Am Ende des Hafengebiets stehen mehrere denkmalgeschützte Basaltgebäude; in einem befindet sich ein kleines **Museum** (☏ 03-5522 2266; Cliff St; Erw./Kind 3/2 AU$;

GREAT SOUTHWEST WALK

Der 250 km lange, ausgeschilderte Rundkurs beginnt und endet an der Touristeninformation in Portland und führt durch einige der schönsten Naturlandschaften des Südwestens, von der einsamen, stürmischen Küste über das Flusssystem des Lower Glenelg National Park und zurück durch das Hinterland nach Portland. Für den gesamten Rundkurs würde man mindestens zehn Tage brauchen, man kann sich aber auch mit Teilstrecken begnügen. Wanderkarten gibt's im Portland Visitors Centre, im Park Victoria Office und der Touristeninformation in Nelson. Siehe www.greatsouthwestwalk.com.

10–12 & 13–16 Uhr). Am anderen Ende des Hafengebiets zeigt das **Portland Maritime Discovery Centre** (1800 035 567; Lee Breakwater Rd; Erw./Kind 7 AU$/frei; 9–17 Uhr) eine tolle Ausstellung zu Schiffswracks und zur Geschichte des hiesigen Walfangs.

Außerhalb der Stadt finden sich gute Surfstrände.

Schlafen & Essen

Portland Holiday Village WOHNWAGENPARK $
(03-5521 7567; www.holidayvillage.com.au; 37 Percy St; Stellplatz ohne/mit Strom ab 25/30 AU$, Hütte ab 89 AU$;) Zentral gelegener Wohnwagenpark mit ordentlichen Einrichtungen.

Annesley House BOUTIQUEHOTEL $$
(0429 852 235; www.annesleyhouse.com.au; 60 Julia St; DZ ab 145 AU$;) Das kürzlich restaurierte frühere Wohnhaus des Arztes, das um 1878 errichtet wurde, bietet sechs sehr unterschiedliche separate Zimmer, von denen einige Badewannen mit Klauenfüßen und eine schöne Aussicht bieten. Alle Zimmer sind ausgesprochen stilvoll.

Deegan Seafoods FISH & CHIPS $
(106 Percy St; Hauptgerichte 10 AU$; Mo–Fr 9–18 Uhr) Der Fisch, der in diesem Fish-&-Chips-Laden angeboten wird, ist der frischeste in ganz Victoria.

Praktische Informationen

Portland Visitors Centre (1800 035 567; www.glenelg.vic.gov.au; Lee Breakwater Rd; 9–17 Uhr) Die Touristeninformation in dem modernen Gebäude am Ufer hält Unmengen Anregungen parat.

An- & Weiterreise

Die Busse von **V/Line** (1800 800 007; www.vline.com.au) nach Port Fairy (7,80 AU$, 55 Min.) und Warrnambool (11 AU$, 1½ Std.) fahren an der Henty St ab.

Nelson

230 EW.

Das winzige Nelson ist der letzte Vorposten der Zivilisation vor der Grenze nach South Australia. In dem Ort gibt's gerade einmal einen Gemischtwarenladen, einen Pub und ein paar Unterkünfte. Nelson ist ein beliebter Ferien- und Angelort an der Mündung des **Glenelg River**, der durch den **Lower Glenelg National Park** fließt. Achtung: In Nelson gilt die Vorwahl für South Australia (08).

> **NICHT VERSÄUMEN**
>
> ### CAPE NELSON LIGHTHOUSE
>
> Das Cape Nelson Lighthouse ist ein wunderbarer Ort mit einer tollen Aussicht, und man bekommt hier auch etwas zu essen. **Isabella's Cafe** (03-5523 5119; 11–16 Uhr) residiert am Fuß des Bauwerks und bietet innerhalb der dicken Bluestone-Mauern tolles Essen nach Deli-Art. Bei den **Leuchtturmführungen** (www.capenelsonlighthouse.com.au; Erw./Kind 15/10 AU$; 10 & 14 Uhr) kann man weit in die Gegend schauen. Wer länger bleiben will, mietet sich im separaten **Cottage des Leuchtturmwärterassistenten** (03-5523 5119; www.capenelsonlighthouse.com.au; DZ ab 180 AU$) ein.

Aktivitäten

Nelson River Cruises RUNDFAHRT
(0448 887 1225, 08-8738 4191; www.glenelgrivercruises.com.au; Rundfahrt Erw./Kind 30/10 AU$; Sept.–Juni) Die dreieinhalbstündigen, gemütlichen Bootsfahrten starten mehrmals pro Woche um 13 Uhr (Termine der Website entnehmen!) in Nelson und führen zur eindrucksvollen **Princess Margaret Rose Cave** (08-8738 4171; www.princessmargaretrosecave.com; Erw./Kind/Fam. 17,50/11,50/40 AU$; Führung stündl. 11–16.30 Uhr, Winter kürzere Öffnungszeiten) mit schimmernden, unterirdischen Felsformationen. Die Tickets für eine Besichtigung der Höhle kosten extra.

Nelson Boat & Canoe Hire BOOT FAHREN
(08-8738 4048; www.nelsonboatandcanoehire.com.au) Dass man auf einer mehrtägigen Kanutour oder einem Ausflug auf einem Hausboot den 65 km langen, malerischen Flussabschnitt im Lower Glenelg National Park erkunden kann, gehört zu den bestgehüteten Geheimnissen Victorias. Dieser Anbieter rüstet einen für echte Fluss-Camping-Expeditionen aus. Ein Kanu gibt's ab 60 AU$ pro Tag bzw. für einen dreitägigen Ausflug ab 45 AU$ pro Tag, wasserdichte Fässer inklusive. Hausboote kosten 410 AU$ für zwei Nächte. Das Unternehmen vermietet auch Motor- und Paddelboote.

Schlafen & Essen

Am Glenelg River zwischen Nelson und Dartmoor gibt es neun **Campingplätze**, die bei Kanuten beliebt, aber auch mit dem Auto erreichbar sind. Sie sind mit Waschge-

> **NICHT VERSÄUMEN**
>
> ### CAPE BRIDGEWATER
>
> Ein 21 km langer Abstecher führt von der Portland–Nelson Rd zum Cape Bridgewater. Der wunderschöne, 4 km lange Bogen der **Bridgewater Bay** zählt zu den schönsten weißen Sand- und Surfstränden Australiens. Die von Windparks gesäumte Straße setzt sich weiter zum **Cape Duquesne** fort, wo Wanderwege zu einem **Blowhole** und dem **Petrified Forest** auf der Spitze der Klippe führen. Ein längerer, zweistündiger Rundweg führt an einer **Seebärenkolonie** vorbei, wo man Dutzende der Tiere beim Sonnenbaden auf den Felsen sieht.
>
> Unterkunft findet man im freundlichen **Sea View Lodge B&B** (03-5526 7276; www.hotkey.net.au/~seaviewlodge; 1636 Bridgewater Rd; EZ/DZ inkl. Frühstück 110/140 AU$;) oder im **Cape Bridgewater Holiday Camp** (03-5526 7247; www.capebridgewatercoastalcamp.com.au; Blowhole Rd; Stellplatz ohne/mit Strom 20/30 AU$, B/DZ/Haus 25/50/150 AU$;), das blitzblanke Schlafsäle, separate Häuser und eine riesige Feldküche besitzt. Das Holiday Camp bietet außerdem die lustigen **Seals by Sea Tours** (03-5526 7247; www.sealsbyseatours.com.au; Erw./Kind 35/20 AU$; Aug.–April) an.

legenheiten und Feuerstellen ausgestattet; das Holz für Letztere muss man selbst mitbringen. Der schönste der Plätze ist das **Forest Camp South** direkt am Fluss.

★ **Nelson Hotel** PUB
(08-8738 4011; www.nelsonhotel.com.au; Kellett St; DZ/Apt. inkl. Frühstück ab 65/120 AU$, Hauptgerichte 17–35 AU$;) Das 1855 gegründete Nelson Hotel ist ein echter Outback-Pub und ein super Ort, um bei einem Bier mit Einheimischen ins Gespräch zu kommen. Es hat eine nette Bar, ein Bistro mit herzhaften Speisen und schlichte, aber komfortable Zimmer. Wer mehr Privatsphäre will, bucht die fantastische Ein-Zimmer-Wohnung.

❶ Praktische Informationen

Nelson Visitors Centre (08-8738 4051; http://parkweb.vic.gov.au; Internet 30 Min. 2,50 AU$; Sommer tgl. 9–17 Uhr, Winter Mo, Mi & Do) Gute Infos zu den Gebieten diesseits und jenseits der Grenze; Internetzugang.

❶ An- & Weiterreise

Nelson ist 65 km von Portland und 4 km von der Grenze zu South Australia entfernt.

Es gibt keine öffentlichen Verkehrsmittel, und man ist auf ein eigenes Auto angewiesen, wenn man nicht als Wanderer auf dem Great Southwest Walk unterwegs ist.

GIPPSLAND & SÜDOSTKÜSTE

Victorias Südostküste mag vielleicht nicht so bekannt sein wie die Great Ocean Road im Westen, hat aber die wohl schönsten Strände im Bundesstaat, unglaublich hübsche Dörfer an den Ufern der Seen und die wunderbarsten Küsten-Nationalparks, u. a. den prachtvollen Wilsons Promontory National Park. Diese Region im östlichen Victoria heißt Gippsland (benannt nach George Gipps, einem ehemaligen Gouverneur von New South Wales) und ist auch gut für ein paar hinreißende Abstecher, die einen von der natürlichen ebenso hinreißenden Küste ins Binnenland locken.

Bei einem Trip durch Gippsland kann man an der Küste baden, surfen, angeln, zelten und Boot fahren. Große Abschnitte der Küste sind die meiste Zeit über vollkommen verlassen, allerdings nicht während der Sommerferien. Aktivurlauber kommen in den Genuss vieler Radwege, die dem Netz der Bahnstrecken folgen, oder können die Wanderstiefel schnüren und sich aufmachen in die unberührten, entlegensten Nationalparks des Bundesstaats. Zu den beschaulicheren (doch ebenso lohnenden) Aktivitäten zählen das Beobachten von Pinguinen und Wildtieren, und es bieten sich auch viele Gelegenheiten, frischeste Meeresfrüchte zu verspeisen.

Phillip Island

9406 EW.

Die Pinguinparade und der Grand Prix Racing Circuit haben Phillip Island berühmt gemacht und locken eine einmalige Mischung aus Surfern, Motorsportfans, Naturliebhabern und ausländischen Touristen an, die vor den Zwergpinguinen Schlange stehen.

Aber die kleine Insel hat noch viel mehr zu bieten. Das Binnenland der 100 km² großen Insel ist immer noch von Farmen geprägt. Und neben den Zwergpinguinen gibt es eine große Seebärenkolonie, eine reiche Vogelwelt in den Rhyll Wetlands sowie eine gesunde Koalapopulation. An der zerklüfteten Südküste gibt es einige fabelhafte Surfstrände. Wegen des Touristenandrangs im Sommer gibt es eine ganze Reihe von Attraktionen für Familien, viele Unterkünfte und in der Inselhauptstadt Cowes auch eine muntere, wenn auch unspektakuläre Café- und Restaurantszene. Wer die Insel im Winter besucht, kommt hier zur Ruhe. Die ortsansässigen Farmer, Surfer und Hippies gehen dann einfach ihren Geschäften nach.

⊙ Sehenswertes & Aktivitäten

★Penguin Parade SCHUTZGEBIET
(✆03-5951 2800; www.penguins.org.au; Summerland Beach; Erw./Kind/Fam. 23,80/11,90/59,50 AU$; ⊙10 Uhr–nach Sonnenuntergang, die Pinguine kommen bei Sonnenuntergang) Pro Jahr kommen mehr als eine halbe Million Besucher, um sich die Zwergpinguine *(Eudyptula minor)* anzuschauen, die kleinste und wohl niedlichste Art dieser Wasservögel. Zum Pinguinkomplex gehören Betontribünen mit 3800 Plätzen, von denen aus sich gut beobachten lässt, wie die kleinen Kerlchen unmittelbar nach Sonnenuntergang an Land kommen und zu ihren Nistplätzen watscheln.

★Seal Rocks & The Nobbies TIERE BEOBACHTEN
Die Nobbies sind eine Reihe großer, zerklüfteter Felsformationen vor der Südwestspitze der Insel. Jenseits von ihnen liegen die Seal Rocks, auf denen Australiens größte Seebärenkolonie lebt. Das **Nobbies Centre** (✆03-5951 2852; www.penguins.org.au; ⊙11 Uhr–1 Std. vor Sonnenuntergang) bietet eine großartige Sicht auf die Nobbies und auf die 6000 Südafrikanischen Seebären in der Ferne, die sich auf den Felsen sonnen. Man kann die Seebären auf einem Plankenweg mit Ferngläsern beobachten oder im Zentrum einen Blick durch die Unterwasserkameras auf sie werfen (5 AU$). In der Anlage gibt es auch einige faszinierende interaktive Exponate, ein Kinderspielzimmer und ein Café.

★Grand Prix Circuit MOTORSPORT
(✆03-5952 9400; Back Beach Rd) Auch wenn gerade kein Motorradrennen ansteht, sind die Fans ganz wild auf den Grand Prix Motor Racing Circuit, der 1989 für den Australian Motorcycle Grand Prix ausgebaut wurde. Das **Visitor Centre** (✆03-5952 9400; www.phillipislandcircuit.com.au; Back Beach Rd; ⊙9.30–17 Uhr) GRATIS veranstaltet **Führungen** (Erw./Kind/Fam. 19/10/44 AU$; ⊙Führung 14 Uhr). Sehenswert ist außerdem das **History of Motorsport Museum** (Erw./Kind/Fam. 13,50/6,50/30 AU$). Wagemutige können mit einem Rennfahrer in einem frisierten V8 eine Runde drehen (295 AU$; Reservierung erforderlich) oder selbst bei **Champ Karts** (10/20/30 Min. 30/53/68 AU$) auf einer maßstabsgerechten Nachbildung der Rennstrecke ein Gokart steuern.

Phillip Island Chocolate Factory SCHOKOLADENWERK
(✆03-5956 6600; www.phillipislandchocolatefactory.com.au; 930 Phillip Island Rd; Führung Erw./Kind/Fam. 15/10/45 AU$; ⊙9–18 Uhr) Wie Willy Wonkas Fabrik hat auch Pannys einige Überraschungen zu bieten. Hier gibt's Kostproben handgemachter belgischer Pralinen, eine Führung, auf der man sieht, wie die Schokolade hergestellt wird, und eine bemerkenswerte Galerie von Skulpturen aus Schokolade – von Michelangelos *David* bis zu einem ganzen Dorfmodell aus der braunen Leckerei! Natürlich gibt es auch Schokoladenpinguine zu kaufen. Die meisten Pralinen sind bereits abgepackt.

Churchill Island FARM
(✆03-5956 7214; www.penguins.org.au; Phillip Island Rd, Newhaven; Erw./Kind/Fam. 11,30/5,65/28,25 AU$; ⊙10–17 Uhr) Auf der Insel, die durch eine Brücke mit Phillip Island verbunden ist, befindet sich die immer noch genutzte Farm, die als erste in Victoria Landbau betrieb. Es gibt ein historisches Farmhaus sowie einen Garten und hübsche Wanderwege rund um die Insel.

Koala Conservation Centre ZOO
(✆03-5951 2800; www.penguins.org.au; 1810 Phillip Island Rd, Cowes; Erw./Kind/Fam. 11,30/5,65/28,25 AU$; ⊙10–17 Uhr, im Sommer verlängerte Öffnungszeiten) Auf Plankenwegen in Baumwipfelhöhe kann man hier Koalas in natürlicher Umgebung dabei beobachten, wie sie Eukalyptusblätter mampfen und dösen – Letzteres tun sie ausgiebig, nämlich 20 Stunden pro Tag!

Strände STRÄNDE
(Surfbrett 40 AU$/Tag) Die ausgezeichneten Surfstrände locken Tagesausflügler aus Melbourne mit ihren Brettern an. Im Norden

Südostküste Victorias

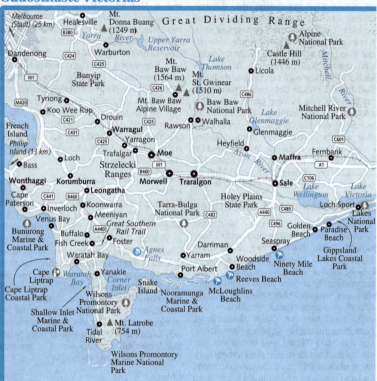

der Insel gibt es ruhigere, kinderfreundliche Strände, darunter den in Cowes. Zu den Meeresstränden im Süden zählt der spektakuläre Woolamai, der mit seinen gefährlichen Untiefen und Strömungen nur für erfahrene Surfer geeignet ist. Für Anfänger und Familien empfiehlt sich der Smiths Beach, wo Island Surfboards (03-5952 3443; www.islandsurfboards.com.au; Surfunterricht 60 AU$, Surfbrett pro Std./Tag 12,50/40 AU$) Surfunterricht gibt und Ausrüstung verleiht.

👉 Geführte Touren

Go West TOUR
(03-9485 5290, 1300 736 551; www.gowest.com.au; Tagestour 130 AU$) Tagestouren ab Melbourne mit Mittagessen und iPod-Kommentar in verschiedenen Sprachen. Der Eintritt zur Pinguinparade ist im Preis inbegriffen.

Wildlife Coast Cruises BOOTSTOUR
(03-5952 3501; www.wildlifecoastcruises.com.au; Rotunda Bldg, Cowes Jetty; Seebärenbeobachtung Erw./Kind 72/49 AU$; Abfahrten Mai–Sept. Fr–Mi 14 Uhr, Okt.–April tgl. 14 & 16.30 Uhr) Das Unternehmen bietet eine Reihe verschiedener Bootstouren an, darunter eine zur Seebärenbeobachtung, eine Dämmerungstour und eine ums Kap; außerdem zweistündige Fahrten zur French Island (Erw./Kind 30/20 AU$) und ganztägige zum Wilsons Promontory (190/140 AU$).

⭐ Feste & Events

Pyramid Rock Festival MUSIK
(Neujahr) Das riesige Rockmusikspektakel, bei dem zum Jahreswechsel einige der besten australischen Bands aufgetreten sind, wurde 2013 abgesagt, und es ist leider noch völlig unklar, wie seine weitere Zukunft aussieht.

Australian Motorcycle Grand Prix SPORT
(www.motogp.com.au; Okt.) Das größte Event auf der Insel – drei Oktobertage lang gibt's Motorrad-Action.

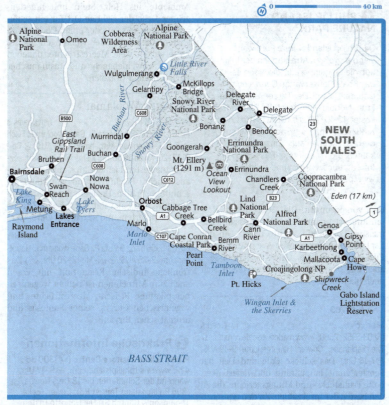

Schlafen

Die meisten Unterkünfte befinden sich in und rund um Cowes, es gibt aber auch ein paar in Rhyll und Newhaven. Hinzu kommen noch B&Bs und zahlreiche Wohnwagenparks überall auf der Insel.

Island Accommodation YHA HOSTEL $
(☎03-5956 6123; www.theislandaccommodation.com.au; 10–12 Phillip Island Rd, Newhaven; B/DZ ab 30/155 AU$; @🛜) 🏄 Die große Backpackerherberge hat in jedem Stockwerk identische Gemeinschaftsbereiche mit Tischtennisplatten und gemütlichen Plätzchen am Kamin. Von der Dachterrasse hat man herrliche Aussicht, und in Öko-Hinsicht ist alles top. In den billigsten Schlafsälen stehen zwölf Betten, die Doppelzimmer haben Motelstandard.

Surf & Circuit Accommodation APARTMENTS $$
(☎03-5952 1300; www.surfandcircuit.com; 113 Justice Rd, Cowes; Apartment 115–230 AU$; ❄🛜) Die acht großen, modernen, komfortablen Wohneinheiten haben zwei oder drei Schlafzimmer und Platz für sechs bis zehn Leute; sie sind ideal für Familien oder Reisegruppen. Alle Apartments bieten Küchen, Wohnzimmer mit Plasma-TV und Patios, manche auch einen Whirlpool. Draußen finden sich Grillbereiche, ein Tennisplatz und ein Spielgelände.

Waves Apartments APARTMENTS $$
(☎03-5952 1351; www.thewaves.com.au; 1 Esplanade, Cowes; DZ/3BZ/4BZ ab 180/195/210 AU$; ❄🛜) Die schicken Apartments blicken auf den Hauptstrand von Cowes; wer eine Einheit am Strand bezieht, hat vom Balkon also eine unschlagbare Aussicht. Die modernen, in sich abgeschlossenen Apartments verfügen über einen Whirlpool und einen Balkon oder eine Veranda.

Essen

Die gastronomische Revolution im regionalen Victoria ist noch nicht bis Phillip Is-

> ### 🛈 PHILLIP ISLAND NATURE PARK
>
> Der Phillip Island Nature Park weist vier der größten Attraktionen der Insel auf: die Pinguinparade, die Nobbies, das Koala Conservation Centre und Churchill Island. Der Three-Parks-Pass (zum Nobbies Centre ist der Eintritt frei) kostet 40,40/20,20/101 AU$ pro Erw./Kind/Fam., man kann aber zu allen drei Attraktionen auch Einzeltickets kaufen. Die Three-Parks-Pässe sind im Informationszentrum und online unter www.penguins.org.au erhältlich.

land vorgedrungen: Die Mehrzahl der Restaurants ist erstaunlich uninteressant. Die meisten Lokale gibt es in Cowes – an der Esplanade und Thompson Ave drängen sich Fish-&-Chips-Lokale, Cafés und Imbisse –, aber ein paar echte Perlen verteilen sich doch über die Insel.

Cowes

Madcowes   CAFÉ, DELI $
(03-5952 2560; www.madcowescafe.com.au; 17 The Esplanade, Cowes; Hauptgerichte 9–19 AU$; 7–16 Uhr) Das schicke Café und Deli hat Fenster zum Hauptstrand und liefert herzhafte Frühstücks- und Mittagsgerichte, die zu den besten der Insel zählen. Zu den typischen Speisen gehören panierte Hähnchenbrust mit Käse und Fish & Chips, und die Tempura-Garnelen sind wirklich denkwürdig.

Hotel   AUSTRALISCH $$
(03-5952 2060; www.hotelphillipisland.com; 11–13 The Esplanade, Cowes; Hauptgerichte 10–32 AU$; 12 Uhr–open end) Der Laden ist so cool, dass er sich schlicht „Hotel" nennt, ohne irgendeinen Zusatz. Das kesse Lokal an einer Ecke setzt ganz auf Leder, klare Linien und große Fenster. Die Kost ist schlicht und preisgünstig. Den ganzen Tag gibt's Vorspeisenteller, Pizzas und die üblichen Standardgerichte wie Steaks und Hähnchen-Parmigiana. An den Wochenenden wird Livemusik gespielt. Sein Konkurrent, das Isle of Wight, fiel 2010 einem Feuer zum Opfer.

Fig & Olive at Cowes   MODERN-AUSTRALISCH $$
(03-5952 2655; www.figandoliveatcowes.com.au; 115 Thompson Ave, Cowes; Hauptgerichte 24–38 AU$; Mi–Mo 9 Uhr–open end) Das entspannte Lokal ist mit seinem anregenden Ambiente aus Holz, Stein und limettengrüner Deko der richtige Ort für ein schön angerichtetes Essen oder einen Cocktail am späten Abend. Auf der vielfältigen Speisekarte stehen viele Meeresfrüchte, daneben Paella, Schweinebauch und tasmanischer Lachs aus dem Holzofen.

Cape Woolamai

White Salt   FISH & CHIPS $
(03-5956 6336; 7 Vista Pl, Cape Woolamai; Fisch ab 6 AU$, Essen zum Mitnehmen ab 15 AU$; Do–Di 12–20, Mi ab 16.30 Uhr) Das White Salt serviert die besten Fish & Chips auf der Insel – ausgesuchte Fischfilets und von Hand geschnittene Fritten. Dazu kommen Garnelen-Tempura und Salat mit Mais, Pesto, Zitrone und mariniertem und gegrilltem Oktopus.

Curry Leaf   INDISCH $
(03-5956 6772; 9 Vista Pl, Cape Woolamai; Hauptgerichte 12–25 AU$; Mi–Mo 12–20 Uhr;) Das fröhliche indische Restaurant mit Essen auch zum Mitnehmen ist beliebt wegen seiner pikanten Fleisch-, Meeresfrüchte- und vegetarischen Currys, seiner Samosas und aromatischen Biryanis.

🛈 Praktische Informationen

Phillip Island Visitors Centre (1300 366 422; www.visitphillipisland.com; 9–17 Uhr, während der Schulferien bis 18 Uhr) Newhaven (895 Phillip Island Tourist Rd); Cowes (Ecke Thompson & Church St) Die Haupttouristeninformation befindet sich an der Hauptstraße in Newhaven, eine kleinere Filiale gibt es in Cowes. In beiden Büros ist der Three-Parks-Pass (Erw./Kind/Fam. 40,40/20,20/101 AU$) erhältlich. In der Hauptfiliale gibt's einen gratis Buchungsservice für Unterkünfte und Touren.

🛈 An- & Weiterreise

Mit dem Auto ist Phillip Island nur über die Brücke zwischen San Remo und Newhaven erreichbar. Von Melbourne aus den Monash Fwy (M1) bis zur Ausfahrt Pakenham fahren, dann bei Koo Wee Rup auf den South Gippsland Hwy!

BUS
V/Line (1800 800 007; www.vline.com.au) hat Zug-/Busverbindungen vom Bahnhof Southern Cross in Melbourne über den Bahnhof Dandenong oder über Koo Wee Rup (12,40 AU$, 2 Std.). Direktverbindungen gibt es nicht.

SCHIFF/FÄHRE
Inter Island Ferries (S. 254) fährt zwischen Stony Point auf der Mornington Peninsula und

Cowes mit Zwischenstopp auf French Island (45 Min.). Montags und mittwochs gibt es zwei, dienstags, donnerstags, freitags, samstags und sonntags drei Fahrten.

❶ Unterwegs vor Ort

Ride On Bikes (☏ 03-5952 2533; www.rideon bikes.com.au; 43 Thompson Ave, Cowes; Tag/Woche ab 50/200 AU$; ⏱ Mo–Fr 9–18, Sa 9–17, So 10–15 Uhr) Auf Phillip Island fahren keine öffentlichen Verkehrsmittel, aber in diesem Laden kann man Mountainbikes mieten.

South Gippsland

South Gippsland hat viele Perlen an der Küste zwischen Inverloch und Wilsons Promontory zu bieten: Die Venus Bay, der Cape Liptrap Coastal Park und die Waratah Bay sind eine Erkundung wert. Im Binnenland zwischen den Farmerstädtchen und Weinbergen gibt es malerische Straßen durch die Strzelecki Ranges, außerdem den Great Southern Rail Trail (Radweg) und trendige Ortschaften wie Koonwarra und Fish Creek.

Inverloch

Die fabelhafte Brandung, ruhige Strände am Meeresarm und erstklassige Tauch- und Schnorchelstellen machen Inverloch und die umliegende Bass Coast zu einem beliebten Ziel an der Straße in Richtung Cape Paterson. Trotz der unvermeidlichen Urlaubermassen hat sich der Ort seine Bodenständigkeit bewahrt. Einen Besuch beim beliebten **Inverloch Jazz Festival** (www.inverlochjazzfest.org.au; ⏱ März) am langen Wochenende um den Labour Day im März sollte man einplanen.

🏃 Aktivitäten

Offshore Surf School SURFEN
(☏ 0407 374 743; www.offshoresurfschool.com.au; 32 Park St; Kurs 2 Std. 60 AU$/2 Std.) Wer lernen will, wie man auf einer Welle reitet, kann dies in dieser Surfschule am Hauptsurfstrand des Ortes tun.

🛏 Schlafen & Essen

Inverloch Foreshore Camping Reserve CAMPING $
(☏ 03-5674 1447; www.inverlochholidaypark.com.au; Ecke Esplanade & Ramsey Blvd; Stellplatz ohne/mit Strom ab 26/30 AU$) Gleich hinter dem Strand am Meeresarm gibt es hier nette Stellplätze mit Schatten und Privatsphäre.

★ **Moilong Express** BOUTIQUEHOTEL $$
(☏ 0439 842 334; www.coastalstays.com/moilong express; 405 Inverloch-Venus Bay Rd; DZ 120 AU$) Auf einem Hügelgrundstück rund 3 km außerhalb von Inverloch steht dieser urige Eisenbahnwagen, der zu einer sehr komfortablen Unterkunft umgebaut wurde. Es gibt eine Küche, ein großes Bett, traditionelle Holztäfelung und eine alte Bahnhofsuhr.

Red Elk Café CAFÉ $
(☏ 03-5674 3264; 27 A'Beckett St; Hauptgerichte 10–16,50 AU$; ⏱ Mo–Fr 8.30am–15.30, Sa & So bis 16 Uhr) In einer Schindelhütte an einer Ecke residiert dieses neue Café mit Bar und versorgt seine reichlich strömenden Gäste mit Kaffee und einem herzhaften Frühstück. Empfehlenswert sind der Quinoa-Salat und das getoastete Brötchen mit Hähnchen und Brie.

Tomo JAPANISCH $$
(☏ 03-5674 3444; www.tomos-japanese.com; 23 A'Beckett St; Sushi ab 4 AU$, Hauptgerichte 21–39 AU$; ⏱ Mi–So 12–14 & 18–21 Uhr, Dez.–Feb. tgl.) Hier gibt's moderne, perfekt zubereitete japanische Küche. Man beginnt am besten mit zartem Sushi oder Sashimi, sollte aber auch den *gyoza* (Klößen) oder dem Riesengarnelen-Tempura zusprechen.

❶ Praktische Informationen

Inverloch Visitor Centre (☏ 1300 762 433; www.visitbasscoast.com; 39 A'Beckett St;

GREAT SOUTHERN RAIL TRAIL

Der 58 km lange Rad- und Wanderweg (www.railtrails.org.au) folgt der alten Bahnstrecke von Leongatha nach Foster und führt durch die Ortschaften Koonwarra, Meeniyan, Buffalo und Fish Creek, die sich alle für eine erholsame Pause anbieten. Die Strecke windet sich durch Farmland mit ein paar sanften Hügeln und über einige Bockbrücken. Immer wieder bietet sich Ausblick auf die Küste und das Wilsons Promontory. Der erste Abschnitt von Leongatha nach Koonwarra führt durch das hügelige offene Land, in dem sich die Milchfarmen der Region befinden. Landschaftlich besonders schön ist der mittlere Abschnitt von Koonwarra nach Meeniyan und weiter nach Foster: Hier gibt es viele Brücken, Eukalyptuswälder und tolle Aussichtspunkte.

ABSTECHER

KOONWARRA

Das kulinarisch orientierte Koonwarra ist zwar nur ein kleiner Flecken am South Gippsland Hwy, hat sich aber durch einen feinen Lebensmittelladen und eine Bio-Kochschule einen Namen gemacht.

★ **Koonwarra Food, Wine & Produce Store** (03-5664 2285; www.koonwarra store.com; Ecke South Gippsland Hwy & Koala Dr; Hauptgerichte 12,50–24 AU$; 8.30–17.30 Uhr) Der Laden serviert einfache Speisen mit Flair; die Produkte stammen von umweltbewussten Bio-Lieferanten. Dank dem neuen spanischen Koch gibt es jetzt auch Tapas auf der Karte. Man genießt das Ambiente im holzverkleideten Innenraum oder entspannt sich an einem Tisch im schattigen Garten des Cottages, wo sich auch das Outside Bit befindet, eine schrullige, kleine Baumschule.

Milly & Romeo's Artisan Bakery & Cooking School (03-5664 2211; www.millyandromeos.com.au; Koala Dr; Erw./Kind ab 90/50 AU$; Do & Fr 9.30–16.30, Sa & So 8.30–16.30 Uhr, Sommer längere Öffnungszeiten) Victorias erste Kochschule mit Ökosiegel hat sich das Motto „ökologisch, saisonal, lokal" auf die Fahne geschrieben. Es gibt eine Reihe kurzer Kurse, z. B. über das Backen von Kuchen und Brot, die Zubereitung von traditionellen Pasteten, typisch französischen Gerichten und Pasta, und außerdem Kochkurse für Kinder.

In der Nähe von Koonwarra finden sich auch mehrere gute Weingüter.

9–17 Uhr) Die hilfsbereiten Mitarbeiter buchen kostenlos Unterkünfte.

Bunurong Environment Centre & Shop (03-5674 3738; www.sgcs.org.au; Ecke Esplanade & Ramsey Blvd; Fr–Mo 10–16 Uhr, Ferienzeit tgl.) Viele Bücher und Broschüren zu Umweltschutz und umweltbewusstem Leben. Hier befindet sich auch ein Muschelmuseum (2 AU$) mit mehr als 6000 Muscheln.

ⓘ An- & Weiterreise

Züge von **V/Line** (13 61 96; www.vline.com.au) fahren täglich von den Bahnhöfen Flinders St und Southern Cross in Melbourne nach Dandenong, wo man Anschluss an Busse nach Inverloch hat (16,40 AU$, 3½ Std.). Eine schnellere Alternative (2½ Std.) ist der V/Line-Bus mit Umsteigen in Koo Wee Rup.

Wer mit dem Auto von Melbourne nach Inverloch (148 km) fährt, folgt der Ausschilderung nach Phillip Island und Wonthaggi. Die Strecke über Leongatha, 27 km nordöstlich von Inverloch, ist weniger malerisch, dafür etwas schneller.

Bunurong Marine & Coastal Park

Der verblüffende kleine Küsten- und Meerespark birgt Schnorchel- und Tauchstellen, die zu den besten Australiens zählen. Hinreißend ist eine Fahrt auf der Straße zwischen Inverloch und Cape Paterson, die sich an die Klippen schmiegt. Der Park machte in den 1990er-Jahren Schlagzeilen, als hier – für die Archäologen überraschend – 120 Mio. Jahre alte Dinosaurierknochen entdeckt wurden. Eagles Nest, Shack Bay, The Caves und Twin Reefs sind tolle Stellen zum Schnorcheln. The Oaks ist der bei den Einheimischen der beliebteste Surfstrand. The Caves ist die Stelle, wo die Dinosaurier ausgegraben wurden.

SEAL Diving Services (03-5174 3434; www.sealdivingservices.com.au; 7/27 Princes Hwy, Traralgon) veranstaltet Tauchgänge am Strand in Cape Paterson und Tauchgänge vom Boot im Bunurong Marine & Coastal Park.

Fish Creek

Schon seit Jahren legen kundige Traveller, die auf dem Weg zur Küste oder zum Wilsons Promontory National Park sind, einen Zwischenstopp im idyllischen Fish Creek ein, um einen Happen zu essen. Inzwischen hat sich der Ort zu einer unkonventionellen kleinen Künstlergemeinde mit Kunsthandwerksläden, Galerien, Ateliers, Buchläden und einigen wirklich großartigen Cafés entwickelt.

Celia Rosser Gallery (03-5683 2628; www.celiarossergallery.com.au; Promontory Rd; Fr–So 10–16 Uhr) GRATIS In der hellen Galerie werden die Arbeiten der berühmten Blumenillustratorin Celia Rosser sowie anderer Künstler gezeigt. Das angeschlossene **Banksia Café** hat eine sonnige Terrasse.

Das im Art-déco-Stil gehaltene **Fish Creek Hotel** (03-5683 2416; www.fishcreek hotel.com.au; Old Waratah Rd; Hauptgerichte 16–30 AU$; 12–14 & 18–21 Uhr), allgemein bekannt als Fishy Pub (aber auch als das Promontory Gate Hotel), ist ein wesentlicher Zwischenstopp für ein Bier oder ein Bistrogericht. Hinter dem Haus gibt es auch Motelzimmer.

Wilsons Promontory National Park

Wer gern durch die Wildnis wandert, eine atemberaubende Küstenlandschaft und abgeschiedene weiße Sandstrände liebt, ist hier absolut richtig. „The Prom", wie man den Nationalpark liebevoll nennt, ist einer der beliebtesten Australiens und unser bevorzugter Küstenpark.

Das Wilsons Promontory war ein wichtiges Gebiet für die Kurnai- und Boonwurrung-Aborigines, und vielerorts wurden Muschelhaufen gefunden, z. B. am Cotters Beach und am Darby Beach sowie an der Oberon Bay. Der Prom ist der südlichste Zipfel des australischen Festlands und bildete einst eine Landbrücke, auf der man zu Fuß nach Tasmanien gehen konnte.

Das 30 km vom Parkeingang entfernte Tidal River ist das Verkehrszentrum. Hier gibt es ein Büro von Parks Victoria, einen Gemischtwarenladen, ein Café und Unterkünfte. Die Wildtiere rund um Tidal River sind bemerkenswert zahm: Die Kookaburras (Jägerlieste) und Plattschweifsittiche schauen erwartungsvoll (man sollte dem Drang, sie zu füttern, aber widerstehen), und Wombats watscheln gemächlich aus dem Unterholz.

Zwar gibt es eine mit Personal ausgestattete Eingangsstation, an der man eine Eintrittskarte erhält, aber der Eintritt ist frei. In Tidal River ist kein Benzin erhältlich.

🚶 Aktivitäten

Auf mehr als 80 km markierten **Wanderwegen** geht es durch Wälder, Sümpfe und Täler voller Baumfarne über niedrige Granithügel und an Stränden entlang, hinter denen sich Sanddünen türmen. Aber auch wer nicht wandern will, kann die Schönheit des Parks erleben, da man von den Parkplätzen an der Straße nach Tidal River leicht zu prachtvollen Stränden und Aussichtspunkten gelangt.

Sichere Badestellen sind die wunderschönen Strände an der **Norman Bay** (bei Tidal River) und rund um die Landspitze

---

DIE BESTEN WANDERWEGE IM PROM

Die Schönheit des Prom entdeckt man am besten zu Fuß. Zwischen November und Ostern fährt ein kostenloser Shuttle-Bus zwischen dem Besucherparkplatz Tidal River und dem Parkplatz Telegraph Saddle (einem guten Startpunkt für den Prom Circuit Walk). Hier sind sechs der besten Wanderstrecken:

Great Prom Walk Die beliebteste lange Wanderstrecke: Der mittelschwere, 45 km lange Rundweg führt von Tidal River hinüber zur Sealers Cove, dann hinunter zur Refuge Cove, zur Waterloo Bay, weiter zum Leuchtturm und über die Oberon Bay zurück nach Tidal River. Man sollte für die Strecke drei Tage einplanen und die Wanderung auf die Gezeiten abstimmen, weil es gefährlich sein kann, bei Flut bestimmte Flussläufe zu überqueren.

Sealers Cove Walk Die beste zweitägige Wanderung beginnt am Telegraph Saddle und führt den Telegraph Track hinunter zur schönen Little Waterloo Bay (12 km, 4 Std.), wo man übernachten kann. Am nächsten Tag wandert man über die Refuge Cove bis zur Sealers Cove und zurück zum Telegraph Saddle (24 km, 7 Std.).

Lilly Pilly Gully Nature Walk Die einfache, 5 km lange Wanderung (2 Std.) führt durch Heideland und Eukalyptuswälder, in denen viele Wildtiere leben.

Mt. Oberon Summit Die mittelschwere bis schwere, 7 km lange Wanderung (2 Std.) mit Start am Parkplatz Mt. Oberon bietet einen idealen Überblick über den Prom – vom Gipfel aus hat man einen tollen Rundblick. Der kostenlose Mt.-Oberon-Shuttle bringt Wanderer zum Parkplatz Telegraph Saddle und wieder zurück.

Little Oberon Bay Die leichte bis mittelschwere, 8 km lange Wanderung (3 Std.) führt über Sanddünen, die von Kanuka-Bäumen gesäumt sind. Von den Dünen aus hat man einen wunderschönen Blick auf die Little Oberon Bay.

Squeaky Beach Nature Walk Der leichte, 5 km lange Rundweg führt durch ein Gelände voller Kanuka und Banksia zu einem herrlichen weißen Sandstrand.

Wilsons Promontory National Park

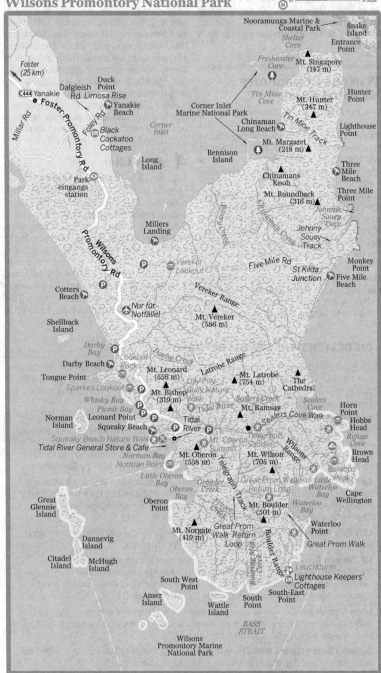

am **Squeaky Beach** – der feine Quarzsand quietscht tatsächlich unter den Füßen!

Wer ohne viel Gepäck unterwegs ist, kann Campingausrüstung (Zelt, Kocher, Schlafsack, Rucksäcke usw.) bei **Wilsons Prom Hiking Hire** (0400 377 993; http://wilsonspromhikinghire.com.au; 3670 Prom Rd, Yanakie) ausleihen.

Geführte Touren

Bunyip Tours BUSTOUR
(1300 286 947; www.bunyiptours.com; Tour ab 120 AU$; Mi & So, im Sommer auch Fr) Das Unternehmen, das sich rühmt, CO_2-neutral zu arbeiten, veranstaltet von Melbourne aus eintägige geführte Ausflüge in den Prom mit der Option, zwei weitere Tage zu bleiben, um den Park auf eigene Faust zu erkunden.

First Track Adventures ABENTEUERTOUR
(03-5634 2761; www.firsttrack.com.au) Dieses Unternehmen mit Sitz in Yarragon organisiert für Einzelpersonen und Gruppen auf Kundenwünsche zugeschnittene Wander-, Kanu- und Abseil-Trips in den Prom. Die Preise hängen von der Größe der Gruppe und der gewünschten Aktivität ab.

Schlafen

Nichts ist so schön wie eine Nacht im Prom. Die meisten Unterkünfte gibt es in Tidal River, außerdem aber auch elf Campingplätze im Busch, die sich über den ganzen Prom verteilen; dort findet man Plumpsklos oder Komposttoiletten, aber keine weiteren Einrichtungen; sein Trinkwasser muss man selbst mitbringen. Wanderer, die im Busch übernachten wollen, brauchen eine Campinggenehmigung (Erw./Kind 11,30/5,70 AU$ pro Nacht), die vorab über Parks Victoria gebucht werden muss.

Tidal River

Angesichts der Lage an der Norman Bay und des kurzen Weges bis zu einem wundervollen Strand verwundert es nicht, dass die Unterkünfte in Tidal River begehrt sind. Insbesondere bei Aufenthalten an den Wochenenden und in der Ferienzeit muss man seine Unterkunft weit im Voraus über Parks Victoria (S. 284) buchen.

★ Lighthouse Keepers' Cottages COTTAGE $
(Parks Victoria 13 19 63; www.parkweb.vic.gov.au; 8-Betten-Cottage 90–100 AU$/Pers., 20-Betten 120–134 AU$/Pers.) Die einsamen, denkmalgeschützten Häuschen mit dicken Granitmauern stammen aus den 1850er-Jahren und sind ein echtes Refugium. Sie stehen neben einem noch betriebenen Leuchtturm auf einem kleinen Landstück, das in den wilden Ozean vorspringt. Nach der 19 km langen Wanderung von Tidal River aus kann man die Füße hochlegen und Schiffe und Wale vorbeischwimmen sehen. Die Häuschen haben Gemeinschaftseinrichtungen, darunter eine voll ausgestattete Küche.

Campingplätze CAMPING $
(Stellplatz ohne Strom 29,60–32,80 AU$ pro Fahrzeug & 3 Pers., Stellplatz mit Strom 49,30–54,70 AU$ pro Fahrzeug & bis zu 8 Pers.) Tidal River hat 484 Stellplätze, aber nur 20 mit Stromanschluss. Für Stellplätze während der Weihnachtsferien gilt ein Auslosungsverfahren (man muss sich bis zum 30. Juni online unter www.parkweb.vic.gov.au bewerben).

Park Huts HÜTTEN $
(Hütte mit 4/6 B ab 72/109 AU$) Wer ohne Zelt reist, für den sind diese gemütlichen Holzhütten mit Stockbetten und Kochnische, aber ohne Bad, ein ordentliches, preisgünstiges Angebot.

Park Cabins HÜTTEN $$
(DZ 186–207 AU$, zusätzl. Erw./Kind 27/18 AU$) Die geräumigen und traulichen, in sich abgeschlossenen Hütten bieten Platz für bis zu sechs Personen. Sie haben große Glasschiebetüren und eine Veranda mit Blick in den Busch oder auf den Fluss. Ebenso komfortabel sind die Lorikeet Units mit Platz für jeweils bis zu vier Personen. Sie liegen allerdings näher am Visitor Centre und dem Parkplatz.

★ Wilderness Retreat SAFARIZELTE $$$
(www.wildernessretreats.com.au; DZ 302,50 AU$, zusätzl. Pers. 24,50 AU$) Diese Zelte, die bei Tidal River versteckt im Busch stehen, sind die teuersten Unterkünfte im Prom. Die luxuriösen Safarizelte für jeweils bis zu vier Personen sind kühl, haben eine eigene Terrasse, angeschlossene Bäder, große Betten, Heizung und eine Gemeinschaftsküche in einem Zelt Man fühlt sich, als wäre man auf Safari in Afrika, nur die Geräuschkulisse der Jägerlieste erinnert einen an Australien.

Yanakie & Foster

Die winzige Streusiedlung Yanakie bietet die nächsten Unterkünfte außerhalb der Grenzen des Nationalparks – von Hütten und Stellplätzen bis hin zu luxuriösen Cottages. In Foster, der nächsten größeren Ortschaft, gibt es ein Backpackerhostel und mehrere Motels.

Prom Coast Backpackers — HOSTEL $
(☎ 0427 875 735; www.promcoastyha.com.au; 40 Station Rd; B/DZ ab 30/70 AU$; @) Dieses freundliche YHA-Hostel steht in Foster und ist die dem Park am nächsten liegende Backpackerunterkunft. In dem gemütlichen, renovierten Cottage finden nur zehn Personen Platz, daher herrscht stets eine trauliche Atmosphäre.

Black Cockatoo Cottages — COTTAGE $$
(☎ 03-5687 1306; 60 Foley Rd, Yanakie; DZ 140–160, 6-Pers. Haus 180 AU$) In diesen intimen, stilvollen Cottages aus dunklem Holz hat man sogar von den sehr bequemen Betten aus einen tollen Blick in den Nationalpark, und das auch noch zu absolut moderaten Preisen. Die Anlage umfasst drei moderne Cottages und ein Haus mit drei Schlafzimmern.

✕ Essen

Tidal River General Store & Cafe — CAFÉ $
(Hauptgerichte 5–22 AU$; ⊙ So–Fr 9–17, Sa bis 18 Uhr) Im Gemischtwarenladen in Tidal River gibt es zwar Lebensmittel und einiges an Campingausrüstung; wer aber wandern oder eine Weile bleiben will, deckt sich günstiger vorab in Foster mit dem Nötigen ein. Im angeschlossenen Café gibt's Essen zum Mitnehmen (Pies, Sandwiches usw.) und in den Ferien und an den Wochenenden auch Frühstück sowie kleine Mittags- und Bistrogerichte.

ℹ Praktische Informationen

Parks Victoria (☎ 03-5680 9555, 13 19 63; www.parkweb.vic.gov.au; ⊙ 8.30–16.30 Uhr) In der hilfreichen Touristeninformation in Tidal River kann man alle Unterkünfte im Park buchen und sich die Campinggenehmigung für die Gebiete außerhalb von Tidal River holen.

ℹ An- & Weiterreise

Eine direkte öffentliche Verkehrsverbindung zwischen Melbourne und dem Prom gibt es nicht, aber der **Wilsons Promontory Bus Service** (Moon's Bus Lines; ☎ 03-5687 1249) fährt freitags um 16.30 Uhr von Foster nach Tidal River (über Fish Creek) und sonntags um 16.30 Uhr wieder zurück (Erw./Kind 8/4 AU$). Mit diesem Bus hat man in Fish Creek Anschluss an den V/Line-Bus aus Melbourne.

V/Line (☎ 13 61 96; www.vline.com.au) betreibt Direktbusse vom Bahnhof Southern Cross in Melbourne nach Foster (19,80 AU$, 3 Std., tgl. 4-mal).

Port Albert
250 EW.

Das kleine, alte Fischerdorf, das 111 km Fahrtstrecke nordöstlich von Tidal River liegt, entwickelt sich zu einem angesagten Ziel für Boots- und Angelausflüge sowie zum Genießen örtlicher Meeresfrüchte. Der Ort rühmt sich, der älteste Hafen in Gippsland zu sein: Die vielen historischen Holzgebäude an der Hauptstraße, die aus den betriebsamen 1850er-Jahren stammen, tragen alle Bronzeplaketten, auf denen ihr genaues Alter und ihre frühere Nutzung angegeben sind.

⊙ Sehenswertes & Aktivitäten

Gippsland Regional Maritime Museum — MUSEUM
(☎ 03-5183 2520; Tarraville Rd; Erw./Kind 5/1 AU$; ⊙ Sept.–Mai tgl. 10.30–16 Uhr, Juni–Aug. Sa & So) Das Museum in der alten Bank of Victoria (1861) vermittelt mit Geschichten von Schiffswracks, von der Zeit, als hier Walfänger und Robbenschläger Station machten, und mit Legenden der Aborigines einen Einblick in die Seefahrtsgeschichte von Port Albert.

Nooramunga Marine & Coastal Park — KANU- & BOOTFAHREN
An der Slip Jetty kann man Boote und Kanus mieten und mit ihnen in den geschützten Gewässern des Nooramunga Marine & Coastal Park herumschippern.

🛏 Schlafen & Essen

In Seabank, rund 6 km nordwestlich von Port Albert, gibt es einen Wohnwagenpark und im Ort selbst ein paar B&Bs.

Port Albert Hotel — MOTEL $
Leider ist das historische, aus Holz gezimmerte Hotel, das sich rühmte, die älteste ununterbrochen gültige Schanklizenz in Victoria zu besitzen (seit 1842), im Februar 2014 bis auf die Grundmauern niedergebrannt. Zum Zeitpunkt unserer Recherche gab es noch keine Pläne für einen Wiederaufbau.

Port Albert Wharf — FISH & CHIPS $
(☎ 03-5183 2002; 40 Wharf St; Hauptgerichte ab 7 AU$; ⊙ 11–19.30 Uhr) Die hiesigen Fish &

Chips sind berühmt, perfekt angerichtet und so frisch, wie man es in einem Ort, der wegen des Fischfangs gegründet wurde, erwarten kann.

★ **Wildfish** SEAFOOD $$
(✆03-5183 2002; www.wildfish-restaurant.com.au; 40 Wharf St; Hauptgerichte mittags 8–17 AU$, abends 26–36 AU$; ⊙Do–So 12–15 & 18–20 Uhr) Mit der herrlichen Lage am Hafen und dem frischesten Seafood hat sich das Wildfish seinen Ruf, gutes Essen zu servieren, ehrlich verdient. Tagsüber ist das Lokal ein Café, in dem man Sandwiches und Kaffee bekommt, abends gibt es kreative Meeresfrüchtegerichte wie Pies mit Muschel- und Haifleisch oder Tempura mit Filet vom Hornhecht.

❶ An- & Weiterreise

Das nächste öffentliche Verkehrsmittel ab Melbourne ist der Bus von **V/Line** (✆13 61 96; www.vline.com.au), der 12 km nördlich von Port Albert in Yarram hält. Wer mit dem Auto kommt, nimmt den South Gippsland Hwy und folgt über die Yarram–Port Albert Rd der Ausschilderung nach Port Albert.

Gippsland Lakes

Die schönen Gippsland Lakes bilden das größte System von Wasserstraßen auf dem australischen Festland: Die drei größten miteinander verbundenen Seen – der Lake Wellington, der Lake King und der Lake Victoria – erstrecken sich von Sale bis über

ABSTECHER

WALHALLA

Versteckt in den grünen Hügeln und Wäldern des westlichen Gippsland liegt 46 km nordöstlich von Moe das winzige Walhalla, eine der am besten erhaltenen und charmantesten historischen Goldgräbersiedlungen im Bundesstaat. Mitten durch den Ort fließt der Stringer's Creek und bildet ein idyllisches Tal umgeben von einer Reihe graubrauner historischer Gebäude an den Hängen.

Am besten erkundet man den Ort zu Fuß auf dem **Tramline Walk** (45 Min.), der kurz hinter dem Ortseingang gegenüber dem Gemischtwarenladen anfängt. Vom Tal gehen noch weitere gute (und gut ausgeschilderte) Wege aus. Einer von ihnen führt zum **Walhalla Cricket Ground** (2 km, hin & zurück 45 Min.), ein weiterer steigt an bis zum außergewöhnlichen **Walhalla Cemetery** (hin & zurück 20 Min.), dessen Grabsteine sich an den steilen Hang schmiegen und in ihren Inschriften Geschichten aus der düsteren, aber faszinierenden Vergangenheit des Ortes erzählen.

Im August wird es hell im Ort beim **Walhalla Vinter ljusfest** (Winter-Lichter-Fest).

Das **Walhalla Historical Museum** (✆03-5165 6250; Eintritt 2 AU$; ⊙10–16 Uhr) im alten Postamt fungiert zugleich als Touristeninformation. Hier kann man auch die beliebten zweistündigen **Geistertouren** (www.walhallaghosttour.info; Erw./Kind/Fam. 25/20/75 AU$; ⊙Sa 19.30 Uhr, während der Sommerzeit Sa 20.30 Uhr) buchen, die am Freitag- und Samstagsabend stattfinden.

Eine Hauptattraktion ist die malerische **Walhalla Goldfields Railway** (✆03-5165 6280; www.walhallarail.com; hin & zurück Erw./Kind/Fam. 20/15/50 AU$; ⊙Mi, Sa, So & Feiertage 11, 13 & 15 Uhr ab Bahnhof Walhalla, 11.40, 13.40 & 15.40 Uhr ab Bahnhof Thomson). Die 20-minütige Fahrt zwischen den Bahnhöfen Walhalla und Thomson führt durch bewaldete Schluchten und über restaurierte Gerüstpfeilerviadukte.

Bei Führungen durch die **Long Tunnel Extended Gold Mine** (✆03-5165 6259; abseits der Walhalla-Beardmore Rd; Erw./Kind/Fam. 19,50/13,50/49,50 AU$; ⊙tgl. 13.30 Uhr, Sa, So & Feiertage zusätzl. 12 & 15 Uhr) wird die Bergbauvergangenheit lebendig. Man erkundet das Cohens Reef, einst eine der reichsten Fundstätten von Berggold in Australien.

Kostenlos campen kann man in **North Gardens** im Nordende der Siedlung, wo Toiletten und Grillstellen zur Verfügung stehen, oder beliebig irgendwo am Stringer's Creek. Darüber hinaus gibt es in Walhalla eine Handvoll B&Bs und Cottages.

Das wiederaufgebaute, historische **Walhalla Star Hotel** (✆03-5165 6262; www.starhotel.com.au; Main St; DZ inkl. Frühstück ab 175 AU$; ❄@🅟) bietet stilvolle Boutiquezimmer mit großen Betten und raffiniertem Dekor, bei dem der Architekt geschickt auf örtliche Materialien wie die Wassertanks aus Wellblech zurückgegriffen hat. Gutes Frühstück, Kaffee und Kuchen gibt's im angeschlossenen **Greyhorse Café** (Hauptgerichte ab 5 AU$; ⊙10–14 Uhr).

Lakes Entrance hinaus. Die Seen sind eigentlich Salzwasserlagunen, die durch den Gippsland Lakes Coastal Park und den Ninety Mile Beach, einen schmalen Küstenstreifen aus Sanddünen, vom offenen Meer getrennt sind.

Sale

12 800 EW.

Als Tor zu den Gippsland Lakes hat Sale viele Unterkünfte, Läden, Restaurants und Pubs, sodass es sich als gutes, kleinstädtisches Standquartier für die Erkundung des Ninety Mile Beach anbietet.

Sehenswertes & Aktivitäten

Port of Sale — HAFEN

Der Port of Sale ist ein umgebauter Jachthafen im Ortszentrum mit Promenaden, Cafés und einem Kanal, der zu den Gippsland Lakes führt.

Gippsland Art Gallery — GALERIE

(03-5142 3372; www.wellington.vic.gov.au/gallery; Civic Centre, 68 Foster St; Mo–Fr 10–17, Sa & So 12–16 Uhr) GRATIS Die Galerie zeigt Werke regional und landesweit anerkannter Künstler sowie Wechselausstellungen.

Sale Wetlands Walk — WANDERN

Der Sale Wetlands Walk (4 km, 1½ Std.) ist eine angenehme Wanderstrecke um den Lake Gutheridge (unmittelbar östlich der Stelle, wo der Prince Hwy die Kurve zum Zentrum von Sale nimmt) und das angrenzende Sumpfland, zu dem auch der **Indigenous Art Trail** gehört, der den Wanderern die Bedeutung der Sümpfe für die örtlichen indigenen Gunai/Kurnai ins Gedächtnis ruft.

Sale Common — VOGELBEOBACHTUNG

Das Sale Common, ein 300 ha großes Naturschutzgebiet mit Hochsitzen zum Beobachten der Vögel, einem Aussichtsturm, einer Wasserstelle, Planken- und weiteren Wanderwegen, ist Teil eines international bekannten Systems von Feuchtgebieten. Die beste Zeit für einen Besuch sind der frühe Morgen oder späte Abend (Insektenschutzmittel auftragen!), denn dann sind besonders viele Vögel unterwegs. Im Visitor Centre gibt es eine Liste der Arten, die hier gesichtet wurden.

Schlafen & Essen

Cambrai Hostel — HOSTEL $

(03-5147 1600; www.maffra.net.au/hostel; 117 Johnson St; B pro Nacht/Woche 28/160 AU$; @) Das entspannte Hostel im 16 km nördlich von Sale gelegenen Maffra ist eine Anlaufstelle für Budgettraveller und eine der wenigen echten Backpackerunterkünfte in Gippsland. In der gemütlichen Lounge des 120 Jahre alten Gebäudes, in dem früher ein Arzt wohnte, gibt es eine Bar mit Alkoholausschank, einen offenen Kamin und einen Billardtisch, außerdem saubere, nette Zimmer und eine winzige Küche für Selbstversorger. Die Betreiber können manchmal auch Arbeitsgelegenheiten in der Region vermitteln.

Quest Serviced Apartments — APARTMENTS $$

(03-5142 0900; www.questapartments.com.au; 180–184 York St; Apt. mit 1/2/3 Zi. 120/199/285 AU$; ❄ 🏠 ❄) Die verlässliche Kette ver-

---

ABSTECHER NACH BAIRNSDALE

Das geschäftige Bairnsdale (11 820 Ew.) ist das Wirtschaftszentrum in East Gippsland und die Abzweigung zur Great Alpine Rd, die nordwärts nach Omeo und südwärts nach Paynesville und Raymond Island führt. In Sale, Metung oder Lakes Entrance gibt es bessere Unterkünfte. Der einzige Grund für einen Zwischenstopp in der Stadt ist der **Krowathunkoolong Keeping Place** (03-5152 1891; 37–53 Dalmahoy St; Erw./Kind 3,50/2,50 AU$; Mo–Fr 9–17 Uhr). Das bewegende und fesselnde Koorie-Kulturzentrum vermittelt Einblicke in das Leben der Gunai/Kurnai von der Traumzeit bis in die Ära nach Beginn der europäischen Landnahme. Die Ausstellung verfolgt die Geschichte des Gunai/Kurnai-Clans zurück bis zu ihren Ahnenwesen, Borun, dem Pelikan, und seiner Frau Tuk, der Lappenente. Weitere Themen sind das Leben in der Lake Tyers Mission östlich von Lakes Entrance, die heute ein Fonds ist, der sich im Privatbesitz der Aborigines befindet, sowie die Massaker an den Kurnai in den Jahren zwischen 1839 und 1849. Weitere Infos gibt's im **Bairnsdale Visitor Centre** (03-5152 3444, 1800 637 060; www.discovereastgippsland.com.au; 240 Main St; 9–17 Uhr). Bairnsdale ist 67 km von Sale und 280 km von Melbourne entfernt.

ABSTECHER

PAYNESVILLE & RAYMOND ISLAND

Paynesville, 16 km südlich von Bairnsdale, ist ein entspannter, kleiner Ort am See, wo sich das Leben ganz am Wasser abspielt. Ein guter Grund für einen Abstecher ist die Möglichkeit, mit der Flachrumpf-Fähre nach Raymond Island überzusetzen (5 Min.), wo man Koalas in freier Wildbahn beobachten kann. Auf der Insel lebt eine große Kolonie der Beutelbären, die überwiegend von Tieren abstammen, die in den 1950er-Jahren aus Phillip Island umgesiedelt wurden. Die Auto-/Personenfähre fährt zwischen 7 und 23 Uhr halbstündlich und ist für Fußgänger und Radfahrer kostenlos.

Mehrere Anbieter vermieten Boote. **Aquamania** (0417 163 365; www.aquamania.com.au) organisiert Bootstouren, veranstaltet Wasserski- und Wakeboardkurse und betreibt ein Wassertaxi.

Das beliebte **Paynesville Jazz Festival** findet am letzten Februarwochenende statt.

Der **Fisherman's Wharf Pavilion** (03-5156 0366; 70 The Esplanade; Mittagessen 8-24 AU$, Abendessen 22-43 AU$; Di-So 8-15 & 18-20 Uhr) thront über dem Wasser und hat eine offene Terrasse, auf der man an sonnigen Tagen prima Pfannkuchen frühstücken oder Quiches zu Mittag essen kann. Abends wird der Pavillon zu einem eleganten Steak- und Meeresfrüchterestaurant, das frische, regionale Produkte verwendet.

---

mietet moderne, in sich abgeschlossene Apartments, die luxuriöser anmuten, als man es bei diesen Preisen erwarten würde. Damit ist diese Anlage den meisten anderen Motels im Ort um Meilen voraus.

Bis Cucina CAFÉ $$
(03-5144 3388; 100 Foster St; Hauptgerichte morgens & mittags 12-23 AU$, abends 23-36 AU$; tgl. 8-14, Fr, Sa & Veranstaltungstage 18-20 Uhr) Dieses Restaurant im Wellington Entertainment Centre ist dank der mediterran angehauchten modern-australischen Küche und entspannter, aber aufmerksamer Bedienung eine gute Option für Feinschmecker, für ein Essen vor der Show oder auch nur für einen Kaffee und ein gemütliches Frühstück.

❶ Praktische Informationen

Wellington Visitor Information Centre (03-5144 1108; www.tourismwellington.com.au; 8 Foster St; 9-17 Uhr) Internetzugang und kostenlose Buchung von Unterkünften.

❶ An- & Weiterreise

V/Line (13 61 96; www.vline.com.au) hat Zug- sowie Zug-/Bus-Verbindungen zwischen Melbourne und Sale (24,60 AU$, 3 Std., 6-mal tgl.) über Traralgon.

Ninety Mile Beach

Um die unsterblichen Worte von Crocodile Dundee zu paraphrasieren: Das ist nicht *ein* Strand, das ist *der* Strand. Der abgelegene Ninety Mile Beach ist ein schmaler Sandstreifen mit Dünen und Lagunen im Hintergrund, der sich ununterbrochen über ungefähr 90 Meilen (150 km) aus der Nähe des McLoughlins Beach bis zum Kanal in Lakes Entrance erstreckt und damit der womöglich längste ununterbrochene Strand in ganz Australien ist. Die Gegend eignet sich ausgezeichnet zum Brandungsfischen, Campen und für lange Strandwanderungen, während das Baden wegen der mächtigen Brandung außer an den Stellen in Seaspray, Woodside Beach und Lakes Entrance, wo Rettungsschwimmer den Strand bewachen, zu gefährlich ist.

Zwischen Seaspray und Lakes Entrance liegt der **Gippsland Lakes Coastal Park**, ein geschütztes Areal mit niedrigen Küstensträuchern, Banksia und Südseemyrten, wo im Frühling die Wildblumen in voller Pracht stehen. Eine Genehmigung zum Zelten im freien Gelände bekommt man bei **Parks Victoria** (13 19 63; www.parkweb.vic.gov.au).

Einen Zeitsprung in die Vergangenheit erlebt man in **Seaspray** (316 Ew.), denn der kleine Ort hat sich irgendwie der Bauwut, die an der Küste grassiert, entziehen können. Und so findet man hier heute noch die alten Ferienhütten, die das Bild der Küstenorte Victorias in den 1970er-Jahren geprägt haben.

An der Straße zwischen Seaspray und Golden Beach gibt es kostenlose **Campingplätze**, die zurückgesetzt vom Strand im Schatten von Südseemyrten liegen. Im Sommer ist es schwer, einen freien Stellplatz zu finden, aber zu anderen Zeiten genießt man hier eine einmalige Ruhe. Einige Plätze verfügen über Grillstellen und Plumpsklos, aber Wasser und Brennholz muss man selbst mitbringen. Warmwasserduschen finden sich in Golden Beach (2 AU$).

Loch Sport (689 Ew.) ist ein kleiner, bewaldeter Ort auf einer schmalen Landzunge, zwischen einem See und dem Ozean gelegen. Hier gibt es einige gute Badestellen für Kinder. Und im Marina Hotel (03-5146 0666; Basin Blvd; Hauptgerichte 16–28 AU$ 12-14 & 18-21 Uhr), das am See und am Jachthafen steht, herrscht immer eine freundliche Pub-Atmosphäre. Man genießt den schönen Blick in den Sonnenuntergang und ordentliche Meeresfrüchte von der Bistro-Karte.

Lakes National Park

Der mit Sträuchern bewachsene schmale Landstreifen zwischen den Seen auf der einen und dem Ozean auf der anderen Seite ist ein wunderbarer, ruhiger Ort, um ein Lager aufzuschlagen.

Viele Banksien und Eukalyptusbäume stehen in den Gebieten, die von niedriger Heide und hie und da von versalzten Sümpfen mit Strauchbewuchs geprägt sind. Im Frühling blühen die Wildblumen, darunter so viele einheimische Orchideenarten wie kaum irgendwo sonst in Australien. Dank einer Straße, die in einer Schleife durch den Park führt, ist dieser per Auto gut zugänglich. Der Park besitzt auch gut markierte Wanderwege. Point Wilson an der Ostspitze des Festlandsabschnitts des Parks ist die beste Stelle für ein Picknick; hier sammeln sich auch gern die Kängurus. Ein richtig starkes Insektenschutzmittel ist hier allerdings unverzichtbar.

Der **Emu Bight Camp Site** (13 19 63; Stellplatz ohne Strom 15 AU$/6 Pers.) ist der einzige Campingplatz im Park mit Plumpsklos und Feuerstellen; das Wasser muss man selbst mitbringen.

Metung

Das sich an die Bancroft Bay schmiegende kleine Metung ist einer der hübschesten Orte an den Gippsland Lakes – Lokalpatrioten sprechen von der Gippsland Riviera, wogegen angesichts der Lage direkt am Ufer und des gelassenen Charmes dieses Ortes auch gar nichts zu sagen ist.

Aufs Wasser rauszukommen, ist kein Problem: **Riviera Nautic** (03-5156 2243; www.rivieranautic.com.au; 185 Metung Rd; Jacht od. Boot 3 Tage ab 1089 AU$) vermietet Boote und Jachten, mit denen man auf den Gippsland Lakes herumfahren, angeln und segeln kann. Am Visitor Centre verleiht **Slipway Boat Hire** (03-5156 2469) kleine Boote (Std./Tag ab 60/175 AU$, jeweils inkl. Benzin).

Wer es lieber bequem hat, unternimmt auf der **Director** (03-5156 2628; www.thedirector.com.au; Bootstour 2½ Std. Erw./Kind/Fam. 45/10/105 AU$; Di, Do & Sa 15 Uhr) eine Bootsfahrt zum Ninety Mile Beach und zurück.

Um 12 Uhr setzen die Pelikane zum Sturzflug an, wenn ihnen die Fischreste aus dem Metung Hotel ins Meer geworfen werden. Die Pelikane wissen genau, wann es mühelos einen guten Bissen zu ergattern gibt.

Schlafen & Essen

Die einzigen Budgetunterkünfte gibt's im Metung Hotel. Der am nächsten gelegene Campingplatz findet sich die Straße hinauf bei Swan Reach.

Metung Holiday Villas   HÜTTEN $$
(03-5156 2306; www.metungholidayvillas.com; Ecke Mairburn & Stirling Rds; Hütte 150–250 AU$;) Metungs früherer Wohnwagenpark wurde in ein kleines Dorf aus recht luxuriösen Hütten umgewandelt. Eines der besten Angebote in Metung.

McMillans of Metung   RESORT $$$
(03-5156 2283; www.mcmillansofmetung.com.au; 155 Metung Rd; Cottage 82–440 AU$, Villa 88–367 AU$;) Das schicke Resort am See hat mit seinem Komplex aus Cottages im englischen Landhausstil auf einem 3 ha großen, gepflegten Gartengelände, seinen modernen Villen, dem eigenen Jachthafen und Spa-Center schon eine ganze Reihe Tourismuspreise gewonnen.

★ **Metung Galley**   CAFÉ $$
(03-5156 2330; www.themetunggalley.com.au; 50 Metung Rd; Hauptgerichte mittags 9–15 AU$, abends 19,50–34 AU$; Di 8–16 Uhr, Mi-Fr open end, Sa 7.30 Uhr–open end, So bis 16 Uhr) Die Erfahrungen von Felicity und Richard als Gastwirte in der Stadt machen sich in diesem freundlichen, innovativen Café bezahlt, das schön präsentierte, hochwertige Gerichte mit örtlichen Zutaten wie frischen Meeresfrüchten und Lamm aus Gippsland serviert (die Lamm-„Zigarren" mit Tsatsiki probieren!).

Bancroft Bites   CAFÉ $$
(03-5156 2854; www.bancroftbites.com.au; 2/57 Metung Rd; Hauptgerichte mittags 8–22 AU$, abends 20–34 AU$; Do-Di 8–15 & 18–20 Uhr) Ein weiteres Lokal, das tagsüber ein richtig

gutes Café und abends ein feines Speiserestaurant ist. Zu den modernen Gerichten zählen Meeresfrüchte-Eintopf und glasierte gebratene Ente.

Metung Hotel PUB $$
(☏ 03-5156 2206; www.metunghotel.com.au; 1 Kurnai Ave; Hauptgerichte 25–33 AU$; ⊙ 12–14 & 18–20 Uhr) Die Lage am Metung Wharf ist erstklassig, und mit den großen Fenstern sowie der hölzernen Außenterrasse wird dieser Vorteil auch voll ausgenutzt. Im Bistro kommen erstklassige Kneipengerichte auf die Tische. Außerdem bietet das Hotel die billigsten Zimmer vor Ort (85 AU$).

ⓘ Praktische Informationen

Metung Visitors Centre (☏ 03-5156 2969; www.metungtourism.com.au; 3/50 Metung Rd; ⊙ 9–17 Uhr) Buchung von Unterkünften und Bootsverleih.

Lakes Entrance

Da der flache Meeresarm des Cunninghame Arm die Stadt vor der Ozeanbrandung schützt, hat Lakes Entrance unbestreitbar eine schöne Lage, aber in der Ferienzeit präsentiert es sich als ein Touristenort mit einem reizlosen Motelstreifen, Wohnwagenparks, Minigolfplätzen und Souvenirläden an der Esplanade. Immerhin sind die in den Wellen schaukelnden Fischerboote, die frischen Meeresfrüchte, die endlosen Strände und die Bootstouren zu den örtlichen Seeanlagen einschließlich der Ausflüge nach Metung eindeutige Pluspunkte. Für Familien und Kinder wird viel geboten, und in der Nebensaison findet man hier Geruhsamkeit und Schnäppchenangebote in Sachen Unterkünfte.

Der Ort ist nach dem Kanal benannt, der 1889 geschaffen wurde, um eine Zufahrt aus den Meeresarmen in den Ozean zu gewinnen und einen Hafen für die Fischerboote anzulegen.

◉ Sehenswertes & Aktivitäten

Strände & Seen STRAND, SEE
Eine lange Fußgängerbrücke über den Cunninghame Arm verbindet den Ort im Osten mit dem vorgelagerten **Ninety Mile Beach** und dem Ozean. Von Dezember bis Ostern werden am dem Ozean zugewandten Ende der Fußgängerbrücke Paddelboote, Kanus und Segelboote vermietet. Dort beginnt auch der **Eastern Beach Walking Track** (2,3 km, 45 Min.) auf dem man durch Küstengesträuch bis zum eigentlichen Eingang der Seen laufen kann.

Zur Erkundung der Seen vermieten drei Anbieter an der Marine Pde (auf der anderen Seite des Ortszentrums) **Boote** (50/90/150 AU$ pro 1/4/8 Std.).

Aussichtspunkte AUSSICHTSPUNKT
Am Princes Hwy im Westen des Ortes liegt der **Kalimna Lookout**, ein beliebter Aussichtspunkt mit Münzferngläsern. Nimmt man aber die Straße direkt gegenüber und fährt zu **Jemmy's Point Lookout**, findet man dort eine noch bessere Aussicht auf den Ozean und den Meeresarm vor.

Surf Shack SURFEN
(☏ 03-5155 4933; www.surfshack.com.au; 507 The Esplanade; Kurs 2 Std. 50 AU$) Surfunterricht (die Ausrüstung wird gestellt) kann man hier am rund 10 km vom Lake Entrance entfernten Lake Tyers Beach nehmen.

👉 Geführte Touren

Mehrere Veranstalter bieten Bootsfahrten auf den Seen an:

Lonsdale Cruises BOOTSFAHRT
(☏ 03-9013 8363; Post Office Jetty; Bootstour 3 Std. Erw./Kind/Fam. 50/25/120 AU$; ⊙ 13 Uhr) 🌿 Idyllische, ökologisch ausgerichtete Bootsfahrt nach Metung und zum Lake King auf einer alten Personenfähre, die früher auf der Strecke Queenscliff–Sorrento fuhr.

Peels Lake Cruises BOOTSFAHRT
(☏ 0409 946 292; www.peelscruises.com.au; Post Office Jetty; Bootstour inkl. Mittagessen 4 Std. Erw./Kind 55/16 AU$, Bootstour 2½ Std. 41 AU$; ⊙ Di–So 11, Di–Do & Sa 14 Uhr) Das schon lange bestehende Unternehmen veranstaltet täglich um 11 Uhr eine Bootsfahrt auf der *Stormbird* nach Metung (mit Mittagessen) und zweieinhalbstündige Bootstouren mit der *Thunderbird*.

Sea Safari BOOTSFAHRT
(☏ 0458 511 438; www.lakes-explorer.com.au; Postanlegestelle; Bootstour 1 Std./2 Std. 15/25 AU$) 🌿 Der Schwerpunkt dieser Safaris an Bord der *Lakes Explorer* sind Forschung und Ökologie: das Bestimmen und Zählen von Meeresvögeln, das Testen des Wassers auf Verschmutzungen und die Vermittlung von Kenntnissen über das Leben im Meer.

🛏 Schlafen

Lakes Entrance hat eine große Menge Unterkünfte. Bei den meisten handelt es sich

Lakes Entrance

um die typischen Motels, Ferienwohnungen und Wohnwagenparks, die sich an der Esplanade drängen. In der Urlaubszeit gelten mehr als doppelt so hohe Preise wie sonst (vorab reservieren!), aber in der Nebensaison gibt es gute Rabatte.

Eastern Beach Tourist Park CAMPING $
(03-5155 1581; www.easternbeach.com.au; 42 Eastern Beach Rd; Stellplatz ohne/mit Strom ab 26/31 AU$, Hütte 105–185 AU$; @🛜♨🐕) In den meisten Wohnwagenparks in Lakes drängen die Stellplätze dicht an dicht, hier aber stehen Gästen eine Menge Raum und Stellplätze mit Gras zur Verfügung. Die Anlage befindet sich fern dem Stadttrubel in wunderbar grüner Lage ein wenig zurückgesetzt vom Eastern Beach. Ein Wanderweg (30 Min.) führt in den Ort. Die neuen Einrichtungen – u. a. eine Lagerküche, Grillplätze und ein Kinderspielplatz – sind ausgezeichnet.

Kalimna Woods COTTAGES $$
(03-5155 1957; www.kalimnawoods.com.au; Kalimna Jetty Rd; DZ 99–130 AU$, mit Whirlpool 129–170 AU$; ♨) Dieses Refugium liegt 2 km außerhalb des Ortszentrums in einem großen Garten voller Regenwald und Busch, in dem auch freundliche Possums und Vögel leben. Die separat stehenden Cottages im Landhausstil bieten entweder einen Whirlpool oder einen Kamin und sind geräumig, traulich und gemütlich.

Goat & Goose B&B $$
(03-5155 3079; www.goatandgoose.com; 16 Gay St; DZ 160 AU$) Das wunderbar ungewöhnliche mehrstöckige Holzrahmenhaus nutzt den Blick auf die Bass Strait optimal aus. Die freundlichen Betreiber sind schon lange im Ort ansässig. Die Zimmer sind absolut idyllisch und haben alle einen Whirlpool.

Essen

Lakes Entrance ist der ideale Ort, um frische Meeresfrüchte zu kosten, denn hier gibt es die größte Fischfangflotte Victorias. Schalentiere wie Garnelen und Hummer kann man direkt von den Booten kaufen (nach Ausschilderungen schauen!), oder man isst sie bei Ferryman's. **Omega 3** (Shop 5, Safeway Arcade, Church St; 9–17 Uhr) ist der Laden der örtlichen Fischergenossenschaft, man kann also sicher sein, dass die Meeresfrüchte immer frisch sind.

Die besten Cafés findet man an der Esplanade und um die Ecke in der Myer St, direkt gegenüber der Fußgängerbrücke über den Cunninghame Arm.

Six Sisters & A Pigeon CAFÉ $
(03-5155 1144; 567 The Esplanade; Hauptgerichte 9–18 AU$; Di–So 7–15 Uhr; 🌱) Schon der seltsame Name lockt einen in dieses urige Café mit Alkoholausschank an der Esplanade gegenüber der Fußgängerbrücke. Es gibt guten Kaffee, den ganzen Tag über Frühstücksgerichte – Eier auf mexikanische Art, Arme Ritter oder spanisches Omelett –, mittags Focaccia, Baguettes und kleine Hauptgerichte mit asiatisch-italienischer Note.

★ Ferryman's Seafood Cafe SEAFOOD $$
(03-5155 3000; www.ferrymans.com.au; Middle Harbour, The Esplanade; Hauptgerichte mittags 19–23 AU$, abends 22,50–43,50 AU$; 10 Uhr–open end, Meeresfrüchteverkauf 8.30–17 Uhr) Auf dem

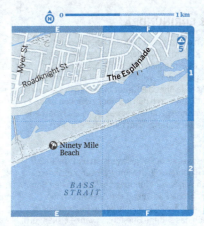

Lakes Entrance

Aktivitäten, Kurse & Touren
1 Bootsverleih.................................C1
2 Lonsdale Cruises D2
3 Peels Lake Cruises C2
   Sea Safari.............................(siehe 3)
4 Surf Shack D1

Schlafen
5 Eastern Beach Tourist Park F1
6 Kalimna Woods A1

Essen
7 Ferryman's Seafood Cafe C2
8 Miriam's Restaurant D1
9 Omega 3..D1
10 Six Sisters & A Pigeon D1
11 The Boathouse C2

Deck dieses schwimmenden, kinderfreundlichen Café-Restaurants zu speisen, ist in Sachen Ambiente kaum zu übertreffen. Hier kann man sich mit Fisch- und Meeresfrüchtegerichten vollstopfen, bis man selbst Kiemen bekommt, und auch die guten alten Fish & Chips sind zu haben. Unten werden außerdem frische Meeresfrüchte, darunter auch Garnelen und Krebse, zum Kauf angeboten.

Miriam's Restaurant STEAKHOUSE, SEAFOOD **$$**
(03-5155 3999; www.miriamsrestaurant.com.au; Ecke The Esplanade & Bulmer St; Hauptgerichte 25-39 AU$; 18 Uhr–Open End) Vom Speisesaal im Obergeschoss des Miriam's blickt man auf die Esplanade. Die Gippsland-Steaks und die Gerichte mit regionalen Meeresfrüchten sind ausgezeichnet, es herrscht eine zwanglose Cocktailbar-Atmosphäre. Probieren sollte man den großen „griechischen Fischerteller" – 500 g regionale Meeresfrüchte für 55 AU$.

★ The Boathouse MODERN-AUSTRALISCH **$$$**
(03-5155 3055; http://bellevuelakes.com; 201 The Esplanade; Hauptgerichte 38 AU$; Di–Sa 18–21 Uhr) Das vielfach preisgekrönte Restaurant ist das am meisten gefeierte in Lakes Entrance. Es hat eine elegante Atmosphäre, und der Schwerpunkt liegt auf kreativen Meeresfrüchtegerichten. Ein guter Beginn sind die Atlantikmuscheln mit Erbsenpüree und Pancetta.

Praktische Informationen

Lakes Entrance Library (03-5153 9500; 18 Mechanics St; Mo–Fr 8.30–17 Uhr) Kostenloser Internetzugang.

Lakes Entrance Visitors Centre (03-5155 1966, 1800 637 060; www.discovereastgippsland.com.au; Ecke Princes Hwy & Marine Pde; 9–17 Uhr) Kostenlose Buchung von Unterkünften und Touren. Auch einen Blick auf die Website www.lakesentrance.com werfen!

An- & Weiterreise

V/Line (1800 800 007; www.vline.com.au) betreibt eine Verbindung mit Zug und Bus von Melbourne nach Lakes Entrance mit Umsteigen in Bairnsdale (34,20 AU$, 4½ Std., 3-mal tgl.).

Buchan

Das ziemlich verschlafene Dorf Buchan liegt in den Ausläufern der Snowy Mountains und ist für das spektakuläre, verwinkelte Kalksteinhöhlensystem im **Buchan Caves Reserve** berühmt, das inzwischen seit fast 100 Jahren für Besucher zugänglich ist. Unterirdische Flussläufe bahnten sich einst ihren Weg durch die alten Kalksteinfelsen und schufen Höhlen und Kavernen, in denen Aborigines schon vor 18 000 Jahren Unterschlupf fanden. **Parks Victoria** (13 19 63; www.parks.vic.gov.au; Führung Erw./Kind/Fam. 20,30/11,90/56,10, 2 Höhlen 30,40/17,60/83,70 AU$; 10, 11.15, 13, 14.15 & 15.30 Uhr, Öffnungszeiten variieren je nach Saison) veranstaltet tägliche Höhlenführungen, abwechselnd gehen sie durch die Royal bzw. die Fairy Cave. In der Hauptsaison bieten die Ranger zusätzliche Führungen (mit Schutzhelm) durch die weniger gut erschlossene Federal Cave an. Das Naturschutzgebiet um die Höhlen ist ein hübsches Plätzchen mit schattigen Picknickstellen, Wanderwegen und äsenden Kängurus.

NATIONALPARKS SNOWY RIVER & ERRINUNDRA

Die beiden Parks nördlich von Orbost nehmen den größten Teil der Ostecke Victorias zwischen den Bergen und der Küste ein. Die Parks sind im Norden durch die überwiegend unbefestigte MacKillops Rd angebunden, die es ermöglicht, die Schleife von Buchan nach Orbost per Fahrzeug zu absolvieren. Bei trockener Witterung reicht ein normales Auto, man sollte sich aber vorab bei Parks Victoria über die Straßenverhältnisse erkundigen. Buschfeuer fegten im Sommer 2013 auf 2014 durch den Korridor zwischen beiden Parks. Zwar sollten die meisten Straßen inzwischen geöffnet sein, aber die aschefarbene Landschaft wird noch auf Jahre hinaus an die Zerstörungskraft der Natur erinnern.

Snowy River National Park

Dieser Nationalpark nordöstlich von Buchan ist einer der abgelegensten und spektakulärsten in Victoria. Ihn kennzeichnen tiefe Schluchten, die der Snowy River auf seinem Weg aus den Snowy Mountains in New South Wales zur Mündung bei Marlo in den Sand- und Kalksteinfels gegraben hat. Der 1145 km² große Park bietet eine Vielfalt schöner Busch- und Gebirgslandschaften, von Berg- über Eukalyptus- bis hin zu Regenwäldern. Zu den vielen Tieren, die hier leben, zählt auch das seltene Bürstenschwanz-Felskänguru.

Im Westen des Parks hat man von den gut ausgeschilderten Aussichtspunkten auf Hügelspitzen einen prächtigen Blick auf die Little River Falls und in die Little River Gorge, Victorias tiefste Schlucht. Von dort sind es ungefähr 20 km bis zur gewaltigen McKillops Bridge über den Snowy River, über die man hinüber in den Errinundra National Park fahren kann. Der hügelige und schwierige Silver Mine Walking Track (15 km, 6 Std.) beginnt am östlichen Ende der Brücke.

Auf einfachen Plätzen im Park kann man kostenlos campen. Der wichtigste Platz ist der an der McKillops Bridge. Er hat eine tolle Lage und hat Toiletten und Feuerstellen.

Der Karoonda Park (03-5155 0220; www.karoondapark.com; 3558 Gelantipy Rd; EZ/DZ/3BZ 50/70/90 AU$, Hütte 115 AU$/6 Pers.; @ ❀ ❄), 40 km nördlich von Buchan an der Straße zum Snowy River National Park, hat komfortable Schlafstellen für Backpacker und Hütten. An Aktivitäten gibt es hier Abseilen, Ausritte, Schluchtenwanderungen, Wildwasserrafting und Arbeit auf einer Farm. Auch ein Mountainbikeverleih ist vorhanden.

Errinundra National Park

Der Errinundra National Park umfasst Victorias größten gemäßigten Regenwald, aber die Wälder rund um den Park werden von Holzfällern und Umweltschützern, die die alten Waldbestände retten wollen, heiß umkämpft.

Der Nationalpark umfasst eine Fläche von 256 km²; in ihm gibt es drei große Granitberge. Sie sorgen für hohe Niederschlagsmengen, tiefen, fruchtbaren Boden und ein Netz von Bächen und Flüssen, die nach Norden, Süden und Osten fließen. In diesem Habitat leben viele Vögel und Säuger, u. a. gefährdete Arten wie das Kaninchenkänguru.

Kombiniert man Fahrten mit dem Auto mit kurzen und mittellangen Wanderungen, lässt sich der Park gut erkunden. Vom Mt. Ellery hat man eine Top-Aussicht; am Errinundra Saddle gibt es einen Plankenweg durch den Wald, und vom Ocean View Lookout bietet sich ein toller Blick auf den Goolengook River und in die Ferne bis zum Bemm River.

Die Frosty Hollow Camp Site (Stellplätze frei) ist der einzige Campingplatz im Park und liegt in dessen Osten. Außerdem gibt es noch kostenlose Campingplätze an den Rändern des Parks: am Ellery Creek in Goongerah sowie am Delegate River.

Geführte Touren

Gippsland High Country Tours (03-5157 5556; www.gippslandhighcountrytours.com.au) ✆ veranstaltet leichte, mittelschwere und schwere fünf bis sieben Tage dauernde Wanderungen in den Nationalparks Errinundra, Snowy River und Croajingolong.

Snowy River Expeditions (03-5155 0220; www.karoondapark.com/sre; Karoonda Park; Tour 150–275 AU$/Tag) ist ein etabliertes Unternehmen, das Abenteuertouren anbietet, darunter ein-, zwei- und viertägige Raftingtouren auf dem Snowy River. Auch halb- oder ganztägige Abseiltrips oder Höhlenwanderungen sind im Angebot.

🛏 Schlafen & Essen

Buchan Caves Reserve · CAMPING $
(☎ 13 19 63; www.parks.vic.gov.au; Stellplatz ohne/mit Strom 23,40/30,20 AU$, Hütte DZ 86,10 AU$, Safarizelt DZ 181,50 AU$; ❄) Auf diesem beschaulichen Campinggelände von Parks Victoria am Rand eines State Forest und direkt an den Höhlen gibt es Standardhütten und luxuriöse Safarizelte (mit großen Betten) für ein echtes Wildniserlebnis, ohne dass man selbst ein Zelt aufbauen muss.

Buchan Lodge · HOSTEL $
(☎ 03-5155 9421; www.buchanlodge.com.au; 9 Saleyard Rd; B 25 AU$; ⓦ) In kurzer Gehentfernung vom Ortszentrum und von den Höhlen liegt ganz nah am Fluss diese aus Kiefernstämmen gezimmerte freundliche Backpacker-Herberge, in der man gut abhängen und die Aussicht ins Land genießen kann. Große, ländliche Küche, gemütliche Lounge und Lagerfeuer hinter dem Haus.

ℹ An- & Weiterreise

Buchan liegt 56 km nördlich von Lakes Entrance und ist per Auto bequem zu erreichen. **Buchan Bus 'n' Freight** (☎ 03-5155 0356) bietet mittwochs und freitags eine Busverbindung zwischen Bairnsdale und Buchan (18 AU$, 1 Std.) mit Anschluss an den Zug von/nach Melbourne. Davon abgesehen ist man auf eigene Transportmittel angewiesen.

Orbost & Marlo

Orbost ist ein Dienstleistungszentrum für die umliegenden Farm- und Waldgebiete. Die meisten Traveller brausen vorbei, da der Princes Hwy südlich am Ort vorbeiführt und man über die Bonang Rd in nördlicher Richtung zu den Nationalparks Snowy River und Errinundra kommt. Die Marlo Rd folgt dem Snowy River südwärts nach Marlo und setzt sich die Küste entlang weiter nach Cape Conran fort.

Das **Orbost Visitor Information Centre** (☎ 03-5154 2424; 39 Nicholson St; ⊙ 9–17 Uhr) residiert in der historischen Slab Hut von 1872. Das eindrucksvolle **Orbost Exhibition Centre** (☎ 03-5154 2634; www.orbostexhibitioncentre.org; Clarke St; Erw./Kind 4 AU$/frei; ⊙ Mo–Sa 10–16, So 13–16 Uhr) neben der Touristeninformation zeigt Werke einheimischer Holzschnitzer.

Nur 15 km südlich von Orbost liegt das verschlafene Küstenstädtchen Marlo an der Mündung des Snowy River. Es ist ein hübscher Ort. Die Straße führt dann weiter bis zum Cape Conran, bevor sie wieder in den Highway mündet. Neben der prachtvollen Küste ist die Hauptattraktion hier die **PS Curlip** (☎ 03-5154 1699; www.paddlesteamercurlip.com.au; Erw./Kind/Fam. 25/15/60 AU$; ⊙ Sa-So 10.30 Uhr, Dez & Jan. längere Öffnungszeiten), der Nachbau eines Raddampfers von 1890, der einst den Snowy River hinauf nach Orbost fuhr. Tickets für eine Fahrt gibt's im Gemischtwarenladen vor Ort.

Ein nachmittägliches Bier auf der großen Holzterrasse des **Marlo Hotel** (☎ 03-5154 8201; www.marlohotel.com.au; 17 Argyle Pde; DZ 140 AU$, mit Whirlpool 130–160 AU$, Hauptgerichte 14–30 AU$) ist nicht zu toppen. Die Boutiquezimmer sind überdurchschnittlich gut, und das Restaurant serviert Fisch aus der Region, z. B. Australischen Glatthai und Riesengarnelen.

Cape Conran Coastal Park

Dieser erfreulicherweise unerschlossene Teil der Küste ist eine der schönsten Ecken Gippslands, in der lange, einsame, weiße Sandstrände das Bild prägen. Besonders die 19 km lange Küstenstrecke von Marlo nach Cape Conran ist wunderschön – Banksien säumen die Straße und man sieht nichts als weite Grasebenen, Sanddünen und den Ozean.

Zu den guten Wanderwegen zählt der Nature Trail, der auf den East Cape Boardwalk trifft, wo Erläuterungstafeln einen Einblick in die frühere Lebensweise der hiesigen Aborigines vermitteln. Will man ihnen weiter nachspüren, nimmt man von der Cape Conran Rd aus die West Cape Rd zu den **Salmon Rocks**, wo sich ein Muschelhaufen der Ureinwohner befindet, der mehr als 10 000 Jahre alt ist.

Ein kurzer Abstecher von der Verbindungsstraße zwischen Cape Conran und dem Princes Hwy führt zu den **Cabbage Tree Palms**, dem einzigen natürlichen Palmenhain in Victoria – eine winzige Regenwaldoase.

🛏 Schlafen

Banksia Bluff Camping Area · CAMPING $
(☎ 03-5154 8438; http://conran.net.au; 30,20 AU$/Pers.) Der von Parks Victoria verwaltete ausgezeichnete Campingplatz befindet sich direkt am Ufervorland; die großzügig bemessenen Stellplätze liegen inmitten von Banksia-Hainen, die für Schatten und Pri-

> **EAST GIPPSLAND RAIL TRAIL**
>
> Der East Gippsland Rail Trail (www.eastgipsslandrailtrail.com) ist ein 94 km langer Wander- und Radweg entlang der früheren Bahnstrecke zwischen Bairnsdale und Orbost, der durch Bruthen und Nowa Nowa sowie nahe an einer Reihe weiterer kleiner Ortschaften vorbeikommt. Der Weg führt durch hügeliges Farmland, gemäßigten Regenwald, den Colquhoun Forest und über einige eindrucksvolle Holzbrücken. Mit dem Fahrrad lässt sich der Trail bequem in zwei Tagen bewältigen, man sollte sich aber mehr Zeit nehmen, damit man das Land erkunden und vielleicht noch einen Abstecher über den Gippsland Lakes Discovery Trail nach Lakes Entrance einlegen kann. Das künstlerisch angehauchte Nowa Nowa ist eine echte Radfahrergemeinde mit einem neuen Mountainbikepark und Wegen, die von der Hauptstrecke abgehen. Es gibt Pläne, den Trail über Orbost hinaus längs dem Snowy River bis nach Marlo zu verlängern.
>
> Wer kein eigenes Rad hat, kann mit Snowy River Cycling (☎ 0428 556 088; www.snowyrivercycling.com.au) Touren mit dem Leihrad unternehmen (ab 35 AU$), das Unternehmen stellt auch Karten und übernimmt den Transport (35 AU$) der Kunden samt Gepäck (15 AU$). Außerdem sind auch noch geführte Radwanderungen im Angebot.

vatsphäre sorgen. Auf dem Gelände gibt es Toiletten, Kaltwasserduschen und ein paar Feuerstellen, aber Trinkwasser muss man selbst mitbringen. Für die Weihnachtszeit werden die Plätze ausgelost.

Cape Conran Cabins HÜTTEN $
(☎ 03-5154 8438; http://conran.net.au; 4 Pers. ab 161,90 AU$) Die frei stehenden Hütten, in denen bis zu acht Personen unterkommen, sind von Busch umgeben und nur 200 m vom Strand entfernt. Die Hütten aus örtlichem Holz wirken wie übergroße Spielhütten für Kinder; man schläft oben in Mezzaningeschossen. Bettzeug mitbringen! Ein ausgezeichnetes Angebot von Parks Victoria.

Cape Conran Wilderness Retreat SAFARIZELTE $$
(☎ 03-5154 8438; http://conran.net.au; DZ 181,50 AU$) Die von Parks Victoria verwalteten Safarizelte verstecken sich im Busch bei den Sanddünen und sind eine tolle Unterkunft. Man campt naturnah, genießt aber die Annehmlichkeiten eines bequemen Betts und einer Terrasse draußen vor der Fliegengittertür. Mindestaufenthalt zwei Nächte.

West Cape Cabins HÜTTEN $$
(☎ 03-5154 8296; www.westcapecabins.com; 1547 Cape Conran Rd; DZ 175–215 AU$) Die aus vor Ort gewachsenem oder Recycling-Holz gebauten separaten Hütten sind echte Kunstwerke; sie liegen ein paar Kilometer abseits des Parks. Man erfährt, von welcher Baumart die Hölzer stammen, und sogar der Rahmen der großen Betten wurde aus Baumstämmen angefertigt. Die großen Bäder mit Whirlpool befinden sich draußen und machen den Aufenthalt noch angenehmer. In der größeren Hütte finden acht Personen Platz. Die Anlage befindet sich an einem abgelegenen Strand; der Weg dorthin (15 Min.) führt durch den Küstenwald.

Mallacoota

Das abgelegene Mallacoota ist ein echtes Juwel: Victorias östlichster Ort ist mit einem kleinen Abstecher von der Küstenstraße zwischen Melbourne und Sydney aus leicht zu erreichen. Der Ort schmiegt sich an das riesige Mallacoota Inlet und ist von den steilen Hügeln und den Stranddünen des wunderschönen Croajingolong National Park umgeben. Wer die Anreise nicht scheut, wird mit langen, menschenleeren Surfstränden, von Gezeiten geprägten Flussmündungen und reichlich Gelegenheit zum Baden, Angeln und Bootfahren im und auf dem Inlet belohnt. Zu Weihnachten und Ostern ist Mallacoota ein bei Familien beliebter Ferienort, doch sonst den größten Teil des Jahres einfach hübsch und sehr entspannt.

◉ Sehenswertes & Aktivitäten

Gabo Island INSEL
Auf Gabo Island, das 14 km vor der Küste bei Mallacoota liegt, finden sich im windumtosten, 154 ha großen Gabo Island Lightstation Reserve viele Vögel und eine der weltweit größten Zwergpinguinkolonien – viel größer als die auf Phillip Island. Vor der Küste werden regelmäßig Wale, Delfine und Seebären gesichtet. Auf der Insel steht ein 1862 errichteter Leuchtturm. Er ist immer noch in Betrieb und der höchste

auf der Südhalbkugel. Wer will, kann hier in den alten Leuchtturmwärter-Cottages übernachten (bei Parks Victoria nachfragen!). **Mallacoota Air Services** (0408 580 806; hin & zurück 300 AU$ f. 3 Erw. od. 2 Erw. & 2 Kinder) fliegt einen auf Anfrage schnell auf die Insel, wer will, kann aber auch mit einem Boot von Wilderness Coast Ocean Charters übersetzen.

Mallacoota Hire Boats BOOTSVERLEIH
(0438 447 558; Main Wharf, Ecke Allan & Buckland Drs; Motorboot 2/4/6 Std. 60/100/140 AU$) Der Anbieter vermietet Motorboote und Angelausrüstung.

Wanderungen WANDERN
Es gibt viele tolle kürzere Wanderwege rund um den Ort, am Meeresarm und im Busch. Ein leichter, 4 km langer Wander- und Radweg führt um den Meeresarm nach Karbeethong. Von dort folgt der Wanderweg von der **Bucklands Jetty zur Captain Creek Jetty** der Küste des Meeresarms vorbei an den Narrows. Der **Mallacoota Town Walk** (7 km, 5 Std.) windet sich in einer Schleife um die Bastion Point und verbindet fünf einzelne Wanderwege.

Strände STRAND
Gute Surfwellen findet man am **Bastion Point** oder am **Tip Beach**. Am abgeschirmteren **Betka Beach**, an dem in den Weihnachtsferien Rettungsschwimmer im Einsatz sind, kann man in den Wellen baden.

Geführte Touren

Wilderness Coast Ocean Charters BOOTSFAHRT
(0417 398 068, 03-5158 0701) Veranstaltet Tagestouren nach Gabo Island (70 AU$, min. 8 Pers.; 70 AU$ in beide Richtungen, wenn man auf der Insel übernachtet) und bei ausreichend großer Nachfrage auch Fahrten die Küste hinunter zur Seebärenkolonie vor dem Wingan Inlet.

MV Loch-Ard BOOTSFAHRT
(03-5158 0764; Main Wharf; Bootstour 2 Std. Erw./Kind 30/12 AU$) Bietet mehrere Fahrten auf dem Meeresarm an, darunter eine in den Sonnenuntergang und andere, bei denen Tiere beobachtet werden.

Porkie Bess BOOTSFAHRT, ANGELN
(0408 408 094; Bootstour 2 Std. 30 AU$, Angeltour 60 AU$) Mit dem alten Holzboot aus den 1940er-Jahren werden Angeltouren und Fahrten auf den Seen des Mallacoota Inlet angeboten, aber auch Wanderer ans andere Ufer übergesetzt (20 AU$/Pers., min. 4 Pers.).

Schlafen

Wer während der Oster- und Weihnachtsferien hierher kommen will, muss sein Quartier am besten weit im Voraus buchen. In dieser Zeit sind die Übernachtungspreise natürlich auch erheblich höher.

Mallacoota Foreshore Holiday Park CAMPING $
(03-5158 0300; Ecke Allan Dr & Maurice Ave; Stellplatz ohne Strom 20–29 AU$, mit Strom 26–38 AU$;) Der grasbewachsene Campingplatz am Ufer zählt zu den geselligsten und landschaftlich schönsten in Victoria. Man hat einen wunderbaren Blick auf den Meeresarm mit seinen vielen Trauerschwänen und Pelikanen. Es gibt keine Hütten, aber zum Zelten ist es der beste Platz in ganz Mallacoota.

FREIWILLIGENARBEIT

Wer freiwillig irgendwo mithelfen will, für den sind Nationalparks und Bio-Farmen zwei Alternativen.

Parks Victoria (13 16 93; www.parkweb.vic.gov.au) betreibt Freiwilligenprogramme während der Weihnachts- und Osterferien im Wilsons Promontory National Park, im Buchan Caves Reserve, im Cape Conran und im Croajingolong National Park. Freiwillige verpflichten sich auf mindestens zwei Wochen als Campingplatz-Hosts und beteiligen sich am Alltagsbetrieb des Parks als Helfer für die Besucher und die Park-Ranger. Freiwillige Helfer brauchen für ihren Stellplatz nichts zu bezahlen, und Zelte können gestellt werden. Bewerbungen an Parks Victoria richten!

Willing Workers on Organic Farms (WWOOF; 03-5155 0218; www.wwoof.com.au; 2615 Gelantipy Rd, W Tree) ist eine landesweite Organisation mit Sitz in East Gippsland. Die freiwilligen Helfer arbeiten auf Bio-Farmen, die dem WWOOF-Verband angeschlossen sind, und erhalten für ihre Arbeit Kost und Unterkunft.

★ Adobe Mudbrick Flats   APARTMENTS $

(☏ 0409 580 0329, 03-5158 0329; www.adobeho lidayflats.com.au; 17 Karbeethong Ave; DZ 75 AU$, 4BZ 90–170 AU$) ⌀ Diese Lehmziegelwohnungen in Karbeethong, ein paar Kilometer nördlich von Mallacoota, wurden von Margaret und Peter Kurz mit viel Liebe errichtet und sind etwas ganz Besonderes. Hier wird viel Wert auf Recycling und Umweltschonung gelegt, das Wasser wird mit Solarenergie erwärmt, und die Gäste werden dazu angehalten, ihre Küchenabfälle zu kompostieren. Direkt vor der Tür kann man Vögel, Eidechsen und Possums von Hand füttern. Die eigenwilligen Apartments sind gemütlich, gut ausgestattet und günstig – kurz: ein echtes Schnäppchen.

★ Gabo Island Lighthouse   COTTAGE $$

(☏ 03-5161 9500, Parks Victoria 13 19 63; www.parkweb.vic.gov.au; bis zu 8 Pers. 148–190 AU$) Ein echtes Wildniserlebnis ist der Aufenthalt in diesem abgelegenen Leuchtturm. Unterkunft gibt es in dem drei Schlafzimmer umfassenden Wohnhaus des Leuchtturmwärterassistenten. Im Herbst und im späten Frühjahr kann man vorbeiziehende Wale beobachten. Im Wasser spielen Delfine, und regelmäßig sonnen sich Seebären auf den Felsen. Der Mindestaufenthalt beträgt zwei Übernachtungen, während der Weihnachts- und Osterferien werden die Bewerber für die Unterkunft ausgelost.

Karbeethong Lodge   PENSION $$

(☏ 03-5158 0411; www.karbeethonglodge.com.au; 16 Schnapper Point Dr; DZ 110–220 AU$) Auf den breiten Veranden dieses Holzhauses aus dem frühen 20. Jh. empfindet man Ruhe und Frieden und genießt einen unverstellten Ausblick auf das Mallacoota Inlet. Das große Gästewohnzimmer und der Speisesaal haben offene Kamine und sind mit Stilmöbeln ausgestattet; wer sich selbst etwas kochen will, nutzt die riesige Küche. Die pastellfarbenen Schlafzimmer sind klein, aber ordentlich und geschmackvoll dekoriert.

Mallacoota Wilderness Houseboats   HOUSEBOOTE $$$

(☏ 0409 924 016; www.mallacootawildernesshouseboats.com.au; Karbeethong Jetty; 4 Nächte werktags ab 750 AU$, pro Woche ab 1200 AU$) Diese Hausboote mit sechs Kojen sind nicht so luxuriös wie die auf dem Murray, aber ideal, um die Wasserstraßen Mallacootas zu erkunden, und für Reisegruppen oder Familien durchaus günstig.

Essen

Die meisten Besucher halten den Fisch, den man selbst gefangen hat, hier für das beste Essen. Es gibt aber auch einige wenige gute Restaurants an der Maurice Ave.

Croajingolong Cafe   CAFÉ $

(☏ 03-5158 0098; Shop 3, 14 Allan Dr; Hauptgerichte 6–14 AU$; ⊙ Di–So 8.30–16 Uhr; ☏) Das Café mit Aussicht über den Meeresarm ist der ideale Ort, um beim Frühstück mit Kaffee, Baguettes oder Pfannkuchen einen Blick in die Zeitung zu werfen.

★ Lucy's   ASIATISCH $$

(☏ 03-5158 0666; 64 Maurice Ave; Hauptgerichte 10–22 AU$; ⊙ 8–20 Uhr) Das Lucy's ist wegen seiner köstlichen, selbst gemachten und preisgünstigen Reisnudeln mit Hähnchen, Garnelen oder Seeohren sowie wegen seiner mit Zutaten aus dem Garten gefüllten Klöße beliebt. Man kann hier auch hervorragend frühstücken.

Mallacoota Hotel   PUB $$

(☏ 03-5158 0455; www.mallacootahotel.com.au; 51–55 Maurice Ave; Hauptgerichte 17–32 AU$; ⊙ 12–14 & 18–20 Uhr) Das örtliche Pub-Bistro hat eine abwechslungsreiche Karte mit herzhaften Gerichten, darunter so solide Klassiker wie Hähnchen-Parmigiana oder Gippsland-Steak. Im Sommer treten hier regelmäßig Bands auf.

ℹ Praktische Informationen

Mallacoota Visitors Centre (☏ 03-5158 0800; www.visitmallacoota.com.au; Main Wharf, Ecke Allan & Buckland Dr; ⊙ 10–16 Uhr) Wird von freundlichen Ehrenamtlichen geführt.

ℹ An- & Weiterreise

Mallacoota liegt 23 km südöstlich von Genoa (am Princes Hwy). Von Melbourne aus den Zug nach Bairnsdale nehmen und dort in den V/Line-Bus nach Genoa umsteigen (26,70 AU$, 3 Std., tgl.)! Montags, donnerstags, freitags und während der Schulferien auch sonntags wird der V/Line-Bus in Genoa vom Bus des **Mallacoota-Genoa Bus Service** (☏ 1800 800 007) erwartet, der einen dann nach Mallacoota bringt (3,40 AU$, 30 Min.).

Croajingolong National Park

Der Croajingolong National Park ist einer der schönsten Küsten-Naturparks Australiens und als Weltbiosphärenreservat von der UNESCO (als eines von zwölf solchen Reservaten in Australien) anerkannt. Unberührte Strände, Meeresarme, Flussmündungen und Wälder sorgen dafür, dass man hier in Abgeschiedenheit campen, wandern, baden und surfen kann. Der Park umfasst 875 km² und erstreckt sich über rund 100 km vom Bemm River bis zur Grenze von New South Wales. Die fünf Meeresarme – der Sydenham, Tamboon, Mueller, Wingan und Mallacoota Inlet (Letzterer ist der größte und am besten zugängliche) – sind beliebte Orte zum Kanufahren und Angeln.

Der Wilderness Coast Walk ist nur etwas für kühne und gut vorbereitete Wanderer. Der Weg beginnt am Sydenham Inlet beim Bemm River und führt die Küste entlang nach Mallacoota. Will man sich mit einem Teilstück begnügen, ist Thurra River ein guter Ausgangspunkt: Von dort hat man eine leichte bis mittelschwere Wanderung (59 km, 5 Tage) bis nach Mallacoota vor sich.

Mit mehr als 300 beobachteten Vogelarten (darunter dem Braunkopfkakadu und dem seltenen Erdsittich) ist der Croajingolong ein Paradies für Vogelbeobachter. Auf den Wasserwegen im Hinterland tummeln sich unzählige Wasservögel, darunter Azurfischer und prächtige Seeadler. Man findet auch viele kleine Säugetiere, darunter Possums, Nasenbeutler und Gleitbeutler, sowie einige gewaltige Warane.

Point Hicks war der erste Punkt des australischen Kontinents, den Captain Cook und die Besatzung der *Endeavour* 1770 erspähten, und wurde nach Zachary Hicks, dem Ersten Offizier des Schiffs benannt. Der Leuchtturm ist für Führungen geöffnet; in den alten Leuchtturmwärter-Cottages kann man auch übernachten. In der Nähe des Turms findet man immer noch Trümmer der SS *Saros,* die hier 1937 auf Grund lief.

Vom Princes Hwy aus führen Nebenstraßen unterschiedlicher Qualität in den Park. Abgesehen von der Mallacoota Rd sind alle diese Straßen unbefestigt und im Winter oft in sehr schlechtem Zustand; will man sich auf sie wagen, sollte man sich, insbesondere während oder nach Regenfällen, unbedingt bei Parks Victoria nach dem Straßenzustand erkundigen.

Schlafen

Angesichts der wunderschönen Lage des Parks sind seine Campingplätze erstaunlich ruhig. Reservierungen sind nur während der Weihnachts- und Osterferien erforderlich; Stellplätze für diese Zeiten werden nach einem Losverfahren vergeben.

Es gibt vier ausgewiesene Campingplätze: Die Stellplätze am Wingan Inlet und am Shipwreck Creek bucht man bei Parks Victoria (13 19 63; www.parkweb.vic.gov.au; Stellplatz ohne Strom 25,20 AU$); jene am Thurra River und Mueller Inlet (Stellplatz ohne Strom 20 AU$) über das Point Hicks Lighthouse. Der Campingplatz Shipwreck Creek ist 15 km von Mallacoota entfernt und am leichtesten erreichbar, aber die schönste Umgebung bietet der Platz am Wingan Inlet.

Zum einsamen Point Hicks Lighthouse (03-5158 4268, 03-5156 0432; www.pointhicks.com.au; Bungalow 100–120 AU$, Cottage 330 AU$) gehören zwei komfortable, unter Denkmal stehende Cottages und ein Doppelbungalow, in denen einst die Assistenten des Leuchtturmwärters wohnten. Die Cottages bieten Kamine, einen sagenhaften Ausblick auf Meer und Platz für sechs Personen.

Praktische Informationen

Parks Victoria (13 19 63, Cann River 03-5158 6351, Mallacoota 03-5161 9500; www.parkweb.vic.gov.au) Wegen Informationen über den Straßenzustand, zu Wanderungen über Nacht, für Campinggenehmigungen und Wegbeschreibungen wendet man sich am besten an die Parks-Victoria-Büros in Cann River oder Mallacoota.

Brisbane & Umgebung

Inhalt ➡

Brisbane......................300
Moreton Bay
Islands........................331
North Stradbroke
Island 331
Moreton Island..........335

Gut essen

➡ Brew (S. 317)
➡ Gunshop Café (S. 320)
➡ George's Seafood (S. 319)
➡ Oceanic Gelati (S. 334)

Schön übernachten

➡ Latrobe Apartment (S. 317)
➡ Limes (S. 316)
➡ Bowen Terrace (S. 316)
➡ Stradbroke Island Beach Hotel (S. 334)
➡ Casabella Apartment (S. 317)

Auf nach Brisbane!

Die am meisten unterschätzte Stadt Australiens ist eine aufstrebende, energiegeladene City am Fluss, die über eine hypermoderne Kunstszene, ein sehr aktives Nachtleben und großartige Cafés und Restaurants verfügt, nicht zu vergessen die tollen Parks und historischen Gebäude, die sich in die Schleifen des Brisbane River schmiegen.

Das Leben in Brisbane spielt sich auf der Straße ab: Das Wetter ist traumhaft und die zur Schau gestellten Körper ebenfalls. Die äußerst fit aussehenden Einheimischen stehen früh auf, um zu joggen, zu schwimmen, mit dem Rad oder Kajak zu fahren, zu klettern oder einfach nur den Hund auszuführen. Und wenn es dann draußen zu heiß ist, begibt man sich in die Stadt mit ihren klimatisierten Buchläden, Ethno-Restaurants, Cafés, Bars und Musikkneipen.

Östlich von Brisbane liegt die Moreton Bay, in der es flache Inselchen mit Stränden („Straddie" ist ein Muss!) und jede Menge Wale, Meeresschildkröten und Delfine zu sehen gibt.

Reisezeit
Brisbane

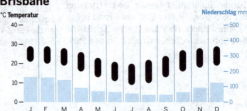

Jan. Vor der Sommerhitze in Brisbane flüchtet man am besten nach North Stradbroke Island.

Mai–Aug. Bei mäßigen, fast kühlen Temperaturen (Pulli!) und blauem Himmel ist es toll in Brisbane.

Sept. Es ist angenehm warm, und das pseudokünstlerische Brisbane Festival findet statt.

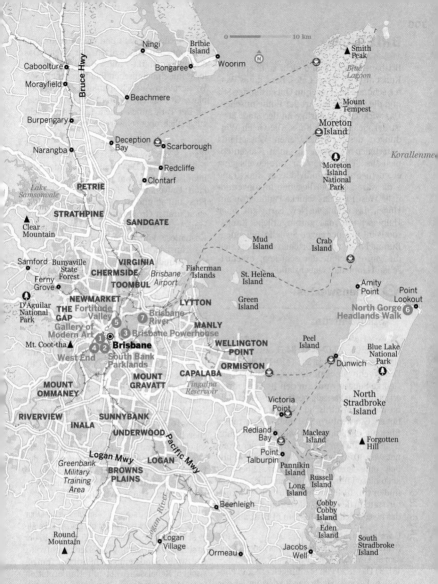

Highlights

① Durch das verwinkelte Weltklasse-Museum **Gallery of Modern Art** (S. 301) streifen

② Auf dem Rasen der **South Bank Parklands** (S. 301) in der Sonne liegen oder am Streets Beach entlangpaddeln

③ Im **Brisbane Powerhouse** (S. 301) am Fluss zu Mittag essen oder Live-Comedy genießen

④ Im **West End** (S. 323) entspannt in Buchläden stöbern, Livemusik hören und in Bars abhängen

⑤ Eine Nacht lang in der Bar- und Clubszene des Stadtviertels **Fortitude Valley** (S. 324) versumpfen

⑥ Den **North Gorge Headlands Walk** (S. 332) auf North Stradbroke Island entlangspazieren und nach Meeresschildkröten, Rochen und Delfinen Ausschau halten

⑦ Mit der Fähre auf dem **Brisbane River** (S. 331) hoch und runter, kreuz und quer schippern

BRISBANE

2,15 MIO. EW.

Brisbanes Vorzüge sind nicht zu übersehen: Kunst an jeder Ecke, Cafés, Bars, gutes Wetter, schöne alte Häuser im Queenslander-Stil und die zupackende Art der Einheimischen. Das wirklich Einzigartige an der Stadt aber ist der gleichnamige Fluss. Die vielen Windungen des naturbelassenen Wasserlaufs unterteilen die Stadt in einen Flickenteppich aus kleinen „Dörfern" mit jeweils ganz eigenem Stil und individueller Topografie – da wären das tief liegende unkonventionelle West End, das schicke Paddington am Hügel, das exklusive New Farm auf einer Halbinsel und das gutbürgerliche Kangaroo Point in einer engen Schleife. Bei einem Bummel durch diese Örtchen offenbart sich die ganze Vielfalt der schicken, exzentrischen Hauptstadt Queenslands.

◉ Sehenswertes

◉ Stadtzentrum

★ City Hall   WAHRZEICHEN
(Karte S. 306; ☎ 07-3403 8463; www.brisbane.qld.gov.au; King George Sq; ⊙10–17 Uhr) GRATIS Das prachtvolle Sandsteingebäude am King George Square wurde in den 1930er-Jahren errichtet. Die Fassade besteht aus einer Reihe dicker korinthischer Säulen. Vom 85 m hohen Glockenturm hat man einen tollen Blick auf die Stadt. 2013 wurde das Rathaus nach dreijähriger Renovierung wieder eröffnet. Von 10.30 bis 15.30 Uhr beginnt stündlich eine kostenlose Führung. Ebenfalls kostenlose Führungen auf den Glockenturm finden von 10.45 bis 16.45 Uhr alle 15 Minuten statt. In dem Gebäude befindet sich auch das ausgezeichnete Museum of Brisbane.

Commissariat Store Museum   MUSEUM
(Karte S. 306; www.queenslandhistory.org; 115 William St; Erw./Kind/Fam. 5/3/10 AU$; ⊙Di–Fr 10–16 Uhr) Das 1829 von Sträflingen erbaute ehemalige Lagergebäude der Regierung ist das älteste, noch bewohnte Gebäude Brisbanes. Es beherbergt ein tolles, kleines Museum zur Geschichte der Strafkolonie. Besonders beeindruckend sind die „Sträflingsfinger" und die Ausstellung über italienische Einwanderer in Queensland.

Roma Street Parkland   PARK
(Karte S. 306; www.romastreetparkland.com; 1 Parkland Blvd; ⊙24 Std.) GRATIS Der herrlich gepflegte, 16 ha große Park in der Innenstadt ist in 16 Bereiche unterteilt und einer der größten subtropischen Stadtgärten der Welt. Das ehemalige Markt- und Eisenbahngelände lockt mit einheimischen Bäumen, einem See, Wasserfällen, Aussichtspunkten, einem Spielplatz, Grillstellen und duftendem Frangipani. Der Park ähnelt einem Labyrinth: leicht zugänglich, aber schwer wieder zu verlassen.

City Botanic Gardens   PARK
(Karte S. 306; www.brisbane.qld.gov.au; Alice St; ⊙24 Std.) GRATIS Der Lieblingspark der Einheimischen fällt vom Campus der Queensland University of Technology sanft zum Fluss hin ab und ist voller grüner Rasenflächen, uralter Großblättriger Feigen, Queensland-Araukarien und Macadamia-Bäume. Kostenlose Führungen beginnen montags bis samstags jeweils um 11 und 13 Uhr an der Rotunde. (Liegt es am Betrachter oder sieht es hier wirklich ziemlich heruntergekommen aus? Vielleicht sollten die Schilder mal erneuert werden!)

Museum of Brisbane   MUSEUM
(Karte S. 306; ☎ 07-3339 0800; www.museumofbrisbane.com.au; 3. Stock, Brisbane City Hall, King George Sq; ⊙10–17 Uhr) GRATIS Das tolle kleine Museum in der renovierten City Hall beleuchtet die Geschichte der Stadt aus verschiedenen Perspektiven, wobei die interaktiven Ausstellungsstücke sowohl die Sozialgeschichte als auch die Kultur der Gegenwart erläutern. Zum Zeitpunkt der Recherche waren drei Dauerausstellungen zu sehen: eine fantastisch kitschige zur World Expo '88 („Wir sind das Schaufenster der Welt"), eine zur Geschichte des Brisbane River und eine mit Fotos von Panoramaansichten Brisbanes von 1860 bis heute.

Parliament House   HISTORISCHES GEBÄUDE
(Karte S. 306; www.parliament.qld.gov.au; Ecke Alice St & George St; ⊙Führungen 13, 14, 15 & 16 Uhr an sitzungsfreien Tagen) GRATIS Der prachtvolle, mattweiße Sandsteinbau im Stil der französischen Renaissance ist mit Kupferplatten vom Mt. Isa gedeckt. Seit seiner Fertigstellung 1868 steht er an herausragender Stelle am Rand der City Botanic Gardens. Das Innere bekommt man nur im Rahmen einer der kostenlosen Führungen zu sehen, die nach Bedarf zu den oben angegebenen Zeiten durchgeführt werden. Die Führung um 14 Uhr gibt's nur in den Sitzungsperioden.

Treasury Building   HISTORISCHES GEBÄUDE
(Karte S. 306; www.treasurybrisbane.com.au; Ecke Queen St & William St; ⊙24 Std.) GRATIS Am west-

lichen Ende der Queen St Mall steht das im Stil der italienischen Renaissance errichtete Gebäude von 1889. Heute residieren dort allerdings keine Steuerbeamten mehr, sondern die Spieltische des Casinos der Stadt.

South Bank

Das Queensland Cultural Centre in South Bank gegenüber dem CBD auf der anderen Seite der Victoria Bridge ist das kulturelle Zentrum der Stadt. In dem riesigen Gebäudekomplex befinden sich Konzertsäle und Theaterbühnen, vier Museen und die Queensland State Library.

★ Gallery of Modern Art KUNSTGALERIE
(GOMA; Karte S. 306; www.qagoma.qld.gov.au; Stanley Pl; Mo–Fr 10–17, Sa & So 9–17 Uhr) GRATIS In dem Gebäude aus Winkelglas, Beton und schwarzem Metall wird australische Kunst von 1970 bis heute gezeigt. Ein absolutes Muss! Die ständig wechselnden und oft provozierenden Ausstellungen widmen sich der Malerei, Bildhauerei, Fotografie, Video- und Installationskunst sowie dem Film. Außerdem gibt's einen Kunstbuchladen, Erlebnisräume für Kinder, ein Café und kostenlose Führungen um 11 und 13 Uhr. Einfach toll!

South Bank Parklands PARK
(Karte S. 306; www.visitsouthbank.com.au; Grey St; Sonnenaufgang–Sonnenuntergang) GRATIS Die wunderbare Grünanlage, die eigentlich am westlichen Ufer des Brisbane River liegt, lockt mit Veranstaltungsbühnen, Skulpturen, Straßenkünstlern, Restaurants, Bars, kleinen Regenwäldchen, Grillstellen, mit Bougainvilleen überwucherten Lauben und versteckten Rasenflächen. Die größten Attraktionen aber sind der Streets Beach (S. 307), ein künstlicher Badestrand im kitschigen Tropenlook, der am Wochenende immer rappelvoll ist, und das dem London Eye nachempfundene **Wheel of Brisbane** (Karte S. 306; www.thewheelofbrisbane.com.au; Grey St; Erw./Kind/Fam. 15/10/42 AU$; Mo–Do 11–21.30, Fr & Sa 10–23, So 10–22 Uhr), in dessen Gondeln in 60 m Höhe man einen tollen Rundumblick hat. Eine (klimatisierte!) Fahrt mit dem Riesenrad dauert etwa zehn Minuten und ist mit Audiokommentaren unterlegt.

Queensland Museum & Sciencentre MUSEUM
(Karte S. 306; www.southbank.qm.qld.gov.au; Ecke Grey St & Melbourne St; 9.30–17 Uhr) GRATIS Das Museum erzählt die Geschichte Queenslands im Zeitraffer, aber mit recht interessanten Ausstellungsstücken wie dem staatseigenen Dinosaurier *Muttaburrasaurus* (alias „Mutt") und dem *Avian Cirrus*, dem winzigen Flugzeug, mit dem der Queensländer Bert Hinkler 1928 als erster allein von England nach Australien flog. Im Außenbereich bietet die „Whale Mall" kleine Snacks zu Walgesängen.

Zum Museum gehört auch das lehrreiche und sehr unterhaltsame Sciencentre (Erw./Kind/Fam. 13/10/40 AU$), das mit mehr als 100 interaktiven Exponaten technische, natur- und biowissenschaftliche Phänomene erklärt. In den Schulferien ist besonders viel los.

Queensland Art Gallery KUNSTGALERIE
(QAG; Karte S. 306; www.qagoma.qld.gov.au; Melbourne St; Mo–Fr 10–17, Sa & So 9–17 Uhr) GRATIS Die hervorragende Dauerausstellung zeigt australische Kunst von den 1840er- bis zu den 1970er-Jahren, darunter Werke von so berühmten Meistern wie Sir Sydney Nolan, Arthur Boyd, William Dobell und George Lambert. Kostenlose Führungen beginnen jeweils um 13 Uhr.

Queensland Maritime Museum MUSEUM
(Karte S. 306; www.maritimemuseum.com.au; Stanley St; Erw./Kind/Fam. 12/6/28 AU$; 9.30–16.30 Uhr) Ganz im Süden der South Bank Parklands befindet sich dieses skurrile alte Museum, dessen Glanzstück die riesige HMAS *Diamantina* ist, eine restaurierte Fregatte aus dem Zweiten Weltkrieg, die man komplett besichtigen kann.

Fortitude Valley & New Farm

★ Brisbane Powerhouse KUNSTZENTRUM
(Karte S. 302; www.brisbanepowerhouse.org; 119 Lamington St, New Farm; Mo–Fr 9–17, Sa & So 10–16 Uhr) GRATIS Am östlichen Rand des New Farm Park befindet sich das sogenannte Powerhouse, ein stillgelegtes und heruntergekommenes Elektrizitätswerk, das in ein tolles Zentrum für zeitgenössische Kunst umgebaut wurde. Im Inneren des Backsteinbaus sind noch Graffitireste an den Wänden und Teile alter Maschinen und Anlagen zu sehen. Dazwischen wurden willkürlich Kopfhörer platziert, aus denen Geräuschfetzen dringen. Das Powerhouse bietet ein breites Spektrum von visueller Kunst, Comedy und Musik (bei zumeist freiem Eintritt) und hat auch zwei Restaurants mit sagenhaftem Blick auf den Fluss.

Großraum Brisbane

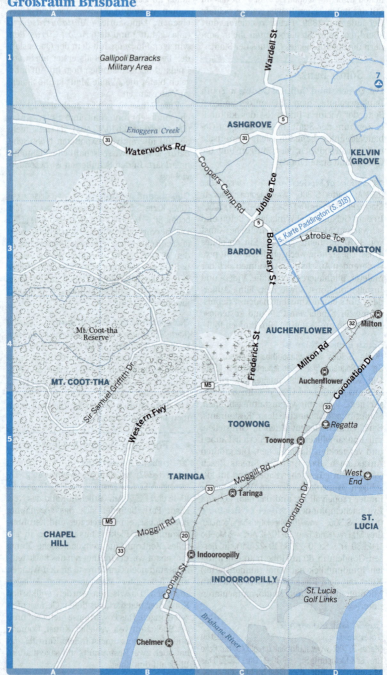

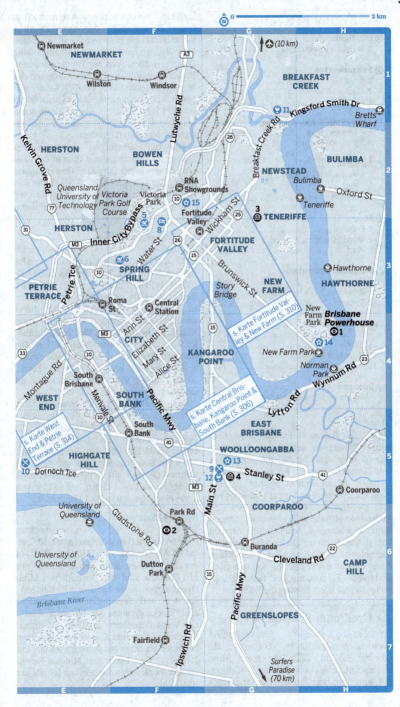

Großraum Brisbane

Highlights
1 Brisbane Powerhouse H4

Sehenswertes
2 Boggo Road Gaol F6
3 Fireworks Gallery G2
4 Milani G5

Aktivitäten, Kurse & Touren
5 Centenary Pool F3
6 Spring Hill Baths F3

Schlafen
7 Newmarket Gardens Caravan Park D1
8 Spring Hill Terraces F3

Essen
9 Enoteca G5
10 Mondo Organics E5
Watt ....(siehe 1)

Ausgehen & Nachtleben
Bar Alto .... (siehe 1)
11 Breakfast Creek Hotel G1
12 Canvas G5

Unterhaltung
Brisbane Powerhouse .... (siehe 1)
13 Gabba G5
14 Moonlight Cinema H4
15 Tivoli F2

Shoppen
Jan Powers Farmers Market ...... (siehe 1)

Chinatown STADTVIERTEL
(Karte S. 310; Duncan St, Fortitude Valley) Brisbanes Chinatown erstreckt sich gerade einmal über eine Straße, die mit einem von Löwen flankierten Torbogen der Tang-Dynastie an der Ann St beginnt, ist aber ebenso kunterbunt und geruchsintensiv wie ihre größeren Schwestern in Sydney und Melbourne. Glasierte Pekingenten hängen hinter beschlagenen Scheiben, die Aromen von thailändischem, chinesischem, vietnamesischem, laotischem und japanischem Essen hängen in der Luft. Im Sommer gibt's kostenloses Freiluftkino, und beim chinesischen Neujahrsfest ist stets die Hölle los.

Großraum Brisbane

Mt. Coot-tha Reserve NATURSCHUTZGEBIET
(www.brisbane.qld.gov.au; Mt. Coot-tha Rd, Mt. Coot-tha; 24 Std.) GRATIS Das riesige grüne Naturschutzgebiet ist nur 15 bis 25 Minuten mit dem Auto oder Bus von der Innenstadt entfernt. Überragt wird es von seinem 287 m hohen Namensgeber, der eigentlich nicht viel mehr als ein Hügel ist. Rund um diesen befinden sich die schön angelegten Brisbane Botanic Gardens, das Sir Thomas Brisbane Planetarium, mehrere Wanderwege und der atemberaubende **Mt. Coot-tha Lookout** (www.brisbanelookout.com; 1012 Sir Samuel Griffith Dr; 24 Std.) GRATIS. An klaren Tagen kann man von dem Aussichtspunkt bis zu den Inseln der Moreton Bay sehen.

Um mit öffentlichen Verkehrsmitteln hierher zu kommen, steigt man in der Adelaide St gegenüber dem King George Square in den Bus 471 (4,80 AU$, 25 Min.). Der Bus hält sowohl am Aussichtspunkt als auch vor dem Botanischen Garten und dem Planetarium.

Lone Pine Koala Sanctuary NATURSCHUTZGEBIET
(07-3378 1366; www.koala.net; 708 Jesmond Rd, Fig Tree Pocket; Erw./Kind/Fam. 33/22/80 AU$; 9–17 Uhr) Das Lone Pine Koala Sanctuary liegt etwa 12 km südlich des Stadtzentrums in einer hübschen Parklandschaft direkt am Fluss. Hier leben gut 130 Koalas sowie Kängurus, Beutelsäuger, Wombats, unzählige Vögel und andere australische Tiere. Die putzigen Koalas sind natürlich die Stars – und die meisten Besucher sind gern bereit, 16 AU$ für ein Foto mit einem Koala auf dem Arm zu bezahlen.

Vom Busbahnhof in der Queen St fährt Bus 430 hierher (6,70 AU$, 45 Min.). Oder man schippert mit der **Mirimar II** (0412 749 426; www.mirimar.com; Erw./Kind/Fam. inkl. Eintritt 65/38/190 AU$) den Brisbane River hinunter. Das Boot legt in South Bank am Cultural Centre Pontoon neben der Victoria Bridge ab, und zwar täglich um 10 Uhr. Von Lone Pine geht es um 13.45 Uhr zurück.

Brisbane Botanic Gardens BOTANISCHER GARTEN
(www.brisbane.qld.gov.au/botanicgardens; Mt. Coot-tha Rd, Mt. Coot-tha; 8–17.30 Uhr) GRATIS In der 52 ha großen Gartenanlage am Fuß des Mt. Coot-tha sind eine Vielzahl von Mini-Ökosystemen zu bestaunen, z. B. Kakteen-, Kräuter- und Bonsaigärten, Regenwälder und Trockengebiete. Als ob man sämtliche Vegetationszonen der Erde auf einmal durchqueren würde! Kostenlose Führungen beginnen montags bis samstags jeweils um 11 und 13 Uhr, kostenlose Minibus-Touren starten montags bis donnerstags jeweils um 10.45 Uhr.

BRISBANE IN...

...zwei Tagen

Nach dem Frühstück im unkonventionellen West End geht es in die South Bank Parklands (S. 301). Dort schlendert man ein paar Stunden lang durch die Gallery of Modern Art (S. 301), isst dann in einem Restaurant am Fluss zu Mittag und erfrischt sich mit einem Bad am Streets Beach (S. 307). Gegen Abend fährt man mit der Fähre zum Brisbane Powerhouse (S. 301) in New Farm, um einen Happen zu essen, etwas zu trinken oder sich eine Show anzusehen.

Am zweiten Tag steht dann die Innenstadt mit ihrem Mix aus alter und neuer Architektur auf dem Programm. Erst wird die frisch renovierte City Hall (S. 300) mit dem Museum of Brisbane (S. 300) im 3. Stock und anschließend das Treasury Building (S. 300) besichtigt, bevor es in den üppig grünen botanischen Garten der Stadt (S. 300) geht. Den Tag beschließt man in Fortitude Valley mit einem kühlen Bier bei Alfred & Constance (S. 324), einer Nudelsuppe in Chinatown (S. 304) und einer Tour durch die Bars und Clubs.

...vier Tagen

Am dritten Tag besucht man die sehr französisch anmutenden Cafés in New Farm und flitzt dann weiter nach Paddington, um ein bisschen in den nostalgischen Läden zu stöbern. Zur Erholung fährt man dann am besten zum Aussichtspunkt im Mt. Coot-tha Reserve (S. 304) hoch und spaziert ein oder zwei Stunden durch die Brisbane Botanic Gardens (S. 304). Zum Abendessen und auf einen Absacker geht es wieder in die Innenstadt: den Aperitif nimmt man im Super Whatnot (S. 323), stilvoll gespeist wird im E'cco (S. 318).

Am vierten Tag verbindet man eine Flusskreuzfahrt mit dem Besuch des Lone Pine Koala Sanctuary (S. 304). Bei einem Bier und Steak im Breakfast Creek Hotel (S. 325) lässt man die Eindrücke des Tages Revue passieren, bevor man den Tag mit ein paar Bierchen zur Livemusik im West End beschließt.

Um mit öffentlichen Verkehrsmitteln zum botanischen Garten zu kommen, steigt man in der Adelaide St gegenüber dem King George Square in den Bus 471 (4,80 AU$, 25 Min.).

Sir Thomas Brisbane Planetarium PLANETARIUM
(☏ 07-3403 2578; www.brisbane.qld.gov.au/planetarium; Mt. Coot-tha Rd, Mt. Coot-tha; Eintritt frei, Vorführung Erw./Kind/Fam. 15/9/40 AU$; ⊗ Di–Fr & So 10–16, Sa 11–19.30 Uhr) Am Eingang zum botanischen Garten am Mt. Coot-tha steht das größte Planetarium Australiens, das erst vor Kurzem renoviert wurde. Es verfügt über mehrere Teleskope und zeigt im Cosmic Skydome zehn verschiedene Shows über den Weltraum, die von Persönlichkeiten wie Harrison Ford und Ewan McGregor kommentiert werden (Buchung im Voraus empfohlen).

Um mit öffentlichen Verkehrsmitteln hierher zu kommen, steigt man am besten in der Adelaide St gegenüber dem King George Square in den Bus 471 (4,80 AU$, 25 Min.).

🏃 Aktivitäten

Stadtspaziergang

Wer die Stadt zu Fuß erkunden möchte, besorgt sich im Besucherzentrum die Broschüre *Brisbane City Walk*, in der Touren durch das Roma Street Parkland, die South Bank Parklands und die City Botanic Gardens beschrieben sind.

Der herrliche Riverwalk direkt am Flussufer wurde vom Hochwasser 2011 leider zerstört, doch man kann immer noch sehr schön am Fluss entlangspazieren. Ein neuer, besser vor Hochwasser geschützter Uferweg, der u. a. den CBD mit New Farm verbinden soll, wird gerade für 72 Mio. AU$ gebaut und soll 2014 fertig sein.

Radfahren

CityCycle FAHRRADVERLEIH
(☏ 1300 229 253; www.citycycle.com.au; pro Std./Tag 2,20/165 AU$, erste 30 Min. gratis; ⊗ Verleih 5–22 Uhr, Rückgabe 24 Std.). Der städtische Fahrradverleih tat sich zu Anfang etwas schwer, überzeugt die Einheimischen aber immer mehr. Die Kunden müssen sich per Internet für einen Tag, eine Woche oder drei

Central Brisbane, Kangaroo Point & South Bank

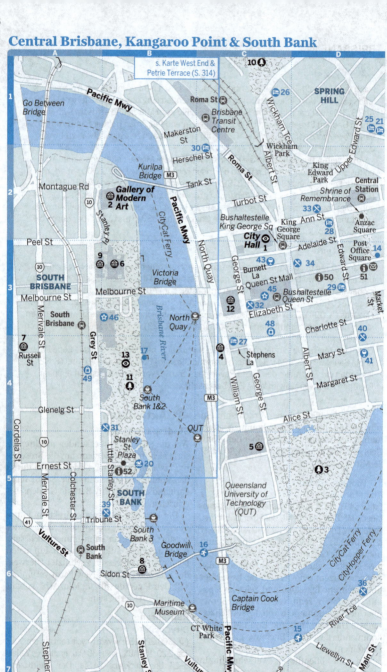

Monate (2/11/27,50 AU$) anmelden und können dann gegen eine zusätzliche Gebühr an jeder der über 100 Stationen im Zentrum der Stadt ein Rad ausleihen. Für kurze Strecken ist das sehr günstig, ein ganzer Tag wird ziemlich teuer. Helm und Schloss sind selbst mitzubringen; auf der Homepage gibt's eine Liste der entsprechenden Fahrradläden.

Bicycle Revolution FAHRRADVERLEIH
(Karte S. 314; www.bicyclerevolution.org.au; 294 Montague Rd, West End; 35/100 AU$ pro Tag/Woche; ⊙ Mo 9-17, Di-Fr 9-18, Sa 8-14 Uhr) Der freundliche Genossenschaftsladen stellt Interessierten eine ordentliche Auswahl recycelter Fahrräder zur Verfügung, die von den Mitarbeitern aus Schrotträdern zusammengebaut wurden. Echt cool!

Schwimmen

Streets Beach SCHWIMMEN
(Karte S. 306; www.visitsouthbank.com.au; ⊙ tagsüber) GRATIS Der künstliche Strand direkt am Fluss in South Bank ist ideal, um mitten in der Stadt kurz (und gratis) abzutauchen. Rettungsschwimmer, kreischende Kinder, Sonnenanbeter, Fitnessfreaks und Eisstände sorgen für echtes Strand-Feeling.

Centenary Pool SCHWIMMEN
(Karte S. 302; ☎ 1300 332 583; www.brisbane.qld.gov.au; 400 Gregory Tce, Spring Hill; Erw./Kind/Fam. 5/3,60/15,20 AU$; ⊙ Mo-Do 5.30-20, Fr 5.30-19, Sa 7-16, So 7-14 Uhr) Das beste Schwimmbad der Stadt, das erst vor Kurzem komplett renoviert wurde, hat ein Sportschwimmbecken, ein Kinderbecken und ein Tauchbecken mit Sprungturm.

Spring Hill Baths SCHWIMMEN
(Karte S. 302; www.bluefitbrisbane.com.au; 14 Torrington St, Spring Hill; Erw./Kind/Fam. 5/3,60/15,20 AU$; ⊙ Mo-Do 6.30-19, Fr 6.30-18, Sa & So 8-17 Uhr) Das herrlich altmodische Schwimmbad mit 25-m-Bahn und hölzernen Umkleidekabinen wurde bereits 1886 eröffnet und ist damit eines der ältesten Schwimmbäder der südlichen Hemisphäre.

Klettern & Abseilen

An den **Kangaroo Point Cliffs** (Karte S. 306) am südlichen Ufer des Brisbane River kann man prima Spiderman spielen. Die Klippen sind bis Mitternacht oder noch länger mit Flutlicht beleuchtet.

Riverlife Adventure Centre KLETTERN
(Karte S. 306; ☎ 07-3891 5766; www.riverlife.com.au; Naval Stores, Kangaroo Point Bikeway, Kanga-

Central Brisbane, Kangaroo Point & South Bank

◎ Highlights
- **1** City Hall C2
- **2** Gallery of Modern Art B2

◎ Sehenswertes
- **3** City Botanic Gardens D5
- **4** Commissariat Store Museum C4
- Museum of Brisbane .... (siehe 1)
- **5** Parliament House C5
- **6** Queensland Art Gallery B3
- **7** Queensland Centre for Photography ... A4
- **8** Queensland Maritime Museum B6
- **9** Queensland Museum & Sciencentre ... A3
- **10** Roma Street Parkland............................. C1
- **11** South Bank Parklands............................. B4
- **12** Treasury Building.................................... C3
- **13** Wheel of Brisbane................................... B4

◎ Aktivitäten, Kurse & Touren
- Brisbane Greeters .... (siehe 50)
- **14** CitySights D3
- **15** Kangaroo Point Cliffs D7
- **16** Planet Inline C6
- **17** River City Cruises B4
- **18** Riverlife Adventure Centre E5
- **19** Story Bridge Adventure Climb.............. F4
- **20** Streets Beach.. B5

◎ Schlafen
- **21** Diamant Hotel D1
- **22** Il Mondo F4
- **23** Inchcolm Hotel.. E2
- **24** Kookaburra Inn E1
- **25** Punthill Brisbane..................................... D1
- **26** Soho Motel.. C1
- **27** Treasury.. C4
- Urban Brisbane .... (siehe 26)
- **28** X-Base Brisbane Central D2
- **29** X-Base Brisbane Embassy D3
- **30** X-Base Brisbane Uptown C2

◎ Essen
- **31** Ahmet's... B4
- **32** Bean.. C3
- **33** Bleeding Heart Gallery........................... D2
- **34** Brew D3
- **35** Cha Cha Char E4
- **36** Cliffs Cafe D6
- **37** E'cco F2
- **38** Groove Train E3
- **39** Piaf.. B5
- **40** Verve Cafe & Bar D3

◎ Ausgehen & Nachtleben
- **41** Belgian Beer Cafe................................... D4
- **42** Story Bridge Hotel.................................. F4
- **43** Super Whatnot.. C3

◎ Unterhaltung
- **44** Brisbane Jazz Club................................. F3
- **45** Event Cinemas.. C3
- Metro Arts Centre .... (siehe 40)
- **46** Queensland Performing Arts Centre..... B3
- **47** Sportsman's Hotel E1
- Ticketek .... (siehe 32)

◎ Shoppen
- **48** Archives Fine Books............................... C3
- **49** Title... A4

◎ Praktisches
- **50** Brisbane Visitor Information Centre D3
- **51** RACQ.. D3
- **52** South Bank Visitor Information Centre ... B5

roo Point; ⊙9–17 Uhr) Der Veranstalter in der Nähe der 20 m hohen Kangaroo Point Cliffs bietet Klettern (ab 49 AU$) und Abseilen (39 AU$) an. Ebenfalls im Angebot sind Kajaktouren auf dem Fluss (ab 39 AU$) und der Verleih von Fahrrädern (4 Std. 30 AU$), Kajaks (2 Std. 33 AU$) und Inlinern (4 Std. 40 AU$).

Story Bridge Adventure Climb
ABENTEUERTOUREN

(Karte S.306; ☎1300 254 627; www.sbac.net.au; 170 Main St, Kangaroo Point; Erw./Kind ab 99/85 AU$) Die Klettertour auf die Pfeiler der Stahlbrücke ist ein absolutes Muss für jeden Brisbane-Besucher, denn der Blick auf die Stadt ist einmalig – egal, ob in der Morgendämmerung, am helllichten Tag, im Zwielicht oder bei Nacht. In zweieinhalb Stunden klettert man am südlichen Teil der Brücke bis in 80 m Höhe über den gewundenen, schlammigen Fluss hinauf. Die Teilnehmer müssen mindestens zehn Jahre alt sein. Abseilen von der Brücke wird ebenfalls angeboten.

Urban Climb
KLETTERN, ABSEILEN

(Karte S.314; ☎07-3844 2544; www.urbanclimb.com; 2/220 Montague Rd, West End; Erw./Kind 18/16 AU$; ⊙Mo–Do 12–22, Fr 12–21, Sa & So 10–18 Uhr) An der riesigen Indoor-Kletterwand sind mehr als 200 Routen möglich.

Inlineskaten
Inliner samt Ausrüstung kann man bei Riverlife Adventure Centre (S. 307) leihen.

Planet Inline
INLINESKATEN

(Karte S.306; ☎07-3217 3571; www.planetinline.com; Goodwill Bridge; Tour 15 AU$) Mittwoch-

BRISBANE MIT KINDERN

Nichts wie raus in die South Bank Parklands (S. 301), wo es Rasenflächen, Grillstellen, Spielplätze und vor allem das gemächliche Wheel of Brisbane (S. 301) gibt, den absoluten Hit für alle unter 15. Auf dem Gelände befindet sich auch der von Rettungsschwimmern bewachte Streets Beach (S. 307), der über eine ganz seichte Stelle für die Allerkleinsten verfügt. Ebenfalls sehr schön ist der **New Farm Park** direkt am Fluss, wo eine Reihe von baumhausähnlichen Plattformen die mächtigen (und schattigen) Großblättrigen Feigen miteinander verbindet.

Der Brisbane River ist überhaupt ein echtes Highlight. Mit der Fähre kann man die vielen Schleifen im Zentrum der Stadt abfahren oder bis zum Lone Pine Koala Sanctuary (S. 304) schippern, um den knuddeligen Koalas einen Besuch abzustatten. Im Sir Thomas Brisbane Planetarium (S. 305) auf dem Mt. Coot-tha kann man dann in die Sterne gucken.

Und wenn es draußen zu schwül ist? In den Schulferien bietet das Queensland Museum (S. 301) tolle Veranstaltungen zum Mitmachen für kleine Tüftler an. Im zugehörigen Sciencentre gibt's jede Menge Knöpfe und Schalter, die Kinder stundenlang beschäftigen. Das Kinderkunstzentrum der Queensland Art Gallery (S. 301) bietet das ganze Jahr über Veranstaltungen für Kinder an, ebenso die Staatsbibliothek (S. 329) und die Gallery of Modern Art (S. 301).

Wer eine Kita oder einen Babysitter braucht, kann sich u. a. an **Dial an Angel** (07-3878 1077, 1300 721 111; www.dialanangel.com) oder **Care4Kidz** (07-3103 0298; www.careforkidz.com.au) wenden. Infos über aktuelle Veranstaltungen findet man im kostenlosen Monatsmagazin *Brisbane's Child* (www.brisbaneschild.com.au).

---

abends gehören die Straßen den Inlinern. Die Touren (15 AU$) beginnen jeweils um 19.15 Uhr am oberen Ende der Goodwill Bridge. Es gibt auch „Frühstückstouren" am Samstagmorgen (15 AU$) und Touren am Sonntagnachmittag (15 AU$), die sich aber von Woche zu Woche ändern und drei Stunden dauern.

Geführte Touren

CityCat BOOTSFAHRT
(13 12 30; www.translink.com.au; einfache Strecke 5,60 AU$; 5.25–23.50 Uhr) Wer nicht mit Auto oder Bus, sondern mit einem der schnittigen Boote von CityCat unterwegs ist, sieht wirklich etwas von der Stadt. Man sitzt gemütlich auf dem offenen Deck, während das Boot unter der Story Bridge hindurch nach South Bank und ins Stadtzentrum gleitet. Die Fähren verkehren alle 15 bis 30 Minuten zwischen der University of Queensland im Südwesten und dem Fährhafen in der Apollo Road im Norden der Innenstadt. Dabei legen sie an 14 Stationen einen Zwischenstopp an, u. a. im New Farm Park, am North Quay (beim CBD), in South Bank und West End.

CitySights STADTSPAZIERGANG
(Karte S. 306; www.citysights.com.au; Tagesticket Erw./Kind/Fam. 35/20/80 AU$; 9–15.45 Uhr) Der Shuttle-Bus, in den man jederzeit ein- und wieder aussteigen kann, klappert 19 der Hauptsehenswürdigkeiten von Brisbane ab, wie den CBD, Mt. Coot-tha, Chinatown, South Bank und die Story Bridge. Die Busse starten alle 45 Minuten am Post Office Square in der Queen St. Das Ticket gilt auch für Fahrten mit den CityCat-Fähren.

XXXX Brewery Tour BRAUEREI
(Karte S. 314; 07-3361 7597; www.xxxxbrewerytour.com.au; Ecke Black St & Paten St, Milton; Erw./Kind 25/16 AU$; Mo–Fr stündl. 11–16, Sa 12.30, 13 & 13.30, So 11, 12 & 12.30 Uhr) Wer die Schwüle mit einem frischen XXXX-Bier bekämpfen will und volljährig ist, bekommt bei dieser Brauereibesichtigung ein paar Ales gratis (und lässt das Auto besser zu Hause). Mittwochabends und samstagmittags werden auch Führungen mit Bier und Barbecue angeboten (Erw./Kind 38/29 AU$). Alle Führungen müssen im Voraus per Internet oder telefonisch gebucht werden. Die Brauerei liegt 20 Gehminuten westlich der Bushaltestelle Roma St. Oder man fährt mit dem Zug bis zur Milton Station. Unbedingt geschlossene Schuhe tragen!

Brisbane Greeters STADTSPAZIERGANG
(Karte S. 306; 07-3006 6290; www.brisbanegreeters.com.au; Brisbane Visitor Information Centre, Queen St Mall; 10 Uhr) GRATIS Freundliche

Fortitude Valley & New Farm

Fortitude Valley & New Farm

◎ Sehenswertes
1 Chinatown..A2
 Institute of Modern Art ....(siehe 33)
2 Philip Bacon Galleries B4

✪ Aktivitäten, Kurse & Touren
3 James St Cooking School..................... C2

◉ Schlafen
4 Allender Apartments............................. C7
5 Bowen Terrace....................................... B6
6 Bunk Backpackers................................. A2
7 Central Brunswick Apartments B3
8 Limes... B1

❀ Essen
9 Brunswick Social................................... B3
10 Cafe Bouquiniste D7
11 Café Cirque... C5
12 Campos... D2
13 Chouquette... B6
14 Himalayan Cafe...................................... C5
15 James St Market.................................... D2
16 Kuan Yin Tea House A2
17 Lust For Life... A2
18 Pintxo B4
19 Sitar D3
20 Spoon Deli Cafe..................................... C2
21 Thai Wi-Rat A2
22 The Smoke BBQ..................................... D7
23 The Vietnamese..................................... A2

◉ Ausgehen & Nachtleben
24 Alfred & Constance............................... B1
25 Bowery...B2
 Cru Bar & Cellar.........................(siehe 20)
26 Gertie's..C6
27 Press Club...B2

◉ Unterhaltung
28 Beat MegaClub..B2
 Birdees .... (siehe 6)
29 Church B2
30 Cloudland...B2
31 Electric Playground................................B2
32 Family.. A3
33 Judith Wright Centre of
 Contemporary Arts...............................B3
34 Oh Hello.. A3
35 Palace Centro..C3
36 Wickham Hotel....................................... B1
37 Zoo..B2

◉ Shoppen
38 Blonde Venus..C3
39 Brisbane Valley Markets........................B2
40 in.cube8r gallery....................................B3
41 Title..D3
42 Trash Monkey...A2

Freiwillige führen die Besucher in kleinen Gruppen kostenlos durch die Stadt. Die Führungen sind verschiedenen Themen gewidmet: Kunst im öffentlichen Raum (Mo), Queenslander-Architektur (Di), Kirchen (Mi), Fluss (So) usw. Einfach anrufen, um Infos über das aktuelle Programm zu erhalten oder eine individuelle Privatführung zu buchen! Und unbedingt reservieren.

River City Cruises BOOTSFAHRTEN
(Karte S. 306; ☎ 0428 278 473; www.rivercitycruises.com.au; South Bank Parklands Jetty A; Erw./Kind/Fam. 25/15/60 AU$) Die Bootsfahrten mit Erklärung dauern eineinhalb Stunden und führen von South Bank nach New Farm und wieder zurück. Abfahrt ist in South Bank um 10.30 und 12.30 sowie um 14.30 Uhr in den Sommermonaten.

Ghost Tours GEISTERTOUR
(☎ 0401 666 441; www.ghost-tours.com.au; zu Fuß/mit dem Bus ab 30/50 AU$) Ob in 90 Minuten zu Fuß oder in zweieinhalb Stunden mit dem Bus: Die Führung zu Mordschauplätzen, Friedhöfen, dunklen Gässchen und dem berüchtigten Gefängnis **Boggo Road Gaol** ist auf jeden Fall gruselig (Karte S. 302; ☎ 0411 111 903; www.boggoroadgaol.com; Annerley Rd, Dutton Park; Historische Führung Erw./Kind/Fam. 25/12,50/50 AU$, Geistertour Erw./Kind ab 12 Jahren 40/25 AU$; ⊗ Historische Führungen Di–Fr 11 & 13, Sa 11, 13 & 15 Uhr, So stündl. 10–13 & 15 Uhr, Abendführungen Do 19 Uhr, Geisterführungen Mi & So 19.30 Uhr). Es werden mehrere Führungen pro Woche angeboten, die alle unbedingt im Voraus zu buchen sind.

✿ Feste & Events

Das ausführliche Verzeichnis aller Veranstaltungen in der Stadt gibt's auf www.visitbrisbane.com.au.

Brisbane International TENNIS
(www.brisbaneinternational.com.au) Das Tennisturnier mit den besten Spielern der Welt findet im Januar im Queensland Tennis Centre statt, direkt vor dem Australian Open in Melbourne.

Chinesisches Neujahrsfest KULTUR
(www.chinesenewyear.com.au) Ende Januar oder Anfang Februar wird in der Chinatown Mall (Duncan St) in Fortitude Valley mit krachenden Böllern, tanzenden Drachen und fantastischem Essen ausgiebig gefeiert.

BRISBANE FESTIVAL

Zum dreiwöchigen Brisbane Festival mit mehr als 300 Konzerten und 60 Veranstaltungen strömen im September mehr als 2000 Künstler aus aller Welt herbei. Überall in der Stadt gibt's Kunstausstellungen, Tanz, Theater, Opern, Sinfonien, Zirkus, Straßenkünstler, Variété und Konzerte, das meiste kann kostenlos besucht werden.

Eröffnet wird das Festival mit einem lauten Knall – im wahrsten Sinn des Wortes. Hoch über dem Brisbane River wird das riesige Riverfire-Feuerwerk mit einer farbenfrohen Choreografie und musikalischer Untermalung gezündet, das Besucher von speziellen Aussichtspunkten in South Bank, der Innenstadt und in West End genießen können.

Weitere Infos finden sich unter www.brisbanefestival.com.au.

Paniyiri Festival — KULTUR
(www.paniyiri.com) Dieses Fest wird zu Ehren der griechischen Kultur mit Musik, Tanz und Essen gefeiert und findet Ende Mai im Musgrave Park in West End statt.

Brisbane Pride Festival — SCHWULE & LESBEN
(www.brisbanepridefestival.com.au) Beim alljährlichen Fest der Schwulen und Lesben im September wird vier Wochen lang kräftig gefeiert. Einige Veranstaltungen wie der fantastische Queen's Ball finden bereits im Juni statt.

„Ekka" Royal Queensland Show — LANDWIRTSCHAFT
(www.ekka.com.au) Im August treffen sich Stadt und Land zum größten Ereignis des Jahres in Queensland, der landwirtschaftlichen Ekka-Ausstellung. Diese hieß früher einfach *Brisbane Exhibition* und wurde dann zu „Ekka". Zu sehen gibt's jede Menge Jungtiere, bunt bedruckte Plastiktüten, kuriose Schausteller, öffentliche Schafschur, Fahrgeschäfte und verschmierte Kindergesichter.

Brisbane Writers Festival — LITERATUR
(BWF; www.brisbanewritersfestival.com.au) Beim bedeutendsten Literaturereignis in Queensland dreht sich seit 50 Jahren alles um Wörter, Bücher und die Leute, die die Wörter in die Bücher bringen. Im September.

Valley Fiesta — MUSIK
(www.valleyfiesta.com.au) An drei Tagen im Oktober machen Rockbands und DJs die Fußgängerzonen der Brunswick St und der Chinatown in Fortitude Valley zur Bühne des größten kostenlosen Musikfestivals der Stadt.

Brisbane International Film Festival — FILM
(www.biff.com.au) Im November sind in den Kinos der Stadt zwölf Tage lang erstklassige Filme zu sehen.

Schlafen

Brisbane hat eine hervorragende Unterkunftsauswahl für jeden Geldbeutel. Viele der Quartiere befinden sich zwar außerhalb der Innenstadt, wo hauptsächlich Businesshotels stehen, sind jedoch problemlos zu Fuß oder mit öffentlichen Verkehrsmitteln zu erreichen.

Stadtzentrum

X-Base Brisbane Uptown — HOSTEL $
(Karte S. 306; ☎ 07-3238 5888; www.stayatbase.com; 466 George St; B 22–36 AU$, DZ & 2BZ 130–140 AU$; ❄@☎) Das sehr zweckmäßige Hostel in der Nähe des Bahnhofs in der Roma St brüstet sich mit jugendlichem Flair, moderner Ausstattung, ordentlichen Einrichtungen und allgemeiner Sauberkeit. Jedes Zimmer hat eine Klimaanlage, ein eigenes Bad und abschließbare Schränke. Das ganze Haus ist rollstuhlgerecht, und in der Bar im Erdgeschoss ist ständig Party – mit Livebands, DJs und Bühnenauftritten der Gäste. Unter der gleichen Leitung stehen das riesige **X-Base Brisbane Central** (Karte S. 306; ☎ 07-3211 2433; www.stayatbase.com; 398 Edward St; B 27–33 AU$, EZ/DZ/2BZ 55/70/70 AU$; ❄@☎) und das einfache **X-Base Brisbane Embassy** (Karte S. 306; ☎ 07-3014 1715; www.stayatbase.com; 214 Elizabeth St; B 31–35 AU$, DZ mit/ohne Bad 99/79 AU$; ❄@☎).

Diamant Hotel — BOUTIQUEHOTEL $$
(Karte S. 306; ☎ 07-3009 3400; www.8hotels.com; 52 Astor Tce; DZ ab 149 AU$; P❄☎) Hinter der supermodernen schwarz-weißen Fassade des siebenstöckigen Gebäudes verbergen sich kleine, zeitgemäße Zimmer mit schicken Tapeten und durchdachten Extras (echte Kunstwerke, Docking-Stationen für den iPod, kostenloses WLAN). Die größeren Suiten haben auch eine Küchenzeile und einen Wohnbereich, im Erdgeschoss befindet

sich ein Restaurant mit Bar. Ein Parkplatz kostet 28 AU$.

Punthill Brisbane
HOTEL $$

(Karte S. 306; ☎ 07-3055 5777, 1300 731 299; www.punthill.com.au; 40 Astor Tce, Spring Hill; Apt. f. 1/3 Pers. ab 150/180 AU$; P❄︎@🛜☰) Die Filiale einer Hotelkette aus Melbourne ist ein schickes Apartmenthotel mitten in Spring Hill. In der Eingangshalle sind nostalgische Fahrräder aufgereiht, und auf jedem Balkon steht ein Käfig mit einem Plastikvogel. Doch abgesehen davon bietet das Hotel wirklich stilvolle Suiten in Braungrau, Anthrazit und Cremeweiß mit hübschen Kunstwerken und ist für die zentrale Lage auch recht preiswert. Parken kostet 25 AU$.

Urban Brisbane
HOTEL $$

(Karte S. 306; ☎ 07-3831 6177; www.hotelurban.com.au; 345 Wickham Tce; DZ ab 150 AU$; ❄︎@🛜☰) Auch nach der aufwendigen Renovierung für 10 Mio. AU$ ist das Hotel sehr attraktiv. Die stilvollen Zimmer sind sehr maskulin gestaltet, haben Balkon und eine noble Ausstattung mit äußerst bequemen Betten, großem Fernseher und kuscheligen Bademänteln. Außerdem stehen Gästen ein beheizter Swimmingpool und eine Bar zur Verfügung. Man trifft hier jede Menge an- und abreisende Flugbegleiter in Uniform. Ein Parkplatz kostet 15 AU$.

Inchcolm Hotel
HISTORISCHES HOTEL $$

(Karte S. 306; ☎ 07-3226 8888; www.theinchcolm.com.au; 73 Wickham Tce; Zi. 160–250 AU$; P❄︎@🛜☰) Das in den 1930er-Jahren erbaute Ärztehaus steht unter Denkmalschutz und verfügt über viele Bestandteile aus seiner Erbauungszeit, z. B. einen klapprigen Aufzug. Die Zimmer wurden jedoch komplett renoviert. Die Räume im neueren Flügel sind größer und heller, die im alten Gebäudeteil haben wesentlich mehr Charme. Es gibt auch einen Swimmingpool auf dem Dach und ein hoteleigenes Restaurant. Für einen Parkplatz muss man 30 AU$ hinlegen.

Soho Motel
MOTEL $$

(Karte S. 306; ☎ 07-3831 7722; www.sohobrisbane.com.au; 333 Wickham Tce; Zi. 115–160 AU$; P❄︎@🛜) Das Backsteingebäude in der Nähe des Bahnhofs in der Roma St ist wesentlich besser, als es von außen aussieht. Die 50 Zimmer sind nicht groß, aber modern und haben einen kleinen Balkon. Die freundlichen, pfiffigen Inhaber legen viel Wert auf Kleinigkeiten wie kostenloses

---

GALERIEN IN BRISBANE

Die Gallery of Modern Art (oder kurz GOMA; S. 301) und die Queensland Art Gallery (S. 301) in South Bank sind natürlich die Stars der Szene, doch es gibt auch eine steigende Zahl kleiner, sehr moderner Galerien und Ausstellungsräume von privaten Unternehmen.

➜ Das **Institute of Modern Art** (IMA; Karte S. 310; www.ima.org.au; 420 Brunswick St, Fortitude Valley; ⊙ Di, Mi, Fr, Sa 11–17, Do 11–20 Uhr) GRATIS im Judith Wright Centre of Contemporary Arts in Fortitude Valley ist eine ausgezeichnete nichtkommerzielle Galerie mit Industrie-Ambiente. Die freche Kusine der GOMA präsentiert riskante, neuartige und experimentelle Kunst für Erwachsene.

➜ Das kleine, von Künstlern geleitete und sehr angesagte **Queensland Centre for Photography** (Karte S. 306; www.qcp.org.au; Ecke Russell St & Cordelia St; ⊙ Mi–Sa 10–17, So 11–15 Uhr) GRATIS zeigt erstklassige Bilder zeitgenössischer australischer Fotografen.

➜ In der hervorragenden Galerie **Milani** (Karte S. 302; www.milanigallery.com.au; 54 Logan Rd, Woolloongabba; ⊙ Di–Sa 11–18 Uhr) GRATIS kann man moderne Kunst der Aborigines und provozierende zeitgenössische Kunst bewundern. Sie wirkt immer, als wäre sie geschlossen, sie ist es aber nicht.

➜ Die bemerkenswerten **Philip Bacon Galleries** (Karte S. 310; www.philipbacongalleries.com.au; 2 Arthur St, Fortitude Valley; ⊙ Di–Sa 10–17 Uhr) GRATIS gibt es seit 1974. Die Galerie hat sich auf australische Gemälde und Skulpturen des 19. Jhs. und der Moderne spezialisiert.

➜ Die **Fireworks Gallery** (Karte S. 302; www.fireworksgallery.com.au; 52a Doggett St, Newstead; ⊙ Di–Fr 10–18, Sa 10–16 Uhr) GRATIS in einem fantastischen Lagerhaus legt ihren Schwerpunkt sowohl auf die Kunst der Aborigines als auch auf extravagante, zeitgenössische Keramik, Bildhauerei, Webereien und Ölgemälde.

West End & Petrie Terrace

WLAN, Auschecken erst um 11 Uhr, kostenlose Parkplätze, individuell angefertigte Möbel und noble Bettwäsche. Ein tolles Preis-Leistungs-Verhältnis!

Treasury LUXUSHOTEL $$$
(Karte S. 306; 07-3306 8888; www.treasurybrisbane.com.au; 130 William St; Zi. ab 230 AU$; P✱@⸙) Das nobelste Hotel der Stadt befindet sich im ebenso noblen ehemaligen Gebäude der Regionalverwaltung. Kein Zimmer ist wie das andere, aber alle haben schöne alte Elemente wie hohe Decken, Kunstwerke an den Wänden, auf Hochglanz polierte Holzmöbel und eine elegante Einrichtung. Ideal für alle, die auf Samt und Seide stehen! Die besten Zimmer sind mit Blick auf den Fluss. Das Personal ist supertüchtig, ein Parkplatz kostet 20 AU$.

West End

Gonow Family Backpacker HOSTEL $
(Karte S. 314; 07-3846 3473; www.gonowfamily.com.au; 147 Vulture St; B 18–30 AU$, DZ 69 AU$; P⸙) Das zum Zeitpunkt der Recherche erst wenige Monate alte Hostel soll die billigste Unterkunft der Stadt sein. Trotz der extrem niedrigen Preise ist es wirklich ordentlich, sauber, freundlich und sicher. Außerdem ist

West End & Petrie Terrace

🏆 Aktivitäten, Kurse & Touren
1 Bicycle Revolution A4
2 Urban Climb B4
3 XXXX Brewery Tour B2

🛌 Schlafen
4 Aussie Way Backpackers D2
5 Brisbane Backpackers Resort B5
6 Brisbane City Backpackers C2
7 Brisbane City YHA C2
8 Chill Backpackers D2
9 Gonow Family Backpacker B5

🍴 Essen
10 Blackstar Coffee Roasters B5
11 George's Seafood B5
12 Gunshop Café B4
13 Little Greek Taverna B4
14 The Burrow B4

🍺 Ausgehen & Nachtleben
15 Archive Beer Boutique B4
16 Cabiria C2
17 Loft West End B4
   Lychee Lounge .... (siehe 15)
18 Normanby Hotel D1
19 The End A5

🎭 Unterhaltung
20 Hi-Fi B4
21 Lock 'n' Load B5
22 Paddo Tavern C1
23 Palace Barracks D2
24 Suncorp Stadium C1

🛍 Shoppen
25 Davies Park Market A4
   Egg Records .... (siehe 19)

es sehr ruhig – wer jede Nacht durchfeiern möchte, ist hier absolut fehl am Platz. Die Zimmer im Obergeschoss haben höhere Decken.

Brisbane Backpackers Resort HOSTEL $
(Karte S. 314; ☎ 07-3844 9956, 1800 626 452; www.brisbanebackpackers.com.au; 110 Vulture St; B 27–34 AU$, 2BZ/DZ/3BZ 110/120/135 AU$; P❋@🛜🏊) Gibt es so etwas wie „Backpacker-Kitsch"? Wenn ja, dann findet man ihn garantiert in diesem Klotz von einem Hostel. In der dubiosen Werbung für das Brisbane Backpackers Resort ist von „bösen Mädchen" die Rede und davon, was diese tun und nicht tun... Fakt ist jedenfalls , dass das Ganze es eine echte Party-Hochburg ist. Die Zimmer sind sehr einfach, aber gepflegt, und es gibt einen tollen Swimmingpool und einen Barbereich.

🛌 Petrie Terrace

Aussie Way Backpackers HOSTEL $
(Karte S. 314; ☎ 07-3369 0711; www.aussieway backpackers.com; 34 Cricket St; B/EZ/DZ/FZ/4BZ 26/55/68/78/104 AU$; ❋🛜🏊) Das fotogene, zweistöckige Holzhaus im Queenslander Stil, das auch noch in der „sportlichen" Cricket St steht, ist weniger ein Hostel als vielmehr eine gemütliche Pension. Die großen Zimmer sind recht geschmackvoll eingerichtet, und der fantastische Swimmingpool ist eine wahre Wonne an einem schwülen Nachmittag. Die Doppelzimmer in einem zweiten Gebäude hinter dem Haupthaus sind ebenso schön. Ab 22.30 Uhr ist hier Bettruhe.

Brisbane City YHA HOSTEL $
(Karte S. 314; ☎ 07-3236 1004; www.yha.com.au; 392 Upper Roma St; B ab 39 AU$, 2BZ & DZ mit/ohne Bad ab 122/103 AU$, FZ ab 160 AU$; P❋@🛜🏊) Dieses makellose, gut geführte Hostel verfügt über einen Swimmingpool auf dem Dach und eine Sonnenterrasse mit sagenhaftem Blick auf den Fluss. In den (allerdings nicht allzu großen) Schlafsälen stehen maximal sechs Betten, zu den meisten Quartieren gehört auch ein eigenes Bad. In dem Haus kann man sich sehr sicher fühlen, geboten werden auch jede Menge Aktivitäten und Touren. Eine geräumige Küche mit vielen Kühlschränken gibt's ebenfalls. In der Café-Bar gibt's Quizabende und eine Happy Hour, aber das Ganze ist immer noch ein Hostel und keine Party-Hochburg. Ein Parkplatz kostet 10 AU$.

Chill Backpackers HOSTEL $
(Karte S. 314; ☎ 07-3236 0088, 1800 851 875; www.chillbackpackers.com; 328 Upper Roma St; B 29–35 AU$, DZ/3BZ 89/105 AU$; P❋@🛜) In dem knallblauen Gebäude am Rand der Innenstadt stehen Gästen kleine, saubere und moderne Zimmer samt einer Dachterrasse mit tollem Blick auf den Fluss (genau wie beim YHA-Hostel ein paar Häuser weiter, aber nicht ganz so hoch) zur Verfügung. Wenn alle 150 Betten hier belegt sein sollten, kann man sein Glück ein paar Häuser weiter im Ableger des Chill Backpackers, dem **Brisbane City Backpackers** (Karte S. 314; ☎ 07-3211 1200, 1800 062 572; www.citybackpackers.com; 380 Upper Roma St; B 21–33 AU$, EZ/2BZ/DZ/3BZ ab 79/79/105/105 AU$; P❋@🛜🏊), versuchen.

Spring Hill

Kookaburra Inn   PENSION $
(Karte S. 306; ✆ 1800 733 533, 07-3832 1303; www.kookaburra-inn.com.au; 41 Phillips St; EZ/2BZ/DZ ohne Bad ab 65/80/80 AU$; ❄@⚲) Die kleine, schlichte Pension hat einfache Zimmer mit Waschbecken und Kühlschrank sowie saubere Gemeinschaftsbäder. Das zweistöckige Gebäude selbst ist völlig unscheinbar, doch es gibt einen Aufenthaltsraum, eine Küche und einen Innenhof. Eine gute Budgetunterkunft für alle, die keinen Schlafsaal mehr sehen können! Klimaanlage gibt's nur in einigen Doppelzimmern.

Spring Hill Terraces   MOTEL $
(Karte S. 302; ✆ 07-3854 1048; www.springhillterraces.com; 260 Water St; DZ 95–145 AU$, Wohneinheit 175 AU$; P❄⚲≋) Die motelähnlichen Zimmer sind unspektakulär, die geräumigeren Wohneinheiten in Reihenhäusern haben jeweils einen Balkon und einen grünen Innenhof. Der Service ist gut, man ist sicher, und es gibt einen winzigen Swimmingpool (oder Teich?). Nach Fortitude Valley sind es nur zehn Minuten zu Fuß.

Fortitude Valley

Bunk Backpackers   HOSTEL $
(Karte S. 310; ✆ 07-3257 3644, 1800 682 865; www.bunkbrisbane.com.au; Ecke Ann St & Gipps St; B 21–33 AU$, EZ 60 AU$, DZ/Apt. ab 80/180 AU$; P❄@⚲≋) Aus einem geisteswissenschaftlichen College wurde 2006 dieses Hostel – und seitdem ist Party angesagt. Das riesige, fünfstöckige Gebäude hat 55 Zimmer, von denen die meisten Schlafsäle mit acht Betten sind, und steht in Hörweite des Nachtlebens im Valley. Im Haus selbst gibt's auch eine Bar (das Birdees), eine mexikanische Cantina und ein paar tolle Apartments im oberen Stockwerk.

Central Brunswick Apartments   APARTMENTS $$
(Karte S. 310; ✆ 07-3852 1411; www.centralbrunswickhotel.com.au; 455 Brunswick St; Zi. 140–180 AU$; P❄⚲) Die 60 modernen Ein-Zimmer-Apartments im Backsteingebäude einer ehemaligen Brauerei sind besonders bei Geschäftsleuten beliebt. Jedes Apartment hat eine komplett ausgestattete Küche, und im Haus gibt's zudem einen Fitnessraum und kostenloses WLAN. Auf der Dachterrasse finden Barbecues statt. Ein Parkplatz kostet 10 AU$ pro Nacht.

★ Limes   BOUTIQUEHOTEL $$$
(Karte S. 310; ✆ 07-3852 9000; www.limeshotel.com.au; 142 Constance St; DZ ab 230 AU$; ❄⚲) Das schicke, stilvolle Hotel im Valley verfügt über 21 hübsche Zimmer, bei denen der vorhandene Raum optimal ausgenutzt wurde und die mit noblen Möbeln, einer Küchenzeile und durchdachten Extras wie einer Docking-Station für den iPod und kostenlosem WLAN ausgestattet sind. Einen Ausweis fürs Fitnessstudio gibt's für Gäste obendrauf. Die Bar und das Kino (!) auf dem Dach sind sagenhaft.

New Farm

★ Bowen Terrace   PENSION $
(Karte S. 310; ✆ 07-3254 0458; www.bowenterrace.com.au; 365 Bowen Tce; B/EZ/DZ ohne Bad 35/60/85 AU$, DZ/FZ mit Bad 99/145 AU$; P@≋) Die ruhige Pension in einem herrlich restaurierten, 100 Jahre alten Queenslander-Haus hat Zimmer mit TV, Minibar, feiner Bettwäsche und hoher Decke mit Ventilator. Hinter dem Haus befindet sich eine Terrasse mit Blick auf den einladenden Swimmingpool. Auch wenn die Zimmer nicht mit Klimaanlagen ausgestattet sind, sind sie ihr Geld absolut wert und haben weit mehr Klasse und Charme als die eines jeden Hostels. Der einzige Nachteil sind die etwas dünnen Wände – aber das Haus wurde eben lange vor Erfindung des Fernsehens gebaut.

Allender Apartments   APARTMENT $$
(Karte S. 310; ✆ 07-3358 5832; www.allenderapartments.com.au; 3 Moreton St; DZ 135 AU$, Apt. mit 1 Schlafzi. 160–170 AU$; ❄⚲) Allenders Apartments sind eine bunte Mischung. In dem gelben Backsteingebäude befinden sich einfach eingerichtete, aber saubere Zimmer. Die Apartments in dem benachbarten Fingal House, einem Queenslander-Haus aus dem Jahr 1918, sind sehr viel edler. Sie verfügen über glänzende Holzfußböden, Eichenholzmöbel und eine eigene Veranda oder Terrasse.

Kangaroo Point

Il Mondo   HOTEL $$
(Karte S. 306; ✆ 07-3392 0111, 1300 665 526; www.ilmondo.com.au; 25 Rotherham St; Zi. 160 AU$, Apt. mit 1/3 Schlafzi. 250/500 AU$; P❄@⚲≋) Das siebenstöckige Hotel in bester Lage direkt neben der Story Bridge hat hübsche Zimmer und Apartments mit minimalistischer

Ausstattung, modernen Einrichtungen und jeder Menge Platz. Die größten Apartments sind für sechs Personen geeignet – bei voller Belegung ein echtes Schnäppchen!

Paddington & Umgebung

Newmarket Gardens
Caravan Park CAMPING $

(Karte S. 302; 07-3356 1458; www.newmarketgardens.com.au; 199 Ashgrove Ave, Newmarket; Stellplatz ohne/mit Strom 39/41 AU$, Mobilhome 56 AU$, Budgetzi. 66 AU$, Hütte 125–150 AU$; P✳@🛜) Auf dem heiteren Campingplatz gibt's kaum Bäume (und von den vorhandenen Mangobäumen könnten einem die Früchte auf den Kopf fallen), aber dafür liegt er nur 4 km nördlich der Innenstadt, die gut mit dem Bus oder Zug zu erreichen ist. Neben unzähligen Stellplätzen für Wohnwagen und Zelte stehen Travellern auch sechs einfache Budgetzimmer (ohne Klimaanlage) und fünf nette Hütten (mit Klimaanlage) zur Verfügung. Für Kinder gibt's so gut wie keine Abwechslung.

Casabella Apartment APARTMENTS $$

(Karte S. 318; 07-3217 6507; www.casabella-apartment.com; 211 Latrobe Tce, Paddington; Apt. 185 AU$; P🛜) Das Untergeschoss des fuchsiafarbenen Hauses am ruhigen Ende der Hauptstraße von Paddington wurde zu einer gemütlichen, voll ausgestatteten Wohneinheit umgebaut. Sie verfügt über zwei Schlafzimmer für bis zu drei Personen, ist in den warmen Farben des Mittelmeers gehalten, hat Altholzfußböden und jede Menge Jalousien, die für Durchzug sorgen, aber keine Klimaanlage. Wunderschön! In der Straße kann man kostenlos parken.

★ Latrobe Apartment APARTMENTS $$$

(Karte S. 318; 0448 944 026; www.stayz.com.au/77109; 183a Latrobe Tce, Paddington; Apt. ab 200 AU$; P✳🛜) Das ausgezeichnete Apartment mit zwei Schlafzimmern für bis zu vier Personen befindet sich im Stockwerk unter einer Chiropraktiker-Praxis im wohlhabenden Paddington. Es hat zwei Bäder, auf Hochglanz polierten Dielenboden, aufregende Beleuchtung und eine fantastische Terrasse mit Grill. Die Ausstattung ist schick und modern, und alles ist in bester Qualität vorhanden: Bettwäsche, Toilettenartikel, Küchenutensilien, TV, Docking-Station für den iPod, Ledersofa etc. In derselben Straße befinden sich mehrere Cafés, und man kann kostenlos parken.

🍴 Essen

Die feinsten Restaurants und Cafés befinden sich im Stadtzentrum. In Fortitude Valley gibt's preiswerte Cafés, außerdem liegen da die Restaurants der Chinatown. Im benachbarten New Farm versorgen Restaurants aus aller Welt die Hungrigen, französische Cafés und preisgekrönte Lokale finden sich dort auch. Im bunten West End wimmelt es von Künstlercafés und preiswerten Restaurants mit Ethno-Küche. In South Bank gibt's alles von Standard- bis Nobelrestaurants.

🍴 Stadtzentrum

★ Brew CAFÉ & WEINSTUBE $

(Karte S. 306; 07-3211 4242; www.brewgroup.com.au; Lower Burnett La; Hauptgerichte 6–12 AU$; ⊙Mo 7–17, Di & Mi 7–22, Do & Fr 7–23.30, Sa 9–23.30, So 9–15 Uhr) Ein solches subkulturelles Underground-Café würde man vielleicht in Seattle oder Berlin erwarten, aber bestimmt nicht in Brisbane. So betritt das koffeinhaltige Heißgetränk hier quasi Neuland in Queensland. Den schwarzen Wachmacher begleiten auf Wunsch kleine Speisen wie Tapas, Nudelgerichte und Sandwiches. Für Liebhaber einer anderen Art von Gebräu gibt's auch Wein und Flaschenbier.

Bleeding Heart Gallery CAFÉ $

(Karte S. 306; 07-3229 0395; www.bleedingheart.com.au; 166 Ann St; Hauptgerichte 5–10 AU$; ⊙Mo–Fr 7–17 Uhr; 🛜) 🌱 Das geräumige Café mit Galerie, das sich in einem Gesindehaus von 1865 und damit im drittältesten Gebäude der Stadt befindet, ist eine Oase der Ruhe in der hektischen Ann St. In lockerer Hippie-Atmosphäre finden Kunstausstellungen, Konzerte und andere Veranstaltungen statt. Mit dem Erlös werden wohltätige Gemeinschaftsprojekte finanziert.

Bean CAFÉ $

(Karte S. 306; www.facebook.com/beanbrisbane; hinter 181 George St; Hauptgerichte 9–15 AU$; ⊙7–18 Uhr) Die neue Generation schicker Straßencafés befindet sich in schmuddeligen, mit Graffiti verzierten Einfahrten mit Blick auf Feuertreppen, Klimaanlagen und Baukräne. Es gibt auch Kekse oder einfaches Frühstück mit Ei hier, aber eigentlich kommt man zum Kaffeetrinken her. Donnerstags wird ab 17 Uhr Livemusik gespielt.

Groove Train CAFÉ $$

(Karte S. 306; www.groovetrain.com.au; Riverside Centre, 123 Eagle St; Hauptgerichte 17–35 AU$; ⊙7

Paddington

Paddington

Schlafen
1 Casabella Apartment A1
2 Latrobe Apartment A1

Essen
3 Il Posto B2

Ausgehen & Nachtleben
4 Lark C3

Shoppen
5 Paddington Antique Centre B1
6 Retro Metro C2

Uhr–open end) Das Café in einem orange und mit dunklem Holz dekorierten Bunker, der direkt am Fährhafen von Riverside steht, ist lang, niedrig, schmal und abgefahren. Während man Pizza aus dem Holzbackofen, Wokgerichte, Burger, Calzone, Risotto oder einen großen Salat genießt, kann man die ein- und auslaufenden Schiffe beobachten. Abends geht es hier stimmungsvoll zu, das Ganze wird dann zur Bar.

Verve Cafe & Bar ITALIENISCH $$
(Karte S. 306; ☎ 07-3221 5691; www.vervecafe.com.au; 109 Edward St; Hauptgerichte 17–35 AU$; ⏰ Mo–Fr 12 Uhr–open end, Sa & So 17 Uhr–open end) Die Kellerbar hat angeblich die größte Cidre-Auswahl in ganz Australien. Doch dafür lohnt es sich nicht, herzukommen. Oder vielleicht ja doch, aber dann sollte man unbedingt von den kreativen Nudelgerichten, Salaten, Risottos und Pizzas probieren, bevor man etwas trinkt. Das Risotto mit Sandkrabben, Schnapper, Zitrone und frischem Thymian ist der Hit. Aus den Lautsprechern tönt Radiohead, das Publikum ist entspannt und unkonventionell.

★ **E'cco** MODERN-AUSTRALISCH $$$
(Karte S. 306; ☎ 07-3831 8344; www.eccobistro.com; 100 Boundary St; Hauptgerichte 40–43 AU$; ⏰ Di–Fr 12–15, Di–Sa 18–22 Uhr; ✉) Das vielfach ausgezeichnete Restaurant ist eines der besten in ganz Queensland und ein kulinarisches Muss! Zu den Meisterwerken von Küchenchef Philip Johnson gehört in Süßholzwurzelsud marinierter Schweinebauch mit karamellisierten Pfirsichen, Zwiebelchutney und Kipfler-Kartoffeln. Ebenso todschick ist die Einrichtung des Restaurants: Alles ist in Schwarz, Weiß und Edelstahl gehalten.

Cha Cha Char STEAKS $$$
(Karte S. 306; ☎ 07-3211 9944; www.chachachar.com.au; Shop 5, 1 Eagle St Pier; Hauptgerichte 38–95 AU$; ⏰ Mo–Fr 12–23, Sa & So 18–23 Uhr) In dem mit Auszeichnungen überhäuften, alteingesessenen Lieblingslokal der Einhei-

mischen gibt's neben den besten Steaks der Stadt auch erstklassige Meeresfrüchte und gebratenes Wild. Die Fenster des noblen, halbrunden Speiseraums im Eagle-St-Pier-Komplex reichen vom Boden bis zur Decke und bieten einen tollen Blick auf den Fluss.

South Bank

Piaf FRANZÖSISCH $$

(Karte S. 306; 07-3846 5026; www.piafbistro.com.au; 5/182 Grey St; Frühstück, Hauptgerichte 7-16 AU$, Mittag- & Abendessen 18-26 AU$; 7 Uhr-open end) Das ruhige, gemütliche Bistro mit treuen Stammkunden bietet eine kleine Auswahl von zumeist fünf Hauptgerichten, ein paar Salaten und anderen Kleinigkeiten der modernen, französischen Küche zu vernünftigen Preisen. Dazu werden französische Weine im Glas ausgeschenkt. Von Edith aber keine Spur…

Ahmet's TÜRKISCH $$

(Karte S. 306; 07-3846 6699; www.ahmets.com; Shop 10, 168 Grey St; Hauptgerichte 19-34 AU$, Festessen 34-46 AU$/Pers.; 11.30-15 & 18 Uhr-open end;) Umgeben von einem wilden Farbgemisch und Wandmalereien vom Großen Basar in Istanbul genießt man köstliches türkisches Essen. Sehr zu empfehlen ist *suçuk pide* (türkisches Fladenbrot aus dem Backofen mit scharfer Rindersalami, Ei, Tomate und Mozzarella). Die breite Terrasse geht auf die von Restaurants gesäumte Grey St hinaus. Regelmäßig wird hier Livemusik gespielt.

West End

★George's Seafood FISH & CHIPS $

(Karte S. 314; 07-3844 4100; 150 Boundary St; Hauptgerichte 8-10 AU$; Mo-Fr 9.30-19.30, Sa & So 10.30-19.30 Uhr) Die Fish-&-Chips-Bude mit dem Schaufenster voller frischer Schwimmkrabben, Felsenaustern aus der Moreton Bay, Pazifikgarnelen und ganzen Schnappern gibt es schon seit Urzeiten. Kabeljau mit Pommes für 8 AU$ ist einfach unschlagbar.

Burrow CAFÉ $

(Karte S. 314; 07-3846 0030; www.theburrow westend.com.au; 37 Mollison St; Hauptgerichte 10-20 AU$; Di-So 7 Uhr-open end;) Das läs-

---

INSIDERWISSEN

PHILIP JOHNSON: KÜCHENCHEF IM E'CCO

Küchen sind etwas Fantastisches. In ihnen werden die unglaublichsten Ideen geboren – man arbeitet mit verschiedenen Köchen zusammen, und alles und jedes ist ständig dabei, sich weiterzuentwickeln.

Besonderheit

Das E'cco wurde vom *Gourmet Traveller* als bestes Restaurant des Jahres 1997 ausgezeichnet. Mitunter heißt es sogar, dass dies dazu beigetragen hat, dass nun auch Brisbane auf der kulinarischen Landkarte verzeichnet ist. Ich hasse es, die Dinge auf eine solche Art und Weise zu sehen, glaube aber, dass das restliche Land nun zur Kenntnis genommen hat, dass „es in Brisbane anscheinend einige gute Restaurants gibt". Ein bekannter Restaurantkritiker sagte einmal, dass man nördlich von Paddington – dem Paddington in Sydney, wohlgemerkt – nicht essen gehen könne. Jetzt hat sich das endgültig geändert.

Kochstil

Modern Australian oder auch Mod Oz, die moderne australische Küche, ist italienisch bzw. mediterran beeinflusst, hat aber aufgrund der Nähe zu Asien auch immer einen Touch Asiatisches.

Restaurantszene in Brisbane

Es ist schon irre. Brisbane ist eine Stadt, die in den letzten 15 Jahren wahrhaft gewachsen ist. Ich glaube, wir haben jahrelang immer nur die zweite Geige nach Sydney und Melbourne gespielt. Jetzt haben wir aber fantastische Restaurants mit erstklassiger Qualität und Top-Service.

Weitere Lieblingsrestaurants

Ich liebe die lockere Bar Alto (S. 325) im Powerhouse.

sige Lokal im offenen Untergeschoss eines heruntergekommenen, alten Queenslander-Hauses ist eine Mischung aus südkalifornischer Cantina und Studentenwohnheim: völlig entspannte Strandatmosphäre mit Surfbildern an den Wänden und Pink Floyd aus den Lautsprechern. Ein Desperado-Taco mit Schweinefleischstreifen, Eiern und Jalapeño-Sauce ist das ideale Katerfrühstück. Der Kaffee ist auch nicht zu verachten.

Blackstar Coffee Roasters CAFÉ $
(Karte S. 314; 44 Thomas St; Hauptgerichte 6–12 AU$; ⊙ Mo 7–15, Di–Fr 7–17, Sa 7–open end, So 8–15 Uhr) Das Lieblingscafé der Einheimischen hat eine eigene Rösterei und entsprechend ausgezeichneten Kaffee. Zum Frühstück gibt's Wraps, Avocados auf Toast oder Eier Benedict und dazu die Songs von Roy Orbison. Samstagabends spielen Jazzmusiker auf. An heißen Tagen ist der kalt zubereitete Kaffee eine herrliche Erfrischung.

★ **Gunshop Café** CAFÉ, MODERN-AUSTRALISCH $$
(Karte S. 314; ☎ 07-3844 2241; www.thegunshopcafe.com; 53 Mollison St; Hauptgerichte 17–33 AU$; ⊙ Mo 6.30–14, Di–Sa 6.30–open end, So 6.30–14.30 Uhr) Das nun friedlicheren Zwecken dienende ehemalige Waffengeschäft mit freiliegenden Backsteinmauern und einladendem Biergarten bietet coole Musik, interessante Kunst und gut gelauntes Personal. Für das täglich wechselnde Speisenangebot werden nur Zutaten aus der Region verwendet. Immer zu haben sind Gerichte wie Lasagne mit geräuchertem Hühnchenfleisch, Baguette-Sandwich mit Schweinefleischstreifen und Risotto mit Wildpilzen. Dazu gibt's Bier aus kleinen Brauereien, ausgezeichneten australischen Wein und am Nachmittag spritzige Muntermacher.

Mondo Organics MODERN-AUSTRALISCH $$
(Karte S. 302; ☎ 07-3844 1132; www.mondo-organics.com.au; 166 Hardgrave Rd; Hauptgerichte 25–36 AU$; ⊙ Sa & So 8.30–11.30, Fr–So 12–14.30, Mi–Sa 18 Uhr–open end) 🌱 Für die Zubereitung der erstklassigen Köstlichkeiten hier werden nur hochwertige Erzeugnisse der Saison aus biologischem Anbau und nachhaltiger Landwirtschaft verwendet. Unbedingt zu empfehlen sind Entenbrust mit Feigen, Erdbeeren und Salbei oder Kartoffel-Parmesan-Gnocchi mit gedünsteten Schalotten, Zucchini und grüner Soße. Auf der Homepage gibt's ausführliche Infos über die angeschlossene Kochschule (3-stündiger Kurs 110–140 AU$).

Little Greek Taverna GRIECHISCH $$
(Karte S. 314; ☎ 07-3255 2215; www.littlegreektaverna.com.au; Shop 5, 1 Browning St; Hauptgerichte 15–30 AU$, Festessen 35–42 AU$/Pers.; ⊙ 11–21 Uhr; 👶) In der quirligen, immer vollen Taverne in bester Lage kann man tolles griechisches Essen genießen und dabei die Leute beobachten. Nach einem Salat mit Garnelen und gebratenem Käse oder einem klassischen Lamm-Gyros gibt's starken griechischen Kaffee, der Tote aufwecken könnte. Das Restaurant ist auch sehr kinderfreundlich.

🍴 Fortitude Valley & Chinatown

James St Market MARKT, SELBSTVERSORGER $
(Karte S. 310; www.jamesstmarket.com.au; 22 James St; ⊙ Mo–Fr 8.30–19, Sa & So 8–18 Uhr) Der kleine, aber bestens sortierte Markt ist ein Paradies für Feinschmecker, die sich hier mit ausgesuchten Käsespezialitäten, Backwaren, frischem Gemüse, Früchten, Blumen und erstklassigen Süßigkeiten eindecken können. Am Meeresfrüchtestand gibt's auch ausgezeichnetes Sushi und Sashimi. Im Obergeschoss befindet sich die **James St Cooking School** (Karte S. 310; ☎ 07-3252-8850; www.jamesstcookingschool.com.au; 22 James St; 3-stündiger Kurs 135–155 AU$).

The Vietnamese VIETNAMESISCH $$
(Karte S. 310; ☎ 07-3252 4112; www.thevietnameserestaurant.com.au; 194 Wickham St; Hauptgerichte 10–20 AU$; ⊙ 11–15 & 17–22 Uhr) Das Restaurant mit dem etwas einfallslosen, aber treffenden Namen hat wirklich die beste vietnamesische Küche der Stadt. Kein Wunder, dass es immer rappelvoll ist! Wer sich die Qual der Wahl zwischen den vielen hervorragend zubereiteten Gerichten ersparen will, entscheidet sich für eine „Empfehlung des Küchenchefs": knusprig gebratene Rindfleischstreifen mit Honig und Chili oder im Tontopf geschmorte Garnelen mit Austernsauce. Tolles Preis-Leistungs-Verhältnis.

Campos CAFÉ $
(Karte S. 310; www.camposcoffee.com; 11 Wandoo St; Hauptgerichte 9–17 AU$; ⊙ 6.30–16 Uhr) Eigentlich gehört das Café zu einem in Sydney ansässigen Unternehmen, aber das scheint hier niemanden zu stören. Der Weg zum besten Kaffee der Stadt führt an Milchflaschenkörben und Kartonstapeln vorbei durch eine kleine Gasse hinter dem James St Market. Zu essen gibt's die für ein Café typischen Kleinigkeiten wie gebratene Eier,

Kirsch-, Schoko- oder Kokosmuffins und Buttermilch-Pfannkuchen. Wer den Kaffee auch zu Hause genießen will, kann die Bohnen in der Tüte mitnehmen.

Brunswick Social
TEIGTASCHEN, BAR $

(Karte S. 310; ☎ 07-3252 3234; www.thebrunswicksocial.com; 351 Brunswick St; Teigtasche ab 8 AU$; ⊙ Mi, Do, Sa & So 18 Uhr–open end, Fr 17 Uhr–open end) In dem originellen und geselligen Zufluchtsort im Obergeschoss bekommt man bis spät in die Nacht etwas zu trinken und gefüllte Teigtaschen. Über den Tellern mit tapasähnlichen Teigtaschen mit Garnelen und Pilzen oder den Brötchen mit gegrilltem Schweinefleisch beäugt sich die Schickeria des Valley und nimmt ersten Kontakt auf. Zu trinken gibt's Bier aus kleinen Brauereien und abgefahrene Cocktails: Nach einem „Nu School Gimlet" aus Wodka, Zitronensaft, Zitronenmarmelade und Absinth hat man schon mal einen Knick in der Optik.

Lust For Life
CAFÉ $

(Karte S. 310; ☎ 07-3852 5048; www.lustforlifetattoo.com; 176 Wickham St; Snacks und Getränke 5–12 AU$; ⊙ Mo–Fr 7–15, Sa & So 10–15 Uhr) Dank Bagels, Sandwiches, Salaten, Bio-Säften, Backwaren, starkem Kaffee und Musik, die alle Eltern furchtbar finden, ist der skurrile Tattooladen jetzt eher ein Café mit Kunstgalerie. Während man aufs Stechen wartet, kann man leckere Muffins mit Mango, Mandeln oder weißer Schokolade naschen.

Kuan Yin Tea House
CHINESISCH, VEGETARISCH $

(Karte S. 310; ☎ 07-3252 4557; www.kuanyinteahouse.blogspot.com.au; 198 Wickham St; Hauptgerichte 6–12 AU$; ⊙ Mo, Mi & Do 11.30–19.30, Fr 11.30–20, Sa 11.30–17, So 11.30–15 Uhr; ☒) In dem kleinen, knallbunten Lokal mit Furnierholztäfelung und Bambusdecke wird kein Alkohol ausgeschenkt. Dafür gibt's gut gewürzte, vegetarische Nudelsuppen, Teigtaschen und Reisgerichte mit Fleischersatz. Unbedingt den Tofusalat probieren und dazu einen der vielen tollen Tees!

Thai Wi-Rat
THAI, LAOTISCH $

(Karte S. 310; ☎ 07-3257 0884; 20 Duncan St; Hauptgerichte 11–18 AU$; ⊙ 10–16 & 17–21.30 Uhr) Das bescheidene, winzig kleine, hell erleuchtete Lokal in der Hauptstraße der Chinatown bietet ordentliches, mit viel Chili gewürztes thailändisches und laotisches Essen wie *pla dook yang* (ganzer gegrillter Wels). Das Essen gibt's auch zum Mitnehmen.

Spoon Deli Cafe
CAFÉ $$

(Karte S. 310; ☎ 07-3257 1750; www.spoondeli.com.au; Shop B3, 22 James St; Frühstück 7–20 AU$; Hauptgerichte 18–30 AU$; ⊙ Mo–Fr 6.30–18, Sa & So 7–17 Uhr) Das Personal des noblen Feinkostladens im James St Market serviert auch üppige Nudelgerichte, Suppen, Salate und riesige Panini und Lasagne-Stücke. Die frisch gepressten Säfte können glatt eine Mahlzeit ersetzen. In den Wandregalen stapeln sich feinste Produkte: Essig, Öl, Kräuter und leckere Mitbringsel. Der Anblick lässt einem das Wasser im Mund zusammenlaufen.

Sitar
INDISCH $

(Karte S. 310; ☎ 07-3254 0400; www.sitar.com.au; 69 James St; Hauptgerichte 12–25 AU$; ⊙ So–Fr 12–12, tgl. 18–21 Uhr; ☒) Das Restaurant in einem hübschen, alten Queenslander-Holzhaus ganz in Weiß befindet sich in einem ruhigen Abschnitt der James St. Auf der Karte stehen typisch indische Currys, Dals (aus Hülsenfrüchten), Naan- und Tandoori-Gerichte, von denen viele glutenfrei und rein vegetarisch sind. Sehenswert ist auch der verklärte Sitar-Spieler auf dem Bild über der Tür.

New Farm

Cafe Bouquiniste
CAFÉ $

(Karte S. 310; 121 Merthyr Rd; Hauptgerichte 8–12 AU$; ⊙ Mo–Fr 7.30–17, Sa 8.30–17, So 8.30–13 Uhr; ☒) Hinter einem winzigen, alten Schaufenster verbirgt sich dieses unkonventionelle Café mit Buchladen, das wesentlich mehr Charme als Platz hat. Der Kaffee ist fantastisch, die Bedienung freundlich, und die Preise für Frühstück, getoastete Sandwiches, pikante Quiches und köstliche Kuchen sind absolut in Ordnung. Unbedingt die Quiche mit Kürbis, Ziegenkäse und Salbei probieren!

Chouquette
CAFÉ, FRANZÖSISCH $

(Karte S. 310; ☎ 07-3358 6336; www.chouquette.com.au; 19 Barker St; Backwaren 2–10 AU$, 10 Chouquettes 3,50 AU$; ⊙ Mi–Sa 6.30–17, So 6.30–12.30 Uhr; ☒) Für viele Bewohner von New Farm ist dies die beste Konditorei außerhalb von Toulouse. Auch wenn vielleicht keiner von ihnen jemals in Toulouse war, haben sie doch völlig recht. Zum leicht nussig schmeckenden Kaffee gibt's eine Tüte voller *chouquettes* (kleines Brandteiggebäck mit Hagelzucker), ein feines Stück *tarte au citron* oder ein dick belegtes Baguette. Selbst das Personal scheint direkt aus Frankreich zu kommen.

Café Cirque CAFÉ $
(Karte S. 310; 618 Brunswick St; Hauptgerichte 14–17 AU$; 7–16 Uhr;) Das brummende Café serviert den ganzen Tag über Frühstück, das zu den besten der Stadt gehört. Neben starkem Kaffee gibt's auch Tagesgerichte sowie mittags belegte Brote und Feinschmeckersalate. Durch die großen Faltfenster des winzigen Lokals blickt man direkt auf die Straße.

Watt MODERN-AUSTRALISCH $$
(Karte S. 302; 07-3358 5464; www.wattrestaurant.com.au; Brisbane Powerhouse, 119 Lamington St; Hauptgerichte 9–25 AU$; Mo-Fr 9 Uhr–open end , Sa & So 8 Uhr–open end) Das lässige, luftige Lokal direkt am Fluss beim Brisbane Powerhouse serviert Salat mit Ente und süßem Chili, Rucola und Orangen sowie eine Pastete aus geräucherter Schweinshaxe mit Linsen und Gewürzgurken. Es gibt offenen Wein, und sonntagnachmittags legen regelmäßig DJs auf.

Himalayan Cafe NEPALESISCH $$
(Karte S. 310; 07-3358 4015; 640 Brunswick St; Hauptgerichte 15–25 AU$; Di-So 17.30–22 Uhr;) Das schlichte, mit Gebetsfahnen und farbenfrohen Kissen geschmückte Restaurant mit viel positivem Karma serviert typisch tibetische und nepalesische Gerichte wie *fhaiya darkau* (butterzartes Lamm mit Gemüse, Kokosmilch und Gewürzen). Und immer an das hauseigene Mantra denken: „Mögen positive Kräfte mit jedem Lebewesen dieser Erde sein"!

The Smoke BBQ BARBECUE $$
(Karte S. 310; 07-3358 1922; www.thesmokebbq.com.au; 85 Merthyr Rd; Hauptgerichte mittags 15–21 AU$, abends 25–37 AU$; Di-Sa 11.30–14 & 18–21 Uhr) Der Geruch von brennendem Hickoryholz erfüllt das kleine, geschäftige Restaurant, das typisch amerikanische Grillgerichte auf den Tisch bringt. Zu zarten Rippchen, geräucherten Schweinefleischstreifen und ganzen Hühnchen (mit Wodka-Barbecue-Sauce) gibt's natürlich Coleslaw, mit Käse überbackene Makkaroni und Pommes – getreu dem Insider-Witz: „Das Problem beim Grillen ist, dass man nach zwei oder drei Tagen schon wieder Hunger hat."

Pintxo SPANISCH $$
(Karte S. 310; 07-3333 2231; www.pintxo.com; 561 Brunswick St; Tapas 9–14 AU$, gemischte Platte 16–28 AU$; Sa & So 12–15, Mi-So 17.30 Uhr–open end) Der beste Platz in dem knallroten, zwanglosen spanischen Lokal ist an der Theke. Dort kann man sich von den vorbeigleitenden, frisch zubereiteten Tapas nehmen, oder man lässt sich eine gemischte Platte nach Wahl zusammenstellen. Darauf finden sich dann so hervorragende Köstlichkeiten wie in Pancetta gewickelte Krabben, gegrillte Chorizo-Wurst mit Süßkartoffeln oder Rindfleischbällchen mit Käsepolenta. Dazu gibt's spanische Sangria, Bier und offenen Wein.

Kangaroo Point & Umgebung

Cliffs Cafe CAFÉ $
(Karte S. 306; www.cliffscafe.com.au; 29 River Tce; Hauptgerichte 12–20 AU$; 7–17 Uhr) Das über eine steile Treppe erreichbare Café auf den Klippen gewährt einen tollen Blick auf den Fluss und Skyline der Stadt. In dem ungezwungen, offenen Pavillon werden saftige Burger, frittierter Barramundi mit Pommes, Salate, Desserts und guter Kaffee serviert.

Enoteca ITALIENISCH $$$
(Karte S. 302; 07-3392 4315; www.1889enoteca.com.au; 10-12 Logan Rd, Woolloongabba; Hauptgerichte 36–42 AU$; Di-Fr & So 12–14.30, Di-Sa 18 Uhr–open end) Das Lokal in einem prachtvollen Geschäftshaus von 1889 in Woolloongabba südlich des Stadtzentrums gehört zu den besten Restaurants Brisbanes. Auf der Karte stehen schlichte, typisch italienische Nudel-, Fisch- und Fleischgerichte, die einfach wunderbar sind. Selbst wer nichts essen und vielleicht nur eine Flasche Wein kaufen möchte, sollte einen Blick auf die hell erleuchtete Marmortheke werfen und sich den Glasschrank voller italienischer Weinbehältnisse ansehen.

Paddington

Il Posto ITALIENISCH $$
(Karte S. 318; 07-3367 3111; www.ilposto.com.au; 107 Latrobe Tce; Hauptgerichte 20–29 AU$; Di-So 12–16 & 17.30 Uhr–open end ;) Die original italienische Küche wird draußen auf der Veranda serviert (oder auch drinnen, wenn es zu heiß und schwül ist). Die Pizza gibt's entweder *rosse* oder *bianche* (mit oder ohne Tomatensoße als Unterlage), sie hat aber immer einen dünnen, knusprigen Boden. Großartiges Personal, Peroni-Bier vom Fass und sehr kinderfreundlich – eben typisch italienisch.

Ausgehen & Nachtleben

Brisbanes Nachtleben spielt sich vor allem in den Bars, Musikkneipen und Nachtclubs (für Heteros und Homosexuelle) von Fortitude Valley ab. Die meisten Clubs haben von Mittwoch bis Sonntag geöffnet, einige verlangen keinen Eintritt, andere bis zu 20 AU$. Schick anziehen und Personalausweis mitnehmen! Im CBD treffen sich die Angestellten zum Feierabendbierchen, während sich die Innenstadt-Schickeria in den coolen Bars des West End tummelt. Auch in New Farm gibt's ein paar trendige Bars, die aber zumeist fest in einheimischer Hand sind.

 Stadtzentrum

★**Super Whatnot** BAR
(Karte S. 306; www.superwhatnot.com; 48 Burnett La; ⊙Di–Sa 15 Uhr–open end) Die unkonventionelle Bar mit Zwischengeschoss und abgesenkter Lounge befindet sich in einer abgefahrenen Industriehalle in einer kleinen Gasse. Die Getränke: feine australische Biere aus der Flasche und Cocktails wie das Allheilmittel „Penicillin". Das Essen: amerikanische Kneipensnacks wie Hotdogs, Mini-Burritos und Nachos. Die Musik: Von Donnerstag bis Samstag legen DJs Funk, Soul und Hip-Hop auf, mittwochs treten akustische Livebands auf. Die perfekte Mischung!

Belgian Beer Cafe BAR
(Karte S. 306; www.belgianbeercafebrussels.com.au; Ecke Mary St & Edward St; ⊙11.30 Uhr–open end) Holzgetäfelte Wände und Lampen im Art-déco-Stil verleihen dem brummenden Laden den Charme des alten Europa. Im Biergarten hinter dem Haus wird der Feierabend begossen und Sport auf Großbildleinwänden geschaut. Es gibt jede Menge Bier von Hoegaarden und Leffe sowie nobles Bistroessen. Den Stevie Wonder aus den 1980er-Jahren sollte man nicht weiter beachten.

 West End

Archive Beer Boutique BAR
(Karte S. 314; www.archivebeerboutique.com.au; 100 Boundary St; ⊙11 Uhr–open end) Interessante Biere, interessante Leute, interessante Kneipe: Herzlich willkommen im Archiv der Bierkultur, wo die verschiedensten Sorten des edlen Gebräus vom Fass ausgeschenkt werden, z. B. das seltene Evil Twin West Coast Red Ale. Die Theke besteht aus Büchern (!), und das Essen (Steaks, Muscheln und Nudeln) ist auch ganz gut. Im Obergeschoss befindet sich das **Loft West End** (Karte S. 314; www.loftwestend.com), wo gediegene Cocktails und feineres Essen auf die Tische kommen.

The End BAR
(Karte S. 314; www.73vulture.com; 1/73 Vulture St; ⊙15–24 Uhr) Die moderne Kneipe in einem ehemaligen Industriebetrieb ist der Lieblingstreffpunkt der einheimischen Trendsetter-Szene. Es gibt Käseplatten, Morrissey vom Plattenteller, DJs und akustische Livemusik. Das süffige Blackstar Mocha Stout

---

ABSEITS DER ÜBLICHEN PFADE

D'AGUILAR NATIONAL PARK

Genug vom Stadtstress? Dann nichts wie ab in die Wildnis des 500 km² großen **Nationalparks** (www.nprsr.qld.gov.au/parks/daguilar; 60 Mount Nebo Rd, The Gap), der nur 10 km nordwestlich der Innenstadt liegt, aber Welten entfernt zu sein scheint. Im **Walkabout Creek Visitor Information Centre** (07-3512 2300; www.walkaboutcreek.com.au; Naturschutzzentrum Erw./Kind/Fam. 6,40/4,35/16 AU$; ⊙9–16.30 Uhr) am Eingang kann man sich mit Kartenmaterial eindecken. Hier befindet sich auch das **South East Queensland Wildlife Centre**, in dem man Schnabeltiere, Schildkröten, Eidechsen, Pythons und Gleitbeutler hautnah erleben kann. Außerdem gibt's noch eine kleine, begehbare Voliere und ein Café.

Die Wanderwege im Park sind von wenigen Hundert Metern bis zu 13 km lang. Besonders schön sind der 6 km lange Morelia Track beim Picknickplatz und der 4,3 km lange Greene's Falls Track am Mt. Glorious. Mountainbiken und Reiten sind ebenfalls möglich. Man kann im Park auch auf einem der abgeschiedenen **Campingplätze** im Busch (13 74 68; www.qld.gov.au/camping; 5,45 AU$/Pers.) übernachten.

Bus 385 (6,70 AU$, 30 Min.) fährt von der Roma St Station hierher. Der letzte Bus zurück in die Stadt fährt um 16.48 Uhr, am Wochenende schon um 15.53 Uhr.

SCHWULEN- & LESBENSZENE IN BRISBANE

Brisbanes Schwulen- und Lesbenszene kann natürlich nicht mit ihren grandiosen Schwestern in Sydney oder Melbourne mithalten, sie mag zwar klein sein, hat aber etwas für sich.

Das aktuelle Veranstaltungsprogramm sowie Interviews und Berichte finden sich im Internet unter **Q News** (www.qnews.com.au) und **Queensland Pride** (www.gaynewsnetwork.com.au). Zu den wichtigsten Veranstaltungen des Jahres gehören das **Queer Film Festival** (www.bqff.com.au) im Brisbane Powerhouse im April und das Brisbane Pride Festival (S. 312) im September, das alljährlich mehr als 25 000 Besucher anlockt. Der Höhepunkt ist der Pride Fair Day, der um die Mitte der Festivalzeit im New Farm Park stattfindet.

Der am längsten bestehende und am heißesten geliebte Schwulen- & Lesbentreff in Brisbane ist das **Wickham Hotel** (Karte S. 310; www.thewickham.com.au; 308 Wickham St; 10 Uhr–open end) in Fortitude Valley. In dem traditionellen Pub aus viktorianischer Zeit gibt's gute Musik zum Tanzen, Travestieshows und Tänzer. Weitere gute Szenetreffpunkte im Valley sind der schwulenfreundliche **Beat MegaClub** (Karte S. 310; www.thebeatmegaclub.com.au; 677 Ann St; Mo & Di 21–5, Mi–So 20–5 Uhr) und das **Family** (Karte S. 310; www.thefamily.com.au; 8 McLachlan St; Fr–So 21–5 Uhr), wo jeden Sonntag „Fluffy", die größte Schwulenparty Brisbanes, stattfindet. Etwas näher an der Innenstadt befindet sich das immer gut besuchte **Sportsman's Hotel** (Karte S. 306; www.sportsmanhotel.com.au; 130 Leichhardt St; 13 Uhr–open end), in dem sich vor allem schwule Arbeiter treffen.

(aus der örtlichen Kaffeerösterei) ist ein guter Seelentröster an einem verregneten Nachmittag.

Lychee Lounge — COCKTAILBAR
(Karte S. 314; www.lycheelounge.com.au; 94 Boundary St; So–Do 15–24 Uhr, Fr & Sa 15–1 Uhr) Über dem luxuriös-weichen Mobiliar dieser exotischen, stark asiatisch angehauchten Bar schweben makabre „Kronleuchter" aus Puppenköpfen. Bei gedämpfter Beleuchtung ertönt sanfte Musik aus den Lautsprechern, während man durch die riesigen Fenster das bunte Treiben draußen auf der Boundary St beobachten kann. Könnte so etwa eine Opiumhöhle aussehen?

Fortitude Valley

★ Alfred & Constance — BAR
(Karte S. 310; www.alfredandconstance.com.au; 130 Constance St; 10–3 Uhr) Wow! Die herrlich exzentrische Bar erstreckt sich über zwei alte Holzhäuser, die weit weg vom Epizentrum des Valley stehen. Zwischen der Hawaii-Bar, der Dachterrasse, dem Cafébereich und den verschiedenen Lounges treffen sich hier Anzugträger, Bauarbeiter mit Warnwesten, über und tätowierte Lesben und Surfer. Ebenso ungewöhnlich ist die Einrichtung mit Kronleuchtern, Skeletten, Surfbrettern und uralten Stereoanlagen. Herrlich!

Bowery — COCKTAILBAR
(Karte S. 310; www.thebowery.com.au; 676 Ann St; Di–So 17 Uhr–open end) Freiliegende Backsteinmauern, goldumrandete Spiegel, dunkle Nischen und schon etwas abgewetzte Bodendielen sorgen für ein bisschen Stil im ansonsten doch eher rustikalen Valley. Auf der Getränkekarte der schmalen, engen Bar stehen erstklassige Cocktails und Weine (zu den entsprechenden Preisen) und von Dienstag bis Donnerstag gibt's Live-Jazz oder andere Musik. An den Wochenenden legen DJs auf.

Press Club — COCKTAILBAR
(Karte S. 310; www.pressclub.net.au; 339 Brunswick St; Di–So 17 Uhr–open end) Die „sandigen" Farben der Wüste, Ledersofas, bequeme Ottomanen, funkelnde Kronleuchter und Stofflampions lassen diese Bar wie einen vornehmen marokkanischen Salon wirken, allerdings nicht ohne einen Touch Raumschiffatmosphäre à la *Star Wars*. Donnerstags wird Livemusik gespielt (Jazz, Funk, Country-Rock), am Wochenenden legen DJs auf.

Cru Bar & Cellar — WEINBAR
(Karte S. 310; www.crubar.com; 22 James St; Mo–Fr 11 Uhr–open end, Sa & So 10 Uhr–open end) Das sehr noble (und teure) Lokal hat eine schwindelerregende Auswahl von Weinen, die im Glas, als ganze oder halbe Flaschen

ausgeschenkt werden, sowie eine glänzende Marmortheke, große Faltfenster zur Straße hinaus und stolzes, sehr selbstbewusstes Personal.

Cloudland — CLUB
(Karte S. 310; www.katarzyna.com.au/venues/cloudland; 641 Ann St; ⊙ Do & Fr 17 Uhr-open end, Sa & So 12 Uhr-open end) Der Club, der sich über mehrere Etagen erstreckt, wirkt wie ein surrealer Regenwald: Die riesige Eingangshalle mit Glasschiebedach ist voller Pflanzen, an einer Wand ergießt sich ein Wasserfall und überall befinden sich kleine Nischen, die wie riesige Vogelkäfige aus Schmiedeeisen aussehen. Auch als Nichtclubber sollte man tagsüber einen Blick durchs Fenster in das außergewöhnliche Lokal werfen.

Oh Hello — CLUB
(Karte S. 310; www.ohhello.com.au; 621 Ann St; ⊙ Do-Sa 21-5 Uhr) Ja hallo! Schön, dich hier zu treffen! Dieser gesellige Club ist perfekt für alle, die das Club-Konzept eigentlich sehr gut, die Wirklichkeit aber oft etwas enttäuschend finden. Der Laden ist so zwanglos, dass man problemlos sogar mit T-Shirt reinkommt, bietet eine grandiose Auswahl von Bieren kleiner Brauereien, und das junge Publikum ist cool, aber nicht allzu eingebildet.

Birdees — CLUB
(Karte S. 310; www.birdees.com.au; 608 Ann St; ⊙ Mo-Do 16 Uhr-open end, Fr & Sa 12-5, So 12 Uhr-open end) Der Club im weitläufigen Gebäudekomplex des Bunk Backpackers ist – wie sollte es anders sein? – immer voller feierwütiger Rucksacktraveller. Und das ist sehr unterhaltsam! Im Aviary im Obergeschoss findet jeden Donnerstag ein Comedy-Abend statt.

Electric Playground — CLUB
(Karte S. 310; www.electricplayground.com.au; 27 Warner St; ⊙ Fr & Sa 21-5 Uhr) Die Grundsteinlegung der ehemaligen Kirche erfolgte 1906 noch „zur Ehre Gottes", doch heute wird dem Gott der Musik gehuldigt. Wem das zu kompliziert ist, der geht einfach hinein ins Electric Playground und genießt freitags und samstags göttlich gute Unterhaltung bis tief in die Nacht. Noch weit weniger fromm geht es direkt daneben im **Church** (Karte S. 310; www.thechurchnightclub.com.au; 25 Warner St; ⊙ Fr & Sa 21-5 Uhr) zu, in dem man ebenfalls bis weit in den Morgen hinein feiern kann.

🍷 New Farm & Umgebung

Gertie's — BAR
(Karte S. 310; www.gerties.com.au; 699 Brunswick St, New Farm; ⊙ Di-Fr 16-24, Sa 15-24, So 14-24 Uhr) Hinter den Faltfenstern der vornehmen Bar scheinen ständig ganze Gruppen junger, gut aussehender Stadtbewohnerinnen an ihren Cocktails zu nippen. Man könnte fast meinen, die Inhaberin bezahlt sie dafür… Doch auch ohne diesen hübschen Anblick ist das Lokal mit gedämpfter Beleuchtung, sanfter Soulmusik im Hintergrund und alten Fotos an den Wänden ideal, um günstig etwas zu trinken oder einen Teller Spaghetti mit einem Glas Wein zu genießen.

Bar Alto — BAR
(Karte S. 302; www.baralto.com.au; Brisbane Powerhouse, 119 Lamington St, New Farm; ⊙ Di-So 11 Uhr-open end) Die schicke Restaurant-Bar im Obergeschoss des kunstvollen Powerhouse hat einen riesigen Balkon mit massiven Holztischen, der zu jeder Zeit des Tages einen grandiosen Blick auf den Fluss bietet.

Breakfast Creek Hotel — KNEIPE
(Karte S. 302; www.breakfastcreekhotel.com; 2 Kingsford Smith Dr, Albion; ⊙ 10 Uhr-open end) Der historische Pub von 1889 ist eine Institution in Brisbane. In dem Gebäude im üppigen Stil der französischen Renaissance befinden sich mehrere Bars und Restaurantbereiche sowie ein Biergarten und eine „Privatbar" im Art-déco-Stil, wo das Bier noch aus Holzfässern gezapft wird. In der stilvollen Bar *Substation No 41* gibt's tolle Cocktails und legendäre Steaks.

🍷 Petrie Terrace

Cabiria — BAR
(Karte S. 314; www.cabiria.com.au; 6 The Barracks, 61 Petrie Tce; ⊙ Mo-Fr 7-11 & 12-14.30, Di-Sa 17 Uhr-open end) In der ehemaligen Polizeikaserne der Stadt befinden sich jetzt erstklassige Bars und Restaurants, von denen das schicke Cabiria am besten ist. Die stimmungsvolle Bar mit minimalistischer Ausstattung, großen Spiegeln und gedämpfter Beleuchtung hat 35 verschiedene Tequila-Sorten im Ausschank. Dazu gibt's sagenhafte Sandwiches im New York Style.

Normanby Hotel — KNEIPE
(Karte S. 314; www.thenormanby.com.au; 1 Musgrave Rd; ⊙ 10-15 Uhr) Der hübsche Pub in einem Backsteinhaus von 1889 am Ende der Petrie Terrace hat auch einen Biergarten mit

riesigem Feigenbaum. Bei den „Sunday Sessions" wird mit viel Alkohol und ausgelassener Stimmung das Wochenende zu Grabe getragen.

Paddington

Lark BAR
(Karte S. 318; ☏ 07-3369 1299; www.thelark.com.au; 1/267 Given Tce; ⊙ Mo & Mi-Fr 16-24, Sa 13-24, So 13-22 Uhr) In einem gemütlichen Backsteinreihenhaus werden auf zwei Etagen raffinierte Drinks und kreative Fusion-Küche serviert. Auf den gemischten Tapas-Platten (11-28 AU$) finden sich Köstlichkeiten wie kleine Hamburger mit Wagyu-Rindfleisch und mit Parmesan überbackene Pilze, die mit Wein aus aller Welt, Bier aus kleinen Brauereien oder einem Cocktail wie dem Cherry Bourbon Smash hinuntergespült werden. Absolut genial!

Kangaroo Point & Umgebung

Story Bridge Hotel KNEIPE
(Karte S. 306; www.storybridgehotel.com.au; 200 Main St, Kangaroo Point; ⊙ 9 Uhr-open end) Der schöne Pub von 1886 unter der berühmten Brücke in Kangaroo Point hat auch einen Biergarten und ist der ideale Ort, um sich nach einem langen Tag in der Stadt bei einem Bierchen zu entspannen. Der Innenraum ist in verschiedene Trink- und Essbereiche aufgeteilt. Sonntags gibt's ab 15 Uhr Livejazz.

Canvas WEINBAR
(Karte S. 302; www.canvasclub.com.au; 16b Logan Rd, Woolloongabba; ⊙ Di-Fr 15-24, Sa & So 11.30 Uhr-open end) Das kleine, trendige, pseudokünstlerische Lokal befindet sich in unmittelbarer Nähe zum Gabba Cricket Ground und inmitten einer Straße voller aufstrebender Restaurants, Bars und Antiquitätenläden. Vor dem Hintergrund skurriler Wandmalereien mixt der schnauzbärtige Barkeeper Cocktails, beispielsweise den „Guerilla Warfare".

Unterhaltung

In Brisbane finden regelmäßig Konzerte der Musikgrößen aus aller Welt statt, und in den Nachtclubs der Stadt legen erstklassige DJs auf. Die Theater, Kinos und Bühnen der darstellenden Künste gehören zu den größten und besten in ganz Australien.

Über Veranstaltungen informieren kostenlose Magazine wie **Time Off** (www.timeoff.com.au) und **Scene** (www.scenemagazine.com.au), während *Q News* (S. 324) die Schwulen- und Lesbenszene im Blick hat. Auch in der Tageszeitung **Courier-Mail** (www.news.com.au/couriermail) und der Online-Zeitung **Brisbane Times** (www.brisbanetimes.com.au) finden sich die Termine von Kunstereignissen und anderen Veranstaltungen.

Die landesweit vertretene Agentur **Ticketek** (Karte S. 306; ☏ 13 28 49; www.ticketek.com.au; Ecke Elizabeth St & George St; ⊙ 9-17 Uhr) verkauft Eintrittskarten für alle großen Veranstaltungen, Sportereignisse und Aufführungen. Karten für exklusivere Kunstveranstaltungen sind bei **Qtix** (☏ 13 62 46; www.qtix.com.au) erhältlich.

Kino

Palace Barracks KINO
(Karte S. 314; www.palacecinemas.com.au; 61 Petrie Tce, Petrie Terrace; Erw./Kind 17,50/13 AU$; ⊙ 10 Uhr-open end) Das noble Kino mit sechs Sälen im Barracks Centre in der Nähe der Roma St Station zeigt die großen Hollywood-Streifen, aber auch alternative Filme. Es gibt auch eine Bar.

Palace Centro KINO
(Karte S. 310; www.palacecinemas.com.au; 39 James St, Fortitude Valley; Erw./Kind 17,50/13 AU$; ⊙ 10 Uhr-open end) Das Programmkino in der James St zeigt anspruchsvolle Filme und veranstaltet Ende März bzw. Anfang April ein französisches Filmfestival.

Event Cinemas KINO
(Karte S. 306; www.eventcinemas.com.au; Level 3, Myer Centre, Elizabeth St; Erw./Kind 17/12,50 AU$;

KINO IM MONDSCHEIN

Zu den schönsten Möglichkeiten, einen warmen Sommerabend in Brisbane zu verbringen, gehört es, den Picknickkorb zu packen und mit Freunden ins Freiluftkino zu gehen. Von Dezember bis Februar findet das **Moonlight Cinema** (Karte S. 302; www.moonlight.com.au; Brisbane Powerhouse, 119 Lamington Rd, New Farm; Erw./Kind 16/12 AU$; ⊙ Mi-So 19 Uhr) im New Farm Park in der Nähe des Brisbane Powerhouse statt. Von Mittwoch bis Sonntag werden jeweils ab 19 Uhr die neuesten Filme, unabhängige Produktionen und Kultklassiker gezeigt. Der Ticketverkauf beginnt in der ersten Novemberwoche.

10 Uhr–open end) Über die Leinwand des Kinos in der Einkaufspassage der Queen St flimmern die großen, aktuellen Kassenschlager.

Livemusik

Lock 'n' Load
LIVEMUSIK

(Karte S. 314; www.locknloadbistro.com.au; 142 Boundary St, West End; Mo–Fr 10 Uhr–open end, Sa & So 7 Uhr–open end) Das brodelnde Kneipenrestaurant über zwei holzvertäfelte Stockwerke ist immer voller fröhlicher Musikfans. Die Bands auf der kleinen Bühne im vorderen Bereich spielen Jazz und eigene Kreationen. Nach einer langen Musiknacht kann man gleich am nächsten Morgen zum Katerfrühstück mit gegrillten Sardinen wiederkommen.

Hi-Fi
LIVEMUSIK

(Karte S. 314; www.thehifi.com.au; 125 Boundary St, West End) In dem modernen, sehr minimalistischen Rockcafé hat man überall einen freien Blick auf die Bühne, wo talentierte Musiker aus der Region und der ganzen Welt auftreten, u. a. waren schon Gin Blossoms und Suicidal Tendencies dabei. Im vorderen Bereich befindet sich die nostalgische Vinyl-Bar.

Zoo
LIVEMUSIK

(Karte S. 310; www.thezoo.com.au; 711 Ann St, Fortitude Valley; Mi–So 19.30 Uhr–open end) Die seit 1992 bestehende Musikkneipe hat zuletzt etwas Terrain an das Hi-Fi verloren, ist aber immer noch ein toller Ort, um Rock, Hip-Hop, akustische Musik, Reggae und Electronic – zumeist von jungen Talenten aus der Region – zu hören.

Brisbane Jazz Club
JAZZ

(Karte S. 306; 07-3391 2006; www.brisbanejazzclub.com.au; 1 Annie St, Kangaroo Point; Do–Sa 18.30–23, So 17.30–21.30 Uhr) Der winzige Jazz-Schuppen direkt am Fluss ist seit 1972 Brisbanes Maß aller Dinge in Sachen Jazz. Ausnahmslos alles, was in der Szene Rang und Namen hat, nutzt den Aufenthalt in der Stadt für einen Auftritt in diesen heiligen Mauern. Der Eintritt kostet zwischen 12 und 20 AU$.

Tivoli
MUSIK & COMEDY

(Karte S. 302; www.thetivoli.net.au; 52 Costin St, Fortitude Valley) Auf der Bühne des vor Kurzem komplett renovierten, eleganten Oldtimers im Art-déco-Stil von 1917 stehen regelmäßig Stars aus aller Welt wie Nick Cave und Noel Gallagher, aber auch junge australische Bands wie Parkway Drive und The Cat Empire sowie erstklassige Komiker.

Theater & Comedy

Brisbane Powerhouse
THEATER

(Karte S. 302; www.brisbanepowerhouse.org; 119 Lamington St, New Farm) Hier kommen hoch gelobte Theater-, Musik-, Comedy- und Tanzvorstellungen mit australischen und ausländischen Künstlern auf die Bühne. Viele der zahlreichen Veranstaltungen hier sind zudem kostenlos, und es lohnt sich auch, einfach nur in eine der coolen Restaurant-Bars zu kommen und den traumhaften Blick auf den Brisbane River zu genießen.

Judith Wright Centre of Contemporary Arts
THEATER

(Karte S. 310; www.judithwrightcentre.com; 420 Brunswick St, Fortitude Valley;) Das mittelgroße Theater mit maximal 300 Sitzplätzen präsentiert kreative und äußerst innovative Aufführungen mit modernem Tanz und Weltmusik, indigenem Schauspiel, Zirkus und visueller Kunst.

Metro Arts Centre
THEATER

(Karte S. 306; www.metroarts.com.au; Level 2, 109 Edward St) Das künstlerische Theater in der Innenstadt zeigt Kleinkunst, Schauspiele aus der Region, Tanz- und Kunstshows. Ein herrlicher Ort, um die vielen kreativen Talente und unkonventionellen, skurrilen, grenzwertigen, avantgardistischen oder einfach nur verrückten Seiten von Brisbane kennenzulernen!

Queensland Performing Arts Centre
THEATER

(QPAC; Karte S. 306; www.qpac.com.au; Queensland Cultural Centre, Ecke Grey St & Melbourne St, South Bank; Kasse Mo–Sa 9–20.30 Uhr) Im größten und besten Kulturzentrum der Stadt gibt es drei Bühnen, auf denen Konzerte, Theaterstücke, Tanzvorführungen und Darbietungen aller Art stattfinden, von Flamenco über australisches Ballett bis hin zu Remakes der *West Side Story*.

Paddo Tavern
COMEDY

(Karte S. 314; www.standup.com.au; 186 Given Tce, Paddington; 10 Uhr–open end) Wenn man eine Autowaschanlage mit dem benachbarten Supermarkt kreuzt, kommt wahrscheinlich so etwas wie dieser hässliche Pub heraus, der zu allem Überfluss wie ein Saloon aus dem Wilden Westen mit Stetson-Hüten, Sätteln und alten Flinten an den Wänden ausgestattet ist. Doch hier treten die besten

Komiker auf. Die genauen Termine sind auf der Homepage zu finden.

Sport

Wie die meisten Australier sind auch die Einwohner von Brisbane verrückt nach Sport. Regionale und internationale Cricket-Mannschaften stehen sich im Gabba (Brisbane Cricket Ground; Karte S. 302; www.thegabba.org.au; 411 Vulture St, Woolloongabba) im Süden von Kangaroo Point gegenüber. Die Cricket-Saison dauert von Oktober bis März. Wer keine Ahnung von Cricket hat, sollte für den Anfang zu einem „Twenty20"-Spiel gehen, der rasantesten und aufregendsten Spielform.

Im Gabba tragen auch die Footballer der Brisbane Lions ihre Heimspiele aus. Nachdem die Mannschaft Anfang der 2000er-Jahre die Australian Football League (AFL; www.afl.com.au) klar dominierte, ist sie in letzter Zeit nicht mehr so erfolgreich. Die Football-Saison dauert von März bis September und gespielt wird zumeist abends bei Flutlicht.

Ein ebenso großer Zuschauersport in Brizzy ist Rugby League. Die Brisbane Broncos der National Rugby League (NRL; www.nrl.com.au) nutzen für ihre Heimspiele im Winter das Suncorp Stadium (Karte S. 314; www.suncorpstadium.com.au; 40 Castlemaine St, Milton) in Milton (zwischen Petrie Terrace und Paddington).

Im Suncorp Stadium spielen auch die Fußballer der Queensland Roar, die Mitglied der A-League (www.aleague.com.au) sind und in den letzten Jahren immer mehr Zuschauer angelockt haben. Die australische Fußballsaison dauert in etwa von August bis Februar.

Shoppen

In der Queen St Mall und im Myer Centre des CBD befinden sich Filialen der großen Kaufhausketten, noble Markengeschäfte und die obligatorischen Ramschläden für Touristen.

Stadtzentrum

Archives Fine Books BÜCHER

(Karte S. 306; www.facebook.com/archivesfinebooks; 40 Charlotte St; Mo-Fr 10-19, Sa 9-17, So 11-17 Uhr) In dem Buchladen mit den knarrenden Holzdielen kann man wirklich stundenlang stöbern, denn in den wackeligen Regalen stehen Tausende gebrauchter Bücher.

West End

★**Egg Records** MUSIK

(Karte S. 314; www.eggrecords.com.au; 79 Vulture St; Mo-Fr 9.30-17.30, Sa & So 9.30-16 Uhr) Die bestens sortierte Kollektion von LPs, CDs und fantastisch kitschigen Erinnerungsstücken ist ein Muss für alle, die auch nur ein bisschen Sammelleidenschaft im Blut haben. Unmengen gebrauchter Schallplatten und CDs, T-Shirts mit Heavy-Metal-Aufdruck und eine Armee von Plastikfiguren von *Doctor Who*, der Helden von *Star Wars* und Evel Knievel komplettieren das Angebot. Der helle Wahnsinn!

South Bank

Title BÜCHER

(Karte S. 306; www.titlespace.com; 1/133 Grey St; Mo-Sa 10-18, So 10-16 Uhr) Bücher über unkonventionelle und alternative Kunst, Musik, Fotografie und Filme sowie Schallplatten, CDs und DVDs - genau die richtige Dosis subversiver Rebellion, die in South Bank gefehlt hat. Hier findet man endlich die *Centennial Collection* zum 100. Geburtstag von Woody Guthrie. In Fortitude Valley gibt's auch eine Filiale (Karte S. 310; 60 James St; Mo-Sa 10-18, So 10-16 Uhr).

Fortitude Valley

★**in.cube8r gallery** GESCHENKE, GALERIE

(Karte S. 310; www.incube8r.com.au; 648 Brunswick St; Di & Mi 10-17, Do & Fr 11-18, Sa 10-18, So 11-15 Uhr) Die Künstlerkooperative zur Unterstützung einheimischer Talente präsentiert die Arbeiten von 90 Kunstschaffenden, die hier einen kleinen Raum mieten können, um ihre Werke auszustellen und zu verkaufen. Drucke, Kinderkleidung, Lampenschirme aus Eierkartons, Schmuck aus Treibholz, Keramik, Ölgemälde, Glaswaren, Lego-Ohrringe - hier gibt's nichts, was es nicht gibt.

Trash Monkey BEKLEIDUNG & ACCESSOIRES

(Karte S. 310; www.trashmonkey.com.au; 9/8 Duncan St; Mo-Mi 10-19, Do-Sa 10-21, So 10-17 Uhr) Chaotische Gegenkultur im Valley! Hierher kommen Grufties, Skater, Punks, Alt-Rocker und Rockabilly-Rebellen, um sich mit den passenden Schuhen, T-Shirts, Mützen, Nylonstrümpfen, Kostümierungen, Socken, Gürteln und Hütchen einzudecken, die nicht selten mit Tattoo-Motiven versehen sind.

DIE BESTEN MÄRKTE IN BRISBANE

Jan Powers Farmers Market (Karte S. 302; www.janpowersfarmersmarkets.com.au; Brisbane Powerhouse, 119 Lamington St, New Farm; 2. & 4. Sa des Monats 6–12 Uhr) Schon mal lila Karotten oder blaue Bananen gesehen oder gar probiert? Auf dem fantastischen Bauernmarkt mit mehr als 120 Ständen gibt's genau diese und viele weitere ungewöhnliche Produkte, aber natürlich auch ganz normale Blumen, Käsesorten, Kaffeemischungen und Fischarten. Hin kommt man mit der CityCat-Fähre.

Davies Park Market (Karte S. 314; www.daviesparkmarket.com.au; Davies Park, West End; Sa 6–14 Uhr) Der Hippie-Markt unter dem Blätterdach riesiger Feigenbäume direkt am Ufer bietet Lebensmittel aus biologischem Anbau, Feinschmeckerfrühstück, Kräuter und Blumen, Trödel und Straßenmusik.

Brisbane Valley Markets (Karte S. 310; www.brisbane-markets.com.au/brisbane-valley-markets.html; Brunswick St Mall & Duncan St Mall, Fortitude Valley; Sa 8–16, So 9–16 Uhr) Auf dem bunten Markt, der sich über die Einkaufspassagen der Brunswick St und der Duncan St in der Chinatown von Fortitude Valley erstreckt, lassen sich Kunsthandwerk, Klamotten, Bücher, Platten und CDs, Lebensmittel und Kreationen junger Designer erstehen.

Blonde Venus BEKLEIDUNG
(Karte S. 310; www.blondevenus.com.au; Shop 3, 181 Robertson St; Mo–Sa 10–18, So 11–16.30 Uhr) Dies ist eine der besten Boutiquen der Stadt, die schon seit mehr als 20 Jahren eine hervorragend zusammengestellte Auswahl von unabhängigen und noblen Modemarken im Sortiment hat.

Paddington

Retro Metro BEKLEIDUNG
(Karte S. 318; 27 Latrobe Tce; Mo–Sa 10–17, So 11–16 Uhr) Mit seiner ausgezeichneten Auswahl schöner, alter Klamotten und Accessoires sticht der Laden aus der von Boutiquen gesäumten Hauptstraße von Paddington deutlich heraus. Das Sortiment reicht von Cowboystiefeln über Anzüge, Cocktailkleider und Handtaschen bis hin zu Schmuck, Schallplatten, T-Shirts mit Aufdrucken von Rockbands der 1980er-Jahre, Sonnenbrillen, Vasen, Aschenbecher und allen möglichen anderen Dingen.

Paddington Antique Centre ANTIQUITÄTEN
(Karte S. 318; www.paddingtonantiquecentre.com.au; 167 Latrobe Tce; 10–17 Uhr) Das größte Antiquitätengeschäft der Stadt befindet sich in einem ehemaligen Theater von 1929. Hier haben sich mehr als 50 Händler angesiedelt, die allen möglichen historischen Kram und Trödel anbieten: Bekleidung, Schmuck, Puppen, Bücher, Hawaii-Hemden aus den 1960er-Jahren, Lampen, Musikinstrumente, Spielzeug und Wehrmachtshelme aus dem Zweiten Weltkrieg.

Praktische Informationen

GELD

American Express (1300 139 060; www.americanexpress.com; 260 Queen St; Mo–Do 8.30–16, Fr 9–17 Uhr) Befindet sich in der Westpac-Bank.

Travelex (07-3210 6325; www.travelex.com.au; Shop 149F, Myer Centre, Queen St Mall; Mo–Do & Sa 9–17, Fr 9–20, So 10–16 Uhr) Tauscht Geld um.

INTERNETZUGANG

Brisbane Square Library (www.brisbane.qld.gov.au/; 266 George St; Mo–Do 9–18, Fr 9–15, Sa 6 So 10–15 Uhr) Kostenlose Internet-Terminals und Gratis-WLAN.

IYSC (1. Stock, 150 Adelaide St; Mo–Fr 8.30–18.30, Sa 10–17 Uhr) Günstiges Surfen an Terminals in der Innenstadt.

State Library of Queensland (www.slq.qld.gov.au; Stanley Pl, South Bank; Mo–Do 10–20, Fr–So 10–17 Uhr) Hier gibt es schnelle Internet-Terminals (max. 20 Min.) und kostenloses WLAN.

MEDIZINISCHE VERSORGUNG

CBD Medical Centre (07-3211 3611; www.cbdmedical.com.au; 1. Stock, 245 Albert St; Mo–Fr 7.30–19, Sa 8.30–17, So 9.30–16 Uhr) Allgemeinmedizinische Versorgung und Impfungen.

Pharmacy on the Mall (07-3221 4585; www.pharmacies.com.au/pharmacy-on-the-mall; 141 Queen St; Mo–Do 7–19, Fr 7–21.30, Sa 8–21, So 8.30–18 Uhr)

Royal Brisbane & Women's Hospital (07-3636 8111; www.health.qld.gov.au/rbwh; Ecke Butterfield St & Bowen Bridge Rd, Herston) Die Unfallstation ist rund um die Uhr geöffnet.

Travellers' Medical & Vaccination Centre (TMVC; 07-3815 6900; www.traveldoctor.com.au; 75a Astor Tce, Spring Hill; Mo, Do & Fr 8.30–17, Di 8.30–20, Mi 9–17, Sa 8.30–12 Uhr) Reisemedizinischer Dienst.

NOTFALL

Polizei, Feuerwehr & Krankenwagen (000) Brisbanes Hauptpolizeiwache ist im Stadtzentrum (200 Roma St) angesiedelt. Eine weitere rund um die Uhr besetzte Polizeiwache ist an der Ecke Wickham St und Brookes St in Fortitude Valley zu finden.

Lifeline (13 11 14; www.lifeline.org.au) Beratung in Krisensituationen.

RACQ (Karte S. 306; 13 11 11; www.racq.com.au) Leistet Auto- und Motorradfahrern Pannenhilfe.

POST

Hauptpost (GPO; Karte S. 306; www.auspost.com.au; 261 Queen St; Mo–Fr 7–18, Sa 10–13.30 Uhr)

TOURISTENINFORMATION

Brisbane Visitor Information Centre (Karte S. 306; 07-3006 6290; www.visitbrisbane.com.au; Queen St Mall; Mo–Do 9–17.30, Fr 9–19, Sa 9–17, So 10–17 Uhr) In dem tollen Büro bekommt man sämtliche Infos, die man für Brisbane braucht.

South Bank Visitor Information Centre (Karte S. 306; www.visitsouthbank.com.au; Stanley St Plaza, South Bank; 9–17 Uhr) Alle Infos zu South Bank sowie Buchungsservice für Unterkünfte, geführte Touren, Transportmittel und Tickets für Veranstaltungen.

ⓘ An- & Weiterreise

Das Brisbane Transit Centre im Komplex der Roma St Station gut 500 m nordwestlich des Zentrums ist nicht nur Haupt- und Busbahnhof, sondern auch die Buchungszentrale für alle Fernbusse, Züge und Citytrain-Verbindungen. Der zweite wichtige Bahnhof ist Central Station.

AUTO & MOTORRAD

Durch Brisbane führen fünf große Schnellstraßen (M1 bis M5), die von **Queensland Motorways** (13 33 31; www.qldmotorways.com.au) unterhalten werden. In Nord-Süd-Richtung fährt man auf der gebührenpflichtigen Gateway Motorway (M1) um das Stadtzentrum herum (zum Zeitpunkt der Recherche betrug die Maut 4,13 AU$, die im Voraus oder hinterher bezahlt werden kann. Den aktuellen Stand kann man auf der Homepage ermitteln).

Autovermietung

Die Büros der großen Autovermietungen **Avis** (www.avis.com.au), **Budget** (www.budget.com.au), **Europcar** (www.europcar.com.au), **Hertz** (www.hertz.com.au) und **Thrifty** (www.thrifty.com.au) befinden sich am Flughafen und in der Innenstadt.

Zu den kleineren Unternehmen mit Büros in der Nähe des Flughafens (und einem Shuttle-Dienst zwischen Flughafen und Stadt) gehören:

Ace Rental Cars (1800 620 408; www.acerentals.com.au; 330 Nudgee Rd, Hendra)

Apex Rental Cars (1800 121 029; www.apex-rentacar.com.au; 400 Nudgee Rd, Hendra)

East Coast Car Rentals (1800 028 881; www.eastcoastcarrentals.com.au; 504 Nudgee Rd, Hendra)

BUS

Brisbanes Hauptbusbahnhof und Buchungszentrale für Fernbusse befindet sich im **Brisbane Transit Centre** (Karte S. 306; www.brisbanetransitcentre.com.au; Roma St). Hier haben auch **Greyhound** (www.greyhound.com.au) und **Premier Motor Service** (www.premierms.com.au) ihre Buchungsschalter.

Von Brisbane fahren Fernbusse nach Sydney (185 AU$, 16–18 Std.), Melbourne (210 AU$, 40 Std.) und Cairns (305 AU$, 30 Std.).

Nach Byron Bay im Süden starten die Busse von **Byron Easy Bus** (www.byroneasybus.com.au) viermal täglich am Flughafen von Brisbane (52 AU$, 3 Std.) und am Brisbane Transit Centre (38 AU$).

FLUGZEUG

Brisbane Airport (www.bne.com.au) liegt etwa 16 km nordöstlich der Innenstadt in Eagle Farm. Zwischen dem internationalen und nationalen Terminal, die 2 km voneinander entfernt sind, verkehrt der Airtrain (S. 331). Die Fahrt von einem Terminal zum anderen kostet 5 AU$.

Die wichtigsten Fluggesellschaften, die Brisbane mit anderen Orten der Ostküste verbinden, sind:

Qantas (www.qantas.com.au)

Virgin Australia (www.virginaustralia.com.au)

Jetstar (www.jetstar.com.au)

Tiger Airways (www.tigerairways.com.au)

ZUG

Brisbanes Hauptbahnhof ist die Roma St Station und befindet sich praktisch im gleichen Gebäudekomplex wie das Brisbane Transit Centre. Für Infos und Reservierungen wendet man sich am besten an das **Queensland Rail Travel Centre** (1800 872 467; www.queenslandrail.com.au; Concourse Level, 305 Edward St; Mo–Fr 8–17 Uhr) in der Central Station.

Folgende Fernreisezüge fahren von Brisbane in die Orte der Ostküste:

NSW TrainLink nach Sydney
Spirit of Queensland nach Cairns

Sunlander über Townsville nach Cairns
Tilt Train nach Cairns

ⓘ Unterwegs vor Ort

AUTO & MOTORRAD

In vielen Straßen des CBD und der Innenstadtviertel kann man nur gegen Gebühr bis zu zwei Stunden parken. Dabei sollte man unbedingt die Schilder beachten, denn die Politessen der Stadt kennen keine Gnade. Rund um South Bank und West End ist Parken günstiger als im Zentrum, und abends ist es selbst im CBD kostenlos.

VOM/ZUM FLUGHAFEN

Vom Flughafen Brisbane fahren von 5.45 bis 22 Uhr alle 15 bis 30 Minuten **Airtrain**-Züge (www.airtrain.com.au) nach Fortitude Valley, zur Central Station, Roma St Station bzw. zum Brisbane Transit Centre und zu weiteren wichtigen Zielen (einfache Strecke/hin & zurück 16/30 AU$). Die Züge fahren auch alle 30 Minuten von den Citytrain-Haltestellen an der Gold Coast zum Flughafen Brisbane (einfache Strecke 37 AU$).

Die regelmäßig zwischen dem Flughafen und dem CBD verkehrenden Shuttle-Busse von **Con-x-ion Airport Transfers** (www.con-x-ion.com.au) holen ihre Passagiere direkt vom Hotel ab (einfache Strecke/hin & zurück 20/36 AU$). Infos zu den Verbindungen zwischen dem Flughafen und den Hotels an der Gold Coast und Sunshine Coast finden sich im Internet.

Eine Taxifahrt von der Innenstadt zum Flughafen kostet 35 bis 45 AU$.

ÖFFENTLICHE VERKEHRSMITTEL

Das ausgezeichnete öffentliche Verkehrsnetz mit Bus, Bahn und Fähre wird von **TransLink** (☏ 13 12 30; www.translink.com.au) betrieben. Die Büros des **Transit Information Centre** befinden sich in der Central Station (Ecke Edward St und Ann St) und in der Roma St Station (im Brisbane Transit Centre). Auch im Brisbane Visitor Information Centre (S. 330) erhält man Infos zum öffentlichen Nahverkehr.

Fahrpreise Der Preis für Bus, Bahn oder Fähre richtet sich nach der jeweiligen Zone: Die meisten Innenstadtviertel liegen in Zone 1, sodass eine einfache Fahrt hier 5,20 bzw. 2,60 AU$ für einen Erwachsenen bzw. ein Kind kostet. Die Fahrscheine in Zone 2 kosten 6,10 bzw. 3,10 AU$. Günstiger ist es mit der „Go Card".

NightLink Zusätzlich zu den beschriebenen Transportmittel verkehren nachts die Busse, Bahnen und Taxis von NightLink zu festen Tarifen zwischen der Innenstadt und Fortitude Valley. Ausführliche Informationen lassen sich unter www.translink.com.au abrufen.

Bus

Zu Translink gehören auch die kostenlosen Busse des **City Loop** und des **Spring Hill Loop**, die an Werktagen zwischen 7 und 18 Uhr alle zehn Minuten im CBD und in Spring Hill verkehren.

Die wichtigsten Haltestellen der Stadtbusse sind die unterirdische **Queen St Bus Station** (Karte S. 306) und die **King George Sq Bus Station** (Karte S. 306). Die meisten Busse halten auch an mehreren Stellen der Adelaide St zwischen George St und Edward St.

Im Allgemeinen verkehren die Stadtbusse montags bis freitags von 5 bis 23 Uhr alle zehn bis 30 Minuten, ebenso am Samstagvormittag, dann aber erst ab 6 Uhr. Zu anderen Zeiten fahren sie weniger häufig und sonntags ab 21 Uhr bzw. werktags ab 24 Uhr überhaupt nicht mehr.

Schiff/Fähre

Neben den schnellen CityCat-Booten (S. 309) verkehren die **Cross River Ferries** von Translink zwischen Kangaroo Point und dem CBD sowie New Farm Park und Norman Park (und auch zwischen Teneriffe und Bulimba weiter nördlich).

Fahrten mit diesen Fähren sind kostenlos (wirklich!). Die Fähren von **CityHopper Ferries** sind ständig unterwegs zwischen North Quay, South Bank, CBD, Kangaroo Point und Sydney St in New Farm – und zwar von 6 Uhr morgens bis gegen 23 Uhr. Für Fahrten mit den Cross River Ferries gelten dieselben Zonen und Preise wie für alle anderen öffentlichen Verkehrsmittel vor Ort.

Zug

Die schnellen **Citytrain**-Züge verkehren auf sechs Hauptlinien, die im Norden bis nach Gympie an der Sunshine Coast und im Süden bis Varsity Lakes an der Gold Coast reichen. Alle Züge halten in der Roma St Station, der Central Station und der Fortitude Valley Station sowie an der günstig gelegenen South Bank Station.

Im CBD und entlang der Gold Coast geht das Citytrain-Netz in das **Airtrain**-Netz über.

Die Züge fahren ab etwa 4.30 Uhr; der letzte Zug verlässt die Central Station zwischen 23.30 und 24 Uhr, sonntags bereits gegen 22 Uhr.

TAXI

Black & White (☏ 13 32 22; www.blackandwhitecabs.com.au)
Yellow Cab Co (☏ 13 19 24; www.yellowcab.com.au)

MORETON BAY ISLANDS

North Stradbroke Island

2000 EW.

Die nur 30 Minuten mit der Fähre von Brisbanes Vorort Cleveland entfernte bescheidene, kleine Insel wirkt wie eine Mischung aus Noosa und Byron Bay. „Straddie" hat eine

Reihe feiner, strahlend weißer Sandstrände mit besten Surfmöglichkeiten sowie erstklassige Unterkünfte und Restaurants, die vor allem bei Wochenendurlaubern aus Brisbane sehr beliebt sind. Im Meer tummeln sich Delfine, Schildkröten, Mantarochen und von Juni bis November auch Hunderte Buckelwale.

⊙ Sehenswertes

Der atemberaubende **North Gorge Headlands Walk** am Point Lookout ist ein absolutes Muss. Zum unablässigen Zirpen der Zikaden wandert man gut 20 Minuten lang auf Holzplankenwegen rund um die Landspitze und hält dabei Ausschau nach Meeresschildkröten, Delfinen und Mantarochen vor der Küste.

Rund um Point Lookout befinden sich auch mehrere traumhafte **Strände**. Der Cylinder Beach mit bewachtem Schwimmerbereich ist bei Familien sehr beliebt. Direkt daneben erstrecken sich der Home Beach und der Unheil verkündende Deadman's Beach. In der Nähe des Headlands Walk stürzen sich Surfer und Bodyboarder in die Fluten des Main Beach.

Wer angeln möchte, fährt mit dem Geländewagen vom Main Beach (mit entsprechender Genehmigung für 39,55 AU$ von Straddie Camping, S. 333) bis zum **Eighteen Mile Swamp** und weiter die Ostküste hinunter bis nach Jumpinpin. Die Meeresstraße zwischen North und South Stradbroke ist ein legendäres **Angelgebiet**.

Etwa 4 km östlich von Dunwich liegt der dunkle **Brown Lake**, der zwar aussieht wie eine riesige Pfütze aus schwarzem Tee, aber ein wirklich schöner Badesee ist. Nach weiteren 4 km zweigt von der Straße die 2,6 km lange Buschpiste zum glitzernden Badesee **Blue Lake** (40 Min.) ab, dem Glanzstück der Insel. Er gehört zum **Naree Budjong Djara National Park** (www.nprsr.qld.gov.au/parks/naree-budjong-djara), in dem kreischende Waldvögel, scheue Eidechsen und niedliche Sumpfwallabys leben.

North Stradbroke Island Historical Museum
MUSEUM

(☎ 07-3409 9699; www.stradbrokemuseum.com.au; 15-17 Welsby St, Dunwich; Erw./Kind 3,50/1 AU$; ⊙ Di–Sa 10–14, So 11–15 Uhr) Das kleine, aber sehr beindruckende Museum im ehemaligen Armenhaus von Dunwich informiert über gestrandete Schiffe, qualvolle Seereisen und das reiche Erbe der Aborigines auf der Insel (die Quandamooka sind die traditionellen Eigentümer von Minjerribah alias Straddie). Zu sehen sind auch der Schädel eines Pottwales, der 2004 am Main Beach angespült wurde, und die alte Fresnel-Linse des Leuchtturms am Point Lookout.

🏃 Aktivitäten

North Stradbroke Island Surf School
SURFEN

(☎ 0407 642 616; www.northstradbrokeislandsurfschool.com.au; Kurse ab 50 AU$; ⊙ tgl.) Die Kurse im warmen Wasser vor der Insel dauern 90 Minuten und finden in kleinen Gruppen statt.

Straddie Adventures
KAJAKFAHREN, SANDBOARDEN

(☎ 0417 741 963, 07-3409 8414; www.straddieadventures.com.au; ⊙ tgl.) Es werden nicht nur Surfbretter, Schnorchelausrüstungen und Fahrräder verliehen, sondern auch Kajaktouren (Erw./Kind 60/45 AU$) organisiert und Unterrichtsstunden im Sandboarden abgehalten (30/25 AU$).

Manta Scuba Centre
TAUCHEN

(☎ 07-3409 8888; www.mantalodge.com.au; 1 East Coast Rd, Point Lookout) Die Tauchschule mit Sitz im Hostel bietet zweistündige Bootstouren zum Schnorcheln (85 AU$), komplett mit Ausrüstung. Für zertifizierte Taucher werden Ausflüge mit zwei Tauchgängen inklusive Ausrüstung für 196 AU$ angeboten. Tauchkurse kosten ab 253 AU$, die Leihgebühr für eine Schnorchelausrüstung beträgt 25 AU$.

Straddie Super Sports
FAHRRADVERLEIH

(☎ 07-3409 9252; 18 Bingle Rd, Dunwich; ⊙ Mo–Fr 8.30–16.30, Sa 8–15, So 9–14 Uhr) Der Laden verleiht Mountainbikes (pro Std./Tag 6,50/30 AU$) und verkauft alles, was man fürs Angeln braucht.

🚩 Geführte Touren

North Stradbroke Island 4WD Tours & Camping Holidays
AUTO-TOUR

(☎ 07-3409 8051; www.stradbroketourism.com; Erw./Kind halber Tag 35/20 AU$, ganzer Tag 85/55 AU$) Mit Geländewagen geht es in den Busch, zu den Stränden und in die Tier- und Pflanzenwelt rund um Point Lookout. Angeln am Strand kostet 45/30 AU$ pro Erwachsenem/Kind.

Straddie Kingfisher Tours
AUTO-TOUR

(☎ 07-3409 9502; www.straddiekingfishertours.com.au; Erw./Kind ab Hotel auf der Insel 80/40 AU$, ab Brisbane od. Gold Coast 195/145 AU$) Im An-

Point Lookout

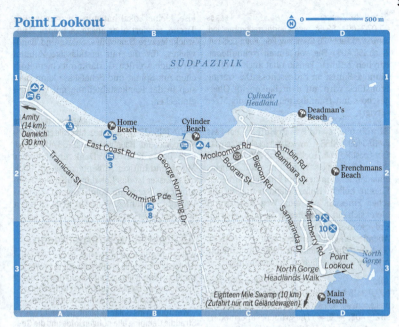

Point Lookout

🟢 Aktivitäten, Kurse & Touren
Manta Scuba Centre .... (siehe 6)
1 Straddie Adventures A2

🔵 Schlafen
2 Adder Rock Campground A1
3 Allure B2
4 Cylinder Beach Campground B2
5 Home Beach Campground B2
6 Manta Lodge YHA A1
7 Stradbroke Island Beach Hotel B2
8 Straddie Views B2

❌ Essen
9 Look D2
10 Oceanic Gelati D3

gebot sind sechsstündige Jeep- und Angeltouren, in der Saison auch Touren zur Walbeobachtung. Kajakfahren und Sandboarden auf Anfrage.

🛏 Schlafen

Fast alle Unterkünfte der Insel befinden sich an dem 3 km langen Küstenabschnitt des Point Lookout. In der Regel kann man nirgends nur für eine Nacht bleiben, doch außerhalb der Spitzenzeiten in den Ferien und an Feiertagen lassen die Inhaber mit sich reden.

Straddie Camping   CAMPING $
(📞 07-3409 9668; www.straddiecamping.com.au; 1 Junner St, Dunwich; Stellplatz f. Jeep ab 16,50 AU$, Stellplatz ohne/mit Strom ab 37/44 AU$, Hütte ab 115 AU$; ⏰ Buchungsbüro 8–16 Uhr) Der Besitzer hat insgesamt acht Campingplätze auf der Insel, davon zwei direkt am Strand, die nur mit Geländewagen zu erreichen sind (die entsprechende Genehmigung gibt's für 39,55 AU$ bei Straddie Camping). Die besten dieser acht Plätze befinden sich direkt am Point Lookout: Die Campingplätze am **Adder Rock** und **Home Beach** bieten Blick auf den feinen Sandstrand, während der Platz am **Cylinder Beach** direkt an einem der schönsten Strände der Insel liegt. Es gibt zwar sehr günstige Wochentarife, um in den Genuss zu kommen, muss man aber lange im Voraus buchen.

Manta Lodge YHA   HOSTEL $
(📞 07-3409 8888; www.mantalodge.com.au; 1 East Coast Rd, Point Lookout; B/DZ 32/82 AU$; @ 🛜) Das dreistöckige, quietschgelbe Hostel hat saubere, nicht weiter bemerkenswerte Zimmer, aber eine fantastische Lage direkt am Strand (und wer hockt schon den ganzen Tag in der Bude?). Im dschungelartigen Garten hinter dem Haus schaukeln Hängematten im Wind, im Erdgeschoss ist eine Tauchschule.

Straddie Views
B&B $$

(☎ 07-3409 8875; www.northstradbrokeisland.com/straddie; 26 Cumming Pde, Point Lookout; Zi. ab 150 AU$) Die von einem freundlichen Pärchen geführte Pension hat auch zwei geräumige Suiten im Erdgeschoss. Das warme Frühstück wird auf dem Balkon im Obergeschoss mit traumhaftem Blick aufs Meer serviert.

Stradbroke Island Beach Hotel
HOTEL $$$

(☎ 07-3409 8188; www.stradbrokehotel.com.au; East Coast Rd, Point Lookout; DZ ab 235 AU$; ❄︎☀︎) Straddies einziges Hotel hat zwölf schicke, einladende Zimmer mit muschelfarbenen Fliesen, hellem Holz, Balkonen und technischen Finessen. Auf dem Weg zum Strand bietet sich ein Abstecher in die offene Bar im Erdgeschoss an, wo es Frühstück, Mittag- und Abendessen gibt (Hauptgerichte 15–36 AU$). Gästen stehen auch luxuriöse Apartments mit drei und vier Betten zur Verfügung.

Allure
APARTMENTS $$$

(☎ 07-3415 0000, 1800 555 200; www.allurestradbroke.com.au; 43 East Coast Rd, Point Lookout; Apt. ab 216 AU$; ❄︎📶☀︎) Die großen, supermodernen Apartments befinden sich auf einem üppig grünen Gelände. Alle Häuser (oder „Hütten", wie die Apartments mit einem Schlafzimmer hier genannt werden) sind in den Farben des Strandes gehalten, mit echten Kunstwerken geschmückt und haben eine Außenterrasse mit Grill. Die Häuser stehen recht dicht beieinander, bieten durch die geschickte Bauweise aber ausreichend Privatsphäre. Wer länger als eine Nacht bleibt, zahlt weniger.

🍴 Essen

Auf der ganzen Insel gibt's nur eine Handvoll Restaurants, die meisten in Point Lookout. Wer länger als ein paar Tage bleiben möchte, sollte Lebensmittel vom Festland mitbringen. Im Stradbroke Island Beach Hotel (S. 334) gibt's auch etwas zu essen.

★ Oceanic Gelati
EIS $

(☎ 07-3415 3222; 19 Mooloomba Rd, Point Lookout; Eis ab 3 AU$; ⊙ 9.30–17 Uhr) „Wow! Das ist das beste Eis des Planeten!" Diesem Ausruf eines zufriedenen Kunden ist nichts hinzuzufügen. Zu empfehlen ist das milchfreie Tropical, das erfrischende Zitrone oder klassische Vanille.

Island Fruit Barn
CAFÉ $

(16 Bingle Rd, Dunwich; Hauptgerichte 10–14 AU$; ⊙ Mo–Fr 7–17, Sa & So 7–16 Uhr; 🌱) Das zwanglose, kleine Lokal hat nur ein paar wenige Tische, serviert aber ausgezeichnetes Frühstück, leckere Smoothies, Salate und Sandwiches, für die nur erstklassige Zutaten verwendet werden. Gestärkt mit einem Röllchen mit Spinat und Schafskäse kann man sich in der Feinkostabteilung mit Vorräten eindecken.

Look
MODERN-AUSTRALISCH $$

(☎ 07-3415 3390; www.beachbarcafe.com; 1/29 Mooloomba Rd; Hauptgerichte 22–38 AU$; ⊙ tgl. 8–15, Do–Sa 18–21 Uhr) Dank abgefahrener Musik und luftiger Außenterrasse mit Blick aufs Wasser ist das Lokal tagsüber der Treffpunkt der Szene am Point Lookout. Zu trinken gibt's unzählige Weine im Glas, zu essen scharfe Chili-Garnelen.

ℹ️ Praktische Informationen

Während es die meiste Zeit des Jahres hier sehr ruhig ist, wächst die Inselbevölkerung an Weihnachten, Ostern und in den Schulferien auf ein Vielfaches an. Deshalb sollte man Unterkünfte und Campingplätze lange im Voraus buchen.

Wer Touren ins Gelände plant, bekommt bei Straddie Camping alle nötigen Infos und die Genehmigung für den Geländewagen (39,55 AU$).

ℹ️ An- & Weiterreise

Die Fähren nach North Stradbroke Island legen im Küstenvorort Cleveland ab. Die **Citytrain**-Züge (www.translink.com.au) fahren regelmäßig von der Central Station und der Roma St Station in Brisbane zum Bahnhof von Cleveland (9,50 AU$, 1 Std.). Von dort fahren Busse zum Fährhafen (4,80 AU$, 10 Min.).

Big Red Cat (☎ 07-3488 9777, 1800 733 228; www.bigredcat.com.au; hin & zurück 149 AU$/pro Fahrzeug mit Insassen, ohne Fahrzeug 20/10 AU$ pro Erw./Kind; ⊙ Mo–Sa 5.15–18, So 7–19 Uhr) Zusammen mit den Fähren von Stradbroke Ferries verkehrt die wie eine Raubkatze wirkende Autofähre etwa achtmal täglich zwischen Cleveland und Dunwich (45 Min.).

Stradbroke Ferries (☎ 07-3488 5300; www.stradbrokeferries.com.au; hin & zurück pro Fahrzeug mit Insassen 149 AU$, ohne Fahrzeug pro Erw./Kind 20/10 AU$; ⊙ Mo–Sa 5.15–18, So 7–19 Uhr) Zusammen mit der Autofähre von Big Red Cat legen die Personen- und Autofähren von Stradbroke Ferries die Strecke nach Dunwich und zurück insgesamt etwa zwölfmal täglich zurück (Personenfähre 25 Min., Autofähre 45 Min.).

Gold Cats Stradbroke Flyer (☎ 07-3286 1964; www.flyer.com.au; Middle St, Cleveland; hin & zurück pro Erw./Kind/Fam. 19/10/50 AU$) Die reinen Personenfähren verkehren täglich rund ein Dutzend Mal zwischen Cleveland und der One Mile Jetty in Dunwich (30 Min.).

❶ Unterwegs vor Ort

Straddie ist groß – und am besten mit dem eigenem Fahrzeug zu erkunden. Wer keines hat, ist auf die **Stradbroke Island Buses** (☏ 07-3415 2417; www.stradbrokebuses.com) angewiesen, die vom Fährhafen in Dunwich zum Amity Point und zum Point Lookout fahren (einfache Strecke/hin & zurück 4,70/9,40 AU$). Der letzte Bus nach Dunwich startet um 18.20 Uhr am Point Lookout. Oder man nimmt ein Taxi von **Stradbroke Cab Service** (☏ 0408 193 685) und bezahlt für die Fahrt von Dunwich zum Point Lookout um die 60 AU$.

Bei Straddie Super Sports (S. 332) in Dunwich kann man Mountainbikes mieten (pro Std./Tag 6,50/30 AU$).

Moreton Island

250 EW.

Wer in Queensland nicht weiter nördlich als bis Brisbane reisen, aber trotzdem ein Stück Tropenparadies erleben möchte, begibt sich nach Moreton Island. Etwa 95% der Sandstrände, Buschlandschaften, Dünen und herrlichen Lagunen der Insel sind als **Moreton Island National Park & Recreation Area** (www.nprsr.qld.gov.au/parks/moreton-island) geschützt. Vor der Westküste liegen die riesigen, verrosteten Tangalooma Wrecks, zwischen denen man ausgezeichnet schnorcheln und tauchen kann.

⊙ Sehenswertes & Aktivitäten

Ein besonderes Erlebnis ist die **Delfinfütterung** jeden Abend bei Sonnenuntergang in Tangalooma, etwa in der Mitte der Westküste. Dabei kommt gut ein halbes Dutzend Delfine nahe an die Küste und wird von freiwilligen Helfern mit Fischen gefüttert. Um selbst teilnehmen zu können, muss man Gast im Tangalooma Island Resort sein, aber zuschauen dürfen alle. Das Hotel organisiert auch Bootsfahrten zur **Walbeobachtung** (Juni–Okt.).

Vor der Küste nördlich des Hotels liegen die berühmten **Tangalooma Wrecks**. Die 15 Schiffswracks bilden ein geschütztes Unterwasserrevier, in dem man hervorragend schnorcheln kann. Die Schnorchelausrüstung kann man im Resort leihen. **Tangatours** (☏ 07-3410 6927; www.tangatours.com.au) organisiert zweistündige **Kajaktouren** und **Schnorchelausflüge** (79 AU$) zu den Wracks sowie geführte **Stehpaddeltouren** (49 AU$) und **Kajakfahrten** in der Abenddämmerung (69 AU$).

Zu den **Buschwanderwegen** der Insel gehören ein Wüstenpfad (2 Std.), der am Resort beginnt, und der anstrengende Weg zum Gipfel des 280 m hohen Mt. Tempest, der sich 3 km von Eagers Creek entfernt im Inselinneren befindet. Die Wanderung lohnt sich wirklich, aber man braucht ein Transportmittel, um zum Ausgangspunkt zu kommen.

☞ Geführte Touren

Adventure Moreton Island   ABENTEUERTOUREN
(☏ 1300 022 878; www.adventuremoretonisland.com; Tagestour ab 129 AU$) Die zusammen mit Tangatours des Tangalooma Island Resort veranstalteten Touren beinhalten eine ganze Reihe von Aktivitäten wie Stehpaddeln, Schnorcheln, Segeln, Kajakfahren, Angeln etc. und werden auch ab Brisbane angeboten. Außerdem sind sie im Paket mit Übernachtung im Resort möglich (inkl. Tour ab 288 AU$).

Moreton Bay Islands   ABENTEUERTOUREN
(☏ 1300 559 355; www.moretonbayescapes.com.au; Tagestour ab 179/129 AU$ pro Erw./Kind, 2-tägige Campingtour 309/179 AU$) ⌀ Der zertifizierte Öko-Veranstalter bietet eintägige Jeep-Touren mit Schnorcheln oder Kajakfahren, Sandboarden, Beobachtung der Unterwasserwelt und einem Picknick als Mittagessen an. Bei den Campingtouren mit Übernachtung sieht man noch mehr von der Insel.

Dolphin Wild   ABENTEUERTOUREN
(☏ 07-3880 4444; www.dolphinwild.com.au; Erw./Kind/Fam. inkl. Mittagessen 125/75/325 AU$, Schnorcheln pro Erw./Kind zusätzl. 20/10 AU$) Mit einem Boot fährt man einen Tag lang durch die malerische Moreton Bay. Im Preis inbegriffen ist das Schnorcheln zwischen den Tangalooma Wrecks vor Moreton Island, Mittagessen und ein kurzer Aufenthalt am Strand. Und natürlich Delfine! Die Touren beginnen in der Newport Marina in Scarborough, nördlich von Brisbane.

🛏 Schlafen & Essen

Abgesehen vom Resort gibt's in Kooringal, Cowan Cowan und Bulwer ein paar Ferienwohnungen und -häuser. Weitere Infos auf www.moretonisland.com.au.

Der Nationalpark verfügt über zehn **Campingplätze** (☏ 13 74 68; www.nprsr.qld.gov.au/experiences/camping; Stellplatz pro Pers./Fam.

6/21 AU$) auf Moreton Island, die alle mit Wasserversorgung, Toiletten und Kaltwasserduschen ausgestattet sind. Fünf der Plätze liegen direkt am Strand. Den Stellplatz sollte man im Internet oder telefonisch buchen, bevor man auf die Insel kommt.

Es gibt einen kleinen Tante-Emma-Laden, Cafés, Restaurants und Bars im Resort sowie ein paar (teure) Geschäfte in Kooringal und Bulwer. Ansonsten sollte man Essen und Getränke vom Festland mitbringen.

Tangalooma Island Resort
HOTEL & APARTMENTS $$$

(07-3637 2000, 1300 652 250; www.tangalooma.com; Pauschalangebote mit 1 Übernachung ab 370 AU$; ✱@🔞✱) Die herrlich gelegene Ferienanlage beherrscht die Insel, was die Unterkünfte betrifft. Das Quartierangebot beginnt mit einfachen Hotelzimmern. Etwas besser sind die moderner ausgestatteten Wohneinheiten und Suiten mit Zugang zum Strand. In den Apartments stehen Gästen jeweils zwei bis vier Schlafzimmer zur Verfügung. In der Anlage gibt's auch verschiedene Restaurants. Im Preis inbegriffen sind im Allgemeinen die Hin- und Rückfahrt mit der Fähre und der Transfer zum Hotel.

❶ Praktische Informationen

Auf Moreton Island gibt es keine befestigten Straßen, aber mit Geländewagen kann man an den Stränden entlang und auf den Schotterpisten über die ganze Insel fahren (normale Autos sind nicht erlaubt). Straßenkarten sind bei den Fährgesellschaften erhältlich. Eine Genehmigung für den Geländewagen kostet 43,60 AU$ und ist einen Monat lang gültig. Man bekommt sie bei den Fährgesellschaften oder übers Internet und telefonisch beim **Department of National Parks, Recreation, Sport & Racing** (www.nprsr.qld.gov.au). Wer mit dem Auto auf die Insel kommen will, muss die Buchung eines Platzes auf einer Fähre nachweisen.

Weitere Infos lassen sich im Internet auf www.visitmoretonisland.com abrufen.

❶ Anreise & Unterwegs vor Ort

Mehrere Fähren verbinden das Festland mit der Insel. Zur Erkundung der Insel sollte man mit einem Geländewagen auf einer der Autofähren übersetzen oder eine der geführten Touren buchen, die zumeist in Brisbane beginnen und den Transfer zur Fähre beinhalten.

Tangalooma Flyer (07-3268 6333, Shuttle-Bus 07-3637 2000; www.tangalooma.com; hin & zurück pro Erw./Kind 80/45 AU$) Der schnelle Katamaran des Tangalooma Island Resort ist eine reine Personenfähre. Er fährt dreimal täglich in 75 Minuten von der Holt St Wharf in Brisbane zum Anleger des Hotels. Ein Shuttle-Bus (einfache Strecke pro Erw./Kind 21/10,50 AU$) bringt die Passagiere vom CBD oder Flughafen zum Anleger in der Holt St. Der Bus muss im Voraus gebucht werden.

Micat (www.micat.com.au; 14 Howard Smith Dr, Hafen von Brisbane; hin & zurück pro Erw./Kind ohne Fahrzeug 50/35 AU$, Fahrzeug inkl. 2 Pers. 195–230 AU$) Die Autofähre vom Hafen in Brisbane nach Tangalooma (75 Min.) verkehrt etwa achtmal pro Woche. Wie man zum Fährhafen kommt, ist auf der Homepage genau beschrieben.

Moreton Island Tourist Services (07-3408 2661; www.moretonisland.net.au) Die einfache Fahrt mit einem Allrad-Taxi zu einem beliebigen Ort der Insel kostet zwischen 50 und 220 AU$.

Gold Coast

Inhalt ➡

Surfers Paradise........339
Southport &
Main Beach.............346
Broadbeach.............348
Burleigh Heads
& Currumbin...........349
Coolangatta............352
Gold Coast
Hinterland..............354

Gut essen

➡ Providore (S. 348)

➡ Oskars (S. 352)

➡ BSKT Cafe (S. 349)

➡ Manolas Brothers Deli (S. 349)

➡ Borough Barista (S. 351)

Schön übernachten

➡ Komune (S. 353)

➡ Vibe Hotel (S. 341)

➡ O'Reilly's Rainforest Retreat (S. 356)

➡ Mouses House (S. 357)

➡ Olympus Apartments (S. 341)

Auf zur Gold Coast!

Die Gold Coast, die sich rühmt, 35 Strände, 300 Sonnentage und 4 Mio. Besuchern jährlich zu haben, bietet einen sexy Aussie-Cocktail aus Sonne, Sand und Surfen. Es ist nicht abgedroschen zu behaupten, dass die Strände hier spektakulär sind und es bei Burleigh Heads, Currumbin und Kirra großartige Wellen gibt: Hier ist einer der besten Orte Australiens, um surfen zu lernen. Hinter dem Strand erstreckt sich ein glitzerndes Band von Apartmenthochhäusern, Restaurants, Bars und Themenparks. Die Party-Hochburg ist Surfers Paradise, dessen Nachtleben einen in Bann zieht und dann wieder erschöpft ausspuckt. Der Hype lässt nach, sobald man nach Süden aufbricht, ins schicke Broadbeach mit seinem Sandstrand, nach Burleigh Heads mit seinem Küstencharme und nach Coolangatta mit seinem relaxten Surfer-Ethos. Im subtropischen Hinterland bieten die Nationalparks Lamington und Springbrook Wanderwege durch den Regenwald, Wasserfälle, tolle Ausblicke und gemütliche Waldrefugien.

Reisezeit

Surfers Paradise

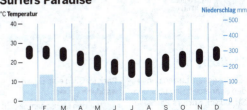

Jan. Sommer heißt Sonne, Hitze, überfüllte Strände und das Big Day Out Musikfestival.

Juni–Aug. Der Winter bringt sonnenhungrige Reisende aus dem kühlen Süden.

Nov. Schulabgänger (*schoolies*) fallen in Surfers Paradise ein, um zu feiern (meiden, außer man ist 18!).

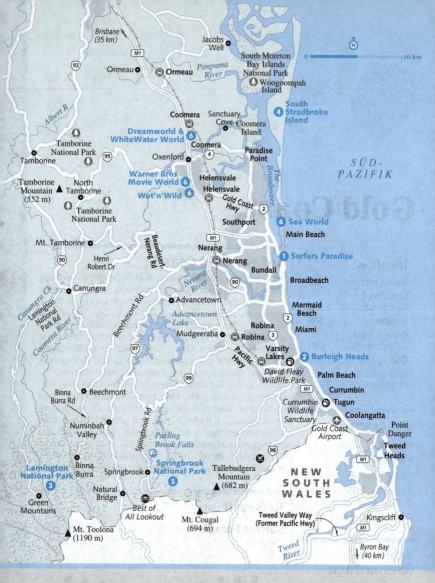

Highlights

❶ Ausgehen, tanzen und den Sonnenaufgang über dem Strand von **Surfers Paradise** beobachten (S. 339)

❷ Früh aufstehen, um den Point Break in **Burleigh Heads** zu surfen (S. 349)

❸ Durch die schroffen Schluchten und die Regenwälder des **Lamington National Park** (S. 356) eine Buschwanderung machen

❹ Vor der Menschenmassen auf einen laaangen goldsandigen Strand auf **South Stradbroke Island** flüchten (S. 344)

❺ Feststellen, dass der Aussichtspunkt Best Of All Lookout im **Springbrook National Park** seinen Namen zu Recht trägt (S. 356)

❻ Auf den Achterbahnen der **Themenparks der Gold Coast** (S. 345) testen, wie gut die eigenen Nerven sind (und dabei auch noch den Magen auf die Probe stellen).

ⓘ An- & Weiterreise

AUTO & MOTORRAD

Mit einem Auto oder Motorrad ist es bis zur Gold Coast nur ein knapp einstündiger Abstecher südlich von Brisbane. Wer nach Norden fährt, überquert die Grenze zwischen NSW und Queensland bei Tweed Heads: Coolangatta (die südlichste Stadt der Gold Coast) liegt unmittelbar jenseits der Grenze.

BUS

Greyhound (www.greyhound.com.au) und **Premier Motor Service** (www.premierms.com.au) fahren mehrmals täglich zwischen Brisbane und der Gold Coast (20 AU$, 1½ Std.).

FLUGZEUG

Der **Gold Coast Airport** (www.goldcoastairport.com.au) liegt in Coolangatta, 25 km südlich von Surfers Paradise. Er wird von allen wichtigen australischen Inlandfluggesellschaften sowie von **Scoot** (www.flyscoot.com), **Air Asia** (www.airasia.com) und **Air New Zealand** (www.airnewzealand.com) angesteuert, die Auslandsflüge durchführen.

ZUG

Citytrain-Züge von TransLink (S. 331) verbinden Brisbane etwa im Halbstundentakt mit den Stationen Nerang, Robina und Varsity Lakes an der Gold Coast (20,90 AU$, 75 Min.). Dieselbe Linie führt nördlich von Brisbane weiter zum Brisbane Airport (einfache Strecke Brisbane Airport–Varsity Lakes 36,10 AU$, 1¾ Std.).

ⓘ Unterwegs vor Ort

BUS

Surfside Buslines (www.surfside.com.au) – eine Tochtergesellschaft von TransLink, Brisbanes größtem Busunternehmen – unterhält regelmäßige Busverbindungen an der ganzen Gold Coast sowie Shuttlebusse von den Bahnhöfen der Gold Coast nach Surfers Paradise (6,70 AU$) und zu anderen Zielen (inkl. den Themenparks).

Surfside bietet (im Verbund mit Gold Coast Tourist Shuttle) auch den **Freedom Pass**. Er berechtigt zur Hin- und Rückfahrt zum/vom Gold Coast Airport und beliebig oft zu Busfahrten zu den Themenparks sowie zu unbegrenzten Regionalbusfahrten. Er kostet 71/36 AU$ pro Erw./Kind und ist 3 Tage gültig.

ZUM/VOM FLUGHAFEN

Der **Gold Coast Tourist Shuttle** (☏ 07-5574 5111, 1300 655 655; www.gcshuttle.com.au; einfache Strecke Erw./Kind 20/12 AU$) wartet am Flughafen auf die Passagiere und bringt sie zu den meisten Unterkünften an der Gold Coast; Reservierung erforderlich. **Con-X-ion Airport Transfers** (☏ 1300 266 946; www.con-x-ion.com; einfache Strecke Erw./Kind ab 20/12 AU$) bietet einen ähnlichen Service, aber auch Transfers vom Brisbane Airport (einfache Strecke Erw./Kind 49/25 AU$). Beide Gesellschaften bedienen auch die Strecken zu den Themenparks der Gold Coast.

STRASSENBAHN

Zum Zeitpunkt der Recherche war die neue Straßenbahnstrecke **Gold Coast Rapid Transit** (www.goldlinq.com.au) noch im Bau, inzwischen sollte sie aber den Betrieb aufgenommen haben. Sie verbindet über 13 km Länge und 16 Haltestellen Southport mit Broadbeach. Aktuelle Infos dazu finden sich auf der Website.

TAXI

Gold Coast Cabs (☏ 13 10 08; www.gccabs.com.au)

SURFERS PARADISE

19 670 EW

Manche behaupten, Surfer würden andere Strände bevorzugen und das Paradies sei auf tragische Weise verloren gegangen, aber zweifelsohne lockt diese wilde und kitschige Partyzone unglaublich viele Besucher an (20 000 täglich!). Betuchte Touristen strömen nach Surfers Paradise, um sich einem berauschenden Mix aus Clubs, Bars, und Einkaufszentren hinzugeben, und vielleicht bekämpfen sie ihren Kater noch kurz am Strand. Es ist ein sexy Ort: Viele tätowierte Backpacker mit freiem Oberkörper und noch mehr tiefe Ausschnitte als im Grand Canyon. Der Strand selbst ist ein Paradies, aber wer kulturelle Substanz sucht, ist hier falsch; einzige löbliche Ausnahme ist das Arts Centre.

⊙ Sehenswertes

SkyPoint Observation Deck AUSSICHTSPUNKT
(www.skypoint.com.au; Level 77, Q1 Bldg, Hamilton Ave; Erw./Kind/Fam. 21/12,50/54,50 AU$; ☉ So-Do 7.30–20.30, Fr & Sa bis 23.30 Uhr) Die Sehenswürdigkeiten der Surfer liegen meist auf Strandtüchern, wer aber einen Ausblick von oben genießen will, saust mit dem Aufzug bis auf 230 m Höhe zur Aussichtsplattform auf dem Dach des Q1-Wolkenkratzers, der Nr. 48 unter den weltweit höchsten Gebäuden. Man kann von hier auch mit dem **SkyPoint Climb** bis an die Spitze in 270 m Höhe gelangen (Erw./Kind ab 69/49 AU$).

Infinity LABYRINTH
(www.infinitygc.com.au; Chevron Renaissance, Ecke Surfers Paradise Blvd & Elkhorn Ave; Erw./

> **ⓘ SCHULABGÄNGER IM ANMARSCH**
>
> Jeden November strömen Tausende Teenager nach Surfers Paradise, um in der *Schoolies Week* drei Wochen lang zügellos ihren Highschool-Abschluss zu feiern. Zwar haben die örtlichen Behörden Schritte unternommen, um die Exzesse einzudämmen, dennoch sind betrunkene und zugedröhnte Jugendliche die Norm. Vielleicht ein Abstecher nach Noosa gefällig?
> Weitere Infos gibt's unter www.schoolies.com.

Kind./Fam. 25/17/70 AU$; ⊙10–22 Uhr) Hier kann man die Kinder für eine Stunde (im wahrsten Sinne des Wortes) aus den Augen verlieren. Das Infinity ist ein Labyrinth, das geschickt mit aufwendigen audiovisuellen Displays getarnt ist.

🏃 Aktivitäten

Cheyne Horan School of Surf SURFEN
(☎1800 227 873; www.cheynehoran.com.au; 2-stündige Unterrichtseinheit 49 AU$, 3/5 Einheiten 129/189 AU$; ⊙10–14 Uhr) Hier kann man mit dem Ex-Profisurfer Cheyne Horan surfen lernen. Brettverleih 30 AU$/Tag.

Whales in Paradise WALBEOBACHTUNG
(☎07-5538 2111; www.whalesinparadise.com.au; Ecke Cavill & Ferny Aves; Erw./Kind/Fam. 95/60/250 AU$; ⊙Juni–Nov.) Die 3½-stündige Walbeobachtungstour startet im Zentrum von Surfers.

Jetboat Extreme BOOTSFAHRT
(☎07-5538 8890; www.jetboatextreme.com.au; Ferny Ave; 1-stündige Fahrt Erw./Kind 59/38 AU$) In speziell angefertigten Jetboats mit zwei Turbomotoren düst man übers Wasser.

Balloon Down Under BALLONFAHRT
(☎07-5500 4797; www.balloondownunder.com; 1-stünd. Flug Erw./Kind 299/240 AU$) Auf in die Lüfte mit einer Ballonfahrt bei Sonnenaufgang über die Gold Coast, die mit einem Sektfrühstück endet.

👉 Touren

Bunyip Bike Tours RADFAHREN
(☎0447 286 947; www.bunyipbiketours.com.au; 49 AU$/Pers.) 3-stündige Radtouren auf Radwegen entlang der Gold Coast. Touren ins Hinterland können auch organisiert werden.

Aqua Duck BOOT
(☎07-5539 0222; www.aquaduck.com.au; 36 Cavill Ave, Surfers Paradise; Erw./Kind/Fam. 35/26/95 AU$; ⊙1-stündige Tour alle 75 Min. 10–17.30 Uhr) Surfers vom Land und vom Wasser aus in einem Boot mit Rädern entdecken.

🎉 Feste & Events

Big Day Out MUSIK
(www.bigdayout.com) Internationales Mega-Musikfestival Ende Januar.

Tropfest FILM
(www.tropfest.com/au/surfers-paradise) Das weltweit größte Kurzfilm-Festival findet im Februar in Surfers Paradise statt.

Quicksilver Pro Surfing Competition SURFEN
(www.aspworldtour.com) Die Elite der weltbesten Surfer startet Mitte März zum ersten Wettkampf der jährlichen World Tour.

Surfers Paradise Festival ESSEN, KUNST
(www.surfersparadisefestival.com) Essen, Wein und Livemusik vier Wochen lang im April.

Gold Coast Film Festival FILM
(www.gcfilmfestival.com) Mainstream- und linksgerichtete Filme aus aller Welt werden im April auf Großleinwänden im Freien gezeigt.

Gold Coast Marathon MARATHON
(www.goldcoastmarathon.com.au) Schwitzende Menschen auf einer wirklich langen Strecke im Juli.

Gold Coast 600 MOTORSPORT
(www.surfersparadise.v8supercars.com.au) Die Straßen von Surfers Paradise verwandeln sich im Oktober für drei Tage in eine Rennstrecke für V8-Boliden.

🛏 Schlafen

Der **Gold Coast Accommodation Service** (☎07-5592 0067; www.goldcoastaccommodationservice.com) kann Unterkünfte und Touren buchen.

Budds in Surfers HOSTEL $
(☎07-5538 9661; www.buddsinsurfers.com.au; 6 Pine Ave; B//2BZ/DZ/4 BZ ab 28/70/70/90 AU$; @ 🛜 ≋) Das komfortable Budds verfügt über nette Badezimmer, saubere Fliesen, kostenloses WLAN, eine gesellige Bar und einen schönen Pool – und all das nur einen Katzensprung vom Budds Beach mit seinem ruhigen Wasser entfernt. Fahrradverleih möglich.

Sleeping Inn Surfers   HOSTEL $
(07-5592 4455, 1800 817 832; www.sleepinginn. com.au; 26 Peninsular Dr; B 28–32 AU$; DZ & 2BZ 68–114 AU$; @ 🛜 🏊) Dieses Backpacker-Hostel liegt in einem alten Wohnblock abseits des Zentrums, sodass es den Gästen – wie der Name schon andeutet – potenziell die Möglichkeit bietet, ruhig einzuschlafen. Es gibt Pizza- und Grillabende sowie einen Shuttleservice in einer Oldtimer-Limousine.

Backpackers in Paradise   HOSTEL $
(07-5538 4344, 1800 268 621; www.backpackers inparadise.com.au; 40 Peninsular Dr; B 25–33, DZ 80 AU$; @ 🛜 🏊) Dieses Party-Hostel ist ideal für alle, die einen Krieg gegen den Schlaf führen. Die um einen Hof mit Kunstrasen angeordneten Zimmer sind größtenteils frisch gestrichen und haben eigene Bäder. In der Bar kann man sich vor dem Ausgehen mit einem billigen Abendessen stärken.

★ Olympus Apartments   APARTMENTS $$
(07-5538 7288; www.olympusapartments.com. au; 62 Esplanade; 1BZ 100–160, 2BZ 150–300 AU$; 🛜 🏊) Der freundliche Hochhausblock, der ein sehr gutes Preis-Leistungs-Verhältnis bietet und direkt gegenüber vom Strand liegt, hat gepflegte, geräumige Apartments mit einem oder zwei Schlafzimmern. Alle sind modern eingerichtet, sehr sauber und haben Meerblick.

Vibe Hotel   HOTEL $$
(07-5539 0444, 13 84 23; www.vibehotels.com. au; 42 Ferny Ave; DZ 105–250 AU$; 🏊 @ 🛜 🏊) Elegant und doch erschwinglich präsentiert sich dieses schokofarben-hellgrüne Hochhaus am Nerang River, das unter den tristen Hotel- und Apartmentmassen von Surfers Paradise wie ein lebendiges Juwel wirkt. Die Zimmer sind dezent schick und der Swimmingpool ist super für Sundowner. Von den Zimmern mit Meerblick schaut man auch auf den Nerang River.

Moorings on Cavill   APARTMENTS $$
(07-5538 6711; www.mooringsoncavill.com.au; 63 Cavill Ave; 1-/2-BZ ab 128/168 AU$; 🏊 🛜 🏊) Das geräumige Hochhaus mit 73 Apartments liegt am flussseitigen Ende der Cavill Ave und eignet sich bestens für Familien: Es ist ruhig und es geht gesittet zu. Strand, Läden und Restaurants befinden sich alle in nächster Umgebung. Es ist überaus sauber und auch das Personal hat ein Lächeln übrig.

Chateau Beachside Resort   APARTMENTS $$
(07-5538 1022; www.chateaubeachside.com. au; Ecke Elkhorn Ave & Esplanade; DZ/Apt. mit 1 Schlafzi. ab 170/200 AU$; 🏊 @ 🛜 🏊) Das „Küstenschloss" (in Wirklichkeit ein 18-stöckiges Hochhaus) ist eher Las Vegas als Loire-Tal, aber eine ausgezeichnete Wahl. Alle renovierten Wohnstudios und Apartments haben Meerblick und der 18-m-Pool ist ein Highlight. Mindestaufenthalt zwei Nächte.

Artique   APARTMENTS $$$
(07-5564 3100, 1800 454 442; www.artiqueresort.com.au; Ecke Surfers Paradise Blvd & Enderley Ave; Apt. mit 1/2 Schlafzi. ab 240/290 AU$;

DIE GOLD COAST IN...

...zwei Tagen

Vor dem Frühstück zunächst noch schwimmen, danach lässt man sich auf unzählige Arten in einem der **Gold Coast Themenparks** durchrütteln und durchschütteln. Steht man wieder halbwegs auf den Beinen, empfiehlt sich in Surfers Paradise das Baritalia (S. 343) oder die Surfers Sandbar (S. 343) für eine schnelle Mahlzeit; danach geht's zur Partymeile an der **Orchid Ave**.

Am zweiten Tag ist Surfen angesagt: Man bucht eine Unterrichtseinheit in Surfers Paradise oder Currumbin oder macht sich auf zu den legendären großen Wellen von Burleigh Heads oder Coolangatta. Zum Mittagessen kehrt man im Oskars (S. 352) ein und genießt den weiten Blick auf Burleighs Küste; danach entspannt man zwischen einheimischen Tierchen im Currumbin Wildlife Sanctuary (S. 350). Strandbiere gibt's im Coolangatta Hotel (S. 354).

...drei Tagen

Wer drei Tage zur Verfügung hat, kann auch noch das Hinterland erkunden. Den Tamborine Mountain auslassen (außer man ist scharf auf Devonshire-Tees) und dafür im Springbrook National Park (S. 356) wandern (oder auch nur die Wasserfälle und Aussichtspunkte bewundern, die man direkt mit dem Auto erreichen kann).

Surfers Paradise

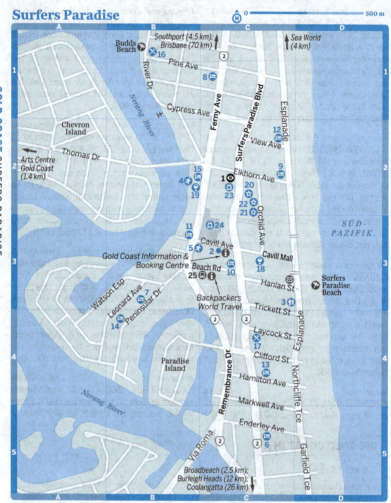

✱ 🛜 🏊) Das (sicherlich nicht antik wirkende) Artique gehört zu mehreren neuen Apartment-Türmen am Südende von Surfers. Es präsentiert sich mit einer geschwungenen Fassade, verglasten Brüstungen, gedeckten Grau- und cremefarbenen Tönen, noblen Küchen und Springbrunnen. Ein Mindestaufenthalt ist vorgeschrieben (meist 3 Übernachtungen).

Q1 Resort APARTMENTS $$$
(📞1300 792 008, 07-5630 4500; www.q1.com.au; Hamilton Ave; Apt. mit 1/2/3 Schlafzi. ab 318/325/666 AU$; ✱ @ 🛜 🏊) Eine Nacht im Nr. 48 der welthöchsten Gebäude verbringen! Dieses glänzende Resort ist ein moderner Mix aus Metall, Glas und einmaligem Rundumblick. Es gibt einen Lagunenpool und einen Fitnessraum für all jene, die sich am Strand noch nicht ausgetobt haben. Zum Haus gehört auch das flotte französische Restaurant **Absynthe** (📞07-5504 6466; www.absynthe.com.au; Hauptgerichte 48 AU$; ⊙Di–Sa 6–22 Uhr).

🍴 Essen

Selbstversorger finden einen Supermarkt in den Einkaufszentren **Chevron Renaissance Centre** (www.chevronrenaissancecentre.com; Ecke Elkhorn Ave & Surfers Paradise Blvd;

Surfers Paradise

⊙ Sehenswertes
- 1 Infinity... C2
- SkyPoint Observation Deck ...... (siehe 13)

⊕ Aktivitäten, Kurse & Touren
- 2 Aqua Duck.................................... C3
- 3 Cheyne Horan School of Surf................ C3
- 4 Jetboat Extreme............................. B2
- 5 Whales in Paradise.......................... B3

⊜ Schlafen
- 6 Artique.. C5
- 7 Backpackers in Paradise.................... B3
- 8 Budds in Surfers............................. C1
- 9 Chateau Beachside Resort.................. C2
- 10 Gold Coast Accommodation Service.. C3
- 11 Moorings on Cavill........................... B3
- 12 Olympus Apartments........................ C2
- 13 Q1 Resort..................................... C4
- 14 Sleeping Inn Surfers........................ B4
- 15 Vibe Hotel.................................... B2

⊗ Essen
- Absynthe.................................(siehe 13)
- Baritalia.................................(siehe 1)
- 16 Bumbles Café............................... B1
- Matador.................................(siehe 1)
- Surfers Sandbar.......................(siehe 9)
- 17 Tandoori Place............................. C4

⊙ Ausgehen & Nachtleben
- 18 Beergarden.................................. C3
- 19 Helm Bar & Bistro........................... B2

⊙ Unterhaltung
- 20 Shuffle....................................... C2
- 21 Sin City...................................... C2
- 22 Vanity.. C2

⊙ Shoppen
- 23 Chevron Renaissance Centre.............. C2
- 24 Circle on Cavill............................. C3

⊙ Transport
- Bushaltestelle (f. Burleigh Heads). (siehe 5)
- Bushaltestelle (für Southport)......(siehe 15)
- 25 Surfers Paradise Transit Centre.. C3

⊙Mo–Sa 7–22, So 8–20 Uhr) und **Circle on Cavill** (www.circleoncavill.com.au; Ecke Cavill Ave & Ferny Ave; ⊙ Mo–Sa 7–22, So 8–20 Uhr).

Bumbles Café CAFÉ $
(☏ 07-5538 6668; www.bumblescafe.com; 21 River Dr; Hauptgerichte 9–27 AU$; ⊙ Fr–Mi 7–15, Do bis 22 Uhr) Relaxtes, grau gestrichenes Eckcafé gegenüber der flachen Budds Beach am Nerang River. Am besten einen FAT (Feta, Avocado und Tomaten auf Toast) bestellen und etwas Zeit abseits der Hektik genießen.

Surfers Sandbar MODERN-AUSTRALISCH $
(www.facebook.com/surferssandbar; Ecke Elkhorn Ave & Esplanade; Hauptgerichte 12–32 AU$; ⊙6.45 Uhr–open end) Das Menü ist nichts Besonderes – Burger, Fish & Chips, Pizza, Steaksandwiches –, aber ihren Promistatus gegenüber den Restaurants in Surfers verdankt diese Cafébar ihrer Lage direkt am Strand. Am besten das kneipenmäßige Innere meiden und auf der Terrasse futtern; dort hört man, wie die Rettungsschwimmer jenseits der Straße mit gedankenlosen Schwimmern schimpfen.

Baritalia ITALIENISCH $$
(☏ 07-5592 4700; www.baritaliagoldcoast.com.au; Shop 15, Chevron Renaissance Centre, Ecke Elkhorn Ave & Surfers Paradise Blvd; Hauptgerichte 15–35 AU$; ⊙ 7.30–24 Uhr) Diese italienische Restaurantbar hat eine tolle Außenterrasse und ein hippes internationales Personal. Zu empfehlen sind die Seafood-Suppe mit Chili, Moreton Bay Bugs, Safran und Kapern oder die vorzüglichen Nudelgerichte und der Risotto. Dazu gibt es anständige offene Weine und einen guten Kaffee.

Matador SPANISCH $$
(☏07-5570 2007; www.matadortapasbar.com; Chevron Renaissance Centre, Ecke Elkhorn Ave & Surfers Paradise Blvd; Tapas ab 6,50 AU$, Hauptgerichte 18–40 AU$; ⊙ Mo–Fr 16–24, Sa & So 12–open end) Klein, hell und einfach präsentiert sich dieses spanische, etwas versteckt liegende Restaurant, das unter den Restaurants des Chevron Renaissance Centre das beste ist. Es bietet eine überwältigende Vielfalt an Tapas (zu empfehlen sind z. B. die gegrillten Garnelen in Serranoschinken) sowie mächtige Hauptgerichte, wie etwa ein beeindruckendes spanisches, in der Kasserole geschmortes, mariniertes Gericht.

Tandoori Place INDISCH $$
(☏07-5538 0808, 1300 082 636; www.tandooriplace.com; 30 Laycock St; Hauptgerichte 15–19 AU$, Banketts ab 26 AU$/Pers.; ⊙ 11.30–14.30 & 17 Uhr–open end) Es ist eines von 17 (ja: 17!) Tandoori Place Restaurants an der Gold Coast, dennoch vermittelt der burgunderrote Essraum nicht den Eindruck, dass es Teil einer Kette ist. Die reiche Speisekarte umfasst Seafood-, Hähnchen-, Lamm- und Rindfleischgerichte

SOUTH STRADBROKE ISLAND

Diese schmale, 21 km lange Sandinsel ist weitgehend unerschlossen – ein perfekter Gegensatz zum chaotischen Streifen der Gold Coast. An seinem Nordende ist der enge Kanal, der sie von North Stradbroke trennt, ein toller Angelplatz; am Südende ist der Spit nur knapp 200 m entfernt. South Stradbroke bildete mit North Stradbroke eine Insel, bis 1896 ein überaus heftiger Sturm die schmale Stelle, die sie verband, überspülte und ein Kanal entstand. Auf der Insel gibt's ein Resort sowie drei Campingplätze, viele Wallabies, reiche Buschlandschaft, Sand und Meer – und keine Autos!

Das **Ramada Couran Cove Island Resort** (07-5597 9999; www.courancove.com.au; South Stradbroke Island; DZ/Suite ab 210/250 AU$;) ist ein Luxusresort im Nordwesten der Insel. Es bietet Zimmer, die auf Holzpfählen im Wasser erbaut wurden, Restaurants, einen Spabereich, einen privaten Jachthafen und geführte Naturwanderungen. Die Fähre muss im Voraus gebucht werden (Hin- und Rückfahrt Erw./Kind 30/15 AU$) und fährt dreimal täglich von Runaway Bay Marina auf Bayview St, 7 km nördlich von Southport.

Details über die Campingmöglichkeiten auf der Insel – Tipplers, North Currigee und South Currigee – einschließlich der Anreise dahin finden sich auf www.mystraddie.com.au.

---

sowie extrem scharfes Vindaloo-Känguru. Kinder sind willkommen („Kinder sind ein Geschenk der Natur").

🍷 Ausgehen & Nachtleben

Die Orchid Ave ist die Clubmeile von Surfers. Die Grundpreise betragen meist 10–20 AU$; mittwochs und samstags steigt die große Sause. Bei den „Clubs crawls" von **Plan B Party Tours** (1300 721 570; www.planbtours.com; Tickets 60 AU$) kann man sich anderen trinkfesten Backpackern anschließen: Die Tickets gewähren Zutritt zu fünf Clubs, sodass der Abend stressfrei bleibt. Ähnliche Angebote haben auch **Big Night Out** (www.goldcoastbackpackers.net; Tickets 30 AU$) und **Wicked Club Crawl** (07-5504 7025; www.wickedclubcrawl.com.au; Karten 30–50 AU$) (die Tickets gelten aber jeweils nur für 4 Clubs).

Helm Bar & Bistro BAR
(www.helmbarsurfers.com.au; 30–34 Ferny Ave; 10–19 Uhr) Wer irische Pubs mag, für den ist diese Bar mit nautischer Innendekoration der beste Ort in der Stadt für ein Bier (oder auch 6), während man den Sonnenuntergang über dem Nerang River verfolgt. Es gibt auch gute Pizzen und Steaks.

Beergarden BAR
(www.surfersbeergarden.com.au; Cavill Ave; 10–17 Uhr) Dies ist weniger ein Biergarten, sondern eher ein schwarz gestrichener Bierschuppen mit Blick auf die Cavill Ave. Clubbesucher können mit ein paar kalten Bieren vorglühen oder Livebands (Sa abends) oder Reggae (So nachmittags) lauschen.

Sin City CLUB
(www.sincitynightclub.com.au; 22 Orchid Ave; 21 Uhr–open end) Dieser Sündenpfuhl im Las Vegas-Stil ist *der* Ort für Schandtaten: sexy Personal, bekannte DJs und Promis auf Stippvisite, die die Blitzlichter der Kameras scheuen.

Shuffle CLUB
(www.platinumnightclub.com.au/shuffle-nightclub; Shop 15b, The Forum, 26 Orchid Ave; Fr & So 21–5 Uhr) Eine gemütliche Clubatmosphäre im Shuffle erleben, das mit dreckigem Underground-House und jeder Menge Backpacker aufwartet und eher bodenständig als glamourös ist.

Vanity CLUB
(www.vanitynightclub.com.au; 26 Orchid Ave; 5–17 Uhr) Im Vanity, einem der glamourösesten Clubs der Stadt, der tief in die sexy Marketing-Trickkiste greift, dreht sich alles nur ums Sehen und Gesehenwerden, d.h.: Auftackeln bis zum Geht-nicht-Mehr und keine sichtbaren Tattoos.

⭐ Unterhaltung

Arts Centre Gold Coast THEATER, KINO
(07-5588 4000; www.theartscentregc.com.au; 135 Bundall Rd; Mo–Fr 8–21, Sa 9–21, So 11–19 Uhr) Das Arts Center, eine Kultur- und Anstandsbastion am Nerang River, umfasst zwei Kinos, ein Restaurant, eine Bar, die Gold Coast City Gallery und ein Theater mit 1200 Plätzen, in dem verschiedene Produktionen (Comedy, Jazz, Oper, Kinderkonzerte usw.) aufgeführt werden.

❶ Praktische Informationen

Backpackers World Travel (☎ 07-5561 0634; www.backpackerworldtravel.com; 6 Beach Rd; ⊙ Mo–Fr 10–18, Sa 10–17, So bis 16 Uhr) Unterkunft, Touren- und Transportmittelbuchungen sowie Internetzugang.

Gold Coast Information & Booking Centre (☎ 1300 309 440; www.visitgoldcoast.com; Cavill Ave; ⊙ Mo–Sa 8.30–17, So 9–16 Uhr) Dies ist die Haupttouristeninformation der Gold Coast; sie verkauft auch Tickets für die Themenparks und gibt Auskünfte zu den Nahverkehrsmitteln.

Post (www.auspost.com.au; Shop 165, Centro Surfers Paradise, Cavill Ave Mall; ⊙ Mo–Fr 9–17 Uhr)

Surfers Paradise Day & Night Medical Centre (☎ 07-5592 2299; 3221 Surfers Paradise Blvd; ⊙ 6–23 Uhr) Allgemeinmedizinisches Zentrum mit Apotheke. Mit Terminvereinbarung oder direkt vorbeischauen.

❶ An- & Weiterreise

Fernbusse halten am **Surfers Paradise Transit Centre** (10 Beach Rd). **Greyhound** (☎ 1300 473 946; www.greyhound.com.au) und **Premier Motor Service** (S. 385) unterhalten häufige Verbindungen nach/ab Brisbane (20 AU$, 1½ Std.), Byron Bay (30 AU$, 2½ Std.) und weiter.

❶ Unterwegs vor Ort

Mietwagen kosten etwa 35–50 AU$/Tag.

East Coast Car Rentals (☎ 07-5592 0444, 1800 028 881; www.eastcoastcarrentals.com.au; 80 Ferny Ave; ⊙ Mo–Fr 7–18, Sa 8–17, So bis 16 Uhr)

NICHT VERSÄUMEN

DIE THEMENPARKS DER GOLD COAST

Die Achterbahnen und Wasserrutschen in diesen Themenparks nach US-Vorbild besiegen die Schwerkraft dermaßen, dass das Mittagessen nur mit Mühe im Magen bleibt. Vergünstigte Tickets gibt es in den meisten Touristeninformationen der Gold Coast; der VIP-Pass (110 AU$/Pers.) gewährt unbegrenzten Eintritt zu Sea World, Warner Bros Movie World und Wet'n'Wild.

Einige Tipps: Die Parks können wahnsinnig überfüllt sein; also sollte man hier möglichst früh ankommen, um nicht vom hintersten Ende des Parkplatzes her zu laufen. Auch darauf achten, dass die Parkbesucher kein Essen und keine Getränke mitbringen dürfen. Deshalb also entweder ausgiebig frühstücken oder im Park zu Mittag essen.

Dreamworld (☎ 1800 073 300, 07-5588 1111; www.dreamworld.com.au; Dreamworld Pkwy, Coomera; Erw./Kind 95/75 AU$, Online-buchung 90/70 AU$; ⊙ 10–17 Uhr) ist die Heimat der „Big 8 Thrill Rides"; dazu gehören u. a. Giant Drop und Tower of Terror II sowie etliche Achterbahnen speziell für Kinder. Man kann sich auch mit australischen Tieren oder auf Tiger Island mit einem Königstiger fotografieren lassen. Das Ticket gilt auch für den Eintritt in die WhiteWater World.

Sea World (☎ 07-5588 2222, 13 33 86; www.seaworld.com.au; Seaworld Dr, The Spit, Main Beach; Erw./Kind 83/50 AU$; ⊙ 9.30–17.30 Uhr) In diesem Wasserpark gibt es Eisbären, Haie, Seehunde, Pinguine und Delfin-Shows sowie die obligatorischen Achterbahnen und Wasserrutschen. Den ganzen Tag über finden Tiershow-Programme statt.

Warner Bros Movie World (☎ 13 33 86, 07-5573 3999; www.movieworld.com.au; Pacific Hwy, Oxenford; Erw./Kind 83/50 AU$; ⊙ 9.30–17 Uhr) zeigt Shows, Rides und Attraktionen mit Filmhintergrund, darunter Batwing Spaceshot, Justice League 3D Ride und Scooby-Doo Spooky Coaster. Durch die Scharen von Besuchern streifen Batman, Austin Powers, Schweinchen Dick u. a.

Wet'n'Wild (☎ 13 33 86, 07-5556 1660; www.wetnwild.com.au; Pacific Hwy, Oxenford; Erw./Kind 60/35 AU$; ⊙ 10–17 Uhr) Die ultimative Wasserrutsche heißt Kamikaze; dabei stürzen zweisitzige Schläuche mit 50 km/h 11 m in die Tiefe. In diesem weitläufigen Park gibt es auch Rutschen im Dunkeln, Wildwasserbahnen und Wellenbecken.

WhiteWater World (☎ 1800 073 300, 07-5588 1111; www.whitewaterworld.com.au; Dreamworld Pkwy, Coomera; Erw./Kind 95/75 AU$, Online-Buchung 90/70 AU$; ⊙ 10–16 Uhr) Der Park gehört zu Dreamworld und hat Wasserrutschen wie Temple of Huey, Green Room und The Cave of Waves. Surfen lernen kann man hier auch! Der Ticketpreis berechtigt auch zum Eintritt in Dreamworld.

Red Back Rentals (07-5592 1655; www.redbackrentals.com.au; Surfers Paradise Transit Centre, 10 Beach Rd; Mo–Fr 8–16.30, Sa bis 16 Uhr)

Scooter Hire Gold Coast (07-5511 0398; www.scooterhiregoldcoast.com.au; 3269 Surfers Paradise Blvd; 8–17.30 Uhr) Verleih von Motorrollern (50 ccm) ab etwa 65 AU$/Tag.

SOUTHPORT & MAIN BEACH

28 320 & 3330 EW

Als nördliches Tor zur Gold Coast ist Southport, eine bodenständige Wohn- und Geschäftssiedlung, etwas unpassend benannt. Die Stadt wird vor dem offenen Ozean durch eine lange Sandbank namens The Spit geschützt, auf der mit Sea World einer der größten Themenparks liegt.

Unmittelbar südöstlich davon liegt Main Beach mit seinem goldfarbenen Superstrand. Dort beginnt auch das Meer der Apartmenthochhäuser, die sich unerbittlich Richtung Surfers ausdehnen.

Sehenswertes

Main Beach Pavilion ARCHITEKTUR
(Macarthur Pde, Main Beach; 9–17 Uhr) Der nette, im Stil spanischer Missionen erbaute Main Beach Pavilion (1934) ist ein Zeuge aus nicht so hektischen Tagen. Im Inneren werden bemerkenswerte Fotos der Gold Coast aus der Zeit gezeigt, als es noch keine Wolkenkratzer gab.

Gourmet Farmers Market MARKT
(07-5555 6400; www.facebook.com/marinamiragefarmersmarket; Marina Mirage, 74 Sea World Dr, Main Beach; Sa 7–11 Uhr) Am Samstagmorgen werden an den Ständen zwischen den Boutiquen der schicken Shoppingmeile Obst der Saison sowie Gemüse, Backwaren, Eingelegtes, Öl, Essig, Seafood, Pasta und vieles mehr verkauft.

Southport & Main Beach

Produce by the Pier
MARKT

(www.producebythepier.com.au; Broadwater Parklands, Southport; ☺❋☒ 8–14 Uhr) Frisches Obst und Gemüse, Kaffee, Blumen, Wein und Delikatessen gibt's im Park neben dem Broadwater Parklands Pier.

🏃 Aktivitäten

Gegenüber vom Eingang zu Sea Wold beginnt am Parkplatz des Phillip Park der **Federation Walk**, ein 3,7 km langer netter Wanderweg durch den Küstenregenwald zum **Gold Coast Oceanway** (www.goldcoastcity.com.au/oceanway), einem 36 km langen Wander- und Radweg, der von hier nach Coolangatta führt.

Bei **Mariner's Cove** in Main Beach kann man Wassersportaktivitäten buchen. Aus der Vielzahl an Anbietern eine Auswahl zu treffen hilft **Mariner's Cove Tourism Information & Booking Centre** (☏07-5571 1711; www.marinerscovemarina.com.au; Mariner's Cove, 60-70 Seaworld Dr, Main Beach; ☺Mo–Fr 8.30–15.30, Sa & So 9.30–14 Uhr).

Australian Kayaking Adventures
KAJAKFAHREN

(☏0412 940 135; www.australiankayakingadventures.com.au; Halbtagestour Erw./Kind 95/75 AU$, Touren bei Sonnenuntergang 55/45 AU$) Hinauspaddeln zur unterschätzten South Stradbroke Island und Delfine beobachten oder in der Dämmerung um Chevron Island in den ruhigen Kanälen hinter Surfers paddeln.

Gold Coast Watersports
PARASAILING

(☏0410 494 240; www.goldcoastwatersports.com; Mariner's Cove, 60-70 Sea World Dr, Main Beach; ab 65 AU$/Pers.) Bietet täglich Parasailing an.

Jet Ski Safaris
JETSKIFAHREN

(☏0409 754 538, 07-5526 3111; www.jetskisafaris.com.au; Mariner's Cove, 60-70 Sea World Dr, Main Beach; ½-/1½-/2½-stündige Touren ab 100/240/380 AU$ /Ski) Man flitzt entlang des Küstenstreifens hin und her oder bis hinaus zur South Stradbroke Island. Keine Erfahrung erforderlich. Es ist billiger, wenn man zu zweit auf einem Jetski sitzt.

Island Adventures
WALBEOBACHTUNG

(☏07-5532 2444, 1300 942 537; www.tallship.com.au; Mariner's Cove, 60-70 Sea World Dr, Main Beach; 3-stündige Tour Erw./Kind ab 99/69 AU$) Fährt nach South Stradbroke Island und weiter auf der Suche nach den großen Meeressäugern. Es gibt noch viele weitere Optionen und längere Touren.

👉 Geführte Touren

Broadwater Canal Cruises
BOOTSFAHRT

(☏0410 403 020; www.broadwatercanalcruises.com.au; Mariner's Cove, 60-70 Sea World Dr, Main Beach; 2-stündige Bootsfahrt Erw./Kind/Fam. 22/15/60 AU$; ☺10.30 & 14 Uhr) Bootstouren durch die Broadwater-Kanäle hinter Surfers.

Gold Coast Helitours
PANORAMAFLUG

(☏07-5591 8457; www.goldcoasthelitours.com.au; 5-minütiger Rundflug Erw./Kind 65/55 AU$, 20 Min. 190/140 AU$) Organisiert eine Vielzahl von Flügen mit schwarz-orangefarbenen Hubschraubern über der Gold Coast.

🛌 Schlafen

Surfers Paradise YHA at Main Beach
HOSTEL $

(☏07-5571 1776; www.yha.com.au; 70 Sea World Dr, Main Beach; B/DZ & 2BZ 31/79 AU$; @ 🛜)

Southport & Main Beach

◉ Sehenswertes
1. Gourmet Farmers Market C2
2. Main Beach Pavilion D3
3. Mariner's Cove C3
4. Produce by the Pier B2
5. Sea World C1

⊕ Aktivitäten, Kurse & Touren
6. Brad Holmes Surf Coaching D4
7. Broadwater Canal Cruises C3
   Gold Coast Helitours .... (siehe 3)
   Gold Coast Watersports .... (siehe 3)
   Island Adventures .... (siehe 3)
   Jet Ski Safaris .... (siehe 3)

⊜ Schlafen
8. Harbour Side Resort A1
9. Main Beach Tourist Park D4
10. Palazzo Versace C2
    Surfers Paradise YHA at Main
     Beach .... (siehe 3)
11. Trekkers B3

⊗ Essen
12. Peter's Fish Market D2
    Providore .... (siehe 1)
    Sunset Bar & Grill .... (siehe 1)

⊙ Ausgehen & Nachtleben
Fisherman's Wharf Tavern .... (siehe 3)

⊙ Praktisches
Mariner's Cove Tourism Information
 & Booking Centre .... (siehe 3)

Vom ersten Stock blickt man direkt auf den Jachthafen. Das Hostel bietet einen Gratis-Shuttlebus und (jeden Fr) Grillabende. Es befindet sich in nächster Nähe zur Fisherman's Wharf Tavern. Das Hostel mit himmelblauen Schlafsälen ist vorbildlich organisiert.

Trekkers   HOSTEL $
(1800 100 004, 07-5591 5616; www.trekkersbackpackers.com.au; 22 White St, Southport; B/DZ & 2BZ 30/76 AU$; @🛜🏊) Die freundliche Stimmung des alten geselligen Queenslanders könnte man in Flaschen abfüllen und damit ein Vermögen verdienen. Das Haus wirkt etwas betagt, bietet aber gemütliche Gemeinschaftsräume und einen Garten als Mini-Oase.

Main Beach Tourist Park   WOHNWAGENPARK $
(07-5667 2720; www.gctp.com.au/main; 3600 Main Beach Pde, Main Beach; Stellplatz mit Strom/Hütte & Villa ab 45/125 AU$; ✱@🛜🏊) Gleich gegenüber der Straße hinter dem Strand und vor einer Reihe von Apartmenthochhäusern liegt dieser Wohnwagenpark, der besonders bei Familien beliebt ist. Der Abstand zwischen den Stellplätzen ist recht eng, dafür sind die Einrichtungen anständig.

Harbour Side Resort   APARTMENTS $$
(07-5591 6666; www.harboursideresort.com.au; 132 Marine Pde, Southport; 1-2-Zi-Apt. 130/170 AU$; ✱@🛜🏊) Der Begriff „Resort" ist leicht übertrieben und über die verkehrsreiche Straße muss man auch hinwegsehen: Dennoch bietet dieser dreistöckige renovierte Bau motelartige Zimmer mit gut ausgestatteten Küchen; außerdem hat er einen tollen Pool.

Palazzo Versace   RESORT $$$
(07-5509 8000, 1800 098 000; www.palazzoversace.com.au; Sea World Dr, Main Beach; DZ/Suite ab 415/500 AU$; ✱@🏊) Der Palazzo Versace, ein postmoderner, römisch anmutender Prachtbau, ist pure Extravaganz – von den opulent eingerichteten Zimmern bis hin zu den luxuriösen Restaurants und Bars. Alles, von den Pool-Möbeln bis zu den Gürtelschnallen der Hotelpagen, steht im Zeichen des auffälligen Versace-Glamours. Das Personal ist überraschend natürlich.

✖ Essen

★ Providore   CAFÉ $
(07-5532 9390; www.facebook.com/miragemarket; Shop 27, Marina Mirage, 74 Sea World Dr, Main Beach; Hauptgerichte 10–29 AU$29; ⊙ So–Mi 7–18, Do–Sa 7–22 Uhr) Raumhohe Fenster mit Einfassungen aus italienischen Mineralwasserflaschen, auf dem Kopf hängende Schreibtischlampen an der Decke, gutaussehende Gäste aus Europa, offene Weine, Brotregale, Käse-Kühlschränke und Körbe, gefüllt mit frischen Agrarerzeugnissen: Dieser hervorragende Mix aus Café und Feinkostladen hat viele Vorzüge. Ein Bircher-Müsli oder die Polenta mit Eiern sorgt für einen schwungvollen Start in den Tag.

Peter's Fish Market   SEAFOOD, FISH & CHIPS $
(07-5591 7747; www.petersfish.com.au; 120 Sea World Dr, Main Beach; Mahlzeiten 9–16 AU$; ⊙ 9–19.30, Küche ab 12 Uhr) Ein schlichter Fischmarkt, der rohes und gekochtes Seafood aller Art und in jeder Größe (und zu hervorragenden Preisen) verkauft. Der frische Fang stamm von den Kuttern, die vor dem Eingang ankern.

Sunset Bar & Grill   MODERN-AUSTRALISCH $
(07-5528 2622; www.sunsetbarandgrill.com.au; Shop 31, Marina Mirage, 74 Sea World Dr, Main Beach; Gerichte 12–28 AU$; ⊙ Mo–Fr 7–18, Sa & So 7–19 Uhr) Das familienfreundliche Uferlokal unter Sonnenschirmen bietet zu erschwinglichen Preisen (eher standardmäßige) Steaks, Salate, Burger und Seafood-Gerichte.

🍷 Ausgehen

Fisherman's Wharf Tavern   KNEIPE
(07-5571 0566; Mariner's Cove, Main Beach; ⊙ 10 Uhr–open end) In dieser lauten Hafenkneipe auf einem Pier über dem Wasser wird schon ab 10 Uhr morgens Bier geschlürft; am Wochenende geht's dann am Abend hoch her (große Sonntag-Sause). Die Küche serviert verlässlich gute Burger und Fish & Chips sowie Currys, Steaks und Salate.

❶ An- & Weiterreise
Reisebusse halten am **Southport Transit Centre** an der Scarborough St, zwischen North St und Railway St. Nahverkehrsbusse von Surfers halten vor dem Australia Fair Shopping Centre an der Scarborough St.

BROADBEACH
4650 EW.

Unmittelbar südlich von Surfers Paradise im ruhigeren Broadbeach mit seinen schicken Cafés, Läden und Restaurants sowie einem goldfarbenen Strand lässt der Lärmpegel spürbar nach.

🏃 Aktivitäten

Brad Holmes Surf Coaching SURFEN
(📞 0418 757 539, 07-5539 4068; www.bradholmes
surfcoaching.com; 90-minütige Unterrichtseinheit
75 AU$) Erschwinglicher Einzel- oder Gruppenunterricht in Broadbeach. Zum Warm-up gehören Tai-chi-Übungen am Strand. Auch Personen mit Behinderungen werden unterrichtet.

🛌 Schlafen

Hi-Ho Beach Apartments APARTMENTS $$
(📞 07-5538 2777; www.hihobeach.com.au; 2 Queensland Ave; Apt. mit ½ Schlafzi. ab 100/ 130 AU$;
🅿🛜🏊) Eine Top-Wahl dank der Lage in der Nähe des Strandes und der Cafés. Man zahlt hier nicht für glitzernde Hotellobbys; es ist Standardniveau, mit gutem Preis-Leistungs-Verhältnis, ohne besondere Ausstattung (die Einrichtung erinnert an die 1990er-Jahre), aber sauber, ruhig und wird gut geführt.

Wave APARTMENTS $$$
(📞 07-5555 9200; www.thewavesresort.com.au; 89-91 Surf Pde, Broadbeach; Apt. mit 1/2/3 Schlafzi. ab 290/405/480 AU$; 🅿@🛜🏊) Unübersehbar überragt dieses unkonventionelle Hochhaus mit seiner kurvig gewellten Fassade das glamouröse Broadbeach. Die edlen Quartiere profitieren vom Panoramablick auf die Küste (der vom Dachpool im 34. Stock besonders schön ist). Mindestaufenthalt drei Nächte.

🍴 Essen

⭐ **Manolas Brothers Deli** FEINKOST, CAFÉ $
(MBD; www.m-b-d.com.au; 19 Albert Ave; Gerichte 8–21 Uhr; ⏱ 6.30–15 Uhr) Geschäftig und doch ohne Hektik präsentiert sich das MBD als herausragender Feinkostladen und Café an der Straße. Die raumhohen Regale sind voller Produkte – Ölbehälter, Salz vom Mittelmeer, Oliven und Pasta –, während sich auf der Theke Gourmet-Pies, Törtchen, Quiches, ausländische Käsesorten, Antipasti und Kuchen türmen. Am besten lässt man sich am langen Tisch in der Mitte nieder und nippt an einem „Flu Fighter"-Saft (Orange, Möhre, Ingwer und Petersilie).

⭐ **BSKT Cafe** CAFÉ $
(📞 07-5526 6565; www.bskt.com.au; 4 Lavarack Ave, Mermaid Beach; Hauptgerichte 10–27 AU$;
⏱ Mo–Do 7–16, Fr–So bis 22 Uhr; 🌿) Das hippe Eckcafé liegt 100 m vom Mermaid Beach entfernt, ein Katzensprung südlich von Broadbeach. Es entstand als Idee von vier Kumpeln, die über den Service und die Bioprodukte wachen, und präsentiert sich als modernes Geschäft mit massiven Holztischen, einem tollen Personal und abenteuerlichen Gerichten: Einen Versuch wert ist die Quesadilla mit Ziegenkäse und Sesam oder das Schweinefleisch mit saurem Kräutersalat. Es gibt auch großartigen Kaffee.

Beer Thai Garden THAI $$
(📞 07-5538 0110; www.beerthaigarden.com.au;
2765 Gold Coast Hwy; Hauptgerichte 18–23 AU$;
⏱ 5.30–22 Uhr; 🌿) Der Beer Thai Garden, in dem es den besten Pad Thai der ganzen Küste gibt, liegt an der verkehrsreichen Straße, strahlt aber eine besondere Atmosphäre aus. Zwei glitzernde Elefanten flankieren den Eingang, während die sanfte Beleuchtung der Gartenbar eine romantische Stimmung aufkommen lässt. Das Restaurant ist nicht zuletzt auch preisgünstig.

Koi MODERN-AUSTRALISCH, CAFÉ $$
(📞 07-5570 3060; www.koibroadbeach.com.au;
Wave Bldg, Ecke Surf Pde & Albert Ave; Hauptgerichte morgens 14–21 AU$, mittags & abends 18–40 AU$; ⏱ 7 Uhr–open end) Diese lässige Cafébar ist das beste Lokal an der Surf Pde. Flinke Kellner in schwarzen Klamotten karren Tabletts mit Risotto, Pasta, Gourmetpizzas, Tapas, Seafood und Bohnen à la Koi (mit pochierten Eiern, Chorizo, knusprigen Zwiebeln und Balsamico-Reduktion) heran.

BURLEIGH HEADS & CURRUMBIN

9200 & 2785 EW

Die echte, sandige Essenz der Gold Coast prägt das relaxte Surferstädtchen Burleigh Heads. Mit seinen fröhlichen Cafés und den Restaurants entlang des Strandes, dem berühmten Right Hand Point Break und dem kleinen Nationalpark auf einer felsigen Landzunge verzaubert Burleigh jedermann.

Surferneulinge sollten die Currumbin Alley, 6 km südlich von Burleigh, ansteuern. Currumbin selbst ist ein verschlafenes, kleines, familienfreundliches Städtchen mit einem sicheren Schwimmbereich im Currumbin Creek.

👁 Sehenswertes

Burleigh Head National Park PARK
(www.nprsr.qld.gov.au/parks/burleigh-head; Goodwin Tce, Burleigh Heads; ⏱ 24 Std.) GRATIS Eine Wanderung um die Landzunge durch den

Burleigh Heads

Burleigh Heads

⊙ Sehenswertes
1 Burleigh Head National Park C3
2 Jellurgal Cultural Centre C3

⊕ Aktivitäten, Kurse & Touren
3 Burleigh Heads Bowls Club B2

⊜ Schlafen
4 Burleigh Beach Tourist Park B2
5 Burleigh Palms Holiday
   Apartments B1
6 Hillhaven Holiday Apartments C2

⊗ Essen
7 Borough Barista B2
8 Canteen Coffee B2
9 Fishmonger B2
10 Oskars B2

Burleigh Head National Park ist ein Muss für jeden Besucher. Durch das 27 ha große, von zahllosen Vögeln bevölkerte Regenwaldschutzgebiet führen mehrere Wanderwege. Auf dem Weg bieten sich tolle Ausblicke auf Burleighs Surfstrände.

David Fleay Wildlife Park   TIERPARK
(☎07-5576 2411; www.nprsr.qld.gov.au/parks/david-fleay; Ecke Loman La & West Burleigh Rd, West Burleigh; Erw./Kind/Fam. 19/9/48 AU$; ⊙9–17 Uhr) Der Park wurde von dem Arzt gegründet, dem als Erstem die erfolgreiche Züchtung von Schnabeltieren gelang, und bietet ein 4 km langes Wegenetz durch Mangroven- und Regenwälder sowie eine Fülle hervorragender ganztägiger Infoshows zur einheimischen Tierwelt. Der Park befindet sich rund 3 km landeinwärts von Burleigh Heads.

Currumbin Wildlife Sanctuary   TIERPARK
(☎1300 886 511, 07-5534 1266; www.cws.org.au; 28 Tomewin St, Currumbin; Erw./Kind/Fam. 49/33/131 AU$; ⊙8–17 Uhr) Im Currumbin Wildlife Sanctuary befindet sich Australiens größte Regenwaldvoliere, in der man knallbunte Allfarbloris mit der Hand füttern

kann. Außerdem gibt es Kängurufütterungen, man kann sich mit Koalas und Krokodilen fotografieren lassen und einheimische Tanzdarbietungen verfolgen. Nach 15 Uhr ist der Eintritt günstiger. Busshuttle-Service möglich (hin & zurück ab 15 AU$).

Jellurgal Cultural Centre KULTURZENTRUM
(07-5525 5955; www.jellurgal.com.au; 1711 Gold Coast Hwy, Burleigh Heads; Mo–Fr 8–15, Sa 8–16, So 9–14 Uhr) GRATIS Dieses neue Aborigine-Kulturzentrum am Beginn der Landzunge von Burleigh beleuchtet das örtliche Leben vor vielen Jahrhunderten anhand zahlreicher Kunstwerke und Artefakte sowie eines multimedialen Lehrpfades. Nach den täglich stattfindenden geführten Wandertouren und Tanzaufführungen der Aborigines fragen.

Aktivitäten

Currumbin Rock Pools SCHWIMMEN
(www.gcparks.com.au/park-details.aspx?park=1751; Currumbin Creek Rd, Currumbin Valley; 24 Std.) GRATIS Diese natürlichen Schwimmlöcher mit grasbewachsenem Ufer, Grillplätzen und Felskanten, von denen Teenager ins Wasser springen, bieten in den heißen Sommermonaten eine willkommene Abkühlung. Von der Küste führt die 14 km lange Currumbin Creek Rd hierher.

Surfing Services Australia SURFEN
(07-5535 5557; www.surfingservices.com.au; Erw./Kind 35/25 AU$) Veranstaltet jedes Wochenende Surfkurse in Currumbin (in den Schulferien tgl.).

Burleigh Heads Bowls Club BOWLS
(07-5535 1023; www.burleighbowls.org.au; Gold Connor & James Sts, Burleigh Heads; 4 AU$/Pers.; So 12–17 Uhr) Wenn am Sonntagnachmittag mal keine Surfbedingungen sind, einfach die Schuhe ausziehen und es mit „Barfuß-Bowling" im örtlichen Rasenbowling-Club versuchen. Keine Reservierungen erforderlich, also frühzeitig kommen.

Schlafen

Burleigh Beach Tourist Park WOHNWAGENPARK $
(07-5667 2750; www.goldcoasttouristparks.com.au; 36 Goodwin Tce, Burleigh Heads; Stellplatz ohne/mit Strom ab 30/41 AU$, Hütte 151–219 AU$;) Dieser kommunal verwaltete, gemütliche und gut ausgestattete Park liegt toll in der Nähe des Strandes. Am besten nach einer der drei blauen Hütten im vorderen Parkbereich fragen.

Burleigh Palms Holiday Apartments APARTMENTS $$
(07-5576 3955; www.burleighpalms.com; 1849 Gold Coast Hwy, Burleigh Heads; Apt. mit 1 Schlafzi. Pro Nacht/Woche ab 150/550 AU$, Apt. mit 2 Schlafzi. ab 180/660 AU$;) Obwohl sie am Highway liegen, haben diese großen, komfortablen Apartments ein gutes Preis-Leistungs-Verhältnis. Zum Strand geht's flott durch die Gasse hinten. Die Besitzer halten viele lokale Informationen bereit und reinigen zudem die Quartiere selbst, um die Übernachtungspreise niedrig zu halten.

Hillhaven Holiday Apartments APARTMENTS $$
(07-5535 1055; www.hillhaven.com.au; 2 Goodwin Tce, Burleigh Heads; Apt. mit 2 Schlafzi. ab 180 AU$;) Direkt von der Landzunge neben dem Nationalpark bieten diese renovierten Apartments großartige Ausblicke auf Burleigh Heads und die Brandung. Sie liegen ziemlich ruhig und sind nur 150 m vom Strand entfernt.

Essen

★ Borough Barista CAFÉ $
(www.facebook.com/pages/borough-barista/236745933011462; 14 The Esplanade, Burleigh Heads; Hauptgerichte 10–17 AU$; 6–14.30 Uhr) Kleine, offene Kaffeebude mit einfachem Menü (Burger, Salate) und einer unübersehbaren Leidenschaft für Kaffee. Der Burger mit gegrilltem Halloumi, Pilzen, karamellisierten Zwiebeln und Chutney könnte einen ohne Weiteres zum Vegetarier machen. Coole Musik und nette Atmosphäre.

Fishmonger SEAFOOD $
(07-5535 2927; 9 James St, Burleigh Heads; Gerichte 7–16 AU$; 10–19.30 Uhr) Diese preiswerte Fish & Chips-Bude gibt es hier seit dem Jahr 1948. Am besten einen Imbiss mitnehmen und dann auf damit in Richtung Strand.

Canteen Coffee CAFÉ $
(0487 208 777; www.canteencoffee.com.au; 23 Park Ave, Burleigh Heads; Stück 3–8 AU$; Mo–Fr 7–16, Sa & So bis 15 Uhr) Diese Kaffeebude funktioniert im Verbund mit der **Canteen Kitchen** nebenan (ein größeres Café: Hauptgerichte 14–20 AU$) und trägt einmal mehr dazu bei, dass Burleigh Heads als Kaffeehauptstadt der Gold Coast gelten kann. Ein Flat White und ein Stück Möhrenkuchen sorgen für einen schwungvollen Start in den Nachmittag.

INSIDERWISSEN

LUKE EGAN: EX-PROFISURFER

Die Gold Coast gehört zu den fünf besten Surfgebieten weltweit. Einzigartig an der Goldy ist, dass sich die Wellen meist auf Sand brechen, sodass es für sandige Untergründe hier einige der besten Wellen der Welt gibt.

Beste Surfstrände

An den berühmten Surfspots Burleigh Heads, Kirra, Rainbow Bay und Snapper Rocks kann man endlos lange auf den Wellen reiten; die Goldy ist daher ein Muss für jeden leidenschaftlichen Surfer.

Wo surfen lernen

Die Wellen am Greenmount Point and in Currumbin geben Anfängern genug Zeit, in aller Ruhe auf die Füße zu kommen und dabei dennoch einen langen Wellenritt zu genießen. Wer an diesen beiden Plätzen das Surfen lernt, hat dafür wohl die beste Wahl in Australien, wenn nicht gar weltweit getroffen.

Beste Erfahrung

Nach einem Surftag gibt es kein besseres Gefühl, als sich „ausgesurft" zu fühlen. Obwohl ich nicht mehr an den Wettkämpfen der World Tour teilnehme, surfe ich dennoch jeden Tag, als sei es mein letzter.

Elephant Rock Café MODERN-AUSTRALISCH, CAFÉ $$
(07-5598 2133; www.elephantrock.com.au; 776 Pacific Pde, Currumbin; Hauptgerichte 15–35 AU$; Di–Sa 7 Uhr–open end, So & Mo bis 16 Uhr) Am wohltuend wenig erschlossenen Strand von Currumbin befindet sich das coole Elephant Rock Café, in dem tagsüber lässig-elegante Strandkleidung angesagt ist, es abends aber so richtig fein wird. Tolle Aussicht auf den Ozean und noch bessere Linguini mit Seafood.

Oskars SEAFOOD $$$
(07-5576 3722; www.oskars.com.au; 43 Goodwin Tce, Burleigh Heads; Hauptgerichte 38–43 AU$; 10–24 Uhr) Dieses direkt am Strand gelegene Restaurant gehört zu den besten der Gold Coast. Es serviert preisgekröntes Seafood und bietet einen weiten Küstenblick bis hinauf nach Surfers. Empfehlenswert sind das Spannerkrabben-Soufflé und die Grillspieße mit gewürzten grünen Garnelen.

Ausgehen

Currumbin Beach Vikings SLSC PUB
(07-5534 2932; www.currumbinslsc.com.au; 741 Pacific Pde, Currumbin; 7.30–21.30 Uhr) Dank seiner supertollen Lage an der Currumbin Beach unterhalb des schroffen Elephant Rock ist dieser Pavillon ideal für ein Nachmittagsbier geeignet. Das Menü ist nicht außergewöhnlich, aber der Ausblick ist einfach umwerfend.

COOLANGATTA

5200 EW.

Coolangatta, eine entspannte Küstenstadt an Queenslands Südgrenze, bietet erstklassige Surferstrände (u.a. den legendäre „Superbank"-Break) und hat eine eingeschworene Gemeinschaft. Die Coolangatta Gold Surf Live-Saving Wettkämpfe finden hier alljährlich im Oktober statt. Folgt man dem Uferweg nördlich um den Kirra Point herum, erreicht man den Stadtteil Kirra selbst mit einem langen Strand und einer anspruchsvollen Brandung.

Aktivitäten

Cooly Surf SURFEN
(07-5536 1470; www.surfshopaustralia.com.au; Ecke Marine Pde & Dutton St, Coolangatta; 9–17 Uhr) Cooly Surf verleiht Surfbretter (halber/ganzer Tag 30/45 AU$) sowie Stehpaddelbretter (40/55 AU$), bietet aber auch 2-stündige Surfkurse (45 AU$).

Gold Coast Skydive SKYDIVING
(07-5599 1920; www.goldcoastskydive.com.au; Tandem-Sprung ab 345 AU$) Ein Sprung aus 3600 m Höhe? Dann nichts wie los! Man muss es nur wollen!

Geführte Touren

Rainforest Cruises BOOTSFAHRT
(07-5536 8800; www.goldcoastcruising.com; 2-stündige Bootsfahrt ab 40 AU$) Vorschläge für

Bootstouren vom Krabbenfangen bis zu Regenwaldfahrten auf dem Tweed River inkl. Mittagessen mit Fleisch und Seafood.

Schlafen

★ Komune HOTEL, HOSTEL $
(07-5536 6764; www.komuneresorts.com; 146 Marine Pde, Coolangatta; B ab 45 AU$, Apt. mit ½ Schlafzi. ab 105/145 AU$, Penthouse ab 245 AU$;) Das unkonventionelle Stranddekor, der Poolberich à la Bali und eine extrem relaxte Atmosphäre machen dieses umgebaute achtstöckige Apartmenthochhaus zum ultimativen Refugium für Surfer. Es gibt Schlafsäle, Apartments und ein hippes Penthouse, das zum Feiern geradezu herausfordert.

Kirra Beach Tourist Park WOHNWAGENPARK $
(07-5667 2740; www.goldcoasttouristparks.com.au; 10 Charlotte St, Kirra; Stellplatz ohne/mit Strom 30/37 AU$, Hütte ab 138 AU$;) Großer, kommunal verwalteter Park mit reichem Baumbestand, umherziehenden Ibissen, einer Campingküche und einem beheizten Pool. Preiswerte Selbstversorgerhütten (mit oder ohne Bad) und nur wenige hundert Meter bis zum Strand.

Coolangatta Sands Hostel HOSTEL $
(07-5536 7472; www.coolangattasandshostel.com.au; Ecke Griffith & McLean Sts, Coolangatta; B/DZ ab 30/80 AU$;) Über dem bierseligen Coolangatta Sands Hotel liegt dieses Hostel, ein Gewirr aus Zimmern und Fluren. Es gibt aber einen tollen umlaufenden Balkon über der Straße (auf dem jedoch leider kein Alkohol erlaubt ist; den gibt's unten in der Kneipe).

Coolangatta YHA HOSTEL $
(07-5536 7644; www.yha.com.au; 230 Coolangatta Rd, Bilinga; B 27–34 AU$, EZ/DZ ab 42/67 AU$;) Dieses YHA-Hostel befindet sich in einem Industriegebiet neben dem lauten Flughafen und ist einen seeehr langen Fußmarsch (4 km) von aller Action entfernt. Dafür entschädigt es mit einem Gratisfrühstück, kostenlosen Shuttles nach Coolangatta und der Lage gleich gegenüber vom Strand. Es gibt einen Verleihservice für Surfbretter (20 AU$/Tag) und Fahrräder (25 AU$).

Meridian Tower APARTMENTS $$
(07-5536 9400; www.meridiantower.com.au; 6 Coyne St, Kirra; Apt. mit 1/2/3 Schlafzi./Woche ab 815/930/1610 AU$;) Dieses Hochhaus (die Nr. 1 in Kirra) gegenüber der schönen Kirra Beach hat geräumige Apartments mit großen, nach Norden ausgerichteten Balkonen. Es ist eine durchschnittliche, familienfreundliche Adresse ohne allen Glamour. Außerhalb der Hauptsaison sind auch kürzere Aufenthalte möglich.

Nirvana APARTMENTS $$$
(07-5506 5555; www.nirvanabythesea.com.au; 1 Douglas St, Kirra; Apt. mit 2/3 Schlafzi. ab 205/365 AU$) Dieser schicke neue Apartmentturm gegenüber der Kirra Beach ist eine Art Salzwasser-Nirwana mit allen Schikanen, z. B. zwei Pools, Fitnessraum, Kinozimmer sowie allerlei andere Räumlichkeiten – und, nicht zu vergessen, Meerblick.

Essen

Burger Lounge BURGER $
(07-5599 5762; www.burgerlounge.com.au; Ecke Musgrave & Douglas Sts, Kirra; Hauptgerichte 10–17 AU$; Do-Di 10–19, Mi 11–21 Uhr) Das dreieckige Restaurant im Erdgeschoss des Nirvana-Apartmentturms bietet den Gästen ein tolles Burgerfest (Fast-Food-Nirvana?). Gewinner ist die Variante mit Huhn, Mango und Chili. Gegen den Durst helfen viele gute Bier-, Wein- oder Cocktailsorten sowie Krüge mit Sangria.

Earth 'n' Sea PIZZERIA $$
(07-5536 3477; www.earthnseapizza.com.au; 72 Marine Pde, Coolangatta; Hauptgerichte 11–33 AU$; Mo–Fr 10-21, Sa & So 8–21 Uhr) Ein altmodisches, familienfreundliches Restaurant an der Hauptstraße, das Pizza und Pasta serviert. Es beweist, dass Substanz das Stylishe schlägt.

Bread 'n' Butter TAPAS $$
(07-5599 4666; www.breadnbutter.com.au; 76 Musgrave St; Tapas 13–22 AU$, Pizzas 19–25 AU$; 17.30–open end) Am besten in den ersten Stock gehen, wo der Balkon mit der stimmungsvollen Beleuchtung und relaxten Musik diese Tapas-Bar zum idealen Ort für einen Drink, Pizzas oder Tapas (oder für alle drei) macht. Die Bar verwendet einheimische oder selbst angebaute Produkte und recycelt exakt 78 % ihres Abfalls. Am Freitag- und Samstagabend legen DJs auf.

Bellakai MODERN-AUSTRALISCH, CAFÉ $$$
(07-5599 5116; www.facebook.com/bellakai.coolangatta; 82 Marine Pde, Coolangatta; Hauptgerichte 30–37 AU$; 5–open end) Von 5 Uhr morgens bis spät abends bietet das Bellakai stets vorzügliche Speisen. Empfehlenswert sind als Vorspeise Klöße aus Black-Tiger-Garnelen,

Coolangatta

als Hauptgang fangfrischer Fisch mit Kartoffeln der Sorte Kipfler, Blattgemüse mit Sesam und Miso-Butter.

🍷 Ausgehen

Coolangatta Hotel   PUB
(www.thecoolyhotel.com.au; Ecke Marine Pde & Warner St; ⊙10–open end) Dieser riesige Pub gleich gegenüber vom Strand ist das Zentrum von Coolangattas Nachtleben; hier spielen Bands wie Grinspoon, The Rubens und The Cat Empire. Ansonsten werden geboten: Würstchengrillen, Poolbillard-Turniere, Quizabende, Akustik-Gejamme, Kneipenessen und ausgedehnte Sunday Sessions.

❶ Praktische Informationen

Coolangatta Tweed Medical Centre (☎07-5599 3010, außerhalb der Öffnungszeiten 0413 511 443; 2 Griffith St, Coolangatta; ⊙Mo-Fr 8-16.30 Uhr)

Post (www.auspost.com.au; Ecke Griffith St & McLean St, Coolangatta; ⊙Mo-Fr 9-17 Uhr)

❶ An- & Weiterreise

Die Busse von **Greyhound** (☎1300 473 946; www.greyhound.com.au) halten in der Warner St, die Busse von **Premier Motor Service** (www.premierms.com.au) stoppen dagegen in der Wharf St.

GOLD COAST HINTERLAND

Wer die Wellen und die Sandstrände der Gold Coast hinter sich lässt und landeinwärts reist, fühlt sich in den dicht bewaldeten Bergen der McPherson Range wie in einer anderen Welt. In den Nationalparks dieser Gegend findet man subtropischen Dschungel, Wasserfälle und wilde Tiere. Der Springbrook National Park mit seiner kühlen Luft und den dichten Wäldern ist der feuchteste Ort im Südosten von Queensland. Der Lamington National Park zieht besonders Vogelbeobachter und Wanderer an, während Hüttenfans am Wochenende den Tamborine Mountain bevorzugen.

☞ Geführte Touren

Bushwacker Ecotours   ÖKOTOUR
(☎1300 559 355, 07-3848 8806; www.bushwacker-ecotours.com.au; Tour erw./Kind ab 125/95 AU$) 🌧 Ökotouren im Hinterland mit Regenwaldwandern im Springbrook National Park und Umgebung. Man startet von der Gold Coast oder von Brisbane aus.

JPT Tour Group   GEFÜHRTE TOUR
(☎07-56301602; www.daytours.com.au; Tour Erw./Kind ab 99/57 AU$) Verschiedene Tagesausflüge ab Brisbane oder der Gold Coast,

Coolangatta

🎯 Aktivitäten, Kurse & Touren
1 Cooly Surf D2

🛌 Schlafen
2 Coolangatta Sands Hostel C2
3 Kirra Beach Tourist Park A2
4 Komune E2
5 Meridian Tower A2
6 Nirvana B2

🍴 Essen
7 Bellakai D2
8 Bread 'n' Butter B2
   Burger Lounge ....(siehe 6)
9 Earth 'n' Sea D2

🍷 Ausgehen & Nachtleben
10 Coolangatta Hotel D2

---

z. B. zum Lamington National Park über den Tamborine Mountain, sowie nächtliche Glühwürmchen-Touren zur Natural Bridge.

Mountain Coach Company　　GEFÜHRTE TOUR
(📞 07-5524 4249, 1300 762 665; www.mountain coach.com.au) Tagesausflüge von der Gold Coast zum Tamborine Mountain (Erw./Kind 59/49 AU$), dem Lamington National Park (84/54 AU$) und dem Springbrook Nationalpark (89/57 AU$). Buchbar sind auch nur Shuttles ab der Gold Coast (Tamborine Mountain Erw./Kind 30/20 AU$; Lamington National Park 50/20 AU$).

Tamborine Mountain

Die Gemeinde auf dem Regenwaldplateau besteht aus Eagle Heights, North Tamborine und dem Mt. Tamborine und liegt 45 km weit von der Gold Coast im Hinterland. Sie ist für ihre Kitschläden bekannt, die selbst gemachtes Kunsthandwerk, Souvenirs, Schokolade und Liköre verkaufen. Wer drauf steht, ist in **Gallery Walk** in Eagle Heights am richtigen Ort, um sich damit einzudecken.

👁 Sehenswertes & Aktivitäten

Tamborine National Park　　NATIONALPARK
(www.nprsr.qld.gov.au/parks/tamborine) Queenslands ältester Nationalpark umfasst 13 Bereiche, die das 8 km große Plateau bedecken und Wasserfälle sowie tolle Ausblicke auf die Gold Coast bieten. Über leicht zu bewältigende Wanderwege erreicht man die **Witches Falls**, die **Curtis Falls**, die **Cedar Creek Falls** und die **Cameron Falls**. Im Visitor Centre in North Tamborine gibt's auch Karten.

Skywalk　　WANDERN & TREKKEN
(📞 07-5545 2222; www.rainforestskywalk.com.au; 333 Geissman Dr, North Tamborine; Erw./Kind/Fam. 19,50/9,50/49; ⏰ 9.30–16 Uhr) Man spaziert in einer Höhe von 30 m über dem Boden durch die Regenwaldwipfel. Der Pfad führt zum Waldboden hinunter und weiter zum Cedar Creek. Unterwegs sollte man nach den seltenen Richmond Birdwings (eine Schmetterlingsart) Ausschau halten.

🛏 Schlafen & Essen

Songbirds Rainforest Retreat　　HOTEL $$$
(📞 07-5545 2563; www.songbirds.com.au; Lot 10, Tamborine Mountain Rd, North Tamborine; Villen ab 298 AU$) Die tollste Bleibe auf dem Berg. Jede der sechs luxuriösen Villen im südostasiatischen Stil hat einen doppelten Spabereich mit Ausblick auf den Regenwald.

St. Bernards Hotel　　KNEIPE $$
(📞 07-5545 1177; www.stbernardshotel.com; 101 Alpine Tce, Mt. Tamborine; Hauptgerichte 20–32 AU$; ⏰ 10–24 Uhr) Eine alte, hölzerne Bergkneipe mit einer großen Terrasse und toller Aussicht.

Mt. Tamborine Brewery　　BRAUEREI $$
(📞 07-5545 2032; www.mtbeer.com; 165 Long Rd, Eagle Heights; Mittagsgerichte 18–25 AU$;

ABSTECHER

LAMINGTON NATIONAL PARK

Australiens größter Rest des subtropischen Regenwalds ersteckt sich über die tiefen Täler und steilen Hänge der McPherson Range und erreicht auf dem Lamington Plateau eine Höhe von 1100 m. Hier befindet sich der 200 km² große **Lamington National Park** (www.nprsr.qld.gov.au/parks/lamington), der zum UNESCO-Welterbe gehört und mit mehr als 160 km an Wanderwegen aufwartet.

Die Gebiete **Binna Burra** und **Green Mountains** gelten als am leichtesten zugänglich. Beide sind von Canungra aus über lange, schmale Kurvenstraßen erreichbar (schwierig für große Wohnmobile). Nach Binna Burra gelangt man auch ab Nerang.

Sehenswertes & Aktivitäten

Die **Buschwandermöglichkeiten** im Park reichen von kurzen Wanderwegen bis hin zu anspruchsvollen mehrtägigen Touren. Der Gold Coast Hinterland Great Walk für erfahrene Wanderer kann in drei Tagen auf einer Länge von 54 km vom Sektor Green Mountains zum Springbrook Plateau bewältigt werden. Ebenfalls beliebt sind der tolle Tree Top Canopy Walk in den Green Mountains, der über mehrere Hängebrücken aus Planken und Seilen führt, und der 21 km lange Border Track, der dem Bergrücken an der Grenze zwischen NSW und Queensland folgt und Binna Burra mit den Green Mountains verbindet.

Wanderführer gibt's bei den **Rangerstationen** (Mo–Fr 7.30–16, Sa & So 9–15.30 Uhr) von Binna Burra und Green Mountains.

Schlafen & Essen

Green Mountains Campground (13 74 68; www.nprsr.qld.gov.au/parks/lamington/camping.html; Stellplatz pro Pers./Fam. 5,50/22 AU$) Wenn man den Berg vom O'Reilly's Rainforest Retreat hinabsteigt, liegt dieser Nationalpark-Campingplatz auf der linken Seite. Er verfügt über viele Zelt- und Wohnmobilstellplätze (sowie ein Toiletten- und Duschhäuschen); Reservierungen erforderlich.

O'Reilly's Rainforest Retreat (07-5502 4911, 1800 688 722; www.oreillys.com.au; Lamington National Park Rd, Green Mountains; EZ/DZ ab 163/278 AU$; Villa mit 1/2 Schlafzi. ab 400/435 AU$; @ 🛜 ♒) Die berühmte, 1926 gegründete Pension hat mittlerweile ihre Grandezza eingebüßt, erhalten blieben aber der rustikale Charme und die sensationelle Aussicht. Einen Hauch von zeitgenössischem Glanz verleihen die neueren Luxusvillen und Doppelzimmer. Es finden etliche organisierte Aktivitäten statt. Zudem gibt's ein Day-Spa, ein Café, eine Bar und ein **Restaurant** (Hauptgerichte 25–40 AU$), das morgens, mittags und abends geöffnet ist.

Binna Burra Mountain Lodge (07-5533 3622, 1300 246 622; www.binnaburralodge.com.au; 1069 Binna Burra Rd, Beechmont; Stellplatz ohne/mit Strom 28/35 AU$, Safarizelt ab 55 AU$, DZ inkl. Frühstück mit/ohne Bad 300/190 AU$, Apt. ab 295 AU$) In diesem stimmungsvollen Refugium übernachtet man in der Lodge, in rustikalen Blockhütten, schicken neuen Apartments oder in Zelten im Wald. Das zentral gelegene **Restaurant** (Hauptgerichte 20–40 AU$) hat morgens, mittags & abends geöffnet; es gibt aber auch ein **Teahouse** (Hauptgerichte 14–18 AU$) im Café-Stil wenige hundert Meter weiter oben an der Straße, das von 9 bis 15 Uhr geöffnet hat. Auf Wunsch wird auch der Transport zur/von der Lodge organisiert.

Mo–Do 9.30–17, Fr–So 9.30 Uhr–open end) Bierfreunde sollten sich direkt zu dieser kleinen Brauerei für ein Rainforest Lager oder ein Probiertablett mit vier Biersorten (10 AU$) aufmachen. Es gibt auch ein Bistro.

ℹ️ Praktische Informationen

Das **Tamborine Mountain Visitor Information Centre** (07-5545 3200; www.tamborinemtncc.org.au; Doughty Park, Main Western Rd, North Tamborine; Mo–Fr 10–16, Sa & So 9.30–16 Uhr) hält Infos zum Tamborine Nationalpark bereit.

Springbrook National Park

Etwa 40 Autominuten westlich von Burleigh Heads erhebt sich der **Springbrook Nati-**

onal Park (www.nprsr.qld.gov.au/parks/springbrook), ein steil aufragender Überrest eines riesigen Schildvulkans, dessen Mittelpunkt vor über 20 Mio. Jahren der heutige Mt. Warning in NSW war. Der Park ist ein Paradies für Wanderer: Pfade führen durch gemäßigte, subtropische und Eukalyptuswälder, durch Schluchten und vorbei an Felsen und Wasserfällen.

Der Park ist in vier Bereiche unterteilt. Zum 900 m hohen **Springbrook Plateau** gehört der Ort Springbrook, deren Häuser sich entlang der Springbrook Rd aneinanderreihen. Dieser Bereich verzeichnet die meisten Besucher, denn zu ihm gehören Wasserfälle, Wanderwege und atemberaubende Aussichtspunkte. Der malerische Abschnitt mit der **Natural Bridge** erstreckt sich abseits der Straße von Nerang nach Murwillumbah. Er kann auf einem 1 km langen Rundweg erkundet werden, der zu einem mächtigen Felsbogen führt. In der vom Wasser ausgespülten Höhle darunter lebte eine Kolonie leuchtender Glühwürmchen. Der Bereich **Mt. Cougal** ist über die Currumbin Creek Rd zugänglich. Hier gibt's mehrere Wasserfälle mit Schwimmlöchern (Vorsicht vor versunkenem Totholz und rutschigen Felsen!). Nördlich von hier erstreckt sich der dicht bewaldete, vierte Parksektor namens **Numinbah**.

◉ Sehenswertes & Aktivitäten

Best of All Lookout AUSSICHTSPUNKT
(Repeater Station Rd, Springbrook) Der Name ist wirklich gerechtfertigt, denn der Traumblick vom Südrand des Springbrook Plateaus auf das Tiefland darunter ist tatsächlich einzigartig. Auf dem 350 m langen Pfad vom Parkplatz zum Aussichtspunkt passiert man ein paar knorrige Antarktische Buchen – man findet sie nur hier und im Nordwesten von NSW.

Purling Brook Falls WASSERFALL
(Forestry Rd, Springbrook) Gleich abseits von der Springbrook Rd begegnet man den Purling Brook Falls, die eindrucksvolle 109 m in den Regenwald hinabstürzen. Man kann sie von einem schwindelerregenden Aussichtspunkt aus bewundern.

Canyon Lookout AUSSICHTSPUNKT
(Canyon Pde, Springbrook) Vom Canyon Lookout reicht der Blick durchs Tal bis nach Surfers Paradise. Von hier aus startet man auch zum 4 km langen Rundweg zu den **Twin Falls**, der zum **Warrie Circuit**, dem mit 17 km längsten Wanderweg des Springbrook Nationalparks, führt.

Goomoolahra Falls WASSERFALL
(Springbrook Rd, Springbrook) Am Ende der Springbrook Rd gibt's einen Aussichtspunkt neben den 60 m hohen Goomoolahra Falls mit einem Panoramablick über das Plateau und den Weg zurück bis zur Küste.

🛏 Schlafen & Essen

Settlement Campground CAMPING $
(☎ 13 74 68; www.nprsr.qld.gov.au/parks/springbrook/camping.html; 52 Carricks Rd; pro Pers./Fam. 5,50/22 AU$) Dieser Campingplatz (der einzige in Springbrook) hat elf grasbewachsene Stellplätze sowie Toiletten und Grillplätze. Reservierungen erforderlich. Hier führt der Gold Coast Hinterland Great Walk vorbei.

Mouses House CHALET $$$
(☎ 07-5533 5192; www.mouseshouse.com.au; 2807 Springbrook Rd, Springbrook; Zi ab 250 AU$, 2 Nächte ab 430 AU$; ✻ ⌂) Holzstege verbinden die zwölf Hütten aus Zedernholz miteinander, die im Dunst des Waldes verborgen sind und ein tolles romantisches Refugium darstellen. Jede Hütte hat einen eigenen Spa-Bereich und offenen Kamin. Auf Wunsch können morgens, mittags und abends Esskörbe geliefert werden.

Dancing Waters Café CAFÉ $
(☎ 07-5533 5335; www.dancingwaterscafe.com; 33 Forestry Rd, Springbrook; Gerichte 6–18 AU$; ⓧ 10–16 Uhr) Neben dem Parkplatz der Purling Brook Falls gelegen, bietet dieses freundliche Teehaus gesunde Salate und leichte Mahlzeiten (darunter großartige Hähnchentoast-Sandwiches sowie selbst gemachtes Gebäck).

❶ Praktische Informationen

Am Ende der Old School Rd auf dem Springbrook Plateau gibt's ein unbesetztes **Infozentrum**, in dem Karten des Parks ausgelegt sind.

Noosa & Sunshine Coast

Inhalt →

Noosa 360
Bribie Island 367
Glass House
Mountains 368
Caloundra 369
Mooloolaba &
Maroochydore 371
Eumundi 379
Sunshine Coast
Hinterland 381

Gut essen

→ Little Humid (S. 364)
→ Berardo's (S. 364)
→ Bohemian Bungalow (S. 380)
→ Mooloolaba Fish Market (S. 374)
→ Up Front Club (S. 382)

Schön übernachten

→ Secrets on the Lake (S. 378)
→ Islander Noosa Resort (S. 364)
→ YHA Halse Lodge (S. 362)
→ Glass House Mountains Ecolodge (S. 368)
→ Maroochydore Beach Motel (S. 373)

Auf nach Noosa & zur Sunshine Coast!

Sie heißt nicht umsonst „Sonnenschein-Küste": Der 100 km lange Küstenabschnitt von der Südspitze von Bribie Island bis zur Cooloola Coast sind voller golden schimmernder Sandstrände, toller Surfgebiete und herzlicher Einheimischer, die ständig lächeln... und altmodische Schuhe tragen. Das stilvolle Noosa verfügt über unzählige kultivierte Restaurants und Hotels, während Mooloolaba mit seinem populären Strand, seinen Restaurants und Cafés im Freien schon lange der Lieblingsurlaubsort australischer Familien ist.

Im Hinterland der Küste erheben sich die himmlischen Glass House Mountains, weiter nördlich lockt der Gebirgszug der Blackall Range mit dichten Wäldern, grünen Weiden und malerischen Dörfern. An der Sunshine Coast befindet sich mit dem berühmten Australia Zoo auch einer der größten Tierparks der Welt.

Reisezeit
Noosa

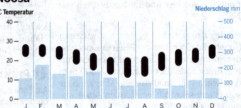

Mai Beim Noosa International Food & Wine Festival schwelgt man in kulinarischen Genüssen.

Sept. Die Straßen Noosas sind vier Tage lang von der Musik des Noosa Jazz Festival erfüllt.

Dez. Das Jahresende wird hier mit dem volkstümlichen Woodford Folk Festival gefeiert.

Highlights

❶ Den Küstenpfad im **Noosa National Park** (S. 360) abwandern

❷ Tolle Strandküche in Noosas **Nobelrestaurants** (S. 364) probieren

❸ In **Mooloolaba** (S. 371) surfen, sonnenbaden und die Strandcafészene abklappern

❹ Die Wildtiere im **Australia Zoo** (S. 368) besuchen

❺ Abgefahrene Schätze auf den **Eumundi Markets** (S. 379) ausgraben

❻ Mit Fackeln, Kaftans und wildem New-Age-Hippiechic zum herrlichen **Woodford Folk Festival** (S. 381) gehen

❼ Im **Glass House Mountains National Park** (S. 368) zum Gipfel des Mt. Beerwah marschieren

❽ Kanu- und Erkundungstrips in der Cooloola Section des **Great Sandy National Park** (S. 379) unternehmen

❶ An- & Weiterreise

BUS

Greyhound Australia (📞 1300 473 946; www.greyhound.com.au) verbindet Brisbane mehrmals täglich mit Caloundra (17 AU$, 2 Std.), Maroochydore (20 AU$, 2 Std.) und Noosa (22 AU$, 2½ Std.). Auch **Premier Motor Service** (📞 13 34 10; www.premierms.com.au) bedient Maroochydore und Noosa ab Brisbane.

FLUGZEUG

Der Sunshine Coast Airport bei Marcoola liegt 10 km nördlich von Maroochydore und 26 km südlich von Noosa. **Jetstar** (📞 13 15 38; www.jetstar.com.au) und **Virgin Blue** (📞 13 67 89; www.virginblue.com.au) steuern den Regionalflughafen täglich ab Sydney bzw. Melbourne an. **Tiger Airways** (📞 03-9034 3733; www.tigerairways.com) startet weniger oft in Melbourne.

❶ Unterwegs vor Ort

Mehrere Shuttle-Unternehmen verbinden den Sunshine Coast Airport und Brisbane mit den Orten entlang der Küste. Eine Fahrt ab Brisbane kostet 40 bis 50 AU$ für Erwachsene und 20 bis 25 AU$ für Kinder. Vom Sunshine Coast Airport ist mit 20 bis 30 AU$ für Erwachsene und 7 bis 15 AU$ für Kinder zu rechnen.

Sunbus (13 12 30; www.sunbus.com.au) verkehrt häufig zwischen Caloundra und Noosa und fährt regelmäßig von Noosa über Eumundi zum Bahnhof in Nambour (7 AU$, 1 Std.).

Col's Airport Shuttle (📞 07-5450 5933; www.airshuttle.com.au)

Henry's (📞 07-5474 0199; www.henrys.com.au)

Sun-Air Bus Service (📞 07-5477 0888; www.sunair.com.au)

NOOSA

14 000 EW.

Noosa ist ein großartiger, stilvoller Ferienort mit atemberaubender Natur: glitzernden Stränden und tropischem Regenwald. Während Designerboutiquen und Nobelrestaurants die weltmännische Strandelite anziehen, sind Strand und Buschland bis heute ursprünglich geblieben. So leben aufgedonnerte Modefreaks friedlich neben Flipflops, Surfershorts und bronzebraunen Körpern in knappen Bikinis.

Die Umgebung ist zweifellos touristisch erschlossen. Allerdings wurden seine unauffälligen Eigentumswohnungen und die mondäne Stadtlandschaft so gestaltet, dass auch noch schlichte Strandfreuden genossen werden können. Allerdings verstopft zähflüssiger Verkehr an langen Wochenenden und in den Schulferien die geschäftige Hastings St.

Aufgrund zahlloser Kreisverkehre kann man sich in Noosa leicht verfahren. Die Stadt besteht grob aus drei Bereichen: Noosa Heads rund um Laguna Bay und Hastings St, Noosaville entlang des Noosa River und dem Verwaltungszentrum Noosa Junction.

◉ Sehenswertes

Eine der schönsten Sehenswürdigkeiten von Noosa bedeckt die gesamte Landspitze: Der herrliche **Noosa National Park** (Karte S. 362; www.noosanationalpark.com) bietet schöne Wanderwege durch die grandiose Küstenlandschaft und eine ganze Reihe von Buchten, in denen Surfer aus dem ganzen Land die perfekte Welle suchen. Der landschaftlich reizvollste Zugang zum Nationalpark führt von der Stadt über den Holzplankenweg an der Küste entlang. Dabei entdeckt man in der Nähe der Tea Tree Bay oft schlafende Koalas und kann die Delfine in der Alexandria Bay beobachten. Am östlichen Ende der felsigen Landspitze befindet sich ein inoffizieller Nacktbadestrand. Eine Wanderkarte für dieses Gebiet gibt's beim **Noosa National Park Information Centre** (📞 07-5447 3522; ◉ 9.15–16.45 Uhr) am Parkeingang.

Einen tollen Blick auf den gesamten Nationalpark bietet der **Laguna Lookout**, zu dem man vom Viewland Dr in Noosa Junction hinauf fahren oder laufen kann.

Der Teil des Noosa River, der sich durch den **Great Sandy National Park** windet, wird auch „Fluss der Spiegel" oder **Everglades** genannt. Hier kann man toll ein Kajak zu Wasser zu lassen und auf einem der vielen **Campingplätzen des Nationalparks** (www.nprsr.qld.gov.au; pro Pers./Fam. 5,45/21,80 AU$) direkt am Flussufer übernachten.

🏃 Aktivitäten

Abenteuer-Aktivitäten

Noosa Ocean Rider   SCHNELLBOOTFAHREN
(Karte S. 365; 📞 0438 386 255; www.oceanrider.com.au; Jetty 17, 248 Gympie Tce, Noosaville; 1 Std. Fahrt pro Pers./Fam. 70/250 AU$) Nasser Nervenkitzel auf einem extrem schnellen, PS-starken Schnellboot.

Bike On Australia   MOUNTAINBIKEN
(Karte S. 362; 📞 07-5474 3322; www.bikeon.com.au; geführte Tour ab 80 AU$, Leihgebühr 25 AU$/Tag) Radtouren am Strand, Radeln auf eige-

ne Faust, abenteuerliche Öko-Trips und viele andere Touren sind im Angebot.

Bootsfahrten

Gondolas of Noosa — GONDELFAHRT
(Karte S. 362; 0412 929 369; www.gondolasofnoosa.com) Die romantischen Gondelfahrten auf dem Noosa River finden bei Tag oder im Mondenschein statt und beginnen immer an der Sheraton Jetty. Eine einstündige Fahrt kostet ab 150 AU$.

Noosa Ferry — BOOTSFAHRTEN
(Karte S. 362; 07-5449 8442; 20 AU$/Pers.) Die Stadtrundfahrt mit Erläuterungen wird auf einer Fähre durchgeführt, die in 90 Minuten von der Sheraton Jetty nach Tewantin und wieder zurück schippert. Der zweistündige Biosphere Reserve Cruise (45 AU$) muss im Voraus gebucht werden.

Kanu- & Kajakfahren

Dem Noosa River kann man toll flussaufwärts durch die Seen Cooroibah und Cootharaba sowie durch die Cooloola Section des Great Sandy National Park folgen.

Noosa Ocean Kayak Tours — KAJAKFAHREN
(0418 787 577; www.noosakayaktours.com; geführte Touren 66 AU$/2 Std., Leihkajak 55 AU$/Tag) Geführte Trips im Noosa National Park und auf dem Noosa River.

Kayak Noosa — KAJAKFAHREN
(Karte S. 365; 07-5455 5651; www.kayaknoosa.com; 194 Gympie Tce, Noosaville; Dämmerungspaddeln 55 AU$/2 Std., geführte Kajaktouren halber/ganzer Tag 90/145 AU$) Geführte Touren im Noosa National Park plus Leihkajaks (2 Std. 45 AU$).

Reiten

Noosa Horse Riding — REITEN
(0438 710 530; www.noosahorseriding.com.au; Eumarella Rd, Lake Weyba; Ausritt 1/2 Std. 65/95 AU$) Die Ausritte führen rund um (und in) den Lake Weyba und das Buschland der Umgebung.

Surfen & Wassersport

Eine Reihe von Breaks rund um einen unberührten Nationalpark macht Noosa zu einem super Surfrevier. Im Dezember und Januar sind die Wellen allgemein am besten. Die Sunshine Corner am nördlichen Ende des Sunshine Beach steht ganzjährig für einen erstklassigen Break, der allerdings brutal an den Strand donnert. Die Pointbreaks rund um die Landzunge treten nur im Sommer auf. Dann allerdings sorgen sie für krasse Bedingungen und gute Wasserwände am Boiling Point oder Tea Tree auf der Nordseite. Sanfter ist die Noosa Spit am anderen Ende der Hastings St, wo die meisten Surfschulen ihre Kurse abhalten.

Flussmündung und Lake Weyba bieten von Oktober bis Januar die besten Bedingungen zum Kitesurfen. An windigen Tagen toben sich echte Draufgänger auf dem Noosa River aus.

Merrick's Learn to Surf — SURFEN
(0418 787 577; www.learntosurf.com.au; Surfkurs 60 AU$/2 Std.; 9–13.30 Uhr) Veranstaltet ein-, drei- und fünftägige Surfkurse.

Adventure Sports Noosa — KITESURFEN
(Karte S. 365; 5455 6677; www.kitesurfaustralia.com.au; 203 Gympie Tce, Noosaville; Kitesurfkurs 250 AU$/2½) Verleiht auch Kajaks (35 AU$/halber Tag) und Fahrräder (19 AU$/2 Std.).

Go Ride A Wave — SURFEN
(1300 132 441; www.gorideawave.com.au; Kurs 65 AU$/2 Std., Leihgebühr Surfbrett 25 AU$/) Kurse und Surfbrett-Verleih.

Noosa Stand Up Paddle — WASSERSPORT
(0423 869 962; www.noosastanduppaddle.com.au; Gruppenunterricht im Stehpaddeln 55 AU$; Kurse 9, 11, 13 & 15 Uhr) Hier kann man den Trendsport Stehpaddeln erlernen.

Noosa Longboards — SURFEN
(Karte S. 362; 5447 2828; www.noosalongboards.com; 2/55 Hastings St, Noosa Heads; Surfkurs 60 AU$/2 Std., Leihgebühr Surfbrett ab 40 AU$) Privatunterricht und Gruppenkurse sind möglich.

Geführte Touren

Fraser Island Adventure Tours — ABENTEUERTOUREN
(07-5444 6957; www.fraserislandadventuretours.com.au; Tagestour ab 145 AU$) Die beliebten Tagesausflüge nach Eli Creek und zum Lake McKenzie sorgen für mindestens so viel Nervenkitzel wie die zweitägigen Touren.

Discovery Group — JEEPTOUR
(07-5449 0393; www.thediscoverygroup.com.au; Tagestour pro Erw./Kind 175/120 AU$) Mit einem großen schwarzen Allrad-Lastwagen geht es nach Fraser Island, wo man durch den Regenwald rund um die Central Station wandert und den Seen Birrabeen und McKenzie einen Besuch abstattet. Ebenfalls im Angebot sind nachmittägliche Flussbootsfahrten durch die Everglades (ab 79 AU$).

Noosa Heads

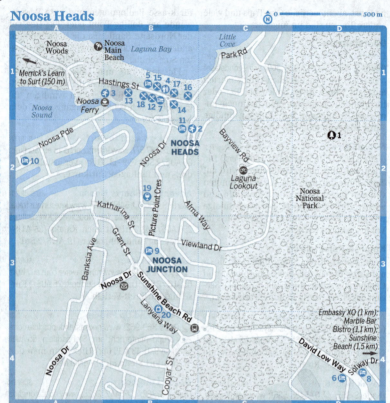

Offbeat Ecotours ÖKOTOUREN
(1300 023 835; www.offbeattours.com.au; Tagestour 155/100 AU$ pro Erw./Kind) Die tollen Tagesausflüge ins wunderbare Hinterland von Noosa beinhalten das Schwimmen unter Wasserfällen, Kennenlernen uralter Pflanzen und ein Feinschmecker-Mittagessen.

Feste & Events

Noosa Festival of Surfing SURFEN
(www.noosafestivalofsurfing.com/) Im März ist eine Woche lang Action auf und mit dem Longboard angesagt.

Noosa International Food & Wine Festival ESSEN & WEIN
(www.noosafoodandwine.com.au) Drei Tage im Mai wird in allen Arten von kulinarischen Genüssen geschwelgt.

Noosa Long Weekend ESSEN & MODE
(www.noosalongweekend.com) Bei diesem zehntägigen Festival Ende Juni/Anfang Juli dreht sich alles um Kunst, Kultur, Kulinarisches und Mode.

Noosa Jazz Festival JAZZ
(www.noosajazz.com.au) Das viertägige Festival findet Anfang September statt.

Schlafen

In der Hauptsaison können die Zimmerpreise um 50 bis 100% höher sein. Außerdem verlangen die meisten Unterkünfte in dieser Zeit auch einen Mindestaufenthalt von zwei oder drei Nächten. Im Folgenden sind die Preise für die Nebensaison angegeben.

Ein ausführliches Verzeichnis von Kurzzeitferienunterkünften ist bei **Accom Noosa** (Karte S. 362; 07-5447 3444; www.accomnoosa.com.au; Shop 5/41 Hastings St, Noosa Heads) erhältlich.

★ YHA Halse Lodge HOSTEL $
(Karte S. 362; 07-5447 3377; www.halselodge.com.au; 2 Halse Lane; YHA-Mitglied/Nicht-Mitglied

Noosa Heads

Sehenswertes
1 Noosa National Park D2

Aktivitäten, Kurse & Touren
2 Bike On Australia B2
Gondolas of Noosa .... (siehe 3)
3 Noosa Ferry B1
4 Noosa Longboards B1

Schlafen
5 Accom Noosa B1
6 Chez Noosa D4
7 Emerald B1
8 Flashpackers D4
9 Nomads Backpackers B3
10 Noosa Parade Holiday Inn A2
11 YHA Halse Lodge B2

Essen
12 Aromas B1
13 Food-Court des Bay Village Shopping Centre B1
14 Berardo's B1
15 Bistro C B1
Cafe Le Monde .... (siehe 14)
Gaston .... (siehe 14)
Laguna Bakery .... (siehe 15)
16 Massimo's B1
17 Noosa Heads SLSC B1
18 Zachary's B1

Ausgehen & Nachtleben
KB's .... (siehe 9)
19 Reef Hotel B2

Shoppen
20 Noosa Fair Shopping Centre B3

Praktisches
Noosa Visitor Centre .... (siehe 17)
Palm Tree Tours .... (siehe 13)

B 29/32 AU$, DZ 78/96 AU$; @ 🛜) Das prächtige Queenslander-Holzhaus aus der Kolonialzeit ist eine Backpacker-Legende und den steilen Anstieg zum Eingang allemal wert. Es gibt Schlafsäle mit drei bis sechs Betten, Doppelzimmer und eine hübsche, breite Veranda. In der Bar ist immer was los und es gibt tolles Essen (10–15 AU$). Zudem ist das Hostel nicht weit vom lebhaften Main Beach entfernt.

Nomads Backpackers HOSTEL $
(Karte S. 362; ☏ 07-5447 3355; www.nomads hostels.com; 44 Noosa Dr; B ab 26 AU$; @ 🛜 ≋) Das Hostel hat die üblichen Merkmale der Nomad-Kette: eine beliebte Bar, eine zentrale Lage und Partystimmung. In den Schlafsälen stehen mindestens acht Betten, aber viel zum Schlafen kommt man sowieso nicht. Wer zwischen zwei Feierrunden etwas essen will oder muss, kann durchaus die Gerichte des Hauses für 5 AU$ probieren, die gar nicht so übel sind.

Noosa River Holiday Park WOHNWAGENPARK $
(Karte S. 365; ☏ 07-5449 7050; www.sunshine coastholidayparks.com; 4 Russell St; Stellplatz ohne/mit Strom 34/42 AU$; 🛜) Der hübsche Campingplatz am Ufer des Noosa River liegt Noosa am nächsten. Hier wird viel Wert auf die Beachtung und Einhaltung der Regeln und Vorschriften gelegt.

Anchor Motel Noosa MOTEL $$
(Karte S. 365; ☏ 07-5449 8055; www.anchormo telnoosa.com.au; 223 Weyba Rd; Zi. ab 120 AU$; ❄ 🛜 ≋) Mit den großzügigen Zimmern in Schiffsform und den runden Kabinenfenstern wird das Motel seinem nautischen Image mehr als gerecht. Im Gegensatz zu vielen anderen Motels geht es hier sehr gesellig zu und die Gäste treffen sich zwanglos am Pool.

Noosa River Retreat APARTMENTS $$
(Karte S. 365; ☏ 07-5474 2811; www.noosariver retreat.com; 243 Weyba Rd; Apt. ab 120 AU$; ❄ @ 🛜 ≋) Die ordentliche Anlage mit großen, blitzsauberen Apartments ist wirklich günstig. Es gibt einen zentral gelegenen Grillplatz und einen Waschsalon. Während die Eckhäuser fast vollständig von kleinen, verwilderten Gärten umgeben und geschützt sind, ist in manchen Häusern der Verkehrslärm zu hören.

Noosa Sun Motel APARTMENTS $$
(Karte S. 365; ☏ 07-5474 0477; www.noosasun motel.com.au; 131 Gympie Tce, Noosaville; Zi. 130–220 AU$; ❄ @ 🛜 ≋) Hinter der langweiligen Fassade verbergen sich überraschend moderne, geräumige und sehr stilvolle Apartments mit kleiner Küche, kostenlosem WLAN und Blick aufs Wasser oder den Garten (preiswerter). Und das Ganze findet sich in unmittelbarer Nähe zu unzähligen Restaurants und Geschäften.

Noosa Parade Holiday Inn APARTMENTS $$
(Karte S. 362; ☏ 07-5447 4177; www.noosaparade holidayinn.com; 51 Noosa Pde; Zi. ab 110 AU$; ❄ 🛜 ≋) Die Apartments sehen recht abgenutzt aus, sind aber sauber und gemütlich und nur einen Katzensprung von der hie-

sigen Geschäfts- und Restaurantmeile Hastings St entfernt.

Islander Noosa Resort
RESORT $$$
(Karte S. 365; 07-5440 9200; www.islandernoosa.com.au; 187 Gympie Tce; Haus mit 2/3 Schlafzi. 210/260 AU$; ❄@ 🛜 ⛱ 🐾) Die Ferienhäuser stehen in einer 1,6 ha großen, tropischen Gartenanlage mit zentralem Swimmingpool und Holzplankenwegen, die sich zwischen den Bäumen hindurchschlängeln. In dem freundlichen Hotel mit der unbeschwerten Atmosphäre einer Tropeninsel fühlen sich sonnenhungrige Müßiggänger ebenso wohl wie Familien. Die hoteleigene (von 7–18 Uhr geöffnete) Café-Bar Moondoggy ist für ihr gutes Frühstück bekannt.

Emerald
APARTMENTS $$$
(Karte S. 362; 07-5449 6100; www.emeraldnoosa.com.au; 42 Hastings St; Apt. mit 2 Schlafzi. ab 270 AU$; ❄@ 🛜 ⛱) Das stilvolle Hotel hat schöne, vom Sonnenlicht durchflutete Zimmer in strahlendem Weiß. Sie sind sauber, frisch und mit eleganten Möbeln ausgestattet. Jedes Apartment ist in sich abgeschlossen und hat einen Balkon, teilweise auch mit schönem Ausblick.

✖ Essen

Noosa ist stolz auf seine kulinarische Vielfalt. Ob in noblen Restaurants oder Imbissbuden am Strand, überall kommen leckere australische und internationale Gerichte auf den Teller. Die Restaurants in Noosa Heads befinden sich vor allem in der Hastings St, in Noosaville in der Thomas und Gibson St. Im **Food Court des Bay Village Shopping Centre** (Karte S. 362; Hastings St, Noosa Heads) kann man für um die 10 AU$ richtig gut essen. Selbstversorger finden alles Nötige im **Noosa Fair Shopping Centre** (Karte S. 362; Lanyana Way) in Noosa Junction.

Elegant Eggplant
CAFÉ $
(Karte S. 365; 07-5474 2776; www.eleganteggplant.com.au; 185 Gympie Tce, Noosaville; 9–15 AU$; 7–14.30 Uhr) Für die Zubereitung der köstlichen Variationen des typischen Café-Angebots wie Sandwiches, Salate und riesiges Frühstück werden meist Bio-Zutaten aus der Region verwendet. Dazu gibt's leckere Smoothies und erfrischende Fruchtsaftcocktails.

Burger Bar
BURGER $
(Karte S. 365; 4 Thomas St; Burger 10–15 AU$; 11–21 Uhr; 🅿) Das originelle, zwanglose Lokal brutzelt hormonfreie, vegetarische, verrückte und einfach wunderbare Burger. Absolut göttlich sind die Lammfleisch-Burger mit Brie, Limetten-Kraut-Salat und säuerlicher Piccalilli-Sauce (mit Mixed Pickles).

Laguna Bakery
BÄCKEREI $
(Karte S. 362; 07-5447 2606; 3/49 Hastings St; Gebäck 2,50 AU$, Kaffee 3 AU$) Die freundliche Bäckerei hat starken Kaffee und leckere Backwaren zum Mitnehmen.

Massimo's
EIS $
(Karte S. 362; 75 Hastings St; Eis 2–6 AU$; 9–22 Uhr) Garantiert eine der besten Eisdielen in Queensland.

★ Little Humid
MODERN-AUSTRALISCH $$
(Karte S. 365; 07-5449 9755; www.humid.com.au; 2/235 Gympie Tce, Noosaville; Hauptgerichte ab 25 AU$; Mi–So mittags 12–14, Di–So abends ab 18 Uhr) Das äußerst beliebte Restaurant halten viele Einheimische für das beste der Stadt. Diesem Ruf wird es durchaus gerecht, denn es bietet Enten-Confit mit knuspriger Haut, dicken Schweinebauch mit Calamares, kreative vegetarische Gerichte und ähnliche Köstlichkeiten. Unbedingt reservieren!

Aromas
CAFÉ $
(Karte S. 362; 32 Hastings St; Frühstück 12–26 AU$, Hauptgericht 13–36 AU$ 7–23 Uhr) Mit Kronleuchtern und künstlichen Marmortischen wirkt das europäisch anmutende Café unverhohlen protzig. Von den Korbmöbeln haben Gäste freien Blick auf vorbeikommende Passanten. Das Angebot umfasst wie üblich Panini, Kuchen und kleine Gerichte. Die meisten Leute kommen jedoch wegen des Kaffees und der Atmosphäre.

Noosa Heads SLSC
INTERNATIONAL $$
(Karte S. 362; 69 Hastings St; Hauptgerichte 12–33 AU$; Sa & So morgens, tgl. mittags & abends) Der tolle Blick von der Terrasse auf den Strand macht das idyllische Lokal mit gutem Bier und sehr gutem Kneipenessen perfekt.

Berardo's
MODERN-AUSTRALISCH $$$
(Karte S. 362; 07-5447 5666; 52 Hastings St; Hauptgerichte 30–42 AU$; ab 18 Uhr) Der wunderbare Gourmettempel ist das kulinarische Paradies auf Erden und eines der berühmtesten Restaurants Noosas. Das elegante Ambiente – ganz in Weiß mit Klavierspiel und tanzendem Sonnenlicht – ist ebenso toll wie das Essen. Die Zutaten stammen fast ausschließlich aus der Region und werden sehr interessant verarbeitet, z. B. zu grüner Mango- oder Zuckerrohrsauce.

Noosaville

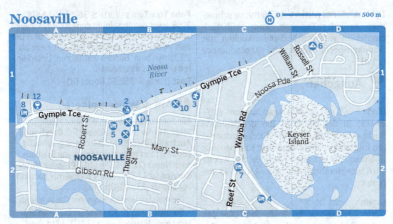

Noosaville

Aktivitäten, Kurse & Touren
1 Adventure Sports Noosa B1
2 Kayak Noosa B1
3 Noosa Ocean Rider B1

Schlafen
4 Anchor Motel Noosa C2
5 Islander Noosa Resort B2
6 Noosa River Holiday Park D1
7 Noosa River Retreat C2

8 Noosa Sun Motel A1

Essen
9 Burger Bar B2
  Elegant Eggplant .... (siehe 5)
10 Little Humid B1
11 Thomas Corner B2

Ausgehen & Nachtleben
12 Noosa Yacht Club A1

Thomas Corner MODERN-AUSTRALISCH $$
(Karte S. 365; 07-5470 2224; Ecke Thomas St & Gympie Tce; Hauptgerichte 16–33 AU$; Mo-Fr 11.30–23, Sa 9–23, So 8.30–23 Uhr) Der in der Region recht bekannte Küchenchef David Rayner legt in seinem zwanglosen Freiluftrestaurant mehr Wert auf Geschmack als auf Aussehen. Auf der Karte stehen einheimische Meeresfrüchte wie Spannerkrabben und Echte Tintenfische, aber auch ausgezeichnete Fleischgerichte wie Lammschulter und Wagyu-Rinderbrust.

Cafe Le Monde MODERN-AUSTRALISCH $$
(Karte S. 362; 52 Hastings St; Hauptgerichte 15–39 AU$; So-Do 6–21.30 Uhr, Fr & Sa bis 23.30 Uhr) Die ellenlange Speisekarte befriedigt alle Genuss- und Ernährungsansprüche: Auf der großen Freiluftterrasse vertilgen stets zahlreiche Gäste z.B. Hamburger, sautierte Thunfischsteaks, Salate, Currys oder Nudelgerichte. Tägliche Happy Hour (16–18 Uhr) für Drinks.

Zachary's PIZZERIA $$
(Karte S. 362; 07-5447 3211; www.zacharys.com.au; Obergeschoss, 30 Hastings St, Noosa Heads; Pizza ab 16,50 AU$; 12 Uhr–open end) Das alteingesessene, preisgekrönte Lokal backt Pizzas mit Ente in Hoisin-Sauce oder „fein gemachtes" Hühnchen (mit Cranberrys und Camembert), aber auch alle Klassiker. Mit einem Cocktail von der erstaunlich umfangreichen Karte kann man hier prima den Abend in der Stadt beginnen.

Gaston MODERN-AUSTRALISCH $$
(Karte S. 362; 5/50 Hastings St; Hauptgerichte 17–25 AU$; 7–24 Uhr) So unscheinbare das Restaurant ist, die Speisekarte ist vom Feinsten. Und dazu kann man herrlich die Leute auf der Straße beobachten. Mittags gibt's ein Hauptgericht und ein Getränk für gerade einmal 17 AU$, beim Sonderangebot am Abend bezahlt man für zwei Hauptgerichte und eine Flasche Wein 50 AU$.

Bistro C MODERN-AUSTRALISCH $$
(Karte S. 362; 07-5447 2855; Hastings St, On the Beach Resort; Hauptgerichte 19–40 AU$; 7.30–23.30 Uhr) Auf der Speisekarte des französisch angehauchten Restaurants am Strand steht eine wilde Mischung aller Köstlichkeiten, auf die man gerade Lust haben könnte.

Die legendären frittierten Calamares schmecken zu jeder Tageszeit. Zum Frühstück empfehlen sich die Maispfannkuchen mit Schinkenspeck, Spinat und Avocadosauce (22 AU$).

Ausgehen

KB's BAR
(Karte S. 362; 44 Noosa Dr, Noosa Junction; ⊙17–24 Uhr) In der beliebten Bar des Nomads Backpackers beginnen die Rucksacktouristen und andere Freigeister ihre Kneipentour in Noosa. An fast allen Abenden der Woche wird hier ziemlich lautstarker Live-Rock geboten.

Marina Yacht Club JACHTCLUB
(Karte S. 365; Gympie Tce; ⊙Mo-Sa 10 Uhr–open end, So 8 Uhr–open end) Ein typischer Jachtclub mit billigem Rum, Blick aufs Wasser und geselligen Seebären.

Reef Hotel PUB
(Karte S. 362; 07-5430 7500; 19 Noosa Dr; ⊙So-Do 11–24, Fr & Sa 11–15 Uhr) Die Einrichtung ist recht nüchtern, aber Livemusik und kühle Getränke sorgen für Stimmung.

Praktische Informationen

Noosa Visitor Centre (Karte S. 362; 07-5430 5000; www.visitnoosa.com.au; 61 Hastings St, Noosa Heads; ⊙9–17 Uhr)

Palm Tree Tours (Karte S. 362; 07-5474 9166; www.palmtreetours.com.au; Bay Village Shopping Centre, Hastings St; ⊙9–17 Uhr) Der sehr nützliche Veranstalter hilft seit mehr als 20 Jahren beim Buchen von Touren, Unterkünften und Busfahrscheinen.

Post (Karte S. 362; 91 Noosa Dr)

ⓘ An- & Weiterreise

Alle Fernbusse halten an der Noosa Junction Station in der Sunshine Beach Rd. **Greyhound Australia** (1300 473 946; www.greyhound.com.au) fährt mehrmals täglich von Brisbane nach Noosa (22 AU$, 2½ Std.), **Premier Motor Service** (13 34 10; www.premierms.com.au) nur einmal (23 AU$, 2½ Std.).

Die meisten Hostels holen ihre Gäste hier ab.

Sunbus (13 12 30; www.sunbus.com.au) fährt nach Maroochydore (7 AU$, 1 Std.) und zum Bahnhof in Nambour (7 AU$, 1 Std.).

ⓘ Unterwegs vor Ort

AUTO
Alle großen Vermieter haben Büros in Noosa, ebenso **Noosa Car Rentals** (0429 053 728; www.noosacarrentals.com.au). Ein Auto in der Stadt ist ab etwa 50 AU$ pro Tag zu haben.

BUS
Die Stadtbusse von Sunbus verkehren zwischen Noosa Heads, Noosaville, Noosa Junction und Tewantin.

GROSSES VON DER SUNSHINE COAST

Liebhaber von Kitsch (und Gigantomanie) werden von den berüchtigten *Big Things* begeistert sein. Mit den gigantischen Monumenten des schlechten Geschmacks wird in abgelegenen Winkeln und an einsamen Fernstraßen des Landes von simplen Bananen bis hin zu boxenden Krokodilen so ziemlich allem gedacht, was sich überdimensional darstellen lässt. Der Größenwahn begann in den 1960er-Jahren... und an so manchem rostigem, heruntergekommenem Denkmal hat diese lange Zeit deutliche Spuren hinterlassen. Obwohl jeder australische Staat zumindest ein *Big Thing* vorweisen kann, findet man an der Sunshine Coast ungewöhnlich viele dieser großformatigen Merkwürdigkeiten. Lust auf eine kuriose Schatzsuche? Nichts leichter als das, denn hier stolpert man praktisch über sie:

The Big Pineapple Das wohl berühmteste *Big Thing* Queenslands steht in Woombye bei Nambour und ist eines der wenigen, die begehbar sind.

The Big Macadamia Nut Sie steht glücklich und zufrieden im Schatten der Großen Ananas in Woombye.

The Big Cow Sie findet sich dräuend über Yandina im Hinterland der Sunshine Coast.

The Big Mower Wehe dem Gras, das es wagt, vor dem 7 m hohen Monstrum in Beerwah in der Nähe des Australia Zoo aufzutauchen!

The Big Pelican Beim Anblick des überbreiten, blöden Grinsens des Riesenvogels am Noosa River in Noosaville vergeht einem das Lachen.

The Big Shell Die Muschel steht seit den 1960er-Jahren als furchterregender Wächter vor einem Laden für „Tropischen Lifestyle" im Stadtteil Tewantin von Noosa.

UNVERHOFFTER SCHATZ: ABBEY MUSEUM

Die eindrucksvolle internationale Archäologie- und Kunstsammlung des Abbey Museum (5495 1652; www.abbeymuseum.com; 63 The Abbey Pl, Caboolture, abseits Old Toorbul Point Rd; Erw./Kind/Fam. 8,80/5/19,80 AU$; Mo-Sa 10-16 Uhr) stünde allen berühmten Museen der Welt gut zu Gesicht. Die einstige Privatsammlung des Engländers John Ward umfasst z.B. jungsteinzeitliche Werkzeuge, mittelalterliche Handschriften und einen antiken griechischen Fußschutz (einen von nur vieren weltweit) – verblüffte Kopfkratzen garantiert! Die Kirche weist mehr originales Buntglas aus der Winchester Cathedral auf als diese selbst. Im Juli kann man auf dem Gelände bei Australiens größtem Mittelalterfest mitfeiern.

An der Straße nach Bribie Island steht das Abbey Museum 6 km von der Abzweigung vom Bruce Hwy entfernt. An der Abzweigung selbst liegt das Caboolture Warplane Museum (07-5499 1144; www.caboolturewarplanemuseum.com; McNaught Rd, Hangar 104, Caboolture Airfield; Erw./Kind/Fam. 10/5/20 AU$; 9-15 Uhr) mit einer gänzlich flugbereiten Sammlung von restaurierten Kampfflugzeugen aus dem Zweiten Weltkrieg.

FAHRRAD & MOTORROLLER

Bike On Australia (S. 360) verleiht seine Fahrräder an mehreren Stellen in Noosa, darunter auch in den Hostels Nomads Backpackers und Flashpackers. Ansonsten werden die Räder auch an jede beliebige Adresse geliefert und wieder abgeholt (35 AU$, ab einer Leihgebühr von 100 AU$ kostenlos).

Scooter Hire Noosa (07-5455 4096; www.scooterhirenoosa.com; 13 Noosa Dr, Noosa Heads; 35/45/59 AU$ für 2/4/24 Std.; 8.30-17 Uhr) Die verschiedenen Motorroller mit 50 bis 300 ccm sind alle mit witzigen Urlaubsmotiven lackiert.

SCHIFF/FÄHRE

Noosa Ferry (Karte S. 362; 07-5449 8442; www.noosaferry.com; Noosa Marina, Tewantin; einfache Strecke pro Erw./Kind/Fam. 14/5/35 AU$, Tageskarte 20/6/49 AU$) betreibt die Fähren zwischen Noosa Heads und Tewantin, die alle 30 Minuten verkehren.

BRIBIE ISLAND

17 057 EW.

Die schmale Insel am nördlichen Ende der Moreton Bay ist über eine Brücke mit dem Festland verbunden und sehr beliebt bei jungen Familien, Pensionären und all jenen, die mal eben 1 bis 3 Mio. AU$ für ein Anwesen direkt am Wasser übrig haben. Sie ist deutlich besser erschlossen als Stradbroke Island oder die Moreton Islands, bietet aber immer noch ein paar einsame Strände und abgeschiedene Fleckchen Erde.

🛏 Schlafen & Essen

Im Bribie Island National Park an der Nordwestküste befinden sich einige herrlich abgelegene Campingplätze (13 74 68; www.nprsr.qld.gov.au; pro Pers./Fam. 5,45/21,80 AU$).

Sylvan Beach Resort RESORT $$
(07-3408 8300; www.sylvanbeachresort.com.au; 21-27 Sylvan Beach Esplanade; DZ ab 175 AU$;) Die schicken, großzügigen Wohneinheiten direkt am Strand haben zwei oder drei Schlafzimmer und jeweils einen eigenen Balkon.

On The Beach Resort APARTMENTS $$$
(07-3400 1400; www.onthebeachresort.com.au; 9 North St, Woorim; Apt. mit 2/3 Schlafzi. ab 205/275 AU$;) Merkwürdiges Gebäude, atemberaubender Ausblick. Der vorzügliche Service und die großartigen Einrichtungen, beispielsweise der Meerwasserpool und die riesige Sonnenterrasse machen das Resort zu der mit Abstand luxuriösesten Unterkunft der Insel.

Bribie Island SLSC MODERN AUSTRALISCH $$
(07-3408 2141; www.thesurfclubbribieisland.com.au; First Ave, Woorim; Hauptgerichte 14-29 AU$; 10-22 Uhr) Das deftige Kneipenessen wird auch auf der Terrasse serviert. Zwischen 12 und 15 Uhr (am Wochenende schon ab 11.30 Uhr) gibt's leckere und sättigende Tagesgerichte für 14 AU$.

ℹ Praktische Informationen

Auf Bribie Island kann man keine Allradfahrzeuge mieten, man braucht aber eine **Geländewagengenehmigung** (41,75 AU$/Woche) für die Pisten auf dem unwegsamen Gelände der Insel. Die Genehmigung bekommt man bei **Gateway Bait & Tackle** (07-5497 5253; www.gatewaybaitandtackle.com.au; 1383 Bribie Island Rd, Ningi; Mo-Fr 5.30-17.30, Sa 4.30-18, So 4.30-17 Uhr) oder über das Internet (www.nprsr.qld.gov.au).

Bribie Island Visitor Information Centre
(07-3408 9026; www.bribie.com.au; Benabrow Ave, Bellara; 9–16 Uhr) Hier gibt's Straßenkarten für Fahrten ins Gelände und jede Menge weitere Infos.

An- & Weiterreise

Die Citytrain-Züge fahren häufig von Brisbane nach Caboolture, wo die Busse von **Bribie Island Coaches** (www.bribiecoaches.com.au) nach Bribie Island starten. Für die gesamte Strecke gelten die Tickets und Preise von Translink in Brisbane (einfache Strecke 13,90 AU$).

GLASS HOUSE MOUNTAINS

Jäh ragen die imposanten vulkanischen Steilhänge der Glass House Mountains in den subtropischen Ebenen 20 km nordwestlich von Caboolture empor. Gemäß einer Traumzeitlegende gehören sie einer Familie von Berggeistern. Vom Bruce Hwy führt ein lohnender Umweg auf den gemächlicher zu befahrenden Steve Irwin Way, der sich durch dichte Kiefernwälder und grüne Wiesen schlängelt und einen genaueren Blick auf die spektakulären Vulkanschlote möglich macht.

Der Glass House Mountains National Park teilt sich in mehrere Abschnitte auf (alle nur einen Steinwurf von Beerwah entfernt). Picknickplätze und Aussichtspunkte sind vorhanden, aber keine Campingmöglichkeiten. Zu den Gipfeln werden Traveller durch die teils befestigte, teils unbefestigte Route die vom Steve Irwin Way landeinwärts abzweigt.

Sehenswertes & Aktivitäten

Mehrere ausgeschilderte Wanderwege führen zu den Gipfeln, aber die Pfade sind zum Teil steil und steinig. **Mt. Beerwah** (556 m) zieht besonders viele Besucher an, wobei ein Abschnitt aus nacktem Fels besteht und sich nicht für ängstliche Gemüter eignet. Moderater ist die Strecke, die hinauf auf den **Ngungun** (253 m) führt. Hier werden Besucher ebenfalls mit einer spektakulären Aussicht belohnt. Den wohl besten Aufstieg mit einer anspruchsvollen Kletterpartie und mehreren beeindruckenden Aussichtspunkten bietet der auf seinem abgeflachten Gipfel **Tibrogargan** (364 m). Infos übers Klettern gibt's unter www.qurank.com. **Mt. Coonowrin**, der wohl eindrucksvollste Vulkanschlot, ist leider nicht zugänglich. QPWS hat eine Liste von Organisationen die offiziell anerkannte Öko-Touren zu den Glass House Mountains anbieten, zusammengestellt; Infos unter www.nprsr.qld.gov.au/parks/glass-house-mountains/touroperators.html.

Schlafen & Essen

★ **Glass House Mountains Ecolodge** LODGE $$
(07-5493 0008; www.glasshouseecolodge.com; 198 Barrs Rd; Zi. 112–185 AU$) Das neue Refugium unter der Leitung eines leidenschaftlichen Umweltschützers befindet sich nahe dem Australia Zoo und hat eine große Zimmerauswahl zu einem guten Preis, so etwa der gemütliche Orchard Room (112 AU$) und das Church Loft (175 AU$), die jeweils einen auf Hochglanz polierten Dielenboden und traumhaften Ausblick auf den Mt. Tibro-

---

NICHT VERSÄUMEN

TIERE & PFLANZEN: AUSTRALIA ZOO

Gleich nördlich von Beerwah liegt eine von Queenslands bzw. wenn nicht gar Australiens berühmtesten Touristenattraktionen: Der **Australia Zoo** (07-5436 2000; www.australiazoo.com.au; Steve Irwin Way, Beerwah; Erw./Kind/Fam. 59/35/172 AU$; 9–17 Uhr) ist eine angemessene Hommage an seinen Gründer, den ulkigen Promi-Naturliebhaber Steve Irwin. Neben allerhand Schleimigem und Schuppigem beherbergt der Tierpark auch tolle Wildtiergehege – darunter der Tiger Temple im kambodschanischen Stil, das asiatisch gestaltete Elephantasia und das berühmte Crocoseum. Zu sehen gibt es Aras, Raubvögel, Riesenschildkröten, Schlangen, Otter, Kamele sowie unvorstellbar viele Krokodile und Kleintiere. Somit sollte für diesen großartigen Tierpark ein ganzer Tag eingeplant werden.

Diverse Unternehmen bieten geführte Touren ab Brisbane und der Sunshine Coast zum Zoo an. Die zooeigenen Shuttle-Busse (5 AU$) starten in mehreren Küstenstädten, und am Bahnhof Beerwah fährt ein kostenloser Bus ab (Reservierung erforderlich; siehe Webseite).

gargan bieten. Auf Wunsch werden Gäste an der Glass House Mountains Station abgeholt.

Glass on Glasshouse B&B $$$
(07-5496 9608; www.glassonglasshouse.au; 182 Glasshouse-Woodford Rd; Häuschen ab 295 AU$) Wie der Name schon sagt, sind die luxuriösen Holzhäuser komplett verglast. So genießt man ungehindert den atemberaubenden Blick auf den Mt. Beerwah und Mt. Coonowrin. Nette Extras wie Whirlpools, offene Kamine und kostenloses Frühstück sorgen dafür, dass man am liebsten für immer hier bleiben würde.

Glasshouse Mountains Tavern PUB $$
(10 Reed St, Glass House Mountains; Hauptgerichte 15–30 AU$; So–Do 10–21, Fr & Sa 10–24 Uhr) Das „Glassy" bringt gutes Kneipenessen auf den Tisch. Im Winter wärmt der Kamin, an warmen Tagen kann man draußen sitzen.

CALOUNDRA
20 220 EW.

Am Südende der Sunshine Coast liegt Caloundra an einem Kap. Langsam wird es sein ruhiges Seniorendorf-Image los, ohne seinen verschlafenen Küstencharme zu verlieren. Super Angelmöglichkeiten in der Pumicestone Passage (der schmalen Wasserstraße zwischen Bribie Island und dem Festland) plus einige schöne Surfstrände machen die Stadt zum beliebten Urlaubsziel von Familien und Wassersportfans.

Sehenswertes & Aktivitäten

Da sich Caloundras Strände rund um die Landzunge erstrecken, findet man bei jeder Windstärke ein geschütztes Plätzchen. Der **Bulcock Beach** gleich unterhalb der Hauptstraße liegt in nächster Nähe zur Nordspitze von Bribie Island. Sein guter „Windkanal" ist bei Kitesurfern beliebt. Die hübsche Vorlandpromenade setzt sich bis hinüber zum **King's Beach** fort. So kindgerechte Erlebniswasserspiele und ein gratis nutzbarer Salzwasserpool auf den Felsen warten. Rund um die Landzunge verläuft der Küstenpfad weiter in Richtung **Currimundi**. Bedingungsabhängig haben **Moffat** und **Dickey Beach** die besten Surfbreaks:

Queensland Air Museum MUSEUM
(07-5492 5930; www.qam.com.au; Caloundra Airport; Erw./Kind/Fam. 13/7/30 AU$; 10–16 Uhr) Die viele Flugzeuge erfreuen Hobbypiloten.

Caloundra Surf School SURFEN
(0413 381 010; www.caloundrasurfschool.com; Kurse ab 45 AU$/Pers.) Die beste Surfschule am Ort verleiht auch nur die Bretter.

Blue Water Kayak Tours KAJAKFAHREN
(07-5494 7789; www.bluewaterkayaktours.com; Halb-/Ganztagestour für mind. 4 Pers. 90/150 AU$, Tour in der Abenddämmerung 55 AU$) Die recht anstrengenden Kajaktouren führen die Küste entlang bis zur Nordspitze von Bribie Island.

Caloundra Cruise BOOTSFAHRTEN
(07-5492 8280; www.caloundracruise.com; Maloja Jetty; Erw./Kind/Fam. 20/10/52 AU$) Die Fahrten auf einem Boot im Stil der 1930er-Jahre führen in 90 Minuten durch die Pumicestone Passage.

Sunshine Coast Skydivers FALLSCHIRMSPRINGEN
(07-5437 0211; www.sunshinecoastskydivers.com.au; Caloundra Airport; Tandemsprung ab 249 AU$) Aus gut 4500 m Höhe kann man auf Caloundra herunterblicken – und herunterfallen.

Schlafen

In der Hauptsaison muss man in vielen Unterkünften mindestens drei oder fünf Nächte lang bleiben.

Caloundra Backpackers HOSTEL $
(07-5499 7655; www.caloundrabackpackers.com.au; 84 Omrah Ave; DZ 28/70 AU$; @) Caloundras einziges Hostel ist eine schlichte Budgetunterkunft mit einem gemütlichen Hof, einer Börse, einem Grillplatz und regelmäßigen Pizza-Abenden. Die Schlafsäle sind nichts Besonderes, aber sauber und ruhig.

Dicky Beach Family Holiday Park WOHNWAGENPARK $
(07-5491 3342; www.sunshinecoastholidayparks.com.au; 4 Beerburrum St; Stellplatz ohne/mit Strom 37/41 AU$; Hütte ab 105 AU$;) Noch näher an Dicky, einem der beliebtesten Strände von Caloundra, geht nicht! Die Backsteinhäuschen sind so ordentlich und sauber wie das gesamte Gelände. Für Kinder gibt's einen kleinen Swimmingpool.

City Centre Motel MOTEL $$
(07-5491 3301; www.caloundracitycentremotel.com.au; 20 Orsova Tce; EZ/DZ/FZ 85/120/145 AU$;) Das typische Motel liegt dem Stadtzentrum am nächsten. Die Zimmer der kleinen Anlage sind einfach, aber gemütlich.

Caloundra

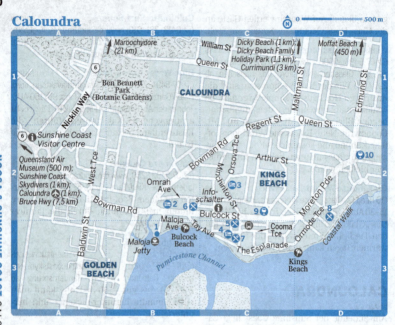

Caloundra

Aktivitäten, Kurse & Touren
1. Caloundra Cruise...................B3

Schlafen
2. Caloundra Backpackers.............B2
3. City Centre Motel C2
4. Rumba Resort........................C3

Essen
5. Jerome's Family Restaurant........C3
6. Jow Noodles..........................B2
7. La Dolce Vita C3
8. Saltwater at Kings D2

Ausgehen & Nachtleben
9. CBX.....................................C2
10. Kings Beach Tavern.................D2

Rumba Resort
RESORT $$$

(07-5492 0555; www.rumbaresort.com.au; 10 Leeding Tce; Zi. ab 240 AU$) Die strahlend weiße Fünf-Sterne-Hotelanlage ist für Caloundras Verhältnisse extrem trendig. Das Personal ist angenehm lebhaft, die Zimmer und der Swimmingpool entsprechen voll und ganz den Erwartungen.

 Essen

Die Promenade des Bulcock Beach ist voller Cafés und Restaurants, in denen man draußen sitzen und den tollen Blick aufs Meer genießen kann.

Jow Noodles
ASIATISCH $

(07-5437 0072; 105-111 Bulcock St; Hauptgerichte 10-18 AU$; mittags & abends) Es wirkt sehr unscheinbar, doch die Nudelgerichte aus dem Wok sind frisch zubereitet und gut gewürzt. Das geschäftige Treiben in der Küche und der große Andrang hungriger Gäste sorgen für eine witzige Atmosphäre.

Saltwater at Kings
CAFÉ $$

(07-5437 2260; 8 Levuka Ave, Kings Beach; Hauptgerichte 21-38 AU$; 8-23 Uhr) Oh, là, là! Auf der verspielten Speisekarte werden „sexy Salate", „sinnliche" Hauptgerichte und „kleine Aufreißer" angeboten. Die fantastischen Desserts werden ebenso schlüpfrig angepriesen. Ideal fürs Mittagessen am Strand!

Jerome's Family Restaurant
ITALIENISCH $$

(07-5438 0445; 50 Bulcock St, Centrepoint Arcade; Hauptgerichte 14,50-27,50 AU$; Di-Fr 10-21, Sa & Mo 17-21 Uhr) Das italienische Restaurant der alten Schule ist gemütlich eingerichtet und bietet die klassischen Lieblingsgerichte mit Pizza, Pasta, Steaks und Meeresfrüchten in solider, herzhafter Manier. Nicht Spitzenküche, sondern gute alte Tradition macht es zu einem Lieblingslokal der Einheimischen.

La Dolce Vita
ITALIENISCH $$
(☎ 07-5438 2377; 10 Leeding Tce, Rumba Resort; Hauptgerichte 20–38 AU$; ⊙ Mo–Fr 7–22, Sa & So 6.30–23 Uhr) Das moderne, italienische Restaurant ist in stilvollem Schwarz und Weiß eingerichtet, aber noch schöner ist es draußen, wo man zwischen hohen Glaswänden sitzt und mit einem tollen Blick aufs Meer speisen kann.

Ausgehen & Nachtleben

CBX PUB
(12 Bulcock St; ⊙ So–Do 10–24, Fr & Sa 10–2 Uhr) DJs oder Livemusik am Wochenende und Kneipenessen für den kleinen Hunger.

Kings Beach Tavern PUB
(www.kingsbeachtavern.com.au; 43 Burgess St, Kings Beach; ⊙ So–Do 10–24, Fr & Sa 10–2 Uhr) Bier, Bier und nochmals Bier! Und dazu Bistrogerichte. Die Einrichtung ist nüchtern und modern, und hier treten ständig alternative Musikgruppen aus ganz Australien auf. Infos und Termine finden sich auf der Homepage.

Praktische Informationen

Sunshine Coast Visitor Centre (☎ 07-5478 2233; 7 Caloundra Rd; ⊙ 9–17 Uhr) Das Hauptbüro befindet sich beim Kreisverkehr am Ortseingang, ein weiteres in 77 Bulcock St.

An- & Weiterreise

Die **Greyhound**-Busse (☎ 1300 473 946; www.greyhound.com.au) aus Brisbane (17 AU$, 2 Std.) halten am **Busbahnhof** (Cooma Tce), in der Straße hinter dem Bulcock Beach. **Sunbus** (☎ 13 12 30; www.sunbus.com.au) fährt regelmäßig über Maroochydore (4,60 AU$, 50 Min.) nach Noosa (8,20 AU$, 1½ Std.).

MOOLOOLABA & MAROOCHYDORE

11064 EW. / 16757 EW.

Mooloolaba hat schon viele Menschen mit seinem wunderbaren Klima, den goldenen Stränden und einem entspannten Lebensstil angelockt. Beim morgendlichen Bummel am Strand trifft man noch vor dem Frühstück lächelnde Spaziergänger, Jogger, Sonnenanbeter und Surfer.

Mooloolaba und Maroochydore bilden zusammen mit Alexandra Headland und Cotton Tree die Region, die allgemein als Maroochy bekannt ist. Während man sich Maroochydore um die Geschäfte kümmert, dreht sich in Mooloolaba alles ums Vergnügen. Lokale, Boutiquen und Grüppchen unaufdringlicher Resorts entlang der Promenade haben das früher bescheidene Fischerdorf in eines der beliebtesten Urlaubsziele Queenslands verwandelt.

Sehenswertes & Aktivitäten

Entlang des Strips warten gute Surfbreaks. Einer von Queenslands besten Spots für Longboarder ist der **Bluff** bzw. die hervorstehende Spitze des Alexandra Headland. Das **Pincushion** nahe der Mündung des Maroochy River kann bei ablandigen Winterwinden einen erstklassigen Break bieten.

Ebenfalls beliebt sind Tauchgänge zur **HMAS Brisbane**. Das Kriegsschiff wurde im Juli 2005 gezielt als Tauchwrack versenkt und liegt in 28 m Tiefe. Seine Schornsteine enden nur 4 m unter der Wasseroberfläche.

Underwater World AQUARIUM
(Karte S. 372; ☎ 07-5458 6280; www.underwaterworld.com.au; The Wharf, Mooloolaba; Erw./Kind/Fam. 35/23/96 AU$; ⊙ 9–17 Uhr) Im größten tropischen Meerwasseraquarium von Queensland kann man mit Seelöwen schwimmen und mit Haien tauchen oder einfach nur die bunte Unterwasserwelt außerhalb der 80 m langen Glastunnels bestaunen. Es gibt auch ein Streichelbecken, Vorführungen mit den Tieren und lehrreiche Ausführungen, die für Kinder und Erwachsene gleichermaßen unterhaltsam sind.

Big Pineapple WAHRZEICHEN
(www.bigpineapple.com.au; 76 Nambour Connection Rd, Woombye) GRATIS Nur 10 km westlich von Maroochydore liegt (oder besser erhebt sich) die 16 m hohe Big Pineapple, das wohl berühmteste *Big Thing* von Queensland (s. S. 366). Man kann sie besteigen, in ihrem Schatten shoppen (auf dem Samstagsmarkt von 6.30–13 Uhr) und sie mit einer kleinen Bimmelbahn umrunden.

Scuba World TAUCHEN
(Karte S. 372; ☎ 1300 677 094; www.scubaworld.com.au; Mooloolaba Harbour (neben dem Aquarium); Tauchen ab 119 AU$; ⊙ Mo–Sa 9–17, So 10–16 Uhr) Die Tauchschule organisiert das Tauchen mit Haien (für zertifizierte/nicht zertifizierte Taucher 195/245 AU$) im Aquarium Underwater World sowie Tauchgänge zu den Korallenriffen vor der Küste und zum Wrack der *Brisbane*. Auch Kurse zur Erlangung des PADI-Scheins werden angeboten.

Mooloolaba

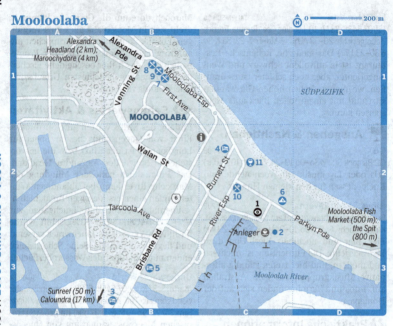

Mooloolaba

Sehenswertes
1 Underwater World C2

Aktivitäten, Kurse & Touren
2 Canal Cruise C3
  Coastal Cruises .... (siehe 2)
  Hire Hut .... (siehe 2)
  Scuba World .... (siehe 2)
  Whale One .... (siehe 2)

Schlafen
3 Kyamba Court Motel B3
4 Landmark Resort C2
5 Mooloolaba Beach Backpackers B3
6 Mooloolaba Beach Caravan Park C2

Essen
7 Bella Venezia B1
8 Karma Waters B1
9 Lot 104 .... B1
10 Thai Seasons C2

Ausgehen & Nachtleben
11 Mooloolaba SLSC C2

Unterhaltung
  Club WT .... (siehe 2)

Robbie Sherwell's XL Surfing Academy SURFEN
(07-5478 1337; www.robbiesherwell.com.au; 1 Std. Einzel-/Gruppenunterricht 95/45 AU$) In der alteingesessenen Schule lernt man Surfen wie die Aussies.

Suncoast Kiteboarding KITESURFEN
(0422 079 106; www.suncoastkiteboarding.com.au; 2 Std. Unterricht 180 AU$) Die Schule hat Niederlassungen in Cotton Tree, Noosa und Caloundra.

Sunreef TAUCHEN
(07-5444 5656; www.sunreef.com.au; 110 Brisbane Rd, Mooloolaba; Kurs f. PADI-Open-Water-Tauchschein 595 AU$) Im Angebot sind auch zwei Tauchgänge (150 AU$) zum Wrack des Zerstörers HMAS *Brisbane*, die auch nachts durchgeführt werden.

Hire Hut WASSERSPORT
(Karte S. 372; 07-5444 0366; www.oceanjetski.com.au; The Wharf, Parkyn Pde, Mooloolaba) Vermietet Kajaks (2 Std. 25 AU$), Stehpaddelbretter (2 Std. 35 AU$), Jetskis (150 AU$/Std.) und auch Boote (pro Std./halbem Tag 42/75 AU$).

Sunshine Coast Bike & Board Hire SURFEN
(0439 706 206; www.adventurehire.com.au) Vermietet Fahrräder und Surfbretter ab

30 AU$ pro Tag. Die Räder und Bretter werden kostenlos in die Unterkunft vor Ort gebracht.

Swan Boat Hire BOOTSVERLEIH
(07-5443 7225; www.swanboathire.com.au; 59 Bradman Ave, Maroochydore; Leihgebühr halber/ganzer Tag ab 180/270 AU$; 6–18 Uhr) Der Bootsverleih am Maroochy River vermietet auch Kajaks (pro Std./halbem Tag 20/80 AU$).

Geführte Touren

Whale One WALBEOBACHTUNG
(Karte S. 372; 1800 942 531; www.whaleone.com.au; The Wharf, Mooloolaba; Erw./Kind/Fam. 119/79/320 AU$) Die Bootsfahrten zur Walbeobachtung finden gemeinhin von Juni bis November statt.

Canal Cruise BOOTSFAHRTEN
(Karte S. 372; 07-5444 7477; www.mooloolabacanalcruise.com.au; The Wharf, Mooloolaba; Erw./Kind/Fam. 18/6/45 AU$; 11, 13 & 14.30 Uhr) Die Bootsfahrten führen an den protzigen Villen am Ufer des Mooloolah River vorbei.

Coastal Cruises BOOTSFAHRTEN
(Karte S. 372; 0419 704 797; www.cruisemooloolaba.com.au; The Wharf, Mooloolaba) Die Rundfahrten im Hafen von Mooloolaba und Bootstouren auf dem Fluss und den Seitenkanälen sind bei Sonnenuntergang (25 AU$) oder mit Seafood-Mittagessen an Bord (35 AU$) möglich.

Schlafen

In den Schulferien können die Preise auf das Doppelte ansteigen, und die meisten Unterkunftsbetreiber verlangen dann auch, dass man mindestens zwei oder drei Nächte lang bleibt.

Mooloolaba Beach Backpackers HOSTEL $
(Karte S. 372; 07-5444 3399; www.mooloolabackpackers.com; 75 Brisbane Rd, Mooloolaba; B/DZ 29/70 AU$; @) Einige Schlafsäle haben ein eigenes Bad, aber die Zimmer sind etwas düster. Allerdings machen die vielen kostenlosen Extras wie Fahrräder, Kajaks, Surfbretter, Stehpaddelbretter und Frühstück dies mehr als wett. Außerdem ist das Hostel nur 500 m vom Strand entfernt, wo tagsüber und nachts immer etwas los ist.

Kyamba Court Motel MOTEL $
(Karte S. 372; 07-5444 0202; www.kyambacourtmotel.com.au; 94 Brisbane Rd, Mooloolaba; EZ/DZ So–Fr ab 90/95 AU$, am Wochenende auf Anfrage;) Das Motel liegt zwar an einer viel befahrenen Straße, ist aber zum Kanal hin ausgerichtet. Die Zimmer sind groß, gemütlich und sauber. Die Stadt und der Strand sind bequem zu Fuß zu erreichen. Frühstück und Angelruten sind im Preis inbegriffen. Ausgezeichnetes Preis-Leistungs-Verhältnis!

Mooloolaba Beach Caravan Park WOHNWAGENPARK $
(Karte S. 372; 07-5444 1201; www.sunshinecoastholidayparks.com.au; Parkyn Pde, Mooloolaba; Stellplatz mit Strom ab 41 AU$) Der Park besteht aus zwei Plätzen: Der eine liegt in Richtung des Mooloolaba Beach, der kleinere am nördlichen Ende der Esplanade. Damit hat Letzterer die beste Lage und den besten Ausblick aller Unterkünfte der Stadt. Die Preise gelten jeweils für zwei Personen.

★ Maroochydore Beach Motel MOTEL $$
(Karte S. 374; 07-5443 7355; www.maroochydorebeachmotel.com; 69 Sixth Ave, Maroochydore; EZ/DZ/FZ ab 115/130/170 AU$; P @) Ein Themenmotel muss man einfach mögen, zumal wenn es noch so schick und makellos wie dieses ist. Die 18 unterschiedlich gestalteten Zimmer sind beispielsweise Elvis Presley (natürlich!), dem alten Ägypten und Australien gewidmet. Die Besitzer sind nett und hilfsbereit, und der Strand ist nur 50 m entfernt.

Maroochy River Resort BUNGALOWS $$
(07-5448 4911; www.maroochyriverbungalows.com.au; 38-46 David Low Way, Maroochydore; Bungalow mit 1/2 Schlafzi. ab 120/150 AU$) Die schicken Bungalows stehen etwa 5 km vom Stadtzentrum entfernt am Eudlo Creek. Auf dem ruhigen Gewässer kann man Kajak und Kanu fahren oder Stehpaddeln. Die nötige Ausrüstung gibt's jeweils im Hotel. Die einladenden Bungalows stehen entweder inmitten der schönen Gartenanlage oder direkt am Wasser. Der ohnehin schon günstige Preis wird immer günstiger, je länger man hier bleibt.

Landmark Resort RESORT $$
(Karte S. 372; 07-5444 5555; www.landmarkresort.com.au; 11 Burnett St, Mooloolaba; Studio/Apt. mit 1 Schlafzi. ab 170/230 AU$; @) Der Blick aufs Meer von den luftigen, komplett ausgestatteten Apartments ist absolut einzigartig. Die Anlage thront hoch über der Restaurantszene von Mooloolaba und ist nur 30 m vom Strand entfernt. Es gibt einen lagunenartigen beheizten Swimmingpool,

Maroochydore

einen Wellnessbereich auf dem Dach und einen Grillplatz.

Coral Sea Apartments
APARTMENTS $$$
(Karte S. 374; 07-5479 2999; www.coralsea-apartments.com; 35-37 Sixth Ave, Maroochydore; Apt. mit 1/2 Schlafzi. 2 Nächte ab 300/345 AU$; ❄@☒) Die geschmackvoll eingerichteten Apartments befinden sich in schöner Lage zwischen dem Maroochy Surf Club und dem Strand. Alle haben einen großen, luftigen Balkon mit Meerblick.

Essen

★ Mooloolaba Fish Market
SEAFOOD $
(Lot 201, Parkyn Pde, Mooloolaba; Fish & Chips ab 10 AU$, Seafood-Platten 55 AU$; 7-20 Uhr) Auf dem stinkenden, salzwassergetränkten, durch und durch atmosphärischen Fischmarkt gibt's auch eine Vielzahl verschiedener Restaurants und Imbissbuden, die alle (was denn auch sonst?) die frischesten Meeresfrüchte zu sehr unterschiedlichen Preisen verkaufen.

Thai Seasons
THAI $
(Karte S. 372; 07-5444 4611; 10 River Esplanade, Mooloolaba; Hauptgerichte 10-15 AU$; 18-22 Uhr) Von den Plastikstühlen auf der Straße und der schmuddeligen Fassade des liebevoll „Dirty Thai" genannten Restaurants sollte man sich nicht abschrecken lassen, denn dahinter verbirgt sich die beste Thai-Küche der ganzen Stadt. Wenn alle Tische besetzt sind, nimmt man die leckeren Gerichte einfach mit und genießt sie an einem Picknicktisch mit Blick auf den Hauptstrand von Mooloolaba.

India Today
INDISCH $
(Karte S. 374; 07-5452 7054; 91 Aerodrome Rd, Maroochydore; Hauptgerichte 14-22 AU$; So-Mi 17-22, Do-Sa 11.30-14 & 17-22 Uhr;) Die Unmengen bunter Lichter, die das Restaurant in der Hauptstraße von Maroochydore schmücken, sind wahrlich nicht zu übersehen. Auf der ebenso knalligen Speisekarte steht eine Riesenauswahl indischer Klassiker sowie köstlicher Spezialitäten aus der Region und eine enorme Anzahl vegetarischer Gerichte.

Bella Venezia
ITALIENISCH $$
(Karte S. 372; 07-5444 5844; 95 Esplanade, Mooloolaba; Hauptgerichte 25-42 AU$; 12 Uhr-open end) Das Bella Venezia ist ein bescheidenes, zwanglos-schickes Restaurant mit typisch italienischer Weinbar und befindet sich in einer Passage am Ende einer Sackgasse. Auf der ausgezeichneten australisch-italienischen Speisekarte stehen so exquisite Gerichte wie Spaghetti mit Krebsen der Moreton Bay.

Boat Shed
SEAFOOD $$
(Karte S. 374; ☎07-5443 3808; Esplanade, Cotton Tree; Hauptgerichte 21–37 AU$; ⊙Mo-Sa 9–23.30 Uhr, So bis 17 Uhr) Das schäbig-schicke Juwel am Ufer des Maroochy River ist super für Drinks zum Sonnenuntergang unter einem mächtigen Baumwollstrauch. Das Highlight der Karte sind Meeresfrüchte. Nach dem Abendessen heißt's in den Freiluft-Lounges ein Dessert und richtig romantisches Sternegucken genießen.

Lot 104
FUSION $$
(Karte S. 372; ☎07-5326 1990; 104/101-105 The Esplanade, Mooloolaba; Hauptgerichte 15–30 AU$; ⊙18 Uhr–open end) Die trendige Kneipe mit Blick aufs Wasser serviert alle möglichen (und unmöglichen) Kleinigkeiten wie Popcorn-Hühnchen mit Suchtpotenzial und Linguini mit Garnelen und Krabben, von keiner gern etwas abgibt. Das Lokal ist auch bekannt für seinen guten Espresso, der allerdings auf sich warten lässt.

Karma Waters
MODERN-AUSTRALISCH $$
(Karte S. 372; Mantra, Esplanade; Hauptgerichte 23–34 AU$; ⊙7.30–22.30 Uhr) An der lebhaften Esplanade serviert das Lokal modernaustralische Küche mit portugiesischem Einschlag unter freiem Himmel. Und es gibt jede Menge glutenfreie Varianten.

🍷 Ausgehen

Mooloolaba SLSC
SURFCLUB
(Karte S. 372; Esplanade, Mooloolaba; ⊙So–Do 10–22, Fr & Sa 10–24 Uhr) Der konservative, typisch australische Surfclub direkt am Strand bietet tagsüber einen tollen Ausblick und verwandelt sich abends in eine Tanzfläche, auf der sonnengebräunte Wellenreiter abzappeln. Das Kneipenessen ist wirklich top.

SolBar
CLUB
(Karte S. 374; ☎07-5443 9550; 19 Ocean St, Maroochydore; ⊙Mo & Di 7.30–14, Mi & Do 7.30–14 & 17–1, Fr 7.30–3, Sa 17–3, So 14–1 Uhr) Die Bar ist ein Gottesgeschenk für alle Independent-Fans. Die hier auftretenden Bands sind immer für eine Überraschung gut. Dazu gibt's eine Riesenauswahl internationaler Biere, und die Atmosphäre ist bei Weitem nicht so surferlastig wie in den meisten anderen Kneipen der Stadt.

Club WT
CLUB
(Karte S. 372; Wharf, Mooloolaba; ⊙Do–Sa 10–3 Uhr) Der laute, aufdringliche, bei Rucksacktouristen und Einheimischen gleichermaßen beliebte Club befindet sich in den Räumen der ansonsten sehr familienfreundlichen Wharf Tavern.

❶ Praktische Informationen

Die Mooloolaba Esplanade geht nahtlos in die Alexandra Pde über, die sich am Strand von Alexandra Headland (von den Einheimischen „Alex" genannt) entlangzieht, bevor sie in die Aerodrome Rd und das zentrale Geschäftsviertel von Maroochydore mündet. An der Mündung des Maroochy River liegt Cotton Tree.
Sunshine Coast Visitor Information Centre (Karte S. 372; ☎1300 847 481; www.visitsunshinecoast.com.au; Ecke Brisbane Rd & First Ave, Mooloolaba; ⊙9–17 Uhr) In der Region gibt's noch weitere Büros in Maroochydore (Karte S. 374; Ecke Sixth Ave & Melrose St; ⊙9–16 Uhr) und am Sunshine Coast Airport (Marcoola; ⊙Öffnungszeiten des Flughafens).

❶ An- & Weiterreise

Fernbusse halten vor dem Sunshine Coast Visitor Information Centre in Maroochydore.
Greyhound Australia (☎1300 473 946; www.greyhound.com.au) und **Premier Motor Services** (☎13 34 10; www.premierms.com.au) fahren nach und ab Brisbane (2 Std, 20 AU$).

❶ Unterwegs vor Ort

Sunbus (☎13 12 30) fährt häufig von Mooloolaba nach Maroochydore (3,30 AU$) und weiter nach Noosa (7 AU$, 1 Std.). Die Busbahnhof für Lokalbusse liegt an der Sunshine Plaza.

COOLUM
7905 EW.

Auf eine Reihe abgeschiedener Buchten zwischen Felszungen folgt der herrlich lange Coolum Beach mit goldenem Sand und donnernder Brandung. Mit seiner aufstrebenden Cafészene in der Nähe der regionalen Hotspots ist Coolum eine attraktive Alternative zu den beliebteren, aber überfüllten Urlaubszielen Noosa und Maroochy.

⊙ Sehenswertes & Aktivitäten

Der schweißtreibende Anstieg zum Gipfel des **Mt. Coolum** südlich der Stadt wird mit einem spektakulären Blick auf die Küste belohnt. Ausführliche Infos gibt's bei der **Touristeninformation** (www.visitsunshinecoast.com.au; David Low Way, Coolum; ⊙9–15 Uhr).

Coolum Surf School
SURFEN
(☎0438 731 503; www.coolumsurfschool.com.au; 2 Std. Unterricht 55 AU$, Pauschalangebot 5 Tage

200 AU$) Hier lernt man das Wellenreiten in Rekordzeit. Außerdem werden Surfbretter und Bodyboards verliehen (24 Std. 50 bzw. 25 AU$).

Skydive Ramblers FALLSCHIRMSPRINGEN
(07-5448 8877; www.skydiveforfun.com; Sprung aus 1800/4500 m 299/429 AU$) In wahnwitziger Höhe wird man aus dem Flugzeug geschubst und kann den Blick auf die Küste genießen, bevor man zur spektakulären Landung am Strand ansetzt.

Schlafen

Villa Coolum MOTEL $
(07-5446 1286; www.villacoolum.com; 102 Coolum Tce, Coolum Beach; Zi. 89–99 AU$;) Die schlichten, preiswerten Bungalows hinter einer schattigen Veranda haben geräumige Zimmer im Motelstil. Man kann durch den schönen Garten spazieren oder im großen Swimmingpool abtauchen.

Coolum Beach Caravan Park WOHNWAGENPARK $
(07-5446 1474; 1827 David Low Way, Coolum; Stellplatz ohne/mit Strom 37/41 AU$, Hütte ab 130 AU$) Die Lage ist alles: Der Campingplatz liegt nicht nur direkt am Strand, sondern auch gegenüber der Hauptgeschäftsstraße von Coolum.

Beach Retreat APARTMENTS $$
(07-5471 7700; www.beachretreatcoolum.com; 1750 David Low Way, Coolum; DZ ab 180–250 AU$; @) Die geräumigen Apartments in bester Lage bieten Meerblick und sind nur einen kurzen Spaziergang von den Restaurants der Strandpromenade entfernt. Wenn es am Strand zu ungemütlich ist, bietet sich der Bereich um den zentralen Swimmingpool als Alternative an. Bei längerem Aufenthalt wird's günstiger.

Essen

Auf der Strandpromenade stehen die Tische der Restaurants und Cafés dicht an dicht. So kann man bei einem gemütlichen Spaziergang bequem die jeweiligen Angebote vergleichen.

My Place INTERNATIONAL $$
(07-5446 4433; 1768 David Low Way, Coolum; Hauptgerichte 17–26 AU$; 7–23 Uhr) Das Restaurant gegenüber der Promenade bietet Cocktails zum Sonnenuntergang, Platten mit gemischten Vorspeisen und eine schöne Sommerterrasse. Das alles ist ebenso unschlagbar wie der sensationelle Meerblick.

Sunrise CAFÉ $$
(07-5471 7477; 1748 David Low Way; Hauptgerichte 16–28 AU$; Mi–So 7–11 Uhr) In dem Café gibt's nicht nur die üblichen Snacks und Kleinigkeiten, sondern üppige Gerichte wie knusprig gebratenen Lachs in Chili-Chutney oder Muscheln mit viel Knoblauchsahnesauce. Der Blick auf den Strand ist ebenso vom Feinsten.

Castro's Bar & Restaurant ITALIENISCH $$
(07-5471 7555; Ecke Frank St & Beach Rd; Hauptgerichte 19–30 AU$; 17 Uhr–open end) Das überhaupt nicht kubanische, sehr beliebte Lokal ist fast so alt wie sein Namensgeber. Auf den Tisch kommen kreative Pizzas aus dem Holzofen, Lachsrisotto und Nudelklassiker in üppigen Portionen.

PEREGIAN & SUNSHINE BEACH

3519 & 2298 EW.

Ab Coolum erstrecken sich 15 menschenleere Strandkilometer nordwärts bis nach Sunshine Beach und zur felsigen Landzunge im Nordosten des Noosa National Park. Peregian Beach ist der perfekte Ort für lange, einsame Strandspaziergänge, super Surfbreaks, frische Luft und viel Sonnenschein zu genießen. Zudem tauchen vor der Küste öfter Wale auf.

Weiter nördlich zieht der Latte-Macchiato-Ethos von Sunshine Beach Einheimische aus Noosa an, die vor den sommerlichen Menschenmassen flüchten. Strandspaziergänge setzen sich als Buschwanderungen über die Landzunge fort; Verdauungsmärsche durch den **Noosa National Park** führen z. B. zur Alexandria Bay (1 Std.) oder zur Laguna Bay bei Noosa (2 Std.). Per Auto gelangt man ab dem McAnally Dr oder der Parkedge Rd zum Park.

Schlafen

Flashpackers HOSTEL $
(Karte S. 362; 07-5455 4088; www.flashpackersnoosa.com; 102 Pacific Ave, Sunshine Beach; B ab 27 AU$, B in Frauenschlafsaal 34 AU$, DZ ab 70 AU$, inkl. Frühstück; @) Mit makellosen Schlafsälen und frischer, tropischer Ausstattung widerspricht das Hostel allen Klischees von schmuddeligen Jugendherbergen. Sehr durchdacht und nützlich sind die mannshohen Spiegel, die vielen Steckdosen, die kostenlosen Surfbretter und die ebenso kostenlosen Grillwürstchen am Freitagabend.

Chez Noosa MOTEL $$
(Karte S. 362; ☎ 07-5447 2027; www.cheznoosa.com.au; 263 Edwards St, Sunshine Beach; Standard-/Luxus-Wohneinheit ab 110/120 AU$; ❋ @ 🛜 ☒) Das Motel beim Noosa National Park liegt auf einem buschbewachsenen Parkgelände und bietet ein fantastisches Preis-Leistungs-Verhältnis. Die komplett ausgestatteten Wohneinheiten sind einfach, aber hübsch und es gibt einen beheizten Swimmingpool mit Wellnessbereich und überdachtem Grillplatz.

Peregian Court Resort APARTMENTS $$
(☎ 07-5448 1622; www.peregiancourt.com; 380 David Low Way, Peregian Beach; Apt. mit 1/2 Schlafzi. ab 115/160 AU$, min. 2 Nächte; ❋ 🛜 ☒) Die sauberen, luftigen und sehr gemütlichen Apartments im Resort-Stil sind nur einen Katzensprung vom Strand entfernt. Alle haben eine komplett ausgestattete Küche, aber auf dem Gelände gibt's auch einen sehr schönen, luftigen Grillplatz mit Tischen und Bänken im Freien.

🍴 Essen & Ausgehen

Baked Poetry Cafe CAFÉ $
(218 David Low Way, Peregian Beach Shopping Centre; Gerichte 10–16 AU$; ⊙ Mo–Fr 9–17, Sa & So 9–14 Uhr) Die winzige Bäckerei mit Café ist eine hiesige Institution und bekannt für hervorragenden Kaffee und typisch deutsches Brot aus Sauerteig. Unbedingt die Eier im Glas probieren: Ein weich gekochtes Ei in einem Glas wird bei diesem Gericht zusammen mit Schinkenspeck, gegrillten Tomaten und Käse serviert.

Marble Bar Bistro BAR
(40 Duke St, Sunshine Beach; Tapas 10–18,50 AU$; ⊙ 12 Uhr–open end) In der zwanglosen Cocktail- und Tapasbar hat man die Wahl zwischen weichen Sofas und edlen Marmorbänken.

Embassy XO CHINESISCH $$
(☎ 07-5455 4460; 56 Duke St, Sunshine Beach; Hauptgerichte 25–39 AU$; ⊙ Di–So 17–22 Uhr) Das schicke, stimmungsvolle Restaurant ist alles andere als der typische chinesische Imbiss am Stadtrand. Man kann sich ein ausgezeichnetes Festessen (ab 55 AU$/Pers.) oder am Wochenende *yum cha* (chinesischer Nachmittagstee mit pikanten Kleinigkeiten) gönnen. Wer mag, kann auch einfach nur bei einem chinesischen Bier oder Shanghai Mule (alkoholfreies Ingwerbier) die kreative Speisekarte studieren.

COOLOOLA COAST

Die entlegene Cooloola Coast verläuft über 50 km zwischen Noosa und Rainbow Beach. Hinter ihrem langen Sandstrand erstreckt sich die Cooloola Section des **Great Sandy National Park**. Trotz des Mangels an touristischen Einrichtungen strömen Geländewagen- und Freizeitbootfans in Scharen hierher. Somit geht's nicht immer so ruhig zu wie vielleicht erwartet. Wer den vielen schmalen Buchten und Wasserläufen per pedes oder Kanu folgt, entkommt den Menschenmassen jedoch recht bald.

Vom Ende der Moorindil St in Tewantin schippert die **Noosa North Shore Ferry** (☎ 07-5447 1321; www.noosacarferries.com; Fußgänger/Auto einfache Strecke 1/6 AU$; ⊙ Fr & Sa 5.30–22.20, So–Do 5–12.20 Uhr) über den Fluss nach Noosa North Shore. Mit einem Geländewagen kann man am Strand entlang zum Rainbow Beach fahren – oder noch weiter hinauf bis zum Inskip Point, wo die Fähre nach Fraser Island festmacht. Voraussetzung ist allerdings eine entsprechende Genehmigung (www.nprsr.qld.gov.au; pro Tag/Woche/Monat 11/27,70/43,60 AU$), die man auch im **QPWS Büro** (240 Moorindil St, Tewantin) erwerben kann. Achtung: Unbedingt den Gezeitenkalender studieren!

Den Teewah Beach hinauf führt der Weg an **farbigen Sandklippen** vorbei, die schätzungsweise ca. 40 000 Jahre alt sind.

Lake Cooroibah

Ein paar Kilometer nördlich von Tewantin weitet sich der Noosa River zum Lake Cooroibah, der von dichtem Buschland umgeben ist. Man kann die Noosa North Shore Ferry nehmen und dann mit dem Auto weiter bis zum See fahren, wo man an bestimmten Abschnitten am Ufer campen darf.

🚶 Aktivitäten

Camel Company KAMELREITEN
(☎ 0408 710 530; www.camelcompany.com.au; Beach Rd, Tewantin; Safari Erw./Kind ab 60/45 AU$) Eine Karawane aus Dromedaren zieht durch den Busch und am Strand entlang.

Noosa Equathon REITEN
(☎ 07-5474 2665; www.equathon.com; Beach Rd, Noosa North Shore; 2-stündiger Ausritt am Strand 175 AU$) Die gemütlichen Ausritte werden vom olympischen modernen Fünfkämpfer Alex Watson geführt. Die Ausritte mit Übernachtung kosten ab 350 AU$ pro Person.

Schlafen

Gagaju Bush Camp HOSTEL $
(07-5474 3522; http://gagaju.tripod.com; 118 Johns Rd, Tewantin; B 15 AU$; @) In dem erfrischend ursprünglichen Öko-Camp in der Wildnis am Fluss stehen Gästen einfache Schlafsäle aus recyceltem Bauholz zur Verfügung. Die Leitung ist recht passiv, es sei denn, eine gute Party ist angesagt. Essen und Insektenschutzmittel muss man selbst mitbringen. Ein kostenloser Shuttle-Bus verkehrt zweimal täglich zwischen Noosa und dem Camp.

Noosa North Shore Retreat CAMPINGPLATZ $
(07-5447 1225; www.noosanorthshoreretreat.com.au; Beach Rd; Stellplatz ohne/mit Strom ab 20/30 AU$, Hütte/Zi. ab 75/145 AU$; ※@≋) Von einfachen Igluzelten und luxuriösen Hauszelten bis hin zu sauberen Motelzimmern und Hütten ist hier alles Erdenkliche zu finden. Den Tag verbringen die Gäste beispielsweise mit Paddeln auf dem See, Wandern im Busch oder Hüpfen auf dem Luftkissen. Auf dem Gelände befindet sich darüber hinaus das **Great Sandy Bar & Restaurant**, wo es aber nur am Wochenende Mittag- und Abendessen gibt (Hauptgerichte 15–25 AU$).

Lake Cootharaba & Boreen Point

Der ca. 5 km breite und 10 km lange Lake Cootharaba ist der größte See in der Cooloola Section des Great Sandy National Park. Am westlichen Seeufer bzw. südlichen Nationalparkrand liegt die relaxte kleine Gemeinde **Boreen Point** mit mehreren Unterkünften und Restaurants. Der See ist das Tor zu den **Noosa Everglades** mit Möglichkeiten zum Kanufahren, Buschwandern und -campen.

Von Boreen Point führt eine unbefestigte Straße (5 km) weiter zum **Elanda Point**.

Aktivitäten

Kanu Kapers KAJAKFAHREN
(07-5485 3328; www.kanukapersaustralia.com; 11 Toolara St, Boreen Point; Halb-/Ganztagestour 155/185 AU$, Leihgebühr 75 AU$/Tag) Mit dem Kajak auf eigene Faust oder mit Führung durch die friedlichen Everglades paddeln.

Discovery Group Canoe Safari BOOTSFAHRTEN
(07-5449 0393; www.thediscoverygroup.com.au; 3-tägige Kanutour auf eigene Faust mit 2 Übernachtungen 155 AU$) Mit dem Kanu paddelt man drei Tage lang durch die Everglades

---

ABSTECHER

MONTVILLE & KENILWORTH

Das kitschige Bergdorf Montville mit seinen Bonbonläden, Teestuben und Kunsthandwerksbetrieben beeindruckt schon durch seine spektakuläre Lage auf einem 500 m hohen Bergrücken. Besucher können eine schöne Wanderung durch den Regenwald zu den Kondalilla Falls im Kondalilla National Park, 3 km nordwestlich der Stadt, unternehmen. Nach einem erfrischenden Bad im felsigen Pool oberhalb des Wasserfalls sollte man sich allerdings nach Blutegeln absuchen.

Ein herrlicher Ort für Romantiker ist Secrets on the Lake (07-5478 5888; www.secretsonthelake.com.au; 207 Narrows Rd, Montville; wochentags/Wochenende ab 205/255 AU$; ※), wo Holzstege durch den Wald zu zauberhaften hölzernen Baumhäusern mit in den Boden eingelassenen Spas sowie offenen Kaminen führen und einen fantastischen Blick auf den Lake Baroon eröffnen.

Von Montville aus geht's zum winzigen Dorf Mapleton und dann links auf die Obi Obi Rd. 18 km weiter stößt man auf Kenilworth, eine Kleinstadt im malerischen Mary River Valley. Dort stellt Kenilworth Country Foods (07-5446 0144; www.kenilworthcountryfoods.com.au; 45 Charles St; Mo–Fr 9–16, Sa & So 10.30–15 Uhr), eine kleine, aber feine Käsefabrik, cremigen Joghurt und leckeren Käse her. Zum Campen im Kenilworth State Forest oder dem Conondale National Park brauchen Besucher eine Genehmigung (13 74 68; www.nprs.qld.gov.au; 5,45 AU$/Pers.). Bei Kenilworth Showgrounds kann man für 15 AU$ pro Wagen mit Strrom, Wasser und Dusche (1 AU$) campen (ohne zusätzliche Genehmigung).

Alternativ fährt man weiter Richtung Nordosten auf der Eumundi-Kenilworth Rd an malerischen grünen Hügeln mit vereinzelten alten Farmen und zahlreichen Jakarandas entlang. Nach 30 km trifft die Straße bei Eumundi auf den Bruce Hwy.

und campt am Ufer. Im Angebot sind auch Flussfahrten auf einem speziellen Boot am Nachmittag (79 AU$).

Schlafen & Essen

Lake Cootharaba Motel MOTEL $
(07-5485 3127; www.cootharabamotel.com; 75 Laguna St, Boreen Point; Zi. 95–130 AU$; ❄) Die urige, saubere Unterkunft, die weniger Motel als vielmehr Refugium am See ist, eignet sich hervorragend als Ausgangspunkt für die Erkundung der Everglades oder einfach zum Baden im See. Es gibt nur fünf Zimmer, deshalb unbedingt vorher reservieren!

Boreen Point Camping Ground CAMPING $
(07-5485 3244; Esplanade, Boreen Point; Stellplatz ohne/mit Strom 22/28 AU$) Der ruhige, einfache Campingplatz am Fluss ist von riesigen Kautschukbäumen und ursprünglichem Buschwald umgeben.

Apollonian Hotel PUB $
(07-5485 3100; 19 Laguna St, Boreen Point; Hauptgerichte 12–30 AU$; 10–24 Uhr) Der wunderbare alte Pub verfügt über dicke Holzwände, schattige Terrassen und ein original erhaltenen Innenraum. Und nicht zuletzt ist er bekannt für gutes Kneipenessen. Besonders empfehlenswert ist der berühmte Spießbraten am Sonntagmittag (unbedingt vorher reservieren!).

Great Sandy National Park: Cooloola Section

Die Cooloola Section des Great Sandy National Parks bedeckt mehr als 54 000 ha Land zwischen dem Lake Cootharaba und dem Rainbow Beach weiter nördlich. In diesem naturbelassenen Gebiet finden sich Sandstrände, Wasserläufe durch Mangroven, Wälder, Heide und Seen, dazu zahlreiche Vogelarten – auch seltene Spezies wie der Fuchshabicht und die Östliche Graseule – und im Frühjahr unzählige Wildblumen.

Von Tewantin bis zum Rainbow Beach führt der Cooloola Way. Er kann, wenn es nicht zu stark geregnet hat, mit Geländewagen befahren werden – am besten erkundigt man sich vorher bei den Rangern. Zahlreiche Besucher strömen lieber zum Strand, müssen ihren Besuch dort aber auf ein paar Stunden bei Ebbe beschränken. Man braucht eine Genehmigung (www.nprsr.qld.gov.au; Tag/Woche/Monat 11/27,70/43,60 AU$).

Am schönsten lässt Cooloola sich immer noch per Boot oder Kanu auf den vielen Zuflüssen vom Noosa River erkunden. Bootsverleihe gibt es in Tewantin und Noosa (an der Gympie Tce), am Boreen Point sowie Elanda Point am Lake Cootharaba.

Mehrere wunderbare Wanderwege beginnen beim Elanda Point am Ufer des Lake Cootharaba, darunter der 46 km lange Cooloola Wilderness Trail zum Rainbow Beach und eine 7 km lange Strecke zu einem bei Kinaba liegenden, unbenannten Infozentrum vom QPWS.

Das **QPWS Great Sandy Information Centre** (5449 7792; 240 Moorindil St, Tewantin; 8–16 Uhr) liefert Infos zu Zugangsmöglichkeiten, Gezeiten und Feuerverboten im Park. Für Fraser Island und den Great Sandy National Park erteilt es auch Auto- bzw. Campinggenehmigungen, die man aber besser online (www.nprsr.qld.gov.au) bucht.

Viele der diversen Campingplätze (137468; www.nprsr.qld.gov.au; Pers./Fam. 5,45/21,80 AU$) des Parks liegen am Fluss. Am beliebtesten und besten ausgestattet sind **Fig Tree Point** am Lake Cootharaba (Nordende), **Harry's Hut** (ca. 4 km flussaufwärts) und **Freshwater** an der Küste (ca. 6 km südlich des Double Island Point). Bei Fahrten hinauf gen Rainbow Beach ist auch Strandcamping an ausgewiesenen Stellen erlaubt. Bis auf Harry's Hut, Freshwater und Teewah Beach sind alle Plätze nur zu Fuß oder über den Fluss erreichbar.

EUMUNDI

1790 EW.

Eumundi ist ein reizendes kleines Bergdorf. Der Hauch von New Age, der hier in der Luft hängt, wird an Markttagen fast greifbar. Historische Straßen beherbergen moderne Cafés, außergewöhnliche Boutiquen, Silberschmiede und Kunsthandwerker. Besucher von Eumundi soll angeblich manchmal sogar der plötzliche Wunsch überkommen, sich ein neues Hobby wie Perlenknüpfen oder Bodypainting zuzulegen.

Sehenswertes & Aktivitäten

★ Eumundi Markets MARKT
(80 Memorial Dr; Mi 8–13.30, Sa 7–14 Uhr) Zu den gut 300 Ständen der beiden Märkte von Eumundi strömen die Besucher in Scharen, um nach handgemachten Möbeln, Schmuck, selbst genähter Bekleidung und alternativen

> **ABSTECHER**
>
> **EURE MAJESTÄT**
>
> Rund 10 km nordwestlich von Eumundi liegt das kleine Dorf **Pomona** am Fuß des Mt. Cooroora (440 m), in dem sich das wunderbare **Majestic Theatre** (07-5485 2330; www.majestictheatre.com.au; 3 Factory St, Pomona; Eintritt 15 AU$, inkl. Essen 27 AU$; Vorstellung Di–Fr 19.30 Uhr) befindet. Das einzige original erhaltene Stummfilmkino der Welt zeigt noch heute Stummfilme, die von Musik von einer echten Wurlitzer-Kinoorgel begleitet werden. So läuft seit 25 Jahren an jedem ersten Donnerstag des Monats der weltberühmte *Sohn des Scheichs*.

Heilmitteln zu stöbern. Außerdem werden auch Erzeugnisse aus der Region und warme Speisen feilgeboten.

Tina Cooper Glass KUNSTGALERIE
(www.tinacoopergallery.com; 93 Memorial Dr; Mi & Sa 9–16, Fr & So 10–15 Uhr) Hier sind schöne Glasfiguren und andere fragile Kunstwerke zu bewundern. Gelegentlich finden auch Vorführungen im Glasblasen statt.

Murra Wolka Creations KUNSTGALERIE
(07-5442 8691; www.murrawolka.com; 39 Memorial Dr; Mo-Fr 9–16.30 Uhr) In der von Aborigines geführten Galerie werden Bumerangs und Didgeridoos verkauft, die indigene Künstler von Hand bemalt haben.

Schlafen & Essen

Hidden Valley B&B B&B $$
(07-5442 8685; www.eumundibed.com; 39 Caplick Way; Zi. 175–195 AU$) Nicht sonderlich versteckt steht dieses attraktive, ruhige Queenslander-Haus auf einem 1,5 ha großen Gelände an der Straße nach Noosa. Nur 400 m von Eumundi entfernt bietet es Themenzimmer für jeden Geschmack: Aladdin's Cave (Aladins Höhle), Emperor's Suite (Kaisersuite) oder Hinterland Retreat (Hinterland-Schlupfwinkel).

Harmony Hill Station B&B $$
(07-5442 8685; www.eumundibed.com; 81 Seib Rd; Bahnwaggon 155 AU$) Perfekt zum Entspannen oder Turteln: Hier steht ein restaurierter, violetter Eisenbahnwaggon von 1912 völlig frei auf einem Hügel. Gäste teilen sich das 5 ha große Grundstück mit grasenden Kängurus, genießen den Sonnenuntergang am Lover's Leap, trinken zusammen eine Flasche Wein unterm herrlichen Nachthimmel… oder heiraten sogar: Die Eigentümer sind traubefugt!

Joe's Waterhole PUB $
(07-5442 8144; www.liveatjoes.com; 85 Memorial Dr; Hauptgerichte 10 AU$; So–Do 10–21, Fr & Sa 10–23.30 Uhr) In dem bodenständigen Pub, das gutes Kneipenessen serviert und jede Menge einheimischer und internationaler Musikgruppen auftreten lässt, geht es immer hoch her.

Bohemian Bungalow INTERNATIONAL $$
(07-5442 8679; www.bohemianbungalow.com.au; 69 Memorial Dr; Hauptgerichte 19–30 AU$; Do-Sa 8–15 & 17.30–21, Mi & So 8–15 Uhr) Das herzhafte Essen, das in dem prachtvollen, weißen Queenslander-Haus serviert wird, trägt so merkwürdige Bezeichnungen wie „Zum Überwintern in den Süden fliegen" (hausgemachte Gnocchi mit Entenconfit) und „Ein kleines Schweinchen ging nach Paris" (gemischte Platte mit Pasteten verschiedener Arten). Außerdem bekommt man guten Kaffee, Feinschmeckerpizza und tolles Frühstück.

Imperial Hotel PUB $$
(07-5442 8811; Memorial Dr; Hauptgerichte 16–32 AU$; Mo & Di 10–19, Mi 10–21, Do–Sa 10–23, So 10–18 Uhr) In einem wunderbaren Kolonialgebäude mit altmodischen Veranden und vornehmen Speiseräumen werden typische Traveller-Lieblingsgerichte wie Steaks und Meeresfrüchte aus der Region serviert, natürlich in bester Qualität. Weitere Pluspunkte sind hervorragendes Bier vom Fass und Livemusik.

Praktische Informationen

Discover Eumundi Heritage & Visitors Centre (07-5442 8762; Memorial Dr; Mo–Fr 10–16, Sa 9–15, So 10–14 Uhr) Dieses Zentrum beherbergt auch das kostenlos besuchbare Museum.

An- & Weiterreise

Sunbus (13 12 30; www.sunbus.com.au) fährt stündlich ab Noosa Heads (4,50 AU$, 45 Min.) und Nambour (5,90 AU$, 40 Min.). Einige Tourveranstalter haben für ihre Teilnehmer mittwochs und samstags Besuche der Eumundi Markets im Programm.

SUNSHINE COAST HINTERLAND

Etwas landeinwärts von **Nambour** bildet die Blackall Range eine atemberaubende Hintergrundkulisse für die beliebten, nur 50 km entfernten Strände der Sunshine Coast. Von dort aus sind entspannte, halb- oder ganztägige Rundfahrten entlang der gezackten Steilstufe möglich. Dabei führt die kurvige Straße durch malerische Bergdörfer und offenbart eine herrliche Aussicht auf das Küstentiefland. Obwohl sehenswert, leiden diese Dörfer teilweise unter einer Überdosis kitschiger Kunsthandwerkshops und Teestuben im Devonshire-Stil. Hauptattraktion ist daher die Landschaft mit ihren saftig grünen Weiden, sanften Tälern bzw. Bergkämmen, Wasserfällen, Schwimmlöchern, Regenwäldern und Wandermöglichkeiten in Nationalparks. Vor allem im Winter sind die behaglichen Hütten und B&Bs beliebte Wochenendrefugien.

Geführte Touren

Viele Tourveranstalter führen durchs Hinterland und holen Traveller überall entlang der Sunshine Coast ab.

Storeyline Tours GEFÜHRTE TOUREN
(07-5474 1500; www.storeylinetours.com.au; ab 25 AU$) In kleinen Gruppen werden die bekannten Eumundi Markets (Mi & Sa, ab 25 AU$) und verschiedene Dörfer im Hinterland besucht.

Boomerang Tours GEFÜHRTE TOUREN
(1300 287 626) Die Touren ins Hinterland, in Nationalparks zu Wasserfällen und den Märkten von Eumundi werden individuell auf die Teilnehmer abgestimmt. Fester Bestandteil sind aber die Grillwürstchen zum Mittagessen.

Maleny
3442 EW.

Hoch oben in den grünen Hügeln der Blackall Range liegt das kleine Dorf, in dem eine faszinierende Mischung aus Künstlern, Musikern und Kreativen, alternden Hippies, Stadtflüchtlingen und Genossenschaftlern lebt. Die unkonventionelle Atmosphäre unterstreicht die Tatsache, dass die wirtschaftlich florierende Gemeinde ihre Forst- und Milchwirtschaftszeiten lange und erfolgreich hinter sich gelassen hat, ohne sich, wie viele Bergdörfer in der Gegend, in ein (allzu) kitschiges Touristendorf mit den üblichen Ramschläden zu verwandeln. Die Stadt ist von einem starken Gemeinschaftssinn geprägt und in allen Belangen absolut ökologisch ausgerichtet.

Sehenswertes & Aktivitäten

Mary Cairncross Scenic Reserve NATURSCHUTZGEBIET
(www.mary-cairncross.com.au; 148 Mountain View Rd) Das Naturschutzgebiet besteht aus einem wunderbaren, 55 ha großen Regenwald außerhalb der Stadt. Er ist mit schönen Wanderwegen durchzogen und die Heimat unzähliger Vogelarten und der unglaublich niedlichen Filander.

Maleny Dairies BESICHTIGUNG
(07-5494 2392; www.malenydairies.com; 70 McCarthy Rd; 9 AU$; Mo–Sa 10.30 & 14.30 Uhr) Bei der netten Molkereiführung wird der

---

WOODSTOCK DOWN UNDER

Beim berühmten **Woodford Folk Festival** (www.woodfordfolkfestival.com; 27. Dez–1. Jan.) spielen über 2000 Künstler aus Australien und aller Welt z.B. Folk-, Welt-, indigene oder traditionell irische Musik. Zum ungemein vielfältigen Programm gehören auch Straßenkünstler, Bauchtänzer, Kunsthandwerksmärkte, Performances mit Bildender Kunst, Umweltdiskussionen und eine Besuchergruppe von tibetischen Mönchen. Das Festival steigt alljährlich nahe der Kleinstadt Woodfort. Die Campingflächen auf dem Gelände verfügen über Toiletten, Duschen und diverse Gastrozelte. Bei Regen ist jedoch mit Schlammbädern zu rechnen. Da das Festival eine Ausschanklizenz hat, muss eigener Alkohol strikt zu Hause bleiben.

Tickets kosten ca. 133 AU$ pro Tag (mit Camping 163 AU$) und sind online, am Eingang oder beim **Festivalbüro** (07-5496 1066) erhältlich. Eine Programmübersicht gibt's auf der Homepage.

Woodford liegt 35 km nordwestlich von Caboolture. Zwischen dessen Bahnhof und dem Festivalgelände pendeln regelmäßig Shuttle-Busse.

Melkraum besichtigt, das Melken von Hand gezeigt, ein Blick in die Verarbeitungshalle geworfen und mindestens ein Kälbchen gestreichelt. Am Ende dürfen die hier hergestellten Köstlichkeiten probiert werden.

Schlafen

Morning Star Motel MOTEL $
(07-5494 2944; www.morningstarmotel.com; 2 Panorama Pl; Zi. 88–110 AU$) Die Zimmer des gemütlichen, sauberen Motels bieten einen einzigartigen Blick auf die Küste. Die Luxus-Suiten haben ein Wellnessbad. Behindertengerecht.

Maleny Lodge B&B $$
(07-5494 2370; www.malenylodge.com.au; 58 Maple St; Zi. ab 159–260 AU$; 🛜🏊) Das B&B in einer herrlichen Villa von 1905 ist mit bequemen Himmelbetten, viel gebeiztem Holz und Antiquitäten ausgestattet. Im Winter wärmt ein offener Kamin, an warmen Sommertagen lockt das offene Poolhaus. Im Preis inbegriffen ist ein warmes Frühstück.

Maleny Tropical Retreat B&B $$$
(07-5435 2113; www.malenytropicalretreat.com; 540 Maleny Montville Rd; Hütte ab 210 AU$, Zi. ab 235–275 AU$) Das abgeschiedene Anwesen unter schattigen Bäumen ist etwas für Romantiker. Zur Auswahl stehen komplett ausgestattete Hütten mit Kamin und Wellnessbad und drei luxuriöse Hotelzimmer mit eigener Terrasse und spektakulärem Blick auf die Berge. Am Wochenende muss man mindestens zwei Nächte bleiben; Frühstück ist im Preis inbegriffen.

Essen

In der Maple St wimmelt es von Cafés, Restaurants und netten kleinen Kneipen. Praktisch überall ist so ziemlich alles aus biologischem, nachhaltigem Anbau, allergenfrei und ethisch unbedenklich.

Up Front Club CAFÉ $
(07-5494 2592; 31 Maple St; Hauptgerichte 12–26 AU$; 7.30–22 Uhr) Das gemütliche Genossenschaftscafé sorgt für eine ordentliche Dosis Funk in der Hauptstraße des Ortes. Es gibt Bio-Brot, Tofu, Dals und sogar etwas für Fleischesser. Die Livemusik am Wochenende reicht von Reggae über Folk bis hin zu spontanen Sessions.

Monica's Cafe CAFÉ $
(11/43 Maple St; Hauptgerichte 8,50–20 AU$; Mo–Fr 7–16, Sa & So 7.30–14 Uhr) Die Namen der ständig wechselnden, herzhaften Gerichte und kreativen Salate stehen auf einer Schultafel. Draußen kann man das faszinierende Treiben auf der Straße beobachten, drinnen sitzt man an langen Holztischen oder klettert in die abgeschiedene Mansarde hinauf.

Sweets on Maple SÜSSIGKEITEN $
(39 Maple St; hausgemachte Karamellbonbons 100 g ab 5 AU$; Mo–Fr 9.30–16.30, Sa & So 10–15.30 Uhr) In dieser Gegend gibt es mehr als genug Süßwarenläden, aber dieser ist mit Abstand der beste. Aus dem altmodischen Geschäft strömt der himmlische Duft frischer Karamellbonbons und lockt die Kunden zu Chili-Schokolade, Haselnusslikör mit Limette und anderen Leckereien. Göttlich!

ℹ Praktische Informationen

Im Maleny Community Centre befindet sich auch eine kleine, recht nützliche **Touristeninformation** (07-5429 6043; www.malenycommunitycentre.org; 23 Maple St; 10–15 Uhr).

Fraser Island & Fraser Coast

Inhalt ➜

Fraser Coast.............385
Hervey Bay..............385
Rainbow Beach.........391
Maryborough............393
Childers....................395
Bundaberg................396
Fraser Island............400

Gut essen

- Waterview Bistro (S. 392)
- Muddy Waters Cafe (S. 395)
- Bayaroma Cafe (S. 389)
- Rosie Blu (S. 399)
- Mammino's (S. 396)

Schön übernachten

- Kingfisher Bay Resort (S. 403)
- Debbie's Place (S. 392)
- Beachfront Tourist Parks (S. 388)
- Flashpackers (S. 388)
- Colonial Village YHA (S. 388)

Auf nach Fraser Island & an die Fraser Coast!

Das als Welterbe gelistete Fraser Island lässt die Herzen von Naturfans höher schlagen. Die größte Sandinsel der Welt ist ein geheimnisvolles Fleckchen Erde mit Dünen, alten Regenwäldern, leuchtenden Seen und zahllosen Wildtieren, darunter die „reinrassigsten" Dingos Australiens. Jenseits der Great Sandy Strait liegt das Küstenörtchen Hervey Bay, das als Tor zu Fraser Island fungiert. Von Juli bis Oktober tummeln sich für ein paar Tage Buckelwale in der Bucht, bevor sie weiter in die Antarktis ziehen. Weiter im Süden befindet sich das winzige, entspannte Rainbow Beach, von dem aus man ebenfalls nach Fraser aufbrechen kann. An diesem Küstenabschnitt sind angeln, baden, Boot fahren und campen sehr beliebt.

Landeinwärts liegen geschichtsträchtige Örtchen, umgeben von Ackerland. Bundaberg, die größte Stadt der Region, wird von Zuckerrohrfeldern umrahmt. Von hier kommt der gleichnamige Rum, der schon so manchem einen Kater beschert und einige Gehirnzellen auf dem Gewissen hat.

Reisezeit
Bundaberg

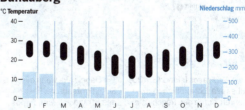

Juni–Juli Beim Mary Poppins Festival in Maryborough spannt alle Welt den Regenschirm auf.

Juli–Nov. Buckelwale lassen sich blicken – die meisten zwischen August und Oktober.

Nov.–März Die Schildkröten legen am Strand von Mon Repos Eier – ein tolles Schauspiel.

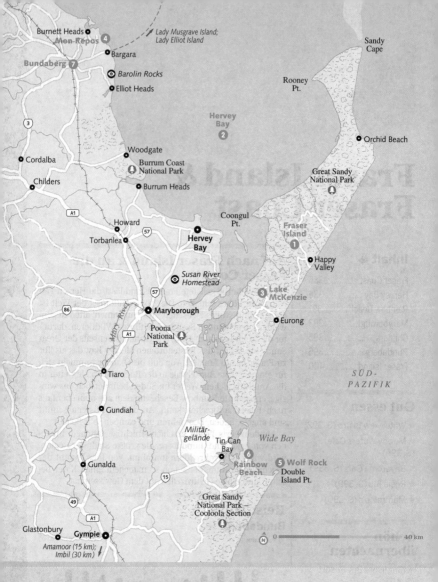

Highlights

① Auf **Fraser Island** (S. 400) über den „Strandhighway" fahren, durch den Regenwald wandern und unterm Sternenhimmel zelten

② Wale beobachten vor **Hervey Bay** (S. 385)

③ Im klaren, blauen Wasser des **Lake McKenzie** (S. 400) auf Fraser Island planschen

④ Dabei sein, wenn die Schildkrötenbabys über den Strand von **Mon Repos** (S. 397) zum Meer krabbeln

⑤ Vor Rainbow Beach am **Wolf Rock** (S. 391) mit Haien tauchen

⑥ Die farbenfrohen Sandklippen von **Rainbow Beach** (S. 391) bestaunen

⑦ Das „flüssige Gold" in der Rumbrennerei von **Bundaberg** (S. 383) probieren

❶ An- & Weiterreise

BUS
Regelmäßig verkehren Busse von **Greyhound Australia** (☎ 1300 473 946; www.greyhound.com.au) und **Premier Motor Service** (☎ 13 34 10; www.premierms.com.au) auf dem Bruce Hwy und halten unterwegs in allen größeren Städten. Sie steuern auch Ziele abseits des Highways an: Hervey Bay und Rainbow Beach.

FLUGZEUG
Qantas (☎ 113 13; www.qantas.com.au) und **Virgin Blue** (☎ 13 67 89; www.virginblue.com.au) fliegen Bundaberg und Hervey Bay an.

ZUG
Queensland Rail (☎ 1800 872 467; www.traveltrain.com.au) Regelmäßig passieren Züge auf der Strecke Brisbane–Rockhampton die Region. Man hat die Wahl zwischen dem superschnellen *Tilt Train* und dem gemütlicheren *Sunlander*.

FRASER COAST

Die Fraser Coast hat einfach alles zu bieten: traumhafte Strände, Nationalparks am Wasser und winzige Badeorte, aber auch Farmen und ländliche Städtchen, umgeben von Zuckerrohrfeldern.

Hervey Bay
76 403 EW.

Die Stadt mit dem unwiderstehlichen Charme ist passenderweise nach einem britischen Casanova benannt. Sie verzaubert Traveller aller Arten (vom Backpacker über Familien bis hin zum Pensionär) mit ihrem subtropischen Klima, langen Sandstränden, dem ruhigen blauen Meer und entspannten, netten Einheimischen. Außerdem hat man von hier aus die Chance, ein paar majestätische Buckelwale live zu erleben, und bis Fraser Island – Teil des UNESCO-Welterbes – ist es auch nicht weit. Kein Wunder also, dass das einst so verschlafene Örtchen unverschämt beliebt ist!

Die Wellen brechen sich an Fraser Island, sodass das Wasser vor Hervey Bay spiegelglatt ist. Da es aber außerdem ganz flach ist, eignet es sich perfekt für Kids und um postkartentaugliche Fotos zu machen.

◉ Sehenswertes

Reef World   AQUARIUM
(☎ 07-4128 9828; Pulgul St, Urangan; Erw./Kind 18/9 AU$, Tauchen mit Haien 50 AU$; ⏲ 9.30–16 Uhr) Das kleine Aquarium beherbergt die buntesten Bewohner des Great Barrier Reef, u. a. einen 18 Jahre alten riesigen Zackenbarsch. Besucher haben die Möglichkeit, mit ungefährlichen Haien zu baden, u. a. mit Zitronen- und Walhaien.

Vic Hislop's Shark Show   HAIAUSSTELLUNG
(☎ 07-4128 9137; 553 The Esplanade, Urangan; Erw./Kind 17/8 AU$; ⏲ 8.30–17.30 Uhr) Informativ, aber auch ein wenig kitschig und nicht selten kontrovers diskutiert: Die berühmte Sharkman's-Sammlung gewährt einen Einblick in die Welt, die unter der Wasseroberfläche verborgen liegt. Hier ist alles Meeresgetier ausgestellt, das spitze Zähne hat. Wer angesichts der Zeitungsartikel über grausame Haiattacken unbeeindruckt bleibt, zuckt vielleicht wenigstens beim Anblick des 5,6 m langen, tiefgefrorenen weißen Hais zusammen.

Fraser Coast Discovery Sphere   MUSEUM
(☎ 07-4197 4207; www.frasercoastdiscoverysphere.com.au; 166 Old Maryborough Rd, Pialba; Erw./Kind/Fam. 7,50/5,50/20,50 AU$; ⏲ 10–16 Uhr) Hier lässt sich eine ganze Reihe lehrreicher Aktivitäten rund um die Region unternehmen. Ideal für Kinder und wissbegierige Erwachsene!

Wetside Water Education Park   PARK
(www.widebaywater.qld.gov.au/quicklinks/wetsidewatereducationpark; The Esplanade, Scarness; ⏲ tgl. 10–18 Uhr, Sa Nachtvorführung 19 Uhr) An heißen Tagen gibt es nichts Besseres als einen Besuch in diesem Wasserpark in der Nähe des Strandes. Hier sind jede Menge Schatten, Spring- und Eimerbrunnen sowie ein Bohlenweg mit Wasser-Infotainment vorhanden. Die Öffnungszeiten variieren allerdings; aktuelle Infos findet man auf der Website.

🏃 Aktivitäten

Angeln
MV Fighting Whiting   ANGELN
(☎ 07-41243377; www.fightingwhiting.com.au; Erw./Kind/Fam. 70/35/175 AU$) Das Unternehmen bietet einen gemächlichen Angeltrip an, bei dem man seine Beute behalten darf. Im Preis sind Sandwiches, Köder und die ganze Angelausrüstung enthalten.

MV Princess II   ANGELN
(☎ 07-4124 0400; Erw./Kind 150/100 AU$) Die Crew der MV *Princess II* ist sehr erfahren und fischt seit über 20 Jahren in diesen Gewässern.

Hervey Bay

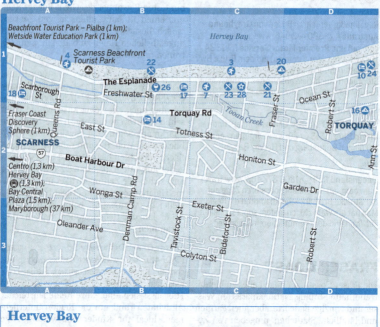

Hervey Bay

⦿ Sehenswertes
- **1** Reef World H2
- **2** Vic Hislop's Shark Show G1

✪ Aktivitäten, Kurse & Touren
- **3** Aquavue C1
- Blue Dolphin Marine Tours .... (siehe 5)
- Colonial Village YHA .... (siehe 13)
- **4** Enzo's on the Beach A1
- **5** Freedom Whale Watch H2
- **6** Krystal Klear H3
- MV Tasman Venture .... (siehe 5)
- **7** Nomads C1
- Spirit of Hervey Bay .... (siehe 5)

🛏 Schlafen
- **8** Alexander Lakeside B&B E1
- **9** Arlia Sands Apartments E1
- **10** Australis Shelly Bay Resort D1
- **11** Bay B&B F1
- **12** Boat Harbour Resort G3
- **13** Colonial Village YHA G3
- **14** Flashpackers B2
- **15** Grange Resort F1
- **16** Happy Wanderer Village D2
- **17** La Mer Beachfront Apartments B1
- **18** Mango Eco Hostel A1
- **19** Quarterdecks Harbour Retreat G3
- **20** Torquay Beachfront Tourist Park C1

🍴 Essen
- **21** Bayaroma Cafe C1
- **22** Black Dog Café B1
- **23** Café Tapas C1
- **24** Coast D1
- Enzo's on the Beach .... (siehe 4)
- **25** Pier Restaurant G1
- Simply Wok .... (siehe 23)

🍷 Ausgehen & Nachtleben
- **26** Hoolihan's B1
- **27** Liquid Lounge G1

🎭 Unterhaltung
- **28** Viper C1

Bootsfahrten

Krystal Klear BOOTSFAHRT

(☎ 07-4124 0066; www.krystalkleer.com.au; 5-stündige Tour Erw./Kind 90/50 AU$) Mit einem 12 m langen Glasbodenboot – dem einzigen in Hervey Bay – geht's hinaus aufs Meer. Schnorchelausrüstung, Korallenbeobachtung und ein Grillstopp auf der Insel sind im Preis inbegriffen.

Panoramaflüge

Fraser Coast Microlites PANORAMAFLUG

(☎ 1800 811 728; Flug ab 125–250 AU$) Ganz ohne störende Metallhülle fliegt man hier

über die Inseln und Seen hinweg. Die Flüge dauern 20, 30, 45 oder 70 Minuten. Im Voraus buchen!

Walbeobachtung

Während der Walsaison von Ende Juli bis Anfang November werden in Hervey Bay täglich Walbeobachtungstouren angeboten, sofern das Wetter mitspielt. Von August bis Ende Oktober dürften Teilnehmer ziemlich wahrscheinlich ein paar Säuger zu sehen bekommen (und falls sie sich doch nicht blicken lassen, bekommt man eine Tour gratis). Außerhalb der Walsaison stehen bei vielen Bootsbetreibern Delfintouren auf dem Programm. Die Boote fahren vom Urangan Harbour zur Platypus Bay und dann im Zickzack zwischen den Walgruppen hin und her, um die aktivsten Tiere zu finden. Normalerweise zahlt man für einen halben Tag etwa 120 AU$ (Erw.) bzw. 70 AU$ (Kind) und meistens sind Frühstück oder Mittagessen in diesem Preis schon inbegriffen. Buchungen können in den verschiedenen Unterkünften oder in den Visitor Centres vorgenommen werden.

Spirit of Hervey Bay   WALBEOBACHTUNG
(☏1800 642 544; www.spiritofherveybay.com; ⏱8.30 & 13.30 Uhr) Das größte Boot, das entsprechend auch die meisten Passagiere aufnehmen kann.

MV Tasman Venture   WALBEOBACHTUNG
(☏1800 620 322; www.tasmanventure.com.au; ⏱8.30 & 13.30 Uhr) Einer der besten Anbieter mit Unterwassermikrofonen und Sichtfenstern. Während der Hauptsaison werden hier Walsichtungen garantiert, was bedeutet, dass man kostenlos an einer weiteren Tour teilnehmen kann, wenn sich keines der Tiere blicken lässt.

Blue Dolphin Marine Tours   WALBEOBACHTUNG
(☏07-4124 9600; www.bluedolphintours.com.au) Skipper Pete hat fast 30 Jahre Erfahrung mit den Meeressäugern. Er ist der ideale Ansprechpartner für alle Fragen, die bei einer Walbeobachtung auf Tuchfühlung mit den Tieren zwangsweise auftreten werden.

Freedom Whale Watch   WALBEOBACHTUNG
(☏1300 879 960; www.freedomwhalewatch.com.au) Der 58 m lange Katamaran hat gleich drei Etagen mit Aussicht.

Wassersport

Aquavue   WASSERSPORT
(☏07-4125 5528; www.aquavue.com.au; The Esplanade, Torquay) Verleiht Paddelboote, Kajaks und Wasserdreiräder (20 AU$/Std.), Katamarane (50 AU$/Std.) und Jetski (50 AU$/15 Min.). Hat außerdem geführte Jetski-Touren nach Fraser Island im Angebot (ab 250 AU$).

Enzo's on the Beach
WASSERSPORT

(☎ 07-4124 6375; www.enzosonthebeach.com.au; The Esplanade, Scarness) Hier werden Kitesurfen (2 Std. Unterricht 130 AU$) und Stehpaddeln (1/2 Std. 30/40 AU$) angeboten. Auch Kajaks (ab 20 AU$/Std.) und Surfskis (15 AU$/Std.) werden verliehen.

Weitere Aktivitäten

Skydive Hervey Bay
FALLSCHIRMSPRINGEN

(☎ 0458 064 703; www.skydiveherveybay.com.au) Tandemsprünge ab 325 AU$ aus 3660 m Höhe mit bis zu 45 Sekunden freiem Fall.

Susan River Homestead
REITEN

(☎ 07-4121 6846; www.susanriver.com; Hervey Bay–Maryborough Rd) In den Paketangeboten (Erw./Kind 250/160 AU$) sind Unterkunft, alle Mahlzeiten und die Nutzung des Swimmingpools und der Tennisplätze auf dem Gelände inklusive. Wer nur einen Tag lang hier ist, kann auch einen zweistündigen Ausritt (Erw./Kind 85/75 AU$) buchen.

⭑ Feste & Events

Hervey Bay Whale Festival
WALE

(www.herveybaywhalefestival.com.au) Hier wird jedes Jahr im August die Rückkehr der Wale gefeiert.

🛏 Schlafen

★ Flashpackers
HOSTEL $

(☎ 07-4124 1366; www.flashpackersherveybay.com; 195 Torquay Tce, Torquay; B 25–30 AU$, DZ 70 AU$; ❄ 🛜 ≋) Setzt neue Standards für Backpacker-Unterkünfte in Hervey Bay: komfortable, großzügige Schlafsäle und Zimmer mit Bad, ausgestattet mit Leselampen und ausreichend Steckdosen, ein begehbarer gemeinschaftlicher Kühlschrank, tadellos saubere Gemeinschaftsbereiche und Duschen, die sich sehen lassen können. Liegt in der ersten Parallelstraße abseits des Strands.

Beachfront Tourist Parks
WOHNWAGENPARK $

(☎ Pialba 07-4128 1399, Scarness 07-4128 1274, Torquay 07-4125 1578; www.beachfronttouristparks.com.au; Stellplatz ohne/mit Strom 25/36 AU$) Am hübschen langen Sandstrand von Hervey Bay liegen drei schattige Wohnwagenparks mit traumhaftem Meerblick. Torquay liegt mitten drin im Geschehen.

Colonial Village YHA
HOSTEL $

(☎ 07-4125 1844; www.yha.com.au/hostels/qld/fraser-capricorn-coasts/hervey-bay; 820 Boat Harbour Dr, Urangan; B/DZ/Hütte ab 27/56/72 AU$; ❄ @ ≋) Diese tolle Jugendherberge auf 8 ha ruhigen Buschlands liegt gleich beim Jachthafen und nur 50 m vom Strand entfernt. Sie ist eine liebenswerte Unterkunft voller Atmosphäre, Possums und Papageien. Zu den Einrichtungen zählen ein Whirlpool, Tennis- und Basketballplätze sowie eine gesellige Bar.

Mango Eco Hostel
HOSTEL $

(☎ 07-4124 2832; www.mangohostel.net; 110 Torquay Rd, Scarness; B/DZ 28/60 AU$; P ❄ 🛜) Das kleine, von Einheimischen geführte Hostel ist eine Travellerabsteige der alten Schule. Es herrscht ein persönliches Flair voller Charakter. Gäste kommen in einem Schlafsaal mit vier Betten oder in einem der beiden sehr heimeligen Doppelzimmern unter. Die ums Haus führende Veranda und der Speisebereich im Freien machen die gemütliche, tropische Atmosphäre förmlich greifbar.

Happy Wanderer Village
WOHNWAGENPARK $

(☎ 07-4125 1103; www.happywanderer.com.au; 105 Truro St, Torquay; Stellplatz ohne/mit Strom ab 30/35 AU$, Hütte/Studio/Villa ab 69/89/121 AU$; ❄ 🛜 ≋) Die gepflegten Rasenflächen und das üppig grüne Eukalyptus-Blätterdach dieses großen Parks machen ihn zum idealen Plätzchen, um sein Zelt aufzustellen.

Bay B&B
B&B $$

(☎ 07-4125 6919; www.baybedandbreakfast.com.au; 180 Cypress St, Urangan; EZ 100 AU$, DZ 125–140 AU$; ❄ @ 🛜 ≋) Das von einem freundlichen, weit gereisten Franzosen, seiner Frau und seinem Hund betreute B&B weist ein gutes Preis-Leistungs-Verhältnis auf. Die Zimmer befinden sich in einem gemütlichen Anbau hinterm Haus, und das legendär-leckere Frühstück wird in einem tropischen Garten serviert. Für Familien eignet sich die voll ausgestattete separate Wohneinheit perfekt.

Quarterdecks Harbour Retreat
APARTMENTS $$

(☎ 07-4197 0888; www.quarterdecksretreat.com.au; 80 Moolyyir St, Urangan; Villa mit 1/2/3 Schlafzi. 185/225/290 AU$; ❄ 🛜 ≋) Die fantastischen Villen mit eigenem Innenhof sind stilvoll eingerichtet und bieten jede Menge Komfort und auch den einen oder anderen Luxus wie etwa flauschig-weiche Bademäntel. Das Gelände grenzt an ein Naturschutzgebiet, weshalb es – abgesehen vom beruhigenden Vogelgezwitscher – absolut ruhig ist. Zum Strand ist es nur ein Katzensprung. Die Unterkünfte und Tourangebote haben ein tolles Preis-Leistungs-Verhältnis.

> ### FASZINIERENDE KREATUREN
>
> Jedes Jahr zwischen August und Anfang November tummeln sich für ein paar Tage Tausende Buckelwale *(Megaptera novaeangliae)* vor Hervey Bay, bevor sie ihre beschwerliche Reise in die Antarktis fortsetzen. In den wärmeren Gewässern vor der Nordostküste Australiens paaren sie sich und bringen ihre Kälber zur Welt. Bei der Ankunft in der Hervey Bay formen sie zunächst Schulen aus etwa zwölf Tieren, später ziehen sie zu zweit oder zu dritt umher. Die Kälber fressen sich während der „Verschnaufpause" in der Hervey Bay den dicken Walfischspeck an, den sie im eiskalten Wasser im Süden benötigen. Sie brauchen 600 l Milch pro Tag!
>
> Die riesigen Tiere zu beobachten ist ein unglaubliches Erlebnis. Die angeberischen Wasserakrobaten kommen bis zur Brust aus dem Wasser, peitschen mit den Fluken und blasen Fontänen aus ihren Atemlöchern. Manche schwimmen neben Booten her, sodass ihr Auge ganz nah ist … Wer beobachtet hier eigentlich wen?

Australis Shelly Bay Resort APARTMENTS $$
(07-4125 4533; www.shellybayresort.com.au; 466 The Esplanade, Torquay; Wohneinheit mit 1/2 Schlafzi. 180/195 AU$; ✳@☀) Die hübschen und freundlichen separaten Wohneinheiten dieses Komplexes sind sauber und geräumig. Alle Zimmer bieten Meerblick, und der Strand liegt gleich auf der anderen Straßenseite. Es ist eine der besten Unterkünfte im Ort. Wer mehrere Tage bleibt, bekommt einen netten Nachlass.

Alexander Lakeside B&B B&B $$
(07-4125 9448; www.herveybaybedandbreakfast.com.au; 29 Lido Pde, Urangan; Zi./Suite 140-150/160-170 AU$; ✳@☀) Das nette B&B ist an einer ruhigen Straße gelegen. Morgens bekommt man manchmal Besuch von Schildkröten. Es gibt einen beheizten Whirlpool am See, zwei geräumige Zimmer mit eigenem Bad und zwei luxuriöse, voll ausgestattete Suiten.

La Mer Beachfront Apartments APARTMENTS $$
(07-4128 3494; www.lamer.com.au; 396 The Esplanade, Torquay; 1/2 Zi. ab 150/180 AU$; ✳@☀) Die kräftigen Farben innen und außen wirken mediterran. Die Apartments sind riesig, komfortabel und besitzen voll ausgestattete Küchen. Lieber am Pool wohnen oder doch eher auf der Strandseite?

Arlia Sands Apartments APARTMENTS $$
(07-4125 4360; www.arliasands.com.au; 13 Ann St, Torquay; 1/2 Schlafzi. ab 135/145 AU$; ✳☀) Abgeschlossene Wohneinheiten, die vielleicht nicht gerade vor Charme sprühen, die aber komfortabel sind und mit schönen Polstermöbeln und großen, modernen Badezimmern aufwarten. Eine sehr ruhige Option abseits des großen Trubels, aber in unmittelbarer Nähe zum Strand und den Läden im Ort.

Boat Harbour Resort APARTMENTS $$
(07-4125 5079; www.boatharbourresort.net; 651-652 Charlton St, Urangan; Studio ab 120 AU$, Bungalow ab 150 AU$; ✳☀) Auf einem hübschen Grundstück in der Nähe des Jachthafens gelegen, wartet diese Unterkunft mit Holzstudios und -hütten auf. Die Studios haben große Terrassen vor dem Haus, und die geräumigen Villen sind genau richtig für Familien.

Grange Resort RESORT $$$
(07-4125 2002; www.thegrange-herveybay.com.au; 33 Elizabeth St, Urangan; Villa mit 1/2 Schlafzi. 155/230 AU$; ✳☎☀) Mit seinen eleganten Wohneinheiten auf zwei Ebenen voller kleiner Annehmlichkeiten erinnert das Grange an ein schickes Wüstenresort. Bis zum Strand und in den Ort ist es nicht weit.

✘ Essen

★ Bayaroma Cafe CAFÉ $
(07-4125 1515; 428 The Esplanade, Torquay; Frühstück 10-22 AU$, Hauptgerichte 9,50-20 AU$; ⏱6.30-15.30 Uhr) Das Bayoroma ist für seinen Kaffee, das ganztägig servierte Frühstück sowie die Poleposition in Sachen Leutegucken bekannt. Die Speisekarte ist gigantisch und bietet ganz sicher für jedermann etwas (selbst für Vegetarier!). Der aufmerksame, aufgeweckte Service ist zudem ein toller Pluspunkt.

Enzo's on the Beach CAFÉ $
(www.enzosonthebeach.com.au; 351a The Esplanade, Scarness; Hauptgerichte 8-20 AU$; ⏱6.30-17 Uhr) Das schäbig-schicke Strandcafé ist eine tolle Adresse, um sich mit Sandwiches, Wraps, Salaten und Kaffee zu stärken, bevor

man sich die überflüssigen Kalorien beim Kajakfahren oder Kitesurfing-Unterricht wieder abtrainiert.

Café Tapas — TAPAS $
(07-4125 6808; 417 The Esplanade, Torquay; Tapas 9 AU$; 11–24 Uhr) In dem eleganten, angesagten Lokal mit den hochwertigen Kunstwerken, der schummrigen Beleuchtung, den roten Sofas und den niedrigen Tischen unter bunten Lichtern werden Gäste mit asiatisch angehauchten Taps und Musik verwöhnt. Auch eine gute Adresse für einen Cocktail.

Simply Wok — ASIATISCH $$
(07-4125 2077; 417 The Esplanade, Torquay; Hauptgerichte 14–23 AU$; 7–22 Uhr) Alle, die mal wieder Lust auf asiatische Küche haben, werden die Nudeln, Pfannengerichte, Meeresfrüchte und Currys hier lieben. Jeden Abend (17–21 Uhr) gibt's ein warmes *All you can eat*-Buffet für 16,90 AU$.

Black Dog Café — FUSION $$
(07-4124 3177; 381 The Esplanade, Torquay; Hauptgerichte 15–37 AU$; mittags & abends) Ganz schön groovy! Die Speisekarte bietet Sushi, japanische Pancakes, Burger, Schnitzel, Salate mit Meeresfrüchten und vegane Gerichte – alles sehr zenmäßig.

Coast — FUSION $$
(07-4125 5454; 469 The Esplanade, Torquay; Hauptgerichte 21–60 AU$; Di & Mi 17 Uhr–open end, Do–So 11.30 Uhr–open end) Das Coast ist die richtige Adresse für anspruchsvolle Gourmetliebhaber, die sich mal was gönnen wollen. Hier werden raffinierte Fleisch- und Fischgerichte mit einem asiatischen bzw. nahöstlichen Touch versehen. Die Desserts, wie etwa der Kürbiskäsekuchen, sind selbst mit Superlativen nicht mehr zu beschreiben.

Pier Restaurant — MEERESFRÜCHTE $$
(07-4128 9699; 573 The Esplanade, Urangan; Hauptgerichte 20–40 AU$; Mo–Sa ab 18 Uhr) Obwohl das Pier Restaurant direkt am Wasser liegt, haben die Besitzer nur wenig aus dem Meerblick gemacht. Dafür gibt es eine interessante Auswahl an Meeresfrüchten, darunter Garnelen in Macadamia-Kokosnuss-Kruste oder Chili-Krebse. Nicht umsonst sehr beliebt.

Ausgehen & Nachtleben

Hoolihan's — PUB
(382 The Esplanade, Scarness; 11–2 Uhr) Wie alle guten Irish Pubs ist auch das Hoolihan's stark frequentiert. Vor allem Backpacker sind hier zahlreich anzutreffen.

Liquid Lounge — CAFÉ
(577 The Esplanade, Urangan; Kaffee ab 3,50 AU$; Fr–Mi 8.30–18.30, Do 7.30–16.30 Uhr) Starker, guter Kaffee und redselige Bedienungen, die ihre Arbeit lieben. Tolle Location, um in den Abend zu starten!

Viper — CLUB
(410 The Esplanade, Torquay; Mi, Fr & Sa 22–3 Uhr) Dieser neue Club ist ein echtes, unverdorbenes Juwel mit cooler Musik und tanzwütigen Gästen. Vor allem im Sommer ist hier viel los.

Praktische Informationen

Zu Hervey Bay gehören einige kleinere Gemeinden am Wasser: Point Vernon, Pialba, Scarness, Torquay und Urangan. Jenseits der makellosen Strandbezirke und ruhigen Vororte verwandelt sich die Stadt allerdings in einen unschönen Fabrikdschungel.

Hervey Bay Visitor Information Centre (1800 811 728; www.visitfrasercoast.com; Ecke Urraween Rd & Maryborough Rd) Das Inforzentrum ist eine hilfreiche Institution mit guten Broschüren und Informationen. Am Stadtrand gelegen.

An- & Weiterreise

BUS
Busse fahren am **Hervey Bay Coach Terminal** (07-4124 4000; Central Ave, Pialba) ab. **Greyhound Australia** (1300 473 946; www.greyhound.com.au) und **Premier Motor Service** (13 34 10; www.premierms.com.au) betreiben verschiedene Verbindungen nach/ab Brisbane (769 AU$, 5½ Std.), Maroochydore (47 AU$, 3½ Std.), Bundaberg (24 AU$, 1½ Std.) und Rockhampton (87 AU$, 6 Std.).

Tory's Tours (4128 6500; www.torystours.com.au) steuert zweimal täglich den Flughafen von Brisbane an (65 AU$).

Wide Bay Transit (07-4121 3719; www.torystours.com.au) fährt wochentags stündlich von der Urangan Marina (hält direkt an der Esplanade) nach Maryborough (8 AU$, 1 Std.), am Wochenende finden die Fahrten weniger regelmäßig statt.

FLUGZEUG
Der Flughafen von Hervey Bay liegt am Don Adams Dve, gleich abseits der Booral Rd. **Qantas** (13 13 13; www.qantas.com.au) und **Virgin Blue** (13 67 89; www.virginblue.com.au) fliegen von hier täglich verschiedene Ziele in ganz Australien an.

SCHIFF/FÄHRE

Fähren nach Fraser Island legen am River Heads, etwa 10 km südlich der Stadt, von der Great Sandy Straits Marina in Urangan ab. Die meisten Touren beginnen am Urangan Harbour.

ⓘ Unterwegs vor Ort

AUTO

Nirgendwo kann man besser ein geländegängiges Fahrzeug für einen Besuch auf Fraser Island mieten als in Hervey Bay. Folgende Anbieter sind empfehlenswert:

Aussie Trax (☏ 07-4124 4433; www.fraserisland4wd.com.au; 56 Boat Harbour Dr, Pialba)

Fraser Magic 4WD Hire (☏ 07-4125 6612; www.fraser4wdhire.com.au; 5 Kruger Ct, Urangan)

Safari 4WD Hire (☏ 07-4124 4244; www.safari4wdhire.com.au; 102 Boat Harbour Dr, Pialba)

Hervey Bay Rent A Car (☏ 07-4194 6626; www.herveybayrentacar.com.au; 5 Cunningham St, Torquay) Vermietet auch Motorroller (30 AU$/Tag).

Rainbow Beach

1103 EW.

Das wunderschöne Rainbow Beach ist eine winzige Gemeinde auf der Inskip Peninsula, hinter deren Sandstrand, auf den die rauschende Brandung trifft, bunte Sandsteinfelsen aufragen. Rainbow Beach wird zunehmend beliebter und hat eine entspannte Atmosphäre. Die Einheimischen sind sehr freundlich. Außerdem ist man schnell auf Fraser Island (10 Min. mit dem Boot) und im Cooloola-Abschnitt des Great Sandy National Park.

⊙ Sehenswertes

Der Name des Ortes geht auf die **bunten Sandsteinfelsen** zurück. Um hin zu kommen, muss man von Rainbow Beach aus 2 km am Strand entlanglaufen bis zur Wide Bay. Die rötlich leuchtenden Gesteinsformationen zwischen dem Leuchtturm bei Double Island Point und Fraser Island im Norden sind ein atemberaubender Anblick.

Am südlichen Ende des Cooloola Dr verläuft ein 600 m langer Pfad an den Felsen entlang zum **Carlo Sandblow**, einer 120 m hohen Sanddüne.

Aktivitäten

Bushwalking & Campen

Im Cooloola-Abschnitt des **Great Sandy National Park** befinden sich einige **Nationalparkcampingplätze** (www.nprsr.qld.gov.au; pro Pers./Fam. 5,45/21,80 AU$), darunter ein toller Campingplatz am Strand (Teewah Beach). Reservierungen für Zeltplätze und **Genehmigungen für Autos mit Allradantrieb** (www.nprsr.qld.gov.au; pro Tag/Woche/Monat 11/27,70/43,60 AU$) müssen online vorgenommen bzw. eingeholt werden.

Zu den Buschwanderwegen (Karten gibt's im QPWS-Büro) gehört der 46,2 km lange **Cooloola Wilderness Trail**, der am Mullens-Parkplatz beginnt (über die Rainbow Beach Rd zu erreichen) und fast bis zum Lake Cooloola führt.

Wer zeltet, bekommt am ehesten ein Gespür für diese Küstenregion. Ausrüstung und Campinggenehmigung können bei **Rainbow Beach Hire-a-Camp** (☏ 5486 8633; www.rainbow-beach-hire-a-camp.com.au; Pro Tag/Nacht ab 30/50 AU$) besorgt werden. Man kann sein Zelt sogar von den Mitarbeitern auf- und wieder abbauen lassen.

Fallschirmspringen & Paragliding

Skydive Rainbow Beach FALLSCHIRMSPRINGEN
(☏ 0418 218 358; www.skydiverainbowbeach.com; Sprung aus 2400/4200 m Höhe 299/369 AU$) Sanfte Landung auf dem Strand.

Rainbow Paragliding PARAGLIDING
(☏ 07-5486 3048, 0418 754 157; www.paraglidingrainbow.com; Gleitflug 180 AU$) Aufregende Tandemflüge über die wunderschönen bunten Klippen.

Kajakfahren

Rainbow Beach Dolphin View Sea Kayaking KAJAKFAHREN
(☏ 0408 738 192; www.rainbowbeachsurfschool.com; Shop 1, 6 Rainbow Beach Rd; 3-stündige Tour 70 AU$/Pers.) Wie der Name schon vermuten lässt, werden hier Kajaktouren mit Delfinbeobachtung angeboten.

Surfen

Am Double Island Point laufen prima Wellen auf.

Rainbow Beach Surf School SURFEN
(☏ 0408 738 192; www.rainbowbeachsurfschool.com; 3 Std. Unterricht 60 AU$) Gibt Surfunterricht.

Tauchen

Wolf Rock, eine Ansammlung von Gesteinsformationen vulkanischen Ursprungs vor Double Island Point, zählt zu den schönsten Tauchspots Queenslands. Dort tummeln sich ganzjährig vom Aussterben bedrohte (nicht aggressive) Sandtigerhaie.

Wolf Rock Dive Centre
TAUCHEN

(☎ 0438 740 811, 07-5486 8004; www.wolfrockdive.com.au; 20 Karoonda Rd; Charterboot inkl. 2 Tauchgänge ab 220 AU$) Adrenalingeladene Trips für erfahrene Taucher am Wolf Rock.

👉 Geführte Touren

Surf & Sand Safaris
AUTO-TOUR

(☎ 07-5486 3131; www.surfandsandsafaris.com.au; Erw./Kind 75/40 AU$) Halbtägige Jeeptour durch den Nationalpark und auf sandigem Untergrund zu den bunten Sandstränden und dem Leuchtturm am Double Island Point.

Dolphin Ferry Cruises
BOOTSFAHRT

(☎ 0428 838 836; www.dolphinferrycruises.com.au; 3-stündige Tour Erw./Kind 30/15 AU$; ⊙ Abfahrt 7 Uhr) Mit der Fähre geht es quer über den Meeresarm zur Tin Can Bay, wo wildlebende Indopazifische Delfine von Hand gefüttert werden können und man Ausschau nach Seekühen hält. Und das alles noch vor dem Check-out!

🛏 Schlafen

⭐ Debbie's Place
B&B $

(☎ 0-5486 3506; www.rainbowbeachaccommodation.com.au; 30 Kurana St; DZ/Suite ab 99/109 AU$, Apt. mit 3 Schlafzi. ab 260 AU$; ❄🏊) In dem schönen Holzhaus, das vor lauter Topfpflanzen fast aus allen Nähten platzt, gibt es nette Zimmer mit jeweils eigenen Eingängen und Veranden. Die energiegeladene Debbie ist eine erstklassige Infoquelle und sorgt dafür, dass sich ihre Gäste pudelwohl fühlen.

Pippies Beach House
HOSTEL $

(☎ 07-5486 8503; www.pippiesbeachhouse.com.au; 22 Spectrum St; B/DZ 22/65 AU$; ❄@🛜🏊) Das kleine, entspannte Hostel hat gerade mal zwölf Zimmer und ist ideal, wenn man zwischen den ganzen Outdoor-Aktivitäten eine Oase der Ruhe braucht. Nette Extras sind das kostenlose Frühstück, WLAN und Boogie-Boards. Montags, mittwochs und freitags wird ein Workshop zum Bemalen von Boomerangs angeboten.

Dingo's Backpacker's Resort
HOSTEL $

(☎ 1800 111 126; www.dingosresort.com; 20 Spectrum St; B 24 AU$; ❄@🏊) In der Bar dieses Party-Hostels werden verschiedene Themenabende veranstaltet: Livemusik, Karaoke und Face-Painting. In der Gartenlaube kann man gut chillen und jeden Abend gibt's günstige Gerichte.

Rainbow Sands Holiday Units
MOTEL $

(☎ 07-5486 3400; www.rainbowsands.com.au; 42-46 Rainbow Beach Rd; DZ 95 AU$, Apt. mit 1 Schlafzi. 125 AU$; ❄🛜🏊) Die Front dieses freundlichen, niedrigen Gebäudekomplexes ist von Palmen gesäumt. Es gibt Standard-Motelzimmer sowie separate Wohneinheiten mit Waschküchen, die bei einem längeren Aufenthalt für Komfort sorgen.

Fraser's on Rainbow
HOSTEL $

(☎ 07-5486 8885; www.frasersonrainbow; 18 Spectrum St; B/DZ ab 25/75 AU$; @🏊) Neben den geräumigen Schlafsälen in diesem umgebauten Motel findet sich hier auch noch eine sehr beliebte Freiluftbar.

Rainbow Beach Holiday Village
WOHNWAGENPARK $

(☎ 07-5486 3222; www.rainbowbeachholidayvillage.com; 13 Rainbow Beach Rd; Stellplatz ohne/mit Strom ab 30/37 AU$, Villa ab 100 AU$; ❄🏊) Beliebter Wohnwagenpark direkt am Strand.

🍴 Essen

Selbstversorger finden auf der Rainbow Beach Rd einen Supermarkt.

Waterview Bistro
MODERN-AUSTRALISCH $$

(☎ 07-5486 8344; Cooloola Dr; Hauptgerichte 26-35 AU$; ⊙ Mi-Sa 11.30-23.30, So bis 18 Uhr) Das noble Restaurant liegt auf einem Hügel und bietet eine geniale Aussicht auf Fraser Island – unbedingt auf einen Sundowner hier vorbeikommen! Die Spezialität des Hauses ist die traumhaft cremige Suppe mit Meeresfrüchten (22 AU$). Gut sind auch die Mittagstischangebote (19 AU$, inkl. ein Glas Wein).

Rainbow Beach Hotel
PUB $$

(1 Rainbow Beach Rd; Hauptgerichte 18-35 AU$; ⊙ mittags & abends) Der schick aufgemachte Pub ist hell, luftig und versprüht mit seinen Deckenventilatoren, den Palmen, den Holzböden und den Möbeln aus Zuckerrohr das Flair eines Plantagenanwesens. Im Restaurant wird traditionelles Kneipenessen serviert. Vom Balkon im 1. Stock aus hat man das Geschehen auf der Straße im Blick.

ℹ Praktische Informationen

QPWS (Rainbow Beach Rd; ⊙ 8-16 Uhr)
Rainbow Beach Visitor Centre (☎ 07-5486 3227; www.rainbowbeachinfo.com.au; 8 Rainbow Beach Rd; ⊙ 7-17.30 Uhr)
Shell Tourist Centre (36 Rainbow Beach Rd; ⊙ 6-18 Uhr) An der Shell-Tankstelle; bucht Touren und verkauft Fährtickets nach Fraser Island.

❶ Anreise & Unterwegs vor Ort

Greyhound (☏ 1300 473 946; www.greyhound.com.au) bietet täglich mehrere Busverbindungen ab Brisbane (49 AU$, 5 Std.), Noosa (32 AU$, 3 Std.) und Hervey Bay (26 AU$, 2 Std.). **Premier Motor Service** (☏ 13 34 10; www.premierms.com.au) ist preiswerter. **Cooloola Connections** (☏ 07-5481 1667; www.coolconnect.com.au) betreibt einen Shuttle-Bus ab dem Brisbane Airport (135 AU$, 3 Std.) und dem Sunshine Coast Airport (95 AU$, 2 Std.) nach Rainbow Beach.

Die meisten Anbieter, die Geländewagen vermieten, organisieren auch die Genehmigungen und Fährtickets (hin & zurück 100 AU$/Fahrzeug) und vermieten Campingausrüstung. Empfehlenswert sind:

All Trax 4WD Hire (☏ 07-5486 8767; www.fraserisland4x4.com.au; Rainbow Beach Rd, Shell-Tankstelle; ab 170 AU$/Tag)

Rainbow Beach Adventure Centre 4WD Hire (☏ 07-5486 3288; www.adventurecentre.com.au; 66 Rainbow Beach Rd; ab 180 AU$/Tag) Vermietet auch Fahrräder.

Maryborough

26 000 EW.

Das 1847 gegründete Maryborough ist eine der ältesten Städte Queenslands. Sein Hafen war im 19. Jh. für Tausende freier Siedler auf der Suche nach einem besseren Leben der erste Berührungspunkt mit dem neuen Land. Maryboroughs Hauptattraktionen sind sein Erbe und seine Geschichte, und der einstige Glanz spiegelt sich in den wunderschön restaurierten Kolonial- und Queenslander-Bauten wider.

Die charmante Provinzstadt ist zudem der Geburtsort von Pamela Lyndon Travers, Schöpferin der regenschirmschwingenden Mary Poppins. Der preisgekrönte Film *Saving Mr. Banks* erzählt Travers Geschichte im Maryborough des frühen 20. Jhs.

⊙ Sehenswertes

Portside HISTORISCHE STÄTTE
(101 Wharf St; ⊙ Mo–Fr 10–16 Uhr, Sa & So bis 1 Uhr) Im historischen Hafenbezirk am Mary River wartet Portside mit 13 denkmalgeschützten Gebäuden, Parkanlagen und Museen auf. So gepflegt, wie die Gärten und Bauten aus der Kolonialzeit sind, ist es kaum vorstellbar, dass es am Hafen und in den zwielichtigen Seitenstraßen einst von Seemännern, Raufbolden, Bordellen und Opiumhöhlen wimmelte. Das **Portside Centre** (☏ 07-4190 5730; Ecke Wharf St & Richmond St; ⊙ Mo–Fr 10–16, Sa & So bis 13 Uhr) ist im früheren Zollhaus untergebracht und beherbergt interaktive Darstellungen zur Lokalgeschichte. Das **Bond Store Museum** gehört zum Portside Centre, befindet sich aber ein paar Hauseingänge

---

GOLD, HOLZ, DAMPF & GESANG: GYMPIE & MARY VALLEY

Einst bewahrte das Gold aus Gympie Queensland vor dem Bankrott. Das war in den 1860er-Jahren; seither hat sich hier nur noch wenig getan. Das **Gympie Gold Mining & Historical Museum** www.gympiegoldmuseum.com.au; 215 Brisbane Rd; Erw./Kind/Fam. 10/5/25 AU$; ⊙ 9–15 Uhr) beherbergt Gegenstände aus den Goldminen und Dampfmotoren. Es gibt auch das **Woodworks Forestry & Timber Museum** www.woodworksmuseum.com.cau; Ecke Fraser Rd & Bruce Hwy; Eintritt 5 AU$; ⊙ Mo–Sa 10–16 Uhr) am Bruce Hwy südlich der Stadt. Der Querschnitt eines fantastischen Kauribaums ist das Highlight dieses Museums (und gleichzeitig der Tiefpunkt der Holzindustrie). Der Kauri hat das Mittelalter überdauert, die Entdeckung Amerikas und die Industrielle Revolution. Im frühen 20. Jh. wurde er dann gefällt.

Nach den sommerlichen Regenfällen ist das Mary Valley grün und traumhaft schön. Wer kein Auto hat, kann das Tal an Bord eines Dampfzugs von 1923 erkunden, des **Valley Rattler** (☏ 07-5482 2750; www.thevalleyrattler.com). Das Programm und die Preise ändern sich häufig, am besten auf der Homepage nach Änderungen schauen!

In Amamoor findet jährlich das sechstägige Country-Festival **Gympie Music Muster** (www.muster.com.au) statt (Aug.).

Gympie Cooloola Tourism (www.cooloola.org.au; Lake Alford; Bruce Hwy, Gympie; ⊙ 9–16.30 Uhr) hat Infos zu Sehenswertem und Aktivitäten an der gesamten Küste.

Greyhound (S. 345) und **Premier** (☏ 13 34 10; www.premierms.com.au) bieten täglich diverse Verbindungen zwischen Gympie und Brisbane, Noosa, Bundaberg und Hervey Bay. **Traveltrain** (☏ 1800 872 467; www.traveltrain.com.au) betreibt den *Tilt Train* und den *Sunlander* zwischen Brisbane und Cairns mit Stopps in Gympie und Rockhampton.

entfernt. Auch dort geht es um Maryboroughs Vergangenheit. Die Trepp hinunter findet man den Originalkeller mit festgestampftem Boden und ein paar Alkoholfässern von 1864.

Mary-Poppins-Statue DENKMAL
An der Straße vor der neoklassizistischen ehemaligen Union Bank (Geburtsort der *Mary Poppins*-Autorin P. L. Travers) steht eine lebensgroße Statue der verbitterten Figur, die Travers' Fantasie entsprungen ist – und die wenig mit der zuckersüßen Disney-Version gemein hat.

Brennan & Geraghty's Store MUSEUM
(64 Lennox St; Erw./Kind/Fam. 5,50/2,50/13 AU$; ⊙10–15 Uhr) Dieser Laden zählt zum Nationalerbe und war 100 Jahre in Betrieb. Heute ist er ein Museum und voller Konservendosen, Flaschen und Packungen, u. a. alten „Vegemite"-Gläsern und Currypulver aus den 1890er-Jahren. Die Gegenstände stehen in Regalen bis unter die Decke. Der älteste ist ein Teepäckchen aus China (1885).

Maryborough Military & Colonial Museum MUSEUM
(07-4123 5900; www.maryboroughmuseum.org; 106 Wharf St; Erw./Paare/Fam. 5/8/10 AU$; ⊙9–15 Uhr) Sehenswert ist z. B. das letzte dreirädrige Girling-Auto, das 1911 in London gebaut wurde. Außerdem hat das Museum einen nachgebauten Cobb-&-Co.-Wagen und zudem eine der größten Militärbibliotheken Australiens.

Queens Park PARK
Hier gibt's jede Menge Bäume, darunter ein mehr als 140 Jahre alter Banyanbaum – der optimale Platz für ein Picknick!

Maryborough Heritage City Markets MARKT
(Ecke Adelaide St & Ellena St; ⊙ Do 8–13.30 Uhr) Ein toller Markt im Queen's Park, der durch das Abfeuern der historischen Time Cannon um 13 Uhr, einen Marktschreier und eine Fahrt mit der Mary-Ann-Dampflok (Erw./Kind 3/2 AU$) noch um einiges mehr Spaß macht.

Aktivitäten

Tea with Mary TOUR
(1800 214 789; 13 AU$/Pers.) Bei diesem Spaziergang durch das historische Viertel plaudert eine als Mary Poppins verkleidete Fremdenführerin aus dem städtischen Nähkästchen. Gebucht werden kann über das Visitor Centre.

Führungen STADTSPAZIERGANG
(⊙ Mo–Sa 9 Uhr) GRATIS Kostenlose geführte Stadtspaziergänge beginnen am Rathaus und beinhalten alle Attraktionen.

Ghostly Tours & Tales TOUR
(1800 811 728; Tour inkl. Abendessen 65 AU$; ⊙letzter Sa im Monat 18 Uhr) Bei der geführten Tour zu den Mordschauplätzen, Opiumhöhlen, Spukhäusern und dem Friedhof – und das alles im Schein von Taschenlampen – ist Gruseln angesagt. Die Führung beginnt am Postamt in der Bazaar St.

Feste & Events

Mary Poppins Festival KULTUR
(www.marypoppinsfestival.com.au) Ein superkalifragilistischexpiallegetisches Festival zu Ehren P. L. Travers' und der berühmten Mary Poppins. Jeden Juni bzw. Juli in den Schulferien.

Schlafen

Ned Kelly's Motel MOTEL $
(07-4121 0999; www.nedkellymotel.com.au; 150 Gympie Rd; EZ/DZ 49/79 AU$, Hütte ab 89 AU$; ❄☼) Eine schlichte Budgetoption direkt am Highway. Es gibt aber einen Pool, eine Waschküche und eine gigantische Statue von Ned Kelly vor der Tür. Was will man mehr?

Eco Queenslander BOUTIQUEHOTEL $$
(0438 195 443; www.ecoqueenslander.com; 15 Treasure St; 2 Pers. 140 AU$) Am liebsten würde man in dem hübschen umgebauten Queenslander-Haus mit der gemütlichen Lounge, der voll ausgestatteten Küche, der gusseisernen Wanne und der Waschküche einfach wohnen bleiben. Das Prädikat „öko" verdient es sich durch Sonnenkollektoren, Regenwassertanks, Energiesparlampen und Fahrräder für Gäste. Es gilt ein Mindestaufenthalt von zwei Nächten.

Tin Peaks B&B B&B $$
(07-4123 5294; www.tinpeaks.com.au; 54 Berallan Dve; DZ inkl. Frühstück 135 AU$; ❄@☎☼) Ein geräumiges separates Cottage, das einen sehr rustikalen ersten Eindruck macht (mit einigen nautischen Features), aber dennoch mit allen modernen Annehmlichkeiten ausgestattet ist, die man für einen komfortablen Aufenthalt braucht. Dank der riesigen Veranda und den sorgsam ausgesuchten Möbeln fühlt man sich fast wie zu Hause – nur besser. Das B&B liegt sechs Minuten vom CBD entfernt.

🍴 Essen & Ausgehen

Toast CAFÉ $
(☎ 07-4121 7222; 199 Bazaar St; Gerichte 6–12 AU$; ⊙ Mo–Sa 6–16, So bis 14.30 Uhr) Edelstahlelemente, polierte Betonböden und Kaffee in Pappbechern sind die Markenzeichen des coolen Cafés.

★ Muddy Waters Cafe SEAFOOD $$
(☎ 07-4121 5011; 103 Wharf St, Portside; Hauptgerichte 15–32 AU$; ⊙ Mo–Mi 9.30–15, Do 9.30–21.30, Fr & Sa 9.30–15 & 18–21.30 Uhr) Die schattige Terrasse am Fluss und die sommerlichen Gerichte sorgen in diesem stilvollen Café für wohlige Zufriedenheit bei allen Gästen. Auf der Speisekarte stehen verführerische Meeresfrüchte wie etwa mit Zitrone und Wodka geräucherter Lachs oder Fisch im Bierteigmantel.

Lounge 1868 BAR
(116 Wharf St; ⊙ Fr & Sa 18 Uhr–open end) Das historische Customs House Hotel beherbergt diese atmosphärische Kneipe mit einem genialen Biergarten und einer kleinen, raffinierten Speisekarte (Hauptgerichte 12–17 AU$).

ℹ️ Praktische Informationen

Im 100 Jahre alten Rathaus ist das **Maryborough/Fraser Island Visitor Centre** (☎ 1800 214 789; www.visitfrasercoast.com; Kent St; ⊙ Mo–Fr 9–17, Sa & So bis 13 Uhr) untergebracht. Die Mitarbeiter sind sehr hilfsbereit und geben kostenlose Broschüren mit Beschreibungen von Stadtspaziergängen heraus, die auf eigene Faust unternommen werden können. Nach dem Kombiticket für das Portside-Museum und weitere Attraktionen fragen!

ℹ️ An- & Weiterreise

Der *Sunlander* (75 AU$, 5 Std.) und der *Tilt Train* (75 AU$, 3½ Std.) verbinden Brisbane mit der Maryborough West Station, 7 km westlich vom Stadtkern. Zu erreichen ist der Bahnhof am besten mit einem Shuttle-Bus aus dem Stadtzentrum.

Greyhound Australia (☎ 1300 473 946; www.greyhound.com.au) und **Premier Motor Service** (☎ 13 34 10; www.premierms.com.au) bieten Busverbindungen nach Gympie (29 AU$, 1 Std.) Bundaberg (39 AU$, 3 Std.) und Brisbane (65 AU$, 4½ Std.) an.

Wide Bay Transit (☎ 07-4121 4070; www.widebaytransit.com.au) betreibt einen Bus, der stündlich (am Wochenende aber seltener) zwischen Maryborough und Hervey Bay (8 AU$, 1 Std.) verkehrt. Abfahrt ist jeweils am Rathaus in der Kent St.

Childers

1410 EW.

Childers ist eine nette Kleinstadt, umgeben von grünen Feldern und fruchtbarer roter Erde. Die Hauptstraße ist gesäumt von hohen, Schatten spendenden Bäumen und historischen, mit Gitterwerk versehenen Gebäuden. Backpacker kommen hierher, um als Erntehelfer auf den Farmen zu arbeiten. Leider ist Childers auch vielen ein Begriff, da hier im Juni 2000 15 Traveller bei einem Brand im Palace Backpackers Hostel ums Leben kamen.

◉ Sehenswertes & Aktivitäten

Eine bewegende Gedenkstätte mit Bildern der verstorbenen Backpacker sowie einige fantastische Kunstwerke sind in der **Childers Palace Memorial & Art Gallery** (72 Churchill St; ⊙ Mo–Fr 9–17, Sa & So bis 15 Uhr) untergebracht.

The Old Pharmacy (90 Churchill St; ⊙ Mo–Fr 9–15.30 Uhr) war zwischen 1894 und 1982 in Betrieb. Der Apotheker betätigte sich zudem noch als Zahn- und Tierarzt, Optiker und als städtischer Fotograf.

Das liebenswerte, 100 Jahre alte **Federal Hotel** hat Schwingtüren, die an einen Saloon erinnern. Vor dem **Grand Hotel** steht eine Bronzestatue von zwei herumtollenden Hunden.

Am letzten Wochenende im Juli, wenn das jährlich stattfindende **Festival of Cultures** über 50 000 Besucher anzieht, wimmelt es in Childers' Hauptstraße nur so von Straßenkünstlern, Musikern, Tänzern und Ständen, an denen Essen und Kunsthandwerk verkauft werden.

🛏️ Schlafen & Essen

Sugarbowl Caravan Park WOHNWAGENPARK $
(☎ 07-4126 1521; www.sugarbowlchilders.com; Bruce Hwy; Stellplatz mit Strom 29 AU$, Hütte 90 AU$; @ ≋) Zehn Gehminuten außerhalb des Ortes liegt dieser saubere Park mitten im Grünen, der bei Erntehelfern sehr beliebt ist. Die Besitzer können bei der Suche nach Arbeit helfen und außerdem die Fahrt zu den Arbeitsorten organisieren. Die Preise gelten für zwei Personen. Wer länger bleibt, bekommt bessere Konditionen.

Mango Hill B&B B&B $$
(☎ 07-4126 1311; www.mangohillcottages.com; 8 Mango Hill Dr; EZ/DZ inkl. Frühstück 100/130 AU$; ≋) Die niedlichen Cottages des Mango Hill

B&B versprühen eine warme, rustikale Gastlichkeit. Sie liegen 4 km südlich vom Ort und sind mit handgefertigten Holzmöbeln, ländlichem Dekor und komfortablen Betten ausgestattet, die Charme und ein romantisches Flair ausstrahlen. Auf dem Gelände gibt's auch eine Bio-Weinkellerei.

Vietnamese Mini Resturant   VIETNAMESISCH $
(07-4126 1144; 108 Churchill St; Hauptgerichte ab 11 AU$; mittags & abends) Dass es im fernen Childers überhaupt ein vietnamesisches Restaurant gibt, mag für manche vielleicht ein Schock sein. Noch überraschender ist dann wohl, dass es gar nicht mal so schlecht ist. Ein Einkehrschwung lohnt hier also definitiv.

Kapé Centro   CAFÉ $
(65 Churchill St; Hauptgerichte 10–18 AU$; 9–15 Uhr) In diesem Café im alten Postamt kommen leichte Gerichte, Salate und Pizzas auf den Tisch.

Mammino's   EISCREME $
(115 Lucketts Rd; Eisbecher 5 AU$; 9–17 Uhr) Beim Verlassen des Ortes bietet sich ein Abstecher zu Mammino's an, um hier das unverschämt leckere, hausgemachte Macadamia-Eis zu kosten. Die Lucketts Rd geht gleich südlich von Childers vom Bruce Hwy ab.

ⓘ Praktische Informationen

Childers Visitor Information Centre (07-4126 3886; Mo–Fr 9–16 Uhr, Sa & So bis 15 Uhr) Unterhalb der Childers Palace Memorial & Art Gallery.

ⓘ An- & Weiterreise

Childers liegt 50 km südwestlich von Bundaberg. Busse von **Greyhound Australia** (1300 473 946; www.greyhound.com.au) und **Premier Motor Service** (13 34 10; www.premierms.com.au) halten an der Shell-Tankstelle nördlich der Stadt. Sie rollen täglich aus Brisbane (86 AU$, 6½ Std.), Hervey Bay (17 AU$, 1 Std.) und Bundaberg (24 AU$, 1½ Std.) heran.

Burrum Coast National Park

Der Burrum Coast National Park umfasst zwei Küstenabschnitte, zwischen denen der kleine Ferienort Woodgate liegt (37 km östlich von Childers). Der Woodgate-Abschnitt beginnt am südlichen Ende der Esplanade und wartet mit schönen Stränden, tollen Angelmöglichkeiten und einem **NPRSR-Campingplatz** (www.nprsr.qld.gov.au; Pers./Fam. 5,15/20,60 AU$) am Burrum Point auf (dorthin kommt man nur mit einem Geländewagen). Mehrere Wanderwege beginnen am Campingplatz und an der Acacia St in Woodgate. Der Kinkuna-Abschnitt des Parks, ein paar Kilometer nördlich von Woodgate, lädt zum Zelten im Busch ein. Man braucht allerdings einen Wagen mit Allradantrieb, um dorthin zu gelangen. Campinggenehmigungen gibt's online unter www.nprsr.qld.gov.au.

Woodgate Beach Tourist Park   CAMPING $
(07-4126 8802; www.woodgatebeachtouristpark.com; 88 The Esplanade; Stellplatz ohne/mit Strom 28/32 AU$, Hütte 60–110 AU$, Villa am Strand 135 AU$; ❄ @) Nahe dem Nationalpark, gegenüber vom Strand.

Bundaberg

69 805 EW.

Trotz des optimalen Klimas, seiner von Korallenriffen gesäumten Strände und den wogenden Zuckerrohrfeldern wird „Bundy" von den meisten Travellern einfach übersehen. Während australische Familien auf ihrem Weg in den Sommerurlaub an der nahe gelegenen Küste die Stadt nur kurz streifen, kommen zahllose Backpacker hierher, um auf den Obstplantagen und Farmen zu arbeiten.

Bundy ist aber auch der Geburtsort des berühmten Bundaberg Rum, einer ihrer starken Spirituose, die bizarrerweise einen Eisbär auf dem Label trägt, obwohl sie so urtypisch australisch ist wie Tim Tams und Vegemite.

⊙ Sehenswertes & Aktivitäten

Bundaberg Rum Distillery   RUMBRENNEREI
(07-4131 2999; www.bundabergrum.com.au; Avenue St; Audiotour Erw./Kind 14/7 AU$, Führung 25/12 AU$; Mo–Fr 10–15, Sa & So bis 14 Uhr; Führungen zur vollen Stunde) Bundaberg ist besonders stolz auf seinen kultigen Bundaberg Rum – der Eisbär ziert Werbeplakate und Autos in der ganzen Stadt. Bei einer Führung erfährt man alles über die Rumherstellung, von den ersten Schritten bis zum fertigen Produkt. Wer über 18 ist, darf sogar probieren. Geschlossene Schuhe tragen!

Bundaberg Barrel   BRAUEREI
(07-4154 5480; www.bundaberg.com; 147 Bargara Rd; Erw./Kind 12/5 AU$; Mo–Sa 9–16.30,

So 10–15 Uhr) Das Bundaberg Ginger Beer ist nicht ganz so berühmt wie der Bundy Rum – wahrscheinlich weil es keinen Alkohol enthält! Im Barrel erfährt man, wie der Ingwer zermatscht wird und gärt.

Bundaberg Regional Arts Gallery GALERIE
(07-4130 4750; www.brag-brc.org.au; 1 Barolin St; Mo–Fr 10–17, Sa & So 11–15 Uhr) Die kleine (sehr lilafarbene) Galerie beherbergt erstaunlich gute Ausstellungen.

Hinkler Hall of Aviation MUSEUM
(www.hinklerhallofaviation.com; Mt. Perry Rd, Botanic Gardens; Erw./Kind/Fam. 18/10/38 AU$; 9–16 Uhr) Das moderne Museum befindet sich auf dem Gelände des botanischen Gartens und beherbergt Multimediaausstellungen, einen Flugsimulator und informative Darstellungen zum Leben des Piloten Bert Hinkler. Der berühmte Sohn der Stadt schaffte 1928 den ersten Soloflug von England nach Australien.

Alexandra Park & Zoo PARK, ZOO
(Quay St) GRATIS Ein hübscher, weitläufiger Park direkt am Burnett River mit vielen Schatten spendenden Bäumen, Blumenbeeten und großen Rasenflächen für gemütliche Picknicks. Zudem gibt's einen kleinen Zoo für die Kids.

Bundaberg Aqua Scuba TAUCHEN
(07-4153 5761; www.aquascuba.com.au; 239 Bourbong St; Tauchkurs ab 349 AU$) Ein Laden für Tauchausrüstung, der auch Tauchkurse anbietet.

Burnett River Cruises BOOTSFAHRT
(0427 099 009; www.burnettrivercruises.com.au; School Lane, East Bundaberg; 2½-stündige Tour Erw./Kind 25/10 AU$) Die altmodische Fähre *Bundy Belle* tuckert in gemächlichem Tempo zum Mündungsgebiet des Burnett River. Infos zu Abfahrtszeiten gibt's online oder telefonisch.

Schlafen

Entlang der Straße, die von Bundaberg nach Childers führt, finden sich am Ortseingang zahlreiche Mittelklassehotels. Die Hostels der Stadt sind auf arbeitende Backpacker zugeschnitten und können normalerweise bei der Vermittlung von Erntearbeit behilflich sein.

Bigfoot Backpackers HOSTEL $
(07-4152 3659; www.footprintsadventures.com.au; 66 Targo St; B ab 24 AU$; P) Komfortables und freundliches Hostel in zentraler Lage, das auch tolle Schildkrötentouren nach Mon Repos anbietet. Der frische Anstrich, die freundlichen Angestellten und das relaxte Flair machen diese Adresse zur Nummer eins im Ort. Vermittelt auch zahllose Erntehelfer-Jobs.

Federal Backpackers HOSTEL $
(07-4153 3711; www.federalbackpackers.com.au; 221 Bourbong St; B ab 25 AU$) Dieses Hostel ist vorrangig auf arbeitende Traveller fokussiert und ist nicht gerade glanzvoll, es herrscht aber eine gesellige Atmosphäre. Vor Ort gibt es eine lebhafte Bar, und die Angestellten helfen gerne bei der Vermittlung von Arbeit und Transportmöglichkeiten dorthin.

Cellblock Backpackers HOSTEL $
(07-4154 3210; Ecke Quay St & Maryborough St; B Nacht/Woche ab 28/165 AU$; DZ 70 AU$; @) Im ehemaligen Gefängnis, dem man seine Vergangenheit auch heute noch ansieht, ist mittlerweile ein Hostel untergebracht, das nur was für hartgesottene Traveller ist. Die Zimmer haben (natürlich) keine Fenster, wer aber sonst nichts findet, der wird es hier schon aushalten. Nach ein paar Drinks an

---

BABYSCHILDKRÖTEN

Mon Repos liegt 15 km nordöstlich von Bundaberg und ist eine sehr gut zugängliche Schildkrötenkinderstation. Zwischen November und Ende März schleppen sich die Weibchen der Unechten Karettschildkröte den Strand hinauf, um ihre Eier einzubuddeln. Etwa acht Wochen später graben sich die frisch geschlüpften Babys an die Oberfläche, um dann im Schutz der Dunkelheit ins Wasser zu krabbeln, so schnell ihre kleinen Flossen sie tragen.

Im **Mon Repos Visitor Centre** (7-4153 8888; 271 Bourbong St) sind Infos zu Schutzmaßnahmen für die Schildkröten erhältlich. Außerdem werden in der Brutsaison Nachtführungen angeboten (ab 19 Uhr; Erw./Kind 10,55/5,55 AU$). Buchungen sind ein Muss und können im Bundaberg Visitor Centre (S. 399) oder unter www.bookbundabergregion.com.au vorgenommen werden.

Bundaberg

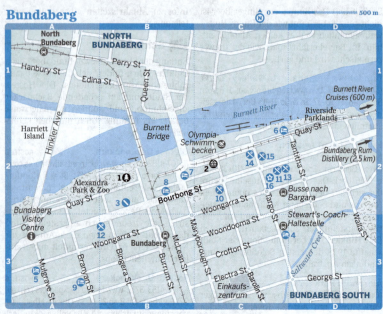

Bundaberg

⊙ Sehenswertes
1 Alexandra Park & Zoo B2
2 Bundaberg Regional Arts Gallery C2

✪ Aktivitäten, Kurse & Touren
3 Bundaberg Aqua Scuba B2

⌂ Schlafen
4 Bigfoot Backpackers C3
5 Bundaberg Spanish Motor Inn A3
6 Burnett Riverside Motel C2
7 Cellblock Backpackers B2
8 Federal Backpackers B2

9 Inglebrae A3

✕ Essen
10 Alowishus Delicious C2
11 Indulge C2
12 Les Chefs B3
13 Rosie Blu C2
14 Spicy Tonight C2
15 Teaspoon C2

✪ Unterhaltung
16 Central Hotel C2

---

der lebhaften Bar neben dem Pool spielt das sowieso keine Rolle mehr.

★ Inglebrae   B&B $$
(☎ 07-4154 4003; www.inglebrae.com; 17 Branyan St; Zi. inkl. Frühstück 120–150 AU$; ❄) Altmodischer britischer Charme in einem stattlichen Queenslander-Bau – das bietet dieses wunderschöne B&B. Poliertes Holz und Buntglas prägen das Dekor vom Eingang bis in die Zimmer, in denen hohe Betten und Antiquitäten stehen.

Bundaberg Spanish Motor Inn   MOTEL $$
(☎ 07-4152 5444; www.bundabergspanishmotorinn.com; 134 Woongarra St; EZ/DZ 95/105 AU$; ❄🛜🏊) In einer kleinen Seitenstraße abseits der Hauptverkehrsader versteckt sich dieses Motel im spanischen Hacienda-Stil, das ein gutes Preis-Leistungs-Verhältnis bietet. Die Wohneinheiten sind in sich abschlossen, und alle Zimmer bieten Ausblick auf den Pool in der Mitte.

Burnett Riverside Motel   MOTEL $$
(☎ 07-4155 8777; www.burnettmotel.com.au; 7 Quay St; DZ 150–200 AU$; ❄🛜🏊) Dieser moderne Boxenstopp ist bei Konferenzteilnehmern und Geschäftsreisenden beliebt und verfügt über gute Einrichtungen. Durch das H2O Restaurant hebt es sich zudem entscheidend von den restlichen Übernachtungsoptionen der Stadt ab. Es gibt ein

Fitnessstudio, eine Sauna und einen tollen Ausblick auf den Fluss.

Essen

Rosie Blu — FEINKOST $
(☎ 07-4151 0957; 90a Bourbong St; Hauptgerichte 9–19 AU$; ◎ Mo 8–16, Di-Fr 8.30–16, Sa 8–13.30 Uhr) Die Einheimischen kommen in Scharen in diesen kleinen, süßen Laden, in dem bei den Portionen der Gourmetsandwiches, Salate und warmen Mittagsgerichte nicht gegeizt wird. Alles kommt in atemberaubender Geschwindigkeit auf den Tisch.

Spicy Tonight — FUSION $
(☎ 07-4154 3320; 1 Targo St; Gerichte 12–20 AU$; ◎ Mo-Sa 11–14.30 & 17–21, So 17–21 Uhr) Bundabergs „scharfer" Geheimtipp vereint thailändische und indische Küche. Es gibt Currys, Vindaloo, Tandoori-Gerichte und Vegetarisches.

Teaspoon — CAFÉ $
(10 Targo St; Hauptgerichte 5–10 AU$; ◎ Mo-Sa 8–17 Uhr) Leckerer Kaffee und erstaunlich günstige Frühstücksangebote (7 AU$).

Indulge — CAFÉ $
(80 Bourbong St; Gerichte 9–18 AU$; ◎ Mo-Fr 8.30–16.30, Sa 7.30–12.30 Uhr) Köstliches Gebäck und eine ausgefallene Speisekarte basierend auf lokalen Erzeugnissen.

Alowishus Delicious — CAFÉ $
(☎ 07-4154 2233; 176 Bourbong St; Kaffee ab 3 AU$, Hauptgerichte 9,50–22 AU$; ◎ Mo-Mi 7–17, Do 7–21, Fr 7–23, Sa 8–23, So 9–22 Uhr) Endlich! Ein Café, das auch abends geöffnet hat! Hier gibt's kreative Kaffeekompositionen, gesundes Essen und eine gigantische Auswahl Gebäck.

Les Chefs — INTERNATIONAL $$
(☎ 07-4153 1770; 238 Bourbong St; Hauptgerichte 27 AU$; ◎ Di-Fr mittags, Mo-Sa abends) Im beliebtesten Restaurant im Ort werden Gäste mit riesigen Portionen internationaler Gerichte verwöhnt. Auf der langen Speisekarte stehen u. a. Hähnchen-Enchiladas, gegrillter Fisch, Kalbsschnitzel und leckere Desserts. Es kann ganz schön voll werden, also unbedingt reservieren! Eigener Alkohol darf mitgebracht werden.

Ausgehen & Nachtleben

Central Hotel — CLUB
(18 Targo St; ◎ Di & Mi 11.30–21, Do-Sa bis 3 Uhr) In Bundys angesagtestem Nachtclub kann man so richtig schön abtanzen. Am Wochenende schwingen hier junge, hübsche Einheimische (und viele Backpacker) ihre Hüften.

ⓘ Praktische Informationen

Bundaberg Visitor Centre (☎ 8888, 1300 722 099; www.bundabergregion.org; 271 Bourbong St; ◎ 9–17 Uhr)

ⓘ Anreise & Unterwegs vor Ort

BUS
Der Busbahnhof liegt an der Targo Street.
Greyhound Australia (☎ 1300 473 946; www.greyhound.com.au) und **Premier Motor Service** (☎ 13 34 10; www.premierms.com.au) bieten tägliche Verbindungen zwischen Bundaberg und Brisbane (87 AU$, 7 Std.), Hervey Bay (24 AU$, 1½ Std.) und Rockhampton (50 AU$, 4 Std.).

Duffy's Coaches (☎ 1300 383 397 4226) fahren werktags mehrmals täglich nach Bargara (5 AU$, 35 Min.). Abfahrt ist an der Rückseite des Target-Kaufhauses an der Woongarra St.

FLUGZEUG
Der **Flughafen von Bundaberg** (Airport Drive) liegt etwa 6 km südwestlich des Zentrums. Siebenmal täglich nimmt **Qantaslink** (☎ 13 13 13; www.qantas.com.au) Kurs auf Brisbane.

ZUG
Queensland Rail's (☎ 1800 872 467; www.traveltrain.com.au) *Sunlander* (89 AU$, 7 Std., 3-mal wöchentl.) und der *Tilt Train* (89 AU$, 5 Std., So–Fr) fahren von Brisbane über Bundaberg nach Cairns bzw. Rockhampton.

Rund um Bundaberg

Viele sind der Meinung, dass die Strandorte rund um Bundy schöner sind als die Stadt selbst. Etwa 25 km nördlich des Zentrums liegt Moore Park mit breiten, flach abfallenden Stränden. Südlich befindet sich das beliebte Elliot Heads mit einem hübschen Strand, felsiger Küste und tollen Angelmöglichkeiten. Besucher wie Einheimische zieht es von November bis März nach Mon Repos zum Schildkrötenbabysgucken.

Bargara
6893 EW.

16 km östlich von Bundaberg liegt das entspannte Bargara, ein malerischer Ort mit nettem Surfstrand, einer Promenade und ein paar schicken Cafés. In den letzten Jahren wurden ein paar Hochhäuser in Strandnähe gebaut, was aber nicht unangenehm auffällt. Familien lieben Bargara wegen der

saubere Strände und weil das Baden hier ungefährlich ist, vor allem im „Basin", einem künstlich angelegten Felsbecken.

In günstiger Lage gegenüber der Promenade befindet sich **Kacy's Bargara Beach Motel** (07-4130 1100; www.bargaramotel.com.au; 63 Esplanade; DZ ab 139 AU$, Apt. mit 2 Schlafzi. ab 199 AU$; ✱ 🛜 🏊) mit Unterkünften von Motelzimmern bis Apartments. Unten ist das **Kacy's Restaurant and Bar** (Hauptgerichte 17–40 AU$; ⏱ tgl. morgens & abends, Fr–So mittags).

FRASER ISLAND

„K'Gari" (Paradies) nennen die Butchulla Fraser Island – und das nicht ohne Grund: Wind, Sand und Wellen haben diese einzigartige Oase mit ihren blauen Süßwasserseen, klaren Bächen, riesigen Dünen und üppigen Regenwäldern geformt. Es dauerte Hunderttausende Jahre, bis aus dem Sand, der von Australiens Ostküste weggespült wurde, ein Eiland entstanden war. Heute handelt es sich mit 120 km Länge und 15 km Breite um die größte Sandinsel weltweit und den einzigen Ort, wo Regenwald auf Sand wächst.

Landeinwärts variiert die Vegetation, besteht mal aus dichtem tropischem Regenwald und wilder Heide, mal aus feuchten Auen oder Wallum-Landschaften mit Sandverwehungen (extrem große, über 200 m hohe Dünen), aus mineralhaltigen Flüssen oder Süßwasserseen mit langen Sandstränden, an denen sich stürmische Brandungswellen brechen. Hier leben zahlreiche Vögel und andere Tiere, natürlich auch der berühmte Dingo, und in den Küstengewässern wimmelt es von Dugongs, Delfinen, Haien sowie Buckelwalen.

Einst wurde die Insel wegen ihrer Naturschätze, z. B. Sand und Holz, geschröpft, erhielt aber 1992 Welterbestatus. Ihr Großteil steht nun als Great Sandy National Park unter Schutz.

Trotz aller Maßnahmen wird die traumhafte Gegend nach und nach von immer mehr Geländewagen zerfurcht. Fraser Island zählt jährlich über 360 000 Besucher, und manchmal hat man den Eindruck, man befände sich in einer riesigen Sandgrube mit einem Strandhighway, auf dem zu Stoßzeiten regelmäßig Stau herrscht.

Bevor es mit der Fähre von Rainbow Beach oder Hervey Bay auf die Insel geht, sollte man sich vergewissern, dass das Fahrzeug die Maximalhöhe nicht übersteigt. Wer campen möchte, muss genügend Essen, Wasser und Benzin dabeihaben. In den Broschüren sieht so eine Fahrt mit dem Jeep ganz easy aus, ein plötzlicher Gezeitenwechsel oder ein Schlagloch, das man übersehen hat, können einen aber ganz schnell in eine gefährliche Situation bringen.

⊙ Sehenswertes & Aktivitäten

Die Tour beginnt an der Südspitze der Insel, wo die Fähre zum Inskip Point auf dem Festland übersetzt. Ein hoch gelegener Pfad, der auch bei Flut passierbar ist, führt landeinwärts um den gefährlichen Hook Point herum und trifft schließlich auf die Hauptverkehrsstraße am Eastern Beach. Als Erstes taucht die Siedlung **Dilli Village** auf, wo sich einst ein Sandwerk befand. **Eurong** mit seinen Läden, Tankstellen und Lokalen liegt 9 km nördlich. Von dort aus quert eine Jeepstrecke das Inland und verbindet Eurong mit Central Station und Wanggoolba Creek (Fähre nach Hervey Heads).

In der Mitte der Insel befindet sich das Ranger-Zentrum **Central Station**, ein Ausgangspunkt für zahlreiche Wanderungen. Diverse Pfade führen zu den herrlichen **Seen McKenzie**, **Jennings**, **Birrabeen** und **Boomanjin**. McKenzie, umrahmt von weißem Sand, ist kristallklar und herrlich zum Baden, Birrabeen weniger touristisch.

4 km nördlich von Eurong verläuft ein ausgeschilderter Wanderpfad am Strand entlang bis zum wunderschönen **Lake Wabby**, der unter allen Seen auf Fraser Island am leichtesten zugänglich ist. Besucher können auch dem Weg ab dem Aussichtspunkt an der Jeeproute folgen, die landeinwärts führt. Der Wabby wird von Eukalyptuswäldern gesäumt und an einer Seite von einer Sanddüne begrenzt, die jedes Jahr 3 m weiter in den See „hineinwächst". Achtung: Tauchen ist hier sehr gefährlich.

Wer weiter am Strand Richtung Norden fährt, muss bei Flut eventuell einen Umweg landeinwärts machen, um Poyungan Rocks und Yidney Rocks zu umgehen. So kommt man nach **Happy Valley** mit einigen Unterkünften, einem Laden und einem Bistro. 10 km weiter nördlich plätschert der **Eli Creek**, ein glasklarer, schneller Wasserlauf, von dem man sich stromabwärts tragen lassen kann. Das vor sich hin rostende Wrack der **Maheno** ist nur 2 km entfernt. 1935 sollte das ehemalige Passagierschiff zu einem ja-

SANDSAFARIS: FRASER ISLAND ERKUNDEN

Die einzige Möglichkeit, Fraser Island zu erkunden (außer zu Fuß), ist ein Geländewagen. Die meisten Traveller entscheiden sich für eine der drei Optionen: Mitfahrer-Touren, organisierte Touren oder das Mieten eines Geländewagen. Die Insel ist ein sehr fragiler Lebensraum. Bei der Auswahl aus diesen drei Optionen sollte man sich vor Augen halten, dass die Umweltschäden größer werden, je mehr Einzelfahrzeuge hier unterwegs sind.

Mitfahrer-Touren

Bei den beliebten *tag-along*-Touren werden die Teilnehmer in einen Jeepkonvoi gesteckt, in welchem sie dann einem Führungsfahrzeug mit erfahrenem Guide folgen (350–400 AU$). Unbedingt sicherstellen, dass Essen, Sprit, Alkohol etc. im Preis enthalten sind!

Vorteile Flexibilität; Möglichkeit, schnell neue Freunde zu finden.

Nachteil Wenn die Gruppe nicht harmoniert, können es sehr lange drei Tage werden. Unerfahrene Fahrer bleiben ständig im Sand stecken, aber das ist ja Teil des Abenteuers.

Einige empfehlenswerte Anbieter:

Colonial Village YHA (07-4125 1844; www.yha.com.au/hostels/qld/fraser-capricorn-coasts/hervey-bay) Hervey Bay.

Dropbear Adventures (1800 061 156; www.dropbearadventures.com.au) Abfahrt aus Hervey Bay, Rainbow Beach oder Noosa.

Fraser Roving (07-4125 6386; www.fraserroving.com.au) Hervey Bay.

Fraser's on Rainbow (07-5486 8885; www.frasersonrainbow.com) Rainbow Beach.

Pippies Beach House (07-5486 8503; www.pippiesbeachhouse.com.au) Rainbow Beach.

Nomads (07-5447 3355; www.nomadsfraserisland.com) Noosa.

Organisierte Touren

Die meisten organisierten Touren klappern Frasers Hotspots ab: Regenwälder, Eli Creek, Lake McKenzie und Lake Wabby, die bunten Pinnacles und das Schiffswrack *Maheno*.

Vorteile Wenig Aufwand und Erläuterungen vom Experten.

Nachteile In der Hauptsaison teilt man sich die Erfahrung mit 40 weiteren Leuten.

Einige der zahlreichen Anbieter:

Cool Dingo Tours (07-4120 3333; www.cooldingotour.com; 2-/3-tägige Tour ab 325/395 AU$) Übernachtet wird in Lodges; optional kann man länger bleiben.

Fraser Experience (07-4124 4244; www.fraserexperience.com; 1-/2-tägige Tour 180/327 AU$) Kleine Gruppen und flexible Route.

Fraser Explorer Tours (07-4194 9222; www.fraserexplorertours.com.au; 1-/2-tägige Tour 175/319 AU$) Sehr empfehlenswert.

Mieten eines Geländewagens

Jeeps können in Hervey Bay, Rainbow Beach oder auf Fraser Island gemietet werden. Alle Anbieter verlangen eine Kaution, meist in Form eines Kreditkartenabdrucks, den man nie wieder sieht, sollte man durch Salzwasser fahren. Letzeres ist wirklich keine gute Idee!

Bei der Planung der Tour sollte man auf den Wegen im Inselinneren mit einer Geschwindigkeit von 20 km/h, auf dem Strand an der Ostseite mit 40 km/h rechnen. Die meisten Anbieter helfen bei der Organisation von Fähren, Genehmigungen und Ausrüstung. Die Preise für Mietzeiträume von mehreren Tagen beginnen bei etwa 185 AU$ pro Tag.

Vorteile Vollkommen freie Hand bei der Gestaltung der Route; keine Menschenmassen.

Nachteile Teilweise sind der Zustand von Strand und Wegen selbst für erfahrene Fahrer eine Herausforderung.

Es gibt Mietwagenfirmen in Hervey Bay (S. 385) und Rainbow Beach (S. 391). Auf der Insel hat **Aussie Trax** (07-4124 4433; www.fraserisland4wd.com.au) Jeeps (ab 230 AU$/Tag).

panischen Schiffsschrottplatz transportiert werden, wurde jedoch unterwegs von einem Wirbelsturm an Land gespült.

5 km nördlich des Wracks befindet sich der Abschnitt mit den **Pinnacles** – durch Erosion geformte farbige Sandklippen – und 10 km weiter stößt man auf **Dundubara** mit einer Ranger-Station und einem super Campingplatz. Dahinter erstreckt sich ein 20 km langer Strand bis zur Felsnase **Indian Head**. Von der Landzunge aus können oft Haie, Mantarochen, Delfine und (in der Saison) auch Wale beobachtet werden.

Zwischen Indian Head und Waddy Point zweigt der Pfad ins Inselinnere ab. Er führt an den **Champagne Pools** vorbei, dem einzigen Fleck auf der Insel, wo man sicher in Salzwasser baden kann. Am **Waddy Point** und in **Orchid Beach** kann man campen.

Viele Pfade nördlich von hier wurden zum Schutz der Natur gesperrt.

Das **Kingfisher Bay Resort** (07-4194 9300; www.kingfisherbay.com) kann beeindruckende Hubschrauberflüge organisieren oder man geht mit **Air Fraser Island** (07-4125 3600; www.airfraserisland.com.au; Rückflug 135 AU$) auf einen Ausflug.

🛏 Schlafen & Essen

Kingfisher Bay Resort RESORT $$
(07-4194 9300; 1800 072 555; www.kingfisherbay.com; Kingfisher Bay; DZ 188 AU$, Villa mit 2 Schlafzi. 228 AU$; ❄@≋) Das elegante Öko-Resort bietet Hotelzimmer mit eigenen Balkons und Holzvillen mit zwei oder drei Schlafzimmern. Die Villen und Ferienhäuser sind umwerfend. Manche haben Spas auf den Terrassen! In der Hauptsaison muss man mindestens drei Nächte buchen. Zur Anlage gehören Restaurants, Bars und Geschäfte. Es werden täglich geführte Öko-Touren organisiert (Erw./Kind).

🛏 Schlafen & Essen

Fraser Island Beachhouses FERIENHAUS $$
(07-4127 9205, 1800 626 230; www.fraserislandbeachhouses.com.au; Eurong Second Valley;

Fraser Island

🛌 Schlafen
1 Cathedrals on Fraser..........................C4
2 Dilli Village Fraser Island C6
3 Eurong Beach Resort C5
  Fraser Island Beachhouses ...... (siehe 3)
4 Fraser Island Retreat..........................C4
5 Kingfisher Bay Resort B5
6 Sailfish on Fraser C4

Studio/Haus ab 150/300 AU$; mit Mindestaufenthalt; ≋) Eine super Option für alle, die ein bisschen Privatsphäre wollen und keine Lust auf Zelte und Sand haben. Die sonnigen, voll ausgestatteten Wohneinheiten sind mit Möbeln aus poliertem Holz eingerichtet, haben Kabel-TV und bieten Meerblick. Bei den Strandhäusern kann man aus vier verschiedenen Kategorien auswählen, die sich in Größe und Lage unterscheiden.

Eurong Beach Resort RESORT $$
(07-4120 1600, 1800 111 808; www.eurong.com.au; Eurong; Zi. 135 AU$, Apt. mit 2 Schlafzi.185 AU$; ❄@≋) Das fröhliche, nette Eurong ist das größte Resort an der Ostküste und auch für Reisende mit wenig Geld erschwinglich. Man kann zwischen Motelzimmern und komfortablen, voll ausgestatteten Apartments wählen. Zur Anlage gehören ein Restaurant im Pub-Stil (geöffnet morgens, mittags & abends; Hauptgerichte 18–40 AU$), eine Bar, zwei Pools, Tennisplätze und eine Tankstelle.

Fraser Island Retreat HÜTTE $$
(07-41279144;www.fraserisretreat.com.au;Happy Valley; Hütte f. 2 Nächte 330 AU$; @🛜≋) Die neun Holzhütten dieser Anlage sind für jeweils bis zu vier Personen ausgelegt und bieten das beste Preis-Leistungs-Verhältnis auf der Insel. Sie sind luftig, liegen inmitten einheimischer Vegetation und sind nicht weit vom Strand entfernt. Es gibt eine Campingküche, ein Restaurant und einen Laden, der auch Sprit verkauft.

Sailfish on Fraser APARTMENT $$$
(07-4127 9494; www.sailfishonfraser.com.au; DZ ab 230–250 AU$, zusätzl. Pers. 10 AU$; ≋) Die raue Wildnis draußen ist im noblen, luxuriösen Sailfish schnell vergessen. Die stilvollen Apartments mit zwei Schlafzimmern (bis 6 Pers.) sind groß und mit Whirlpools und allen modernen Annehmlichkeiten ausgestattet. Es gibt zudem einen tollen Pool und einen Bereich, in dem man seinen Geländewagen vom Sand und Staub befreien kann.

Camping
Auf der Insel ist die Versorgung mit Lebensmitteln und anderen Waren eingeschränkt und kostspielig. Camper sollten sich deshalb mit Vorräten eindecken. Moskitonetz und Insektenschutzmittel nicht vergessen!

Wer zelten möchte, benötigt eine Genehmigung. Die besten **NPRSR-Campingplätze** (13 74 68; www.nprsr.qld.gov.au; Pers./Fam. 5,45/21,80 AU$) mit Münzduschen, Toiletten und Grillplätzen befinden sich am Waddy Point, in Dundubara und bei Central Station. Motorisierte können auch die kleineren Flächen mit weniger Infrastruktur am Lake Boomanjin sowie in Ungowa und Wathumba an der Westküste nutzen. Lager nur für Wanderer befinden sich abseits der Hauptcampingplätze entlang des Fraser Island Great Walk Trail. Auf der Wanderkarte sind die Lager samt Anlagen verzeichnet. Zelte dürfen an speziell ausgezeichneten Abschnitten am östlichen Strand aufgestellt werden (ohne sanitäre Einrichtungen). Feuer zu machen ist verboten, eine Ausnahme bilden öffentliche Grillplätze am Waddy Point und in Dundubara (Brennholz muss unbehandelt sein und selbst mitgebracht werden).

Dilli Village Fraser Island CAMPING $
(07-4127 9130; Stellplatz 10 AU$/Pers., B/Hütte 40/100 AU$) Die University of the Sunshine Coast betreibt diese Anlage mit guten Stellplätzen und einem leicht abschüssigen Bereich für Zelte.

Cathedrals on Fraser WOHNWAGENPARK $
(07-4127 9177; www.cathedralsonfraser.com.au; Cathedral Beach; einfacher Stellplatz 29 AU$, Stellplatz ohne/mit Strom 39/45 AU$, Hütte mit/ohne Bad 220/180 AU$; @) Ein sehr großer, privater Park mit jeder Menge ebener Rasenflächen, der bei Familien ganz hoch im Kurs steht.

ⓘ Praktische Informationen

Um Fraser Island auf motorisierte Weise zu erkunden, braucht man einen Geländewagen. Proviant und teures Benzin bekommt man in den Läden bei Cathedral Beach, Eurong, Kingfisher Bay, Happy Valley und Orchid Beach. Dort und auch auf den meisten Campingplätzen gibt es öffentliche Fernsprecher.

Die wichtigste Ranger-Station, das **Eurong QPWS Information Centre** (07-4127 9128), befindet sich in Eurong. Weitere Stationen sind in **Dundubara** (07-4127 9138) und **Waddy Point** (07-4127 9190) zu finden. Während die Ranger auf ihren Rundgängen sind, sind die Büros unbesetzt.

Der Geländewagen-Taxiservice **Fraser Island Taxi Service** (07-4127 9188) bedient ganz Fraser Island. Man muss unbedingt vorab buchen, da es nur ein einziges Fahrzeug für die gesamte Insel gibt.

Wer eine Panne hat, kann sich vom **Tow-Truck Service** (0428 353 164, 07-4127 9449) in Eurong abschleppen lassen.

GENEHMIGUNGEN

Genehmigungen für Fahrzeuge (pro Tag/Woche/Monat 11/27,70/43,60 AU$) und zum Campen (pro Pers./Fam. 5,45/21,80 AU$) müssen beim **NPRSR** (13 74 68; nprsr.qld.gov.au) vor der Ankunft gekauft werden. Wer auf einem privaten Campingplatz oder in einem Resort übernachtet, braucht keinerlei Genehmigung. Die folgenden Büros stellen Genehmigungen aus:

Great Sandy Information Centre (07-5449 7792; 240 Moorinidil St; ⊙ 8–16 Uhr) In der Nähe von Noosa.

Marina Kiosk (07-4128 9800; Buccaneer Ave, Urangan Boat Harbour, Urangan; ⊙ 6–18 Uhr)

Maryborough QPWS (07-4121 1800; Ecke Lennox St & Alice St; ⊙ Mo–Fr 9–16.30 Uhr)

Rainbow Beach QPWS (07-5486 3160; Rainbow Beach Rd; ⊙ 8–16 Uhr)

River Heads Information Kiosk (07-4125 8485; ⊙ 6.15–12.30 & 13.30–16 Uhr) Die Fähre legt hier, südlich von Hervey Bay, in River Heads ab.

ⓘ An- & Weiterreise
FLUGZEUG

Der Preis für einen Hin- und Rückflug zum östlichen Strand der Insel (hin & zurück 30 Min.) beginnt bei **Air Fraser Island** (07-4125 3600; www.airfraserisland.com.au) bei 135 AU$. Abflug ist am Flughafen von Hervey Bay.

DER FRASER ISLAND GREAT WALK

Wer dem Fraser Island Great Walk folgt, erlebt Fraser Island besonders intensiv. Der 90 km lange Wanderweg windet sich durch das Inselinnere, von Dilli Village bis Happy Valley. Er kann in etwa sieben 6 bis 16 km lange Etappen unterteilt werden (plus Abstecher entlang der Hauptstrecke). Man wandelt auf den Spuren der Ureinwohner von Fraser Island, den Butchulla. Der Wanderweg führt unterm Blätterdach des Regenwalds und zwischen Wanderdünen hindurch sowie an Seeufern entlang.

In den QPWS-Büros gibt's eine Broschüre mit dem Namen *Fraser Island Great Walk*, sie kann aber auch heruntergeladen werden (www.derm.qld.gov.au). Auf der Website erfährt man zudem alles über den Zustand des Weges.

🛈 RICHTIGER UMGANG MIT DINGOS

Trotz der zahlreichen natürlichen Attraktionen und Abenteuer, die die Insel bereithält, gibt es wohl nichts Aufregenderes, als die erste Begegnung mit einem Dingo. Die Dingos auf Fraser Island gehören zu den reinrassigsten Dingos der Welt. Sie sind elegant, agil und unglaublich schön. Sie sind aber auch wilde Tiere und können ohne Vorwarnung aggressiv werden – nicht selten wegen einer verlockend riechenden Tüte mit Essen –, und obwohl es nur selten zu Angriffen kommt, muss jeder Besucher der Insel gewisse Vorsichtsmaßnahmen beachten:

➡ Egal wie abgemagert sie einem erscheinen oder welch mitleiderregenden Blick sie einem zuwerfen mögen: Dingos dürfen unter keinen Umständen gefüttert werden. Tiere, die von Menschen gefüttert werden, verlieren schnell ihre Scheu und können kampflustig werden und mit anderen rivalisieren. Das Füttern von Dingos ist illegal und hat hohe Bußgelder zur Folge.

➡ Essensreste nie herumliegen lassen und auch kein Essen mit an die Seen nehmen, da dieses am Ufer auf „Dingo-Ebene" und somit eine leichte Beute für die aasfressenden Schnorrer ist.

➡ Immer in Gruppen bleiben und darauf Acht geben, dass Kinder jeden Alters zu jeder Zeit in unmittelbarer Nähe bleiben.

➡ Dingos zu reizen ist nicht nur gemein, sondern auch gefährlich. Wenn man sie in Ruhe lässt, tun sie das auch.

➡ Dingos beobachtet man am besten aus sicherer Entfernung. Also Zoomobjektiv auspacken und einfach mal den Mund halten, dann wird man mit tollen Fotos – und intakten Gliedmaßen – nach Hause kommen.

SCHIFF/FÄHRE

Fraser Island und River Heads, etwa 10 km südlich von Hervey Bay, sind durch Autofähren miteinander verbunden. Noch weiter südlich, am Inskip Point in der Nähe von Rainbow Beach, legen weitere Autofähren ab.

Fraser Island Barges (☏ 07-4194 9300, 1800 227 437; www.fraserislandferry.com.au) bietet Überfahrten (Fahrzeug inkl. 4 Pers. hin & zurück 160 AU$, 30 Min.) von River Heads nach Wanggoolba Creek an Fraser Islands Westküste an. Abfahrt ist täglich in River Heads um 8.30, 10.15 und 16 Uhr, von der Insel wird um 9, 15 und 17 Uhr abgelegt.

Kingfisher Bay Ferry (☏ 07-4194 9300, 1800 227 437; www.fraserislandferry.com) betreibt eine täglich verkehrende Fähre für Autos und Passagiere (Fußgänger hin & zurück Erw./Kind 50/25 AU$, Fahrzeug inkl. 4 Pers. hin & zurück 160 AU$, 50 Min.), die in River Heads ablegt und nach Kingfisher Bay fährt. Die Abfahrtszeiten in River Heads sind um 6.45, 9, 12.30, 15.30, 18.45 und 21.30 Uhr (nur Fr & Sa), zurück fährt sie um 7.50, 10.30, 14, 17, 20.30 und 23 Uhr (nur Fr & Sa).

Wer aus Rainbow Beach kommt, der nimmt am besten eine der beiden Fähren von **Manta Ray** (☏ 07-5486 3935), welche die 15-minütige Überfahrt von Inskip Point nach Hook Point auf Fraser Island jeden Tag durchgängig von 6 bis 17.30 Uhr anbieten (Fahrzeug hin & zurück 110 AU$).

Capricorn Coast & Southern Reef Islands

Inhalt ➡

Agnes Water & Town of 1770 407
Eurimbula National Park & Deepwater National Park 410
Gladstone 411
Southern Reef Islands 413
Rockhampton 415
Yeppoon 419
Great Keppel Island 421

Gut essen

- Ferns Hideaway (S. 421)
- Tree Bar (S. 410)
- Ginger Mule (S. 417)
- Saigon Saigon (S. 418)
- Megalomania (S. 420)

Schön übernachten

- Svendsen's Beach (S. 422)
- LaLaLand Retreat (S. 409)
- Surfside Motel (S. 419)
- Criterion (S. 417)
- Workmans Beach Camping Area (S. 409)

Auf zur Capricorn Coast & zu den Southern Reef Islands!

Der Küstenstreifen entlang des südlichen Wendekreises gehört zu den friedlichsten und schönsten Fleckchen Erde an der Ostküste. Zur Ferienzeit tummeln sich an den Hauptstränden einheimische Familien, aber sonst herrscht hier meist nur wenig Betrieb. Selbst in der Hauptsaison muss man nicht lange suchen, um einen einsamen Strand zu finden.

Der weiße Pudersand und das blaue Meer tragen zum Postkartenimage der Capricorn Coast bei. Die unberührten Inseln des südlich gelegenen Great Barrier Reef bilden einige der besten Schnorchel- und Tauchspots in Queensland und es bieten sich viele Gelegenheiten, Wildtiere zu beobachten – von Babyschildkröten bis zu Walen. Überall an der Küste finden sich unberührte Strände und windige Nationalparks.

Im Inland liegt Rockhampton, das Wirtschaftszentrum und die Hauptstadt der Viehzucht – was die Steakhäuser, Rodeos und Riesenhüte noch einmal unterstreichen.

Reisezeit
Rockhampton

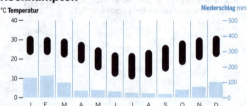

Feb. Das Agnes Blues & Roots Festival rockt die Discovery Coast.

Dez. Die Natur zeigt zur Sommersonnenwende in den Capricorn Caves eine tolle Lightshow.

Nov.–Feb. Die Temperaturen steigen und die gefährlichen Würfelquallen breiten sich aus.

AGNES WATER & TOWN OF 1770

1815 EW.

Die Zwillingsstädte Agnes Water und Town of 1770 werden von Nationalparks und dem Pazifik eingerahmt und zählen zu den reizvollsten – und am wenigsten hektischen – Küstenorten Queenslands. Im winzigen Örtchen Agnes Water liegt der nördlichste Surfspot der Ostküste, während das noch winzigere Town of 1770 (nicht viel größer als ein Jachthafen!) den Punkt markiert, an dem James Cook zum ersten Mal Fuß auf das Territorium des heutigen Bundesstaates setzte. Er wird deshalb auch als Geburtsort Queenslands bezeichnet. Die „Discovery Coast" ist bei jenen beliebt, die gerne abseits der Menschenmassen surfen, Boot fahren oder angeln. Hierher kommt man über den

Highlights

① Beim Tauchen die spektakulären Korallengärten von **Heron Island** (S. 414) und **Lady Elliot Island** (S. 413) entdecken

② Sich rund um die Korallenriffe der **Southern Reef Islands** (S. 413) wie ein Schiffbrüchiger fühlen

③ In **Rockhampton** (S. 415), der Rindfleischhauptstadt, ein Steak essen

④ In den **Capricorn Caves** (S. 416) durch Löcher und enge Tunnel kriechen

⑤ Eine Wanderung durch den üppig grünen Regenwald von **Byfield** (S. 421) unternehmen

⑥ Am nördlichsten Surfspot Queenslands, in **Agnes Water** (S. 407), Spaß haben

⑦ Auf **Great Keppel Island** (S. 421) für einen Tag einen Tropenstrand belagern

Bruce Hwy, den man bei Miriam Vale, 70 km südlich von Gladstone, in östlicher Richtung verlässt. Bis nach Agnes Water sind es 57 km und weitere 6 km bis nach Town of 1770.

◉ Sehenswertes

Miriam Vale Historical Society Museum
MUSEUM

(☏ 07-4974 9511; Springs Rd, nahe Ecke Captain Cook Dr, Agnes Water; Erw./Kind 3 AU$/frei; ◉ Mo & Mi–Sa 13–16, So 10–16 Uhr) Das Museum präsentiert Auszüge aus Cooks Tagebuch und das Originalteleskop des ersten Leuchtturms, der an der Küste Queenslands erbaut wurde.

✦ Aktivitäten & Geführte Touren

Sämtliche Action findet hier am und im Wasser statt. Agnes Water ist der nördlichste **Surfstrand** Queenslands. Am Hauptstrand patrouillieren Rettungsschwimmer, und an der Küste gibt es oft gute Breaks. Wer eine Bootsfahrt unternehmen möchte, findet am Round Hill Creek in Town of 1770 einen ruhigen Ankerplatz. Flussaufwärts kann man wunderbar **angeln** und **Krebse fangen**. Von hier aus kommt man auch schnell zum südlichen Ende des Great Barrier Reef. Interessierte können Boote für Angel-, Surf-, Schnorchel- und Tauchausflüge zum Reef chartern.

1770 Larc Tours
GEFÜHRTE TOUR

(☏ 07-4974 9422; www.1770larctours.com.au; Erw./Kind 155/95 AU$) ✿ Im weltweit wohl eigentümlichsten Ökotourismus-Vehikel (einem militärischen Amphibienfahrzeug in feschem Pink) werden hier siebenstündige Abenteuertouren rund um Bustard Head und den Eurimbula National Park unternommen. Im Angebot sind auch einstündige Rundfahrten am Nachmittag (Erw./Kind 38/17 AU$) sowie einige Sandboarding-Safaris (120 AU$).

ThunderCat 1770
ABENTEUERTOUR

(☏ 0411 078 810; geführte Tour ab 70 AU$) Der Tube Rider Xpress, ein Rennboot zum Wellenreiten, prescht in einem Affenzahn von einer Wasserwoge zur nächsten. Noch aufregender wird es, wenn man sich in einen Sumo-Ringer-Anzug zwängt und sich darin kreuz und quer durchs Wasser schleudern lässt. Wer gut auf diesen Adrenalinkick verzichten kann, kann auf der Ökotour „Wilderness Explorer" ruhigere Wasserwege erkunden.

Lady Musgrave Cruises
BOOTSFAHRT

(☏ 07-4974 9077; www.1770reefcruises.com; Captain Cook Dr, Town of 1770; Erw./Kind 185/85 AU$; ◉ Abfahrt tgl. 8.30 Uhr) Das familiengeführte Unternehmen bietet hervorragende Tagestrips zur Lady Musgrave Island, auf der ein Stopp von fünf Stunden eingeplant ist. Im Preis inbegriffen sind die Fahrt mit einem Halbtauchboot zu den Korallen, Mittagessen, Morgen- und Nachmittagstee sowie die Schnorchelausrüstung. Gegen einen Aufpreis kann man auch tauchen oder Rifffische angeln. Für 340 AU$ pro Person wird auch der Transport zum Campen auf der Insel organisiert.

Reef 2 Beach Surf School
SURFEN

(☏ 07-4974 9072; www.reef2beachsurf.com; Agnes Water Shopping Centre, Agnes Water) In der höchst renommierten Surfschule kann man auf den sanften Wellen des Hauptstrands die Kunst des Surfens erlernen. Für den dreistündigen Gruppenkurs muss man 17 AU$ pro Person hinlegen, wer nur ein Surfbrett leihen möchte, bezahlt 20 AU$ für vier Stunden.

1770 Liquid Adventures
KAJAKFAHREN

(☏ 0428 956 630; www.1770liquidadventures.com.au) Veranstaltet eine spektakuläre Kajaktour während der Dämmerung. Für 55 AU$ kann man vor der Küste von Town of 1770 ein bisschen auf dem Meer herumpaddeln, bevor es am Strand zur Entspannung bei Sonnenuntergang ein paar Getränke und Snacks gibt. Wer so richtig Glück hat, bekommt auch einige Delfine zu Gesicht. Es gibt sogar einen Kajakverleih (2 Std. 35 AU$).

Scooteroo
MOTORRADVERLEIH

(☏ 07-4974 7697; www.scooterrootours.com; 21 Bicentennial Dr, Agnes Water; 3-stündige Chopper-Fahrt 75 AU$) Im Sattel eines Choppers geht es auf beeindruckenden und bezaubernden 50 km durch die Umgebung. Um die Zweiräder mit Automatikgetriebe mieten zu können, muss man lediglich einen Autoführerschein vorweisen. Lange Hosen und festes Schuhwerk sind zu empfehlen. Strapazierfähige Lederjacken (inklusive Flammenprint, versteht sich) werden vom Anbieter bereitgestellt.

Lazy Lizard Surf School
SURFEN

(☏ 0488 177 000; 31 Starfish St, Agnes Water) Die Lazy Lizard Surf School hat Surfunterricht für Kleingruppen von bis zu zwölf Personen im Angebot (4 Std. 22 AU$).

Angeln

ANGELN

Im kleinen Jachthafen von Town of 1770 können kleine Boote gemietet werden (halber/ganzer Tag 75/110 AU$). Einfach nach Poppy Bob fragen! Er kann einen auch mit allem versorgen, was man für einen Angeltrip so braucht. Wer lieber in Begleitung ist, kann sich bei **Hooked on 1770** (☏07-4974 9794; www.1770tours.com; halb-/ganztägige Tour 150/220 AU$) für eine Tour im Charterboot anmelden.

Feste & Events

Agnes Blues & Roots Festival MUSIK
(www.agnesbluesandroots.com.au; SES Grounds, Agnes Water) Große Namen und aufstrebende australische Musiker lassen es am letzten Februarwochenende so richtig krachen.

Schlafen

Workmans Beach Camping Area CAMPING $
(Workmans Beach, Springs Rd, Agnes Water; Stellplatz 6 AU$/Pers.) Jeder Küstenort sollte einen Campingplatz wie diesen haben: Die Workmans Beach Camping Area wird von der Gemeinde betrieben und bietet großzügige Stellplätze in toller Strandatmosphäre. Die maximale Aufenthaltsdauer beträgt 44 Tage. Die Ausstattung ist schlicht, aber wer auf geschäftiges Treiben und moderne Annehmlichkeiten verzichten kann, dem wird es hier an nichts fehlen. Die Stellplätze können nicht reserviert werden. Man sucht sich einfach ein Plätzchen aus. Morgens wird man zu unchristlicher Stunde von einem gut gelaunten Kommunalmitarbeiter geweckt.

Cool Bananas HOSTEL $
(☏1800 227 660, 07-4974 7660; www.coolbananas.net.au; 2 Springs Rd, Agnes Water; B 26 AU$, 140 AU$/Woche; @) Das balinesisch aufgemachte Backpackerhostel versprüht gute Laune und bietet geräumige Schlafsäle mit sechs bzw. acht Betten sowie offene, luftige Gemeinschaftsbereiche und liegt zu Fuß nur fünf Minuten vom Strand und den Läden entfernt. Im tropischen Garten mit seinen Hängematten kann man genüsslich den Tag verbummeln.

1770 Southern Cross Tourist Retreat HOSTEL $
(☏07-4974 7225; www.1770southerncross.com; 2694 Round Hill Rd, Agnes Water; B/DZ inkl. Frühstück 25/85 AU$; @ 🕾 ≋) Dieses von Buschland umgebene Refugium mit einem See voller Fische, in dem man auch schwimmen kann, ist eine traumhafte Budgetoption. Es gibt Bereiche für Meditation und buddhistische Statuen, die zur besinnlichen Reflexion (oder zum Ausnüchtern nach einer langen Nacht) beitragen. Die Schlafzimmer sind erste Sahne. Das Hostel liegt 2,5 km außerhalb des Ortes und ist mit einem kostenlosen Shuttle-Bus angebunden.

1770 Camping Ground WOHNWAGENPARK $
(☏07-4974 9286; www.1770campingground.com.au; Captain Cook Dr, Town of 1770; Stellplatz ohne/mit Strom 33/37 AU$) Ein großer und dennoch friedlicher Park mit vielen Schatten spendenden Bäumen und Stellplätzen direkt am Strand.

★ LaLaLand Retreat REFUGIUM $$
(☏07-4974 9554; www.lalalandholiday.com.au; 61 Bicentennial Dve, Agnes Water; Cottage 100–240 AU$; P 🕸 ≋) Die farbenfrohen Cottages dieser lebhaften Pension an der Straße, die in den Ort führt, liegen auf hübschem Buschland verstreut und bieten jeweils Platz für bis zu fünf Personen. Es gibt einen hervorragenden Lagunenpool und barrierefreien Zugang für Rollstuhlfahrer. Hier hat man das Gefühl, sich weit ab jeglicher Zivilisation zu befinden. Per Telefon lässt sich Auskunft über vergünstigte Angebote einholen.

Agnes Water Beach Club APARTMENT $$
(☏07-4974 7355; www.agneswaterbeachclub.com.au; 3 Agnes St, Agnes Water; Apt. mit 1/2 Schlafzi. ab 145/200 AU$; 🕸 @ ≋) Nagelneue Luxus-Apartments mit hervorragenden Einrichtungen in toller Lage.

Essen

Agnes Water Bakery BÄCKEREI
(Endeavour Plaza, Agnes Water; Pastete 5 AU$; ⊘ab 6 Uhr) Auf gar keinen Fall verpassen! Die Pasteten hier übertreffen (fast) alles, was einem in städtischen Bäckereien – ganz zu schweigen von solchen in verschlafenen kleinen Küstendörfern – sonst so aufgetischt wird. Eine leckere Gourmet-Füllung ist z. B. das traumhafte Tandoori-Chicken. Die süßen Gaumenfreuden und, erstaunlicherweise, der Kaffee sind ebenso himmlisch. Hier ist immer viel los, also am besten schon früh kommen!

Bustards CAFÉ $
(7 Agnes St, Agnes Water; Hauptgerichte 12–25 AU$; ⊘morgens, mittags & abends) Die angesagteste Frühstücks-Location in Agnes Water liegt nicht weit vom Hauptstrand entfernt und ist zu recht wegen ihrer vor Ort gefangenen Meeresfrüchte und der leichten Mittagsge-

richte berühmt. Charmanter und entspannter Laden.

★ Tree Bar MODERN-AUSTRALISCH $$

(☏ 07-4974 7446; 576 Captain Cook Dr, Town of 1770; Hauptgerichte 19–34 AU$; ⊗ morgens, mittags & abends) Der kleine, salzverkrustete Diner am Strand hat viel Charme und eine stimmungsvolle Bar. Am leckersten sind die vor Ort gefangenen Meeresfrüchte; das Frühstück (ab 8 AU$) ist aber auch der Hammer.

Deck INDISCH $$

(☏ 07-4974 9157; 384 Captain Cook Dr, Captain Cook Holiday Village, Town of 1770; Hauptgerichte 20–32 AU$; ⊗ Di–So abends) Fantastische indische Gerichte mit reichlich Chili. In der wohligen Atmosphäre beim Rauschen von Palmen lassen sich die Leckereien noch besser genießen.

Yok Attack THAI $$

(☏ 07-4974 7454; Endeavour Plaza, Agnes Water; Hauptgerichte 17–25,50 AU$; ⊗ Mo–Sa mittags & abends) Dieses schlichte Thai-Restaurant ist bei den Einheimischen sehr beliebt und wird von treuen Besuchern wärmstens empfohlen.

Agnes Water Tavern KNEIPE $$

(☏ 07-4974 9469; 1 Tavern Rd, Agnes Water; Hauptgerichte 15–30 AU$; ⊗ mittags & abends) Liebenswürdiger Mehrzweck-Pub mit zahlreichen Sitzgelegenheiten im Freien. Täglich gibt es einen Mittagstisch und Abendessenangebote.

🛒 Shoppen

1770 Markets MARKT

(SES Grounds, Town of 1770) Jeden zweiten und vierten Sonntag im Monat wird zwischen 8 und 12 Uhr von den geschwätzigen Standbesitzern auf diesem lebhaften Markt alles Mögliche, von Nahrungsmitteln bis hin zu Antiquitäten, an den Mann bzw. die Frau gebracht.

ℹ️ Praktische Informationen

Im **Agnes Water Visitor Centre** (☏ 07-4902 1533; 71 Springs Rd, Town of 1770; ⊗ Mo–Fr 9–17, Sa & So bis 16 Uhr) halten hochmotivierte Freiwillige jede Menge Infos bereit. Infomaterial und Broschüren werden sogar über Nacht draußen gelassen, falls eine einsame, verlorene Seele erst abends im Ort ankommen sollte. Gleich nebenan befindet sich die **Agnes Water Library** (☏ 07-4902 1515; 71 Springs Rd, Town of 1770; ⊗ Mo–Fr 9–16.30 Uhr), in der man eine halbe Stunde kostenlos ins Internet gehen kann. Im Voraus reservieren!

ℹ️ An- & Weiterreise

BUS

Nur eine Handvoll Busse macht den Abstecher vom Bruce Hwy bis nach Agnes Water. Zu den täglich verkehrenden Bussen von **Greyhound** (☏ 1300 473 946; www.greyhound.com.au) zählen die Linie, die Bundaberg (25 AU$, 1½ Std.) und Cairns (217 AU$, 21 Std.) zum Ziel haben. **Premier Motor Service** (☏ 13 34 10; www.premierms.com.au) bedient den Ort ebenfalls.

EURIMBULA NATIONAL PARK & DEEPWATER NATIONAL PARK

Südlich von Agnes Water liegt der Deepwater National Park, eine unverbaute Landschaft mit langen Sandstränden, Süßwasserflüssen, guten Fischgründen und zwei Campingplätzen. Er dient als wichtiger Nistplatz der Unechten Karettschildkröte, die zwischen November und Februar an den Stränden ihre Eier legt. Von Januar bis April können Besucher nachts die Eiablagen beobachten und die frisch geschlüpften Babys auf ihren ersten tapsigen Schritten ins Meer begleiten. Allerdings müssen verschiedene Regeln eingehalten werden: mehr Infos bekommt man im Besucherzentrum in Agnes Water oder unter www.nprsr.qld.gov.au/parks/deepwater.

Der nördliche Parkeingang befindet sich 8 km südlich von Agnes Water und ist nur mit Geländewagen zugänglich. Zum einfachen Campingplatz bei Middle Rock (ohne jegliche Einrichtungen) sind es 5 km, nach weiteren 2 km kommt man zum Zeltplatz Wreck Rock mit Picknickgelände, Regen- und Leitungswasser sowie Komposttoiletten. Letzterer kann von Süden über Baffle Creek auch mit normalen Autos erreicht werden.

Die Landschaft des 78 km² großen Eurimbula National Park auf der Nordseite des Round Hill Creek besteht aus Dünen, Mangroven und Eukalyptuswald. Es gibt dort zwei einfache Campingplätze, einen mit Toiletten bei Middle Creek, und einen mit Toiletten und begrenztem Regenwasservorrat bei Bustard Beach. Die Hauptzufahrtsstraße zum Park liegt etwa 10 km südwestlich von Agnes Water.

ABSTECHER INS KÜNSTLERDORF

Cedar Galleries (07-4975 0444; www.cedargalleries.com.au; Bruce Hwy, Calliope; Do–Sa 9–16, So 8–16 Uhr) ist ein ruhiges Künstlerrefugium mitten in der Natur, wo man Malern und Bildhauern bei der Arbeit zusehen kann. Ihre Ateliers befinden sich in rustikalen Bretterhütten. Wer seiner eigenen kreativen Ader freien Lauf lassen will, der nimmt an einem **Kunst- & Kunsthandwerkskurs** teil, der von gastierenden Künstlern vor Ort angeboten wird (im Voraus telefonisch buchen!). Alternativ kann man auch einfach durch Garten und Galerie schlendern. Auf dem Gelände gibt's auch ein Café, eine wunderschöne, kunstvoll von Hand errichtete Hochzeitskapelle, eine Hüpfburg für die Kleinen, einen Weinkeller sowie eine Herde zahmer Alpakas. Die Cedar Galleries organisieren zudem jeden Sonntag einen **Bauernmarkt** (8–12 Uhr). Dort kann man sich in freundlicher Atmosphäre mit Feinschmeckerkost, frisch gebackenem Brot, Weinen aus der Region und handgearbeiteten Souvenirs eindecken. Wer vor lauter Begeisterung länger bleiben möchte, kann eine der begrenzt vorhandenen Farmstay-**Unterkünfte** ergattern (Studio 1. Nacht 100 AU$, jede weitere Nacht 60 AU$).

Die einzigartige, traditionelle Künstlerkolonie (25 km südl. von Gladstone) ist 7 km südlich von Calliope vom Bruce Hwy aus ausgeschildert.

Man benötigt für alle Campingplätze eine Genehmigung des **NPRSR** (13 74 68; www.nprsr.qld.gov.au/camping; Genehmigung pro Pers./Fam. 5,45/21,80 AU$).

GLADSTONE

31 778 EW.

Wer nicht gerade einen Gewerbegebiet-Fetisch hat, der wird Gladstone mit seinem geschäftigen Hafen, dem Kraftwerk und dem Aluminiumwerk wenig anregend finden. Viele Besucher zieht es auf direktem Weg zum Jachthafen (Bryan Jordan Dr), von wo die meisten Boote zu den südlich gelegenen Koralleninseln Heron, Masthead und Wilson am Great Barrier Reef ablegen. Sollte doch mal was los sein, dann am ehesten am Ende der Gondoon St nahe dem Hafen.

Sehenswertes & Aktivitäten

Wem noch Zeit bleibt, bevor er sich zu den Inseln aufmacht, der sollte zum **Auckland Point Lookout** fahren. Von dort hat man einen tollen Blick auf den Gladstone Harbour, die Hafenanlagen und die Anlegestellen. Ein Messingschild am Aussichtspunkt zeigt den Hafen und seine vielen Inseln.

Toondoon Botanic Gardens GARTEN
(07-4977 6899; Glenlyon Rd; Okt.–März Mo–Fr 7–18, Sa & So 9–18 Uhr, April–Sept. Mo–Fr 7–17.30, Sa & So 8.30–17.30 Uhr) GRATIS Dieser botanische Garten, etwa 7 km südlich des Ortes gelegen, vereint auf einer Fläche von über 80 ha Regenwald, Seen und alle möglichen in Australien heimischen Pflanzenarten. Es gibt ein Visitor Centre, ein Orchideenhaus und kostenlose Führungen (Feb.–Nov.).

Calliope River Historical Village HISTORISCHE STÄTTE
(07-4975 7883; www.calliopeiverhistoricalvillage.com; Dawson Hwy, Calliope; Eintritt 5 AU$; 10–16 Uhr) Wer sowieso in der Gegend ist, sollte an **Markttagen** (7-mal jährlich 8–13 Uhr; genaue Termine im Visitor Centre erfragen od. die Website besuchen!) im Calliope River Historical Village, 26 km südlich von Gladstone, vorbeischauen. Das äußerst beliebte Ereignis mit über 200 Verkaufsständen zieht mehr als 3000 Marktbesucher an. Außerdem sollte man einen Spaziergang durch das historische Dorf machen und die restaurierten denkmalgeschützten Gebäude bewundern.

Lake Awoonga SEE
Der 1984 durch den Bau des Awoonga Dam entstandene Lake Awoonga ist ein beliebtes Erholungsgebiet 30 km südlich von Gladstone. Hinter dem malerischen See voller Barramundis breitet sich der schroffe **Castle Tower National Park** aus. Der Lake Awoonga wartet mit landschaftlich schön gestalteten Picknickplätzen, einem Café, Grillplätzen, Wanderwegen und jeder Menge Vögeln auf. Wasserfahrzeuge können bei **Lake Awoonga Boat Hire** (07-4975 0930; kleines Motorboot halber Tag 80 AU$, Kajak 15 AU$/Std.) gemietet werden. Übernachtungsmöglichkeiten bietet der direkt am See gelegene **Lake Awoonga Caravan Park** (07-4975 0155; www.lakeawoonga.net.au; Lake Awoonga

ABSTECHER

CURTIS ISLAND

Gladstone gleich gegenüber liegt **Curtis Island**. Die Insel ist alles andere als eine Touristenhochburg. Mal abgesehen davon, dass man hier schwimmen, angeln und gemütlich durch die Dünen streifen kann, ist die einzige wirkliche Attraktion das alljährliche Auftauchen der seltenen Wallriffschildkröten zwischen Oktober und Januar am Ostufer des Eilands. Campinggenehmigungen erteilt das **NPRSR** (☎13 74 68; www.nprsr.qld.gov.au; Genehmigung pro Pers./Fam. 5,45/21,80 AU$); alternativ bieten die freundlichen Besitzer der **Capricorn Lodge** (☎07-4972 0222; capricornlodge@bigpond.com; Unterkunft ab rund 80 AU$) Übernachtungsmöglichkeiten an. Dort gibt's auch einen Tante-Emma-Laden, und es wird Alkohol ausgeschenkt. Curtis Ferry Services (S. 413) betreibt Fähren, die zwischen der Insel und Gladstone verkehren (tgl. außer Di & Do)

Rd, Benaraby; Stellplatz ohne/mit Strom f. 2 Pers. 26/34 AU$, Hütte ab 70 AU$).

👉 Geführte Touren

Gladstones Großindustrie, darunter die Aluminiumraffinerie, die Aluminiumschmelze, das Elektrizitätswerk und der Hafen, öffnen ihre Tore für kostenlose **Führungen durch die Industrieanlagen**. Die ein- bis eineinhalbstündigen Führungen finden je nach Fabrik an unterschiedlichen Wochentagen statt und sind im Visitor Centre buchbar.

Verschiedene Unternehmen bieten Charterboote für Angel-, Tauch- oder Sightseeingausflüge zu den Inselgruppen Swains Reef und Bunker Island an. Gute Optionen sind **MV Mikat** (☎0427 125 727; www.mikat.com.au), **Capricorn Star Cruises** (☎07-4978 0499; www.capricornstarcruises.citysearch.com.au) oder **Kanimbla Charters** (☎1800 677 202; www.kanimblacharters.net.au).

🛏️ Schlafen

Gladstone Backpackers HOSTEL $
(☎07-4972 5744; www.gladstonebackpackers.com.au; 12 Rollo St; B/DZ 25/70 AU$; @ 🌊) Das freundliche, familienbetriebene Hostel ist in einem alten Queenslander-Haus mit großer Küche, sauberen Bädern und einer luftigen Terrasse untergebracht. Für Gäste gibt's Fahrräder zur kostenlosen Nutzung sowie einen Gratis-Abholservice von den verschiedenen Ankunftsorten.

Barney Beach Accommodation Centre WOHNWAGENPARK $
(☎07-4972 1366; www.barneybeachaccommodationcentre.com.au; 10 Friend St; Stellplatz mit Strom 39 AU$, Hütte f. 2 Pers. 155–220 AU$; ❄ @ 🌊) Nicht weit vom Uferland entfernt, nur etwa 2 km östlich des Stadtzentrums, befindet sich der am zentralsten gelegene Wohnwagenpark der Stadt. Er ist groß und ordentlich, verfügt über eine gute Campingküche und bietet exzellente, voll ausgestattete Unterkünfte. Gäste, die Heron Island besuchen wollen, werden kostenlos zum Jachthafen gebracht.

Harbour Sails Motel MOTEL $$
(☎07-4972 3456; www.harboursails.com.au; 23 Goondoon St; Zi. ab 150 AU$; ❄ 📶 🌊) Das Harbour Sails Motel ist ein funkelndes, modernes und zentral gelegenes Motel, zu dem auch das noble **Brass Bell Restaurant** gehört (Hauptgerichte 22–34 AU$).

Auckland Hill B&B B&B $$$
(☎07-4972 4907; www.ahbb.com.au; 15 Yarroon St; EZ/DZ mit Frühstück 175/235 AU$; ❄ 🌊) IN dem weitläufigen, komfortablen Gebäude im Queenslander-Stil wohnen Gäste in sechs geräumigen Zimmern mit riesigen Betten. Jedes ist anders ausgestattet: Es gibt eine Spa-Suite und eine mit rollstuhlgeeignetem Zugang. Das Frühstück ist herzhaft, die Atmosphäre relaxt.

🍴 Essen & Ausgehen

Gladstone Yacht Club PUB $$
(☎07-4972 2294; www.gyc.com.au; 1 Goondoon St; Hauptgerichte ab 22 AU$; ⊘Mo-Do 12–14 & 18–20.30, Fr & Sa 11.30–14.30 & 17.30–21, So 11.30–14 & 18–20.30 Uhr) Der Jachtclub ist – nicht ohne Grund – eine beliebte Adresse, wenn es um guten Wein und gutes Essen geht. Die Steaks, Hühnchen, Pastagerichte und Meeresfrüchtekreationen sind wirklich lecker und großzügig portioniert. Außerdem gibt's täglich Angebote vom Buffet und Sitzgelegenheiten auf der Terrasse mit Blick aufs Wasser.

Tables on Flinders SEAFOOD $$$
(☎07-4972 8322; 2 Oaka La; Hauptgerichte ab 38 AU$; ⊘Di–Fr mittags, Di–Sa abends) Wer sich in Gladstone mal so richtig was gönnen

möchte, der ist in diesem Restaurant mit seinen exzellenten lokalen Meeresfrüchten goldrichtig. Die hochpreisige Speisekarte wird von frischen Mangrovenkrabben, Garnelen und sonstigem marinem Getier beherrscht.

❶ Praktische Informationen

Gladstone City Library (☎ 07-4976 6400; 39 Goondoon St; ⊙ Mo–Fr 9–17.45, Sa & So bis 15 Uhr) Wer vorab reserviert, kommt hier kostenlos ins Internet.

Visitor Centre (☎ 07-4972 9000; Bryan Jordan Dr; ⊙ Mo–Fr 8.30–16.30, Sa & So 9.30–16.30 Uhr) Die Touristeninformation befindet sich am Jachthafen, wo die Boote nach Heron Island ablegen.

❶ An- & Weiterreise

BUS

Greyhound Australia (☎ 1300 473 946; www.greyhound.com.au) hat mehrere Verbindungen ab Brisbane (143 AU$, 10 Std.), Bundaberg (44 AU$, 3 Std.) und Rockhampton (21 AU$, 1½ Std.) im Programm. Der Busbahnhof befindet sich an der BP-Tankstelle am Dawson Hwy, etwa 200 m südwestlich vom Zentrum.

FLUGZEUG

Qantas (☎ 13 13 13; www.qantas.com.au) und **Virgin** (☎ 13 67 89; www.virginaustralia.com) fliegen den Gladstone Airport 7 km außerhalb vom Stadtzentrum an.

SCHIFF/FÄHRE

Curtis Ferry Services (☎ 07-4972 6990; www.curtisferryservices.com.au; hin & zurück Erw./Kind/Fam. 30/22/ab 84 AU$) bedient Curtis Island an fünf Tagen pro Woche. Die Fähren legen an der Gladstone Marina ab und legen unterwegs am Farmers Point auf Facing Island einen Zwischenstopp ein. Auf Anfrage kann auch der Transport zu anderen Inseln in der Gegend arrangiert werden.

Auch verschiedene Charterboote steuern die Inseln an.

Wer auf Heron Island übernachtet, kann das vom Resort betriebene kleine Boot nehmen (einfache Strecke Erw./Kind 50/25 AU$, 2 Std.), das täglich um 11 Uhr am Jachthafen von Gladstone ablegt.

ZUG

Queensland Rail (☎ 07-3235 1122, 1800 872 467; www.queenslandrail.com.au) bietet regelmäßige Verbindungen in nördlicher und südlicher Richtung, die auch durch Gladstone führen. Der *Tilt Train* ab Brisbane (119 AU$, 5 Std.) und Rockhampton (39 AU$, 1 Std.) hält auch in Gladstone.

SOUTHERN REEF ISLANDS

Wer jemals davon träumte, als Schiffbrüchiger auf einer winzigen Koralleninsel mit puderweißem Sandstrand und türkisblauem Meer zu landen, findet unter den südlichen Inseln des Great Barrier Reef mit ziemlich hoher Wahrscheinlichkeit sein Inselparadies. Von der wunderschönen Lady Elliot Island (80 km nordöstl. von Bundaberg) bis zur Tyron Island (östl. von Rockhampton) sprenkeln einsame Korallenriffe und Atolle den Ozean.

Einige Inselchen in diesem Teil des Riffs eignen sich wunderbar für Schnorchel- und Tauchausflüge oder auch, um einfach nur die Natur zu genießen – allerdings ist es meistens viel kostenintensiver, hierher zu kommen, als die Inseln in Küstennähe zu besuchen. Manche Eilande dienen als wichtige Brutplätze für Schildkröten und Meeresvögel. Deshalb sollte der verantwortungsvolle Umgang mit diesen Tieren immer an erster Stelle stehen. Verhaltensregeln sind den entsprechenden NPRSR-Informationsblättern zu entnehmen.

Es ist möglich, auf Lady Musgrave Island, Masthead Island und den Inseln des North West National Park zu campen. Die Anzahl der Übernachtungsgäste ist jedoch beschränkt; deshalb empfiehlt es sich, die Genehmigung weit im Voraus zu beantragen. Weitere Infos erteilt das **NPRSR** (☎ 13 74 68; www.nprsr.qld.gov.au; Genehmigung pro Pers./Fam. 5,45/21,80 AU$).

Town of 1770 und Gladstone sind gute Ausgangspunkte für Trips zu den Inseln.

Lady Elliot Island

Die 40 ha große, grüne Koralleninsel am südlichen Rand des Great Barrier Reef ist bei Tauchern, Schnorchlern und nistenden Meeresschildkröten und Meeresvögeln sehr beliebt. Taucher können direkt vom Strand aus loslegen und den Meeresgrund auf Schiffswracks, Korallengärten, Bommys (Korallenspitzen oder -zungen) und Blowholes untersuchen. Auch eine vielfältige Fauna mit Barrakudas, riesigen Mantarochen und harmlosen Leopardenhaien lässt sich bewundern.

Da Lady Elliot Island kein Nationalpark ist und deshalb hier auch nicht gezeltet werden darf, ist die einzige Übernachtungsmöglichkeit das schlichte **Lady Elliot Island**

> **GEFÄHRLICHE NESSELTIERE**
>
> Die potenziell tödlichen Chironex- und Irukandji-Würfelquallen, auch Seewespen oder Stinger genannt, kommen in Queenslands Küstengewässern nördlich von Agnes Water (und manchmal auch weiter südlich) zwischen Oktober und April vor und machen das Baden während dieser Zeit gefährlich. Glücklicherweise ist an den Riffinseln das Baden und Schnorcheln das ganze Jahr über relativ ungefährlich. Allerdings sind die seltenen, winzigen Irukandji-Quallen (1–2 cm Durchmesser) am äußeren Riff und an den Inseln weiter draußen durchaus schon gesichtet worden. Weitere Infos zu Nesseltieren und zur Behandlung gibt's auf S. 549.

Resort (1800 072 200; www.ladyelliot.com.au; 147–350 AU$/Pers.). Man schläft in Zelthäuschen, einfachen, motelähnlichen Wohneinheiten oder teureren separaten Zwei-Zimmer-Suiten. Im Preis sind Frühstück und Abendessen, Schnorchelausrüstung und einige Touren enthalten.

Die Insel ist nur mit einem Leichtflugzeug zu erreichen. Gäste des Resorts fliegen ab Bundaberg, der Gold Coast oder Hervey Bay; Flüge können über das Hotel gebucht werden. Das Resort bietet auch Tagesausflüge an. Infos dazu finden sich auf der entsprechenden Website.

Lady Musgrave Island

Möchtegern-Robinson-Crusoes brauchen nicht länger zu suchen. Das nur 15 ha kleine Inselchen befindet sich 100 km nordöstlich von Bundaberg am westlichen Rand einer atemberaubenden türkisblauen Rifflagune. Besucher können dort gefahrlos schwimmen, schnorcheln und tauchen. Der strahlend weiße Sandstrand ist gesäumt vom dichten Blätterdach der Pisonienbäume, in dem eine bunte Vogelwelt lebt, darunter Seeschwalben, Sturmtaucher und Weißkopfnoddis. Die Vögel nisten zwischen Oktober und April; die Suppenschildkröten legen zwischen November und Februar Eier ab.

Die unbewohnte Insel gehört zum Capricornia Cays National Park. Auf der westlichen Seite gibt es einen NPRSR-Campingplatz. Camper müssen sich hier vollkommen selbstständig versorgen und ihr eigenes Wasser mitbringen. Es dürfen sich nur maximal 40 Leute gleichzeitig hier aufhalten; wer also campen will, sollte frühzeitig eine Genehmigung beim NPRSR (13 74 68; www.nprsr.qld.gov.au; Genehmigung pro Pers./Fam. 5,45/21,80 AU$) beantragen. Gaskocher nicht vergessen, denn auf der Insel sind offene Feuer verboten!

Tagesausflüge zur Lady Musgrave Island starten am Jachthafen von Town of 1770.

Heron & Wilson Island

Praktischerweise ist die Unterwasserwelt des Riffs direkt vom Strand aus zu erreichen. Heron Island ist bekannt für seine großartigen Möglichkeiten zum Gerätetauchen und Schnorcheln; allerdings verschlingt ein Besuch stattliche Beträge. Wie bei echten Korallenatollen üblich, finden sich hier jede Menge Pisonienbäume. Insgesamt ist die Insel von 24 km² Riff umgeben. Im nordöstlichen Drittel gibt es ein Resort sowie eine Forschungsstation; der Rest ist Teil des Nationalparks.

Heron Island Resort (1300 863 248; www.heronisland.com; DZ/Suite/Strandhaus ab 419/669/909 AU$) Die komfortablen Quartiere sind prima für Familien und Paare; die beste Aussicht bieten die Point-Suiten. Verpflegung kostet extra; für den Transfer ab Gladstone zahlen Gäste 50/25 AU$ pro Erwachsenem/Kind (einfache Strecke) mit einer Barkasse, mit einem Wasserflugzeug 291 AU$ bzw. 395 AU$ im Helikopter.

Wilson Island (1300 863 248; www.wilsonisland.com; pro Paar 1100 AU$) ist ebenfalls Teil eines Nationalparks und ein exklusiver Zufluchtsort mitten in der Wildnis mit sechs feststehenden Zelten sowie Solarduschen. Die Strände sind herrlich, es lässt sich hier wunderbar schnorcheln, und zu bestimmten Zeiten kann man Schildkröten beobachten. Man kommt nur über Heron Island her: Dafür muss man ein kombiniertes Wilson-Heron-Paket buchen und mindestens zwei Nächte bleiben. Der Transfer zwischen Wilson und Heron ist im Preis inbegriffen.

North West Island

Hinter dem einfallslosen Namen North West Island verbirgt sich ein Nationalpark, der sich bei Campern, Wanderern und Travellern, die Abgeschiedenheit suchen, immer größerer Beliebtheit erfreut. Mit 106 ha ist dies die zweitgrößte Koralleninsel des Great Barrier Reef, und trotz ihrer zwielichtigen Vergangenheit (auf North West wurden einst eine Guano-Mine und eine Konservenfabrik für Schildkrötensuppe betrieben) ist sie heute ein wichtiger Nistplatz für Suppenschildkröten und Vögel. Jeden Oktober kommen Hunderttausende Keilschwanzsturmtaucher auf die Insel, um zu nisten, zu zanken und die Camper mit ihren gruseligen nächtlichen Rufen das Fürchten zu lehren.

Die Anzahl der Camper ist auf jeweils 150 begrenzt und zwischen dem 26. Januar und Ostern darf hier gar nicht gezeltet werden (Tagesausflüge sind das ganze Jahr über möglich). Es gibt keine regelmäßigen Fährverbindungen nach North West Island, **Curtis Ferry Services** (07-4972 6990; www.curtisferryservices.com.au) kann Besucher jedoch auf der Insel absetzten. Das **NPRSR** (13 74 68; www.nprsr.qld.gov.au) informiert über Anreise- und Campingmöglichkeiten und hält sonstige wichtige Informationen bereit.

ROCKHAMPTON

61724 EW.

Willkommen in Rockhampton (von Freunden auch „Rocky" genannt), wo Hüte, Stiefel und Nutzfahrzeuge vor allem eines sind: zahlreich. Nur die Rinder hier sind noch zahlreicher. Mit über 2,5 Mio. Stück Vieh in einem Umkreis von 250 km – Rocky gilt nicht umsonst als die Rindfleischhauptstadt Australiens – überrascht es auch nicht, dass der Geruch von Kuhfladen schwer in der Luft hängt. Die weitläufige Stadt ist das Verwaltungs- und Wirtschaftszentrum von Zentralqueensland, und seine breiten Straßen und herrlichen Gebäude aus der viktorianischen Zeit spiegeln den durch Gold- und Kupferminen ebenso wie durch Rinderzucht bedingten Wohlstand der Region im 19. Jh. wider.

Rocky liegt direkt am südlichen Wendekreis und erreicht im Sommer entsprechend hohe Temperaturen und eine zeitweise unerträglich hohe Luftfeuchtigkeit, da es zudem 40 km landeinwärts liegt und somit die angenehme Meeresbrise der Küste fehlt. Es gibt hier eine ganze Reihe Attraktionen, der größte Pluspunkt ist aber seine Eigenschaft, das Tor zu den an der Küste gelegenen Juwelen Yeppoon und Great Keppel Island zu sein. Man sollte im alten Teil der Stadt übernachten, wo nette Spaziergänge am Ufer des Fitzroy River locken.

Sehenswertes & Aktivitäten

★**Botanic Gardens & Zoo** GARTEN
(07-4932 9000; Spencer St; 6–18 Uhr) GRATIS
Unmittelbar südlich der Stadt liegt der botanische Garten, eine wunderschöne Oase mit beeindruckenden Feigenbäumen, tropischen und subtropischen Regenwäldern, Gartenanlagen und von Seerosen bedeckten Lagunen. Der akkurate japanische Garten ist eine Zen-Zone der Ruhe. Das **Café** (geöffnet 8–17 Uhr) serviert Tee und Kuchen unter einer gigantischen Banyan-Feige, und im **kostenlosen Zoo** (geöffnet 8.30–16.30 Uhr) gibt's Koalas, Wombats, Dingos, eine begehbare Voliere und vieles mehr zu sehen.

Tropic of Capricorn WAHRZEICHEN
(Gladstone Rd) Das Visitor Centre in der Gladstone Rd macht ganz schön was her. Es liegt direkt am südlichen Wendekreis *(tropic of capricorn)* und wird von einem riesigen Turm markiert.

Quay Street STRASSE
Im Zentrum lockt ein Bummel entlang dieser historischen Straße mit ihren prächtigen viktorianischen Sandsteingebäuden aus der Zeit des Goldrauschs. Broschüren mit Beschreibungen der Wanderwege rund um Rockhampton sind in den Visitor Centres erhältlich.

Rockhampton City Art Gallery GALERIE
(07-4936 8248; www.rockhamptonartgallery.com.au; 62 Victoria Pde; 10–16 Uhr) GRATIS
Die Galerie beherbergt eine eindrucksvolle Sammlung australischer Gemälde, darunter auch Arbeiten von Sir Russell Drysdale, Sir Sidney Nolan und Albert Namatjira. Zu sehen sind auch einige Werke der zeitgenössischen indigenen Künstlerin Judy Watson.

Dreamtime Cultural Centre KULTURZENTRUM
(07-4936 1655; www.dreamtimecentre.com.au; Bruce Hwy; Erw./Kind 14/6,50 AU$; Mo–Fr 10–15.30 Uhr, Führungen 10.30 Uhr) Rund 7 km nördlich des Stadtzentrums vermittelt dieses Kulturzentrum einen leicht verständlichen Einblick in das Erbe und die Geschichte der Aborigines und der Torres-Strait-Insulaner. Die hervorragenden 90-minütigen Führungen sind interaktiv (man kann seinen eigenen Bumerang werfen!) und für Jung und Alt gleichermaßen interessant.

Heritage Village MUSEUM
(07-4936 8680; Bruce Hwy; Erw./Kind/Fam. 10,50/6,80/30,50 AU$; 9–16 Uhr) Das Freilichtmuseum, 10 km nördlich vom Stadt-

zentrum gelegen, besteht aus nachgebauten historischen Gebäuden. Überall kann man Dorfbewohner in traditionellen Gewändern sehen, die ihrer Arbeit nachgehen. Es gibt auch ein Visitor Centre.

Kershaw Gardens
GARTEN

(07-4936 8254; über die Charles St; 6–18 Uhr) GRATIS Der herrliche botanische Park gleich nördlich des Fitzroy River widmet sich den in Australien heimischen Pflanzen. Zu den Attraktionen hier gehören künstliche Stromschnellen, ein Regenwaldbereich, ein Duftgarten und denkmalgeschützte Architektur.

Archer Park Rail Museum
MUSEUM

(07-4922 2774; www.rockhamptonregion.qld.gov.au; Denison St; Erw./Kind/Fam. 8/5/26 AU$; So–Fr 9–16 Uhr) Das Museum ist in einem ehemaligen Bahnhof von 1899 untergebracht. Anhand von Fotografien und Ausstellungen erzählt es die Geschichte des Bahnhofs und der einzigartigen dampfbetriebenen Bahn Purrey. Wer möchte, kann sonntags zwischen 10 und 13 Uhr mit dieser restaurierten Tram mitfahren (das einzige noch existierende Exemplar der Welt!).

Mt. Archer
BERG

Überall auf dem Berg (604 m) gibt es Wanderwege, die sich durch von zahlreichen wilden Tieren bevölkerte Eukalyptus- und Regenwälder schlängeln. Eine entsprechende Broschüre liegt in den Visitor Centres aus.

Geführte Touren

Little Johnny's Tours and Rentals
TOUR

(0414 793 637; www.littlejohnnysrentals.com) Veranstaltet Ausflüge zu nahe gelegenen Attraktionen wie den Byfield Caves und den Capricorn Caves. Zudem betreibt das Unternehmen einen Minibus, der zwischen dem Rockhampton Airport und Yeppoon verkehrt.

Feste & Events

Beef Australia
LANDWIRTSCHAFT

(www.beefaustralia.com.au) Bei dem alle drei Jahre stattfindenden Fest dreht sich alles ums Rind.

Jazz on Quay Festival
JAZZ

(www.jazzonquay.com.au) Jedes Frühjahr am Ufer des Fitzroy River.

Schlafen

Die Zufahrtsstraßen von Norden und von Süden nach Rocky sind gesäumt von zahllosen Motels. Wer aber elegante, palmengesäumte Straßen mit Blick auf den Fitzroy River vorzieht, sollte irgendwo in der Altstadt südlich des Flusses absteigen.

Rockhampton Backpackers
HOSTEL $

(07-4927 5288; www.rockhamptonbackpackers.com.au; 60 MacFarlane St; B/DZ 22/60 AU$; ❄@☼) Das Rocky Backpackers ist ein YHA-Hostel und hat einen geräumigen Lounge- und Essbereich sowie unterschied-

---

CAPRICORN CAVES

Die unglaublichen **Capricorn Caves** (07-4934 2883; www.capricorncaves.com.au; 30 Olsens Caves Rd; Erw./Kind 27/14 AU$; 9–16 Uhr) in den Berserker Range, 24 km nördlich von Rockhampton nahe der Ortschaft Caves, sollte man keinesfalls auslassen. Diese uralten Höhlen durchziehen einen Kalksteinkamm. Bei einer Führung durch die Kavernen und Labyrinthgänge lassen sich Korallen, Stalaktiten, herabbaumelnde Wurzeln von Feigenbäumen und kleine, Insekten fressende Fledermäuse besichtigen. Das Highlight der einstündigen „Cathedral Tour" ist die wunderschöne natürliche Felskathedrale, in der zur Demonstration der hervorragenden Akustik eine Aufnahme des Kirchenlieds „Amazing Grace" gespielt wird. Jedes Jahr im Dezember werden in der Kathedrale auch traditionelle Weihnachtslieder gesungen – Gäste dürfen gern mitsingen. Ebenfalls im Dezember, um die Sommersonnenwende (1. Dez.–14. Jan.), dringt das Sonnenlicht durch einen 14 m hohen vertikalen Schacht direkt in die Belfry Cave ein und erzeugt ein atemberaubendes Lichtspiel. Steht man direkt unter dem Strahl, färbt das reflektierte Sonnenlicht die ganze Höhle in der Farbe der Kleidung, die man gerade trägt.

Furchtlose Höhlenforscher können sich mit der zweistündigen „Adventure Tour" (75 AU$) auch in ganz enge Höhlenbereiche mit Namen wie Fat Man's Misery vorwagen. Um an dieser Führung teilzunehmen, muss man mindestens 16 Jahre alt sein.

In dem Komplex der Capricorn Caves gibt es Grillstellen, einen Pool, einen Kiosk und **Unterkünfte** (Stellplatz ohne/mit Strom 30/35 AU$, Hütte ab 140 AU$).

HIRTEN & COWBOYS: AUFENTHALT AUF EINER FARM

Auf einer typisch australischen Cattle Station (Rinder-Ranch) im Outback kann man eine ganze Menge roten Staub schlucken und erfährt, was der Unterschied zwischen Jackeroos, Ringers, Stockmen und Cowboys ist. Bei einem solchen Farmaufenthalt nimmt man an der täglichen Arbeit auf der Ranch teil, reitet, fährt Motorrad, treibt das Vieh zusammen, zieht Zäune und bereitet sich am Lagerfeuer Damper (Buschbrot) und Tee zu. Und ehe man sich versieht, legt man sich einen Pick-up und passend zu den R.-M.-Williams-Stiefeln und dem Akubra-Hut einen Blue Dog zu.

Myella Farm Stay (07-4998 1290; www.myella.com; Baralaba Rd; 2/4 Tage 260/480 AU$, Tagesausflug 120 AU$;), 125 km südwestlich von Rockhampton, gibt auf einer 10,6 km² großen Ranch einen Vorgeschmack auf den Outback. Das Paket beinhaltet die Erkundung des Buschs auf dem Pferderücken, per Motorrad und Geländewagen, Verpflegung, Unterkunft in einem renovierten Farmhaus mit Parkettboden und breiter Veranda, Farmkleidung und kostenlose Abholung von Rockhampton. Auf der Ranch kann man bei Kleinigkeiten helfen (z. B. einen Zaun reparieren oder Wasser holen). Es gibt auch ein Känguru-Rehabilitationszentrum, wo man bei der Pflege verwaister Kängurubabys mithelfen kann.

Die **Kroombit Lochenbar Cattle Station** (07-4992 2186; www.kroombit.com.au; B 27 AU$, DZ mit/ohne Bad 86/78 AU$, Paketangebot 2 Tage & 2 Nächte inkl. Zi., Verpflegung & Aktivitäten 280 AU$/Pers.;) bietet mehrere Paketangebote: mit Übernachtung im Zelt, in einer Holzhütte im Busch oder in einer exklusiveren Hütte. Und während man einen auf Aussie macht, kann man lernen, mit der Peitsche zu knallen oder einen Bumerang bzw. ein Lasso zu werfen, und sich auf einem mechanischen Rodeobullen seine Sporen verdienen. Im Preis inbegriffen sind das Essen und die Abholung vom nahe gelegenen Biloela.

---

liche Arten von Unterkünften. Der Service ist schier grenzenlos: vom Organisieren von Touren über einen kostenlosen Abholdienst vom Busbahnhof bis hin zum Verkauf von Bustickets. Auch Fahrräder können ausgeliehen werden.

Southside Holiday Village WOHNWAGENPARK $
(07-4927 3013; www.sshv.com.au; Lower Dawson Rd; Stellplatz ohne/mit Strom 30/38 AU$, Hütte 72-93 AU$, Villa 103-120 AU$;) Das Southside Holiday Village ist einer der besten Wohnwagenparks der Stadt. Er befindet sich rund 3 km südlich vom Zentrum an einer stark befahrenen Straße und hat nette, voll ausgestattete Hütten und Villen, große Grasflächen zum Zelten und eine gute Küche. Die Preise gelten jeweils für zwei Personen.

Criterion HOTEL $$
(07-4922 1225; www.thecriterion.com.au; 150 Quay St; Zi. 60-85 AU$, Motel Zi. 130-160 AU$;) Das Criterion ist Rockhamptons prächtigstes altes Gasthaus. Es hat ein elegantes Foyer mit Veranstaltungsraum, eine nette Bar und ein tolles Bistro (das Bush Inn). In den oberen beiden Etagen gibt's Dutzende traditioneller Zimmer. Diese sind mit Duschen ausgestattet; die Toiletten befinden sich allerdings auf dem Gang. Angeboten werden zudem ein paar Viereinhalb-Sterne-Motelzimmer.

Coffee House MOTEL, APARTMENT $$
(07-4927 5722; www.coffeehouse.com.au; 51 William St; Zi. 160-189 AU$;) Das Coffee House wartet mit wunderschön hergerichteten Motelzimmern, separaten Apartments und Spa-Suiten auf. Auf dem Gelände gibt es auch ein beliebtes, stilvolles Café-Restaurant mit Weinbar.

Essen & Ausgehen

★ **Ginger Mule** STEAK $
(07-4927 7255; 8 William St; Hauptgerichte ab 10 AU$; Mi & Do 11.30-24, Fr bis 2, Sa 16-2 Uhr) Das coolste Restaurant in Rockhampton betitelt sich selbst zwar als Tapas-Bar, die Gäste kommen jedoch nur aus einem Grund hierher: wegen der Steaks. Und diese sind verdammt gut – egal ob blutig oder gut durchgegrillt. Regelmäßig gibt es auch gegen Ende der Woche spezielle Angebote (darunter Steaks für 10 AU$). Wer nicht frühzeitig genug da ist, muss sich mit anderen Gästen um einen Tisch schlagen. Am späten Abend verwandelt sich das Mule in eine Cocktailbar.

Saigon Saigon
ASIATISCH $

(☎ 07-4927 0888; www.saigonbytheriver.com; Quay St; Hauptgerichte 12–20 AU$; ⊙ Mi-Mo 11.30–14.30 & 17–21 Uhr) In der zweistöckigen Bambushütte mit Blick auf den Fitzroy River werden panasiatische Gerichte mit lokalen Zutaten wie Känguru- und Krokodilfleisch serviert, das brutzelnd heiß auf den Tisch kommt. Keine Lust auf ein Reptil? Die Speisekarte ist so bunt wie die Neonlichtanzeige vor dem Restaurant. Auch Vegetarier kommen voll auf ihre Kosten.

Steakhouse 98
SEAFOOD, STEAK $$

(☎ 07-4920 1000; www.98.com.au; 98 Victoria Pde; Hauptgerichte 18–46 AU$; ⊙ tgl. morgens, Mo-Fr mittags, Mo-Sa abends) In Rocky dreht sich alles um Steaks, und auch dieses Restaurant mit Alkoholkonzession enttäuscht seine Gäste nicht. Auf den Tisch kommen modern-australische Kreationen mit Rind, Känguru, Lamm und Meeresfrüchten. Das alles kann man drinnen oder auch draußen auf der Terrasse mit Blick auf den Fitzroy River genießen. Angeschlossen an das Motel 98.

Pacino's
ITALIENISCH $$

(☎ 07-4922 5833; Ecke Fitzroy St & George St; Hauptgerichte 25–40 AU$; ⊙ Di–So abends) Das schicke italienische Restaurant mit seinen Holztischen und den eingetopften Feigenbäumen verströmt mediterrane Gastlichkeit. Es ist nicht gerade günstig, erfreut sich aber dank Klassikern wie Ossobuco und einem Dutzend verschiedener Pastavariationen ungetrübter Beliebtheit.

Heritage Hotel
KNEIPE $$

(☎ 07-4927 6996; www.theheritagehotel.com.au; Ecke William & Quay St; Gerichte 20–30 AU$; ⊙ Di–Fr 12–15 & 18–21, Mo & Sa 18–21 Uhr) Der Pub mit Eisengitterbalkonen hat eine Cocktail-Lounge mit Flussblick sowie Tische im Freien. Die steaklastige Speisekarte bietet außerdem noch anderes Grillfleisch mit Namen wie „baaaah" und „cluck cluck". Da hilft nichts, da muss man sich irgendwie durchkämpfen!

★ Great Western Hotel
KNEIPE

(☎ 07-4922 1862; www.greatwesternhotel.com.au; Ecke Stanley St & Denison St; ⊙ 10–2 Uhr) In diesem 1862 erbauten Pub, der irgendwie an den Filmset eines Italowestern erinnert, treffen sich Rockys Cowboys und Cowgirls. Hinter dem Haus gibt's eine Rodeoarena, in der jeden Mittwoch- und Freitagabend einige Wagemutige von bockenden Bullen und Pferden in die Luft geworfen werden. Manchmal treten hier auch tourende Bands auf. Tickets dafür gibt's online.

ⓘ Praktische Informationen

Rockhampton Library (☎ 07-4936 8265; 230 Bolsover St; ⊙ Mo, Di, Do, Fr 9–17.30, Mi bis 20, Sa bis 16.30 Uhr) Kostenloser Internetzugang; Reservierung erforderlich.

Tropic of Capricorn Visitor Centre (☎ 1800 676 701; Gladstone Rd; ⊙ 9–17 Uhr) Die hilfreiche Touristeninformation befindet sich 3 km südlich des Zentrums am Highway neben der Markierung des südlichen Wendekreises. Die andere Filiale, das **Rockhampton Visitor Centre** (☎ 1800 805 865; 208 Quay St; ⊙ Mo–Fr 8.30–16.30, Sa & So 9–16 Uhr), ist im hübschen alten Zollhaus im Zentrum Rockhamptons untergebracht. Beide Touristeninformationen fungieren zusätzlich als Zweigstellen des NPRSR.

ⓘ An- & Weiterreise

BUS

Greyhound Australia (☎ 1300 473 946; www.greyhound.com.au) betreibt regelmäßig verkehrende Busse von Rocky nach Mackay (60 AU$, 4 Std.), Brisbane (155 AU$, 11 Std.) und Cairns (195 AU$, 17 Std.). Alle halten am **Mobil Roadhouse** (91 George St). **Premier Motor Service** (☎ 13 34 10; www.premierms.com.au) stellt einen Bus zwischen Brisbane und Cairns zur Verfügung, der unterwegs auch in Rockhampton Halt macht.

Young's Bus Service (☎ 07-4922 3813; www.youngsbusservice.com.au; 171 Bolsover St) fährt montags bis freitags Yeppoon und Mt. Morgan an (einfache Strecke 6,40 AU$). Die Busse fahren vor der Polizeistation in der Bolsover St ab.

FLUGZEUG

Qantas (☎ 13 13 13; www.qantas.com.au) und **Virgin** (☎ 13 67 89; www.virginaustralia.com) verbinden Rockhampton mit verschiedenen Städten. Der Flughafen liegt etwa 6 km vom Stadtzentrum entfernt.

ZUG

Queensland Rail (☎ 1800 872 467; www.queenslandrailtravel.com.au) betreibt den *Tilt Train*, der Rockhampton mit Brisbane (ab 135 AU$, 8 Std., So–Fr) und Cairns (ab 322 AU$, 16 Std., 2-mal wöchentl.) verbindet. Rocky ist ein toller Ausgangspunkt ins staubige Hinterland von Queensland. Der Zug *Spirit of the Outback* fährt zweimal pro Woche und hält in Orten wie Longreach (ab 145 AU$, 14 Std.) oder Emerald (ab 75 AU$, 5 Std.). Der Bahnhof liegt 450 m südwestlich vom Stadtzentrum entfernt.

❶ Unterwegs vor Ort

Das Unternehmen **Sunbus** (www.sunbus.com.au) betreibt montags bis freitags sowie samstagmorgens ein einigermaßen flächendeckendes städtisches Busnetzwerk. Fahrpläne erhält man im Visitor Centre. Außerdem gibt's noch den Taxiservice **Rocky Cabs** (☏ 13 10 08).

YEPPOON

13 500 EW.

Das hübsche, kleine Yeppoon ist ein Küstenstädtchen mit einem langen Strand am ruhigen Ozean und einer hübschen Kulisse aus Felsen vulkanischen Ursprungs, Ananashainen und Weideland. In den paar ruhigen Straßen, verschlafenen Motels und Strandcafés tummeln sich Ausflügler aus Rockhampton; Traveller zieht es meist nach Great Keppel Island, die nur 13 km vor der Küste liegt.

◉ Sehenswertes & Aktivitäten

Bootsrundfahrten sowie die Fähre zur Great Keppel Island legen von der Keppel Bay Marina am Rosslyn Bay unmittelbar südlich von Yeppoon ab.

Cooberrie Park   NATURSCHUTZGEBIET

(☏ 07-4939 7590; www.cooberriepark.com.au; Woodbury Rd; Erw./Kind/Fam. 25/15/65 AU$; ⊙ 10–15 Uhr, Tiershow 13 Uhr) Etwa 15 km nördlich von Yeppoon liegt der Cooberrie Park, ein kleines Naturschutzgebiet auf 10 ha Buschland. Hier tummeln sich Kängurus, Wallabys und Pfauen. Wer will, kann die Tiere auch füttern und gegen einen Aufpreis einen kuscheligen Koala oder ein glitschiges Reptil auf den Arm nehmen.

Funtastic Cruises   BOOTSRUNDFAHRT

(☏ 0438 909 502; www.funtasticcruises.com; ganztägige Rundfahrt Erw./Kind/Fam. 98/80/350 AU$) Funtastic Cruises veranstaltet ganztägige Schnorcheltrips an Bord eines 17 m langen Katamarans mit einem zweistündigen Zwischenstopp auf Great Keppel Island. Im Preis inbegriffen sind der Morgen- und Nachmittagstee sowie die gesamte Schnorchelausrüstung. Kann auf Anfrage unterwegs auch Camper auf verschiedenen Inseln absetzen.

Sail Capricornia   BOOTSRUNDFAHRT

(☏ 0402 102 373; www.sailcapricornia.com.au; ganztägige Rundfahrt inkl. Mittagessen Erw./Kind 115/75 AU$) Sail Capricornia bietet Schnorchelausflüge an Bord des Katamarans *Grace* sowie Rundfahrten bei Sonnenuntergang (55 AU$) und dreitägige Bootstrips (499 AU$) an.

🛏 Schlafen

Entlang der 19 km langen Küste, die sich von Yeppoon in südlicher Richtung nach Emu Park erstreckt, gibt es Strände, Wohnwagenparks, Motels und Ferienwohnung. Eine relativ vollständige Liste gibt's unter www.yeppooninfo.com.au.

Coral Inn Flashpackers   HOSTEL $

(☏ 07-4939 2925; www.flashpackers.net.au; 14 Maple St; B 29 AU$, DZ ab 90 AU$; ❄☀@🛜🏊) Lebhafte Gemeinschaftsbereiche und das bunte Dekor sorgen dafür, dass man das Coral Inn nur ungern wieder verlässt. Alle Zimmer haben ein eigenes Bad, und es gibt eine tolle Gemeinschaftsküche. Parken kostet zusätzlich 5 AU$. Zu beachten ist, dass auf dem gesamten Gelände absolutes Rauchverbot herrscht.

Beachside Caravan Park   WOHNWAGENPARK $

(☏ 07-4939 3738; Farnborough Rd; Stellplatz ohne/mit Strom 25/30–34 AU$) Dieser schlichte, aber nette kleine Campingplatz nördlich des Stadtzentrums lockt mit bester Lage am Strand. Er verfügt über gute Einrichtungen und Rasenflächen mit etwas Schatten, hat aber weder Hütten noch eigene permanent dort stehende Wohnmobile. Die Preise gelten für zwei Personen.

Surfside Motel   MOTEL $$

(☏ 07-4939 1272; 30 Anzac Pde; Zi. 110–140 AU$; ☀@🛜🏊) Gegenüber vom Strand auf der anderen Straßenseite liegt nahe der Stadt diese Motelanlage aus den 1950er-Jahren mit limettengrünen Wohneinheiten – genau das Richtige für einen Sommerurlaub am Strand. Die wahnsinnig preisgünstigen Zimmer sind geräumig und ungewöhnlich gut mit Toaster, Föhn und kostenlosem WLAN ausgestattet.

Driftwood Units   WOHNEINHEITEN $$

(☏ 07-4939 2446; www.driftwoodunits.com.au; 5-7 Todd Ave; Wohneinheit 120–140 AU$; ☀🏊) Driftwood hat riesige separate Wohneinheiten zu Motelzimmerpreisen unmittelbar am Strand. Tolle Option für Familien und alle, die gerne ein paar erholsame Tage am Meer verbringen wollen. Wem die paar Schritte zum Strand zu viel sind, kann sich auf dem Gelände auch im netten Salzwasserpool abkühlen.

While Away B&B B&B $$
(07-4939 5719; www.whileawaybandb.com.au; 44 Todd Ave; EZ/DZ inkl. Frühstück 115/140–150 AU$; ✽) Das B&B mit vier Zimmern von guter Größe in dem makellos sauberen, rollstuhlgerechten Haus ist das perfekte, ruhige Refugium. Kostenlose Knabbereien, Tee, Kaffee, Portwein und Sherry und ein üppiges Frühstück runden das Ganze ab.

Essen & Ausgehen

Flour CAFÉ $
(07-4925 0725; 9 Normanby St; Gebäck 3,50 AU$, Frühstück 8,50 AU$; Mo-Fr 8–15, Sa bis 14 Uhr) Liebenswertes Café mit Kleinstadt-Flair, großartigem Frühstück und einem traumhaften Angebot von zartschmelzenden Kuchen. Es gibt auch viele glutenfreie Optionen sowie den zweifellos besten Kaffee weit und breit.

Thai Take-Away THAI $$
(07-4939 3920; 24 Anzac Pde; Hauptgerichte 14–32 AU$; 18–22 Uhr) In dem zu Recht beliebten thailändischen Lokal (Alkohol selbst mitbringen!) kann man draußen auf dem Bürgersteig sitzen, die Meeresbrise genießen und die Köstlichkeiten mit Chili und Kokosmilch verdrücken. Es gibt eine große Auswahl an Meeresfrüchten, und bedient wird zackig.

Strand Hotel KNEIPE $$
(07-4939 1301; Normanby St; Hauptgerichte ab 14 AU$; Mo-Fr 11.30–14.30 & 17.30–21, Sa & So 8–21 Uhr) Hier gibt's hochwertiges Kneipenessen, klassische und exotische Pizzas (14–24 AU$) sowie fantastische Steaks (28–41 AU$). Das Strand ist vor allem für seine *parrilla* bekannt, ein argentinisches Barbecue mit passender Musik, das jeden Sonntagabend (18–19.30 Uhr) stattfindet.

Megalomania FUSION $$
(07-4939 2333; Arthur St; Hauptgerichte 22–36 AU$; Di-Sa 12–15 & 17.30–21, So bis 15 Uhr) Das beste Restaurant der Stadt versprüht ein urbanes Inselflair und serviert australisch-asiatische Fusion-Küche mit interessanten Meeresfrüchte-Variationen. Entweder man räkelt sich unter den Feigenbäumen oder genießt sein Essen drinnen in einer ebenfalls begrünten Umgebung.

Footlights Theatre Restaurant COMEDY
(07-4939 2399; www.footlights.com.au; 123 Rockhampton Rd; Abendessen & Show 51 AU$) Das Footlights Theatre Restaurant bietet freitag- und samstagabends ein Drei-Gänge-Menü inklusive einer zweistündigen Comedy-Varieté-Show.

ℹ Praktische Informationen

Das **Capricorn Coast Visitor Centre** (1800 675 785; www.capricorncoast.com.au; Ross Creek Kreisverkehr; 9–17 Uhr) hält viele Infos zur Capricorn Coast und Great Keppel Island bereit und kann auch Unterkünfte und Touren buchen.

In der **Yeppoon Library** (07-4939 3433; 78 John St; Mo, Di, Do & Fr 9–17, Mi bis 20, Sa bis 16 Uhr) gibt's kostenlosen Internetzugang. Reservierung erforderlich.

ℹ An- & Weiterreise

Yeppoon liegt 43 km nordöstlich von Rockhampton. **Young's Bus Service** (07-4922 3813; www.youngsbusservice.com.au) hat häufig verkehrende Busse von Rockhampton (einfache Strecke 6,40 AU$) nach Yeppoon und hinunter zur Keppel Bay Marina.

Wer unterwegs zur Great Keppel Island oder zum Reef ist, findet ein paar Fährunternehmen, die auch Shuttles von der Unterkunft zur Keppel Bay Marina anbieten. Autofahrer können ihr Fahrzeug kostenlos auf dem Parkplatz am Jachthafen abstellen. Wem ein sicheres Parkhaus lieber ist, der findet südlich von Yeppoon am Scenic Hwy in der Nähe der Ausfahrt zur Marina den **Great Keppel Island Security Car Park** (07-4933 6670; 422 Scenic Hwy; ab 15 AU$/Tag).

RUND UM YEPPOON

Südlich von Yeppoon und Rosslyn Bay führt die Fahrt an drei hübschen Landzungen vorbei, von denen aus man einen schönen Ausblick hat: **Double Head**, **Bluff Point** und **Pinnacle Point**. Hinter dem Pinnacle Point überquert die Straße den **Causeway Lake**. Der Meeresarm ist ein perfekter Ort zum Angeln. **Emu Park** (2021 Ew.) liegt 19 km südlich von Yeppoon und ist der zweitgrößte Ort an der Küste. Viel zu tun gibt's hier allerdings nicht – mal abgesehen vom Genießen der schönen Aussicht und der Betrachtung des James Cook gewidmeten **Singing Ship Memorial**, eines eigenartigen Denkmals aus durchlöcherten Röhren, die im Wind ein schwermütiges Pfeifen und ächzende Geräusche von sich geben. Das **Emus Beach Resort** (07-4939 6111; www.emusbeachresort.com; 92 Pattison St, Emu Park; B 25–28 AU$, DZ/3BZ/4BZ 80/95/105 AU$; ✽@☼) ist ein Hostel der Superlative, mit Pool, Küche,

ABSTECHER

BYFIELD

Der umwerfend schöne Byfield National Park ist geprägt von gewaltigen Sanddünen, dichtem, subtropischem Regenwald, Sumpfgebieten und schroffen Felsformationen. Er ist das perfekte Ziel für einen gemütlichen Sonntagsausflug: Es gibt zahlreiche Wanderwege und abgelegene Strände, die einen bestimmt überzeugen werden, länger zu bleiben. Es existieren fünf Campingplätze (⌕13 74 68; www.nprsr.qld.gov.au; Erw./Fam. 5,85/21,80 AU$), für die jedoch im Voraus reserviert werden muss. Nine Mile Beach und Five Rocks liegen direkt am Strand und sind nur mit einem Geländewagen zu erreichen. Wenn die Wetterlage stimmt, gibt's am Nine Mile ganz ordentliche Wellen.

Waterpark Eco-Tours (⌕07-4935 1171; www.waterparkecotours.com; 201 Waterpark Creek Rd; 2–3-stündige Tour 25 AU$, Hütte 120 AU$) bietet gemütliche Regenwaldtouren in geräuscharmen Elektrobooten an. Ausgangspunkt ist eine aktive Teebaumplantage.

Das Byfield Mountain Retreat (⌕07-4935 1161; www.byfieldmountainretreat.com; 216 Arnolds Rd; Nacht/Woche 220/1200 AU$) umfasst ein 27 ha großes Stück Regenwald mit atemberaubendem Blick ins Hinterland. Es bietet Platz für zwölf Personen, Holzfeuer, Wanderwege und extragroße Betten. Gleich neben dem Refugium befindet sich die Nob Creek Pottery (⌕07-4935 1161; www.nobcreekpottery.com.au; 216 Arnolds Rd; ⊙10–16 Uhr) GRATIS, eine aktive Töpferei mit Galerie, in der mundgeblasenes Glas, Holzarbeiten und Schmuck ausgestellt werden. Die handgearbeiteten Keramiken sind überragend.

Unmittelbar nördlich von Byfield weisen Schilder den Weg zum Ferns Hideaway (⌕07-4935 1235; www.fernshideaway.com; 67 Cahills Rd, Byfield; Stellplatz ohne Strom 15 AU$/Pers., Hütte 150 AU$; ❋ ≋), einer abgeschiedenen Buschoase mit kleinen Hütten, einem Campingplatz, Kanuverleih und Naturwanderungen. Zum Anwesen gehört ein gemütliches Restaurant (Hauptgerichte 20–38 AU$; ⊙Fr & So mittags, Sa mittags & abends) mit offenem Feuer, deftigen, die Seele wärmenden Gerichten und Livemusik am Wochenende.

Der Byfield General Store (⌕07-4935 1190; Byfield Rd; ⊙Mi–Mo 8–18 Uhr) hat Benzin, die wichtigsten Lebensmittel und ein einfaches Café, das Pasteten, Sandwiches und sehr leckere Burger serviert. Es ist gleichzeitig auch eine Art Infozentrum.

Der Park liegt mit dem Auto 40 km nördlich von Yeppoon. Nördlich von Byfield grenzt das Armeeübungsgelände Shoalwater Bay an den Wald und den Park.

Grillbereich und Reisebüroservice. Es werden auch Touren zur nahe gelegenen Krokodilfarm angeboten. Ansonsten gibt's noch den Bell Park Caravan Park (⌕07-4939 6202; www.bellparkcaravanpark.com.au; Pattinson St; Stellplatz ohne/mit Strom 25/30 AU$, Hütte 107 AU$), der nur einen Steinwurf vom Strand entfernt liegt.

Emu Park Pizza & Pasta (⌕07-4938 7333; Hill St; Pizza 12–24 AU$; ⊙16.30–21 Uhr) ist auf den ersten Blick eher unscheinbar, die Pizzas locken aber sogar Gäste aus Yeppoon an.

An der Straße von Emu Park nach Rockhampton ist nach 15 km die Koorana Crocodile Farm (⌕07-4934 4749; www.koorana.com.au; Coowonga Rd; Erw./Kind 27/12 AU$; ⊙Führung 10.30 & 13 Uhr) erreicht. Sie kann nur im Rahmen einer – sehr informativen – Führung besucht werden. Nachdem man den Menschenfressern dabei zugesehen hat, wie sie im Wasser liegen und furchteinflößend umherrasen, kann man sich zum Trost im Restaurant Kroko-Kebab, Kroko-Rippchen oder Kroko-Pasteten gönnen.

GREAT KEPPEL ISLAND

Great Keppel Island ist eine atemberaubend Insel mit felsigen Landzungen, bewaldeten Hügeln und einem Rand aus pudrigem, weißem Sand an klarem, azurblauem Wasser. Zahlreiche einsame Strände säumen die 14 km² große Insel, die im Inneren zu 90% mit natürlichem Buschland bedeckt ist. Hinter den Bäumen, die den Hauptstrand säumen, stehen ein paar Hütten und Unterkünfte, aber ansonsten ist die Bebauung auf der Insel sehr maßvoll und zurückhaltend. Great Keppel Island liegt nur 13 km vor der Küste und ist dementsprechend leicht erreichbar, aber trotzdem ein ruhiger Rückzugsort: Man kann hier prima schnorcheln, baden und auch Buschwanderungen unternehmen.

Der Kiosk in Great Keppel Island Holiday Village verkauft einige Grundlebensmittel, aber alle, die richtig kochen möchten, müssen unbedingt ihre eigenen Lebensmittel mitbringen.

Great Keppel Island

◉ Sehenswertes

Die Strände von Great Keppel zählen zu den besten in ganz Queensland. Bei einem kurzen Spaziergang abseits des Fisherman's Beach, des Hauptstrands, findet man schnell seinen eigenen einsamen Strandabschnitt mit schneeweißem Sand. Es gibt recht hübsche Korallen und super Fischgründe, insbesondere zwischen Great Keppel und Humpy Island im Süden. Ein halbstündiger Spaziergang über die Landzunge bringt einen zum Monkey Beach, wo es sich gut schnorcheln lässt. Ein Wanderweg vom südlichen Ende des Flugplatzes führt zum Long Beach, dem wohl schönsten Strand der Insel.

Vom Fisherman's Beach gehen mehrere Buschwanderwege ab. Der längste und vielleicht schwierigste führt zum 2,5 m hohen „Leuchtturm" nahe Bald Rock Point auf der anderen Seite der Insel (hin & zurück ca. 3 Std.).

🏃 Aktivitäten & Geführte Touren

Watersports Hut WASSERSPORT
(07-4925 0624; Putney Beach; ⊙ Sa & So & in den Schulferien) In der Watersports Hut am Hauptstrand werden Schnorchelausrüstung, Kajaks und Katamarane verliehen. Auch Fun-Fahrten auf aufblasbaren Gummibooten werden angeboten.

Freedom Fast Cats BOOTSFAHRT
(07-4933 6888; www.freedomfastcats.com; Keppel Bay Marina, Rosslyn Bay; Erw./Kind ab 75/48 AU$) Veranstaltet eine ganze Reihe von Inseltouren, darunter Ausflüge mit dem Glasbodenboot, Schnorcheltrips und Boom-Netting (man lässt sich in einem großen Netz von einem Boot ziehen).

🛏 Schlafen

★ Svendsen's Beach HÜTTE $$
(07-4938 3717; www.svendsensbeach.com; Hütte f. 3 Nächte 330 AU$/Pers.) Die abgeschiedene Boutiqueunterkunft bietet zwei luxuriöse Zelt-Bungalows auf einzelnen erhöhten Holzplattformen mit Blick auf den hübschen Svendsen's Beach. Die umweltfreundliche Anlage wird mit Solar- und Windenergie versorgt und hat eine Eimerdusche im Busch. Perfekt zum Schnorcheln, Wandern und für ein romantisches Stelldichein! Im Preis inbegriffen sind die Transfers von der und zur Fähre am Fisherman's Beach.

Great Keppel Island Holiday Village HOSTEL, HÜTTE $$
(07-4939 8655; www.gkiholidayvillage.com.au; B 35 AU$, Zelt EZ & DZ 90 AU$, Hütte 150 AU$, Haus

ab 230 AU$) Das Feriendorf bietet diverse gute Budgetoptionen (Schlafsäle, Hütten, Luxuszelte) sowie ganze Häuser. Die freundliche, relaxte Unterkunft verfügt über Gemeinschaftsbäder, eine ganz gute Gemeinschaftsküche sowie einen Grillbereich. Gäste können kostenlos Schnorchelausrüstung ausleihen. Außerdem werden von hier aus Ausflüge in motorisierten Kanus zu tollen Schnorchel-Spots angeboten.

Keppel Lodge PENSION $$
(07-4939 4251; www.keppellodge.com.au; Fisherman's Beach; DZ 65–75 AU$/Pers., Haus 520–600 AU$; @ 🛜) In dem angenehmen, offen gestalteten Haus gehen vier große Schlafzimmer (mit Bad) von einem großen Gemeinschaftsbereich mit Küche ab. Das Haus kann komplett gemietet werden (ideal für Gruppen), aber auch das Buchen einzelner Suiten ist möglich.

 Essen

Da es nur ein Restaurant und keinen Supermarkt auf der Insel gibt, muss man seinen Proviant selbst mitbringen.

Island Pizza PIZZERIA $
(07-4939 4699; The Esplanade; Gerichte 6–30 AU$; ⏱ unterschiedl.) Das freundliche Lokal punktet mit seinen Gourmet-Pizzas, die mit allen möglichen Zutaten belegt werden können. Die Öffnungszeiten sind an der Tafel angeschlagen.

ⓘ An- & Weiterreise

Freedom Fast Cats (07-4933 6888; www.freedomfastcats.com) legt jeden Morgen von der Keppel Bay Marina in Rosslyn Bay (7 km südl. von Yeppoon) ab und fährt zur Great Keppel Island (hin & zurück Erw./Kind/Fam. 52/33/150 AU$); Rückfahrt ist am Nachmittag desselben Tages (genaue Abfahrtszeiten telefonisch erfragen!). Wer eine Unterkunft auf der Insel gebucht hat, sollte sicherstellen, dass jemand zum Strand kommt und einem mit dem Gepäck hilft.

NOCH MEHR INSELN IN DER KEPPEL BAY

Von der Great Keppel Island aus können zwar auch Tagesausflüge zu den Korallenriffen rund um **Middle Island** oder **Halfway Island** unternommen werden (im Hotel oder dem Great Keppel Island Holiday Village nachfragen!), es besteht aber auch die Möglichkeit, auf verschiedenen als Nationalpark ausgewiesenen Inseln zu campen (Erw./Fam. 5,85/21,80 AU$), darunter **Humpy Island, Middle Island, North Keppel Island** und **Miall Island**. Verpflegung und Trinkwasser sind selbst mitzubringen. Infos und Genehmigungen bekommt man beim **NPRSR** (13 74 68; www.nprsr.qld.gov.au) oder den **Rosslyn Bay Marine Parks** (07-4933 6595).

Nachdem die eigentlich bezaubernde **Pumpkin Island** von einem Queensländer Bierriesen bis 2015 geleast wurde, wurde sie vorübergehend in **XXXX Island** umbenannt. Zum Zeitpunkt unserer Recherche war ein Besuch auf der Insel nicht möglich – außer man hat Glück und kauft zufällig einen der „besonders gekennzeichneten" Bierkartons.

Von Rosslyn Bay aus bietet **Funtastic Cruises** (0438 909 502; www.funtasticcruises.com; Tour Erw./Kind 98/80 AU$) Tagesausflüge an, auf denen per Boot mehrere Inseln erkundet werden. Für Camper kann auch nur die Hinfahrt bzw. Abholung organisiert werden.

Whitsunday Coast

Inhalt ➡

Mackay............ 426
Eungella
National Park 432
Whitsunday Islands . 434
Airlie Beach........ 438
South Molle Island.. 444
Daydream Island ... 444
Hamilton Island 445
Hayman Island 447
Lindeman Island..... 447
Whitsunday Island ...447

Gut essen

➡ Mr. Bones (S. 442)
➡ Spice n Flavour (S. 429)
➡ Fish D'vine (S. 442)
➡ Jochheims Pies (S. 448)
➡ Kevin's Place (S. 429)

Schön übernachten

➡ Qualia (S. 445)
➡ Nationalpark-Campingplätze (S. 447)
➡ Platypus Bushcamp (S. 432)
➡ Kipara (S. 439)
➡ Fernandos Hideaway (S. 431)

Auf zur Whitsunday Coast!

Die traumhaften, im Korallenmeer gelegenen Whitsunday Islands gehören zu den bedeutendsten Naturattraktionen Australiens. Opal- und jadefarbenes Wasser sowie weiße Strände umgeben die bewaldeten Kuppen dieser „versunkenen Berge". Hier kann man an Buchten campen, in Resorts faulenzen, schnorcheln, tauchen oder von Insel zu Insel fahren. In dem klaren Wasser des Great Barrier Reef Marine Park, des weltweit größten Korallengartens, tummeln sich unzählige Fische. Airlie Beach, das Tor zu den Inseln, ist eine geschäftige Backpacker-Hochburg mit vielen braun gebrannten, strahlenden Menschen und einem pulsierenden Nachtleben.

Südlich von Airlie liegt Mackay, eine typische Küstenstadt mit von Palmen und Art-déco-Häusern gesäumten Straßen. Viel zu tun gibt es nicht, aber der Ort ist eine gute Basis für Trips zu den Hinterland-Oasen Finch Hatton Gorge und Eungella National Park mit den Schnabeltieren. In Bowen im Norden gibt's einsame Strände und historische Straßenkunst.

Reisezeit
Mackay

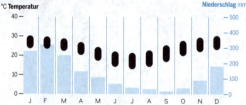

Juni–Okt. Perfekt: Sonne, friedliche Tage, mildes Wetter und quallenfreies Meer.

Aug. Segelboote gleiten übers Wasser, und die Partys der Airlie Beach Race Week steigen.

Sept.–Okt. Optimale Bedingungen für Kajaktrips rund um die Inseln.

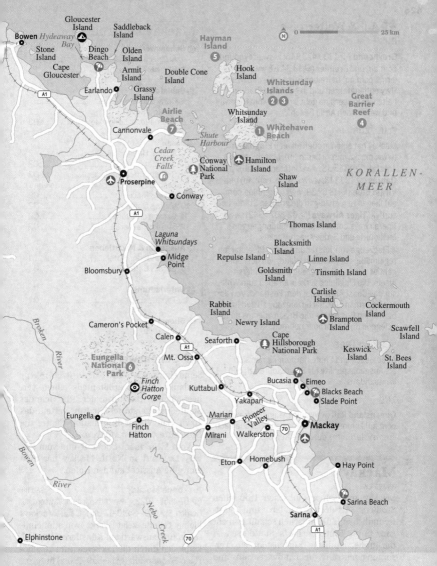

Highlights

① Über den strahlend weißen Quarzsand am herrlichen **Whitehaven Beach** (S. 447) staunen

② Durch die wundervoll aquamarinblauen Gewässer um die **Whitsunday Islands** (S. 434) segeln

③ Im **Whitsunday Islands National Park** (S. 438) unter Sternen zelten, Naturpfade abwandern und wie Robinson Crusoe leben

④ Am äußeren Rand des **Great Barrier Reef** (S. 435) tauchen und schnorcheln

⑤ Im tropischen Luxus-Inselresort von **Hayman Island** (S. 447) am Pool Cocktails schlürfen

⑥ Durch den diesigen Regenwald des **Eungella National Park** (S. 432) wandern und geduldig nach den scheuen Schnabeltieren Ausschau halten

⑦ Sich im feierwütigen **Airlie Beach** (S. 438) antörnen lassen, Bier bechern und kräftig Party machen

ℹ An- & Weiterreise

BUS

Greyhound (📞 1300 473 946; www.greyhound.com.au) und **Premier** (📞 13 34 10; www.premierms.com.au) betreiben Busse, die den Bruce Hwy entlangfahren und in größeren Städten halten. In Proserpine geht's runter vom Highway und weiter nach Airlie Beach.

FLUGZEUG

Mackay hat einen großen lokalen **Flughafen** (www.mackayairport.com.au). Maschinen von **Jetstar** (📞 13 15 38; www.jetstar.com.au), **Qantas** (📞 13 13 13; www.qantas.com.au) und **Virgin Blue** (📞 13 67 89; www.virginblue.com.au) fliegen regelmäßig in die größten Städte und zurück. **Tiger Airways** (📞 02-8073 3421; www.tigerairways.com.au) hat Verbindungen von Melbourne und Sydney nach Mackay.

Flugzeuge von Jetstar und Virgin Blue starten regelmäßig zur Hamilton Island; von dort aus geht es per Schiff/Flugzeug zu den anderen Inseln. Die Fluglinien verkehren auch zum Whitsunday Coast Airport auf dem Festland. Von dort aus kann man ein Charterflugzeug zu den Inseln bzw. einen Bus nach Airlie Beach oder ins nahe gelegene Shute Harbour nehmen.

SCHIFF/FÄHRE

Airlie Beach und Shute Harbour eignen sich als Ausgangspunkte für Schiffstouren zu den Whitsundays.

ZUG

Queensland Rail (www.queenslandrailtravel.com.au) kommt auf dem Weg von Brisbane nach Townsville/Cairns durch die Region.

Mackay

85399 EW.

Mackay mit seinen hübschen tropischen Straßen, Art-déco-Gebäuden und gastfreundlichen Einheimischen schafft es nicht ganz in die Touristencharts. Stattdessen ist die große, ländliche Küstenstadt ein Versorgungszentrum für Landwirtschaft und Bergbau in der Umgebung. Obwohl der neu gestaltete Jachthafen mit Open-Air-Restaurants und -Cafés an der malerischen Promenade seine Reize hat, dient Mackay eher als praktischer Ausgangspunkt für Trips ins Umland. Die Whitsundays sind nur eine einhalbstündige Autofahrt entfernt. Zu den hübschen Cumberland Islands kommt man schnell per Flugzeug oder Charter-Boot, zum Pioneer Valley und zum Eungella National Park über eine Panoramastraße durch Zuckerrohrfelder.

Mackay Zentrum

◎ Sehenswertes
1. Artspace Mackay B2
2. Bluewater Lagoon B1

🛏 Schlafen
3. Coral Sands Motel B2
4. Gecko's Rest C2
5. International Lodge Motel B2

🍴 Essen
6. Austral Hotel A2
7. Burp Eat Drink C2
8. Comet Coffee D2
   Foodspace .... (siehe 1)
9. Kevin's Place C2
10. Maria's Donkey D2
11. Oscar's on Sydney C2
12. Spice n Flavour C2

🍸 Ausgehen & Nachtleben
13. Ambassador Hotel C1
14. Gordi's Cafe & Bar C2

✪ Unterhaltung
15. Tryst C2

🛍 Shoppen
16. Märkte A3

◎ Sehenswertes

Seine eindrucksvolle **Art-déco-Architektur** verdankt Mackay größtenteils einem verheerenden Wirbelsturm, der 1918 viele der Stadthäuser zerstörte. Für Fans verteilt das Town Hall Visitor Information Centre die Broschüre *Art Deco Mackay*.

Vom **Mt. Basset Lookout** und vom **Rotary Lookout** in North Mackay hat man eine gute Aussicht auf den Hafen.

Artspace Mackay   GALERIE
(📞 07-4961 9722; www.artspacemackay.com.au; Gordon St; ⏰ Di–So 10–17 Uhr) GRATIS Mackays kleine Galerie zeigt Werke von einheimischen und auswärtigen Künstlern. Wer will, kann sich durch die Leckereien im zugehörigen **Foodspace** (⏰ Di–So 9–15 Uhr) futtern.

Mackay Regional Botanical Gardens   GÄRTEN
(Lagoon St) Die 33 ha großen Gärten 3 km südlich des Stadtzentrums sind ein Muss für jeden Pflanzenliebhaber. Hier gibt es fünf Themengärten und das Lagoon Café/Restaurant (geöffnet Mi–So 9–16 Uhr).

Bluewater Lagoon   LAGUNE
(⏰ 9–17.45 Uhr) GRATIS Mackays nette künstlich angelegte Lagune in der Nähe des Caneland

Mackay Zentrum

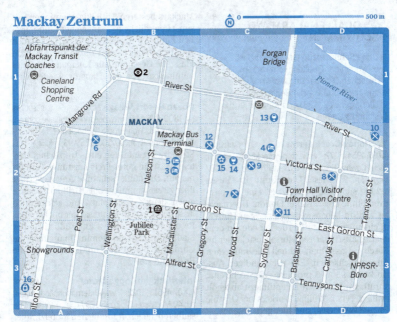

Shopping Centre verfügt über Wasserfontänen, Wasserrutschen, grasbewachsene Picknickbereiche und ein Café.

Mackay Marina — JACHTHAFEN
(Mackay Harbour) Der belebte Jachthafen ist ein angenehmes Plätzchen für ein Abendessen und ein Gläschen Wein mit Blick aufs Wasser. Alternativ kann man ganz einfach im Park picknicken oder an der Mole entlangspazieren. Auch die Angelmöglichkeiten sind hier recht gut.

Strände

Mackay hat viele Strände, aber nicht alle sind ideal zum Baden. Die besten sind Blacks Beach, Eimeo und Bucasia ca. 16 km weiter nördlich.

Die beste Option in Stadtnähe ist der bewachte **Harbour Beach** gleich südlich der Mackay Marina und 6 km nördlich vom Zentrum. Im nahen Mulherin Park gibt's Grills und Picknicktische.

Geführte Touren

Farleigh Sugar Mill — GEFÜHRTE TOUR
(07-4959 8360; 2-stündige Führung Erw./Kind 25/13 AU$; Mai-Dez. 9.30 & 13 Uhr) Während der Zuckerrohrernte können Besucher die Herstellung der süßen Kristalle beobachten. Für die Besichtigung ist angemessene Kleidung vorgeschrieben: also lange Ärmel und Hosen, geschlossene Schuhe. Im Preis enthalten ist ein Vormittags- bzw. Nachmittagstee.

Reeforest Adventure Tours — KULTUREXKURSION
(1800 500 353; www.reeforest.com) Zahlreiche Vergnügungstouren, u.a. die Öko-Safari „Schnabeltier und Regenwald", sowie zweitägige Eungella-Touren.

Heritage Walk — STADTSPAZIERGANG
(07-4944 5888; Mai-Sept. Mi 9 Uhr) GRATIS Einmal pro Woche werden die Sehenswürdigkeiten und Geheimnisse des alten Mackay erkundet (1½–2 Std.). Los geht's am Visitor Information Centre bei der Old Town Hall in der Sydney St.

Feste & Events

Wintermoon Folk Festival — MUSIK
(www.wintermoonfestival.com) Folk- und Weltmusikfans kommen hier jedes Jahr im Mai auf ihre Kosten.

Schlafen

Südlich vom Zentrum säumen viele Motels die Nebo Rd. Die Budgetoptionen (DZ ca. 110 AU$) hängen ihre Preise jeweils vor dem Haus aus. Hier könnte allerdings der Straßenlärm recht lästig werden.

> **ⓘ QUALLENALARM: WO SCHWIMMEN?**
>
> Ohne Schutzanzug (*stinger suit*) ist es wegen der Quallen nicht ratsam, zwischen Oktober und Mai im Meer zu schwimmen. Airlie Beachs tolle Uferlagune (S. 438) erlaubt ganzjährig sicheres Baden.

★ Stoney Creek Farmstay FARMSTAY $
(☏ 07-4954 1177; www.stoneycreekfarmstay.com; Peak Downs Hwy; B/Pferdestall/Hütte 25/100/145 AU$) 🌿 Diese Unterkunft im Busch (32 km südl. von Mackay) ist eine im positiven Sinne abgewrackte Option. Übernachtet wird in liebenswert klapperigen Hütten, in einem rustikalen Pferdestall oder in dem charismatischen Dead Horse Hostel. Hier im Busch vergisst man schnell alle modernen Annehmlichkeiten. Ein dreistündiger Ausritt kostet 95 AU$ pro Nase. Wer rechtzeitig anruft, wird von den Eigentümern abgeholt (min. 2 Pers.). Willing Workers on Organic Farms (WWOOFs) sind hier gern gesehen.

Mackay Marine Tourist Park WOHNWAGENPARK $
(☏ 07-4955 1496; www.mmtp.com.au; 379 Harbour Rd; Stellplatz ohne/mit Strom 30/34 AU$, Budgethütte 95 AU$, Villa 110–150 AU$; ❄@🛜🏊) Hier ist alles einen Tick besser als in anderen Wohnwagenparks. Die Hütten und Villen haben eigene Terrassen und Großbildfernseher, und in das riesige Hüpfkissen wird sich mit Sicherheit jeder verlieben.

Gecko's Rest HOSTEL $
(☏ 07-4944 1230; www.geckosrest.com.au; 34 Sydney St; B/DZ/FZ 28/65/100 AU$; ❄@) Das Gecko's platzt vor abenteuerlustigen Travellern und Bergarbeitern fast aus allen Nähten. Es ist nicht wirklich blitzblank, aber das einzige Hostel in der Stadt und darüber hinaus auch noch in zentraler Lage.

The Park Mackay WOHNWAGENPARK $
(☏ 07-4952 1211; www.theparkmackay.com.au; 284 Farrellys Rd; Stellplatz ohne/mit Strom 31/33 AU$, Villa 85–120 AU$; @) Dieser saubere, einfache Wohnwagenpark liegt etwa 7 km vom Zentrum entfernt und bietet einen Kiosk, Grillplätze und einen Pool. Hier gibt's weder positive noch negative Überraschungen.

Coral Sands Motel MOTEL $$
(☏ 07-4951 1244; www.coralsandsmotel.com.au; 44 Macalister St; Zi. 130–165 AU$; ❄🛜🏊) Eine von Mackays besseren Mittelklasseoptionen mit superfreundlichem Management und großen Zimmern in zentraler Lage. Der Hauch von Tropenkitsch wird durch die Lage am Fluss, die Geschäfte, die Kneipen und Cafés unmittelbar vor der Haustür wieder wett gemacht.

Ocean Resort Village RESORT $$
(☏ 1800 075 144; www.oceanresortvillage.com.au; 5 Bridge Rd; Wohnstudio/Wohneinheit f. Fam./2-Zi.-Wohneinheit ab 90/100/135 AU$; ❄🏊) Das Strandresort inmitten eines tropischen Gartens weist ein gutes Preis-Leistungs-Verhältnis auf. Die kühle, schattige Anlage verfügt über zwei Swimmingpools, Grillplätze sowie einen kleinen Tennisplatz, und gelegentlich lässt sich auch ein Beutelsäuger blicken. Das Resort befindet sich 4 km südöstlich des Stadtzentrums (hin kommt man über die Gordon St bis zu Goldsmith St, die auf die Bridge Rd stößt).

International Lodge Motel MOTEL $$
(☏ 07-4951 1022; www.internationallodge.com.au; 40 Macalister St; Zi. ab 120 AU$; P❄🛜) Die sauberen, hellen, freundlichen Motelzimmer verstecken sich hinter einer unscheinbaren Fassade. Sie sind eine preiswerte Option in der Nähe von Mackays Restaurant- und Barbezirk.

Clarion Hotel Mackay Marina LUXUSHOTEL $$$
(☏ 07-4955 9400; www.mackaymarinahotel.com; Mulherin Dr; DZ ab 285 AU$; ❄@🛜🏊) Das einladende Luxushotel im ruhigen Jachthafenviertel hat ein ausgezeichnetes Restaurant und einen riesigen Pool. Die Zimmer sind mit Kochecken und eigenen Balkonen ausgestattet. Das Hotel befindet sich 6,5 km nordöstlich des Stadtzentrums. Hin kommt man auf der Sydney St gen Norden und dann über die Forgan Bridge.

🍴 Essen

Maria's Donkey TAPAS $
(☏ 07-4957 6055; 8 River St; Tapas 8–15 AU$; ⊙ Mi & Do 12–22, Fr–So 12–24 Uhr) In dem witzigen, energiegeladenen Lokal gibt's Tapas, Sangria und gelegentlich Livemusik, gute Laune ist fast immer garantiert. Fahriges Personal – aber das gehört irgendwie dazu.

Comet Coffee CAFÉ $
(☏ 0423 420 195; 43 Victoria St; Sandwiches 7–9 AU$; ⊙ Mo–Fr 5.30–15, Sa & So 9–12 Uhr) Mackays besten Kaffee gibt es in einer alten Garage am ruhigen Ende der Stadt. Hier kann man in Zeitschriften schmökern und

ausgezeichnete Muffins oder Sandwiches mit Pastrami, Mixed Pickels und Schweizer Käse genießen.

Oscar's on Sydney — FUSION $
(07-4944 0173; Ecke Sydney St & Gordon St; Hauptgerichte 10–23 AU$; Mo-Fr 7–17, Sa 7–16, So 8–16 Uhr) Die leckeren *poffertjes* (niederländische Pfannkuchen mit traditionellen Garnierungen) in diesem beliebten Eckcafé sind noch immer schwer angesagt, aber auch die anderen Gerichte lohnen einen Versuch. Super Frühstücks-Location!

★ Spice n Flavour — INDISCH $$
(07-4999 9639; 162 Victoria St; Hauptgerichte 15–25 AU$, Bankett ab 35 AU$/Pers.; Mo-Fr 11.30–14.30, tgl. 17.30 Uhr–open end) Chili-Fans, die von den Speisen, die in anderen indischen Restaurants als „hot" bezeichnet werden, enttäuscht waren, kommen hier (auf Wunsch) voll auf ihre den Mund verbrennenden Kosten. Auf der Speisekarte stehen Altbekanntes und Exotisches. Wer nicht genau weiß, welches Getränk am besten zu welchem Gericht passt, bekommt mehrere Tipps. Aber ungeachtet dessen ist das Mango-Bier ein Muss.

Kevin's Place — ASIATISCH $$
(07-4953 5835; 79 Victoria St; Hauptgerichte 16–27 AU$; Mo-Fr mittags & abends, Sa abends) Noch brutzelnd serviertes, pikantes Essen aus Singapur, fixe, professionelle Kellner, koloniales Ambiente und tropisches Klima sorgen hier zusammen für ein Erlebnis à la Sir Thomas Stamford Bingley Raffles (Forscher und Gründer Singapurs).

Austral Hotel — KNEIPE $$
(07-4951 3288; 189 Victoria St; Hauptgerichte 19–36 AU$, Steaks 24–47 AU$; 12–14.30 & 18–21 Uhr) Viele Steaks. Wenig Zeit.

Burp Eat Drink — MODERN-AUSTRALISCH $$$
(07-4951 3546; www.burp.net.au; 86 Wood St; Hauptgerichte ab 33 AU$; Di-Fr 11.30–15 & 18 Uhr–open end, Sa 18 Uhr–open end) Das Burp wirkt wie ein Melbourner Nobellokal in den Tropen. Auf der kurzen, aber verführerischen Speisekarte steht Interessantes, u.a. Schweinebauch mit Jakobsmuscheln, Krebse mit Kaffernlimettenkruste und gute Steaks.

Ausgehen & Nachtleben

Gordi's Cafe & Bar — KNEIPE
(85 Victoria St) Gordi's ist eine Straßenkneipe, die unter den Einheimischen als beste After-Work- oder Vorglüh-Location bekannt ist.

Ambassador Hotel — BAR
(07-4953 3233; www.ambassadorhotel.net.au; 2 Sydney St; Do 17 Uhr–open end, Fr-So 16 Uhr–open end) Draußen Art-déco, drinnen steppt der Bär: feiern und trinken auf mehreren Etagen und in Mackays einziger Dachterrassenbar.

Sails Sports Bar — BAR
(07-4955 3677; Mulherin Dr, Mackay Harbour; 10–24 Uhr) In dieser Themenbar kann es spätabends schon etwas rüpelhaft zugehen. Sonntagnachmittags ist sie aber ein idealer Ort, um Livemusik und den tollen Blick auf den Jachthafen zu genießen.

Tryst — CLUB
(99 Victoria St; Do-Sa 22–4 Uhr) Wilder Tanzclub, in dem einheimische und auswärtige DJs für Stimmung sorgen.

Shoppen

Märkte
Mackays Märkte sind beliebt und bestehen aus einer überraschend bunten Mischung aus Ladenstraßen, in denen so ziemlich alles verkauft wird – von Krimskrams über witzige Klamotten bis hin zu Bio-Obst und -Gemüse. Lohnend sind die **Mackay Showgrounds Markets** (Sa ab 7.30 Uhr, Milton St), die **Twilight Markets** (1. Fr im Monat 17–21 Uhr, Mackay Surf Club) und der **Troppo Market** (2. So im Monat ab 7.30 Uhr, Parkplatz des Mt. Pleasant Shopping Centre).

Praktische Informationen

Bahnhof, Flughafen, botanische Gärten und Visitor Centre liegen ca. 3 km südlich der Innenstadt. 6 km nordöstlich des Zentrums befindet sich Mackay Harbour mit einem riesigen Zuckerlager. Der benachbarte Jachthafen ist von mehreren Restaurants gesäumt.

Mackay Visitor Centre (1300 130 001; www.mackayregion.com; 320 Nebo Rd; Mo 9–17, Di-Fr 8.30–17, Sa & So 9–16 Uhr) Etwa 3 km südlich des Zentrums. Internetzugang.

NPRSR-Büro (07-4944 7818; www.nprsr.qld.gov.au; 30 Tennyson St; Mo–Fr 8.30–16.30 Uhr) Hier gibt's Camping-Genehmigungen.

Town Hall Visitor Information Centre (07-4957 1775; 63 Sydney St; Mo-Fr 9–17, Sa 9–12 Uhr) Infos und Internetzugang.

An- & Weiterreise

BUS
Busse halten am **Mackay Bus Terminal** (Ecke Victoria & Macalister St), wo auch Tickets gekauft werden können. **Greyhound** (1300

473 946; www.greyhound.com.au) rollt die Küste hinauf und hinunter. Beispiele für Preise (einfache Strecke; Erw.) und Reisedauer: Airlie Beach (30 AU$, 2 Std.), Townsville (67 AU$, 6 Std.), Cairns (113 AU$, 13 Std.) und Brisbane (213 AU$, 17 Std.).

Premier (13 34 10; www.premierms.com.au) ist günstiger als Greyhound, fährt aber nicht so häufig.

FLUGZEUG

Der Flughafen liegt ca. 3 km südlich von Mackays Zentrum.

Jetstar (13 15 38; www.jetstar.com.au), **Qantas** (13 13 13; www.qantas.com.au) und **Virgin Blue** (13 67 89; www.virginblue.com.au) fliegen nach bzw. ab Brisbane. **Tiger Airways** (02-8073 3421; www.tigerairways.com.au) bietet Direktflüge zwischen Mackay und Melbourne/Sydney an.

ZUG

Der *Tilt Train* von **Queensland Rail** (1800 872 467; www.traveltrain.com.au) verbindet Mackay mit Brisbane (260 AU$, 13 Std.), Townsville (125 AU$, 5½ Std.) und Cairns (200 AU$, 12 Std.). Der langsamere *Sunlander* bedient die gleiche Strecke: Brisbane (Sitz-/Schlafwagenplatz 140/240 AU$, 17 Std.). Der Bahnhof befindet sich in Paget, 5 km südlich des Stadtzentrums.

❶ Unterwegs vor Ort

Alle großen Autovermieter sind am Mackay Airport vertreten (vollständige Liste unter www.mackayairport.com.au/travel/car-hire).

Die Busse von **Mackay Transit Coaches** (07-4957 3330; www.mackaytransit.com.au) bedienen mehrere Strecken in der ganzen Stadt und fahren zum Hafen und zu den nördlichen Stränden. Fahrpläne sind in den Visitor Centres und online erhältlich. **Ocean Breeze Transfers** (www.ocean-breeze-transfers.com.au) verkehrt zwischen der Stadt und dem Flughafen. Im Voraus buchen!

Mackay Taxis muss man telefonisch bestellen (13 10 08).

Mackays nördliche Strände

Nördlich von Mackay besteht die Küstenlinie aus mehreren Landzungen und Buchten, in deren Schutz kleine Ortschaften mit Ferienunterkünften liegen.

Am 6 km langen **Blacks Beach** kann man die Seele baumeln lassen und einen Tag lang ein Stück der Küste am Korallenmeer erobern. Zu den zahlreichen Unterkünften zählt z. B. das **Blue Pacific Resort** (07-4954 9090; www.bluepacificresort.com.au; 26 Bourke St, Blacks Beach; Wohnstudio 165–180 AU$, Wohneinheit mit 1/2 Zi. 180–265 AU$; ❄@☎☼) mit hellen, fröhlichen Wohneinheiten direkt am Strand. Alle Zimmer sind für Selbstversorger konzipiert.

Von den Zeltstellplätzen des ganz in der Nähe gelegenen **Blacks Beach Holiday Park** (07-4954 9334; www.mackayblacksbeachholidaypark.com.au; 16 Bourke St, Blacks Beach; Stellplatz ohne/mit Strom 30/35 AU$, Villa 140–180 AU$; P❄☼) fällt der Blick auf einen herrlich langen Strandabschnitt.

Am Nordende von Blacks Beach befindet sich die Vier-Sterne-Unterkunft **Dolphin Heads Resort** (07-4944 4777; www.dolphinheadsresort.com.au; Beach Rd, Dolphin Heads; DZ 160–220 AU$; ❄@☎☼) mit 80 gemütlichen Wohneinheiten im Motelstil und tollem Blick auf die schöne (aber felsige) Bucht.

Nördlich von Dolphin Heads liegt **Eimeo** mit dem **Eimeo Pacific Hotel** (Mango Ave, Eimeo; 10–22 Uhr) auf einer Landzunge. Bei grandiosem Blick auf das Korallenmeer kann man hier ganz wunderbar ein Bier genießen.

An der Sunset Bay gegenüber von Eimeo und Dolphin Heads liegt **Bucasia**. Um dort oben hinzukommen, muss man aber den ganzen Weg zurück zur Hauptstraße fahren. Das kürzlich aufgemöbelte **Bucasia Beachfront Caravan Resort** (07-4954 6375; www.bucasiabeach.com.au; 2 The Esplanade; Stellplatz mit Strom 30–45 AU$; ❄☼) bietet mehrere Stellplätze mit sensationellem Blick auf Strand und Wasser.

Sarina

5730 EW.

Das in den Ausläufern der Connors Range gelegene Sarina dient als Versorgungszentrum für die umliegenden Zuckerrohrplantagen und ist der Standort der Zuckerraffinerie und der Äthanoldestillerie von CSR. Außerdem kann man hier gut angeln – einfach die Einheimischen fragen, wo man den Haken am besten auswirft!

Das **Sarina Tourist Art & Craft Centre** (07-4956 2251; www.sarinatourism.com; Railway Sq, Bruce Hwy; 9–17 Uhr) versorgt Besucher mit Touristeninfos und stellt einheimisches Kunsthandwerk aus.

Der **Sarina Sugar Shed** (07-4943 2801; www.sarinasugarshed.com.au; Railway Sq; Erw./Kind 21/11 AU$; Führungen Mo–Sa 9.30, 10.30,

12 & 14 Uhr) ist die landesweit einzigartige Miniaturausgabe einer Zuckerraffinerie und Schnapsbrennerei. Nach der Führung gibt's in Letzterer ein Gratisschlückchen.

Der Bruce Hwy führt mitten durchs Ortszentrum. Nördlich von diesem steht das Tramway Motel (07-4956 2244; www.tramwaymotel.com.au; 110 Broad St; DZ ab 125 AU$, Wohneinheit 180–200 AU$;) mit sauberen, hellen Wohneinheiten. Für ein alternatives Gastro-Erlebnis empfiehlt sich der Diner (11 Central St; Hauptgerichte 4–6 AU$; Mo-Fr 4–18, Sa 4–10 Uhr): Der rustikale Straßenimbiss verköstigt Lastwagenfahrer und Zuckerrohrfarmer seit Jahrzehnten. Im Zentrum die Abzweigung nach Clermont nehmen und kurz vor dem Bahnübergang auf eine Blechbude zur Linken achten!

Rund um Sarina

Östlich von Sarina erreicht man nach kurzer Autofahrt ein paar bodenständige Küstenorte. Saubere, menschenleere Strände und schmale, mangrovengesäumte Buchten bieten dort super Möglichkeiten zum Relaxen, Angeln, Strandwandern und Tierebeobachten (z.B. Meeresschildkröten bei der Eiablage).

Sarina Beach

Das entspannte Küstendorf mit dem langen Strand und der Bootsrampe am Sarina Inlet verfügt auch über einen Gemischtwarenladen mit Tankstelle plus Autowerkstatt.

★Fernandos Hideaway (07-4956 6299; www.sarinabeachbb.com; 26 Captain Blackwood Dr; EZ/DZ/Suite 130/140/160 AU$;) heißt ein B&B im Stil einer spanischen Hazienda. Auf einer schroffen Landzunge gelegen, punktet es mit sensationellem Küstenblick und direkter Strandlage. Das Wohnzimmer zieren ein ausgestopfter Löwe, eine Ritterrüstung und alle möglichen Souvenirs des weit gereisten, exzentrischen Eigentümers.

Die meisten Zimmer des Sarina Beach Motel (07-4956 6266; www.sarinabeachmotel.com; 44 Owen Jenkins Dve; DZ 135–160 AU$;) am Nordende der Esplanade grenzen direkt an den Strand. Das Restaurant ist jeden Abend geöffnet.

Armstrong Beach

Der schöne Armstrong Beach Caravan Park (07-4956 2425; 66 Melba St; Stellplatz ohne/mit Strom 21–50 AU$) befindet sich ein paar Kilometer südöstlich von Sarina an der Küste. Die genannten Preise gelten für zwei Personen.

Pioneer Valley

In Richtung Westen weicht Mackays Stadtlandschaft dem üppigen Grün des wunderschönen Pioneer Valley. Neben der Straße rattern hier Züge voller Zuckerrohr emsig vorbei, sodass einem dessen typischer Geruch in die Nase steigt. Zuckerrohr wurde 1867 erstmals hier angebaut und bedeckt heute fast den ganzen Talboden. Rund 10 km westlich von Mackay zweigt die Mackay-Eungella Rd zum Eungella National Park vom Peak Downs Hwy ab. Sie führt am Fluss entlang durch riesige Zuckerrohrfelder und passiert dabei ab und zu kleine Ortschaften oder qualmende Zuckerfabriken.

Etwa 17 km westlich von der kleinen Stadt Mirani steht das Pinnacle Hotel (www.pinnaclehotel.com.au; Eungella Rd, Pinnacle; Hauptgerichte 10–20 AU$), ein Pub mit Übernachtungsmöglichkeiten (Zeltplatz 10–20 AU$; DZ 50 AU$), Freiluftcafé und Livemusik am Sonntagnachmittag. Unbedingt einen Pinnacle Pie probieren – wer das nicht tut, bereut es ewig!

Nach weiteren 10 km führt eine Abzweigung zur Finch Hatton Gorge im Eungella National Park. Hinter der Abzweigung (1,5 km) kommt die hübsche Gemeinde Finch Hatton in Sicht.

Von dort aus sind es weitere 18 km bis zum malerischen Bergdorf Eungella oberhalb des Tales. Achtung: Der letzte Straßenabschnitt steigt plötzlich und extrem steil über mehrere heftigste Haarnadelkurven an – das ist nichts für lange Wohnwagengespanne!

Eungella

Das nette, kleine Eungella (*yang*-gälla; „Land der Wolken") klebt direkt am Rand des Pioneer Valley. Hier gibt's einen Gemischtwarenladen, der Snacks, Lebensmittel und Benzin verkauft, sowie ein paar Unterkünfte und Restaurants. Am ersten Sonntag im Monat (April–Dez. ab 9 Uhr) findet am Rathaus ein quirliger Markt statt.

Das schöne, kleine Eungella Mountain Edge Escape (07-4958 4590; www.mountainedgeescape.com.au; North St; Hütte mit 1/2 Zi. 115/135 AU$;) verfügt über drei hölzerne

Selbstversorgerhütten am Rand der Klippe mit traumhaftem Blick.

Das **Eungella Chalet** (07-4958 4509; www.eungellachalet.com.au; Chelmer St; Hütte mit 1/2 Zi. 115/155 AU$; ≋) verströmt den rustikal-eleganten Charme vergangener Zeiten. Es steht an der Flanke eines Berges und bietet eine spektakuläre Aussicht. Die Einrichtung der großen, geräumigen Hütten ist allerdings schon etwas in die Jahre gekommen. Es gibt eine kleine Bar, einen Speiseraum und an den meisten Sonntagnachmittagen Livemusik.

Explorers' Haven (07-4958 4750; www.eungella.com; Stellplatz ohne/mit Strom 25/30 AU$; @ 🛜) ist ein kleiner, recht einfacher Campingplatz direkt nördlich des Ortes am Klippenrand. Campinggäste müssen bei Ankunft selbst Einchecken. Die Preise gelten für zwei Personen. Mit etwas Glück kann man auch in einer Luxushütte übernachten. Dazu muss man aber vorab mit der Platzleitung Kontakt aufnehmen.

Das **Hideaway Cafe** (07-4958 4533; Broken River Rd; Gerichte 4–10 AU$; ⊙ 9–16 Uhr) ist – wenn es nicht geschlossen ist – unbedingt einen Zwischenstopp wert. Auf einem malerischen, kleinen Balkon kann man anständige, hausgemachte Speisen genießen.

Eungella National Park

Der beeindruckende Eungella National Park liegt 84 km westlich von Mackay. Er bedeckt fast 500 km² der Clark Range. Seine größte Erhebung ist der 1280 m hohe Mt. Dalrymple. Viele Teile des Bergparks sind nicht zugänglich. Eine Ausnahme bilden die Wanderwege rund um den Broken River und die Finch Hatton Gorge. Diese großen Abschnitte mit tropischer und subtropischer Vegetation waren über Tausende von Jahren von den übrigen Regenwaldgebieten getrennt und beheimaten nun einige einzigartige Tierarten, z. B. Skinke und die faszinierenden Magenbrüterfrösche, die ihre Eier im Magen ausbrüten und später die geschlüpften Kaulquappen ausspucken.

Am Broken River kann man oft das eine oder andere Schnabeltier entdecken. Am besten gelingt das direkt nach Sonnenaufsowie kurz vor Sonnenuntergang, aber nur, wenn man geduldig und sehr leise ist. Die Tiere sind von Mai bis August am aktivsten. In dieser Zeit fressen sich die Weibchen eine dicke Speckschicht an, um sich auf die Versorgung ihres Nachwuchses vorzubereiten. Mit großer Wahrscheinlichkeit sieht man auch die Nördliche Schnappschildkröte und leuchtend blaue Eisvögel.

Finch Hatton Gorge

Etwa 27 km westlich von Mirani zweigt kurz vor der Stadt Finch Hatton eine Straße zur Finch Hatton Gorge ab. Die letzten beiden Kilometer der 10 km langen Strecke sind nicht befestigt und werden von mehreren Bächen gekreuzt, sodass der Weg nach starken Regenfällen unpassierbar sein kann. Ein 1,6 km langer Wanderweg führt zu den sich in die Tiefe stürzenden **Araluen Falls** mit ihren Badestellen. Nach einem weiteren Kilometer erreicht man die **Wheel of Fire Falls**, die eine tiefe Badestelle besitzen.

Wer den Regenwald auf total lustige und informative Art erkunden will, kann mit **Forest Flying** (07-4958 3359; www.forestflying.com; 60 AU$) durch die Baumwipfel schweben. Bei den geführten Touren in Schwindel erregender Höhe (25 m über dem Boden) hängt man an einem 350 m langen Seil; die Geschwindigkeit bestimmt man selbst über ein Flaschenzugsystem. Reservierungen sind unerlässlich, außerdem darf man nicht mehr als 120 kg auf die Waage bringen.

Folgende Unterkünfte sind an der Straße zur Schlucht ausgeschildert:

Das **Platypus Bushcamp** (07-4958 3204; www.bushcamp.net; Finch Hatton Gorge; Stellplatz 7,50 AU$, B/DZ 25/75 AU$) ist ein echtes Buschrefugium, das Wazza, der exzentrische Eigentümer, selbst von Hand errichtet hat. In den einfachen Hütten, die superdünne Wände haben, ist der Regenwald zum Greifen nah. Direkt neben dem Camp fließt ein Bach mit schönen Badestellen, an denen sich auch Schnabeltiere tummeln. Herz des Ganzen ist der große, gemeinschaftliche Küchen- und Essbereich. Es gibt herrlich warme Buschduschen und einen behaglichen Whirlpool aus Stein. Essen und Bettzeug muss man mitbringen. WWOOFers sind willkommen.

Die einzige Luxusunterkunft im Eungella National Park ist das leicht balinesisch anmutende **Rainforest B&B** (07-4958 3099; www.rainforestbedandbreakfast.com.au; 52 Van Houweninges Rd; Hütte 300 AU$). In diesem Regenwaldrefugium gibt's Gartenskulpturen, eine Holzhütte und Romantikdekor. Neue Gäste werden mit frisch gebrühtem Nachmittagstee begrüßt. Je länger man bleibt, desto niedriger sind die Preise.

Die recht einfachen **Finch Hatton Gorge Cabins** (07-4958 3281; www.finchhattongorgecabins.com.au; DZ 95 AU$; ✱) für Selbstversorger punkten mit einem wunderbaren Blick auf den Wald. In den Hütten können bis zu fünf Personen übernachten.

Broken River

In Broken River, 5 km südlich von Eungella, befindet sich eine zu Recht berühmte **Schnabeltierbeobachtungsplattform** (unweit der Brücke). Sie soll zu den weltweit verlässlichsten Orten gehören, an denen man diese sanftmütigen Kloakentiere beim Spielen beobachten kann. Aber auch Vögel sind hier zahlreich vertreten. Zwischen der Picknickstelle Broken River und Eungella gibt es ein paar hervorragende Wanderwege. Karten sind beim leider nur spärlich besetzten Informationsbüro (an der Plattform) erhältlich.

In puncto Unterkunft stehen Camping und Hütten zur Auswahl. Das **Broken River Mountain Resort** (07-4958 4000; www.brokenrivermr.com.au; DZ 130–190 AU$; ✱@🛜≋) verfügt über komfortable Zedernholzhütten. Das Spektrum reicht von kleinen Wohneinheiten im Motelstil bis hin zu großen Lodges für bis zu sechs Personen. Zur gemütlichen Gästelounge mit offenem Kamin gehört auch das freundliche **Possums Table Restaurant & Bar** (Hauptgerichte 22,50–35,50 AU$; ☉morgens & abends). Das Restaurant hat seinen Namen wahrhaft verdient, denn auf dem Balkon speist allabendlich eine Possumfamilie. Das Resort organisiert verschiedene (meist kostenlose) Aktivitäten für die Gäste, u. a. nächtliche Tierbeobachtungstouren, Vogelbeobachtungen, geführte Wanderungen und Shuttles für längere Wandertouren.

Der **Fern Flat Camping Ground** (www.nprsr.qld.gov.au; Pers./Fam. 5,45/21,80 AU$) mit seinen schattigen Stellplätzen in Flussnähe ist ein schöner Ort zum Campen und zum Beobachten von Schnabeltieren. Man sollte sich darauf gefasst machen, dass man von neugierigen Buschhühnern umlagert wird, oft bringen auch Dickköpfe (eine Vogelart) ein Ständchen! Dieser Campingplatz ist nur zu Fuß erreichbar, für Fahrzeuge ist er gesperrt. Man muss selbst einchecken. Der Registrierungsschalter befindet sich ca. 500 m hinter dem Informationszentrum und dem Kiosk.

Der **Crediton Hall Camping Ground** (www.nprsr.qld.gov.au; Pers./Fam. 5,45/21,80 AU$) 3 km hinter dem Broken River ist dagegen für Autos erreichbar. Einfach links in die Crediton Loop Rd fahren und dann hinter dem Eingang zum Wishing-Pool-Rundweg nach rechts abbiegen! Auf dem Campingplatz gibt's Toiletten.

❶ An- & Weiterreise

Nach Eungella oder Finch Hatton fahren keine Busse. Wer länger dort bleiben möchte, kann sich jedoch von Reeforest Adventure Tours (S. 427) im Rahmen eines Tagesausflugs ab Mackay hinbringen und abholen lassen. Da diese Touren aber nicht täglich stattfinden, können Aufenthalte länger als geplant ausfallen.

Cumberland Islands

Die rund 70 Inseln der Cumberland-Gruppe werden manchmal als südliche Whitsundays bezeichnet. Fast alle Inseln sind ausgewiesene Nationalparks. Abgesehen von **Keswick Island**, wo sich das elegante, lauschige **Keswick Island Guest House** (07-4965 8002; www.keswickislandguesthouse.com.au; EZ/DZ ab 360/550 AU$; 🛜) befindet, gibt es auf den Cumberlands keine offiziellen Unterkünfte.

Brampton Island ist für Naturwanderwege bekannt und war bis vor Kurzem Standort eines schicken Resorts. **Carlisle Island** ist mit Brampton über eine schmale Sandbank verbunden. Bei Ebbe ist es möglich, zwischen den beiden Inseln hin- und herzulaufen. **Scawfell Island** ist die größte Insel der Gruppe. An ihrem Nordrand bietet die Refuge Bay einen sicheren Anker- und Campingplatz.

Informationen zu Campingplätzen, Buchungen und Genehmigungen für die Cumberland Islands und die nahe gelegene Sir-James-Smith-Inselgruppe gibt's online unter www.nprsr.qld.gov.au oder im Visitor Centre in Mackay (S. 429).

Einrichtungen sind auf allen Inseln nur begrenzt vorhanden. Wer kein eigenes Boot hat und es sich auch nicht leisten kann, ein Boot (oder Wasserflugzeug) zu chartern, für den könnte sich der Besuch der Inseln als schwierig erweisen. Detaillierte Infos bekommt man im Visitor Centre in Mackay.

Cape Hillsborough National Park

Obwohl er leicht zu erreichen ist, hat man in diesem Küstenpark 50 km nördlich von Mackay fast das Gefühl, am Ende der Welt zu sein. Er umfasst das schöne steinige, 300 m hohe Cape Hillsborough sowie Andrews Point und Wedge Island, die bei Ebbe durch einen Damm miteinander verbunden sind. In dem Park stößt man auf raue Felsen, einen breiten Strand, Landzungen, Sanddünen, Mangroven, australische Kiefern und Regenwald. Er beheimatet viele Kängurus, die man besonders abends und frühmorgens am Meeresufer sichten kann, Wallabys, Kurzkopfgleitbeutler und Schildkröten. Über Wanderwege gelangt man zu Überresten von Aboriginie-Midden und Steinfischreusen. Richtung Küstenvorland führt ein sehr interessanter Uferweg durch einen Mangrovenwald (auf die Gezeiten achten!).

Auf dem Rasen des kleinen, hübschen **Smalleys Beach Campground** (www.nprsr.qld.gov.au; Stellplatz Pers./Fam. 5,45/21,80 AU$) an der Küste hüpfen unzählige Kängurus herum. Weil es hier keine Selbstregistrierung gibt, muss man sich die Genehmigungen online besorgen.

Das **Cape Hillsborough Nature Resort** (07-4959 0152; www.capehillsboroughresort.com.au; 51 Risley Pde; Stellplatz ohne/mit Strom 29/34 AU$, Angelhütte 65–75 AU$, Hütte 65–135 AU$; ❄@☀) liegt an einem langen, ruhigen Strandabschnitt. Über diese Bleibe gibt es eigentlich nichts Besonderes zu sagen, wenn man aber erst mal den Kängurus frühmorgens bei ihren zauberhaften Strandhüpfereien zugesehen hat, sind Dinge wie eine tolle Unterkunft nicht mehr so wichtig.

WHITSUNDAY ISLANDS

Die Whitsunday Islands vor Queenslands nordöstlicher Küste erfüllen wahrhaftig das Klischee vom Tropenparadies. Die 74 Inseln des faszinierenden Archipels sind in Wirklichkeit Berggipfel, die aus dem Korallenmeer herausragen. Von ihren sandigen Rändern erstreckt sich der Ozean in wunderschönen Kristall-, Aquamarin-, Blau- und Indigotönen gen Horizont. Weil die Eilande vom Great Barrier Reef geschützt werden, gibt's hier keine donnernden Wellen oder tödlichen Unterströmungen. Die Gewässer sind perfekt zum Segeln.

Unter den zahlreichen herrlichen Stränden und abgeschiedenen Buchten sticht der Whitehaven Beach mit seinem reinweißen Quarzsand hervor. Als zweifellos schönster Strand der Whitsundays zählt er wohl auch weltweit zu den Topständen.

Airlie Beach auf dem Festland ist Travellerbasis und Haupttor zu den Inseln. Ferienanlagen gibt's auf nur sieben Inseln – aber es ist für jeden Geschmack und Geldbeutel etwas dabei: von Hook Islands einfachen Quartieren bis hin zum exklusiven Luxus auf Hayman Island. Die meisten Whitsunday Islands sind unbewohnt und einige von ihnen bieten sich an, um naturnah am Strand zu campen oder im Busch zu wandern.

🏃 Aktivitäten

Segeln

Was kann es Besseres geben als Segeltörns von einem Inselparadies zum nächsten? Zahlreiche Anbieter von **Segeltouren** warten nur darauf, Landratten mit an Bord zu nehmen. Wer Salzwasser in den Adern hat, steuert vielleicht lieber selbst ein „**nacktes" Charterboot**: Bei *bareboat charters* mietet man den reinen Kahn ohne Skipper, Crew und Proviant. Obwohl eine offizielle Qualifikation (z. B. Segelschein) hierzu nicht benötigt wird, muss man selbst bzw. ein Mitreisender nachweisen, dass das Boot sicher geführt werden kann.

Während der Hauptsaison (Sept.–Jan.) kostet eine Jacht für vier bis sechs Personen zwischen 500 und 1000 AU$ pro Tag. Vor dem Auslaufen sind eine Anzahlung bei Buchung (500–750 AU$) und eine Kaution (200–2000 AU$) zu entrichten. Letztere bekommt man bei schadenfreier Rückgabe des Bootes ausbezahlt. Bettwäsche wird normalerweise gestellt, Vorräte gibt's gegen Aufpreis. Bei den meisten Anbietern beträgt die Mindestmietdauer fünf Tage.

Allgemein empfiehlt es sich nachzufragen, ob die jeweilige Firma zur Whitsunday Bareboat Operators Association gehört. Diese sich selbst kontrollierende Organisation garantiert gewisse Standards. Zudem sollte unbedingt die neueste Ausgabe von David Colfelts Buch *100 Magic Miles of the Great Barrier Reef* mit an Bord sein.

In der Umgebung von Airlie Beach sind mehrere *bareboat*-Charterunternehmen ansässig: **Charter Yachts Australia** (1800 639 520; www.cya.com.au; Abel Point Marina); **Cumberland Charter Yachts** (1800 075 101; www.ccy.com.au; Abel Point Marina); **Queensland Yacht Charters** (1800 075 013; www.yachtcharters.com.au; Abel Point Marina); **Whitsunday Escape** (1800 075 145; www.whitsundayescape.com; Abel Point Marina) und **Whitsunday Rent A Yacht** (1800 075 000; www.rentayacht.com.au; 6 Bay Terrace, Shute Harbour).

Whitsunday Islands

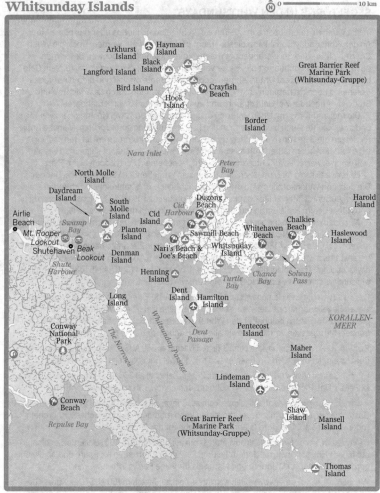

Wer wissen will, warum die alten Seebären an der Bar immer in ihre Drinks grinsen, sollte in der **Whitsunday Marine Academy** (07-4946 5782; www.explorewhitsundays.com; 4 The Esplanade) unter Leitung von Explore Whitsundays oder im **Whitsunday Sailing Club** (07-4946 6138; www.whitsundaysailingclub.com.au; Airlie Point) das Segeln lernen.

Tauchen

Taucherträume werden an spektakulären Tauchspots wie dem Black, Knuckle, Fairy, Bait und Elizabeth Reef wahr. Allerdings sind die Saumriffe rund um die Inseln (besonders an deren Nordspitzen) oft deutlich farbenprächtiger und artenreicher als die meisten Wände des Außenriffs. Auch die Vielfalt von Weichkorallen ist oft größer.

Open-Water-Kurse mit mehreren Tauchgängen kosten ab etwa 600 AU$. In diesem Preis ist im Allgemeinen eine zwei- oder dreitägige Ausbildung auf dem Festland enthalten, die restliche Zeit wird am Riff getaucht. Achtung: Unbedingt prüfen, ob die Gebühr für den Great Barrier Reef Marine Park und andere Zusatzkosten im Preis enthalten sind! **Whitsunday Dive Adventures** (07-4948 1239; www.whitsundaydivecentre.com; 16 Commerce Close, Cannonvale; PADI-Kurs 599 AU$) ist ein guter Anbieter.

SEGELTÖRNS IN DEN WHITSUNDAYS

In fast jedem Inselurlaubstraum gleiten weiße Segelboote lautlos über das blaue Meer. An der Whitsunday Coast kann dieser Traum problemlos wahr werden. Doch die vielen Charter-, Tour- und Sonderangebote machen die Entscheidung schwer. Bevor man bucht, sollte man unbedingt die Preise vergleichen und checken, was man für sein Geld bekommt. Preiswertere Unternehmen stopfen ihre Boote oft voll und bieten nur fades Essen und beengte Kabinen an. Wer zeitlich flexibel ist, kann durch Last-Minute- und Stand-by-Angebote viel Geld sparen, und auch das Wetter ist vorhersehbarer.

Die meisten Törns mit Übernachtung dauern drei Tage und zwei Nächte oder zwei Tage und zwei Nächte. Auch hier sollte man den Leistungsumfang genau prüfen. Manche Anbieter setzen die Segel am Nachmittag des ersten Tages und kommen am letzten Tag vormittags zurück. Andere laufen früh aus und erst spät wieder ein. Zudem sollte man wissen, was einen erwartet – wer Entspannung sucht, ist auf einem Partyboot fehl am Platz.

Unterwegs kann man meist an den (die Inseln umgebenden) Saumriffen schnorcheln. Die dortigen Weichkorallen sind oft farbenprächtiger – und zahlreicher vorhanden – als die am Außenriff. Man sollte checken, ob Schnorchelausrüstung, Quallenschutzanzug und Riffsteuer im Preis enthalten sind. Tauchgänge kosten normalerweise extra.

Nachdem man sich für ein bestimmtes Boot entschieden hat, bucht man am besten bei einem der vielen Reisebüros in Airlie Beach wie dem **Whitsundays Central Reservation Centre** (☎ 1800 677 119; www.airliebeach.com; 259 Shute Harbour Rd) oder bei Veranstaltern wie **Whitsunday Sailing Adventures** (☎ 07-4946 4999; www.whitsundaysailing.com; The Esplanade) oder **Explore Whitsundays** (☎ 07-4946 5782; www.explorewhitsundays.com; 4 The Esplanade). Empfehlenswerte Segeltörns:

Camira (www.cruisewhitsundays.com; Tagestörn 189 AU$) Einer der schnellsten kommerziellen Segelkatamarane der Welt ist inzwischen eine lilafarbene Whitsunday-Ikone. Der preiswerte Tagestörn beinhaltet den Whitehaven Beach, Schnorcheln, Vor- und Nachmittagstee, Mittagessen vom Grill sowie alle Erfrischungsgetränke (inkl. Wein & Bier).

Solway Lass (www.solwaylass.com; 3 Tage, 3 Nächte ab 559 AU$) Drei volle Tage auf Airlie Beachs einzigem echten Großsegler (28 m), der bei Backpackern recht beliebt ist.

Prima Sailing (www.primasailing.com.au; 2 Tage, 2 Nächte ab 360 AU$) Witzige Törns (max. 12 Pers.). Das Richtige für Pärchen auf der Suche nach Stil und dem Wesentlichen!

Atlantic Clipper (www.atlanticclipper.com.au; 2 Tage, 2 Nächte ab 455 AU$) Junge, schöne Gäste, die gern einen trinken … entkommen kann man dem Treiben nicht. Schnorcheln (oder erholen) auf Langford Island ist das Highlight des Törns.

Derwent Hunter (www.tallshipadventures.com.au; Tagestörn 175 AU$) Beliebte Segelsafari auf einem Holzschoner mit Gaffeltakelung. Eine gute Alternative für Paare und all diejenigen, die sich eher für Wildtiere und Natur als für wilde Partys interessieren.

Whitehaven Xpress (www.whitehavenxpress.com.au; Tagestörn 160 AU$) Das Xpress befindet sich seit mehr als zehn Jahren in der Hand von Einheimischen und ist für die größeren Anbieter eine starke Konkurrenz in puncto Hill-Inlet- und Whitehaven-Törns.

SV Domino (www.aussieyachting.com; Tagestörn 150 AU$) Die Törns mit maximal acht Gästen führen nach Bali Hai Island, einem wenig besuchten „Geheimtipp" der Whitsundays. Mittagessen und ein zweistündiger Schnorchelstopp sind im Preis enthalten.

Anheuern

„Crew gesucht": Solche Aushänge in Hostels oder Jachthäfen lassen Abenteuerlustige von einer Mitfahrgelegenheit träumen. Als Gegenleistung für Kost, Logis und ein Segelabenteuer muss man das Großsegel hissen, das Ruder übernehmen und den Mastkopf putzen. Das kann eine Erfahrung fürs Leben sein. Ob es eine gute oder schlechte ist, hängt vom Schiff ab, außerdem vom Skipper, der Crew (wenn es eine gibt) und der eigenen Einstellung. Vor der Tour sollte man sich fragen, ob es o.k. ist, auf einem 10-m-Boot kilometerweit draußen mit völlig Fremden festzusitzen. Auf jeden Fall sollte man jemandem Bescheid geben, wo man sich rumtreibt, mit wem und wie lange.

Mehrere **Segeltörns** enthalten Tauchgänge für Anfänger oder zertifizierte Taucher als optionales Extra. Die Preise beginnen bei 75 AU$. **Cruise Whitsundays** (07-4946 4662; www.cruisewhitsundays.com; Einführungstauchgang ab 119 AU$) bietet bei ihren Tagestouren zum Riff ebenfalls Tauchgänge an.

Auch die meisten **Inselresorts** haben Tauchschulen und kostenlose Schnorchelausrüstungen für ihre Gäste.

Kajakfahren

Seite an Seite mit Delfinen und Schildkröten zu paddeln, ist eine der besten Methoden, die Whitsundays zu erkunden. **Salty Dog Sea Kayaking** (07-4946 1388; www.saltydog.com.au; Shute Harbour; Halb-/Ganztagstour 80/130 AU$) hat geführte Touren im Angebot und verleiht Kajaks (halber/ganzer Tag 50/70 AU$). Die tollen sechstägigen Kajak-Camping-Exkursionen (1490 AU$) sind auch für Anfänger geeignet.

Der **Ngaro Sea Trail** kombiniert Kajakrouten mit Bushwalking auf den Inseln – eine moderne Art, auf den Spuren der Ngaro zu wandeln (und zu paddeln). Infos und Tourvorschläge gibt's unter www.nprsr.qld.gov.au/parks/whitsunday-ngaro-sea-trail.

👉 Geführte Touren

Nicht jeder hat Zeit und Geld fürs Segeln übrig. In diesem Fall kann man auf schnellere Katamarane zurückgreifen, um die Inseln an einem Tag zu umsegeln.

Solche Tagesausflüge beinhalten meist optionale Aktiv-Extras wie Schnorcheln, Tauchen oder *boom netting*. Bei Letzterem wird man in einem stabilen Netz hinter dem Boot hergeschleppt. Die meisten Bootsbetreiber starten an der Abel Point Marina. Bei Tourbeginn in Shute Harbour organisieren sie jedoch Shuttles ab Airlie Beach oder Cannonvale. Shute Harbour ist auch mit öffentlichen Bussen erreichbar.

Es folgt eine Auswahl von Tagestrips, die bei allen Reisebüros in Airlie Beach buchbar sind:

Cruise Whitsundays BOOTSFAHRT
(07-4946 4662; www.cruisewhitsundays.com; Shingley Dr, Abel Point Marina; Tagestörn ab 99 AU$) Cruise Whitsundays ist zwar ein Fährbetrieb, bietet aber auch Ausflüge zum Hardy Reef, zum Whitehaven Beach und zu mehreren Inseln an, u. a. nach Daydream Island und Long Island. Alternativ kann man die Inseln auch nach Belieben mit dem Island-Hopper-Tagespass (Erw./Kind 120/59 AU$) abklappern. Außerdem gibt es noch den beliebten Tagestrip auf dem Katamaran Camira (Erw./Kind 189/99 AU$ inkl. Mittagessen & aller Getränke) zum Whitehaven Beach.

Voyager 4 Island Cruise BOOTSFAHRT
(07-4946 5255; www.wiac.com.au; Erw./Kind 140/80 AU$) Preiswerte Tagestouren mit Schnorcheln vor Hook Island, Strandwandern und Schwimmen am Whitehaven Beach sowie einem Abstecher nach Daydream Island. Ein Panoramaflug kostet 60 AU$.

Ecojet Safari GEFÜHRTE TOUR
(07-49482653; www.ecojetsafari.com.au; 190 AU$/Pers., 2 Pers. pro Jetski) Auf diesen dreistündigen Jetski-Safaris in kleinen Gruppen werden die Inseln, Mangroven und die Meeresflora und -fauna der nördlichen Whitsundays erkundet.

Ocean Rafting BOOTSFAHRT
(07-4946 6848; www.oceanrafting.com.au; Erw./Kind/Fam. 129/81/384 AU$) In einem sehr schnellen, großen, gelben Speedboat lernt man die „wilde" Seite der Inseln kennen. Die Gäste schwimmen am Whitehaven Beach, unternehmen eine geführte Tour durch den Nationalpark oder schnorcheln an den Riffen von Mantaray Bay und Border Island.

Big Fury BOOTSFAHRT
(07-4948 2201; Erw./Kind/Fam. 130/70/350 AU$) Das offene Sportboot rast zum Whitehaven Beach. Es folgen ein Mittagessen und Schnorcheln an einem einsamen Riff in der Nähe.

Air Whitsunday PANORAMAFLÜGE
(07-49469111; www.airwhitsunday.com.au; Terminal 1, Whitsunday Airport) Angeboten werden u. a. Tagesausflüge nach Hayman Island (245 AU$) und nach Whitehaven (240 AU$).

🛏 Schlafen

Resorts

Die angegebenen Standardpreise bezahlt kaum jemand. Die meisten Reisebüros stellen verschiedene ermäßigte Pauschalangebote inklusive Flug, Shuttle, Unterkunft und Essen zusammen.

Camping

Auf mehreren Inseln verwaltet das **NPRSR** (www.nprsr.qld.gov.au) die Campingplätze des **Whitsunday Islands National Park**, die von Individualreisenden und Pauschalreisegruppen benutzt werden können. Campinggenehmigungen (Pers./Fam. 5,45/21,80 AU$) gibt's online oder beim NPRSR-Buchungsbüro in Airlie Beach.

Camper müssen sich komplett selbst versorgen und sollten 5 l Trinkwasser pro Person und Tag mitnehmen – und für den Fall der Fälle einen Extravorrat für drei Tage. Auch ein Campingkocher gehört ins Gepäck; Holzfeuer sind auf allen Inseln verboten.

Whitsunday Island Camping Connections – Scamper (07-4946 6285; www.whitsundaycamping.com.au) bringt Inselfans von Shute Harbour aus zu den Inseln South Molle, Denman oder Planton (hin & zurück 65 AU$), zur Whitsunday Island (hin & zurück 105 AU$), zum Whitehaven Beach (hin & zurück 155 AU$) und zur Hook Island (hin & zurück 160 AU$). Im Preis der Camper-Shuttles sind 5 l-Wasserbehälter enthalten. Man kann sich die Campingausrüstung, d.h. Zelt, Gaskocher, Kühlbox usw., auch ausleihen (die erste Nacht kostet 40 AU$, die folgenden Nächte 20 AU$).

❶ Praktische Informationen

Das große Angebot von Unterkünften, Reisebüros und Tourveranstaltern macht Airlie Beach zur Festlandbasis für die Whitsundays. Manche Tagestörns und Inselfähren beginnen rund 12 km östlich von Airlie in Shute Harbour. Jachtunternehmen und andere Bootsbetreiber nutzen meist die Abel Point Marina ca. 1 km westlich von Airlie Beach.

David Colfelts Buch *100 Magic Miles of the Great Barrier Reef – The Whitsunday Islands* gilt als „Whitsunday-Bibel". Neben umfangreichen Karten mit Beschreibungen örtlicher Ankerplätze enthält es auch Abschnitte zu einzelnen Inseln und Resorts – ergänzt durch Infos zu Tauchen, Segeln, Angeln, Camping und Naturgeschichte.

Campinggenehmigungen und Infos bekommt man bei NPRSR (S. 443) in Airlie Beach.

Whitsundays Region Information Centre (1300 717 407; www.whitsundaytourism.com; 10–17 Uhr) Am Bruce Hwy nahe Proserpines Südrand.

❶ Anreise & Unterwegs vor Ort
BUS

Greyhound (1300 473 946; www.greyhound.com.au) und **Premier** (13 34 10; www.premierms.com.au) biegen vom Bruce Hwy gen Airlie Beach ab. **Whitsunday Transit** (07-4946 1800; www.whitsundaytransit.com.au) verbindet Proserpine, Cannonvale, Abel Point, Airlie Beach und Shute Harbour.

Whitsundays 2 Everywhere (07-4946 4940; www.whitsundaytransfers.com) schickt Shuttles von den Flughäfen Mackay und Proserpine bzw. Whitsunday Coast nach Airlie Beach.

FLUGZEUG

Die beiden Hauptflughäfen für die Whitsundays liegen auf Hamilton Island und in Proserpine (Whitsunday Coast). Der kleine Whitsunday Airport befindet sich in Airlie Beach ca. 6 km außerhalb der Stadt.

SCHIFF/FÄHRE

Die Fähren von **Cruise Whitsundays** (07-4946 4662; www.cruisewhitsundays.com; einfache Strecke Erw./Kind ab 36/24 AU$) schippern zu den Inseln Daydream, Long und South Molle sowie zum Hamilton Island Airport.

Proserpine
3390 EW.

Es gibt keinen wirklichen Grund, sich in dieser Stadt der Zuckerindustrie, die als Drehscheibe für Airlie Beach und die Whitsundays dient, länger als nötig aufzuhalten. Trotzdem lohnt es sich, gleich südlich der Stadt in dem nützlichen Whitsundays Region Information Centre (s. linke Spalte) Infos über die Whitsundays und die Umgebung einzuholen.

Wer in Proserpine etwas Zeit übrig hat, sollte einen Abstecher zu **Colour Me Crazy** (07-4945 2698; 2b Dobbins Lane; Mo-Fr 8.30–17.30, Sa 8.30–15.30, So 9.30–14.30 Uhr) machen. Hier gibt es ein tolles Angebot ungewöhnlicher Schmuckstücke, Klamotten und Haushaltswaren.

Der Whitsunday Coast Airport liegt 14 km südlich von Proserpine. Er wird von **Jetstar** (13 15 38; www.jetstar.com.au) und **Virgin Blue** (13 67 89; www.virginblue.com.au) ab Brisbane und anderen Städten angeflogen.

Whitsunday Transit (07-4946 1800; www.whitsundaytransit.com) stimmt seine Verbindungen auf alle Flüge und Züge ab und schickt außerdem täglich acht Linienbusse von Proserpine nach Airlie Beach. Diese starten entweder am Flughafen (einfache Strecke/hin & zurück 18/36 AU$) oder am Bahnhof (12,10/24,20 AU$).

Airlie Beach
7868 EW.

Mit Airlie Beach ist es wie mit Oliven, Austern und Vegemite – man liebt es oder hasst es. Die Partystadt auf dem Festland ist das

Tor zu den Whitsundays. Sie ist ein lauter, frecher, hektischer Ort, also das genaue Gegenteil der Inselwelt im glitzernden Wasser vor der Küste. Trotz der wild-grünen Bergkulisse und der Nähe zu ganz offensichtlichen Naturwundern sind Ruhesuchende in Airlie fehl am Platz. Wer aber einen drauf machen will, ist am Ziel seiner Träume. In der kürzlich aufgemöbelten Hauptstraße reiht sich eine coole Backpacker-Bar an die nächste. Dennoch kann man sich in der Stadt von dem Partyrummel auch erholen, z. B. an einer schönen Badelagune und an dem nett gestalteten, zu einem Bummel einladenden Ufer.

Eine hübsche Promenade führt zur Abel Point Marina etwa 1 km westlich, wo die Fähren von Cruise Whitsundays ablegen und zahlreiche Ausflugsjachten liegen. Viele weitere Schiffe legen im Shute Harbour (ca. 12 km östlich) an und ab; die meisten Agenturen bieten einen kostenlosen Shuttle-Service an.

Aktivitäten

In der Saison vermieten mehrere Anbieter vor dem Airlie Beach Hotel Jetskis, Katamarane, Windsurfbretter und Paddelboote.

Lagoon SCHWIMMEN
(Shute Harbour Rd) GRATIS Das ganze Jahr über kann man sich in der Lagune im Stadtzentrum ohne Angst vor Quallen, Krokodilen oder sonstigem Viehzeug abkühlen.

Tandem Skydive Airlie Beach FALLSCHIRMSPRINGEN
(07-4946 9115; www.skydiveairliebeach.au; ab 249 AU$) Angeboten werden Sprünge aus einer Höhe von 2500, 3000, 3600 und 4300 m.

Angeln ANGELN
Man braucht sich nur eine billige Angel zu schnappen, ein paar Schritte zu gehen und zu warten, bis das Abendessen angebissen hat. Beliebte Angelspots in Arlie sind u. a. die Felswände beim Segelclub in Cannonvale, die Airlie Beach Marina und der Angelsteg in Shute Harbour.

Geführte Touren

Details über Touren zu den Inseln stehen in dem Kapitel Whitsundays – Geführte Touren (S. 437).

Whitsunday Crocodile Safari GEFÜHRTE TOUR
(07-4948 3310; www.proserpineecotours.com; Erw./Kind 120/60 AU$) Wild lebende Krokodile beobachten, geheimnisvolle Meeresarme erkunden und Buschessen genießen!

Feste & Events

Airlie Beach Race Week SEGELN
(www.airlieraceweek.com) Segler aus der ganzen Welt treffen sich im August in Airlie zu dieser Regatta.

Schlafen

Airlie Beach ist ein Backpackerparadies mit zahllosen Hostels. Das heißt aber auch, dass die Qualität sehr unterschiedlich ist und Bettwanzen keine Seltenheit sind. Die meisten Resorts haben Pauschalangebote und Last-Minute-Preise, die deutlich unter den Normaltarifen liegen. Im **Whitsundays Central Reservation Centre** (1800 677 119; www.airliebeach.com; 259 Shute Harbour Rd) bekommt man Infos über Unterkünfte und Sonderangebote. Man kann sich die in Frage kommenden Unterkünfte vorab auch im Internet anschauen.

★ Kipara RESORT $
(www.kipara.com.au; 2614 Shute Harbour Rd; Zi./Hütte/Villa ab 60/95/105 AU$; ✱@ 🛜 ≋) Das Budgetresort versteckt sich in üppigem Grün. Hier vergisst man schnell, dass man nur 2 km von dem Trubel in der Stadt entfernt ist. Es ist eine megasaubere Unterkunft mit hervorragendem Preis-Leistungs-Verhältnis, zuvorkommendem Personal und regelmäßigen Ausflugsangeboten. Eine der besten Optionen in ganz Airlie. Langzeitgäste bekommen einen Rabatt!

Bush Village Budget Cabins HOSTEL $
(1800 809 256; www.bushvillage.com.au; 2 St Martins Rd; B ab 32 AU$, DZ 80 AU$; P✱@≋) Das Hostel gehört zu den besten Budgetunterkünften der Stadt. Die Schlafsäle und Doppelzimmer sind in 17 Selbstversorgerhütten inmitten von grünen Gärten untergebracht. Man kann abseits der Straße parken, und ein Supermarkt ist nicht weit weg.

Nomads Backpackers HOSTEL $
(07-4999 6600; www.nomadsairliebeach.com; 354 Shute Harbour Rd; B/DZ 23/88 AU$; ✱@ 🛜 ≋) Das Nomads auf einem 3 ha großen grünen Gelände mit Volleyballplatz und Pool erinnert etwas mehr an ein Resort als die anderen Hostels im Ort. Die Unterkünfte sind nichts Besonderes, aber dafür sind die schönen Zeltstellplätze angenehm schattig. Die Doppelzimmer verfügen über TV, Kühlschrank und Kochgelegenheit.

Airlie Beach

Seabreeze Tourist Park WOHNWAGENPARK $
(07-4946 6379; www.theseabreezepark.com.au; 234 Shute Harbour Rd; Stellplatz f. Zelt 14 AU$, f. Wohnwagen ab 30 AU$, Hütte/Villa ab 90/130 AU$; P) Großer grüner Platz mit Blick aufs Meer und lockerem Ambiente. Schattige Stellplätze. Die neuen Bali Villas aus Holz sorgen für ein exotisches Flair, das man sonst in kaum einem Wohnwagenpark findet.

Beaches Backpackers HOSTEL $
(07-4946 6244; www.beaches.com.au; 356 Shute Harbour Rd; B/DZ 22/70 AU$;) Auch wer nicht hier übernachtet, sollte sich zumindest einen Drink an der großen Open-Air-Bar genehmigen. Wer aber sein müdes Haupt in diesem Hostel niederlegen will, sollte Partylaune mitbringen und Ohrstöpsel im Gepäck haben. Ruhesuchende sind hier fehl am Platz.

Backpackers by the Bay HOSTEL $
(07-4946 7267; www.backpackersbythebay.com; 12 Hermitage Dr; B/DZ & 2BZ 25/68 AU$;) Die preiswerte Alternative zu den brodelnden Partyhostels in der Innenstadt bietet saubere Zimmer, Hängematten und einen guten Pool – und das alles ganz ohne das Hirn zermarterndem Lärm. Die Unterkunft erreicht man von Airlies Zentrum in ca. zehn Gehminuten.

Magnums Backpackers HOSTEL $
(1800 624 634; www.magnums.com.au; 366 Shute Harbour Rd; Stellplatz f. Zelt/Wohnmobil 22/24 AU$, B/DZ 22/56 AU$, Gemeinschaftshütte 24 AU$/Pers.;) Laute Bar, literweise Alkohol und viele schöne, junge Leute… Das muss das Magnums sein! Die Zeltstellplätze in Barnähe kann man vergessen – schlafen können dort nur Komapatienten. Wer den hektischen Betrieb an der Rezeption hinter sich gebracht hat, findet einfache Schlafsäle in einer tropischen Gartenlandschaft vor.

Airlie Beach YHA HOSTEL $
(07-4946 6312; airliebeach@yha.com.au; 394 Shute Harbour Rd; B 26,50 AU$, DZ 69 AU$;) Zentrale und halbwegs ruhige Unterkunft mit tollem Pool und guter Küche.

Flametree Tourist Village WOHNWAGENPARK $
(07-4946 9388; www.flametreevillage.com.au; 2955 Shute Harbour Rd; Stellplatz ohne/mit Strom 21/27 AU$, Hütte ab 79 AU$;) Die großen Stellplätze verteilen sich über ein hübsches Gartengelände mit vielen Vögeln. Es gibt eine gute Campingküche und einen Grillbereich. Die Anlage befindet sich 6,5 km westlich von Airlie.

Waterview APARTMENT $$
(07-4948 1748; www.waterviewairliebeach.com.au; 42 Airlie Cres; Wohnstudio/Wohneinheit mit 1

Airlie Beach

⊕ Aktivitäten, Kurse & Touren
1 Lagoon	B1
2 Whitsunday Dive Adventures	D2
3 Whitsunday Marine Academy	C2
4 Whitsunday Sailing Club	D1

⊜ Schlafen
5 Airlie Beach Hotel	D2
6 Airlie Beach YHA	C2
7 Airlie Waterfront B&B	B1
8 Airlie Waterfront Backpackers	C2
9 Beaches Backpackers	B2
10 Magnums Backpackers	C2
11 Nomads Backpackers	B2
12 Sunlit Waters	A2
13 Water's Edge Resort	C3
14 Waterview	A2
15 Whitsunday Organic B&B	A2
16 Whitsundays Central Reservation Centre	B2

⊗ Essen
17 Supermarkt	C2
Deja Vu	(siehe 13)
18 Denman Cellars Beer Cafe	D3
19 Fish D'vine	D2
20 Harry's Corner	B2
21 Mr. Bones	B2
22 Village Cafe	B2
Whitsunday Sailing Club	(siehe 4)

⊙ Ausgehen & Nachtleben
23 Paddy's Shenanigans	B2
Phoenix Bar	(siehe 6)

⊕ Unterhaltung
24 Mama Africa	B2

Schlafzi. ab 135/140 AU$; ❄︎☏) Super in Sachen Lage und Komfort: Diese Boutique-Option an der Hauptstraße punktet u. a. mit super Buchtblick. Die modernen, luftigen und geräumigen Zimmer sind mit Kochgelegenheiten für Selbstversorger ausgestattet.

Coral Sea Resort RESORT $$
(☏1800 075 061; www.coralsearesort.com; 25 Ocean View Ave; DZ/Apt. mit 1 Schlafzi./Apt. mit 2 Schlafzi. ab 185/330/410 AU$; ❄︎@☏≋) Das am Wasser bzw. am Ende einer flachen Landzunge gelegene Coral Sea Resort erfreut sich eines der besten Standorte der Stadt, gleich westlich vom Zentrum. Viele der Zimmer bieten eine super Aussicht.

Whitsunday Organic B&B B&B $$
(☏07-4946 7151; www.whitsundaybb.com.au; 8 Lamond St; EZ/DZ 155/185–210 AU$) ⌁ Obwohl auch die Zimmer gemütlich sind, so kommen die meisten Gäste doch wegen des Bio-Rundherums (Garten, geführte Spaziergänge, Frühstück, Weine). Außerdem kann man Heilmassagen mit ätherischen Ölen buchen, im Gartenzelt meditieren oder einfach nur im *om* versinken.

Sunlit Waters APARTMENTS $$
(☏07-4946 6352; www.sunlitwaters.com; 20 Airlie Cres; Wohnstudio ab 92 AU$, 1-Zi.-Apt. 115 AU$; ❄︎≋) Die großen Wohnstudios haben alles, was das Herz begehrt: eine Kochecke und einen Balkon mit umwerfendem Blick.

Club Crocodile HOTEL $$
(☏07-4946 7155; www.clubcroc.com.au; 240 Shute Harbour Rd; DZ ab 110 AU$; P❄︎≋) Diese ausgezeichnete Budgetunterkunft liegt an der Straße von Cannonvale nach Airlie Beach und ist sehr beliebt bei australischen Touristen und jungen Familien. Am meisten los ist an dem großen Pool mit Olympia-Maßen, der sogar über einen Wasserfall verfügt.

Airlie Waterfront Backpackers HOSTEL $$
(☏1800 089 000; www.airliewaterfront.com; 6 The Esplanade; B 25–33 AU$, DZ & 2BZ mit/ohne Bad 130/60 AU$) Super Unterkunft für Flashpacker, toller Meerblick, blitzblanke Zimmer und Flachbildfernseher.

Airlie Beach Hotel HOTEL $$
(☏1800 466 233; www.airliebeachhotel.com.au; Ecke The Esplanade & Coconut Gr; Motel-EZ/-DZ 135/145 AU$, Hotel-Zi. 179–289 AU$; ❄︎☏≋) Die Moteleinheiten sind zwar schon etwas in die Jahre gekommen, aber die Hotelzimmer auf der Meerseite sind sauber und geräumig. Angesichts dreier Restaurants, eines Getränkeladens und der super Lage im Zentrum wohnt es sich anderswo wesentlich schlechter.

Water's Edge Resort APARTMENTS $$$
(☏07-4948 2655; www.watersedgewhitsundays.com.au; 4 Golden Orchid Dr; Apt. mit 1 Schlafzi. 225–275 AU$, Apt. mit 2 Schlafzi. 275–350 AU$; ❄︎≋) Bali-Stil, Infinity-Pools und lässiges Tropenambiente verheißen „Urlaub total". Kühle, pastellfarbene Zimmer, Top-Einrichtungen und üppige Grünanlagen tragen ihren Teil dazu bei. Hier vergisst man schnell, dass die Stadt nicht weit entfernt ist.

Airlie Waterfront B&B B&B $$$
(☏07-4946 7631; www.airliewaterfrontbnb.com.au; Ecke Broadwater Ave & Mazlin St; DZ 242–285 AU$;

❀ @) Das opulent eingerichtete B&B mit traumhafter Aussicht ist rundum top in Schuss. Es strotzt nur so vor Klasse und liegt fünf gemütliche Gehminuten auf der Promenade von der Stadt entfernt. Manche Zimmer besitzen sogar einen eigenen Whirlpool.

🍴 Essen

Der **Supermarkt** (277 Shute Harbour Rd) ist der größte Laden für Selbstversorger im Stadtzentrum.

Fish D'vine SEAFOOD $
(☎ 07-4948 0088; 303 Shute Harbour Rd; Hauptgerichte 14–28 AU$; ⊙ 17 Uhr–open end) Die Piraten wussten schon, was gut ist. Diese Fisch-und-Rum-Bar macht einfach nur Spaß. Serviert werden Gerichte aus Neptuns Reich und jede Menge Rum (über 200 Sorten).

Harry's Corner CAFÉ $
(☎ 07-4946 7459; 273 Shute Harbour Rd; Hauptgerichte 6,70–17,50 AU$; ⊙ 7–15 Uhr) Hier gibt's eine riesige Frühstücksauswahl, und die gigantischen Portionen werden den ganzen Tag über serviert. Bei Harry's bekommt man außerdem dänische Sandwiches, gefüllte Bagels und gute Salate.

Denman Cellars Beer Cafe TAPAS $
(☎ 07-4948 1333; Shop 15, 33 Port Dr; Hauptgerichte 12–26 AU$; ⊙ Mo-Fr 11–22, Sa & So 8–23 Uhr) Gute modern-australische Speisen wie Lammfleischbällchen und kleine Seafood-Tapas für mehrere Personen. Die umfangreiche Frühstückskarte wirkt lächerlich angesichts der Bierkarte (mit über 700 Sorten!).

Whitsunday Sailing Club KNEIPE $
(☎ 07-4946 6138; Airlie Point; Hauptgerichte 14–32 AU$; ⊙ Mo-Fr 12–14.30 & 17.30–20.30, Sa & So 11–14.30 & 17.30–20.30 Uhr) Hier sollte man sich auf jeden Fall einen Platz draußen auf der Terrasse suchen und das leckere Essen, einen Drink und den wunderschönen Blick aufs Meer genießen. Steaks, Schnitzel und Seafood sind gleichbleibend gut.

Marino's Deli FEINKOST $
(Whitsunday Shopping Centre, Cannonvale; Gerichte 8–23,50 AU$; ⊙ Mo-Sa 7.30–20 Uhr) Spitzenmäßige Nudelgerichte und Antipasti zum Mitnehmen.

⭐ **Mr. Bones** PIZZERIA, TAPAS $$
(☎ 0416 011 615; Lagoon Plaza, 263 Shute Harbour Rd; Gemeinschaftsteller 12–17 AU$, Pizza 15–23 AU$; ⊙ Di-Sa 9–21 Uhr) Mr. Bones ist *die* neue Location in Airlie Beach und bietet hippe, erschwingliche Gerichte. Die perfekten, knusprig dünnen Pizzas haben ihren guten Ruf wirklich verdient – unbedingt die mit Shrimps und Harissa probieren! Auch die „Nicht-Pizzas" (z.B. leckere Fischspieße mit Ananas und Minze-Salsa) sind spektakulär.

Village Cafe CAFÉ $$
(☎ 07-4946 5745; 366 Shute Harbour Rd; Hauptgerichte 19,95–29,50 AU$; ⊙ 7.30–21 Uhr) Das Village Cafe lockt seit Langem verkaterte Backpacker und alle anderen an, die Wert auf guten Kaffee legen. Auf der Frühstückskarte steht genügend Energiereiches für einen guten Start in den Tag. Man kann sich auch einen „Hot Rock" aus Lavastein bestellen, der zwölf Stunden lang erhitzt wird und auf dem man sich den gewählten Proteinspender dann selbst brutzelt.

Deja Vu FUSION $$
(☎ 07-4948 4309; Golden Orchid Dr; Hauptgerichte mittags 19–25 AU$, abends 27,50–34,50 AU$; ⊙ Mi-Sa 12–14.30 & 18–21, So 12–14.30 Uhr) Das polynesisch dekorierte Restaurant gilt als eines der besten in Airlie. Aus der Küche kommen unterschiedlichste Speisen mit internationalen Einflüssen. Man sollte versuchen, einen Platz für das einmal pro Woche stattfindende Gastro-Event „The Long Sunday Lunch" (8 Gänge 44,50 AU$/Pers.) zu bekommen. Reservierung erforderlich.

🍷 Ausgehen & Nachtleben

Es heißt, dass Airlie Beach eine Partystadt mit einem Seglerproblem ist. Die beiden großen Backpacker-Bars **Magnums** und **Beaches** im Stadtzentrum sind immer voll. Es sind die perfekten Startlocations für eine ausgelassene Nacht.

Phoenix Bar BAR
(390 Shute Harbour Rd; ⊙ 19–3 Uhr) In dieser In-Location bitten DJs zum Tanz. Es gibt jeden Abend Drink-Specials und Gratispizza (von 18–20 Uhr).

Paddy's Shenanigans IRISH PUB
(352 Shute Harbour Rd; ⊙ 17–3 Uhr) Hier wird genau das geboten, was man von einer irischen Kneipe erwartet.

Mama Africa CLUB
(263 Shute Harbour Rd; ⊙ 22–5 Uhr) Der Nachtclub im afrikanischen Safaristil liegt direkt gegenüber den großen Partybars. Seinem pulsierenden Beat können Jäger und Beute kaum widerstehen.

❶ Praktische Informationen

Viele private Reisebüros säumen die Hauptstraße. Sie werben mit Last-Minute-Angeboten für Segeltörns und Resorts. Internetzugang und WLAN wird fast überall angeboten.

NPRSR (☎13 74 68; www.nprsr.qld.gov.au; Ecke Shute Harbour Rd & Mandalay Rd; ✆ Mo–Fr 9–16.30 Uhr) Genehmigungen und Infos.

❶ An- & Weiterreise

BUS

Greyhound (☎1300 473 946; www.greyhound.com.au) und **Premier Motor Service** (☎13 34 10; www.premierms.com.au) biegen vom Bruce Hwy gen Airlie Beach ab. Von dort gehen Busse nach Brisbane (232 AU$, 19 Std.), Mackay (30 AU$, 2 Std.), Townsville (46 AU$, 4 Std.), Cairns (92 AU$, 9 Std.) und zu allen anderen Großstädten entlang der Küste.

Zwischen dem Segelclub und dem Airlie Beach Hotel stoppen Fernbusse an der Esplanade.

Whitsunday Transit (☎07-4946 1800; www.whitsundaytransit.com.au) verbindet Proserpine (Whitsunday Airport), Cannonvale, Abel Point, Airlie Beach und Shute Harbour miteinander (Betriebszeit 6–22.30 Uhr).

FLUGZEUG

Whitsunday Coast (Proserpine) und Hamilton Island sind die nächsten Großflughäfen.

Der kleine **Whitsunday Airport** (☎07-4946 9180) liegt 6 km östlich von Airlie Beach auf halbem Weg nach Shute Harbour.

SCHIFF/FÄHRE

Cruise Whitsundays (☎4946 4662; www.cruisewhitsundays.com) schippert von der Abel Point Marina nach Daydream und Long Island. Die Flughafen-Shuttles der Firma verbinden die Marina zudem mit Hamilton Island.

Mehr Details stehen unter „An- & Weiterreise" in den Abschnitten zu den einzelnen Inseln.

❶ Unterwegs vor Ort

Airlie Beach ist klein genug, um zu Fuß erkundet zu werden. Die meisten Ausflugsbootbetreiber holen ihre Kunden kostenlos mit dem Bus an der jeweiligen Unterkunft ab und bringen sie nach Shute Harbour oder zur Abel Point Marina. **Whitsunday Taxis** (☎13 10 08) müssen telefonisch bestellt werden.

Fast alle großen Autovermieter haben Büros in der Shute Harbour Rd.

Conway National Park

Die Berge dieses Nationalparks und die Whitsunday Islands gehören zum selben Gebirgszug. Nach der letzten Eiszeit stieg der Meeresspiegel, sodass tiefer gelegene Täler überflutet wurden und nur noch die höchsten Bergspitzen als vom Festland abgeschnittene Inseln aus dem Ozean herausragen.

Durch den nördlichen Teil des Parks führt die Straße von Airlie Beach nach Shute Harbour. Mehrere **Wanderwege** beginnen am nahe gelegenen Picknickplatz. Etwa 1 km dahinter windet sich die 2,4 km lange Strecke hinauf zum **Mt. Rooper Lookout**, von dem aus man einen tollen Blick auf die Whitsunday Passage und die Inseln hat. Ein Stück weiter entlang der Hauptstraße Richtung Coral Point (vor Shute Harbour) führt ein 1 km langer Weg hinab zum **Coral Beach** sowie zum **The Beak Lookout**. Der Pfad wurde mithilfe der Giru Dala angelegt, der traditionellen Hüter der Whitsundays. Eine am Anfang der Route erhältliche Broschüre verdeutlicht, wie sich die Aboriginies um die hier gedeihende Flora kümmern.

Die schönen **Cedar Creek Falls** erreicht man, indem man die Straße von Proserpine nach Airlie Beach 18 km südwestlich von Airlie Beach verlässt und auf die Conway Rd abbiegt. Von dort aus sind es noch 15 km bis zum Wasserfall; es gibt gute Markierungen.

Long Island

Long Island besitzt einige der schönsten Strände der Whitsundays und 13 km Wanderwege. Die Insel ist 9 km lang und 1,5 km breit; ein 500 m breiter Kanal trennt sie vom Festland. Tagesausflügler dürfen die Einrichtungen des Long Island Resort benutzen.

🛏 Schlafen

National Park Camp Site CAMPING $
(www.nprsr.qld.gov.au; Pers./Fam. 5,45/21,80 AU$) Einfacher Campingplatz an Long Islands Sandy Bay. (Achtung: Nicht mit dem Campingplatz Sandy Bay im nahe gelegenen South Molle verwechseln!)

Paradise Bay BUNGALOWS $$$
(☎07-4946 9777; www.paradisebay.com.au; Pauschalangebot mit 3 Nächten DZ ab 1500 AU$) Abgeschiedene, umweltfreundliche Lodge mit zehn geräumigen Bungalows aus australischem Hartholz. Damit es hier auch wirklich ruhig und beschaulich zugeht, sind Kinder und motorisierte Wassersportgeräte nicht erlaubt, auch Internetzugang gibt es

nicht. Die Preise verstehen sich inklusive Segeltouren, Mahlzeiten und Hauswein. Die Anreise im Hubschrauber kostet pro Bungalow 760 AU$ extra.

Long Island Resort RESORT $$$
(1800 075 125; www.oceanhotels.com.au/longisland; DZ inkl. VP 230–380 AU$; ❄@☒) Ein Resort für jedermann – jawohl, diese komfortable Übernachtungsoption im Norden der Insel heißt auch Kinder herzlichst willkommen. Die an der Happy Bay gelegene Anlage vermietet drei Arten von Zimmern. Die besten Unterkünfte liegen direkt am Strand. Zudem warten hier einige tolle Kurzwanderungen und Aktivitäten für alle Altersgruppen: Liebt denn nicht jeder Minigolf?

❶ Anreise & Unterwegs vor Ort

Cruise Whitsundays (07-4946 4662; www.cruisewhitsundays.com) verbindet das Long Island Resort täglich und regelmäßig mit Shute Harbour. Die direkte Überfahrt dauert ungefähr 20 Minuten (Erw./Kind 36/24 AU$).

Hook Island

Die 53 km² große Hook Island ist die zweitgrößte Insel der Whitsundays. Sie ist in erster Linie ein Nationalpark und erreicht mit dem Hook Peak eine Höhe von 450 m. Neben ein paar schönen Stränden befinden sich rund um die Insel auch einige der besten Tauch-und Schnorchelspots der Gegend. Viele Traveller haben sich von den niedrigen Preisen hierher locken lassen und sind enttäuscht wieder abgereist, da ihre Erwartungen nicht erfüllt wurden. Wer auf Luxus steht, sollte nicht auf die Hook sondern auf die Hayman Island fahren.

Nationalpark-Campingplätze (www.nprsr.qld.gov.au; Pers./Fam. 5,45/21,80 AU$) gibt's an der Maureen Cove, am Steen's Beach, am Curlew Beach und am Crayfish Beach. Auf diesen einfachen, aber wunderschönen Plätzen findet man zurück zur Natur.

Das **Hook Island Wilderness Resort** (07-4946 5255; www.hookislandresort.com; Stellplatz 10 AU$/Pers., B 35 AU$, DZ mit/ohne Bad 150/100 AU$; ❄☒) ist eine extrem einfache Unterkunft. Die einzigen Sterne sind die am Firmament. Wem Schnorcheln (und eine Traumlage am Strand) wichtiger ist als Komfort und Stil, der wird sich hier wohl fühlen. Das Resort ist nur unregelmäßig geöffnet, also vor der Planung unbedingt die Website checken!

Der Transfer wird bei Buchung der Unterkunft arrangiert. Ansonsten kann auch **Whitsunday Island Camping Connections – Scamper** (07-4946 6285; www.whitsundaycamping.com.au) die An- und Abreise zu den Campingplätzen organisieren (hin & zurück min. 4 Pers. ca. 160 AU$/Pers.).

South Molle Island

South Molle (4 km²) ist die größte Insel der Molle-Gruppe, die noch Mid Molle und North Molle Island umfasst. Abgesehen vom Resort- und Golfplatzgelände an der Bauer Bay im Norden steht ganz South Molle unter Nationalparkschutz. Sein kreuz und quer verlaufendes Wanderwegnetz (15 km) führt zu ein paar fantastischen Aussichtspunkten. Höchster Punkt ist der Mt. Jeffreys (198 m). Ein Aufstieg zum **Spion Kop** wird mit einem super Blick auf den Sonnenuntergang belohnt. Der Pfad zum Spion Kop passiert einen alten Steinbruch der Ngaro – beim Wandern auf die Hügelflanke achten, über die sich viele Felstrümmer verteilen!

Nationalpark-Campingplätze (13 74 68; www.nprsr.qld.gov.au; Stellplatz Erw./Fam. 5,45/21,80 AU$) gibt's an der Sandy Bay im Süden und an der Paddle Bay nahe dem Resort.

Das **Adventure Island Resort** (1800 466 444; www.koalaadventures.com; Pauschalangebot „Sail and Stay" 2 Nächte, 3 Tage 379 AU$; ❄@☒) ist *die* Partylocation, aber dennoch sind auch tagsüber viele unterhaltsame Aktivitäten wie Bogenschießen, Buschwandern, Fischefüttern, Segeln, Paddeln und Schnorcheln möglich. Das Resort wird allein von den Gästen der *Pride of Airlie* in Beschlag genommen, die während ihres Dreitagestörns „Sail and Stay" zwei Nächte auf South Molle Station macht. Der Törn führt auch zum Whitehaven Beach.

Whitsunday Island Camping Connections (hin & zurück 65 AU$; S. 438) bringt Tagesausflügler und Camper nach South Molle.

Daydream Island

Die Daydream Island ist kaum mehr als 1 km lang und 200 m breit. Die Insel würde ihrem Namen bestimmt gerecht werden, wenn etwas weniger los wäre! Viele halten das Eiland fälschlicherweise für einen schwimmenden Themenpark. Weil Daydream Island das dem Festland am nächsten gelegene Resort ist, fungiert die Insel als beliebtes Tagesziel für jedermann, vor allem für lebhafte Familien, unternehmungslustige Singles und Paare, die auf eine romantische Inselhochzeit aus sind.

Das große **Daydream Island Resort & Spa** (⌕1800 075 040; www.daydreamisland.com; DZ ab 310 AU$; ✱@≋≋) ist umgeben von wunderschön angelegten tropischen Gärten, durch die sich eine Lagune voller Stachelrochen, Haie und anderer Fische zieht. Tennisplätze, ein Fitnessstudio, Katamare, Windsurfbretter, drei Pools und ein Open-Air-Kino stehen den Gästen gratis zur Verfügung. Insgesamt gibt es fünf Unterkunftsoptionen. Die meisten Pauschalangebote beinhalten ein Frühstücksbuffet. Ein Club bietet durchgängig diverse Aktivitäten für den Nachwuchs an. Die Kids mögen bestimmt auch das **Stachelrochenstreicheln** (38 AU$) und die Fischfütterungen. Die gesamte Insel wird von dem Resort eingenommen und ist daher nichts für Leute, die auf der Suche nach Abgeschiedenheit sind.

Cruise Whitsundays (⌕07-4946 4662; www.cruisewhitsundays.com; einfache Strecke Erw./Kind 36/24 AU$) verkehrt mehrmals täglich zwischen Daydream Island, Abel Point Marina und Shute Harbour.

Hamilton Island

1209 EW.

Hamilton Island ist für Leute, die zum ersten Mal herkommen, vielleicht ein Schock. Mit den vielen Menschen und der starken Bebauung erweckt sie eher den Eindruck einer geschäftigen Stadt als den einer Urlaubsinsel. Obwohl sie nicht unbedingt den Vorstellungen vom perfekten Erholungsort entspricht, so ist doch allein die Menge an Unterkünften, Restaurants, Bars und Aktivitäten beeindruckend – hier gibt's für jeden das Richtige. Tagesausflügler dürfen einige Einrichtungen wie Tennis- und Squashplätze, das Fitnessstudio, eine Driving Range des Golfplatzes und einen Minigolfplatz nutzen.

Am **Catseye Beach** vor dem Resort kann man sich Windsurfbretter, Katamare, Jetskis und andere Wassersportgeräte leihen. Auch Parasailing und Wasserskilaufen werden angeboten.

Ein paar Shops am Hafen organisieren Tauchtrips und -kurse mit abschließendem Zertifikat. Im Angebot sind auch diverse Bootstrips zu anderen Inseln und zum Außenriff. Halbtägige Angelausflüge kosten inklusive Ausrüstung ca. 190 AU$ pro Person.

Der beste der wenigen **Wanderwege** führt hinauf zum Passage Peak (239 m) in der nordöstlichen Ecke der Insel. Für Kinder bietet Hamilton den Clownfish Club und eine Tagesbetreuung.

🛏 Schlafen

Hamilton Island Resort   RESORT $$$
(⌕13 73 33; www.hamiltonisland.com.au; DZ ab 340 AU$; ✱@≋≋) Das Unterkunftsspektrum im Hamilton Island Resort reicht von Hotelzimmern bis hin zu Apartments und Penthouses für Selbstversorger. Die Preise in der folgenden Übersicht gelten jeweils für eine Übernachtung. Die allermeisten Gäste buchen hier aber mindestens drei Übernachtungen, da dann günstigere Pauschaltarife greifen.

Qualia   RESORT $$$
(⌕1300 780 959; www.qualia.com.au; DZ ab 975 AU$; ✱@≋≋) Das ultra-luxuriöse Qualia bedeckt eine Fläche von 12 ha. Die modernen Villen an dem grünen Abhang wirken wie himmlische Baumhäuser. Es gibt einen Privatstrand, zwei Restaurants, ein Spa und zwei Pools.

Beach Club   RESORT $$$
(www.hamiltonisland.com.au/BeachClub; DZ ab 595 AU$; ✱@≋≋) Der Beach Club grenzt an den Hauptkomplex des Resorts und hat terrassenförmig angeordnete Zimmer direkt am Strand.

Whitsunday Holiday Homes   APARTMENTS $$$
(⌕13 73 33; www.hihh.com.au; ab 288 AU$; ✱@≋≋) Privatunterkünfte von Drei-Sterne-Apartments über familienfreundliche Häuser bis hin zu Fünf-Sterne-Luxusvillen. Im Preis enthalten ist der eigene Golfbuggy für die standesgemäße Fortbewegung. In einigen Unterkünften muss man mindestens vier Nächte bleiben.

Palm Bungalows   HÜTTEN $$$
(www.hamiltonisland.com.au/palm-bungalows; DZ ab 340 AU$; ✱@≋≋) Die hübschen Einzelhütten hinter dem Resortkomplex stehen recht dicht gedrängt, werden aber von üppigen Gärten vor neugierigen Blicken abgeschirmt. Jede Hütte verfügt über ein Doppel- und ein Einzelbett sowie über eine kleine Veranda.

Reef View Hotel   HOTEL $$$
(www.hamiltonisland.com.au/reef-view-hotel; DZ ab 360 AU$; ✱@≋) Bei Familien beliebtes Vier-Sterne-Hotel.

BESTE WHITSUNDAY-INSELRESORTS …

Auf nur sieben Inseln gibt es Resorts, aber alle sind in puncto Stil und Atmosphäre einzigartig. Was darf's denn sein? Partystimmung oder Wellness? Öko oder Extravaganz? Die folgende Übersicht erleichtert die Qual der Wahl …

… für Umweltbewusste

➡ Das Paradise Bay (S. 443) ist ein exklusives Öko-Resort mit grünem Gewissen und nur zehn einfachen Hartholz-Bungalows. Es wird nachhaltig und umweltfreundlich geführt – aber ohne Kompromisse beim Komfort.

… für Luxus-Liebhaber

➡ Das Qualia (S. 445) auf Hamilton Island ist göttlich: Gäste bewohnen Luxuspavillons zwischen den Bäumen und genießen vom eigenen Minipool aus den Blick aufs Korallenmeer.

➡ Das Hayman Island Resort (S. 447) verkörpert altmodischen Verwöhnluxus mit Schwerpunkt auf tadellosem Service und Sinnes- bzw. kulinarischem Genuss. Zudem hat es einen riesigen Pool.

… für Familien

➡ Im Daydream Island Resort & Spa (S. 445) ist immer was los. Alle Altersgruppen können sich im Wasser und an Land vergnügen. Ein Kinderclub, ein Open-Air-Kino und mehrere Restaurants, Cafés und eine Poolbar lassen weder bei den kleinen noch bei den großen Gästen Langeweile aufkommen.

➡ Das Long Island Resort (S. 444) ist vielleicht nicht ganz so glamourös, bietet aber viele Aktivitäten für Kinder. Die Eltern entspannen derweil am Strand oder am Pool mit einem rosa Cocktail in der Hand.

… für Romantiker

➡ Das Paradise Bay (S. 443) ist nicht nur ein Öko-Resort, sondern auch bei Flitterwöchnern sehr beliebt. Exklusivität und Intimität, aber ohne Glitzer und Glamour – hier herrscht einfache, natürliche Eleganz.

… für Fun-Fans

➡ Im Adventure Island Resort (S. 444) auf South Molle Island feiert Airlie Beachs Partyvolk bis in die Puppen – mit DJs, heißen Bands und vielen Drinks. Gegen schlimme Kater helfen die tollen Buschwanderungen, die die Insel zu bieten hat. Dann kann es abends gleich von vorne losgehen! Das Resort ist für die Gäste des Pauschaltörns „Sail and Stay" (auf der *Pride of Airlie*) gedacht.

✕ Essen

Der Hauptkomplex des Resorts beherbergt mehrere Restaurants, aber auch am Jachthafen ist die Auswahl von Lokalen groß. Für Selbstversorger gibt's einen Supermarkt.

Manta Ray Cafe CAFÉ $$
(☏ 07-4946 8213; Marina Village; Hauptgerichte 17–30 AU$; ⊙ 10.30–21 Uhr) Die Gourmetpizza aus dem Holzofen ist der Renner.

Marina Tavern KNEIPE $$
(☏ 07-4946 8839; Marina Village; Hauptgerichte ab 17,50 AU$; ⊙ 11–24 Uhr) Die Marina Tavern ist ein guter Ort für ein einfaches Kneipenessen oder einen Drink.

Bommie Restaurant MODERN-AUSTRALISCH $$$
(☏ 07-4948 9433; Hauptgerichte 38–50 AU$; ⊙ Di–Sa 18–24 Uhr) Gehobene modern-australische Küche. Der Blick aufs Meer ist genauso exklusiv wie die Preise. Das Restaurant befindet sich im Resortkomplex.

Romano's ITALIENISCH $$$
(☏ 07-4946 8212; Marina Village; Hauptgerichte 33–40 AU$; ⊙ Do–Mo 18–24 Uhr) Beliebtes italienisches Restaurant mit einer Terrasse direkt über dem Wasser.

Mariners Seafood Restaurant SEAFOOD $$$
(☏ 07-4946 8628; Marina Village; Hauptgerichte 38–48 AU$; ⊙ Sa–Mi 18 Uhr–open end) Neben

Gegrilltem werden vor allem Meeresfrüchte serviert.

Ausgehen & Nachtleben

Einige der Resort- und Hafenbars bieten allabendlich Unterhaltung. Empfehlenswert ist der beliebte Boheme's Nightclub (Marina Village; ⊙ Do–Sa 21 Uhr–open end).

❶ An- & Weiterreise

FLUGZEUG

Der Hamilton Island Airport – das Tor zu den Whitsundays – wird von **Qantas** (✆ 13 13 13; www.qantas.com.au), **Jetstar** (✆ 13 15 38; www.jetstar.com.au) und **Virgin Blue** (✆ 13 67 89; www.virginblue.com.au) angeflogen.

SCHIFF/FÄHRE

Cruise Whitsundays (✆ 07-4946 4662; www.cruisewhitsundays.com) verbindet den Hamilton Island Airport und den Jachthafen mit der Abel Point Marina und Shute Harbour in Airlie Beach (48 AU$).

❶ Unterwegs vor Ort

Von 7 bis 23 Uhr fahren kostenlose Shuttle-Busse über die ganze Insel.

Wer will, kann auch mit einem gemieteten Golfbuggy (1/2/3/24 Std. 45/55/60/85 AU$) über die Insel düsen.

Hayman Island

Die nördlichste Insel der Whitsunday-Gruppe ist die kleine Hayman Island. Sie misst nur 4 km² und ragt 250 m aus dem Meer. Auf der Insel befinden sich bewaldete Hügel, Täler, Strände und ein Fünf-Sterne-Resort.

Eine von Dattelpalmen gesäumte Allee führt zum Haupteingang des kürzlich renovierten One&Only Hayman Island Resort (✆ 07-4940 1838; www.hayman.com.au; Zi. inkl. Frühstück 590–8000 AU$; ❄@≋). Diese Unterkunft mit den riesigen Swimmingpools, der schönen Gartenlandschaft und den exklusiven Boutiquen ist eines der luxuriösesten Resorts am ganzen Great Barrier Reef.

Resortgäste müssen zum Great Barrier Reef Airport auf Hamilton fliegen, von wo sie zu Luxusbooten (einfache Strecke Erw./Kind 145/72,50 AU$) geleitet und zum Resort geschippert werden.

Lindeman Island

Die hübsche, kleine Lindeman Island war einst der Standort eines belebten Club-Med-Resorts. Heute sorgen nur noch Naturfotografen und Wanderer für einen Hauch Betriebsamkeit. Auf der Suche nach besonderen Inselbäumen wandern sie allein über die Insel, besteigen den Mt. Oldfield (210 m) und genießen den traumhaften Blick von dort oben. Lindeman Island ist größtenteils Nationalpark mit einsamen Buchten und beeindruckenden Wanderwegen (20 km). Boat Port ist der beste Ort zum Campen.

Whitsunday Island

Der 7 km lange Whitehaven Beach auf Whitsunday Island ist ein makelloser, blendend weißer Sandstreifen (er besteht aus 98% reinem Quarz und ist somit einer der weißesten Strände weltweit), der von üppiger Tropenvegetation und einem strahlend blauen Meer begrenzt wird. Ab dem Hill Inlet am Nordende des Strands kreieren die reinweißen, verwirbelten Sandmuster im türkis- und aquamarinfarbenen Wasser ein magisches Bild. Am südlichen Strandende bieten sich ausgezeichnete Schnorchelmöglichkeiten. Whitehaven zählt zu Australiens schönsten Stränden.

Nationalpark-Campingplätze (✆ 13 74 68; www.nprsr.qld.gov.au; Erw./Fam. 5,45/21,80 AU$) gibt's am Dugong Beach, Nari's Beach und Joe's Beach im Westen, an der Chance Bay im Süden, am Südende des Whitehaven Beach und an der Peter Bay im Norden.

Hin kommt man mit Whitsunday Island Camping Connections (S. 438; hin & zurück ab 105 AU$).

Weitere Whitsunday Islands

Die nördlichen Inseln sind unerschlossen und werden nur selten von Ausflugsbooten angesteuert. Auf einigen – Gloucester Island, Saddleback Island und Armit Island – gibt's Nationalpark-Campingplätze. Im NPRSR-Büro (S. 443) in Airlie Beach bekommt man Campinggenehmigungen und Tipps, welche Insel den Besuch lohnt und wie man hinkommt.

Bowen

 10 260 EW.

Bowen ist ein klassisches Beispiel dafür, wie Queenslands typische Küstenkleinstädte in den 1970er-Jahren ausgesehen haben: breite Straßen, niedrige Gebäude, Queenslander-Häuser aus Holz und entspannt, freundliche Einheimische. Was Bowen aber von anderen ähnlichen Städten im Norden unterscheidet, sind die 24 farbenfrohen Wandgemälde, die verschiedene Ereignisse und Aspekte der Geschichte dieser Region wiedergeben. Die großen, detaillierten Kunstwerke sind über die ganze Stadt verteilt. Im Visitor Centre sind Pläne und Infos erhältlich.

Der Uferbereich mit der schön gestalteten Promenade, Picknicktischen und Grillplätzen ist ein lokaler Lieblingstreffpunkt. Nordöstlich des Stadtzentrums finden sich ein paar wirklich umwerfende Strände und Buchten.

Wenn Obsternte (April–Nov.) ist, geht es in Bowen recht betriebsam zu. Die berühmte Bowen-Mango kommt aus Bowen – logisch.

Ausschau halten nach dem Schild mit der Aufschrift „Bowenwood" am Wasserturm. Hier wurde 2007 Baz Luhrmanns Filmepos *Australia* gedreht, auf den die Einheimischen extrem stolz sind.

Schlafen & Essen

Bowen Backpackers HOSTEL $
(07-4786 3433; www.bowenbackpackers.net; Herbert St; B ab 20 AU$; ✱ @) Diese Unterkunft am Strandende der Herbert St (hinter dem Grandview Hotel) ist genau das Richtige, wenn man auf einer der Obstplantagen in der Umgebung arbeitet. Die Zimmer sind sauber und relativ geräumig. Unbedingt vorher anrufen, da in der Nebensaison manchmal geschlossen ist!

Barnacles Backpackers HOSTEL $
(07-4786 4400; www.barnaclesbackpackers.com; 18 Gordon St; B ab 30 AU$; ✱) Sauberes Hostel, das auch bei der Suche nach Erntejobs behilflich ist.

Bowen Arrow Motel MOTEL $$
(07-4786 2499; www.bowenarrowmotel.com.au; 18512 Bruce Hwy; DZ 115 AU$; ✱✱) Hierher kommt man wegen des Wortspiels und bleibt wegen des freundlichen Service. Kleine (nur zwölf Zimmer), saubere Unterkunft mit kostenlosem WLAN und einem tollen kleinen Pool/Spa.

Rose Bay Resort RESORT $$
(07-4786 9000; www.rosebayresort.com.au; 2 Pandanus St; Zi. 150–300 AU$; ✱@✱) Die geräumigen Wohnstudios und gemütlichen Wohneinheiten befinden sich in wunderbarer Lage direkt am Strand. Hier verbringt man mit Sicherheit eine ruhige Zeit. Mindestaufenthalt zwei Nächte.

Jochheims Pies BÄCKEREI $
(49 George St; Pasteten 4,60 AU$; ⊙Mo–Fr 5.30–15.30, Sa 5.30–12.30 Uhr) Die Bewohner Bowens stopfen sich seit 1963 mit den hausgemachten Pasteten und Backwaren voll. Unbedingt eine Hugh-Jackman-Pastete („Shunky Beef") probieren – der Schauspieler war während der Dreharbeiten von *Australia* Stammgast hier.

Cove CHINESISCH, MALAIISCH $$
(07-4791 2050; Coral Cove Apartments, Horseshoe Bay Rd; Hauptgerichte 17–28,50 AU$; ⊙Di–So mittags & abends) Die Holzterrasse mit sensationellem Blick aufs Korallenmeer schreit nur so nach einem langen Mittagsmahl oder zumindest nach einem Sundowner vor dem Abendessen. Auf der Speisekarte steht eine interessante Mischung aus chinesischen und malaiischen Gerichten.

Praktische Informationen

Tourism Bowen (07-4786 4222; www.tourismbowen.com.au; ⊙Mo–Fr 8.30–17, Sa & So 10.30–17 Uhr) Ausschau halten nach der gigantischen Mango ca. 7 km südlich von Bowen am Bruce Hwy.

Im Ort gibt es einen **Informationsstand** (Santa Barbara Pde; ⊙Mo–Fr 10–17 Uhr, Sa & So sporadisch).

An- & Weiterreise

BUS
Fernbusse halten vor **Bowen Travel** (07-4786 1611; 40 Williams St), wo man Bustickets buchen kann. **Greyhound Australia** (1300 473 946; www.greyhound.com.au) und **Premier** (13 34 10; www.premierms.com.au) fahren regelmäßig nach bzw. ab Airlie Beach (23 AU$, 1½ Std.) oder Townsville (26 AU$, 4 Std.).

Von Townsville nach Mission Beach

Inhalt ➡

Townsville.....................451
Magnetic Island 459
Hinchinbrook Island ..465
Tully 467
Mission Beach............468
Dunk Island 473
Innisfail &
Umgebung 473

Gut essen

➡ Wayne & Adele's Garden of Eating (S. 456)

➡ Sweatshop (S. 455)

➡ Monsoon Cruising (S. 474)

➡ Benny's Hot Wok (S. 455)

➡ Fish Bar (S. 471)

Schön übernachten

➡ Shambhala Retreat (S. 460)

➡ Noorla Heritage Resort (S. 464)

➡ Jackaroo Hostel (S. 471)

➡ Bungalow Bay Koala Village (S. 461)

➡ Coral Lodge (S. 454)

Auf nach Townsville!

Zwischen den Touristenhochburgen Cairns und Airlie Beach liegt Townsville, eine „richtige" Stadt mit Herz und ganz normalem Leben. Die größte Stadt im Norden Queenslands wird von Reisenden meist links liegen gelassen, bietet aber erstaunlich viel Sehenswertes: eine palmengesäumte Strandpromenade, Architektur des 19. Jhs. und viele Kultur- und Sportstätten. Der Nationalpark auf Magnetic Island mit Stränden, Wanderwegen und reicher Tier- und Pflanzenwelt ist nur eine kurze Fahrt mit der Fähre entfernt.

Nördlich von Townsville windet sich der Great Green Way durch kleine Zuckerrohrstädte wie Ingham, Cardwell, Tully und Innisfail. Mission Beach, eine halbe Autostunde östlich von Tully, ist ein entspanntes Dorf, das aber scharenweise Adrenalinjunkies anzieht, die hier Fallschirmspringen, Wildwasserraften und andere Wassersportarten ausüben wollen. Die dicht bewaldete Insel Hinchinbrook und die hübsche Dunk Island sind dagegen ideal für alle, die es ruhiger mögen.

Reisezeit
Townsville

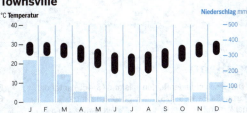

Mai Beim Golden Gumboot Festival in Tully wird alles gefeiert, was nass und schön ist.

Aug. Beim Australian Festival of Chamber Music zeigt sich Townsville von seiner klassischen Seite.

Okt. Beim Mission Evolve Music Fest in Mission Beach tanzen die Rastalocken.

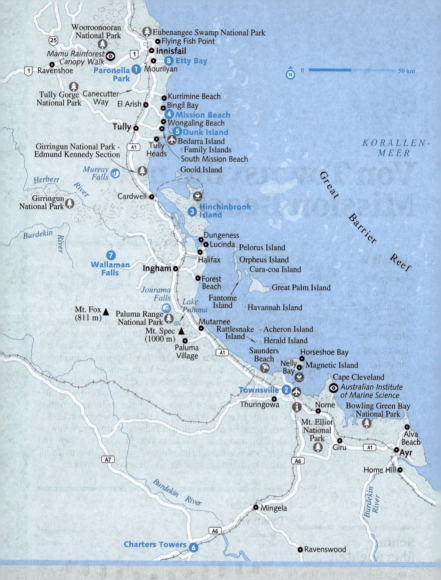

Highlights

1. Die Geschichte der Ruinen im **Paronella Park** (S. 473) kennenlernen

2. In **Townsville** (S. 451) die Cowboys der National Rugby League oder die Crocodiles der National Basketball League von Nord-Queensland anfeuern

3. Den 32 km langen Thorsborne Trail auf **Hinchinbrook Island** (S. 465) unter die Schuhe nehmen

4. Mit dem Fallschirm in den Sand von **Mission Beach** (S. 468) springen

5. Auf **Dunk Island** (S. 473) einen Strand ganz für sich alleine haben

6. In der Goldgräberstadt **Charters Towers** (S. 458) den Film *Ghosts After Dark* im Freiluftkino sehen

7. Die **Wallaman Falls** (S. 464), den höchsten, einstufigen Wasserfall Australiens, bestaunen

8. Die äußerst seltenen Kasuare am malerischen Strand von **Etty Bay** (S. 473) beobachten

TOWNSVILLE & UMGEBUNG

Die größte Stadt von Nord-Queensland ist ein idealer Ausgangspunkt für Tagesausflüge an die Küste, ins Landesinnere und zu den Inseln und Riffen vor der Küste.

Townsville

189 931 EW.

Die unterschätzte Stadt am Fuße eines riesigen roten Hügels hat einiges zu bieten: tolle Museen, ein großes Aquarium, erstklassige Tauchreviere, zwei bedeutende Sportmannschaften, ein reges Nachtleben und eine fast endlose Strandpromenade. Dabei sind die Sehenswürdigkeiten in der fußgängerfreundlichen Stadt bequem zu Fuß zu erreichen. Bei der Orientierung helfen die markanten, sorgfältig restaurierten Gebäude aus dem 19. Jh. Und sollte man sich doch einmal verlaufen, helfen die freundlichen Einwohner gern weiter – oder geben erst einmal ein Bier aus. Townsville hat eine junge, lebendige Bevölkerung mit unzähligen Studenten und Soldaten, Bergarbeitern, die am Wochenende wieder nach Hause fliegen, und natürlich Sommerfrischler, die die durchschnittlich 320 Sonnentage im Jahr nutzen.

Die Stadt ist nur 350 km von Cairns entfernt, aber viel regenärmer als ihre tropische Konkurrentin. Wem es in „Brownsville" zu heiß wird, flüchtet einfach per Fähre an die traumhaften Strände auf Magnetic Island.

⊙ Sehenswertes & Aktivitäten

Das übersichtliche Zentrum kann bequem zu Fuß erkundet werden.

★ Reef HQ Aquarium   AQUARIUM
(www.reefhq.com.au; Flinders St E; Erw./Kind 26,50/12,80 AU$; ⊙ 9.30–17 Uhr) Das Aquarium ist im Prinzip ein echtes, lebendige Riff auf dem Festland. 2,5 Mio. l Wasser fließen durch das Korallenriff-Becken, in dem sich 130 Korallen- und 120 Fischarten tummeln. Im Raubfischbereich liefert der nachgebaute Bug der SS *Yongala* eine beeindruckende Kulisse. Ein Zyklon brachte das Originalschiff 1911 vor Townsville zum Sinken und alle 122 Passagiere an Bord starben. Das Wrack wurde erst 1958 gefunden. Kinder werden im Schildkrötenkrankenhaus viel Spaß am Füttern und Streicheln der Reptilien haben. Man kann sich unterschiedlichen Führungen durch das Aquarium anschließen.

Castle Hill   AUSSICHTSPUNKT
Wer den beeindruckenden, 286 m hohen roten „Schlosshügel" erklimmt, der einsame, rosa Granitfelsen über Townsville aufragt, wird mit einem spektakulären Blick auf die Stadt und die Cleveland Bay belohnt. Der 2 km lange, unbefestigte „Ziegenpfad" zum Gipfel beginnt in Hillside Cres. Mit dem Auto fährt man von der Gregory St in die schmale Castle Hill Rd, die sich 2,6 km lang nach oben windet. Auf einer Infotafel auf dem Gipfel sind kurze Wanderungen zu den verschiedenen Aussichtspunkten beschrieben.

Museum of Tropical Queensland   MUSEUM
(www.mtq.qm.qld.gov.au; 70-102 Flinders St E; Erw./Kind 15/8,80 AU$; ⊙ 9.30–17 Uhr) Dies ist kein 08/15-Museum: Den Besucher erwarten detaillierte Modelle und interaktive Darstellungen. Um 11 und 14.30 Uhr kann man eine Kanone laden und abfeuern, so, wie man es im 18. Jh. gemacht hat. Im Mittelpunkt steht die Geschichte Nord-Queenslands, angefangen mit den Dinosauriern. Die naturwissenschaftliche MindZone ist kindgerecht.

Billabong Sanctuary   NATURSCHUTZGEBIET
(www.billabongsanctuary.com.au; Bruce Hwy; Erw./Kind 30/19 AU$; ⊙ 9–16 Uhr) ⊘ Nur 17 km südlich von Townsville erstreckt sich der Wildpark mit Ökosiegel, in dem man australische Wildtiere von Dingos bis Kasuare in ihrem natürlichen Lebensraum beobachten kann. In dem 11 ha großen Park kann man locker einen ganzen Tag verbringen. Etwa alle 30 Minuten finden Fütterungen, Vorführungen und Erläuterungen statt.

Botanic Gardens   GARTEN
(⊙ Sonnenauf- bis Sonnenuntergang) GRATIS Der botanische Garten ist in drei üppig grüne Bereiche unterteilt. Sie sind unterschiedlich gestaltet, warten aber alle mit tropischen Pflanzen auf. Dem Zentrum am nächsten gelegen sind die repräsentativen Queens Gardens (Ecke Gregory St & Paxton St) am Fuß des Castle Hill (1 km nordwestlich der Stadt).

Cultural Centre   KULTURZENTRUM
(☎ 07-4772 7679; www.cctownsville.com.au; 2–68 Flinders St E; ⊙ 9.30–16.30 Uhr) Beleuchtet die Geschichte, die Traditionen und Bräuche der Wulgurukaba und Bindal. Wann geführte Touren stattfinden, kann man telefonisch erfragen.

Perc Tucker Regional Gallery   GALERIE
(www.townsville.qld.gov.au/facilities/galleries/perctucker; Ecke Denham St & Flinders St; ⊙ Mo–Fr 10–

Townsville

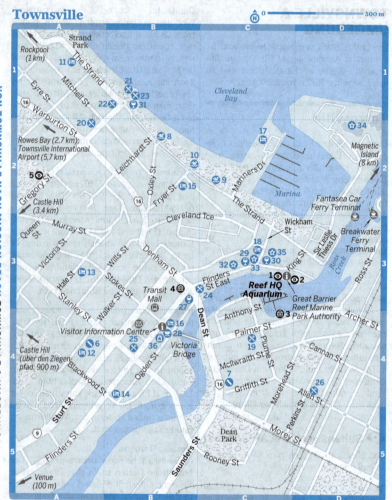

17, Sa & So bis 14 Uhr) Die modernen Arbeiten, vor allem von Künstlern aus Nord-Queensland, sind in einem stattlichen Gebäude von 1885, einer ehemaligen Bank, ausgestellt.

Maritime Museum of Townsville MUSEUM
(www.townsvillemaritimemuseum.org.au; 42-68 Palmer St; Erw./Kind 6/3 AU$; ⊙Mo–Fr 10–15, Sa & So 12–15 Uhr) Neben der Geschichte des Schiffsbaus im Norden Queenslands ist eine ganze Empore des Schifffahrtsmuseums dem Wrack der *Yongala* gewidmet. Eine Besichtigung des außer Dienst gestellten Patrouillenboots HMAS *Townsville* ist ebenfalls möglich.

The Strand SCHWIMMEN, OUTDOOR
Die Strandpromenade ist 2,2 km lang und wird durch Parks, Pools, Cafés und Spielplätze aufgelockert. Hunderte von Palmen spenden Schatten. Schon bei Tagesanbruch sind Jogger unterwegs, etwas später kommen die ersten Strandgänger und am späten Nachmittag gesellen sich die Spaziergänger hinzu. Netze schirmen den Strand gegen gefährliche Meeresbewohner ab.

Am nördlichen Ende liegt der **Felsenpool** (⊙24 Std.) GRATIS, ein riesiges, künstliches Schwimmbecken umgeben von Rasen und sandigen Stränden. Alternativ bieten die denkmalgeschützten **Tobruk Memori-**

Townsville

◎ Highlights
1 Reef HQ Aquarium C3

◎ Sehenswertes
2 Cultural Centre D3
3 Maritime Museum of Townsville C4
   Museum of Tropical Queensland .(siehe 2)
4 Perc Tucker Regional Gallery B3
5 Queens (Botanic) Gardens A2

◎ Aktivitäten, Kurse & Touren
6 Adrenalin Dive A4
7 Remote Area Dive C4
8 The Strand B2
9 Tobruk Memorial Baths C2
10 Water Playground B2

◎ Schlafen
11 Aquarius on the Beach A1
12 Civic Guest House A4
13 Coral Lodge A3
14 Grand Northern Hotel B4
15 Historic Yongala Lodge Motel B2
16 Holiday Inn B4
17 Mariners North C2
   Orchid Guest House ....(siehe 13)
18 Reef Lodge C3

◎ Essen
   Absolute Tea ....(siehe 4)
19 Benny's Hot Wok C4
20 Cafe Bambini A2
21 Cbar B1
22 Harold's Seafood B1
23 Longboard Bar & Grill B1
   Souvlaki Bar ....(siehe 22)
24 Summerie's Thai Cuisine C3
25 Sweatshop B4
26 Wayne & Adele's Garden of Eating D4

◎ Ausgehen & Nachtleben
27 Brewery B3
28 Coffee Dominion B4
29 Heritage Bar C3
30 Molly Malones C3
31 Seaview Hotel B1

◎ Unterhaltung
32 Consortium C3
33 Flynns C3
34 Jupiters Casino D2
35 The Shed C3

◎ Shoppen
36 Cotters Market B4

---

al Baths (www.townsville.qld.gov.au; Erw./Kind 5/3 AU$; ⊙Mo–Do 5.30–19, Fr bis 18, Sa 7–16, So 8–17 Uhr) olympische Maße (und gechlorte Sicherheit!). Für Kinder gibt's auch einen tollen **Wasserspielplatz** (⊙Dez.–März 10–20, Sept.–Nov. & April–Mai bis 18, Juni–Aug. bis 17 Uhr) GRATIS.

Skydive Townsville FALLSCHIRMSPRINGEN
(☎07-4721 4721; www.skydivetownsville.com.au; Tandemsprünge ab 395 AU$) Ein sicheres Flugzeug und phänomenale Landungen an der Strandpromenade.

Woodstock Trail Rides REITEN
(☎07-4778 8888; www.woodstocktrailrides.com.au; Jones Rd; 90-minütiger/halbtägiger Ausritt 80/100 AU$, Viehtrieb 175 AU$) Die riesige Ranch, 43 km südlich von Townsville, bietet ganz- und halbtägige Ausritte sowie **Viehtrieb** für Möchtegern-Cowboys und -Cowgirls. Bei den Tagesausritten und dem Viehtrieb ist der Transfer von Townsville im Preis enthalten. Unbedingt reservieren.

◎ Geführte Touren

Kookaburra Tours GEFÜHRTE TOUREN
(☎0448 794 798; www.kookaburratours.com.au) Sehr zu empfehlen sind die Tagestouren von Kookaburra Tours in Townsville und Umgebung. Die Guides sind enthusiastisch und sehr kompetent. Ein paar der Touren: Stadttour „Heritage and Highlights" (Erw./Kind 40/18 AU$), Wallaman Falls (Erw./Kind 125/55 AU$), Regenwaldtouren (Erw./Kind 125/55 AU$) und Führungen zum Thema Aborigines-Kultur (Erw./Kind 140/65 AU$).

Townsville Ghost Tours GEFÜHRTE TOUREN
(☎0404 453 354; www.townsvilleghosttours.com.au) Im Angebot sind fünf unheimliche Führungen, z. B. in der Stadt an Bord des „Geisterbusses" (ab 65 AU$) oder nach Ravenswood (250 AU$ inkl. Mahlzeiten und Übernachtung).

◎ Feste & Events

Der Veranstaltungskalender von Townsville ist voll. Ordentlich gefeiert werden z. B. die Heimspiele des heißgeliebten Rugbyteams **North Queensland Cowboys** (www.cowboys.com.au; ⊙Saison März–Sept.) und der Basketballmannschaft **Crocodiles** (www.crocodiles.com.au; ⊙Saison Mitte Okt.–April). Oh ja. Basketball ist unheimlich beliebt in Australien. Davon zeugen die Krokodilschwänze, die aus den Kofferräumen vieler Autos hängen!

Townsville 400 MOTORSPORT
(www.v8supercars.com.au) Jeden Juli findet die V8-Supercar-Meisterschaft statt. Dann heizen V8 Supercars über einen extra hierfür gebauten Straßenparcours.

Australisches Kammermusikfestival MUSIK
(www.afcm.com.au) Jeden August zeigt sich Townsville bei diesem international bekannten Festival von seiner kultivierten Seite.

🛌 Schlafen

Zu Zeiten von Festen und Festivals sind alle Unterkünfte in Townsville belegt. Deshalb sollte man unbedingt im Voraus buchen. Mittelklasse-Motels und Unterkünfte für Selbstversorger befinden sich an der Strandpromenade, während die Hotels der internationalen Ketten und Hostels für Backpacker im Zentrum und in der Gegend der Palmer St angesiedelt sind.

Reef Lodge HOSTEL $
(07-4721 1112; www.reeflodge.com.au; 4 Wickham St; B 22–26 AU$, DZ mit/ohne Bad 80/62 AU$; ❄@🛜) Die entspannte Atmosphäre im besten – und zentralsten – Hostel wird durch Buddha-Statuen, Hängematten im Garten und einen eigenen Raum für herrlich altmodische Videospiele aus den 1980er-Jahren noch verstärkt.

Coral Lodge B&B $
(07-4771 5512; www.corallodge.com.au; 32 Hale St; EZ/DZ ohne Bad 70/90 AU$, Wohneinheit ab 85 AU$; ❄) Die bezaubernde, altmodische und sehr australische Pension (mit dreibeiniger Hauskatze) in einem 100 Jahre alten Haus ist einfach unschlagbar. In den komplett ausgestatteten Apartments oben fühlt man sich wie zu Hause, die Zimmer im Erdgeschoss haben Gemeinschaftsbäder. Die freundlichen Besitzer holen ihre Gäste auch von Bus, Bahn oder Fähre ab.

Civic Guest House HOSTEL $
(07-4771 5381; www.civicguesthousetownsville.com.au; 262 Walker St; B ab 24 AU$, DZ ab 58 AU$; @🛜) Das kürzlich renovierte Hostel erstrahlt in noch mehr Glanz als zuvor. Das vielleicht sauberste Hostel der ganzen Welt hat freundliches Personal und entspannte Gäste. Es gibt einen kostenlosen Transfer zum Fähranleger und Busbahnhof.

Rowes Bay Caravan Park WOHNWAGENPARK $
(07-4771 3576; www.rowesbaycp.com.au; Heatley Pde; Stellplatz ohne/mit Strom 26/36 AU$, Hütte mit/ohne Bad ab 98/65 AU$, Bungalow 105 AU$; ❄@🛜🏊) Der schattige Campingplatz liegt direkt gegenüber des Strands von Rowes Bay. Die nagelneuen Bungalows sind zwar kleiner als die Hütten, aber wesentlich schicker.

Orchid Guest House PENSION $
(07-4771 6683; www.orchidguesthouse.com.au; 34 Hale St; B 27 AU$, EZ mit/ohne Bad 75/55 AU$, DZ 85/65 AU$; ❄) Garantiert nichts für Partygänger, aber ideal für alle, die ein freundliches, preiswertes Dach über dem Kopf suchen. Jobbende Rucksacktouristen können einen günstigeren Wochenpreis aushandeln.

Grand Northern Hotel HOTEL $
(07-4771 6191; www.gnhotel.com.au; 500 Flinders St; EZ mit/ohne Klimaanlage 70/60 AU$, DZ & 2BZ mit/ohne Klimaanlage 80/70 AU$; P❄) Der historische Pub von 1901 steht mitten im Zentrum des Geschehens der Stadt. Daher ist es hier auch nicht wirklich ruhig, aber die zentrale Lage ist unschlagbar. Alle Zimmer mit Gemeinschaftsbad.

Historic Yongala Lodge Motel MOTEL $$
(07-4772 4633; www.historicyongala.com.au; 11 Fryer St; Motelzi. 99–105 AU$, Apt. mit 1 Schlafzi. 115–120 AU$; ❄🛜🏊) Das schöne alte Gebäude von 1884 ist nur einen Katzensprung von der Strandpromenade und dem Zentrum entfernt. Die Zimmer und Apartments sind klein, aber in Ordnung. Das ausgezeichnete **Restaurant** (Hauptgerichte 20–38 AU$, Mo-Sa abends geöffnet) ist ein alteingesessenes Lieblingslokal der Einheimischen.

Holiday Inn HOTEL $$
(07-4729 2000; www.townsville.holiday-inn.com; 334 Flinders St; DZ 110–189 AU$; ❄@🛜🏊) Das runde Hotel mit dem Spitznamen „Zuckerstreuer" wurde 1976 errichtet, ist mit 20 Stockwerken das höchste Gebäude der Innenstadt und ein Wahrzeichen von Townsville. Die Zimmer sind viel moderner als die Fassade vermuten lässt und auf dem Dach gibt's einen Pool mit einzigartigem Blick über die Stadt.

Aquarius on the Beach HOTEL $$
(1800 622 474; www.aquariusonthebeach.com.au; 75 The Strand; DZ 110–150 AU$; ❄@🛜🏊) Der spektakuläre Blick vom Balkon ist mindestens ebenso beeindruckend wie die Größe des Hotels an der Strandpromenade. Von der veralteten Fassade sollte sich man sich nicht abschrecken lassen, denn es ist wirklich eines der besten Hotels der Gegend und der Service ist einwandfrei.

Mariners North APARTMENTS $$$
(07-4722 0777; www.marinersnorth.com.au; 7 Mariners Dr; Apt. mit 2/3 Schlafzi. ab 259/405 AU$, 2 Nächte Mindestaufenthalt; ❄🛜🏊) Die komplett ausgestatten Apartments direkt am Meer haben ein großes Wohnzimmer, geräumiges

GANZ SCHÖN STÜRMISCH

Queensland ist bekannt für sein schwülheißes Klima und bestes Urlaubswetter das ganze Jahr über. Ein alter Slogan besagt, „der erste Tag war schön, der nächste perfekt". Doch von November bis April ziehen im äußersten Norden – buchstäblich – dunkle Wolken am Horizont auf. Zyklone – auch Hurrikane oder Taifune genannt – treten etwa vier- bis fünfmal pro Saison auf. Während diese Wirbelstürme nur selten ihre volle Zerstörungskraft entfalten, kommt es doch immer wieder zu Katastrophen. So traf der Zyklon Yasi im Februar 2011 mit Windgeschwindigkeiten von bis zu 300 km/h bei Mission Beach auf die australische Ostküste und hinterließ in den Städten Tully und Cardwell sowie auf den Inseln Dunk, Bedarra und Hinchinbrook eine Schneise der Verwüstung. Hunderte Wohnhäuser zwischen Innisfail und Ingham waren komplett zerstört, Bananen- und Zuckerrohrplantagen dem Erdboden gleichgemacht und große Bereiche des Regenwalds im Nationalpark vernichtet. Erstaunlicherweise gab es keine Toten oder Schwerverletzten zu beklagen.

Hier ein paar der erschütternden Fakten zu Zyklonen:

➡ Tropische Wirbelstürme werden je nach Stärke in verschiedene Kategorien unterteilt. Ein Sturm der Kategorie 1 bläst mit einer Windgeschwindigkeit von weniger als 125 km/h. Bei Stürmen der Kategorie 2 erreichen die zerstörerischen Windgeschwindigkeiten zwischen 125 und 164 km/h, bei Stürmen der Kategorie 3 zwischen 165 und 224 km/h. Mit mehr als 280 km/h wird ein Sturm der Kategorie 5 als „sehr stark" eingestuft.

➡ In den stürmischen Monaten sollte man daher verstärkt auf Wettervorhersagen und Sturmwarnungen achten. Sobald eine Sturmwarnung ausgegeben wird, sollte man unbedingt einen lokalen Radiosender einstellen und sich auf der Internetseite des **Bureau of Meteorology** (www.bom.gov.au) über die aktuelle Lage und Hinweise informieren. Die Einheimischen scheinen angesichts drohender Stürme gelassen zu bleiben, kaufen aber vorsichtshalber trotzdem die Läden leer.

➡ Die abwechselnd männlichen und weiblichen Namen der Wirbelstürme werden in alphabetischer Reihenfolge vergeben und zwar entsprechend einer saisonalen Liste mit 104 Namen, die vom Bureau of Meteorology Tropical Cyclone Warning Centre zusammengestellt wurde. Die Namen dürfen nicht beleidigend oder polemisch sein. Das war nicht immer so, denn früher wurden die Wirbelstürme oft nach unliebsamen Politikern, Wesen der Mythologie oder Schwiegermüttern benannt.

➡ Der Zyklon Yasi war richtig heftig, aber der schlimmste Hurrikan, der die australische Nordküste je traf, war Mahina. Der Zyklon der Kategorie 5 fegte im März 1899 über Bathurst Bay am Cape York hinweg und tötete mehr als 400 Menschen, darunter 100 Aborigines und Hunderte von Perlenfischern auf ihren Booten. Mahina hält auch immer noch den Rekord für die weltweit höchsten Wellen während eines Wirbelsturms (13–14,6 m). Auf einer Insel in der Bucht wurden damals Delfine auf den 15 m hohen Klippen gefunden.

Bad und einen schönen Balkon mit Blick auf die Cleveland Bay und „Maggie". Im Fitnessraum darf kostenlos trainiert werden.

✘ Essen

Die Palmer St ist Townsville Top-Restaurantmeile mit ganz unterschiedlichen Küchen. Man hat die Qual der Wahl. Senkrecht zu „The Strand" verläuft die Gregory St mit mehreren Cafés und Imbissen mit Gerichten zum Mitnehmen (*takeaways*). Auch in vielen Bars und Pubs wird Essen serviert.

★ Sweatshop CAFÉ $
(☏0435 845 237; www.thesweatshop.com.au; 181 Flinders St; Sandwiches 7 AU$, Burger 12 AU$; ⊙Mo–Mi 7.30–16, Do 7.30–20, Fr & Sa 7.30–24, So 9–15 Uhr) Schickimicki in Townsville? Wer hätte das gedacht! Das mit seltsamen Kunstwerken geschmückte Café hat einfaches, aber hervorragendes Essen und den besten Kaffee (3,50 AU$) der Stadt. Während man die frisch gebackenen Köstlichkeiten genießt, kann man die sich ständig weiterentwickelnde Kunst einheimischer Talente begutachten.

Benny's Hot Wok ASIATISCH $$
(☏07-4724 3243; 17-21 Palmer St; Hauptgerichte 14–32 AU$; ⊙tgl. 17 Uhr–open end, So 10.30–14.30 Uhr Yumcha-Nachmittagstee) Das in ganz Nord-Queensland für seine unglaubliche Auswahl an asiatischen Gerichten bekannte Lokal bietet nicht nur frisches Sushi und Sashimi,

Brötchen mit Pekingente, dampfende Laksas und gebratenes Lamm auf mongolische Art, sondern auch tolle Cocktails. Zudem ist es ein guter Ort, um jemanden zu treffen.

Cafe Bambini
CAFÉ $

(46 Gregory St; Hauptgerichte 11,50–20 AU$; ⊙ Mo-Fr 5.30–17, Sa & So 6.30–16 Uhr; ☏) In dem erfolgreichen Lokal mit vier Filialen in Townsville bekommt man den ganzen Tag über Frühstück, das zu den besten der Stadt gehört. Die Mittagsgerichte werden alle frisch zubereitet und sind sehr sättigend.

Summerie's Thai Cuisine
THAI $

(☏ 07-4420 1282; 232 Flinders St; Mittagstisch 12,50 AU$, Abendessen Hauptgerichte ab 17 AU$; ⊙ 11.30–14.30 & 17.30–22 Uhr) Das Essen ist hier so authentisch, dass es selbst von den Thais der Stadt hoch gelobt wird. In Kokosnussmilch geschmorte Garnelen mit knackigem Gemüse sind die Spezialität des Hauses und werden ihrem Namen „Himmel auf Erden" mehr als gerecht.

Souvlaki Bar
GRIECHISCH $

(Shops 3 & 4, 58 The Strand; Hauptgerichte 6,50–17,50 AU$; ⊙ Mo-Fr 10.30–21, Sa & So 10.30–22 Uhr) Göttlich griechisch mit saftigem Gyros, Unmengen von Auberginen und hausgemachtem Honiggebäck.

Harold's Seafood
SEAFOOD $

(Ecke The Strand & Gregory St; Hauptgerichte 4–10 AU$; ⊙ mittags & abends) In dem kleinen Imbiss gibt's Burger mit dem Fleisch der Krebse aus der Moreton Bay (Moreton Bay Bugs) zum Mitnehmen.

Wayne & Adele's Garden of Eating
MODERN-AUSTRALISCH $$

(☏ 07-4772 2984; 11 Allen St; Hauptgerichte ab 19 AU$; ⊙ Mo 18.30–22, Do-Sa 18.30–23, So 12–15 Uhr) Wer Wortspiele mag, muss hier unbedingt Gerichte wie „Don't Lose Your Tempeh" (in Curry frittiertes Tempeh mit Kaffir-Limette und Gado-Gado-Salat) und „Goat in a Boat" (marokkanische Ziegenquiche auf Dattel-Dal) probieren. Zur extravaganten Speisekarte passt der lilafarbene Innenhof.

Absolute Tea
TEEHAUS $$

(☏ 07-4721 2311; 269 Flinders St; Kanne Tee ab 4,90 AU$, High Tea 25 AU$; ⊙ Mi-So 9.30–15.30 Uhr) Auch wenn es bei der tropischen Hitze schwerfällt: in dem vornehmen Teehaus sollte man sich wie eine feine Dame bzw. ein echter Gentleman benehmen. Zur Wahl stehen typisch britischer High oder Devonshire Tea (kleine Nachmittagsmahlzeit), ein nobler Mittagsimbiss oder einfach einer der gut 100 verschiedenen Teesorten.

Longboard Bar & Grill
MODERN-AUSTRALISCH $$

(☏ 07-4724 1234; The Strand gegenüber Gregory St; Hauptgerichte 15–34 AU$; ⊙ 11.30–15 & 17.30 Uhr-open end) Das Restaurant direkt am Wasser verwöhnt sein lebhaftes Publikum mit beliebten Grillgerichten wie fetten Schweinerippchen, Steaks und marinierten Hähnchenschlegeln. Über die unpassende Surf-Dekoration muss man hinwegsehen und stattdessen aufpassen, dass man sich nicht bekleckert.

Cbar
CAFÉ $$

(The Strand gegenüber Gregory St; Hauptgerichte 16–32 AU$; ⊙ 7–22 Uhr; ☏) In dem zuverlässig guten Lokal gibt's den ganzen Tag warmes Essen für Vegetarier (Antipasti 18 AU$) und Allesfresser (riesige Fischburger 17 AU$).

🍷 Ausgehen & Nachtleben

Vielleicht liegt es am Klima – in Townsville wird jedenfalls gern gefeiert und getrunken. Das Nachtleben spielt sich vor allem rund um die Flinders St East ab, die Bars auf der Palmer St und am „Strand" sind ruhiger. Am besten wirft man einen Blick in die Donnerstagsausgabe des *Townsville Bulletin*. Die Öffnungszeiten sind saisonal unterschiedlich. Nachtclubs sind meist bis 5 Uhr geöffnet.

Heritage Bar
BAR

(www.heritagebar.com.au; 137 Flinders St East; ⊙ Di-Sa 17–2 Uhr) Die erstaunlich schicke,

---

ⓘ VORSICHT: QUALLEN & KROKODILE

Von Ende Oktober bis Mai ist das Baden an dieser Küste nicht zu empfehlen: Würfel- und Irukandji-Quallen sowie andere gefährliche Nesseltiere wie die hochgiftige Seewespe machen die Gewässer unsicher. Wenn überhaupt, sollte man nur dort baden, wo überwachte Quallennetze und Absperrungen existieren.

In Mangroven, Flussmündungen und auch im offenen Wasser lauern zudem Salzwasserkrokodile. Unbedingt beachten sollte man daher die Warnschilder, die an allen Wasserläufen aufgestellt sind, in denen sich Krokodile aufhalten könnten. Auf keinen Fall sollte man die Schilder nur als tolle Fotomotive sehen, denn Krokodile sind wesentlich schneller und schlauer als man denkt!

AUSFLÜGE ZUM GREAT BARRIER REEF

Das Great Barrier Reef ist weiter von Townsville entfernt als von Cairns oder Port Douglas, die Fahrten ab Townsville sind daher teurer. Positiver Nebeneffekt: Die Touristenhorden sind überschaubarer. Die Rifftouren ab Townsville sind meist auf Taucher zugeschnitten. Wer nur schnorcheln möchte, sollte sich für einen Tagesausflug entscheiden, der nur zum Riff geht, denn das Wrack der *Yongala* dürfen ausschließlich Taucher erkunden. Die *Yongala* liegt sehr viel näher an Alva Beach bei Ayr. Wenn also Wracktauchen das Hauptziel der Reise ist, empfiehlt sich ein Ausflug mit Yongala Dive (S. 462) in Alva Beach.

Im Visitor Centre von Townsville gibt's eine Liste von Tauchschulen, die PADI-Kurse anbieten. Erst geht's zwei Tage in den Pool und dann ist man noch mal mindestens zwei Tage und eine Nacht auf einem Boot. Die Kurse kosten ab 615 AU$. Außerdem muss ein Arzt bescheinigen, dass man tauchen gehen darf (ca. 60 AU$). Einige beliebte Optionen:

Adrenalin Dive (07-4724 0600; www.adrenalinedive.com.au; 252 Walker St) Tagestouren zur *Yongala* (ab 220 AU$) und zum Wheeler Reef (ab 280 AU$), jeweils zwei Tauchgänge inklusive. Ebenfalls im Angebot: Schnorchelausflüge zum Wheeler Reef (ab 180 AU$), Tauchkurse und mehrtägige Bootstouren.

Remote Area Dive (RAD; 07-4721 4424; www.remoteareadive.com.au; 16 Dean St) Tagesausflüge (ab 220 AU$) zu den Inseln Orpheus und Pelorus sowie Bootstouren und Tauchkurse.

---

weltmännische Bar mit routinierten Mix-Experten zaubert ihre kreativen Cocktails für ein ebenso schickes Publikum, das für derbe Biergelage nichts übrig hat. Auf der noblen Speisekarte stehen berauschende Kleinigkeiten wie eine „Überdosis Austern" (11,50 AU$ das Dutzend), die es Montag- bis Donnerstagnachmittags gibt.

Brewery BRAUEREI
(252 Flinders St; Mo-Sa 11.30–24 Uhr) In dem schön restaurierten, ehemaligen Postamt aus den 1880er-Jahren wird jetzt Bier gebraut. Im feinen, hauseigenen Restaurant (Hauptgerichte 17–36 AU$) kann man das Townsville Bitter oder Bandito Loco gleich probieren.

Coffee Dominion CAFÉ
(Ecke Stokes & Ogden Sts; Mo-Fr 6–17, Sa & So 7–13 Uhr) In dem Öko-Café kann man beim Rösten der Bohnen aus Regionen von Australien bis Sambia zusehen. Wer keine Mischung findet, die er mag, kann seine eigene kreieren – die Bohnen werden dann frisch gemahlen.

Seaview Hotel PUB
(Ecke The Strand & Gregory St; 10–24 Uhr) Die Kneipe ist bekannt für ihre erstklassige Lage am Strand und die sonntäglichen Sessions im Biergarten, aber auch für eiskaltes Bier im großen Glas, Livemusik und gute Unterhaltung. Das riesige Restaurant (Hauptgerichte 21–44 AU$) serviert ebenso riesige Steaks.

Molly Malones PUB & CLUB
(87 Flinders St East; Mo & Di 11.30–1, Mi 11.30–2, Do 11.30–3, Fr 11.30–5, Sa 17–5, So 17–1 Uhr) In dem lauten Irish Pub gibt's freitag- und samstagabends Livemusik. Oder man geht zum Abtanzen in The Shed (So-Do 20–3, Fr & Sa 20–5 Uhr), den Nachtclub nebenan.

☆ Unterhaltung

Flynns LIVEMUSIK
(101 Flinders St E; Di-So 17 Uhr-open end) Netter Irish Pub, der sich nicht zu krampfhaft darum bemüht, „total irisch" zu sein. Superbeliebt sind die Bierkrüge für 8 AU$ und die Livemusik (jeden Abend außer mittwochs, dann ist Karaoke angesagt!).

Consortium CLUB
(159 Flinders St East; Di & Do-So 21–5 Uhr) Einheimische DJs, DJ-Wettbewerbe und Veranstaltungen wie Schaumparties und RNB-Feten machen die große Disco zum heißesten Nachtclub der Stadt.

Jupiters Casino KASINO
(www.jupiterstownsville.com.au; Sir Leslie Thiess Dr; So-Do 10–2, Fr & Sa bis 4 Uhr) Nervenkitzel direkt am Wasser.

🛍 Shoppen

Cotters Market MARKT
(www.townsvillerotarymarkets.com.au; Flinders St Mall; So 8.30–13 Uhr) Ca. 200 Kunsthandwerk- und Essensstände plus Liveunterhaltung.

Strand Night Market NACHTMARKT
(www.townsvillerotarymarkets.com.au; The Strand; Mai-Dez. 1. Fr im Monat 17–21.30 Uhr) An den Ständen am „Strand" ist Kurioses, Kunsthandwerk und Krimskrams zu finden.

RAVENSWOOD & CHARTERS TOWERS

Man muss nicht allzu weit ins Inland vordringen, um das trockene, staubige Outback von Queensland zu erleben – der Kontrast zur üppig grünen Küste ist extrem! Ab Townsville kann man einen Tagesausflug nach Ravenswood und Charters Towers unternehmen, über Nacht zu bleiben ist aber noch besser.

Über die Abzweigung bei Mingela am Flinders Hwy, 88 km südwestlich von Townsville, gelangt man nach 40 km in südlicher Richtung zu der winzigen Goldminenstadt Ravenswood (350 Ew.) mit ein paar prächtigen Pubs, die um 1900 entstanden sind. Dort kann man in einfachen Zimmern mit Gemeinschaftsbädern übernachten.

Bleibt man auf dem Flinders Hwy, erreicht man 47 km westlich von Mingela die historische Goldgräberstadt Charters Towers (8234 Ew.). Die *towers* sind die umliegenden schroffen Hügel. Während des Goldrauschs war Charters die zweitgrößte und wohlhabendste Stadt Queenslands; William Skelton Ewbank Melbourne (WSEM) Charters war der zuständige „Goldkommissar". Mit fast 100 Minen, 90 Pubs und einer Börse erschien der Spitzname der Stadt „die Welt" absolut passend.

Heutzutage sind die Spukgeschichten der Einheimischen und der Anblick der fantastischen Gebäude das Highlight. Sie erinnern an die fetten Jahre.

Die Stock Exchange Arcade (erb. 1890) neben dem Charters Towers Visitor Centre (07-4761 5533; www.charterstowers.qld.gov.au; 74 Mosman St; 9–17 Uhr) ist ein wirklich geschichtsträchtiger Ort. Im Visitor Centre gibt's eine kostenlose Broschüre, in der der Wanderweg One Square Mile Trail beschrieben wird. Er führt an den wunderbar erhaltenen Bauwerken aus dem 19. Jh. vorbei. Im Visitor Centre können zudem sämtliche Touren innerhalb der Stadt gebucht werden, z. B. zur Venus Gold Battery, in der es angeblich spukt. Dort wurde von 1872 bis 1973 goldhaltiges Erz abgetragen und verarbeitet.

Bei Einbruch der Dunkelheit liefert Towers Hill – von dort stammen die ersten Goldfunde – die stimmungsvolle Kulisse für das kostenlose Open-Air-Kino. Gezeigt wird der 20-minütige Film *Ghosts After Dark*. Die Vorführungszeiten kann einem das Visitor Centre nennen!

In der Stadt kann man z. B. im Royal Private Hotel (07-4787 8688; www.royalprivate-hotel.com; 100 Mosman St; DZ ohne Bad 55 AU$, DZ mit Bad 95 AU$;) übernachten, einem ehemaligen Pub mit alten Möbeln. Zu einem Ausflug nach Charters Towers gehört der Verzehr einer preisgekrönten Pastete in der Towers Bakery (114 Gill St; Pasteten ab 4 AU$; Mo–Fr 5–15, Sa bis 13 Uhr) einfach dazu.

Greyhound Australia (1300 473 946; www.greyhound.com.au) bietet vier Verbindungen pro Woche von Townsville nach Charters Towers an (38 AU$, 1¾ Std.).

Der *Inlander* von Queensland Rail (1800 872 467; www.traveltrain.com.au) fährt zweimal wöchentlich zwischen Townsville und Charters Towers (35 AU$, 3 Std.).

❶ Praktische Informationen

INTERNETZUGANG

Internet Den (277 Flinders St; 5 AU$ für 90 Min.; 8–22 Uhr) Internetcafé mit Komplettservice und superschnellen Computern.

POST

Australia Post (Laden 1, Post Office Plaza, Sturt St; Mo–Fr 8.30–17.30 Uhr)

TOURISTENINFORMATION

Visitor Information Centre (07-4721 3660; www.townsvilleholidays.info; Ecke Flinders St & Stokes St; Mo–Fr 9–17, Sa & So bis 13 Uhr) Umfangreiche Infos zu Townsville, Magnetic Island und den nahe gelegenen Nationalparks. Eine weitere Niederlassung befindet sich am Bruce Hwy 10 km südlich der Stadt.

❶ An- & Weiterreise

AUTO

Die großen Autovermietungen findet man in der Stadt und am Flughafen.

BUS

Täglich fahren drei Busse von **Greyhound Australia** (1300 473 946; www.greyhound.com.au) nach Brisbane (270 AU$, 23 Std.), Rockhampton (136 AU$, 12 Std.), Airlie Beach (45 AU$, 4½ Std.), Mission Beach (41 AU$, 3¾ Std.) und Cairns (60 AU$, 6 Std.). Die Busse halten am Breakwater Ferry Terminal.

Premier Motor Service (13 34 10; www.premierms.com.au) bietet eine Verbindung täglich nach/ab Brisbane und Cairns. Abfahrt und Ankunft ist am Fantasea-Autofährenterminal.

FLUGZEUG

Vom **Townsville Airport** (www.townsvilleairport.com.au) aus fliegen **Virgin Blue** (📞13 67 89; www.virginblue.com.au), **Qantas** (📞13 13 13; www.qantas.com.au) und **Jetstar** (📞13 15 38; www.jetstar.com.au) nach Cairns, Brisbane, an die Gold Coast, nach Sydney, Melbourne, Mackay und Rockhampton.

ZUG

Der **Bahnhof** (Charters Towers Rd) liegt 1 km südlich des Zentrums.

Dreimal wöchentlich hält der *Sunlander* (unterwegs zwischen Brisbane und Cairns) in Townsville. Von Brisbane bis Townsville benötigt er 24 Stunden (einfache Strecke ab 140 AU$); Auskunft gibt **Queensland Rail** (📞1800 872 467; www.traveltrain.com.au).

❶ Unterwegs vor Ort
VOM/ZUM FLUGHAFEN

Der Flughafen von Townsville liegt 5 km nordwestlich des Zentrums in Garbutt. Eine Taxifahrt in die Innenstadt kostet etwa 20 AU$. Der **Airport Shuttle**-Service (📞1300 266 946; www.con-x-ion.com; einfache Strecke/hin & zurück 10/18 AU$) ist auf alle ankommenden und abgehenden Flüge abgestimmt und verkehrt im gesamten CBD (Reservierung erforderlich).

BUS

Sunbus (📞07-4771 9800; www.sunbus.com.au) organisiert den Stadtbusverkehr in Townsville. Netz- und Fahrpläne sind im Visitor Information Centre oder im Internet erhältlich.

TAXI

Taxis stehen an Ständen in der ganzen Stadt oder können bei **Townsville Taxis** (📞13 10 08; www.tsvtaxi.com.au) angefordert werden.

Magnetic Island

2500 EW.

Magnetic Island (oder Maggie) ist eine „echte" Insel. Hier wird gewohnt und gearbeitet, und manch einer pendelt sogar Tag für Tag nach Townsville. Mehr als die Hälfte des bergigen, wie ein Dreieck geformten Eilands (52 km² Fläche) wurde zum Nationalpark erklärt und besticht durch schöne Wanderwege und eine vielfältige Fauna, u. a. eine der größten Koalapopulationen Australiens. Die Traumstrände laden zum Sonnenbaden, aber auch zu aufregenden Wassersportarten ein, und die Granitbrocken, Araukarien und Eukalyptusbäume stellen landschaftlich eine willkommene nette Abwechslung zu „klischeehaften" tropischen Inselparadiesen dar.

⊙ Sehenswertes & Aktivitäten

Auf der Hauptstraße sind Nahverkehrsbusse unterwegs. Sie führt von Picnic Bay vorbei an Nelly Bay und Geoffrey Bay nach Horseshoe Bay – einmal quer über die Insel.

⊙ Picnic Bay

In der Picnic Bay war früher der Fährhafen, der nun in der Nelly Bay ist. Wo einst geschäftiges Treiben herrschte, beobachten nun ruhige Spaziergänger die eleganten Brachvögel, deren unheimliche Schreie bis nach Townsville zu hören sind, das von hier aus auch gut zu sehen ist. Während der Quallensaison (Nov.–Mai) ist der Strand durch eine Absperrung gegen Seewespen gesichert und man kann herrlich baden.

⊙ Nelly Bay

Der Aufenthalt auf Maggie beginnt und endet hier am Fähranleger. Es gibt eine ganze Reihe Restaurants und Unterkünfte sowie einen ganz ordentlichen Strand. Am nördlichen Ende des Strands befindet sich ein Kinderspielplatz und im Korallenriff vor der Insel kann man gut schnorcheln.

⊙ Arcadia

Die meisten Geschäfte, Lokale und Hotels/Pensionen bietet dieses Dorf. Am südlichen Ende des Hauptstrands von Arcadia, der **Geoffrey Bay**, erstreckt sich ein Riff (von Riffspaziergängen bei Ebbe ist abzuraten). Der schönste Strand ist **Alma Bay Cove** mit riesigen Felsblöcken, viel Schatten, Picknicktischen und einem Kinderspielplatz.

Am **Bremner Point**, zwischen Geoffrey Bay und Alma Bay, kann man um 17 Uhr wilde Felswallabys sehen. Sie haben sich daran gewöhnt, jeden Tag zur selben Zeit gefüttert zu werden – sie fressen einem sprichwörtlich aus der Hand!

⊙ Radical Bay & die Festungen

Townsville war im Zweiten Weltkrieg eine Versorgungsbasis für die Pazifikregion, und die Festungen sollten die Stadt gegen Angriffe vom Meer her schützen. Wer nur einen Spaziergang unternehmen möchte, sollte sich unbedingt für die **Festungswanderung** (hin & zurück 2,8 km, 1½ Std.) entscheiden. Sie beginnt unweit der Abzweigung nach Radical Bay und führt an ehemaligen militärischen Stätten, Geschützstellungen und falschen „Felsen" vorbei. Man gelangt zu einem Beobachtungsturm mit tollem Ausblick auf die Küste und wird unter Garantie den einen oder anderen faulen Koala in einem Baumwipfel erspähen. Zurück geht's auf demselben Weg oder aber auf einem der abzweigenden Pfade, die zur Horseshoe Bay führen (dort geht's mit dem Bus weiter nach Hause).

In der Nähe der Balding Bay ist der inoffizielle FKK-Strand von Maggie.

Horseshoe Bay

In der Horseshoe Bay an der Nordküste liegt der beste zugängliche Strand der Insel. Hier kann man die Ausrüstung für verschiedene Wassersportarten leihen, es gibt ein Quallennetz, ein paar Cafés und ein tolles Pub.

Zum Bungalow Bay Koala Village gehört ein **Tierpark** (www.bungalowbay.com.au; Erw./Kind 19/12 AU$; 2-stündige Führung 10, 12 & 14.30 Uhr) mit Krokodilen und knuddeligen Koalas.

Kunst und Kunsthandwerk aus der Region wird auf dem **Markt** (2. & letzter Sa des Monats 9–14 Uhr) von Horseshoe Bay angeboten, dessen Stände direkt am Strand aufgebaut werden.

Geführte Touren

Pleasure Divers — TAUCHEN
(07-4778 5788; www.pleasuredivers.com.au; 10 Marine Pde, Arcadia; Open-Water-Kurs 349 AU$/Pers.) Im Angebot sind dreitägige Kurse zur Erlangung des PADI-Open-Water-Tauchscheins, Kurse für Fortgeschrittene und Tauchgänge zum Wrack der *Yongala*.

Tropicana Tours — INSELTOUR
(07-4758 1800; www.tropicanatours.com.au; Tagestour Erw./Kind 198/99 AU$) Ideal für alle, die wenig Zeit haben. In Geländewagen geht es einen ganzen Tag lang zu den schönsten Ecken der Insel. Im Preis inbegriffen ist das Beobachten von Wildtieren, Mittagessen in einem Café und ein Cocktail zum Sonnenuntergang. Es gibt auch kürzere Touren.

Horseshoe Bay Ranch — REITEN
(07-4778 5109; www.horseshoebayranch.com.au; 38 Gifford St, Horseshoe Bay; 2-stündiger Ausritt 100 AU$) Die beliebten zweistündigen Ausritte führen durch den Busch zum Strand und dort auch gern mit dem Pferd ins relativ ruhige Wasser. Die Kleinen dürfen auf Ponys reiten (20 Min., 20 AU$).

Magnetic Island Sea Kayaks — KAJAKFAHREN
(07-4778 5424; www.seakayak.com.au; 93 Horseshoe Bay Rd, Horseshoe Bay; Tour ab 60 AU$) Man kann an einer der Touren mit Ökosiegel teilnehmen, die morgens oder zum Sonnenuntergang stattfinden, oder aber auf eigene Faust mit einem Leihkajak lospaddeln (Einer/Zweier 75/150 AU$ pro Tag).

Providence V — BOOTSFAHRTEN
(0427 882 062; www.providencesailing.com.au) Schnorcheln, im Auslegernetz schaukeln oder einfach nur die Fahrt in den Sonnenuntergang auf dem einzigen Großsegler der Insel genießen. Der zweistündige Segeltörn kostet 65 AU$ pro Person.

Schlafen

Picnic Bay

Tropical Palms Inn — MOTEL $$
(07-4778 5076; www.tropicalpalmsinn.com.au; 34 Picnic St; Wohneinheit ab 100 AU$;) Die komplett ausgestatteten Moteleinheiten sind hell und gemütlich. Direkt vor der Tür befindet sich ein toller, kleiner Swimmingpool. An der Rezeption werden Allradfahrzeuge vermietet (ab 75 AU$/Tag).

Nelly Bay

Base Backpackers — HOSTEL $
(1800 242 273; www.stayatbase.com; 1 Nelly Bay Rd; Zelten 12 AU$/Pers., B 25–30 AU$, DZ mit/ohne Bad ab 120/70 AU$;) Wenn Schlaf ein Unwort ist, dann ist man hier genau richtig. Das Hostel ist berühmt für seine wilden Vollmondpartys, die dank der hauseigenen Island Bar ganz schön laut werden können. Es gibt Pauschalangebote mit Unterkunft, Verpflegung und Transfer.

★ **Shambhala Retreat** — WOHNEINHEITEN $$
(0448 160 580; www.shambhala-retreat-magnetic-island.com.au; 11 Barton St; DZ ab 105 AU$;) Nichts als Ruhe. Die mit erneuerbarer Energie betriebene Anlage besteht aus drei Wohneinheiten im Tropenstil mit buddhistischen Wandbehängen und einer von Bäumen umgebenen Terrasse, von der man ab und zu Wildtiere zu sehen bekommt. Zwei Einheiten haben eine Außendusche im Garten, alle bieten eine komplett ausgestattete Küche, ein großes Bad und eine Waschmaschine. Mindestaufenthaltsdauer: zwei Nächte.

Island Leisure Resort — RESORT $$
(07-4778 5000; www.islandleisure.com.au; 4 Kelly St; DZ in Bure ab 189 AU$/FZ in Bure ab 229 AU$;) Die komplett ausgestatteten Hütten im traditionellen Stil der Polynesier (*burés*)

stehen direkt am Strand und sorgen für ultimatives Tropen-Feeling. Wer dieses Paradies alleine genießen will, tut dies auf der eigenen Terrasse. Ansonsten stehen ein Lagunen-Pool und großer Grillplatz zur Verfügung.

Arcadia

Hotel Arcadia   HOTEL $
(07-4778 5177; www.hotelarcadia.com.au; 7 Marine Pde; Zi. 99–145 AU$; ❄ @ ☼) Das ehemalige „Magnums" verwandelte sich von einer eher schmuddeligen Absteige in ein erstaunlich schickes Hotel. Dabei hat es nichts von der guten Stimmung verloren und das hauseigene Bistro mit Bar **Island Tavern** (Hauptgerichte 19,50–28 AU$; ⊙ Bistro 11–20 Uhr, Bar 12–3 Uhr) versorgt die Publikum weiterhin mit billigem Bier, Livemusik und Agakröten-Rennen am Mittwoch abend. Außerdem gibt's gleich zwei grandiose Swimmingpools.

Arcadia Beach Guest House   PENSION $$
(07-4778 5668; www.arcadiabeachguesthouse.com.au; 27 Marine Pde; B 35–40 AU$, Safarizelt 55 AU$, DZ ohne Bad 85–100 AU$, DZ mit Bad 130–160 AU$; ❄ @ ☼) Hier wird die Wahl wirklich zur Qual: ein helles, freundliches Zimmer mit Stranddeko (und nach einer der Buchten auf Magnetic Island benannt), ein Safarizelt oder doch ein Bett im Schlafsaal? Vom Balkon aus kann man Meeresschildkröten beobachten, es werden Kanus, offene Mini Mokes und Geländewagen vermietet – gern auch in dieser Reihenfolge. Und die Gäste werden kostenlos am Fähranleger abgeholt.

Horseshoe Bay

Bungalow Bay Koala Village   HOSTEL $
(07-4778 5577, 1800 285 577; www.bungalowbay.com.au; 40 Horseshoe Bay Rd; Stellplätze ohne/mit Strom 12,50/15 AU$ pro Pers., B 28 AU$, DZ mit/ohne Bad 90/74 AU$; ❄ @ ☼) ⚑ Aufgemacht wie ein Ferienresort präsentiert sich dieses Hostel (gehört zur YHA-Vereinigung) mit eigenem Tierpark. Die A-förmigen Bungalows sind über ein baumbestandenes Gelände verteilt, das an den Nationalpark grenzt, und gerade mal fünf Gehminuten vom Strand entfernt. Es gibt eine Bar im Freien und ein **Restaurant** (Hauptgerichte 15,50–24 AU$; ⊙ mittags & abends) und donnerstags wird „Kokosnuss-Bowling" angeboten.

Shaws on the Shore   APARTMENTS $$$
(07-4778 1900; www.shawsontheshore.com.au; 7 Pacific Dr; Apt. mit 1/2/3 Schlafzi. 175/265/320 AU$; ❄ ☼ ☼) Die preiswerten, komplett ausgestatteten Apartments sind nur ein paar Schritte vom Strand entfernt. Alle sind kühl, sauber und freundlich und haben einen eigenen Balkon mit Blick auf die Bucht.

✵ Essen & Ausgehen

Die meisten Hotels und Hostels der Insel haben ein Restaurant mit Bar, die bei Einheimischen wie Besuchern gleichermaßen beliebt sind. Die Öffnungszeiten richten sich teilweise nach der Saison und der Zahl der Touristen auf der Insel.

Zu essen gibt's – natürlich – vor allem Meeresfrüchte.

✵ Picnic Bay

Picnic Bay Hotel   PUB $
(The Esplanade; Hauptgerichte 11–26 AU$; ⊙ R&R Cafe Bar 9 Uhr–open end) Der Ort für einen Drink, wenn sich die Lichter der Stadt in der Bucht spiegeln. In der **R&R Cafe Bar** gibt's den ganzen Tag über verschiedene Gerichte und riesige Salate, u. a. mit Cajun-Garnelen.

✵ Nelly Bay

Man Friday   MEXIKANISCH, INTERNATIONAL $$
(07-4778 5658; 37 Warboy St; Hauptgerichte 14–39; ⊙ Mi–Mo abends; ⚑) Die erstklassigen, mexikanischen Klassiker werden in einem etwas unpassenden, aber malerisch beleuchteten Garten serviert. Alkohol muss man selber mitbringen und man sollte unbedingt vorher reservieren.

Le Paradis   FRANZÖSISCH $$
(07-4778 5044; Ecke Mandalay Ave & Sooning St; Hauptgerichte 23–40 AU$; ⊙ Restaurant ab 18 Uhr, Café ab 11 Uhr) Das Restaurant mit Alkoholausschank bietet französische Köstlichkeiten wie Weinbergschnecken in göttlicher Knoblauchbutter. Im dazugehörigen Café gibt's frisches Baguette sowie – wie üblich – Burger, Fish & Chips und Co.

✵ Arcadia

Arcadia Night Market   NACHTMARKT $
(RSL Hall, Hayles Ave; ⊙ Fr 17.30–20 Uhr) Der kleine, aber sehr lebhafte Nachtmarkt hat eine Bar mit Alkoholausschank und jede Menge preisgünstiger Essensstände.

Caffè dell' Isola   ITALIENISCH $$
(7 Marine Pde; Hauptgerichte ab 15 AU$; ⊙ Di, Do & So morgens & mittags, Mi, Fr & Sa morgens, mittags & abends (sowie tgl. in Schulferien)) Das typisch italienische Café belegt die traditionell geba-

ckene Pizza mit dünnem, knusprigen Boden auch mit Ananas, wenn es sein muss. Zum Nachtisch oder stattdessen bietet sich ein Eis an, das es hier in mehr als 20 fruchtigen Sorten gibt.

Horseshoe Bay

Noodies on the Beach MEXIKANISCH $
(07-4778 5786; 2/6 Pacific Dr; ab 10 AU$; Mo-Mi & Fr 10–22, Sa 8–22, So 8–15 Uhr; P) Das Lokal muss man einfach lieben, denn zur Margarita im Krug werden kostenlose Sombreros verteilt. Das mexikanische Essen ist sehr gut, aber richtig bekannt ist es für den Kaffee, der angeblich der beste auf Maggie ist. Außerdem gibt's noch eine Bücherbörse.

Marlin Bar PUB $$
(3 Pacific Dr; Hauptgerichte 16–24 AU$; mittags & abends) Man sollte Maggie nicht verlassen, ohne in der beliebten Kneipe direkt am Meer noch ein kühles Bier zu trinken, während die Sonne in der Bucht versinkt. Das Essen wird in üppigen Portionen serviert und besteht – welch Wunder! – hauptsächlich aus Meeresfrüchten.

Barefoot MODERN-AUSTRALISCH $$
(07-4758 1170; www.barefootartfoodwine.com.au; 5 Pacific Dr; Hauptgerichte ab 20 AU$; Do-Mo mittags & abends) Das kultivierte, aber nicht überhebliche Restaurant mit Kunstgalerie hat eine umfangreiche Weinkarte, Platten mit frischen Meeresfrüchten und Desserts für Feinschmecker.

Praktische Informationen

Es gibt keine Touristeninformation auf Magnetic Island, doch das Büro in Townsville hat Infos und Karten und hilft bei der Buchung einer Unterkunft auf der Insel. Straßenkarten gibt's auch in den Fährhäfen von Townsville und Nelly Bay.

In den meisten Geschäften kann man mit Karte (EFTPOS) bezahlen. Geldautomaten sind überall auf Maggie zu finden, z. B. bei der **Post** (Sooning St, Nelly Bay; Mo–Fr 9–17, Sa 9–11 Uhr).

An- & Weiterreise

Das Fährterminal von Maggie ist in Nelly Bay.
Die Passagierfähre von **Sealink** (07-4726 0800; www.sealinkqld.com.au) schippert regelmäßig von Townsville nach Magnetic Island und zurück (Erw./Kind hin & zurück 32/16 AU$). Die Überfahrt dauert ca. 20 Minuten. Abfahrt in Townsville ist am Breakwater-Terminal, Sir Leslie Thiess Dr.

Fantasea (07-4796 9300; www.magneticislandferry.com.au; Ross St, Süd-Townsville) betreibt eine Autofähre, die unter der Woche achtmal, am Wochenende siebenmal täglich von der Südseite des Ross Creek aus nach Maggie übersetzt (35 Min.). Die Fahrt kostet 178 AU$ (hin & zurück) für einen Pkw mit bis zu drei Passagieren, Reisende ohne Wagen zahlen 29/17 AU$ (Erw./Kind hin & zurück). Man muss vorab reservieren. Der Fahrradtransport ist kostenlos.

Parkplätze findet man an beiden Fährterminals in Townsville.

Unterwegs vor Ort

BUS

Sunbus (www.sunbus.com.au/sit_magnetic_island) ist zwischen der Picnic Bay und der Horseshoe Bay unterwegs, um die Besucher an der Fähre abzuholen und zu ihren Unterkünften zu bringen. Eine Tageskarte für alle Zonen kostet 7,20 AU$.

FAHRRAD

Magnetic Island ist ideal zum Radfahren, denn nur wenige Hügel sind wirklich anstrengend. In den meisten Unterkünften werden Fahrräder für 20 AU$ pro Tag vermietet und oft auch kostenlos zur Verfügung gestellt.

MINI MOKE & MOTORROLLER

Mini Mokes und Motorroller werden praktisch überall vermietet. Für beides muss man mindestens 21 Jahre alt sein, einen gültigen internationalen oder australischen Führerschein haben und eine Kaution mit der Kreditkarte hinterlegen. Ein Motorroller kostet ab etwa 35 AU$ pro Tag, ein offener Mini Moke etwa 75 AU$. Bei **MI Wheels** (07-4758 1111; www.miwheels.com.au; 138 Sooning St, Nelly Bay) gibt's die klassischen Mini Mokes oder Fahrzeuge ganz ohne Dach, bei **Roadrunner Scooter Hire** (07-4778 5222; 3/64 Kelly St, Nelly Bay) Motorroller und Motocross-Motorräder.

Ayr & Umgebung

8885 EW.

Ayr liegt am Delta des gewaltigen Burdekin River, 90 km südöstlich von Townsville, und ist das Handelszentrum inmitten der fruchtbaren Felder des Burdekin-Tals. In der Stadt und im Umland werden Zuckerrohr, Melonen und Mangos angebaut. Mehr Infos hat das **Burdekin Visitor Centre** (07-4783 5988; www.burdekintourism.com.au; Plantation Park, Bruce Hwy; 9–16 Uhr) am Südende der Stadt.

Yongala Dive (07-4783 1519; www.yongaladive.com.au; 56 Narrah St, Alva Beach) bietet Tauchausflüge zum *Yongala*-Wrack an (259 AU$ inkl. Ausrüstung). Startpunkt ist Alva Beach, 17 km nordöstlich von Ayr. Von dort braucht

> **ABSTECHER**
>
> ### ORPHEUS ISLAND
>
> Hier geht es definitiv nicht um Orpheus in der Unterwelt, sondern um die Unterwasserwelt. Die Insel gehört zur Gruppe der Palm Islands und ist von einem prachtvollen Riff umgeben, in dem nicht weniger als 1100 Fischarten und eine unglaubliche Vielfalt an Hart- und Weichkorallen leben. Rund um die Insel kann man das ganze Jahr über fantastisch tauchen und schnorcheln (sofern man im Sommer einen Schutzanzug gegen Seewespen trägt), doch besonders schön ist es, wenn die Mantarochen auf Wanderschaft sind (Aug.–Nov.) und die Korallen sich vermehren (Mitte Nov.).
>
> Die Insel selbst besteht aus Vulkangestein und ist größtenteils als Nationalpark geschützt. Es gibt kleinere Flecken mit Regenwald, doch sonst ist die Insel vor allem mit Trockenwaldbäumen wie der myrtenartigen Moreton Bay Ash und Akazien bedeckt. Dort leben nicht nur die unterschiedlichsten Vögel und Reptilien, sondern auch erstaunlich viele Ziegen. Ihre Vorfahren wurden im 19. Jh. im Rahmen eines verrückten Planes auf Orpheus ausgesetzt, um das Überleben eventueller Schiffbrüchiger zu sichern. Zu Spitzenzeiten hatten die zähen Wiederkäuer eine Population von 4000 Tieren erreicht. Heute kontrolliert die Regierung von Queensland den Bestand durch entsprechende Maßnahmen.
>
> Die Unterkünfte auf der Insel sind entweder Sekt oder Selters. Das luxuriöse **Orpheus Island Resort** (07-4777 7377; www.orpheus.com.au; DZ 900–2800 AU$) bietet minimalistische Inselromantik in Form von supernoblen Suiten und Bungalows. Im Preis inbegriffen sind Feinschmeckermenüs, die Ausrüstung für alle möglichen Wassersportarten und ein paar Touren. Die Alternative ist ein Zelt auf einem der drei Campingplätze mitten im Busch bei Yank's Jetty, Pioneer Bay oder South Beach. Während die ersten beiden nur Toiletten und Picknicktische haben, ist der dritte ohne jede Einrichtung. Auf allen drei ist man Selbstversorger und muss das gesamte Wasser und einen Gaskocher mitbringen. Außerdem muss man sich eine Genehmigung der Nationalparkverwaltung **NPRSR** (www.nprsr.qld.gov.au) besorgen.
>
> Das Resort bietet auch den Transfer mit einem Hubschrauber an (ab Townsville/Cairns 275/550 AU$). Ansonsten muss man eine Bootsfahrt ab Lucinda organisieren.

man nur 30 Minuten bis zum Wrack (von Townsville aus ist man 2½ Std. unterwegs!). Die zu Yongala Dive gehörende **Taucherlodge** (B/DZ 25/60 AU$; @) hat den Standard eines Hostels (reservieren!). Die Gäste können sich in Ayr abholen lassen (kostenlos).

NÖRDLICH VON TOWNSVILLE

Mit Townsville verlässt man auch die trockenen Tropen. Die braune, verbrannte Landschaft weicht allmählich Zuckerrohrpflanzungen entlang des Highways und von Regenwald bedeckten Hängen.

Im Hinterland locken Wasserfälle, Dörfer und Nationalparks, z.B. der **Paluma Range National Park** (ergehört zum UNESCO-Welterbe Feuchttropen); in den Besucherzentren in der Gegend sind Broschüren zu Wanderwegen, Schwimmgelegenheiten und Campingplätzen erhältlich.

Zyklon Yasi wütete im Februar 2011 ganz fürchterlich in der Region nördlich von Townsville, nachdem 2006 bereits Larry hier sein Unwesen getrieben hatte. Küste, Inseln, Nationalparks und Ackerland wurden in Mitleidenschaft gezogen. Ein Großteil der Verwüstungen wurde bereits beseitigt, während man in anderen Gegenden noch dabei ist.

Ingham & Umgebung

4767 EW.

Ingham ist das stolze Tor zu den 120 ha großen **Tyto Wetlands** (Tyto Wetlands Information Centre; 07-4776 4792; www.tyto.com.au; Ecke Cooper St & Bruce Hwy; Mo–Fr 8.45–17, Sa & So 9–16 Uhr), die von Wanderwegen in einer Gesamtlänge von 4 km durchzogen sind. Zu den rund 230 heimischen Vogelarten gesellen sich jedes Jahr Zugvögel aus Sibirien und Japan. Außerdem leben hier Hunderte von Wallabys, die vor allem in der Morgen- und Abenddämmerung unterwegs sind. Im Information Centre gibt's auch eine Kunstgalerie und eine Bibliothek.

Das Gedicht, aus dem der Country-Sänger Slim Dusty den Hit „Pub With No Beer" (1957) machte, entstand im hiesigen **Lees**

Hotel (☎ 07-4776 1577; www.leeshotel.com.au; 58 Lannercost St; EZ/DZ ab 88/105 AU$, Hauptgerichte ab 12 AU$; ⏲ Mo–Sa Mittagessen & Abendessen; ✱ 🛜). Geschrieben hat es der Zuckerrohrschneider Dan Sheahan aus Ingham, nachdem amerikanische Soldaten den Pub leergetrunken hatten. Der Pub, der heute über Hotelzimmer, warmes Essen und auch wieder Bier verfügt, ist gut an der Reiterfigur auf dem Dach zu erkennen.

Im **Noorla Heritage Resort** (☎ 07-4776 1100; www.hotelnoorla.com.au; 5-9 Warren St; EZ 69–169 AU$, DZ 79–179 AU$; ✱ 🛜 ≋) waren früher die italienischen Zuckerrohrschneider untergebracht. Heute stehen in dem schönen Art-déco-Gebäude aus den 1920er-Jahren herrlich restaurierte Zimmer mit hohen Decken sowie günstigere Zimmer in Containern im Garten zur Verfügung. Eine Fotomontage mit Bildern aus der Gegend ziert die Wände und erweckt die Vergangenheit ebenso zum Leben wie die Geschichten, die an der blau gefliesten Theke der Bar (nur für Hotelgäste) erzählt werden.

Das **Australian Italian Festival** (www.australianitalianfestival.com.au) erinnert daran, dass 60% der Einwohner von Ingham italienische Wurzeln haben. So wird drei Tage lang mit dampfenden Nudeln, Wein in Strömen und Musik in den Straßen gefeiert. Den genauen Termin findet man im Internet.

Ingham ist auch das Sprungbrett zu den grandiosen **Wallaman Falls**, dem mit 305 m höchsten, einstufigen Wasserfall Australiens. Er befindet sich im **Girringun National Park**, 51 km südwestlich der Stadt (die Straße dorthin ist bis auf die letzten 10 km befestigt). Am schönsten ist der Wasserfall natürlich in der Regenzeit, aber auch sonst einen Besuch wert. Es lohnt sich auch, den steilen, 2 km langen Trampelpfad zum Fuß des Wasserfalls hinunterzugehen. Auf dem **Campingplatz** (www.nprsr.qld.gov.au; 5,45/21,80 AU$ pro Pers./Fam.) mit Duschen und Grillstellen schauen regelmäßig wilde Tiere vorbei. Wer lange genug still sitzen kann, entdeckt vielleicht sogar ein Schnabeltier, das gelegentlich im Becken unter dem Wasserfall auftaucht. Eine entsprechende Broschüre ist beim Tyto Wetlands Information Centre erhältlich.

Die **Mungalla Station** (☎ 07-4777 8718; www.mungallaaboriginaltours.com.au; 2-stündige Tour Erw./Kind 52/30 AU$) 🅿, 15 km östlich von Ingham, organisiert informative Touren, bei denen Aborigines das Werfen eines Bumerangs erklären oder Geschichten des hier ansässigen Nywaigi-Volkes erzählen. Der Aufpreis für das traditionelle **Kupmurri** (Erw./Kind inkl. Tour 102,50/60 AU$) als Mittagessen lohnt sich allemal. Dabei wird Fleisch und Gemüse in Bananenblätter gewickelt und in einem unterirdischen „Ofen" aus Lehm gekocht. Wer mit einem Wohnwagen oder Wohnmobil kommt, kann hier über Nacht **campen** (10 AU$/Fahrzeug).

Im hübschen kleinen Städtchen **Lucinda**, 27 km nordöstlich von Ingham, lockt der 5,76 km lange Bootssteg die Touristen an. Die überdachte Konstruktion mit einem durchgehenden Förderband ist die weltweit größte Verladerampe für Zucker. Hier können selbst große Frachtschiffe anlegen. Für die Öffentlichkeit ist der Steg natürlich nicht zugänglich, aber er ist auch von außen ein beeindruckender Anblick. **Hinchinbrook Marine Cove** (☎ 07-4777 8377; www.hinchinbrookmarinecove.com.au; 1 Denney St; DZ 125 AU$, Bungalow 150 AU$, Reihenhaus 195 AU$, Gerichte im Café 7–18 AU$, Hauptgerichte im Restaurant 22–32 AU$; ⏲ Café 7–18 Uhr, Restaurant Mi–Sa abends; ✱ ≋) thront hoch über dem geschäftigen, kleinen Fischerhafen, ist die beste Unterkunft der Gegend und hat ein Café und ein Restaurant. In Lucinda kam man auch prima angeln, die Einheimischen kennen die besten Plätze.

Die Busse von **Greyhound Australia** (☎ 1300 473 946; www.greyhound.com.au; Townsville/Cairns 39/52 AU$) und **Premier** (☎ 13 34 10; www.premierms.com.au; Townsville/Cairns 26/34 AU$) stoppen auf ihren Fahrten zwischen Cairns und Brisbane in Ingham.

Die Stadt liegt auch an der **Queensland Rail** (☎ 1800 872 467; www.traveltrain.com.au), deren Züge ebenfalls Brisbane mit Cairns verbinden.

Cardwell & Umgebung

1250 EW.

Da der Bruce Hwy größtenteils einige Kilometer weit im Landesinneren verläuft, staunt man nicht schlecht, wenn rechts der Straße plötzlich das Meer auftaucht. Dann ist man im kleinen Ort Cardwell angekommen, dem kürzesten Sprungbrett nach Hinchinbrook Island. Der Ort wurde besonders hart von Zyklon Yasi getroffen: viele der älteren Häuser wurden komplett zerstört und der neue Jachthafen glich einem Trümmerfeld.

◉ Sehenswertes & Aktivitäten

Cardwell Forest Drive NATURSCHUTZGEBIET
Der malerische, 26 km lange Rundkurs führt vom Zentrum in den Nationalpark.

Unterwegs sind unzählige Aussichtspunkte, Wanderwege und Picknickplätze ausgeschildert. Hervorragend baden kann man am Fuße der **Attie Creek Falls** sowie im passend bezeichneten **Spa Pool**, in dem man in einer Felseinbuchtung sitzt und sich das Wasser auf den Rücken prasseln lässt.

Beim Visitor Centre in Cardwell sind Broschüren über weitere Wanderwege und Badebecken im Nationalpark erhältlich.

Historic Cardwell Post Office & Telegraph Station MUSEUM
(53 Victoria St; Mo–Fr 10–13, Sa 9–12 Uhr) GRATIS In dem 1870 errichteten Holzhaus, das sowohl die Termiten als auch den Zyklon überstanden hat, sind das alte Postamt und die Telefonzentrale noch original erhalten.

Girringun Aboriginal Art Centre KUNSTGALERIE
(www.art.girrungun.com.au; 235 Victoria St; Mo-Do 8.30–17, Fr 8.30–14 Uhr) Die von Aborigine-Künstlern geleitete Kooperative verkauft traditionell gewebte Körbe und anderes Kunsthandwerk.

🛏️ Schlafen & Essen

Cardwell Beachcomber Motel & Tourist Park WOHNWAGENPARK $
(07-4066 8550; www.cardwellbeachcomber.com.au; 43a Marine Pde; Stellplatz ohne/mit Strom 27/34 AU$, Motel DZ 98–125 AU$, Hütte od. Studio 95–115 AU$; ❄@🛜🏊) Der riesige Campingplatz hatte unter Yasi schwer zu leiden, wurde aber wieder aufgebaut und bietet jetzt nagelneue Hütten direkt am Swimmingpool, hübsche Studios und moderne Bungalows mit Meerblick. Im erstaunlich schicken **Restaurant** (Hauptgerichte ab 25 AU$; tgl. morgens, Mo–Sa mittags & abends) gibt's Meeresfrüchte, Steaks und tolle Pizzas.

Kookaburra Holiday Park WOHNWAGENPARK $
(07-4066 8648; www.kookaburraholidaypark.com.au; 175 Bruce Hwy; Stellplatz ohne/mit Strom 22/29 AU$, B/EZ/DZ ohne Bad 25/45/50 AU$, Hütte ohne Bad 65 AU$, Wohneinheit 85–105 AU$; ❄@🏊) Der gut geführte Campingplatz leiht seinen Gästen Angelruten, Garnelennetze und Krabben-Kescher, mit denen sie sich ihr Abendessen fangen können.

Cardwell Central Backpackers HOSTEL $
(07-4066 8404; www.cardwellbackpackers.com.au; 6 Brasenose St; B 20 AU$; @🛜🏊) Das freundliche Hostel vermietet hauptsächlich an Saisonarbeiter und ist auch bei der Jobsuche behilflich. Touristen, die nur für eine oder zwei Nächte bleiben, sind ebenfalls willkommen. Internet und Billard sind kostenlos.

Mudbrick Manor B&B $$
(07-4066 2299; www.mudbrickmanor.com.au; Lot 13, Stony Creek Rd; EZ/DZ 90/120 AU$; ❄🏊) Wie der Name schon sagt, ist das Wohnhaus aus Lehmziegeln (plus Holz und Stein) gebaut. Die riesigen, sehr schön eingerichteten Zimmern gruppieren sich um einen Innenhof mit Springbrunnen. Im Preis inbegriffen ist ein warmes Frühstück. Das Abendessen mit leckerem Drei-Gänge-Menü (30 AU$/Pers.) muss im Lauf des Tages bestellt werden.

Seaview Cafe FAST FOOD $
(87 Victoria St; 24 Std.) Das winzige Café direkt an der Straße ist bekannt für seine Krabbensandwiches (11 AU$), seine Barrakuda-Burger (9,90 AU$) und sein riesiges Frühstück (16,80 AU$), mit dem sich hungrige Autofahrer den ganzen Tag über stärken können. Das Lokal ist nichts Besonderes, bietet aber ordentliches Essen.

ℹ️ Praktische Informationen
Das **Rainforest & Reef Centre** (07-4066 8601; www.greatgreenwaytourism.com/rainforestreef.html; 142 Victoria St; Mo–Fr 8.30–17, Sa & So 9–13 Uhr) neben dem Bootsanleger von Cardwell bietet eine absolut geniale, interaktive Ausstellung zum Regenwald und ausführliche Infos über Hinchinbrook Island und die anderen Nationalparks in der Gegend.

ℹ️ An- & Weiterreise
Die Busse von **Greyhound Australia** (1300 473 946; www.greyhound.com.au) und **Premier** (13 34 10; www.premierms.com.au) stoppen auf ihren Fahrten zwischen Brisbane und Cairns auch in Cardwell. Die Fahrt nach Cairns kostet 48 AU$, nach Townsville 36 AU$.

Cardwell liegt auch an der **Queensland Rail** (1800 872 467; www.traveltrain.com.au), deren Züge ebenfalls Brisbane mit Cairns verbinden. Ausführliche Infos gibt's im Internet oder per Telefon.

Die Boote nach Hinchinbrook Island legen in der Port Hinchinbrook Marina 2 km südlich der Stadt ab.

Hinchinbrook Island

Der größte Insel-Nationalpark Australiens ist das Eldorado der Wanderer und Naturliebhaber, die Ruhe und Einsamkeit suchen. Die Granitfelsen der 399 km² großen Insel ragen bis zu 1121 m (Mt. Bowen) hoch aus

> **ABSTECHER**
>
> ## PALUMA RANGE NATIONAL PARK
>
> Am südlichen Eingang zur Wet Tropics World Heritage Area liegen der Paluma Range National Park und das kleine Dorf Paluma. Beide bieten eine willkommene, grüne Abwechslung vom öden Bruce Highway. Der Nationalpark, der sich fast über den ganzen Küstenabschnitt zwischen Ingham und Townsville erstreckt, ist in zwei Teile unterteilt: das Gebiet um den Mt. Spec und den nördlichen-Teil bei den Jourama Falls.
>
> ### Mt. Spec
>
> Der Park rund um den Mt. Spec (61 km nördlich von Townsville bzw. 40 km südlich von Ingham) besteht aus paradiesischen Nebelwäldern und Eukalyptusbäumen, die von unzähligen Wanderwegen durchzogen sind. Dieser Lebensraum ist die Heimat einer unglaublichen Anzahl unterschiedlichster Vogelarten wie Säulengärtner und Rabenkakadus.
>
> Wer auf dem Bruce Hwy von Norden kommt, fährt auf der 4 km langen, teilweise befestigten Spiegelhauer Rd nach Big Crystal Creek. Vom Parkplatz führt ein bequemer, 100 m langer Fußweg zum Paradise Waterhole, wo sich ein populärer Sandstrand befindet und man einen tollen Blick auf die Berge hat. Hier gibt's auch einen Campingplatz der NPRSR (www.nprsr.qld.gov.au; 5,45/ 21,80 AU$ pro Pers./Fam.) mit Gasgrills, Toiletten und Trinkwasser. Man muss aber früh da sein, weil die Plätze schnell vergeben sind.
>
> Aus Richtung Süden windet sich die befestigte, aber kurvenreiche Mt. Spec Rd durch die Berge in den Ort Paluma hoch. Manch einer, der „nur wegen der Fahrt" hierher kam, wurde von der frischen Bergluft und herzlichen Bevölkerung eines Besseren belehrt und blieb über Nacht im Paluma Rainforest Inn (⏴07-4770 8688; www.rainforest innpaluma.com; 1 Mt Spec Rd; DZ 125 AU$; ❄). Im Garten dieser Oase im Regenwald wachsen 50 verschiedene Rhododendronarten.
>
> Auf dem Weg nach Paluma sollte man einen Stopp beim Little Crystal Creek einlegen, einem malerischen Badebecken mit Steinbrücke, Picknickplatz und Wasserfall.
>
> ### Jourama Falls
>
> Der Waterview Creek stürzt sich in mehreren Kaskaden an Palmen und Strahlenaralien vorbei in die Tiefe. Ein herrlicher Ort für ein Picknick und eine kleine Wanderung. Ein steiler Weg führt zum Aussichtspunkt hinauf. Unterwegs kann man Ausschau halten nach Eisvögeln, Wasserschildkröten und den vom Aussterben bedrohten Gleithörnchenbeutlern. Der Campingplatz der NPRSR (www.nprsr.qld.gov.au; 5,45/ 21,80 AU$ pro Pers./Fam.) hat Kaltwasserduschen, Gasgrills, Wasser, das unbehandelt nicht zum Trinken geeignet ist, und Komposttoiletten.
>
> Diesen Teil des Nationalparks erreicht man über eine 6 km lange, befestigte Straße, die 91 km nördlich von Townsville bzw. 24 km südlich von Ingham beginnt. Der Creek, durch den sie zu Anfang führt, kann in der Regenzeit allerdings unpassierbar sein. Bevor man den Highway verlässt, sollte man unbedingt noch einmal volltanken.

dem Meer auf. Die dem Festland zugewandte Seite ist mit üppiger, tropischer Vegetation bedeckt, während sich an der Ostküste lange Sandstrände mit dichten Mangroven abwechseln. Auch der hiesige Regenwald erlitt erhebliche Schäden durch Yasi.

Das Highlight von Hinchinbrook ist der Thorsborne Trail (auch als East Coast Trail bekannt), der sich von Ramsay Bay und Zoe Bay über 32 km an der Ostküste entlang bis nach George Point im Süden windet, wo sich ein herrlicher Wasserfall befindet. Am Weg liegen mehrere Campingplätze der NPRSR (⏴13 74 68; www.nprsr.qld.gov.au; 5,45 AU$/Pers.). Wer den ganzen, recht anspruchsvollen Weg wandern möchte, sollte drei Übernachtungen einplanen. Es ist auch möglich, nur einen Teil des Weges zu gehen. Die Wanderung ist sicher kein Spaziergang, sondern ein echtes Abenteuer in der Wildnis, wo hungrige Bestien wie Krokodile und bissige Insekten lauern und der Weg oft mehr als unwegsam ist. Wasser muss man ebenfalls mitbringen.

Da für den Weg ein Besucherlimit von 40 Personen gilt, empfiehlt die NPRSR, sich in der Hochsaison ein Jahr und zu anderen Zeiten sechs Monate vorher anzumelden. Wer nicht reserviert hat, muss nicht gleich aufgeben, denn es springt immer wieder jemand ab.

Die Fähren von **Hinchinbrook Island Cruises** (07-4066 8601; www.hinchinbrookislandcruises.com.au) fahren zwischen Cardwell und dem Anleger von Ramsay Bay auf Hinchinbrook (einfache Strecke 90 AU$, 1 Std.). Das Unternehmen betreibt auch eine Fähre nach Zoe Bay und Wassertaxis in der gesamten Region und zwischen den einzelnen Inseln. Gebucht werden alle beim Rainforest & Reef Centre in Cardwell (S. 465).

Wer auf dem Thorsborne Trail unterwegs war, kann in George Point am südlichen Ende auch mit **Hinchinbrook Wilderness Safaris** (07-4777 8307; www.hinchinbrookwildernesssafaris.com.au; einfache Strecke 50 AU$) zurück aufs Festland kommen.

Tully
2500 EW.

Was zunächst wie eines der üblichen, verschlafenen Zuckerrohrdörfer aussieht, ist in Wirklichkeit eine richtige Stadt, die sich selbst als „Feuchteste Stadt Australiens" bezeichnet. Der riesige **goldene Gummistiefel** am Ortseingang ist so hoch, wie das Wasser 1950 anstieg, nämlich stolze 7,90 m. Um zu ermessen, wie hoch das wirklich ist, sollte man die Wendeltreppe zur Aussichtsplattform hochsteigen. Beim alljährlichen **Golden Gumboot Festival** (www.tullygumbootfestival.com) im Mai werden die Regenmassen mit einem Umzug und jeder Menge Unterhaltung gefeiert. Und auch wenn der Sumpfstadt **Babinda** Tully den Titel streitig macht, sorgen die extrem hohen Niederschlagsmengen zumindest dafür, dass man auf dem nahen Tully River hervorragend raften kann.

In der Broschüre des **Tully Visitor & Heritage Centre** (07-4068 2288; Bruce Hwy; Mo–Fr 8.30–16.45, Sa & So 9–14 Uhr) ist der **Heritage Walk** durch die Stadt beschrieben, der mit 17 Informationstafeln ausgeschildert ist, von denen sich eine auch den in Tully gesichteten UFOs widmet. Neben **Wanderkarten** für die Nationalparks in der Nähe gibt's in dem Besucherzentrum auch kostenloses Internet und eine Bücherbörse.

Außerdem kann man hier eine 90-minütige Führung durch die **Zuckermühlen der Stadt** (Erw./Kind 17/11 AU$; Ende Juni–Anfang Nov. tgl.) buchen. Wann es losgeht, hängt vom Wetter ab. Unbedingt geschlossene Schuhe und ein langärmeliges Oberteil tragen!

Die von Aborigines geleiteten **Ingan Tours** (1300 728 067; www.ingan.com.au; Erw./Kind 120/60 AU$) führen die Besucher bei ihren ganztägigen „Spirituellen Touren durch den Regenwald" zu den heiligen Orten ihres Volkes (jeweils Di, Do und Sa).

Praktisch alle Unterkünfte in Tully sind mit günstigen Wochenmieten und Hilfe bei der Jobsuche auf die Bedürfnisse der Bananenpflücker zugeschnitten. Sehr gut sind die **Banana Barracks** (07-4068 0455; www.bananabarracks.com; 50 Butler St; B mit/ohne Bad 28/24 AU$, Bungalow 30–40 AU$; @) mitten im Zentrum, deren hauseigener **Nachtclub** (Do–Sa) auch den Mittelpunkt des örtlichen Nachtlebens darstellt.

In den Pubs der Stadt gibt's (tgl. außer So) herzhaftes Kneipenessen, während **Joe's Pizza Parlour** (07-4068 1996; 46 Butler St; Pizza ab 12 AU$; abends, wechselnde Öffnungszeiten) Pizzas der alten Schule mit dickem Boden backt.

Die Busse von **Greyhound Australia** (1300 473 946; www.greyhound.com.au) und **Premier** (13 34 10; www.premierms.com.au) legen auf ihren Fahrten von Brisbane nach Cairns einen Zwischenstopp in Tully ein. Die einfache Fahrt nach Cairns kostet 29 AU$, nach Townsville 39 AU$. Tully liegt auch an der **Queensland Rail** (1800 872 467; www.traveltrain.com.au), deren Züge ebenfalls Brisbane mit Cairns verbinden.

NICHT VERSÄUMEN

RAFTING AUF DEM TULLY RIVER

Dank der legendär hohen Niederschlagsmengen und vielen Fluttore zur Stromerzeugung herrschen auf dem Tully River das ganze Jahr über beste Bedingungen für echtes Wildwasser-Rafting. Die Rafting-Touren sind auf die täglichen Öffnungszeiten der Fluttore abgestimmt, sodass man vor dem Hintergrund der atemberaubenden Regenwald-Kulisse durch Stromschnellen des Grades 4 rauscht. Bei den Tagestouren von **Raging Thunder Adventures** (07-4030 7990; www.ragingthunder.com.au; normal/„extrem" 189/215 AU$) und **R'n'R White Water Rafting** (07-4041 9444; www.raft.com.au; 189 AU$) ist jeweils ein Barbecue-Mittagessen und der Transfer von Tully oder dem benachbarten Mission Beach enthalten. Der Transfer von Cairns kostet 10 AU$ extra.

Mission Beach
4000 EW.

Keine 30 km östlich der endlosen Zuckerrohrfelder und Bananenplantagen am Bruce Hwy liegen die kleinen Dörfer der Gemeinde Mission Beach versteckt im Regenwald, der zum Weltkulturerbe der UNESCO gehört. Der üppige Dschungel reicht bis an die Küste der Coral Sea heran und gibt dem 14 km langen, von Palmen gesäumten Abschnitt mit tief eingeschnittenen Buchten und breiten, leeren Stränden das Aussehen einer einsamen tropischen Insel.

Auch dieser paradiesische Küstenabschnitt wurde von Zyklon Yasi 2011 heftig getroffen, was enorme Schäden im Regenwald und an der Vegetation zur Folge hatte. Doch die Gegend erholte sich schnell: binnen zwei Wochen war die Wasser- und Stromversorgung wieder hergestellt und die meisten Firmen und Tourenveranstalter arbeiteten wieder ganz normal.

Auch wenn das Gemeinwesen generell als Mission Beach oder einfach nur „Mission" bezeichnet wird, besteht es doch aus einer Reihe einzelner Dörfer, die sich entlang der Küste befinden. So liegt **Bingil Bay** 4,8 km nördlich des **eigentlichen Mission Beach** (auch „North Mission" genannt). Vom 5 km weiter südlich gelegenen **Wongaling Beach** sind es noch einmal 5,5 km bis nach **South Mission Beach**. Die beste Infrastruktur bieten Mission Beach selbst und Wongaling Beach. South Mission Beach und Bingil Bay sind in erster Linie reine Wohngebiete.

Von Mission Beach kommt man auch am besten ins Great Barrier Reef und nach Dunk Island. Hier kann man vieles zu Fuß erkunden: Rund um Mission Beach verlaufen unzählige Wanderwege durch den Regenwald, in dem mit etwa 40 Tieren die größte Population von Kasuaren in ganz Australien lebt. Auch wenn das Meer vor der Küste noch so verlockend glitzert, sollte man nur innerhalb der Absperrungen ins Wasser gehen, um keine Bekanntschaft mit den hochgiftigen Seewespen oder einem Krokodil zu machen.

🏃 Aktivitäten

Adrenalin-Junkies kommen nach Mission Beach, um sich mit extremen Abenteuer- und Wassersportarten wie Wildwasser-Rafting auf dem nahen Tully River auszutoben. Wer ein eigenes Brett hat, findet vor Bingil Bay eine der wenigen guten Surfmöglichkeiten innerhalb des Riffs. Die Wellen hier sind mit gut einem Meter nicht besonders hoch, aber konstant.

Dank der hier vorhandenen Absperrungen gegen Seewespen kann man in Mission Beach und South Mission Beach das ganze Jahr über gefahrlos baden.

Beim örtlichen Visitor Centre gibt's jede Menge Informationsmaterial zu den vielen hervorragenden Wanderwegen in der Gegend.

Fallschirmspringen   FALLSCHIRMSPRINGEN
Mission Beach ist bei Fallschirmspringern zu Recht einer der beliebtesten Orte in Queensland. Zwei Veranstalter bieten den luftigen Nervenkitzel an: **Jump the Beach** (📞 1300 800 840; www.jumpthebeach.com.au; Tandemsprung aus 2750/3350/4270 m 284/345/369 AU$) und **Skydive Mission Beach** (📞 1300 800 840; www.skydivemissionbeach.com; Tandemsprung aus 2750/3350/4270 m 249/310/334 AU$). Bei beiden landet man im weichen Sand des Strandes.

Big Mama Sailing   SEGELN
(📞 0437 206 360; www.bigmamasailing.com; Erw./Kind ab 65/40 AU$) Die leidenschaftlichen Skipper Stu, Lisa und Fletcher segeln mit einem 18 m langen Zweimaster zweieinhalb Stunden in den Sonnenuntergang, über Mittag mit Grillen an Bord oder einen ganzen Tag lang im Riff.

Calypso Dive   TAUCHEN
(📞 07-4068 8432; www.calypsodive.com.au) Im Angebot sind Tauchgänge im Riff (ab 264 AU$ inkl. Ausrüstung) und zum Wrack der *Lady Bowen* (225 AU$) sowie Kurse zur Erlangung des PADI-Open-Water-Scheins (625 AU$). Ebenso kann man im Riff schnorcheln (169 AU$) oder mit einem Jetski um Dunk Island herum düsen (ab 224 AU$).

Mission Beach Adventure Centre   WASSERSPORT
(📞 0429 469 330; Seaview St, Mission Beach) Die kleine Hütte am Strand verleiht die Ausrüstung für sämtliche Wasser- und Strandsportarten wie Kajaks (Einer/Zweier 15/30 AU$ pro Std.) und Stehpaddelbretter (15 AU$/Std.). Das hauseigene **Café** (Gerichte 5–8 AU$) ist weithin bekannt für seine Hotdogs.

Coral Sea Kayaking   KAJAKFAHREN
(📞 07-4068 9154; www.coralseakayaking.com; Halbtages-/Tagestour 80/128 AU$) Die anspruchsvollen Tagestouren führen nach Dunk Island, die halbtägigen Paddelausflüge sind weniger anstrengend.

Mission Beach

Fishin' Mission ANGELN
(📞 0427 323 469; www.fishinmission.com.au; Halbtages-/Tagestour 140/230 AU$) Die Angeltouren im Riff mit einheimischen Experten sind sehr entspannend.

Mission Beach Tropical Fruit Safari ESSEN
(📞 07-4068 7099; www.missionbeachtourism.com; Mission Beach Visitor Centre, Porter Promenade; Erw./Fam. 8/20 AU$; ⊙ Mo & Di 13–14 Uhr) Hier kann man all die wunderlichen und wunderbaren tropischen Früchte der Region kennenlernen (und probieren).

🎉 Feste & Events

Märkte MÄRKTE
An den Ständen der **Mission Beach Markets** (Porter Promenade; ⊙ 1. & 3. So des Monats 8–13 Uhr) werden Kunsthandwerk, Schmuck, tropische Früchte, hausgemachte Leckereien usw. verkauft. Eine noch bessere Auswahl (u.a. handgefertigte Holzmöbel) bietet der **Mission Beach Rotary Monster Market**

Mission Beach

🎯 Aktivitäten, Kurse & Touren
   Mission Beach Adventure
   Centre .... (siehe 2)
1 Mission Beach Tropical Fruit
   Safari C2

🛌 Schlafen
2 Castaways Resort & Spa B4
3 Mission Beach Ecovillage D1
4 Mission Beach Retreat B3
5 Rainforest Motel B3
6 Sejala on the Beach A4

🍴 Essen
7 Early Birds Cafe B3
8 Fish Bar B3
9 Garage Bar & Grill B3
10 New Deli B3
11 Zenbah B3

🛍 Shoppen
12 Mission Beach Markets B2

(Marcs Park, Cassowary Dr, Wongaling Beach; ⊙ April–Nov. letzter So des Monats 8–12.30 Uhr).

Mission Evolve Music Fest MUSIK
(www.missionevolve.com.au) Im Oktober bieten Künstler aus dem Norden Queenslands zwei Tage lang Livemusik von Blues und Roots über Soul und Funk bis hin zu DJs.

🛏 Schlafen

Beim Visitor Centre gibt's eine Liste der Vermittler von Ferienwohnungen. Die Hostels holen ihre Gäste an der Bushaltestelle ab.

🛏 South Mission Beach

Sea-S-Ta PENSION $$$
(☏ 07-4088 6699; www.sea-s-ta.com.au; 38 Kennedy Esplanade; 350 AU$/Nacht, mind. 2 Übernachtungen) Seltsamer Name, tolle Unterkunft. Das komplett ausgestattete Ferienhaus ist eine tolle Alternative für Gruppen, die länger in Mission Beach bleiben möchten. Das freundliche, an eine Hazienda erinnernde Haus bietet Platz für bis zu sechs Personen. Die *mucho* Extras reichen von Saftpressen bis zu Hausschuhen für Sie und Ihn. Und je länger man bleibt, desto günstiger wird es.

🛏 Wongaling Beach

★ Scotty's Mission Beach House HOSTEL $
(☏ 1800 665 567; www.scottysbeachhouse.com.au; 167 Reid Rd; B 25–29 AU$, DZ 71 AU$; ✳@🛜🏊) Die sauberen, gemütlichen Zimmer – darunter ein Schlafsaal nur für Mädels mit babyrosa Bettwäsche! – liegen rund um den Gemeinschaftsbereich mit Rasen und Pool. Zur Straße hin befindet sich **Scotty's Bar & Grill** (Hauptgerichte 10–30 AU$; ⊙ abends), das auch Nicht-Gästen des Hostels offen steht. Hier ist praktisch jeden Abend etwas geboten, von Feuertänzern über Billardturniere bis hin zu Livemusik. Astreine Backpacker-Atmosphäre wie in alten Zeiten!

Dunk Island View Caravan Park WOHNWAGENPARK $
(☏ 07-4068 8248; www.dunkislandviewcaravanpark.com; 21 Webb Rd; Stellplatz ohne/mit Strom 28/38 AU$, Wohneinheit mit 1/2 Schlafzi. 98/128 AU$; ✳🛜🏊) Auf dem sauberen, ansprechenden Platz nur 50 m vom Strand entfernt weht immer eine luftige Brise. Er bietet alles, was man von einem Campingplatz erwartet, plus ein nagelneues Café (Fish & Chips 8 AU$).

Hibiscus Lodge B&B B&B $$
(☏ 07-4068 9096; www.hibiscuslodge.com.au; 5 Kurrajong Cl; Zi. 115–155 AU$; 🅿) Beim Aufwachen hört man Vögel zwitschern, beim (sagenhaften!) Frühstück auf der Terrasse mit Blick auf den Regenwald spaziert sehr wahrscheinlich der eine oder andere Kasuar vorbei. Da die hübsche Pension nur drei, sehr persönliche Zimmer hat, muss man unbedingt im Voraus reservieren. Keine Kinder!

Licuala Lodge B&B $$
(☏ 07-4068 8194; www.licualalodge.com.au; 11 Mission Circle; EZ/DZ/2BZ inkl. Frühstück 99/135/185 AU$; 🛜🏊) Die freundliche Pension hat eine Küche für die Gäste, eine wunderbare Veranda und über das Gelände spazierende Kasuare. Über die Teddys auf dem Bett braucht man sich keine Gedanken machen.

🛏 Mission Beach

Mission Beach Retreat HOSTEL $
(☏ 07-4088 6229; www.missionbeachretreat.com.au; 49 Porter Promenade; B 22–25 AU$, DZ 56 AU$; ✳@🛜🏊) Das luftige, entspannte Hostel direkt am Strand und gleichzeitig mitten in der Stadt muss man einfach lieben.

Mission Beach Ecovillage HÜTTEN $$
(☏ 07-4068 7534; www.ecovillage.com.au; Clump Point Rd; DZ 135–220 AU$; ✳🛜🏊) Mit eigenen Bananen- und Zitronenbäume auf tropischem Gelände und einem Fußweg durch den Regenwald zum Strand nutzt das „Ökodorf" die natürlichen Gegebenheiten voll und ganz aus. Die Bungalows stehen um einen in Stein gefassten Pool, die Luxushäuschen haben ein eigenes Wellnessbad. Zum Hotel gehört auch ein **Restaurant** mit Alkoholausschank (Hauptgerichte 18,50; ⊙ Mi–Sa abends).

Rainforest Motel MOTEL $$
(☏ 07-4068 7556; www.missionbeachrainforestmotel.com.au; 9 Endeavour Ave; EZ/DZ 98/119 AU$; ✳@🛜🏊) Das bezaubernde kleine Schmuckstück ist nicht nur preiswert, sondern auch freundlich und sehr gut ausgestattet. Es liegt versteckt in üppigem Grün, ist aber nicht weit entfernt von den Geschäften der Stadt. Fahrräder können kostenlos geliehen werden.

Castaways Resort & Spa RESORT $$$
(☏ 07-4068 7444; www.castaways.com.au; Pacific Pde; DZ 165–215 AU$, Wohneinheit mit 1/2 Schlafzi. 265/345 AU$; ✳@🛜🏊) Die günstigsten Zimmer haben keinen Balkon, deshalb sollte man etwas mehr Geld ausgeben und von der großen Terrasse mit Diwan den Blick

aufs Meer genießen. Die Wohneinheiten sind klein. Zum Hotel gehören zwei längliche Pools, ein luxuriöser **Wellnessbereich** (www.driftspa.com/au) und ein **Restaurant mit Bar** (Hauptgerichte 12–32 AU$; morgens, mittags & abends) im tropischen Stil, das einen tollen Blick auf den Strand bietet. Dienstagnachmittags gibt's hier tropischen High Tea.

Sejala on the Beach HÜTTEN $$$
(07-4088 6699; www.sejala.com.au; 26 Pacific Pde; DZ 260 AU$;) Die drei Hütten bieten nur teilweise Blick auf den Strand, aber alle haben Regenwalddusche, Terrasse mit eigenem Grill und viel Charme. Romantik pur!

Bingil Bay

★ Jackaroo Hostel HOSTEL $
(07-4068 7137; www.jackaroohostel.com; 13 Frizelle Rd; Stellplatz 15 AU$, B/DZ inkl. Frühstück 24/58 AU$;) Das von den ehemaligen Globetrottern Robert und Jade geführte Holzhaus im Regenwald hat alles, was man braucht und davon reichlich. dichter Dschungel, ein glitzernder Pool, kühle Zimmer und eine luftige Terrasse. Dazu kommen noch das Freiluftkino und der kostenlose Surfbrett-Verleih. Wer kann da schon widerstehen?

Sanctuary HÜTTEN $$
(1800 777 012, 07-4088 6064; www.sanctuaryatmission.com; 72 Holt Rd; B 35 AU$, EZ/DZ in Hütte 65/70 AU$, Bungalow 145/165 AU$; Mitte April–Mitte Dez.;) Auf Wunsch werden die Gäste mit einem Allradfahrzeug abgeholt, doch vom Parkplatz führt ein steiler, 600 m langer Fußweg durch den Regenwald zum Hotel. Dort kann man auf einer nur von einem Fliegengitter umgebenen Plattform in einer einfachen Hütte übernachten oder aber in einem Bungalow mit eignem Bad, durch dessen Glaswand man direkt auf den Regenwald blickt. Tagsüber kann man die Wanderwege abgehen, einen Yoga-Kurs (15 AU$) besuchen, sich massieren lassen (80 AU$/Std.) und in der Küche selber kochen oder die Vollwertkost im **Restaurant** (Hauptgerichte 19–33 AU$; 7.30–20.30 Uhr;) genießen. Zu den Umweltschutzmaßnahmen gehören ein eigenes Abwassersystem, das Sammeln von Regenwasser und die Verwendung biologisch abbaubaren Waschmittel. Für Kinder unter 11 Jahren ungeeignet.

Essen & Ausgehen

Ein Großteil der Bars und/oder Restaurants befindet sich an der Porter Promenade und den angrenzenden Wegen im eigentlichen Mission Beach. Dort gibt es auch einen kleinen Supermarkt. Wongaling Beach (den riesigen Kasuar suchen) hat einen großen Woolworths und ein paar Restaurants, Bars und Getränkemärkte.

Wongaling Beach

Millers Beach Bar & Grill PUB $
(07-4068 8177; 1 Banfield Pde; 10–38 AU$; Di–Fr 15 Uhr–open end, Sa & So 12 Uhr–open end) Die Kneipe ist so dicht am Strand, dass man schon mal Sand im Bier haben kann. Im kleinen Innenhof mit Steinboden kann man herrlich abhängen. Zu essen gibt's täglich von 16 bis 18 Uhr Pizza für 10 AU$ und ansonsten riesige Steaks. Oder man genießt bei einem leckeren Cocktail einfach nur den Blick auf Dunk Island.

★ Cafe Rustica ITALIENISCH $$
(07-4068 9111; 24 Wongaling Beach Rd; Hauptgerichte 18–25 AU$; Mi–Sa 17 Uhr–open end, So 10 Uhr–open end;) In der modernen Wellblechhütte am Strand werden nicht nur hausgemachte Nudelgerichte und knusprige Pizzas gezaubert, sondern auch Eis und Sorbet selber hergestellt. Vorher reservieren!

Mission Beach

★ Fish Bar SEAFOOD $
(07-4088 6419; Porter Promenade; 10–17 AU$; 10–24 Uhr) Um bei gutem Essen neue Leute kennenzulernen, gibt's nichts Besseres als diese lässige und doch lebhafte Kneipe. Neben Eimern voller Garnelen (mittags 10 AU$) wird auch Spießbraten vom Schwein (13 AU$) serviert. Sonntags ist Livemusik angesagt.

New Deli CAFÉ & FEINKOST $
(Shop 1, 47 Porter Promenade; Hauptgerichte 8–16 AU$; Mo–Fr 9.30–18 Uhr;) In dem herrlich duftenden Feinkostgeschäft mit Café kann man sich mit Köstlichkeiten für ein Picknick eindecken. Die meisten Produkte stammen aus Bio-Anbau und alles ist hausgemacht, selbst die tollen Kekse.

Zenbah INTERNATIONAL $
(07-4088 6040; 39 Porter Promenade; Hauptgerichte 9–25 AU$; Fr & Sa 10–1.30, So–Do 10–24 Uhr) Die bunten Stühle auf der Straße sind das Markenzeichen des lebhaften, aber gemütlichen kleinen Restaurants. Das Speisenangebot ist eine ebenso bunte Mischung aus nahöstlicher und asiatischer Küche bis

KASUARE: VOM AUSSTERBEN BEDROHT

Er könnte *Jurassic Park* entsprungen sein, dieser flugunfähige prähistorische Vogel, der durch den Regenwald stakst. Er ist sehr groß, hat drei Zehen mit rasiermesserscharfen Krallen, einen leuchtendblauen Kopf mit einem helmartigen Kamm, rote Kehllappen und ein schwarzes Federkleid wie ein Emu. Kasuare sind ein wichtiger Bestandteil des Ökosystems Regenwald. Kein anderes Tier kann die Samen von mehr als 70 Baumarten verteilen, deren Früchte zu groß sind, um von anderen Regenwaldbewohnern aufgenommen und verdaut zu werden. Am wahrscheinlichsten ist eine Begegnung mit einem Kasuar in der Wildnis rund um Mission Beach, in Etty Bay und der Gegend von Cape Tribulation im Daintree National Park. Vorsicht: Die Tiere können aggressiv sein, vor allem, wenn sie Junge haben. Man sollte sich ihnen nicht nähern, aber auch nicht wegrennen, wenn sie in Angriffsposition gehen. Am besten ist es, irgendetwas Solides zwischen sich und den Vögeln zu haben – z. B. einen Baum.

In der Wildnis Nord-Queenslands sollen noch etwa 1000 oder weniger Kasuare leben. Die Vogelart ist vom Aussterben bedroht, weil ihnen der Lebensraum streitig gemacht wird. Unlängst hatte das natürliche Ursachen: Zyklon Yasi mähte einen Großteil des Regenwalds rund um Mission Beach nieder. Die Kasuare müssen nun weite Strecken zurücklegen, um Nahrung zu finden, und werden leichter von Hunden gerissen oder von Autos überfahren. Neben dem Mission Beach Visitor Centre kann man im **Wet Tropics Environment Centre** (07-4068 7197; www.wettropics.gov.au; Porter Promenade; 10–16 Uhr) mehr über die Kasuare erfahren. In dem Zentrum arbeiten Freiwillige der **Community for Cassowary & Coastal Conservation** (C4; www.cassowaryconservation.asn.au). Und wer etwas im Andenkenladen kauft, unterstützt damit den Kauf von Land für die Kasuare. Viele tolle Infos liefert die Website www.savethecassowary.org.au.

hin zu italienischer Pizza. Und dazu gibt's freitags und samstags auch Livemusik. Kostenloser Bus-Shuttle.

Early Birds Cafe CAFÉ $
(Shop 2, 46 Porter Promenade; Hauptgerichte 6–15 AU$; Do–Di 6–15 Uhr;) Hier gibt's den ganzen Tag über tropisches Aussie-Frühstück (13,50 AU$) mit Schinkenspeck und Eiern, gegrillten Tomaten, Bananen, Toast und Tee oder Kaffee – die ideale Stärkung nach dem morgendlichen Schwimmen im Meer!

Garage Bar & Grill MODERN-AUSTRALISCH $$
(07-4088 6280; 41 Donkin Lane; Vorspeisenplatte 17 AU$; 9 Uhr–open end;) Das gesellige Lokal in der grünen Lunge von Mission Beach serviert köstliche *slider* (Miniburger), Cocktails (14 AU$), guten Kaffee, Kuchen und Tapas. Und dazu gibt's tolle Livemusik.

Bingil Bay

Bingil Bay Cafe CAFÉ $$
(29 Bingil Bay Rd; Hauptgerichte 14–23 AU$; 6.30–22 Uhr;) Der lavendelfarbene Hingucker mit bunt gemischter Speisekarte und sanften Klängen, die auf der Veranda zu hören sind, ist einfach nur toll. Das Frühstück ist der Hit, aber man kann sich mit einem kühlen Bier in der Hand auch einfach nur in die ausgestellte Kunst vertiefen, der Livemusik zuhören oder sich ins Gewimmel stürzen.

ℹ Praktische Informationen

Das hervorragende **Mission Beach Visitor Centre** (07-4068 7099; www.missionbeach tourism.com; Porters Promenade; Mo–Sa 9–16.45, So 10–16 Uhr) hält Unmengen von Infomaterial in zahlreichen Sprachen bereit.

Auch die **Mission Beach Information Station** (www.missionbeachinfo.com; 4 Wongaling Shopping Centre, Cassowary Dr, Wongaling Beach; Internetzugang 2/5 AU$ pro 20 Min./Std.; 9–19 Uhr) hilft bei der Buchung von Touren und verfügt über Internet-Terminals.

ℹ Anreise & Unterwegs vor Ort

Die Busse von **Greyhound Australia** (1300 473 946; www.greyhound.com.au) und **Premier** (13 34 10; www.premierms.com.au) halten in Wongaling Beach neben dem „Großen Kasuar". Eine Fahrt mit Greyhound/Premier nach Cairns kostet 23/19 AU$, nach Townsville 41/46 AU$.

Sugarland Car Rentals (07-4068 8272; www.sugarland.com.au; 30 Wongaling Beach Rd, Wongaling Beach; 8–17 Uhr) vermietet Kleinwagen ab 35 AU$ pro Tag.

Beim Mission Beach Adventure Centre (S. 468) kann man Fahrräder leihen (10/20 AU$ pro halben/ganzen Tag.).

Oder man ruft ein **Taxi** (13 10 08).

Dunk Island

Die Aborigines der Djiru nennen die Insel „Coonanglebah", die Insel des Friedens und der Fülle. Völlig zu Recht, denn mit üppigem Dschungel, weißen Sandstränden und tiefblauem Meer ist Dunk Island das tropische Inselparadies schlechthin.

Wanderwege führen kreuz und quer über (und auch rund um) die Insel. Auf dem 9,2 km langen Rundwanderweg sieht man am meisten vom Inselinneren und der vielfältigen Tier- und Pflanzenwelt. Gut schnorcheln kann man im Riff bei Muggy Muggy, toll schwimmen am Coconut Beach.

Nach der Zerstörung durch den Zyklon ist das Resort der Insel weiterhin geschlossen, doch der **Campingplatz** (Karte S. 514; ⌕0417 873 390; 5,15 AU$/Pers.) hat wieder geöffnet. Die Wassertaxis von **Mission Beach Dunk Island Water Taxi** (⌕07-4068 8310; www.missionbeachwatertaxi.com; Banfield Pde, Wongaling Beach; Erw./Kind hin & zurück 35/18 AU$) legen in Wongaling Beach ab und setzen in 20 Minuten nach Dunk Island über.

Von Mission Beach nach Innisfail

Die Straße, die von Mission Beach aus nach Norden führt, trifft bei **El Arish** (442 Ew.) wieder auf den Bruce Hwy. Dort findet man nicht viel mehr als einen Golfplatz und die **El Arish Tavern** (38 Chauvel St) aus dem Jahre 1927. Das Wirtshaus hat wirklich Persönlichkeit!

Die direkte Route gen Norden ist der Bruce Hwy. Die Ausfahrten führen zu Strandorten wie z.B. dem schicken **Etty Bay**, mit umherstreifenden Kasuaren, felsigen Landzungen, Regenwald, einer Vorrichtung der vor gefährlichen Meeresbewohnern schützt und einem toll gelegenen Zeltplatz.

Eine längere Route führt in Richtung Westen über den Old Bruce Hwy, auch bekannt als **Canecutter Way** (www.canecutterway.com.au). In **Mena Creek** befinden sich die zauberhaften Ruinen zweier ehemals stattlicher Burgen im 5 ha großen **Paronella Park** (⌕07-4065 0000; www.paronellapark.com.au; Japoonvale Rd; Erw./Kind 40/20 AU$; ⊙9–19.30 Uhr). Die Anlage entstand in den 1930er-Jahren, um der hart arbeitenden Bevölkerung ein wenig Unterhaltung zu bieten. Jetzt muten die spanischen Ruinen allerdings geradezu mittelalterlich an: Wanderwege führen durch weitläufige Gärten, an einem Wasserfall und einer Badestelle vorbei. Bei der 45-minütigen Tour (tagsüber; abends 1 Std.) erfahren Besucher alles über die Hintergründe des Areals. Im Eintrittspreis sind beide Touren und eine Übernachtung auf dem **Zeltplatz** inbegriffen. Alternativ kann man sich auch in den kleinen netten **Holzhütten** (Gemeinschaftsbad DZ 85 AU$; ✻) einquartieren. Tickets für den Paronella Park sind ein Jahr lang gültig.

Innisfail & Umgebung

8262 EW.

Der nur 80 km südlich der Touristenhochburg Cairns gelegene Ort ist ein Paradebeispiel für eine lässige, ländliche Stadt ganz im Norden Queenslands. Fischer legen ihre Netze im breiten Johnstone River aus, Traktoren rumpeln die Hauptstraße entlang und die Einheimischen sind gleichermaßen stolz auf ihre schönen Häuser im Art-déco-Stil und den hier geborenen und aufgewachsenen Rugby-League-Star Billy Slater.

Der Strandpark Flying Fish Point liegt 8 km nordöstlich des Zentrums von Innisfail, während es nur eine kurze Autofahrt in Nationalparks wie den Mamu Rainforest Canopy Walkway ist.

⊙ Sehenswertes & Aktivitäten

Mamu Rainforest Canopy Walkway AUSSICHTSPUNKT
(www.nprsr.qld.gov.au/parks/mamu; Palmerston Hwy; Erw./Kind 20/10 AU$; ⊙9.30–17.30, letzter Einlass 16.30 Uhr) Nach 27 km auf dem Palmerston Hwy (4 km nordwestlich von Innisfail ausgeschildert) kommt man zu diesem „Gehweg" zwischen den Baumwipfeln, kann Blumen, Vögel und Früchte betrachten und den Blick von dem 37 m hohen Turm genießen (100 Stufen!). Für den 2,5 km langen Rundweg (barrierefrei) sollte man mindestens eine Stunde einplanen.

Der Palmerston Hwy führt weiter gen Westen nach Millaa Millaa, vorbei am Eingang zum Waterfalls Circuit.

Wooroonooran National Park PARK
Im **Palmerston (Doongan)-Teil** des Nationalparks befindet sich einer ältesten Regenwälder Australiens. Bei der Nationalparkverwaltung **NPRSR** (www.nprsr.qld.gov.au) gibt's ausführliche Infos zu Campingplätzen und Wanderwegen.

Art-déco-Architektur ARCHITEKTUR
(www.artdeco-innisfail.com.au) Nach einem verheerenden Wirbelsturm 1918 wurde die Stadt im Art-déco-Stil der damaligen Zeit wieder aufgebaut. Nach dem Zyklon Larry im Jahre 2006 wurden dann viele dieser schönen Gebäude komplett renoviert. Bei der Touristeninformation gibt's eine kostenlose, umfangreiche Broschüre mit Stadtspaziergängen, in der mehr als zwei Dutzend Sehenswürdigkeiten von Innisfail beschrieben sind.

✯ Feste & Events
Beim Feast of the Senses (Fest der Sinne; www.feastofthesenses.com.au) im März werden unzählige Essensstände aufgebaut, Märkte abgehalten und Führungen auf Farmen angeboten.

🛏 Schlafen & Essen
Die Hostels der Stadt sind in erster Linie auf die Bananenpflücker der umliegenden Plantagen ausgerichtet. Eine Woche im Schlafsaal kostet durchschnittlich etwa 185 AU$. Das Backpackers Shack (07-4061 7760; www.backpackersshack.com; 7 Ernest St; P❉@) und die Codge Lodge (07-4061 8055; www.codgelodge.com; 63 Rankin St; B 30 AU$; ❉@🛏) sind ganz gute Unterkünfte. Die vollständige Liste ist beim Visitor Centre erhältlich.

Beim **Innisfail Fish Depot** (51 Fitzgerald Esplanade; Mo–Fr 8–18, Sa 9–16 Uhr, So 10–16 Uhr) bekommt man den frischesten Fisch zum Grillen und Tüten voller gekochter Garnelen aus nachhaltiger Fischerei (18–20 AU$/kg).

Flying Fish Tourist Park WOHNWAGENPARK $
(07-4061 3131; www.ffpvanpark.com.au; 39 Elizabeth St, Flying Fish Point; Stellplatz ohne/mit Strom 28/33 AU$, Hütte 60–95 AU$, Bungalow 105–115 AU$; ❉@🛏) Am Strand hinter der Straße, an der der erstklassige Campingplatz liegt, darf man angeln. Oder man leiht sich mithilfe des freundlichen Platzwarts ein Boot.

Barrier Reef Motel MOTEL $$
(07-4061 4988; www.barrierreefmotel.com.au; Bruce Hwy; EZ/DZ 110/120 AU$, Wohneinheit 150–170 AU$; ❉@🛏) Die beste Unterkunft der Stadt ist neben dem Visitor Centre und hat luftige Zimmer mit Fliesenboden und großem Bad. Für Selbstversorger stehen Wohneinheiten mit kleiner Küche zur Verfügung. Ansonsten kann man im Restaurant (Hauptgerichte 28–30,50 AU$; morgens & abends;) essen oder nur etwas in der Bar trinken.

Monsoon Cruising SEAFOOD $
(0427 776 663; 1 Innisfail Wharf; Hauptgerichte 12–17,50 AU$; März–Dez. Mi–Sa 10–17 Uhr;) An Bord des fest vertäuten Restaurantschiffes kommt vom frisch gebackenen Brot bis zu den fangfrischen Riesengarnelen alles aus der Region und/oder dem Bio-Anbau.

Flying Fish Point Cafe CAFÉ $
(9 Elizabeth St, Flying Fish Point; Hauptgerichte 12–21 AU$; 7.30–20 Uhr) Die riesigen Meeresfrüchte-Körbe mit paniertem Fisch, gegrilltem Tintenfisch, Garnelen im Teigmantel, frittierten Jakobsmuscheln und vielem mehr stillen selbst den größten Hunger.

Oliveri's Continental Deli FEINKOST $
(www.oliverisdeli.com.au; 41 Edith St; Sandwiches 8–9 AU$; Mo–Fr 8.30–17.15, Sa 8.30–12.30 Uhr;) In dieser Innisfailer Institution gibt's mehr als 60 Käsesorten aus ganz Europa, Schinken, Salami und superleckere Sandwiches.

Roscoe's ITALIENISCH $$
(07-4061 6888; 3b Ernest St; Hauptgerichte 22–36 AU$, Büfett 18–42 AU$; 11.30–13.30 & 17.30–21.30 Uhr) Das beliebte Lokal ist weithin bekannt für seine Büfetts, zu denen auch hausgemachte Desserts wie Tiramisu gehören.

ℹ Praktische Informationen
Beim **Visitor Centre** (07-4061 2655; www.cassowarycoasttourism.com.au; Ecke Eslick St & Bruce Hwy; Mo–Fr 9–17, Sa & So 10–12.30 Uhr) sind Rabattgutscheine für viele Sehenswürdigkeiten der Gegend erhältlich.

ℹ An- & Weiterreise
Die Busse von **Premier** (13 34 10; www.premierms.com.au) fahren einmal täglich, die von **Greyhound Australia** (1300 473 946; www.greyhound.com.au) mehrmals täglich zwischen Innisfail und Townsville (4½ Std.) bzw. Cairns (1½ Std.).

Innisfail liegt auch an der **Queensland Rail** (1800 872 467; www.traveltrain.com.au), deren Züge Brisbane mit Cairns verbinden. Ausführliche Infos gibt's im Internet oder per Telefon.

Cairns & Daintree Rainforest

Inhalt ➡

Cairns.......................... 478
Strände nördlich von Cairns..........................490
Die Inseln vor Cairns.. 492
Atherton Tableland 493
Port Douglas 498
Mossman 504
Die Region Daintree....511
Cape Tribulation 513
Cooktown....................518
Lizard Island 520

Gut essen

➡ Ochre (S. 486)
➡ Lillypad (S. 485)
➡ Flames of the Forest (S. 503)
➡ Sassi Cucina e Bar (S. 503)
➡ Mocka's Pies (S. 503)

Schön übernachten

➡ Tropic Days (S. 484)
➡ Pink Flamingo (S. 502)
➡ QT Resort (S. 503)
➡ Mungumby Lodge (S. 518)
➡ Cape Trib Exotic Fruit Farm Cabins (S. 516)

Auf nach Cairns & zum Daintree Rainforest!

Cairns ist ein Pflichtziel bei jedem Ostküstentrip. Die schwüle Tropenstadt lockt viele erfahrene Taucher und wasserliebende Erstbesucher mit leichtem Zugang zum Great Barrier Reef. Wer stattdessen lieber feucht-fröhlich feiert, findet hier zahlreiche Bars und Nachtclubs. Das Atherton Tableland ist ein prima Tagesziel mit kühlerem Klima: Nur eine kurze Autofahrt von Cairns entfernt warten dort vulkanische Kraterseen, Wasserfälle und Feinkostproduzenten.

Die Straße von Cairns nach Port Douglas punktet mit spektakulärem Küstenblick. Das echte Abenteuer beginnt aber nördlich des Daintree River: Im Daintree National Park an der Küste reicht der Regenwald direkt an weiße Sandstrände heran – angesichts der tollen Landschaft aber bitte nicht vergessen, auf Krokodile zu achten! Der weiter nördlich gelegene Bloomfield Track von Cape Tribulation nach Cooktown zählt zu Australiens berühmtesten Geländewagen-Routen.

Reisezeit

Cairns

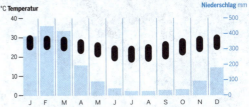

Mai Port Douglas kommt beim Karneval kräftig in Schwung.

Juni Mittelpunkt des Cooktown Discovery Festival ist die originalgetreu nachgestellte Landung Cooks.

Nov. Die jährliche Korallenblüte des Riffs ist ein Traum für Taucher.

CAIRNS

165 860 EW.

Seit seinen turbulenten Anfangstagen als sumpfiger Hafen für die Goldfelder hat sich Cairns sehr stark verändert: Heute ächzt es unter der Last unzähliger Resorts, Touranbieter und Souvenirshops. Auch die überall beworbene Nähe zum Riff zeigt, dass die Stadt ungeniert auf Touristen abzielt. In den zahllosen Hostels und Hotels geben sich die Gäste die Klinke in die Hand: Viele Besucher beenden einen langen Ostküstentrip in Cairns. Andere landen dagegen auf dem internationalen Flughafen und starten von hier aus ins Abenteuer. Doch unabhängig von der eigenen Reiserichtung ist dies der perfekte Ort, um andere Traveller zu treffen.

Alteingesessene sind der Meinung, Cairns (Aussprache „Cans") habe seine Seele verkauft. Nichtsdestotrotz ist die lokale Urlaubsstimmung höchst ansteckend. Im Zentrum sieht man mehr Surfer-Shorts als Aktentaschen. Und so treten jegliche Hektik und Zeitplanung hier schnell in den Hintergrund – unterstützt durch das feuchtheiße Klima und eine herzliche Gastfreundlichkeit, die kurze Spaziergänge mitunter spontan zu Gemeinschaftsevents macht. Passenderweise strotzt Cairns vor Bars, Nachtclubs, Restaurants und Cafés für jeden Geldbeutel. Für den fehlenden Stadtstrand entschädigt die herrliche Esplanade Lagoon mehr als genug. Alternativ liegen die nördlichen Strände nur eine kurze Regionalbus- oder Autofahrt entfernt.

◉ Sehenswertes

★ Cairns Esplanade & Lagoon UFERBEREICH
(www.cairnsesplanade.com.au; ⊙ Lagune Do–Di 6–22, Mi 12–22 Uhr) GRATIS Sonnenanbeter pilgern zur flachen, aber spektakulären Salzwasser-Badelagune des aufgeschütteten Uferbereichs. Die künstlich angelegte Wasserfläche (4800 m²) wird von Rettungsschwimmern überwacht und nachts beleuchtet.

Nordwestlich der Lagune verläuft die fast 3 km lange Uferpromenade, deren Holzplanken von Gratis-Grillmöglichkeiten, Picknick- und Spielplätzen gesäumt werden.

Von Märkten, Livekonzerten und Festivals bis zu kostenlosen Fitnesskursen ist an der Esplanade zudem immer etwas geboten (aktuelle Veranstaltungsinfos s. Website).

Flecker Botanic Gardens GARTEN
(www.cairns.qld.gov.au; Collins Ave; ⊙ Garten Mo–Fr 7.30–17.30, Sa & So 8.30–17.30 Uhr, Infozentrum Mo–Fr 9–16.30, Sa & So 10–14.30 Uhr; 📖 131) GRATIS Der wunderschöne Tropengarten wartet mit üppigem Grün und vielen Regenwaldpflanzen auf. Beim neuen, gut „getarnten" Infozentrum (es ist komplett verspiegelt!) kann man nach Gratisführungen fragen oder sich Broschüren für Erkundungen auf eigene Faust holen. Vor Ort gibt's obendrein ein hervorragendes Café.

Der gegenüberliegende **Rainforest Boardwalk** führt zum **Saltwater Creek** und zu den **Centenary Lakes**, einem Paradies für Vogelbeobachter. Im **Mt. Whitfield Conservation Park** oberhalb des Gartens erstrecken sich der **Red Arrow Circuit** (1,5 km, 1 Std.) und der anspruchsvollere **Blue Arrow Circuit** (6,6 km, 4–5 Std.). Entlang dieser beiden Regenwaldpfade kann man Joggern hinauf zu Aussichtspunkten mit Stadtblick folgen.

Tanks Arts Centre GALERIE, THEATER
(www.tanksartscentre.com; 46 Collins Ave; ⊙ Galerie Mo–Fr 10–16 Uhr) Drei riesige Treibstofftanks aus dem Zweiten Weltkrieg wurden zu Ateliers und Galerien umgebaut, in denen Arbeiten einheimischer Künstler gezeigt und interessante Vorführungen der darstellenden Künste geboten werden. Zudem findet einmal im Monat ein lebhafter **Markt** statt.

Cairns Regional Gallery GALERIE
(www.cairnsregionalgallery.com.au; Ecke Abbott St & Shields St; Erw./Kind unter 16 Jahren 5 AU$/frei; ⊙ Mo–Fr 9–17, Sa 10–17, So 10–14 Uhr) Diese angesehene Galerie befindet sich in einem historischen Gebäude mit Säulengängen (erb. 1936). Im Mittelpunkt stehen einheimische und indigene Werke – ergänzt durch tolle Wanderausstellungen.

Tjapukai Cultural Park KULTURZENTRUM
(📞 07-4042 9999; www.tjapukai.com.au; Kamerunga Rd; Erw./Kind 40/25 AU$, Tjapukai bei Nacht Erw./Kind 109/59 AU$; ⊙ 9–17 Uhr, Tjapukai bei Nacht 19–21.30 Uhr) Für diesen kulturellen Leckerbissen in indigenem Besitz sollte man mindestens drei Stunden einplanen. Zum Zentrum gehört u. a. das Creation Theatre, das die Schöpfungsgeschichte mithilfe von Schauspielern und riesigen Hologrammen erzählt. Hinzu kommen das Dance Theatre, eine Galerie, Vorführungen (Bumerang- oder Speerwerfen) und Schildkrötenbeobachtungen per Kanu. Höhepunkt der abendlichen Dinner-Show **Tjapukai bei Nacht** (Tjapukai by Night) ist ein *corroboree* im Feuerschein.

Der Park liegt nahe dem Skyrail-Terminal ca. 15 km nördlich vom Stadtzentrum gleich abseits des Captain Cook Hwy. Gegen Aufpreis werden Shuttles angeboten.

Mangrove Boardwalk
NATURLEHRPFAD
(Airport Avenue) GRATIS Kurz vor dem Cairns Airport offenbart diese lehrreiche Feuchtgebietswanderung die sumpfige Seite der Stadt: Gruseliges Klicken, Knacken und Platschen bildet den passenden Soundtrack zur gespenstischen Umgebung. Die ist mit Infotafeln zu den skurrilen Lebewesen versehen, die im Schlamm unterhalb von einem herumwuseln. Insektenspray nicht vergessen!

Crystal Cascades & Lake Morris
WASSERFALL, SEE
Wunderschöne Wasserfälle und krokodilfreie Naturpools bilden die Crystal Cascades rund 14 km außerhalb von Cairns. Hin geht's über einen 1,2 km langen Fußweg (30 Min.). Nahe dem Picknickbereich beginnt ein *steiler* **Regenwaldpfad** (hin & zurück mind. 3 Std.), der die Crystal Cascades mit dem Lake Morris (städtischer Trinkwasserspeicher) verbindet.

Reef Teach
NATURLEHRZENTRUM
(07-4031 7794; www.reefteach.com.au; 2. Stock, Main Street Arcade, 85 Lake St; Erw./Kind 18/9 AU$; ⊙Vorträge Di–Sa 18.30–20.30 Uhr) Vor dem Start zum Riff ist es sinnvoll, sein Wissen in diesem hervorragenden und informativen Zentrum zu vertiefen. Meeresexperten erklären hier, wie man bestimmte Korallen- oder Fischarten bestimmt und sich am Riff respektvoll verhält.

Centre of Contemporary Arts
GALERIE, THEATER
(CoCA; www.centre-of-contemporary-arts-cairns.com.au; 96 Abbott St; ⊙Mo–Sa 10–17 Uhr) GRATIS Das CoCA beherbergt neben dem **JUTE Theatre** (www.jute.com.au; CoCA, 96 Abbott St) und dem **End Credits Film Club** (www.endcredits.org.au) auch die zeitgenössische Galerie **KickArts** (www.kickarts.org.au) mit bildender Kunst aus der Region. Der wunderbare Geschenkladen verkauft viele einheimische Kunstwerke und Schmuckstücke.

🏃 Aktivitäten

Zahllose Tourveranstalter bieten Abenteuer-Aktivitäten ab Cairns an (zumeist mit Shuttles vom und zum Hotel).

★ NQ Watersports
WASSERSPORT
(0411 739 069; www.nqwatersports.com.au; B-finger, Pier Marina; Krokodiltouren per Jetski mit

> **ⓘ VORSICHT: QUALLEN & KROKODILE**
>
> Etwa von Ende Oktober bis Mai ist das Schwimmen an dieser Küste nicht zu empfehlen: Dann machen gefährliche Nesseltiere wie Würfel- oder Irukandji-Quallen das Wasser unsicher. Badewillige sollten sich grundsätzlich an bewachte Strände mit Quallennetzen (stinger nets) halten!
>
> Zwischen Mangroven, in Flussmündungen und in Freiwasserzonen lauern zudem Leisten- bzw. Salzwasserkrokodile. Wo das potenziell der Fall ist, stehen entsprechende Warnschilder. Diese sind unbedingt zu beachten und keinesfalls nur abgefahrene Fotomotive: Krokodile sind viel schneller und schlauer, als man eventuell denkt!

Ein-/Zweisitzer 190/260 AU$) Eine Weltpremiere: Krokodilbeobachtungen per Jetski! Teilnehmer flitzen das Trinity Inlet hinunter, um aus nächster Nähe einen Blick auf Leistenkrokodile zu werfen. Währenddessen ziehen brütende Adler hoch droben auf spektakuläre Weise ihre Kreise. Die Firma hat auch Parasailing (90 AU$), krokofreie Jetskitrips (90 AU$) und Tubing (35 AU$) im Programm.

A. J. Hackett Bungee & Minjin
BUNGEEJUMPING
(1800 622 888; www.ajhackett.com; McGregor Rd; Bungeejumping/Minjin-Schaukel 169/89 AU$, Bungeejumping & Minjin-Schaukel 225 AU$; ⊙10–17 Uhr) Bungeejumping von einem eigens dafür gebauten Turm plus Minjin-Schaukeln an Gurten zwischen den Bäumen.

Fishing Cairns
ANGELN
(0448 563 586; www.fishingcairns.com.au) Fluss-, Riff- und Großfischangeln.

Cable Ski
WASSERSPORT
(07-4038 1304; www.cableskicairns.com.au; Captain Cook Hwy; Erw./Kind pro Std. 39/34 AU$, pro Tag 69/64 AU$; ⊙10–18 Uhr) In dem Wassersportpark nahe der Skyrail lernt man Wasserskilaufen, Wake- und Kneeboarden bootsfrei an Zugseilen.

👉 Geführte Touren

Überwältigend: In Cairns starten täglich mehr als 600 Touren per Auto, Bus, Boot oder Flugzeug. Gebucht werden kann bei jeder der zahllosen Agenturen an den hiesigen

Cairns

Straßen. Die folgenden Beispiele stellen nur einen kleinen Ausschnitt aus dem riesigen Angebot dar.

Great Barrier Reef

Rifftouren beinhalten zumeist Shuttles, Mittagessen und Schnorchelausrüstung. Oft bestehen auch Möglichkeiten zum Tauchen (inkl. Schnuppertauchgänge, die keinerlei Erfahrung erfordern). Empfohlene Kriterien für die Tourwahl sind der Bootstyp (Katamaran oder Segler), die Zahl der Plätze an Bord (6–300 Pers.), die angesteuerten Ziele und die enthaltenen Extras. Weiter draußen gelegene Riffbereiche sind noch weitgehend intakt, während die Innenzonen teilweise bereits ziemliche Schäden aufweisen – verursacht von Menschen, Dornenkronenseesternen und der Korallenbleiche. Meist bekommt man das, was man bezahlt. Manche Veranstalter bieten auch teurere Trips mit Glasboden- und Halbtauchbooten an.

Die meisten Boote starten um ca. 8 Uhr an der Pier Marina bzw. dem Reef Fleet Terminal (Rückfahrt etwa 18 Uhr). Einige Anbieter haben auch mehrtägige Ausflüge mit Bordübernachtungen (Live-aboard) und speziellen Tauchoptionen (z. B. Nachttauchen) im Programm. Tauchschulen bieten ebenfalls geführte Touren.

Das Cod Hole nahe Lizard Island gehört zu Australiens besten Tauchspots. Längere Touren dorthin zielen vor allem auf leidenschaftliche zertifizierte Taucher ab.

Coral Princess BOOTSFAHRT
(1800 079 545, 07-4040 9999; www.coralprincess.com.au) Rundfahrten zwischen Cairns, Pelorus Island und Lizard Island (3–7 Übernachtungen an Bord, 1347 AU$/Pers. in Zweibett-Kabine).

Reef Daytripper SEGELN
(07-4036 0566; www.reefdaytripper.com.au; Erw./Kind/Fam. 139/100/425 AU$) Individuell gestaltete Katamarantouren, mit denen Kleingruppen zum Upolu Reef am äußeren Great Barrier Reef gelangen.

Passions of Paradise TAUCHEN, SCHNORCHELN
(1800 111 346, 07-4041 1600; www.passions.com.au; Erw./Kind 139/89 AU$) Schicker Katamaran, der zum Tauchen oder Schnorcheln zum Michaelmas Cay und zum Paradise Reef hinausfährt.

Great Adventures BOOTSFAHRT
(07-4044 9944; www.greatadventures.com.au; 1 Spence St, Reef Fleet Terminal; Erw./Kind ab

Cairns

◎ Highlights
1 Cairns Esplanade & Lagoon F4

◎ Sehenswertes
2 Cairns Regional Gallery.......................G1
3 Centre of Contemporary Arts E4
4 Reef Teach F2

✪ Aktivitäten, Kurse & Touren
5 Cairns Dive Centre..............................G1
6 Cairns Seaplanes G6
7 Deep Sea Divers Den C5
8 Great Adventures G5
9 Great Barrier Reef Helicopters G4
10 NQ Watersports G5
11 Passions of Paradise G5
12 Pro-Dive F2
Raging Thunder........................(siehe 11)
13 Skydive the Reef Cairns E2

🛏 Schlafen
14 Acacia Court D2
15 Cairns Central YHA..............................E3
16 Cairns Girls Hostel...............................E4
17 Cairns Sharehouse D6
18 Dreamtime Travellers Rest E6
19 Floriana Guesthouse D2
20 Gilligan's F2
21 Hotel Cairns E4
22 Njoy Travellers Resort.........................D4
23 Northern Greenhouse E2
24 Reef Palms C2
25 Shangri-La G5

✕ Essen
26 Caffiend..F2

Cairns Central Shopping
Centre ....(siehe 48)
Charlie's..................................(siehe 14)
27 Corea Corea G2
28 Fetta's Greek Taverna F2
29 Fusion Organics...................................E1
30 Green Ant Cantina...............................E6
31 Lillypad...F2
32 Marinades...G2
33 Meldrum's Pies in Paradise.................F2
34 Night Markets F5
35 Ochre..E2
Perrotta's at the Gallery ....(siehe 2)
36 Rusty's Markets F3
37 Voodooz Cajun Kitchen G2

◎ Ausgehen & Nachtleben
38 Court House Hotel...............................G1
39 Flying Monkey Cafe.............................D4
40 Grand Hotel E3
41 Pier Bar & Grill G4
42 PJ O'Briens F1
43 Salt House G4
44 The Jack...F3
45 Woolshed Chargrill & Saloon..............F1

◎ Unterhaltung
46 12 Bar Blue E2
JUTE Theatre .... (siehe 3)
47 The Reef Hotel Casino G5

🛍 Shoppen
48 Cairns Central Shopping
Centre E6
Night Markets ....(siehe 34)
49 Woolworths G1

84/42 AU$) Die Halb- oder Ganztagstouren mit schnellen Katamaranen führen nach Green Island und hinaus zum äußeren Great Barrier Reef. Außerdem werden hier auch noch zusätzliches Tauchen und Touren mit Glasboden- oder Halbtauchbooten angeboten.

Silverswift   TAUCHEN, SCHNORCHELN
(☎07-4044 9944; www.silverseries.com.au; Erw./Kind ab 196/146 AU$) Beliebte Katamaranfahrten mit Tauchen und Schnorcheln an drei Außenriffen.

Sunlover   TAUCHEN, SCHNORCHELN
(☎07-4050 1333; www.sunlover.com.au; Erw./Kind/Fam. 190/80/460 AU$) Die familienfreundlichen Touren mit schnellen Katamaranen nehmen Kurs auf einen Schnorchel-Ponton am äußeren Moore Reef. Außerdem bietet Sunlover auch noch Helmtauchen und Fahrten mit Halbtauchbooten an.

Rundflüge

Great Barrier Reef Helicopters   PANORAMAFLUG
(☎07-4081 8888; www.gbrhelicopters.com.au; Flüge ab 159–599 AU$) Die riesige Auswahl an Hubschrauberflügen umfasst neben Trips über das Stadtgebiet von Cairns (159 AU$, 10 Min.) u.a. auch Touren ab Green Island (239 AU$, 15 Min) oder Abstecher zu Riffen und Regenwäldern (ab Cairns; 599 AU$, 1 Std.).

Cairns Seaplanes   PANORAMAFLUG
(☎07-4031 4307; www.cairnsseaplanes.com; 2/3 Abbott St; 30-minütige Flüge ab 269 AU$) Panoramaflüge zum Riff (u.a. nach Green Island).

Rafting
Der Adrenalinkick beim Rafting auf dem Barron, Russell oder North Johnstone River hängt von der jeweiligen Jahreszeit ab: je feuchter das Wetter, desto wilder das Wasser. Die Stromschnellen des Tully River schäumen ganzjährig.

Die verschiedenen Schwierigkeitsgrade der Touren reichen vom gemütlichen Dahingleiten (Grad 1) bis hin zum abenteuerlichen Höllenritt (Grad 5).

Foaming Fury RAFTING
(07-4031 3460, 1800 801 540; www.foamingfury.com.au) Ganztagstouren auf dem Russell River (200 AU$) und halbtägige Fahrten auf dem Barron River (124 AU$); auch Familien-Rafting ist im Angebot.

Raging Thunder RAFTING
(07-4030 7990; www.ragingthunder.com.au; Erw./Kind ab 74/47 AU$) Ganztägige Tully-Touren (Standard/Xtreme 199/229 AU$) plus Halbtagsfahrten auf dem Barron (133 AU$).

Ballonfahren & Fallschirmspringen

Hot Air Cairns BALLONFAHREN
(07-4039 9900; www.hotair.com.au/cairns; 30-minütige Fahrten ab 235 AU$) Die Ballons starten in Mareeba, um die Morgendämmerung über den Atherton Tablelands einzufangen. Der Preis beinhaltet jeweils die Shuttles ab und nach Cairns.

Skydive the Reef Cairns FALLSCHIRMSPRINGEN
(1800 800 840; www.skydivethereefcairns.com.au; 51 Sheridan St; Tandemsprünge aus ca. 4300 m Höhe 334 AU$) Kunden genießen eine ganz neue Perspektive auf das Riff.

Stadttouren

Cairns Discovery Tours GEFÜHRTE TOUR
(07-4028 3567; www.cairnsdiscoverytours.com; Erw./Kind 69/35 AU$; Mo-Sa) Die Halbtagstouren (Start am Nachmittag) unter der Leitung von Gartenbau-Experten besuchen den botanischen Garten und die Palm Cove. Shuttles zu den nördlichen Stränden kosten 5 AU$ extra.

Atherton Tableland

Food Trail Tours KULINARISCHE TOUR
(07-4041 1522; www.foodtrailtours.com.au; Erw./Kind ab 159/80 AU$; Mo-Sa) Die Feinschmeckertour führt zu den Farmen des Hochplateaus, an denen Macadamianüsse, Weine aus tropischen Früchten, Käse, Schokolade und Kaffee erzeugt werden.

On the Wallaby NATUR
(07-4033 6575; www.onthewallaby.com; Tagestour/2-tägige Tour 99/169 AU$) Sehr gute Aktivtouren zu Fuß, mit dem Rad oder dem Kanu.

Uncle Brian's Tours NATUR
(07-4033 6575; www.unclebrian.com.au; Exkursion 119 AU$; Mo-Mi, Fr & Sa) Bei den eintägigen, sehr interessanten Exkursionen werden kleine Gruppen in den Regenwald, zu Wasserfällen und Seen geführt.

Captain Matty's Barefoot Tours NATUR
(07-4055 9082; www.barefoottours.com.au; Touren 85 AU$) Die Ganztagstouren durch die Ta-

---

TAUCHKURSE

Als Sporttaucher-Mekka des Great Barrier Reef ist Cairns auch ein beliebter Ort, um den Open-Water-Tauchschein der Professional Association of Diving Instructors (PADI) zu erlangen. Die verwirrend große Auswahl beginnt mit günstigen Viertageskursen, die Pooltraining mit Rifftauchen kombinieren. Am anderen Ende der Skala stehen fünftägige Optionen, bei denen man zwei Theorietage am Pool absolviert und anschließend dreimal auf einem Boot übernachtet, das weniger stark besuchte Riffbereiche ansteuert.

Die Veranstalter haben oft mehrsprachiges Personal und verlangen stets eine ärztliche Bescheinigung der Tauchtauglichkeit, die sie bei Bedarf selbst organisieren (ca. 60 AU$). Standardmäßig wird zudem eine Riffsteuer (40–80 AU$) fällig. Häufig werden auch Fortgeschrittenenkurse für bereits zertifizierte Taucher angeboten. Beispiele für örtliche Tauchschulen:

Cairns Dive Centre (07-4051 0294; www.cairnsdive.com.au; 121 Abbott St) Erfahrener Anbieter, der sich eher an Scuba Schools International (SSI) als an PADI orientiert. Bietet Tagestouren (180 AU$) und Kurse mit Bordübernachtung (4/5 Tage 640/780 AU$).

Deep Sea Divers Den (07-4046 7333; www.diversden.com.au; 319 Draper St) Alteingesessene Tauchschule mit mehrtägigen Kursen (inkl. Bordübernachtung) und diversen Touren ab 445 AU$.

Pro-Dive (07-4031 5255; www.prodivecairns.com; Ecke Grafton & Shields St) Einer der erfahrensten örtlichen Tauchveranstalter; hat u. a. umfassende Fünftageskurse mit drei Bordübernachtungen (825 AU$) im Programm.

blelands legen Badepausen an Wasserfällen und einer natürlichen Wasserrutsche ein.

Cape Tribulation & the Daintree

Nach dem Great Barrier Reef, ist Cape Trib das zweitbeliebteste Tagesziel in der Region. Die Touren beinhalten normalerweise eine Bootsfahrt auf dem Daintree River. Hin geht's über eine befestigte und gut ausgeschilderte Straße. Daher lohnt sich ein Leihfahrzeug unbedingt – vor allem, wenn man sich Zeit lassen will.

Billy Tea Bush Safaris ÖKOTOUR
(07-4032 0077; www.billytea.com.au; Tagestouren Erw./Kind 185/135 AU$) Spannende eintägige Ökotouren zum Cape Trib.

Tropics Explorer NATUR
(1800 801 540, 07-4031 3460; www.tropicsexplorer.com.au; Tagestouren ab 99 AU$) Spaßige Ausflüge zum Cape Trib (optional mit Übernachtung).

Cape Trib Connections NATUR
(07-4032 0500; www.capetribconnections.com; Tagestouren Erw./Kind 119/99 AU$) Besucht u. a. die Mossman Gorge, den Daintree River, den Cape Tribulation Beach und Port Douglas (optional mit Übernachtung).

Cooktown & Cape York

Adventure North Australia AUTOTOUR
(07-4028 3376; www.adventurenorthaustralia.com; Tagestouren Erw./Kind 250/200 AU$) Die Geländewagentouren nach Cooktown folgen der Küstenroute und führen durchs Inland wieder zurück. Im Angebot sind auch Zwei- bzw. Dreitagestouren, Aborigine-Kulturexkursionen oder Kombinationen aus Fliegen und Fahren.

Feste & Events

Cairns Festival FESTIVAL
(www.festivalcairns.com.au; Aug.–Sept.) Das Cairns Festival beschert der ganzen Stadt ein vollgepacktes Programm mit Musik, Familienveranstaltungen und darstellender oder bildender Kunst.

Schlafen

Als Backpacker-Hotspot hat Cairns rund 40 Hostels, deren Spektrum von anheimelnden, umgebauten Wohnhäusern bis hin zu Resorts im Hangar-Format reicht. Dutzende von praktisch identischen Mittelklasse-Motels säumen die Sheridan St.

Für Familien und Reisegruppen empfehlen sich die **Cairns Holiday Homes** (www.cairnsholidayhomes.com.au). Wer als Hilfsarbeiter oder Backpacker länger vor Ort bleiben will, wendet sich am besten an das **Cairns Sharehouse** (07-4041 1875; www.cairns-sharehouse.com; 17 Scott St; EZ pro Woche ab 155 AU$, DZ pro Woche ab 120 AU$/Pers.), das fast 200 Langzeitzimmer in der ganzen Stadt vermietet. Das **Accommodation Centre** (1800 807 730, 07-4051 4066; www.accomcentre.com.au) informiert über viele verschiedene Übernachtungsmöglichkeiten.

Die meisten Tourveranstalter bieten auch Shuttles zu und ab Unterkünften an den nördlichen Stränden.

★**Tropic Days** HOSTEL $
(1800 421 521, 07-4041 1521; www.tropicdays.com.au; 26–38 Bunting St; Stellplatz/Zelt 12/16 AU$, B 26–27 AU$, DZ ohne Bad 64–74 AU$;) Das beste örtliche Hostel versteckt sich hinter den Showgrounds und schickt von dort aus einen Gratisbus in die Stadt. Es punktet mit relaxter Atmosphäre, Poolbillard, Hängematten im Tropengarten und Schlafsälen ohne Stockbetten. Nicht-Übernachtungsgäste können für das BBQ mit Krokodil, Emu und Känguru reservieren (Mo abends; 12 AU$ inkl. Didgeridoo-Show).

Gilligan's HOSTEL $
(07-4041 6566; www.gilligansbackpackers.com.au; 57–89 Grafton St; B 25–37 AU$, DZ 130 AU$;) Das „G-Spot" ist ein teures, unpersönliches und sehr lärmiges Flashpacker-Resort. Die Zimmer haben jedoch allesamt eigene Bäder und zumeist auch Balkone. In den teureren Varianten gibt's Kühlschränke und TVs. Geboten werden zudem mehrere Bars, allabendliche Unterhaltung, ein Schönheitssalon und ein Fitnessraum (um das ganze Bier wieder rauszuschwitzen).

Cairns Girls Hostel HOSTEL $
(07-4051 2016; www.cairnsgirlshostel.com.au; 147 Lake St; B/2BZ 20/48 AU$;) Das blitzsaubere Hostel gehört zu den angenehmsten Budget-Bleiben in Cairns. Jungs haben jedoch Pech: Hier dürfen nur Damen übernachten.

Njoy Travellers Resort HOSTEL $
(07-40311 1088; www.njoy.net.au; 141 Sheridan St; B/EZ/DZ ab 19/40/56 AU$;) Dieses spaßige, lässige Hostel überzeugt mit einem Lagunenpool und lizenziertem Alkoholausschank in den Gemeinschaftsbereichen. Hinzu kommen Gratis-Busshuttles zum Jachthafen (jeden Morgen) und kostenlose Coupons fürs Abendessen.

Cairns Central YHA HOSTEL $
(07-4051 0772; www.yha.com.au; 20–26 McLeod St; B 25–30 AU$, EZ/DZ/FZ 40/80/11/ AU$; ✱@☆) Das helle, tadellos saubere YHA-Hostel punktet mit Profi-Personal und Gratispfannkuchen zum Frühstück.

Dreamtime Travellers Rest HOSTEL $
(07-4031 6753, 1800 058 440; www.dreamtimehostel.com; Ecke Bunda St & Terminus St; B 24–26 AU$, EZ/DZ ab 55/60 AU$; @☆✱) Das alte Queenslander-Haus am Stadtrand paart freundliches Personal mit gemütlichen Zimmern. Günstige Pizza, Feuerjonglieren und Grillabende machen den Aufenthalt umso angenehmer.

Lake Placid Tourist Park WOHNWAGENPARK $
(07-4039 2509; www.lakeplacidtouristpark.com; Lake Placid Rd; Stellplatz mit Strom 31 AU$, Hütte ab 50 AU$, Hütte mit eigenem Bad ab 110 AU$; P✱☆✱) Der Park am passend benannten Lake Placid liegt zwar in angenehmer Nähe zu den städtischen Attraktionen (15 Automin. ab dem CBD), aber für echtes Regenwald-Relaxen noch weit genug davon entfernt. Gäste gelangen leicht zur Skyrail, zur Kuranda Scenic Railway und zu den nördlichen Stränden.

Floriana Guesthouse PENSION $
(07-4051 7886; www.florianaguesthouse.com; 183 The Esplanade; EZ/DZ/Wohnstudio 69/79/130 AU$; ✱@☆✱) Mit ihrer Originaleinrichtung (polierte Bodendielen, Art-déco-Elemente) versprüht die zauberhafte Pension bis heute den Vibe des guten alten Cairns. Eine Wendeltreppe führt hier hinauf zu zehn individuell gestalteten Zimmern mit eigenen Bädern.

Northern Greenhouse HOSTEL $$
(07-4047 7200; www.northerngreenhouse.com.au; 117 Grafton St; B/2BZ/Apt. 28/95/140 AU$; P✱@☆✱) Mit Schlafsälen und entspannter Atmosphäre würde das freundliche Hostel eigentlich in den Budget-Bereich fallen. Dank schicker, wohnstudio-mäßiger Apartments mit Küchen und Balkonen rangiert es jedoch etwas darüber. Die zentrale Terrasse, der Pool und das Spielezimmer sind super, um Kontakte mit anderen Gästen zu knüpfen. Gratisfrühstück und Sonntags-BBQ.

Reef Palms APARTMENTS $$
(1800 815 421; www.reefpalms.com.au; 41-7 Digger St; Apt. 120–180 AU$; ✱@☆✱) Die strahlend weißen Apartments funkeln und blitzen so sehr, dass man auch drinnen fast die Sonnenbrille aufsetzen muss. Alle Zimmer haben eine Kochgelegenheit, die größeren sogar einen Wohnbereich und ein Wellnessbad. Bestens geeignet für Paare und Familien!

Acacia Court HOTEL $$
(07-4051 1501; www.acaciacourt.com; 223–227 The Esplanade; DZ 120–170 AU$; P✱☆✱) Ein Promenadenspaziergang von der Stadt aus führt zu diesem Hochhaus am Wasser. Stranddekor und Quartiere mit Berg- oder Meerblick geben dem Hotel ein prima Preis-Leistungs-Verhältnis. Die meisten Zimmer haben eigene Balkone; im Untergeschoss befindet sich das berühmte Buffet-Restaurant Charlie's.

Shangri-La HOTEL $$$
(07-4051 1411; www.shangri-la.com/cairns; Pierpoint Rd; Zi. ab 270 AU$; P✱@☆✱) Das beste Hotel der Stadt punktet mit unschlagbarer Lage am Jachthafen. Das hoch aufragende, ultra-elegante Fünfsternehaus lässt in puncto Aussicht, Service und Einrichtungen (u. a. Fitnessraum, Poolbar) nichts zu wünschen übrig. Über die Website lassen sich Nachsaisonsrabatte ergattern.

Hotel Cairns HOTEL $$$
(07-4051 6188; www.thehotelcairns.com; Ecke Abbott St & Florence St; DZ 195–265 AU$; ✱☆✱) Das weitläufige, fahlweiße Hotel im traditionellen Queenslander „Plantagenstil" versprüht echten Tropencharme. In den Quartieren regiert schlicht-subtile Eleganz. Die riesigen Zimmer und Suiten im „Turm" offerieren luxuriöse Extras wie Privatbalkone. Die Website informiert über Sonderangebote.

✕ Essen

Cairns bietet etwas für jeden Geschmack: Örtliche Kneipen servieren überraschend gutes und günstiges Essen. Die Esplanade wird von einer überwältigenden Auswahl an Lokalen gesäumt, während internationale Restaurants an der Promenade des Pier Marketplace warten. Wer ziellos den städtischen Straßen (vor allem der Grafton St) folgt, wird von indischer und bayerischer Küche bis hin zur Trendkost alles Mögliche entdecken. In der Mittwochsausgabe der *Cairns Post* finden sich Restaurantcoupons und Sonderangebote.

Lillypad CAFÉ $
(07-4051 9565; 72 Grafton St; Gerichte 10–14 AU$; ⏱7–15 Uhr; ✎) Ob Crêpes, Wraps

oder zahlreiche vegetarische Optionen: Das Angebot ist üppig und das Preis-Leistungs-Verhältnis ist eines der besten vor Ort. Da der leicht hippiemäßige Laden immer gut besucht ist, muss man eventuell etwas warten. Unbedingt einen der frisch gepressten Säfte bestellen!

Caffiend   CAFÉ $

(78 Grafton St; Gerichte ab 12 AU$; Di–Sa 7.30–15, So 8–14 Uhr;) Wer den Durchgang voller Graffitis durchschreitet, wähnt sich sofort in Melbourne. Hervorragender Kaffee, Ganztagsfrühstück, leckeres Mittagessen, jede Menge Kunst und gelegentliche Livekonzerte – Minuspunkte sucht man hier vergeblich.

Corea Corea   KOREANISCH $

(im Obergeschoss, Orchid Plaza, 58 Lake St; Gerichte ab 9,50 AU$; 10–21 Uhr) Die Orchid Plaza verbreitet die Atmosphäre eines leeren Einkaufszentrums – einfach ignorieren und das pikante Gebrutzelte dieses äußerst beliebten Koreaners vertilgen.

Voodooz Cajun Kitchen   CAJUN-KÜCHE $

(07-4051 3493; 5/12 Spence St; Gerichte ab 9,50 AU$; 12–24 Uhr, Di geschl.) Ein Stück US-Südstaaten im australischen Norden: Das Voodooz verhext seine Gäste mit Magenfüllern wie Po-Boy-Sandwiches, Seafood-Gumbo oder Jambalaya im kreolischen Stil. Livemusik und Cocktails wie der Hurricane tragen zum New-Orleans-Gefühl bei.

Fusion Organics   CAFÉ $

(www.fusionorganics.com.au; Ecke Aplin St & Grafton St; Gerichte 4–19,50 US$; Mo–Fr 7–15, Sa 7–14 Uhr;) Im Innenhof einer früheren Rettungswache aus rotem Backstein (erb. 1921) tischen indische Küchenchefs hier allergikerfreundliche Bio-Küche auf (z.B. Quiches, Frittata, gefülltes Brot oder „entgiftende" Säfte).

Meldrum's Pies in Paradise   BÄCKEREI $

(97 Grafton St; Pies 4,70–5,90 AU$; Mo–Fr 7–17, Sa 7–14.30 Uhr;) Diese örtliche Institution serviert die schlichte australische Pie in 40 einfallsreichen Varianten. Die Auswahl reicht dabei von Hühnchen, Avocado und Kürbis-Gnocchi bis hin zu Thunfisch mit Mornay-Sauce.

Night Markets   FOOD-COURT $

(The Esplanade; Gerichte 10–15 AU$; tgl. 17–23 Uhr) Zu diesen Nachtmärkten gehört ein günstiger, belebter Food-Court (Gastrobereich) im asiatischen Stil.

Ochre   MODERN-AUSTRALISCH $$

(07-4051 0100; www.ochrerestaurant.com.au; 43 Shields St; Hauptgerichte 23–37 AU$; Mo–Fr 12–15 & 18–22, Sa & So 15–22 Uhr;) Das innovative Lokal bringt uraustralische Fauna (z.B. Krokodil mit einheimischer Paprika, Känguru mit Quandong-Chili-Glasur) und Flora (u.a. Damper-Brot aus Akaziensamen, Panacotta mit Zitrone und Myrte) auf den Tisch. Wer sich nicht entscheiden kann, bestellt einen Probierteller.

Green Ant Cantina   MEXIKANISCH $$

(07-4041 5061; www.greenantcantina.com; 183 Bunda St; Hauptgerichte 15–40 AU$; tgl. 18 Uhr–open end;) Selbstgemachte Quesadillas, Enchiladas und Riesengarnelen im Corona-Bierteig machen dieses alternative Stückchen Mexiko hinter dem Bahnhof besuchenswert. Nach dem Essen am besten noch eine Weile bleiben und die insgesamt sieben verschiedenen Green-Ant-Biere probieren! Sonntags ist Open-Mic-Abend.

Charlie's   SEAFOOD $$

(07-4051 5011; 223–227 The Esplanade; Buffet 23,50 AU$; tgl. 18–22.30 Uhr) Das Charlie's im Acacia Court ist zwar nicht das schickste Restaurant der Stadt, aber für sein allabendliches Seafood-Buffet (All-You-Can-Eat) berühmt. So heißt's den Teller turmhoch mit Garnelen, Austern, Muscheln oder warmen Gerichten beladen und alles schamlos auf der Poolterrasse hinunterschlingen.

Fetta's Greek Taverna   GRIECHISCH $$

(07-4051 6966; www.fettasgreektaverna.com.au; 99 Grafton St; Gerichte 13–25 AU$; Mo–Fr 11.30–15, tgl. 17.30 Uhr–open end) Die weißen Wände und die Fenster mit blauen Akzenten erinnern an Santorin. Hiesige Hauptattraktion ist aber die klassisch griechische Küche. Das Festpreis-Menü (35 AU$) bietet das volle Programm: Dip, Saganaki, Mousaka, Salat, Grillfleisch, Tintenfisch, Baklava UND Kaffee. Zudem darf der Teller zertrümmert werden.

Marinades   INDISCH $$

(07-4041 1422; 43 Spence St; Hauptgerichte 14–30 AU$, Festpreis-Mittagsmenüs 10–12 AU$; Di–So 11–14.30 & 18–22 Uhr;) Die große Auswahl an aromatischen Gerichten (z.B. Garnelen-Curry à la Goa oder marinierter Hummer mit Cashew-Kruste) macht dies zum besten indischen Lokal der Stadt.

Perrotta's at the Gallery   MEDITERRAN $$

(07-4031 5899; 38 Abbott St; Hauptgerichte 14–36 AU$; tgl. 8.30–23 Uhr;) Das schicke

Restaurant neben der Cairns Regional Gallery lockt Gäste mit leckerem Frühstück, prima Kaffee und Einfallsreichem im mediterranen Stil auf seine überdachte Terrasse.

Selbstversorger

Für einheimische Köstlichkeiten (z. B. frisches Obst oder Gemüse) empfehlen sich die hektischen, multikulturellen **Rusty's Markets** (www.rustysmarkets.com.au; 57 Grafton St; Fr & Sa 5–18, So 5–15 Uhr). Weitere Lebensmittel bekommt man im **Cairns Central Shopping Centre** (www.cairnscentral.com.au; McLeod St; Mo–Mi, Fr & Sa 9–17.30, Do 9–21, So 10–16.30 Uhr).

Ausgehen & Unterhaltung

Cairns gilt als Party-Hauptstadt des Nordens und bietet eine große Auswahl an Ausgeh-Adressen. Viele davon sind Mehrzweckläden, die gleichzeitig mit Essen, Alkohol und einer Form von Unterhaltung aufwarten. Lauschige Abende lassen sich stets irgendwo in einem Biergarten oder auf einer Terrasse genießen.

Über angesagte Optionen und aktuelle Livekonzerte informieren die Website www.entertainmentcairns.com und die Donnerstagsausgabe der *Cairns Post* (Veranstaltungskalender *Time Out*). Für Entscheidungsneurotiker empfiehlt sich die wildverrückte Bustour **Cairns Ultimate Party** (07-4041 0332; www.ultimatepartycairns.com; 35 AU$/Pers.; Di & Sa abends), die fünf angemessen feierwütige Schuppen in insgesamt mehr als sechs Stunden abklappert.

★ **Salt House** BAR
(www.salthouse.com.au; 6/2 Pierpoint Rd; Fr–So 9–2, Mo–Do 12–24 Uhr) Die angesagteste Bar der Stadt liegt direkt neben dem örtlichen Jachtclub. Geboten sind killermäßige Cocktails, gelegentliche Livemusik und DJs an den Plattentellern. Das Restaurant serviert modern-australische Spitzenküche.

Flying Monkey Cafe CAFÉ
(0411 084 176; 154 Sheridan St; Kaffee 3,50 AU$; Mo–Fr 6.30–15.30, Sa 7–12 Uhr) Pflicht für Koffein- und Kulturjunkies: Das Monkey punktet mit hervorragendem Kaffee, ständig wechselnden Kunstausstellungen, kunterbunten Straßenkünstlern und extrem freundlichem Personal.

Court House Hotel KNEIPE
(38 Abbott St; 9 Uhr–open end) Cairns' früherer Gerichtshof (erb. 1921) in strahlendem Weiß beherbergt heute eine beliebte Kneipe mit poliertem Holztresen und vielen Sitzecken im Freien. Das ganze Wochenende über gibt's Livemusik im Biergarten.

Pier Bar & Grill BAR
(www.pierbar.com.au; Pier Marketplace; 11.30 Uhr–open end) Uferlage und günstiges Essen machen das Pier zu einer örtlichen Institution. Die Sonntags-Session ist Pflicht – zumindest wegen der Holzofenpizzas (5 AU$).

Grand Hotel KNEIPE
(www.grandhotelcairns.com; 34 McLeod St; Mo–Do 10–22, Fr & Sa 10–24, So 11–20 Uhr) Die entspannte Kneipe ist großartig, um sich unter Einheimische zu mischen. Ein Besuch lohnt sich schon allein wegen der Möglichkeit zum Bierabstellen: Der 11 m lange Tresen ist ein geschnitztes Krokodil!

The Jack BAR
(07-4051 2490; www.thejack.com.au; Ecke Spence St & Sheridan St; tgl. bis open end) Diese irisch angehauchte Kneipe gehört zu einem Hostel (B ab 19 AU$). Ihre Hauptattraktion ist ein riesiger Biergarten mit Fasstischen, Großbildleinwänden und einer Konzertbühne.

Woolshed Chargrill & Saloon BAR
(www.thewoolshed.com.au; 24 Shields St; tgl. bis open end) Ein ewiger Backpacker-Magnet, in dem junge Traveller, Tauchlehrer und mitunter auch Einheimische kräftig angeheitert auf den Tischen tanzen.

PJ O'Briens IRISH PUB
(Ecke Lake & Shields St; tgl. bis open end) Der Irish Pub mit Gammelteppichen riecht nach abgestandenem Guinness. Nichtsdestotrotz lockt er zahlreiche Gäste mit Party-Abenden, Pole-Dancing und spottbilligem Essen.

The Reef Hotel Casino KASINO, BAR
(www.reefcasino.com.au; 35–41 Wharf St; Fr & Sa 9–5, So–Do 9–3 Uhr) Das örtliche Kasino bietet nicht nur Spieltische und Poker: Hier gibt's auch drei Restaurants, vier Bars (z. B. die Vertigo Cocktail Bar & Lounge) mit kostenloser Livemusik, eintrittspflichtige Shows und eine gewaltige Sportsbar (Gratiskino 2-mal wöchentl.). Auf dem Dach befindet sich ein kleiner Zoo namens „Wildlife Dome" (www.cairnsdome.com.au).

12 Bar Blue JAZZ
(07-4041 7388; 62 Shields St; Mi–So 19 Uhr–open end) Anheimelnde Bar mit Jazz, Blues, Swing, Open-Mic-Abenden für Songwriter (Do) und Jamsessions für Jedermann (So).

DER BAMA WAY

Wer auf dem Bama Way (www.bamaway.com.au) von Cairns nach Cooktown reist, sieht das Land mit den Augen der Aborigines. In den Sprachen der Kuku Yalanji und Guugu Yimithirr steht *Bama* für „Person". Zu den Highlights entlang des Weges gehören Touren, die von Aborigines geführt werden. So ist beispielsweise die Walker Family auf dem Bloomfield Track unterwegs, und Willie Gordon mit Guurrbi Tours in Cooktown. Eine Karte zum Bama Way ist in allen Visitor Centres erhältlich.

Shoppen

Von teuren Edelboutiquen bis hin zu kitschigen Souvenir-Shops bietet Cairns das komplette Shopping-Programm.

Das riesige **Cairns Central Shopping Centre** (www.cairnscentral.com.au; McLeod St; ⊙Mo–Mi, Fr & Sa 9–17.30, Do 9–21, So 10–16.30 Uhr) beherbergt neben mehreren Supermärkten auch viele Fachgeschäfte, die von Büchern bis hin zu Bikinis alles Mögliche verkaufen. Im CBD ist **Woolworths** (103 Abbott St; ⊙tgl. 9–21 Uhr) eine weitere Bezugsquelle für Artikel wie Sonnenschutzmittel oder SIM-Karten.

Die **Night Markets** (Nachtmärkte; www.nightmarkets.com.au; The Esplanade; ⊙16.30–24 Uhr) empfehlen sich, wenn einem der „Cairns-Australia"-T-Shirts auszugehen drohen oder man seinen Namen auf ein Reiskorn gravieren lassen will.

Praktische Informationen

INTERNETZUGANG

Deutlich beschilderte Internetcafés säumen die Abbott St zwischen Shields St und Aplin St.

POST

Post (13 13 18; www.auspost.com.au; Shop 115, Cairns Central Shopping Centre; ⊙Mi–Fr 9–17, Sa 9–12 Uhr)

TOURISTENINFORMATION

Das staatliche **Cairns & Tropical North Visitor Information Centre** (1800 093 300; www.cairns-greatbarrierreef.org.au; 51 The Esplanade; ⊙Mo–Fr 8.30–18, Sa & So 10–18 Uhr) mit seinem Infozentrum gibt objektive Hinweise und bucht Unterkünfte oder geführte Touren.

Weitere nützliche Adressen:

Cairns Discount Tours (07-4055 7158; www.cairnsdiscounttours.com.au) Kompetente Buchungsagentur, die auf Last-Minute-Angebote spezialisiert ist.

Far North Queensland Volunteers (07-4041 7400; www.fnqvolunteers.org; 68 Abbott St) Vermittelt Freiwilligenjobs bei gemeinnützigen Gemeindeorganisationen.

Royal Automobile Club of Queensland (RACQ; 07-4042 3100; www.racq.com.au; 537 Mulgrave Rd, Earlville) Karten und Infos zum Straßenzustand für den ganzen Bundesstaat (inkl. Cape York). Unter 1300 130 595 (automatische Bandansage) lässt sich rund um die Uhr ein aktueller Verkehrsbericht abrufen.

An- & Weiterreise

AUTO & MOTORRAD

Alle großen Autovermieter (z. B. Hertz, Europcar) sind am Flughafen und in der Stadt (Cairns Square an der Ecke Shields St & Abbott St) vertreten. Die niedrigsten Tagestarife liegen zwischen etwa 45 (aktueller Kleinwagen) und 80 AU$ (Geländewagen). Zu den günstigeren Alternativen zählen u. a. **Cairns Older Car Hire** (07-4053 1066; www.cairnsoldercarhire.com; 410 Sheridan St; ab 35 AU$/Tag) oder **Rent-a-Bomb** (07-4031 4477; www.rentabomb.com.au; 144 Sheridan St; ab 30 AU$/Tag). Billige Verleihfirmen (normale Autos und Wohnmobile) findet man überall in Cairns sowie am Cook Highway gleich nördlich des Flughafen-Zubringers.

Wicked Campers (07-4031 1387; www.wickedcampers.com.au; 75 Sheridan St) und **Hippie Camper Hire** (1800 777 779; www.hippiecamper.com; 432 Sheridan St) unterhalten ebenfalls Ableger in Cairns.

Hostels, die Website www.gumtree.com.au und das große Schwarze Brett an der Abbott St informieren Langzeittraveller über gebrauchte Wohnmobile bzw. Backpacker-Autos.

Alternativ verleiht **Choppers Motorcycle Tours & Hire** (0408 066 024; www.choppersmotorcycles.com.au; 150 Sheridan St) neben Harleys (190–260 AU$/Tag) auch kleinere Motorräder (ab 95 AU$/Tag) und Motorroller (ab 75 AU$/Tag). Hinzu kommen geführte Motorradtouren von einstündigen Trips bis hin zu Ganztagsfahrten zum Cape Trib.

BUS

Cairns ist die Drehscheibe für Busverbindungen im äußersten Norden Queenslands.

Greyhound Australia (1300 473 946; www.greyhound.com.au) Folgt der Küste viermal täglich über Townsville (60 AU$, 6 Std.), Airlie Beach (93 AU$, 11 Std.) und Rockhampton (195 AU$, 18 Std.) hinunter nach Brisbane (ab 300 AU$, 29 Std.). Abfahrtspunkt ist das Reef Fleet Terminal am Südende der Esplanade.

Premier (13 34 10; www.premierms.com.au) Fährt einmal pro Tag über Innisfail (19 AU$,

1½ Std.), Mission Beach (19 AU$, 2 Std.), Tully (26 AU$, 2½ Std.), Cardwell (30 AU$, 3 Std.), Townsville (55 AU$, 5½ Std.) und Airlie Beach (90 AU$, 10 Std.) nach Brisbane (205 AU$, 29 Std.). Bietet auch günstigere Buspässe an und startet an der Cairns Central Rail Station.

Trans North (07-4095 8644; www.transnorth bus.com; Cairns Central Rail Station) Verbindet Cairns täglich mit den Tablelands und steuert dabei z. B. Kuranda (8 AU$, 30 Min., 4-mal tgl.), Mareeba (18 AU$, 1 Std., 1- bis 3-mal tgl.) oder Atherton (23,40 AU$, 1¾ Std., 1- bis 3-mal tgl.) an. Los geht's an der Cairns Central Rail Station; Tickets gibt's direkt beim Einsteigen.

John's Kuranda Bus (0418 772 953) Verkehrt zwei- bis fünfmal täglich zwischen Cairns (Lake St Transit Centre) und Kuranda (5 AU$, 30 Min.).

Sun Palm (07-4087 2900; www.sunpalm transport.com.au) Hält auf dem Weg von Cairns nach Port Douglas (40 AU$, 1½ Std.) in Palm Cove (20 AU$) und an den nördlichen Stränden (ab 20 AU$). Bedient nur den Norden und bricht am Flughafen sowie im CBD auf.

Country Road Coachlines (07-4045 2794; www.countryroadcoachlines.com.au) Verbindet Cairns einmal täglich mit Cooktown (81 AU$) und Cape Tribulation (50 AU$). Je nach Abfahrtstag und Streckenzustand geht's dabei entweder die Küste entlang (Bloomfield Track über Port Douglas/Mossman) oder durchs Landesinnere (über Mareeba). Eingestiegen wird am Reef Fleet Terminal.

FLUGZEUG

QANTAS (13 13 13; www.qantas.com.au), **Virgin Australia** (13 67 89; www.virginaustra lia.com) und **Jetstar** (13 15 38; www.jetstar.com.au) verbinden den **Cairns Airport** (www.cairnsairport.com) mit allen australischen Großstädten sowie größeren Regionalzentren. Zudem gibt's internationale Flüge z. B. nach/ab China, Neuseeland oder Papua-Neuguinea.

Skytrans (1300 759 872; www.skytrans.com.au) Bedient regelmäßig Coen, Bamaga und Lockhart River auf der Cape York Peninsula – ebenso Mt. Isa und Burketown bzw. Normanton im Golf.

Hinterland Aviation (07-4040 1333; www.hinterlandaviation.com.au) Fliegt jeden Tag nach/ab Cooktown (einfache Strecke ab 125 AU$, 40 Min., 1- bis 4-mal tgl.).

ZUG

Der *Sunlander* verbindet den örtlichen **Bahnhof** (Bunda St) mit Brisbane (einfache Strecke ab 200 AU$, 31½ Std., Di, Do & Sa); die **Queensland Rail** (1800 872 467; www.traveltrain.com.au) liefert Details.

Die Züge der Kuranda Scenic Railway (S. 495) fahren täglich.

ⓘ Unterwegs vor Ort

BUS

Vom Lake Street Transit Centre (dort hängen auch Fahrpläne aus) bedient **Sunbus** (07-4057 7411; www.sunbus.com.au; Einzelfahrt ab 2,30 AU$) den Großraum Cairns. Beispiele für nützliche Linien: Flecker Botanic Gardens/Edge Hill (Bus 131), Holloways Beach/Yorkeys Knob (Bus 112, 113, 120) und Trinity Beach/Clifton Beach/Palm Cove (Bus 110, 111). Gen Norden geht's zumeist über Smithfield. Alle genannten Ziele werden auch von Nachtbussen (N) angesteuert. Südwärts rollt Bus 140 bis hinunter nach Gordonvale.

FAHRRAD & MOTORROLLER

Bike Man (07-4041 5566; www.bikeman.com.au; 99 Sheridan St; pro Tag/Woche 15/60 AU$) Verkauf, Verleih und Reparaturservice.

Cairns Scooter & Bicycle Hire (07-4031 3444; www.cairnsbicyclehire.com.au; 47 Shields St; Motorroller/Fahrrad pro Tag ab 85/25 AU$) Flotte Motorroller mit 50 cm³ (auch gebraucht zu erwerben) plus Fahrräder für Freunde der langsameren Fortbewegung.

VOM/ZUM FLUGHAFEN

Viele örtliche Unterkünfte holen Gäste vom Flughafen ab, der rund 7 km nördlich des Zentrums liegt. Sun Palm (S. 504) erwartet alle landenden Flüge und schickt Shuttlebusse zum CBD (Erw./Kind 12/6 AU$). Die Firma verbindet den Flughafen zudem mit Palm Cove (20 AU$), Port Douglas (40 AU$) und den nördlichen Stränden (20 AU$). **Black & White Taxis** (13 10 08; www.blackandwhitetaxis.com.au) fährt für ca. 25 AU$ zum CBD.

TAXI

Stände von Black & White Taxis (S. 489) findet man nahe der Ecke Lake St und Shields St sowie vor dem Cairns Central Shopping Centre.

RUND UM CAIRNS

Die Stadt und ihre nördlichen Strände bieten jede Menge Unterhaltung. Allerdings sind auch tolle Abstecher zu nahegelegenen Inseln und Hochlandgebieten möglich.

Babinda & Umgebung

Die dichten Regenwälder südlich von Cairns sind ein lohnenswertes Ziel für Wanderer und Tierbeobachter. Auch die umliegenden Kleinstädte und Ortschaften ermöglichen zauberhafte Einblicke in die Regionalgeschichte.

Babinda

1069 EW.

Das Arbeiterstädtchen Babinda liegt 60 km südlich von Cairns am Bruce Hwy. Von hier aus sind es 7 km landeinwärts bis zum Regenwaldpark **Babinda Boulders**, wo ein malerischer Bach zwischen 4 m hohen Granitfelsen hindurchrauscht. Das Wasser ist zwar frei von Krokodilen, aber dennoch gleichermaßen gefährlich und trügerisch: Der Legende nach stürzte sich eine junge Aborigine-Frau nach dem Verlust ihrer großen Liebe einst in die ursprünglich stillen Fluten. Ihre Seelenqual veranlasste den Bach, zu dem schäumenden und strudelnden Wildwasser von heute anzuwachsen. Bislang haben beinahe 20 Besucher ihr Leben an den Boulders verloren. An ruhigen, deutlich markierten Bachabschnitten ist das Schwimmen erlaubt. Abgesehen davon aber bitte unbedingt alle Schilder an den Stellen beachten, an denen sich bereits der Gedanke an Zehenbefeuchten naturgemäß verbietet! Auf die obligatorischen Fotos und Seufzer muss man dennoch nicht verzichten: Wanderwege führen einen nahe, aber sicher an entsprechende Stellen heran.

Der kostenlose **Babinda Boulders Camping Ground** (max. 2 Übernachtungen) hat Toiletten, Kaltwasserduschen und Gratis-Grills.

In der Nähe kann man mit **Babinda Kayak Hire** (07-4067 2678; www.babindakayakhire.com.au; 330 Stager Rd; halber/ganzer Tag inkl. Shuttles 42/63 AU$) über den klaren Babinda Creek paddeln.

Weitere Informationen liefert Babindas kleines blaues **Visitor Centre** (07-4067 1008; www.babindainfocentre.com.au; Ecke Munro St & Bruce Hwy; 9–16 Uhr).

Wooroonooran National Park

Die Gegend um die **Josephine Falls** gehört zu dem als Wet Tropics World Heritage Area geschützten Wooroonooran National Park. Hier erhebt sich der höchste Berg Queenslands, der 1622 m hohe Mt. Bartle Frere. Er ist bis zum Gipfel von wildem, ursprünglich erhaltenem Regenwald bedeckt, in dessen Schutz und einzigartiger Umgebung unzählige Tiere und Pflanzen leben. Etwa 10 km südlich von Babinda weist ein Schild am Bruce Hwy den Weg zum 6 km entfernten Parkplatz der Josephine Falls. Von dort führt ein 600 m langer, befestigter, aber recht steiler Fußpfad durch den Regenwald und an einem moosbewachsenen Bach entlang zu den spektakulären Wasserfällen.

Die Wasserfälle befinden sich am Fuße der Bellenden Ker Range. Am Parkplatz der Josephine Falls beginnt auch der **Mt. Bartle Frere Summit Track**, der bis zum Gipfel hinaufführt (15 km, hin & zurück 2 Tage). Er ist nur von fitten und gut ausgerüsteten Wanderern zu bewältigen, denn es können urplötzlich Wolken und Regen aufziehen. Am besten geht man mit einem erfahrenen Wanderführer vom Informationszentrum oder **NPRSR** (13 74 68; www.nprsr.qld.gov.au) los. **Camping** (5,45 AU$) entlang des Weges ist erlaubt, man muss den Platz aber im Voraus buchen.

Strände nördlich von Cairns

Was manche Prospekte auch suggerieren mögen: Cairns hat keinen Stadtstrand. Doch nur 15 Sunbus- oder Selbstfahrminuten entfernt liegt eine Reihe von reizenden Strandgemeinden, die jeweils ihren ganz eigenen Charakter haben: Yorkeys Knob ist bei Seeleuten beliebt (allerdings könnte ein geplantes Mega-Kasino diese Atmosphäre verändern). Trinity wird von Familien geschätzt, während es viele Flitterwöchner ins schicke Palm Cove zieht.

Vom Cook Hwy aus führen gut ausgeschilderte Abzweigungen zu allen Stränden.

Yorkeys Knob

Das bescheidene Yorkeys Knob ist für seine Half Moon Bay bekannt, auf der 200 Boote vor sich hindümpeln. Das „Knob" im Namen animiert die fröhlichen Einheimischen bis heute zu Glucksern und Rippenstößen; andere fragen sich, wo der Apostroph abgeblieben ist.

Kite Rite (07-4055 7918; www.kiterite.com.au; Shop 9, 471 Varley St; 79 AU$/Std.) gibt Unterricht im Kite- und Windsurfen. Hinzu kommen Leihausrüstung und Zweitageskurse mit Zertifikat (499 AU$).

Etwa einen Block hinter dem Strand bietet die **Villa Marine** (07-4055 7158; www.villamarine.com.au; 8 Rutherford St; DZ 89–159 AU$; ✱🌐❄) das beste Preis-Leistungs-Verhältnis unter den örtlichen Unterkünften. Die einstöckigen, separaten Apartments im Retro-Stil liegen rund um einen Pool. Der freundliche Inhaber Peter sorgt dafür, dass sich seine Gäste wie zu Hause fühlen.

Der **Yorkeys Knob Boating Club** (✆ 07-4055 7711; www.ykbc.com.au; 25-29 Buckley St; Hauptgerichte 17–29,50 AU$; ⊙ tgl. 12–15 & 18–21, Sa & So 8–10 Uhr; ⌘) ist ein Juwel. Zu empfehlen sind der Korb mit frischem Seafood (22,50 AU$), der Fang des Tages (24 AU$) und die Austern (Sa; 10 AU$/Dutzend).

Trinity Beach

Viele Restaurants und Bars sowie ein langer, geschützter Sandstreifen machen Trinity Beach zum beliebten Ferienort.

Das **Castaways** (✆ 07-4057 6699; www.castawaystrinitybeach.com.au; Ecke Trinity Beach Rd & Moore St; Apt. mit 1/2 Schlafzi. 132/165 AU$; ❋ ☒) in unmittelbarer Strandnähe vermietet Apartments für Selbstversorger. Zudem bietet es drei Pools, Whirlpools, Tropengärten und hervorragende Last-Minute-Tarife.

Das **L'Unico Trattoria** (✆ 07-4057 8855; www.lunico.com.au; 75 Vasey Esplanade; Hauptgerichte 16–44 AU$; ⊙ tgl. 12 Uhr–open end; ⌘) am Strand serviert stilvolle Italo-Küche wie Holzofenpizzas, selbstgemachte Gnocchi mit vier Käsesorten oder Krebse mit Knoblauch, Chili und Weißwein.

Das **Fratelli on Trinity** (✆ 07-4057 5775; 47 Vasey Esplanade; Hauptgerichte ab 15 AU$; ⊙ Do–So 7–11.30 & 12–16.30, tgl. 17.30 Uhr–open end) ist eine reizende kleine Strandbude mit zwangloser Atmosphäre. Nichtsdestotrotz schmeckt das Essen absolut spitzenmäßig: Tolle Pasta, langsam gegarte Lammschulter mit Knoblauch oder Schweinebauch-Rollbraten mit Rosmarin lenken Gäste hier sogar potentiell von der Traumaussicht ab.

Palm Cove

Palm Cove wirkt anheimelnder als Port Douglas und eleganter als seine südlichen Nachbarn. Der Ort ist im Prinzip eine einzige große Promenade entlang der von Australischen Teebäumen gesäumten Williams Esplanade. Ein herrlicher weißer Sandstrand und Spitzenrestaurants locken Sonnenanbeter aus ihren Luxusresorts heraus.

🏃 Aktivitäten

Strandspaziergänge, Shoppen und gemütliches Schwimmen sind die örtlichen Hauptaktivitäten. Aber all dies ist keine Ausrede, sich nicht hinaus aufs Wasser zu begeben.

Palm Cove Watersports   KAJAKFAHREN
(✆ 0402 861 011; www.palmcovewatersports.com; Leihkajak 33 AU$/Std.) Organisiert Seekajaktrips am frühen Morgen (56 AU$, 1½ Std.) und halbtägige Paddeltouren zum nahegelegenen Double Island (Erw./Kind 96/74 AU$).

Beach Fun & Co   WASSERSPORT
(✆ 0411-848 580; www.tourismpalmcove.com; Williams Esplanade) Verleiht Katamarane (50 AU$/Std.), Jetskis (Ein-/Zweisitzer pro 15 Min. 60/80 AU$), Paddelboote (30 AU$) und Stehpaddelbretter (30 AU$); organisiert zudem Angelboote (ab 100 AU$/2 Std.) sowie Jetski-Touren rund um Double und Haycock Island (alias Scout's Hat; mit Ein-/Zweisitzer ab 140/200 AU$).

🛏 Schlafen

Die meisten örtlichen Unterkünfte bestehen auf zwei Mindestübernachtungen.

Palm Cove Camping Ground   CAMPING $
(✆ 07-4055 3824; 149 Williams Esplanade; Stellplatz ohne/mit Strom 19/27 AU$) Der kommunal betriebene Campingplatz am Strand ist die einzige örtliche Budgetoption. Der Platz liegt direkt am Kai und wartet mit einem Grillplatz und einer Waschküche auf.

Silvester Palms   APARTMENTS $$
(✆ 07-4055 3831; www.silvesterpalms.com.au; 32 Veivers Rd; Apt. mit 1/2/3 Schlafzi. ab 100/140/150 AU$; ❋ ☒) Die hellen Apartments für Selbstversorger sind eine erschwingliche Alternative zu Palm Coves riesigen Resorts.

★ Reef House Resort & Spa   BOUTIQUEHOTEL $$$
(✆ 07-4080 2600; www.reefhouse.com.au; 99 Williams Esplanade; DZ ab 279 AU$; ❋ @ ☎ ☒) Das ehemalige Wohnhaus eines Brigadegenerals ist gemütlicher und zurückhaltender als die meisten anderen Ferienunterkünfte in Palm Cove. Weißgetünchte Wände, Korbmöbel und breite Betten mit romantischen Musselin-Vorhängen unterstreichen das kultivierte Ambiente. Die Brigadier's Bar funktioniert auf einer merkwürdigen Basis des Vertrauens in die Ehrlichkeit der Gäste. In der Abenddämmerung wird kostenloser Punsch im Kerzenschein gereicht.

Peppers Beach Club & Spa   HOTEL $$$
(✆ 1300 737 444, 07-4059 9200; www.peppers.com.au; 123 Williams Esplanade; DZ ab 200 AU$; ❋ @ ☎ ☒) Hinter der opulenten Eingangshalle öffnet sich eine märchenhafte Swimmingpool-Landschaft, bestehend aus einem Lagunenbecken mit Sandstrand, einem Regenwaldpool unter schattigen Palmen und

einer Pool-Bar. Nach der sportlichen Betätigung auf dem Tennisplatz kann man sich im Wellnessbereich verwöhnen lassen. Dabei gehört selbst zu den Standardzimmern ein eigenes Wellnessbecken auf dem Balkon, zu den Suiten im Penthouse (ab 550 AU$) sogar ein eigener Swimmingpool auf der Dachterrasse.

Essen & Ausgehen

Einige tolle Lokale und Cafés säumen die Esplanade. Die schicken Restaurants aller Resorts akzeptieren auch reine Speisegäste.

Surf Club Palm Cove LIZENZIERTER CLUB $$
(07-4059 1244; 135 Williams Esplanade; Gerichte 14–30 AU$; 18 Uhr–open end) Großartiger lokaltypischer Surfclub mit spottbilligem Seafood, anständigen Kindermenüs und Getränken in einer sonnigen Gartenbar.

El Greko GRIECHISCH $$
(07-4055 3690; www.elgrekostaverna.com.au; Level 1, Palm Cove Shopping Village, Williams Esplanade; Mezze ab 14 AU$, Hauptgerichte 24–30 AU$; 17.30–22.30 Uhr;) Souvlaki, Spanakopita und Mousaka gehören zu den Klassikern der belebten Taverne. Zudem gibt's hier gute Mezze-Teller und Bauchtanz (Fr & Sa abends).

Apres Beach Bar & Grill BAR, BISTRO $$
(07-4059 2000; www.apresbeachbar.com.au; 119 Williams Esplanade; Hauptgerichte 23–39 AU$; tgl. 7.30 Uhr–open end) Der belebteste Laden in Palm Cove ist abgefahren mit alten Motorrädern und Rennwagen eingerichtet; an der Decke hängt ein Doppeldecker. Zudem warten hier regelmäßige Livemusik und große Steaks aller Art.

Beach Almond ASIATISCH $$$
(07-4059 1908; www.beachalmond.com; 145 Williams Esplanade; Hauptgerichte 28–59 AU$; tgl. 18–22, Sa & So 11–15 Uhr) Das rustikale Strandhaus in der Nähe des Anlegers serviert Palm Coves einfallsreichste Gerichte. Unter den duftenden, frisch zubereiteten Innovationen sind z. B. Garnelen mit Schwarzem Pfeffer, Mangrovenkrabben à la Singapur oder Barramundi auf balinesische Art.

Nu Nu MODERN-AUSTRALISCH $$$
(07-4059 1880; www.nunu.com.au; 123 Williams Esplanade; Hauptgerichte 24–80 AU$; Do-Mo 11.30 Uhr–open end) Dieses Designer-Lokal gehört zu den nobelsten Adressen an der ganzen Küste. Entweder wählt man selbst etwas aus dem Menü (modern-australisch/asiatisch/mediterran) aus oder überlässt die Entscheidung dem Küchenchef (sechsgängiges Probiermenü ohne/mit passenden Weinen 110/175 AU$).

🛈 Praktische Informationen

An der Williams Esplanade gibt's jede Menge kommerzieller Agenturen, bei denen man Touren und Ausflüge buchen kann, wenn man dies nicht bereits im Cairns & Tropical North Visitor Information Centre (S. 488) in Cairns getan hat.

Im **Paradise Village Shopping Centre** (113 Williams Esplanade) sind ein Postamt (mit Internetzugang für 4 AU$/Std.), ein kleiner Supermarkt und ein Zeitungskiosk untergebracht.

Ellis Beach

Ellis Beach ist der letzte (und wohl auch beste) der nördlichen Strandorte. Zudem liegt es am nächsten zum Highway, der gleich dahinter verläuft. Die lange, geschützte Traumbucht empfängt Besucher mit einem bewachten, von Palmen gesäumten Badestrand und einem Quallennetz (Sommer).

Unter den täglichen Aktivitäten der Krokodilfarm **Hartley's Crocodile Adventures** (07-4055 3576; www.crocodileadventures.com; Erw./Kind 33/17,50 AU$; tgl. 8.30–17 Uhr) finden sich Führungen, Fütterungen, Shows mit „Krokodilangriffen" und Bootsfahrten auf der hauseigenen Lagune. Das Gelände liegt nur ein paar Highway-Kilometer entfernt in Wangetti Beach.

Das **Ellis Beach Oceanfront Bungalows** (1800 637 036, 07-4055 3538; www.ellisbeach.com; Captain Cook Hwy; Stellplatz ohne Strom 32 AU$, Stellplatz mit Strom 35–41 AU$, Hütte ohne Bad 95–115 AU$, Bungalow 155–190 AU$;) ist ein kleines Strandparadies mit Stellplätzen, Hütten und modernen Bungalows, die allesamt weiten Meerblick bieten.

Im **Ellis Beach Bar'n'Grill** (Captain Cook Hwy; Hauptgerichte 15–28 AU$; tgl. 8–20 Uhr) gibt's leckeres Essen, eine tolle Aussicht, Flipperautomaten und Livemusik (So ab 13 Uhr).

Die Inseln vor Cairns

Green Island

Die hübsche Koralleninsel, die nur 45 Bootsminuten von Cairns entfernt ist, hat einen feinen, weißen Sandstrand, vor dem man herrliche Schnorcheltrips unternehmen kann. Das Inselinnere ist von Regenwald bedeckt, der von Wanderwegen mit Infotafeln durchzogen wird. Eine Wanderung rund um die Insel dauert etwa 30 Minuten.

Sowohl die Insel als auch das sie umgebende Meer sind als National- und Meerespark geschützt. Im Aquarium des **Marineland Melanesia** (07-4051 4032; www.marinelandgreenisland.com.au; Erw./Kind 18/8 AU$) sind nicht nur Fische, Schildkröten, Stachelrochen und Krokodile zu bestaunen, sondern auch melanesische Kunst- und Gebrauchsgegenstände.

Das luxuriöse **Green Island Resort** (07-4031 3300, 1800 673 366; www.greenislandresort.com.au; Suite 650–750 AU$; ❋@≋) bietet stilvolle Suiten auf zwei Ebenen und mit eigenem Balkon. Im Preis enthalten ist der Transfer zur Insel. Teile des Hotels wie das Restaurants, Bars und das Eiscafé stehen auch Tagesausflüglern offen.

Great Adventures (S. 481) und **Big Cat** (07-4051 0444; www.greenisland.com.au; Erw./Kind ab 84/42 AU$) veranstalten Tagesausflüge mit Glasboden- und Halbtauchbooten.

Oder man segelt mit **Ocean Free** (07-4052 1111; www.oceanfree.com.au; Erw./Kind ab 135/90 AU$), legt einen kurzen Zwischenstopp auf den Inseln ein und verbringt den Rest des Tages am Pinnacle Reef vor der Küste.

Fitzroy Island

Fitzroy Island ist ein steiler Berggipfel, der aus dem Meer herausragt. Hier warten Korallenstrände, Waldgebiete und Wanderpfade, von denen einer zu einem nunmehr stillgelegten Leuchtturm führt. Das beliebteste Schnorchelrevier erstreckt sich rund um die Felsen am Nudey Beach, der trotz seines Namens kein offizieller FKK-Strand ist. Im Gegensatz zum Rest der Insel findet man hier tatsächlich etwas Sand.

Das **Fitzroy Island Turtle Rehabilitation Centre** (www.saveourseaturtles.com.au; Erw./Kind 5,50/2,20 AU$; Führungen tgl. 14 Uhr) kümmert sich um kranke bzw. verletzte Meeresschildkröten und entlässt diese anschließend wieder in ihren natürlichen Lebensraum. Die lehrreichen Führungen (max. 15 Pers.) besuchen die neue Schildkröten-Klinik. Gebucht werden kann über das Fitzroy Island Resort.

Das Fitzroy Island Resort betreibt auch den **Fitzroy Island Camping Ground** (07-4044 6700; Zeltstellplatz 32 AU$) mit Zeltstellplätzen, Duschen, Toiletten und Grills (eine rechtzeitige Reservierung ist ratsam).

Das tropisch-coole Unterkunftsspektrum des **Fitzroy Island Resort** (07-4044 6700; www.fitzroyisland.com; Wohnstudio/Hütte 195/369 AU$, Suite mit 1 od. 2 Schlafzi. 350–515 AU$; ❋≋) reicht von schicken Wohnstudios und Strandhütten bis hin zum separaten Luxus-Apartment (650 AU$). Restaurant, Bar und Kiosk heißen auch Tagesausflügler willkommen.

Raging Thunder (S. 483) veranstaltet Tagestrips ab Cairns, bei denen man auch von einem Meerestrampolin springen kann.

Frankland Islands

Wer gern auf einer von fünf unbewohnten, korallengesäumten Inseln mit tollen Schnorchelmöglichkeiten und herrlichen weißen Sandstränden abhängen will (und wer will das nicht?), sollte eine Bootsfahrt zum Frankland Group National Park unternehmen.

Auf High und Russell Island mit ihren Regenwäldern kann gezeltet werden. Das **NPRSR** (13 74 68; www.nprsr.qld.gov.au; Genehmigung 5,45 AU$) informiert über Reservierungen und saisonale Beschränkungen.

Unter den tollen Tagesausflügen von **Frankland Islands Cruise & Dive** (07-4031 6300; www.franklandislands.com.au; Erw./Kind ab 149/79 AU$) sind Bootsfahrten auf dem Mulgrave River (inkl. Mittagessen, Schnorchelausrüstung und -unterricht). Angeboten werden auch geführte Schnorcheltouren unter der Leitung von Meeresbiologen, Pauschalpakete mit Tauchen und Camper-Shuttles nach bzw. auf Russell Island. Die Boote starten in Deeral (Shuttles ab Cairns oder den nördlichen Strandorten 16 AU$/Pers.).

Trips nach High Island erfordern ein eigenes (Charter-)Boot.

Atherton Tableland

Als fruchtbarer Brotkorb des hohen Nordens ragt das Atherton Tableland landeinwärts zwischen Innisfail und Cairns empor. Malerische Landstädtchen, Öko-Wildnislodges und luxuriöse B&Bs überziehen die üppig grünen Hügel. Dazwischen erstreckt sich ein Flickenteppich aus Feldern, Regenwaldgebieten, spektakulären Seen und Wasserfällen. Hinzu kommen Queenslands höchste Berge: Der Bartle Frere (1622 m) und der Bellenden Ker (1593 m).

Vier Hauptrouten führen von der Küste aus hierher: die Rex Range Rd (Mossman–

Port Douglas), der Palmerston Hwy ab Innisfail, der Gillies Hwy ab Gordonvale und der Kennedy Hwy ab Cairns.

❶ Anreise & Unterwegs vor Ort

In Cairns besteht Busverbindung zu den größeren Ortschaften (normalerweise Mo–Fr 3-mal tgl, Sa 2-mal tgl., So 1-mal tgl.) – allerdings nicht zu den kleineren Siedlungen oder allen interessanten Ecken in deren Umkreis. Somit empfiehlt sich ein eigenes Leihfahrzeug!

Busse von Trans North (S. 496) verbinden Cairns regelmäßig mit dem Tableland. Ab der Cairns Central Rail Station fahren sie nach Kuranda (8 AU$, 30 Min.), Mareeba (18 AU$, 1 Std.), Atherton (23,40 AU$, 1¾ Std.) und Herberton/Ravenshoe (31/36 AU$, 2/2½ Std., Mo, Mi & Fr).

John's Kuranda Bus (☏ 0418 772 953) fährt zwischen Cairns und Kuranda (5 AU$, 30 Min., 2- bis 5-mal tgl.).

Kuranda

3000 EW.

Als beliebtestes Tagesziel des Tablelands versteckt sich das alternative, künstlerisch angehauchte Marktstädtchen Kuranda mitten im Regenwald.

◉ Sehenswertes & Aktivitäten

Wanderwege schlängeln sich rund um das Dorf. Besucher können sich eine entsprechende Karte beim Visitor Center holen oder „Kuranda-Zen" praktizieren und einfach drauflosmarschieren. Die mächtigen **Barron Falls** donnern in der Regenzeit am stärksten. Sie sind ein absolutes Pflichtziel und schnell über die Barron Falls Road erreichbar. Bahn und Seilbahn (Skyrail) bieten weitere Aussichtsmöglichkeiten.

Märkte MÄRKTE

Räucherwerkschwaden weisen den Weg hinunter zu den **Kuranda Original Rainforest Markets** (www.kurandaoriginalrainforestmarket.com.au; Therwine St; ◷9.30–15 Uhr). Seit 1978 sind die Märkte landesweit der beste Ort, um künstlerische Arbeit und Hippies zu beobachten. Das Angebot reicht von Avocado-Eiscreme bis zur Unterwäsche aus Bio-Textilien. Zudem können einheimische Produkte wie Honig oder Fruchtwein probiert werden.

Gegenüber befinden sich die touristischeren **Heritage Markets** (www.kurandamarkets.com.au; Rob Veivers Dr; ◷9.30–15.30 Uhr), wo zahllose Souvenirs und Handwerksprodukte warten (z. B. Tonwaren, Emu-Öl, Schmuck, Bekleidung oder unglaublich scharfe Sauce in Flaschen).

Rainforestation ZOO

(☏ 07-4085 5008; www.rainforest.com.au; Kennedy Hwy; Erw./Kind 44/22 AU$; ◷9–16 Uhr) Der riesige Touristenpark westlich der Stadt empfängt Besucher mit Tiergehegen, Aborigine-Begegnungen zum Mitmachen und Regenwald- bzw. Flusstouren an Bord einer *duck* (Ente; ein Armee-Amphibienfahrzeug aus dem Zweiten Weltkrieg).

Tierreservate & Zoos TIERRESERVATE

In Kurandas Regenwäldern zwitschern, knurren und keckern alle möglichen Lebewesen. Im Ort selbst gibt's eine Handvoll Zoos und Tierreservate. Das Visitor Centre führt ein entsprechendes Verzeichnis; hier ein paar Vorschläge für den Einstieg:

In den **Koala Gardens** (☏ 07-4093 9953; www.koalagardens.com; Heritage Markets, Rob Veivers Dr; Erw./Kind 17/8,50 AU$, Koala-Fotos kosten extra; ◷tgl. 9.45–16 Uhr) kann man Koalas knuddeln – vorausgesetzt, diese lassen sich aus ihrem Eukalyptusblatt-Koma erwecken. Wombats und Wallabies leben ebenfalls hier. Das **Australian Butterfly Sanctuary** (☏ 07-4093 7575; www.australianbutterflies.com; 8 Rob Veivers Dr; Erw./Kind/Fam. 19/9,50/47,50 AU$; ◷tgl. 9.45–16 Uhr) ist Australiens größte Schmetterlingsvoliere. Die Führungen (30 Min.) zeigen, wie deren geflügelte Bewohner im Labor gezüchtet werden. **Birdworld** (☏ 07-4093 9188; www.birdworldkuranda.com; Heritage Markets, Rob Veivers Dr; Erw./Kind 17/8,50 AU$; ◷9–16 Uhr) beheimatet 80 freifliegende Arten von einheimischen und exotischen Vögeln. Für alle drei Tierattraktionen sind Kombitickets erhältlich (Erw./Kind 46/23 AU$).

Kuranda Riverboat BOOTSFAHRT

(☏ 07-4093 7476; www.kurandariverboat.com; Erw./Kind/Fam. 15/7/37 AU$; ◷10.45–14.30 stündl.) Die Bootsfahrt auf dem ruhigen Barron River (45 Min.) startet hinter dem Bahnhof. Tickets gibt's direkt an Bord.

🛏 Schlafen

Kuranda Rainforest Park WOHNWAGENPARK $

(☏ 07-4093 7316; www.kurandarainforestpark.com.au; 88 Kuranda Heights Rd; Stellplatz ohne/mit Strom 28/30 AU$, EZ/DZ ohne Bad 30/60 AU$, Hütte 95–105 AU$; ❄☰) Mit grasbewachsenen Stellplätzen mitten im Regenwald macht dieser gut gepflegte Park seinem Namen alle Ehre. Die einfachen, aber gemütlichen „Backpacker-Zimmer" grenzen an eine Holzterrasse mit Blechdach. Von den Hütten schaut man auf den Pool oder den Garten.

Das Hausrestaurant serviert einheimische Produkte. Vom Ort führt ein Waldweg hierher (10 Min. zu Fuß).

⭐Cedar Park Rainforest Resort
ÖKO-RESORT $$

(☎ 07-4093 7892; www.cedarparkresort.com.au; 250 Cedarpark Road; EZ/DZ ab 125/145 AU$; @ 🛜) 🚗 Rund 20 Fahrtminuten von Kuranda entfernt liegt dieser ungewöhnliche Mix aus europäischem Schloss und australischem Busch-Refugium tief in der Wildnis. Mangels TVs beobachten die Gäste Wallabies, Pfauen und viele einheimische Vogelarten. Außerdem gibt's ein Spa, eine Feuerstelle, ein Spitzenrestaurant, Gratis-Portwein und Zugang zu einem Bach.

Kuranda Hotel Motel
MOTEL $$

(☎ 07-4093 7206; www.kurandahotel.com.au; Ecke Coondoo & Arara St; EZ/DZ 95/100 AU$; ❄ 🏊) Das Kuranda Hotel Motel wird vor Ort auch *bottom pub* (untere Kneipe) genannt. Es hat ein Restaurant (Do–Sa mittags & abends) und vermietet geräumige Motel-Hinterzimmer im Stil der 1970er-Jahre.

🍴 Essen

⭐Petit Cafe
CRÊPERIE $

(www.petitcafekuranda.com; Shop 35, Kuranda Original Rainforest Markets; Crêpes 10–17 AU$) Hinter den Original Markets wartet hier ein leckeres Angebot an süßen und pikanten Crêpes. Hitverdächtige Varianten wie Macadamia-Pesto oder Fetakäse lassen einem wirklich das Wasser im Mund zusammenlaufen.

Kuranda Coffee Republic
CAFÉ $

(10 Thongon St; Kaffee 3,50–5,50 AU$; ⏰ Mo–Fr 8–16, Sa & So 9–16 Uhr) Das Essensangebot beschränkt sich praktisch auf italienische Mandelkekse, aber wen stört das, wenn der Kaffee so einmalig gut ist? Die Besucher können auch sehen – und riechen –, wie die in der Region angebauten Bohnen vor Ort geröstet werden.

Annabel's Pantry
BÄCKEREI $

(Therwine St; Pies 4,50–5 AU$; ⏰ tgl. 10–15 Uhr; 🌱) Serviert Pies in ca. 25 Varianten (u. a. mit Känguruflfleisch oder vegetarisch).

Frogs
CAFÉ $$

(Heritage Markets; Hauptgerichte 14–36 AU$; ⏰ tgl. 9.30–16 Uhr; 🛜) Seit 1980 ist das Frogs ein fester Bestandteil der örtlichen Restaurantszene; sogar die hiesigen Australischen Wasseragamen hängen hier ab. Im zwanglos-entspannten Ambiente kommen neben köstlichen Salaten auch Probierteller mit Känguru, Emu, Krokodil, Barramundi und Riesengarnelen auf den Tisch. Die namengebenden Frösche bleiben jedoch verschont.

> **NICHT VERSÄUMEN**
>
> ### WASSERFALL-RUNDFAHRT
>
> Diese gemütliche Rundfahrt (15 km) besucht vier der malerischsten Wasserfälle des Tablelands. Zuerst folgt man der Theresa Creek Rd, die 1 km östlich von Millaa Millaa vom Palmerston Hwy abzweigt: Nach 1,5 km kommen die **Millaa Millaa Falls** mit Baumfarnen, Blumen und Grillmöglichkeiten in Sicht. Die spektakulären, 12 m hohen Fälle eignen sich am besten zum Schwimmen. Sie sind so unglaublich schön, dass sie in Australien als am meisten fotografierte ihrer Art gelten. Zu den 8 km entfernten **Zillie Falls** geht's entlang eines kurzen Wanderwegs, der zu einem (leicht schwindelerregenden) Aussichtspunkt oberhalb der Fallkante führt. Nächste Station sind die **Ellinjaa Falls**, wo man über einen 200 m langen Fußweg hinunter zum felsigen Badeloch am Fuß der Fälle gelangt. Nochmal 5,5 km weiter beginnt am Palmerston Hwy die Straße zu den **Mungalli Falls**.

ℹ Praktische Informationen

Das **Kuranda Visitor Centre** (☎ 07-4093 9311; www.kuranda.org; Centenary Park; ⏰ 10–16 Uhr) liegt zentral im Centenary Park.

ℹ An- & Weiterreise

Wer Reise und Ziel als gleichwertig betrachtet, ist hier richtig.

Durch malerische Berge und 15 Tunnels schlängelt sich die **Kuranda Scenic Railway** (☎ 07-4036 9333; www.ksr.com.au) von Cairns nach Kuranda. Beim Streckenbau (1886–1891) gruben Arbeiter die Tunnels von Hand; dabei trotzten sie Krankheiten, steilem Terrain und feindlich gesinnten Aborigines. Die 34 km lange Vergnügungsfahrt endet an Kurandas hübschen Bahnhof (Erw./Kind einfache Strecke 49/25 AU$, hin & zurück 79/37 AU$, 1¾ Std.; Abfahrt in Cairns tgl. 8.30 & 9.30 Uhr, Rückfahrt ab Kuranda 14 & 15.30 Uhr).

Mit 7,5 km zählt die **Skyrail Rainforest Cableway** (☎ 07-4038 5555; www.skyrail.com.au; Ecke Cook Hwy & Cairns Western Arterial Rd; Erw./Kind einfache Strecke 47/23,50 AU$, hin & zurück 71/35,50 AU$; ⏰ 9–17.15 Uhr) zu den längsten Gondel-Seilbahnen der Welt. Ganz dicht über den Baumwipfeln blicken Passagiere aus echter Vogelperspektive auf den Regenwald. Die Fahrt (90 Min.) umfasst zwei Zwischenstopps, die jeweils mit spektakulärer Aussicht und Infotafeln aufwarten.

Es werden auch Kombitickets für Scenic Railway und Skyrail angeboten.

Trans North (07-4095 8644; www.trans northbus.com; einfache Strecke 8 AU$) und **John's Kuranda Bus** (0418 772 953; einfache Strecke 5 AU$) fahren ebenfalls nach Kuranda.

Mareeba

10 181 EW.

Dieses Städtchen schwelgt in Wildwest-Atmosphäre: Örtliche Händler erfüllen Cowboyträume mit Ledersätteln, handgemachten Buschhüten und übergroßen Gürtelschnallen. Das Mareeba Rodeo (Juli; www. mareebarodeo.com.au) gehört zu den größten und besten Australiens. Auf dem Programm stehen Bullenreiten, eine *beaut ute*-Schau (prämiert die schönsten Nutzfahrzeuge) und mitreißende Country-Musik.

Früher war Mareeba das Zentrum von Australiens größter Tabakanbau-Region. Mit Bio-Kaffeeplantagen, Destillerien, einer Mango-Winzerei und zahlreichen Obst- oder Nusshainen nutzt es seinen Boden heute jedoch für die Produktion von (meist) eher gesünderen Waren. Food Trail Tours (www.food trailtours.com.au; ab Cairns Erw./Kind 159/80 AU$) besucht Lebensmittel- und Weinproduzenten im Bereich von Mareeba. Alternativ fährt man selbst zur Mt. Uncle Distillery (07-4086 8008; www.mtuncle.com; 1819 Chewko Rd, Walkamin; tgl. 10–16.30 Uhr), um seinen Gaumen mit einheimischen Likören zu befeuchten.

Die Mareeba Wetlands (07-4093 2514; www.mareebawetlands.org; Erw./Kind 15/7,50 AU$; April–Jan. 10–16.30 Uhr) sind ein 20 km² großes Naturschutzgebiet mit mehr als 200 Vogelarten und einem über 12 km langen Wanderwegnetz. Unter der Woche starten Safari-Touren (ab 38 AU$); alternativ kann man an Öko-Bootsfahrten (Erw./Kind 15/7,50 AU$, 30 Min.) und Kanutrips (15 AU$/Std.) teilnehmen. Die parkeigene Jabiru Safari Lodge (07-4093 2514; www.jabirusafarilodge. com.au; Hütte inkl. Frühstück 109–179 AU$/Pers., All-Inclusive 215–285 AU$/Pers.) hat ein Spa und Zelthütten mit Solarstrom. In Biboohra (7 km nördlich von Mareeba) zweigt die Zufahrtsstraße von der Pickford Rd ab.

Das Mareeba Heritage Museum & Tourist Information Centre (07-4092 5674; www.mareebaheritagecentre.com.au; Centenary Park, 345 Byrnes St; 8–16 Uhr) GRATIS liefert zahllose Infos.

Atherton

7288 EW.

Das lebhafte Landstädtchen ist eine hervorragende Ausgangsbasis für alle, die den reizvollen Süden des Tableland erkunden wollen. Zudem kann man hier ganzjährig als Erntehelfer arbeiten; entsprechende Infos erteilt das Atherton Tableland Information Centre (07-4096 7405; www.athertontable lands.com.au; Ecke Main Rd & Silo Rd).

Während der späten 1800er-Jahre kamen Tausende von chinesischen Goldsuchern in die Region. Von Athertons Chinatown ist heute aber nur noch der mit Wellblech beschlagene Hou-Wang-Tempel (www. houwang.org.au; 86 Herberton Rd; Erw./Kind 10/5 AU$; Mi–So 11–16 Uhr) übrig. Der Eintritt beinhaltet eine Führung.

Die Crystal Caves (07-4091 2365; www. crystalcaves.com.au; 69 Main St; Erw./Kind 22,50/ 10 AU$; Mo–Fr 8.30–17, Sa 8.30–16, So 10–16 Uhr, Feb. geschl.) sind ein auffällig gestaltetes Mineralogie-Museum, das die größte Amethyst-Druse der Welt (über 3 m hoch und 2,7 t schwer; eine Art Kristallblase im Muttergestein) beherbergt. Besucher können eine andere Druse aufbrechen und ihr eigenes uraltes Glitzer-Souvenir mit nach Hause nehmen.

Das Barron Valley Hotel (07-4091 1222; www.bvhotel.com.au; 53 Main St; EZH/DZ ohne Bad 40/60 AU$, EZ/DZ mit Bad 60/85 AU$;) ist eine denkmalgeschützte Art-déco-Schönheit mit sauberen Zimmern und herzhaftem Essen im Hausrestaurant (Hauptgerichte 18–35 AU$).

Millaa Millaa

600 EW.

Die milchproduzierende Gemeinde Millaa Millaa (für Lokalinfos s. www.millaamillaa. com.au) ist das südliche Tor zu den Tablelands und liegt dem Waterfalls Circuit am nächsten.

Als Dorftreff fungiert die einzige Kneipe: das Millaa Millaa Hotel (07-4097 2212; 15 Main St; EZ/DZ 80/90 AU$, Hauptgerichte 15–27 AU$; 10–21 Uhr) mit gigantischen Essensportionen und sechs blitzsauberen Moteleinheiten.

Das Falls Teahouse (07-4097 2237; www.fallsteahouse.com.au; Palmerston Hwy; B ab 35 AU$, DZ inkl. Frühstück 120 AU$; Teehaus tgl. 10–17 Uhr) steht am Beginn der Abzweigung zu den Millaa Millaa Falls. Gäste können sich am offenen Kamin wärmen und von der Veranda hinten den Anblick der sanft gewellten Weidehügel genießen. Nebenbei kommen z. B. gebratener Barramundi oder Pies mit einheimischem Rindfleisch auf den Tisch (Gerichte 7–23 AU$).

Rund 6 km südlich des Dorfs serviert die biologisch-dynamische **Mungalli Creek Dairy** (07-4097 2232; www.mungallicreekdairy. com.au; 254 Brooks Rd; Gerichte 18 AU$; 10–16 Uhr, Feb. geschl.) ihre Probierteller mit cremigem Joghurt und Käse.

Malanda & Umgebung
2053 EW.

In diesem Teil des Landes gilt Malanda als Synonym für „Milch" – seit 560 Rinder von NSW aus in 16 Monaten hierher getrieben wurden (1908). Der Ort ist von Regenwäldern umgeben und hat immer noch eine aktive Molkerei. Einheimische erfrischen sich an den schattigen, krokodilfreien **Malanda Falls**.

Das örtliche **Visitor Centre** (07-4096 6957; www.malandafalls.com; Malanda-Atherton Rd gegenüber der Malanda Falls; tgl. 9.30–16.30 Uhr) organisiert **geführte Regenwaldwanderungen** (16 AU$/Pers.; Sa & So 9.30 & 11.30 Uhr; Reservierung erforderl.), die von Angehörigen der Ngadjonji-Gemeinde geleitet werden. Alternativ begibt man sich hinauf zum **Malanda Dairy Centre** (07-4095 1234; www.malandadairycentre.com; 8 James St; Betriebsführungen Erw./Kind 10,50/6,50 AU$; Betriebsführungen Do–Di 12 Uhr; Zeiten sicherheitshalber telefonisch überprüfen), dessen Betriebsführungen (40 Min.) einen Käseteller oder Milchshake beinhalten. Wer noch nicht am Laktose-Rausch leidet, genehmigt sich ein tolles Essen im lizenzierten **Café** (Hauptgerichte ab 15 AU$;).

Zu den Unterkünften des winzigen Tarzali (10 km hinter Malanda) gehört das wunderbare **Canopy** (07-4096 5364; www.canopy treehouses.com.au; Hogan Rd, Tarzali; Anfahrt über Malanda; DZ 229–379 AU$;) mit hölzernen Stelzenhäusern (mind. 2 Übernachtungen) in einem Stück ursprünglichen Regenwalds. Die Gäste können hier viele neugierige Tiere beobachten.

Yungaburra
1150 EW.

Mit seiner Schnabeltier-Kolonie ist das Nest Yungaburra eine der schlichten Attraktionen des Tableland. Boutique-Unterkünfte in herrlicher Umgebung machen Queenslands größtes National-Trust-Dorf (18 denkmalgeschützte Gebäude) zum beliebten Ziel von Wochenendausflüglern mit Durchblick.

Rund 3 km außerhalb der Stadt weist ein Schild den Weg zu einer Attraktion, die man gesehen haben sollte: dem 500 Jahre alten **Curtain Fig Tree** (Vorhang-Feigenbaum), dessen riesige, außerordentlich anmutende Luftwurzeln wie ein gigantischer Vorhang herabhängen.

Tagesausflügler fallen im Dorf ein, um auf den belebten **Yungaburra Markets** (www. yungaburramarkets.com; Gillies Hwy; am 4. Sa im Monat 7.30–12.30 Uhr) auf die Jagd nach Kunsthandwerk und Landwirtschaftsprodukten zu gehen. Ende Oktober steigt das **Tablelands Folk Festival** (www.tablelandsfolkfestival. org; Tickets/Zeltstellplatz 55/22,50 AU$) mit Musik, Workshops und Dichterlesungen.

Wer sich ganz still verhält, kann von der **Schnabeltier-Beobachtungsplattform** am Peterson Creek eventuell eines der scheuen Kloakentiere erspähen. In der Morgen- und Abenddämmerung stehen die Chancen dafür am besten; dennoch lohnt sich ein Besuch zu jeder Tageszeit.

Im heimeligen Hostel ★**On the Wallaby** (07-4095 2031; www.onthewallaby.com; 34 Eacham Rd; Zeltstellplatz 10 AU$, B/DZ mit Gemeinschaftsbad 24/55 AU$; @) gibt's neben handgemachten Holzmöbeln und Mosaiken auch blitzsaubere Zimmer – und keine TVs! Unter den **geführten Touren** (40 AU$) mit Schwerpunkt auf Natur sind auch nächtliche Kanutrips. Angeboten werden auch Pauschalpakete (Übernachtung & Tour) und Shuttles ab Cairns (einfache Strecke 30 AU$).

Nick's Restaurant (07-4095 9330; www. nicksrestaurant.com.au; 33 Gillies Hwy; Hauptgerichte 8,50–36,50 AU$; Sa & So 11.30–15, Di–So 17.30–23 Uhr) serviert seine Schweizer Küche seit 1986. Kostümiertes Personal, Abendmusik mit Klavier und Akkordeon sowie spontanes Jodeln schaffen ein passendes Ambiente für das Menü. Dessen Spektrum reicht vom Schnitzel bis hin zur geräucherten Schweinelende und berücksichtigt auch Vegetarier.

Yungaburras **Visitor Centre** (07-4095 2416; www.yungaburra.com; Maud Kehoe Park; 9–17 Uhr) führt ein umfassendes Verzeichnis mit örtlichen B & Bs, unter denen auch wunderbare Refugien im ländlichen Umkreis sind.

Lake Tinaroo

Der Lake Tinaroo soll so zu seinem Namen gekommen sein: Einst stieß ein Erzsucher hier zufällig auf eine Alluvialzinn-Ader und rief in spontaner Erregung aus: „Tin! Hurroo!" („Zinn! Hurra!"). Der Reiz ist seitdem nicht gesunken: Einheimische flüchten vor der Hitze an der Küste hierher, um Bootstouren zu unternehmen, Wasserski zu laufen und faul am Seeufer herumzulümmeln.

Mit einer entsprechenden Genehmigung (7,45 AU$/Woche; erhältlich bei örtlichen Geschäften und Unterkünften) ist ganzjährig das Angeln auf Barramundis erlaubt. Bei Lust auf Fisch, Gegrilltes oder ein Glas Wein empfiehlt sich eine Sonnenuntergangsfahrt auf einem der äußerst komfortablen, „schwimmenden Wohnzimmer" von Lake Tinaroo Cruises (0457 033 016; www.laketinaroocruises.com.au; Charterboot 2/4 Std. 200/300 AU$).

Der Danbulla Forest Drive (28 km) schlängelt sich durch die Regenwälder und Weichholz-Plantagen entlang des Nordufers. Im Danbulla State Forest betreibt Queensland Parks fünf Campingplätze (13 74 68; www.nprsr.qld.gov.au; Genehmigung 5,45 AU$) mit Trinkwasser, Toiletten und Grillmöglichkeiten (Reservierung erforderl.). Alternativ wartet der Lake Tinaroo Holiday Park (07-4095 8232; www.laketinarooholidaypark.com.au; 3 Tinaroo Falls Dam Rd; Stellplatz ohne/mit Strom 27/31 AU$, Hütte 89–129 AU$;) mit modernem Komfort, einem riesigen Hüpfkissen (!) und Leihbooten (90 AU$/halber Tag) bzw. -kajaks (10 AU$/Std.) auf.

Crater Lakes National Park

Die beiden spiegelglatten, krokodilfreien Seen Lake Eacham und Lake Barrine gehören zur Wet Tropics World Heritage Area. Man erreicht sie leicht über befestigte Straßen, die vom Gillies Hwy abzweigen. Camping ist vor Ort verboten.

Als größerer der beiden Seen ist der Lake Barrine von dichtem altem Regenwald umgeben. An seinen Ufern warten ein Wanderweg (5 km, 1½ Std.) und das Lake Barrine Rainforest Tea House (07-4095 3847; www.lakebarrine.com.au; Gillies Hwy; Hauptgerichte 7,50–18 AU$; tgl. 9–15 Uhr). In dessen Untergeschoss lassen sich 45-minütige Seekreuzfahrten (Erw./Kind 16/8 AU$; 9.30, 11.30 & 13.30 Uhr) buchen. Vom Teehaus aus führt ein kurzer Abstecher zu den mächtigen Twin Kauri Pines (Zwillings-Kauri-Kiefern); die 1000 Jahre alten Giganten sind über 45 m hoch.

Am klaren Lake Eacham kann man sehr gut schwimmen und Schildkröten beobachten. Zudem gibt's hier überdachte Picknickplätze, einen Ponton, eine Bootsrampe und einen leicht zu meisternden Uferrundweg (3 km, 1 Std.). Das Rainforest Display Centre (McLeish Rd; Mo, Mi & Fr 9–13 Uhr) informiert über die Geschichte der Holzindustrie und das Wiederaufforsten des Regenwalds.

Die vier thematisch gestalteten Holzhütten des Crater Lakes Rainforest Cottages (07-4095 2322; www.craterlakes.com.au; Lot 17, Eacham Close, Lake Eacham; DZ 240 AU$;) stehen jeweils in eigenen kleinen Regenwaldhainen und strotzen vor romantischen Extras. Wer's etwas uriger mag, wählt den Lake Eacham Tourist Park (07-4095 3730; www.lakeeachamtouristpark.com; Lakes Dr; Stellplatz ohne/mit Strom 22/25 AU$, Hütte 90–110 AU$;) mit schattigen Stellplätzen und reizenden Hütten.

VON PORT DOUGLAS ZUR DAINTREE-REGION

Entlang dieser Route kann man sich in Port Douglas verwöhnen lassen, die Wildnis des Daintree Rainforest erkunden oder das raubeinige Cooktown besuchen.

Port Douglas

4772 EW.

In den 1960er-Jahren war Port Douglas noch ein verschlafenes, ruhiges Fischerdorf mit 100 Einwohnern. Der Bau des Mega-Resorts Sheraton Mirage in den 1980er-Jahren verwandelte „Port" jedoch in eine glamouröse Spielwiese der Auftoupierten und Superreichen. Heute steht der Ort für einen Mix aus den beiden Extremen: Entspannt, aber elegant ist er eine kultivierte Alternative für alle, die dem Touristentrubel in Cairns entkommen wollen. Der weiße Sand des Four Mile Beach erstreckt sich in unmittelbarer Nähe der beiden Hauptstraßen (Macrossan St und Davidson St). Bis zum Great Barrier Reef im offenen Meer ist es weniger als eine Stunde mit dem Boot.

Sehenswertes & Aktivitäten

Four Mile Beach STRAND

Vor Palmen ersteckt sich dieser breite Streifen knirschenden Sandes so weit, wie das

Auge reicht. Er ist so fest, dass in der guten alten Zeit häufiger Flugzeuge hier gelandet sind. Vor dem Surfer- und Rettungsschwimmerclub befindet sich ein abgesperrter Badebereich.

Wer einen tollen Strandblick genießen will, folgt der Wharf St und dann der steilen Island Point Rd hinauf zum **Flagstaff Hill Lookout**.

★ **Wildlife Habitat Port Douglas** ZOO
(07-4099 3235; www.wildlifehabitat.com.au; Port Douglas Rd; Erw./Kind 32/16 AU$; 8–17 Uhr) In Queenslands Norden mangelt es nicht an Tierparks für Touristen, aber dieser hier gehört zu den besten. Der Zoo hält bzw. zeigt einheimische Tierarten gezielt in Gehegen, die deren natürliche Lebensräume möglich exakt imitieren – und dennoch kann man z. B. Koalas, Kängurus, Krokodile oder Kasuare aus nächster Nähe bewundern. Die Tickets sind drei Tage lang gültig. Das Gelände liegt 4 km südlich der Stadt und ist über die Davidson St erreichbar.

Frühmorgens gibt's **Breakfast with the Birds** (Frühstück mit den Vögeln; inkl. Eintritt Erw./Kind 47/23,50 AU$; 8–10.30 Uhr), später dann **Lunch with the Lorikeets** (Mittagessen mit den Loris; inkl. Eintritt Erw./Kind 47/23,50 AU$; 12–14 Uhr).

St. Mary's by the Sea KIRCHE
(6 Dixie St) GRATIS Falls sich hier nicht gerade Hochzeitsgesellschaften tummeln, lohnt ein Blick in diese malerische und nicht konfessionsgebundene Kirche (erb. 1911) aus weißem Holz.

Ballyhooley Steam Railway MINIZUG
(www.ballyhooley.com.au; Tagespass Erw./Kind 10/5 AU$; So) Die Kids werden von dem hübschen Minizug, der jeden Sonntag (und an manchen Feiertagen) von der kleinen Haltestelle am Marina Mirage zum Bahnhof von St. Crispins dampft, hellauf begeistert sein. Die ganze Rundfahrt dauert etwa eine Stunde, Teilstrecken sind günstiger.

Port Douglas Yacht Club SEGELN
(07-4099 4386; www.portdouglasyachtclub.com.au; 1 Spinnaker Cl) Jeden Mittwochnachmittag kann gratis mit Clubmitgliedern gesegelt werden (WAGS; Anmeldung ab 16 Uhr).

Tauchkurse TAUCHEN
Blue Dive (0427 983 907; www.bluedive.com.au; 4- bis 5-tägige Open-Water-Kurse ab 760 AU$) und mehrere andere Firmen bieten neben dem Erlangen des PADI Open-Water-Scheins auch Zertifikate für fortgeschrittene Taucher an. Die **Tech Dive Academy** (07-3040 1699; www.tech-dive-academy.com; 4-tägige Open-Water-Kurse ab 1090 AU$) gibt Einzelunterricht.

Port Douglas Boat Hire BOOTSVERLEIH
(07-4099 6277; Berth C1, Marina Mirage) Verleiht Dingis (33 AU$/Std.), familienfreundliche Pontonboote mit Dach (43 AU$/Std.) und Angelausrüstung.

Wind Swell WASSERSPORT
(0427 498 042; www.windswell.com.au; 6 Macrossan St) Anfänger wie Erfahrene können hier Kurse im Kitesurfen und Stehpaddeln belegen (jeweils ab 50 AU$). Der Unterricht findet im Park am Südende des Four Mile Beach statt. Das Firmenbüro liegt an der Macrossan St.

Golf GOLF
Die Resorts **Sheraton Mirage** (www.miragecountryclub.com.au) und **Paradise Links** (www.paradiselinks.com.au) haben jeweils prestigeträchtige und teure Golfplätze. Rund 20 Minuten nördlich von Port befindet sich der deutlich günstigere **Mossman Golf Club** (www.mossmangolfclub.com.au).

Historische Stadtspaziergänge STADTSPAZIERGANG
Auf der Website der **Douglas Shire Historical Society** (www.douglashistory.org.au) lassen sich Broschüren für selbstgeführte, historische (Stadt-)Spaziergänge durch Port Douglas, Mossman und Daintree herunterladen.

⤴ Geführte Touren

Als Tourismuszentrum hat Port Douglas ein riesiges Tourenangebot. Zudem starten auch viele Unternehmen aus der Gegend um Cairns hier ihre Veranstaltungen wie Rafting oder Ballonfahren. Umgekehrt holen viele der folgenden Veranstalter aus Port Douglas ihre Gäste in Cairns oder von den Stränden im Norden von Cairns ab.

Great Barrier Reef

Das äußere Riff liegt näher an Port Douglas als an Cairns, und der andauernde Besucherstrom hat hier ebenso deutliche Spuren hinterlassen. Farbenfrohe Korallen und buntes Meeresleben sind zwar immer noch zu bewundern, aber an manchen Stellen ist das Riff schon recht mitgenommen.

Fast alle Boote für die Tagesausflüge legen vor dem Einkaufskomplex Marina Mirage ab. Im Tourenpreis inbegriffen sind nor-

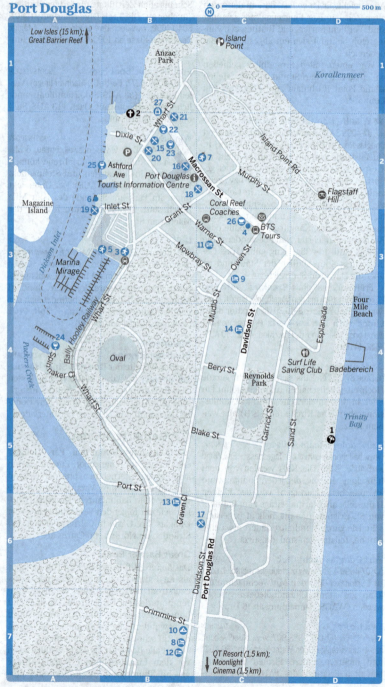

Port Douglas

🟢 Sehenswertes
1 Four Mile Beach D5
2 St. Mary's by the Sea.........................B2

🟢 Aktivitäten, Kurse & Touren
3 Ballyhooley Steam Railway B3
4 BTS Tours C3
5 Port Douglas Boat Hire B3
   Port Douglas Yacht Club.........(siehe 24)
6 Reef Sprinter A2
7 Wind Swell C2

🟢 Schlafen
8 Dougies B7
9 Hibiscus Gardens................................C3
10 Pandanus Caravan Park B7
11 ParrotFish Lodge C3
12 Pink Flamingo B7
13 Port O' Call Lodge B6
14 Tropic Sands C4

🟢 Essen
15 2 Fish B2
16 Coles Supermarket B2
17 Han Court..C6
18 Mocka's Pies.....................................C2
19 On the Inlet.......................................A3
20 Salsa Bar & Grill B2
21 Sassi Cucina e Bar B2

🟢 Ausgehen & Nachtleben
22 Court House Hotel B2
23 Iron Bar B2
24 Port Douglas Yacht Club....................A4
25 Tin Shed B2
26 Whileaway Bookshop Cafe C3

🟢 Shoppen
27 Port Douglas Markets B1

malerweise der Transfer von der jeweiligen Unterkunft, die Riffgebühr, Mittagessen, Getränke und Schnorcheln. Ein überwachter Schnuppertauchgang, für den weder Bescheinigung noch Taucherfahrung erforderlich sind, kostet um die 250 AU$, jeder weitere Tauchgang 50 AU$. Zertifizierte Taucher bezahlen für zwei Tauchgänge inklusive der gesamten Ausrüstung etwa 260 AU$.

Einige Veranstalter schippern auch zu den nur 15 km von der Küste entfernt liegenden Low Isles. Die kleine Inselgruppe ist von einem herrlichen Korallenriff umgeben, in dem es von Meeresschildkröten nur so wimmelt.

Quicksilver   BOOTSFAHRT
(☏07-4087 2100; www.quicksilver-cruises.com; Erw./Kind 219/110 AU$) Der größte Anbieter fährt mit Schnellbooten bis zum Agincourt Reef. Man kann mit einem speziellen Tauchhelm auf einer Plattform unter Wasser „spazieren gehen" (155 AU$). Oder wie wär's mit einem Rundflug im Hubschrauber (159 AU$, mind. 2 Pers.), der von der Pontonbrücke im Riff startet?

Sailaway   SEGELN, SCHNORCHELN
(☏07-4099 4772; www.sailawayportdouglas.com; Erw./Kind 215/130 AU$) Die Segel- und Schnorcheltouren zu den Low Isles sind vor allem bei Familien sehr beliebt. Ein besonderes Erlebnis sind die 90-minütigen Segeltörns vor der Küste von Port Douglas in der Abenddämmerung (50 AU$).

Sail Tallarook   SEGELN
(☏07-4099 4070; www.sailtallarook.com.au; halbtägiger Segeltörn Erw./Kind 99/75 AU$) Mit der historischen, 30 m langen Jacht sind u.a. Sonnenuntergangsfahrten (50 AU$ inkl. Käseteller, Di & Do) möglich. Getränke müssen selbst mitgebracht werden.

Reef Sprinter   SCHNORCHELN, BOOTSFAHRT
(☏07-4099 6127; www.reefsprinter.com.au; Erw./Kind 120/100 AU$) Flitzt in nur 15 Minuten superschnell zu den Schnorchelrevieren der Low Isles – Seekrankheit ist dabei quasi ausgeschlossen!

Daintree-Region

Über Port Douglas führen Geländewagentouren ab Cairns nach Cooktown und Cape York.

Reef & Rainforest Connections   ÖKOTOUR
(☏07-4035 5566; www.reefandrainforest.com.au; Erw./Kind ab 177/115 AU$) Das Highlight dieses Anbieters ist eine zwölfstündige Tour zum Cape Trib und zur Mossman Gorge.

BTS Tours   NATUR
(☏07-4099 5665; www.btstours.com.au; 49 Macrossan St; Erw./Kind nach Daintree 160/115 AU$, zur Mossman Gorge 72/40 AU$) Touren zum Daintree Rainforest und zum Cape Trib (inkl. Kanufahren, Schwimmen und Regenwaldwandern).

Angeln

In Port Douglas starten regelmäßig Touren für Riff-, Fluss- und Uferangler. Köder und Ausrüstung sind jeweils im Preis enthalten.

Tropical Fishing & Eco Tours   ANGELN, GEFÜHRTE TOUREN
(☏07-4099 4272; www.fishingecotours.com; Angeltouren ab 100 AU$, Inlet-Touren 40 AU$) Angeltouren, Inlet-Touren und Charterboote.

Fishing Port Douglas
ANGELN

(☏ 0409 610 869; www.fishingportdouglas.com.au; Charterboot für Einzelpersonen/Gruppen pro halber Tag ab 90/320 AU$) Angeboten werden Fluss- und Riffangeln.

Flusskreuzfahrten & Flussschnorcheln

Back Country Bliss Adventures
SCHNORCHELN

(☏ 07-4099 3677; www.backcountryblissadventures.com.au; Touren 80 AU$) Bei den kinderfreundlichen Schnorcheltrips lässt man sich den Mossman River hinuntertreiben und sieht dabei z. B. Schildkröten oder Süßwasserfische.

Lady Douglas
FLUSSKREUZFAHRT

(☏ 07-4099 1603; www.ladydouglas.com.au; 1½-stündige Touren Erw./Kind 30/20 AU$) Viermal täglich bricht der Schaufelraddampfer zu Krokodilbeobachtungen auf dem Dickson Inlet auf (u. a. in der Abenddämmerung).

Radtouren

Bike N Hike Adventure Tours
RADTOUR

(☏ 0416 339 420; www.bikenhiketours.com.au; Touren ab 88 AU$) Kunden holpern den passend benannten Bump Track (ein alter Aborigine-Pfad) hinunter – entweder im Cross-Country-Stil (128 AU$, Di & Do 7.30–11.30, So 13.30–17.30 Uhr) oder richtig wild am Abend (88 AU$, tgl. 18.30–20.30 Uhr).

🎆 Feste & Events

Port Douglas Carnivale
KARNEVAL

(www.carnivale.com.au; ◷ Mai) Zehntägiges Festival mit Livemusik, einem farbenprächtigen Straßenumzug und viel gutem Essen bzw. Trinken.

Porttoberfest
BIERFEST

(Port Douglas Marina; ◷ Ende Okt.) Tropisches Oktoberfest mit Livemusik, deutscher Küche und Bier (aktuelle Infos unter www.visitportdouglasdaintree.com.au/events).

🛏 Schlafen

Port Douglas bietet zahllose Übernachtungsmöglichkeiten – vor allem Selbstversorger-Apartments und Nobelresorts gleich außerhalb der Stadt.

ParrotFish Lodge
HOSTEL $

(☏ 07-4099 5011; www.parrotfishlodge.com; 37–39 Warner St; B 25–32 AU$, DZ mit /ohne Bad 117/80 AU$; ✱@☼) Energiegeladenes Hostel mit Bar, Livemusik und vielen kostenlosen Extras (u. a. Frühstück, Leihfahrräder, Shuttles ab Cairns).

Dougies
HOSTEL $

(☏ 07-4099 6200; www.dougies.com.au; 111 Davidson St; Stellplatz 15 AU$/Pers., B/DZ 26/68 AU$; ✱@☎☼) Auf dem weitläufigen Gelände kann man tagsüber gemütlich in der Hängematte relaxen und sich abends in der Bar vergnügen. Für weniger Faule gibt's ausleihbare Fahrräder und Angelausrüstung. Gratisshuttles ab Cairns (Mo, Mi & Sa).

Pandanus Caravan Park
WOHNWAGENPARK $

(☏ 07-4099 5944; www.pandanuscp.com.au; 97-107 Davidson St; Stellplatz für 2 Pers. ohne/mit Strom 38/44 AU$, Hütte für 2 Pers. 80–110 AU$; ✱@☎☼) Prima Hütten und Gratis-Gasgrills in Laufentfernung zum Strand (5 Min.).

Port O' Call Lodge
HOSTEL $

(☏ 07-4099 5422; www.portocall.com.au; Ecke Port St & Craven Cl; B 38 AU$, DZ 85–129 AU$; ✱@☎☼) ✦ Das schlichte Hostel mit Strom aus Solar- bzw. Windkraft hat neben Zimmern mit eigenen Bädern auch ein Bar-Bistro mit gutem Preis-Leistungs-Verhältnis.

Tropic Sands
APARTMENTS $

(☏ 07-4099 6166; www.tropicsands.com.au; 21 Davidson St; DZ ab 89 AU$; ✱@☼) Das wunderschöne Haus im Kolonialstil beherbergt schicke Zimmer mit offenem Grundriss, eigenen Balkonen und komplett ausgestatteten Küchen. Keine Kinder und zwei Mindestübernachtungen.

⭐ Pink Flamingo
BOUTIQUEHOTEL $$

(☏ 07-4099 6622; www.pinkflamingo.com.au; 115 Davidson St; Zi. 125–195 AU$; ✱@☎☼) Die hippste Bleibe der Stadt: Die kunterbunt gestalteten Zimmer haben eigene Hofgärten mit Hängematten, Freiluftbädern und -duschen. Hinzu kommen eine Open-Air-Bar, ein Fitnessraum, Freiluft-Kinoabende und Leihfahrräder.

Birdsong Bed & Breakfast
B&B $$

(☏ 07-4099 1288; www.portdouglasbnb.com; 6188 Captain Cook Hwy; DZ/Apt. ab 135/249 AU$; P✱☼) Auf einem weitläufigen Tropengrundstück gelegene, ruft dieses vornehme B & B gewisse Träume von Pracht und Herrlichkeit hervor: Hier gibt's einen privaten Hubschrauberlandeplatz und ein Heimkino zu bestaunen. Je länger der Aufenthalt, desto niedriger sind die Preise.

Turtle Cove Beach Resort
SCHWULENRESORT $$

(☏ 07-4059 1800; www.turtlecove.com; Captain Cook Hwy; DZ/Suite ab 154/277 AU$; P✱@☼) Das extrem beliebte, schwul-lesbische Resort punktet mit direkter Strandlage und einem FKK-Strand. Es liegt 15 Minuten südlich von Port und akzeptiert keine Kinder.

★ QT Resort — RESORT $$$
(07-4099 8900; www.qtportdouglas.com.au; 87-109 Port Douglas Rd; DZ 240–260 AU$, Villa 290–410 AU$; ❄@🌐☂) Das kitschige Retro-Nobeldekor und die loungigen DJ-Klänge in der Bar lassen einen vergessen, dass man gerade in Queensland ist. Das Hausrestaurant Bazaar serviert ein qualitativ hochwertiges Buffet. Die stilvollen Zimmer verfügen über Flachbild-TVs und vornehme Betten.

Hibiscus Gardens — RESORT $$$
(07-4099 5995; www.hibiscusportdouglas.com.au; 22 Owen St; DZ 155–385 AU$; ❄@☂) Balinesische Einflüsse (Mobiliar und Einrichtungselemente aus Teakholz, Fensterläden im Plantagenstil) geben dem stilvollen Resort ein exotisches Ambiente. Das Day Spa gilt als eines der besten vor Ort.

🍴 Essen

Für eine Stadt dieser Größe hat Port Douglas ein paar unglaublich raffinierte Restaurants. Reservierung ist empfehlenswert und bei sehr populären Lokalen ein Muss. Im Einkaufszentrum Port Village finden Selbstversorger einen großen Supermarkt von **Coles** (11 Macrossan St).

Mocka's Pies — BÄCKEREI $
(07-4099 5295; 9 Grant St; Pies 4,50–6 AU$; ⏱8–16 Uhr) Diese Institution serviert tolle Aussie-Pies mit exotischen Zutaten (z. B. Krokodil, Känguru oder Barramundi).

The Beach Shack — MODERN-AUSTRALISCH $$
(07-4099 1100; www.the-beach-shack.com.au; 29 Barrier St, Four Mile Beach; Hauptgerichte 16,50–29 AU$; ⏱11.30–15 & 17.30–22 Uhr; 🍴) Ein Aufschrei der Empörung würde durchs ganze Land gehen (naja, fast), wenn im Lieblingslokal der Einheimischen die in Macadamia panierten Auberginen (mit gegrilltem und gebratenem Gemüse, Ziegenkäse und Rucola) von der Karte verschwinden würden. Noch besser ist das Ambiente, für das alleine es sich lohnt, zum südlichen Ende des Four Mile zu fahren: ein von Laternen beleuchteter Garten, in dem Tische und Stühle im Sand stehen. Neben guten Fischen und Rindersteaks gibt's auch leckere Tagesgerichte.

On the Inlet — SEAFOOD $$
(07-4099 5255; www.portdouglasseafood.com; 3 Inlet St; Hauptgerichte 24–40 AU$; ⏱12–23.30 Uhr) Auf der riesigen Terrasse mit Blick auf den Dickson Inlet warten die Gäste auf George, den Zackenbarsch (250 kg), der (meistens) pünktlich um 17 Uhr zur Fütterung erscheint. Von 15.30 bis 17.30 Uhr gibt's für 18 AU$ einen Eimer voll mit Garnelen und ein Getränk.

Salsa Bar & Grill — MODERN-AUSTRALISCH $$
(07-4099 4922; www.salsaportdouglas.com.au; 26 Wharf St; Hauptgerichte 20–37 AU$; ⏱12–15 & 17.30–21.30 Uhr; 🍴) Das Salsa ist eine Institution in Ports flatterhafter Restaurantszene und serviert auch großartige Cocktails. Empfehlenswert sind das kreolische Jambalaya (Reis mit Garnelen, Tintenfisch, Krokodil und Räucherhuhn) oder das Känguru mit Tamarillo-Konfitüre.

Han Court — CHINESISCH $$
(07-4099 5007; 85 Davidson Street; Hauptgerichte ab 16 AU$) Wenn der örtliche Mix aus Fusion, Mod-Oz und kulinarischem Tagestrend langweilig wird, sollte man gute Hausmannskost im Han genießen. Der Laden ist schon ewig im Geschäft und serviert leckere Klassiker (z. B. Honig-Huhn, Rindfleisch mit Schwarzbohnen) auf einer Kerzenlichtterrasse.

★ Sassi Cucina e Bar — ITALIENISCH $$$
(07-4099 6744; Ecke Wharf St & Macrossan St; Hauptgerichte 26–49 AU$; ⏱12–22 Uhr) Im Notfall heißt's stehlen oder vom Munde absparen, um ein authentisches Italo-Festessen in dieser Legende vertilgen zu können: Eigentümer und Küchenchef Tony Sassi ist weltberühmt für sein Seafood. Doch auch an wirklich jedes andere Gericht auf der Karte wird sich der Gaumen länger erinnern, als die eigene Four-Mile-Bräune hält.

2 Fish — SEAFOOD $$$
(07-4099 6350; www.2fishrestaurant.com.au; 7/20 Wharf St; Hauptgerichte 29–40 AU$; ⏱tgl. 11.30–15 & 17.30–22 Uhr) Hier gibt's weitaus mehr Seafood als der schlichte Name vermuten lassen könnte: Von Leopard-Forellenbarsch und Kasier-Schnapper bis hin zu wildem Barramundi bereiten die Köche mehr als ein Dutzend Fischarten nach diversen innovativen Rezepten zu.

Flames of the Forest — SPITZENKÜCHE $$$
(07-4099 5983; www.flamesoftheforest.com.au; Mowbray River Rd; Abendessen inkl. Show, Getränken & Shuttles ab 180 AU$) Diese ungewöhnliche Erfahrung geht weit über das traditionelle Konzept „Abendessen mit Show" hin-

aus. Gäste werden tief in den Regenwald geleitet, um dort einen wahrhaft mitreißenden Abend mit Theater, Kultur und Gourmetküche zu erleben. Reservierung erforderlich.

Ausgehen & Nachtleben

Essen und Ausgehen gehören in Port Douglas zusammen. Alle hiesigen Hotels und Clubs servieren auch günstige Gerichte im Kneipenstil.

Tin Shed LIZENZIERTER CLUB
(www.thetinshed-portdouglas.com.au; 7 Ashford Ave; ⊙10–22 Uhr) Port Douglas' Combined Services Club ist eine Seltenheit: Direkt am Ufer serviert er spottbilliges Essen und sogar richtig günstige Getränke.

Iron Bar KNEIPE
(☎07-4099 4776; www.ironbarportdouglas.com.au; 5 Macrossan St; ⊙11–3 Uhr) Bunt zusammengewürfeltes, schrulliges Outback-Dekor schafft hier das Ambiente für einen wilden Ausgeh-Abend. Nach einem Grillsteak (Hauptgerichte 17–30 AU$) kann man zu Livemusik tanzen oder sein Wettglück beim Aga-Krötenrennen im Obergeschoss versuchen (5 AU$).

Court House Hotel KNEIPE
(☎07-4099 5181; Ecke Macrossan St & Wharf St; ⊙11 Uhr–open end) Das Courty ist eine beliebte Lokalkneipe in prominenter Ecklage. Es empfängt Gäste mit Essen (Gerichte 20–30 AU$) und Livebands am Wochenende.

Whileaway Bookshop Cafe CAFÉ
(2/43 Macrossan St; ⊙6–18 Uhr) Klasse Kaffee in literaturlastiger Umgebung.

Port Douglas Yacht Club LIZENZIERTER CLUB
(www.portdouglasyachtclub.com.au; 1 Spinnaker Cl; ⊙Bar Mo–Fr 16–22, Sa & So 12–22 Uhr) Der PDYC überzeugt mit flotter Seefahrtsatmosphäre und preiswertem Abendessen.

Unterhaltung

Moonlight Cinema KINO
(www.moonlight.com.au/port-douglas/; 87–109 Port Douglas Rd, QT Resort, Port Douglas; Tickets Erw./Kind 16/12 AU$; ⊙Juni–Okt.) Für die Freiluft-Filme empfehlen sich Picknick-Proviant und ein gemieteter Sitzsack.

Shoppen

Port Douglas Markets MARKT
(Anzac Park, Macrossan St; ⊙So 8–13 Uhr) Diese kitschfreien Schatztruhen verkaufen (Kunst-)Handwerk, Schmuck, Landwirtschaftsprodukte und einheimische Tropenfrüchte.

ⓘ Praktische Informationen

Das **Port Douglas Tourist Information Centre** (☎07-4099 5599; www.infoportdouglas.com.au; 23 Macrossan St; ⊙8–18.30 Uhr) verteilt Stadtpläne und bucht geführte Touren.

Jeden Donnerstag erscheint die *Port Douglas & Mossman Gazette* mit zahlreichen Lokalinfos, Konzertterminen u. a.

ⓘ An- & Weiterreise

Die 70 km lange Küstenstraße zwischen Cairns und Port Douglas gehört zu den schönsten des Landes. Für Traveller ohne eigene vier Räder gibt's viele Busverbindungen – darunter folgende:

Coral Reef Coaches (☎07-4098 2800; www.coralreefcoaches.com.au) verbindet Port Douglas mit Cairns (über den Cairns Airport und Palm Cove; 40 AU$, 1¼ Std.).

Auch **Sun Palm** (S. 504) verkehrt jeden Tag regelmäßig zwischen Port Douglas and Cairns (über den Flughafen und die nördlichen Strände; 40 AU$, 1½ Std.).

Je nach Wetter sind Busse von **Country Road Coachlines** (☎07-4045 2794; www.countryroadcoachlines.com.au) auf der Küstenroute zwischen Port Douglas und Cooktown unterwegs (über das Cape Tribulation; 70 AU$, 3-mal wöchentl.).

ⓘ Unterwegs vor Ort

Port Douglas Bike Hire (☎07-4099 5799; www.portdouglasbikehire.com.au; Ecke Wharf St & Warner St; ab 19 AU$/Tag) Verleiht Highend-Bikes und Tandems (32 AU$/Tag), die bei Bedarf jeweils gratis zum Kunden gebracht bzw. dort abgeholt werden.

Sun Palm (☎07-4087 2900; www.sunpalmtransport.com.au) Verkehrt durchgängig auf einem Rundkurs zwischen Wildlife Habitat und Marina Mirage (7–24 Uhr alle 30 Min.).

Vor Ort sind große internationale Autovermieter vertreten. Alternativ empfehlen sich einheimische Firmen wie **Paradise Wheels** (☎07-4099 6625; www.paradisewheels.com.au) oder **Port Douglas Car Hire** (☎07-4099 4999; www.portdouglascarhire.com). Achtung: Oft sind Offroad-Trips mit Leihfahrzeugen untersagt (vor dem Mieten nachfragen)! Port ist zudem bis Cooktown der einzige Ort, an dem sich Geländewagen mieten lassen.

Mossman

1733 EW.

Mossman liegt nur 20 km nördlich von Port. Das nette, bodenständige Städtchen mit einer Zuckerfabrik und Zuckerrohrzügen ist eine Pflichtstation bei Touren zur Mossman

(Fortsetzung auf S. 511)

Das Great Barrier Reef

Jedes Jahr kommen mehr als 1,5 Mio. Besucher zu dieser UNESCO-Welterbestätte, die sich auf mehr als 2000 km entlang der Küste erstreckt. Tauchen und Schnorcheln sind nur zwei der vielen Möglichkeiten, dieses wunderbare und vielfältige Ökosystem zu erleben. Man kann Segeltouren und Rundflüge unternehmen und wundervolle Tage damit zubringen, die Ortschaften und hinreißenden Inseln rund um das Riff zu erkunden.

Inhalte
- ➔ Wege zum Riff
- ➔ Begegnungen am Riff
- ➔ Ein Themenpark der Natur

Luftaufnahme des Great Barrier Reefs

Wege zum Riff

Es gibt viele Wege zur Erkundung von Australiens tollem Unterwasserreich. Entweder man sucht einen der beliebten Ferienorte auf und schließt sich einer Tour an, oder man nimmt an einer mehrtägigen Segel- bzw. Tauchexkursion teil und erkundet die weniger besuchte Außenseite des Riffs. Wer will, kann auch zu einer abgelegenen Insel fliegen und hat das Riff fast für sich allein.

Whitsunday Islands

Türkisfarbenes Wasser, Korallengärten und palmengesäumte Strände zeichnen die Whitsunday Islands aus. Hier gibt's viele Möglichkeiten, das Riff zu entdecken: Man übernachtet auf einer der Inseln, unternimmt eine Segeltour oder wohnt in Airlie Beach und macht Tagestrips von Insel zu Insel.

Cairns

Als beliebtester Startpunkt für Touren zum Riff verfügt Cairns über Dutzende von Veranstaltern, die eintägige Bootstouren zum Schnorcheln und mehrtägige Rifferkundungen an Bord eines Schiffes anbieten. Cairns ist auch der richtige Ort, um Tauchen zu lernen.

Port Douglas

Das eine Fahrtstunde nördlich von Cairns gelegene Port Douglas ist ein ruhiger Badeort, von dem aus Boote ein Dutzend Tauchstellen ansteuern, z.B. recht unberührte Außenriffe wie das Agincourt Reef.

Townsville

Australiens größte tropische Stadt liegt zwar weit entfernt vom äußeren Riff (2½ Std. Bootsfahrt), hat aber außergewöhnliche Attraktionen zu bieten: Zugang zu Australiens Hot-Spot zum Wracktauchen, ein tolles Aquarium, Meeresmuseen sowie mehrtägige Bootstouren für Taucher.

Southern Reef Islands

Wer Ruhe sucht, bucht einen Ausflug auf eine der abgelegenen Koralleninseln am Südrand des Great Barrier Reefs. Direkt vor den Inseln kann man prima schnorcheln und tauchen.

1. Clownfisch **2.** Airlie Beach (S. 438) **3.** Reef HQ Aquarium (S. 451), Townsville

Begegnungen am Riff

Am besten erkundet man das Great Barrier Reef und seine einmalige Unterwasserwelt mit Maske und Flossen. Eine Tour im Glasbodenboot, ein Rundflug oder Riffwanderungen sind aber auch nicht zu verachten.

Tauchen & Schnorcheln

Die klassische Art, das Great Barrier Reef zu erkunden, ist ein Tag an Bord eines Katamarans und der Besuch mehrerer Korallenriffe. Es gibt nichts, was den ersten Unterwasserblick – ausgerüstet mit Schnorchel oder Tauchequipment – toppen könnte!

Halbtauchboote

Viele Veranstalter (vor allem rund um Cairns) bieten Touren in Halbtauch- oder Glasbodenbooten an. So hat man einen Panoramablick auf die Korallen, Fische, Rochen, Schildkröten und Haie, ohne mit dem Wasser in Berührung zu kommen.

Segeln

Wer die Massen hinter sich lassen will, macht einen Segeltörn, um die spektakuläre Unterwasserwelt zu genießen. Erfahrene Skipper können eine Jacht chartern, alle anderen an einer mehrtägigen Tour teilnehmen. Beides wird in Airlie Beach oder Port Douglas angeboten.

Riffwandern

Viele Riffe am südlichen Great Barrier Reef liegen bei Ebbe trocken, sodass man auf Sandwegen zwischen den Korallen herumlaufen kann. Eine tolle Art, etwas über die Fauna zu erfahren – vor allem, wenn ein Guide Erklärungen dazu gibt!

Panoramaflüge

Auf einem Panoramaflug kann man das weitläufige Korallenriff mit all seinen Atollen und Inseln aus der Vogelperspektive bewundern. Angeboten werden Flüge in Hubschraubern (Cairns) oder in Wasserflugzeugen (einen Flug über die Whitsundays vergisst man so schnell nicht mehr).

1. Whitehaven Beach (S. 447) **2.** Hubschrauber-Rundflug über die Whitsunday Islands (S. 434) **3.** Schnorcheln, Cairns (S. 478)

Meeresschildkröte

Ein Themenpark der Natur

Das Great Barrier Reef mit dem größten Artenreichtum aller Ökosysteme der Welt ist ein wahres Unterwasserwunderland. Hier gibt's mehr als 30 Spezies von Meeressäugetieren sowie unzählige Fisch-, Korallen-, Weichtier- und Schwammarten. Auf den Inseln und Atollen fand man 200 Vogel- und 118 Schmetterlingsarten.

Zu den häufigsten Fischarten gehören die (eigentlich tiefdunkelblauen) Schwarzen Falterfische mit ihrem schwefelgelb umrahmten Maul und Schwanz, die großen, in Pastellfarben schimmernden Lippfische, kleine, leuchtend blaue, gefleckte Saphir-Riffbarsche und Sechsbinden-Kaiserfische mit blauem Schwanz, gelbem Körper und Tigerstreifen. Man sollte sich unbedingt die Rochen anschauen, vor allem den gefleckten Adlerrochen!

Das Riff ist außerdem eine Oase für Meeressäugetiere wie Wale, Delfine und Dugongs. Dugongs, von denen viele in den Gewässern Nordaustraliens leben, stehen unter Artenschutz; 15 % der Weltpopulation sind im Riff beheimatet. Buckelwale ziehen von der Antarktis in die warmen Gewässer um das Riff, wo sie zwischen Mai und Oktober ihre Jungen aufziehen. Minkwale sind im Juni und Juli vor der Küste von Cairns bis Lizard Island zu sehen. Auch Tümmler, Killer- und Grindwale sind hier zu Hause.

Zu den beliebtesten aller Riffbewohner gehört die Meeresschildkröte. Sechs der sieben (gefährdeten) Arten leben hier und legen entweder im Frühjahr oder im Sommer ihre Eier an den sandigen Stränden der Inseln ab und sorgen so für die nächste Schildkrötengeneration.

(Fortsetzung von S. 504)

Gorge. Auf dem Weg nach Norden kann man sich hier zudem prima mit Benzin und Proviant eindecken.

Sehenswertes & Aktivitäten

★ Mossman Gorge SCHLUCHT
(07-4099 7000; www.mossmangorge.com.au; Mossman Gorge Centre; Traumzeit-Wanderung Erw./Kind 50/25 AU$; 8–18 Uhr) In der südöstlichen Ecke des Daintree National Park liegt die Mossman Gorge, rund 5 km westlich von Mossman. Die Schlucht gehört zum traditionellen Land der indigenen Kuku-Yalanji und wurde vom Mossman River in den Fels gegraben. Auf ihrem Boden schießt schäumendes Wasser über viele uralte Felsbrocken. Entlang des Flusses führen Rundwanderwege zu einem erfrischenden Badeloch – aber Vorsicht: die Strömung kann sehr stark sein! Vor Ort gibt's einen Picknickplatz, aber keine Campingmöglichkeiten. Für die komplette Rundroute zurück zum Eingang braucht man etwa eine Stunde.

Beim schicken neuen Besucherzentrum lassen sich Dreamtime Walks (Traumzeit-Wanderungen; 1½ Std.) unter der Leitung indigener Kuku-Yalanji direkt vor Ort buchen. Zum Zentrum gehören auch eine Kunstgalerie und ein Restaurant mit typischer Buschkost (*bush tucker*).

Janbal Gallery KUNSTGALERIE
(07-4098 3917; www.janbalgallery.com.au; 5 Johnston Rd; Di–Sa 10–17 Uhr) In dieser Galerie unter indigener Leitung kann man Kunst besichtigen und auch kaufen. Wer möchte, kann ein eigenes Meisterwerk (Gemälde, Bumerang oder Didgeridoo) erschaffen – mithilfe des hier lebenden Künstlers Binna.

Schlafen & Essen

Mossman Motel Holiday Villas VILLEN $$
(07-4098 1299; www.mossmanmotel.com.au; 1–9 Alchera Drive; Villa 120–210 AU$; P ❋ @ ✳ ≋) Auf dem schön gestalteten Gartengelände gibt's neben Villen mit großartigem Preis-Leistungs-Verhältnis auch einen Felswasserfall mit Pool.

Silky Oaks Lodge LUXUSRESORT $$$
(07-4098 1666; www.silkyoakslodge.com.au; Finlayvale Rd; Wohnstudio-Baumhaus/Garten-Baumhaus/Luxus-Baumhaus 400/500/630 AU$, Haus am Fluss 800 AU$; ❋ @ ✳ ≋) Dieses internationale Resort ist bei Flitterwöchnern und gestressten Managern beliebt. Es empfängt seine Gäste mit Hängematten, verjüngenden Behandlungen und eigenen Whirlpools in Hütten aus poliertem Holz. Das zugehörige tolle Treehouse Restaurant & Bar (Hauptgerichte 36–44 AU$; morgens 7–10, mittags 12–14.30, abends 18–20.30 Uhr) akzeptiert auch Gäste, die nicht im Resort wohnen.

Mojo's MODERN-AUSTRALISCH $$
(07-4098 1202; www.mojosbarandgrill.com.au; 41 Front St; Hauptgerichte 18–45 AU$; Mo–Fr 11.30–14, Mo–Sa 18 Uhr–open end;) Die Karte passt eher zum Montmartre als zu Mossman: Auf den Tisch kommt Nobles wie gebackener Brie mit getrüffelten Honig-Walnüssen und Schweinebauch-Frühlingsrollen.

Praktische Informationen

NPRSR (13 74 68; www.nprsr.qld.gov.au) Informiert über den Daintree National Park bis hoch zum Cape Tribulation und darüber hinaus.

An- & Weiterreise

BTS (07-4099 5665; www.portdouglasbus.com; 49 Macrossan St, Port Douglas) Pendel-Shuttles zwischen Port Douglas und der Mossman Gorge (hin & zurück Erw./Kind 26/16 AU$, 8.30 & 11.30 Uhr).

DIE REGION DAINTREE

Mit „Daintree" können eigentlich mehrere Dinge gemeint sein: ein Fluss, ein Regenwald-Nationalpark, ein Riff, ein Dorf und die Heimat der traditionellen Hüter dieses Landes, der Kuku Yalanji. Die Region Daintree umfasst das Flachland an der Küste zwischen den beiden Flüssen Daintree und Bloomfield, wo der Regenwald bis ans Wasser heranreicht. Nachdem das uralte, empfindliche Ökosystem durch Holzeinschlag und Entwicklungsprojekte stark bedroht war, ist es heute zum größten Teil als Weltkulturerbe geschützt.

Vom Daintree River zum Cape Tribulation

Die zum Wet Tropics World Heritage gehörende unglaublich schöne Gegend, die sich vom nördlichen Ufer des Daintree River bis zum Cape Tribulation erstreckt, ist bekannt für uralten Regenwald, feinsandige Strände und wild zerklüftete Berge.

Entlang der gesamten Straße bis zum Cape Tribulation gibt's Lokale und Unterkünfte. Nördlich des Daintree River gibt's kein Stromnetz – der Saft kommt von Generatoren und zunehmend auch von Sonnenkollektoren. Geschäfte und Busverbindungen sind kaum vorhanden, mit dem Handy zu telefonieren ist praktisch unmöglich.

Die Daintree River Ferry (Auto/Motorrad/Fahrrad & Fußgänger einfache Strecke 12/5/1 AU$; ⊙6–24 Uhr, keine Reservierung) bringt etwa alle 15 Minuten Passagiere und ihre Autos über den Fluss.

Cow Bay & Umgebung

⊙ Sehenswertes & Aktivitäten

Der Walu Wugirriga Lookout (Alexandra Range Lookout) liegt an der steilen, kurvigen Straße zwischen Cape Kimberley und Cow Bay. Neben einer Infotafel wartet hier auch ein weiter Blick auf die Bergkette und die Mündung des Daintree River (zu Sonnenuntergang besonders schön).

Kurz hinter dem Aussichtspunkt geht's im preisgekrönten Daintree Discovery Centre (☎ 07-4098 9171; www.daintree-rec.com.au; Tulip Oak Rd; Erw./Kind/Fam. 32/16/78 AU$, Ticket gilt 7 Tage lang; ⊙ 8.30–17 Uhr) hinauf in die Baumwipfel: Entlang des Hochstegs besteigt man auch einen Turm (23 m), der zum Erfassen von Kohlenstoffdioxid-Werten dient. Ein kleines Kino zeigt Filme über Kasuare, Krokodile, Naturschutzmaßnahmen und Aspekte des Klimawandels. Per Audioguide (im Eintritt enthalten) ist eine hervorragende Aborigine-Tour möglich.

Der Cow Bay Beach am Ende der befestigten Buchanan Creek Rd (alias Cow Bay Rd oder einfach *road to the beach* bzw. Strandstraße) macht mit seinem weißen Sand jedem anderen Küstenparadies Konkurrenz.

Das Daintree Entomological Museum (☎ 07-4098 9045; www.daintreemuseum.com.au; Turpentine Rd; Erw./Kind 10/5 AU$; ⊙ 10–17 Uhr) ist auch unter dem Namen „Jungle Bugs & Butterflies" bekannt. Es zeigt eine große Privatsammlung mit einheimischen bzw. exotischen Käfern, Schmetterlingen und Spinnen.

Für die Wanderungen von Cooper Creek Wilderness (☎ 07-4098 9126; www.ccwild.com; Cape Tribulation Rd; geführte Wanderungen 55–250 AU$) empfiehlt sich eine rechtzeitige Reservierung. Bei den Tagestouren durch den Daintree Rainforest (Start um 9, 14 und 15 Uhr) wird im Cooper Creek geplanscht – Badekleidung nicht vergessen! Die Nachtwanderungen (Start um 20 Uhr) konzentrieren sich auf das Beobachten von nachtaktiven Tieren. Im Angebot ist auch eine ganztägige Exkursion inklusive Mittagessen und Bootsfahrt auf dem Fluss (130 AU$).

Bei den einstündigen Mangroven-Trips von Cape Tribulation Wilderness Cruises (☎ 0457 731 000; www.capetribcruises.com; Cape Tribulation Rd; Erw./Kind ab 28/20 AU$) kann man vom Boot aus nach Krokodilen spähen.

🛏 Schlafen & Essen

Die Daintree Rainforest Bungalows (☎ 07-4098 9229; www.daintreerainforestbungalows.com; Lot 40, Spurwood Rd; DZ 110 AU$) sind die preiswertesten Unterkünfte der ganzen Gegend. Die freistehenden Holzhütten (mind. 2 Übernachtungen) wirken einfach, aber stilvoll. Sie haben eigene Bäder und überdachte Terrassen mit Regenwaldblick.

Ebenfalls im Cow-Bay-Umkreis steht das Epiphyte B&B (☎ 07-40989039; www.rainforestbb.com; 22 Silkwood Rd; EZ/DZ/Hütte inkl. Frühstück ab 75/110/135 AU$) auf einem 3,5 ha großen Gelände. Die individuell gestalteten Zimmer haben eigene Bäder und Veranden. Die geräumige Hütte verfügt über eine Terrasse, eine Kochnische und ein abgesenktes Bad. Auf der vorderen Terrasse des Hauptgebäudes relaxt man mit Blick auf den imposanten Thornton Peak (1975 m).

Die Boutique-Motelzimmer des Daintree Rainforest Retreat Motel (☎ 07-4098 9101; www.daintreeretreat.com.au; 1473 Cape Tribulation Rd; Zi. 110–240 AU$, Hütte 550 AU$; ≋) warten mit tropischen Farbkonzepten, hochglanzpoliertem Holz und teilweise auch mit Miniküchen auf. Bei Bedarf können Gäste im Hausrestaurant Tree Frogs (Hauptgerichte 15–40 AU$; ⊙Mo–Sa abends) speisen.

Das Cow Bay Hotel (☎ 07-4098 9011; Cape Tribulation Rd; Hauptgerichte 14–30 AU$; ⊙ 11–15 & 18–21.30 Uhr), neben der Abzweigung zum Strand ist die einzige echte Kneipe in der ganzen Daintree-Region. Hinunter in Richtung Strand steht das dschungelmäßige Crocodylus Village (☎ 07-4098 9166; www.crocodyluscapetrib.com; Buchanan Creek Rd; B 25 AU$, DZ 75–110 AU$; @ 🛜 ≋) an der Buchanan Creek Rd. Seine Restaurantbar akzeptiert auch reine Speisegäste. Das Hostel organisiert zudem diverse Aktivitäten (z. B. halbtägige Kajaktouren oder zweitägige Seekajaktouren nach Snapper Island).

Die echte Bio-Eisfirma Daintree Ice Cream Company (☎ 07-4098 9114; Lot 100, Cape Tribulation Rd; Eiscreme 6 AU$; ⊙ 11–17 Uhr)

ABSTECHER

DAS DAINTREE VILLAGE

Auch wenn man schnellstmöglich zu den Stränden des Cape Trib will, lohnt sich für Fans der örtlichen Natur ein Abstecher (20 km) zum winzigen Daintree Village (146 Ew.).

Dessen Hauptattraktionen sind Vogel- und Krokodilbeobachtungen auf dem Daintree River. Mehrere Firmen bieten entsprechende Bootstouren an – darunter **Crocodile Express** (07-4098 6120; www.crocodileexpress.com; 1-stündige Bootsfahrt Erw./Kind 25/13 AU$; tgl. ab 8.30 Uhr) oder **Daintree River Wild Watch** (07-4098 7068; www.daintreeriverwildwatch.com.au; 2-stündige Bootsfahrt Erw./Kind 55/35 AU$) mit lehrreichen Vogelbeobachtungsfahrten in der Morgendämmerung und speziellen Naturtouren zum Fotografieren des Sonnenuntergangs. Wer nur wenig Zeit hat, bucht eine einstündige Exkursion mit einem überdachten Kahn von **Bruce Belcher's Daintree** (07-4098 7717; www.daintreerivercruises.com; 1-stündige Bootsfahrt Erw./Kind 27/12 AU$).

Ein paar Kilometer südlich des Dorfs thronen die 15 Boutique-„Banyans" (Baumhäuser) der **Daintree Eco Lodge & Spa** (07-4098 6100; www.daintree-ecolodge.com.au; 20 Daintree Rd; Baumhaus ab 215–598 AU$;) hoch droben im Regenwald. Das hervorragende hauseigene **Julaymba Restaurant** (Hauptgerichte 26,50–40 AU$; morgens, mittags & abends) akzeptiert auch reine Speisegäste. Für seine leckere Küche verwendet es es auch *bush-tucker*-Zutaten.

Das günstigere **Daintree Riverview** (0409 627 434; www.daintreeriverview.com; 2 Stewart St; Stellplatz ohne/mit Strom pro Pers. 10/15 AU$, Hütte 99–130 AU$) hat Stellplätze am Wasser, Hütten mit gutem Preis-Leistungs-Verhältnis und eine tolle Terrasse mit Flussblick.

Mit einem Barra-Burger im **Big Barra** (07-4098 6186; 12 Stewart St; Hauptgerichte 18 AU$, Burger ab 7 AU$; 9–17 Uhr) kann man eine weitere Position auf der Liste mit Australiens „Big Things" abhaken. Das Restaurant serviert auch selbstgemachte Eiscreme (5,50 AU$) mit exotischen, einheimischen Aromen (z. B. Stachelannone oder Schwarze Sapote).

Achtung: Im Daintree Village gibt's kein Benzin!

---

macht es Entscheidungsneurotikern leicht: Jeden Tag gibt's hier einen anderen Becher mit vier exotischen Geschmacksrichtungen. Ein Spaziergang durch einen Obstgarten (20 Min.) verbrennt die Kalorien anschließend wieder.

Das **Rainforest Village** (07-4098 9015; www.rainforestvillage.com.au; 7–19 Uhr) gleich südlich des Cooper Creek verkauft Lebensmittel, Eis und Benzin. Zudem betreibt er einen kleinen **Campingplatz** (Stellplatz ohne/mit Strom 22/28) mit Warmwasserduschen und Freiluftküche.

Das lizenzierte **Cafe on Sea** (07-4098 9118; Cape Tribulation Rd; Hauptgerichte 12–25 AU$; 9–16 Uhr) steht nur eine Handtuchbreite vom Sand des halbmondförmigen **Thornton Beach** entfernt.

Cape Tribulation

Dieses paradiesische Fleckchen Erde ist immer noch Grenzland. Davon zeugen die bescheidene Infrastruktur und Straßenschilder, die vor Kasuaren und Krokodile warnen.

Der Regenwald reicht direkt bis an die beiden strahlend weißen Sandstrände Myall Beach und Cape Trib heran, die durch ein knubbeliges Kap voneinander getrennt sind. Der kleine Ort Cape Tribulation liegt buchstäblich am Ende der Straße, denn hier beginnt die nur mit Geländewagen befahrbare Küstenroute des Bloomfield Track.

Sehenswertes & Aktivitäten

Strände & Badelöcher SCHWIMMEN

Lange Spaziergänge am breiten **Cape Tribulation Beach** oder am **Myall Beach** sind ein beliebter Zeitvertreib. Außerhalb der Quallensaison kann man hier auch sicher schwimmen. Dabei muss man aber unbedingt alle Warnschilder und einheimischen Hinweise zu Krokodilsichtungen beachten! Ein paar Plankenwege führen quer durch die Mangroven.

Für furchtsame Zeitgenossen empfiehlt sich das klare, krokodilfreie **Badeloch** neben dem Mason's Store (Nutzung gegen Goldmünzen-Spende).

Bat House TIERRESERVAT

(07-4098 0063; www.austrop.org.au; Cape Tribulation Rd; Eintritt 5 AU$; Di–So 10.30–15.30 Uhr) Die Naturschutzorganisation Austrop

Cape Tribulation

Cape Tribulation

⊙ Sehenswertes
1 Bat House C2
2 Daintree Entomological Museum B4
3 Daintree Rainforest B3
4 Walu Wugirriga Lookout B6

⊕ Aktivitäten, Kurse & Touren
5 Cape Trib Exotic Fruit Farm C2
6 Cape Tribulation Wilderness
   Cruises C4
7 Cooper Creek Wilderness....................B4
8 Daintree Discovery Centre B6
Mason's Tours.........................(siehe 21)

⊙ Schlafen
9 Cape Trib Beach House C1
Cape Trib Exotic Fruit Farm
   Cabins.......................................(siehe 5)
10 Cape Tribulation Camping...................C2
11 Crocodylus Village C6
12 Daintree Rainforest Bungalows C6
13 Daintree Rainforest Retreat
    Motel...B6
14 Dunk Island Campground...................C3
15 Epiphyte B&B B6
16 PK's Jungle Village C2
17 Rainforest Hideaway C2

⊗ Essen
18 Cafe on Sea.. C4
19 Cow Bay Hotel B6
20 Daintree Ice Cream Company.............B5
IGA Supermarket ....(siehe 16)
21 Mason's Store & Cafe...........................C2
22 Whet Restaurant & Cinema.................C2

---

leitet dieses Reservat für verletzte oder verwaiste Flughunde. Hier sind auch freiwillige Helfer für Aufforstungs- und Pflanzmaßnahmen willkommen (Mindestengagement: 1 Woche).

Mt. Sorrow WANDERN & TREKKEN
Durchtrainierte Wanderer sollten den Mt. Sorrow Ridge Walk (7 km, hin & zurück 5–6 Std.) allerspätestens um 10 Uhr in Angriff nehmen. Die markierte Route ist anstrengend, aber lohnenswert; sie beginnt 150 m nördlich des Parkplatzes vom Kulki-Picknickgelände.

⊙ Geführte Touren

Die meisten Tourveranstalter holen Gäste gratis von ihrer Unterkunft ab.

Jungle Surfing SEILRUTSCHEN, WANDERN & TREKKEN
(☏07-4098 0043; www.junglesurfing.com.au; Seilrutschen/Nachtwandern 90/40 AU$, kombiniert 120 AU$; ⊙Nachtwanderungen 19.30 Uhr) Rauf in den Regenwald: Bei der berauschenden Fahrt mit der Seilrutsche (auch als Zipline oder Flying Fox bekannt) flitzt man durch die Baumkronen und pausiert zwischendurch auf insgesamt fünf Wipfel-Plattformen. Die Nachtwanderungen werden von sich ziemlich witzig gebenden Biologen geleitet, die Licht ins Dschungel-Dunkel bringen. Der Preis beinhaltet das Shuttle ab Unterkünften am Cape Trib (Selbstfahren verboten).

Cape Trib Exotic Fruit Farm FARM-FÜHRUNG
(☏07-4098 0057; www.capetrib.com.au; Lot 5, Nicole Dr; Führung Erw./Kind 25/12,50 AU$; ⊙Juni–Okt. So, Di & Do 14 Uhr) Bei den Führungen durch diese herrlichen tropischen Obstgärten kann man zehn der über 100 örtlichen Bio-Fruchtsorten aus saisonalem Anbau probieren (Reservierung erforderlich). Außerdem werden hier ein paar tolle Privathütten vermietet.

Cape Trib Horse Rides REITEN
(☏07-4098 0030; www.capetribhorserides.com.au; 89 AU$/Pers.; ⊙8 & 13.30 Uhr) Gemütliche Ausritte am Strand.

D'Arcy of the Daintree JEEPTOUR
(☏07-4098 9180; www.darcyofdaintree.com.au; Erw./Kind ab 129/77 AU$) Die unterhaltsamen Jeeptouren folgen dem Bloomfield Track hinauf bis zu den Wujal Wujal Falls und teilweise noch weiter bis nach Cooktown. Alternativ geht's die Cape Tribulation Rd hinunter.

Mason's Tours JEEPTOUR, WANDERN & TREKKEN
(☏07-4098 0070; www.masonstours.com.au; Mason's Store, Cape Tribulation Rd) Lawrence Mason lebt schon ewig vor Ort und leitet informative Regenwaldwanderungen für Kleingruppen (max 5 Pers., 2 Std./halber Tag 300/500 AU$). Zudem bietet er Jeeptouren an, die dem Bloomfield Track nach Cooktown folgen (max 5 Pers., halber/ganzer Tag 800/1250 AU$).

Ocean Safari SCHNORCHELN
(☏07-4098 0006; www.oceansafari.com.au; Erw./Kind 123/79 AU$; ⊙9 & 13 Uhr) Die Schnorcheltouren für Kleingruppen (max. 25 Pers.) besuchen das Great Barrier Reef, das nur eine halbe Bootsstunde vor der Küste liegt.

Paddle Trek Kayak Tours KAJAKFAHREN
(☏07-4098 0062; www.capetribpaddletrek.com.au; Leihkajak 16–55 AU$/Std., geführte Kajaktour 69–79 AU$) Geführte Seekajaktouren plus Leihboote.

DER DAINTREE NATIONAL PARK DAMALS UND HEUTE

Fast der gesamte Daintree Rainforest steht als Teil des Daintree National Park unter Naturschutz. Das Gebiet hat eine von Kontroversen geprägte Geschichte hinter sich. Gegen den massiven Widerstand von Umweltschützern wurde 1983 der Bloomfield Track vom Cape Tribulation zum Bloomfield River mitten durch den küstennahen Regenwald geschlagen. Die immense internationale Beachtung, die dieses Projekt fand, veranlasste die australische Bundesregierung indirekt, den feuchttropischen Regenwald von Queensland für die Aufnahme in die Liste des Welterbes vorzuschlagen. Dies führte wiederum zu heftigen Protesten seitens der Holzindustrie von Queensland, aber 1988 wurde das Gebiet tatsächlich zum Weltnaturerbe erklärt. Damit war das kommerzielle Abholzen des Regenwalds ab sofort verboten.

Da die Aufnahme in die Liste des Welterbes keinerlei Auswirkungen auf die Eigentums- oder Kontrollrechte hat, bemühen sich die Regierung von Queensland und Umweltschutzorganisationen seit den 1990er-Jahren, Grundbesitz zurückzukaufen und Eigentumsrechte wiederherzustellen, um das Land zum Daintree National Park hinzufügen und Besucherinformationszentren errichten zu können. Als mit dem Ausbau der Straße zum Cape Tribulation 2002 die schnelle Besiedelung der Region begann, wurden Hunderte von weiteren Grundstücken zurückgekauft. In Verbindung mit einer kontrollierten Entwicklungspolitik führen diese Anstrengungen dazu, dass sich der Regenwald wieder erholen kann. Weitere Informationen gibt's bei **Rainforest Rescue** (www.rainforestrescue.org.au).

Schlafen & Essen

Cape Trib Beach House HOSTEL $
(07-4098 0030; www.capetribbeach.com.au; Lot 7, Rykers Rd; B 26–32 AU$, DZ 80 AU$, Hütte 130–230 AU$) Das Spektrum der Unterkünfte reicht von Schlafsälen in Hütten bis hin zu privaten Holzhütten mit eigenen Bädern. Hinzu kommen eine saubere Gemeinschaftsküche und eine lizenzierte Restaurantbar mit Freiluftterrasse.

PK's Jungle Village HOSTEL $
(07-4098 0040; www.pksjunglevillage.com; Cape Tribulation Rd; Stellplatz ohne Strom 15 AU$/Pers., B 25–28 AU$, DZ 95–125 AU$) Von dem alteingesessenen Backpacker-Treff führt ein Plankenweg direkt zum Myall Beach. Die hauseigene Jungle Bar ist das Unterhaltungszentrum des Cape Trib.

Cape Tribulation Camping CAMPING $
(07-4098 0077; www.capetribcamping.com.au; Cape Tribulation Rd; Stellplatz ohne oder mit Strom ab 40 AU$) Strandgelände mit allabendlichem Gemeinschaftsfeuer, freundlichem Management und Kajak-Guides (Leihkajak ab 20 AU$/Std.).

★ Cape Trib Exotic Fruit Farm Cabins HÜTTEN $$
(07-4098 0057; www.capetrib.com.au; Lot 5, Nicole Dr; DZ 190 AU$) Diese beiden Pfahlhütten (mind. 2 Übernachtungen; Reservierung erforderlich) mit elektrischen Eskykühlschränken stehen mitten in den Obstplantagen der Cape Trib Exotic Fruit Farm. Ihre Fußböden, Decken und Terrassen bestehen aus Holz. Das im Preis enthaltene Frühstück umfasst Körbe voller Tropenfrüchte von der Farm.

Rainforest Hideaway B&B $$
(07-4098 0108; www.rainforesthideaway.com; 19 Camelot Cl; DZ 130–140 AU$) Dieses B&B wurde eingenhändig von seinem Eigentümer erbaut – dem Künstler und Bildhauer „Dutch Rob". Sogar das Mobiliar ist von Hand gezimmert. Über das Grundstück schlängelt sich ein Skulpturenweg. Preise inklusive Frühstück.

Mason's Store & Cafe CAFÉ, SELBSTVERSORGUNG $
(Cape Tribulation Rd; Hauptgerichte 15 AU$; So-Do 10–16, Fr & Sa 10–19 Uhr) Das Café serviert üppige Steak-Sandwiches und gute Fish & Chips. Der Laden verkauft ein paar Lebensmittel und alkoholische Getränke zum Mitnehmen.

Whet Restaurant & Cinema AUSTRALISCH, INDISCH $$
(07-4098 0007; www.whet.net.au; 1 Cape Tribulation Rd; Hauptgerichte 17,50–33 AU$; 11.30–15 & 17.30–21.30 Uhr) Cape Tribs coolstes Restaurant tischt trendige Mod-Oz-Küche und indische Gerichte (Fr) auf. Um 14, 16 und 20 Uhr laufen Filme (10 AU$).

IGA Supermarket SUPERMARKT
(07-4098 0015; PK's Jungle Village; 8–18 Uhr) Größter Supermarkt der Daintree-Region.

❶ Praktische Informationen

In **Mason's Store** (07-4098 0070; Cape Tribulation Rd; 8–18 Uhr) gibt's Infos über die Region und den Zustand des Bloomfield Track.

NACH NORDEN BIS COOKTOWN

Zwei Wege führen aus Richtung Süden nach Cooktown: die Küstenstrecke vom Cape Tribulation über den Bloomfield Track, der nur mit einem Jeep befahrbar ist, und die Inlandsroute über die Peninsula Developmental Rd und die Cooktown Developmental Rd, die durchweg asphaltiert sind.

Die Inlandsroute

Zwischen Cairns und Cooktown säumt die Inland Route (332 km, ca. 4½ Std.) die Westseite der Great Dividing Range.

Rund 40 km nördlich von Mareeba markiert die historische Siedlung **Mt. Molloy** (274 Ew.) den Beginn der Peninsula Developmental Rd. Seit seinen goldenen Bergbautagen ist das Ortszentrum kräftig geschrumpft. Heute gibt's dort noch eine Kneipe, eine Bäckerei, eine Post und ein Café, dessen kiefersprengende Monsterburger bereits zweimal als „beste der Welt" bewertet wurden. Über **Mt. Carbine** setzt sich die Straße nordwärts zum **Palmer River Roadhouse** fort, wo Benzin, Essen und Campingmöglichkeiten zu finden sind. Rund 70 km weiter westlich fand einst der Goldrausch am Palmer River statt (1873–1883); bis heute versuchen kleine Schürfergemeinden ihr Glück in den dortigen Hügeln.

Nach weiteren 15 km kommt **Lakeland** an der Kreuzung von Peninsula Developmental Rd und Cooktown Developmental Rd in Sicht. Westwärts geht's hier nach Laura und zum Cape York (Geländewagen und Vorausplanung erforderlich); wer direkt Richtung Nordosten weiterfährt, kommt nach Cooktown (80 km).

Etwa 30 km vor Cooktown markiert der gespenstische **Black Mountain National Park** das Nordende der Wet Tropics World Heritage Area. Das Terrain mit Tausenden von aufeinanderliegenden, viereckigen Brocken aus schwarzem Granit entstand vor ca. 260 Mio. Jahren. Um den gruseligen Berg ranken sich viele Geheimnisse und Legenden – es lohnt sich, zu hören, was Einheimische jeweils davon erzählen!

Die Küstenroute

Der legendäre Bloomfield Track (nur für Geländewagen und keinesfalls für Wohnmobile bzw. -wagen geeignet!) verbindet das Cape Tribulation mit Cooktown. Unterwegs passiert er Flussfurten, höllisch steile Anstiege und wechselhaftes Terrain. Während der Regenzeit (The Wet) ist die Route mitunter wochenlang nicht befahrbar. Doch auch in der Trockenzeit (The Dry) sollte man den aktuellen Streckenzustand unbedingt sorgfältig ermitteln, da das Durchqueren der Flussfurten von den Gezeiten abhängt.

Der Track ist bis heute umstritten: Schon als Bulldozer bei seinem Bau in den frühen 1980er-Jahren den bislang unberührten Wald planierten, kam es hier zu gewalttätigen Auseinandersetzungen zwischen protestierenden Naturschützern und der Polizei. Einige Einheimische streben immer noch an, dass die Straße etwa im Lauf der nächsten zehn Jahre Stück für Stück gesperrt wird.

Vom Cape Trib sind es 8 km bis zum **Emmagen Creek**, wo der schwierigste Streckenabschnitt beginnt: Ab hier führt die Straße durch enge Kurven ständig bergauf und bergab. Anschließend folgt sie dem breiten Bloomfield River und überquert diesen 30 km nördlich des Cape Trib.

Wer die **Bloomfield Falls** sehen will, biegt unmittelbar nach der Brücke links ab. Die Fälle sind eine heilige Stätte der indigenen Wujal-Wujal, die gleich nördlich des Flusses leben. Achtung: An den Fällen und im eigentlichen Fluss tummeln sich Krokodile! Die äußerst empfehlenswerten **Wanderungen** unter Leitung der einheimischen **Familie Walker** (07-4040 7500; www.bamaway.com.au; Erw./Kind 25/12,50 AU$; auf Reservierung) erkunden 30 Minuten lang die Wasserfälle und den umliegenden Wald.

Rund 5 km nördlich der Wujal-Wujal-Siedlung liegt der **Bloomfield Track Takeaway & Middleshop** (07-4060 8174; Gerichte ab 10 AU$; Di–Sa 8–22, So & Mo 8–20 Uhr) mit Mahlzeiten, Benzin, Lebensmitteln und Angelausrüstung.

Nördlich von Bloomfield beginnen mehrere Wanderrouten an der **Home Rule Rainforest Lodge** (07-4060 3925; www.

home-rule.com.au; Rossville; Stellplatz ohne Strom Erw./Kind 10/5 AU$, Zi. Erw./Kind 25/15 AU$). Am Ende einer holperigen Zufahrtsstraße (3 km) gibt's hier neben blitzsauberen Einrichtungen (u. a. eine Gemeinschaftsküche) auch Mahlzeiten und Leihkanus. Die Lodge ist zudem ein Wochenende lang der Veranstaltungsort des Wallaby Creek Festival (www.wallabycreekfestival.org.au; Sept.) mit Blues-, Roots- und Aborigine-Musik auf zwei Bühnen.

Nur 9 km weiter erreicht man das einladende Lion's Den Hotel (07-4060 3911; www.lionsdenhotel.com.au; 398 Shiptons Flat Rd, Helenvale; Stellplatz ohne/mit Strom pro Pers. 12/28 AU$, EZ/DZ 45/65 AU$, DZ im Safarizelt 80 AU$;) von 1875. Diese Kultkneipe mit ihrer authentischen abgenutzten, verkritzelten Einrichtung lockt bis heute einen stetigen Strom von Travellern und einheimischen Originalen an. Zudem gibt's hier Benzin, eiskaltes Bier und ein Restaurant (Hauptgerichte ab 20 AU$; morgens, mittags & abends) mit hervorragendem Kneipenessen.

Sir David Attenborough hielt sich einst eine Zeitlang in der Mungumby Lodge (07-4060 3158; www.mungumby.com; Helenvale; EZ/DZ 260/279 AU$;) auf. Warum, offenbart eine Regenwaldwanderung zum nahegelegenen Wasserfall. Zwischen den Rasenflächen und Mangobäumen verteilen sich Bungalows mit eigenen Bädern. Das Frühstück ist im Preis enthalten. Naturexkursionen, Mittag- und Abendessen werden ebenfalls angeboten.

Etwa 4 km weiter nördlich trifft der Bloomfield Track auf die befestigte Cooktown Developmental Rd in Richtung Cooktown (28 km).

Cooktown

2339 EW.

Cooktown am südöstlichen Rand der Cape York Peninsula ist ein kleiner Ort mit großer Geschichte: Jahrtausendelang war Waymbuurr ein Versammlungsort der indigenen Guugu-Yimithirr und Kuku-Yalanji. Am 17. Juni 1770 strandete Kapitän Cook (damals noch Leutnant) dann hier die *Endeavour*, die zuvor durch einen Riffkontakt im offenen Meer vor dem Cape Tribulation beschädigt worden war. Während ihrer 48 Tage vor Ort reparierten Cook und seine Mannschaft den Schaden. So „gründeten" sie die erste nicht-indigene Siedlung Australiens (wenn auch nur vorübergehend).

Doch Cooktown ist nicht nur ein Hotspot für Geschichtsfans, sondern auch für alle, die nach Arbeit auf Bananenplantagen suchen – und für Leute, denen eine Angelrute und ein Esky-Kühlschrank voller Bier zum Glücklichsein reicht.

Sehenswertes

Während der Regenzeit fällt Cooktown in eine Art „Schlaf" und viele Attraktionen schließen oder sind nur eingeschränkt geöffnet. Ähnliches gilt auch für viele der geführten Touren. Ein paar wunderschöne Gebäude aus dem 19. Jh. säumen die Hauptstraße (Charlotte St).

Grassy Hill AUSSICHTSPUNKT

Einmal sollte man unbedingt zu Sonnenauf- oder -untergang auf diesem 162 m hohen Hügel stehen: Dann ist der Rundumblick auf Stadt, Fluss und Meer besonders spektakulär! Cook selbst stieg hier hinauf, um nach einer möglichen Passage durch die Riffe zu suchen. Zum Gipfel geht's mit dem Auto, über einen steilen Weg ab der Stadt oder entlang eines Buschpfads am Rand der Cherry Tree Bay (mind. 20 Min. Fußweg).

Nature's Powerhouse NATURLEHRZENTRUM

(07-4069 6004; www.naturespowerhouse.com.au; abseits der Walker St; Eintritt gegen Spende; 9–17 Uhr) Dieses Naturlehrzentrum beherbergt zwei hervorragende Galerien: die Charlie Tanner Gallery mit Insektenpräparaten und die Vera Scarth-Johnson Gallery mit botanischen Illustrationen zur einheimischen Flora der Region.

Das Zentrum fungiert auch als Cooktowns offizielles Visitor Centre und steht am Eingang der 62 ha großen Botanic Gardens (abseits Walker St; 24 Std.) GRATIS, die landesweit zu den ältesten ihrer Art zählen.

James Cook Museum MUSEUM

(07-4069 5386; Ecke Helen & Furneaux St; Erw./Kind 10/3 AU$; 9.30–16 Uhr) Cooktowns schönster historischer Bau ist ein früherer Konvent aus dem Jahr 1889. Drinnen gibt's gut erhaltene Artefakte aus Cooks Zeit vor Ort zu sehen – z. B. Tagebucheinträge oder eine Kanone und ein Anker der *Endeavour*, die 1971 vom Meeresboden geborgen wurden. Hinzu kommen Ausstellungen zur lokalen Aborigine-Kultur.

Bicentennial Park PARK

Im Bicentennial Park steht das meist fotografierte Objekt der Stadt, die Bronzestatue des Captain Cook. Nicht weit davon

GEFÜHRTE TOUREN VON COOKTOWN AUS

Obwohl das Riff nicht weit ist, werden in Cooktown keine regelmäßigen Tauch- oder Schnorcheltrips angeboten. Fahrten auf dem Wasser beginnen am Landungssteg.

★ **Guurrbi Tours** (07-4069 6043; www.guurrbitours.com; 2-/4-stündige Tour 95/120 AU$, Selbstfahrer 65/85 AU$; Mo–Sa) Willie Gordon, das Oberhaupt der Familie Nugal-Warra, benutzt auf seinen aufschlussreichen Touren die physische Landschaft zur Erklärung der spirituellen Landschaft. Bei der morgendlichen *Rainbow Serpent Tour* wird gewandert, *bush tucker* (Buschessen) probiert, Felsenmalereien bewundert und eine Geburtshöhle besichtigt. Die *Great Emu Tour* am Nachmittag ist kürzer und führt zu drei Stellen mit Felsenmalereien. Selbstfahrer treffen sich in der Nähe des Dorfes der Hopevale Aboriginal Community.

Maaramaka Walkabout Tours (07-4060 9389; irenehammett@hotmail.com; 1-/2-stündige Touren 84/42 AU$) Buschessen, Regenwaldwanderungen und Geschichten aus der Aborigine-Kultur in großartiger Umgebung nahe Hopevale.

Cooktown Barra Fishing Charters (0408 036 887; halber/ganzer Tag 120/220 AU$, mind. 2 Pers.) Angeltrips (u. a. mit dem Hubschrauber), Schlammkrabben-Fang, Ökotouren, Krokodil- und Vogelbeobachtungen.

Cooktown Tours (1300 789 550; www.cooktowntours.com) Zweistündige Stadtführungen (Erw./Kind 55/33 AU$) plus Halbtagestouren zum Black Mountain und Lion's Den Hotel (Erw./Kind 110/77 AU$).

Saratoga Fishing & Hunting Adventures (07-4069 6697; www.capeyorksafaris.com) Angeln und Jagen weiter im Norden der Cape York Peninsula.

---

entfernt erzählt die 12 m lange **Milbi Wall** in bunten Mosaiken die Geschichte Australiens von der Schöpfung über den ersten Kontakt der Europäer mit den hiesigen Gungarde (oder Guugu Yimithirr) bis zu den Versuchen der Versöhnung mit den Ureinwohnern in der jüngsten Vergangenheit. Ein **Felsen** im Wasser vor dem Bicentennial Park markiert die Stelle, an der Cook sein Schiff auf Grund laufen ließ und es an einem Baum festband. Ein Teil des Originalbaums ist im James Cook Museum zu sehen.

Der **Wharf** (Landungssteg) von Cooktown ist einer der schönsten Orte zum Angeln in Queensland.

Feste & Events

Cooktown Discovery Festival GESCHICHTE (www.cooktowndiscoveryfestival.com.au; Festwochenende zum Geburtstag der britischen Königin) Erinnert mit kostümierten Nachstellungen, indigenen Veranstaltungen und einem großen Straßenumzug an Cooks Landung im Jahr 1770.

Schlafen & Essen

Unter Cooktowns zahlreichen Unterkünften sind mehrere Wohnwagenparks. Die Website www.tourismcapeyork.com informiert über weitere Möglichkeiten (u. a. B & Bs).

Pam's Place Hostel & Cooktown Motel HOSTEL, MOTEL $
(07-4069 5166; www.cooktownhostel.com; Ecke Charlotte & Boundary St; B/EZ/DZ/Motel-DZ 27,50/55/60/100 AU$;) Das YHA-Hostel ist die günstigste Bleibe der Stadt. Sein freundliches Management hilft bei der Suche nach Erntehelfer-Jobs.

Seaview Motel MOTEL $$
(07-4069 5377; www.cooktownseaviewmotel.com.au; 178 Charlotte St; DZ 99–175 AU$, Stadthaus 235 AU$;) Ein Teil der modernen Zimmer in toller Lage gegenüber vom Bootsanleger bietet eigene Balkone. Preise inklusive Frühstück.

Sovereign Resort Hotel HOTEL $$$
(07-4043 0500; www.sovereign-resort.com.au; Ecke Charlotte & Green St; DZ 180–220 AU$, 3BZ & 4BZ 210–280 AU$;) Nach der Beschädigung durch einen Wirbelsturm (1949) bekam das Hotel den Spitznamen „Half-Sovereign". Mit herrlichen Gärten und Zimmern im Tropenstil es ist die nobelste Unterkunft der Stadt. Gäste können elegant im **Balcony Restaurant** (07-4069 5400; Sovereign Resort, Ecke Charlotte St & Green St; Hauptgerichte 25–33 AU$; 7–9.30 & 18–22 Uhr) speisen oder in der schlichten **Cafébar** (Hauptgerichte 11–23 AU$; 11–20 Uhr;) relaxen.

Verandah Cafe
CAFÉ $

(Walker St; Hauptgerichte 8–18 AU$; ⊙ 10–14.30 Uhr; 🖊) Das ruhige Terrassencafé grenzt an das Nature's Powerhouse am Eingang der Botanic Gardens. Neben Tea & Scones kommen hier auch Gerichte wie Gado-Gado mit Kokos-Damperbrot auf den Tisch.

Gill'd & Gutt'd
FISH & CHIPS $

(☎ 07-4069 5863; Fisherman's Wharf, Webber Esplanade; Hauptgerichte 7–12 AU$; ⊙ 11.30–21 Uhr) Serviert Fish & Chips direkt am Fischereihafen.

Cooktown Bowls Club
LIZENZIERTER CLUB $$

(☎ 07-4069 5819; Charlotte St; Hauptgerichte 15–25 AU$; ⊙ Mi–Fr 11.30–14.30, tgl. 17.30–22 Uhr; 🍴) Üppige Bistro-Gerichte und geselliges Bowls (britisches Boule) mit den Einheimischen (Mi & Sa nachmittags).

Restaurant 1770
MODERN-AUSTRALISCH $$$

(☎ 07-4069 5440; 7 Webber Esplanade; Frühstück 19 AU$, Hauptgerichte mittags & abends 30–39 AU$; ⊙ Di–Sa 7.30–9.30, 11.30–14 & 18–21.30 Uhr; 🖊) In dem Lokal mit einer Terrasse am Ufer empfiehlt sich der frische einheimische Fisch. Unbedingt noch Platz für die leckeren Desserts lassen!

🛈 Praktische Informationen

Cooktown Travel Centre (☎ 07-4069 5446; 113 Charlotte St) Liefert Informationen und bucht Unterkünfte, Verkehrsmittel oder geführte Touren.

Touristeninformation (☎ 07-4069 6004; www.naturespowerhouse.com.au; Walker St; ⊙ 9–17 Uhr) Im Nature's Powerhouse.

🛈 Anreise & Unterwegs vor Ort

Der Flugplatz von Cooktown liegt 7,5 km westlich der Stadt an der McIvor Rd. **Hinterland Aviation** (☎ 07-4040 1333; www.hinterlandaviation.com.au) fliegt ein- bis viermal täglich von und nach Cairns (einfache Strecke ab 125 AU$, 40 Min.).

Country Road Coachlines (☎ 07-4045 2794; www.countryroadcoachlines.com.au) ist einmal täglich zwischen Cairns und Cooktown unterweges (81 AU$). Ob der Bus die Küstenstraße (auf dem Bloomfield Track über Port Douglas) oder die Inlandsroute (über Mareeba) nimmt, ist abhängig von Reisezeit und Straßenzustand.

Lizard Island

Rund 100 km nördlich von Cooktown liegen die fünf Inseln der Lizard-Gruppe nur 33 km vor der Küste. Die Hauptinsel Lizard Island wird von einer trockenen, felsigen Berglandschaft geprägt; das spektakuläre Saumriff bietet Möglichkeiten zum Schnorcheln und Tauchen. Ein Großteil des Terrains ist als Nationalpark ausgewiesen, der zahlreiche Spezies (u. a. 11 verschiedene Eidechsenarten) und 24 strahlend weiße Stände schützt.

Übernachtet werden kann entweder im ultra-exklusiven **Lizard Island Resort** (☎ 1300 863 248; www.lizardisland.com.au; Anchor Bay; DZ ab 1520 AU$; ❄ @ 🛜 ☒) mit Fünfsterne-Luxus oder auf den **Insel-Campingplätzen** (☎ 13 74 68; www.nprsr.qld.gov.au; 5,45 AU$/Pers.) im Busch. Wichtig: Alle Vorräte müssen selbst mitgebracht werden, da es vor Ort keinerlei Läden gibt.

Lizard Island ist am einfachsten mit dem Flugzeug erreichbar. Alle Flüge ab und nach Cairns bucht man am besten über das Resort (einfache Strecke Gäste/Nichtgäste 590/650 AU$, 1 Std.).

Daintree Air Services (☎ 1800 246 206, 07-4034 9400; www.daintreeair.com.au) bietet Tagestouren ab Cairns an (750 AU$, Start um 8 Uhr). Der Preis beinhaltet den Transport, einen einheimischen Guide, Schnorchelausrüstung und ein leckeres Mittagessen.

Die Ostküste Australiens verstehen

DIE OSTKÜSTE AKTUELL **522**
Die heißesten Themen an der Küste: Wetterkapriolen, die Wirtschaft und Fußball. Wie bleiben die Einheimischen am Ball?

GESCHICHTE **524**
Indigene Australier, Gefangene, Forscher, Goldgräber, Schafscherer, Soldaten, Einwanderer ... Die Geschichte der Ostküste ist lang und spannend.

DER KLIMAWANDEL &
DAS GREAT BARRIER REEF **533**
In Australien wird es immer heißer – das bleibt nicht ohne Einfluss auf das wundervolle Great Barrier Reef vor Queenslands Küste.

ESSEN & TRINKEN **539**
Top-Tipps zum besten Seafood, zu regionalen Delikatessen, Weinregionen, Kleinbrauereien und Bauernmärkten an der gesamten Küste.

SPORT **543**
Australien verliert sein Sport-Mojo? Lässt man die beklagenswerten Ergebnisse bei den olympischen Schwimmwettbewerben und die Auftritte im Cricket beiseite, ist die Nation immer noch unerwartet stark dabei!

Die Ostküste aktuell

Den meisten Menschen kommt beim Wort Australien als erstes die Ostküste in den Sinn: große Städte, fotogene Strände, Korallenriffe und anrollende Brandung. Aber in Wirklichkeit ist der größte Teil Australiens – das „Outback" – eine ungeheuer große Wüste. Die Ostküste wendet diesem sonnenverbrannten Inneren den Rücken zu und feiert an seinem Rand das Leben; sie ist ein lang gezogener, fruchtbarer Streifen Land, auf dem die meisten Aussies leben, arbeiten und spielen.

Beste Filme

Australia (Regie Baz Luhrmann; 2008) Mitreißendes Drama mit tollen Bildern aus NSW und Queensland.
The Castle (Regie Rob Sitch; 1997) Hit-Komödie, die fröhlich mit australischen Stereotypen spielt.
Picknick am Valentinstag (Regie Peter Weir; 1975) Verstörender Film über Schülerinnen, die in der mysteriösen Landschaft Victorias „verschwinden".
Lantana (Regie Ray Lawrence; 2001) Krimi für Erwachsene: Meditation über Liebe, Wahrheit und Leid.
Two Hands (Regie Gregor Jordan; 1999) Schwarzer Humor in Sydneys Unterwelt.

Beste Bücher

Zur Ruhe kam der Baum des Menschen nie (Patrick White; 1955) Story über das Leben der frühen Pioniere.
Johnno (David Malouf; 1975) Erwachsenwerden im Brisbane der 1940er.
Oscar und Lucinda (Peter Carey; 1988) Gewann 1988 den Man Booker Prize: Umsetzen einer Glaskirche.
Der verborgene Fluss (Kate Grenville; 2005) Über das Leben eines Sträflings Anfang des 19. Jhs. in der Gegend um Sydney.
The Bodysurfers (Robert Drewe; 1983) Sexy Geschichten aus Sydneys Strandvororten.

Wasser & Feuer

In den ersten zehn Jahren dieses Jahrhunderts litt ein großer Teil Australiens unter einer Dürre, die ihren tragischen Höhepunkt in den Buschfeuern des „Schwarzen Samstags" 2009 in Victoria fand. Die Trockenheit endete 2011 mit Rekordregenfällen in New South Wales und Queensland. Dem Regen folgte Yasi, ein Zyklon der Kategorie 5, der weiteres Wasser über Queensland ablud.

Die Dürre war vorbei, aber die Fluten überschwemmten Dutzende Städte, eine Fläche von 1 Mio. km² war betroffen (so groß wie Frankreich und Deutschland zusammen). Der Brisbane River trat über die Ufer und überflutete weite Teile der drittgrößten Stadt Australiens. Auch Victoria litt unten den Fluten, Getreidefelder wurden vernichtet, Tausende Nutztiere ertranken. Die Kohleförderung war beeinträchtigt, der Tourismus brach ein – insgesamt betrugen die Kosten für das Land fast 4 Mrd. €.

Anfang 2013 wurde der Südosten Queenslands erneut schwer getroffen, dieses Mal von einem Ausläufer des Wirbelsturms Oswald, der Bundaberg und Teile Brisbanes in Flusswasser tauchte. Die Bewohner der tiefer liegenden Vorstädte wrangen die Nässe aus ihren Kleidern und begannen (erneut) mit dem Wiederaufbau.

Im gleichen Jahr loderten wochenlang Buschfeuer in den Blue Mountains hinter Sydney, Teil eines Ausbruchs von mehr als 100 Feuern in ganz NSW, die 1200 km² Wald vernichteten und rund 250 Häuser zerstörten.

Zur gleichen Zeit draußen am Riff

Für Klimaforscher sind diese Katastrophen ein weiterer Aspekt des menschengemachten Klimawandels, der sich verheerend auf das Wetter in Australien auswirkt.

Der Klimawandel bleibt an der Ostküste ein heißes Eisen – speziell wenn es um Queenslands größte Touristenattraktion geht, das Great Barrier Reef. Meeresforscher sagen katastrophale Konsequenzen für das Riff voraus, wenn die Wassertemperatur steigt. Manche gehen davon aus, dass das Riff in den nächsten 50 Jahren fast komplett zerstört wird. Das ist in vielerlei Hinsicht undenkbar – nicht zuletzt wären da die verheerenden wirtschaftlichen Folgen: Das Riff bringt jährliche Tourismuserlöse von geschätzten 2,8 Mrd. € ein.

Das wirtschaftliche Auf & Ab

Abgesehen von den Naturkatastrophen hat sich Australien in letzter Zeit an der Wirtschaftsfront gut geschlagen. Das rohstoffreiche Land war eine der wenigen OECD-Nationen, die während der Finanzkrise eine Rezession vermeiden konnten. Man rechnete während der Krise mit einem Anstieg der Arbeitslosenquote auf 8 bis 10%, es wurden aber nicht einmal 6%. Aber wegen des nachlassenden Wirtschaftswachstums in China (einem *der* Exportmärkte Australiens) ließ auch der Boom der Bergbauindustrie nach, der Australien durch die Finanzkrise getragen hatte. Die neue konservative liberal-nationale Koalition sieht sich einem wachsenden Haushaltsdefizit gegenüber.

Trotz des rauen Umfelds (natürlich wie finanzpolitisch) bleibt Australien ein begehrenswertes Ziel für Einwanderer, und das Land ist stolz auf einen der höchsten Lebensstandards der Welt. Im Human Development Index (Index für menschliche Entwicklung) der Vereinten Nationen taucht Australien konstant unter den ersten fünf auf, dank der hohen Niveaus bei Bildung, Gesundheitsfürsorge, demokratischen Freiheiten, Sicherheit und Lebenserwartung. Australier verfügen über ein hohes Pro-Kopf-Einkommen, und Melbourne, Sydney und Brisbane führen regelmäßig die Listen der „lebenswertesten Städte der Welt" an.

Trotz guter Lebensqualität sehen manche Australier besorgt in die Zukunft. Die Immobilienpreise sind in den letzten 20 Jahren in die Höhe geschossen, weshalb viele Aussies sich finanziell übernommen haben oder den Traum vom Eigenheim aufgeben mussten. Während der Finanzkrise stagnierte der Anstieg der Immobilienpreise (in manchen Gegenden sanken sie sogar). Der Markt wies 2013 Anzeichen der Erholung auf, aber einige Ökonomen warnen, dass die Immobilienwerte um 20% zu hoch lägen, in manchen Gegenden sogar noch darüber, etwa in den großen Städten.

Leben ist Sport

Nirgends in Australien ist Sport ein so heißes Thema wie an der Ostküste. Das Problem: Sportfans hier müssen sich entscheiden – sind sie für die Rugby League (en vogue vor allem in Queensland, NSW und ACT) oder für Australian Rules Football (Victoria und der Rest Australiens)? Der gegenseitige Abscheu nördlich und südlich des Murray River ist mit Händen zu greifen. Zur Verwirrung aller Beteiligten gewannen die Sydney Swans 2012 das Meisterschaftsfinale der Australian Football League in Melbourne, und Melbourne Storm gewann das Finale der National Rugby League in Sydney. Seltsame Zeiten…

BEVÖLKERUNG: **17,8 MIO.**

FLÄCHE: **2 902 073 KM²**

BIP: **1,09 MRD. AU$**

BIP-WACHSTUMSRATE: **3%**

INFLATION: **2,2%**

ARBEITSLOSENQUOTE: **4,8%**

Gäbe es nur 100 Ostküstler, wären …

60 in Australien geboren
4 in Großbritannien geboren
4 in China geboren
2 in Neuseeland geboren
2 in Indien geboren
28 anderswo geboren

Religionen
(% der Bevölkerung)

50 Christen
14 Agnostiker
4 Buddhisten
4 Muslime
2 Hindus
26 andere

Einwohner pro km²

SYDNEY MELBOURNE BRISBANE

≈ 346 Einwohner

Geschichte

By Michael Cathcart

Australien ist ein sehr alter Kontinent – manche Felsen müssen schon jenseits des Archaikums vor 3,8 Mrd. Jahren entstanden sein. Ureinwohner leben hier seit mehr als 50 000 Jahren. Vor diesem Hintergrund scheint die hier beschriebene „Geschichte" etwas kurz zu sein... aber deshalb nicht weniger interessant!

Michael Cathcart präsentiert Geschichtssendungen auf ABC TV, ist Moderator von ABC Radio National und lehrt Geschichte am Australian Centre der University of Melbourne.

Eindringlinge

Bei Sonnenaufgang hatte sich der Sturm gelegt. Zachary Hicks hielt schläfrig Wache auf dem britischen Schiff *Endeavour*, als er mit einem Schlag hellwach wurde. Er rief seinen Kapitän James Cook zu sich, der zu ihm in die frische Morgenluft trat und den wunderbaren Ausblick genoss. Vor den beiden Männern lag ein unerforschtes Land mit bewaldeten Hügeln und sanften Tälern. Es war der 19. April 1770. In den folgenden Tagen zeichnete Cook die erste europäische Landkarte von Australiens Ostküste und besiegelte so für die Aborigines das Ende ihrer Unabhängigkeit.

Zwei Wochen später führte Cook ein paar Männer auf einen schmalen Strand. Als sie an Land wateten, wurden sie von zwei Aborigines mit Speeren bedroht. Cook vertrieb die Männer mit Schüssen. Die restliche Woche beäugten sich Aborigines und Eindringlinge misstrauisch.

Als die *Endeavour* die Nordspitze von Cape York erreichte, lag im Westen der blaue Ozean. Cook und seine Männer hatten den Seeweg in die Heimat vor Augen. Auf einer kleinen hügeligen Insel („Possession Island") hisste Cook den Union Jack und nahm mit Kanonendonner die Osthälfte des Kontinents für König George III. in Besitz.

Cook hatte nicht die Absicht, den Ureinwohnern das Land wegzunehmen. Tatsächlich verklärte er sie geradezu. „Sie sind viel glücklicher als wir Europäer", schrieb er. „Sie glauben alles Lebensnotwendige zu besitzen und haben nichts Überflüssiges."

Die Sträflingskolonie

18 Jahre später, im Jahr 1788, kamen die Engländer zurück: Es handelte sich um 751 zerlumpte Sträflinge und Kinder sowie rund 250 Soldaten,

ZEITLEISTE	60 000 v. Chr.	43 000 v. Chr.	3000 v. Chr.
	Obwohl nicht bekannt ist, wann die ersten Menschen Australien besiedelt haben, gehen Experten doch davon aus, dass die Aborigines zu dieser Zeit auf dem Kontinent ankommen.	Eine Gruppe Aborigines besiedelt das Nepean Valley nahe dem heutigen Sydney und arbeitet mit Werkzeugen aus Stein. Archäologische Funde dieser Art werden später in ganz Australien gemacht.	Die letzte bekannte große Immigrationswelle aus Asien erreicht den Kontinent. Mehr als 250 Sprachen sind in Australien zu hören.

Beamte und deren Ehefrauen. Diese bunt zusammengewürfelte „First Fleet" stand unter dem Kommando des jovialen, gewissenhaften Marinekapitäns Arthur Phillip. An einer kleinen Bucht im idyllischen Gebiet der Eora-Aborigines gründete dieser eine Strafkolonie und benannte den Ort nach dem britischen Innenminister Lord Sidney.

Robert Hughes Bestseller *Australien: Die Besiedlung des fünften Kontinents* (1987) beschreibt die Kolonie als einen grauenhaften Gulag, in dem britische Obrigkeiten Rebellen, Landstreicher und Kriminelle quälten. Andere Historiker heben dagegen hervor, dass einflussreiche Männer in London die Deportation als eine Möglichkeit ansahen, Gefangene in ein neues, nützliches Leben einzugliedern. Tatsächlich wurden unter Phillips viele Gefangene schon bald auf Bewährung freigelassen, konnten wohnen, wo sie wollten, und sich selbst Arbeit suchen.

Doch das System konnte grausam sein. Frauen, die im Verhältnis 1:5 in der Unterzahl waren, drohte die ständige sexuelle Ausbeutung. Weibliche Strafgefangene, die ihre Wärter gegen sich aufbrachten, siechten in deprimierenden „Frauenfabriken" dahin. Männliche Wiederholungstäter wurden brutal ausgepeitscht und konnten selbst für kleinere Vergehen wie Diebstahl gehängt werden. 1803 etablierten englische Offiziere eine zweite Sträflingskolonie im „Van Diemens Land" (dem heutigen Tasmanien). Schnell füllten Wiederholungstäter das üble Gefängnis von Port Arthur an der schönen und wilden Küste bei Hobart. Andere erlitten sinnlose Qualen auf Norfolk Island im abgelegenen Pazifik.

Anfangs waren Sydney und diese kleineren Siedlungen auf Schiffe angewiesen, die sie mit allem Lebensnotwendigen versorgten. Die Regierung teilte daraufhin Soldaten, Offizieren und freigelassenen Häftlingen Land zu, um damit die Landwirtschaft anzukurbeln, und nach 30 Jahren voller Mühen und Fehlschlägen begannen die Farmen endlich zu florieren.

Überbleibsel einer Sträflingskolonie

Hyde Park Barracks Museum (S. 58), Sydney

Anglikanische Kirche St. Thomas (S. 137), Port Macquarie, NSW

Gefängnis Trial Bay (S. 143), South West Rocks, NSW

Commissariat Store (S. 300), Brisbane

Argyle Cut (S. 51), Sydney

---

50 000 JAHRE VOR COOK

Es ist nur wenig darüber bekannt, wie die ersten Menschen nach Australien kamen. Auch wann das Land besiedelten, wird breit diskutiert. Die Überlegungen orientieren sich eher an geologischen als an anthropologischen Gesichtspunkten. Es könnte vor 50 000 oder auch vor 70 000 Jahren gewesen sein. Sicher ist aber, dass Menschen aus Asien auf diesen Kontinent kamen, als die Erde noch viel kälter war und die Wasserstände noch viel niedriger ausfielen. So war es ihnen möglich, von Neuguinea aus über die Torres Strait zu laufen. Wahrscheinlich hat es seither immer wieder größere Migrationen nach Australien gegeben, zuletzt vor 5000 Jahren. Bei Cooks Ankunft im Jahr 1770 gab es auf dem Kontinent bereits eine reiche und vielfältige Kultur indigener Gemeinschaften.

Regis St. Louis

1607
Der spanische Entdecker Luis Torres segelt durch die Meerenge zwischen Australien und Neuguinea, ohne den großen Kontinent im Süden zu entdecken. Die Meerenge trägt heute seinen Namen.

1770
Der britische Seefahrer James Cook zeichnet auf seinem Schiff *Endeavour* eine Karte von Australiens Ostküste. Danach läuft er beim Great Barrier Reef in der Nähe eines Orts, den er Cape Tribulation nennt, auf Grund.

1776
In den USA erklären die 13 britischen Kolonien ihre Unabhängigkeit. Nun hat die Krone keinen Ort mehr, an dem sie Sträflinge loswerden kann. Die Behörden richten ihre Aufmerksamkeit auf Australien.

1788
Die Eora von Bunnabi stellen fest, dass sie neue Nachbarn haben. Elf Schiffe mit Soldaten und Strafgefangenen werfen Anker an der Stelle, die von den Neuankömmlingen Botany Bay genannt wird.

Land

Auf der Suche nach Weideland und Wasser drangen die Siedler – man nannte sie Sqatters – Jahr für Jahr weiter in das Territorium der Aborigines ein, besetzten nach Gutdünken Land und verteidigten es mit Waffengewalt. In den USA war der Konflikt zwischen Siedlern und Einheimischen die Basis für den Mythos vom „Wilden Westen", aber in Australien blieben die Auseinandersetzungen kaum im Gedächtnis der Siedlernachkommen, sodass manche Historiker heute am Ausmaß der Gewalt zweifeln. Die Ureinwohner Australiens haben

BURKE & WILLS

Die Great Northern Expedition war der Versuch, Australien von Melbourne bis zum Golf von Carpentaria zu durchqueren. Das Ganze wurde von der Kolonialregierung finanziert. Obwohl es Robert O'Hara Burke an Erfahrung fehlte, sollte er die 19-köpfige Expedition zusammen mit seinem Stellvertreter William „Jack" Wills leiten. Unter dem Jubel von 10 000 Schaulustigen nahm die Gruppe im August 1860 in Melbourne die 3200 km lange Strecke in Angriff. Sie war wirklich nicht gut vorbereitet und nahm Sachen wie Holztische, Raketen, Flaggen, einen chinesischen Gong und Marschverpflegung für mindestens zwei Jahre mit. Alles in allem verstaute sie 20 t auf 26 Kamelen, 23 Pferden und sechs Wagen. Die Transportmittel waren völlig überladen und kamen nur im Schneckentempo voran. Für 750 km brauchte die Gruppe fast zwei Monate (eine Postkutsche hätte diese Strecke in rund zehn Tagen geschafft). Überall an der Strecke ließ sie ausrangierte Gegenstände zurück. Außerdem erreichte sie die heißesten Gegenden Australiens im Hochsommer. Temperaturen von über 50 °C sorgten dafür, dass die Gruppe echte Probleme bekam – Defekte am Material, ständige Streitereien, Resignation und den Rausschmiss von Expeditionsteilnehmern.

Burke wurde immer frustrierter, teilte schließlich die Gruppe auf und stürmte dann im Dezember mit drei anderen (Wills, Charles Gray und John King) in Richtung Küste. Die Hauptgruppe blieb zurück. Burke hatte ihr befohlen, erst nach einer Wartezeit von drei Monaten in den Süden zurückzukehren. Er ging davon aus, dass sein Vierertrupp die Strecke zur Küste und zurück in zwei Monaten bewältigen würde. Er brauchte aber mehr als vier Monate, und als er schließlich in die Nähe der Küste kam, war es unmöglich, die Mangrovensümpfe zu durchqueren und das Meer zu erreichen. Die Verbliebenen kehrten in das Basislager zurück (Gray starb unterwegs), wo sie feststellen mussten, dass die Gruppe sich wenige Stunden zuvor mit Sack und Pack auf den Weg gen Süden gemacht hatte. Die drei gingen zu einer Hirtensiedlung in der Nähe von Mt. Hopeless. Burke und Wills kamen ums Leben. King wurde von Aborigines gerettet und wieder aufgepäppelt. Er war der Einzige, der das Land durchquert hatte und lebend wieder an den Ausgangspunkt zurückgekehrt war.

Regis St. Louis

1789

Mit den Kolonisten erreichen auch Krankheiten Australien: Bei einer Pockenepidemie sterben 50 % der Darug-Aborigines.

1824

Die Regierung errichtet die schreckliche Strafkolonie von Moreton Bay, einen Ort des Grauens. Eine zweite Strafkolonie in Brisbane folgt zwei Jahre später.

1835

Für Mehl und billigen Schmuck „erwirbt" John Batman von den Aborigines des Dutigalla-Stamms 2500 km² Land. Melbourne wird am Nordufer des Yarra River gegründet.

1844–1845

Ludwig Leichhardt schreibt den ersten Reiseführer über Australien in Form eines Tagebuchs. Darin hält er seine Expedition von Brisbane bis fast nach Darwin fest. 1848 verschwindet er spurlos.

jedoch von Generation zu Generation weitergegeben, wie man ihre Vorfahren niedergemetzelt und ihre Wasserlöcher vergiftet hat. Einige der erbittertsten Kämpfe ereigneten sich in entlegenen Gegenden des zentralen Queensland. In Tasmanien waren die Folgen dieser Besiedlungen so verheerend, dass heute alle verbliebenen Ureinwohner der Insel aus Mischehen abstammen.

Auf dem Festland gelang es vielen Siedlern, einen Waffenstillstand mit den Ureinwohnern zu vereinbaren. In abgelegenen Gegenden gehörte es bald zur Tagesordnung, dass Aborigines schlecht bezahlte Arbeiten auf Höfen annahmen und auf Schaf- sowie Rinderfarmen als Viehtreiber, Hilfsarbeiter, Scherer sowie Hausangestellte Beschäftigung fanden. Jene, die weiter auf ihrem traditionellen Land arbeiten durften, passten sich den neuen Bedingungen an. Dieses Arrangement blieb auf Weideflächen im Hinterland noch bis nach dem Zweiten Weltkrieg bestehen.

Gold & Rebellion

Der Sträflingstransport nach Ostaustralien endete in den 1840er-Jahren, und das war auch gut so, denn 1851 entdeckten Schürfer Gold in New South Wales und Victoria. Diese Nachricht schlug ein wie eine Bombe. Junge Männer und auch abenteuerlustige Frauen aus allen Schichten begaben sich nun auf Schatzsuche, und es dauerte nicht lange, bis ihnen ein Strom aus Goldgräbern, Unterhaltungskünstlern, Wirten, Schnapsschmugglern, Prostituierten und Gaunern folgte. In Victoria machte sich der britische Gouverneur größte Sorgen. Nicht nur, weil die Standesgesellschaft völlig aus den Fugen geriet, sondern auch, weil nun zusätzliche Kosten anfielen, um Recht und Gesetz auf den Goldfeldern zu sichern. Seine Lösung war es, allen Glückssuchern eine hohe monatliche Schürflizenz abzuverlangen. Damit ging die Hoffnung einher, dass die Ärmeren unter ihnen in ihre Heimatorte zurückkehren würden.

Doch der Reiz des Edelmetalls war zu groß. Die Stimmung auf den Goldfeldern war so ausgelassen, dass sich zunächst kaum jemand von der berittenen Polizei abschrecken ließ, die auf brutale Weise die Gebühren für Lizenzen eintrieb. Doch nach drei Jahren war das leicht zugängliche Gold in Ballarat erschöpft, und die Schürfer mussten sich nun in tiefen, wassertriefenden Schächten abmühen. Inzwischen waren sie wütend auf das korrupte und gewalttätige Rechtssystem, das ihnen nur Verachtung entgegenbrachte. Unter Führung des charismatischen Iren Peter Lalor hissten sie ihre eigene Flagge, das „Southern Cross", und schworen, ihre Rechte und Freiheiten zu verteidigen. Sie bewaffneten sich, verschanzten sich in Eureka hinter Palisaden und warteten auf die Reaktion der Staatsmacht.

Im Morgengrauen des 3. Dezember 1854, eines Sonntags, stürmte eine Polizeitruppe die Befestigung. Innerhalb von 15 Minuten töteten die Po-

> Viele verehren ihn als *den* großen Australien-Roman: Patrick Whites *Voss* (1957) wurde von der Geschichte des preußischen Forschers Leichhardt inspiriert. Er ist eine psychologische Erzählung, eine Liebesgeschichte und eine epische Reise durch die australische Wüste.

> Die hübsche blau-weiße Flagge „Stern des Südens", die beim Aufstand der Eureka Stockade 1854 geschwungen wurde, gilt seitdem in Australien als Symbol der Gewerkschaftsbewegung.

1871
Der Aborigines-Angehörige Jupiter, ein Viehzüchter, entdeckt Gold in Queensland, und der Rausch nimmt seinen Lauf. Innerhalb von zehn Jahren macht Brisbane ein Vermögen mit Gold und Wolle.

1891
Der Streik der Schafscherer in der Gegend um Barcaldine, Queensland, geht in die Geschichte ein. Die Konfrontationen führen dazu, dass die Australian Labor Party ins Leben gerufen wird.

1901
Australien wird ein föderativer Staat. Das neue Bundesparlament trifft sich in Melbourne. Die White Australia Policy wird verabschiedet, Nichteuropäer erhalten Einwanderungsverbot.

1911
Das Australian Capital Territory wird eingerichtet, wo sich die neue Hauptstadt Canberra befindet. Bis 1927 bleibt Melbourne aber Regierungssitz.

lizisten 30 Goldgräber und verloren fünf eigene Männer. Die Geschichte von der Eureka Stockade wird häufig als Kampf für nationale Unabhängigkeit und Demokratie dargestellt, so als ob Letztere nur durch Blutvergießen entstehen könnte. Dabei waren die Opfer eigentlich völlig unnötig. In den Ostkolonien entstanden bereits erste demokratische Parlamente – und zwar mit voller Unterstützung britischer Behörden. In den 1880er-Jahren schließlich wurde Lalor Parlamentssprecher in Victoria.

Waltzing Matilda wurde 1895 von A. B. „Banjo" Paterson geschrieben und wird oft als Australiens inoffizielle Nationalhymne bezeichnet. Das Lied soll eine Hommage an streikende Schafscherer während des Arbeiteraufstands in den 1890er-Jahren sein.

Der Goldrausch lockte auch zahlreiche Chinesen an, denen prompt die Feindschaft der Weißen entgegenschlug. 1860/61 wurden viele von ihnen Opfer schwerer Rassenunruhen auf den Goldfeldern von Lambing Flat (heute Young) in New South Wales. Schon bald entwickelten sich chinesische Bezirke in den Seitenstraßen von Sydney sowie Melbourne, und in den 1880er-Jahren schwelgte die Literatur regelrecht in Geschichten über chinesische Opiumhöhlen, zwielichtige Spielhöllen und orientalische Bordelle. Tatsächlich etablierten sich dort viele Chinesen als Geschäftsleute, vor allem als Gemüsehändler. Heute ist in den chinesischen Vierteln der Städte immer viel los; auch die Chinarestaurants in vielen Orten des Landes weisen auf die wichtige Rolle hin, die Chinesen mittlerweile einnehmen.

Gold und Wolle brachten Melbourne und Sydney jede Menge Geld und Stil ein. Bereits in den 1880er-Jahren präsentierten sich beide Städte modern und elegant. Es gab Gaslaternen, Eisenbahnen und eine geniale neue Erfindung: den Telegrafen. Die Hauptstadt im Süden zeigte sich so reich an Theatern, Hotels, Galerien und Modegeschäften, dass man sie nur noch „Marvellous Melbourne" (fantastisches Melbourne) nannte.

Weit entfernt von den südlichen Zentren der politischen und wirtschaftlichen Macht lag das großflächige Queensland. Es war eine raue Grenzkolonie, in der Geld mit harter Arbeit verdient wurde, ob in Minen, im Wald oder auf Viehfarmen. Durch die Zuckerindustrie an der Küste häuften südliche Investoren Reichtümer an, indem sie auf ihren Plantagen Arbeiter von den Pazifischen Inseln (sog. „Kanaken") ausbeuteten. Viele von Letzteren hatte man gekidnappt.

Die am einfachsten verständliche Version der ANZAC-Legende ist Peter Weirs australisches Epos Gallipoli (1981) mit dem jungen Mel Gibson.

Nationale Unabhängigkeit

Am 1. Januar 1901 wurde Australien ein Bundesstaat (Australischer Bund). Als die schnauzbärtigen Abgeordneten des neuen Bundesparlaments in Melbourne zusammentrafen, war es ihr oberstes Ziel, die Identität und die Werte eines europäisch geprägten Australiens gegen den Einfluss von Asiaten und Südseeinsulanern zu schützen. Ihre *White Australia Policy* galt für die folgenden 70 Jahre als rassistisches Glaubensbekenntnis. Für die Weißen, die hier als Einwohner willkommen waren, sollte eine Gesellschaft mit Modellcharakter unter dem schützenden Mantel des Britischen Weltreichs entstehen.

1915
Zusammen mit Großbritannien unterstützen australische und neuseeländische Truppen (die ANZACs) die Alliierten bei ihrer Türkeiinvasion auf Gallipoli. Die ANZAC-Legende ist geboren.

1918
Der Erste Weltkrieg ist zu Ende. 320 000 von 4,9 Mio. Einwohnern wurden in den Kampf nach Europa geschickt; fast 20 % kamen ums Leben. Das australisch-britische Verhältnis bekommt Risse.

1928
Reverend John Flynn ruft in Cloncurry, Queensland, den Royal Flying Doctor Service ins Leben – eine Einrichtung von unschätzbarem Wert, die heute in ganz Australien tätig ist.

1929
Weltwirtschaftskrise: Die Volkswirtschaft bricht zusammen, Tausende hungern. 1932 erreicht die Arbeitslosigkeit 28 % und ist eine der höchsten der industrialisierten Welt (übertrumpft nur von der in Deutschland).

Nur ein Jahr später bekamen weiße Frauen das Wahlrecht bei den Bundeswahlen. Mit einer Reihe radikaler Neuerungen führte die Regierung ein umfassendes Sozialsystem ein und schützte das australische Lohnniveau durch Importzölle. Die Mischung aus kapitalistischer Dynamik und sozialistischer Fürsorge wurde als *Australian settlement* bekannt.

Krieg & Weltwirtschaftskrise

Da sie isoliert vom Rest der Welt am Rand eines unwirtlichen Landes lebten, empfanden viele Australier es als durchaus beruhigend, noch Teil des Britischen Weltreichs zu sein. Nachdem 1914 der Erste Weltkrieg ausgebrochen war, folgten deshalb auch Tausende von ihnen dem Ruf des Empires, die Waffen zu ergreifen. Ihre erste Begegnung mit dem Tod fand am 25. April 1915 statt: Das Australian and New Zealand Army Corps (ANZAC) kämpfte an der Seite britischer und französischer Truppen bei einem Angriff auf die türkische Halbinsel Gallipoli. Es dauerte jedoch acht Monate, bis die britischen Kommandeure das Scheitern ihrer Taktik eingestanden; inzwischen hatten 8141 junge Australier ihr Leben gelassen. Bald darauf kämpfte die Australian Imperial Force auch auf Europas Schlachtfeldern. Bis Kriegsende fielen 60 000 australische Männer. Zu ihren Ehren werden am ANZAC-Day (25. April) in Australien und auf Gallipoli Gedenkfeiern abgehalten.

Die 1920er-Jahre waren wilde Jahre. Australien investierte in Immigration und Wachstum, bis die Wirtschaft während der Weltwirtschaftskrise 1929 in sich zusammenfiel. Die nun folgende Zeit der Arbeitslosigkeit brachte jedem dritten Haushalt Not und Elend. Wer Geld oder Arbeit hatte, spürte von der Krise allerdings wenig, denn durch die extreme Deflation nahm die Kaufkraft sogar zu.

Helden

Bei all den Problemen bot der Sport der spiel- und wettbegeisterten Nation Abwechslung. Das vielversprechende Rennpferd Phar Lap holte 1930 mühelos den Melbourne Cup (bis heute bekannt als *the race that stops a nation* – ein absoluter Straßenfeger). 1932 sollte das Tier dann auch die amerikanischen Rennbahnen erobern, starb dort aber unter mysteriösen Umständen. In Australien halten sich seitdem Verschwörungstheorien, dass Phar Lap von neidischen Amerikanern vergiftet worden sei.

Auch auf dem Cricketfeld gab es 1932 Ärger. Das englische Team setzte unter seinem Mannschaftskapitän Douglas Jardine eine brutale neue Wurftechnik namens „Bodyline" ein. Ziel war es, Australiens Star-Schlagmann Donald Bradman aus der Fassung zu bringen. Die Verbitterung war groß, und Bradman machte trotzdem weiter: mit unübertroffenen 99,94 Runs im Durchschnitt.

> Seit 1882 werden alle zwei Jahre die hartumkämpften „Ashes", der Länderkampf zwischen Australien und England im Cricket, in jeweils einer Serie von Tests ausgetragen. Obwohl beide Seiten immer wieder mal längere Zeit dominierten, lautet das Ergebnis bisher 32 Siege für Australien, 31 für England.

1937
Agakröten werden ausgesetzt, um den Schädlingen auf Queenslands Zuckerrohrfeldern beizukommen. Die Aktion erweist sich als katastrophal. Die Kröten werden auch in anderen Bundesstaaten zur Plage.

1941
Die Japaner bombardieren Townsville, der Krieg hat den Pazifik erreicht. Australische Truppen strömen auf die Schlachtfelder der Welt. Tausende US-Soldaten kommen ins Land – und trinken jede Menge Bier.

1956
In Melbourne werden die Olympischen Sommerspiele ausgetragen – das erste Mal finden die Spiele auf der Südhalbkugel statt. Australien erreicht den dritten Platz im Medaillenspiegel nach der UdSSR und den USA.

1962
Die Aborigines dürfen an den Bundeswahlen teilnehmen, müssen aber bis 1967 warten, bis ihnen durch ein überwältigendes landesweites Referendum die Staatsbürgerschaft zuerkannt wird.

Zweiter Weltkrieg

Langsam erholte sich die Wirtschaft. Kaum lief jedoch der Alltag wieder in einigermaßen geregelten Bahnen, zogen die australischen Soldaten 1939 in den Zweiten Weltkrieg. Obwohl Japan eine Bedrohung darstellte, waren sich die meisten Australier sicher, dass die britische Kriegsmarine sie schützen würde. Im Dezember 1941 bombardierte Japan die US-Flotte in Pearl Harbor. Wenige Wochen später war auch der „unüberwindbare" britische Marinestützpunkt in Singapur angeschlagen, und schon bald fanden sich Tausende australische und alliierte Soldaten in grausamen japanischen Kriegsgefangenenlagern wieder.

Die Japaner drangen unterdessen bis nach Papua-Neuguinea vor, woraufhin die Briten erklärten, dass sie keine Möglichkeiten mehr hätten, Australien zu verteidigen. Der legendäre US-Kommandeur General Douglas MacArthur sah in Australien allerdings einen perfekten Stützpunkt für amerikanische Einsätze im Pazifik. In einer Reihe erbitterter Kämpfe auf See und an Land schlugen die alliierten Kräfte die japanische Offensive deshalb nach und nach zurück. Entscheidend war, dass nicht die Briten, sondern die Amerikaner zu Hilfe eilten. Die Tage des Bündnisses mit England waren nun gezählt.

Frieden, Wohlstand & Multikulti

Als der Krieg vorbei war, ging ein neuer Slogan durchs Land: *populate or perish* (bevölkern oder untergehen). Die australische Regierung entwickelte ehrgeizige Pläne, um eine möglichst große Anzahl Einwanderer ins Land zu locken. Mit staatlicher Hilfe kamen sie dann auch, Engländer, Griechen, Italiener, Slawen, Serben, Kroaten, Holländer, Polen, Türken, Libanesen und viele andere. Auf diese „neuen Australier" setzte man große Hoffnungen und erwartete, dass sie sich in Vorstädten ansiedeln sowie an den australischen Lebensstil anpassen würden.

Es folgten die große Zeit der Kleinfamilien sowie ein lang anhaltender Wirtschaftsaufschwung. Viele Zugezogene fanden Jobs in der verarbeitenden Industrie, wo Firmen wie General Motors und Ford durch großzügige Zollbestimmungen unterstützt wurden. Zeitgleich wuchs fast überall in der Welt die Nachfrage nach australischen Erzeugnissen: Metalle, Wolle, Fleisch und Weizen. Das Land wurde sogar zu einem der Hauptexporteure von Reis nach Japan.

Diese Ära des wirtschaftlichen Wachstums und Wohlstands wurde von Robert Menzies geprägt, dem Gründer der modernen Liberal Party sowie dem dienstältesten Premierminister. Er besaß den Art onkelhaften Charme und war ein wachsamer Gegner des Kommunismus. Als der Kalte Krieg immer größere Dimensionen annahm, schlossen Australien und Neuseeland 1951 ein formales Militärbündnis mit den USA,

---

Beste Geschichtsmuseen

Rocks Discovery Museum (S. 53), Sydney

Museum of Sydney (S. 60), Sydney

Melbourne Museum (S. 229), Melbourne

Queensland Museum (S. 301), Brisbane

National Museum of Australia (S. 184), Canberra

1969 — Joh Bjelke-Petersen wird für die nächsten 21 Jahre Queenslands Premierminister. Sein politisches Programm kann weitestgehend mit „Wachstum um jeden Preis" beschrieben werden.

1970s — Inflation, steigende Zinssätze und zunehmende Arbeitslosigkeit setzen den goldenen Nachkriegsjahren ein Ende. Die Immobilienpreise schießen in die Höhe, ein Eigenheim ist für viele unerreichbar.

1972 — Die Aboriginal Tent Embassy wird auf den Grünflächen des Parlamentsgebäudes in Canberra errichtet. Sie soll in den nächsten Jahrzehnten daran erinnern, dass den Aborigines ihr Land genommen wurde.

1975 — Der Great Barrier Reef Marine Park wird gegründet und später zum Weltnaturerbe erklärt. Das wurmt Queenslands Premier Joh Bjelke-Petersen, denn er wollte im Riff nach Erdöl bohren lassen.

das ANZUS-Abkommen. Als sich die USA in den Vietnamkrieg stürzten, schickte auch Menzies Truppen in den Kampf. Ein Jahr später trat er zurück und hinterließ seinem Nachfolger ein schwieriges Erbe. Die Antikriegsbewegung spaltete das gesamte Land.

Künstler, Intellektuelle und Jugendliche fanden Menzies Australien langweilig, selbstgefällig sowie mehr mit der amerikanischen und britischen Kultur verbunden als mit eigenen Talenten und Traditionen. Der Kontinent litt ihrer Ansicht nach unter „Minderwertigkeitskomplexen". Jugendliche Rebellion und ein neu entdecktes Nationalgefühl lagen in der Luft, und die Australier begannen, sich wieder mehr für ihre eigene Geschichte und Kultur zu interessieren. Die Kunst erlebte ebenso wie die Universitäten eine neue Blütezeit, und eine eigenständige Filmindustrie brachte mit staatlicher Unterstützung beachtliche Werke hervor.

Zu dieser Zeit gelangten viele weiße Australier zu der Überzeugung, dass den Ureinwohnern Australiens großes Unrecht angetan worden war und nun Zeit zum Handeln sei. Zwischen 1976 und 1992 errangen die Ureinwohner daraufhin größere Siege beim Kampf um Landrechte. Australiens Handel mit China und Japan florierte, die White Australia Policy wurde mit wachsender Tendenz als peinlich empfunden und infolgedessen Anfang der 1970er-Jahre offiziell aufgelöst. Australien wurde schließlich sogar zum Mitglied beim Kampf gegen die rassistische Apartheidspolitik in Südafrika.

> Vor Ankunft der Europäer lebten in Australien etwa 750 000 Ureinwohner, verteilt auf 600 bis 700 Aborigines-Gemeinschaften. Sie unterhielten sich untereinander in mindestens 250 Aborigines-Sprachen und Dialekten.

In den 1970er-Jahren wuchs zudem die Zahl der Einwanderer aus nicht englischsprachigen Ländern auf über 1 Mio. an. Mit ihnen kamen neue Sprachen, Kulturen, Essgewohnheiten und Ideen ins Land. Gleichzeitig lösten China und Japan Europa allmählich als Australiens wichtigste Handelspartner ab. Als immer mehr Asiaten in Australien leben wollten, errangen die vietnamesischen Gemeinschaften sowohl in Sydney als auch in Melbourne Berühmtheit. In beiden Städten wehte ein neuer Geist der Toleranz und man war stolz auf das multikulturelle Flair.

MABO & TERRA NULLIUS

Im Mai 1982 führte Eddie Mabo eine Gruppe von Torres-Strait-Insulanern an, die vor Gericht ihren auf der Tradition begründeten Rechtsanspruch auf Mer (Murray Island) geltend machen wollten. Sie argumentierten gegen das Rechtsprinzip der *terra nullius* (wörtlich „Land, das niemandem gehört") und demonstrierten so ihre seit Tausenden Jahren ungebrochene Verbundenheit mit ihrem Land. Im Juni 1992 entschied der High Court zugunsten von Eddie Mabo und den Insulanern und hob das Prinzip der *terra nullius* auf – diese Entscheidung wurde als Mabo-Beschluss bekannt und sollte weitreichende Auswirkungen auf Australien haben, u. a. wurde 1993 der Native Title Act eingeführt.
Alan Murphy

1992
Nach zehnjährigem Zug durch alle Instanzen erkennt der Oberste Gerichtshof in seiner wegweisenden Mabo-Entscheidung das dauerhafte Landrecht der Aborigines in ganz Australien an.

1999
In einem Referendum stimmen 55 % der Australier gegen die Einrichtung einer Republik, sodass das Land eine konstitutionelle Monarchie bleibt.

2000
Sydney ist Gastgeber der Olympischen Sommerspiele: Sie werden ein Spektakel. Die Aborigine-Läuferin Cathy Freeman entzündet die olympische Flamme bei der Eröffnungszeremonie und gewinnt Gold über 400 m.

2005
In einem Vorort Sydneys finden gewalttätige Krawalle zwischen weißen und libanesischstämmigen Australiern statt. Die Cronulla Riots lösen eine Debatte über multikulturelle Gesellschaften aus.

Neue Herausforderungen

Heute steht Australien vor neuen Herausforderungen. In den 1970er-Jahren begann das Land, sein protektionistisches Gerüst abzubauen. Mit neuer Effizienz kam auch neuer Wohlstand. Gleichzeitig wurden Löhne und Arbeitsbedingungen, die zuvor durch eine unabhängige Instanz geschützt waren, angreifbarer, als das Gleichheitsprinzip dem Wettbewerb Platz machte. Nach zwei Jahrhunderten der Entwicklung wurden auch die negativen Auswirkungen auf die Umwelt sichtbar – auf Wasserversorgung, Wälder, Boden- und Luftqualität und die Meere.

Unter dem konservativen John Howard, dem am zweitlängsten amtierenden Premierminister Australiens (1996–2007), schloss sich das Land enger als je zuvor den USA an. Man zog auch mit den Amerikanern in den Irakkrieg. Der schroffe Umgang mit Asylsuchenden, die Weigerung der Regierung, die Realität des Klimawandels anzuerkennen, ihre Anti-Gewerkschaftsreformen und das mangelnde Einfühlungsvermögen des Premierministers in die Belange der australischen Ureinwohner erschreckte eher liberal gesinnte Australier. Aber Howard regierte in einer Phase des Wirtschaftswachstums, in der Werte wie Eigenverantwortung betont wurden, was ihm die dauerhafte Unterstützung von Australiens Mitte sicherte.

2007 wurde Howard von Kevin Rudd, dem Kandidaten der Labor Party abgelöst, einem ehemaligen Diplomaten, der sich sogleich offiziell bei den Aborigines für das Unrecht entschuldigte, das sie in den letzten 200 Jahren erlitten hatten. Die neue Regierung versprach umfassende Reformen im Umweltschutz und im Bildungswesen, kam aber angesichts der Weltfinanzkrise von 2008 in Schwierigkeiten. Im Juni 2010 verlor Rudd sein Amt. Die neue Premierministerin Julia Gillard musste sich zusammen mit den anderen Führern der Welt drei zusammenhängenden Herausforderungen stellen – dem Klimawandel, den abnehmenden Erdölvorräten und einer schrumpfenden Wirtschaft. Diese Schwierigkeiten und schwindende Unterstützung ihrer Partei führten dazu, dass Gillard 2013 von einem wiedererstarkten Rudd abgesetzt wurde. Rudds Labor Party verlor jedoch die landesweiten Wahlen im gleichen Jahr und übergab die Regierungsgeschäfte an Tony Abbott, der das Land seitdem an der Spitze einer rechtsgerichteten liberal-nationalen Koalition führt.

Geschichte zwischen Buchdeckeln

Australien,
Robert Hughes
(1986)

History of Queensland, Raymond Evans (2007)

Burke's Soldier, Alan Attwood (2003)

Birth of Melbourne, Tim Flannery (2004)

2008
Im Namen des Parlaments entschuldigt sich Premier Kevin Rudd in einer bewegenden Rede bei den australischen Ureinwohnern für Gesetze und eine Politik, die „zu tiefem Leid, Schmerz und Verlusten führten".

2009
Eine Hitzewelle, die alle Rekorde bricht, führt zu den katastrophalen Buschfeuern des „Schwarzen Samstags" in Victoria. Mehr als 170 Menschen sterben, der Sachschaden beläuft sich auf gut 1 Mrd. AU$.

2011
Überschwemmungen zerstören weite Gebiete Queenslands einschließlich Brisbane, töten 35 Menschen und verursachen einen Milliardenschaden. Zyklon Yasi folgt Wochen später und zerstört Teile Nord-Queenslands.

2013
Die Wahlen kosten Premierminister Kevin Rudd (aus Queensland) das Amt, nachdem er schon 2009 von Julia Gillard verdrängt, aber einige Monate vor der Wahl 2013 erneut als Premierminister eingesetzt worden ist.

Der Klimawandel & das Great Barrier Reef

Von Terry Done & Paul Marshall

Das Great Barrier Reef (GBR) ist nicht nur eines der vielfältigsten, sondern auch das größte Korallenriffsystem der Erde. Das Riff mit seinen vielen Inseln ist so riesig, dass es mit bloßem Auge vom Weltraum aus zu erkennen ist. Doch genau wie alle anderen Korallenriffe hat auch das GBR mit massiven Umweltproblemen zu kämpfen.

Das Riff

Zum Ökosystem des Riffs gehören die Lebensräume auf dem Meeresboden zwischen den einzelnen Riffen, Hunderte von kontinentalen Inseln und Korallenriffen sowie die Strände, Landzungen und Flussmündungen entlang der Küste. Die insgesamt 2900 Riffe des GBR, die von weniger als einem bis hin zu 26 km lang sind, beherbergen eine wirklich erstaunliche biologische Vielfalt: Mehr als 1500 Fischarten, über 400 Korallenarten und Hunderte Arten von Mollusken (Muscheln, Schnecken, Kraken) und Stachelhäutern (Seesterne, Seegurken, Seeigel), Schwämme, Würmer, Krustentiere und Meresalgen leben hier. Das GBR ist aber auch die Heimat von Meeressäugetieren wie Delfinen, Walen und Seekühen, unzähligen Vogelarten und sechs der sieben Arten von Meeresschildkröten, die es weltweit gibt. Unter den gut 900 Inseln des GBR finden sich kurzlebige „Eintagsfliegen", kaum oder überhaupt nicht bewachsene, aber auch dicht bewaldete Sandbänke und kontinentale Inseln.

Am Scheideweg

Korallenriffe haben es in der heutigen Zeit nicht leicht. In den vergangenen 30 Jahren fegten über das GBR mehr Wirbelstürme und Tornados hinweg als im ganzen letzten Jahrhundert – und angesichts des aktuellen Klimawandels sind weitere zu befürchten. Immer wieder kommt es zu massiven Invasionen des zerstörerischen Dornenkronenseesterns, der die Korallen frisst. Durch die ungewöhnlich hohen Wassertemperaturen kam es schon zweimal zu ausgedehnten Korallenbleichen. Und die Rekordhochwasser der letzten Jahre schwemmten riesige Mengen an Süßwasser, Sedimenten, Dünger und anderen landwirtschaftlichen Chemikalien ins Meer, was zu einer übermäßigen Zunahme von Plankton führte, das wiederum den Lichteinfall behinderte und damit die Grundlage für das Leben und die Widerstandskraft der Korallenriffe zerstörte.

Angesichts dieser Entwicklungen ist es nicht weiter überraschend, dass man schon nach kurzer Internetrecherche den Eindruck gewinnt, das GBR sei weitaus stärker geschädigt als alle anderen Korallenriffe der Erde. Doch die Vielzahl an Informationen über die Gefahren für das Riff belegen nur den großen Umfang der Forschungsarbeiten, staatlichen Investitionen und dem landesweitem Engagement, um sich der

Aufgabe zu stellen, anstatt so zu tun, als ob alles in Ordnung wäre. Es ist eben leider so, dass es heute wesentlich mehr geschädigte Riffe gibt als noch vor 30 Jahren. Dennoch ist das GBR immer noch eines der schönsten Korallenriffe der Welt, das man am besten mit einem der vielen offiziell zugelassenen Veranstalter erkundet. Erst kürzlich hat eine Studie der ehrenamtlichen Überwachungsorganisation Reef Check Australia ergeben, dass von 2001 bis 2011 die Anzahl der Korallen in 70 % der beobachteten Tauchgebiete gleich geblieben oder sogar gestiegen ist. Wie alle anderen Korallenriffe der Welt ist auch das GBR in Gefahr, doch hier arbeiten Wissenschaftler, Meeresparkverwaltung, Küstenbewohner und sogar Besucher eng zusammen, um das Riff heil durch die schwierigen Zeiten dieses Jahrhunderts zu manövrieren.

Das Fundament bröckelt

Wie ein Damoklesschwert schwebt der Klimawandel über den Korallenriffen. Die Erderwärmung ist eine ernsthafte Gefahr für diese einmaligen Ökosysteme, die für ihre Entstehung zwar warmes Wasser benötigen und deshalb vor allem im klaren, nicht allzu tiefen Meerwasser entlang des Äquators und bis zum nördlichen und südlichen Wendekreis zu finden sind.

Den Grundstock von Korallenriffen bilden vorrangig Stein- oder Hartkorallen, von denen mehr als 400 der weltweit existierenden 700 Arten im GBR heimisch sind. Das Geheimnis ihres Erfolgs – und zugleich auch ihre Achillesferse im immer wärmer werdenden Wasser – ist die Symbiose zwischen der Koralle und winzigen Einzellern, den sogenannten Zooxanthellen, die in den Korallenpolypen leben. Mithilfe des Sonnenlichts und des warmen Wassers produzieren die Einzeller durch Photosynthese Glukose und andere Kohlenhydrate, welche die Koralle bzw. ihre Polypen benötigen, um die zum Überleben wichtige Außenhaut zu ernähren, Samenzellen und Eier zu produzieren und das Kalkskelett des Korallenriffs aufzubauen. Dieses Skelett, das von Abertausenden von Polypen besiedelt ist und in verschiedensten Formen bis zu mehreren Metern hoch werden kann, ist ein Wunderwerk der Evolution, denn es sorgt für einen festen Rahmen, den die Polypen nutzen, um möglichst viel Sonnenlicht einzufangen und mit ihren spitzen Tentakeln ihre Nahrung in Form von stecknadelkopfgroßen Krustentierchen aus dem Wasser zu fischen. So entstanden in Tausenden von Jah-

DER GREAT BARRIER REEF MARINE PARK

Der 1975 eingerichtete Meerespark ist mit 360 000 km² fast so groß wie Italien und eines der am besten geschützten, marinen Ökosysteme unseres Planeten. In gut einem Drittel des Parks ist jede Art des Eingreifens verboten, ansonsten sind kommerzieller Fischfang und Freizeitangeln erlaubt. Entlang der südlichen Küste gibt's ein paar größere Städte wie Cairns, Townsville, Mackay und Gladstone, von denen einige über einen Hafen verfügen, um den Export von Vieh und Zucker sowie den Handel mit Erz abzuwickeln. Schifffahrtsstraßen führen kreuz und quer durch das Riff, doch die Erzfrachter sowie die anderen Fracht- und Kreuzfahrtschiffe müssen sich von ortskundigen Seeleuten lotsen lassen, um die Gefahr des Auflaufens oder einer Kollision zu vermindern.

Australien wird weltweit gelobt für die vorbildlichen Maßnahmen zum Schutz des Great Barrier Reefs: Der Meerespark gehört zum Weltkulturerbe der Unesco und wird von der Great Barrier Reef Marine Park Authority beneidenswert gut verwaltet. Dennoch fürchten die mit dem Riff befassten Wissenschaftler um die Zukunft dieses einmaligen Ökosystems, denn das größte Problem ist der Klimawandel. Umfassende Informationen sowie Unterrichtsmaterial für alle Klassenstufen gibt's unter www.gbrmpa.gov.au und www.coralwatch.org.

> **DIE GEOLOGIE DES RIFFS**
>
> Aus geologischer Sicht ist das Great Barrier Reef im Verhältnis zum australischen Festland noch recht jung. Es entstand vor ca. 500 000 Jahren, als der Norden Australiens noch von tropischen Gewässern umgeben war und der Kontinent sich allmählich von der Landmasse Gondwana am Südpol in Richtung Norden entfernte. Dabei wuchs und verschwand das GBR immer wieder, um sich an den ständig ändernden Meereswasserspiegel anzupassen. Vor gerade einmal 20 000 Jahren war der heutige Meeresboden noch eine Küstenebene, welche die Ureinwohner Australiens bewohnten, denn der Meeresspiegel war in der Eiszeit um 130 m niedriger als heute. Als vor 6000 bis 8000 Jahren die Eiskappen schmolzen, wurden die Festlandsockel überflutet und der Meeresspiegel erreichte in etwa den heutigen Stand. Die Korallen siedelten sich auf den höher gelegenen Teilen des Festlandsockels vor Queensland an und begannen in der einzigartigen Verbindung von biologischen und geologischen Prozessen mit dem Aufbau des Riff-Ökosystems, wie wir es heute kennen.

ren Riffe aus Korallenskeletten, sandige Lagunen, Korallenstrände und Koralleninseln, welche die Grundlage des gesamten Ökosystems bilden. Doch in der heutigen Zeit, in der sich das Meerwasser auf eine bislang nie erreichte Temperatur „aufheizt", sind diese Grundlagen ernsthaft gefährdet.

Umwelteinflüsse & Korallenbleiche

Die idyllische Symbiose zwischen Koralle und Zooxanthellen war perfekt an die natürlichen Bedingungen angepasst. Korallen mögen keine Veränderungen, werden jedoch in letzter Zeit mit wesentlich drastischeren Veränderungen konfrontiert als in den gesamten 400 000 Jahren zuvor.

Helles Sonnenlicht und warmes Wasser sind unabdingbare Voraussetzungen für die Entstehung von Korallenriffen, doch der Grat zwischen warm genug und zu warm ist leider sehr schmal. Etwa um die Jahrtausendwende – am GBR vor allem zwischen 1998 und 2002, an anderen Riffen erst um 2010 – führte der Anstieg der Wassertemperatur zu einer metabolischen Überreaktion der dicht an dicht lebenden Zooxanthellen: Sie produzierten freie Radikale und andere chemische Stoffe, die für die Koralle tödlich waren. Um sich vom dem zerstörerischen Gift zu befreien, stießen die Korallen die Zooxanthellen ab. Erst wenn das Wasser seine normale Temperatur wieder erreicht hat, können sich die wenigen noch vorhandenen Zooxanthellen vermehren und die Koralle ausreichend ernähren. Wenn die Überhitzung aber länger als ein paar wenige Wochen anhält, fehlt den extrem gestressten Korallen die Kraft zur Erholung und sie sterben schnell ab. Bald darauf sind ihre Skelette von einem Teppich aus feinen, struppigen Algen bedeckt. Laut einer wissenschaftlichen Studie aus dem Jahr 2013 folgten in den letzten 30 Jahren 10 % des Korallensterbens im GBR diesem Muster, das als Korallenbleiche bekannt ist. Ebenso gravierend ist, dass der Klimawandel allein nicht dafür verantwortlich gemacht werden kann. Die Studie zeigte auch, dass die hohen Wellen bei Stürmen und das massive Auftreten des korallenfressenden Dornenkronenseesterns jeweils zu rund 40 % zur Korallenbleiche beitragen. Angesichts der Gesamtheit dieser Auswirkungen in Verbindung mit der Aussicht auf immer heftigere Wirbelstürme und häufigeres Auftreten der Korallenbleiche ist bei einem anhaltenden Klimawandel wohl mit einem großflächigen Korallensterben zu rechnen.

Ein gesundes Korallenriff kann sich innerhalb von 10 bis 20 Jahren nach der Zerstörung erholen. Bis jetzt haben sich die geschädigten Bereiche des GBR als beachtlich widerstandsfähig erwiesen, aber die Zukunft sieht nicht so rosig aus, denn die mit dem Klimawandel immer häufiger auftretenden Schädigungen zerstören die Riffe, bevor sie sich vollständig erholen können. Korallenriffe in anderen Teilen der Welt, die jahrzehntelang unter Umweltverschmutzung und Überfischung gelitten haben, sind heute nur noch öde Landschaften aus Schotter und Seegras.

Weltweit sorgen, vor Ort handeln

Wenn man durch das warme Wasser des GBR gleitet und das großartige Riff unter dem Einfluss des Klimawandels sieht, glaubt man schnell, dass alles Handeln vergeblich ist. Doch es ist wissenschaftlich erwiesen, dass die Anstrengungen vor Ort durchaus etwas bewirken. Eine Reduzierung des Einleitens von Nährstoffen (aus Düngemitteln) in das Wasser des GBR kann die Toleranz höherer Temperaturen durch die Korallen erhöhen, das Auftreten des Dornenkronenseesterns verringern und die Überwucherung der Korallen mit Seegras verhindern. Die Bundes- und Staatsregierungen arbeiten daher mit den Landwirten zusammen, um bessere Methoden zu entwickeln und den Abfluss von Chemikalien und wertvollen Ackerbodens ins Riff einzudämmen. Diese Bemühungen zeigen bereits vielversprechende Erfolge.

Ebenso haben die Wissenschaftler vorgeschlagen, den Fang von Pflanzen fressenden Fischen im Riff einzuschränken, um die Erholung der Korallen zu unterstützen. Mit der sorgfältigen Regulierung des Fischfangs ist das GBR ein seltenes Beispiel für ein Korallenriff, in dem ein gesundes Gleichgewicht zwischen Korallen und Seegras herrscht und das gleichzeitig als nachhaltige Quelle für Meeresfrüchte zum Verzehr dient. So verwenden die kommerziellen Fischer weder Reusen noch Speere und auch Haie werden nicht gejagt – wobei dies allein nicht reicht, um das Überleben dieses wichtigen Raubfischs zu sichern. Die Garnelen-Schleppnetzfischerei wurde in den letzten Jahrzehnten drastisch eingeschränkt, was zu einer deutlichen Verbesserung der Gesundheit der Bewohner des Meeresbodens zwischen den Korallenriffen führte. Weitere Gefahren gehen von strandenden Schiffen, dem Ausbaggern von Fahrrinnen und der Erweiterung von Häfen aus.

Der Tourismus am GBR ist weltweit führend in puncto Nachhaltigkeit, Umwelt- und Klimaverträglichkeit. Wer das Riff mit einem ökologisch zertifizierten Veranstalter besucht, lernt nicht nur die Schönheit und Pracht der Korallenriffe kennen, sondern trägt auch zur Rettung des GBR bei, denn ein kleiner Teil des Tourpreises geht direkt in die Erforschung und Verwaltung des Riffs.

Es sind nicht nur die Korallen ...

Korallenriffe bestehen aber nicht nur aus Korallen – deshalb bedrohen die durch den Klimawandel verursachten Gefahren alle Bewohner dieses Ökosystems. Suppen- und Unechte Karettschildkröten legen ihre Eier an den Stränden der Koralleninseln ab und lassen ihre Jungen im warmen Sand schlüpfen. Das Geschlecht der Schildkrötenbabys wird durch die Temperatur der Eis bestimmt: Aus kühleren Eiern schlüpfen Männchen, aus wärmeren Eiern Weibchen. Wissenschaftler fürchten nun, dass die Erderwärmung zu einem Ungleichgewicht der Geschlechter führen und die ohnehin vom Aussterben bedrohten Meeresschildkröten weiter dezimieren könnte. Und das ist erst der Anfang. Bei einem Anstieg des Meeresspiegels um voraussichtlich bis zu 1,10 m bis zum Ende des Jahrhunderts würden viele ihrer Nistplätze überflutet sein. Die Schildkröten müssten ihre Eier an höheren Stellen ablegen, doch an vielen Küsten ist dies aufgrund natürlicher Barrieren oder städtischer Bebauung nicht möglich.

WAS KANN MAN TUN?

Touristen können dem Riff auf vielerlei Art Gutes tun. Hat man etwas Auffälliges im Riff gesehen oder ein Problem erkannt, so kann man dies direkt über das *Eye on the Reef Program* an die Great Barrier Reef Marine Park Authority weiterleiten (im Internet auf www.gbrmpa.gov.au oder die kostenlose App „Eye on the Reef" aufs Smartphone laden). Wer lange genug bleibt oder zur richtigen Zeit hier ist, kann sich zum freiwilligen Helfer bei Reef Check ausbilden lassen (Infos unter www.reefcheckaustralia.org). Wer sich für Meeresschildkröten interessiert, findet auf www.seaturtlefoundation.org jede Menge Angebote für Freiwilligenarbeit. Ortsansässige können sich bei www.seagrasswatch.org engagieren und Angler ihre Aktivitäten mit diversen Forschungsarbeiten für www.infofish.net verbinden.

Ein Anstieg des Meeresspiegels wäre für die Fische des Korallenriffs kein großes Problem, wohl aber eine höhere Wassertemperatur, die den Zeitpunkt und Erfolg wichtiger Prozesse wie der Fortpflanzung beeinträchtigen könnte. Es wird auch immer deutlicher, dass die Fische unter der Übersäuerung des Meerwassers leiden, die eine direkte Folge der erhöhten Aufnahme von Kohlendioxid durch die Weltmeere ist. Andererseits verhindert dies, dass sich die Atmosphäre noch schneller erwärmt. Doch der pH-Wert des Meerwassers spielt bei einer Vielzahl chemischer und biologischer Prozesse eine wichtige Rolle, z. B. der Fähigkeit von Fischen, in ihr angestammtes Riff zurückzufinden und ihren Feinden auszuweichen.

Durch den Klimawandel verändern sich auch die Meeresströmungen, was eine Gefahr für alle Tiere bedeutet, deren Überleben von Zeit und Ort der Wasserbewegungen abhängt. Wissenschaftler haben bereits ein Massensterben bei jungen Seevögeln auf abgelegenen Inseln beobachtet, deren Eltern zu weit fliegen mussten, um die Fischschwärme zu finden, mit denen sie ihren noch flugunfähigen Nachwuchs füttern wollten. Auch das Plankton leidet unter den veränderten Wasserverhältnissen und Strömungen, was sich auf die gesamte Nahrungskette auswirken kann. Selbst die Korallen sind nicht immun gegen die Übersäuerung des Wassers. In saurem Wasser ist es für die Korallen schwieriger, ihr Kalkskelett aufzubauen, sodass sie langsamer wachsen und zerbrechlicher sind.

Wie geht es weiter?

Wissenschaftler sind bei ihrer Arbeit zwar grundsätzlich eher skeptisch eingestellt, doch es gibt wohl kaum einen glaubwürdigen Riffexperten, der den Klimawandel nicht als ernstes Problem betrachtet. Nicht ganz so einig sind sich die Wissenschaftler über den Grad und das Ausmaß der möglichen Anpassung der Korallenriffe und ihrer unglaublichen Artenvielfalt an die veränderten Umstände.

Einige sind der Meinung, „das Klima hat sich schon früher geändert und die Korallen haben es überlebt." Auch wenn dies ein Körnchen Wahrheit enthält, führte ein rasanter Klimawandel in der Vergangenheit immer zu einem Massensterben, von dem sich die Natur erst nach Millionen von Jahren erholte. Ganz im Sinne des australischen Optimismus, dass „es der Erde schon gut geht, Kumpel", versuchen die Leugner des Klimawandels die gesamten wissenschaftlichen Erkenntnisse als unsicher, parteiisch und sogar falsch darzustellen. Doch alle seriösen Wissenschaftler gehen davon aus, dass es einen Klimawandel gibt, der bereits begonnen hat und die Korallenriffe massiv bedroht. Und es muss unbedingt diskutiert werden, wie das Problem am besten zu lösen ist, wobei eines ganz klar ist: Es muss schnell und entschlossen auf regionaler, nationaler und internationaler Ebene gehandelt werden, damit die Korallenriffe eine echte Überlebenschance haben und auch künftige Generationen diese wunderbare Einzigartigkeit erleben können.

Wenn die Menschheit in dem gleichen Maße wie bisher die Atmosphäre mit Treibhausgasen verschmutzt, überfordern wir damit sehr wahrscheinlich das einzigartige Ökosystem der Korallenriffe. Und die Korallenriffe sind auf der ganzen Welt die „Kanarienvögel in den Bergwerken" des Klimawandels. Das Ausmaß der weltweiten Zerstörung von Riffen nach der massiven Erwärmung rund um den Äquator 1998 war so gewaltig und nie dagewesen, dass Wissenschaftler, Riffverwaltungen und die ganze Welt sich fragten, wie das weitergehen würde. Genau wie die Pole sind Korallenriffe Warnsysteme, welche die Auswirkungen des Klimawandels auf die Natur und Umwelt (und die Millionen von Menschen, die von diesen Ökosystemen leben) deutlich machen. Doch das Ende dieser Geschichte muss noch geschrieben werden. Nur gemeinsames Handeln kann das schlimmste Szenario für die Korallenriffe noch verhindern. Und wenn Besucher wie Einheimische beschließen, den Druck auf die Korallen und anderen Riffbewohner zu verringern oder ganz zu vermeiden, gewinnen die Korallenriffe wertvolle Zeit, um sich anzupassen – und hoffentlich zu erholen –, bis die Menschheit die notwendigen Schritte zum Schutz des Klimas unternimmt.

Essen & Trinken

Früher waren die Australier stolz darauf, mit der Ernährungsweise „Fleisch und dreimal Gemüse" zu leben. Gutes Essen war ein Sonntagsbraten, Lasagne galt als exotisch. Glücklicherweise hat die Esskultur im Land aber Fortschritte gemacht. Die australische Gastronomie lebt heute davon, Regeln zu brechen, unterstützt von Spitzenköchen, weltbekannten Weinen, ausgezeichnetem Kaffee und einer wachsenden Brauereiszene. Überall an der Ostküste bekommt man unglaublich leckere Meeresfrüchte, am einfachen Fish-and-Chips-Stand ebenso wie im Gourmetrestaurant mit Blick aufs Meer. Fantastische Lebensmittelmärkte und eine hippe Café-Kultur garantieren erstklassige kulinarische Genüsse.

Mod Oz („Modern Australian")

Der Begriff „Modern Australian" (Mod Oz) wurde geprägt, um die heutige australische Küche zu klassifizieren: eine Mischung aus Ost und West, ein bisschen Atlantik und ein bisschen pazifischem Raum, ein Schnörkel authentische französische und italienische Küche.

Der Schlüssel für diese kulinarische Zubereitung heißt Immigration. Der Zustrom seit dem Zweiten Weltkrieg aus Europa, Asien, dem Nahen Osten und Afrika hat neue Zutaten gebracht und neue Wege, vorhandene Lebensmittel zu verwenden. Vietnam, Japan, Fidschi – woher das Nahrungsmittel auch kommt, es gibt Einwanderer und Einheimische, die wild darauf sind, es zu kochen und zu essen. Man findet Jamaikaner, die Scotch Bonnets („Schottenmützen", karibische Chilischoten) verwenden und Tunesier, die ein Tajine-Gericht zubereiten.

Mit dem Appetit der Australier nach Vielfalt und neuen Kreationen wächst auch die Esskultur. Kochbücher und Gourmetmagazine sind Bestseller und Australiens gefeierte Küchenchefs – im Ausland sehr gesucht – reflektieren mit ihrem Background und ihren Gerichten Australiens Multikulturalismus.

Das hört sich überwältigend an? Keine Angst! Die Bandbreite des Angebots ist ein echter Gewinn. Die Gerichte sind von starken und interessanten Aromen sowie frischen Zutaten geprägt. An der Ostküste ist für alle Geschmäcker gesorgt: Das Chilimeter reicht von sanft bis extrem, Fisch und Meeresfrüchte gibt es massenhaft, alle Arten von Fleisch sind vollmundig und auch die vegetarischen Bedürfnisse werden gestillt (vor allem in den Städten). Was das alles kostet steht auf S. 552.

Frische Lebensmittel vor Ort

Australien ist riesig, das Klima reicht vom tropischen Norden bis zum gemäßigten Süden. Deshalb ist das Angebot an frischen Lebensmitteln extrem vielfältig.

Kenner schätzen die Sydney-Felsenauster und Jakobsmuscheln aus Queensland. Langusten schmecken fantastisch und sind ebenso teuer, Schlammkrabben sind trotz ihres Namens ein süßer Leckerbissen. Eine weitere Spezialität mit komischem Namen sind *bugs* (Bärenkrebse) – sie sehen aus wie Hummer mit Schaufelnasen, sind aber nicht so teuer. Vor allem die Arten an der Balmain Bay und der Moreton Bay sind zu emp-

---

Vegemite: Man liebt den Brotaufstrich aus konzentriertem Hefeextrakt oder man hasst ihn. Barack Obama etwa nannte ihn diplomatisch „schrecklich". Es ist sicherlich ein anerzogener Geschmack, aber die Australier verzehren davon jedes Jahr mehr als 22 Mio. Gläser.

The Cook's Companion von Stephanie Alexander ist mit fast 1000 Rezepten in zwölf Kapiteln die Bibel der australischen Küche, gewürzt mit Folklore und literarischen Zitaten.

fehlen. Auch die Garnelen sind überaus köstlich, besonders die School Prawns oder die Eastern King (Yamba) Prawns, die es an der Nordküste von New South Wales gibt.

Australier lieben Fisch und Meeresfrüchte, aber ihr Faible für ein deftiges Steak haben sie nicht verloren. Rockhampton ist die Rindfleischhauptstadt Australiens, auch Lamm aus dem üppigen Gippsland in Victoria wird hoch gehandelt.

Auf den fruchtbaren Böden Queenslands gedeihen Bananen- und Mangopflanzungen, Obstplantagen und riesige Zuckerrohrfelder. Im Sommer werden so viele Mangos geerntet, dass die Leute sie irgendwann nicht mehr sehen können. Die cremefarbenen einheimischen Macadamianüsse wachsen überall im südöstlichen Queensland – man findet sie in Salaten, in Eiscreme und in klebrigen Kuchen.

Es gibt kleine aber ausgezeichnete Käsereien, die direkt ab Bauernhof verkaufen. Obwohl die Milch grundsätzlich pasteurisiert werden muss, können die Ergebnisse spektakulär ausfallen. Man sollte Ausschau halten nach Ziegenkäse aus Gympie und nach allem was von den exklusiven Kenilworth Country Foods (S. 378) und der **Witches Chase Cheese Company** (www.witcheschasecheese.com.au; 165 Long Rd., Eagle Heights; ☻10–16 Uhr) stammt.

Kaffeekultur

Ganz Australien ist mittlerweile kaffeesüchtig. Jedes Café ist mit einer italienischen Espressomaschine ausgestattet, Kaffeeröstereien sind der letzte Schrei und in städtischen Gebieten ist der qualifizierte Barista allgegenwärtig (es gibt sogar Baristas in Cafés, die an Tankstellen angeschlossen sind). In Sydney und Melbourne hat sich eine ganze Generation von Kaffee-Snobs gebildet, beide Städte streiten sich um das Recht, mit dem Titel „Australiens Kaffeehauptstadt" angeben zu können. Melbournes Café-Szene gibt sich besonders künstlerisch; am besten schlendert man einfach durch die von Cafés gesäumten Straßen der Innenstadt. Auch in anderen größeren und kleineren Städten ist der Kaffee nicht zu verachten, aber auf dem Land könnte es manchmal schwierig sein, eine gute Tasse zu bekommen.

Essen: Infos im Internet

www.urbanspoon.com: Gourmetkritiken zu Restaurants im ganzen Land

grabyourfork.blogspot.com: kulinarische Ausflüge rund um Sydney

www.melbournegastronome.com: ausführliche Kritiken zu Restaurants und Bars

www.eatingbrisbane.com: Infos zur Gourmetszene in Brisbane

www.lifestylefood.com.au: Tausende Rezepte, Tipps, Tricks und Kochvideos

Hot Spots für Gourmetreisen

Das mit Weinreben bepflanzte Hunter Valley produziert weit mehr als nur Wein. In den sanften Hügelhängen sind außerdem Bio-Käse, geräucherter Fisch und Fleisch, saisonale Früchte (Feigen, Zitrusfrüchte, Pfirsiche, Avocados), belgische Pralinen, Spezialbiere, Oliven und vieles mehr im Angebot. Hier kann man sich also alles für ein Picknick mit ausgesuchten Spezialitäten zusammenstellen.

Im Atherton Tableland in North Queensland kann man sich einen Eindruck von den besten Kaffeeplantagen des Landes verschaffen – und den Kaffee auch probieren. Man sollte auch den hiesigen Kaffee-Likör und die Kaffeebohnen in dunkler Schokolade nicht außer Acht lassen.

DAS BARBECUE

Das Barbecue (kurz BBQ oder *barbie*) hat in Australien Kultstatus und ist nahezu verpflichtend. Im Sommer laden die Australier am Abend ihre Freunde ein und werfen den Grill an, um Burger, Würstchen (*snags*), Steaks, Meeresfrüchte oder auch Gemüse-, Fleisch- oder Meeresfrüchtespieße zuzubereiten (wer zu einem BBQ eingeladen wird, bringt Fleisch und kaltes Bier mit). An Wochenenden wird der Grill das ganze Jahr über auch für gemütliche Mittagessen aufgebaut. In den Grünanlagen im ganzen Land findet man münzbetriebene und kostenlose Grills – eine hervorragende Option für Traveller.

> **BYO**
>
> Wenn ein Restaurant BYO anbietet, darf man seinen eigenen Alkohol mitbringen. Wird dort ebenfalls Alkohol verkauft, ist BYO normalerweise auf Flaschenweine begrenzt (kein Bier, kein Weinschlauch) und die Rechnung enthält ein „Korkengeld". Der Betrag gilt entweder pro Person oder pro konsumierte Flasche und kann in schickeren Etablissements bis zu 20 AU$ pro Flasche betragen.

Weiter im Norden gibt es im Daintree National Park weitere kulinarische Versuchungen. Hier kann man köstliche Eiscreme aus Früchten schlecken, die in den umliegenden Obsthainen frisch gepflückt wurden, oder sich an Tropenfrüchten laben, die auf der Cape Trib Exotic Fruit Farm (S. 515) angebaut werden.

Weinregionen

Das **Hunter Valley** (ein paar Stunden nördlich von Sydney gelegen) ist Australiens älteste Weinregion, bewirtschaftet seit den 1820er-Jahren. Hier gibt es über 120 Weingüter: eine Mischung aus exklusiven, familiengeführten Kleinbetrieben und Großunternehmern. Das untere Tal ist bekannt für Shiraz und nicht im Holzfass gereiften Semillon. Die Winzer im Upper Hunter haben sich auf Cabernet Sauvignon und Shiraz spezialisiert, mit Vorstößen Richtung Verdelho und Chardonnay. Auch Canberra ist umgeben von einer wachsenden Zahl hervorragender Weingüter.

Im Süden, in Victoria gibt's mehr als 500 Weingüter. Gleich nordöstlich von Melbourne wird im **Yarra Valley** feiner Pinot Noir, toller Chardonnay und prickelnder Schaumwein gekeltert. Noch weiter südlich wachsen auf den Hügeln und in den Tälern der **Mornington** und **Bellarine Peninsula** Trauben für wundervollen frühreifenden Pinot Noir, feinen, honigsüßen Chardonnay, Pinot Gris und Pinot Grigio.

Auch Queensland hat seine Weinregionen – den **Granite Belt**, zwei Stunden südwestlich von Brisbane – die sich in den letzten Jahren einen Namen gemacht hat. Die benachbarten Städte Stanthorpe und Ballandean sind die Einfallstore in dieses bislang eher unterschätzte Gebiet.

Die meisten Weingüter sind für Besucher geöffnet (manche aber nur an Wochenenden) und bieten kostenlose Weinproben.

Bier, Brauereien & Bundaberg

Mit steigenden Ansprüchen an den Geschmack sind auch heimische Biersorten in Australien auf dem Vormarsch, vor allem Kleinbrauereien profitieren davon. Die Standardbiere (Carlton, VB, XXXX und Tooheys) sind ganz passabel, wenn man an heißen Tagen durstig ist, aber wer etwas Schmackhafteres sucht, sollte sich die folgenden Labels mal genauer ansehen:

Blue Sky Brewery (www.blueskybrewery.com.au) Zu den Stars dieser preisgekrönten Brauerei in Cairns gehören ein frisches Helles (das FNQ) und ein Pilsner nach traditionell tschechischer Art.

Burkes Brewing Company Besonders bekannt ist das Hemp Premium Ale, ein süßes, goldfarbenes Bier, dessen Sud (selbstverständlich legal) durch Hanffilter gegossen wird. Aus Brisbane.

James Squire (www.maltshovel.com.au) Eine Brauerei aus Sydney, deren nach alter Handwerkskunst hergestellte Biersorten weit verbreitet sind. Das IPA (India Pale Ale) ist ein Hit.

Mountain Goat (www.goatbeer.com.au) Gebraut im Melbourner Vorort Richmond (nein, hier ist es nicht besonders bergig); das Hightale Ale nach englischer Art ist perfekt für ein Pint.

Das *Australian Wine Annual* von Jeremy Oliver ist eine Pflichtlektüre. Oliver stellt mehr als 300 Weingüter vor, mit Anmerkungen zu Tausenden von Weinen. Seine Empfehlungen – „Wein des Jahres", „Top 100" und „Die besten Weine unter 20 AU$" – sind ein hilfreicher Einkaufszettel für die eigene Auswahl.

Top Lebensmittelmärkte

Sydney Fish Market (S. 62) Ein großer Fisch in einem großen Teich: nur auf dem Fischmarkt in Tokio wird mehr umgesetzt.

Prahran Market (S. 229) Einer der besten Obst- und Gemüsemärkte in Melbourne.

Noosa Farmers Market (www.noosafarmersmarket.com.au) Ein großartiger Sonntagsmarkt mit unglaublich vielen Verkäufern.

Byron Farmers Market (S. 172) Ein städtisches Juwel.

Jan Powers Farmers Market (S. 329) Am Flussufer in Brisbane.

Mt. Tamborine Brewery (www.mtbeer.com) Braut einige der besten Biere Queenslands: etwa das Ale auf belgische Art, ein hopfenreiches IPA und ein vollmundiges Imperial Stout.

Piss (www.pi55.com) Wenn man die Wortspiele hinter sich hat, ist es ein ausgezeichnetes, vollmundiges Helles. Aus Victoria.

St. Arnou (www.st-arnou.com.au) Eine winzige Kleinbrauerei in NSW; das St. Cloud, ein hervorragendes Weißbier nach belgischer Art, ist sehr zu empfehlen.

Dem Bundaberg Rum (www.bundabergrum.com.au) begegnet man nahezu überall an der Ostküste – auf den Flaschen aus Bundaberg, Queensland, prangt unpassenderweise ein Eisbär.

Bauernmärkte

Örtliche Bauernmärkte sind bestens geeignet, um die kulinarischen Schätze der Region kennenzulernen, heimische Produzenten zu unterstützen und die dazu passende Stimmung zu genießen (Livemusik, freundliches Geplänkel, kostenlose Kostproben). Die Märkte an der Ostküste bieten Obst, Gemüse, Meeresfrüchte, Nüsse, Fleisch, Brot und Gebäck, Liköre, Wein, Kaffee und noch viel mehr. Standorte und -zeiten findet man auf der Website der **Australian Farmers Market Association** (www.farmersmarkets.org.au).

Sport

Ob im vollbesetzten Stadion, vor dem Großbildschirm im Pub oder zu Hause vor dem Fernseher – die Australier geben alles für den Sport, sowohl finanziell als auch emotional. Die Bundesregierung pumpt jedes Jahr mehr als 300 Mio. AU$ in den Sport, sodass das Land locker mit den Spitzensportlern aus aller Welt mithalten kann. Und auch wenn Australien im Medaillenspiegel der Olympischen Spiele von 2012 in London nur auf dem zehnten Platz landete, freut sich das Land schon auf eine Wiedergutmachung 2016 in Rio.

Besessen von Sport

Alle drei Ostküstenstaaten haben Anrecht auf den Titel des australischen Sportmekkas. Sogar in Canberra gibt's Profiteams und eine ordentliche Menge Fans. Der Gegenstand der Leidenschaft variiert allerdings von Staat zu Staat. In New South Wales und Queensland dreht sich alles um Rugby League. In Victoria unten im Süden ist Australian Football angesagt. Cricket – vereint alle – erfreut sich im Sommer landesweit großer Beliebtheit.

Und das ist längst nicht alles. Australier begeistern sich für alle möglichen Sportarten, von Basketball und Autorennen (Formel 1: der Große Preis von Australien findet jedes Jahr im März in Melbourne statt) über Tennis, Fußball, Pferderennen, Korbball, Surfen bis hin zu Bullenreiten. Steht irgendwo ein Wettbewerb an, sind jubelnde Zuschauer garantiert. Brisbanes Australia Day Cockroach Races (also Kakerlakenrennen) locken jedes Jahr über 7000 begeisterte Fans an.

Australian Rules Football

Die auch einfach „Aussie Rules" genannte Footballvariante lockt die meisten Australier in die Stadien und verzeichnet die zweithöchste Zuschauerquote im Fernsehen. Die fest in der Kultur und Identität von Victoria verwurzelte **Australian Football League** (AFL; www.afl.com.au) ist längst im ganzen Land bekannt und beliebt, selbst in den vom Rugby beherrschten Staaten NSW und Queensland. Lange Schüsse, hohes Marken (Absprünge beim Fangen des Balles) und brutale Zusammenstöße begeistern die Zuschauer, und wenn 50 000 Fans lautstark „Baaal!!!" brüllen, jaulen sogar die Hunde in den Gärten der Vorstädte mit.

In der von März bis September dauernden Saison steht ganz Australien kopf, es wird getippt wie verrückt, ausgiebig über Zerrungen und andere Verletzungen diskutiert und äußerst rüpelhaftes Verhalten (auf und neben dem Platz) gepflegt. Ihren Höhepunkt erreicht die Fieberkurve am letzten Samstag im September, wenn in Melbourne das große AFL-Finale ausgetragen wird – und in der Stadt Ausnahmezustand herrscht. Rund 100 000 Fans verfolgen das Spiel im Melbourne Cricket Ground, Millionen fiebern vor dem Fernseher mit.

Einige Mannschaften, wie Essendon, Richmond und Port Adelaide, führen Projekte zur Förderung des Sports unter den Aborigines durch, und in allen Mannschaften spielen Ureinwohner mit, deren einzigartige Übersicht (beispielsweise bei Ballvorlagen) und besondere Fähigkeiten sehr geschätzt sind.

Footy kann in Australien Verschiedenes bedeuten: In NSW und Queensland bedeutet der Ausdruck meist Rugby League, aber er wird auch für Australian Rules Football, Rugby Union und Fußball benutzt.

Rugby

Auch wenn die Einwohner von Melbourne davon nichts wissen wollen oder höchstens mit abfälligem Blick davon sprechen, gibt es noch andere Varianten des „Footy" in Australien. Die **National Rugby League** (NRL; www.nrl.com) ist der beliebteste Sportwettbewerb nördlich des Murray River. In der Liga, deren Saison wie beim Aussie Rules ebenfalls von März bis September dauert, spielen 16 Mannschaften: zehn aus NSW, drei aus Queensland und jeweils eine aus ACT, Victoria und Neuseeland. In einem Rugby-Spiel kommen sämtliche Newtonschen Gesetze der Bewegung zur Anwendung – ein echt harter Sport mit vollem Körpereinsatz.

Höhepunkt der Ligasaison ist neben dem großen Finale im September die **State-of-Origin**-Serie im Juni oder Juli, wenn sich die besten Spieler aus Queensland mit ihren Pendants aus NSW ein hoch brisantes Lokalderby liefern. In den letzten Jahren (2006–2013) wurde NSW durchweg von seinen Erzrivalen, den Maroons aus Queensland, klar besiegt (acht Niederlagen in Folge).

Das in der **Australian Rugby Union** (www.rugby.com.au) gespielte Rugby Union (15er-Rugby) erfreut sich ähnlich großer Beliebtheit wie Rugby League. In früheren Zeiten wurde Rugby Union als Amateursport der Oberschicht an renommierten britischen Privatschulen gespielt, während Rugby League eher in den Arbeitersiedlungen im Norden Englands verbreitet war. Diese ideologische Zweiteilung gelangte auch nach Australien, wo sie im Prinzip bis ins letzte Jahrhundert bestand.

Die Union-Nationalmannschaft der Wallabies wurde 1991 und 1999 Rugby-Weltmeister und 2003 Vizeweltmeister, schaffte es seitdem aber nicht mehr ins Finale. Zwischen den Weltmeisterschaften findet jedes Jahr der **Bledisloe Cup** statt, in dem die Nationalmannschaften Australiens und seines Erzrivalen Neuseelands (die einzigartigen „All Blacks") aufeinandertreffen. Der Bledisloe Cup ist Teil der alljährlichen **Rugby Championship** (www.sanzarrugby.com) der südlichen Hemisphäre, die zwischen Australien, Neuseeland, Südafrika und Argentinien ausgetragen wird.

Die Rugby-Union-Mannschaften aus Australien, Südafrika und Neuseeland spielen auch im überaus populären **Super 15s** (www.superxv.com) mit, wobei Australien mit fünf Mannschaften antritt: den Waratahs aus Sydney, den Reds aus Brisbane, den Brumbies aus dem Australian Capital Territory, den Force aus Perth und den Rebels aus Melbourne.

> Russell Crowe verbrachte einen Teil seiner Kindheit in Sydney und ist heute Miteigentümer der Rabbitohs. Das vor 100 Jahren gegründete Team aus dem Süden der Stadt spielt in der National Rugby League.

FOOTY-SLANG

Baaall! Kurz für „Ball festgehalten": Aufforderung an den Schiedsrichter, einen Spieler zu bestrafen; auch eine blamable Situation für einen Spieler, wenn er dabei erwischt wird

Carn! (= Come on) „Auf geht's": zum Anfeuern des jeweiligen Teams (Carn the Blues!)

Drop kick „Versager" als Ausdruck der Missachtung, hat gar nichts mit der Spieltechnik zu tun

Had a blinder Toll gespielt!

Take a screamer Spektakuläre Ballannahme; besonders spektakulär, wenn der Ball über der Schulter eines anderen Spielers abgefangen wird

White maggots Schiedsrichter, da sie traditionell ganz in Weiß gekleidet sind

Achtung: Wenn man hier den englischen Ausdruck *rooting for a team* benutzt, wird man garantiert ein anzügliches Grinsen ernten, denn im australischen Englisch bedeutet *rooting* soviel wie „ficken". Deshalb sollte man hier lieber mit *barrack for* das eigene Team unterstützen!

> **SURFEN, WAS SONST?**
>
> Seit die Beach Boys den Strand Narrabeen im Norden von Sydney in ihrem Hit *Surfin' USA* besungen haben, ist das Surfen ein Synonym für Australien. Auch andere Strände der Ostküste wie Bells Beach, Pass bei Byron Bay und Burleigh Heads an der Gold Coast sind bei Surfern aus aller Welt angesagt. Iron-Man- und Surf-Lifesaving-Meisterschaften werden dort und an anderen Stränden des ganzen Landes veranstaltet und ziehen die begeisterten Fans in Scharen an.
>
> Einige wenige australische Surfer haben Weltmeisterstatus erlangt, darunter Legenden wie Mark Richards, Tom Carroll, der Weltmeister von 2012 Joel Parkinson, Mick Fanning (2013), Wendy Botha, die siebenfache Weltmeisterin Layne Beachley und Stephanie Gilmore, die 2012 zum fünften Mal Weltmeisterin wurde.

Cricket

Australien dominierte in den 1990er-Jahren sowohl das Test- als auch das One-Day-Cricket und war in diesem Jahrzehnt zumeist die Nummer eins der Welt. Doch der Rücktritt von Jahrhundertspielern wie Shane Warne und Ricky Ponting zwang das Team zu einem grundlegenden Neuaufbau. Die Niederlagen gegen den Erzrivalen England in den Jahren 2009, 2011 und 2013 stürzten das ganze Land in tiefe Trauer, doch die Erlösung kam 2014, als Australien England mit 5:0 vernichtend schlug. Es geht wieder aufwärts! Dieser alle zwei Jahre stattfindende Wettbewerb wird „The Ashes" genannt, weil der Siegerpokal eine kleine Terracotta-Urne ist, in der sich die Asche eines 1882 verbrannten Cricket-Bails (Querstab) befindet (die ideale Gesprächseinleitung bei einem australischen Barbecue ist es, einen Einheimischen zu fragen, was ein „Bail" ist).

Trotz des schlechten Rufs der australischen Mannschaft, die ihre Gegner auf dem Feld gern verbal niedermacht, ist Cricket immer noch das Spiel der Gentlemen. Wer noch nie ein Spiel gesehen hat, sollte sich die Zeit dafür nehmen – allein wegen der taktischen Nadelstiche, all der Nuancen, der Eleganz… Aktuelle Infos gibt's unter www.espncricinfo.com.

> Böse Zungen behaupten, dass mehr Australier den Schlagdurchschnitt der Cricket-Legende Don Bradman (99,94) kennen als das Jahr, in dem Captain Cook in Australien an Land ging (1770).

Fußball

Nach einer langen Reihe gescheiterter Anläufe qualifizierte sich Australiens Fußballnationalmannschaft, die Socceroos, endlich für die Weltmeisterschaften 2006 und 2010. Als sich die Socceroos auch für 2014 in Brasilien qualifizierten, kannte der Stolz auf das Team keine Grenzen mehr. Die nationale **A-League** (www.a-league.com.au) erfreut sich in den letzten Jahren ebenfalls zunehmender Beliebtheit und hat einige bekannte Spieler aus dem Ausland eingekauft, um die einheimischen Nachwuchstalente zu unterstützen.

Tennis

Jedes Jahr im Januar locken die **Australian Open** (www.australianopen.com) in Melbourne mehr Menschen nach Australien als jedes andere Sportereignis. Bei den Männern gewann zuletzt 1976 ein Australier (Mark Edmondson) das Turnier, und der ehemalige Weltranglisten-Erste Lleyton Hewitt, der die größte Hoffnung der Australier in den letzten zehn Jahren war, hat seine beste Zeit jetzt auch hinter sich (und startet gerade eine Karriere als Kommentator). Die Australierin Sam Stosur gewann 2011 die US Open und bleibt seitdem den Top-10-Spielerinnen hartnäckig auf den Fersen.

> Das erste australische Cricket-Team, das 1868 durch England tourte, bestand zu 100 % aus Aborigines aus Victoria. Ihre große Leistung wurde lange Zeit nicht gewürdigt, denn Cricket galt bis vor Kurzem noch als „weiße" Sportart.

Schwimmen

Australien, von Meer umgeben und mit unzähligen Schwimmbädern gesegnet, hat eine schwimmbegeisterte Bevölkerung. Die bekannteste und erfolgreichste Schwimmerin des Landes ist Dawn Fraser, die dreimal nacheinander olympisches Gold (1956–1964) über die 100 m Freistil sowie 1956 mit der 4-mal-100-m-Freistilstaffel gewann. Bester australischer Schwimmer ist Ian Thorpe (auch Thorpie oder Thorpedo genannt), der 2006 im Alter von 24 Jahren und mit fünf olympischen Goldmedaillen seine Karriere beendete. Anfang 2011 kündigte er dann sein Comeback an, um bei den Olympischen Spielen 2012 in London anzutreten. In den Ausscheidungskämpfen konnte er sich jedoch nicht qualifizieren und verließ das Becken erneut, um seine Autobiografie fertigzustellen.

Pferderennen

Die Australier lieben es, auf *nags* (Gäule) zu wetten. Tatsächlich sind Pferdewetten und -rennen so alltäglich und wenig elitär, dass man fast schon von einem Volkssport sprechen könnte.

Beim größten Rennen in Australien, dem **Melbourne Cup** (www.racingvictoria.net.au) am ersten Dienstag im November, hält das ganze Land buchstäblich den Atem an. Der berühmteste Cup-Gewinner war der in Neuseeland geborene Phar Lap, der im Rennen von 1930 siegte und danach in Amerika an einer rätselhaften Krankheit (vermutlich einer Arsenvergiftung) starb. Das präparierte Pferd ist heute eine der Hauptattraktionen des Melbourne Museum. Der jüngste Star am Pferdehimmel ist die in Großbritannien gezüchtete, aber in Australien trainierte Makybe Diva, die den Cup dreimal in Folge gewann, bevor sie 2005 in den Ruhestand trabte.

Praktische Informationen

TÖDLICH & GEFÄHRLICH...... 548

DRAUSSEN UNTERWEGS............548

WO DIE WILDEN KERLE WOHNEN 548

ALLGEMEINE INFORMATIONEN...551

Arbeiten in Australien 551
Botschaften & Konsulate..551
Ermäßigungen 552
Essen 552
Feiertage & Ferien 552
Fotos & Video 552
Frauen unterwegs 552
Freiwilligenarbeit 553
Gefahren & Ärgernisse .. 553
Geld 553
Gesundheit 554
Internetzugang......... 555
Kinder................ 555
Öffnungszeiten 555
Post.................. 556
Rechtsfragen........... 556
Reisen mit Behinderung . 556
Schwule & Lesben 557
Strom 557
Telefon 557
Toiletten.............. 558
Touristeninformation.... 558
Unterkunft............ 558
Versicherung........... 559
Visa.................. 560
Zeit 560
Zoll 560

VERKEHRSMITTEL & -WEGE............561

AN- & WEITERREISE 561
Einreise 561
Flugzeug 561
Übers Meer 562
UNTERWEGS VOR ORT...562
Auto & Motorrad 562
Bus 567
Fahrrad............... 567
Flugzeug 568
Geführte Touren 568
Nahverkehr 568
Trampen.............. 569
Zug 569

SPRACHE.........570

Tödlich & Gefährlich

Pessimisten achten vielleicht vorrangig auf das, was sie in Australien beißen, stechen, verbrennen, ekeln oder ertränken könnte. Aber die Chancen stehen gut, dass die schlimmsten Begegnungen die mit ein paar lästigen Fliegen und Moskitos sind. Mit etwas Insektenschutzmittel bewaffnet kann man sich mutig hinauswagen!

DRAUSSEN UNTERWEGS

Am Strand

Jedes Jahr ertrinken etwa 80 Menschen an Australiens Stränden, wo der starke Brandungsrückstrom eine ernsthafte Gefahr darstellen kann. Wer vom Sog hinausgetragen wird, sollte sich immer parallel zur Küste halten, bis er aus der Strömung heraus ist und dann zurück zum Strand schwimmen – wer versucht, gegen die Strömung anzuschwimmen, ermüdet nur schneller.

Buschfeuer

Überall in Australien kommt es regelmäßig zu Buschbränden. Bei heißem, trockenem und windigem Wetter sowie an Tagen mit totalem Feuerverbot sollte man mit offenem Feuer (auch Zigarettenkippen) extrem vorsichtig sein, und man sollte sicherheitshalber keine Campingkocher oder Grills benutzen und keine Lagerfeuer entfachen. Buschwanderer sind gut beraten, ihre Ausflüge auf kühlere Tage zu verschieben. Wer sich draußen im Busch befindet und Rauch sieht, nimmt das besser ernst und sucht das nächste offene Gelände auf (wenn möglich bergab). Bewaldete Berggrate sind gefährlich. Auf die Ratschläge der Behörden achten!

Hitze

In Australien herrschen fast immer sehr hohe Temperaturen, die (durch extremen Flüssigkeitsverlust) zu einem Hitzekollaps oder gar Hitzschlag führen können. Wer aus gemäßigten oder kühleren Gefilden anreist, sollte unbedingt daran denken, dass die Akklimatisierung in einer wärmeren Zone zwei Wochen dauern kann.

Jahr für Jahr sterben in entlegenen Gegenden Australiens schlecht vorbereitete Reisende an Dehydrierung. Man sollte auf jede Tour ausreichend Wasser mitnehmen (ob man nun mit dem Auto unterwegs ist oder zum Wandern aufbricht) und immer jemandem Bescheid sagen, wohin man fährt und wann man etwa dort sein will. Kommunikationsmittel mitnehmen! Bei Problemen lieber beim Fahrzeug bleiben, als zu Fuß Hilfe zu holen!

Korallenschnitte

Korallen können extrem scharf sein. Bei nur leichter Berührung kann man sich schon schneiden. Die Schnitte gründlich reinigen und dann mit einem Antiseptikum desinfizieren!

Sonneneinstrahlung

Die Hautkrebsrate in Australien ist eine der höchsten weltweit. Man sollte immer darauf achten, wie lange man sich dem direkten Sonnenlicht aussetzt. Am stärksten ist die UV-Strahlung zwischen 10 und 16 Uhr. Man sollte seiner Haut in dieser Zeit also kein Sonnenbad zumuten. Um Hautschäden zu vermeiden, sollte man einen Hut mit breiter Krempe und ein langärmliges Hemd mit Kragen tragen. Die Sonnencreme sollte mindestens Lichtschutzfaktor 30 haben und eine halbe Stunde, bevor man in die Sonne geht, aufgetragen werden. Regelmäßiges Nachcremen ist unerlässlich!

WO DIE WILDEN KERLE WOHNEN

Haie

Trotz ausführlicher Berichte in den Medien ist das Risiko,

einem Haiangriff ausgesetzt zu sein, in Australien nicht größer als in anderen Ländern mit vergleichbarer Küstenlänge. Surfer und Rettungsschwimmer geben Auskunft über die Risiken vor Ort.

Krokodile

Die Gefahr, im tropischen Norden Queenslands von einem Krokodil angegriffen zu werden, ist zwar durchaus gegeben, aber vorherzusehen und damit weitgehend vermeidbar. In Victoria, New South Wales oder Südqueensland (südlich von Rockhampton) sind Krokodile keine Gefahr. „Salties" sind Salzwasserkrokodile (Leistenkrokodile), die bis zu 7 m lang werden. Sie leben in Küstengewässern und auch in den Tidegebieten der Flüsse, wurden aber auch schon in Strandnähe und Süßwasserlagunen gesichtet. Man sollte also Hinweise wie Warnschilder unbedingt beachten und nicht annehmen, dass man gefahrlos schwimmen kann, wenn irgendwo keine Schilder aufgestellt sind. Im Zweifelsfall also lieber nicht ins Wasser springen!

Wer an leeren Stränden nördlich von Mackay ist, sollte sich weder in Flüssen oder Tümpeln noch im Meer unweit von Flussmündungen abkühlen. Fische oder andere Lebensmittel nicht in Ufernähe putzen oder zubereiten und mindestens 50 m vom Wasser entfernt campen! Krokodile sind in der Paarungszeit (Okt.–März) besonders mobil und gefährlich.

Meerestiere

Die Stacheln von Meerestieren wie Seeigeln, Skorpion- und Steinfischen sowie Stechrochen können ausgesprochen heftige Schmerzen verursachen. In diesem Fall die betroffene Stelle sofort in heißes Wasser (so heiß, dass es gerade noch erträglich ist) tauchen und einen Arzt aufsuchen!

Kontakte mit blau geringelten Kraken und Barrier-Reef-Kugelschnecken können tödlich sein, nicht anfassen! Wenn jemand gestochen wurde, sollte man einen Druckverband anbringen, die Atmung beobachten, bei Atemstillstand Mund-zu-Mund-Beatmung vornehmen und natürlich sofort einen Arzt aufsuchen.

Moskitos

„Mozzies" können eigentlich überall in Australien ein Problem sein. Über Malaria ist nichts bekannt, aber das Denguefieber stellt besonders während der Regenzeit (Nov.–April) im nördlichen Queensland eine Gefahr dar. Die meisten Kranken erholen sich nach einigen Tagen, doch es gibt auch schwere Verlaufsformen. Das kann man tun, um Stiche zu vermeiden:

→ Lockere, langärmlige Kleidung tragen.

→ Auf entblößter Haut ein Insektenschutzmittel mit mindestens 30 % DEET auftragen.

→ Moskitospiralen verwenden.

→ Unter sich schnell drehenden Deckenventilatoren schlafen.

Quallen

Quallen – darunter die potenziell tödliche Würfelqualle und die Irukandji-Qualle – sind in den tropischen Gewässern Australiens heimisch. Es ist nicht ratsam, zwischen November und Mai nördlich von Agnes Water zu schwimmen, wenn keine Stinger-Netze den Strand schützen. Sogenannte *stinger suits* (Ganzkörperanzüge aus Lycra) schützen ebenso wie Neoprenanzüge vor den Stichen. Rund um die Riffinseln in Queensland ist Schwimmen und Schnorcheln normalerweise das ganze Jahr über sicher, doch gibt es Berichte über das Vorkommen der seltenen (und winzigen) Irukandji-Qualle an den äußeren Riff und an den weiter draußen gelegenen Inseln.

Wer gestochen wurde, sollte die Haut mit Essig abwaschen, um weitere Entladungen durch verbliebene Nesselzellen zu verhindern, und dann schnell ein Krankenhaus aufsuchen. Auf keinen Fall sollte man versuchen, die Tentakel selbst zu entfernen.

Schlangen

Es lässt sich nicht leugnen: In Australien gibt es jede Menge Giftschlangen. Am häufigsten kommen Braunschlangen

KEIN GRUND ZUR PANIK

Australiens Fülle von gefährlichen Kreaturen ist legendär, aber Reisende müssen sich trotzdem keine Sorgen machen. Schätzungsweise ein Haiangriff und eine Krokodilattacke im Jahr enden in Australien tödlich. Tote durch den blau geringelten Kraken sind noch seltener – es gab nur zwei in den letzten Jahrhundert. Die Quote der Quallen ist „besser" – etwa zwei Tote im Jahr –, aber die Wahrscheinlichkeit, zu ertrinken, ist über 100-mal höher. Spinnen haben in den letzten 20 Jahren niemanden getötet. Durch Schlangenbisse sterben ein oder zwei Menschen im Jahr, ebenso viele wie durch Bienenstiche. Die Gefahr, auf den Straßen des Landes zu verunglücken, ist über 1000-mal höher.

und Tigerottern vor, aber nur wenige Arten sind aggressiv. Solange man sie nicht ärgert oder aus Versehen auf eine tritt, ist es unwahrscheinlich, dass man gebissen wird. In 80 % der Bisse sind die unteren Extremitäten betroffen, man sollte also beim Buschwandern Schutzkleidung tragen, etwa Stulpen. Nach einem Biss wickelt man am besten einen elastischen Verband (ersatzweise ein T-Shirt) fest um das gesamte Bein – das Blut muss aber noch zirkulieren können – und stellt es mit einem Stock oder einer Schlinge ruhig. Dann sucht man einen Arzt auf. Keinen Druckverband anlegen und nicht versuchen das Gift auszusaugen!

Spinnen

In Australien gibt es Giftspinnen, aber Todesfälle durch Spinnen sind extrem selten. Zu den bekannten Arten gehören:

➡ Trichternetzspinne: Die Spinne mit dem tödlichen Gift kommt in New South Wales und Sydney vor. Nach einem Biss Druck ausüben und den betroffenen Körperteil ruhig stellen, dann ab ins Krankenhaus!

➡ Rotrückenspinne: Das Tier kommt in ganz Australien vor. Bisse verursachen steigende Schmerzen, gefolgt von Schweißausbrüchen. Eis auf die Bissstelle, dann ab ins Krankenhaus!

➡ White-Tail-Spinne: Sie steht im Verdacht, einen schwer zu behandelnden Krebs auszulösen. Nach einem Biss die Stelle reinigen und ärztliche Hilfe in Anspruch nehmen!

➡ Huntsman- oder Riesenkrabbenspinne: Dies ist eine verstörend große Spinne, die harmlos ist, allerdings kann ihr Anblick Auswirkungen auf den Blutdruck (und/oder die Unterwäsche) haben.

Zecken

Die *Ixodes holocyclus*, eine hiesige Zeckenart, kommt an der ganzen Ostküste vor und kann gefährlich werden, wenn sie sich in die Haut bohrt und unentdeckt bleibt. Wer in zeckenverseuchten Gebieten wandert, sollte seinen Körper (und den von Kindern und Hunden) jeden Abend gut absuchen. Zecken, die in der Haut stecken, vorsichtig samt Kopf entfernen (oder vom Arzt entfernen lassen). Auf jeden Fall zum Arzt gehen, wenn sich Bissstellen entzünden (es wurden Fälle von Australischem Zeckenbissfieber beschrieben)!

Allgemeine Informationen

Arbeiten in Australien

Inhaber eines Touristenvisums dürfen in Australien keine bezahlte Arbeit annehmen. Deutsche Staatsbürger benötigen ein Working-Holiday-Visum (Kategorie 417; 365 AU$), wenn sie hier jobben möchten, Österreicher und Schweizer aufgrund andersartiger Bestimmungen ein Temporary-Work-Visum (Details unter www.immi.gov.au).

Arbeit finden

Backpacker-Magazine, Zeitungen und Schwarze Bretter in Hostels sind die besten Anlaufstellen, wenn man nach lokalen Arbeitsmöglichkeiten sucht. Während der Hauptsaison finden sich oft Gelegenheitsjobs in Touristenhochburgen (z. B. Cairns, Gold Coast, Ferienorte an Queenslands Küste).

Bei der Obsternte baut man in Australien auf Saisonarbeiter: Das ganze Jahr über muss hier immer irgendwas gepflückt, beschnitten oder angepflanzt werden. Man sollte nur nicht erwarten, dabei reich zu werden.

Potenziell ist auch vorübergehendes Geldverdienen als Barkeeper, Kellner, Fabrik- oder Bauarbeiter möglich. Wer Erfahrung mit IT, Sekretariatsarbeit, Krankenpflege oder Unterrichten hat, kann sich außerdem bei entsprechenden Zeitarbeitsagenturen (s. unten) in Großstädten registrieren lassen.

Infos im Internet

Career One (www.careerone.com.au) Stellen für alle Berufsgruppen (vor allem in Großstädten).

Grunt Labour (www.gruntlabour.com) Vermittlungsspezialist für Stellen in Bergbau, Industrie und Landwirtschaft (u. a. saisonale Obsternte).

Harvest Trail (www.jobsearch.gov.au/harvesttrail) Erntehelferjobs in ganz Australien.

Seek (www.seek.com.au) Stellen für alle Berufsgruppen (vor allem in Großstädten).

Travellers at Work (www.taw.com.au) Super-Seite für WHM-Visuminhaber.

Workabout Australia (www.workaboutaustralia.com.au) Sortiert Saisonjobs nach Bundesstaaten.

Steuern

Wer in Australien Geld verdient, muss Steuern bezahlen und beim **australischen Finanzamt** (Australian Taxation Office, ATO; www.ato.gov.au) einen Antrag auf Rückerstattung stellen. Die ATO-Website erklärt u. a., wie das erforderliche Payment Summary des Arbeitgebers (gibt offiziell Auskunft über den Gesamtverdienst und alle Steuerzahlungen) zu bekommen ist. Zudem erfährt man dort alle Fristen bzw. Termine für die Antragsabgabe und die Vorgehensweise zum Erhalt des Steuerbescheids.

Im Rahmen des Antragsprozederes ist es auch sehr sinnvoll, sich eine **Steuernummer** (Tax File Number; TFN) zur Vorlage beim Arbeitgeber zuteilen zu lassen: Ohne TFN greift bei sämtlichen Löhnen der höchste Steuersatz. Nachdem man die Nummer online beim ATO beantragt hat, dauert die Bearbeitung bis zu vier Wochen.

Botschaften & Konsulate

Die Website des **australischen Außen- & Handelsministeriums** (Department of Foreign Affairs & Trade; www.dfat.gov.au) führt alle ausländischen Botschaften in Australien auf. Die meisten befinden sich in Canberra; parallel unterhalten viele Länder auch Konsulate in Sydney und Melbourne. Ergänzend ist es sinnvoll, beim eigenen Außenministerium vorbeizusurfen.

Deutschland Canberra (☎02-6270 1911; www.canberra.diplo.de; 119 Empire Circuit, Yarralumla, ACT 2600); Sydney (☎02-9328 7733; www.sydney.diplo.de; 13 Trelawney St, Woollahra); Melbourne (☎03-9864 6888; www.melbourne.diplo.de; 480 Punt Rd, South Yarra)

Neuseeland Canberra (☎02-6270 4211; www.nzembassy.

com; Commonwealth Ave, Yarralumla); Sydney (1300 559 535; Level 10, 55 Hunter St, Sydney)

Österreich Canberra (02-6295 1533; www.bmeia.gv.at/botschaft/canberra.html; 12 Talbot St, Forrest, ACT 2603)

Schweiz Canberra (02-6162 8400; www.eda.admin.ch/australia; 7 Melbourne Ave, Forrest, ACT 2603)

Ermäßigungen

Senioren Senioren mit entsprechendem Altersnachweis (z. B. Reisepass) erhalten oft Ermäßigungen.

Studenten Der **internationale Studentenausweis** (International Student Identity Card, ISIC; www.isic.org) bringt Vollzeitstudenten weltweit Rabatt bei Unterkünften, Verkehrsmitteln und verschiedenen Attraktionen.

Essen

Das Kapitel *Essen & Trinken* (S. 539) enthält detaillierte Infos für Feinschmecker und Naschkatzen.

Feiertage & Ferien

Die gesetzlichen Feiertage variieren je nach Bundesstaat (und teilweise auch nach Jahr; manche werden nur alle zwei Jahre begangen). Die folgende Übersicht nennt die wichtigsten landesweiten und regionalen Feiertage (genaue Termine am besten direkt vor Ort erfragen!).

Nationale Feiertage

Neujahr 1. Januar

Australia Day 26. Januar

Ostern (Karfreitag bis Ostermontag) Ende März oder Anfang April

Anzac Day 25. April

Geburtstag der Königin Zweiter Montag im Juni. In allen Staaten außer in Western Australia.

Weihnachten 25. Dezember

Zweiter Weihnachtsfeiertag (Boxing Day) 26. Dezember

Australian Capital Territory

Canberra Day Zweiter Montag im März

Bank Holiday Erster Montag im August

Labour Day Erster Montag im Oktober

New South Wales

Bank Holiday Erster Montag im August

Labour Day Erster Montag im Oktober

Queensland

Labour Day Erster Montag im Mai

Royal Queensland Show Day (nur in Brisbane) Erster oder dritter Mittwoch im August

Victoria

Labour Day Zweiter Montag im März

Melbourne Cup Day (nur in Melbourne) Erster Dienstag im November

Schulferien

Zu diesen Zeiten sind Unterkünfte am teuersten und oft schon im Voraus ausgebucht:

➔ Weihnachtsferien (Mitte Dez.–Ende Jan.)

➔ Ostern (März–April)

➔ Drei kürzere bzw. zweiwöchige Ferien (Mitte April, Ende Juni–Mitte Juli & Ende Sept.–Mitte Okt.).

Fotos & Video

Fotobedarf & Ausdrucken In Großstädten bzw. deren Zentren sind Digitalkameras, Speichersticks und Batterien überall erhältlich – u. a. bei größeren Kaufhäusern oder Elektronikläden wie Dick Smith oder Tandy. Viele Internetcafés, Fotogeschäfte und große Schreibwarenhändler (z. B. Officeworks, Harvey Norman) ermöglichen es Kunden, Digitalfotos auszudrucken und auf CD zu brennen. In den meisten Strandorten bekommt man günstige, wasserfeste Einweg-Kameras.

Etikette Wie überall sonst auf der Welt ist Höflichkeit auch beim Fotografieren bzw. Filmen in Australien angesagt: Vor Personenaufnahmen bitte grundsätzlich nachfragen! Indigene Australier empfinden jegliche Aufnahmen eventuell als schwere Störung ihrer Privatsphäre. Auch das Ablichten kultureller bzw. heiliger Stätten, Bräuche, Zeremonien oder Darstellungen kann eine sensible Angelegenheit sein. Daher auch in diesem Fall immer zuerst um Erlaubnis bitten!

Bücher Empfehlenswert ist z. B. der Lonely Planet Band *Travel Photography*.

Frauen unterwegs

Australien ist für Frauen normalerweise ein sicheres Reiseland, die üblichen Sicherheitsmaßnahmen gelten aber natürlich auch hier. In den größeren Städten sollten es weibliche Reisende vermeiden, nachts allein zu trampen und durch die Straßen zu ziehen. Außerhalb einer Stadt sollte man zudem immer genug Geld für eine Taxifahrt dabeihaben, damit man sicher wieder zu seiner Unterkunft kommt. Einfache Gasthäuser sind für

---

RESTAURANTPREISE

Die folgenden Preisbereiche gelten jeweils für ein normales Hauptgericht:

$ unter 15 AU$

$$ 15–32 AU$

$$$ mehr als 32 AU$

allein reisende Frauen nicht unbedingt geeignet. Also im Vorfeld darauf achten, dass sich das Management vertrauenswürdig präsentiert und die Sicherheit gewährleistet ist!

Freiwilligenarbeit

Volunteer: A Traveller's Guide to Making a Difference Around the World von Lonely Planet enthält nützliche Infos zur Freiwilligenarbeit.

Infos im Internet

Conservation Volunteers Australia (www.conservationvolunteers.com.au) Gemeinnützige Organisation, die Bäume pflanzt, Wanderwege anlegt und Bestandserhebungen in Sachen Flora oder Fauna durchführt.

Go Volunteer (www.govolunteer.com.au) Verzeichnis mit Freiwilligenjobs im ganzen Land.

i to i Volunteering (www.i-to-i.com) Ehrenamtliche Naturschutzferien in Australien.

Reef Check (www.reefcheckaustralia.org) Überwacht den Zustand des Great Barrier Reef mithilfe von Freiwilligen.

Sea Turtle Foundation (www.seaturtlefoundation.org) Freiwilliges Engagement beim Schutz von Meeresschildkröten.

Volunteering Australia (www.volunteeringaustralia.org) Hilfe, Tipps und Training für Freiwillige.

Volunteering Qld (www.volunteeringqld.org.au) Infos und Hinweise zu Freiwilligenjobs in ganz Queensland.

Willing Workers on Organic Farms (WWOOF; www.wwoof.com.au) Beim „WWOOFing" arbeitet man für Kost und Logis (meist zwei Mindestübernachtungen) pro Tag mehrere Stunden auf einer (oft familiengeführten) Farm mit. Wie der Name schon sagt, geschieht dies theoretisch auf Bauernhöfen mit ökologischer Ausrichtung (inkl. Permakultur und biodynamischer Anbau). Konkret sieht es aber z. T. anders aus – manche Betriebe sind nicht einmal Farmen. So hilft man dann eventuell in einer Töpferei oder der Buchhaltung eines Saatguthändlers aus. Doch egal ob die Arbeitgeber nun ganze Felder oder nur kleine Gemüsebeete bewirtschaften: Die meisten davon pflegen in gewissem Maß alternative Lebensmodelle. Interessenten können sich online oder bei diversen WWOOF-Agenturen anmelden (für Details s. Website). Für die Teilnahmegebühr (65 AU$) gibt's eine Mitgliedsnummer und ein Handbuch, das teilnehmende Unternehmen auflistet. Der Postversand nach Übersee kostet 5 AU$ extra.

Gefahren & Ärgernisse

Obwohl Australien allgemein ein recht ungefährliches Reiseland ist (jedenfalls in puncto Gewaltkriminalität oder Krieg), empfehlen sich gewisse Vorsichtsmaßnahmen: Sydney, Cairns, Byron Bay und die Gold Coast sind für Diebstähle berüchtigt. Vor allem in diesen Ecken sollte man Hotelzimmer oder Autos immer abschließen und niemals Wertsachen sichtbar im Wageninneren zurücklassen (für Details s. S. 548).

Buschbrände, Überflutungen und Wirbelstürme verwüsten regelmäßig Teile der meisten Bundesstaaten bzw. Territorien. Daher grundsätzlich alle diesbezüglichen Warnungen örtlicher Behörden beachten!

Geld

Dieses Buch gibt sämtliche Preise in Australischen Dollar (AU$) an.

Geld wechseln

Bei Banken in ganz Australien kann man normalerweise problemlos ausländische Währungen umtauschen und Reiseschecks einlösen. Eine weitere Option sind offiziell zugelassene Wechselstuben (z. B. von Travelex oder AmEx) in Großstädten.

Geldautomaten & Eftpos

Geldautomaten Geldautomaten gibt's in Großstädten vielerorts, ansonsten aber keinesfalls überall (schon gar nicht in entlegenen Regionen oder kleinen Ortschaften). Die meisten australischen Geräte sind international vernetzt und akzeptieren Karten von Fremdbanken (gegen Gebühr).

Eftpos Die meisten Tankstellen, Supermärkte, Restaurants, Cafés und Geschäfte haben Eftpos-Terminals (Electronic Funds Transfer at Point of Sale). Über diese kann man Käufe bzw. Rechnungen bezahlen und Bargeld per Kredit- oder Lastschriftkarte abheben (PIN-Nummer erforderlich).

Gebühren Wichtig: Bei Barabhebungen mittels Geldautomat oder Eftpos können hohe Gebühren anfallen. Daher diesbezüglich rechtzeitig bei der eigenen Bank nachfragen!

Kreditkarten

Ob Hostel, Restaurant oder Abenteuertour: Kreditkarten

STAATLICHE REISEINFORMATIONEN

Die folgenden staatlichen Websites helfen Travellern mit aktuellen Reisetipps und -warnungen:

Australien (Australian Department of Foreign Affairs & Trade, DFAT; www.smarttraveller.gov.au)

Deutschland (www.auswaertiges-amt.de/DE/Laenderinformationen/LaenderReiseinformationen_node.html)

Österreich (www.bmeia.gv.at/aussenministerium/buergerservice/reiseinformation.html)

Schweiz (www.eda.admin.ch/eda/de/home/travad.html)

werden weithin akzeptiert – Visa und MasterCard am häufigsten, Diners Club oder American Express (Amex) vergleichsweise seltener. Kreditkarten sind zudem für Mietwagen erforderlich und ermöglichen auch Barabhebungen bei Banken oder Geldautomaten (Hinweis: Bei solchen Transaktionen wird das eigene Konto direkt belastet!).

Kontaktadressen im Diebstahls- oder Verlustfall:

American Express (✆1300 132 639; www.americanexpress.com.au)

Diners Club (✆1300 360 060; www.dinersclub.com.au)

MasterCard (✆1800 120 113; www.mastercard.com.au)

Visa (✆1800 450 346)

Lastschriftkarten

Mit einer Lastschriftkarte lässt sich Bares direkt vom eigenen Konto in der Heimat abheben (am Bankschalter, Geldautomat oder Eftpos-Terminal). Dies funktioniert mit allen Karten des internationalen Bankennetzwerks (Cirrus, Maestro, Plus und Eurocard; PIN-Nummer erforderlich). Allerdings ist dabei mit hohen Gebühren zu rechnen. Einige Firmen offerieren Lastschriftkarten mit festen Transaktionsgebühren und einem Guthaben, das sich unterwegs vom eigenen Konto aus aufstocken lässt. Dies gilt z. B. für den „Cash Passport" von Travelex.

Reiseschecks

Kredit- und Lastschriftkarten lassen sich in Australien bequemerweise fast überall benutzen. Reiseschecks werden dadurch praktisch überflüssig. Dennoch kann man sie weiterhin bei Filialen von Großbanken, AmEx und Travelex einlösen (jeweils Reisepass erforderlich).

Trinkgelder

Trinkgelder sind in Australien traditionell nicht üblich, werden bei gutem Restaurantservice aber inzwischen immer häufiger spendiert (etwa 10 % des Rechnungsbetrags). Auch Hotelpagen, Gepäckträger und Taxifahrer bekommen mittlerweile oft ein paar Dollar extra.

STEUERRÜCKERSTATTUNGEN FÜR REISENDE

Wer weniger als 30 Tage vor der Ausreise aus Australien neue oder gebrauchte Waren im Gesamtwert von mindestens 300 AU$ kauft, kann sich nach dem Tourist Refund Scheme (TRS, Erstattungssystem für Touristen) die gezahlte Mehrwertsteuer (GST, ein Elftel des Kaufpreises) zurückerstatten lassen. Diese Regelung betrifft nur Waren, die man als Handgepäck mit sich führt oder als Reisegepäck in Flugzeugen oder Schiffen. Die Erstattung gilt auch für Waren, die man von mehr als einem Anbieter erworben hat, aber nur, wenn bei jedem mindestens 300 AU$ ausgegeben wurden. Mehr Infos erhält man beim **Australian Customs & Border Protection Service** (✆02-6275 6666, 1300 363 263; www.customs.gov.au).

Gesundheit

Obwohl in Australien eigentlich sogar recht viele Gefahren lauern, werden die meisten Touristen kaum Schlimmeres als einen Sonnenbrand oder Kater erleiden. Falls doch, profitieren Patienten vom hohen Standard des hiesigen Gesundheitssystems.

Impfungen

Unabhängig vom Reiseziel empfiehlt die **Weltgesundheitsorganisation** (World Health Organization, WHO; www.who.int/wer) allen Touristen einen Impfschutz gegen Diphterie, Tetanus, Masern, Mumps, Röteln, Windpocken, Kinderlähmung und Hepatitis B.

Wer einmal oder öfter in einem Gelbfieberrisikogebiet übernachtet hat und innerhalb von sechs Tagen nach Australien einreist, braucht einen entsprechenden Impfnachweis. Die WHO und die **Centers for Disease Control & Prevention** (www.cdc.gov/travel) informieren über alle Länder mit akuter Gelbfiebergefahr. Parallel lohnt sich ein Blick auf die Reisewebsite der eigenen Regierung.

Infos im Internet

Das Internet liefert zahllose Gesundheitsinfos. Für den Anfang empfiehlt sich die Website von **Lonely Planet** (www.lonelyplanet.com). Die **Weltgesundheitsorganisation** (World Health Organization, WHO; www.who.int/wer) stellt ihren Ratgeber *International Travel and Health* jedes Jahr aktualisiert zum Gratis-Download bereit. Ständig aktualisierte Online-Gesundheitstipps zu allen Ländern veröffentlichen z. B. **MD Travel Health** (www.mdtravelhealth.com), **Fit for Travel** (www.fit-for-travel.de) oder **mediScon** (www.mediscon.com/de/index.php).

Leitungswasser

Australisches Leitungswasser kann allgemein bedenkenlos genossen werden. Wer Wasser direkt aus Bächen, Flüssen oder Seen entnimmt, sollte es vor dem Trinken jedoch unbedingt angemessen aufbereiten.

Medizinische Versorgung & Kosten

Einrichtungen Australiens hervorragendes medizinisches Versorgungsnetz umfasst private und staatliche Kliniken bzw. Krankenhäuser.

Medikamente Rezeptfreie Medikamente (z. B. Schmerzmittel, Hautsalben, Antihistaminika für Allergiker) gibt's landesweit bei Apotheken. Achtung: Manche Arzneien sind in der Heimat eventuell ohne Rezept erhältlich, in Australien aber verschreibungspflichtig.

Entlegene Regionen Wichtig: Niemals die riesigen Entfernungen zwischen den meisten größeren Ortschaften im Outback unterschätzen! In entlegenen Regionen kann bis zum Eintreffen eines Rettungsdienstes sehr viel Zeit vergehen. Angemessene Ausrüstung und Vorbereitung sind daher unerlässlich. Sehr empfehlenswert sind zudem Kurse zur ersten Hilfe in der Wildnis, wie sie z.B. von **Wilderness First Aid Consultants** (www.equip. com.au) angeboten werden. Unbedingt eine geeignete Erste-Hilfe-Ausrüstung und ausreichende, funktionierende Kommunikationsmittel mitnehmen! Obwohl Australiens Handynetze eine weit reichende Abdeckung bieten, sind zusätzliche Funkgeräte in entlegenen Ecken äußerst wichtig. Der **Royal Flying Doctor Service** (RFDS; www. flyingdoctor.net) unterhält einen Notfalldienst für abgeschiedene Gemeinden.

Versicherung

Eine gute Reisekrankenversicherung (s. „Versicherung", S. 559) ist für alle Traveller elementar.

Internetzugang

Aufgrund von iPhones bzw. iPads plus WLAN sind Internetcafés in Australien heute weniger zahlreich als noch vor fünf Jahren. Nichtsdestotrotz findet man sie weiterhin in den meisten halbwegs größeren Ortschaften und bezahlt dann 6 bis 10 AU$ pro Online-Stunde. Die meisten Jugendherbergen haben gleichzeitig WLAN und Gästecomputer mit Internetanschluss. Dasselbe gilt oft für Hotels und Wohnwagenparks. Auch in öffentlichen Bibliotheken kann man online gehen. Allerdings ist diese Möglichkeit allgemein für Recherchezwecke und nicht für die Facebook-Aktivitäten von Touristen vorgesehen.

Traveller mit eigenem Tablet-Computer bzw. Laptop sollten bei ihrem Internet Service Provider (ISP) rechtzeitig nach Zugangscodes für Australien fragen. Beispiele für große australische ISPs:

Dodo (📞13 36 36; www.dodo. com)

iinet (📞13 19 17; www.iinet. net.au)

iPrimus (📞13 17 89; www. iprimus.com.au)

Optus (📞1800 780 219; www. optus.com.au)

Telstra BigPond (📞13 76 63; www.bigpond.com)

WLAN

WLAN ist in entlegenen Regionen Australiens zwar immer noch rar, bei großstädtischen Unterkünften aber zunehmend an der Tagesordnung. Auch Cafés, Bars, Bibliotheken und sogar manche öffentliche Grünflächen bieten die Möglichkeit zum Drahtlos-Surfen (für Gäste bzw. Besucher oft gratis). Verzeichnisse mit WLAN-Hotspots gibt's z.B. unter visit www.freewifi.com.au.

Große Anbieter wie Telstra, Optus oder Vodaphone verkaufen Breitband-Empfangssticks mit USB-Anschluss, die nahezu landesweit an den meisten Laptops funktionieren (ca. 80 AU$/30 Tage, bei Langzeitverträgen günstiger).

Kinder

Falls die riesigen Reiseentfernungen kein Problem darstellen, können Ostküstentrips mit Kindern richtig großartig sein: Drinnen und draußen warten hier zahllose interessante Attraktionen bzw. Aktivitäten.

Praktisch & Konkret

Betreuung Wer mal ein paar Stunden ohne den Nachwuchs verbringen will, kann sich an offiziell zugelassene Agenturen mit Kinderbetreuung auf Abruf wenden (für Adressen s. die *Yellow Pages* bzw. Gelben Seiten). Viele größere Hotels stellen entsprechende Kontakte her.

Bücher & Infos im Internet *Travel with Children* von Lonely Planet enthält viele nützliche Infos. Auch ein Blick ins Internet kann sich lohnen (z.B. unter www.australien-info.de/reisen -mit-kind.html).

Ermäßigungen Kinderrabatte (bis zu 50% des jeweiligen Erwachsenentarifs) gibt's z.B. bei Unterkünften, Eintrittspreisen, Flug-, Bus- und Zugtickets. Allerdings variiert die Definition von „Kind" zwischen „unter zwölf Jahren" und „unter 18 Jahren".

Kindersitze Sind gemäß neuer nationaler Gesetze für alle Kinder bis zum Alter von sieben Jahren vorgeschrieben. Große Autovermieter verleihen und montieren Kindersitze gegen eine einmalige Gebühr (ca. 25 AU$). Taxifirmen sollten rechtzeitig per Telefon über einen entsprechenden Bedarf informiert werden.

Medizinische Versorgung Australiens medizinischer Versorgungs- und Einrichtungsstandard ist sehr hoch. Artikel wie Einwegwindeln und Babypflegeprodukte sind überall erhältlich.

Restaurants Viele Cafés und Restaurants bieten spezielle Kindermenüs an oder servieren kleinere Portionen von den normalen Gerichten, die auf der Karte stehen. Mitunter werden auch Hochstühle gestellt.

Unterkunft Motels stellen zumeist Kinderbetten zur Verfügung – oft gibt es auch Spielplätze, Pools und einen Betreuungsservice. Viele B&Bs bewerben sich dagegen selbst als kinderfreie Refugien.

Wickeln & Stillen Alle großen und größeren Städte haben dafür öffentliche Räume. Wickeln oder Stillen in der Öffentlichkeit stört die meisten Australier nicht.

Öffnungszeiten

Die Öffnungszeiten variieren je nach Bundesstaat. Die folgenden Angaben können jedoch als allgemeine Richtlinien betrachtet werden.

Banken Mo–Do 9.30–16, Fr 9.30–17 Uhr
Bars 16 Uhr–open end
Cafés 7–17 Uhr
Geschäfte Mo–Sa 9–17 Uhr
Kneipen 11–24 Uhr
Nachtclubs Do–Sa 22–4 Uhr
Postfilialen Mo–Fr 9–17 Uhr (z. T. auch Sa 9–12 Uhr)
Restaurants 12–14.30 & 18–21 Uhr
Supermärkte 7–20 Uhr

Post

Die leistungsfähige und zuverlässige **Australia Post** (www.auspost.com.au) verlangt 0,60 AU$ für Postkarten innerhalb Australiens. Internationale Luftpostbriefe bis 50 g kosten 2,60 AU$ (Postkarte 1,70 AU$).

PRAKTISCH & KONKRET

DVDs Australische DVDs entsprechen dem Regionalcode 4 (Pazifikraum, Neuseeland, Karibik, Mexiko, Süd- und Mittelamerika).

Fernsehen Zu den frei empfangbaren Programmen zählen ABC (öffentlich-rechtlich), SBS (multikulturell) sowie die drei Privatsender Seven, Nine und Ten. Hinzu kommen zahlreiche Kanäle kleinerer Anbieter.

Maße und Gewichte Australien verwendet das metrische System.

Radio Das ABC-Programm ist online unter www.abc.net.au/radio empfangbar.

Rauchen In öffentlichen Verkehrsmitteln, Kneipen, Bars, Restaurants sowie auf manchen öffentlichen Freiflächen ist das Rauchen verboten.

Währung Ein Australischer Dollar (AU$) besteht aus 100 Cent (c). Münzen gibt's zu 5, 10, 20 oder 50 Cent und zu 1 oder 2 AU$. Geldscheine haben einen Wert von 5, 10, 20, 50 oder 100 AU$.

Zeitungen & Zeitschriften Empfehlenswerte Tageszeitungen sind der *Sydney Morning Herald*, *Age* (Melbourne), die *Courier-Mail* (Brisbane) und der landesweit erscheinende *Australian*.

Rechtsfragen

Die meisten Touristen werden mit Australiens Polizei und Justizsystem nie in Kontakt kommen. Falls doch, geschieht dies am wahrscheinlichsten im Bereich Straßenverkehr.

Drogen Wer erstmals mit einer kleinen Menge illegaler Drogen erwischt wird, bekommt statt einer Gefängnisstrafe wahrscheinlich nur ein Bußgeld aufgebrummt. Eine solche Verurteilung wird jedoch registriert und kann den Visumstatus beeinträchtigen.

Straßenverkehr Auf den Straßen der Ostküste ist die Polizei stark präsent. Sie hat jederzeit das Recht, einen anzuhalten und den Führerschein (Mitführungspflicht!) zu kontrollieren. Zudem können die Verkehrstüchtigkeit des Fahrzeugs überprüft und ein Atemalkohol- bzw. Drogentest vorgenommen werden. Wer dabei die Grenze von 0,5 ‰ überschritten hat, muss mit einer gerichtlichen Vorladung nebst Geldstrafe und/oder Führerscheinentzug rechnen.

Verhaftung Verhaftete haben vor Vernehmungsbeginn das Recht, einen Freund, Verwandten oder Rechtsanwalt anzurufen. Rechtshilfe (Legal Aid; Kontaktadressen unter www.nationallegalaid.org) wird allerdings nur in ernsthaften Fällen gewährt. Viele Anwälte verlangen jedoch nichts für ein Erstgespräch.

Visa Bei Überzug der Visumsgültigkeit gilt man offiziell als *overstayer*. Dies kann Verhaftung, Abschiebung und Einreiseverbot (bis zu drei Jahre) nach sich ziehen.

Reisen mit Behinderung

In Australien ist das Bewusstsein und Verständnis für Menschen mit Behinderung relativ groß. Die Gesetzgebung verlangt von allen neuen Unterkünften eine behindertengerechte Einrichtung. Zudem dürfen Reisende von Tourismusanbietern nicht benachteiligt werden. Die Zahl rollstuhlgerechter Bleiben nimmt langsam zu. Allerdings sind viele ältere Unterkünfte noch nicht entsprechend umgebaut.

Infos im Internet

Accessible Tourism (www.australiaforall.com) Gute Info-Website zur Barrierefreiheit.

Australian Tourist Commission (ATC; www.australia.com) Veröffentlicht detaillierte, herunterladbare Infos für Traveller mit Handicap (u. a. Reise- und Verkehrstipps oder Kontaktadressen von Organisationen in allen Bundesstaaten).

Deaf Australia (www.deafau.org.au) Hilfe für Hörgeschädigte.

National Disability Service (07-3357 4188; www.nds.org.au) Nationaler Verband für nichtstaatliche Behindertenservices.

National Information Communication & Awareness Network (Nican; Telex 1800 806 769 od. 02-6241 1220; www.nican.com.au) Landesweites Verzeichnis mit Infos zu Barrierefreiheit,

Unterkünften, Verkehrsmitteln, spezialisierten Tourveranstaltern, Sport- und Freizeitaktivitäten.

Vision Australia (www.visionaustralia.org.au) Beistand für Blinde und Sehbehinderte.

Gute Adressen für Allgemeine Infos zum Reisen mit Handicap:

Mobility International Schweiz (www.mis-ch.ch)

MyHandicap Deutschland (www.myhandicap.de)

MyHandicap Schweiz (www.myhandicap.ch)

Nationale Koordinierungsstelle Tourismus für Alle e. V. (Natko; www.natko.de)

Schwule & Lesben

Australiens Ostküste (vor allem Sydney) ist ein beliebtes Ziel von schwulen und lesbischen Reisenden. Der schon legendäre **Sydney Gay & Lesbian Mardi Gras** (www.mardigras.org.au; ☉Feb.–März) und das **Midsumma Festival** (www.midsumma.org.au; ☉Jan.–Feb.) in Melbourne locken jedes Jahr zahllose Besucher an.

Im Allgemeinen sind Australier aufgeschlossen gegenüber Homosexuellen. Doch mit zunehmender räumlicher Entfernung zu den Großstädten steigt auch die Wahrscheinlichkeit, Homophobie zu begegnen. Einvernehmlicher gleichgeschlechtlicher Sex ist in allen Bundesstaaten legal; das Mindestalter dafür variiert allerdings.

Zu den schwul-lesbischen Magazinen zählen *DNA*, *Lesbians on the Loose (LOTL)*, *SX* (Sydney), *MCV* (Melbourne) und *Queensland Pride* (Queensland).

Infos im Internet

Gay & Lesbian Tourism Australia (Galta; www.galta.com.au) Allgemeine Infos.

Same Same (www.same.com.au) News, Events und Lifestyle-Artikel.

Strom

240 V/50 Hz

Telefon

Normale australische Telefonnummern bestehen aus einer zweistelligen Ortsvorwahl und einer achtstelligen Anschlussnummer.

Größte hiesige Telekommunikationsunternehmen sind:

Telstra (☎13 22 00; www.telstra.com.au) Marktführer (Festnetz und Mobilfunk).

Optus (☎1800 780 219; www.optus.com.au) Telstras Hauptkonkurrent (Festnetz und Mobilfunk).

Vodafone (☎1300 650 410; www.vodafone.com.au) Mobilfunkanbieter.

Virgin (☎1300 555 100; www.virginmobile.com.au) Mobilfunkanbieter.

Auslandsgespräche

Bei Auslandsgesprächen ab Australien folgen auf ☎0011 oder 0018 der jeweilige Ländercode, die Ortsvorwahl (ohne „0" am Anfang) und die eigentliche Anschlussnummer. Ein Anruf nach Berlin beginnt z. B. mit ☎0011-49-30 (Wien ☎0011-43-1, Bern ☎0011-41-31).

Wer aus Übersee nach Australien telefoniert, wählt zuerst den Ländercode ☎61 und dann die jeweilige Regionalvorwahl („0" am Anfang weglassen!).

Regionalvorwahlen für die Ostküste:

Bundesstaat/ Territorium	Vorwahl
ACT	02
NSW	02
VIC	03
QLD	07

Gebührenfreie Nummern & R-Gespräche

Gebührenfreie Nummern beginnen mit ☎1800. Bei ☎13 oder 1300 am Anfang telefoniert man zum Ortstarif.

Für R-Gespräche innerhalb Australiens einfach ☎1800-REVERSE (☎1800 738 3773) eingeben; dies funktioniert an allen öffentlichen und privaten Anschlüssen.

Handys

Handynummern Beginnen in Australien mit ☎04xx.

Netze Das digitale Handynetz Australiens ist kompatibel mit den Standards GSM 900 und GSM 1800 (werden auch in Europa genutzt).

Empfang An der Ostküste allgemein gut, im Landesinneren aber z.T. unzuverlässig oder nicht vorhanden.

Handybenutzung vor Ort Einfach ein Einsteigerset (bei Bedarf inkl. Telefon) kaufen oder das eigene Gerät mit einer australischen SIM-Karte (max. 10 AU$) nebst Prepaid-Ladekarte versehen! Guthaben-Coupons für Letztere sind bei Zeitschriftenhändlern und Gemischtwarenläden erhältlich.

Ortsgespräche

Ortsgespräche kosten 0,15 bis 0,30 AU$ von Privatanschlüssen und 0,50 AU$ an öffentlichen Telefonzellen (jeweils mit unbegrenzter Gesprächsdauer). Anrufe auf

Handys sind jedoch teurer und werden nach Zeit abgerechnet.

Telefonkarten & öffentliche Telefone

Telefonkarten mit festem Gesprächsguthaben (z. B. 10 od. 20 AU$) gibt's bei Zeitschriftenhändlern, in Hostels und Postfilialen. Sie funktionieren an allen öffentlichen und privaten Apparaten: Einfach die gebührenfreie Zugangsnummer und dann die PIN auf der Karte eingeben.

Die meisten öffentlichen Telefone sind Kartengeräte, die z. T. auch Kreditkarten akzeptieren. Altmodische Münzfernsprecher werden zunehmend seltener und sind zudem oft beschädigt (z. B. durch Kaugummi im Einwurfschlitz).

Toiletten

Australische Toiletten sind Sitztoiletten im westlichen Stil (Achtung: In manchen entlegenen Outback-Rasthäusern nicht unbedingt allzu appetitlich!). Öffentliche Örtchen lassen sich unter www.toiletmap.gov.au ausfindig machen.

Touristeninformation

Verschiedene Regional- und Lokalbüros (in Touristenhochburgen oft mit Freiwilligen besetzt) liefern Infos für Traveller. Alle Bundesstaaten unterhalten zudem eigene Touristeninformationen:

Queensland Holidays (www.queenslandholidays.com.au)

Visit New South Wales (www.visitnsw.com)

Visit Victoria (www.visitvictoria.com)

Als staatliche Tourismusbehörde ist die **Australian Tourist Commission** (ATC; www.australia.com) dafür zuständig, ausländische Besucher ins Land zu locken. Die Adressen ihrer internationalen Ableger sind unter www.tourism.australia.com ermittelbar.

Unterkunft

Das Angebot von Unterkünften für jeden Geldbeutel ist an der Ostküste groß. Es umfasst überall viele Hotels, Motels, Pensionen, B&Bs, Hostels, Gasthäuser und Wohnmobilparks. Hinzu kommen ungewöhnlichere Optionen wie Farmstays, Hausboote und Jachten.

Die Unterkunftsbeschreibungen sind nach Preiskategorie sortiert, wobei die besten Adressen zuerst erwähnt werden.

B&Bs

Unter Optionen mit B&B (Bed & Breakfast) fallen z. B. restaurierte Bergmannshütten, umgebaute Scheunen, weitläufige alte Häuser, noble Herrensitze auf dem Land, Strandbungalows und schlichte Schlafzimmer in Privathäusern. Die Preise liegen zumeist im Mittelklassebereich, können aber auch deutlich höher sein.

Touristeninformationen führen normalerweise Verzeichnisse mit örtlichen Adressen. Gute Online-Infoquellen:

B&B and Farmstay Far North Queensland (www.bnbnq.com.au)

B&B and Farmstay NSW & ACT (www.bedandbreakfastnsw.com.au)

Hosted Accommodation Australia (www.australianbedandbreakfast.com.au)

OZ Bed and Breakfast (www.ozbedandbreakfast.com)

Camping & Wohnwagenparks

Camping ist die beste Wahl für alle, die die Ostküste für wenig Geld erkunden wollen.

PREISE

Camping in Nationalparks kostet maximal 15 AU$ pro Person (z. T. auch gar nichts) – Lagerfeuer-Nächte unterm Sternenzelt sind unvergesslich. Die Zeltstellplätze privat geführter Campingplätze und Wohnwagenparks (2 Pers. 20–30 AU$/Nacht, mit Strom etwas mehr) werden oft durch Hütten mit Kochgelegenheit (1–6 Pers. 60–170 AU$/Nacht) ergänzt. Hinweis: Alle Stellplatz- und Hüttenpreise in diesem Buch gelten jeweils für zwei Personen.

NATIONALPARKS

Nationalparks und deren Campingplätze werden vom jeweiligen Bundesstaat verwaltet. Häufig ist Online-Buchung möglich.

New South Wales (www.environment.nsw.gov.au/nationalparks)

Queensland (www.nprsr.qld.gov.au)

Victoria (www.parkweb.vic.gov.au)

GROSSE CAMPINGKETTEN

Wer oft im Zelt oder Wohnmobil übernachten will, kann mit einer Mitgliedschaft bei einer großen Kette Bares sparen.

Big 4 (www.big4.com.au)

Discovery Holiday Parks (www.discoveryholidayparks.com.au)

Top Tourist Parks (www.toptouristparks.com.au)

UNTERKÜNFTE ONLINE BUCHEN

Unter hotels.lonelyplanet.com/usa/ gibt's weitere Unterkunftsbewertungen und unabhängig recherchierte Infos von Lonely Planet Autoren – inklusive Empfehlungen zu den besten Adressen. Außerdem kann online gebucht werden.

UNTERKUNFTS-PREISE

Die folgenden Preiskategorien gelten jeweils für ein Doppelzimmer mit eigenem Bad in der Hauptsaison (Süden Dez.–Feb, Norden Juni–Sept.).

**$** unter 100 AU$

**$$** 100–200 AU$

**$$$** über 200 AU$

Hinweis: In teureren Gegenden (vor allem Sydney), während der Schulferien und an öffentlichen Feiertagen ist mit 20 bis 50 AU$ mehr zu rechnen.

Farmstays

Viele Küsten- und Hinterlandfarmen bieten neben Betten für die Nacht auch die Chance, in die ländliche Arbeitswelt Australiens einzutauchen. Bei manchen Farmstays schaut man anderen Leuten relaxt beim Schwitzen zu, woanders ist tagtäglich aktive Mithilfe gefragt. Infos findet man bei **B&B Australia** (www.babs.com.au) (unter „Family Holidays" bzw. „Farmstays") und **Willing Workers on Organic Farms** (WWOOF; www.wwoof.com.au). Auch lokale und regionale Touristeninformationen liefern theoretisch Details zu Farmstays in ihren Zuständigkeitsbereichen.

Gasthäuser (Pubs)

Ostküstenhotels mit Bierausschank werden allgemein als *pubs* (abgeleitet von public houses) bezeichnet. Von den meist kleinen und abgenutzten Zimmern ist es oft ein recht langer Weg bis zum Bad am Ende des Korridors. Die Quartiere sind oft zentral gelegen und günstig (EZ/DZ mit Gemeinschaftsbad ab 50/80 AU$, mehr mit eigenem Bad). Wer einen leichten Schlaf hat, sollte jedoch kein Zimmer oberhalb des Barbereichs nehmen und vorher feststellen, ob unten am jeweiligen Abend eine Liveband spielt.

Hostels

Backpacker-Hostels sind günstig, sehr gesellig und an der Ostküste massenhaft vorhanden. Das Spektrum reicht von familiengeführten Optionen in umgebauten Wohnhäusern bis hin zu eigens errichteten Riesen-Resorts mit Bars, Nachtclubs und Party-Atmosphäre. Der Standard liegt irgendwo zwischen grausig und großartig, das Management kann sich freundlich bis furchtbar geben.

Die Schlafsaalbetten (meist 25–35 AU$) werden manchmal durch Einzelzimmer (ca. 60 AU$) und Doppelzimmer (70–100 AU$) ergänzt.

Eine nützliche Jahresmitgliedschaft (ca. 45 AU$) bei folgenden Organisationen bringt Übernachtungsrabatte und andere Ermäßigungen:

Base Backpackers (www.stayatbase.com)

Nomads (www.nomadsworld.com)

VIP Backpackers (www.vipbackpackers.com)

YHA (www.yha.com.au)

Hotels

Die Hotels der Ostküste gehören größtenteils zu Business- oder Luxusketten (Mittel- bis Spitzenklassebereich). Hierbei handelt es sich dann um mehrstöckige Gebäudeblocks mit komfortablen, gesichtslosen Zimmern voller moderner Extras. Für solche Optionen sind in diesem Buch stets *rack rates* (Listenpreise; üblicherweise mehr als 150 AU$/Nacht) angegeben. Bei wenig Betrieb gibt's aber oft kräftig Rabatt.

Mietwohnungen

Bei längeren Aufenthalten an der Ostküste lohnt es sich finanziell, eine Wohnung oder ein Zimmer in einer Wohngemeinschaft bzw. einem gemeinschaftlich genutzten Haus zu mieten. Bei der Suche helfen Kleinanzeigen in Tageszeitungen (mittwochs und samstags normalerweise am besten). Eine weitere Möglichkeit sind Schwarze Bretter in Universitäten, Hostels, Buchläden und Cafés.

INFOS IM INTERNET

City Hobo (www.cityhobo.com) Findet den perfekten Großstadt-Vorort gemäß den eigenen Vorlieben.

Couch Surfing (www.couchsurfing.com) Verhilft einem zu freien Sofas bei neuen Freunden.

Flatmate Finders (www.flatmatefinders.com.au) Verzeichnis mit Langzeit-Optionen in Wohngemeinschaften.

Stayz (www.stayz.com.au) Ferienwohnungen.

Nützliche Websites für die Suche nach ermäßigten Tarifen und Last-Minute-Bleiben:

Wotif.com (www.wotif.com.au)

Lastminute.com (www.au.lastminute.com)

Quickbeds.com (www.quickbeds.com.au)

Motels

Mittelklasse-Motels mit Parkplätzen direkt vor der Tür findet man an der ganzen Ostküste. Sie gewähren Einzelpersonen jedoch kaum Ermäßigung und eignen sich daher besser für Paare oder dreiköpfige Gruppen. Ein einfaches Zimmer mit Wasserkessel, Kühlschrank, TV, Klimaanlage und eigenem Bad kostet zumeist 100 bis 150 AU$.

Versicherung

Die weltweit gültige Reiseversicherung unter www.lonelyplanet.com/travel_services kann jederzeit online abgeschlossen, erweitert und in Anspruch genommen werden – auch wenn man bereits unterwegs ist.

Versicherungsschutz & Deckung Eine gute Reiseversicherung mit Schutz bei Verlust, Diebstahl und Gesundheitsproblemen ist unerlässlich. Achtung: Manche Versicherer schließen ausdrücklich „Risikosportarten" wie Sporttauchen, Rafting oder sogar Buschwandern aus! Somit sollte man unbedingt vorab sicherstellen, dass alle geplanten Aktivitäten vollumfänglich abgedeckt werden.

Reisekrankenversicherung Es ist ratsam, rechtzeitig herauszufinden, ob die eigene Versicherung direkt mit medizinischen Dienstleistern im Ausland abrechnet. Andernfalls müssen die Behandlungskosten bei späterer Rückerstattung zunächst selbst beglichen werden. Vor allem dann ist es wichtig, sämtliche Dokumente sorgfältig aufzubewahren. Zudem sollte die Versicherung unbedingt sämtliche Rettungstransporte und Notfallflüge in die Heimat abdecken.

Visa

Bis auf neuseeländische Staatsbürger benötigen alle Australientouristen ein Visum. Hierbei gibt es u. a. die folgenden Hauptkategorien:

eVisitor (Kategorie 651) Gratisvisum mit dreimonatiger Gültigkeit (u. a. für Deutsche, Österreicher und Schweizer möglich).

Touristenvisum (Kategorie 600) Wird von allen Besuchern benötigt, die sich länger als drei Monate in Australien aufhalten wollen (Gültigkeit sechs oder zwölf Monate, 115 AU$).

Auf der Website der **australischen Einwanderungs- & Grenzschutzbehörde** (Department of Immigration & Border Protection; www.immi.gov.au) findet man umfassende Infos und Antragsformulare. Details zu den Arbeitsvisa ist im Abschnitt „Arbeiten in Australien" dieses Kapitels zu finden (S. 551).

Zeit

Australien ist in drei Zeitzonen unterteilt:

Australian Eastern Standard Time (MEZ+9 Std.) Queensland, New South Wales, Victoria und Tasmanien

Australian Central Standard Time (MEZ+8½ Std.) Northern Territory, South Australia

Australian Western Standard Time (MEZ+7 Std.) Western Australia

In Queensland gilt ganzjährig die Australian Eastern Standard Time, das übrige Land stellt im Sommer (Okt.–Anfang April) größtenteils auf Sommerzeit (*daylight-saving time*, eine Stunde vor) um.

Zoll

Umfassende Infos zu aktuellen Zollbestimmungen liefert die **australische Zoll- & Grenzschutzbehörde** (Australian Customs & Border Protection Service; 02-6275 6666, 1300 363 263; www.customs.gov.au).

Pro Person dürfen 2,25 l Alkohol, 50 Zigaretten und zollpflichtige Waren im Gesamtwert von 900 AU$ zollfrei eingeführt werden.

Verboten sind alle illegalen Betäubungsmittel (alle Medikamente sind anzumelden!), Holzartikel und Lebensmittel. Australien handhabt dies streng – daher alle Lebensmittel (sogar Essensreste aus dem Flugzeug) unbedingt bei Ankunft angeben!

Verkehrsmittel & -wege

AN- & WEITER-REISE

Je nach Startpunkt ist es für die meisten Traveller sehr weit bis zu Australiens Ostküste – normalerweise erfolgt die Anreise daher per Langstreckenflug. Geführte Touren, Flug- und Zugtickets lassen sich online unter lonelyplanet.com/bookings buchen.

Einreise

Die Einreise nach Australien geht normalerweise problemlos und zügig vonstatten, wobei lediglich die üblichen Zollformalitäten zu erledigen sind. Es gibt keinerlei Einreisebeschränkungen für Staatsbürger bestimmter Länder. Traveller mit gültigem Reisepass und Visum bekommen daher theoretisch keinerlei Probleme.

Flugzeug

Die Hauptsaison mit den teuersten Flügen deckt sich grob mit dem australischen Sommer (Dez.–Feb.). Nachsaison ist allgemein im Winter (Juni–Aug.), der aber wiederum die Hauptsaison für den tropischen Norden darstellt.
Qantas (www.qantas.com.au) ist Australiens Auslandsfluglinie und hat eine hervorragende Sicherheitsstatistik (wie Dustin Hoffman in *Rainman* sagte: „Qantas ist noch nie abgestürzt").

Internationale Flughäfen

Auslandsflüge zu Australiens Ostküste landen meist in Sydney, Melbourne oder Brisbane (seltener in Cairns oder an der Gold Coast).

Brisbane Airport (www.bne.com.au)

Cairns Airport (www.cairnsairport.com)

Gold Coast Airport (www.goldcoastairport.com.au)

REISEN & KLIMAWANDEL

Der Klimawandel stellt eine ernste Bedrohung für unsere Ökosysteme dar. Zu diesem Problem tragen Flugreisen immer stärker bei. Lonely Planet sieht im Reisen grundsätzlich einen Gewinn, ist sich aber der Tatsache bewusst, dass jeder seinen Teil dazu beitragen muss, die globale Erwärmung zu verringern.

Fast jede Art der motorisierten Fortbewegung erzeugt CO_2, doch Flugzeuge sind mit Abstand die schlimmsten Klimakiller – wegen der großen Entfernungen und der entsprechend großen CO_2-Mengen, aber auch, weil sie diese Treibhausgase direkt in hohen Schichten der Atmosphäre freisetzen. Die Zahlen sind erschreckend: Zwei Personen, die von Europa in die USA und wieder zurück fliegen, erhöhen den Treibhauseffekt in demselben Maße wie ein durchschnittlicher Haushalt in einem ganzen Jahr.

Die englische Website www.climatecare.org und die deutsche Internetseite www.atmosfair.de bieten CO_2-Rechner. Damit kann jeder ermitteln, wie viele Treibhausgase seine Reise produziert. Das Programm errechnet den zum Ausgleich erforderlichen Betrag, mit dem der Reisende nachhaltige Projekte zur Reduzierung der globalen Erwärmung unterstützen kann, z. B. Projekte in Indien, Honduras, Kasachstan und Uganda.

Lonely Planet unterstützt gemeinsam mit Rough Guides und anderen Partnern aus der Reisebranche das CO_2-Ausgleichs-Programm von climatecare.org. Alle Reisen von Mitarbeitern und Autoren von Lonely Planet werden ausgeglichen. Weitere Informationen gibt's auf www.lonelyplanet.com.

QANTAS AIRPASS

Wer mit Qantas oder American Airlines aus Übersee nach Australien fliegt, kann sich den ermäßigten **Walkabout Air Pass** von Qantas zulegen. Dieser ermöglicht Anschlussflüge zu etwa 80 verschiedenen Inlandszielen und ist im Vergleich zur Summe entsprechender Einzelbuchungen günstiger (Details unter www.qantas.com.au).

Melbourne Airport (MEL; 03-9297 1600; www.melbourneairport.com.au)

Sydney Airport (www.sydneyairport.com.au)

Übers Meer

Zwischen Australien und Zielen im Pazifikraum (z.B. Papua-Neuguinea, Indonesien, Neuseeland, diverse Inseln) sind mitunter Jachten unterwegs, auf denen man mitfahren oder anheuern kann. Diese Methode ist aber weder entspannt noch sicher und erfordert in der Regel zumindest eine Beteiligung am Preis für den Bordproviant. Interessenten können z.B. die Jachthäfen und Segelclubs von Coffs Harbour, Great Keppel Island, Airlie Beach, Cairns oder den Whitsundays abklappern. Der April empfiehlt sich für die Kojensuche im Großraum Sydney.

Alternativ schippern Ferien-Kreuzfahrtkähne vom **P&O Cruises** (www.pocruises.com.au) ab Brisbane, Melbourne oder Sydney zu Zielen im Pazifikraum (u.a. Neuseeland). Noch alternativer ist die Möglichkeit, als Passagier auf einem Frachter nach bzw. ab Australien mitzufahren (Details z.B. unter www.freighterexpeditions.com.au oder www.freightercruises.com).

UNTERWEGS VOR ORT

Auto & Motorrad

Die Ostküste erkundet man am besten per Auto: Dies ist definitiv die einzige Möglichkeit, interessante Orte in entlegenen Ecken zu besuchen, ohne an einer geführten Tour teilzunehmen.

Motorräder sind vor Ort sehr beliebt, da das Klima den Großteil des Jahres über bikerfreundlich ist. Eine Tankreichweite von 350 km ist ausreichend, um entlang der Küste locker die Distanzen zwischen den Tankstellen zu überbrücken. Die langen, breiten Regionalstraßen sind für große Maschinen mit einem Hubraum ab 750 cm³ wie gemacht.

Automobilclubs

Die Automobilclubs in den einzelnen Staaten gehören zur **Australian Automobile Association** (AAA; 02-6247 7311; www.aaa.asn.au), das ist die nationale Dachorganisation.

Die regionalen Organisationen haben Abkommen mit anderen Bundesstaaten bzw. Territorien und ähnlichen Vereinigungen im Ausland geschlossen. Wer Mitglied in einem Automobilclub ist, sollte seine Mitgliedskarte auf jeden Fall einstecken.

NRMA (13 11 22; www.mynrma.com.au) In NSW und dem Australian Capital Territory.

RACQ (13 19 05; www.racq.com.au) In Queensland.

RACV (13 72 28; www.racv.com.au) In Victoria.

Benzin

Australische Tankstellen verkaufen Diesel, bleifreies Benzin und in stark bevölkerten Gegenden auch Auto- bzw. Flüssiggas (Liquefied Petroleum Gas; LPG). Letzteres ist an entlegeneren Raststätten jedoch nicht immer erhältlich. An den Haupt-Highways der Ostküste kommt normalerweise ca. alle 50 km eine kleine Ortschaft oder Tankstelle in Sicht.

Zum Recherchezeitpunkt kostete 1 l Bleifrei in Großstädten zwischen 1,40 und 1,60 AU$. Draußen auf dem Land sind die regional variierenden Spritpreise jedoch deutlich höher: Im Outback von Queensland wird man bis zu 2,20 AU$ pro Liter los.

Führerschein

In Australien benötigen Selbstfahrer einen gültigen nationalen Führerschein mit englischsprachigen Angaben. Falls Letztere nicht vorhanden sein sollten, braucht man zusätzlich eine **internationale Fahrerlaubnis** (International Driving Permit; IDP). Diese wird in der Heimat von amtlichen Führerscheinstellen ausgestellt und gilt ausschließlich zusammen mit dem nationalen Führerschein.

Gefahren & Sicherheitsmaßnahmen

→ Vorsicht, **Sekundenschlaf**: Vor allem bei heißem Wetter können Langstrecken oft so extrem ermüdend sein, dass man am Steuer einnickt. Bei langen Trips heißt's daher etwa alle zwei Stunden eine Pause einlegen (etwas Gymnastik machen, einen Kaffee trinken, den Fahrer wechseln)!

→ Der Zustand von **unbefestigten Straßen** kann sehr stark variieren. Beim Bremsen und Kurvenfahren auf solchen Pisten verhalten sich Autos anders als auf Asphalt. Darum bitte auch nie schneller als 80 km/h fahren: Bei höherem Tempo kann man nicht mehr rechtzeitig auf scharfe Kurven, freilaufendes Vieh, unmarkierte Tore oder Kuhgitter reagieren. Leihwagennutzer sollten rechtzeitig vorab ermitteln, ob im Mietvertrag das Fahren auf unbefestigten Straßen gestattet.

→ Bis auf ein paar vier- bzw. sechsspurige Strecken in

Ballungsräumen (z. B. die Mautstrecken in Sydney, Melbourne und Brisbane) besitzt Australien nur wenige mehrspurige Highways: Viele Routen haben lediglich **zwei Spuren.**

➜ **Überfahrene Tiere** sind landesweit ein großes Problem. Wegen des dann höheren Risikos durch nachtaktive Tiere auf der Straße fahren viele Einheimische nicht nach Sonnenuntergang.

Auf Landstraßen sind Kängurus eine so alltägliche Gefahr wie Kühe und Schafe im zaunlosen Outback. Die Beuteltiere sind in der Morgen- bzw. Abenddämmerung am aktivsten und oft in Gruppen unterwegs. Wenn eines über die Straße hüpft, bitte sofort bremsen: Wahrscheinlich kommen gleich noch mehr hinterher!

Wer ein Tier versehentlich durch An- oder Überfahren getötet hat, sollte es unbedingt von der Straße ziehen, damit andere Verkehrsteilnehmer nicht mit dem Kadaver kollidieren können. Falls das Tier nur verletzt ist, wickelt man es am besten in ein Handtuch oder eine Decke ein und bittet bei der zuständigen Wildtierrettungsstelle um Hilfe:

Department of Environment & Heritage Protection (🕿 1300 130 372; www.ehp.qld.gov.au) In Queensland.

NSW Wildlife Information, Rescue & Education Service (WIRES; 🕿 1300 094 737; www.wires.org.au) In NSW.

Wildlife Victoria (🕿 1300 094 535; www.wildlifevictoria.org.au) In Victoria.

Kaufen

Wer mehrere Monate im Land bleiben und dabei viel herumfahren will, kommt mit einem eigenen Vehikel wahrscheinlicher günstiger weg als mit einem Mietwagen. Optionen für den Kauf sind Autohändler, Privatleute oder die Traveller-Automärkte in Sydney und Cairns.

ZULASSUNG & FORMALITÄTEN

In Australien müssen Autokäufer die Zulassung innerhalb von 14 Tagen auf den eigenen Namen umschreiben lassen. In jedem Bundesstaat bzw. Territorium sind die Bestimmungen diesbezüglich und zuständigen Organisationen leicht andere. Auch beim Fahrzeugverkauf ist die betreffende Straßenverkehrsbehörde über den Besitzerwechsel zu informieren.

In NSW, Queensland oder Victoria sind Käufer und Verkäufer verpflichtet, ein Formular zur Zulassungsübertragung vollständig auszufüllen und jeweils zu unterschreiben. Im ACT gibt es kein solches Formular. Stattdessen müssen Käufer und Verkäufer auf der Rückseite der Zulassung unterschreiben.

Hinweis: Ein Auto lässt sich deutlich einfacher wieder in dem Bundesstaat verkaufen, in dem es zugelassen wurde. Andernfalls muss man es selbst (bzw. der Käufer) im neuen Bundesstaat anmelden, was eventuell ganz schön stressig sein kann.

Der Käufer hat sicherzustellen, dass das Auto weder gestohlen noch mit Schulden belastet ist. Diesbezügliche Details lassen sich mittels des **Personal Property Securities Register** (🕿 1300 007 777; www.ppsr.gov.au) überprüfen.

VERKEHRSSICHERHEITSNACHWEIS

Autoverkäufer müssen Käufern einen Verkehrssicherheitsnachweis (*roadworthy* bzw. *safety certificate*) aushändigen, wenn folgende Situationen zutreffen:

ACT Ab einem Fahrzeugalter von sechs Jahren; bei gasbetriebenen Autos muss zusätzlich der Nachweis der obligatorischen Jahresüberprüfung beiliegen.

NSW Ab einem Fahrzeugalter von fünf Jahren.

Queensland Für alle Fahrzeuge vorgeschrieben; Zusatz-Prüfungszertifikat für gasbetriebene Autos erforderlich.

Victoria Für alle Fahrzeuge vorgeschrieben.

Falls das angepeilte Vehikel kein *roadworthy certificate* hat, empfiehlt sich vor dem Kauf eine fachmännische Überprüfung von neutraler Seite. Die Automobilverbände der einzelnen Bundesstaaten führen Verzeichnisse mit offiziell zugelassenen Werkstätten.

MAUTPFLICHT

An der Ostküste gibt's einige mautpflichtige Straßen (vor allem große Freeways rund um Melbourne, Sydney und Brisbane). Egal, ob man mit dem eigenen Auto oder einem Mietwagen unterwegs ist: Unbedingt die Mautgebühren online begleichen – andernfalls setzt es heftige Bußgelder! Wer sich nicht schon vorab einen Mautpass besorgt hat, hat nach dem Benutzen der jeweiligen Straße normalerweise noch zwei bis drei Tage Zeit zum Bezahlen.

New South Wales Bezahlen per online beantragtem Mautpass (erhältlich unter www.roam.com.au, www.myRTA.com oder www.roamexpress.com.au).

Queensland Bezahlen übers Internet (unter www.govia.com.au).

Victoria Bezahlen per online beantragtem Mautpass (erhältlich unter www.citylink.com.au).

Von Brisbane nach Cairns via Bruce Hwy

Von Sydney nach Brisbane via Pacific Hwy

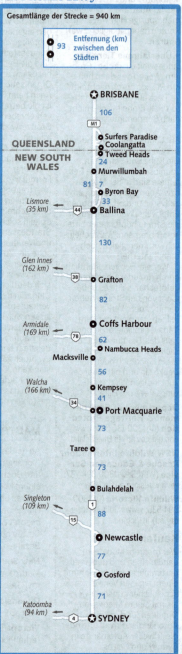

Von Sydney nach Melbourne via Princes Hwy

STRASSENVERKEHRSBEHÖRDEN

Weitere Infos zu Formalitäten und Kosten liefern folgende staatliche Stellen:

Rego ACT (13 22 81; www.rego.act.gov.au) Im ACT.

Transport, Roads & Maritime Services (13 27 01; www.rta.nsw.gov.au) In NSW.

Department of Transport & Main Roads (www.tmr.qld.gov.au) In Queensland.

VicRoads (13 11 71; www.vicroads.vic.gov.au) In Victoria.

AUTOMÄRKTE

Sydney und Cairns sind besonders gute Pflaster, um Autos von Travellern zu kaufen, die ihren Trip bereits beendet haben. Entsprechende Anzeigen stehen z. B. auf Schwarzen Brettern in Hostels. Auch Sydney hat ein paar große Backpacker-Automärkte. In beiden Fällen gilt jedoch: Solche Autos sind eventuell schon ein paar Mal quer durch Australien gerollt und daher eher mit Vorsicht zu genießen!

Kings Cross Car Market (1800 808 188; www.carmarket.com.au; 110 Bourke St, Woolloomooloo; 9–17 Uhr)

Sydney Travellers Car Market (www.sydneytravellerscarmarket.com.au; Level 2, Kings Cross Car Park, Ward Ave, Kings Cross; 9–16.40 Uhr; Kings Cross)

Mieten

Viele große und kleine Autovermieter warten vor Ort nur darauf, Traveller hinters Steuer zu bringen. Hauptaspekt sind die geplanten Distanzen: Wer weit reisen will, braucht unbegrenzte Fahrtkilometer.

Größere Firmen unterhalten Rückgabestellen in großen Städten bzw. Ortschaften. Eventuell gestatten sie auch eine Fahrzeugmiete für die einfache Strecke, wobei die Rückgabe am Ziel erfolgt (z. T. gratis). Kleinere Lokalanbieter sind manchmal günstiger, erlegen einem aber mitunter

Beschränkungen auf. Bei den meisten Unternehmen müssen Kunden mindestens 21 Jahre alt sein (z. T. auch 18 od. 25 Jahre). Meist stehen Vehikel in verschiedenen Größen zur Auswahl (klein/mittelgroß/groß pro Tag ab ca. 40/60/80 AU$).

In Australien sind alle großen internationalen Autovermieter vertreten (Avis, Budget, Europcar, Hertz, Thrifty). Auf den folgenden Websites finden sich Last-Minute-Angebote in Sachen Mietwagen:

Carhire.com (www.carhire.com.au)

Drive Now (☎ 1300 547 214; www.drivenow.com.au)

Webjet (www.webjet.com.au)

MITFAHR-ZENTRALEN

Mitfahrzentralen eignen sich perfekt, um die Fahrtkosten auf mehrere Traveller zu verteilen und so die negativen Umwelteinflüsse möglichst gering zu halten. Doch Vorsicht: Wie auch beim Trampen gibt's bei dieser Reisemethode potenzielle Risiken. Daher vor dem Start immer zuerst an einem öffentlichen Ort treffen und beim geringsten Zweifel absagen! Auf Schwarzen Brettern in Hostels stehen Mitfahrgesuche und -angebote. Eine Alternative sind folgende Online-Portale mit entsprechenden Verzeichnissen:

Catch a Lift (www.catchalift.com)

Coseats (www.coseats.com)

Jayride (www.jayride.com.au)

Need A Ride (www.needaride.com.au)

WOHNMOBILE

Bei Wohnmobilvermietern wie den folgenden liegt der Mindesttarif grob bei 90 (2 Schlafplätze) bzw. 150 AU$ (4 Schlafplätze) pro Tag. Normalerweise muss man das Fahrzeug mindestens für fünf Tage mieten und bekommt unbegrenzte Fahrtkilometer.

Apollo (☎ 1800 777 779; www.apollocamper.com)

Britz (☎ 1800 331 454; www.britz.com.au)

Hippie Camper (☎ 1800 777 779; www.hippiecamper.com)

Jucy Rentals (☎ 1800 150 850; www.jucy.com.au)

Maui (☎ 1300 363 800; www.maui.com.au)

Mighty Cars & Campers (☎ 1800 670 232; www.mightycampers.com)

Spaceships (☎ 1300 132 469; www.spaceshipsrentals.com.au)

Travelwheels (☎ 1800 289 222; www.travelwheels.com.au)

Wicked Campervans (☎ 1800 246 869; www.wickedcampers.com.au)

GELÄNDEWAGEN

Mit einem Geländewagen kann man sich abseits bekannter Pfade bewegen und dabei Naturwunder erleben, die vielen anderen Travellern verborgen bleiben. Zur Auswahl stehen z. B. mittelgroße Nissan X-Trails (ca. 100–150 AU$/Tag) oder Toyota Land Cruisers (ca. 150–200 AU$/Tag, idealerweise inkl. unbegrenzte Fahrtkilometer). Unbedingt den Mietvertrag sorgfältig durchlesen und dabei vor allem auf die Selbstbeteiligung achten: Diese kann extrem hoch sein!

Gute Adressen für Geländewagen sind Apollo, Britz und die großen Autovermieter.

FAHRZEUG-ÜBERFÜHRUNGEN

Fahrzeugüberführungen sind normalerweise günstig, bieten aber wenig zeitliche Flexibilität. Die meisten großen Autovermieter offerieren diese Option. Parallel empfehlen sich die folgenden Firmen:

Drive Now (☎ 1300 547 214; www.drivenow.com.au)

imoova (☎ 1300 789 059; www.imoova.com)

Relocations2Go (☎ 1800 735 627; www.relocations2go.com)

Transfercar (☎ 02-8011 1870; www.transfercar.com.au)

Parken

In großen Städten wie Sydney oder Melbourne (oder in Touri-Orten wie Byron Bay) kann einen die Parkplatzsuche in den Wahnsinn treiben. Wenn man dann endlich ein Plätzchen gefunden hat, darf man vermutlich nur begrenzt lange dort stehen bleiben bzw. muss ein Parkticket ziehen oder die Parkuhr mit Münzen füttern. Für ein „Knöllchen" zahlt man 50 bis 120 AU$. Wer im Halteverbot steht, wird abgeschleppt bzw. darf sich auf eine Radkralle freuen – besser immer aufmerksam die Schilder studieren!

In den Städten gibt's große Parkplätze, auf denen man den Wagen für 20 bis 40 AU$ pro Tag abstellen kann.

Verkehrsregeln

In Australien herrscht Linksverkehr; alle Autos sind daher Rechtslenker.

Alkohol & Drogen Die Polizei kann jederzeit Atem- oder Drogentests bei Fahrern vornehmen und macht von diesem Recht auch oft Gebrauch. Wer mit mehr als 0,5 ‰ und/oder Drogen im Blut erwischt wird, muss mit einer Gerichtsvorladung nebst Bußgeld und Führerscheinentzug rechnen.

Handys Telefonieren am Steuer ist in Australien nur mit geeigneter Freisprecheinrichtung erlaubt.

Sicherheitsgurte & Kindersitze In Australien besteht Gurtpflicht. Kinder bis zum Alter von sieben

Jahren sind sicher in einem offiziell zugelassenen Kindersitz anzugurten.

Tempolimit Das Tempolimit liegt innerhalb geschlossener Ortschaften allgemein bei 50 km/h (z.T. auch 60 km/h), in der Nähe von Schulen normalerweise bei 25 km/h (zur Bring- bzw. Abholzeit). Auf Highways darf man 100 oder 110 km/h fahren. An strategisch günstigsten Stellen benutzt die Polizei gern Radarpistolen und Kameras.

Vorfahrt Wenn eine Kreuzung oder ein Kreisverkehr unbeschildert ist (eher selten), hat der von rechts kommende Verkehr Vorfahrt.

Versicherung

KFZ-Versicherung In Australien ist die Kfz-Haftpflicht in der Kfz-Zulassungsgebühr inbegriffen, damit jedes Auto grundversichert ist. Wir empfehlen, den Versicherungsschutz so aufzustocken, dass auch Sachschäden abgedeckt werden. Selbst kleine Unfälle können irre teuer sein!

Mietwagen Wer einen Wagen mietet, sollte sich vorab genau nach den Haftungsbedingungen im Fall eines Unfalls erkundigen. Es besteht meist die Möglichkeit, eine Extragebühr an die Autovermietungen zu zahlen, um die Haftungssumme von teilweise mehr als 3000 AU$ auf ein paar Hundert Dollar zu senken.

Bus

Das Busnetz an der Ostküste ist verlässlich, in puncto Fernstrecken aber nicht sonderlich günstig. Die meisten Busse verfügen über Klimaanlagen und Toiletten; das Rauchen ist nicht gestattet. Die Plätze an Bord sind nicht in separate Klassen eingeteilt (sehr demokratisch) und sollten allerspätestens am Vortag der geplanten Reise gebucht werden (im Sommer eine bis zwei Wochen früher). Kleine Ortschaften haben statt „offizieller" Busbahnhöfe nicht selten nur provisorische Haltestellen (z.B. vor einem Laden oder einer Postfiliale).

Buspässe

Bei vielen geplanten Zwischenstopps sind Buspässe eine gute Idee. Reservierungen per Internet oder Telefon sollten jeweils allerspätestens am Vortag erfolgen.

Greyhound (www.greyhound.com.au) bietet zahllose Sparpässe an. Beispiele für die vielen Optionen auf der Website:

Kilometre Pass Gilt zwölf Monate lang und bietet jede Menge Flexibilität (u.a. die Möglichkeit zur Hin- und Rückfahrt auf derselben Strecke). Die Auswahl reicht von 1000 (188 AU$) bis hin zu 25 000 Gesamtkilometern (2499 AU$).

Mini Traveller Pass Gilt bis zu 90 Tage lang auf einigen beliebten Routen wie Cairns–Melbourne (472 AU$) oder Sydney–Brisbane (150 AU$). Man kann zwar nur in einer Richtung reisen, unterwegs aber beliebig oft aus- und zusteigen.

Micro Pass Gilt zehn Tage lang für die feste Route zwischen Sydney und Melbourne (über Canberra; 110 AU$).

Premier Motor Service (www.premierms.com.au) bietet mehrere Pässe für Ostküstentrips an (jeweils nur in einfacher Fahrtrichtung gültig). Abgedeckt werden dabei z.B. die Routen Melbourne–Cairns (345 AU$, sechs Monate Gültigkeit) oder Sydney–Brisbane (90 AU$, drei Monate Gültigkeit).

Busunternehmen

V/Line (www.vline.com.au) ergänzt seine Zugstrecken mit eigenen Busverbindungen. Weitere Busunternehmen:

Coachtrans (www.coachtransonline.com.au) Verbindet Brisbane mit der Gold und Sunshine Coast (Queensland).

Firefly Express (www.fireflyexpress.com.au) Zwischen Sydney, Canberra, Melbourne und Adelaide unterwegs.

Greyhound Australia (www.greyhound.com.au) Großes landesweites Liniennetz.

NSW TrainLink (www.nswtrainlink.info) Reisebus- und Zugverbindungen in New South Wales.

Premier Motor Service (www.premierms.com.au) Greyhounds Hauptkonkurrent an der Ostküste; verkehrt pro Tag etwas seltener, ist aber meist ein bisschen günstiger.

Preise

Typische Preisbeispiele für beliebte Ostküstenrouten (jeweils einfache Strecke ohne Ermäßigung):

STRECKE	PREIS (AU$)	ZEIT (STD.)
Melbourne–Canberra	90	8
Melbourne–Sydney	100	12
Sydney–Byron Bay	150	14
Sydney–Brisbane	180	16
Brisbane–Airlie Beach	230	19
Brisbane–Cairns	295	29
Townsville–Cairns	60	5½

Fahrrad

Die Ostküste ist eine großartige Gegend zum Radfahren. In den meisten Städten gibt es schöne Radwege, und auch auf dem Land findet man etliche geeignete lange Strecken (die nicht zu hügelig sind). Viele Radler nehmen ihre Campingausrüstung mit, aber man kann durchaus auch von Ort zu Ort reisen und in Hostels, Hotels oder Wohnwagenparks übernachten.

Gesetzliche Bestimmungen Vor Ort besteht Helmpflicht; bei Dunkelheit sind ein weißes Vorderlicht und ein rotes Rücklicht zu benutzen.

Klima Achtung: Der australische Sommer ist mörderisch heiß! Darum immer ausreichend Trinkwasser mitnehmen, Sonnenschutzmittel verwenden, nicht in der Mittagshitze radeln

> **RADFAHREN IN MELBOURNE & BRISBANE**
>
> Dank öffentlicher Bikesharing-Programme kommt man in ganz Melbourne oder Brisbane schnell und günstig an Drahtesel. Die Konzepte der beiden Städte unterscheiden sich leicht voneinander. Generell meldet man sich in beiden Fällen jedoch übers Internet an und bezahlt dann eine einmalige Gebühr an einer der zahlreichen Verleihstationen. Die Bikes können bis zu 24 Stunden lang genutzt und dann an einer beliebigen Verleihstation zurückgegeben werden. Obwohl ein Schutzhelm manchmal mit dabei ist, empfiehlt sich ein eigener (nebst Schloss).
>
> Entsprechende Details (inkl. Händleradressen zum Helmkauf) gibt's hier:
>
> **Melbourne** (1300 711 590; www.melbournebikeshare.com.au)
>
> **Brisbane** (www.citycycle.com.au)

und einen Schutzhelm mit Sonnenschild tragen (bzw. eine Schirmmütze unter dem Helm). Die sogenannten *northerlies* (Sommer-Nordwinde) können Radlern die Reise nach Norden extrem erschweren. Für Victoria und das Landesinnere von NSW empfiehlt sich angemessene Kleidung, da es dort jeweils sehr kalt werden kann.

Infos im Internet

Der nationale Fahrradverband heißt **Bicycle Federation of Australia** (www.bfa.asn.au). Alle Bundesstaaten bzw. Territorien haben zudem eigene Radfahrorganisationen, die Lokalinfos liefern und den Kontakt zu Tourenclubs wie den folgenden herstellen:

Bicycle Network Victoria (www.bicyclenetwork.com.au)

Bicycle NSW (www.bicyclensw.org.au)

Bicycle Queensland (www.bq.org.au)

Pedal Power ACT (www.pedalpower.org.au)

Für weitere Informationen s. *Cycling Australia* von Lonely Planet.

Kaufen

Vor Ort gibt's neue Straßenräder oder Mountainbikes ab ca. 600 AU$. Mit aller nötigen Ausrüstung für unterwegs (z.B. Schutzhelm, Beleuchtung, Gepäcktaschen) ist man jedoch schnell bei mindestens 1700 AU$.

Um den Drahtesel nach der Tour zu verkaufen oder sich davor einen gebrauchten zuzulegen, empfehlen sich beispielsweise Schwarze Bretter in Hostels. Weitere Optionen sind Online-Plattformen wie **Trading Post** (www.tradingpost.com.au), **Gumtree** (www.gumtree.com.au) oder **Bike Exchange** (www.bikeexchange.com.au).

Leihen

Bei den meisten Verleihern stehen Straßenräder und Mountainbikes zur Auswahl (10–15 AU$/Std. bzw. 25–50 AU$/Tag). Die Kaution (50–200 AU$) variiert abhängig von der Mietdauer.

Flugzeug

Australiens Ostküste wird regelmäßig von vielen kleinen und großen Fluglinien bedient.

Hinterland Aviation (www.hinterlandaviation.com.au) Flüge zwischen Cairns und Cooktown.

Jetstar (www.jetstar.com.au) Qantas-Billigtochter mit großem Liniennetz.

Qantas (www.qantas.com.au) Deckt das ganze Land ab.

Regional Express (Rex; www.regionalexpress.com.au) Verbindet Melbourne, Sydney und Townsville und nutzt kleine Provinzflughäfen.

Skytrans (www.skytrans.com.au) Im Norden Queenslands. Fliegt z.B. von Cairns nach Bamaga (die äußerste „Spitze" Australiens) und Mt. Isa.

Tiger Airways (www.tigerair.com) Billigtochter von Singapore Airlines; steuert zahlreiche Ostküstenziele von Melbourne bis Cairns an.

Virgin Australia (www.virginaustralia.com.au) Landesweites Liniennetz.

Geführte Touren

Entlang der Küste sind mehrere Backpacker- und Tourbusfirmen aktiv. Solche Fahrten kosten wenig und können unterhaltsamer sein als Trips mit normalen Bussen: Die Vehikel sind vergleichsweise kleiner, und man trifft andere Traveller an Bord.

AAT Kings (1300 556 100; www.aatkings.com.au) Großes Reisebusunternehmen (bei älteren Touristen beliebt) mit zahllosen Touren durch ganz Australien.

Adventure Tours Australia (1800 068 886; www.adventuretours.com.au) Erschwingliche Trips für Junggebliebene in allen Bundesstaaten.

Autopia Tours (03-9391 0261; www.autopiatours.com.au) Dreitägige Fahrten von Melbourne nach Sydney.

Oz Experience (1300 300 028; www.ozexperience.com) Backpacker-Bustrips durch Zentral-, Nord- und Ostaustralien.

Nahverkehr

Brisbane, Melbourne und Sydney haben jeweils Nahverkehrsnetze mit Bussen, Zügen, Fähren und/oder Straßenbahnen. Auch in anderen größeren Ostküstenstädten sind öffentliche

Nahverkehrsbusse unterwegs (oft ergänzt durch Taxis). Da nördlich von Cairns so gut wie keine öffentlichen Verkehrsmittel existieren, muss man sich dort einer geführten Tour anschließen oder selbst ein Auto mieten.

Zum Zeitpunkt der Drucklegung könnte das neue Straßenbahnnetz der **Gold Coast Rapid Transit** (www.goldlinq.com.au) bereits in Betrieb sein (Southport–Broadbeach; 16 Haltestellen auf 13 km). Falls nicht, sind Regionalbusse weiterhin die beste Wahl.

Trampen

Beim Trampen gibt es immer ein gewisses Restrisiko, egal, in welchem Land man sich befindet. Wir raten davon ab. Wer dennoch per Anhalter fahren will, sollte Vorsichtsmaßnahmen beachten: Es ist sicherer, gemeinsam mit einer weiteren Person zu trampen und Dritte wissen zu lassen, wo man sich gerade aufhält.

Zug

Zugreisen sind eine komfortable Option für Kurz- und Langstrecken entlang der Ostküste. Allerdings kosten sie etwas mehr als Bustrips und dauern eventuell auch ein paar Stunden länger. Jeder Bundesstaat hat seine eigene Bahngesellschaft (z. T. mit Verbindungen in Nachbarstaaten):

NSW TrainLink (13 22 32; www.nswtrainlink.info) Verkehrt in NSW südwärts zwischen Sydney, Canberra und Melbourne; gen Norden geht's entlang der Küste nach Brisbane (aber *nicht* nach Byron Bay).

Queensland Rail (1800 872 467; www.queenslandrail.com.au) Ansässig in Queensland.

Sydney Trains (13 15 00; www.sydneytrains.info) Deckt die Küste von NSW rund um Sydney ab und fährt nordwärts bis nach Newcastle; auch die Blue Mountains werden bedient.

V/Line (www.vline.com.au) Verbindet Victoria mit NSW, South Australia und dem ACT.

Preise

Kinder, Studenten und Backpacker bekommen generell Ermäßigung auf Standardpreise. Falls es die Reisekasse zulässt, empfiehlt sich eine Schlafwagenkabine: Es ist zumeist nicht sonderlich angenehm, aufrecht und von schnarchenden Mitpassagieren umgeben auf einem normalen Sitz zu schlafen. Wichtig: Bei vergünstigten Tickets gibt's zumeist keine Rückerstattung; auch Zugwechsel sind nicht erlaubt. Beispiele für beliebte Routen:

Brisbane–Cairns Erw./Kind in Großraumwagen ab 269/135 AU$, in Einzelabteil ab 349/215 AU$

Sydney–Canberra Erw./Kind in Großraumwagen 57/28 AU$

Sydney–Brisbane Erw./Kind in Großraumwagen 130/65 AU$, in Einzelabteil 271/180 AU$

Sydney–Melbourne Erw./Kind in Großraumwagen 130/65 AU$, in Einzelabteil 271/180 AU$.

Reservierungen

Für Reisen während der Schulferien oder an gesetzlichen Feiertagen und an Wochenenden empfiehlt sich eine rechtzeitige Reservierung (idealerweise eine bis zwei Wochen im Voraus). Bei vielen Sparangeboten ist dies sogar obligatorisch.

Zugpässe

Das Streckennetz der Ostküste ist ganz gut ausgebaut. Einige Zugpässe können sich daher für Traveller als praktisch erweisen. **Rail Australia** (www.railaustralia.com.au) informiert Interessenten über die Pässe verschiedener Bahnunternehmen – darunter die folgenden:

Austrail Flexipass Er wird nur an Ausländer verkauft und erlaubt landesweite Fernreisen auf bestimmten Routen (3/6 Monate 722/990 AU$).

Backtracker Pass Wird nur an Ausländer verkauft und gilt für Trips im Bahnnetz von NSW TrainLink (14 Tage 232 AU$, 1/3/6 Monate 275/298/420 AU$).

East Coast Discovery Pass Dieser Pass gilt sechs Monate lang in einer Fahrtrichtung auf einer festgelegten Route (inkl. unbegrenzt häufiges Aus- und Zusteigen). Die Gesamtstrecke Melbourne–Brisbane kostet 220 AU$. Passvarianten für kürzere Abschnitte (z. B. für Sydney–Brisbane, 130 AU$) sind ebenfalls im Angebot.

Queensland Explorer Pass Ermöglicht unbegrenzt viele Fahrten im Rahmen von Queenslands Gleisnetz (3/6 Monate 390/550 AU$).

Sprache

Briten, Amerikaner, Australier und Neuseeländer, deutsche Geschäftsleute und norwegische Wissenschaftler, der indische Verwaltungsbeamte und die Hausfrau in Kapstadt – fast jeder scheint Englisch zu sprechen. Und wirklich: Englisch ist die am weitesten verbreitete Sprache der Welt (wenn's auch nur den zweiten Platz für die am meisten gesprochene Muttersprache gibt – Chinesisch ist die Nr. 1).

Logisch, dass es bei einer solchen Verbreitung nicht *das* Englische gibt, sondern vielmehr eine Unmenge von lokalen Eigenheiten in der Aussprache und im Wortschatz. Ein texanischer Ranger wird also wahrscheinlich seine Schwierigkeiten haben, einen australischen Jugendlichen aus Sydney zu verstehen.

Hier folgen nur die wichtigsten Begriffe und Wendungen, um sich in Australien durchschlagen zu können – Fortgeschrittene werfen für den letzten Schliff noch einen Blick ins Glossar auf S. 576, wo typische Aussi-Ausdrücke aufgelistet sind.

Konversation & Nützliches

Hallo.	Hello.
Guten...	Good...
Tag	day
Tag (nachmittags)	afternoon
Morgen	morning
Abend	evening
Auf Wiedersehen.	Goodbye.

NOCH MEHR GEFÄLLIG?

Noch besser kommt man mit dem *Sprachführer Englisch* von Lonely Planet durch Australien. Man findet den Titel unter **http://shop.lonelyplanet.de** und im Buchhandel.

Bis später.	See you later.
Tschüss.	Bye.
Wie geht es Ihnen/dir?	How are you?
Danke, gut.	Fine. And you?
Und Ihnen/dir?	... and you?
Wie ist Ihr Name?/ Wie heißt du?	What's your name?
Mein Name ist...	My name is...
Wo kommen Sie her?/ Wo kommst du her?	Where do you come from?
Ich komme aus...	I'm from...
Wie lange bleiben Sie/ bleibst du hier?	How long do you stay here?
Ja.	Yes.
Nein.	No.
Bitte.	Please.
Danke/Vielen Dank.	Thank you (very much).
Bitte (sehr).	You're welcome.
Entschuldigen Sie,...	Excuse me, ...
Entschuldigung.	Sorry.
Es tut mir leid.	I'm sorry.
Verstehen Sie (mich)?	Do you understand (me)?
Ich verstehe (nicht).	I (don't) understand.
Könnten Sie...?	Could you please...?
bitte langsamer sprechen	speak more slowly
das bitte wiederholen	repeat that
es bitte aufschreiben	write it down

Fragewörter

Wer?	Who?
Was?	What?

Wo?	Where?
Wann?	When?
Wie?	How?
Warum?	Why?
Welcher?	Which?
Wie viel/viele?	How much/many?

Gesundheit

Wo ist der/die/das nächste ...?
Where's the nearest ...?

Apotheke	chemist
Zahnarzt	dentist
Arzt	doctor
Krankenhaus	hospital

Ich brauche einen Arzt.
I need a doctor.

Gibt es in der Nähe eine (Nacht-)Apotheke?
Is there a (night) chemist nearby?

Ich bin krank.	I'm sick.
Es tut hier weh.	It hurts here.
Ich habe mich übergeben.	I've been vomiting.
Ich habe ...	I have ...
Durchfall	diarrhoea
Fieber	fever
Kopfschmerzen	headache
(Ich glaube,)	(I think)
Ich bin schwanger.	I'm pregnant.
Ich bin allergisch ...	I'm allergic ...
gegen Antibiotika	to antibiotics
gegen Aspirin	to aspirin
gegen Penizillin	to penicillin

Mit Kindern reisen

Ich brauche ...	I need a/an ...
Gibt es ...?	Is there a/an ...?
einen Wickelraum	baby change room
einen Babysitter	babysitter
einen Kindersitz	booster seat
eine Kinderkarte	children's menu
einen Kinderstuhl	highchair
(Einweg-)Windeln	(disposable) nappies
ein Töpfchen	potty
einen Kinderwagen	stroller

Stört es Sie, wenn ich mein Baby hier stille?
Do you mind if I breastfeed here?

NOTFALL

Hilfe!
Help!

Es ist ein Notfall!
It's an emergency!

Rufen Sie die Polizei!
Call the police!

Rufen Sie einen Arzt!
Call a doctor!

Rufen Sie einen Krankenwagen!
Call an ambulance!

Lassen Sie mich in Ruhe!
Leave me alone!

Gehen Sie weg!
Go away!

Sind Kinder zugelassen?
Are children allowed?

Papierkram

Name	name
Staatsangehörigkeit	nationality
Geburtsdatum	date of birth
Geburtsort	place of birth
Geschlecht	sex/gender
(Reise-)Pass	passport
Visum	visa

Shoppen & Service

Ich suche ...
I'm looking for ...

Wo ist der/die/das (nächste) ...?
Where's the (nearest) ...?

Wo kann ich ... kaufen?
Where can I buy ...?

Ich möchte ... kaufen.
I'd like to buy ...

Wie viel (kostet das)?
How much (is this)?

Das ist zu viel/zu teuer.
That's too much/too expensive.

Können Sie mit dem Preis heruntergehen?
Can you lower the price?

Ich schaue mich nur um.
I'm just looking.

Haben Sie noch andere?
Do you have any others?

Können Sie ihn/sie/es mir zeigen?
Can I look at it?

mehr	more
weniger	less
kleiner	smaller
größer	bigger
Nehmen Sie...?	Do you accept...?
Kreditkarten	credit cards
Reisechecks	traveller's cheques
Ich möchte...	I'd like to...
Geld umtauschen	change money
einen Scheck einlösen	cash a cheque
Reisechecks einlösen	change traveller's cheques
Ich suche...	I'm looking for...
einen Arzt	a doctor
eine Bank	a bank
die ... Botschaft	the ... embassy
einen Geldautomaten	an ATM
das Krankenhaus	the hospital
den Markt	the market
ein öffentliches Telefon	a public phone
eine öffentliche Toilette	a public toilet
die Polizei	the police
das Postamt	the post office
die Touristen-information	the tourist information
eine Wechselstube	an exchange office

Wann macht er/sie/es auf/zu?
What time does it open/close?

Ich möchte eine Telefonkarte kaufen.
I want to buy a phone card.

Wo ist hier ein Internetcafé?
Where's the local Internet cafe?

Ich möchte...	I'd like to...
ins Internet	get Internet access
meine E-Mails checken	check my email

Uhrzeit & Datum

Wie spät ist es?	What time is it?
Es ist (ein) Uhr.	It's (one) o'clock.
Zwanzig nach eins	Twenty past one
Halb zwei	Half past one
Viertel vor eins	Quarter to one
morgens/vormittags	am
nachmittags/abends	pm
jetzt	now
heute	today
heute Abend	tonight
morgen	tomorrow
gestern	yesterday
Morgen	morning
Nachmittag	afternoon
Abend	evening
Montag	Monday
Dienstag	Tuesday
Mittwoch	Wednesday
Donnerstag	Thursday
Freitag	Friday
Samstag	Saturday
Sonntag	Sunday
Januar	January
Februar	February
März	March
April	April
Mai	May
Juni	June
Juli	July
August	August
September	September
Oktober	October
November	November
Dezember	December

Unterkunft

Wo ist...?	Where's a...?
eine Pension	bed and breakfast guesthouse
ein Campingplatz	camping ground
ein Hotel/Gasthof	hotel
ein Privatzimmer	room in a private home
eine Jugend-herberge	youth hostel

Wie ist die Adresse?
What's the address?

Ich möchte bitte ein Zimmer reservieren.
I'd like to book a room, please.

Für (drei) Nächte/Wochen.
For (three) nights/weeks.

EIN ZIMMER RESERVIEREN

(per Brief, Fax oder E-Mail)

An...	*To...*
Vom...	*From...*
Datum	*Date*

Ich möchte reservieren ...
I'd like to book ...

auf den Namen...	*in the name of...*
vom ... bis zum ...	*from ... to ...*

(Bett-/Zimmeroptionen s. Liste Unterkunft)

Kreditkarte	*credit card*
Nummer	*number*
gültig bis	*expiry date*

Bitte bestätigen Sie Verfügbarkeit und Preis.
Please confirm availability and price.

Haben Sie ein ...?	*Do you have a ... room?*
Einzelzimmer	*single*
Doppelzimmer	*double*
Zweibettzimmer	*twin*

Wieviel kostet es pro Nacht/Person?
How much is it per night/person?

Kann ich es sehen?
May I see it?

Kann ich ein anderes Zimmer bekommen?
Can I get another room?

Es ist gut, ich nehme es.
It's fine. I'll take it.

Ich reise jetzt ab.
I'm leaving now.

Verkehrsmittel & -Wege

Öffentliche Verkehrsmittel

Wann fährt ... ab?
What time does the ... leave?

das Boot/Schiff	*boat/ship*
die Fähre	*ferry*
der Bus	*bus*
der Zug	*train*

Wann fährt der ... Bus?
What time's the ... bus?

erste	*first*
letzte	*last*
nächste	*next*

Wo ist der nächste U-Bahnhof?
Where's the nearest metro station?

Welcher Bus fährt nach ...?
Which bus goes to ...?

U-Bahn	*metro*
(U-)Bahnhof	*(metro) station*
Straßenbahn	*tram*
Straßenbahnhaltestelle	*tram stop*
S-Bahn	*suburban (train) line*

Eine ... nach (Sydney).
A ... to (Sydney).

einfache Fahrkarte	*one-way ticket*
Rückfahrkarte	*return ticket*
Fahrkarte 1. Klasse	*1st-class ticket*
Fahrkarte 2. Klasse	*2nd-class ticket*

Der Zug wurde gestrichen.
The train is cancelled.

Der Zug hat Verspätung.
The train is delayed.

Ist dieser Platz frei?
Is this seat free?

Muss ich umsteigen?
Do I need to change trains?

Sind Sie frei?
Are you free?

Was kostet es bis ...?
How much is it to ...?

Bitte bringen Sie mich zu (dieser Adresse).
Please take me to (this address).

Private Transportmittel

Wo kann ich ein ... mieten?
Where can I hire a/an ...?

Ich möchte ein ... mieten.
I'd like to hire a/an ...

Allradfahrzeug	*4WD*
Auto	*car*
Fahrrad	*bicycle*
Fahrzeug mit Automatik	*automatic*
Fahrzeug mit Schaltung	*manual*
Motorrad	*motorbike*

VERKEHRSSCHILDER

Danger	Gefahr
No Entry	Einfahrt verboten
One-way	Einbahnstraße
Entrance	Einfahrt
Exit	Ausfahrt
Keep Clear	Ausfahrt freihalten
No Parking	Parkverbot
No Stopping	Halteverbot
Toll	Mautstelle
Cycle Path	Radweg
Detour	Umleitung
No Overtaking	Überholverbot

Wieviel kostet es pro Tag/Woche?
How much is it per day/week?

Wo ist eine Tankstelle?
Where's a petrol station?

Benzin	*petrol*
Diesel	*diesel*
Bleifreies Benzin	*unleaded*

Führt diese Straße nach…?
Does this road go to…?

Wo muss ich bezahlen?
Where do I pay?

Ich brauche einen Mechaniker.
I need a mechanic.

Das Auto hat eine Panne.
The car has broken down.

Ich habe einen Platten.
I have a flat tyre.

Das Auto/Motorrad springt nicht an.
The car/motorbike won't start.

Ich habe kein Benzin mehr.
I've run out of petrol.

Wegweiser

Können Sie mir bitte helfen?
Could you help me, please?

Ich habe mich verirrt.
I'm lost.

Wo ist (eine Bank)?
Where's (a bank)?

In welcher Richtung ist (eine öffentliche Toilette)?
Which way's (a public toilet)?

Wie kann ich da hinkommen?
How can I get there?

Wie weit ist es?
How far is it?

Können Sie es mir (auf der Karte) zeigen?
Can you show me (on the map)?

links	left
rechts	right
nahe	near
weit weg	far away
hier	here
dort	there
an der Ecke	on the corner
geradeaus	straight ahead
gegenüber…	opposite…
neben…	next to…
hinter…	behind…
vor…	in front of…
Norden	north
Süden	south
Osten	east
Westen	west
Biegen Sie…ab.	Turn…
links/rechts	left/right
an der nächsten Ecke	at the next corner
bei der Ampel	at the traffic lights

Zahlen

0	zero
1	one
2	two

SCHILDER

Police	Polizei
Police Station	Polizeiwache
Entrance	Eingang
Exit	Ausgang
Open	Offen
Closed	Geschlossen
No Entry	Kein Zutritt
No Smoking	Rauchen verboten
Prohibited	Verboten
Toilets	Toiletten
Men	Herren
Women	Damen

3	three	20	twenty
4	four	21	twentyone
5	five	22	twentytwo
6	six	23	twentythree
7	seven	24	twentyfour
8	eight	25	twentyfive
9	nine	30	thirty
10	ten	40	fourty
11	eleven	50	fifty
12	twelve	60	sixty
13	thirteen	70	seventy
14	fourteen	80	eigthy
15	fifteen	90	ninety
16	sixteen	100	hundred
17	seventeen	1000	thousand
18	eighteen	2000	two thousand
19	nineteen	100 000	hundred thousand

GLOSSAR

Jeder, der meint, Australisch (*Strine*) sei nur eine etwas seltsam klingende Variante des Englischen, wird überrascht sein: Die australische Umgangssprache ist ein merkwürdiges Labyrinth, in dem man schnell den Faden verliert. Einige Wörter haben eine völlig andere Bedeutung als in den übrigen englischsprachigen Ländern. Häufig benutzte Wörter werden zumeist bis zur Unkenntlichkeit abgekürzt, andere leiten sich aus der Sprache der Ureinwohner oder der frühen Siedler ab.

Wer als Aussie durchgehen will, sollte Folgendes versuchen: nasal sprechen, alle Wörter auf höchstens zwei Silben verkürzen, an jedes Wortende einen Vokal hängen, wo immer es geht Verniedlichungsformen verwenden und jeden Satz mit einem Kraftausdruck garnieren.

Der englischsprachige Lonely Planet Band *Australian Phrasebook* gibt eine Einführung ins australische Englisch und in einige Sprachen der Aborigines. Die folgende Liste könnte auch hilfreich sein.

4WD – Wagen mit Allradantrieb
ACT – Australian Capital Territory
Akubra hat – Hut der australischen Buschmänner; heute häufiger auf dem Kopf deutscher Rentner auf Urlaub zu sehen
ALP – Australian Labor Party
Anzac – Australian and New Zealand Army Corps
Aussie rules – Australian Rules Football; eine Variante des Rugby; das Team besteht aus 18 Spielern
award wage – Mindestlohn

Banana Bender – Einwohner Queenslands
bastard – allgemeine Form der Anrede mit unterschiedlicher Bedeutung: Sie drückt Lob oder Respekt aus (z. B. „He's the bravest bastard I know!" – „Er ist der tapferste Kerl, den ich kenne!"), kann aber auch beleidigend sein (z. B. „You bastard!" – „Du Idiot!"). Wer sich nicht sicher ist, ob der Ausdruck passt, sollte ihn eher vermeiden.
bathers – Badebekleidung (in Victoria)
B&B – Bed and Breakfast
BBQ – Barbecue
bêche-de-mer – Seegurke
bevan – s. *bogan* (in Queensland)
billabong – Wasserloch in einem Flussbett während der Trockenzeit
billy – Blechkessel zum Wasserkochen im *bush*
bitumen – Asphaltstraße
bogan – sehr einfach gestrickter Mensch
bombora – „bommie"; separates küstennahes Riff
boogie board – kleines Surfbrett
boom netting – Passagiere werden in einem Netz am Bug oder Heck eines Bootes durch die Brandung gezogen
boomerang – Bumerang
booner – s. *bogan* (im ACT)
bora ring – ein kreisförmiger, von aufgehäufter Erde begrenzter Bereich, dient den Aborigines zu zeremoniellen Zwecken; hauptsächlich in NSW und im Südosten Queenslands zu finden
bottle shop – Getränkeladen, Wein- und Spirituosenhandlung
box jellyfish – eine tödliche Quallenart; auch *sea wasp, box jelly, sea jelly, stinger*
brekky – Frühstück
budgie smuggler – kleine, enge Männerbadehose
bug – *Moreton Bay/Balmain bug*; essbarer, kleiner Krebs
bunyip – mythisches Tier oder Wesen im *bush*
bush, the – Land voller Bäume und Sträucher; alles, was sich außerhalb der Stadt befindet
bush tucker – einheimische Nahrung, die man im *outback* findet
bushranger – das australische Äquivalent zu den Gesetzlosen des amerikanischen Wilden Westens
BYO – „Bring your own"; Restaurant, bei dem Gäste ihren *grog* selbst mitbringen

camp-o-tel – ein Zelt mit Betten und Beleuchtung
chook – Huhn
Cockroaches – Australier in und um Sydney
counter meal – Essen in der Kneipe, wird meist an der Theke verspeist
cozzie – Badebekleidung (in NSW)
cuppa – „cup of"; eine Tasse Tee, Kaffee o. Ä.

dag – schmutziger Wollklumpen am Hintern eines Schafs; nett gemeintes Schimpfwort für jemanden, der sich nicht an gesellschaftliche Konventionen hält
damper – Buschbrot aus Wasser und Mehl, oft in einem *camp oven* gebacken
DEET – Permethrinhaltiges Insektenschutzmittel
didjeridu (didgeridoo), didj – Blasinstrument aus einem hohlen Holzstück; traditionelles Instrument der Aborigines
donga – kleine, mobile Hütte, oft im *outback* verwendet
Dreamtime – Traumzeit; Grundlage des Glaubens der Aborigines: Geisterwesen erschufen die Welt und leben als ewige Kräfte fort; der Begriff „Dreaming" wird alternativ benutzt, da er keine Verbindung zur „Zeit" herstellt
Dry, the – Trockenzeit im nördlichen Australien (April–Okt.)
dunny – Freilufttoilette

Eftpos – *Electronic Funds Transfer at Point of Sale* (Geldkarte, mit der man bargeldlos die Rechnungen für Einkäufe und Dienstleistungen begleichen kann)
EPA – *Environmental Protection Agency* (Umweltschutzbehörde; in QLD QPWS)

Esky – große Kühltasche für Essen und Getränke

flake – Haifleisch; oft in Fish-&-Chips-Läden erhältlich
freshie – Süßwasserkrokodil (harmlos, es sei denn, man provoziert es); neue Bier-*tinny*

galah – lauter Papagei; nerviger Idiot
grog – allgemein für alkoholische Getränke
gum tree – Eukalyptusbaum

jackaroo – männlicher Trainee in einer *outback station*
jillaroo – weiblicher Trainee in einer *outback station*
jumper – Sweatshirt; Pulli

Koorie – Aborigines aus Südostaustralien; in NSW *Koori*; s. auch *Murri*

lamington – quadratischer Biskuitkuchen mit Schokoguss und Kokosraspeln
larrikin – Rowdy, Jugendlicher mit Blödsinn im Kopf
lay-by – in einem Laden für einen Kunden Zurückgelegtes
live-aboard – Tauchsafari mit Übernachtungsoptionen
long black – doppelter Espresso

mal – Abkürzung für „Malibu surfboard"
mangrove – ein in Küstennähe zu findender Baum, der in Salzwasser wächst
mate – gebräuchliche familiäre Anrede
Mexicans – Leute aus Victoria
middy – kleines Glas Bier (285 ml), NSW; s. auch *pot*
milk bar – kleiner Laden, der Milch und andere Grundnahrungsmittel verkauft
Mod Oz – moderne australische Küche, die von vielen ausländischen Stilen beeinflusst wird, aber alles mit einer regionalen Note versetzt
mozzies – Mücken

Murri – Aborigines aus Australiens Nordosten; s. auch *Koorie*

NRMA – *National Roads and Motorists Association* (Automobilclub von NSW)
NSW – New South Wales

outback – einsame Gegend im *bush*

paddock – Viehweide
PADI – *Professional Association of Diving Instructors* (international anerkannte Organisation für Tauchkurse)
piss – Bier
pokies – Spielautomaten
pot – Glas Bier (in Victoria und Queensland); s. auch *middy*

QPWS – *Queensland Parks & Wildlife Service* (s. *EPA*)
Queenslander – Holzhaus auf Stelzen und mit großer Veranda

RACQ – *Royal Automobile Club of Queensland*
RACV – *Royal Automobile Club of Victoria*
rashie – *rash-vest* (UV-beständiges enges Oberteil für Surfer)
road train – Sattelschlepper mit mehreren Anhängern
RSL – *Returned Servicemen's League* (Bund australischer Veteranen) bzw. das Vereinshaus, das vom Bund betrieben wird

saltie – Salzwasserkrokodil; auch *estuarine crocodile*; s. auch *freshie*
scar tree – ein Baum, von dem die Rinde entfernt wurde, um daraus Kanus, Geschirr usw. herzustellen
schoolies – ein paar Wochen Ende November/Anfang Dezember, in denen australische Teenager ihren Abschluss in Massen am Strand feiern und sich hemmungslos betrinken
schooner – großes Glas Bier (in New South Wales)
scrub – *bush*; Bäume, Sträucher und andere Pflanzen, die in einem trockenen Gebiet wachsen

sea wasp – Seewespe; s. auch *box jellyfish*
sealed road – befestigte Straße; s. auch *bitumen*
Session – eine lange Zeitspanne intensiven Trinkens
shout – eine Runde Bier ausgeben („Your shout!")
SLSC – *Surf Life Saving Club*; ein Ableger der *Surf Life Saving Association*
station – große Farm
stinger – tödliche Qualle; s. auch *box jellyfish*
Stolen Generations – Kinder von Aborigines und Torres Straiters, die während der Assimilationspolitik der Regierung von ihren Familien getrennt wurden
stubby – 375-ml-Flasche Bier
Surf Life Saving Association – Organisation, die für den Wasserschutz und Rettung von Menschenleben zuständig ist und hauptsächlich von Freiwilligen betrieben wird
surf 'n' turf – ein Steak, das mit Meeresfrüchten garniert wird; meist in Kneipen zu bekommen
swag – Bettrolle zum Übernachten im *outback*; große Menge
swagman – Vagabund (veraltet); umherziehender Arbeiter

terra nullius – die britische Krone legte fest, dass Australien niemandem gehörte, und nahm es für sich selbst in Anspruch
thongs – Flip-Flops
tinny – 375-ml-Bierdose; kleines Beiboot aus Alu
tucker – Essen

veggie – Gemüse; Vegetarier

walkabout – lange, einsame Wanderung
wattle – australische Akazienart mit haarigen gelben Blüten
Wet, the – Regensaison im Norden (Nov.–März)

yabbie – kleiner Süßwasserkrebs
yum cha – klassisches chinesisches Festessen im Süden

Hinter den Kulissen

WIR FREUEN UNS ÜBER EIN FEEDBACK

Post von Travellern zu bekommen, ist für uns ungemein hilfreich – Kritik und Anregungen halten uns auf dem Laufenden und helfen, unsere Bücher zu verbessern. Unser reiseerfahrenes Team liest alle Zuschriften ganz genau durch, um zu erfahren, was an unseren Reiseführern gut und was schlecht ist. Wir können solche Post zwar nicht individuell beantworten, aber jedes Feedback wird garantiert schnurstracks an die jeweiligen Autoren weitergeleitet, rechtzeitig vor der nächsten Auflage.

Wer uns schreiben will, erreicht uns über **www.lonelyplanet.de/kontakt**.

Hinweis: Da wir Beiträge möglicherweise in Lonely Planet Produkten (z. B. Reiseführer, Websites, digitale Medien) veröffentlichen, gegebenfalls auch in gekürzter Form, bitten wir um Mitteilung, falls ein Kommentar nicht veröffentlicht oder ein Name nicht genannt werden soll. Wer Näheres über unsere Datenschutzpolitik wissen will, erfährt das unter www.lonelyplanet.com/privacy.

DANK VON LONELY PLANET

Vielen Dank den Reisenden, die uns nach der letzten Auflage des Reiseführers zahlreiche hilfreiche Hinweise, nützliche Ratschläge und interessante Anekdoten schickten: Antti Huotari, Bert Ruitenberg, Christoph Boneberg, Dirk Latijnhouwers, Donald Bruce Telfer, Henk Groenewoud, Hilary Winchester, Jalscha Stadler, Jonathan Boyle, Keith Hillier, Laura Pearce, Loeki Bouwmans, Marvin Minaldi, Nick Hough, Stephen Crawford, Sue Erskine, Victoria Walker

DANK DER AUTOREN

Charles Rawlings-Way

Ein riesengroßes Dankeschön an Maryanne für den Auftrag und an meine Highway-geplagten Mitautoren, die auf der Suche nach dem perfekten Bericht höllisch viele Kilometer abspulten. Danke auch an das wunderbare Produktionsteam von Lonely Planet und in Brisbane an Christian, Lauren, Rachel, Brett und alle Kinder. Ein besonderer Dank geht wie immer an meinen reiselustigen Liebling Meg und unsere beiden Töchter Ione und Remy, die unterwegs für viel Gelächter, ungeplante Boxenstopps und die nötige Bodenhaftung sorgten.

Meg Worby

Danke Maryanne für diesen und für alle Aufträge: Es war schön mit dir zu arbeiten. Mehr denn je ein Dank an das Lonely Planet-Team im Verlag: Ihr seid klasse in dem, was ihr tut. In Brisbane herzlichen Dank an Lauren, Christian, Orlando, Ilaria und die Freunde für eure Großzügigkeit, wunderbare Gesellschaft und die Insidertipps zu Brisvegas. Dank an unsere kleinen Töchter Ione und Remy, die mit uns über jeden Zentimeter der South Bank gekrabbelt sind! Und an Charles: „einwandfreier Job" (Brisbane ist weit weg von Devon, aber du hast es wie zuhause aussehen lassen).

Peter Dragicevich

Tiefempfundener Dank an David Mills und Barry Sawtell, Michael Woodhouse, Tony und Debbie Dragicevich, Tim Moyes und Maureen und Peter Day für ihre Hilfe während der Recherchen für dieses Buch. Aber vor allem möchte ich Maryanne Netto danken, für ihre Hingabe an dieses Buch und ihr Vertrauen in mich.

Anthony Ham

Ein Dank an Maryanne Netto, die mich an so wundervolle Orte schickte – dein Vermächtnis wird bestehen bleiben. An David Andrew für so viele weise Ratschläge in der Wildnis. Und an alle Menschen, die ich unterwegs traf – von den kundigen und geduldigen Mitarbeitern in den Touristeninformationen bis hin zu anderen

Travellern. Und Dank an Marina, Carlota und Valentina – Zuhause ist, wo immer ihr seid.

Trent Holden & Kate Morgan

Ein riesiges Dankeschön an die wunderbare Maryanne Netto, die uns die Möglichkeit gab, unsere Heimatstadt zu erkunden – ein toller Auftrag. Wir möchten uns bei unseren Familien bedanken, vor allem bei Tim und Larysa, Gary und Heather für eure Hilfe, ganz zu schweigen von einem Ort, an dem wir uns ab und zu einfach fallenlassen konnten! Ein Hoch auf Shaun bei Port Fairy Motors, der uns unter chaotischen Umständen ganz schnell wieder flott gekriegt hat. Dankeschön an Linda Bosidis, Caro Cooper, Jane Ormond, Paul und Max Waycott, Alex und Mat Forsman für tolle Insidertipps und Vorschläge. Schließlich ein großer Dank an Tasmin Waby, Glenn van der Knijff und das ganze Team im Verlag, die während einer harten Übergangszeit viel Arbeit in dieses Buch gesteckt haben.

Tamara Sheward

Schulterklopfende g'days und goodonyas an die Vielzahl der Queenslander (und ein paar Smart State-Zugereiste), die bei der großen, aber wunderbaren Herausforderung halfen, die fast 2000 km von FNQ bis zur Sunshine Coast abzudecken. Jeder, von den Mitarbeitern im Besucherinfozentrum bis zu den Pub-propper-uppers hat bewiesen, dass sonniges Klima zu ebensolchem Gemüt führt. Ein extra großes Dankeschön an 1770: Wir werden zurückkommen und wir werden anhänglich sein. *Dušan moj ljubav, ti si najbolji avanturista i muž na svetu;* Masha, bist du dafür bereit?

QUELLENNACHWEIS

Die Klimakartendaten stammen von Peel MC, Finlayson BL & McMahon TA (2007) *Updated World Map of the Köppen-Geiger Climate Classification* erschienen in der Zeitschrift *Hydrology and Earth System Sciences*, Ausgabe 11, 1633–44.

Abbildungen S. 84/85 von Javier Martinez Zarracina.

Titelfoto: Surfer am Queenscliff, Sydney, Oliver Strewe, Getty Images ©.

ÜBER DIESES BUCH

Dies ist die 3. deutschsprachige Auflage von *Australien Ostküste*, basierend auf der mittlerweile 5. englischsprachigen Auflage von *East Coast Australia*, das von Charles Rawlings-Way, Meg Worby, Peter Dragicevich, Anthony Ham, Trent Holden, Kate Morgan and Tamara Sheward recherchiert und geschrieben wurde. Die vorangegangene Auflage wurde von Regis St. Louis koordiniert. Dieser Reiseführer wurde vom Lonely Planet Büro in Melbourne in Auftrag gegeben und von folgenden Mitarbeitern produziert:

Verantwortliche Redakteurin Maryanne Netto
Destination Editor Tasmin Waby
Product Editor Alison Ridgway
Leitender Kartographin Julie Sheridan
Layoutdesignerin Katherine Marsh
Senior Editors Catherine Naghten, Karyn Noble
Redaktionsassistenz Sarah Bailey, Michelle Bennett, Nigel Chin, Rosie Nicholson, Ross Taylor
Kartographieassistenz Mick Garrett, James Leversha
Umschlagrecherche Naomi Parker
Bildrecherche Aude Vauconsant
Dank an Anita Banh, Imogen Bannister, Laura Crawford, Noirin Hegarty, Briohny Hooper, Kate James, Elizabeth Jones, Martine Power, Averil Robertson, Angela Tinson, Glenn van der Knijff

NOTIZEN

Register

A
Abbey Museum 367
Abbott, Tony 532
Aborigines 12, **12**, 49
  Cairns 478
  Geschichte 526
  Koorie Heritage Trust 221
  Mossman 511
  Queensland 12
Aborigines-Kultur 22, 49, 211, 488
  Blue Mountains 110
  New South Wales 49, 134
  Red Rock 155
Abseilen 40, 307
Agakröten 529
Agnes Water 407
Aireys Inlet 263
Airlie Beach 438, **440**, **507**
Aktivitäten 24, 37 *siehe auch einzelne Aktivitäten & einzelne Orte*
Alkohol 541
An- & Weiterreise 561
ANZAC 528, 529
Apollo Bay 266
Aquarien
  Manly Sea Life Sanctuary 71
  Merimbula Aquarium 213
  National Zoo & Aquarium 188
  Reef HQ 451, **506**
  Sapphire Coast Marine Discovery Centre 215
  Sea Life Melbourne Aquarium 221
  Sea Life Sydney Aquarium 61
  Solitary Islands Aquarium 150
Arbeiten in Australien 551

Verweise auf Karten **000**
Verweise auf Fotos **000**

Arcadia 459
Atherton 496
Atherton Tableland 493
Australian Centre for Contemporary Art 225
Australian Football League 543
Australian Labor Party 527
Australian Motorcycle Grand Prix 276
Australian Open 545
Australian Rugby Union 544
Australian Rules Football 543
Australian Rules Football Grand Final 26
Australia Zoo 368
Australischer Bund 527, 528
Auto, Reisen mit dem 562
Ayr 462

B
Bairnsdale 286
Ballina 160
Bangalow 173
Barbecues 540
Bargara 399
Batemans Bay 204
Batman, John 526
BBQs 540
Behinderung, Reisen mit 556
Bellarine Peninsula 254
Bells Line of Road 111
Ben Boyd National Park 216
Bermagui 211
Berry 197
Bevölkerung 523
Bibliotheken
Bier 541
  Little Creatures Brewery 260
  XXXX Brewery 309
Blue Mountains 14, **14**, 108, **109**
Bondi Beach **10**, 65, **74**, **86**, **87**

Booti Booti National Park 134
Border Ranges National Park 178
Boreen Point 378
Botany Bay 525
Botschaften & Konsulate 551
Bowen 447
Bradman, Donald 529
Brae 264
Brauereien 396
Bribie Island 367
Brisbane 14, **14**, 44, 298, **299**, 300, **302**, **306**, **310**, **314**, **318**
  Aktivitäten 305
  An- & Weiterreise 330
  Ausgehen & Nachtleben 323
  Essen 317, 319
  Feste & Events 311
  Geführte Touren 309
  Highlights 299
  Kindern, Reisen mit 309
  Klima 298
  Medizinische Versorgung 329
  Praktische Informationen 330
  Sehenswertes 300
  Shoppen 328
  Unterhaltung 326
  Unterkunft 312
  Unterwegs vor Ort 331
Brisbane Festival 26, 312
Broadbeach 348
Broken River 433
Bronte Beach 66
Brunswick Heads 170
Buchan 291
Bücher 522
Buckelwale 389
Bundaberg 396, **398**
Bungeejumping 42
Bunurong Marine & Coastal Park 280
Burleigh Heads 349, **350**

Burrum Coast National Park 396
Buschfeuer 522, 548
Buschwandern
  Blue Mountains 111
  Fraser Island 404
  Great Southern Rail Trail 279
  Hinchinbrook Island 465
  Lamington National Park 356
  Mission Beach 468
  Nowra 199
  Paluma Range National Park 466
  Rainbow Beach 391
  Springbrook National Park 356
  Tamborine National Park 355
Bus, Reisen mit dem 567
Byfield National Park 421
Byron Bay 13, **13**, 43, **128**, 164, **166**
  Aktivitäten 165
  An- & Weiterreise 172
  Ausgehen 171
  Essen 169
  Feste & Events 167
  Geführte Touren 166
  Highlights 128
  Medizinische Versorgung 172
  Praktische Informationen 172
  Sehenswertes 164
  Shoppen 172
  Touristeninformation 172
  Unterhaltung 172
  Unterkunft 167
Byron Bay Bluesfest 25

C
Cairns 46, **476**, 478, **480**, **509**
  Aktivitäten 479
  An- & Weiterreise 488

Ausgehen & Nachtleben 487
Essen 485
Feste & Events 484
Geführte Touren 479
Highlights 476
Praktische Informationen 488
Sehenswertes 478
Shoppen 488
Unterkunft 484
Unterwegs vor Ort 489
Caloundra 369, **370**
Camping 558
Canberra 17, **17**, 43, **182**, 183, **186**
An- & Weiterreise 191
Ausgehen & Nachtleben 190
Essen 189
Feste & Events 188
Praktische Informationen 191
Reiseplanung 185
Sehenswertes 183
Unterkunft 188
Unterwegs vor Ort 192
Cape Bridgewate 274
Cape Byron **7**, 164
Cape Conran Coastal Park 293
Cape Hillsborough National Park 433
Cape Otway 267
Cape Tribulation 484, 513, **514**
Capricorn Coast 45, 406, **407**
Essen 406
Highlights 407
Klima 406
Reisezeit 406
Unterkunft 406
Cardwell 464
Central Coast 43, 50, **50**, 114
Central Tilba 209
Charters Towers 458
Childers 395
Cockatoo Island 66
Coffs Harbour 150, **151**
Conway National Park 443
Coogee Beach 66

Cook, James 524, 525
Cooktown 518
Coolangatta 352, **354**
Cooloola Coast 377
Cow Bay 512
Crater Lakes National Park 498
Crescent Head 141
Cricket 529, 545
Croajingolong National Park 296
Cronulla 63
Crowdy Head 135
Cumberland Islands 433
Cumberland River 265
Currumbin 349
Curtis Island 412

D

D'Aguilar National Park 305
Daintree National Park 516
Daintree Rainforest 12, **12**, 46, **476**, 484
Geführte Touren 501
Highlights 476
Daintree-Region 511
Daintree Village 513
Dandenong Ranges 253
Daydream Island 444
Delfinbeobachtung
Moreton Island 335
Port Stephens 130
Queenscliff 254
Rainbow Beach 392
Sorrento 256
Digitalfotos 552
Dingos 405
Dorrigo 149
Dorrigo National Park 149
Drachenfliegen 195
Dundubara 403
Dunk Island 473
DVDs 556

E

Eden 215
Einreise 561
Eli Creek 400
Ellis Beach 492
Endeavour 524, 525
Errinundra National Park 292
Essen 539
Infos im Internet 540
Reiseplanung 552
Etikette 552
Eumundi 379
Eungella 431

Eungella National Park 432
Eureka Stockade 527, 528
Eurobodalla Coast 204

F

Fahrradfahren *siehe* Radfahren
Fallschirmspringen 42, 453
Feiertage & Ferien 552
Felskunst 49
Fernsehen 556
Feste & Events 24
Australisches Kammermusikfestival 454
Melbourne 233
Melbourne Food & Wine Festival 234
Melbourne International Arts Festival 26, 235
Melbourne International Comedy Festival 234
Melbourne International Film Festival 235
Midsumma Festival 24, 234
Woodford Folk Festival 381
Film 25, 235, 522
Finch Hatton Gorge 432
Fitzroy Falls 198
Fitzroy Island 493
Flughäfen 21
Flugzeug, Reisen mit dem
An- & Weiterreise 561
Unterwegs vor Ort 568
Football 26, 544
Fort Denison 66
Foster 283
Fotos & Video 552
Frankland Islands 493
Fraser Coast **384**, 385
An- & Weiterreise 385
Highlights 385
Fraser, Dawn 546
Fraser Island 15, **15**, 45, **384**, 400, **402**
An- & Weiterreise 385
Highlights 384
Frauen unterwegs 552
Freiwilligenarbeit 295, 553
French Island 257
Fußball 543, 545

G

Galerien *siehe* Museen & Galerien
Geelong 258

Gefahren & Ärgernisse 428, 553
Buschfeuer 548
Straßenverkehr 562
Strände 548
Trampen 569
Geführte Touren 568
Geld 20, 21, 553
Ermäßigungen 552
Geldautomaten 553
Geschichte 524
Gesundheit 554
Gillard, Julia 532
Gippsland 274
Gladstone 142, 411
Glass House Mountains **37**, 368
Gold Coast 18, **18**, 44, 337, **338**
An- & Weiterreise 339
Essen 337
Highlights 338
Klima 337
Reisezeit 337
Unterkunft 337
Unterwegs vor Ort 339
Gold Coast Hinterland 354
Goldrausch 527
Grafton 156
Grassy Head 144
Great Barrier Reef 11, **11**, 46, 31, 505, **505**, **506**, **507**, **508**, **509**, **510**
An- & Weiterreise 32
Geführte Touren 481
Reisezeit 31
Great Barrier Reef Marine Park 534
Great Keppel Island 421, **422**
Great Ocean Road 258, **258**
Great Sandy National Park 379
Green Island 32
Gympie 393

H

Haie 549
Halfway Island 423
Hamilton Island 32, 445
Handys 20, 557
Happy Valley 400
Harrington 135
Hat Head National Park 142
Hautkrebs 548
Hawkesbury River 89
Hawks Nest 132

H

Hayman Island 447
Heron Island 32
Hervey Bay 385, **386**
  Aktivitäten 387
  Sehenswertes 385
Hewitt, Lleyton 545
Hinchinbrook Island 465
Hitzekrankheiten 548
Hook Island , 32
Howard, John 532
Hunter Valley 16, **16**, 121, 122

I

Illawara Escarpment State Conservation Area (IESCA) 195
Impfungen 554
Indian Head 403
Indigene Kultur *siehe* Aborigines-Kultur
Infos im Internet 21
  Ausgehen 540
  Gesundheit 554
  Great Barrier Reef 31
  Radfahren 568
  Schwule & Lesben 557
Ingham 463
Innisfail 473
Inseln 32
  French Island 257
  Gabo Island 294
  Green Island 32
  Hamilton Island 32
  Heron Island 32
  Hook Island 32
  Lady Elliot Island 32
  Lizard Island 34
  Magnetic Island 459
  Montague Island 207
  Orpheus Island 32
  Raymond Island 287
  Whitsunday Islands 434
Internetzugang 555
Inverloch 279

J

Jervis Bay 200
Jourama Falls 466

K

Kaffee 540
Kängurus
  Canberra 188
  Merimbula 214
Kanu- & Kajakfahren 42
  Melbourne 233
  Mission Beach 468
Noosa 361
Rainbow Beach 391
Whitsunday Islands 435
Kasuare 468, 472
Kempsey 141
Kenilworth 378
Kennett River 266
Kiama 196
Kindern, Reisen mit 555
  Brisbane 309
  Melbourne 234
  Sydney 80
Kitesurfen 361
Klettern 40, 307
Klima 20, 24
Klimawandel 533
Koalas **17**, 257
  Billabong Koala & Wildlife Park 136
  Koala Care Centre 174
  Koala Conservation Centre 275
  Koala Gardens 494
  Lone Pine Koala Sanctuary 304
Koonwarra 280
Korallen 536
Korallenschnitte 548
Kreditkarten 553
Kreuzfahrten 562
Krokodile 456, 492, 549
Kultur 522
Kuranda **23**, 494

L

Lady Elliot Island 32, 413
Lady Musgrave Island 414
Lake Cooroibah 377
Lake Coothараba 378
Lake Illawarra 195
Lakes Entrance 289, **290**
Lakes National Park 288
Lake Tinaroo 498
Lake Wabby 400
Lalor, Peter 527
Lamington National Park 356
Landrechte der indigenen Bevölkerung 530, 531
Laura Aboriginal Dance Festival **12**, 25
Lawrence Hargrave Lookout 195
Lennox Head 163
Lesbische Reisende 557
  Brisbane 324
  Melbourne 245
  Sydney 92
Sydney Gay & Lesbian Mardi Gras 24
Lindeman Island 447
Lismore 174
Lizard Island 34, 520
Long Island 443
Lorne 264
Luna Park (Melbourne) 231
Luna Park (Sydney) 70, **82**

M

Mabo, Eddie 531
Mackay 426, **427**
Magnetic Island 459
Maheno 403
Main Beach 346, **346**
Malanda 497
Maleny 381
Mallacoota 294
Manly Beach 71, **78**
Mareeba 496
Märkte 542
  Brisbane 329
  Cotters Market 457
  Kuranda 494
  Melbourne 250
  Prahran Market 229
  Queen Victoria Market 221
  Strand Night Market 457
  Sydney 104
Marlo 293
Maroochydore 371, **374**
Maryborough 393
Maße & Gewichte 556
Medizinische Versorgung 554
Melbourne 13, **13**, **41**, 44, 218, **219**, **222**, **226**, **230**, **232**, **236**, **241**, **255**
  Aktivitäten 232
  An- & Weiterreise 251
  Ausgehen & Nachtleben 244
  Essen 239
  Geführte Touren 233
  Kindern, Reisen mit 234
  Old Treasury Building 221
  Praktische Informationen 250
  Sehenswertes 218
  Shoppen 249
  Unterhaltung 247
  Unterkunft 235
  Unterwegs vor Ort 252
Melbourne Cricket Ground 225
Melbourne Cup 546
Melbourne International Arts Festival 26
Melbourne International Film Festival 25
Menzies, Robert 530
Merimbula 212, **213**
Metung 288
Middle Island 423
Millaa Millaa 496
Mission Beach 468, **469**
Mobiltelefone 20
Mogo 206
Montague Island 19, **19**, 207
Montville 378
Mooloolaba 371, **372**
Moreton Island 335
Mornington Peninsula 254
Mornington Peninsula National Park 258
Moruya 206
Moskitos 549
Mossman 504
Mossman Gorge 511
Motorrad, Reisen mit dem 562
Mountainbiken 38
Mt. Beerwah 368
Mt. Coonowrin 368
Mt. Coot-tha Reserve 304
Mt. Molloy 517
Mt. Spec 466
Mullumbimby 170
Murramarang National Park 204
Murwillumbah 179
Museen & Galerien 23, 530
  Abbey Museum 367
  Art Gallery of NSW 58
  Australian Centre for the Moving Image 218
  Australian Museum 63
  Australian National Maritime Museum 62
  Australian War Memorial 184
  Brett Whiteley Studio 63
  Bundaberg Regional Arts Gallery 397
  Cairns Regional Gallery 478
  Centre of Contemporary Arts 479
  Chinese Museum 220
  Coffs Harbour Regional Gallery 150

Commissariat Store Museum 300
Fireworks Gallery 313
Gallery of Modern Art (Brisbane) 301
Geelong Art Gallery 258
Gippsland Art Gallery 286
Grafton Regional Gallery 156
Hyde Park Barracks Museum 58
Ian Potter Centre: NGV Australia 218
Institute of Modern Art 313
James Cook Museum 518
Justice & Police Museum 54
Maritime Museum of Townsville 452
Melbourne Museum 229
Milani 313
Museum of Australian Democracy 184
Museum of Brisbane 300
Museum of Contemporary Art 54
Museum of Interesting Things 158
Museum of Sydney 60
Museum of Tropical Queensland 451
National Film & Sound Archive 185
National Gallery of Australia 183
National Museum of Australia 184
National Portrait Gallery 185
National Sports Museum 225
National Wool Museum 259
Newcastle Art Gallery 117
Newcastle Museum 117
NGV International 224
Old Melbourne Gaol 221
Perc Tucker Regional Gallery 451
Philip Bacon Galleries 313
Powerhouse Museum 62
Queensland Art Gallery 301
Queensland Centre for Photography 313
Queensland Maritime Museum 301
Queensland Museum 301
Questacon 188
Reef HQ Aquarium 451, **507**
Rocks Discovery Museum 53
Sciencentre 301
Shrine of Remembrance 231
Sydney Jewish Museum 63
Tanks Arts Centre 478
Myall Lakes National Park 132
Mystery Bay 210

N
Nahverkehr 568
Nambucca Heads 144, **145**
Narooma 207, **208**
National Library of Australia *17*, 187
Nationalparks & Naturschutzgebiete
  Arakoon National Park 142
  Belmore Basin 192
  Ben Boyd National Park 216
  Black Mountain National Park 517
  Booderee National Park 201
  Booti Booti National Park 134
  Border Ranges National Park 178
  Bouddi National Park 115
  Brisbane Water National Park 114
  Buchan Caves Reserve 291
  Bundjalung National Park 159
  Burleigh Head National Park 349
  Burrum Coast National Park 396
  Byfield National Park 421
  Cape Byron State Conservation Park 164
  Cape Conran Coastal Park 293
  Cape Hillsborough National Park 433
  Cathedral Rock National Park 148
  Conway National Park 443
  Crater Lakes National Park 498
  Croajingolong National Park 296
  Crowdy Bay National Park 135
  D'Aguilar National Park 305
  Daintree National Park 516
  Dooragan National Park 135
  Dorrigo National Park 149
  Errinundra National Park 292
  Eungella National Park 432
  Eurobodalla National Park 207, 210
  Glass House Mountains National Park *37*, 368
  Glenelg National Park 272
  Great Sandy National Park 377, 379
  Green Island 32
  Gulaga National Park 211
  Guy Fawkes River National Park 148
  Hat Head National Park 142
  Illawarra Fly 196
  Jervis Bay National Park 200
  Kondalilla National Park 378
  Ku-ring-gai Chase National Park 73
  Lakes National Park 288
  Lamington National Park 356
  Mimosa Rocks National Park 212
  Minnamurra Rainforest Centre 197
  Montague Island 207
  Mornington Peninsula National Park 258
  Morton National Park 198
  Murramarang National Park 204
  Myall Lakes National Park 132
  New England National Park 148
  Nightcap National Park 176
  Noosa National Park 14, *15*, 360, 376
  Nowra Wildlife Park 199
  Orpheus Island 32
  Oxley Wild Rivers National Park 148
  Paluma Range National Park 463, 466
  Point Nepean National Park 257
  Royal National Park 195
  Saddleback Mountain 196
  Seven Mile Beach National Park 200
  Snowy River National Park 292
  Springbrook National Park 356
  Symbio Wildlife Gardens 195
  Tamborine National Park 355
  Tomaree National Park 129
  Wilsons Promontory National Park 18, *18*, 281, **282**
  Wollumbin National Park 178
  Wooroonooran National Park 490
  Yarrabini National Park 144
  Yuraygir National Park 156
National Rugby League 544
Nelson 273
Newcastle 115, **116**
Ngungun 368
Nimbin 176
Ninety Mile Beach 287
Noosa 44, **359**, 360, **362**, **365**
  Aktivitäten 361
  An- & Weiterreise 366
  Ausgehen 366
  Essen 358, 364
  Feste & Events 362
  Geführte Touren 361
  Klima 358
  Praktische Informationen 366
  Reisezeit 358
  Sehenswertes 360
  Unterkunft 358, 362
  Unterwegs vor Ort 367
Noosa National Park 14, *15*, 360, 376
North Stradbroke Island 331, **333**
North West Island 414

Notfall 21
Nowra 199

O
Öffnungszeiten 21, 555
O'Hara Burke, Robert 526
Orbost 293
Orpheus Island , 32

P
Pacific Palms 133
Palm Cove 491
Paluma Range National Park 466
Parks & Gärten
  Australian National Botanic Gardens 187
  Bicentennial Park 518
  Birrarung Marr 218
  Botanic Gardens (Townsville) 451
  Brisbane Botanic Gardens 304
  Centennial Park 65
  City Botanic Gardens (Brisbane) 300
  Domain, The 57
  Fitzroy Gardens 225
  Flecker Botanic Gardens 478
  Hyde Park 59
  Mrs. Macquaries Point 55
  Paddington Reservoir Gardens 65
  Roma Street Parkland 300
  Royal Botanic Gardens 55, 231
  South Bank Parklands 301
  Symbio Wildlife Gardens 195
  The Strand 452
  Wollongong Botanic Gardens 192
Parliament House (Brisbane) 300
Parliament House (Canberra) 183
Parliament House (Melbourne) 221
Parliament House (NSW) 58
Paterson, Banjo 528
Paynesville 287
Peregian 376
Pferderennen 546
Phar Lap 529, 546
Phillip, Arthur 525

Phillip Island **23**, 274
Pinguine **23**, 275
Pinnacles 403
Pioneer Valley 431
Point Nepean National Park 257
Politik 530, 532
Port Campbell 268
Port Campbell National Park 268
Port Douglas 498, **500**
  Aktivitäten 498
  An- & Weiterreise 504
  Ausgehen & Nachtleben 504
  Essen 503
  Feste & Events 502
  Geführte Touren 499
  Praktische Informationen 504
  Sehenswertes 498
  Shoppen 504
  Unterhaltung 504
  Unterkunft 502
  Unterwegs vor Ort 504
Port Fairy 271
Portland 272
Port Macquarie 136, **138**
Portsea 255
Port Stephens 129, **131**
Post 556
Proserpine 438

Q
Quallen 456, 549
Queenscliff 254

R
Radfahren 38, 567
  Blue Mountains 111
  Brisbane 305
  East Gippsland Rail Trail 294
  Great Southern Rail Trail 279
  Melbourne 232
  Newcastle 118
Radical Bay 459
Radio 556
Rafting 42, 467, 482
Rainbow Beach 391
Rauchen 556
Ravenswood 458
Raymond Island 287
Rechtsfragen 556
Red Rock 155
Reisekosten 21
Reisepass 561

Reiseplanung 559
  Festkalender 24
  Great Barrier Reef 31
  Regionen 43
  Reiserouten 27
  Reisezeit 24
Reiserouten 27, **27**, **28**, **29**, **30**
Reiseschecks 553
Reiten 195
Robben 275
Rockhampton 415
Royal Flying Doctor Service 528
Rudd, Kevin 532
Rugby 544

S
Sale 286
Sapphire Coast 210
Sarina 430
Sarina Beach 431
Schiff, Reisen mit dem 562
Schildkröten 397, 493, **510**
Schlangen 549
Schmetterlinge 494
Schnorcheln siehe Tauchen & Schnorcheln
Schwimmen 75, 118, 545
Schwule Reisende 557
  Brisbane 324
  Melbourne 245
  Sydney 92
  Sydney Gay & Lesbian Mardi Gras 24
Scotts Head 144
Segeln 39
  Great Barrier Reef 31
  Mission Beach 468
  Port Douglas 501
  Sydney 74
  Whitsunday Islands 434, 436
Senioren 552
Shellharbour 195
Shoalhaven Coast 197
Sicherheit, siehe Gefahren & Ärgernisse
Snowy River National Park 292
Sonnenbrand 548
Sorrento 255
Southern Reef Islands 45, 407, **407**, 413, 506
Southport 346, **346**
South Stradbroke Island 344
South West Rocks 142
Spinnen 550

Sport 523, 544 siehe auch einzelne Sportarten
  AFL Grand Final 235
  Australian Open 234
  Boxing Day Test 235
  Großer Preis von Australien 234
  Melbourne Cup 235
  Townsville 400 453
Sprache 20, 544, 570
Springbrook National Park 356
Stacheltiere 549
State Library of Victoria 221
Steuern 551, 554
Stinger siehe Quallen
St. Kilda 19, **19**, 231, 246
Story Bridge 17, 308
Sträflingskolonie 524
Strände 22
  Batemans Bay 204
  Bells Beach 262
  Gefahren & Ärgernisse 548
  Harbour Beach 427
  Narooma 208
  Ninety Mile Beach 287
  Phillip Island 275
  Sarina Beach 431
  Sunshine Beach 376
  Wollongong 192
Strom 557
Sunshine Beach 376
Sunshine Coast 44, 358, **359**
  Essen 358
  Klima 358
  Reisezeit 358
  Unterkunft 358
Sunshine Coast Hinterland 381
Surfen 40, 262, 545
  Burleigh Heads 351
  Byron Bay 165
  Coffs Harbour 152
  Coolangatta 352
  Crescent Head 141
  Gold Coast 351
  Inverloch 279
  Lakes Entrance 289
  Lennox Head 163
  Merimbula 213
  Mooloolaba 372
  Newcastle 49, 118
  Noosa 361
  North Stradbroke Island 332
  Port Macquarie 137

Port Stephens 130
Rainbow Beach 391
Surfers Paradise 340
Sydney 49, 75
Torquay 261
Yamba 158
Surfers Paradise **18**, 339, **342**
Sydney 11, **41**, 43, **50**, 51, **52**, **56**, **59**, **60**, **64**, **67**, **68**, **72**, **74**, **78**
  Aktivitäten 74
  An- & Weiterreise 105
  Ausgehen & Nachtleben 97
  Essen 48, 93
  Feste & Events 78
  Geführte Touren 76
  Geschichte 51
  Highlights 50
  Infos im Internet 49
  Klima 48
  Medizinische Versorgung 105
  Praktische Informationen 104
  Reisezeit 48
  Sehenswertes 51
  Shoppen 103
  Stadtspaziergang 77, **77**
  Touristeninformation 105
  Unterhaltung 101
  Unterkunft 48, 79
  Unterwegs vor Ort 106
Sydney Gay & Lesbian Mardi Gras 24
Sydney Harbour 83, **88**
Sydney Harbour Bridge 17, **17**, 51, **82**
Sydney Observatory 53
Sydney Opera House 54, **81**

T

Tamborine Mountain 355
Taree 134
Tauchen & Schnorcheln 34, 35, 42, **509**
  Byron Bay 165
  Jervis Bay 201
  Kurse 36, 501
  Lady Elliot Island 413
  Lizard Island 520
  Mission Beach 468
  Moreton Island 335

North Stradbroke Island 332
Orpheus Island 463
Port Douglas 499
Rainbow Beach 391
South West Rocks 143
Sydney 75
Townsville 457
Whitsunday Islands 435
Tea Gardens 132
Telefon 557
Telefonkarten 558
Tennis 545
Themen- & Vergnügungsparks
  Dreamworld 345
  Luna Park (Melbourne) 231
  Sea World 345
  Warner Bros Movie World 345
  Wet'n'Wild 345
  WhiteWater World 345
Thorpe, Ian 546
Three Sisters **39**, 110
Tibrogargan 368
Tidal River 283
Tierbeobachtungen 17, 31, 38, 39, 214
Tierparks & -reservate
  Currumbin Wildlife Sanctuary 350
  David Fleay Wildlife Park 350
  Kuranda 494
Tilba Tilba 209
Toiletten 558
Touristeninformation 558
Tower Hill Reserve 271
Town of 1770 407
Townsville 45, 451, **452**
  Aktivitäten 451
  An-/Weiterreise 459
  Ausgehen 456
  Essen 455
  Feste & Events 453
  Internetzugang 458
  Sehenswertes 451
  Shoppen 457
  Sportereignisse 453
  Touristeninformation 458
  Unterkunft 454
  Unterwegs vor Ort 459
Trampen 569
Trinity Beach 491
Trinkgeld 554
Trinkwasser 554

Tully 467
Tweed Heads 179
Twelve Apostles **16**, 268, 269

U

Uki 178
Ulladulla 202
Umwelt 522
Umweltprobleme 533
  Agakröten 529
Unterkunft 558
Unterwegs vor Ort 21, 562

V

Versicherung 559
Visa 20, 560
Vögel 472
Vogelbeobachtung
  Birdworld 494
  North West Island 414
  Paluma Range National Park 466
  Sale Common 286
Vorwahlen 21, 557

W

Währung 20, 556
Walbeobachtung
  Eden 215
  Hervey Bay 387, 389
  Main Beach 347
  Moreton Island 335
  Myall Lakes National Park 133
  Warrnambool 270
Walhalla 285
Waltzing Matilda 528
Wandern & Trekken
  East Gippsland Rail Trail 294
  Great Southwest Walk 272
  Wilsons Promontory National Park 281
Warrnambool 270
Waterfall Way 148
Watsons Bay 55
Websites, *siehe* Infos im Internet
Wechselkurse 21
Wein 541
Weinregionen 22
  Hunter Valley 16, **16**, 123
  Mornington Peninsula 256

Weltkrieg, Erster 528, 529
Weltkrieg, Zweiter 530
Weltwirtschaftskrise 528, 529
Wetter 20, 24
Wet Tropics World Heritage Area 490
Whitehaven Beach **12**, 447, **508**
Whitsunday Island 447
Whitsunday Islands 12, **12**, 45, 424, **425**, 434, **435**, **508**
  Essen 424
  Klima 424
  Reisezeit 424
  Unterkunft 424, 446
Wills, William 526
Wilsons Promontory National Park 18, **18**, 281, **282**
Wingham 135
Wirtschaft 523, 530
WLAN 555
Wollongong 192, **193**
Woodford Folk Festival 381
Woolgoolga 155
Wooroonooran National Park 490
Wye River 265

Y

Yamba 158
Yanakie 283
Yorkeys Knob 490
Yungaburra 497
Yuraygir National Park 156

Z

Zecken 550
Zeit 20, 560
Zeitungen & Zeitschriften 556
Zoll 560
Zoos
  Australian Reptile Park 114
  Australia Zoo 368
  Kuranda 494
  Mogo Zoo 206
  National Zoo & Aquarium 188
  Royal Melbourne Zoo 229
  Taronga Zoo 71
  Wildlife Habitat Port Douglas 499
  Wild Life Sydney Zoo 62
Zug, Reisen mit dem 569
Zyklone 455

Kartenlegende

Sehenswertes

- Strand
- Vogelschutzgebiet
- buddhistisch
- Schloss/Palast
- christlich
- konfuzianisch
- hinduistisch
- islamisch
- jainistisch
- jüdisch
- Denkmal
- Museum/Galerie/historisches Gebäude
- Ruine
- Sento-Bad/Onsen
- schintoistisch
- sikhistisch
- taoistisch
- Weingut/Weinberg
- Zoo/Tierschutzgebiet
- andere Sehenswürdigkeit

Aktivitäten, Kurse & Touren

- bodysurfen
- tauchen
- Kanu/Kajak fahren
- Kurs/Tour
- Ski fahren
- schnorcheln
- surfen
- Schwimmbecken
- wandern
- windsurfen
- andere Aktivität

Schlafen

- Unterkunft
- Camping

Essen

- Lokal

Ausgehen & Nachtleben

- Bar/Kneipe
- Café

Unterhaltung

- Unterhaltung

Shoppen

- Shoppen

Praktisches

- Bank
- Botschaft/Konsulat
- Krankenhaus/Arzt
- Internetzugang
- Polizei
- Post
- Telefon
- Toilette
- Touristeninformation
- andere Einrichtung

Geografisches

- Strand
- Hütte/Unterstand
- Leuchtturm
- Aussichtspunkt
- Berg/Vulkan
- Oase
- Park
- Pass
- Picknickplatz
- Wasserfall

Städte

- Hauptstadt (Staat)
- Hauptstadt (Bundesland/Provinz)
- Großstadt
- Kleinstadt/Ort

Verkehrsmittel

- Flughafen
- BART-Station
- Grenzübergang
- T-Station (Boston)
- Bus
- Seilbahn/Gondelbahn
- Fahrrad
- Fähre
- Metro/Muni-Station
- Einschienenbahn
- Parkplatz
- Tankstelle
- U-Bahn/SkyTrain-Station
- Taxi
- Bahnhof/Zug
- Straßenbahn
- U-Bahnhof
- anderes Verkehrsmittel

Achtung: Nicht alle der abgebildeten Symbole werden auf den Karten im Buch verwendet

Verkehrswege

- Mautstraße
- Autobahn
- Hauptstraße
- Landstraße
- Verbindungsstraße
- sonstige Straße
- unbefestigte Straße
- Straße im Bau
- Platz/Promenade
- Treppe
- Tunnel
- Fußgänger-Überführung
- Stadtspaziergang
- Abstecher (Stadtspaziergang)
- Pfad/Wanderweg

Grenzen

- Internationale Grenze
- Bundesstaat/Provinz
- umstrittene Grenze
- Region/Vorort
- Meerespark
- Klippen
- Mauer

Gewässer

- Fluss/Bach
- periodischer Fluss
- Kanal
- Wasser
- Trocken-/Salz-/periodischer See
- Riff

Gebietsformen

- Flughafen/Startbahn
- Strand/Wüste
- Friedhof (christlich)
- Friedhof
- Gletscher
- Watt
- Park/Wald
- Sehenswürdigkeit (Gebäude)
- Sportgelände
- Sumpf/Mangrove

DIE LONELY PLANET STORY

Ein ziemlich mitgenommenes, altes Auto, ein paar Dollar in der Tasche und eine Vorliebe für Abenteuer – 1972 war das alles, was Tony und Maureen Wheeler für die Reise ihres Lebens brauchten, die sie durch Europa und Asien bis nach Australien führte. Die Tour dauerte einige Monate, und am Ende saßen die beiden – pleite, aber voller Inspiration – an ihrem Küchentisch und schrieben ihren ersten Reiseführer *Across Asia on the Cheap*. Innerhalb einer Woche hatten sie 1500 Exemplare verkauft. Lonely Planet war geboren.

Heute hat der Verlag Büros in Melbourne, London und Oakland und mehr als 600 Mitarbeiter und Autoren. Und alle teilen Tonys Überzeugung: „Ein guter Reiseführer sollte drei Dinge tun: informieren, bilden und unterhalten."

DIE AUTOREN

Charles Rawlings-Way

Hauptautor, Brisbane & Umgebung, Gold Coast Als Junge durchlitt Charles in kurzen Hosen die tasmanischen Winter und träumte vom weit entfernten tropischen Queensland. Mit 24 warf er ein Surfboard und eine Gitarre in seinen 1973er-HQ-Holden-Lieferwagen und fuhr nordwärts: Es wurde eine märchenhafte Reise von Hobart nach Cape Tribulation – mit einem kurzen Zwischenstopp in Gympie wegen einer implodierten Gangschaltung. Danach lebte er in Melbourne, hing in Sydney ab und lungerte in Brisbanes Buchläden, Bars und Band-Übungsräumen herum, was seine Liebe für die Ostküste festigte. Charles ist ein unterschätzter Gitarrist, Gelegenheitsarchitekt und stolzer Vater von Töchtern, außerdem hat er mehr als 20 Lonely Planet Bände verfasst. Charles schrieb in diesem Band auch an den Abschnitten *Reiseplanung*, *Die Ostküste aktuell*, *Essen & Trinken*, *Sport* und *Praktische Informationen* mit.

Meg Worby

Hauptautorin, Brisbane & Umgebung, Gold Coast Meg hatte während eines ihrer besten Jahrzehnte eine Liebesaffäre mit der Ostküste. Aus der Ferne liebt sie Letztere immer noch und schickt Postkarten. Sie hat in Melbourne gelebt, sieht Brisbane immer noch als tollen Seitensprung und belästigt Sydney, wann immer sie die Möglichkeit dazu hat. Sie hat für Lonely Planet schon in den Sprach-, Redaktions- und Herausgeberteams gearbeitet. Dies ist Megs achter Australienband, für den sie auch Beiträge zu den Abschnitten *Reiseplanung*, *Die Ostküste aktuell*, *Essen & Trinken*, *Sport* und *Praktische Informationen* schrieb.

Peter Dragicevich

Sydney & die Central Coast, Byron Bay & Nördliches New South Wales Nach einem Jahrzehnt regelmäßiger Flüge zwischen seiner Heimat Neuseeland und Sydney erlag Peter den Verlockungen der hellen Lichter und endlosen Strandtage und blieb für längere Zeit auf der anderen Seite der Tasmansee. Den Großteil des nächsten Jahrzehnts waren die Vorstädte Sydneys sein Zuhause, und er arbeitete als Geschäftsführer für verschiedene Zeitungen und Zeitschriften. In den letzten Jahren war er Mitautor Dutzender Lonely Planet Bände, u.a. der Vorgängerausgabe dieses Reiseführers und des Cityguides zu Sydney.

Mehr über Peter gibt's hier:
lonelyplanet.com/members/peterdragicevich

Anthony Ham

Canberra & Südküste von New South Wales, Melbourne & Victorias Küste Anthony wurde in Melbourne geboren, wuchs in Sydney auf und verbrachte den Großteil seines Erwachsenenlebens damit, um die Welt zu reisen. Nach zehn Jahren in Madrid kehrte er erst vor Kurzem nach Australien zurück. Die Küstentour für diesem Band passte perfekt zu seiner Leidenschaft für wilde Landschaften und erinnerte ihn daran, wie sehr er sein Geburtsland vermisst hatte. Er konnte in dieses Buch die einzigartige Perspektive von jemandem einbringen, der das Land genau kennt und es doch ganz neu durch die Augen eines Außenstehenden betrachten kann.

Trent Holden
Melbourne & Victorias Küste Trent ist in Melbourne geboren und aufgewachsen und als stolzer Victorianer überzeugt, in der besten Stadt der Welt zu leben. Er ist ein fanatischer AFL-Football-Fan (Auf geht's, Hawks!) und leidet beim Cricket mit, unterstützt aber auch genauso leidenschaftlich die Melbourner Untergrund-Rock'n'Roll-Szene. Er hat einige Jahre auf der Great Ocean Road und auch einige Zeit im ländlichen Victoria in Trentham verbracht. Dieses Buch ist Trents 15. Band für Lonely Planet; meist hat er über Ziele in Afrika und Asien geschrieben.

Kate Morgan
Melbourne & Victorias Küste Kate wuchs in Melbournes südöstlichem Vorort Frankston auf, verbrachte einige Jahre im Küstenvorort St. Kilda und überquerte schließlich den Fluss, um in das innere nördliche Stadtviertel Northcote zu ziehen. In den letzten Jahren hat sie die Welt bereist und Reiseführer geschrieben, bevor sie kürzlich nach London zurückkehrte, um Destination Editor von Lonely Planet für Westeuropa zu werden. Kate liebt es, für einen guten Kaffee, für die tolle Livemusik-Szene und für Ausflüge die Great Ocean Road hinunter immer mal nach Melbourne zurückzukehren.

Tamara Sheward
Noosa & Sunshine Coast, Fraser Island & Fraser Coast, Capricorn Coast & Southern Reef Islands, Whitsunday Coast, Von Townsville nach Mission Beach Obwohl Tamara Hitze und Feuchtigkeit zutiefst verabscheut, hat sie jahrelang überall im Sunshine State gelebt, in der Hitze nahe der Torres Strait genauso wie unten im Süden. Mit Unterbrechungen wohnt Tamara seit 1989 in Cairns, findet Gefallen an Zyklon-Partys und am Angeln und beginnt beim leisesten Flüstern von Agakröten zu zittern. Der Wechsel vom Eis zum Schweiß – Tamara bereist für Lonely Planet normalerweise Serbien und Russland – erforderte einen ganz neuen Recherchestil, einen, zu dem vielleicht (oder auch nicht) jede Menge eisiger Queensland-Ales und unpassendes Herumstolzieren im Bikini gehörten.

Beiträge von...
Dr. Michael Cathcart schrieb das Kapitel *Geschichte*. Michael präsentiert Geschichtssendungen auf ABC TV, ist Moderator bei ABC Radio National und lehrt Geschichte am Australian Centre der University of Melbourne. Sein neuestes Buch ist *Starvation in a Land of Plenty* (2013), eine illustrierte Darstellung von Leben und Tod des Forschers William Wills.

Dr. Terry Done schrieb am Kapitel *Der Klimawandel & das Great Barrier Reef* mit. Terry erforscht Korallenriffe und war Forscher am Australian Institute of Marine Science (AIMS). Er hat mehr als 80 wissenschaftliche Veröffentlichungen verfasst und an Büchern über Korallenriffe mitgeschrieben, besonders zu ihrer Ökologie, den Prozessen des Riffwachstums und Auswirkungen von Angeln, Verschmutzung und Klimawandel auf die Riffe. Terry lebt in Townsville und ist in seiner Freizeit begeisterter Radfahrer, Fliegenfischer, Traveller und dreifacher Großvater.

Paul Marshall schrieb am Kapitel *Der Klimawandel & das Great Barrier Reef* mit. Paul hat sein Leben damit verbracht, an Korallenriffen zu tauchen, sie zu erforschen und über sie und ihre Probleme zu schreiben. Er arbeitet mit den Behörden des Great Barrier Reef Marine Park sowie der University of Queensland zusammen und befasst sich federführend mit den australischen und internationalen Bemühungen zu verstehen, wie sich der Klimawandel auf die Bewahrung und Bewirtschaftung der Korallenriffe auswirkt. Er lebt mit Frau und zwei Töchtern in Townsville im nördlichen Queensland.

Lonely Planet Publications,
Locked Bag 1, Footscray,
Melbourne, Victoria 3011,
Australia

Verlag der deutschen Ausgabe:
MAIRDUMONT, Marco-Polo-Str. 1, 73760 Ostfildern,
www.lonelyplanet.de, www.mairdumont.com
info@lonelyplanet.de

Chefredakteurin deutsche Ausgabe: Birgit Borowski
Übersetzung: Julie Bacher, Berna Ercan, Tobias Ewert, Marion Gref-Timm, Laura Leibold, Marion Matthäus, Ute Perchtold, Dr. Christian Rochow, Erwin Tivig
An früheren Auflagen haben außerdem mitgewirkt: Anne Bacmeister, Tobias Büscher, Monika Grabow, Eva Kemper, Margit Riedmeier, Petra Sparrer, Katja Weber, Karin Weidlich
Redaktion: Olaf Rappold, Katrin Schmelzle, Julia Wilhelm (red.sign, Stuttgart)
Redaktionsassistenz: Adriana Popescu, Sylvia Scheider-Schopf
Satz: Stefan Dinter, Susanne Junker (red.sign, Stuttgart)

Australien Ostküste

3. deutsche Auflage Dezember 2014, übersetzt von *East Coast Australia, 5th edition*, August 2014,
Lonely Planet Publications Pty

Deutsche Ausgabe © Lonely Planet Publications Pty, Dezember 2014

Fotos © wie angegeben

Printed in China

Obwohl die Autoren und Lonely Planet alle Anstrengungen bei der Recherche und bei der Produktion dieses Reiseführers unternommen haben, können wir keine Garantie für die Richtigkeit und Vollständigkeit dieses Inhalts geben. Deswegen können wir auch keine Haftung für eventuell entstandenen Schaden übernehmen.

MIX
Papier aus verantwortungsvollen Quellen
FSC® C018236

Alle Rechte vorbehalten. Das Werk einschließlich all seiner Teile ist urheberrechtlich geschützt und darf weder kopiert, vervielfältigt, nachgeahmt oder in anderen Medien gespeichert werden, noch darf es in irgendeiner Form oder mit irgendwelchen Mitteln – elektronisch, mechanisch oder in irgendeiner anderen Weise – weiterverarbeitet werden. Es ist nicht gestattet, auch nur Teile dieser Publikation zu verkaufen oder zu vermitteln, ohne schriftliche Genehmigung des Herausgebers. Lonely Planet und das Lonely Planet Logo sind eingetragene Marken von Lonely Planet und sind im US-Patentamt sowie in Markenbüros in anderen Ländern registriert. Lonely Planet gestattet den Gebrauch seines Namens oder seines Logos durch kommerzielle Unternehmen wie Einzelhändler, Restaurants oder Hotels nicht. Informieren Sie uns im Fall von Missbrauch: www.lonelyplanet.com/ip.